झारखंड
सामान्य ज्ञान

झारखंड
सामान्य ज्ञान

डॉ. मनीष रंजन
(आई.ए.एस.)

प्रभात प्रकाशन, दिल्ली
ISO 9001:2008 प्रकाशक

प्रकाशक • **प्रभात प्रकाशन**
4/19 आसफ अली रोड,
नई दिल्ली-110002

परिवर्धित संस्करण • 2017
मूल्य • नौ सौ रुपए
मुद्रक • आर-टेक ऑफसेट प्रिंटर्स, दिल्ली

JHARKHAND SAMANYA GYAN *by* Dr. Manish Ranjan ₹ 900.00
Published by Prabhat Prakashan, 4/19 Asaf Ali Road, New Delhi-2
e-mail: prabhatbooks@gmail.com ISBN 978-93-5186-684-8

झारखंड के उन लाखों छात्रों को
समर्पित
जो अपनी असीम ऊर्जा और
प्रतिभा के बल पर इस राज्य को
शिखर पर ले जाने को तत्पर हैं।

भूमिका

झारखंड को अस्तित्व में आए कई वर्ष हो चुके हैं। इन वर्षों में राज्य ने काफी प्रगति की है। 'नव-निर्मित,' 'नया राज्य' जैसे शब्द अब झारखंड के लिए उपयुक्त नहीं हैं। झारखंड ने अपनी प्राकृतिक सौंदर्यता, वन्य एवं खनिज संपदा और अद्‍भुत विकास गाथा के कारण राष्ट्रीय स्तर के साथ-साथ अंतरराष्ट्रीय स्तर पर भी अपनी उपस्थिति दर्ज की है। अन्य विकसित राज्यों के साथ कदम-से-कदम मिलाकर चलने को तैयार है। कुछ अन्य कारणों से यह वैश्विक पटल पर भी जाना-पहचाना जाता है। धोनी और दीपिका ने झारखंड को विश्व पटल पर पहचान पहले ही प्रदान कर दी है। अब झारखंड अपनी विकास गति के कारण समाचारों में छाया है।

फिर यह प्रश्न स्वाभाविक है कि आखिर यह पुस्तक क्यों? क्यों इस राज्य को एक पक्षीय देखा गया? पूर्ण रूप से क्यों नहीं देखा गया? क्यों राज्य को ऐतिहासिक, पौराणिक, सांस्कृतिक संदर्भों में आज तक अनदेखा किया गया है? क्यों इसकी संघर्ष गाथा अनसुनी रह गई है? क्यों इसकी वन्य और खनिज संपदा, पशु-पक्षी, मानव-मंडल, राष्ट्रीय व्यक्तित्व-निर्माण में अद्वितीय योगदान देकर भी एक विस्तृत गवेषणात्मक अध्ययन और विश्लेषण से समग्र रूप में समीक्षा से अछूते रह गए हैं? तात्पर्य यह है कि किसी एक ही पुस्तक से झारखंड का संपूर्ण व्यक्तित्व क्यों नहीं उद्‍घाटित हो सका है? इन्हीं सारे प्रश्नों, समस्याओं का समाधान करने के उद्‍देश्य से इस पुस्तक की रचना की गई है।

झारखंड आज तक अपने नकारात्मक संदर्भों के कारण ही अखबारों की सुर्खियाँ बना। तरह-तरह के मिथकों से—जैसे यह पिछड़ा राज्य है, निरक्षर, अशिक्षित, गरीबी से पीड़ित जीनेवाले लोगों का राज्य है या खनिज संपदा के दृष्टिकोण से अमीर राज्य है, परंतु यहाँ रहनेवाले गरीब हैं इत्यादि। हम दावे के साथ कह सकते हैं कि झारखंड अपनी गौरव-गरिमा परंपरा में अखंड, अजेय और आत्मनिर्भर है। इसे प्रकृति का अनमोल वरदान भी प्राप्त है। शायद ही किसी अन्य राज्य को प्रकृति का समग्रता में ऐसा ऐश्वर्य

मंडित वरदान मिला हो!

वर्तमान परिप्रेक्ष्य में विभिन्न संस्थाओं, वर्ल्ड बैंक, इंडिया टुडे का सर्वेक्षण, नीति आयोग के निर्णय के अनुसार सर्वत्र झारखंड अपने तेजस्वी व्यक्तित्व को स्थापित कर रहा है। इसके दृढ संकल्पित पाँव आगे बढ़ रहे हैं।

हमारी दृष्टि में झारखंड भौतिक और आर्थिक दृष्टि से एक समृद्ध राज्य है। इसका प्राकृतिक परिवेश मनोरम और ऐश्वर्य-मंडित है। यहाँ की सामाजिक, सांस्कृतिक धरोहर सभी को नेतृत्व देने में सक्षम है।

प्रस्तुत पुस्तक को अठारह अध्याय में विभाजित किया गया है। विभिन्न अध्यायों में झारखंड की ऐतिहासिक, सामाजिक, सांस्कृतिक, भौगोलिक एवं राजनीतिक परिस्थितियों का सारगर्भित विश्लेषण प्रस्तुत किया गया है। साथ ही झारखंड का समसामयिक विश्लेषण भी प्रस्तुत है।

झारखंड का इतिहास—इतिहास मात्र महत्त्वपूर्ण राजनीतिक घटनाओं का वैज्ञानिक और क्रमबद्ध संग्रहण ही नहीं, अपितु उसके सामाजिक-सांस्कृतिक भावों, उसके प्रत्येक गति निक्षेप और युग-परिवर्तन के विविध आयामों का भी सूक्ष्म अध्ययन और विश्लेषण है। इस दृष्टि से झारखंड का प्रोगैतिहासिक संदर्भ बहुत कुछ वैसा ही है, जैसाकि भारतीय संदर्भ में इसका आदिकाल और मध्यकाल भी संक्रमण रहस्यमयी गुहा से आक्रांत है, लेकिन सूक्ष्म दृष्टि से विश्लेषण करने पर इसकी विकास यात्रा चौंकानेवाली है। इसी प्रकार इसका उत्तर-मध्यकाल, इसके प्रमुख विद्रोह एवं आंदोलन, राष्ट्रीय स्वतंत्रता संग्राम, विस्थापन से उत्पन्न समस्याएँ, आधुनिक झारखंड का गठन, झारखंड आंदोलन के संगठन आदि भी आधुनिक भारत के निर्माण में सहायक हैं और साथ ही अपनी अस्मिता को कुछ अलग भी प्रमाणित करने में सक्षम हैं।

झारखंड के इतिहास एवं विभिन्न जनजातीय शासन व्यवस्थाओं को समग्रता में और प्रामाणिक तथ्यों के आधार पर इस पुस्तक में प्रस्तुत किया गया है। यह छात्रों, शोधकर्ताओं और इतिहास-प्रेमियों को पग-पग पर सहायता करने में सक्षम है।

झारखंड आंदोलन—झारखंड प्रारंभ से ही क्रांतिकारी विचारधाराओं का स्थल रहा है। स्वतंत्रता से पूर्व इस राज्य में हुए जनजातीय विद्रोह ने पृथक् राज्य-निर्माण हेतु मार्गदर्शन प्रदान किया। यह राज्य विभिन्न विभूतियों का शरणस्थली रहा है, जिन्होंने आधुनिक झारखंड के गठन में महत्त्वपूर्ण भूमिका निभाई। इस पुस्तक में झारखंड के सदान, राष्ट्रीय स्वतंत्रता संग्राम, स्वतंत्रता सेनानी, विभूति एवं आधुनिक झारखंड गठन से संबंधित सभी पहलुओं पर विस्तृत विश्लेषण प्रस्तुत किया गया है, जो पाठकों के लिए ज्ञानवर्द्धक है।

झारखंड की विशिष्ट पहचान—झारखंड की सामाजिक संरचना एक समेकित

और संश्लिष्ट संरचना है। जिस तरह भारत विविधता में एकता का देश है, कुछ उसी प्रकार झारखंड राज्य भी विविध जातियों-उपजातियों, अनुसूचित जाति एवं बहुल जनजातियों, विविध धर्मों एवं संप्रदायों से समन्वित राज्य है और इस तरह मेरी दृष्टि में यह एक छोटे भारत की संज्ञा प्राप्त करता है।

झारखंड की राजनीति में तीव्र गतिशीलता और परिवर्तनशीलता के कारण विकास में कहीं-कहीं गतिरोध भी उत्पन्न हुए हैं, तो दूसरी दृष्टि से इसके सकारात्मक प्रभाव भी पड़े हैं। यही कारण है कि झारखंड की जनता आज अधिक संवेदनशील और अधिक जागरूक हो गई है।

किसी भी राज्य या देश की पहचान उसकी सांस्कृतिक धरोहर और विरासत से होती है और इसी से उसकी अस्मिता और स्वतंत्र व्यक्तित्व का परिचय मिलता है। इस पुस्तक में झारखंड की जनजातियों और उनसे संबद्ध गैर-जनजातियों की सांस्कृतिक अस्मिता और धरोहर का सूक्ष्म विश्लेषण-अध्ययन प्रस्तुत किया गया है। संस्कृति का आंतरिक समन्वय झारखंड की सर्वोपरि विशेषता है।

झारखंड का लोक साहित्य एवं साहित्यकार—इस पाठ्य-पुस्तक के अंतर्गत झारखंड के समृद्ध लोक साहित्य पर विस्तृत वर्णन प्रस्तुत किया गया है। इसमें झारखंड की पारंपरिक कला, लोक संगीत व वाद्य, दर्शनीय, पुरातात्त्विक, धार्मिक, ऐतिहासिक और आधुनिक स्थलों के साथ-साथ यहाँ के पर्व-त्योहार, प्रमुख मेले, वाद्य-यंत्र एवं परंपरागत विविध वाद्य-यंत्रों का विस्तृत परिचय दिया गया है, साथ ही यहाँ की विविध भाषाओं, साहित्य एवं कलाओं के विश्लेषणात्मक और परिचयात्मक अध्ययन प्रस्तुत किए गए हैं।

शिक्षण संस्थान—प्रस्तुत अध्याय के अंतर्गत झारखंड के प्रमुख शिक्षण संस्थानों का वर्णन है, जो पाठकों के दृष्टि से काफी महत्त्वपूर्ण एवं रुचिकर है।

झारखंड में खेलक्रीड़ा—इस अध्याय के अंतर्गत क्रीड़ा में झारखंड की अप्रतिम, अद्वितीय राष्ट्रीय एवं अंतरराष्ट्रीय उपलब्धियों को रेखांकित किया गया है। यह अध्याय जितना ही सूचनात्मक है, उतना ही गवेषणात्मक भी है। छात्रों, शोधकर्ताओं और झारखंड प्रेमियों के लिए इसका अध्ययन अनिवार्य सा प्रतीत होता है।

जमीन संबंधी कानून—छोटानागपुर काश्तकारी अधिनियम, 1908 एवं संताल परगना भूधारण (अनुपूरक उपबंध) अधिनियम, 1949 का वर्तमान संदर्भ में सभी झारखंडवासियों के लिए जानकारी रखना महत्त्वपूर्ण है। इस कानून की वास्तविक जानकारी न होने के कारण समय-समय पर झारखंड को आंदोलित होते रहना पड़ता है। इस पुस्तक में छोटानागपुर काश्तकारी अधिनियम, 1908 एवं संताल परगना भूधारण (अनुपूरक उपबंध) अधिनियम, 1949 का विस्तृत वर्णन किया गया है।

1947 से राज्य में आर्थिक विकास—झारखंड का यह परम सौभाग्य है कि यहाँ का भूगोल जितना मनोरम है, उतना ही सुख-समृद्धि के संसाधनों से परिपूर्ण भी है। यहाँ के भू-भाग और सीमाएँ, वनक्षेत्र, जल-प्रपात, नदियाँ, झील, बाँध, खनिज, नदी घाटी परियोजना और सभी का समन्वित रूप, यहाँ की जलवायु और पर्यावरण सबकुछ विस्मय से अभिभूत करनेवाले हैं।

प्रस्तुत पुस्तक में वैज्ञानिक पद्धति से इन सभी के डाटा और नक्शे के साथ अध्ययन-विश्लेषण प्रस्तुत किए गए हैं। मेरा यह प्रयास रहा है कि अद्यतन सामग्रियों और संसाधनों का यथासंभव समग्रता में समावेश किया जाए। हमारा यह मानना है कि झारखंड भौगोलिक दृष्टि से भी अत्यंत समृद्ध और गौरवशाली है, जिसे प्रकृति का निश्छल और असीम वरदान प्राप्त है।

झारखंड की नीति—झारखंड आर्थिक दृष्टि से अत्यंत समृद्ध राज्य है। इसे गति प्रदान करने के लिए औद्योगिक नीति, विस्थापन एवं पुनर्वास नीति, सरेंडर पॉलिसी सहित अन्य नीतियों का निर्माण राज्य सरकार द्वारा किया गया है, जिसका विस्तृत विवरण पाठ्य-पुस्तक में वर्णित है।

औद्योगिक विकास—प्राकृतिक संसाधनों की प्रचुरता के कारण इस राज्य में प्रमुख उद्योगों का संकेंद्रण शुरू से रहा है। स्वतंत्रता-प्राप्ति के बाद इस राज्य का औद्योगिक विकास तीव्र गति से हुआ, जिसका विस्तृत विवरण इस पुस्तक में दिया गया है।

योजनाएँ—केंद्र सरकार एवं राज्य सरकार द्वारा राज्य के समावेशी विकास के लिए तथा जनजातियों, गरीबों, पिछड़ों, महिलाओं एवं अन्य वंचित वर्गों के विकास के लिए विभिन्न प्रकार की योजनाएँ चलाई जा रही हैं, जिसका विशद वर्णन है।

वन और वन्य जंतु—वन संसाधन एवं जैव विविधता में यह राज्य प्राचीनकाल से ही संपन्न रहा है। इस राज्य में प्राकृतिक वनस्पति एवं वन्य जीव-जंतुओं की कई प्रजातियाँ पाई जाती हैं, जिसके संरक्षण का समुचित प्रयास भी किया जा रहा है, जिसका विस्तृत विवरण इस पुस्तक में दिया गया है।

पर्यावरण—पर्यावरण वर्तमान समय में अतिमहत्त्वपूर्ण विषयवस्तु है। पर्यावरण एवं उससे संबंधित प्रमुख समस्याएँ प्रदूषण एवं जलवायु परिवर्तन से संबंधित हैं। अत: पर्यावरण का संरक्षण विश्व-कल्याण के लिए अति आवश्यक है। पर्यावरण समस्या एवं उनके संरक्षण का विशद विवरण इस पाठ्य-पुस्तक में दिया गया है।

आपदा प्रबंधन—झारखंड प्राकृतिक एवं मानवकृत दोनों प्रकार के आपदाओं से ग्रसित राज्य है। आपदाओं के विभिन्न प्रकार एवं उनके प्रबंधन का विशद विवरण इस पुस्तक में दिया गया है।

समसामयिकी—इस अध्याय में झारखंड राज्य से संबंधित सामाजिक, आर्थिक, राजनीतिक एवं विविध घटनाओं की अद्यतन जानकारी प्रस्तुत की गई है। झारखंड बजट 2016-17 का विस्तृत वर्णन है।

सम्प्रति झारखंड—इस अध्याय के अंतर्गत विभिन्न योजनाओं के प्रतिफल का आकलन किया गया है। बिल्कुल तटस्थ भाव से झारखंड की तीव्र विकास प्रक्रिया एवं उसके प्रतिफलन को चिह्नित करते हुए इस अध्याय में प्रस्तुत किया गया है। यहाँ झारखंड की पहचान एक नए और गौरवशाली रूप में होती है, जो निश्चय ही झारखंडवासियों के लिए गर्व का विषय है।

झारखंड का सांख्यिकीय उपस्थापन—इस अध्याय में झारखंड की समग्र जानकारी को डाटा के रूप प्रस्तुत किया गया है, जो सामान्य छात्रों, प्रतियोगी परीक्षार्थियों के लिए अधिक उपयोगी है। कोई भी व्यक्ति, जो झारखंड को एक विहंगम दृष्टि से देखना चाहता है उसके लिए यह अध्याय अत्यंत उपयोगी सिद्ध होगा।

उपरोक्त अध्याय के अलावा इस पुस्तक में **परिशिष्ट एवं प्रश्नावली** का संकलन दिया गया है, जो **जे.पी.एस.सी.** एवं अन्य प्रारंभिक परीक्षाओं के लिए अत्यंत उपयोगी सिद्ध होंगे।

उपर्युक्त तथ्यों से स्पष्ट है कि प्रस्तुत पुस्तक एक अपरिहार्य आवश्यकता की संपूर्ति में सहायक सिद्ध होगी। झारखंड से संबंधित समग्र जानकारी अद्यतन रूप में इस पुस्तक में उपलब्ध है, जो विद्यालयों, विश्वविद्यालयों, शोधकर्ताओं एवं सभी वर्ग के पाठकों के लिए उपयोगी है।

झारखंड की सामाजिक, राजनीतिक गतिविधियाँ एवं सरकारी योजनाएँ तथा आर्थिक विकास निरंतर गतिशील हैं। अत: हो सकता है, इसके आँकड़े भी कुछ दिनों में बदल जाएँ, जिन्हें अगले संस्करणों में जोड़ा जाएगा। कोई भी ज्ञान या लेखन अपने-आप में पूर्ण नहीं होता, लेकिन निरंतर परिशोधन एवं परिमार्जन से पूर्णता प्राप्त की जा सकती है। अत: पाठकों के सुझाव एवं प्रेरणा का 'joharjharkhand@gmail.com' पर स्वागत है।

मैं एक प्रशासक और झारखंड सरकार का अभिन्न अंग हूँ। अत: मेरी जिम्मेदारी भी अत्यंत संवेदनशील है। मेरा उद्देश्य राज्य एवं केंद्र सरकार पर दोषारोपण या प्रतिकूल टिप्पणी करने का नहीं रहा है। यदि कहीं कुछ इस तरह की बातें आ गई हो, तो वे मेरी नहीं, बल्कि संचार माध्यमों और आम जनता की भावनाओं की निश्चल अभिव्यक्ति मात्र है। इसी प्रकार किसी राजनैतिक पार्टी के प्रति आग्रह या दुराग्रह का भाव मुझमें नहीं है। प्रस्तुत पुस्तक में एक संतुलित लेखकीय तटस्थता को निरंतर बनाए रखने का प्रयास किया गया है, फिर भी यदि किसी की भावनाओं को ठेस पहुँचती है, तो मैं

क्षमाप्रार्थी हूँ।

अंत में इस पुस्तक की भाषा-शैली और रोचकता के संदर्भ में इतना अवश्य कहना चाहूँगा कि यहाँ भाषा के विद्यात्मक पक्ष का प्रयोग किया गया है। सर्वत्र भावुकता और कल्पनाशीलता से बचने का प्रयास रहा है। भाषा सहज, सरल, सुबोध और बोलचाल की परिनिष्ठित भाषा है, जो छात्रों और आम पाठकों को अपनी ओर आकर्षित करने में सक्षम होगी, ऐसा मेरा दृढ विश्वास है।

पुस्तक के प्रारूप-निर्माण और लेखन में दीपक कुमार, सुनील कुमार, नूर आलम खाँ, आशीष कुमार, प्रिय रंजन, अरविंद कुमार एवं प्रदुमन कुमार का सक्रिय सहयोग मुझे मिला है। इनसे मिले सहयोग के लिए मैं हृदय से आभार व्यक्त करता हूँ।

झारखंड के प्रति मेरा यही वैदिक मंत्रोच्चार है—

"ॐ ऊर्जस्वती पयस्वती पृथिव्याँ निमिता मिता।
विश्वान्नं बिभ्रतीशाले मा हिंसी प्रति गृहणतः॥ 1॥
ॐ ब्रह्मणा शालां निमितां कविभिर्निर्तां मिताम्।
इन्द्राग्नी रक्षतां शलाममृर्तीं सोम्यं सदः॥ 2॥"

1. जिस प्रकृति की गोद में हम पलते हैं, वह प्रकृति हमें नैरोग्य, बल, पराक्रम, धन-धान्य, दूध, जल आदि रसों से युक्त अन्नादि को धारण कराकर हमारे लिए सदा सुखदायी हो।
2. बुद्धि, विज्ञान या ईश्वर द्वारा रचित प्रकृति में रहनेवाले समस्त जीवों के लिए अग्नि, वायु आदि को सुखद बनाएँ।)

—डॉ. मनीष रंजन
(आई.ए.एस.)

अनुक्रम

1. झारखंड का इतिहास

(ऐतिहासिक पृष्ठभूमि, झारखंड के प्रमुख विद्रोह एवं आंदोलन और विभिन्न शासन व्यवस्थाएँ)

- पुराकालीन इतिहास
- पूर्व-मध्यकालीन इतिहास
- मध्यकालीन इतिहास
- उत्तर-मध्यकालीन इतिहास
- झारखंड के प्रमुख विद्रोह एवं आंदोलन
- विभिन्न शासन व्यवस्थाएँ

पुराकालीन से लेकर वर्तमान काल तक झारखंड का इतिहास एवं संस्कृति की गौरवशाली परंपरा रही है। झारखंड का इतिहास एवं संस्कृति भारत के जनजातीय समाज की अमूल्य निधि है। झारखंड के विस्तृत ऐतिहासिक विश्लेषण के लिए हमें इतिहास के विभिन्न कालखंडों पर दृष्टि डालनी होगी।

झारखंड के इतिहास के निर्माण के पुरातात्त्विक और साहित्यिक दोनों स्रोत उपलब्ध है। पुरातात्त्विक स्रोत में अभिलेख, सिक्के, मूर्तियाँ, स्मारक भवन आदि शामिल है, जबकि साहित्यिक स्रोत में धार्मिक साहित्य, गैर-धार्मिक साहित्य, फारसी साहित्य, यूरोपीय साहित्य आदि प्रमुख हैं। पुरातात्त्विक स्रोतों में पुरापाषाण कालीन स्थल बोकारो से हस्तकुठार एवं पलामू क्षेत्र के भागाडीह-रमना से मध्यकालीन उपकरण प्राप्त हुए हैं। 250 ई. पूर्व का अशोक का शिलालेख, जिसमें अटावी जातियों का उल्लेख मिलता है। चतरा के प्रतापपुर स्थित कुंदा का किला, पलामू के चेरो वंश का नया एवं पुराना किला तथा राँची से कुषाणकालीन सिक्के प्रमुख हैं। साहित्यिक स्रोतों में वैदिक साहित्य में छोटानागपुर क्षेत्र को किक्कट प्रदेश के रूप में, जबकि उत्तर वैदिक काल में व्रात्य प्रदेश

के रूप में चित्रित हैं। मध्यकालीन साहित्य 'तारीख-ए-फिरोजशाही' तथा ब्रिटिशकालीन गजेटियर आदि प्रमुख साहित्यिक स्रोत हैं।

पुराकालीन इतिहास

झारखंड के विस्तृत ऐतिहासिक विश्लेषण के लिए हमें इसके इतिहास के विभिन्न कालखंडों पर दृष्टि डालनी चाहिए। प्राचीन काल, मध्य काल, उत्तर मुगल काल और आधुनिक काल। प्राचीन इतिहास में छोटानागपुर एक पूर्ण वनक्षेत्र था। सघन वनों से परिपूर्ण यह क्षेत्र कैमूर और विंध्य पहाड़ियों से घिरा था। इन वनक्षेत्रों में कई जनजातियाँ निवास करती थीं। असुर, खरिया और बिरहोर यहाँ की प्राचीन जनजातियाँ थीं। इसके बाद यहाँ हो, मुंडा, उराँव, कोरवा, चेरो, खरवार, भूमिज और संथाल जनजातियों ने भी शरण लीं। मुंडा जनजाति के बारे में कहा जाता है कि ये लोग मध्य भारत में आर्यों के आगमन के बाद वहाँ से पलायन कर गए और छोटानागपुर में आकर बस गए थे। मुंडा जनजाति के बारे में यह भी माना जाता है कि ये लोग तिब्बत से आए थे और कुछ समय दक्षिणी बिहार में रहे थे, जहाँ से अन्य जनजातियों ने इन्हें भगा दिया था और तब वे छोटानागपुर में आकर बस गए थे। भाषाई आधार पर उराँवों की बोलचाल तथा कन्नड़ और तमिल शब्दों में काफी समानता पाई गई, इसलिए उराँवों को संभवत: दक्षिण का निवासी माना गया है। जहाँ से वे घुमक्कड़ी करते हुए रोहतासगढ़ पहुँचे, फिर मुसलिम आक्रमण के बाद वे छोटानागपुर आए। रोहतासगढ़ से निकाले जाने के बाद उराँव दो शाखाओं में बँट गए। मालेर जनजाति इन्हीं के वंशज हैं।

ईसा पूर्व एक हजार वर्ष तक यहाँ लगभग सभी जनजातियाँ आ बसी थीं। बहुलता की दृष्टि से छोटानागपुर में मुंडा और उराँव जनजातियाँ थीं, तो पलामू में विजनिया जनजाति की प्रधानता थी। मानभूम में भूमिज और सिंहभूम व हजारीबाग में हो जनजातियाँ बहुसंख्यक थीं। संथाल जनजाति की जनसंख्या हजारीबाग में अधिक थी तो पलामू में चेरो-खरवार की अधिकता थी।

आर्य विरोधी जनजातियों में भूमिज और संथाल प्रमुख थीं। छोटानागपुर में भुइयाँ जनजाति भी प्राचीन समय से रह रही थी। ईसा पूर्व एक हजार वर्ष तक यहाँ लगभग सभी जनजातियाँ आ बसी थीं। बहुलता की दृष्टि से छोटानागपुर में मुंडा और उराँव जनजातियाँ थीं, तो पलामू में विजनिया जनजाति की प्रधानता थी। मानभूम में भूमिज और सिंहभूम व हजारीबाग में हो जनजातियाँ बहुसंख्यक थीं। संथाल जनजाति की जनसंख्या हजारीबाग में अधिक थी तो पलामू में चेरो-खरवार की अधिकता थी।

ये सभी क्षेत्र बौद्ध और जैन धर्म के प्रभाव में थे। गुप्त वंश के प्रवेश के पश्चात् यहाँ बौद्ध धर्म अपने पूरे प्रभाव में था, जिसे बाद में प्रसिद्ध शैव सम्राट् शशांक ने तहस-नहस कर दिया था। शशांक ही वह शासक था, जिसने छोटानागपुर सहित इन क्षेत्रों पर लंबे समय तक शासन किया। उससे पहले गुप्त वंश ने भी इस क्षेत्र पर बहुत समय तक शासन किया। गौड़ नरेश शशांक कन्नौज का अधिपति था, जिसने बंगाल, बिहार व उड़ीसा को अपनी शक्ति से जीत लिया था। कट्टर शैव शशांक ने छोटानागपुर से बौद्ध धर्म का समूल नाश करने के अपने प्रयासों में पूर्ण उत्पीड़न की नीति अपनाई। यहाँ तक कि शशांक ने बोधगया में उस बोधिवृक्ष को भी कटवा दिया था, जिसके नीचे भगवान् बुद्ध को ज्ञान प्राप्त हुआ था। उसने सभी बौद्ध चैत्यों (मंदिरों) को तुड़वाकर हिंदू मंदिरों का निर्माण कराया और दसवीं शताब्दी तक हिंदू धर्म को पूर्ण स्थापित कर दिया। शशांक के अनेक प्रयासों के बावजूद बौद्ध धर्म की वज्रयान शाखा बची रही।

जैन धर्म भी इस क्षेत्र में बहुत प्रभावी रहा। छोटानागपुर में मानभूम जैन सभ्यता और संस्कृति का केंद्र था। जैन धर्म के 23वें तीर्थंकर पार्श्वनाथ का महाप्रयाण यहीं पर हुआ और वे 'पहाड़ी पार्श्वनाथ' के नाम से पहचाने जाने लगे, जो इस क्षेत्र में जैनियों का प्रमुख धर्मस्थल रहा। पारसनाथ की पहाड़ी जिसे सम्मेद शिखर भी कहते हैं, वह गिरिडीह जिले में पड़ती है। यह झारखंड का सबसे ऊँचा स्थान है, (1370 मी.) समुद्रतल से है। शशांक और समुद्रगुप्त के अतिरिक्त इस क्षेत्र पर पड़ोसी शासकों ने भी अपनी दृष्टि डाली थी, जिनमें गुर्जर, प्रतिहार, राष्ट्रकूट और पाल वंश के शासक थे। यद्यपि बाह्य आक्रमणों के संबंध में यह क्षेत्र किंचित् असुरक्षित भी रहा और इस पर बाह्य आक्रमणों का खतरा तभी मँडराया, जब बाह्य शासक इस क्षेत्र से होकर आने-जाने लगे। अधिकांश स्वतंत्र ही रहे। बंगाल या उड़ीसा जाने का मार्ग इसी क्षेत्र से होने के कारण छोटानागपुर बाह्य शासकों की दृष्टि में आया। यही कारण है कि इस पर छिटपुट आक्रमण भी होते रहे।

यही वह समय था, जब इस क्षेत्र के बहुसंख्यक जनजातियों के मन में शासन करने की प्रवृत्ति ने जन्म लिया। इस दौरान कुछ नए वंशों का उदय हुआ। पलामू क्षेत्र में रक्सैल वंश का आधिपत्य रहा, जिन्होंने सरगुजा तक अपने क्षेत्र का विस्तार किया। रक्सैल भी बाह्य शासक थे और वे सब राजपूताना से पलामू पहुँचे थे, लेकिन स्थानीय जनजाति चेरो के विद्रोह ने रक्सैलों का प्रभाव सीमित कर दिया। सिंहभूम में सिंहवंश ने आधिपत्य कर लिया था। स्थानीय जनजातियों में मुंडा जनजाति ने उल्लेखनीय प्रयास किए और सफलता प्राप्त की। इस जनजाति ने सर्वप्रथम अपने शासन की संभावनाओं को देखा और रिता मुंडा के नेतृत्व में राज्य का निर्माण किया। सुतना पाहन नाम के एक योग्य शासक के नेतृत्व में मुंडा जनजाति ने 'सुतिया नागखंड' नामक राज्य की स्थापना की। यह राज्य 7 गढ़ों में विभक्त था, जो निम्न प्रकार हैं—

➢ लौहागढ़
➢ हजारीबाग
➢ पलामू
➢ मानभूम
➢ सिंहभूम
➢ केसलगढ़
➢ सरगुजा

राज्य के ये सात गढ़ 21 परगनों में बाँटें गए। इससे यह स्पष्ट होता है कि मुंडा राज्य लगभग सारे क्षेत्र में स्थापित हो गया था। सुतना पाहन अधिक लंबे समय तक इस भार को नहीं उठा सका। इस क्षेत्र में धीरे-धीरे नए राजवंशों का उदय हो रहा था, जिनमें नागवंश प्रमुख था। नागवंश पूरी तरह से जनजातीय वंश था और दसवीं शताब्दी में इसकी स्थापना हो गई थी। इस वंश के राज्य की राजधानी खुखरा में थी। इसका प्रथम राजा फणिमुकुट राय था, जिसने बड़ी कुशलता से शासन की बागडोर सँभाली और रामगढ़, गोला, वरवा, पलानी, हजाम तथा तमाड़ आदि क्षेत्रों पर आधिपत्य किया।

इसी काल में पंचेत और क्योझर राज्य हुए। छोटानागपुर के पूर्व में पंचेत और दक्षिण में क्योझर का राज्य था। 66 परगनों से सज्जित नागवंश सबसे अधिक प्रभावशाली व शक्तिशाली रहा। यद्यपि फणिमुकुट राय के शासन में छोटानागपुर में जनजातियों की बहुलता थी, लेकिन यहाँ कुछ सवर्ण जातियाँ भी पनपने लगी थीं, जिनमें ब्राह्मण, राजपूत आदि थे। चौथा नागवंशी राजा प्रताप राय था, जिसने स्वर्ण रेखा नदी के तट पर स्थित चुटिया को अपनी राजधानी बनाया और वहाँ से उन्नतिशील व शांतिपूर्ण शासन किया। इसके बाद राजा भीमकर्ण हुआ, जिसने सरगुजा के राजा के आक्रमण के बाद अपनी राजधानी चुटिया से पुनः खुखरा स्थानांतरित कर दी।

इन्हीं राजवंशों में मान वंश के राजाओं ने हजारीबाग और सिंहभूम पर शासन किया, जो अत्यंत क्रूर थे। ऐसा माना जाता है कि स्थानीय भूमिजों ने इनके बढ़ते अत्याचारों के विरुद्ध आंदोलन किया। पूर्व मध्यकाल तक मान वंश के राजाओं की शक्ति क्षीण होने लगी थी इसका कारण उनकी आपसी फूट थी, जिन्होंने राज्य को छोटे-छोटे टुकड़ों में विभाजित कर दिया था।

इस क्षेत्र पर सिंह वंश का भी प्रभुत्व रहा। इस वंश के राजा आठवीं शताब्दी में यहाँ आए थे। इतिहासकारों का मानना है कि ये राठौर राजपूत थे, जो पश्चिमी भारत से यहाँ आए थे। इस वंश का विस्तार दो शाखाओं में हुआ। प्रथम शाखा की स्थापना काशीनाथ सिंह ने की और सिंहभूम राज्य बनाया। यद्यपि सिंहभूम का नामकरण उन्होंने ही अपने ही उपनाम से प्रेरित होकर किया, जबकि 'हो' जनजाति इस नाम को अपने

कुलदेवता 'सिंहबोंगा' के नाम से लिया हुआ बताती है। वैसे भी जनजातीय क्षेत्रों में अधिकांश क्षेत्रों व स्थानों के नाम देवी-देवताओं के नाम पर रखने का प्रचलन है, तो 'हो' जनजाति की बात सत्य प्रतीत होती है। जो भी हो, सिंहभूम पर सिंहवंश का शासन तेरहवीं शताब्दी तक रहने का अनुमान है। इतिहासकार औमेली ने सिंह राजवंश का शासनकाल बावन पीढ़ियों तक रहने का अनुमान लगाया है।

सन् 1205 में इस वंश की दूसरी शाखा का उदय हुआ, जिसका संस्थापक देवनारायण सिंह था। सन् 1262 में युधिष्ठिर ने शासन की बागडोर सँभाली और नौ वर्ष पश्चात् काशीराम सिंह सिंहभूम का राजा बना। इस वंश का तेरहवाँ राजा जगन्नाथ सिंह था, जो क्रूर, निर्दयी और विलासी था। इसके अत्याचारों ने भुइयाँ विद्रोह को जन्म दिया। बारहवीं शताब्दी के अंत तक सिंह वंश अपने उत्थान पर था। छोटानागपुर के राजवंशों में नाग वंश सबसे अधिक शक्तिशाली रहा, जिसने कई बाहरी आक्रमणकारियों से इस क्षेत्र की रक्षा की। इसी वंश के शासनकाल में इस क्षेत्र में सबसे अधिक विकास भी हुआ। यह सब तभी संभव हो सका, जब स्थानीय लोगों ने भी उनका भरपूर सहयोग किया।

पूर्व-मध्यकालीन इतिहास

तेरहवीं शताब्दी में छोटानागपुर पर मुसलिम आक्रमणों की कुछ घटनाएँ घटीं। इल्तुतमिश और ग्यासुद्दीन तुगलक ने छोटानागपुर को जीतने के कुछ प्रयास अवश्य किए, लेकिन नागवंशी राजाओं ने उनके आक्रमण अप्रभावी कर दिए। सन् 1340 में तुगलक वंशीय मुहम्मद-बिन-तुगलक सेना सहित हजारीबाग तक आ पहुँचा और उसके सेनापति मलिक बया ने संथाल सरदारों को हराकर बीघा के किले पर अधिकार कर लिया। संथाल सरदार अपने प्राण बचाकर भाग निकले। उसके बाद फिरोज तुगलक ने भी छोटानागपुर पर आक्रमण किया और एक बड़े क्षेत्र पर अधिकार कर लिया, लेकिन वह सतगाँव तक ही सीमित रहा, इससे आगे नागवंश शासित राज्य था और यहाँ के शक्तिशाली राजाओं का सामना करना उसके लिए आसान न था।

ऐसे ही छिटपुट आक्रमणों और अल्पावधि बाह्य शासन के हस्तक्षेप से छोटानागपुर लगभग अक्षुण्ण रहा। मुगल साम्राज्य के उदय होने तक यह क्षेत्र अपने लगभग मूल स्वरूप में ही रहा। यहाँ के सिंहवंश, नागवंश और रक्सैल राजा बड़ी आसानी से शासन करते रहे। यद्यपि इनमें कई बार आपसी टकराव की स्थिति भी आई, जब सन् 1368 में बाघदेव सिंह और सिंहदेव सिंह का मतभेद नागवंश से हुआ, फिर भी इन सब घटनाओं से दो-चार होता यह क्षेत्र अपनी स्वतंत्रता को सहेजे रहा।

दिल्ली में मुगलों का साम्राज्य था और अभी उनकी दृष्टि छोटानागपुर पर नहीं

पड़ी थी, लेकिन जब अफगानों ने इस क्षेत्र को अपनी शरणस्थली बना लिया तो मुगल शासक सचेत हो गए। लुटेरे अफगान मुगलों को दिन-रात परेशान किए हुए थे। कुछ अफगान विद्रोही तो इस क्षेत्र को अपनी गतिविधियों को सुचारु रूप से चलाने के उद्देश्य से ही इस्तेमाल कर रहे थे। मुगल सम्राट् अकबर ने इस स्थिति को भाँप लिया था। अतः सम्राट् अकबर ने अफगानी विद्रोहों के दमन के लिए छोटानागपुर को मुगल सल्तनत में मिलाना आवश्यक समझा। कुछ विद्वानों का मानना है कि अकबर इस क्षेत्र की ओर इसलिए आकर्षित हुआ, क्योंकि यहाँ की शंख नदी में हीरे पाए जाते थे। ऐसा भी हो सकता है, लेकिन मुख्य कारण अफगान विद्रोही ही थे, जो मुगलों के लिए सरदर्द बने हुए थे। अकबर ने इस क्षेत्र को जीतने के लिए अपने सेनापति अब्दुर्रहीम खानखाना के नेतृत्व में मुगल सेना भेजी। 3 मार्च, 1575 को हुए इस युद्ध में मुगल सेना की जीत हुई और बिहार व बंगाल भी मुगल शासन के अधीन आ गए।

छोटानागपुर के नागवंशी राजा मधुकरण शाह ने मुगल अधीनता स्वीकार नहीं की। वह अपनी स्वतंत्रता पर मुगलों की दृष्टि नहीं पड़ने देना चाहता था, तब शाहबाज खाँ ने सन् 1585 में उस पर आक्रमण किया और उसकी पराजय हुई। उसे कुछ शर्तों के साथ पुनः राज्य सौंप दिया गया, जिनमें नियमित मालगुजारी देना भी सम्मिलित था। यद्यपि इससे पहले भी राजा मधुकरण मुगल सेना के साथ अफगान विद्रोहियों के विरुद्ध लड़ा था। इसके अलावा जब सन् 1569 में उड़ीसा के अफगान शासक कुतलुग खाँ के विरुद्ध मुगल सेना ने आक्रमण किया, तब भी राजा मधुकरण उनके साथ लड़ा था।

सिंहवंश का तत्कालीन शासक रणजीत सिंह था। पूर्व राजाओं ने यद्यपि मुगलों की अधीनता स्वीकार नहीं की थी, लेकिन रणजीत सिंह ने स्थिति का आकलन कर अधीनता स्वीकार कर ली। अकबर का सेनापति मानसिंह सन् 1590-91 में अफगान विद्रोही जुनैद का पीछा करता हुआ सिंहभूम से गुजरा था, जो सन् 1589 में ही बिहार का सूबेदार बना दिया गया था। मानसिंह ने बिहार में मुगल साम्राज्य का वर्चस्व स्थापित किया। उसने दक्षिण बिहार के राजाओं को जीतकर वहाँ भी मुगल शासन स्थापित किया। चेरो के राजाओं को यद्यपि हार का सामना करना पड़ा था, फिर भी वे मुगलों की अधीनता स्वीकार करके अपने आत्मसम्मान को ठेस नहीं पहुँचाना चाहते थे। चेरो

अकबर का सेनापति मानसिंह सन् 1590-91 में अफगान विद्रोही जुनैद का पीछा करता हुआ सिंहभूम से गुजरा था, जो सन् 1589 में ही बिहार का सूबेदार बना दिया गया था। मानसिंह ने बिहार में मुगल साम्राज्य का वर्चस्व स्थापित किया। उसने दक्षिण बिहार के राजाओं को जीतकर वहाँ भी मुगल शासन स्थापित किया।

का राजा तो अवसर की ताक में था और यह अवसर उसे शीघ्र ही मिल गया। सन् 1605 में अकबर की मृत्यु होने पर मुगल साम्राज्य शोक-संतप्त था, तब चेरो के राजा ने अवसर का लाभ उठाते हुए अपने राज्य से मुगल सेना को खदेड़कर भगा दिया और चेरो को फिर से स्वतंत्र करा लिया।

अकबर के बाद जहाँगीर ने मुगल सल्तनत की बागडोर अपने हाथों में ली। उसने भी इस क्षेत्र पर अपनी दृष्टि लगाई। छोटानागपुर उस समय मुगलों के विरुद्ध विद्रोही तेवर दिखा रहा था। जहाँगीर ने छोटानागपुर को अपने अधीन करने के उद्देश्य से बिहार के सूबेदार जफर खाँ को इस क्षेत्र पर आक्रमण करने का आदेश दिया। जफर खाँ दुर्भाग्य से बीमार पड़ गया और उसकी मृत्यु हो गई। तब बंगाल का सूबेदार इसलाम खाँ बिना जहाँगीर की अनुमति के आक्रमण के लिए चल पड़ा, जिसे जहाँगीर ने रोक दिया। सन् 1615 में जहाँगीर ने बिहार के सूबेदार के पद पर इब्राहिम खाँ को नियुक्त कर दिया और उसे छोटानागपुर पर आक्रमण करने का आदेश दिया। उस समय विस्तृत छोटानागपुर का शासक क्षेत्र के राज्य कोकरह नागवंश का राजा दुर्जन साल था, जो बहुत शक्तिशाली और बुद्धिमान था। वह भी मुगलों का घोर विरोधी था। इब्राहिम खाँ कोकरह पर आक्रमण की तैयारी कर रहा था, जिसकी खबर दुर्जन साल को लग गई।

दुर्जन साल एक कूटनीतिज्ञ था। उसने चतुराई से काम लेते हुए इब्राहिम खाँ को हीरे आदि उपहार देकर आक्रमण रोकने का प्रयास भी किया, लेकिन इब्राहिम खाँ इस झाँसे में नहीं आया। अतः मुगल सेना ने आक्रमण कर दिया और इस युद्ध में दुर्जन साल को बुरी तरह पराजित होना पड़ा। इब्राहिम खाँ ने उसे बंदी बना लिया, तब भी दुर्जन साल ने उसे हीरे-जवाहरातों से भरमाना चाहा, लेकिन जहाँगीर का स्वामिभक्त इब्राहिम खाँ इस बार भी लालच में नहीं फँसा। अंततः दुर्जन साल को बंदी बनाकर दिल्ली लाया गया और जहाँगीर ने उसे ग्वालियर के किले में कैद रखने का आदेश दिया। दुर्जन साल वास्तव में बहुत महत्त्वाकांक्षी और चतुर शासक था। उसने कैद में रहकर भी उम्मीद का दामन नहीं छोड़ा।

चेरो भी मुगलों के प्रति सदैव से विरोधी भाव रखते आए थे और मुगलों के साथ उनके संबंध कभी मधुर नहीं रहे थे। जहाँगीर के समय चेरो राजा अनंत राय था, जो भागवत राय का उत्तराधिकारी था। पलामू में चेरो राजा अनंत राय की बढ़ती शक्ति ने जहाँगीर को चिंतित कर दिया था। उसने सन् 1607 में बिहार के सूबेदार पद पर अफजल खाँ को नियुक्त किया, जो अबुल फजल का बेटा था। साथ ही इबादत खाँ को बिहार का दीवान और बख्शी नियुक्त किया। उन दोनों को पलामू पर आक्रमण का निर्देश मिला, लेकिन अभियान असफल ही रहा, क्योंकि अफजल खाँ की मृत्यु हो गई थी।

अनंत राय ने निष्कंटक राज किया। इतिहासकारों के अनुसार, चेरो राजा अनंत

राय ने लगभग 30–31 वर्ष तक शासन किया। वह सदैव मुगलों का घोर विरोध करता रहा। उसके बाद चेरो का अगला शासक सहबल राय हुआ, वह भी मुगल विरोधी रहा।

उसी दौरान मुगल नेतृत्व में परिवर्तन हुआ और जहाँगीर के स्थान पर शाहजहाँ बादशाह बना। शाइस्ता खाँ को बिहार का नया सूबेदार नियुक्त किया गया। जब पलामू से सालाना कर न देने की बात शाहजहाँ को पता चली, तो उसने शाइस्ता खाँ को बल प्रयोग का निर्देश दिया। 12 अक्तूबर, 1641 को शाइस्ता खाँ ने सेना लेकर पलामू पर आक्रमण कर दिया। 26 जनवरी, 1642 को चेरो–मुगल युद्ध छिड़ गया, जिसमें चेरो को हार का सामना करना पड़ा और प्रताप राय को बंदी बना लिया गया। प्रताप राय के सामने अधीनता स्वीकार करने के अलावा कोई विकल्प नहीं बचा था। उसने सालाना कर देने की बात स्वीकार कर ली और तत्काल रिहाई के लिए शाइस्ता खाँ को 80 हजार की रकम भेंट की।

5 मई, 1960 को दाऊद खाँ ने पलामू पर आक्रमण करके कोठी और कुंडा का किला अपने अधिकार में ले लिया। कुंडा का शासक चुन राय अधिक भयभीत हो गया और उसने इसलाम धर्म स्वीकार कर लिया। वह चेरो वंश के लिए बहुत निर्लज्ज करनेवाली घटना थी। चुन राय का भाई सुखर राय इस घटना से इतना आहत हुआ कि उसने चुन राय की हत्या कर दी। इस संबंध में कुछ इतिहासकारों का मानना है कि इसमें मेदिनी राय की भी सहमति थी। तब मेदिनी राय ने राजनीतिक दाँव चला और उसने दाऊद खाँ को सालाना कर देने का प्रस्ताव भेजा, बशर्ते वह पलामू पर आक्रमण न करे। दाऊद खाँ ने यह प्रस्ताव अस्वीकार कर दिया और युद्ध अवश्यंभावी हो गया। जब युद्ध छिड़ गया तो मेदिनी राय को अपनी हार निश्चित दिखाई देने लगी। ऐसे में तब औरंगजेब ने उसे इसलाम स्वीकार करने का विकल्प दिया, जिसे उसने नहीं माना। अंततः चेरों को तहस–नहस कर दिया गया और मेदिनी राय को जान बचाकर भागना पड़ा। वह सरगुजा में शरणार्थी बन गया। मुगलों ने पलामू को अपने अधिकार में ले लिया। सन् 1666 तक मनकली खाँ पलामू का फौजदार बना रहा। मेदिनी राय ने उचित अवसर पाकर पलामू को मुगलों से छुड़ा लिया और चेरो शासन फिर से स्थापित हो गया।

मध्यकालीन इतिहास

सन् 1674 तक मेदिनी राय ने अपने राज्य को सशक्त और समृद्ध बना दिया था। उसने कृषि के क्षेत्र में महत्त्वपूर्ण कार्य किए और नई विधियों तथा नई व्यवस्था से अपने राज्य को कृषि प्रधान बना दिया। उसका युग कृषि के लिए स्वर्णयुग था। उसके बाद उसका उत्तराधिकारी रुद्र राय हुआ, जिसने अपने छह वर्षों के शासन में समृद्धता की

परिपाटी को आगे बढ़ाया। इसी राजवंश का राजा दिग्पाल राय हुआ, जिसने लगभग दो दशक तक शासन किया। मुगल साम्राज्य भी अब क्षीण होने लगा था। दिग्पाल राय के बाद साहब राय ने चेरो सत्ता को सँभाला और उसने सन् 1716 तक शासन किया।

नागवंशी राजाओं ने मुगलों की आंतरिक कलह का पूरा लाभ उठाया। दुर्जन साल ने सन् 1640 तक शासन किया और अपनी कुशल राजनीति से मुगलों से बचते रहे। रघुनाथ शाह उसका उत्तराधिकारी बना, जो लगभग आधी सदी तक छोटानागपुर का शासक रहा। उसने सौहार्दपूर्ण वातावरण में अपने राज्य का उत्थान किया। शांतिपूर्ण ढंग से अपनी प्रजा को सुखी रखा और लोगों में धर्मचेतना जगाई।

इसी दौरान रघुनाथ शाह ने अनेक सुप्रसिद्ध मंदिरों का निर्माण कराया। जगन्नाथ मंदिर सन् 1682 में बना। बोड़ेया में 'मदन मोहन मंदिर' का निर्माण भी इसी समय में हुआ। चुटिया में रघुनाथ शाह के सहयोग से श्री ब्रह्मचारी ने 'सीताराम मंदिर' का निर्माण कराया। रघुनाथ शाह के शासनकाल में धर्म और आस्था का जागरण हो चुका था। सन् 1690 तक रघुनाथ शाह ने दोइसा, बोड़ेया, जगन्नाथपुर और चुटिया आदि स्थानों पर भव्य हिंदू मंदिरों का निर्माण कराया था।

राम शाह रघुनाथ शाह का उत्तराधिकारी हुआ और उसके भी अपने 25 वर्ष के शासन में मुगल-नागवंश संबंध मधुर बने रहे। राम शाह ने भी इन संबंधों का भरपूर लाभ उठाया और वह अपने राज्य की समृद्धि एवं विस्तार में लगा रहा। इस क्रम में उसने सिंहभूम के जयंतगढ़ को घुटने टेकने पर मजबूर कर दिया। राम शाह ने रीवा पर भी आक्रमण किया। राम शाह की शक्ति के आगे रीवा का शासक भी हार मान गया और उसने राम शाह के साथ संधि कर ली। बाद में यह संधि प्रगाढ़ मैत्री में बदल गई, जिससे वैवाहिक संबंधों की नींव पड़ी।

इस प्रकार मध्यकाल तक छोटानागपुर सभी मुगल शासकों की कुदृष्टि में रहा और कई आक्रमणों से जूझकर भी इसने अपना अस्तित्व बनाए रखा। छल, बल और सशर्त संधि के सभी राजनीतिक मार्गों को अपनाकर नागवंश ने अपनी संप्रभुता बनाए रखी। सिंहवंश भी अपने शौर्य, बल और बुद्धि से मुगलों से बचता रहा। राजधानी स्थानांतरण नीति से सिंहभूम अधिकांशतः मुगलों के अधीन नहीं हो सका। चेरो राजाओं ने भी मुगलों को खूब छकाया। समय के साथ चलते हुए इन सभी ने मुगलों से मधुर संबंधों को विकास का माध्यम बनाकर युद्धों को टालने का हरसंभव प्रयास किया, जो तत्कालीन समय की माँग थी।

इन वर्षों में छोटानागपुर के सभी राज्यों ने खूब तरक्की की। कोकरह पर नागवंशी राम शाह के बाद यदुनाथ शाह गद्दी पर बैठा और उसने मुगलों की उदासीनता का पूरा लाभ उठाते हुए मुगलों को सालाना कर देना बंद कर दिया। वह खुलकर मुगल विरोधी

नीतियों का प्रदर्शन करने लगा। यह लगभग सन् 1717 की बात है। उस समय मुगल शासन की बागडोर फर्रूखसियर के हाथों में थी, जबकि बिहार का सूबेदार सरबुलंद खाँ था। यदुनाथ शाह के बढ़ते रुतबे व शक्ति से चिंतित होकर सरबुलंद खाँ ने उस पर आक्रमण कर दिया। यदुनाथ शाह यह बात अच्छी तरह जानता था कि मुगल सल्तनत अपनी अधीनता स्वीकार करनेवालों पर कर लगाकर संतुष्ट होती रही है। उसने भी सरबुलंद खाँ को सालाना कर देकर संतुष्ट कर दिया। इसके बाद यदुनाथ शाह ने राजधानी स्थानांतरण का आश्रय लेकर अपने राज्य को सुरक्षित करने के उद्देश्य से दोइसा से पालकोट को अपनी राजधानी बना लिया। इससे वह कुछ हद तक मुगलों से सुरक्षित रहा।

यदुनाथ शाह ने सन् 1724 तक शासन किया। उसके पश्चात् शिवनाथ शाह गद्दी पर बैठा। उसने भी सालाना कर देना बंद कर दिया था तथा अपने राज्य के विकास में जुट गया। अब नागवंश का सिक्का फिर से जमने लगा था, जिसे क्षीण होते मुगलों ने अपने लिए खतरा माना। बिहार का नया सूबेदार फखरुद्दौला नागवंश के राजाओं के छली व्यवहार के किस्से सुन चुका था। उसने सन् 1730 में छोटानागपुर पर आक्रमण कर दिया, लेकिन शिवनाथ शाह ने भी सशर्त संधि के तीर से उसे तत्काल संतुष्ट कर दिया। शिवनाथ शाह ने सालाना कर के रूप में 12,000 की रकम फखरुद्दौला को दे दी, जिसे लेकर फखरुद्दौला वापस पटना चला आया। सन् 1733 में शिवनाथ शाह की मृत्यु हो गई और उदयनाथ शाह नया शासक बना। अपने सात साल के शासन में उदयनाथ शाह निरंतर सालाना कर देकर अपने शासन को सँभाले रहा और कोई भी अप्रिय घटना उसके सामने नहीं हुई। सन् 1740 में उसकी मृत्यु हो गई और उत्तराधिकारी के रूप में सुंदर शाह गद्दी पर बैठा।

इसी बीच इस क्षेत्र में जमींदारी प्रथा खूब फल-फूल गई थी। सन् 1733 में बिहार का नया सूबेदार अलीवर्दी खाँ बना। उसने जमींदारों के बढ़ते वर्चस्व को देखकर उन्हें दबाने का निश्चय किया। अगले ही साल उसने टेकारी के जमींदार सुंदर सिंह पर आक्रमण कर दिया। भारी लूटपाट के साथ सुंदर सिंह को बंदी बना लिया गया। यहाँ सुंदर सिंह के परिवार ने बड़ी चतुराई से काम लिया और वह ढेर सारा धन लेकर चतरा की ओर चला गया। यह सुनकर अलीवर्दी खाँ और भी आगबबूला हो उठा तथा उसने चतरा पर भी आक्रमण कर दिया। अलीवर्दी को जब वहाँ भी सुंदर सिंह का परिवार नहीं मिला, तो उसने चतरा के किले को पूरी तरह ध्वस्त करके अपनी भड़ास निकाली।

उस सूबेदार के इस कृत्य ने स्थानीय राजाओं को भयभीत कर दिया। रामगढ़ के राजा विष्णु सिंह ने डर के मारे अलीवर्दी खाँ को सालाना कर देने का प्रस्ताव स्वयं भेजा और उसके आक्रमण से स्वयं को बचा लिया।

अब मुगलों का कोई अधिक प्रभुत्व नहीं रह गया था और बिहार का बंदोबस्त

बंगाल के नवाब शुजाउद्दीन ने सँभाल लिया था। अलीवर्दी खाँ उसका ही सूबेदार था। यह वह समय था, जब स्वयं बंगाल का नवाब भी मुगलों को कर नहीं देता था। ईस्ट इंडिया कंपनी देश में पाँव पसार चुकी थी और उसकी सभी व्यापारिक गतिविधियों के पीछे शासकीय कारण परिलक्षित होने लगे थे। यद्यपि उस समय बंगाल सबसे समृद्ध रियासतों में से एक था। यहाँ सन् 1651 में ही शाहशुजा ने अंग्रेजों को व्यापारिक छूट दे दी थी। कालांतर में अलीवर्दी खाँ ने सन् 1740 में नवाब सरफराज को मारकर बंगाल का शासन हथिया लिया था। यह भारत के लिए बहुत खराब समय रहा, क्योंकि अपवादों को छोड़कर हर जगह विदेशी शासक थे। यह वह समय था, जब मराठे अस्तित्व में आए। छत्रपति शिवाजी ने जिस 'स्वराज' की नींव रखी थी, वह अब खतरे में था, लेकिन मराठों ने कभी हार नहीं मानी। उन्होंने हमेशा अपनी छापामार नीतियों से मुगलों और अंग्रेजों को परेशान किया।

छोटानागपुर भी अंग्रेजों की दृष्टि में आ गया था, क्योंकि छोटानागपुर इनके मार्ग में पड़ता था, तो मराठों ने बंगाल, बिहार और उड़ीसा पर अपनी दृष्टि जमा दी थी। उनके आतंक से सभी शासक परेशान थे। उस समय मराठों का नेतृत्व बाजीराव प्रथम के हाथों में था। इनका प्रमुख सरदार भास्कर राव पंडित भी बहुत विख्यात था। सन् 1741 तक मराठों ने अधिकांश क्षेत्रों पर आधिपत्य जमा लिया था। सन् 1742 में इन्होंने बंगाल पर आक्रमण कर दिया। इनका आक्रमण इतना तेजतर्रार होता था कि विपक्षी को सँभलने तक का अवसर नहीं मिलता था। एकाएक प्रकट होकर हमला करना और लूट मचा देना मराठों की प्रमुख रणनीति थी, क्योंकि इनके नागपुर का रास्ता सरगुजा, अमरकंटक और छोटानागपुर से था, तो ये यहाँ की सब परिस्थितियों से परिचित थे। 'हिस्टरी ऑफ मराठाज्' में कहा गया है कि ये मराठे रामगढ़ के जंगलों से प्रकट होकर लूटमार करते हुए टूट पड़ते थे।

अलीवर्दी खाँ ने मराठों की छापामार की आतंकी गतिविधि पर अकुंश लगाने के उद्देश्य से सैन्यबल का प्रयोग किया। उसने भास्कर राव पंडित को कटवा के युद्ध में घेरकर पराजित भी कर दिया, लेकिन भास्कर राव बहुत चतुर सरदार था। उसने भागकर रामगढ़ में शरण ली, लेकिन अलीवर्दी खाँ ने यहाँ भी उसका पीछा नहीं छोड़ा तो फिर उसे उड़ीसा की ओर भागना पड़ा। मराठों का मुख्य उद्देश्य संपन्न नगरों को अपने अधीन करना था और बंगाल पर संपन्नता झूमकर आई थी।

मराठों में भी बहुदलीय नीति हो गई थी। सन् 1743 में बंगाल की संपन्नता मराठों के बीच मतभेदों और प्रतिद्वंद्विता का कारण बन गई थी। भोंसले सरदार रघुजी भोसले ने एक बड़ी सेना लेकर बंगाल पर आक्रमण कर दिया, जिसके जवाब में अलीवर्दी खाँ, मुगल सम्राट् मुहम्मद शाह और बालाजी राव एक हो गए। रघुजी को मैदान छोड़कर

भागना पड़ा। अब रघुजी भोंसले और पेशवा बाजीराव में क्षेत्र के वितरण को लेकर संधि हुई। इस संधि के अनुसार पेशवाई अधिकार में आगरा, अजमेर, मालवा, इलाहाबाद, भोजपुर, टेकारी और दाऊद नगर आए। जबकि भोंसले के नियंत्रण में अवध, बंगाल और शेष बिहार सहित छोटानागपुर भी आ गया। तात्पर्य यह कि छोटानागपुर सहित अधिकांश राज्य मराठों के अधीन हो गए। मराठे सदैव से ही संपन्नता के पुजारी थे, अत: इन्होंने इन क्षेत्रों का जमकर आर्थिक शोषण किया।

नागवंशी राजाओं ने मुगलों की आंतरिक कलह का पूरा लाभ उठाया। दुर्जन साल ने सन् 1640 तक शासन किया और अपनी कुशल राजनीति से मुगलों से बचते रहे। रघुनाथ शाह उसका उत्तराधिकारी बना, जो लगभग आधी सदी तक छोटानागपुर का शासक रहा। वह भी दुर्जन साल की तरह मुगलों से बचे रहने का तरीका जान गया था।

मराठों ने इन क्षेत्रों में मुगल शक्ति को बिलकुल प्रभावहीन कर दिया था। स्थानीय राजा, बंगाल के नवाब और मुगल कोई भी इन्हें आगे बढ़ने से न रोक सका और उन्होंने छोटानागपुर को शोषण का केंद्र बना लिया। स्थानीय वंशों ने मुगलों की हताशा को देखकर उनसे किसी भी प्रकार की सहायता की आशा छोड़ दी। अब अराजकता का वातावरण उत्पन्न हो गया था। कोई किसी का अधिकार माननेवाला नहीं रह गया था। मराठे तो अपनी इच्छा से रहते ही थे, स्थानीय राजाओं ने भी उन्हीं के आर्थिक शोषण की नीति का अनुसरण किया। इस मानसिकता ने जमींदारों और सामान्य जनों को घोर उत्पीड़न की भट्ठी में झोंक दिया। नागवंशी राजा मणिनाथ शाह जमींदारों पर कहर बनकर टूट पड़ा। उसने बरवा, सिल्ली, बुंडू, राहे और तमाड़ के जमींदारों का दमन कर उन्हें अपने अधिकार में कर लिया। और-तो-और मराठा समर्थित जमींदार भी इस शोषण नीति में शामिल हो गए थे। 18वीं शताब्दी आते-आते छोटानागपुर की जनजातीय आबादी का एक बहुत बड़ा हिस्सा इस शोषण से तंग आकर यहाँ-वहाँ जंगलों का शरणार्थी बन गया था। साथ ही जनजातियों में से कुछ ऐसे दल भी उभरकर सामने आए, जो मराठों की भाँति लूटमार में सक्रिय रहे। छोटानागपुर, पलामू, सिंहभूम, हजारीबाग और मानभूम जैसे प्रमुख क्षेत्र अब उपद्रवियों का गढ़ बन गए थे।

स्थानीय राजवंशों के शासकों ने अपना प्रभुत्व और वैभव कायम रखने के लिए छल, बल और दमन सब मार्ग अपना लिये थे। नागवंशी राजा दीपनाथ शाह और पूर्व मणिनाथ शाह ने भी बहुत से जमींदारों को कुचल दिया तथा अपने राज्य का विस्तार किया। सन् 1750 से 65 के बीच इन नागवंशी राजाओं ने बहुत शक्ति और क्षेत्र भी अर्जित कर लिया था।

चेरो राजा भी इस आपा-धापी में शामिल थे। पलामू में भी अब बहुरंगी सत्ता कायम थी। दक्षिण पलामू अवश्य चेरो के अधीन था, लेकिन शेष भाग में मुसलिम, राजपूत और मराठा समर्थित जमींदार हावी थे। सन् 1740 में मुगल सम्राट् मुहम्मद शाह ने हिदायत अली खाँ को जपला और बेलौंजा परगने सौंपे, तो बेलौंजा पर सोनपुरा के राजा के तीव्र विरोध का सामना करना पड़ा, जबकि उसने क्षेत्र के विस्तार के लिए हुसैनाबाद और हैदरनगर की स्थापना की। उधर सोनपुरा का राजा भी बेलौंजा को अधिक समय तक अपने अधिकार में न रख सका। इसे नवाब सिराजुद्दौला ने नाकी अली खाँ को सौंप दिया, लेकिन कुछ समय बाद यह किसी और के अधीन हो गया। इस समय पलामू में जमींदारी सत्ता पनप चुकी थी और इनमें भी कुछ खास जमींदार अधिक शक्तिशाली थे। चेरो राजा अब केवल अपने अस्तित्व को बचाए रखने की कोशिश में लगा था।

सिंहवंश के राजाओं की स्थिति भी बड़ी ऊहापोह में थी। पोरहट के राजाओं में नागवंशी राम शाह का समकालीन जगन्नाथ सिंह और उसके बाद पुरुषोत्तम सिंह व विक्रम सिंह हुए। विक्रम सिंह ने विस्तार नीति का अनुकरण कर सरायकेला राज्य की स्थापना के साथ बलात् काँड्र, वकसाई अपने अधीन कर लिये। इसके बाद अर्जुन सिंह का समय आया और वह भी शोषण नीति का बड़ा समर्थक रहा। इसी समय कोल लड़ाकों ने उपद्रव शुरू कर दिया और पोरहट राजाओं के लिए खतरे का विषय बन गए।

हजारीबाग की स्थिति भी भिन्न नहीं थी। रामगढ़ का राजा बड़ा चतुर व अवसरवादी शासक था। उसने इस क्षेत्र की सत्ता को हर प्रकार से प्रभावित किया। वह अवसर मिलते ही गिरगिट की तरह रंग बदलता था। उसने अपनी चालबाजियों से अपने मित्र राजाओं को कुचल दिया। जब सफलता ने उसे अहंकारी बनाया, तो उसने अपनी शक्ति का प्रदर्शन करना शुरू कर दिया। सन् 1740 में अलीवर्दी खाँ ने हिदायत अली खाँ को उसके विरुद्ध युद्ध करने भेजा और जबरन उससे 80,000 की भारी रकम कर के रूप में वसूली। इसके साथ ही उस पर 12,000 रुपए सालाना कर के रूप में नियमित किए।

विष्णु सिंह को बहुत से विरोधों, आक्रमणों और पराजयों का भी सामना करना पड़ा, लेकिन वह अपनी आदतों से बाज नहीं आया। उसने सन् 1763 तक कितने ही जमींदारों को अपने अधीन कर लिया और अब बड़े सपने भी देखने लगा। उसने बंगाल के नवाब मीर के खिलाफ एक साजिश रची, जिसकी खबर नवाब को लग गई और उसने विष्णु सिंह की धृष्टता के जवाब में एक बड़ी सेना भेजी, जिसका नेतृत्व मरकत खाँ और अब्दुलशाह खाँ कर रहे थे। नवाब की सेना ने विष्णु सिंह को बुरी तरह पराजित कर दिया और उससे छीनकर स्थानीय राजाओं व जमींदारों को उनकी जमीन वापस दिलाई। अब

विष्णु सिंह पूरी तरह से कमजोर हो गया था। उसकी मृत्यु के बाद उसका भाई मुकुंद सिंह रामगढ़ का राजा बना, जो उसकी तरह ही अवसरवादी था। अल्पकालीन शासन में मुकुंद सिंह ने अपने सभी रंग दिखाए, लेकिन सन् 1766 में वारिस खाँ ने उसे हराकर उससे बकाया कर वसूल किया। मुकुंद सिंह ने भी उस समय चुप्पी साध ली, जो उसका एक गुण था, फिर एक साल बाद उसने अपना रंग दिखाना शुरू किया और छह परगना को जीत लिया। छह परगना पर सन् 1718 से इसी वंश का अधिकार था, जो इनके पूर्वज दलेल सिंह ने छह परगना के राजा मगर खाँ को मारकर अपने अधिकार में कर लिया था।

इस प्रकार स्पष्ट होता है कि उत्तर मुगल काल में छोटानागपुर में अधिकांशतः अफरा-तफरी, लूटमार और आपसी वैमनस्य का माहौल रहा। सत्ता का ध्रुवीकरण हो गया था और मूल जनजातियों के हितों की चिंता करनेवाला कोई नहीं था। मुगल, नवाब और स्थानीय राजवंश सभी इस समय इस क्षेत्र की प्राकृतिक संपदा को लूट रहे थे। जिसका भी इस पर जोर चलता, वही इस लूटपाट में शामिल हो जाता। मराठा भी इस क्षेत्र के प्राकृतिक वैभव को समझ गए और उन्होंने भी यहाँ खूब लूटपाट मचाई। अंग्रेज तो ऐसे ही अवसर की तलाश में रहते थे। उनके पास सैन्यबल के साथ-साथ बुद्धिबल भी था, जबकि पक्षपात उनका प्रमुख अस्त्र था।

17वीं शताब्दी के उत्तरार्द्ध में अंग्रेजों के कदम इस भूमि पर पड़े। सिंहभूम में इनका प्रवेशकाल 1767 का है, जब स्वयं जगन्नाथ सिंह चतुर्थ ने कोल्हान लड़ाकों से त्रस्त होकर अंग्रेजों की शरण ली। नागवंशी दीपनाथ शाह के शासन में मराठा आतंक से मुक्ति हेतु अंग्रेजी सहायता मिली। इससे भी बड़ी बात यह हुई कि मुगल शासक शाह आलम द्वितीय ने 26 लाख वार्षिक कर पर बिहार, बंगाल और उड़ीसा की दीवानी अंग्रेजों को सौंप दी। इस प्रकार बिहार में अंग्रेजों का मार्ग पूरी तरह प्रशस्त हो गया था।

उत्तर-मध्यकालीन इतिहास

झारखंड में ईस्ट इंडिया कंपनी का पदार्पण सन् 1667 में हुआ था, जबकि इसकी तैयारी सन् 1665 में ही हो चुकी थी। कंपनी वैसे तो एक व्यावसायिक प्रतिष्ठान के रूप में भारत में आई थी, लेकिन उसने अपनी उपनिवेशवादी नीति के कारण भारत में शासन की प्रबल संभावनाएँ देख ली थीं। जब सन् 1498 में वास्कोडिगामा ने यूरोप और भारत के बीच समुद्री मार्ग खोज लिया था, तो उसके सौ वर्ष बाद ही पुर्तगालियों ने गोवा पर अपना पूर्ण आधिपत्य कर लिया था। इसके बाद डच व्यापारी आए और इन दोनों को रौंदकर अंग्रेजों ने अपना शासन स्थापित किया। यह भारतीयों का दुर्भाग्य ही था कि उन्होंने अंग्रेजों को भारत में व्यापारिक गतिविधियों की अनुमति दी और धीरे-धीरे ये

अंग्रेज व्यापारी ही सर्वेसर्वा बन बैठे।

कंपनी सरकार ने धीरे–धीरे पैर पसारे और झारखंड भी देखते-ही-देखते उनकी आवश्यकता बन गया। एक तो झारखंड प्राकृतिक रूप से संपन्न होने के कारण बाह्य शक्तियों के शोषण का केंद्र बन गया था, दूसरे कंपनी सरकार इस क्षेत्र के असुरक्षित माहौल से चिंतित हुई। दीवानी मिलने के बाद कंपनी सरकार को अपने विद्रोही शत्रुओं से सबसे अधिक नुकसान इसी क्षेत्र में हो रहा था। जब भी अंग्रेज अपना कर वसूलने जाते तो जमींदार भागकर छोटानागपुर क्षेत्र में चले जाते और अंग्रेजों की नाक में दम कर देते। झारखंड उनकी सुरक्षित आश्रयस्थली के रूप में कुख्यात हो गया था। झारखंड की पश्चिमी सीमा मराठा घुसपैठियों का मार्ग थी। इन सबको देखते यह आवश्यक हो गया था कि कंपनी पलामू को अपने अधिकार में लेकर उसका उपयोग मराठों के दमन और अपनी आर्थिक आवश्यकता की पूर्ति के लिए करे।

छोटानागपुर भी अंग्रेजों की दृष्टि में आ गया था, क्योंकि छोटानागपुर इनके मार्ग में पड़ता था, तो मराठों ने बंगाल, बिहार और उड़ीसा पर अपनी दृष्टि जमा दी थी। उनके आतंक से सभी शासक परेशान थे। उस समय मराठों का नेतृत्व बाजीराव प्रथम के हाथों में था।

यही स्थिति छोटानागपुर की भी थी। दक्षिण बिहार की सीमा से अंग्रेजों को बंगाल में परेशानी हो रही थी। यहाँ के मराठी मार्ग और मराठा उनके लिए कष्टकारी बन गए थे। अंग्रेजों ने इस क्षेत्र को भी अपने अधिकार में करना आवश्यक समझा। झारखंड में उनका प्रथम प्रवेश सिंहभूम में सन् 1760 में हो गया था। मिदनापुर उनके अधीन था और तभी से वे शेष क्षेत्रों पर आधिपत्य जमाने के प्रयासों में लगे रहे थे। उस समय सिंहभूम में तीन प्रमुख राज्य थे, जिनमें सिंहवंश के पोरहट, ढालवंश के ढालभूम और 'हो' जाति के कोल्हान थे। सबसे पहले अंग्रेजों ने इन्हीं पर कुदृष्टि डाली।

कंपनी सरकार ने सैन्यबल को प्राथमिकता दी और 1767 में उसने फर्गुसन के नेतृत्व में कंपनी सेना को सिंहभूम पर आक्रमण के लिए भेज दिया। उसने पहले ही आक्रमण में झाड़ग्राम को जीत लिया। फर्गुसन के सैन्यबल ने कुछ राजाओं को तो बिना युद्ध के ही आत्मसमर्पण करने को विवश कर दिया था। इनमें रामगढ़ के मुकुंद सिंह, जामवनी और सिलदा के राजा प्रमुख थे। हालाँकि ढाल राजा ने कंपनी सेना को घाटशिला तक रोकने के अनेक प्रयास किए, लेकिन फिर भी उसे हार का सामना करना पड़ा। यहाँ तक कि उसने राजमहल में भी आग लगा दी। जब 22 मार्च, 1767 को फर्गुसन घाटशिला पहुँचा तो वहाँ उसे जलता हुआ राजमहल मिला। फर्गुसन एक शातिर सेनापति था। उसने अपनी

चालबाजी से ढाल राजा को बंदी बना लिया और उसे कैदी बनाकर मिदनापुर भेज दिया, फिर उसने वहाँ की बागडोर कंपनी की शर्तों पर जगन्नाथ ढाल को 5,500 रुपए सालाना कर पर सौंप दी।

जगन्नाथ ढाल भी स्वाभिमानी राजा था और वह भी अंग्रेजों की अधीनता नहीं चाहता था। उसने अगले ही वर्ष कर देने से मना कर दिया और स्वयं को स्वतंत्र राजा घोषित कर दिया। कंपनी सरकार को उसकी यह धृष्टता बुरी लगी और उसने अंग्रेज सेना जगन्नाथ ढाल को सबक सिखाने के लिए भेजी। जगन्नाथ ढाल तो भाग गया, लेकिन उसका भाई नीमू ढाल पकड़ा गया। नीमू ढाल ने अंग्रेजों से नया सौदा कर लिया। वह कंपनी की सभी शर्तों को स्वीकार कर राजा बनने के लिए तैयार हो गया। कंपनी को ऐसे ही व्यक्ति की आवश्यकता थी। इस प्रकार नीमू ढाल को राजा बना दिया गया।

नीमू ढाल की इस हरकत ने भूमिजों को क्रोधित कर दिया और वे विद्रोह पर उतर आए। नीमू ढाल ने अंग्रेजों की सहायता से विद्रोह को तो दबा दिया, लेकिन इससे जगन्नाथ ढाल को यह हौसला मिला कि विद्रोही भूमिज उसका साथ दे सकते हैं। उसने दसों दिशाओं में जब प्रयास किए तो उसे सफलता मिली। दस वर्ष तक जगन्नाथ ढाल ने कंपनी को खूब छकाया। अंतत: कंपनी ने परेशान होकर उसे ही राजा घोषित कर दिया। उसे कर के रूप में प्रतिवर्ष एक हजार रुपया बढ़ाकर देना था। ढाल राजा ने यह शर्त स्वीकार कर ली। इस प्रकार ढाल राजा व कंपनी के बीच हुई यह संधि एक प्रकार से अन्य राजाओं के लिए भी युद्ध टालने का एक मार्ग बनी।

अन्य राजाओं ने भी इस संधि को माना। सन् 1773 में पोरहट राजा ने भी इस तरह की संधि की, लेकिन कंपनी ने इसमें कुछ और शर्तें भी जोड़ दी थीं। इन शर्तों में यह भी सम्मिलित था कि पोरहट राजा कंपनी विरोधी तत्त्वों को आश्रय नहीं देगा। यही संधि प्रारूप अन्य राजाओं को भी स्वीकार करनी पड़ी। सन् 1797 में सरायकेला और सरसावा के राजाओं को भी इस तरह की संधि पर हस्ताक्षर करने पड़े।

18वीं शताब्दी के आरंभ में अंग्रेज-मराठा युद्ध के बाद कंपनी ने पेशवा के वंशानुगत पद को समाप्त कर दिया। इसी समय अंग्रेजों ने सिंहभूम को पूर्ण रूप से अपने अधीन करने का फैसला किया। यद्यपि कर के रूप में धन देकर और कंपनी का वफादार रहकर झारखंड का राजा कंपनी के अधीन ही था, लेकिन फिर भी अंग्रेज अपनी कुटिलता से बाज नहीं आ रहे थे।

झारखंड की एक प्रमुख जनजाति 'हो' ने 18वीं शताब्दी में अंग्रेजों को कड़ी टक्कर दी। 'हो' जनजाति का राज्य कोल्हान था, जहाँ कभी मुगल-मराठा भी नहीं पहुँच सके थे। कोल्हान का राजा बड़े शांतिपूर्ण ढंग से रह रहा था और कभी उसका

किसी अन्य से झगड़ा भी नहीं हुआ था। सिंहवंश और नागवंश की उससे मित्रता थी, लेकिन अफरा-तफरी के समय नागवंशी राजाओं ने 'हो' प्रदेशों पर सन् 1770 और 1800 में आक्रमण किए थे, तभी से 'हो' राजाओं का मन खिन्न हो गया था।

सिंहभूम के राजाओं ने 'हो' का समर्थन किया, तो 'हो' उन्हें अपने सच्चे हितैषी मानकर उनके लिए तन-मन-धन से हमेशा तैयार रहे। 'हो' राजा साधारण जीवन व्यतीत करते थे। वे स्वतंत्रता के आदी थे और उन्हें राजनीतिक दाँव-पेंचों की समझ कम ही थी। अत: समय की माँग के अनुसार 'हो' राजाओं को राजनीति में उतरने की आवश्यकता हुई। अब वे भी बल-प्रयोग करने लगे। लूटमार करने लगे। छोटानागपुर, मँगपुर, बोनाई, क्योझर और बामनघाटी इन 'हो' लड़ाकों का निशाना बने। इनका आतंक इतना बढ़ गया कि व्यापारी आदि कोल्हान के मार्ग पर जाने से कतराने लगे। इनके बढ़ते कृत्यों ने अन्य राजाओं को भी त्रस्त कर दिया। सन् 1819 तक सिंहभूम के लगभग सभी राजा कंपनी की अधीनता स्वीकार कर चुके थे। कंपनी ने जब कोल्हान लड़ाकों का आतंक देखा तो उसने उन पर नियंत्रण करने की योजना बनाई।

कंपनी ने सन् 1820 में मेजर रफसेज के नेतृत्व में सेना तैयार करके 'हो' आतंक के दमन के लिए कोल्हान भेजी। कंपनी सेना ऐसे युद्धों की अभ्यस्त थी, जबकि 'हो' लड़ाके इस तरह के युद्धों से अपरिचित थे। पहली ही झड़प में सैकड़ों 'हो' लड़ाके मारे गए और अंग्रेजों को सफलता का स्वाद चखने को मिला। कुछ दिन बाद मेजर रफसेज को अपनी एक सैन्य टुकड़ी से हाथ धोना पड़ा, जब वह टुकड़ी सिंहभूम राजा के साथ 'हो' लोगों से कर वसूलने गई थी। इसमें 'हो' लड़ाकों का ही हाथ माना गया।

इसके बाद कंपनी ने सन् 1821 में कर्नल रिचर्ड को यह कमान सौंपी और उसके साथ बड़ी संख्या में अंग्रेज सेना भेजी। कर्नल रिचर्ड ने एक महीने में ही 'हो' लड़ाकों को आत्मसमर्पण करने के लिए विवश कर दिया। अब 'हो' लड़ाकों को युद्ध की वास्तविकता का ज्ञान हो गया था। अंतत: उन्होंने कंपनी की शर्तों पर संधि कर ली थी। कंपनी ने उन पर प्रति हल कर पाँच वर्षों तक पचास पैसा और उसके बाद एक रुपया निर्धारित कर दिया। 'हो' लोगों ने कंपनी की इस शर्त को भी स्वीकार कर लिया।

लगभग दस वर्षों तक 'हो' लोगों ने कंपनी के साथ हुए समझौतों का भली-भाँति पालन किया, लेकिन उनके मन में यह बात घर कर गई थी कि उनके वर्तमान संकटों के लिए सिंहभूम के राजा भी जिम्मेदार थे। अत: 'हो' सिंहभूमवासियों के साथ मधुर संबंध नहीं रख सके। इन लोगों ने पुन: संगठित होकर धीरे-धीरे अपने पुराने ढर्रे पर चलना शुरू कर दिया। वे फिर से लूटमार में शामिल हो गए। एक बार फिर ढालभूम, छोटानागपुर और बामनघाटी उनके आतंक से थर्रा उठे। झारखंड के इतिहास में सन् 1831-32 का यह समय 'कोल विद्रोह' के नाम से जाना गया, जिसमें लगभग सभी 'हो' लोगों ने

सक्रिय भूमिका निभाई।

कंपनी को फिर से 'हो' लोगों पर अंकुश लगाना आवश्यक हो गया। अत: कंपनी को कोल्हान क्षेत्र में अपनी सेना भेजनी पड़ी। यह सन् 1836 का समय था। इस बार 'हो' लड़ाके पहले की अपेक्षा अधिक प्रशिक्षित और व्यवस्थित थे। उन्होंने लगभग चार महीने तक कंपनी सेना को कड़ी टक्कर दी, लेकिन फिर भी उन्हें हार का सामना करना पड़ा। 'हो' लड़ाकों ने आत्मसमर्पण कर दिया, लेकिन इस बार कंपनी ने पहलेवाली गलती नहीं दोहराई। कंपनी ने 'हो' लोगों पर पूर्ण नियंत्रण रखने के उद्देश्य से नई रणनीति बनाई। उसने एक प्रशासनिक इकाई का गठन कर उसे एक अंग्रेज अधिकारी के अधीन कर दिया। इस प्रकार 'हो' जनजाति पर अंकुश लगाया जा सका। सन् 1765 में बिहार की दीवानी मिलने के 72 वर्ष पश्चात् अंग्रेजों ने 'हो' क्षेत्र में पूर्ण सफलता प्राप्त की।

कंपनी साम्राज्य की स्थापना में अंग्रेजों को भारत में व्याप्त राजनीतिक अराजकता और आपसी फूट से बहुत लाभ मिला। पलामू पर शासन स्थापित करने से कंपनी सरकार को ऐसी ही परिस्थितियों का लाभ हुआ। कोई भी राजा उनका विरोध करने की स्थिति में नहीं था। पलामू के चेरो राजा कुछ दिन तक तो विशेष कारणों से कंपनी की कुदृष्टि से बचे रहे, क्योंकि कंपनी को यह सख्त हिदायत थी कि वह पलामू पर सैन्यबल का प्रयोग न करे, यह हिदायत कलकत्ता के अधिकारियों द्वारा पटना कौंसिल को मिली थी, फिर कंपनी की नीतियों में बदलाव हुआ और पलामू को अपने अधीन करने का निर्णय ले लिया गया। यह वही समय था, जब पलामू पर चिरंजीत राय और जयनाथ सिंह का अधिकार था। ये राजा किसी भी प्रकार कंपनी की अधीनता नहीं चाहते थे। अंग्रेजों ने दोहरी नीति अपनाते हुए पलामू को अर्द्धस्वतंत्र रखने के उद्देश्य से गोपाल राय को वहाँ का राजा बनाने का निर्णय लिया। गोपाल राय भी सशर्त राजा बनने का इच्छुक था।

कंपनी ने गुलाम हुसैन नामक अधिकारी को पलामू भेजा और जयनाथ सिंह को यह धमकी दी कि वह पलामू का किला कंपनी को सौंप दे, अन्यथा उसे बलपूर्वक अपदस्थ कर दिया जाएगा। जयनाथ सिंह ने झुकना स्वीकार नहीं किया और युद्ध छिड़ गया। कंपनी ने कैप्टन जैकब कैमक के नेतृत्व में एक बड़ी सेना पलामू पर आक्रमण के लिए भेज दी। 20 जनवरी, 1771 को पटना से रवाना हुआ कैप्टन जैकब औरंगाबाद के रास्ते शेरघाटी पहुँचा। 25 जनवरी को उसने कुंडा में प्रवेश किया। कुंडा का जमींदार अंग्रेजों से जाकर मिल गया था। यहाँ से चलकर अंग्रेजों ने चैनपुर पर आक्रमण किया और लगातार चेरो राज्य का दमन करते हुए 21 मार्च, 1771 को अंग्रेजों ने चेरुओं को आत्मसमर्पण करने पर विवश कर दिया। चिरंजीत राय और जयनाथ सिंह ने भागकर रामगढ़ में शरण ली तथा अपने प्राण बचाए।

अब पलामू पर अंग्रेजों का अधिकार हो गया था। गोपाल राय को सशर्त वहाँ का राजा घोषित किया गया। यद्यपि इसी बीच जयनाथ सिंह ने वापस अपना राज्य प्राप्त करने का प्रयास भी किया, लेकिन उसे सफलता नहीं मिली। उसकी छोटी सी सेना को अंग्रेजों ने थोड़ी ही देर में मार भगाया। अत: जयनाथ सिंह को फिर अपने प्राण बचाकर भागना पड़ा। इस बार उसने सरगुजा में शरण ली। कंपनी की इस तरह लगातार जीत ने अन्य राजाओं के हौसले पस्त कर दिए। एकजुटता का अभाव और सैन्य संसाधनों की कमी ने उन राजाओं को युद्ध में होनेवाले व्यर्थ के रक्तपात से भयभीत कर दिया था।

छोटानागपुर के नागवंशी राजा दर्पनाथ शाह ने कंपनी का दमनचक्र देखकर युद्ध की आशंका से घबराकर अपने वकील की सहायता से कैप्टन जैकब को सशर्त अधीनता स्वीकार कर लेने का प्रस्ताव भेजा। कंपनी ने इस प्रस्ताव पर अपनी सहमति दे दी और सालाना कर निर्धारित करके दर्पनाथ शाह को कंपनी का अधीनस्थ राजा घोषित कर दिया। अब बारी रामगढ़ की थी। रामगढ़ का राजा मुकुंद सिंह अंग्रेजों की अधीनता तो स्वीकार नहीं करना चाहता था, लेकिन हालात ऐसे बन गए थे कि उसे मन मारकर सशर्त संधि पर विचार करने के लिए विवश होना पड़ा। वह शुरू से ही अवसरवादी रहा था और अपने इसी अवगुण के कारण उसके अन्य राजाओं से संबंध अच्छे नहीं थे। नागवंशियों से भी उसका काफी मन-मुटाव था। पलामू पर जब जैकब ने आक्रमण किया था, तो उस समय उसने जैकब को समर्थन दिया था। अत: वहाँ भी उसकी शत्रुता थी और छह परगना के जमींदार पर भी वह कई बार आक्रमण कर चुका था, तो वह उससे भी शत्रुता मोल ले बैठा था। इन सबने मुकुंद के विरोध में कंपनी सेना का साथ देने का मन बना लिया था। इन्हीं सब बातों से मुकुंद सिंह घबराया हुआ था। अत: उसने भी सशर्त अधीनता का विकल्प चुना। चूँकि वह कंपनी का पहले भी बकाएदार था, इसीलिए उसे यह आशंका भी थी कि संभवत: कंपनी उसे कुचल न दे।

दीवानी मिलने के बाद कंपनी सरकार को अपने विद्रोही शत्रुओं से सबसे अधिक नुकसान इसी क्षेत्र में हो रहा था। जब भी अंग्रेज अपना कर वसूलने जाते तो जमींदार भागकर छोटानागपुर क्षेत्र में चले जाते और अंग्रेजों की नाक में दम कर देते। झारखंड उनकी सुरक्षित आश्रयस्थली के रूप में कुख्यात हो गया था। झारखंड की पश्चिमी सीमा मराठा घुसपैठियों का मार्ग थी।

मुकुंद सिंह ने बड़ी याचना के बाद अपने वकील के माध्यम से कैप्टन जैकब तक अपनी बात पहुँचाई। जैकब ने उसका प्रस्ताव स्वीकार कर लिया और पटना कौंसिल को इसकी सूचना दे दी। मुकुंद सिंह को त्रिवर्षीय कर 63,000 रुपए जमा

करने और 23,228 रुपए पूर्व बकाया रकम का भुगतान करने का आदेश दिया गया। यह कर की दर भी अन्य राज्यों की अपेक्षा अधिक थी और मुकुंद सिंह एकमुश्त 86,228 रुपए चुकाने की स्थिति में भी नहीं था। उसने कैप्टन जैकब से इस भुगतान रकम की दो किश्तें करने को कहा, जिसे उसने अस्वीकार कर दिया। मुकुंद सिंह ने भी संधि पर हस्ताक्षर न करके यह स्पष्ट कर दिया कि वह भी अब मरते दम तक कंपनी की अधीनता स्वीकार नहीं करेगा।

इससे कंपनी और मुकुंद सिंह में ठन गई और दोनों की ओर से युद्ध की तैयारी होने लगी। मुकुंद सिंह ने एक और चाल चली। वह अंग्रेजों के धुर विरोधी मराठों से सहायता माँगने लगा। उन दिनों मराठे भी ऐसे ही अवसर की प्रतीक्षा में थे। उन्होंने मुकुंद की सहायता के लिए मराठा लड़ाकों की एक टुकड़ी रामगढ़ भेज दी। जब मराठों का सहयोग मिला तो कुछ अन्य अंग्रेज विरोधी राजा भी मुकुंद से आ मिले। इनमें टोरी, कुंडा और केंदी के राजा प्रमुख थे। जब जैकब को इस लामबंदी की सूचना मिली तो वह और भी भड़क गया और उसने त्वरित बल का प्रयोग करते हुए कुंडा पर अधिकार कर लिया। इससे केंदी का राजा घबरा गया और उसने बिना युद्ध के ही कर देने का प्रस्ताव जैकब के पास भेज दिया। अब जैकब की रणनीति काम कर गई। उसने एक और दाँव चला। उसने तेज सिंह ठकुराई को रामगढ़ का भावी राजा घोषित कर दिया, जिससे मुकुंद सिंह की शक्ति और कम हो गई।

जैकब ने तेज सिंह को राजा बनाते ही युद्ध का नेतृत्व भी उसी को सौंप दिया। छोटानागपुर और पलामू की सेना भी उससे आ मिली तथा युद्ध शुरू हो गया। मुकुंद सिंह ने इस संयुक्त सेना को देखा तो चिंतित हो उठा, लेकिन मराठा लड़ाकों ने उसे आश्वासन दिया कि वह साहस से काम ले। मराठों के आगे तेज सिंह की एक न चली और उसे जान बचाकर भागना पड़ा। मुकुंद सिंह इस जीत से मदोन्मत्त हो गया। अब उसका भय जाता रहा। इस हार से कंपनी चिंतित हो उठी, क्योंकि अप्रत्यक्ष रूप से यह कंपनी की ही हार थी।

जल्दी ही पटना कौंसिल ने जैकब को निश्चित जीत का निर्देश दिया। इस बार जैकब ने कोई गलती नहीं की। उसने तेज सिंह को वापस बुलाया और विशाल कंपनी सेना के साथ रामगढ़ पर चढ़ाई कर दी। इस युद्ध में अपरिहार्य कारणों से मुकुंद सिंह को मराठों की युद्ध सहायता नहीं मिली, तो उसने व्यर्थ के रक्तपात से बचने के लिए मुकाबला नहीं किया। अतः जैकब को आसानी से रामगढ़ मिल गया था। इस बार कंपनी ने सुदृढ़ तथा छोटानागपुर को एकीकृत करके रामगढ़ जिला बनाकर उसकी व्यवस्था का भार जैकब को सौंप दिया। एक साल के भीतर ही जैकब ने रामगढ़ पर कंपनी की अपेक्षित परिस्थितियाँ थोपकर और उसे अनुकूल बनाकर सन् 1774 में तेज

सिंह को वहाँ का राजा घोषित कर दिया। यह अंग्रेजों की एक बड़ी उपलब्धि थी।

यद्यपि कंपनी ने झारखंड के एक बड़े भाग पर अधिकार कर लिया था, लेकिन फिर भी इस सफलता में उसे अनेक प्रतिरोधों का सामना करना पड़ा। सिंहभूम, छोटानागपुर और पलामू के साथ कोल्हान क्षेत्रों पर लगभग सौ वर्षों के बाद अंग्रेजों ने पूर्ण सफलता प्राप्त की थी। इस दौरान उन्हें भारी विरोध का सामना करना पड़ा। मानभूम में तो अंग्रेजों को इतना अधिक प्रतिरोध सहना पड़ा था कि उन्होंने इस क्षेत्र में सैन्य काररवाई से कोई लाभ न मिलता देखकर सैन्य चौकियाँ स्थापित करके ही कर वसूलने की व्यवस्था की थी। यहाँ के पाँच जमींदारों ने कंपनी की अधीनता स्वीकार करने से स्पष्ट मना कर दिया और मरने-मारने पर उतारू हो उठे। ये जमींदार अत्यंत शक्तिशाली थे और नीतिगत कर के अतिरिक्त अंग्रेजों की और कोई शर्त मानने के लिए तैयार नहीं थे। जब सन् 1767 में मेजर फर्गुसन के सब प्रयास असफल हो गए थे, तब कंपनी को सालाना कर से ही संतोष करना पड़ा।

कंपनी की यही स्थिति सरायकेला में भी थी। यहाँ की भौगोलिक स्थिति के कारण अंग्रेजों को इस क्षेत्र में जीत नहीं मिल सकी। यहाँ सफलता प्राप्त करने में कंपनी को और अधिक समय लगा। लगभग सन् 1834 में जाकर ही अंग्रेज इस क्षेत्र को अपने अधिकार में ले सके।

इस प्रकार कहा जा सकता है कि झारखंड की ऐतिहासिक पृष्ठभूमि यहाँ के जनजातीय संघर्षों की रोमांचक गाथा है। यह बाह्य आक्रमणों और आंतरिक कलहों से जूझता रहा। जनजातियाँ अपना अस्तित्व बचाने के लिए कभी बाहरी लोगों से तो कभी अपने ही लोगों से जूझती रहीं। झारखंड के राजवंशों में आपसी कलह और क्षेत्र के विस्तार हेतु लूटमार, फिर मुगलों एवं नवाबों की धनलिप्सा, मराठों का आतंक तथा अंग्रेजों की साम्राज्यवादी नीति ने यहाँ की जनजातियों को हमेशा भय और अभाव से ग्रस्त जीवन जीने को विवश कर दिया। हमेशा आजाद रहनेवाले ये लोग दासतापूर्ण जीवन जीने के आदी नहीं थे। यही कारण था कि अंग्रेजों के विरुद्ध इनका स्वतंत्रता संग्राम बहुत समय पहले ही आरंभ हो चुका था। इस स्वतंत्रता संग्राम में झारखंड के योगदान को भुलाया नहीं जा सकता। सीमित साधनों और शिक्षा के अभाव के बावजूद इन जनजातियों ने आजादी की इस लड़ाई में अपना सर्वस्व झोंक दिया।

कंपनी को बिहार, बंगाल और उड़ीसा की दीवानी बंगाल के नवाब की इच्छा के विरुद्ध मुगल बादशाह शाह आलम द्वितीय ने 26 लाख वार्षिक कर पर 12 अगस्त, 1765 को दे दी थी। इसके बाद कंपनी को बिहार के अधिकांश क्षेत्रों पर अधिकार करने में अधिक समय नहीं लगा, फिर भी बिहार का यह दक्षिणी क्षेत्र झारखंड सरलता से अंग्रेजों के नियंत्रण में नहीं आया। यहाँ के जनजातीय लोग स्वभाव से ही स्वच्छंद और

निर्भीक थे तथा बाहरी शासकों के खिलाफ हमेशा उग्र रहे।

झारखंड के प्रमुख विद्रोह एवं आंदोलन

जब कंपनी ने सन् 1767 में इस क्षेत्र में पदार्पण किया, तभी यहाँ असंतोष व्याप्त हो गया था। जनजातीय शैली वैसे भी कठिन थी और फिर ऊपर से प्राकृतिक अकालों एवं आपदाओं ने इनके सामने बड़े भीषण संकट पैदा कर दिए। आर्थिक कठिनाइयों और अन्न के अभाव ने इन जनजातियों को तोड़कर रख दिया। उस पर भी मुगलों, मराठों एवं स्थानीय जमीदारों ने इनका दमन व शोषण करके इन्हें विद्रोही बना दिया।

प्रशासकीय स्तर पर जनजातीय लोगों के हितों एवं अधिकारों का हनन तथा दमन किया जा रहा था। इसके साथ इन लोगों को अपनी सभ्यता एवं संस्कृति पर भी खतरा मँडराता दिखाई दे रहा था। इस प्रकार के सभी कारणों ने जनजातीय विद्रोह को जन्म दिया।

इन जनजातीय लोगों को अपनी संस्कृति, अधिकारों एवं स्वतंत्रता में किसी का भी हस्तक्षेप पसंद नहीं था। अंग्रेजों के साथ आई उनकी दुरूह संस्कृति ही भारतीयों को पसंद नहीं थी, तो फिर जनजातीय लोग इसे कैसे सहन करते?

अंग्रेजों के आने से जनजातीय लोगों को अपनी पहचान व स्वतंत्रता खतरे में पड़ती दिखाई देने लगी थी। 17वीं शताब्दी के अंत में जनजातीय विद्रोह शुरू हो गए थे, जबकि अंग्रेज यहाँ केवल दो दशक पहले ही आए थे। इन जनजातीय विद्रोहों में अंग्रेजों की पक्षपातपूर्ण नीति का भी हाथ था। अंग्रेज किसी एक के हितैषी बनकर अन्य सबको शोषण की भट्ठी में झोंक देते थे। राजा, जमींदार, अधिकारी सभी जनजातीय प्रजा के लिए यमदूत सिद्ध हो गए थे। इन विद्रोहों के पीछे इन लोगों का स्वाभिमान स्पष्ट झलकता था। अंग्रेजी शासन में कुल 13 जनजातीय विद्रोह हुए, जिनमें से मुख्य विद्रोहों का वर्णन इस प्रकार है—

तमाड़ विद्रोह

सन् 1771 में अंग्रेजों ने छोटानागपुर पर अपना अधिकार जमा लिया था और यहाँ के राजाओं एवं जमींदारों को कंपनी का संरक्षण मिल चुका था, जिससे इन लोगों को प्रजा के शोषण की छूट मिल गई थी। जमींदारों ने किसानों की जमीनें हड़पनी शुरू कर दी थीं। इस शोषण नीति ने उराँव जनजाति के लोगों में विद्रोह की आग भड़का दी। इस जनजाति ने सन् 1789 में अपने विद्रोही तेवर दिखाने शुरू कर दिए और जमींदारों पर टूट पड़े। सन् 1794 तक इन विद्रोहियों ने जमींदारों को इतना भयभीत कर दिया कि उन्होंने अंग्रेज सरकार से अपनी रक्षा करने की गुहार लगाई।

अंग्रेजों ने परिस्थिति को भाँपा और पूरी शक्ति से विद्रोह को कुचल दिया। इससे कई व्यवस्थाओं का सूत्रपात हुआ और कुछ समय तक शांति बनी रही। जब दुबारा इनकी जमीन को हड़पा जाने लगा तो यह विद्रोह व्यापक हो गया।

चेरो विद्रोह

यह आंदोलन सन् 1800 में चेरो किसानों ने अपने राजा के विरुद्ध शुरू किया। यह विद्रोह तब अंग्रेजों की पक्षपातपूर्ण नीति के विरोध में हुआ, जब कंपनी ने कूटनीति से जयनाथ सिंह को अपदस्थ कर दिया और उसके स्थान पर गोपाल राय को राजा बना दिया। कुछ समय बाद गोपाल राय कुछ विद्रोही चेरो सरदारों के साथ मिल गया, जिससे अंग्रेज रुष्ट हो गए। अंग्रेजों ने गोपाल राय को बंदी बनाकर पटना जेल में डाल दिया। इसके बाद अंग्रेजों ने चूड़ामन को वहाँ का राजा बना दिया। चूड़ामन राय कोई भी कार्य अंग्रेजों की सलाह से ही करता था और इससे जनजातीय हित प्रभावित होते थे। इससे लोगों में असंतोष व्याप्त हो गया और चेरो सरदार भूषण सिंह के नेतृत्व में खुला विद्रोह शुरू हो गया। चूड़ामन राय ने अंग्रेजों से मदद की गुहार लगाई और इस विद्रोही दल पर टूट पड़ा। कर्नल जोंस ने इस विद्रोह को कुचलने के हरसंभव प्रयास किए, लेकिन उसे अपेक्षित सफलता नहीं मिली। दो वर्षों तक चेरो विद्रोही अंग्रेजों और चूड़ामन राय को छकाते रहे। अंततः भूषण सिंह को गिरफ्तार कर लिया गया। सन् 1802 में इस विद्रोही चेरो नेता को फाँसी दे दी गई और इसके बाद यह विद्रोह भी धीरे-धीरे समाप्त हो गया।

छोटानागपुर के नागवंशी राजा दर्पनाथ शाह ने कंपनी का दमनचक्र देखकर युद्ध की आशंका से घबराकर अपने वकील की सहायता से कैप्टन जैकब को सशर्त अधीनता स्वीकार कर लेने का प्रस्ताव भेजा। कंपनी ने इस प्रस्ताव पर अपनी सहमति दे दी और सालाना कर निर्धारित करके दर्पनाथ शाह को कंपनी का अधीनस्थ राजा घोषित कर दिया।

'हो' विद्रोह

यह विद्रोह सन् 1821-22 छोटानागपुर के 'हो' लोगों ने सिंहभूम के राजा जगन्नाथ सिंह के विरुद्ध किया। जगन्नाथ सिंह प्रति के 'हो' लोग तटस्थ थे और इनका किसी से भी कोई झगड़ा नहीं था। नागवंश के राजा ने इन पर एक-दो बार आक्रमण किया था, लेकिन सिंहभूम के राजा के साथ इनके मैत्रीपूर्ण संबंध थे। जब बाद में सिंहभूम के राजा ने अंग्रेजों की अधीनता स्वीकार कर ली और अंग्रेजों की नीति के फलस्वरूप अपने ही 'हो' मित्रों के साथ वह दुर्व्यवहार करने लगा तो 'हो' लोग भड़क उठे। मेजर रफसेज ने भी इन लोगों को अपने कई स्वार्थों में प्रयोग किया और इन्हें

झूठे आश्वासन देकर बेवकूफ भी बनाया।

'हो' लोग जल्दी ही समझ गए थे कि उन्हें मूर्ख बनाकर उनके भोलेपन का लाभ उठाया जा रहा है। जब उन्होंने इसका विरोध किया तो रफसेज समझ गया कि वे लोग विद्रोही होते जा रहे हैं। उनके विद्रोह की झलक चाईबासा में एक वापसी दल को लूटने और कुछ लोगों की जान लेने से मिली। रफसेज ने तुरंत एक सेना की टुकड़ी 'हो' लोगों के विरुद्ध भेजी। 'हो' लोगों ने एकत्रित होकर इस सेना को तहस-नहस कर दिया। इससे रफसेज घबरा गया, इसलिए उसने अपनी सेना को गुटियालोर गाँव भेज दिया, जहाँ 'हो' लोगों की संख्या अधिक थी। अंग्रेजों ने गाँव में आग लगाने के साथ-साथ वहाँ बहुत तबाही मचाई। 'हो' लड़ाकों ने भी हथियार नहीं डाले और वे जी-जान से लड़ते रहे। रफसेज को हालात चिंताजनक लगने लगे। अतः उसने और सैनिक बुला लिये। एक महीने तक लगातार संघर्ष करने के बाद 'हो' विद्रोहियों को आत्मसमर्पण करना पड़ा। इस प्रकार कुछ शर्तों और करों के साथ अंततः शांति स्थापित हो सकी।

कोल विद्रोह

यह व्यापक विद्रोह छोटानागपुर पलामू, सिंहभूम और मानभूम की कई जनजातियों का संयुक्त विद्रोह था, जो अंग्रेजों के बढ़ते हस्तक्षेपों के शोषण के खिलाफ उपजा था। अंग्रेज समर्थित जमींदार इन वर्गों विशेषकर कृषकों का ऐसा खून चूस रहे थे कि इन्हें भोजन के लिए भी तरसना पड़ रहा था। कितने ही अवांछित करों और जबरन वसूली ने इन लोगों को खून के आँसू रुला दिया था। कृषि और शिकार पर आश्रित इन लोगों से मनमाना कर वसूलने के लिए इन पर तरह-तरह के अत्याचार किए जाते तथा कर चुकाने की असमर्थता में इनकी जमीन 'दीकुओं' (बाहरी लोग) को दे दी जाती थी। जमींदार इनसे बेगार कराते। वे स्वयं पालकी में चलते और कहारों का कार्य आदिवासी लोग करते। इनके पशुओं की देखभाल भी आदिवासी ही करते।

कैथबर्ट ने कहा है, "इन जमींदारों ने किसानों पर इतने अत्याचार किए कि गाँव-के-गाँव उजड़ गए। इस सामंती व्यवस्था में जमींदार शायद ही किसानों के हित की कोई बात सोचता हो और प्रशासनिक वर्ग अलग से इनका खून चूस रहा था। फलतः आबादी का ह्रास हो रहा था और लोग बस किसी प्रकार अपना जीवन-यापन कर रहे थे।"

इसी संबंध में डब्ल्यू.डब्ल्यू. ब्लेट ने कहा है, "राजा की शासन व्यवस्था घोर निराशावादी और इन दबे वर्गों के प्रति शोचनीय थी। किसानों की जमीन इनसे जबरन छीनी जा रही थी और बाहरी लोगों को दी जा रही थी। इनकी शिकायत पर किसी शासक या प्रशासक का रवैया सहानुभूतिपूर्ण भी नहीं था। इस लूट, दंड और उत्पीड़न ने कितनी ही जानें ले ली थीं।"

इनके अतिरिक्त भी कुछ ऐसे नैतिक कारण थे, जिन्होंने इन आदिवासी लोगों के मन में विद्रोह की भावना पैदा कर दी थी। अतः इन लोगों में असंतोष व्याप्त हो गया था और यह कभी भी ज्वालामुखी की तरह फट सकता था। मुंडा जनजाति ने बंदगाँव में आदिवासियों की एक सभा बुलाई। इस सभा में लगभग सात कोल आदिवासी आए और वहीं से यह भीषण विद्रोह आरंभ हुआ। इसकी चपेट में दीकू, अंग्रेज और उनके समर्थित जमींदार आए। विद्रोहियों ने गाँव-के-गाँव जला दिए। इसका परिणाम यह हुआ कि इस विद्रोह और इसके तात्कालिक कारण ने विद्रोह की आग को सिंहभूम, टोरी, हजारीबाग और मानभूम तक के क्षेत्रों में प्रज्वलित कर दिया। उनके इस विद्रोह में लगभग 1,000 लोग मारे गए।

इस व्यापक विद्रोह को दबाने के लिए अंग्रेज सरकार ने रामगढ़ में सेना एकत्रित की और बाहर से भी सेना बुलाई गई। विद्रोहियों का नेतृत्व बुद्धू भगत, सिंग राय और सूर्य मुंडा कर रहे थे। अंग्रेजी सेना की कमान कैप्टन विलकिंसन के हाथों में थी। जब अंग्रेजी सेना का विद्रोहियों से सामना हुआ तो बहुत जन-धन की हानि हुई। बुद्धू भगत अपने डेढ़ सौ सहयोगियों के साथ मारा गया। यह विद्रोह लगभग पाँच साल तक चला, जिसमें मरनेवाले विद्रोहियों की संख्या अधिक रही, तब कंपनी को भी इसकी चिंता हुई।

कंपनी ने विद्रोह के कारणों की जाँच-पड़ताल की और झारखंड की शासन व्यवस्था में आमूल-चूल परिवर्तन किए गए। बेहतर न्याय व्यवस्था और पारदर्शी प्रणाली के गठन की आवश्यकता महसूस हुई। उस समय तक झारखंड में अंग्रेजों ने बंगाल के ही सामान्य नियम लागू कर रखे थे, लेकिन अब परिस्थिति की जटिलता को देखकर कंपनी ने 'रेगुलेशन-XIII' नाम से एक नया कानून बनाया, जिसके अंतर्गत रामगढ़ जिले को विभाजित किया गया। एक और अलग नए प्रशासनिक क्षेत्र का गठन किया गया, जिसमें जंगल महाल और ट्रिब्यूटरी महाल के साथ एक नन-रेगुलेशन प्रांत बनाया गया। इस प्रशासनिक क्षेत्र को जनरल के प्रथम एजेंट के रूप में गवर्नर के अधीन किया गया। इस व्यवस्था में विल्किंसन को पहला गवर्नर बनाया गया, जो पहले सेना में कैप्टन था और इस विद्रोह के दमन के लिए भेजा गया था। 'कोल विद्रोह' झारखंड के इतिहास में महत्त्वपूर्ण स्थान रखता है, क्योंकि इसके अनेक दूरगामी परिणाम हुए। इसी विद्रोह ने प्रशासनिक व्यवस्था के सुधार की नींव रखी।

भूमिज विद्रोह

भूमिज विद्रोह को गंगानारायण हंगामा भी कहा जाता है। यह विद्रोह जनजातीय जमीदारों और जनजातीय लोगों का संयुक्त विद्रोह था, जिसकी अगुआई बड़ाभूम के राजा बेलाक नारायण के पोते गंगानारायण ने की थी। इस विद्रोह के पीछे कुछ राजनीतिक

कारण तो थे ही, साथ ही मूल रूप से यह विद्रोह आदिवासी उत्पीड़न से उपजा था। बड़ाभूम की जागीर को गंगानारायण से उसके भाई माधव सिंह ने हड़पने का षड्यंत्र रचा था। माधव सिंह दीवान था। उसने जनता का बहुत शोषण किया था। जब गंगानारायण ने उसका विरोध किया तो वह कंपनी सेना की शरण में जा पहुँचा। गंगानारायण ने भी हालात की गंभीरता को समझा और उसने उन जमींदारों से संपर्क किया, जो अंग्रेजी व्यवस्था से त्रस्त थे। उनके साथ गंगानारायण को जनजातीय लोगों का भी समर्थन मिला, क्योंकि आदिवासी लोग भी इस व्यवस्था से बहुत निराश थे। कोल और 'हो' जाति के लोग तो बुरी तरह से नाराज थे। इस प्रकार गंगानारायण के नेतृत्व में एक संयुक्त विद्रोह की भूमिका बनी, जिसमें जनजातीय लोगों की भूमिका रही। सन् 1832 में ही, जब कोल विद्रोह को दबाने के प्रयास चल रहे थे, तभी उस दौरान गंगानारायण ने अपने विद्रोही गुट के साथ विद्रोह का बिगुल बजा दिया। इस विद्रोह को अंग्रेजों ने 'भूमिज विद्रोह' की संज्ञा दी। शीघ्र ही विद्रोह ने व्यापक रूप ले लिया और कंपनी सेना इन विद्रोहियों को दबाने के लिए लेफ्टिनेंट बैंडन और टिमर के नेतृत्व में निकल पड़ी। खरसावाँ का ठाकुर अंग्रेजों की ओर से लड़ा।

इस लड़ाई में गंगानारायण मारा गया और खरसावाँ के ठाकुर ने उसका सिर काटकर कैप्टन विल्किंसन को उपहार में भेज दिया। विद्रोह का दमन हो चुका था, लेकिन विल्किंसन को इस विद्रोह ने कुछ और सोचने पर विवश कर दिया। उसने अपने वरिष्ठ अधिकारियों को वस्तुस्थिति समझाकर उनसे परामर्श लिया और जंगल महाल में प्रशासकीय परिवर्तन की आवश्यकता बताई। रेगुलेशन XIII के अंतर्गत जंगल महाल जिला को स्थगित कर इसकी दीवानी अदालत बंद कर दी गई। नई गठन नीति लागू हुई, जिसमें शेरगढ़, विष्णुपुर और सोनपहाड़ी को वर्द्धमान में शामिल कर लिया गया तथा शेष भागों को मिलाकर मानभूम को जिला बना दिया गया। इस जिले में झालदा, धनबाद, सुपुर, रायपुर, अंबिका नगर, बड़ाभूम और श्यामसुंदरपुर सहित कई मुख्य क्षेत्रों को शामिल किया गया। इसका तात्कालिक मुख्यालय मानबाजार बनाया गया, जिसे सन् 1838 में बदलकर पुरुलिया ले जाया गया।

इस प्रकार 'भूमिज विद्रोह' भी प्रशासनिक व्यवस्था के सुधार का एक कारण बना। अंग्रेज अधिकारी जान गए थे कि आदिवासी लोगों को न्याय व्यवस्था की पारदर्शिता न मिलना और उनका किसी भी प्रकार का उत्पीड़न रोज नए विद्रोह को जन्म देनेवाले कारण थे। प्रशासनिक व्यवस्था को गवर्नर के अधीन करके इस दिशा में सार्थक कदम उठाया गया था।

संथाल विद्रोह

वीरभूम, ढालभूम, सिंहभूम, मानभूम और बाकुड़ा के जमींदारों द्वारा सताए गए संथाल 1790 ई. से ही संथाल परगना क्षेत्र, जिसे दामन-ए-कोह कहा जाता था, में आकर बसने लगे। इन्हीं संथालों द्वारा किया गया यह विद्रोह झारखंड के इतिहास में सबसे अधिक चर्चित हुआ, क्योंकि इसने कंपनी और उसके समर्थित जमींदारों, सेवकों और अधिकारियों को बहुत बड़ी संख्या में जनहानि पहुँचाई थी। इस प्रकार विद्रोह के कारणों में कृषक उत्पीड़न प्रमुख था। संथाल जनजाति भी कृषि और वनों पर निर्भर थी, लेकिन जमींदारी प्रथा ने इन्हें इनकी ही भूमि से बेदखल करना शुरू कर दिया था। अंग्रेज समर्थित जमींदार पूरी तरह से संथालों का शोषण कर रहे थे और साथ ही कंपनी ने कृषि करों को इतना अधिक कर दिया था कि संथाल लोग इसे चुकाने में अक्षम थे। इसके अतिरिक्त बाहरी लोगों के आवागमन ने इन संथालों को अपनी ही भूमि पर सिमटने को विवश और निर्धन कर दिया था। संथाल जीवन-निर्वाह के लिए साहूकारों व जमींदारों के शोषणचक्र में फँस रहे थे। ये लोग ऊँची ब्याज दर पर ऋण देते थे और फिर वसूली के नाम पर मानसिक एवं शारीरिक शोषण भी करते थे। न्याय व्यवस्था भी इन्हीं संपन्न एवं समृद्ध शोषकों का साथ देती थी। इस उत्पीड़न जाल से बाहर निकलने का मार्ग संथालों के सामने न होने से ये लोग आत्महत्या कर रहे थे।

ऐसी विकट स्थिति में तो साधारण लोग ईश्वर के अवतार की ही कामना करते हैं। ईश्वर भी ऐसे लोगों की पुकार अनसुनी नहीं करता, तभी तो संथालों के ऐसे घोर उत्पीड़न का विरोध करते सिद्धू-कान्हू नामक दो जवान सामने आए। इन दोनों ने दिन-रात एक करके संथालों में विद्रोह का साहस भरा और उन्हें एकजुट होने के लिए प्रोत्साहित किया।

सन् 1855 में हजारों संथालों ने भोगनाडीह के चुन्नु माँझी के चार पुत्रों सिद्धू, कान्हू, चाँद तथा भैरव के नेतृत्व में एक सभा की, जिसमें उन्होंने अपने उत्पीड़कों के विरुद्ध लामबंद लड़ाई लड़ने की शपथ ली। सिद्धू-कान्हू ने लोगों में एक नई ऊर्जा व उत्साह भर दिया। उन्होंने एकजुट होकर अपनी भूमि से दीकुओं को चले जाने की चेतावनी दी। इन दीकुओं में अंग्रेज और उनके समर्थित कर्मचारी, अधिकारी तथा जमींदार आदि थे। सरकारी आज्ञा न मानने, दामिन क्षेत्र में अपनी सरकार स्थापित करने और लगान न देने की घोषणा

अंग्रेजों ने गोपाल राय को बंदी बनाकर पटना जेल में डाल दिया। इसके बाद अंग्रेजों ने चूड़ामन को वहाँ का राजा बना दिया। चूड़ामन राय कोई भी कार्य अंग्रेजों की सलाह से ही करता था और इससे जनजातीय हित प्रभावित होते थे। इससे लोगों में असंतोष व्याप्त हो गया और चेरो सरदार भूषण सिंह के नेतृत्व में खुला विद्रोह शुरू हो गया।

की गई। इसी बीच दरोगा महेशलाल दत्त की हत्या कर दी गई। चेतावनी देने के दो दिन बाद संथालों ने अपने शोषकों को चुन-चुनकर मारना शुरू कर दिया। अंबर के जमींदार की हवेली जला दी गई। महेशपुर राजमहल पर विद्रोहियों ने कब्जा करने का प्रयास किया। अधिकारी और जमींदार इनके मुख्य निशाने पर थे, फिर जो बाहरी व्यापारी लोग थे, उनके मकान एवं दुकानों को तोड़ दिया गया। यह खुला सशस्त्र विद्रोह था, जो कहलगाँव से राजमहल तक फैल गया। यह विद्रोह 1856 में वीरभूम, बांकुड़ा और हजारीबाग में भी फैल गया। यह देख कंपनी चिंतित हो गई और बातचीत के द्वारा संथालों को समझाने का प्रयास किया जाने लगा, लेकिन धैर्य की सीमा पार करके उपजा संथालों का आक्रोश कुछ भी सुनने को तैयार नहीं था। संथाल तो अपनी भूमि से अंग्रेजों और उनके समर्थकों को भगाने या समाप्त करने की शपथ ले चुके थे। अंग्रेजों के कार्यालयों को भस्म किया जाने लगा। जहाँ भी कोई अंग्रेज दिखाई देता, उसे वहीं ढेर कर दिया जाता। संथाल साक्षात् काल बन गए थे। दुर्दांत होकर उन्होंने अंग्रेज महिलाओं और बच्चों को भी मार डाला।

संथालों के हंगामे से अंग्रेजी प्रशासन में हड़कंप मच गया। कंपनी ने सेना को खुली छूट देकर इस विद्रोह को दबाने का आदेश दिया। अंग्रेजों ने भी संथालों के प्रति बहुत बर्बरता दिखाई और उनके गाँव-के-गाँव जला दिए। अंग्रेजी सेना संथाल के नेताओं की धरपकड़ में दिन-रात एक करने लगी और इसमें उसे सफलता भी मिली। अधिकांश विद्रोही नेता या तो मारे गए थे या फिर बंदी बना लिये गए थे। चाँद और भैरव गोलियों के शिकार हो वीरगति को प्राप्त हुए। सिद्धू और कान्हू पकड़े गए, उन्हें बरहेट में फाँसी दे दी गई। इस विद्रोह को फिर भी कुछ सफलता अवश्य मिली थी, क्योंकि संथालों ने अपने क्षेत्र में से अधिकांश अंग्रेजों और उनके समर्थकों को या तो मार दिया था या भगा दिया था। जो शेष बचे भी थे, वे भी बहुत समय तक आतंक के साए में जीते रहे। इस विद्रोह के जनक सिद्धू-कान्हू झारखंड के लोगों के लिए पूजनीय हो गए और आज भी उन्हें झारखंड के जननायक के रूप में याद किया जाता है। सिद्धू-कान्हू की गाथाएँ आज भी झारखंड के लोगों के लिए ओज एवं शक्ति की प्रेरणास्रोत हैं।

जनवरी 1856 ई. तक संथाल परगना क्षेत्र में संथाल विद्रोह दबा दिया गया, लेकिन सरकार ने संथालों की वीरता और शौर्य को स्वीकार किया। सरकार को प्रशासनिक परिवर्तनों की अनिवार्यता स्वीकार करनी पड़ी।

इस संथाल विद्रोह के परिणामस्वरूप 30 नवंबर, 1856 ई. को विधिवत संथाल परगना जिला की स्थापना की गई और एशली एडेन को प्रथम जिलाधीश बनाया गया।

सन् 1857 का विद्रोह

सन् 1857 का विद्रोह भारत का पहला स्वतंत्रता संग्राम माना जाता है। झारखंड

इससे अछूता नहीं रहा। यद्यपि सन् 1857 से ठीक पहले 1855-56 में हुए संथाल विद्रोह के कारण न सिर्फ सरकार सचेत थी, बल्कि स्थानीय लोग भी काफी हद तक थके हुए और हताश थे। इसी कारण सन् 1857 का विद्रोह झारखंड में व्यापक असरदार नहीं रहा। झारखंड में यह विद्रोह देवघर क्षेत्र के रोहणी ग्राम से प्रारंभ हुआ। 12 जून, 1857 को मेजर लैसली की हत्या कर दी गई। फलतः संथालों की एक सैन्य टुकड़ी तैयार कर देवघर में तैनात की गई।

दूसरी तरफ रामगढ़ बटालियन, जिसका मुख्यालय राँची था, के सैनिक भी विद्रोह के लिए उतारू थे। स्थिति को भाँपते ही कमिश्नर ने डोरंडा स्थित 8वीं नेटिव इनफेंटरी को दानापुर जाने का आदेश दे दिया। दानापुर छावनी में 25 जुलाई, 1857 को विद्रोह कर दिया गया। फलतः रामगढ़ बटालियन के सिपाहियों ने भी विद्रोह की तैयारियाँ प्रारंभ कर दी और 30 जुलाई, 1857 को हजारीबाग के सिपाहियों ने विद्रोह कर दिया और प्रथम प्रिंसिपल असिस्टेंट तथा अन्य अधिकारियों के बँगलों को आग में झोंक दिया। सरकारी कार्यालयों में आग लगा दी गई। जेल से कैदियों को छुड़ा लिया गया। खजाना लूटनेवाले विद्रोहियों के हाथ बहत्तर हजार नगद मिले।

हजारीबाद को नियंत्रित करने के बाद विद्रोही राँची की ओर कूच कर गए, जिसका नेतृत्व सुरेंद्र शाही कर रहा था। चारों तरफ से घिरे और स्थानीय जमींदारों के विरोध के कारण वे राँची छोड़ने से लिए बाध्य हो गए, परंतु राँची छोड़ने से पूर्व उन्होंने काफी लूटपाट की। कमिश्नर डाल्टन के राँची पहुँचते ही राँची की स्थिति सामान्य हो गई थी। अब विद्रोही चतरा की ओर बढ़ गए। दूसरी ओर, अंग्रेजों ने पलामू और शेरघाटी के सभी मार्गों की नाकेबंदी कर दी। 01 अक्तूबर, 1857 तक अंग्रेज भी चतरा पहुँच चुके थे। अब दोनों के बीच भीषण संघर्ष हुआ। इस दौरान कई अंग्रेज और सिख सैनिक मारे गए। लैफ्टीनेंट डॉट ने अंग्रेजी सेना का नेतृत्व किया, दूसरी तरफ विद्रोहियों का नेतृत्व जयमंगल पांडे और सूबेदार माधव सिंह कर रहे थे। 3 अक्तूबर, 1857 को जयमंगल पांडे और नादिर अली को बंदी बनाकर मेजर सिंपसन ने मुकदमा चलाकर मौत की सजा दे दी। विश्वनाथ शाहदेव और गणपत राय भागने में सफल रहे तथा लोहरदगा में छापामार युद्ध प्रारंभ कर दिया। चतरा शहर में फँसीहारी पोखरा नामक तालाब में कई विद्रोहियों को फाँसी पर चढ़ा दिया गया।

पलामू में नीलांबर और पीतांबर ने 1857 के विद्रोह का नेतृत्व किया। पूरे सिंहभूम क्षेत्र में अर्जुन सिंह ने विद्रोह का नेतृत्व किया, इसके अलावा भगवान् सिंह, रामनाथ सिंह ने भी सिंहभूम में विद्रोहियों का नेतृत्व किया।

सरकारी दमन से विद्रोहियों को घुटने टेकने पर मजबूर कर दिया गया। 10 अगस्त, 1857 को पूरे झारखंड में मार्शल लॉ लागू कर दिया गया और क्रांतिकारियों को

मृत्यु दंड देने का प्रावधान किया गया।

राँची के निकट टैगोर हिल पर उमराव सिंह तथा शेखू भिखारी को फाँसी दे दी गई। इसी प्रकार ठाकुर विश्वनाथ शाहदेव और पांडे गणपत राय को भी फाँसी दे दी गई तथा ठाकुर के सत्तानबे गाँवों के साथ जगरनाथपुर मंदिर की संपत्ति भी जब्त कर ली गई। जमादार कुरबान अली को भी 14 वर्ष की कठोर सजा दी गई। पलामू के प्रमुख क्रांतिकारी नेता पीतांबर, नीलांबर को अप्रैल 1859 में लैसलीगंज में फाँसी दे दी गई। विद्रोही नेताओं की संपत्ति जब्त कर अंग्रेजों का साथ देनेवालों के बीच बाँट दी गई।

सरदारी आंदोलन

1850 ई. और उसके बाद इस क्षेत्र में अनेक आदिवासियों द्वारा ईसाई धर्म अपना लेने से भूमि की समस्या और बद्तर हो गई। ईसाई धर्म के व्यापक प्रचार-प्रसार के विरुद्ध जनजातीय सुधारवादी आंदोलन चले। इन्हीं में सरदारी आंदोलन सन् 1859 से 1881 के मध्य चला। इसका उल्लेख एक्सी राय ने अपनी पुस्तक 'द मुंडाज' में किया है। वास्तव में यह भूमि के लिए लड़ाई थी। इसका मूल उद्‌देश्य जमींदारों को बाहर निकालना, बेगारी प्रथा को समाप्त करना और भूमि पर लगाए गए प्रतिबंधों का विरोध करना था। सामान्यतः यह आंदोलन तीन चरणों में पूर्ण हुआ। प्रथम भूमि आंदोलन (1858-81 ई.) द्वितीय पुराने मूल्यों को पुनः स्थापना संबंधी आंदोलन (1881-90 ई.) और तृतीय राजनीतिक आंदोलन (1890-95 ई.)।

खरवार आंदोलन

खरवार (संथाल) आंदोलन, जिसका नेतृत्व भागीरथ माँझी ने किया था, का उद्‌देश्य प्राचीन मूल्यों और जनजातीय परंपराओं को पुनः स्थापित करना था। इसके साथ ही वे भूमि संबंधी समस्याओं में सुधार के अलावा सामजिक कर्मों में शुद्धि के प्रवर्तक भी थे। इसीलिए मदिरा आदि का इसमें विरोध किया गया। आंदोलन के प्रति पूर्ण समर्पण वाले सफाहोर कहलाए और उदासीन लोग बाबजीया कहलाए। बेमन पूजकों को मेलबरागर कहा गया।

बिरसा मुंडा आंदोलन

यह आंदोलन झारखंड में सबसे अधिक संगठित और व्यापक माना जाता रहा है। इस आंदोलन के नायक बिरसा मुंडा को भगवान् के अवतार रूप में मान्यता मिली है। मुंडा जनजाति भी अन्य जनजातियों की तरह कृषि और वनों पर निर्भर होकर अपनी परंपराओं, मान्यताओं को सहेज रही थी। यह जनजाति छोटानागपुर क्षेत्र की प्रमुख जनजातियों में से एक थी और इसके लोग कभी विवादों की सुर्खियाँ नहीं बने थे। शांतिपूर्ण जीवन व्यतीत करनेवाले मुंडा लोग भी उत्पीड़न और अंग्रेजी लूटमार से बगावत

पर उतरे। इनके विद्रोह का एक मुख्य कारण इनकी संस्कृति पर अन्य संस्कृतियों की परछाईं का भी पड़ना था। कुछ आपसी मतभेद, जो हर जाति-जनजाति में पाए जाते हैं, मुंडा लोगों में भी रहते थे। इनका मेल-जोल हिंदुओं से भी था और इसी कारण कुछ मुंडा हिंदू परंपराओं का अनुसरण भी करने लगे थे। मतभेदों के कारण कुछ मुंडा ईसाई मिशनरियों की ओर भी चले गए। जैसाकि छोटानागपुर में जमींदार और राजाओं का शोषणचक्र चल रहा था, तो ये लोग भी उसकी चपेट में आ गए थे। इनकी जमीन को हड़पा जा रहा था और इन पर करों का बोझ भी बढ़ता जा रहा था। फलत: ऋण का जाल भी इनको अपने शिकंजे में जकड़ रहा था। न्याय व्यवस्था तो बस नाममात्र के लिए रह गई थी और सबसे बड़ा झटका तो मुंडाओं को तब लगा, जब आवश्यकता में न तो हिंदू मित्रों ने और न ही ईसाई मिशनरियों ने उनकी कोई सहायता की, जिनके कहने पर ये लोग अपने पारंपरिक नियमों से भी दूर हो गए थे।

मुंडा लोग इन सब बातों से पूरी तरह हतोत्साहित हो चुके थे और अपने अस्तित्व की रक्षा के लिए चिंतातुर थे। ऐसे समय में बिरसा मुंडा नामक नौजवान मुंडा जनजाति के उत्थान का बीड़ा उठाकर आगे आया। उसका यह कहना था कि वह ईश्वर की आज्ञा और शक्ति लेकर मुंडाओं को उनके अधिकार और बाहरी शक्तियों से उन्हें आजाद कराने के लिए अवतार के रूप में आया है। इस युवक की वाणी में ओज था और इसमें तत्कालीन व्यवस्था पर चोट करने की क्षमता भी थी। जल्दी ही कुछ मुंडा युवक प्रभावित होकर उससे जुड़ गए। वह धार्मिक आख्यानों के माध्यम से लोगों में नवचेतना जाग्रत् करता। इसी कारण वह छोटानागपुर क्षेत्र में देवदूत की तरह माना जाने लगा। उसके विचारों में लगभग सभी विषयों पर मनन करने की क्षमता थी। वह सभाएँ आयोजित कर लोगों को कुरीतियों से दूर रहने के लिए कहता, जीवन में निर्भरता को स्थान देने की बात कहता और साथ ही अपनी संगठन शक्ति का ज्ञान करने की बात कहता। उसके मित्रमंडल ने भी शीघ्र ही उसे लोगों के बीच ईश्वरीय शक्ति के रूप में स्थापित कर दिया।

वीरभूम, ढालभूम, सिंहभूम, मानभूम और बाकुड़ा के जमींदारों द्वारा सताए गए संथाल 1790 ई. से ही संथाल परगना क्षेत्र, जिसे दामन-ए-कोह कहा जाता था, में आकर बसने लगे।

बिरसा मुंडा ने सन् 1895 तक लगभग छह हजार मुंडाओं को एकत्रित कर दिया। यह अब तक का सबसे बड़ा दल था। भले ही यह मिथक था, लेकिन बिरसा को भगवान् का अवतार ही माना जाने लगा। उसने लोगों को अपने उद्देश्यों से अवगत कराया, जिन्होंने मुंडा जनजाति को नए ओज से भर दिया। उसके प्रमुख उद्देश्य इस

प्रकार थे—

➢ अंग्रेज सरकार का पूरी तरह दमन कर देना।

➢ छोटानागपुर सहित सभी अन्य क्षेत्रों से 'दीकुओं' को भगा देना।

➢ स्वतंत्र मुंडा राज्य की स्थापना करना।

बिरसा मुंडा ने इन उद्देश्यों की प्राप्ति के लिए हिंसात्मक होने से भी गुरेज न करने का संदेश दिया। उसने सभी मुंडाओं को साहस के साथ इस धर्मयुद्ध में कूदने का आवाहन किया और योजना बनाकर साहूकारों, जमींदारों, मिशनरियों तथा दीकुओं आदि पर हमला कर दिया। हमला तो जोरदार था, लेकिन शासन व्यवस्था ने इसे उतना सफल नहीं होने दिया, जितना सफल होने की बिरसा ने आशा की थी। उसे राँची में कंपनी सेना द्वारा गिरफ्तार कर लिया गया, लेकिन कुछ दिनों बाद उसे मुक्ति भी मिल गई और वह फिर से अपने दल में आ मिला।

इस बार बिरसा मुंडा ने अपनी योजना को भलीभाँति सुदृढ़ रूप दिया और 25 दिसंबर, 1897 को, जब क्रिसमस का दिन था तथा ईसाई लोग इस दिन जश्न मनानेवाले थे, हमले के लिए चुना। इस हमले में अधिक-से-अधिक ईसाइयों को मौत के घाट उतारने का संकल्प लिया गया। निश्चित दिन मुंडा विद्रोहियों ने चारों ओर हाहाकर मचा दिया और जश्न में डूबे ईसाइयों तथा उन मुंडाओं को मार दिया गया, जो ईसाई धर्म अपना चुके थे। यह एक बड़ा नरसंहार था, जिसने ब्रिटिश शासन को झकझोरकर रख दिया। स्थानीय पुलिस बल भी इस मुंडा विद्रोह का शिकार हुआ। चारों ओर त्राहि-त्राहि मच गई, तब कंपनी ने राँची से सेना भेजी और निर्दयतापूर्वक इस विद्रोह को दबाया गया। बिरसा मुंडा और उसके साथी गया मुंडा को गिरफ्तार कर जेल भेज दिया गया।

जेल में रहते हुए कुछ असाध्य बीमारियों और समुचित उपचार के अभाव में बिरसा मुंडा की मृत्यु हो गई। वहीं कंपनी के लिए यह विद्रोह एक सबक सरीखा साबित हुआ। उसने अपनी नीतियों में बदलाव किया। अंग्रेजों ने भूमि अधिकार संबंधी नए नियम बनाए और काश्तकारी अधिनियम के अंतर्गत पहली बार 'मुंडारी खूँटकारी व्यवस्था' को लागू किया गया। प्रशासनिक सुविधाओं को और भी बेहतर बनाया गया। आदिवासियों के दिलों से प्रशासन के प्रति घृणा को समाप्त करने का प्रयास किया गया। सन् 1908 में गुमला अनुमंडल बनाया गया, जबकि खूँटी को सन् 1905 में ही अनुमंडल बना दिया गया था। यह प्रशासन व आदिवासियों के बीच विश्वास बहाल करने के प्रयास थे।

बिरसा आंदोलन सही मायनों में एक सफल आंदोलन कहा जाता है। इसने जनजातियों में आत्मसम्मान, अधिकारों की रक्षा, धार्मिकता की रक्षा जाग्रत करने के साथ ही इन्हें

रूढ़ियों-अंधविश्वासों से दूर रहने की प्रेरणा भी दी। इसी आंदोलन नें अंग्रेज सरकार को जनजातियों के प्रति संवेदनशील रहने को विवश किया। बिरसा मुंडा ने अपने अल्प जीवन में लोगों को जाग्रत कर दिया था और आज भी उसे भगवान् बिरसा मुंडा के रूप में याद किया जाता है।

टाना भगत आंदोलन

यह आंदोलन बिरसा आंदोलन से ही जनमा था। यह भी एक बहुआयामी आंदोलन था, क्योंकि इसके नायक भी अपनी सामाजिक अस्मिता, धार्मिक परंपरा और मानवीय अधिकारों के मुद्दों को लेकर आगे आए थे। यह आंदोलन सन् 1914 में शुरू हुआ। टाना भगत कोई व्यक्ति नहीं, बल्कि उराँव जनजाति की एक शाखा थी, जिसने कड़ख धर्म अपनाया था। इन लोगों की स्थिति अत्यंत दयनीय थी और इनसे अधिकांशत: श्रमवाले कार्य ही कराए जाते थे। सुबह से शाम तक भवन, सड़क आदि के निर्माण कार्यों के लिए ये लोग ईंट, पत्थर ढोते रहते और मजदूरी के नाम पर इन्हें कुछ विशेष नहीं मिलता था। एक प्रकार से इन्हें खच्चरों की भाँति प्रयोग किया जाता था। इस आंदोलन के नायक के नाम पर 'जतरा भगत' नामक नौजवान को मान्यता मिली थी, जो अलौकिक सिद्धियों में रत रहता था। जनश्रुति के आधार पर इसी जतरा भगत को 'धर्मेश' नामक उराँव देवता ने दर्शन दिए थे और उसे कुछ निर्देश देकर इस आंदोलन को शुरू करने की आज्ञा दी थी।

जतरा भगत ने 'धर्मेश' देवता का आदेश पाकर भूत-प्रेत की साधना का कार्य छोड़ दिया और निरामिष हो गया। उसने लोगों को अंधविश्वास में आस्था रखने से मना किया और आचरण में सात्त्विकता लाने का संदेश दिया। साथ ही उसने बेगार या कम मजदूरी पर काम करनेवालों को ऐसा काम न करने का आदेश दिया। लोगों में जल्दी ही वह बहुत लोकप्रिय हो गया और लोग उसकी प्रत्येक बात को आत्मसात् करने लगे। इससे अंग्रेज घबरा गए और उन्होंने जतरा भगत को गिरफ्तार कर लिया। इससे उराँव लोगों में रोष फैल गया। अंग्रेज इस आंदोलन से संबंधित सभी लोगों को गिरफ्तार करने में जुट गए। परिणाम यह हुआ कि हिंसा भड़क उठी और एक सामाजिक जनजागरण व्याप्त हो गया। अंग्रेजों ने बड़ी क्रूरता से इस आंदोलन को दबा दिया, फिर भी यह आंदोलन सामाजिक चेतना जगाने में सफल रहा।

इस प्रकार अंग्रेज सरकार के विरुद्ध हुए जनजातीय विद्रोहों ने कुछ हद तक झारखंड के दबे-कुचले लोगों को उनके अधिकार दिलाने में महत्त्वपूर्ण भूमिका निभाई। इन आंदोलनों में आक्रामकता, बर्बरता, आक्रोश, शक्ति संगठन और नीतिगत कारण जैसे वे सभी तत्त्व मौजूद थे, जो विद्रोह को जन्म देते हैं। झारखंड की तत्कालीन स्थिति दयनीय थी और विडंबना यह थी कि प्राकृतिक रूप से संपन्न इस क्षेत्र का शोषण और

दोहन करने पहुँचे बाहरी लोगों ने यहाँ की मूल जनजातियों को लगभग बेदखल ही कर दिया था। शिक्षा से दूर और सुविधाओं से वंचित यह जनजातीय समाज शांतिपूर्वक अपना जीवन निर्वाह कर रहा था। उनके अपने पर्वों, रीतियों और अपने सामाजिक ताने-बाने में ही उनके लिए सभी खुशियाँ थीं। लगभग 300 वर्ष अस्थिरता, अराजकता, शोषण, दमन, अपमान और निर्धनता के साए में रहकर भी इन जनजातियों ने अपने अस्तित्व को बचाए रखा तो यह उनकी जिजीविषा ही है। इतने पर भी झारखंड के लोगों ने देश के प्रति अपने कर्तव्यों का निर्वाह किया। इन लोगों ने भारत के स्वतंत्रता संग्राम में अतुलनीय योगदान दिया, जिसे विस्मृत नहीं किया जा सकता।

झारखंड के ऐतिहासिक घटनाक्रम

1765	ईस्ट इंडिया कंपनी का मुगल बादशाह शाह आलम II के एजेंट के रूप में भू-राजस्व वसूल करने का अधिकार प्राप्त करना।
1771	ईस्ट इंडिया कंपनी को झारखंड का पूर्ण रूप से शासकीय अधिकार प्राप्त करना।
1780	रामगढ़ में सेना छावनी का बनना।
1797	बीसु मानकी के नेतृत्व में मुंडा विद्रोह का बुण्डू क्षेत्र में फैलना।
1798	मानभूम का भूमि विद्रोह।
1800	भुखन सिंह के नेतृत्व में पलामू का चेरो विद्रोह।
1807	दुखन मानकी के नेतृत्व में तमाड़ का मुंडा असंतोष।
1819-20	रूदु और कुंता मुंडा के नेतृत्व में तमाड़ का मुंडा असंतोष।
1832-33	सिंहरे और बींद्रे मानकी के नेतृत्व में कोल विद्रोह।
1833	'विलकिंसन रूल' लागू किया जाना। रेगुलेशन प्रांत XIII के अंतर्गत 'साउथ-वेस्ट फ्रंटीयर एजेंसी' की स्थापना। रामगढ़ के मिलिट्री कलेक्टरशिप का समाप्त किया जाना।
1834	गंगा नारायण सिंह के नेतृत्व में भूमि विद्रोह।
1845	ईसाई धर्म का प्रारंभ।
1854	ऐक्ट XX 1854 द्वारा एजेंसी ऐजनी एडमिनिट्रेशन को समाप्त किया जाना। एजेंसी की शक्ति लोकल सरकारी पदाधिकारी, जिन्हें आयुक्त कहा जाने लगा था, उनमें निहित करना और उनके शासकीय शक्ति को लेफ्टिनेंट गर्वनर बंगाल के तहत निहित करना। इस क्षेत्र को नन-रेगुलेशन क्षेत्र जारी रखा गया। इसका नया नाम छोटानागपुर प्रमंडल था, जिसके अंतर्गत वीरभूम, लोहरदगा, हजारीबाग, मानभूम

	सिंहभूम और ट्रिब्यूट्री क्षेत्र (चंगभाखर, कोरये, सूरगुजा, जशपुर, गंगपुर, अरबोमैथा)
1855	सिद्धो कान्हो के नेतृत्व में संथाल विद्रोह। संथाल परगना को अलग नन-रेगुलेशन जिला भागलपुर प्रमंडल के अंतर्गत अलग से बनाया जाना।
1856-57	विश्वनाथ शाही, गणपत राय, शेख भिखारी और बुद्धु वीर के नेतृत्व में सिपाही विद्रोह।
1859	छोटानागपुर में सेल ऐंड रेंट लॉ लागू किया जाना।
1869	छोटानागपुर टैन्योर ऐक्ट लागू किया जाना।
1872	संथाल परगना सेटलमेंट रेगुलेशन लागू किया जाना।
1874	नन-रेगुलेशन जिलों को बदलकर शिड्यूल डिस्ट्रिक्ट ऐक्ट लागू होना।
1875-95	छोटानागपुर में सरदार आंदोलन होना।
1878	इंडियन फॉरेस्ट ऐक्ट लागू किया जाना।
1879	छोटानागपुर लैंडलॉर्ड ऐंड टेनेंट प्रोसिडियोर ऐक्ट लागू होना।
1886	संथाल परगना रेंट रेगुलेशन लागू किया जाना।
1895-1900	बिरसा आंदोलन।
1903	छोटानागपुर काश्तकारी (संशोधन) अधिनियम, 1903 का बनकर तैयार होना।
1908	छोटानागपुर काश्तकारी अधिनियम का लागू किया जाना।
1912	बिहार एवं बंगाल को उड़ीसा से अलग किया जाना।
1920	छोटानागपुर उन्नति समाज का गठन।

विभिन्न शासन व्यवस्थाएँ

झारखंड जनजाति बाहुल्य प्रदेश है। प्रत्येक जनजाति की अपनी सामाजिक-सांस्कृतिक विशेषताएँ एवं प्रशासनिक व्यवस्थाएँ हैं। ये व्यवस्थाएँ अतीत से वर्तमान तक चली आ रही हैं। इनका महत्त्व आज भी इनके क्षेत्रों में देखने को मिलता है। ये शासन व्यवस्थाएँ निम्न हैं—

मुंडा प्रशासन व्यवस्था

मुंडा झारखंड में कोलेरियन समूह की एक सशक्त एवं शक्तिशाली जनजाति है। इसे प्रजातीय दृष्टि से प्रोटो ऑस्ट्रेलॉयड समूह में रखा जाता है। इनके निवास स्थल को

मुंडा की अपनी भाषा है, जिसे मुंडारी कहते हैं। यह भाषा ऑस्ट्रो-एशियाटिक भाषा परिवार के अंतर्गत आती है। मुंडा अपनी भाषा को 'होडो जगर' कहते हैं।

लेकर विद्वानों में मतभेद है। प्रथम विचारधारा के अनुसार इनका मूल भूमि तिब्बत को माना जाता है। जबकि दूसरी विचारधारा के अनुसार ये भारत के दक्षिण-पश्चिम से चलकर आर्यों के दवाब में मध्य प्रदेश आए तथा बाद में झारखंड के क्षेत्र में इनका प्रवेश हुआ। एक अन्य विचारधारा के अनुसार, ये भारत के दक्षिण-पूर्वी भाग से झारखंड में प्रवेश किए तथा असुर जनजाति को पराजित कर उनके निवास स्थल झारखंड पर आधिपत्य स्थापित किया।

मुंडा की अपनी भाषा है, जिसे मुंडारी कहते हैं। यह भाषा ऑस्ट्रो-एशियाटिक भाषा परिवार के अंतर्गत आती है। मुंडा अपनी भाषा को 'होडो जगर' कहते हैं। ये जनजाति मुख्य रूप से झारखंड के राँची, खूँटी, हजारीबाग, गुमला, सिमडेगा, गिरिडीह, सिंहभूम तथा संथाल परगना में पाई जाती हैं।

मुंडा गाँव में तीन विशेष स्थल होते हैं, जो जनजातीय गाँव की विशेषता भी मानी जा सकती है। ये स्थान हैं—'सरना', जहाँ इनके ग्राम देवता निवास करते हैं, 'अखड़ा', जहाँ पंचायत की बैठक होती है और रात्रि में युवक-युवतियाँ एकत्र होकर नाचते-गाते हैं। तीसरा विशेष स्थल 'शासन' है, जो समाधि स्थल होता है। यहाँ शवों को दफनाया जाता है। समाधि स्थल पर पत्थर के शील रखे जाते हैं, जिसे 'सासनदिरी' कहा जाता है। मुंडा जनजातीय गाँव में युवागृह को 'गीतिओड़ा' कहा जाता है।

पड़हा पंचायत शासन व्यवस्था

झारखंड क्षेत्र में जब मुंडाओं का प्रवेश हुआ तो वे आजिविका के लिए वनों को साफ-सुथरा कर कृषि कार्य करने लगे और स्थायी निवासी के रूप में स्थापित हुए। उनका बनाया खेत खूँट कट्टी खेत और उनका बसाया गाँव खूँट कट्टी गाँव कहा जाने लगा। खेत बनानेवाला 'खूँट कट्टीदार' कहा जाता था। खूँट का तात्पर्य एक परिवार से होता है। यह कहा जा सकता है कि उस समय की प्रशासनिक व्यवस्था खूँट कट्टीदार व्यवस्था थी।

इस व्यवस्था में प्रत्येक खूँट अपने जंगल और जमीन का मालिक होता था। जनसंख्या बढ़ने के कारण जगह की कमी होने लगी तो खूँट कट्टीदारों ने आसपास में ही नए-नए गाँव बनाने लगे। ये गाँव नए हुए जरूर, किंतु इन गाँवों की सामाजिक, सांस्कृतिक, धार्मिक एवं राजनीतिक व्यवस्थाओं का संचालन उसी पैतृक खूँट कट्टीदार गाँवों से ही होता था। ऐसी गाँवों की संख्या जब अधिक हो गई तो इन खूँट कट्टीदार गाँवों की पंचायत व्यवस्था विकसित हुई। ऐसे विभिन्न गाँवों को मिलाकर 'पड़हा' का

निर्माण हुआ।

मुंडा जनजातियों में प्रत्येक गाँव का एक पंचायत होता था, जिसका प्रमुख मुंडा कहा जाता था। ऐसे कई ग्राम पंचायतों को या गाँवों को मिलाकर एक पट्टी बनाया जाता था, जिसका प्रमुख मानकी होता था। कई पट्टियों को मिलाकर पड़हा बनता था, जिसका प्रमुख 'पड़हा राजा' कहा जाता था। पड़हा में प्रायः एक ही कुल के सदस्य होते थे। पड़हा का भी एक पंचायत होता था, जो पड़हा पंचायत कहलाता था। इस पंचायत में पाँच कार्यपालक अधिकारी होते थे, जो राजा के अधीन कार्य करते थे। ये अधिकारी थे—दीवान, ठाकुर, पांडे, कर्ता और लाल। ये सभी पर वंशानुगत होते थे। ये लोग पड़हा राजा की आज्ञा का पालन करते थे। राजा को सलाह देते थे। पड़हा राजा का मनोनयन चुनाव के द्वारा होता था। यह पद वंशानुगत नहीं था। यही कारण है कि इस मुंडा-मानकी-पड़हा-सरदार की प्रशासनिक व्यवस्था भारत की प्रथम गणतांत्रिक व्यवस्था का उदाहरण प्रस्तुत करती है। मानकी और पड़हा राजा को किसी भी प्रकार कोई राजस्व नहीं प्राप्त होता था। इसी आधार पर इसे राज व्यवस्था न कहकर सहकारी व्यवस्था भी कहा जाता है। पड़हा पंचायत द्वारा सीमा-विवाद, आपसी झगड़ों का निपटारा तथा अन्य विवादों को सुलझाया जाता था। यह मुंडा की सर्वोच्च न्यायपालिका, कार्यपालिका और विधायिका माना जाता है।

वर्तमान समय में मुंडा जनजातिय क्षेत्रों में भी सरकारी पंचायतें स्थापित हो गई हैं। यह पंचायत मुंडा के सामाजिक मामलों में भी हस्तक्षेप करती है, जिससे परंपरागत पंचायतें अब गौण होती जा रही हैं।

नागवंशी शासन व्यवस्था

प्रथम शताब्दी (64 ई.) में मुंडाओं की राजव्यस्था नागवंशियों को हस्तांतरित होती है। नागवंशियों के प्रथम राजा फणिमुकुट राय ने पड़हा व्यवस्था को समाप्त नहीं किया और न ही कोई परिवर्तन किया, बल्कि इसे विस्तार देने का ही प्रयास किया। नागवंशियों के काल में भी पूर्व की कर व्यवस्था, भू-व्यवस्था एवं शासन व्यवस्था सभी मुंडाओं की तरह चलते रहे। इस व्यवस्था में पहली शताब्दी से लेकर 16वीं शताब्दी तक कोई परिवर्तन नहीं हुआ। परंतु इस परंपरा में प्रथम प्रभावकारी हस्तक्षेप मुगलों के आक्रमण काल से अर्थात् 1585 ई. से शुरू हुआ।

मुगल सेना यहाँ के राजाओं से नजराना लेने लगी तथा बाद में धीर-धीरे इसने एक नियमित स्वरूप धारण

पड़हा राजा का मनोनयन चुनाव के द्वारा होता था। यह पद वंशानुगत नहीं था। यही कारण है कि इस मुंडा-मानकी-पड़हा-सरदार की प्रशासनिक व्यवस्था भारत की प्रथम गणतांत्रिक व्यवस्था का उदाहरण प्रस्तुत करती है।

कर लिया, जिसे 'मालगुजारी' कहा जाने लगा। नागवंशी कालीन व्यवस्था में कर या मालगुजारी लेने की प्रथा आम रयैतों से नहीं थी। अत: उन्हें संपूर्ण राज्य की मालगुजारी देना नागवंशी राजाओं के लिए कठिन होने लगा। 1616 ई. में कर न दे पाने के कारण छोटानागपुर खास के महाराजा दुर्जनशाल को कैद कर ग्वालियर के किले में 12 वर्षों तक जहाँगीर द्वारा रखा गया था। कर देने की सहमति के आधार पर दुर्जनशाल को कैद से मुक्त किया गया।

नागवंशी राजाओं पर कर बढ़ता चला गया, किंतु यहाँ अपनी प्रजा से कर लेने का प्रावधान नहीं था। लगातार बढ़ते कर की मात्रा के कारण नागवंशी राजाओं ने अपने प्राचीन व्यवस्था को बदलकर लोगों से कर वसूलना प्रारंभ किए। नागवंशियों पड़हा के प्रमुख मानकियों को भुईहर कहा तथा मालगुजारी वसूल करने का आदेश दिया। बाद में राजाओं ने अपने अलग जागीरदार रखे तथा उसे मालगुजारी वसूलने के लिए प्राधिकृत किया। इससे भुईहरों की स्थिति और भी दयनीय हो गई। जागीरदार कर वसूलता था, किंतु यह नियमित रूप से नहीं दिया जाता था। यह तभी दिया जाता था, जब कोई मुगल बादशाह माँग करता था। इस अनियमित कर व्यवस्था को 'नजराना' या 'पेशकश' कहा जाता था।

अंग्रेजों का आगमन मुगलों के बाद 1765 में दीवानी मिलने के बाद हुआ। आते ही इन लोगों ने इस क्षेत्र को पटना कौंसिल की व्यवस्था में फोर्ट विलियम के अधीन रखा। इस क्षेत्र से जब 1773 ई. तक कोई नियमित कर नहीं मिला, तब छोटानागपुर खास के लिए एस.जी. हिटली को प्रथम सिविल कलक्टर नियुक्त किया गया, किंतु इसे भी कर संग्रहण में सफलता नहीं मिली। अंग्रेजों ने कर वसूलने के कई और तरीके अपनाए, किंतु उन्हें पूर्ण सफलता नहीं मिली। कर की नियमित वसूली के लिए 1793 ई. में स्थायी बंदोबस्ती के बहाने राजा-महाराजाओं को जमींदार बना दिया गया। जागीरदारी प्रथा जमींदारी प्रथा में बदल गई। यह एक भयंकर परिवर्तन था। इस व्यवस्था से प्राचीन काल से चली आ रही मुंडाओं एवं नागवंशियों की राज व्यवस्था समाप्त हो गई और अंग्रेजी राज व्यवस्था लागू हो गई। राजा-महाराजा अंग्रेजों के लिए कर वसूलनेवाले माध्यम मात्र रह गए। इसके बाद अंग्रेजों की विधि-व्यवस्था की शुरुआत होती है। नए-नए कानूनों एवं नियम आने लगे, जिसमें यहाँ के राजा-महाराजा, मुंडा मानकी, पड़हा पंचायत आदि विलीन हो गए। संपूर्ण देश के साथ-साथ छोटानागपुर भी अंग्रेजों के अधीन हो गया और नागवंशी राजाओं की राज व्यवस्था समाप्त हो गई।

माँझी शासन व्यवस्था

संथाल भारत की बहुसंख्यक जनजातियों में से एक हैं। जो व्यवस्थित कृषि करनेवाली जनजाति है। झारखंड की जनजातियों में सबसे अधिक संख्या संथालों की

है। झारखंड में संथालों का मुख्य निवासस्थान संथाल परगना है। ऐसा कहा जाता है कि यहाँ आने के पहले ये एक लंबे अरसे तक पं. बंगाल में रहते थे। जहाँ इन्हें 'साओतार' कहा जाता था। वहीं से आकर ये संथाल परगना में बसे या बसाए गए। संथाल परगना के मूल निवासी पहाड़िया समुदाय के लोग ही थे। 1765 ई. में जब अंग्रेजों ने प्रवेश किया तो पहाड़ियों ने अधीनता कबूल करने से इनकार कर दिया। स्वतंत्रता प्रेमी पहाड़ियों को काबू करने में विफल होने पर एक कूटनिति के तहत संथालों और पहाड़ियों के बीच संघर्ष खड़ा कर दिया गया। 1832-33 में 1338 वर्गमील क्षेत्र को सीमांकन कर दामिन-ए-कोह प्रक्षेत्र की स्थापना की गई। इस भू-भाग को पहाड़िया जनजाति को आवंटित किया गया और इसकी गोद में फैला भू-भाग संथालों के बसाव के लिए आरक्षित कर दिया गया। संथालों ने माँझी व्यवस्था सौरिया, पहाड़ियों से प्राप्त की है। सौरिया का राजनीतिक जीवन बड़ा लोकतांत्रिक था। गाँव का प्रबंधन माँझी करता है, जो गाँव का मुखिया एवं पुजारी भी होता है। उसकी सहायता गिरी, कोतवार और भंडारी या गुडैंत करते हैं। ग्राम पंचायत में प्रायः यौन अपराध, वर्जित यौन संबंध, तलाक, चोरी, भूमि विवाद आदि संबंधित मामले उठाए जाते हैं। विभिन्न गाँवों की बीच के वादों को सुलझाने के लिए दो तरह के अंतर ग्राम्य संगठन पाए जाते हैं। 15 से 20 गाँवों पर एक नायक होता है तथा 70 से 80 गाँवों पर एक सरदार होता है। सरदार पर पूरे इलाके की जिम्मेदारी रहती है। अंग्रेजों के शासन काल में सरदार नायक, माँझी को मान्यता मिली हुई थी और उन्हें मासिक वृत्ति दी जाती थी।

संथालों ने सौरिया पहाड़ी की तरह ही राजनैतिक संगठन को अपनाया। प्रत्येक संथाल गाँव में एक पंचायत होती है, जिसका मुखिया 'माँझी' कहलाता है। गाँवों का एक धार्मिक प्रधान भी होता है, जिसे 'नायके' कहते हैं। 'माँझी' गाँव का प्रधान होता है और उसे प्रशासनिक एवं न्यायिक अधिकार होते हैं। वह ग्रामसभा बुलाकर गाँव के झगड़ों का निपटारा करता है। लगान वसूलता है तथा विवाह संबंध स्थापित करने के लिए अनुमति देता है। इसका एक सहायक होता है, जो 'जोगमाँझी' कहलाता है। 'जोगमाँझी' समाज के लोगों पर उसके आचरण पर निगाह रखता है, साथ ही वैवाहिक समस्याओं को सुलझाता था। जन्म एवं विवाह के अवसर पर इसकी सलाह महत्त्वूपर्ण होता था। माँझी की अनुपस्थिति में उसके कार्य 'प्रमाणिक' सँभालता था। गाँव में संदेशवाहक के रूप में गुड़ैंत होते थे, जो ग्रामसभा या उत्सव की सूचना ग्रामीणों को देता, साथ ही उसे एक स्थान पर एकत्रित करता है तथा माँझी की आज्ञा का पालन करता या करवाता है।

माँझी ग्राम पंचायत के माध्यम से हत्या जैसे गंभीर अपराध को छोड़कर गाँव के सारे मामले को निपटाता है। झगड़ों के निर्णय में विचार-विमर्श के लिए कुछ वरिष्ठ

सज्जन होते हैं, जिन्हें 'भग्दो' प्रजा कहा जाता है। अपराधों के लिए आर्थिक या शारीरिक या दोनों दंड दिया जाता है। यौन अपराधों के आरोप सिद्ध हो जाने पर दोषी को पहले तो पीड़िता को पत्नी के रूप में ग्रहण करवाया जाता है और अगर दोषी इनकार करता है तो उसे 'देशमाँझी' या फिर परगनैत के पास भेज दिया जाता है, जहाँ कोई विकल्प नहीं होने पर संथालों की सबसे कड़ी सजा बिटलाहा कर देने की सजा दी जाती है। जिसमें व्यक्ति का पूर्ण बहिष्कार, अपमानित करना एवं तिरष्कृत कर गाँव-समाज से निकाल दिया जाता है। कुँवारी लड़की के गभवर्ती होने पर जोगमाँझी को सबसे पहले सूचना दी जाती है, फिर पंचायत की बैठक होती है। यदि लड़की अवैध संतान के पिता का नाम-पहचान बता देती है और आरोप प्रमाणित हो जाता है तो दोषी को लड़की को अपनाना पड़ता है। यदि किसी का नाम या पहचान लड़की नहीं बताती है तो दोष को दूर करने तथा गाँव को पवित्र करने के लिए लड़की के परिवार को दंड के रूप में पूजा-पाठ की सामग्री तथा भोज-भात के लिए चावल, दाल, खस्सी आदि देना पड़ता है। संतान पैदा होने पर इसका नामांकरण जोगमाँझी के गोत्र पर किया जाता है।

ग्राम पंचायत में जमीन-जायदाद के मामले में तलाक, आपसी झगड़े आदि सुलझाए जाते हैं। अगर किसी की हत्या हो जाती है तो सरकारी हस्तक्षेप आवश्यक है। 5-8 गाँव के माँझी को 'देशमाँझी' कहा जाता है। जिन मामलों का निपटारा माँझी नहीं कर पाता है, उसे देशमाँझी के पास फैसला के लिए भेज दिया जाता है।

15-20 गाँवों को मिलाकर एक परगना बनता है, जो एक अंतर्ग्राम्य संगठन होता है। इसका प्रधान 'परगनैत' कहलाता है। परगनैत के जिम्मे अनेक कार्य होते हैं। विभिन्न गाँवों के बीच के विवादों का निपटारा यही पंचायत करती है। देशमाँझी या माँझी जिस मामले को सुलझा नहीं पाता, उसे परगनैत के पास भेज देता है। परगनैत को विटलाहा करने का भी अधिकार होता है। देशमाँझी परगनैत का सहायक होता है। शादी-विवाह के मामले में तो जोगमाँझी ही निर्णय सुनाता है तथा धार्मिक अपराधों में नायके ही फैसला देता है।

'बिटलाहा' संथाल समाज में सबसे कठोर सजा है। यौन अपराध सबसे अधिक निंदनीय एवं दंडनीय माना जाता है। जब कोई महिला समगोत्रीय पुरुष या गैर-संथाल के साथ यौन संबंध का दोषी पाई जाती है तो उसे बिटलाहा की सजा दी जाती है।

अब सरकारी पंचायतों की स्थापना हो गई है, जिसके कारण परंपरागत पंचायतों की शक्ति में कमी आई है, फिर भी दोनों साथ-साथ कार्यरत हैं। अभी भी परगनैत अपने क्षेत्र के सभी गाँवों के सामाजिक, वैवाहिक एवं अन्य समस्याओं का निदान करता है।

'बिटलाहा' संथाल समाज में सबसे कठोर सजा है।

यौन अपराध सबसे अधिक निंदनीय एवं दंडनीय माना जाता है। जब कोई महिला समगोत्रीय पुरुष या गैर-संथाल के साथ यौन संबंध का दोषी पाई जाती है तो उसे बिटलाहा की सजा दी जाती है। बिटलाहा की सजा समाप्त करने का भी प्रावधान है। दोषी को क्षमा याचना करते हुए एक बड़ा जाति भोज देना पड़ता है। अब बिटलाहा सजा प्राय: नहीं के बराबर दी जाती है। इसमें प्रशासन का भी हस्तक्षेप आंरभ हो गया है। सामूहिक और पारिवारिक जीवन में मौखिक संविधान, नियम, उप नियमों का पालन करने की सीख बचपन से ही मिलती है। उसकी उपेक्षा व उल्लंघन करने पर सामाजिक पंचायत द्वारा दंडित होना पड़ता है। संथाल सामूहिक जीवन को मान्यता देते हैं।

डोकलो शोहोर शासन व्यवस्था

खड़िया झारखंड की एक प्रमुख जनजाति है। यह प्रोटो-ऑस्ट्रोलायड से संबंध रखती है। इसकी भाषा खड़िया है, जिसमें मुंडारी, उराँव, तथा आर्य भाषा के भी शब्द मिलते हैं। इस जाति के लोग झारखंड में गुमला, सिमडेगा तथा राँची, उड़ीसा, छत्तीसगढ़ राज्य में फैले हुए हैं। झारखंड में ज्यादातर लोग बीरू क्षेत्र (सिमडेगा) में है। इनका उद्गम स्थान रो:जंग बताया जाता है। खड़िया तीन प्रकार के होते हैं—पहाड़ी खड़िया, दूध खड़िया और ढेलकी खड़िया। खड़िया लोगों में किसी एक गाँव के सभी निवासी एक गोत्र के होते हैं। गाँव के महतो, पाहन और विशेष रूप से करटाहा होते हैं। किसी क्षेत्र में खड़िया लोगों की पारंपरिक स्वशासन व्यवस्था में महतो, पाहन एवं करटाहा आते हैं।

महतो—महतो गाँव का प्रमुख व्यक्ति होता है। जिन लोगों ने कभी गाँव बसाया था, उन्हें ही गाँव का मुख्य व्यक्ति कहकर 'महतो' की उपाधि दी जाती है। यह वंश परंपरागत पद है। परंतु गाँववालों की सहमति से इन्हें बदला जा सकता है।

पाहन—वह व्यक्ति जो गाँव के पर्व-त्योहारों में पूजा-पाठ करता है—पाहन कहलाता है। इन्हें 'कालो' के नाम से भी जाना जाता है। शादी तथा सार्वजनिक त्योहार में इन्हें बुलाया जाता है। जैसे—फागु पूजा, करमा पूजा, नई फसल की पूजा, कुआँ, वृक्ष का विवाह आदि। यह पद भी वंश परंपरागत है। परंतु इसे भी बदला जा सकता है।

करटाहा—प्रत्येक गाँव में एक करटाहा होता है। वही गाँव का नेता और संचालक होता है। ग्रामवासी उसी के परामर्श और अनुमति से कार्य करते हैं। गाँव के झगड़ों का फैसला और मुसीबतों का निपटारा भी यही करता है। लोगों की बैठक बुलाना और गाँव की समस्याओं का समाधान करना इसके अनिवार्य कार्य हैं। अपने इस पद के लिए इसे गाँव से कोई वेतन नहीं दिया जाता है। नियमों का खुद पालन नहीं करने या कुछ अवगुण होने पर उस व्यक्ति को अपने पद से हटा दिया जाता है। संवसार और टाना भगत खड़िया उसे 'भगत' कहते हैं। जो व्यक्ति अपनी जाति की रीति-नीति को सही-

सही जानता है, उसी व्यक्ति को करटाहा के पद पर नियुक्ति के लिए प्रस्ताव डाला जाता है। चयन के लिए उस क्षेत्र के खड़िया बुजुर्ग एक जगह एकत्र होते हैं, जो करटाहा का चुनाव करते हैं। गाँव में जब किसी परिवार को अशुद्ध करार दिया जाता है, तब उसके शुद्धिकरण के लिए क्षेत्र-विशेष में पाहन के समान पूजा-पाठ कर शुद्धिकरण (भात-भीतार) किया जाता है। ऐसे परिवार के शुद्धिकरण का कार्य करटाहा द्वारा किया जाता है।

गाँव के झगड़े का निपटारा गाँव में सभा बुलाकर महतो, पाहन और गाँव के बड़े-बुजुर्ग की उपस्थिति में किया जाता है। इस सभा में गाँव के महतो की उपस्थिति आवश्यक होती है। जमीन-जायदाद के विवादों का निपटारा महतो की मुख्य भूमिका में किया जाता है। दंड का निर्णय सर्वसम्मत्ति से होता है। हत्या को छोड़कर अन्य गंभीर मामलों का निपटारा गाँव के महतो और अन्य बड़े-बुजुर्ग द्वारा किया जाता है। अपने गाँव के किसी लड़का या लड़की से यौन संबंध रखना अपराध माना जाता है। इसके लिए समाज के द्वारा बाहर की सजा दी जाती है।

खड़िया समाज में कुल नौ गोत्र यथा डुंगडुंग, कुल्लू, टेटे, बा, केरकेट्टा, सोरेंग, किंडो, टोप्पो और विलुंग होते हैं। आसपास के सभी गोत्रवाले गाँव मिलकर अपने बीच विवादों के समाधान हेतु एक क्षेत्रीय प्रशासन तंत्र बनाया, जो 'खूट' कहलाया। इसका अध्यक्ष किसी करटाहा में ही चुना जाता है। इस पद को 'खड़िया घाट' कहते हैं।

1934-35 ई. के आसपास जब समस्त आदिवासी समाज शिक्षा के विकास के साथ जाग्रत् हो रहा था, लगभग इसी समय खड़िया जाति के अग्रणी लोगों द्वारा भी अपने समाज को संगठित करने, सशक्त बनाने एवं अपनी समस्याओं के समाधान हेतु अखिल भारतीय महासभा का गठन किया गया, जिसे 'डोकलो' के नाम से जाना जाता है। डोकलो का सभापति जो संपूर्ण खड़िया समाज का राजा होता है, 'डोकलो शोहोर' कहलाता है। खड़िया भाषा में डोकलो का अर्थ-बैठक और शोहोर का अर्थ-अध्यक्ष होता है। डोकलो में सभी क्षेत्र के प्रमुख प्रतिनिधि—महतो, पाहन, करटाहा इकट्ठे होते हैं। बैठक बुलाने

1934-35 ई. के आसपास जब समस्त आदिवासी समाज शिक्षा के विकास के साथ जाग्रत् हो रहा था, लगभग इसी समय खड़िया जाति के अग्रणी लोगों द्वारा भी अपने समाज को संगठित करने, सशक्त बनाने एवं अपनी समस्याओं के समाधान हेतु अखिल भारतीय महासभा का गठन किया गया, जिसे 'डोकलो' के नाम से जाना जाता है। डोकलो का सभापति जो संपूर्ण खड़िया समाज का राजा होता है, 'डोकलो शोहोर' कहलाता है।

का सारा इंतजाम करटाहा लोग करते हैं। साल में एक बार ये लोग इकट्ठे होते हैं। इसी सभा में डोकलो शोहोर का चुनाव खड़िया जनजाति के लोग करते हैं। इनका कार्यकाल 3 वर्षों के लिए होता है। एक से अधिक गाँव या गोत्र से संबंधित किसी समस्या का समाधान डोकलो शोहोर की अध्यक्षता में किया जाता है। खड़िया समाज को संगठित एवं सशक्त करने का कार्य भी इनके द्वारा किया जाता है। खड़िया समाज के व्यापक रूप में प्रतिनिधि के तौर पर ये काम करते हैं। प्रत्येक गाँव का करटाहा अपने गाँव की घटना और समस्याओं की सूचना खड़िया राजा (शोहोर) को देता है। राजा की आज्ञा से वह गाँव के झगड़े या समस्या का समाधान करता है। गाँव का करटाहा झगड़े आदि का फैसला करने पर प्रतिवेदन राजा के पास पेश करता है। खड़िया राजा के सेक्रेटरी (लिखाकड़), खजाँची (तिंजौऽकड़) और सलाहकार (देवान) भी होते हैं। सचिव रिपोर्ट तैयार करता है और खजाँची खड़िया फंड का हिसाब रखता है। बड़े मुकदमों का फैसला राजा स्वयं अपने मंत्रियों के साथ मिलकर करता है। मुकदमे के आधार पर जुर्माना निश्चित करता है। फैसला आने के बाद प्राप्त रकम के कुछ भाग को राजा अपने मंत्रियों के लिए वेतन हेतु उपयोग करता है। झगड़े और अनैतिक व्यवहार का मुकदमा हो तो एक दल से खस्सी और दूसरा दल से हड़िया और भात का जुर्माना लेते हैं। खान-पान के पहले राजीनामा कराकर इकरारनामा लिखाया जाता है। खड़िया महासभा के सामने समाज में किसी गैर-खड़िया को शामिल करने के लिए, किसी बच्चे, जिसका पिता खड़िया नहीं हो; लेकिन माँ खड़िया हो, को खड़िया की पहचान देने के लिए, खड़िया और गैर-खड़िया महिला-पुरुष के शादी के लिए, प्रस्ताव लाया जाता है। खड़िया महासभा अध्यक्ष खड़िया समाज के गण्यमान्य लोगों की सलाह से इस समाज की उन्नति के लिए हर समय प्रयासरत रहते हैं।

उराँव जनजाति की शासन व्यवस्था

उराँव झारखंड की एक महत्त्वपूर्ण एवं जनसंख्या की दृष्टि से दूसरी सबसे बड़ी जनजाति है। इसकी सामाजिक एवं राजनीतिक व्यवस्था बहुत सुदृढ है।

राजनीतिक व्यवस्था—जब उराँव छोटानागपुर में आ बसे तो हर परिवार के या कुल के लोगों ने जंगल के किसी उपयुक्त भाग को चुना तथा जंगलों को साफ करके खेती योग्य भूमि बनाई। उसी में झोंपड़ियाँ बनाई। इस तरह से गाँव बसे। ये प्रथम जंगल साफ कर खेत बनाने वाले 'भुईहर' कहलाए। बाद में आनेवाले उराँव जेठ रैयत या रैयत कहलाए। भुईहर का अर्थ भूमि का स्वामी। उनकी जमीन भुईहर जमीन कहलाई। उनके द्वारा बसाए गए गाँवों को कुछ ने भुईहर गाँव तक कहा। गाँव के प्रबंधन और संचालन तथा धार्मिक कृत्यों के संपादन के लिए एक ही व्यक्ति को कर्ता बनाया गया। उसे 'पाहन' कहा गया और जिस कुल का वह था, उसे 'पाहन खूँट' कहा गया। पाहन ही

प्रशासनिक और धार्मिक दोनों कार्य करता रहा। बाद में उसकी सहायता के लिए दूसरे मुखिया का चयन हुआ। वह 'महतो' कहलाया। वह भी भुईहर कुल का था और उसके कुल को 'महतो खूँट' कहा गया। इस प्रकार गाँव के प्रशासनिक प्रबंधन के लिए दो अधिकारी हुए—पाहन, जिसका कार्य क्षेत्र धार्मिक कृत्यों तक सीमित हो गया, और महतो, जिसका कार्य-क्षेत्र गाँव का प्रशासनिक प्रबंध हो गया। गाँव में बढ़ती आबादी के साथ विवादों को सुलझाने के लिए पंचायत बनी, जिसमें सभी वरिष्ठ सदस्य पंच हुए और महतो उसका अध्यक्ष हुआ।

आसपास के गाँवों में प्राकृतिक और अलौकिक शत्रुओं से सुरक्षा के लिए एक साथ मिल-जुलकर काम करने की जरूरत का अहसास हुआ, जिसके फलस्वरूप पड़हा संगठन, शिकार-समूह के तर्ज पर खड़ा हुआ, जिसका आधार संबंधियों का समूह न होकर, स्थानीय समीपता बना। पड़हा, जैसा आज अस्तित्व में है, कई निकटवर्ती पड़ोसी गाँवों का संघ समुदाय है, जिसका केंद्रीय संगठन 'पड़हा पंच' है।

पड़हा का गठन 7, 12, 21 या 22 गाँवों को मिलाकर होता है, जिसका मुखिया 'राजा' कहलाता है। अब इस व्यवस्था के आंशिक विघटन के कारण पड़हा के गाँवों की संख्या 5, 4 या 3 तक रह गई है। पड़हा के गाँवों में से एक को 'राजा गाँव,' दूसरे को 'दीवान गाँव,' तीसरे को 'पनेरे गाँव,' चौथे को 'कोतवार गाँव' और शेष गाँवों को 'प्रजा गाँव' कहते हैं। हर गाँव का अपना विशेष प्रकार्य होता है।

कुँवारा पाहन नहीं बन सकता। एक (पाहन) गाँव को बनाता है। दूसरा (महतो) गाँव को चलाता है। फिर भी इनको कर लगाने, वसूलने या कोई वित्तीय अधिकार नहीं है। सारा अधिकार पंचायत और पंचों में सन्निहित है, जिनकी स्वीकृति और सहमति से ही पाहन-महतो कुछ करते हैं।

पड़हा के गाँवों में से एक को 'राजा गाँव,' दूसरे को 'दीवान गाँव,' तीसरे को 'पनेरे गाँव,' चौथे को 'कोतवार गाँव' और शेष गाँवों को 'प्रजा गाँव' कहते हैं। हर गाँव का अपना विशेष प्रकार्य होता है।

ग्राम पंचायत गाँव के अंदरूनी विवादों का निपटारा करती है। इसमें संपत्ति के बँटवारा, विवाह संबंधी विवाद, यौन-अपराध, निषेध उल्लंघन, कभी मारपीट और चोरी के मामले आते हैं। क्षुब्ध या पीड़ित व्यक्ति महतो और पाहन से मौखिक शिकायत करता है। गाँव के वरीष्ठ सदस्य (पंच) अखरा या अन्य नियत स्थान पर एकत्र होते हैं। गोड़ाइत दोनों पक्षों के शिकायतकर्ता और अभियोगी को बुलाता है। दोनों पक्षों को सुनने के बाद गवाहों की सुनवाई होती है। शपथ लेने और कठोर जाँच-परीक्षण की भी प्रथा है। पंचों की सर्वसम्मति से निर्णय लिया जाता है। अपराध सिद्ध होने पर जुर्माना या जाति बहिष्कार का दंड-विधान

है। डायन का मामला सही पाए जाने पर उसका गाँव से निष्कासन कर दिया जाता है। जुर्माना के पैसे भोज-भात और शराब पर खर्च किए जाते हैं।

एक गाँव का दूसरे गाँव के साथ हुए विवादों का निपटारा पड़हा में ही होता है। जाति बहिष्कार का अंतिम निर्णय पड़हा ही लेता है और पुनर्प्रवेश की अनुमति भी देता है। पड़हा के अनेक प्रकार्य हैं। यह भी कल्याणार्थ कार्य करता है। मानवीय-अमानवीय, प्राकृतिक और अलौकिक खतरों-विपदाओं से सुरक्षा, सांस्कृतिक कार्यों का आयोजन, जैसे जतरा नाच, सामूहिक शिकार आदि पड़हा के मुख्य कार्य है।

विशेष परिस्थिति में कोई गाँव एक पड़हा को छोड़कर दूसरे पड़हा में शामिल हो सकता है, किंतु पुराने पड़हा के साथ संबंध-विच्छेद नहीं होता। इसे 'दूध-भैया' गाँव कहा जाता है। ऐसे 'दूध-भैया' गाँवों के समावेश से पड़हा से भी बड़ा संगठन या संघ बन जाता है, जिसे 'अंतर्पड़हा' कहते हैं।

अब उराँव गाँवों में सरकारी पंचायत बन चुकी हैं। इनमें राजनीतिक चेतना का विकास हो गया है।

हो जनजाति का शासन व्यवस्था

हो जनजाति आबादी की दृष्टि से झारखंड की चौथी सबसे बड़ी जनजाति है। इनका संकुल क्षेत्र कोल्हान है। इनकी सामाजिक तथा राजनीतिक व्यवस्था एक विशिष्ट पहचान रखती है। हो गाँव में पंचायत होती है, जो गाँव के विवादों का निपटारा करती है। गंभीर एवं संगीन आरोप ग्राम पंचायत के समक्ष लाया जाता है। रक्त संबंधियों में यौन संबंध होना या बनाना गंभीर अपराध माना जाता है। इसके लिए अपराधी को सामाजिक बहिष्कार की सजा दी जाती है। इनके यहाँ डायन प्रथा पाई जाती है। यदि किसी महिला का डायन होने से संबंधित पुख्ता सबूत प्राप्त होता है तो ऐसी स्थिति में उक्त महिला को कड़ी सजा दी जाती है। अन्य जातियों के यहाँ खाने-पीने पर भी कड़ी पाबंदी होती है। इस अपराध के लिए उसे गोत्र से बाहर कर दिया जाता है, लेकिन भोज-भात आयोजित करने पर जाति में मिला लिया जाता है। साधारण अपराधों के लिए नकद या सामग्री के रूप में जुर्माना किया जाता है, जिसका उपयोग सामूहिक समारोह पर होता है।

गाँव का प्रधान मुंडा होता है और उसका सहायक 'डाकुआ' कहलाता है। कई गाँवों को मिलाकर अंतर्ग्राम्य पंचायत बनती है, जिसे पीड़ कहते हैं, जिसका प्रधान 'मानकी' होता है।

पारिवारिक झगड़ों, गाँव के विवाद, संपत्ति संबंधी मामलों का निपटारा भी पंचायत द्वारा होता है। गाँव का प्रधान मुंडा होता है और उसका सहायक 'डाकुआ' कहलाता है। कई गाँवों को मिलाकर अंतर्ग्राम्य पंचायत बनती है,

जिसे पीड़ कहते हैं, जिसका प्रधान 'मानकी' होता है। एक पीड़ में साधारणत: 5 से 10 गाँव होते हैं। कुछ पीड़ में अधिक गाँव और एक से अधिक मानकी होते हैं। ग्राम पंचायत में सभी परिवार के मुखिया फैसला करने में शामिल होते हैं। अंतर्ग्राम्य पंचायत में सभी गाँव के मुंडा भाग लेते हैं। पंचायत का निर्णय प्राय: मान्य होता है। वर्तमान समय में सरकारी पंचायतों का अस्तित्व हो क्षेत्र में भी देखने को मिलता है।

हो का इतिहास गौरवशाली रहा है। तत्कालीन अंग्रेज अफसरों ने लिखा है कि कोल्हान के लोगों को लड़ाई से नहीं जीता जा सकता। सहमति के रास्ते से ही कुछ हो सकता है। तभी 'विलकिंसन कानून' के माध्यम से अंग्रेजों ने इनसे संधि की और उनकी स्वशासन प्रणाली को मान्यता दी गई। अपनी अस्मिता के लिए हो ने संघर्ष किया। आज भी यह क्षेत्र आदिवासी स्वशासन की जीवंत भूमि है।

असुर जनजाति की शासन व्यवस्था

असुर झारखंड की अल्पसंख्यक आदिम जनजातियों में से एक है। असुरों को सिंधु सभ्यता के प्रतिष्ठापक के रूप में माना जाता है। ऋगवेद, उपनिषद् आदि ग्रंथों में असुर का जिक्र मिलता है। प्रजातीय दृष्टिकोण से असुर को प्रोटो-ऑस्ट्रोलॉयड श्रेणी में रखा जाता है। इनकी भाषा असुरी है, जो ऑस्ट्रो-एशियाटिक (आग्नेय) भाषा परिवार से संबंध रखती है। इनका मुख्य निवास स्थल पाट क्षेत्र है, जो गुमला, लोहरदगा, लातेहार तथा पलामू जिले के अंतर्गत स्थित है।

असुर गाँव स्वयं में एक राजनैतिक इकाई होता है। असुर समाज पुरानी परंपरागत प्रथा से शासित होता है। गाँव में असुर पंचायत होती है, जिसके अधिकारी महतो, बैगा, पुजार, गोड़ाइत आदि होते हैं। पंचायत में कम-से-कम पाँच गाँव के वरिष्ठ नागरिक पंच के रूप में रहते हैं। सभी वयस्क पुरुष पंचायत में भाग लेते हैं। पंचायत गाँव से संबंधित सभी प्रकार के विवादों का निपटारा करती है। अपराधियों व दोषियों को सजा देती है और समाज में एकता बनाए रखती है। शारीरिक और आर्थिक दंड दोनों का प्रावधान इनके यहाँ देखा जाता है। विशेष परिस्थिति में ही सामाजिक बहिष्कार की सजा दी जाती है। आधुनिक सरकारी पंचायतों की स्थापना के बाद परंपरागत पंचायतों की सक्रिय भूमिका कमजोर पड़ रही है, फिर भी इनकी पंचायतें अधिकतर कार्यों का निष्पादन करती दिखाई पड़ती हैं।

असुर गाँव स्वयं में एक राजनैतिक इकाई होता है। असुर समाज पुरानी परंपरागत प्रथा से शासित होता है। गाँव में असुर पंचायत होती है, जिसके अधिकारी महतो, बैगा, पुजार, गोड़ाइत आदि होते हैं।

बनजारा जनजाति की शासन व्यवस्था

झारखंड की 32 अनुसूचित जनजातियों में से एक घुम्मकड़ जनजाति बनजारा भी है। ये झारखंड के लगभग सभी क्षेत्रों में देखे जाते हैं, लेकिन इनका मुख्य सकेंद्रण स्थल संथाल परगना के राजमहल और दुमका क्षेत्र है। इनके बीच कोई राजनीतिक संगठन नहीं पाया जाता है, जिसका मुख्य कारण राजनीतिक जागरूकता का अभाव है। फिर भी इनका सामुदायिक परिषद् होता है, जिसका संचालन 'नायक' द्वारा होता है। नायक का चुनाव बनजारा जनजातियों द्वारा किया जाता है। वर्तमान समय में 'बनजारा सेवक संघ' के नाम से इनके द्वारा एक संगठन का भी निर्माण किया गया है। इनका निश्चित आवास स्थल नहीं होने के कारण इनकी परंपरागत पंचायतें सशक्त नहीं बन पाई हैं। अत: इनकी स्थिति सुधारने एवं इनकी क्षमताओं के विकास के लिए सुसंगत सरकारी नीति और सहायता की आवश्यकता है।

बथुडी जनजाति की शासन व्यवस्था

बथुडी झारखंड की एक लघु जनजाति है। इनके पास भूमि होती है, इसलिए इन्हें भूमिज भी कहा जाता है। प्रजातीय दृष्टि से इन्हें प्रोट्रोस्टॉलॉयड समूह में रखा जाता है। ये सरदार या मुंडा उपाधि भी धारण करते हैं तथा मुंडारी बोलते हैं। झारखंड में सिंहभूम इनका मुख्य निवास स्थल है।

बथुडी की परंपरागत पंचायत है, जो जातीय संगठन ही है। इसका मुखिया 'देहरी' कहलाता है, जो पुरोहित का काम भी करता है। यह पद वंशानुगत होता है। हर परिवार का वरिष्ठ व्यक्ति इसका सदस्य होता है। सभी तरह के विवाद पंचायत द्वारा निपटाए जाते हैं। इनका अपना पारंपरिक कानून है। जैसे पिता की मृत्यु के बाद ही संपत्ति का पुत्रों में समान रूप से बँटवारा, दत्तक पुत्र को भी संपत्ति में हक, सौतेले बेटे को 'कठ-बाप' (माँ का दूसरा पति) की संपत्ति में हक नहीं आदि संपत्ति संबंधी झगड़े इसी आलोक में निपटाए जाते हैं।

गोत्र में यौन संबंध या सगोत्रीय विवाह इनके समाज में गंभीर अपराध माने जाते हैं और इसके लिए गंभीर दंड का प्रावधान है। डायन को ग्राम-कल्याण को दृष्टि में रखकर गाँव से बहिष्कृत कर दिया जाता है। इनका अंतर्ग्राम्य पंचायत भी है, जिसका मुखिया 'प्रधान' कहलाता है। पंचायत सही आधार पर तलाक की अनुमति देती है या यथेष्ट आधार नहीं होने पर असहमति भी जताती है। वर्तमान समय में सरकारी पंचायत भी कार्य करने लगी हैं, जिस पर बथुडी जनजाति की आस्था परिपक्व हो रही है।

बेदिया जनजाति की शासन व्यवस्था

प्रजातीय दृष्टि के आधार पर बेदिया जनजाति प्रोट्रो-ऑस्ट्रोलॉयड से संबंध रखती

है। इनका निवास स्थल राँची, हजारीबाग, बोकारो जिला है। इनकी अपनी कोई भाषा नहीं है। ये अपने निवास स्थल में प्रचलित भाषा का ही प्रयोग करते हैं। बेदिया जनजाति में वर्ण-व्यवस्था पाई जाती है, जो अन्य जनजातियों से इसे अलग करती है।

समाज को नियंत्रित रखने के लिए बेदिया में ग्राम स्तर से लेकर पूर्ण समाज स्तर तक संगठन पाए जाते हैं। ग्राम स्तर पर पंचायत का मुखिया 'प्रधान' कहलाता है। कहीं-कहीं उसे 'महतो' या 'ओहदार' भी कहा जाता है। गाँव की सामाजिक समस्याओं पर निर्णय देनेवाला सर्वोच्च व्यक्ति प्रधान होता है। उसका सहायक 'गोड़ैत' कहलाता है। गाँव के झगड़े-झंझट का निपटारा वही करता है और प्रधान का निर्णय सारा गाँव मानता है। गोड़ैत का मुख्य कार्य गाँव के संवादों को प्रधान तक और प्रधान का निर्णय या आदेशों को ग्रामीणों तक पहुँचाना है। कई गाँव को मिलाकर प्रधान द्वारा एक 'सरकार' चुना जाता है, जो अंतर्ग्राम्य विवादों का निराकरण करता है। सबसे बड़े प्रधान को 'परगनैत' कहते हैं। सभी पद आनुवांशिक होते हैं।

बिंझिया जनजाति की शासन व्यवस्था

बिंझिया झारखंड की एक अल्पसंख्यक जनजाति है। बिंझिया झारखंड के मूल निवासी नहीं हैं। ये उड़ीसा और मध्य प्रदेश से आकर बसे हैं। ये अपने को 'विंधनिवासी' कहते हैं। प्रजातीय दृष्टि से बिंझिया ऑस्ट्रोलॉयड समूह में रखे जाते हैं। इनका मुख्य निवास स्थल राँची जिला है। इसके अतिरिक्त ये लोहरदगा, गुमला और सिमडेगा में भी पाए जाते हैं।

बिंझिया गाँव में इनकी जाति पंचायत होती है, जिसके दो प्रधान होते हैं—मादी और गाद्दी। पंचायत में जातीय मामलों का निपटारा किया जाता है। वर्जित यौन या अनैतिक यौन संबंध, गौमांस-भक्षण, माता-पिता के साथ दुर्व्यवहार, व्याभिचार या पर-स्त्री-पुरुष गमन आदि अपराध माने जाते हैं और इसके लिए कठोर सजा का प्रावधान है। शारीरिक दंड या जुर्माना सामान्य सजा है। गौमांस-भक्षण के लिए तो जाति-बहिष्कार ही मात्र दंड है और वैसे लोगों को समाज में पुनः प्रवेश असंभव है। कुछ अपराधों के लिए पूरी जाति को भोज देना पड़ता है। साथ ही धर्मस्थलों पर जाकर विशेष अनुष्ठान तथा आहत पक्ष को क्षतिपूर्ति करना पड़ता है। प्रतिनिधि समिति में हर घर से प्रतिनिधि होते हैं, जिसके मुखिया 'करटाहा' कहलाता है। उसका निर्णय सभी को मान्य होता है। इनमें राजनीतिक चेतना और जागरूकता का अभाव है। वर्तमान समय में सरकारी पंचायतों को कार्य करने से इनके परंपरागत पंचायतें कमजोर हुई हैं।

बिरजिया जनजाति की शासन व्यवस्था

बिरजिया झारखंड की एक अल्पसंख्यक आदिम जनजाति है, जो प्रोटो-ऑस्ट्रोलॉयड

प्रजाति से संबंध रखता है। ये मुख्य रूप से लातेहार के बरवाडीह, गारू, महुआडाँढ़, बालूमाथ, गढ़वा का भंडरिया, गुमला जिले के बिशुनपुर, रायडीह तथा लोहरदगा जिले के सेन्हा एवं किस्को प्रखंड में पाए जाते हैं।

बिरजिया समाज में राजनीतिक संगठन के नाम पर मात्र इनकी जाति पंचायत है। जाति का कोई प्रमुख व गण्यमान्य व्यक्ति इसका मुखिया होता है। बैगा, बेसरा, धावक तथा गाँव के माननीय व्यक्ति इसमें शामिल होते हैं। यह पंचायत हर तरह के जातीय मामले का निष्पादन करती है। दोषियों को दंड या जुर्माना की सजा दी जाती है। अब हर क्षेत्र में सरकारी पंचायत की स्थापना हो गई है। जहाँ गाँव के सारे विवाद निपटाए जाते हैं।

बिरहोर जनजाति की शासन व्यवस्था

बिरहोर झारखंड की विलुप्त होती जा रही अल्पसंख्यक आदिम जनजाति है। यह एक घुमंतू जनजाति है, जो छोटे-छोटे समूहों में परंपरा से जंगलों में रहकर घूम-फिर कर कंदमूल, फल-फूल आदि वन्य पदार्थों का संग्रह कर तथा शिकार द्वारा अपना जीवन यापन करती है। प्रजातीय दृष्टि से इनको प्रोटो-ऑस्ट्रोलॉयड समूह में रखा जाता है। ये बिरहोरी बोलते हैं, जो मुंडारी भाषा का ही एक अंग है। भाषा विज्ञान की दृष्टि से इसे ऑस्ट्रिक भाषा परिवार की ऑस्ट्रो-एशियाटिक भाषा उप-परिवार में रखा जाता है। ये मुख्य रूप से हजारीबाग, चतरा, कोडरमा, राँची, सिमडेगा, गुमला, लोहरदगा, सिंहभूम, बोकारो, गिरिडीह और धनबाद में पाए जाते हैं।

राजनीतिक दृष्टि से इनके बीच कोई संगठन नहीं है। इनका टंडा ही, जहाँ कई गोत्र के बिरहोर भोजन समूह या शिकार समूह के रूप में बँटे अपने कुनबों में रहते हैं, सर्वोपरि संगठन माना जाता है। इसका एक मुखिया होता है, जिसे 'नाये' कहा जाता है। यह सामाजिक, धार्मिक, राजनीतिक तथा आर्थिक क्रिया-कलापों को संचालित एवं नियंत्रित करता है। उसका एक सहायक होता है, जिसे 'दिगुआर या कोतवार' कहते हैं। ये ही दोनों जरूरत पड़ने पर पंचायत बैठाते हैं, जिसमें हर परिवार का मुखिया भाग लेता है। यही पंचायत अपराधों-विवादों का फैसला करती है, यथारीति नियमों के अनुसार दंड देती है, जो सर्वमान्य होता है। आधुनिक राजनीतिक लोकतंत्र आदि उनके लिए बेमानी है। वर्तमान समय में सरकारी पंचायतों के आने से इनका राजनीतिक संगठन कमजोर हुआ है।

मुखिया के सहायक 'सयाना' एवं 'सिखें' होते हैं। इन दोनों पदों पर ग्रामीण द्वारा निर्वाचित लोग होते हैं। एक संदेशवाहक भी होता है, जिसे 'चारिदार' कहते हैं।

बैगा जनजाति की शासन व्यवस्था

बैगा जनजाति झारखंड की एक अल्पसंख्यक जनजाति है, जो प्रोटो-ऑस्ट्रोलॉयड प्रजाति से संबंध रखती है। ये

मुख्य रूप से पलामू, गढ़वा, राँची, लातेहार, हजारीबाग आदि जिलों में निवास करते हैं।

बैगा समाज में गोत्र या गाँव के स्तर पर संगठन पाया जाता है। इनकी परंपरागत जातीय पंचायत गाँव स्तर पर होती है। ग्राम संगठन का मुखिया 'मूकद्दम' कहलाता है। यह पद वंशानुगत होता है। ग्राम का धार्मिक प्रधान अथवा पुजारी भी होता है, किंतु कभी-कभी या कहीं-कहीं पुजारी का अधिकार मुखिया से ही संयुक्त कर दिया जाता है। प्रायः एक ही व्यक्ति दोनों पद सँभालते हुए मिलते हैं। मुखिया के सहायक 'सयाना' एवं 'सिखें' होते हैं। इन दोनों पदों पर ग्रामीण द्वारा निर्वाचित लोग होते हैं। एक संदेशवाहक भी होता है, जिसे 'चारिदार' कहते हैं।

ग्राम पंचायत में गाँव के आपसी झगड़ों, उत्तराधिकार संबंधी संपत्ति विवाद, यौन अपराध, विवाह या तलाक संबंधी निर्णय, डायन ओझा, बिसाइन या चोरी के मामलों का निपटारा किया जाता है। विवाह पूर्व या विवाहेत्तर यौन संबंधों तथा जाति के बाहर विवाह संबंधी समस्याओं का निराकरण भी किया जाता है। दोषी या अपराधी व्यक्तियों को आर्थिक जुर्माना या शारीरिक दंड की सजा दी जाती है। पंचायत के निर्णय का सभी सम्मान करते हैं तथा उल्लंघन करनेवाले को गाँव के वरीय सदस्यों की सहायता से सामाजिक बहिष्कार किया जाता है। गाँव में महामारी फैलने पर, रोग होने पर या किसी के बीमार होने पर पंचायत की भूमिका मुखर हो उठती है। गाँव देवता की पूजा तथा अन्य सामाजिक कार्यों में पंचायत सहयोग एवं सहायता करती है।

गाँव में सरकारी पंचायत की स्थापना हो जाने से परंपरागत पंचायत की गरिमा, लोकप्रियता तथा अधिकार में ह्रास हुआ है।

भूमिज जनजाति की शासन व्यवस्था

भूमिज झारखंड की प्रोटो-ऑस्ट्रेलॉयड समूह की एक जनजाति है। यह एक ऐसी जनजाति है, जिसे जनजाति का हिंदू संस्करण कहा जाता है। ये मुख्य रूप से सिंहभूम, राँची, हजारीबाग, चतरा, कोडरमा, धनबाद, बोकारो, लातेहार, पलामू, दुमका, जामताड़ा, देवघर जिलों में निवास करते हैं। घने जंगलों में रहनेवाले भूमिज को एक समय 'चुहाड़' उपनाम दिया गया था।

भूमिज की अपनी जातीय पंचायत होती है। इसका मुखिया 'प्रधान' कहलाता है। यह पद वंशानुगत होता है। गाँववालों के सारे विवादों का निपटारा यही पंचायत करती है। इनके अपने परंपरागत नियम-कानून है। इनकी परंपरा है कि पैतृक संपत्ति का बँटवारा भाइयों में बराबर-बराबर हो और पुत्र नहीं रहने पर पुत्री को हक मिले, बशर्ते उसका पति उसके साथ ससुराल में आकर रहे। सगोत्रीय विवाह वर्जित है और इसका उल्लंघन अपराध माना जाता है। व्याभिचार गंभीर अपराध माना जाता है। निकट या रक्त संबंधियों के बीच यौन संबंध निकृष्ट माना जाता है। दूसरी जाति या जनजाति के

साथ यौन संबंध को गंभीरता से लेते हुए व्यक्ति को समाज से निष्कासित कर दिया जाता है। वर्तमान समय में इनमें अनेक परिवर्तन देखे जाते हैं। सरकारी पंचायत की स्थापना से इनकी ग्राम पंचायतें कमजोर हुई हैं।

चेरो जनजाति की शासन व्यवस्था

चेरो झारखंड की एक ,प्राचीन जनजाति है, जो प्रोटो-ऑस्ट्रोलॉयड प्रजाति से संबंध रखती है। इन्हें 'बारह हजारी' एवं 'तेरह हजारी' के नाम से भी जाना जाता है। ये मुख्य रूप से लातेहार, पलामू, गढ़वा जिलों में निवास करते हैं।

चेरो जाति की अपनी पंचायत होती है, जो गाँव, अंचल और मंडल स्तर पर काम करती है। गाँव और अंचल स्तर पर पंचायत के प्रधान को 'मुखिया' और जिला स्तर पर 'सभापति' कहते हैं। पंचायत में गाँव के विवादों का निपटारा किया जाता है। संपत्ति का बँटवारा, अवैध यौन संबंध, बलात्कार व्याभिचार, चोरी, तलाक, वैवाहिक मामले आदि का फैसला पंचायत में होता है। दोषी को दंड या जुर्माना किया जाता है। पंचायत का निर्णय मान्य होता है। उसका उल्लंघन करने पर जाति-बहिष्कार भी किया जाता है।

चीक बड़ाईक जनजाति की शासन व्यवस्था

चीक बड़ाईक झारखंड की एक बुनकर जनजाति है। ये मुख्यरूप से कपड़ा बुनने का काम करते हैं। इन्हें हाथों से बने कपड़ों का जनक भी कहा जाता है। ये मुख्य रूप से राँची, खूँटी, गुमला, सिमडेगा और लोहरदगा जिले में पाए जाते हैं।

चीक बड़ाईक में अपनी जातीय शासन व्यवस्था नहीं पाई जाती है। इनके प्रत्येक गाँव में 15-15 परिवारों का निवास स्थल होता है। ये मिले-जुले गाँव में रहते हैं। इसलिए मिली-जुली ग्राम पंचायत से ही इनकी समस्याओं का निपटारा होता है। कई गाँव मिलाकर इनकी अंतर्ग्रामीण परिषद् बनती है, जिसका अधिपति 'राजा' कहलाता है। उसकी सहायता के लिए दीवान, पानरे आदि होते हैं। ये सभी पद वंशानुगत होते हैं। सभी विवादों का निपटारा इसी परिषद् से होता है। इनकी रीति-रिवाज के अनुसार इनके कायदे-कानून हैं, जिनको ध्यान में रखते हुए निर्णय होता है। अवैध यौन संबंध, सगोत्रीय या गैर जनजाति से यौन संबंध गंभीर अपराध माने जाते हैं। ऐसे अपराधों के लिए उन्हें जाति-बहिष्कार या कठोर सजा का सामना करना पड़ता है। वर्तमान समय में 'अखिल भारतीय चीक बड़ाईक कल्याण समिति' का गठन हुआ है, जो चीक बड़ाईक के विकास में महत्त्वपूर्ण योगदान कर रहा है।

गोंड जनजाति की शासन व्यवस्था

गोंड भारत की दूसरी सबसे बड़ी जनजाति है, जिनका मूल निवासस्थान गोंडवाना क्षेत्र माना जाता है। झारखंड में ये मुख्य रूप से गुमला, सिमडेगा, पश्चिमी सिंहभूम,

सरायकेला, पलामू, गढ़वा, लातेहार, गिरिडीह, धनबाद, बोकारो आदि जिलों में निवास करते हैं। गोंड की भाषा गोंडी है, जिसे द्रविड़ भाषा परिवार का एक अंग माना जाता है। झारखंड की गोंड जनजाति बोलचाल में सादरी, नागपुरी का ही प्रयोग करते हैं।

गोंड के हर गाँव में गोंड जाति पंचायत होती है, जिसमें प्रत्येक परिवार का मुखिया सदस्य होता है। पंचायत का मुखिया 'बैगा' ही होता है, जिसे 'सयाना' कहते हैं। इस पंचायत में संपत्ति का बँटवारा, तलाक, व्याभिचार, बलात्कार, अवैध एवं अनैतिक यौन संबंध, फसल संबंधी विवाद, चोरी, डायन आदि के मामले निपटाए जाते हैं। फैसला सर्वसम्मति से होता है, जिसे सभी मानते हैं। पंचायत के निर्णय का उल्लंघन करनेवाले को अपराधी घोषित कर उसका जाति बहिष्कार कर दिया जाता है। क्षमा माँगने तथा जाति भोज देने पर उसे पुनः समाज में शामिल करने की व्यवस्था भी गोंड समाज में पाई जाती है। सरकारी पंचायतों के आने से परंपरागत पंचायतों का नियंत्रण गोंड जनजाति पर से कम हुआ है।

गोड़ाइत जनजाति की शासन व्यवस्था

गोड़ाइत झारखंड की एक अल्पसंख्यक जनजाति है। गोड़ाइत को 'गोड़ैत' भी कहा जाता है। ये प्रोटो-ऑस्ट्रोलॉयड प्रजाति से संबंध रखते हैं। भाषा की दृष्टि से ये ऑस्ट्रिक भाषा परिवार के वर्ग में आते हैं, जिसे स्थानीय रूप में मुंडा भाषा वर्ग कहा जाता है। झारखंड में ये मुख्य रूप से राँची, हजारीबाग, सिंहभूम, धनबाद, पलामू, संथाल परगना में निवास करते हैं। ये प्राचीन काल में पहरेदारी का काम करते थे।

गोड़ाइत मिले-जुले गाँव में छिटपुट रूप से बसे हुए हैं। इसलिए इनकी कोई संगठित पंचायत नहीं है, जो नियमित व सुचारु रूप से काम करे। फिर भी इनकी जाति पंचायत है। जातीय झगड़े विवाद वरीष्ठ व्यक्तियों की समिति द्वारा सुलझाए जाते हैं। परंपरागत मिथकों के मुताबिक पिता की संपत्ति पुत्रों में बराबर-बराबर बाँटी जाती है। संपत्ति में पुत्री का अधिकार नहीं होता है। विवाहोपरांत पर-पुरुष से यौन संबंध गंभीर अपराध माना जाता है। डायन का पता चल जाने पर पंचायत उसे गाँव से बहिष्कृत कर देती है। तलाक एवं विधवा विवाह के मामलों में पंचायत सहमति या असहमति की स्वीकृति प्रदान करती है। अन्य छोटे-मोटे विवादों का निर्णय भी पंचायत के द्वारा ही होता है।

करमाली जनजाति की शासन व्यवस्था

करमाली झारखंड की एक अति प्राचीन जनजाति है। ये पाषाण युग से ही इस क्षेत्र में निवास करते आ रहे हैं। इन्हें प्रोटो-ऑस्ट्रोलॉयड प्रजाति समूह में रखा जाता है। इनकी भाषा कुरमाली है, जो ऑस्ट्रिक भाषा परिवार की है। करमाली शिल्पकार होते

हैं। ये अस्त्र-शस्त्र बनाने में निपुण माने जाते हैं। इनका निवास स्थल हजारीबाग, संथाल परगना, राँची, बोकारो, सिंहभूम आदि जिले हैं।

करमाली जनजाति का कोई राजनीतिक संगठन नहीं है। विवादों के निपटारे के लिए पाहन और मुंडा या गाँव के अन्य अधिकारियों पर निर्भर करते है। फिर भी परंपरागत जाति अथवा ग्राम पंचायत कायम रखे हुए है। ग्राम स्तर पर जातीय पंचायत का मुखिया 'मालिक' कहलाता है। पद वंशानुगत होता है। यह विवाह गोत्र, अनैतिक यौन संबंध, शादी, तलाक आदि मामलों का निपटारा करता है। जटिल समस्याओं को सुलझाने के लिए परगना स्तर पर 'सत गँवइया' पंचायत बैठती है। यह अंतर्ग्रामीण मामलों का निष्पादन करती है। इसके प्रधान को 'परगना मालिक' कहते हैं। शिखर स्तर पर 'बाईसी' पंचायत होती है। इसमें 17–22 गाँव शामिल होते हैं। इसके मुख्य या प्रमुख को 'मुख्य मालिक' कहा जाता है। पंचायतों में अपराध निर्धारण के लिए प्रत्यक्षदर्शियों की गवाही ली जाती है। शपथ या कसम द्वारा अपराध निर्धारण होता है। खौलते पानी में हाथ डालने की धमकी देने पर प्रायः अपराधी सच कबूल लेता है। नहीं कबूलने पर यदि चेहरे पर कोई शिकन नहीं आता है, तो उसे निर्दोष माना जाता है। भूमि विवाद, चोरी, मारपीट, अवैध यौन संबंध आदि मामलों का निपटारा भी बड़ी सावधानी से किया जाता है। आर्थिक दंड, शारीरिक दंड, सामूहिक उपवास, भोज आदि सजा देने के विविध ढंग हैं। कभी थूक चटाया जाता है या बाल मुड़कर चूना पोत दिया जाता है और गधे पर बैठाकर गाँव में घुमाया जाता है। पंचायत की बैठक की सूचना तथा पंचायत का संदेश लोगों तक पहुँचाने का काम गोड़ाइत करता है।

कँवर जनजाति की शासन व्यवस्था

झारखंड में कँवर को अनुसूचित जनजाति की श्रेणी में 31वें स्थान पर 2003 में विधि न्याय मंत्रालय, नई दिल्ली द्वारा गजट में प्रकाशित कर शामिल किया गया है। प्रजातीय दृष्टि से कँवर को प्रोटो-ऑस्ट्रोलॉयड वर्ग में रखा जाता है। झारखंड में कँवर गुमला, सिमडेगा, पलामू, लातेहार आदि जिलों में पाए जाते हैं।

अपने समाज के संचालन और नियंत्रण के लिए कँवर के बीच परंपरागत जाति पंचायत है, जिसका मुखिया 'सयाना' कहलाता है। वह जातीय मामलों का निपटारा करता है। इनका ग्राम पंचायत भी है, जिसका संचालन प्रधान या पटेल करता है। पंचायत गाँव के झगड़ों का निपटारा करती है। विवाद प्रायः यौन अपराध, व्याभिचार, विवाह विधान का उल्लंघन, चोरी, भूमि विवाद आदि से संबंधित होते हैं, जिनका निपटरा पंचायत करती है और अपराधियों को दंड एवं जुर्माना लगाती है। कई गाँव को मिलाकर अंचल संगठन भी बनाया जाता है, जो अंतर्ग्रामीण विवादों को सुलझाता है। कई अंचलों को मिलाकर एक केंद्रीय संगठन भी है, जो पूरे क्षेत्र या पंचायत के फैसलों

के विरुद्ध सुनवाई का काम करता है। इधर कँवरों ने एक कँवर समाज भी बनाया है, जो समाज के उत्थान और विकास के लिए सरकार से संपर्क करता है। अब गाँव में सरकारी पंचायतें भी चल रही है, जिससे परंपरागत पंचायतें कुछ कमजोर पड़ती जा रही हैं।

खरवार जनजाति की शासन व्यवस्था

चार गाँव की पंचायत को चट्टी, पाँच गाँव की पंचायत को पचौरा और सात गाँव की पंचायत को सतौरा कहते हैं।

खरवार झारखंड की एक लड़ाकू जनजाति मानी जाती है। पलामू एवं लातेहार में इस जनजाति को 'अठारह हजारी' के नाम से भी जाना जाता है। इनका निवास स्थल पलामू, लातेहार, गढ़वा, लोहरदगा, राँची, हजारीबाग, चतरा आदि जिलों में है।

खरवार समाज में परंपरागत जाति पंचायत पाई जाती है। गाँव का वरिष्ठ एवं योग्य व्यक्ति इसका मुखिया होता है। इस पंचायत के द्वारा अंतर्जातीय या सगोत्रीय विवाह, विवाह पूर्व यौन संबंध, डायन, तलाक, संपत्ति का बँटवारा आदि के मामले सुलझाए जाते हैं। इनकी अंतर्ग्रामीण पंचायत भी होती है, जिसे चट्टी-पट्टी, पचौरा या सतौरा कहते हैं। चार गाँव की पंचायत को चट्टी, पाँच गाँव की पंचायत को पचौरा और सात गाँव की पंचायत को सतौरा कहते हैं। ये पंचायत अपने सदस्य गाँव के बीच के झगड़े विवादों का निपटरा करती है। पंचायत का निर्णय मान्य होता है तथा उसका उल्लंघन करने पर जाति से बहिष्कार कर दिया जाता है। वर्तमान समय में सरकारी पंचायतों के आने से इनकी परंपरागत पंचायतें शिथिल होते जा रही हैं।

खोंड जनजाति की शासन व्यवस्था

खोंड जनजाति झारखंड की एक अल्पसंख्यक जनजाति है। ये जाति द्रविड़ प्रजाति से संबंध रखते हैं। वैसे तो यह जनजाति मुख्य रूप से उड़ीसा में पाई जाती है, लेकिन इसकी कुछ संख्या झारखंड के संथाल परगना, उत्तरी छोटानागपुर प्रमंडल तथा दक्षिणी छोटानागपुर प्रमंडल में भी पाई जाती है। खोंड की बोली 'कोंधी' कहलाती है। पुराने जमाने में खोंड में नर-बली की प्रथा पाई जाती थी, जिसे 'मरियाह' प्रथा कहा जाता था।

प्राचीन काल में खोंडों की पारंपरिक ग्राम संगठन बहुत मजबूत था। उसका मुखिया 'गौटिया' कहलाता था। यही इनके सारे विवादों का निराकरण करता था। अब अधिकांश गाँव में कोई गौटिया नहीं है। ये मिले-जुले गाँव में रहते हैं। ये अब ग्राम पंचायत के अंग बन गए हैं, जिसका मुखिया प्रायः दूसरी जनजाति से होता है। इनका अपना अंतर्ग्राम्य जाति पंचायत है, जिसमें इनके जातीय विवादों का निपटारा होता है। जाति के

बाहर या गोत्र में विवाह, यौन संबंध आदि को सामाजिक अपराध माना जाता है। दोषी को दंड दिया जाता है, आर्थिक जुर्माना करते हैं या भोज-भात देने को बाध्य करते हैं। अब ग्राम पंचायत में सरपंच ही सर्वेसर्वा बन गया है, जिसका चयन ग्रामवासियों द्वारा होता है।

किसान जनजाति की शासन व्यवस्था

किसान झारखंड की एक अल्पसंख्यक अनुसूचित जनजाति है। यह अपने को नगेसिया कहते हैं। प्रारंभ में ये खेती-बारी का काम करते थे, इसलिए इनकी पहचान किसान के रूप में बनी। इनका निवास स्थल झारखंड के पलामू, राँची, सिंहभूम, लोहरदगा आदि जिले हैं।

इनके बीच कोई राजनीतिक संगठन नहीं है। गाँव में जाति पंचायत तथा ग्राम पंचायत पाई जाती है। गाँव के झगड़े-झंझट को निपटाने के लिए अस्थायी पंचायत बुलाई जाती है। लगभग एक दर्जन गाँव मिलाकर परगना पंचायत का निर्माण होता है, जो अंतर्ग्रामीण विवादों को सुलझाने का प्रयास करती है। महतो और सरदार या कोतवार पंचायत अधिकारी होते हैं। प्रत्येक वरिष्ठ सदस्य पंचायत की कारवाई में भाग ले सकता है। पंचायत का खर्च, पंचायत बैठाने या बुलानेवाले व्यक्ति को वहन करना पड़ता है। समय के साथ किसान समाज में भी तेजी से बदलाव आया है। सरकारी पंचायतों द्वारा अधिकतर कार्य उनके यहाँ भी संपन्न किए जा रहे हैं।

कोल जनजाति की शासन व्यवस्था

झारखंड की 32वीं जनजाति के रूप में कोल जनजाति को मान्यता 2003 में मिली। प्रजातीय समूह की दृष्टि से कोल को प्रोटो-ऑस्ट्रोलॉयड के अंतर्गत रखा जाता है। इनकी भाषा संथाली से मिलती जुलती बताई जाती है। झारखंड में कोल मुख्य रूप से दुमका, देवघर, गिरिडीह आदि जिले में पाए जाते हैं। इनमें 'बी' रक्त समूह की अधिकता पाई जाती है। ये सरना धर्म के अनुयायी हैं तथा सिंगबोंगा को सर्वशक्तिमान देवता मानते हैं।

कोल में राजनीतिक चेतना का पूर्णत: अभाव है। परंपरागत पंचायत प्रचलित हैं, जिसका मुखिया माँझी होता है। ये ही पंचायत उनके सारे जातीय, सामाजिक एवं आपसी विवादों का निपटारा करती हैं। पंचायत का निर्णय प्राय: मान्य होता है।

कोरा जनजाति की शासन व्यवस्था

कोरा झारखंड की एक अल्पसंख्यक जनजाति है। 1872 की पहली जनगणना में 18 जनजातियों को सूचीबद्ध किया गया था। कोरा को जनजातीय सूची में 1931 की जनगणना में शामिल किया गया। कोरा प्रोटो-ऑस्ट्रोलॉयड माने जाते हैं। 'कोरा' शब्द

की व्युत्पत्ति मुंडारी शब्द कोड़ा से बताई जाती है, जिसका अर्थ होता है—मिट्टी कोड़ना—काटना और इनका परंपरागत पेशा मिट्टी कोड़ना ही रहा है। झारखंड में कोरा मुख्य रूप से हजारीबाग, बोकारो, धनबाद, सिंहभूम एवं संथाल परगना जिलों में पाए जाते हैं।

कोरा की एक परंपरागत ग्राम पंचायत होती है, जिसका मुखिया 'महतो' कहलाता है। गाँव के सभी परिवार का मुखिया पंचायत के सदस्य होते हैं और महतो उसका अध्यक्ष होता है। महतो की सहायता के लिए प्रामाणिक और जोग माँझी होते हैं। पंचायत का निर्णय सभी को मान्य होता है। कोई लिखित कानून नहीं है, किंतु सामाजिक नियंत्रण, कुछ परंपराएँ, नियम, आदर्श एवं आचरण हैं, जिन्हें कानून जैसी मान्यता प्राप्त है। इस पंचायत में घरेलू झगड़े, संपत्ति विवाद, व्याभिचार, पत्नी-प्रताड़ना, जादू-टोना, डायन आदि से जुड़े मामलों का निपटारा होता है। दोषी पर जुर्माना लगाया जाता है या शारीरिक दंड दिया जाता है। अंग्रेजों के शासनकाल में जमींदारी उन्मूलन के पहले तक कर वसूली का काम ये करते थे। वर्तमान समय में सरकारी ग्राम पंचायतों की स्थापना के बाद परंपरागत पंचायत कमजोर हुई हैं, लेकिन इसकी लोकप्रियता अभी भी बनी हुई है। परंपरागत पंचायत के प्राय: सभी पद वंशानुगत होते हैं।

कोरबा जनजाति की शासन व्यवस्था

कोरबा झारखंड की एक आदिम जनजाति है, जो प्रोटो-ऑस्ट्रोलॉयड से संबंधित है। इनकी भाषा कोरबा ऑस्ट्रो-एशियाटिक भाषा परिवार की है। झारखंड में कोरबा मध्य प्रदेश से आए हैं। ये मुख्य रूप से गढ़वा, पलामू और लातेहार जिलों के पहाड़ी क्षेत्रों में पाए जाते हैं।

प्राय: प्रत्येक गाँव में कोरबा की अपनी परंपरागत जाति पंचायत होती है। जाति पंचायत वैवाहिक, सामाजिक आचरण एवं नियमों के पालन पर ध्यान रखती है। जाति पंचायत में संपत्ति के बँटवारे संबंधी विवाद, पति-पत्नी का झगड़ा, विवाहेत्तर यौन संबंध, सगोत्रीय या अंतर्जातीय विवाह, तलाक, डायन आदि के मामले सुलझाए जाते हैं। विवादों का निपटारा साक्ष्य के आधार पर होता है। गवाहों की सत्यता की परीक्षा शपथ दिलाकर की जाती है। जब कोई व्यक्ति जात से बाहर विवाह कर लेता है, तो उस पर जुर्माना या उसे जाति बहिष्कार की सजा दी जाती है। बहिष्कृत व्यक्ति को भोज-भात देने पर पुन: समाज में शामिल कर लिया जाता है। इसे 'भात-भीतर' कहा जाता है। जाति पंचायत के अलावा ग्राम पंचायत होती है, जिसका मुखिया प्रधान होता है। गाँव के वरीष्ठ इसके पंच होते हैं और बैठक की अध्यक्षता मुखिया करता है। अंतर्ग्रामीण विवादों को गाँव की पंचायतों के सदस्य सुलझाते हैं, जिसका प्रधान 'बड़ा मुखिया' कहलाता है। वह समुदाय के विशिष्ट एवं प्रतिष्ठित व्यक्ति के रूप में जाना जाता है। सभी महत्त्वपूर्ण पर्व-त्योहार और समारोहों में उसकी उपस्थिति अनिवार्य मानी जाती है।

लोहरा जनजाति की शासन व्यवस्था

लोहरा झारखंड की अनुसूचित जनजातियों में एक पेशेवर जाति है, जिसका परंपरागत पैतृक पेशा लुहारी है। प्रजातीय दृष्टि से लोहरा को प्रोटो-ऑस्ट्रोलॉयड समूह में रखा जाता है। ये मुख्य रूप से राँची, गुमला, सिमडेगा, लोहरदगा, सिंहभूम, संथाल परगना, हजारीबाग, पलामू, धनबाद, बोकारो, गिरिडीह जिलों में पाए जाते हैं। लोहरा सदानी भाषा का प्रयोग करते हैं।

ये छिट-पुट रूप से मिले-जुले गाँव में बसे होने के कारण इनका कोई अपना संगठित राजनीतिक संगठन नहीं है। ये भी परंपरागत ग्राम पंचायत के ही अभिन्न अंग है, किंतु अपनी जातिगत समस्याओं को सुलझाने के लिए इनकी जाति पंचायत होती है। ये पंचायत उनके सारे आपसी विवाद एवं झगड़े का निपटारा करती है। इनके बीच रीति-रिवाज एवं परंपरागत नियम-कानून हैं। इसी के आलोक में निर्णय लिया जाता है, जो समाज द्वारा मान्य होता है। डायन साबित हो जाने पर कठोर दंड दिया जाता है। दूसरे गाँव के लोहरा से किसी खास मौके पर संपर्क सूत्र बनाकर अंतर्ग्राम्य परिषद् का रूप दे दिया जाता है, जो दो गाँवों के बीच के गंभीर विवादों का समाधान करता है।

महली जनजाति की शासन व्यवस्था

महली झारखंड की शिल्पी जनजाति है, जो बाँस की कला में दक्ष एवं प्रवीण मानी जाती है। ये मुख्य रूप से राँची, लोहरदगा, गुमला, सिमडेगा, सिंहभूम, संथाल परगना, हजारीबाग, धनबाद आदि जिलों में पाए जाते हैं। महली प्रोटो-ऑस्ट्रोलॉयड प्रजाति से संबंधित है। इनमें 'बी' रक्त समूह की अधिकता होती है।

दूर-दूर के गाँवों में छिट-फुट रूप से बसे होने के कारण इनका कोई सामाजिक संगठन विकसित नहीं हो पाया है। इनके सारे सामाजिक कार्य बँधी-बँधाई परंपरा के सहारे चलती है। अपने विवादों को सुलझाने के लिए गाँव में स्थापित पंचायत की मदद लेते हैं। यही पंचायत पूरे गाँव को नियंत्रित करती है और सारे वाद-विवाद, लड़ाई-झगड़ों का निपटारा करती है। व्याभिचार, अनैतिक यौन संबंध, उत्तराधिकार विवाद आदि मुख्य अपराध माने जाते हैं। आर्थिक दंड या शारीरिक दंड दोनों की व्यवस्था इनके समाज में पाई जाती है। गंभीर अपराध के लिए गाँव तथा आसपास के सभी रिश्तेदारों को जाति भोज देना पड़ता है। संथाली क्षेत्र में प्रधान या परगनैत और मुंडा क्षेत्र में मुंडा मुखिया ही महली का भी मुखिया होता है।

माल पहाड़िया जनजाति की शासन व्यवस्था

माल पहाड़िया पहाड़िया जाति की दो प्रमुख शाखाओं में से एक है। दूसरी शाखा को 'सौरिया पहाड़िया' या 'मलेर' कहा जाता है। प्रजातीय दृष्टि से माल पहाड़िया को

प्रोटो-ऑस्ट्रोलॉयड समूह में रखा जाता है। इनकी भाषा को 'मालतो' कहा जाता है, जो द्रविड़ परिवार की भाषा मानी जाती है। माल पहाड़िया मुख्य रूप से संथाल परगना के दुमका, जामताड़ा, गोड्डा, देवघर, पाकुड़ आदि जिलों में पाए जाते हैं।

माल पहाड़िया गाँव ही इनके राजनीतिक संगठन की इकाई होता है, जो गाँव के स्तर पर इनके सामाजिक, धार्मिक और राजनीतिक जीवन को नियंत्रित एवं संचालित करता है। गाँव का मुखिया माँझी कहलाता है। वही ग्राम पंचायत का प्रधान होता है। उसकी सहायता के लिए गोड़ाइत और दीवान होते हैं। कुछ क्षेत्र में खासकर सालवन पहाड़ में एक और अधिकारी होता है, जिसे 'प्रमाणिक' कहते हैं। वह माँझी के नीचे होता है। सभी पद वंशानुगत होते है। इस परंपरागत पंचायत में गाँव के सभी वरीय व्यक्ति सदस्य होते हैं। इस पंचायत में गाँव के झगड़ों का निपटारा और समस्याओं का समाधान किया जाता है। पंचायत का फैसला सभी को मान्य होता है। उनका उल्लंघन और अवहेलना करनेवाले को जाति बहिष्कार की सजा भी दी जाती है। इनके बीच 'बिटलाहा' की प्रथा नहीं है। जुर्माना में दिए गए पैसों का पूजा या ग्राम भोज में उपयोग किया जाता है। अंतर्ग्राम्य झगड़े-विवाद को सुलझाने के लिए कई गाँवों को मिलाकर एक बड़ा संगठन बनाया जाता है, जिसका मुखिया 'सरदार' कहलाता है। वर्तमान समय में सरकारी पंचायतें काम करने लगी हैं, जिसकी संरचना एवं प्रक्रिया परंपरागत पंचायतों से भिन्न होती है। फिर भी माल पहाड़िया पुराने पंचायतों का ही सहारा लेते हैं।

सौरिया पहाड़िया जनजाति की शासन व्यवस्था

पहाड़िया जनजाति की एक शाखा को 'सौरिया पहाड़िया' के नाम से जाना जाता है। यह झारखंड की एक आदिम जनजाति है। ये अपने को 'मलेर' क ने हैं। प्रजातीय दृष्टि से इन्हें प्रोटो-ऑस्ट्रोलॉयड श्रेणी में रखा जाता है। इनकी बोल मालतो' है, जो द्रविड़ भाषा परिवार से संबंधित है। मालतो भाषा उराँव की भाषा कुड़ुख से काफी मिलती-जुलती है। ये मुख्य रूप से संथाल परगना के साहेबगंज, पाकुड़, दुमका, जामताड़ा, गोड्डा एवं देवघर जिले में निवास करते हैं। इनकी अर्थव्यवस्था कृषि एवं वन पर आश्रित है। ये स्थानांतरित कृषि (कुरवा) का कार्य भी करते हैं।

सौरिया का राजनीतिक जीवन बड़ा लोकतांत्रिक है। गाँव का प्रबंधन माँझी करता है, जो गाँव का मुखिया एवं पुजारी भी होता है। उसकी सहायता गिरि, कोतवार और भंडारी या गोड़ैत करते हैं। ग्राम पंचायत गाँव के सभी प्रकार के झगड़ों-विवादों का निपटारा करती है। वर्तमान समय में ग्राम पंचायत की अध्यक्षता माँझी करता है और गोड़ैत उसकी सहायता करता है। विभिन्न गाँवों के बीच विवादों को सुलझाने के लिए दो तरह के अंतर्ग्राम्य संगठन पाए जाते हैं। 15-20 गाँवों पर एक नायक होता है तथा 70-80 गाँवों पर एक सरदार होता है। सरदार पर पूरे इलाके की जिम्मेदारी रहती है।

अंग्रेजों के शासन काल में सरदार नायक एवं माँझी को मान्यता मिली हुई थी और उन्हें मासिक वृत्ति भी दी जाती थी। सभी अधिकारियों के पद वंशानुगत होते हैं। वर्तमान समय में सरकारी पंचायतों की स्थापना के बाद परंपरागत पंचायतों का प्रभाव क्षीण होते जा रहा है।

परहिया जनजाति की शासन व्यवस्था

परहिया झारखंड की एक अल्पसंख्यक आदिम जनजाति है। ये पलामू की पहाड़ियों में पीढ़ियों से रहते आ रहे हैं। ये मुख्य रूप से लातेहार, पलामू, गढ़वा एवं हजारीबाग के जिलों में निवास करते हैं। प्रजातीय दृष्टि से परहिया को प्रोटो-ऑस्ट्रोलॉयड वर्ग में रखा जाता है।

परहिया समाज या गाँव के संचालन में खूँट की विशेष भूमिका होती है। हर गाँव में इनकी जाति पंचायत होती है, जिसे 'भैयारी' या 'जातिगोठ' भी कहते हैं। यही भैयारी गाँव के विवादों को सुलझाता है। 8-10 गाँव मिलकर अंतर्ग्रामीण पंचायत बनती है, जिसे 'कारा भैयारी' कहा जाता है, जो विभिन्न गाँवों के झगड़ों का निपटारा करती है। गाँव पंचायत का मुखिया महतो या प्रधान कहलाता है। उसका सहायक 'कहतो' या 'खतो' होता है। पंचायत में कई पंच भी रहते हैं। महतो प्रथागत नियमों के मुताबिक फैसला देता है। इनके यहाँ साक्षी प्रथा है। गाँव में पर्व या धार्मिक उत्सव समारोह के आयोजन में महतो मार्गदर्शन करता है तथा संकट की घड़ी में गाँव के कल्याण के लिए बैगा को पूजा-पाठ द्वारा देवी-देवताओं को प्रसन्न करने के लिए निर्देश देता है। गाँव में सरकारी पंचायतों की स्थापना के बाद परंपरागत पंचायतें कमजोर हो गई हैं।

परहिया समाज या गाँव के संचालन में खूँट की विशेष भूमिका होती है। हर गाँव में इनकी जाति पंचायत होती है, जिसे 'भैयारी' या 'जातिगोठ' भी कहते हैं। यही भैयारी गाँव के विवादों को सुलझाता है। 8-10 गाँव मिलकर अंतर्ग्रामीण पंचायत बनती है, जिसे 'कारा भैयारी' कहा जाता है, जो विभिन्न गाँवों के झगड़ों का निपटारा करती है।

सबर जनजाति की शासन व्यवस्था

सबर झारखंड की एक अल्पसंख्यक आदिम जनजाति है। इस जाति का इतिहास बहुत प्राचीन और गौरवशाली है। लाखों वर्ष पूर्व त्रेता युग में सबर जाति के अस्तित्व का उल्लेख मिलता है। सबर को 'पहाड़ी खड़िया' भी कहा जाता है। ये मुख्य रूप से पूर्वी एवं पश्चिमी सिंहभूम में पाए जाते हैं। इसके अलावा इनकी आबादी गिरिडीह, धनबाद, बोकारो, गुमला, राँची, लोहरदगा आदि जिलों में भी मिलती है। सबर की चार उपजातियाँ

है, जिसमें तीन 'झरा,' 'बासु' और 'जंटापति' तो उड़ीसा में पाई जाती हैं और चौथी उपजाति 'जाहरा' यहाँ धालभूम में आ बसी है। इनके यहाँ गोत्र प्रणाली नहीं है।

सबरों की अपनी परंपरागत पंचायत होती है, जिसका प्रमुख 'प्रधान' कहलाता है। उसकी सहायता के लिए गोड़ाइत होता है, जो संदेशवाहक का काम करता है। ये पद वंशानुगत होते हैं। इनके अपने परंपरागत नियम-कानून एवं रीति-रिवाज है, जो इनके सामाजिक आचरण को नियंत्रित करते हैं। वर्जित यौन संबंध, पर-स्त्री या पर-पुरुष गमन, चोरी, व्याभिचार, जादू-टोना आदि अपराध माने जाते हैं और इसके लिए दोषियों को सजा दी जाती है। आर्थिक, सामाजिक, धार्मिक सभी तरह के विवाद पंचायत के द्वारा ही निपटाए जाते हैं। इनमें राजनीतिक चेतना का अभाव पाया जाता है। सरकारी पंचायतों के आने से इनकी परंपरागत पंचायतें कमजोर हुई हैं।

□

2. झारखंड आंदोलन

(झारखंड के सदान, झारखंड में राष्ट्रीय स्वतंत्रता संग्राम, झारखंड के स्वतंत्रता सेनानी, झारखंड के विभूति, आधुनिक झारखंड का गठन, झारखंड आंदोलन के संगठन)

- झारखंड के सदान
- झारखंड में राष्ट्रीय स्वतंत्रता संग्राम
- झारखंड के स्वतंत्रता सेनानी
- झारखंड के विभूति
- आधुनिक झारखंड का गठन
- झारखंड आंदोलन के संगठन

झारखंड के सदान

सदान झारखंड की मूल गैर-जनजाति लोग हैं, लेकिन सभी गैर-जनजातियाँ सदान नहीं हैं। 'सदान' शब्द का अर्थ ऐसे लोगों से हैं, जो यहाँ बैठे हुए थे या बसे हुए थे। सदानी भाषा में नागपुरी में घर में बसनेवाले कबूतर को 'सद परेवा' कहा जाता है और जंगली कबूतर को या घर में नहीं रहनेवाले कबूतर को 'बनया कबूतर' कहा जाता है। ठीक इसी प्रकार सदानों को 'सद परेवा' की तरह समझना चाहिए। आदिवासी और सदानों में मूलभूत अंतर है, जहाँ आदिवासी कबीलाई होते हैं, वहीं सदान समुदायी होते हैं। आदिवासी घुमंतू स्वभाव के होते हैं, जबकि सदान स्थायी निवास स्थान बनाते हैं।

भाषा के दृष्टि से वह गैर-जनजातीय व्यक्ति जिसकी भाषा मौलिक रूप से खोरठा, नागपुरी, पंचपरगनीय और कुरमाली है, वही सदान है। इस संबंध में डॉ. बी.पी. केसरी मानते हैं कि इन भाषाओं का मूल रूप नागजाति के विभिन्न कबीलों में विकसित हुआ

होगा। किंतु मुझे लगता है कि भाषा केवल जाति तक सीमित नहीं होती। अत: नागदिशुम में नागराजा होंगे तो प्रंजा के रूप में नाग लोग ही तो नहीं रहेंगे, अन्य ज़ातियाँ भी और भाषा के लोग भी होंगे।

धर्म के दृष्टि से हिंदू ही प्राचीन सदान हैं। इसलाम का उद्‌भव छह सौ शताब्दी में हुआ है। इनके पूर्व के जैन धर्मावलंबी भी सदान हैं। आज इन सभी धर्मावलंबी की मातृ भाषा जैन, उर्दू या अरबी फारसी न होकर खोरठा, नागपुरी, पंचपरगनियाँ, कुरमाली आदि ही हैं। चाहे वह किसी धर्म का हो, वह सदान तभी हो सकता है, जब उसकी मातृ भाषा सादरी हो।

प्रजातीय दृष्टि से सदान आर्य हैं। कुछ द्रविड़वंशी भी सदान हैं। यहाँ तक कुछ आग्नेय लोग भी सदान हैं। उराँव और मुंडाओं के पडहा पंचायत में चार–पाँच स्तंभों में दीवान, ठाकुर, पाडे, कर्ता, और लाल कौन थे? अगर मानकी मुंडा, पाहन, महतो अपने खूँट के होते थे सहायक के रूप में लाल, पाडे, ठाकुर, दीवान आदि होते होंगे, तभी राज चलता होगा। कहने का तात्पर्य यह है कि राज व्यवस्था में या अन्य व्यापारिक क्रियाओं में भी मुंडा और उराँव के साथ सदान सदैव रहे।

इतिहास कहता है, असुर से पहले कोई एक सभ्य प्रजाति यहाँ थी। निश्चय ही ये सभ्य प्रजाति सदानों की होगी, जो यहाँ के मूलवासी थे। आखिर असुरों का लोहा बनाने का कार्य किसी अन्य के लिए ही किया जाता था। असुरों के बाद मुंडा और उसके बाद उराँव आते हैं। सदान उनके यहाँ आने से पूर्व बसे हुए थे। मुंडा और उराँव का स्वागत सदानों ने ही किया था। अग्रेंजों ने एक साजिश पूर्ण नीति के तहत इन्हें दिकू उपनाम को सदानों पर थोपने में सफल हुए। जिससे आदिवासी भ्रमित हुए और 1831–33 का कोल विद्रोह भी भ्रमित हो गया, जिसमें सदान और आदिवासी आपस में ही भिड़ गए। बाद में बिरसा मुंडा ने अंग्रेजों की इस साजिश को समझा और उन्होंने केवल अंग्रेजों को ही निशाना बनाया था। बिरसा युग में मुगल, पठान, सिक्ख, किरानी बाबू और अंग्रेजों को ही 'दिकू' कहा जाता था, जो यहाँ के आदिवासी एवं दोनों का शोषण एवं दोनों में मतभेद उत्पन्न करते थे।

जाति के दृष्टि से सदानों का प्रकार–

- झारखंड में वैसी जातियाँ जो झारखंड में हैं तथा देश के अन्य हिस्सों में भी है जैसे ब्राह्मण, राजपूत, माली, कुम्हार, कुर्मी, सोनार, बनिया, डोम अहिर, चमार, दुशाध, ठाकुर, और नागजाति आदि।
- वैसी जातियाँ जो केवल छोटानागपुर में मिलती हैं—बड़ाइक, देशावली, पाइक, धानु, रौतिया, गोडाइत, घासी, भुइयाँ, पान, प्रमाणिक, तांतिक, स्वांसी, ओष्टा, रक्सैल, बिंद, लोहड़िया आदि।

➢ कई सदान जातियाँ ऐसी हैं, जिनका गोत्र अवधिया, कनैजिया, तिरहुतिया, गौड़, दखिनाहा आदि है इनसे पता चलता है कि इनका मूल स्थान यहाँ न होकर कहीं बाहर है।

सदानों का सामाजिक एवं सांस्कृतिक रूपरेखा

सदानों एवं आदिवासीयों का सांस्कृतिक संरचना विपरीत है। आदिवासी परिवार की सांस्कृतिक रचना बिल्कुल सनातनी परिवार की तरह है। विवाह शादी, पर्व, त्योहार, जन्म, मृत्यु सभी संस्कार वैदिक रूप में संपन्न होते हैं। वहीं दूसरी ओर सदान परिवार के संस्कार आदिवासियों वाले हैं। जो वधू-मूल्य देता है, पूजा-पाठ सरना में करना, मुरगा-मुरगी का बलि चढ़ाना आदि।

मेरा स्पष्ट कहना है कि सदान और आदिवासी दोनों झारखंड के मूल निवासी हैं। इनक साझा संस्कृति है। इसके कारण आदिवासियों में आर्यपन की झलक दिखाई पड़ती है। वहीं सदानों में आर्यपन के साथ-साथ आदिवासीपन का झलक दिखाई पड़ती है, चाहे वह किसी भी जाति का सदान हो।

धर्म

सदान सराक नामक एक छोटे क्षेत्र में अवस्थित जाति जैन धर्म से प्रभावित है। जैनियों की तरह सूर्यास्त के बाद भोजन नहीं करते तथा मांस-मछली का सेवन नहीं करते। ये लोग सूर्य एवं मंशा के उपासक हैं। कुछ सदान वैष्णव परंपरा से प्रभावित हैं। हिंदुओं के देवी-देवताओं की पूजा-अर्चना के साथ-साथ सदान लोग कुल देवी-देवता की भी पूजा करते हैं। ओझा मति के साथ-साथ डायन और भूत भी प्रचलित हैं। यह कहना अप्रसांगिक नहीं होगा कि सदानों की धार्मिक परंपरा पुरोहितवाद और कर्मकांड से व्याप्त है।

शारीरिक गठन

सदानों के शारीरिक गठन में आर्य, द्रविड़ एवं ऑस्ट्रिक तीनों के लक्षण दिखाई पड़ते हैं। सदानों में गोरे, काले और साँवले तीनों रंग दिखाई पड़ते हैं। ऊँचाई में भी नाटे मध्यम, लंबे—तीनों दिखाई पड़ते हैं।

वेशभूषा

सदान धोती, कुरता, गमछा, चादर का प्रयोग परंपरागत रूप से करते हैं। लेकिन वर्तमान में पैंट, शर्ट, कोट, टाई आदि का भी प्रयोग करने लगे हैं।

आभूषण

बंगाल और बिहार में प्रचलित आभूषणों का प्रयोग सदान लोग करते हैं। पोला,

सांखा, कंगन, बिछिया, हार, हंसली, सिकड़ी, छूछी, बुलाक, बेसर, नथिया, तरकी, करन, फूल, मनटिका आदि आभूषण प्रचलित हैं। सदानों में आदिवासियों की तरह गोदना का भी प्रचलन है।

गृहस्थी के समान

गाँवों में सदान लोग मिट्टी के बरतन का प्रयोग करते हैं। घरों में हड़िया, गगरी, चूका, ढकनी जरूर दिखाई पड़ते हैं। सदानों में पीतल और काँसा का बरतन रखना समृद्धि का द्योतक माना जाता है। सामूहिक भोज में पत्तल का दोना ही प्रयोग होता है। खेतीबारी में सदान और आदिवासी एक ही उपकरण का प्रयोग करते हैं।

शिकार के औजार

सदान शिकार के लिए आदिवासियों के तहत ही मछली मारने के लिए जाल, कुमनी बंसीडाग, पोलइ आदि औजार तीर-धनुष और तलवार, भाला, लाठा, चोंगी आदि औजार कर प्रयोग करते हैं। सदानों ने बंदूक रखने की परंपरा जमींदारी के कारण आई।

नातेदारी

सदान समाज पितृ सत्तात्मक होता है। पिता के बड़े भाई को बड़का बाबूजी, माता के बहन को मौसी, पिता का छोटा भाई कका। मातृ-पितृ कुल में वैवाहिक संबंध वर्जित है।

पर्व-त्योहार

सदानों का पर्व-त्योहार पहचान बहुत बड़ा आधार है। जो व्यक्ति सदान नहीं है, उसे यहाँ के पर्व-त्योहारों में आनंद नहीं आएगा। होली, दीवाली, दशहरा, काली-पूजा के अतिरिक्त जितिया, सोहराई, करमा, सरहुल, मक्कर संक्रांति, टुसु, तीज आदि सदानों के प्रमुख त्योहार हैं। मुसलमान ईद, मुहर्रम आदि मनाते हैं।

नृत्य एवं गीत

सदानों की गाँव की पहचान अखरा से होती है। करमा उत्सव में लड़कियों का सामूहिक नृत्य अखरा में होता है। जावा जगाने के लिए रात भर नृत्य होता है। इसके अतिरिक्त शादी-विवाह में भी महिलाएँ नृत्य करती हैं। डमकच, झूमटा, झूमर आदि सामूहिक नृत्य है। घटवारी नृत्य, जामदा नृत्य, चोकरा नृत्य, संथाल नृत्य, लूरी सावरी नृत्य, राजपूत झलक नृत्य—ये सभी नृत्य एक साथ रंगीन अथवा माले कहा जाता है। इसके अतिरिक्त गणेश नृत्य, कार्तिक नृत्य इन्हें शास्त्रीय नृत्य कहा जाता है।

सदानों का गीत उनके राग एवं सुर के नाम पर नामित है। जैसे—डमकच, झूमटा,

अगनयी, सोहर, मर्दानी झूमर, सोहराइ आदि।

सदान आदिवासियों के समकालीन भी हैं, उनसे प्राचीन भी हैं। जो झारखंड का मूल निवासी है। अंग्रेजों ने आदिवासियों और सदानों की आपसी मित्रता देखकर इनके दरार उत्पन्न करने की चेष्टा की। इसमें इन्हें आंशिक सफलता मिली। झारखंड में 'दिकू' का प्रयोग इनके लिए किया गया, लेकिन वर्तमान परिप्रेक्ष्य में अन्य राष्ट्र के आतंकवादी, जो भारत को खंडित करने के प्रयास में हैं, वही वास्तव में 'दिकू' हैं।

झारखंड में राष्ट्रीय स्वतंत्रता संग्राम

19वीं शताब्दी के उत्तरार्द्ध में बिरसा तथा उनके अनुयायियों, सरदारों, पलामू के भूतपूर्व चेरो शासकों, कोल्हान के लड़ाका कोलों, हजारीबाग, मानभूम तथा संथाल परगना के भूमिजों-संथालों ने ब्रिटिश विरोध की जो दीपशिखा प्रज्वलित की थी, वह महात्मा गांधी के नेतृत्व में एक वृहद् राष्ट्रीय आंदोलन के रूप में विकसित हुई। अंग्रेज सरकार के विरोध में झारखंड की जनजातियों ने तभी से आवाज बुलंद कर दी थी, जब अंग्रेजों के कदम इस क्षेत्र में पड़े थे। यह विरोध जनजातियों की अपनी व्यक्तिगत समस्या एवं अपनी परंपराओं के अस्तित्व को बचाए रखने तथा जमींदारी प्रथा के शोषण के खिलाफ था। राष्ट्रीय आंदोलन ने जनजातियों में प्रेरणा जागृत कर दी। राष्ट्रीय आंदोलन की बागडोर महात्मा गांधी के हाथों में थी, जिनके विचारों से अधिकांश झारखंडवासी बहुत प्रभावित हुए। यहाँ के जनजाति जमींदारों, पादरियों तथा अंग्रेजों के प्रशासन के विरुद्ध हो चुके थे। कांग्रेस के प्रारंभिक वर्षों में भी झारखंड के निवासियों ने इसके प्रति अपार उत्साह दिखाया और इनके वार्षिक अधिवेशनों में यहाँ के प्रतिनिधि भारी संख्या में भाग लेते रहे।

शुरू के दशकों में झारखंड में कांग्रेस से अधिक उग्रवादी सक्रिय रहे। गणेश चंद्र घोष के नेतृत्व में राँची क्रांतिकारियों का एक प्रमुख केंद्र बन गया। मानभूम के रास्ते कलकत्ता के निकट होने के कारण बंगाल के क्रांतिकारी आंदोलन का इस क्षेत्र पर गहरा प्रभाव पड़ा। बंगाल के क्रांतिकारी यहाँ लगातार आते रहे। राँची स्थित एक बटालियन के सदस्य क्रांतिकारियों के प्रति सहानुभूति रखते थे। बेलूरमठ के शचिंद्र कुमार सेन डोरंडा आकर रहते थे, जिसे पुलिस क्रांतिकारियों से मिला हुआ मानती थी। 1913 ई. में 'आवर स्वाधीन भारत' शीर्षक वाले परचे खंभों पर गिरिडीह में चिपकाए गए। 24 परगना के इंदू भूषण राय के पुत्र जीवन क्रिस्टो राय द्वारा ये परचे गिरिडीह लाए गए थे और इन्हें चिपकाने का काम निर्मल चंद्र बनर्जी ने किया था। संत कोलंबस कॉलेज, हजारीबाग के छात्र भी क्रांतिकारियों से मिले हुए थे। इनमें से एक राम विनोद सिंह को

14 दिसंबर, 1918 ई. को पकड़ लिया गया। हजारीबाग के छात्रों में इसकी तीव्र प्रतिक्रिया हुई। बजरंग सहाय तथा कृष्ण वल्लभ सहाय ने गिरफ्तारी की निंदा की। राम विनोद सिंह को हजारीबाग का 'जतिन बाघा' कहा जाने लगा। टाटा कंपनी में कार्यरत दुर्गा दास बनर्जी का क्रांतिकारियों से गहरा संबंध था। उन्हीं का एक साथी सतरंजन थे, जिनका मोहनी मोहन राय नामक क्रांतिकारी से संबंध था। टाटा कंपनी में बहुत से क्रांतिकारी नौकरी करते थे और क्रांतिकारी गतिविधियों में संलग्न थे। अत: सरकार को चेतावनी देनी पड़ी कि कंपनी उचित जाँच-पड़ताल के बाद ही बंगालियों को अपने यहाँ नौकरी दे। कलकत्ता निवासी गिरींद्र नाथ मुखर्जी सिंहभूम में रहनेवाले अपने भाई अमर नाथ मुखर्जी से मिलकर यहाँ के नौजवानों को क्रांति का पाठ पढ़ते थे। 1902 ई. में उन्होंने अमेरिका तथा जापान तक की यात्रा की और वहाँ से क्रांतिकारी साहित्य भेजते रहे। 1908 ई. में उसने न्यूयॉर्क में स्पष्ट घोषणा की कि रक्तरंजित क्रांति से ही भारत को मुक्त किया जा सकता है। ढाका निवासी सुरेंद्र कुमार राय भी टाटा कंपनी की नौकरी के साथ-साथ क्रांतिकारियों की मदद करते थे। उन दिनों भारत के प्रमुख क्रांतिकारी अमेरिका के हिंदुस्तान एसोसिएशन से जुड़े थे। बंगाल के कई क्रांतिकारी सिंहभूम क्षेत्र में रहकर भारतीय स्वतंत्रता की पृष्ठभूमि तैयार कर रहे थे। इनमें से कुछ का संबंध जर्मनी तथा जापान की रिवोल्युशनरी पार्टी से था। छोटानागपुर क्षेत्र में क्रांतिकारी आंदोलन 1931-32 ई. तक फलता-फूलता रहा। इसका नेतृत्व डॉ. यदुगोपाल मुखर्जी तथा बसावन सिंह के हाथों में था। राष्ट्रीय स्तर के क्रांतिकारी, जैसे—काकोरी केस के प्रमुख अभियुक्त अशफाकउल्ला खाँ, कलकत्ता के प्रफुल्ल चंद्र घोष तथा कलकत्ता के ही ज्योति पंत राय छोटानागपुर में आकर कुछ दिनों तक छुपते थे।

19वीं सदी के अंत तक संथाल परगना पर स्वतंत्रता आंदोलन का कोई विशेष प्रभाव नहीं पड़ा। किंतु देवघर, जसीडीह, मधुपुर तथा करमाटांड़ में संभ्रांत बंगला भाषा-भाषियों ने अनेक कोठियाँ बना रखी थीं, जहाँ राजनारायण बोस, वारींद्र कुमार घोष, कृष्ण कुमार मित्रा, शिशिर कुमार घोष, हेमेंद्र कुमार घोष तथा भूपेंद्र दत्त जैसे प्रबुद्ध ठहरते थे। इस कारण संथाल परगना में स्वदेशी आंदोलन को बल मिला। उग्रवादी आंदोलन से जुड़े अरविंदो घोष, उनके भाई वारींद्र कुमार घोष देवघर के निकट रोहिनी ग्राम में लंबी अवधि तक रुका करते थे। अलीपुर बम कांड से जुड़े कई युवा बंगाली 'सिल्स लॉज' में बम बनाते थे और निकटवर्ती पहाड़ पर परीक्षण करते थे। सखा राम गणेश देवस्कर जो मराठी मूल परिवार के थे, देवघर में करौं ग्राम में रहते थे, जो विद्वान् लेखक एवं देशभक्त थे। 1918 ई. की सेडीशन कमेटी रिपोर्ट में संथाल परगना को उग्रवादी आंदोलन से जुड़े होने की बात की गई है। रोद्दा आर्म्स केस में प्रभुदयाल हिम्मत सिंह को भी अभियुक्त बनाया गया था।

स्वतंत्रता आंदोलन में जो धरातल आंदोलन के लिए तैयार था, उसे गांधीजी ने नई दिशा दी; क्योंकि सशस्त्र आंदोलन के पक्षधर भी स्वतंत्रता प्राप्ति के लिए इसकी उपयोगिता के प्रति आशावान नहीं थे। ऐसे लोगों को गांधीजी का अहिंसा पर आधारित असहयोग आंदोलन आशा की नई किरण के रूप में दिखाई दी। इस आंदोलन की प्रतिध्वनि छोटानागपुर में भी सुनाई पड़ी। इस कारण महात्मा गांधी को छोटानागपुर कई बार आना पड़ा। उनके प्रभाव के कारण अनेक लोगों ने भारतीय स्वतंत्रता आंदोलन में रुचि लेना शुरू कर दिया। प्रसिद्ध भू-गर्भ शास्त्री पी.एन. बोस ने एक पुस्तक लिखकर भारतीय संस्कृति की श्रेष्ठता और भारत को स्वतंत्रता मिलने का विचार प्रतिपादित किया। 1917 में श्याम कृष्ण सहाय जो लंदन में थे, उन्होंने गांधीजी को राँची आने का निमंत्रण वहीं से दिया। पहली बार गांधीजी 4 जून, 1917 ई. को राँची आए। वे मोतिहारी से चलकर राँची बिहार के ले. गर्वनर ऐडवर्ड गेट से मिलने पहुँचे और श्याम कृष्ण सहाय के पास ठहरे। यहाँ से ही चंपारण-आंदोलन की रूपरेखा तैयार की गई। इस तरह गांधीजी 1917 ई. में 21 दिनों तक छोटानागपुर में रहे। उनके साथ कस्तूरबा, रामदास और देवदास गांधी भी थे।

प्रथम विश्वयुद्ध के समाप्त होने पर सरकार ने विजय समारोहों का आयोजन किया। झारखंड के देशभक्तों ने इसका विरोध किया। राँची में रौलेट बिल का विरोध करनेवालों में प्रमुख नेता बारेश्वर सहाय तथा गुलाब तिवारी थे। पलामू में जिला स्कूल के शिक्षक रामदीन पांडे ने 6 अप्रैल, 1919 को 6 विधार्थियों के साथ उपवास रखा। जमशेदपुर तथा चाईबासा में भी लोगों ने 'विरोध दिवस' मनाया।

महात्मा गांधी से प्रेरित होकर मौलाना अबुल कलाम आजाद भी झारखंड में अपने कार्यों से लोगों को जागृत कर रहे थे। मौलाना अबुल कलाम आजाद उस समय 3 वर्षों तक राँची में नजरबंद रहे। इस अवधि में उन्होंने छूआछूत की दीवार तोड़ने की कोशिश की। अगस्त 1917 ई. में अंजुमन इसलामिया तथा मदरसा इस्लामिया की बुनियाद राँची में डाली। अपना 'अलबेलाग प्रेस' बेचकर इसका रकम मदरसा में लगा दिया। गांधीजी जब पटना आए और मौलान से मुलाकात की इजाजत माँगी तो सरकार ने उनके मिलने का अनुमति नहीं प्रदान की। 27 दिसंबर, 1919 को मौलाना अब्दुल कलाम आजाद को रिहा कर दिया गया। जहाँ से 3 जनवरी, 1920 को वे कलकत्ता चले गए।

झारखंड में कांग्रेस का प्रचार बहुत तेजी से हुआ। विभिन्न जिलों में कांग्रेस की कमेटियों की स्थापना कर दी गई। राँची जिला कमेटी 1920 में स्थापित हुई। 1919 ई. में बिंदेश्वरी पाठक तथा भागवत पांडे ने पलामू जिला कांग्रेस कमेटी की स्थापना की। 1920 ई. में भारतीय राष्ट्रीय कांग्रेस का कलकत्ता में विशेष अधिवेशन हुआ, जिसमें झारखंड के अनेक लोगों ने भाग लिया। गांधीजी से लोगों को मिलने का मौका प्राप्त

हुआ। गांधीजी से उन लोगों ने आग्रह किया कि वे झारखंड को आजाद घोषित कर दें। महात्मा गांधी ने एक पंक्ति में उतार दिया—"कपास बोओ, चरखा चलाओ, कपड़ा बुनो, छोटानागपुर आजाद हो जाएगा"। 1920-21 में गांधीजी झारखंड आए और राँची में भीम राज बंशीधर मोदी धर्मशाला में ठहरे। उसी समय धर्मशाला के सामने लंकाशायर-मैंचेस्टर मिलों के विदेशी कपड़ों की होली जलाई गई। लोगों ने खादी धारण करने का व्रत लिया और चरखा चलाया। इसी समय गांधीजी का टाना भगतों से संपर्क हुआ। वैष्णव टाना भगत दल के सदस्य गांधीजी के शिष्य बन गए। खादी बुनना, पहनना, पैसा-दो-पैसा जो इनके पास था, उसे गांधीजी को समर्पित कर देना इनका धर्म बन गया। इन लोगों ने सरकार को टैक्स देना बंद कर दिया। गांधीजी ने स्वीकार किया कि उनके सारे शिष्यों में टाना भगत सर्वोत्कृष्ट है।

कांग्रेस के 1920 ई. के कलकत्ता अधिवेशन से लौटते हुए पलामू के आदिवासी नेता घनी सिंह खरवार के नेतृत्व में पलामू किला के हाते में सभा में निर्णय लिया गया कि जंगलों को काटकर कपास की खेती की जाय। फलस्वरूप एक ही दिन में हजारों पेड़ काट डाले गए और खेत तैयार करने के बाद घनी सिंह को 'पलामू का राजा' घोषित किया गया। देवकी प्रसाद सिन्हा के प्रयासों के फलसवरूप 10 अक्तूबर, 1920 को डाल्टेनगंज में बिहार छात्र संघ का अधिवेशन सी.एफ. एंड्रूज की अध्यक्षता में हुआ। इस अधिवेशन में मजहर-उल-हक, चंद्रवंशी सहाय, कृष्ण प्रसन्न सेन, अब्दुल बारी, जी. इमाम तथा हसर आरजू जैसे प्रमुख नेता शामिल हुए। अधिवेशन में सरकार के साथ असहयोग करने का प्रस्ताव पारित हुआ। डाल्टेनगंज में राष्ट्रीय विद्यालय की स्थापना हुई, जिसके प्रधानाध्यापक बिंदेश्वरी पाठक बनाए गए। हुसैनाबाद का टोल राष्ट्रीय माध्यमिक विद्यालय बन गया। बाद में यह सभा स्थल के रूप में भी प्रयोग होने लगा। 1921 में डाल्टेनगंज, पांकी, जपला, में हुई जनसभाओं में चरखा-खद्दर, स्वदेशी, मद्य-निषेद्य तथा अस्पृष्यता निवारण पर जोर दिया गया। इन सभाओं में प्रमुख वक्ता रामनाथ पांडे, बिंदेश्वरी पाठक जैसे लोग हुआ करते थे। जनवरी 1922 ई. में योग आश्रम, वाराणसी के मणींद्रनाथ स्वामी का भाषण डाल्टेनगंज में हुआ। गांधीजी जनवरी, 1927 में डाल्टेनगंज आए। वहाँ की जनसभा में कई महिलाओं ने अपने कीमती आभूषण दे दिए। साइमन कमीशन का विरोध का केंद्र राँची बना, जिसमें पलामू के पाटन निवासी कोहड़ा पांडे ने भाग लिया। झारखंड में राँची असहयोग आंदोलन का प्रमुख केंद्र बना। उस समय राँची के डोरंडा, सेन्हा, मधुकम, घाघरा, इटकी, ओरमाँझी, कोकर, तमाड़, बुंडू, गुमला तथा लोहरदगा, में कई जनसभाएँ हुई, जिसमें गुलाब तिवारी, मौलवी उस्मान और स्वामी विश्वानंद ने भाग लिया। नवंबर 1921 ई. में राँची में वार्षिक पिंजरापोल समारोह हुआ, जिसमें पद्म राज जैन, भोलानाथ बर्मन, मौलवी जकारिया,

अब्दुर रजाक, और सुंदर दत के भाषण हुए। इन प्रयासों से आदिवासी समझने लगे थे कि अंग्रेजों का साम्राज्य समाप्त हो गया और गांधी राज्य कायम हो गया। गया कांग्रेस के बाद में पी.सी. मित्रा तथा देवकी प्रसाद, तिलक-स्वराज-कोष के लिए धन एकत्रित करते रहे। 1923 ई. में अप्रैल में राष्ट्रीय सप्ताह मनाया गया। राष्ट्रीय ध्वज की रक्षा के लिए जब नागपुर झंडा सत्याग्रह हुआ तो उसमें टाना भगत भी भारी संख्या में शामिल हुए। 1925 ई. में गांधीजी जब राँची आए तो लोगों ने यथाशक्ति चंदा दिया। यहाँ तक की नाटक खेलकर 300 रुपया भी एकत्रित करके गांधीजी को सौंपा गया। हजारीबाग जिला कांग्रेस कमेटी की स्थापना 1920 ई. में हुई। 1921 में झारखंड में आंदोलन और तीव्र हो गया। राजेंद्र प्रसाद ने कई सभाएँ कीं। साथ ही मजरूल हक, मोतीलाल नेहरू तथा स्वामी विश्वानंद ने राँची, टाटा तथा हजारीबाग में भाषण दिए। इनका परिणाम हुआ कि हजारीबाग में प्रशासन ने बजरंग सहाय, कृष्ण वल्लभ सहाय, सरस्वती देवी, त्रिवेणी प्रसाद और शालिग्राम सिंह को जेल भेज दिया। अक्तूबर 1921 में हजारीबाग में बिहार स्टूडेंट कॉन्फ्रेंस का 16वाँ अधिवेशन हुआ। सरला देवी, बजरंग सहाय, कृष्ण वल्लभ सहाय तथा रामनारायण सिंह ने भाषण दिए। 1922 ई. में चौरी-चौरा कांड के बाद कांग्रेस में विभाजन हो गया और स्वराज पार्टी की स्थापना हुई। 1923 ई में जब प्रांतीय लेजिस्लेटिव कॉसिल बनी तो कृष्ण वल्लभ सहाय 'स्वराज पार्टी' के प्रतिनिधि चुने गए। 1925 ई. में गांधीजी जब हजारीबाग आए तो उन्होंने संत कोलंबस कॉलेज के छात्रों को भी संबोधित किया, जहाँ उन्हें एक मंजूषा के साथ 1300 रुपए भेंट किए गए। 1927 ई. में हजारीबाग में विशेष खादी प्रदर्शनी लगी, जिसमें कॉलेज के दो व्याख्याताओं का विशेष योगदान रहा।

असहयोग आंदोलन में सिंहभूम के चक्रधरपुर में राष्ट्रीय विद्यालय खुला गोलमुरी मैदान में 5,6,8 तथा 9 फरवरी, 1921 को जन-सभाएँ हुई। इन सभाओं को काठियाबाड़ निवासी हरिशंकर व्यासजी ने संबोधित किया। जमशेदपुर श्रमिक संघ के भी.जी. सारठे ने इन सभाओं की अध्यक्षता की। बालगंगाधर तिलक की प्रतिमा सहित टाउन हॉल की स्थापना के लिए धन एकत्रित किया गया। जन नारायण मारवाड़ी, रामेश्वर महाराज, सेवाराम मारवाड़ी तथा गोदावरी मिश्र चक्रधरपुर में शराबबंदी आंदोलन के सक्रिय सदस्य थे। नासिक निवासी अब्दुला के चाईबासा तथा चक्रधरपुर में असहयोग के पक्ष में मई में भाषण हुए। 1921 में अहमदाबाद कांग्रेस में गुरुचरण हो अपने साथियों के साथ शामिल हुए। 1924 ई. में सिंहभूम के आदिवासियों ने हाट-कर न देने का आंदोलन चलाया। सी.एफ. एंड्रूज के आग्रह पर 1925 ई. में गांधीजी जमशेदपुर आए। वे वहाँ दो दिनों तक रहे। जे.आर.डी. टाटा ने उनका भव्य स्वागत किया। स्वागत समिति के अध्यक्ष तथा टाटा कंपनी के महाप्रबंधक सी.ए. अलेक्जेंडर ने अभिनंदन पत्र पढ़ा। इसी

के बाद टाटा कंपनी में मजदूर संघ को मान्यता मिली। 8 अगस्त, 1925 को इंडियन एसोसिएशन ने गांधीजी के सम्मान में प्रीति भोज दिया। इसी सभा में गांधीजी को 5000 रुपए देशबंधु स्मृति कोष के लिए दिए गए। 1926 ई. में जमशेदपुर की खादी प्रदर्शनी का उद्घाटन कंपनी के उच्चस्थ अधिकारी टेंपल ने किया। टाटा कंपनी का महाप्रबंधक केनान सपरिवार इस प्रदर्शनी को देखने आया। चाईबासा की पत्रिका 'तरुणशक्ति' के संपादक आनंद कमल चक्रवर्ती को ब्रिटिश विरोधी प्रकाशन के लिए बंदी बना लिया गया। 1929 ई. में टीनप्लेट कंपनी गोलमुरी के मजदूरों की हड़ताल हुई। इस संबंध में नेहरू, बोस, गिरी और डॉ. राजेंद्र प्रसाद जैसे दिग्गज नेताओं को आना पड़ा।

असहयोग आंदोलन में देवघर हाईस्कूल के छात्रों ने राष्ट्रीय स्कूल की स्थापना की माँग की। पंडित विनोदानंद झा तथा प्रफुल्ल चंद्र सेन, इसी विद्यालय के छात्र थे, जो बाद में बिहार तथा बंगाल के मुख्यमंत्री बने। पंडित विनोदानंद झा जैसे युवा स्वयं सेवी खादी वस्त्रों के गट्ठर लाद गाँव-कस्बों तक पहुँचे। जनवरी 1922 में साहेबगंज में रेलकर्मियों की हड़ताल हुई। 1925 ई. में गांधीजी देवघर आए और उन्होंने संथालों से शराब छोड़ने तथा खादी अपनाने का आग्रह किया। वे खड़गडीहा और मधुपुर भी गए। मधुपुर में उन्होंने टाउन हॉल का उद्घाटन किया।

1924 ई. में बेलगाँव में कांग्रेस अधिवेशन के बाद गांधीजी ने असहयोग आंदोलन स्थगित कर रचनात्मक कार्यों एवं खादी पर जोर दिया। झारखंड में भी 26 जनवरी, 1930 ई. को नगर-नगर में पूर्ण स्वाधीनता दिवस मनाया गया। राँची का 'तरुण संघ' यहाँ के समारोह में सबसे आगे था। स्वाधीनता दिवस का आयोजन हजारीबाग तथा गिरिडीह में भी हुआ। हजारीबाग में कृष्ण वल्लभ सहाय ने भारी लाठीचार्ज के बीच कचहरी पर झंडा फहरा दिया। 13 अप्रैल को 200 लोगों ने झारखंड में 50 स्थानों पर नमक बनाया। कृष्ण वल्लभ सहाय ने हजारीबाग के खजाँची तलाब के निकट नमक बनाकर नमक-कानून को चुनौती दी। उन्हें एक वर्ष की सजा मिली। पलामू में नमक सत्याग्रह का नेतृत्व चंद्रिका प्रसाद वर्मा तथा सोनर सिंह खरवार ने किया। उन्होंने चंदवा में एक सभा की शिवपुर तथा कुंबोआ गाँव में नमक बनाकर नमक कानून तोड़ा। शकील प्रसाद वकील ने कलकत्ता में बने नमक को कचहरी परिसर में बाँटकर नमक कानून का उल्लंघन किया। जमशेदपुर में नमक सत्याग्रह का नेतृत्व ननी गोपाल मुखर्जी ने किया, जिसके लिए उन्हें जेल की सजा मिली।

सविनय अवज्ञा आंदोलन के क्रम में राँची, सिल्ली, गुमला, चुटिया, कुडू, लोहरदगा में सभाएँ हुई। 8 अप्रैल, 1930 ई. को नागरमल मोदी की अध्यक्षता में एक सभा चुटिया में हुई। 3 मई, 1930 को राँची बार एसोसिएशन की बैठक में खादी के उपयोग और विदेशी वस्तुओं के बहिष्कार का प्रस्ताव पारित हुआ। 12 मई को पी.सी. मित्रा तथा

नागरमल मोदी तथा देवकी नंदन लाल को गिरफ्तार कर लिया गया। 20 जून को जामा मसजिद में नमाजियों को सैयद अली अहमद रिजवी ने संबोधित किया। सितंबर में राँची में स्वदेशी सप्ताह मनाया गया। 16 नवंबर को सर्वत्र 'जवाहर दिवस' मनाया गया। जनवरी 1932 में राँची के तरुण संघ पर प्रतिबंध लगा दिया गया। नंद कुमार साहू, जो गॉसनर हाई स्कूल, राँची के छात्र थे, जगरनाथपुर मेले के अवसर पर शराब की दुकानों पर टाना भगतों के साथ पिकेटिंग करते समय पुलिस की मार नंद कुमार के लिए घातक सिद्ध हुई, जिसके कारण बाद में उनकी नृत्यु हो गई। 6 मार्च को हजारीबाग में एक बड़ी सभा हुई, जिसका उद्देश्य था कि पटना कैंप जेल में हजारीबाग के मोपना माँझी तथा चेतन महतो की मौत की निंदा करना। उसी दिन बेरमो में एक सभा में 700 लोग शामिल हुए। सविनय अवज्ञा आंदोलन में हजारीबाग के संथालों का महत्त्वपूर्ण योगदान रहा। गोमिया थाना के बोरोगेरा ग्राम का बंगम माँझी उनका नेतृत्व कर रहा था। उनके अनुयायियों की संख्या एक हजार थी। संथालों का आंदोलन इतना लोकप्रिय हुआ कि सरदार वल्लभ भाई पटेल तथा राजेंद्र प्रसाद जैसे महान् नेताओं को इनके सभाओं में भाग लेना पड़ा।

सिंहभूम में सविनय अवज्ञा आंदोलन के शुरू होते ही 400 सिक्ख इसमें शामिल हो गए। आंदोलन में जमशेदपुर में रहनेवाले पेशावारी लोग भी शामिल हुए। चक्रधरपुर के कांग्रेसियों ने जंगल के पेड़ काटकर अपना विरोध प्रकट किया, जिसका नेतृत्व हरिहर महतो, हरि सिंह तथा लाल बाबू कर रहे थे। इन तीनों को जेल की सजा हुई। 16 नवंबर को गोलमुरी मैदान में झंडा फहराकर 'जवाहर दिवस' मनाया गया। सभास्थल में ही जितेंद्र प्रसाद, तारा प्रसन्न सिंहा, कालिदास, सरोज कुमार तरफदार तथा अन्य चालीस लोगों को पकड़ लिया गया। टाटा कंपनी ने सरकार की खुशामद में परमेश्वर भट्ट सोली, जे.एन. रथ, एच.पी. मैती तथा कुछ अन्य कांग्रेसियों की सेवा समाप्त कर दी। व्यक्तिगत सवज्ञा आंदोलन के क्रम में माइकल जौन तथा कुछ अन्य लोग जमशेदपुर में गिरफ्तार किए गए। जॉन की गिरफ्तारी के बाद जयप्रकाश नारायण, बसावन सिंह तथा शिवनाथ बनर्जी ने गोलमुरी मैदान में एक आम सभा को संबोधित किया। सभा के तत्काल बाद जयप्रकाश नारायण को गिरफ्तार कर लिया गया। 1942 ई. की ग्रीष्म ऋतु में राजेंद्र प्रसाद तथा कृष्ण सिंह ने छोटानागपुर का दौरा किया और 'भारत छोड़ो आंदोलन' की पृष्ठभूमि तैयार करने में भूमिका निभाई। पलामू में चंद्रिका प्रसाद को पकड़कर छह माह की सजा दी गई। डाल्टेनगंज में कांग्रेस का दफ्तर बंद करवाने तथा मुठिया के रूप में एकत्रित अन्न को जब्त कराने में ठाकुर भोला नाथ सिंहा ने विशेष सरगरमी दिखाई। इस सेवा की एवज में सरकार से उन्हें राय बहादुर की उपाधि मिली। संपूर्ण किसान आंदोलन यदुवंश सहाय के नेतृत्व में चल रहा था। 1940 ई. में रामगढ़

कांग्रेस ने पलामू के अनेक टाना भगत पैदल चलकर रामगढ़ पहुँचे। इनमें प्रमुख थे—लाला भगत, सोमा भगत, विश्वामित्र भगत और कविया भगत। उन्होंने 400 रुपए की थैली गांधीजी को दी। 1940 का व्यक्तिगत सत्याग्रह का कार्यक्रम शुरू हुआ। इस अवसर पर अंतिम बार गांधीजी राँची आए और मरणासन्न निवारण बाबू को देखने निवारणपुर गए थे। निवारणपुर में ही एक साधारण सभा हुई। जिसमें गांधी-सेवा संघ के क्षितिज चंद्र बसु उपस्थित थे। 19 एवं 20 मार्च को इंडियन नेशनल कांग्रेस की 53वीं वार्षिक सभा रामगढ़ मौलान अब्दुल कलाम आजाद के सभापतित्व में हुई। आवश्यक अभियंत्रण कार्य रामजी प्रसाद वर्मा की देख-रेख में किए गए थे। पहले दिन राजेंद्र बाबू ने भारत और विश्व संकट पर मुख्य प्रस्ताव प्रस्तुत किया। राजेंद्र बाबू ने स्वागत भाषण किया। पंडित नेहरू ने सत्याग्रह का प्रस्ताव प्रस्तुत किया, जिसका अनुमोदन आचार्य कृपलानी ने किया। मतदान द्वारा इसकी पुष्टि हुई। उसके बाद गांधीजी ने भाषण दिया। जिसमें प्रश्नात्मक कार्यक्रम एवं अंहिसात्मक संघर्ष पर बल दिया गया। रामगढ़ कांग्रेस के दौरान ही अखिल भारतीय समझौता विरोधी सम्मेलन आयोजित किया। इस सम्मेलन के सभापति सुभाषचंद्र बोस थे। मुख्य प्रस्ताव सहजानंद सरस्वती द्वारा प्रस्तुत किया गया तथा कांग्रेस की नीति की कड़ी आलोचना की गई। इसमें पूर्ण स्वराज प्राप्त करने हेतु भारतीय जनता के अधिकार पर बल दिया गया। रामगढ़ कांग्रेस की यह विशेषता यह थी कि यही पर सुभाषचंद्र बोस के नेतृत्व में 'अखिल भारतीय फारवर्ड ब्लॉक' का जन्म हुआ। यहीं पर एम.एन. राय ने 'रेडिकल डेमोक्रेटिक पार्टी' की स्थापना की। इस अधिवेशन के बाद व्यक्तिगत सत्याग्रह आंदोलन चलता रहा और झारखंड के अनेक नेता बंदी बनाए गए। दूसरी तरफ सरकार आदिवासी पुरुषों को सैनिकों के रूप में और महिलाओं को नर्सों के रूप में फौज में भरती कर रही थी। इस कार्य में कुछ प्रभावशाली आदिवासी नेता भी सरकार की सहायता कर रहे थे। नमक सत्याग्रह को संथाल परगना में भी समर्थन मिला। इस संबंध में कई गिरफ्तारियाँ हुईं, जिनमें संथाल नेता भी शामिल थे। 1938 ई. में स्वामी सहजानंद सरस्वती संथाल परगना आए और किसानों की दशा सुधारने का आंदोलन चलाया।

1942 ई. में महात्मा गांधी ने 'भारत छोड़ो आंदोलन' शुरू किया। झारखंड में भी लोग बड़े पैमाने पर शामिल हुए। 14 अगस्त को राँची जिला स्कूल के निकट जुलूस के रूप में निकले हुए कुछ विद्यार्थियों को बंदी बनाया गया। जानकी बाबू सहित राँची के कई नेता जैसे देवेंद्र कुमार, गणपत खंडेवाल, लड्डू महाराज, मथुरा प्रसाद, गंगा महाराज और गोविंद भगत बंदी बनाए गए। नदिया हाई स्कूल लोहरदगा के लड़कों ने स्कूल के हाते में राष्ट्रीय झंडा फहराया। गुमला थाना पर भी राष्ट्रीय ध्वज फहराने की कोशिश की गई। गुमला में हड़ताल हुई और जुलुस निकाला गया। इसे सैनिकों की सहायता से

तितर-बितर किया गया। जिला कांग्रेस कमेटी के कोषाध्यक्ष शिव नारायण मोदी को बंदी बना लिया गया। टाटीसिलवे और नामकुम के बीच टेलीफोन और टेलीग्राम की लाइनें काटी गईं। 18 अगस्त को टाना भगतों के एक दल ने विशुनपुर थाना को जलाया। 22 अगस्त को इटकी तथा टांगर बसली के बीच रेल की पटरी उखाड़ी गई। उसी दिन पी.सी. मित्रा पकड़ लिये गए। हजारीबाग में आंदोलन का श्रीगणेश 11 अगस्त को हुआ। श्रीमती सरस्वती देवी के नेतृत्व में एक जुलूस निकला। दो दिन बाद जनता ने डाकघर, यूरोपियन क्लब, लाल कंपनी तथा डिप्टी कमिशनर की अदालत में तोड़-फोड़ की। इस जिले में सबसे अधिक राजनीतिक चेतना अबरख की खानों में काम करनेवाले श्रमिकों में थी। उन्होंने झुमरी तिलैया में जुलूस निकाला। डोंमचांच की जनता ने भी एक जुलूस निकाला। इस जुलूस पर गोली चली, जिसमें 2 व्यक्ति मारे गए तथा 22 लोग घायल हुए। हजारीबाग में महाफिज खाना को जलाने की कोशिश की गई। टाटा नगर में मिल मजदूरों, दुकानदारों तथा सामान्य नागरिकों ने 10 अगस्त को पूर्ण हड़ताल का आयोजन किया। 15 अगस्त को एम.के. घोष, एम. जॉन, एन.एन. बनर्जी, त्रेता सिंह तथा टी.पी. सिन्हा पकड़ लिये गए। 31 अगस्त को जमशेदपुर में पूर्ण हड़ताल रही। रामानंद तिवारी के नेतृत्व में पुलिस ने विद्रोह किया और नेताओं सहित 33 पुलिसकर्मियों को जेल भेज दिया गया। पलामू में आंदोलन काफी जोर से चला। इसे सिलसिले में महावीर वर्मा, यदुवंश सहाय, गौरी शंकर ओझा, राजेश्वरी सरोज दास आदि गिरफ्तार किए गए। डाल्टेनगंज के प्रमुख डाकघर में आग लगाने तथा तोड़-फोड़ की घटना हुई। पलामू में पुलिस की लाठी-गोली से 11 व्यक्ति मारे गए। गढ़वा हाई स्कूल से ब्रिटिश सम्राट् तथा रंका राजा के चित्र उतार दिए गए। 31 अगस्त को गोरे सिपाहियों ने हुसैनबाद हाईस्कूल भवन पर से कांग्रेस का झंडा बलपूर्वक उतार दिया। इससे इलाके में उतेजना फैली। 1 सितंबर को लातेहार पुलिस ने गिरीजानंद सिंह को गिरफ्तार किया। उन्हें एक वर्ष की सजा हुई। रंका स्कूल के छात्रों ने 8 सितंबर को हड़ताल की। 9 सितंबर को जेठन सिंह खरवार को रंका में पकड़ा गया। 12 सितंबर को टाना भगतों ने चंदवा थाना भवन पर झंडा फहराया।

'भारत छोड़ो आंदोलन' के समय संथाल परगना भी उद्वेलित हुआ। देवघर में विनोदानंद झा के नेतृत्व में सभा हुई, जिसे पुलिस ने भंग कर दिया। गोड्डा कचहरी पर 13 अगस्त को राष्ट्रीय ध्वज फहराया गया। 13-14 अगस्त को रेल की पटरियों, तार एवं टेलीफोन लाइनों को नष्ट किया गया। दुमका में उपायुक्त के कार्यालय पर कांग्रेस का झंडा फहराया गया। संथाल एवं पहाड़िया जनजाति बड़ी संख्या में आंदोलन में शामिल हुए। 25 अगस्त को इन्होंने अलुबेरा में डाक बंगला एवं वन विभाग के भवनों को जलाया। मधुपुर, गोड्डा, राजमहल और जामताड़ा में फौज भेजी गई। एक विशेष

फौजी टुकड़ी, जिसमें तोपखाना भी शामिल था, दुमका पहुँची। गोली-बारी में त्रिगुनानंद खबारे मारे गए। विनोदानंद झा, गौरी शंकर डालमिया और छवि लाल झा को पकड़ लिया गया। जिले में 890 लोग पकड़े गए।

झारखंड में भारत छोड़ो आंदोलन में गिरफ्तार कई राष्ट्रीय स्तर के नेताओं को हजारीबाग जेल में लाकर बंद कर दिया गया। उसी जेल से 9 नवंबर, 1942 ई. की रात जयप्रकाश नारायण अपने पाँच साथियों के साथ निकल भागे थे। भागनेवालों में रामनंदन मिश्र, योगेंद्र शुक्ल, सूरज नारायण सिंह, गुलाबी सोनार और शालीग्राम सिंह शामिल थे। इस घटना के बाद रामनारायण सिंह, कृष्ण वल्लभ सहाय तथा सुखलाल सिंह को हजारीबाग जेल से हटाकर भागलपुर जेल भेज दिया गया। 22 अगस्त, 1943 ई. को वाचस्पति त्रिपाठी की गिरफ्तारी झारखंड में भारत छोड़ो आंदोलन संबंधित अंतिम घटना थी।

भारतीय स्वतंत्रता संग्राम में झारखंड की देन गांधी युग में भले ही चमत्कारी नहीं जान पड़ती हो, लेकिन 1857 से 1947 ई. तक की अवधि में झारखंड की जनजातियाँ अन्य लोगों के साथ मिलकर सरकार के प्रति अपना विरोध कई आंदोलनों के रूप में व्यक्त करती रहीं। जिसकी अंतिम परिणति भारतीय स्वतंत्रता संग्राम के रूप में हुई।

झारखंड के स्वतंत्रता सेनानी

झारखंड के जिन वीर सपूतों ने अंग्रेजों के विरुद्ध अंतिम साँस तक विद्रोह की ज्वाला सुलगाए रखी, उनकी संख्या बहुत है। अपने प्राण देकर रक्त से क्रांति की मशाल सुलगानेवाले इन आदिवासी शहीदों का वर्णन संभवतः किसी महाकाव्य में संकलित हो सके, लेकिन हम उन सबका सम्मान करते हुए कुछ महान् आत्माओं का वर्णन कर रहे हैं, जिन्होंने देश के लिए अपने प्राण बलिदान कर दिए।

तिलका माँझी

इस अमर शहीद की दूरदृष्टि ने अंग्रेजों की इच्छा को उसी समय भाँप लिया था, जब अंग्रेजों ने सन् 1767 में झारखंड में अपने पाँव रखे थे। तब 17 वर्ष के इस किशोर ने तुरंत भाँप लिया था कि पहले से राजाओं, नवाबों और जमींदारों के शोषण एवं अत्याचारों से पीड़ित झारखंड एक नई मुसीबत के हाथों में जा रहा है। संथाल जाति के तिलका माँझी एक योग्य वक्ता और कुशल तीरंदाज थे। वे जिस कार्य को करने की ठान लेते, उसे पूरा करके ही साँस लेते थे। उनका जन्म स्वतंत्र वातावरण में हुआ था, इसीलिए उन्हें स्वतंत्रता अत्यंत प्रिय थी। जब अंग्रेजों के कदम झारखंड की भूमि पर पड़े, तभी से उन्होंने देश में चल रही अंग्रेजों की अनीतिकारी शोषण व्यवस्था और 'फूट

डालो, राज करो' की सूचना लोगों तक पहुँचाकर उन्हें संगठित करना शुरू कर दिया। जब एक दल तैयार हो गया तो तिलका माँझी ने इन विदेशी शासकों के खिलाफ भागलपुर के वनचरीजोर से विद्रोह की शुरुआत कर दी।

अंग्रेज अधिकारी ऑगस्ट्स क्लीवलैंड जब राजमहल क्षेत्र का अधीक्षक बनकर आया तो उसने फूट डालने का काम शुरू कर दिया। उसने 9 महीनों के अंदर 40 पहाड़ी गाँवों के सरदारों को अपने झाँसे में लेकर उन्हें सभी प्रकार के करों से मुक्त कर दिया। तिलका माँझी ने इस पक्षपात को अपने हक में प्रयोग करके लोगों में विश्वास जगाया, क्योंकि अन्य जनजातियों को तो कर देना ही पड़ता था। अब केवल संथाल ही नहीं, बल्कि अन्य जनजाति के लोग भी तिलका माँझी के साथ आ खड़े हुए। इस संगठन ने कर की ऐसी दोहरी नीति का विरोध करने हेतु बल का प्रयोग भी किया।

क्लीवलैंड ने एक सचल दल की सहायता से तिलका माँझी को पकड़ने का अभियान चलाया। एक दिन मौका देखकर तिलका माँझी ने क्लीवलैंड को अपने तीर का लक्ष्य बनाकर मार डाला।

इस संगठन की सक्रियता और तिलका माँझी की लोकप्रियता ने अंग्रेज अधिकारियों को चिंतित कर दिया। क्लीवलैंड ने एक सचल दल की सहायता से तिलका माँझी को पकड़ने का अभियान चलाया। एक दिन मौका देखकर तिलका माँझी ने क्लीवलैंड को अपने तीर का लक्ष्य बनाकर मार डाला। अंग्रेजों के लिए यह बड़ा आघात था। बड़े पैमाने पर तिलका माँझी और उनके साथियों के खिलाफ सैन्य कारवाई की गई, लेकिन वे उनके हाथ नहीं आए। उनके छापामार हमलों से अंग्रेजों को बहुत हानि उठानी पड़ रही थी। अंततः तिलका माँझी को पकड़ लिया गया और सन् 1785 में उन्हें भागलपुर में पेड़ से लटकाकर फाँसी दे दी गई। तिलका माँझी ने झारखंड के पहले ऐसे शहीद का गौरव पाया, जिसने अंग्रेज सरकार का विरोध करने पर फाँसी पाई।

बुद्धू भगत

ये कोल विद्रोह के प्रमुख नेताओं में से एक थे। बुद्धू भगत का जन्म राँची जिला के चान्हों प्रखंड के अंतर्गत कोयल नदी के तट पर स्थित सिलगाई गाँव में 1792 को उराँव परिवार में हुआ था। बुद्धू भगत ही झारखंड के प्रथम क्रांतिकारी थे, जिन्हें जिंदा या मुरदा पकड़ने के लिए ब्रिटिश सरकार ने 1000 रुपए इनाम की घोषणा की थी। सन् 1831 में अपनी जमीन छिन जाने, न्याय न मिलने और जमींदारों के घोर उत्पीड़न से उपजे असंतोष ने 'कोल विद्रोह' को जन्म दिया। बुद्धू भगत ने अपने साथियों और 700 कोल लोगों के साथ सिंहभूम, राँची, हजारीबाग, टोरी तथा मानभूम में अत्याचारियों के विरुद्ध ऐसा भीषण प्रदर्शन किया कि लगभग 1,000 लोग मारे गए। इस महान् आंदोलन

का यह नायक जब अंग्रेजों की विशाल सेना से घिर गया तो इसने बेटे, भतीजे और अन्य 150 साथियों के साथ 14 फरवरी, 1832 को वीरगति प्राप्त की।

पांडेय गणपत राय

सन् 1809 में भौरों गाँव में जनमे इस वीर सिपाही ने बचपन से ही अच्छे संस्कार पाए। ये छोटानागपुर के दीवान सदाशिव राय के भतीजे थे, जो उन्हीं के साथ पालकोट में रहकर बहुभाषी उच्च शिक्षा प्राप्त कर रहे थे। सदाशिव राय की मृत्यु के बाद छोटानागपुर के राजा ने योग्य, कर्मठ और प्रतिभाशाली गणपत राय को अपना दीवान बना लिया। थोड़े ही समय में गणपत राय ने अपनी कार्यकुशलता से राजा को प्रभावित कर दिया। छोटानागपुर के उत्तराधिकारी जगन्नाथ सहदेव को अंग्रेजों ने अपदस्थ करके एक अंग्रेज अधिकारी एडम ह्यूम को वहाँ का प्रबंधक बना दिया था। इस अन्याय ने गणपत राय को अंग्रेजों का घोर शत्रु बना दिया। यही कारण था कि उन्होंने जल्दी ही अंग्रेजों के विरुद्ध विद्रोह कर दिया।

सदाशिव राय की मृत्यु के बाद छोटानागपुर के राजा ने योग्य, कर्मठ और प्रतिभाशाली गणपत राय को अपना दीवान बना लिया। थोड़े ही समय में गणपत राय ने अपनी कार्यकुशलता से राजा को प्रभावित कर दिया।

देशभर में सन् 1857 का विद्रोह शुरू हो गया था और डोरंडा छावनी में भी अंग्रेजों के खिलाफ विद्रोह शुरू हो गया। इस विद्रोही सैनिक दल का नेतृत्व गणपत राय और राजा विश्वनाथ सहदेव ने किया। उन्होंने राँची में हाहाकार मचा दिया। कचहरी में आग लगा दी गई, कोषागार लूट लिया गया और जेल से 300 कैदियों को मुक्त कराकर उन्हें विद्रोहियों ने अपने साथ मिला लिया।

अंग्रेजों ने एक देशद्रोही जमींदार महेश साही की सहायता से गणपत राय को पकड़ लिया और 21 अप्रैल, 1858 को उन्हें राँची के जिला स्कूल के गेट पर उसी कदंब वृक्ष पर, जिस पर ठाकुर विश्वनाथ शाहदेव को फाँसी दी गई थी, फाँसी दे दी गई।

सिद्धू और कान्हू

संथाल विद्रोह के ये नायक सहोदर भाई थे, जिन्होंने अपने दो भाइयों चाँद और भैरों के साथ मिलकर अंग्रेजी शासन की नींव हिला दी थी। सन् 1815 से 1835 के बीच जनमे इन चारों भाइयों ने जिस कुशलता, निर्भीकता और स्वातंत्र्य भावना से 'संथाल विद्रोह' की कमान सँभाली तथा अपने प्राण न्योछावर कर दिए, यह अपने आप में एक अद्वितीय उदाहरण है। सबसे बड़े भाई सिद्धू में अद्भुत नेतृत्व की क्षमता एवं वाक्

कुशलता थी। अधिकारों की लड़ाई को धर्म से जोड़कर उसने संथालों सहित लगभग सभी जनजातियों को संगठित कर दिया था। उसने अपने भाइयों के साथ मिलकर परंपरागत ढंग से समय की माँग के अनुसार लोगों में स्वतंत्रता की भावना को जाग्रत् किया। 30 जून, 1855 को भगनाडीह में उन्होंने विशाल जनसमूह एकत्र करके उन्हें धार्मिक आख्यानों, धर्मयुद्ध और सत्य की विजय आदि जोशीले संदेशों से एकता और अधिकार प्राप्ति के साथ स्वराज का नारा दिया। संगठन ने सिद्धू को राजा, कान्हू को मंत्री, चाँद को प्रशासक और भैरों को सेनापति के रूप में स्वीकार कर लिया। इसके बाद सशस्त्र आंदोलन शुरू हो गया।

अंग्रेज सरकार ने इस विद्रोह को दबाने के लिए सेना भेजी। 10 जुलाई, 1855 को सिद्धू-कान्हू ने इस सेना को हरा दिया और राजमहल के किले पर कब्ज़ा कर लिया। अंग्रेजों ने 10 नवंबर, 1855 को मार्शल लॉ लगा दिया। 'संथाल विद्रोह' अंग्रेजों पर भारी पड़ रहा था। अंग्रेजों ने अपनी सेना में इजाफा कर लिया और उन चारों भाइयों पर भारी इनाम घोषित कर दिया, लेकिन फिर भी कोई बात नहीं बनी। जब बरहैत में संथालों और अंग्रेजों का सामना हुआ तो इसमें चाँद और भैरों वीरगति को प्राप्त हुए। फरवरी 1856 में कान्हू को उपरबंदा में पकड़ लिया गया तथा सिद्धू भी वहीं पकड़ा गया। 26 जुलाई, 1856 को दोनों भाइयों को फाँसी दे दी गई। इस प्रकार सहोदर क्रांतिकारियों ने देशहित के लिए अपने प्राणों का बलिदान देकर एक अनूठा और अविस्मरणीय उदाहरण पेश किया।

अंग्रेज सरकार ने इस विद्रोह को दबाने के लिए सेना भेजी। 10 जुलाई, 1855 को सिद्धू-कान्हू ने इस सेना को हरा दिया और राजमहल के किले पर कब्ज़ा कर लिया। अंग्रेजों ने 10 नवंबर, 1855 को मार्शल लॉ लगा दिया। 'संथाल विद्रोह' अंग्रेजों पर भारी पड़ रहा था।

विश्वनाथ शाहदेव

अंग्रेजों ने विश्वनाथ शाहदेव से ही छोटानागपुर का उत्तराधिकार हड़पा था। ठाकुर एनी साह ने, जिसने राँची के प्रसिद्ध जगरनाथ मंदिर की स्थापना की थी, की सातवीं पीढ़ी में ठाकुर विश्वनाथ शाहदेव का जन्म 12 अगस्त, 1817 को बडकागढ़ की राजधानी सतरंजी में हुआ था। इनके पिता का नाम रघुनाथ शाहदेव एवं माता का नाम बानेश्वरी था। उन्होंने गणपत राय के साथ मिलकर अंग्रेजों के खिलाफ 'डोरंडा सैनिक विद्रोह' का नेतृत्व किया और कई सफलताएँ अर्जित कीं। एक विश्वासघाती की सहायता से उन्हें पकड़ लिया गया और 16 अप्रैल, 1858 को राँची के जिला स्कूल के उसी गेट पर फाँसी दे दी गई, जिस पर बाद में गणपत राय को फाँसी दी गई थी।

शेख भिखारी

राँची के खुदिया गाँव के जमींदार शेख पहलवान के घर पर सन् 1816 में जनमे इस स्वतंत्रता प्रेमी ने भी अंग्रेजों को नाकों चने चबवा दिए थे। लगभग सभी युद्ध-कलाओं में प्रवीण शेख भिखारी एक कुशल नेतृत्वकर्ता भी थे। खटंगा के राजा टिकैट उमराव सिंह के दीवान शेख भिखारी 31 जुलाई, 1857 को स्वतंत्रता संग्राम में कूद पड़े थे। राजा उमराव सिंह भी इनके साथ ही रहे। संथाल विद्रोहियों सहित कितने ही स्वतंत्रता के दीवाने इनके साथ आ मिले थे। हजारीबाग में व्यापक पैमाने पर विद्रोह हुआ, जिसे अंग्रेजी सेना ने बड़ी निर्ममता से दबा दिया। इस विद्रोह में अंग्रेजों ने लगभग 200 विद्रोहियों को फाँसी पर लटका दिया था। 6 जनवरी, 1858 को इन दोनों वीरों को चुटुपाली घाटी के पास पकड़ लिया गया और 8 जनवरी को इन्हें फाँसी दे दी गई। इससे यह स्पष्ट होता है कि अंग्रेज सरकार इनसे कितना डरती थी कि इन्हें दो दिन में ही फाँसी दे दी गई।

टिकैट उमराव सिंह

ये खटंगा के 12 गाँवों के जमींदार थे और अपने भाई टिकैट घासी सिंह के साथ शेख भिखारी से मिलकर आजादी की लड़ाई में कूद पड़े थे। टिकैट बंधुओं ने अंग्रेजों के खिलाफ लड़ाई में तलवारबाजी और जाँबाजी दोनों का भरपूर प्रदर्शन किया। टिकैट घासी सिंह को पकड़ लिया गया और उन्हें जेल में बंद कर दिया गया, जहाँ उनकी मृत्यु हो गई। जबकि उमराव सिंह को शेख भिखारी के साथ फाँसी दे दी गई।

नीलांबर-पीतांबर

इन सगे वीर भाइयों ने पलामू में जन्म लिया और चेरो व खरवार जनजाति को इकट्ठा कर एक शक्तिशाली विद्रोही दल गठित कर लिया। सन् 1857 की क्रांति में इन्होंने पलामू क्षेत्र का नेतृत्व कर अंग्रेजों के छक्के छुड़ा दिए। छापामार युद्ध के विशेषज्ञ इन दोनों भाइयों को भी त्वरित दंड प्रक्रिया के तहत गिरफ्तारी के कुछ समय बाद ही फाँसी पर लटका दिया गया।

बीर तेलंगा खडिया

इनका जन्म गुमला जिला के सिसई थाना के अंतर्गत मुर्गू गाँव में पहान तथा छोटानागपुर नागवंशी महाराजा के 9 फरवरी, 1806 को हुआ था। सरना धर्म के प्रति उनका अटूट प्रेम था। तेलंगा खडिया ने 1831-32 के कोल विद्रोह को अपनी आँखों से देखा था। एक दिन तेलंगा खडिया सुबह सिसई स्थित अखाड़े में अपने अनुयायियों को प्रशिक्षण देने के लिए पहुँचे। वहीं नजदीक की झाड़ी में हत्यारे बोधन सिंह ने मौका मिलते ही तेलंगा पर गोली चला दी। इसी जगह तेलंगा खडिया की मौत हो गई।

जतरा भगत

गुमला जिले के विशुनपुर प्रखंड के चिंगारी नवाटोली में सन् 1888 में जतरा भगत का जन्म एक गरीब उराँव परिवार में हुआ था। जतरा भगत ने अप्रैल 1914 में टाना भगत आंदोलन प्रारंभ किया। सरकार ने जतरा भगत को उराँव जातियों को भड़काने के आरोप में सन् 1916 में बंदी बना लिया। उन्हें डेढ़ वर्ष की सजा दी गई। 1918 में जब गांधीजी राँची आए, तब गांधीजी को टाना भगत से मिलवाया गया। टाना भगत ने सन् 1921 के गया कांग्रेस अधिवेशन तथा 1927 ई. में साइमन कमीशन के खिलाफ अभियान में भी शरीक हुए।

जयपाल सिंह

झारखंड पृथक् आंदोलन के नेता के रूप में जयपाल सिंह का नाम अमर है। इस प्रदेश के लोग इन्हें सर्वोच्च नेता (मरांग गोमाँग) के नाम से पुकारते हैं। वास्तव में झारखंड पृथक् आंदोलन के इतिहास में जयपाल सिंह की भूमिका अविस्मरणीय है। जनवरी 1939 ई. में छोटानागपुर के पृथक्तावादी आंदोलन के इतिहास में एक नए युग की शुरुआत हुई 'छोटानागपुर आदिवासी महासभा' ने अपने सर्वोच्च नेता जयपाल सिंह के नेतृत्व में असाधारण प्रगति की। जयपाल सिंह का उपनाम था 'सिंग अर्थात् सूर्य'।

1928 ई. के एम्सटर्डम ओलंपिक इन्हें भारतीय हॉकी नेतृत्व की जिम्मेदारी सौंपी गई। 23 मार्च, 1970 ई. में आदिवासियों के इस मरांग गोमाँग की मृत्यु हो गई। वे पहले ऐसे झारखंडी हैं, जिन्हें यह सर्वोच्च गौरव प्राप्त है।

इस प्रकार स्वतंत्रता संग्राम में दिए गए झारखंड के वीरों के योगदान को न तो कम करके आँका जा सकता है और न ही भुलाया जा सकता है। इनके द्वारा किए गए विद्रोहों ने ही अंग्रेजों को झारखंड की जनजातियों के बारे में अपनी धारणा और नीतियाँ बदलने पर विवश कर दिया था। जिन्हें अंग्रेज असभ्य और अज्ञानी समझते थे, उन्होंने ही पूरे अंग्रेजी शासन को हिलाकर रख दिया था।

जंगल में निवास करनेवाली जनजातियों का जीवन पर्यावरण की दृष्टि से सदैव ही सुखमय और प्रसन्नचित्त रहा है। स्वच्छंद वातावरण और घनघोर हरियाली के बीच रसीले फल तथा पौष्टिक वनस्पतियाँ इनके सौष्ठव शरीर का कारण होती हैं। जंगल के जीवों के साथ मित्रवत् और आहारीय व्यवहार इनके मुखमंडल को सदैव आभायुक्त रखता है। परंपरागत शारीरिक व्यायाम से अपना मनोरंजन करनेवाले बलिष्ठ आदिवासी प्रायः निर्भीक और साहसी होते हैं। स्वतंत्रता के साथ जीनेवाले इन लोगों को अपनी परंपरा, पर्व एवं संस्कृति में किसी का हस्तक्षेप स्वीकार नहीं होता और इसी कारण इन्हें लड़ाकू भी माना जाता है।

ये शिक्षा, अधिकारों और नियमों से अनभिज्ञ थे। ये सीधे-सादे लोग पुरातनपंथी होने के कारण शोषित वर्ग से आते हैं। झारखंड भी ऐसा ही था। प्राचीनकाल की सभ्यता में जी रहे इन लोगों ने पहले से ही राजा, मुखिया या सरदार को सम्मान दिया। कबीलाई सभ्यता में क्योंकि इनका शासक भी इनके आचार-व्यवहार में इनके समान ही होता था, इसलिए तो ये इतने पीड़ित नहीं थे। समय ने करवट ली और शासकों में शोषण प्रवृत्ति ने जन्म लिया तथा फिर इसमें वृद्धि होती ही रही।

झारखंड की विभूतियाँ

दिवा-किसुन

दिवा सोरेन का जन्म प. सिंहभूम के राजनगर थाना अंतर्गत मातकोम बेड़ा गाँव में 1820 ई. में हुआ था। इनके पिता का नाम देवी सोरेन था। किसुन सोरेन का जन्म राजनगर थाना क्षेत्र में गुमिदपुर में हुआ था। किसुन सोरेन और दिवा सोरेन रिश्ते में मामा-भानजे थे। इनके गुरु का नाम रघुनाथ भुइयाँ था।

पोड़हाट के राजा अभिराम सिंह द्वारा अंग्रेजों की स्वाधीनता स्वीकार करने के पश्चात् उस क्षेत्र में रहनेवाले आदिवासी तथा सदानों पर अत्याचार एवं शोसन में अधिक तेजी से वृद्धि हुई। शोषण और अत्याचार के विरोध में क्षेत्र में निवास करनेवाले लोग विद्रोह के लिए दिवा-किसुन के नेतृत्व में इकट्ठा होने लगे। दिवा-किसुन ने डाँडो एवं घुड़ापहाड़ में लोगों की अनेक जनसभाएँ कीं। उन्होंने पोड़हाट के राजा अभिराम सिंह एवं ब्रिटिश प्रशासन के खिलाफ लोगों को विद्रोह करने के लिए प्रेरित किया। 1872 ई. में दिवा-किसुन के नेतृत्व में विद्रोह आरंभ हुआ। इस विद्रोह में सभी धर्म के लोगों ने संगठित होकर भाग लिया। विद्रोह का प्रभाव पोड़हाट के सभी क्षेत्रों में पड़ा। यह विद्रोह बहुत दिनों तक चलता रहा, लेकिन धन के लालच में कुछ स्थानीय लोगों ने दिवा-किसुन के पहाड़ में छिपे होने की सूचना ब्रिटिश प्रशासन को दे दी। ब्रिटिश प्रशासन एवं राजा अभिराम सिंह के सैनिकों द्वारा दिवा-किसुन को गिरफ्तार कर लिया गया और इन्हें सरायकेला जेल में फाँसी दे दी गई।

रानी सर्वेश्वरी

संथाल परगना के महेशपुर की रानी सर्वेश्वरी ने कंपनी सरकर के अंग्रेज ठेकेदारों द्वारा बिना अनुमति के जंगल काटकर खेत तैयार करने तथा छोटानागपुर क्षेत्र से संथालों को लाकर बसाने का विरोध किया। रानी को गिरफ्तार कर भागलपुर जेल में बंद कर दिया गया, जहाँ 6 मई, 1807 ई. को उन्हें फाँसी दे दी गई।

अर्जुन सिंह

1857 ई. के विद्रोह के समय पोरहाट के इस राजा ने विद्रोही सैनिकों को अपने यहाँ शरण दिया, जिसका अंग्रेज कैप्टन बर्श ने विरोध किया। दोनों के बीच 1859 तक संघर्ष चलता रहा। अंततः अर्जुन सिंह को कमिश्नर डाल्टन के समक्ष आत्मसमर्पण करना पड़ा। उन्हें बंदी बनाकर बनारस में रखा गया, जहाँ 1870 में उनकी मृत्यु हो गई।

गया मुंडा

गया मुंडा सरदारी आंदोलन के समय से ही सक्रिय रहे थे। जब बिरसा मुंडा के नेतृत्व में 'अबुआ दिशुम' (अपना देश) आंदोलन शुरू हुआ, तब वह बिरसा मुंडा के सेना नायक बने। 6 जनवरी, 1900 को उनके गाँव एटकेडीह से उन्हें गिरफ्तार कर राँची जेल में बंद कर दिया गया। बाद में उन्हें फाँसी दे दी गई।

जतरा टाना भगत

उराँव जनजाति की गिरी हुई अवस्था को देखकर जतरा भगत ने अप्रैल 1914 से गुमला जिले के विशुनपुर प्रखंड के चिंगरी-नावा टोला से आंदोलन की शुरुआत की। जतरा टाना भगत को 1916 में गिरफ्तार कर लिया गया। गिरफ्तारी के दो माह बाद ही उनकी मृत्यु हो गई। परंतु उनके अनुयायियों ने टाना आंदोलन को व्यापक बनाया।

अलबर्ट एक्का

1971 के भारत-पाक युद्ध में शत्रुओं के हमले को विफल करके शहीद होनेवाले अलबर्ट एक्का थल सेना के 'ब्रिगेड ऑफ द गार्डस' के लांस नायक थे। भारत सरकार ने इन्हें मरणोपरांत सर्वोच्च सैन्य सम्मान 'परमवीर चक्र' से अलंकृत किया।

फादर जॉन बैप्टिस्ट हॉफमैन (1857-1928)

फादर हॉफमैन जर्मन यीशु समाजी पुरोहित थे। इन्होंने जनजातियों के लिए कई महत्त्वपूर्ण कार्य किए। जनजातियों को महाजनों के चंगुल से छुड़ाने के लिए 'सहकारी उधार समिति' की शुरुआत की। इन्होंने 'मुंडा ग्रामर' और 'इनसाइक्लोपीडीया मुंडारिका' (16 खंड) भी तैयार की थी।

शरद चंद्र राय

ये भारत के पहले मानव विज्ञानी के रूप में प्रतिष्ठित हैं। 'बिरहोर', 'मुंडाज ऐंड देयर कंट्री', 'उराँव' आदि इनकी प्रसिद्ध पुस्तकें हैं। 'राँची डिस्ट्रीक गजेटियर' (1917) के निर्माण में इनका विशेष सहयोग था। इन्होंने 'मैन इन इंडिया' नामक संस्था स्थापित की थी।

सखाराम गणेश देउस्कर

ये क्रांतिकारी लेखन एवं पत्रकारिता के कारण प्रसिद्ध हुए। इन्होंने 'हितवाद' पत्र का संपादन किया था। 1904 में स्वदेशी आंदोलन शुरू करने में इनका प्रमुख योगदान रहा। देशेर कथा, तिलकेर मुकदमा, एटा कोन जुग आदि उनकी चर्चित पुस्तकें हैं, जिन्हें अंग्रेजी सरकार ने जब्त कर लिया था। देवघर के निकट करौं ग्राम में इनका निधन 1913 में हुआ था।

राधा कृष्ण—ये झारखंड के प्रसिद्ध साहित्यकार थे। इन्होंने घोष-बोस-बनर्जी-चटर्जी उपनाम से हिंदी हास्य-व्यंग्य लिखा। इन्होंने 1947 से 1970 तक 'आदिवासी' पत्रिका का संपादन किया, जिसके माध्यम से जनजातीय लेखकों की कई पीढ़ी तैयार की। हिंदी के अलावा नागपुरी में भी लेखन करते थे।

पंडित रघुनाथ मुर्मू—इन्होंने 1941 में संताली भाषा की लिपि 'ओलचिकी' तैयार की। तभी से ओलचिकी लिपि में संताली भाषा का लोक साहित्य एवं अन्य रचनाएँ लिखी जाने लगीं। इनके महत्त्वपूर्ण योगदान पर इन्हें 'पंडित' उपाधि से विभूषित किया गया।

डॉ. कामिल बुल्के—इन्होंने 'रामकथा उत्पति एवं विकास' पर इलाहाबाद विश्वविद्यालय से पी-एच.डी. की उपाधि प्राप्त की थी। इनके द्वारा तैयार किया गया अंग्रेजी-हिंदी शब्दकोश काफी लोकप्रिय हुआ। इन्हें भारत सरकार के द्वारा 'पद्मभूषण' से विभूषित किया गया। इन्हें साहित्य सेवा के लिए 'राधा कृष्ण पुरस्कार' भी मिला।

डॉ. कुमार सुरेश सिंह—इन्होंने झारखंड विषयक कई पुस्तकें तैयार की, जिनमें 'बिरसा मुंडा और उनका आंदोलन' काफी चर्चित रही। जनजातीय एवं क्षेत्रीय भाषा विभाग की स्थापना में इनका महत्त्वपूर्ण योगदान था। 'एंथ्रोपोलिजिकल सर्वे ऑफ इंडिया' के अध्यक्ष, राँची विश्वविद्यालय के कुलपति तथा छोटानागपुर कमिश्नरी के कमिश्नर पद पर इनका योगदान सराहनीय रहा। कोलोनियल ट्रांसफॉर्मेशन ऑफ ट्राइबल सोसाइटी इन मिडिल इंडिया, फेमिन इन इंडिया, द पीपुल ऑफ इंडिया आदि इनकी अन्य चर्चित पुस्तकें हैं।

डॉ. दिनेश्वर प्रसाद—ये आलोचक तथा झारखंड की लोक संस्कृति के मर्मज्ञ थे। लोक संस्कृति पर इनकी कई पुस्तकें प्रकाशित हैं, जिनमें 'लोक साहित्य और संस्कृति' और 'ऑन मुंडारी पोयटरी' काफी चर्चित रहीं। डॉ. कामिल बुल्के साथ मिलकर इन्होंने अंग्रेजी-हिंदी कोश तैयार की थी।

सुधेंद्र नारायण सिंहदेव—ये छऊ नृत्य की सरायकेला शैली के प्रसिद्ध नर्तक एवं नृत्य निर्देशक थे। छऊ नृत्य को विश्व स्तर पर प्रतिष्ठित कराने में इनका महत्त्वपूर्ण योगदान रहा। इन्हें संगीत कला अकादमी द्वारा भी सम्मानित किया गया था।

पी.एन. बोस—ये भारत के भू-गर्भ शास्त्री थे। इनके शोध निष्कर्ष पर ही जमशेदजी टाटा ने 1907 में लोहा उत्पादन कंपनी 'टिस्को' साकची में स्थापित की थी। इन्होंने ही मयूरभंज के गौर महिषानी लोहा खान का सर्वप्रथम पता लगाया था।

बालकृष्ण सहाय—ये 20वीं सदी के उत्तरार्द्ध के प्रसिद्ध समाज सुधारक पत्रकार एवं लेखक थे। इनके संपादन में ही 1898 से 1905 तक राँची से झारखंड का पहला साप्ताहिक 'आर्यावर्त्त' का प्रकाशन हुआ था।

केदारनाथ साहु—ये छऊ नृत्य के विश्व प्रसिद्ध नृत्यकार थे। छऊ नृत्य पर इनके महत्त्वपूर्ण योगदान के लिए भारत सरकार ने इन्हें 'पद्मश्री' से सम्मानित किया था।

नागरमल मोदी—ये प्रसिद्ध स्वतंत्रता सेनानी एवं समाज सुधारक थे। झारखंड में स्वदेशी आंदोलन की शुरुआत करनेवाले में ये प्रमुख थे। मारवाड़ी समाज में आधुनिक शिक्षा का प्रचार-प्रसार करनेवाले ये प्रथम व्यक्ति थे। बाल विधवाओं के कल्याण के लिए इन्होंने कई संस्थाएँ स्थापित की थीं।

यदुगोपाल मुखर्जी—ये क्रांतिकारी संगठन 'युगांतर समिति' के अग्रणी नेता एवं प्रसिद्ध स्वतंत्रता सेनानी थे। इनके क्रांतिकारी व्यक्तित्व एवं कृतित्व के आधार पर शरदचंद्र ने एक उपन्यास की रचना की है।

गंगा प्रसाद बुधिया—ये शैक्षणिक संस्थाओं की स्थापना एवं विकास के लिए जीवन प्रयत्न लगे रहे। सामाजिक सांस्कृतिक संबंधी अनेक संस्थाओं के निर्माता बुधियाजी की पहचान 'भारतीय के संवाहक' के रूप में होती है।

जगदीश त्रिगुणायत—ये हिंदी तथा मुंडारी भाषा के प्रसिद्ध साहित्यकार थे। 'बाँसरी बज रही' एवं 'अरुणोदय' इनकी काफी चर्चित पुस्तकें हैं।

पीटर शांति नवरंगी—ये नागपुरी भाषा के प्रसिद्ध साहित्यकार थे। नागपुरी व्याकरण, 'नागपुरी भाषा साहित्य का इतिहास' आदि इनकी चर्चित पुस्तकें हैं। नागपुरी भाषा एवं साहित्य के लिए इन्होंने जीवनपर्यंत कार्य किया।

जयपाल सिंह—ये प्रसिद्ध ईसाई आदिवासी नेता थे। इन्होंने 1938 में आदिवासी महासभा की स्थापना की। ये झारखंड पार्टी के संस्थापक अध्यक्ष थे। अलग झारखंड राज्य की लंबी लड़ाई इनके नेतृत्व में लड़ी गई थी। इन्हें 'मरंग गोमके' (महान् नेता) से विभूषित किया गया था। ये संविधान सभा के लिए मुसलिम लीग के सहयोग से सदस्य निर्वाचित हुए थे।

ठेवले उराँव—ये प्रसिद्ध सरना आदिवासी नेता एवं स्वतंत्रता सेनानी थे। इन्होंने 1915 में 'उन्नति समाज' की स्थापना तथा 1929 में 'किसान सभा' का गठन किया था। सरना आदिवासियों के ईसाईकरण के विरोध में इन्होंने अनेक कार्य किए।

चेतन जोशी—ये प्रसिद्ध मुरलीवादक थे। मुरलीवादन में इन्हें 'सुरमणि' एवं

'विस्मिला सम्मान' प्राप्त हुआ था।

रामनारायण सिंह—छोटानागपुर केसरी से विभूषित रामनारायण सिंह स्वतंत्रता आंदोन के दौरान अग्रनी नेता रहे थे। 1954 में झारखंड राज्य के लिए राष्ट्रपति को ज्ञापन सौंपने वाले पहले गैर--जनजातीय नेता ये थे।

नारायणजी—ये प्रसिद्ध स्वतंत्रता सेनानी थे। जनजातियों के बीच महात्मा गांधी की रचनात्मक विचार के प्रचार एवं प्रसार हेतु 'आदिम जाति सेवा मंडल' के माध्यम से इन्होंने महत्त्वपूर्ण कार्य किए। 'ग्राम निर्माण' नामक पत्र का संपादन इनके द्वारा किया गया था।

मोतीलाल केजरीवाल—ये प्रसिद्ध स्वतंत्रता सेनानी थे। असहयोग आंदोलन के समय देश की स्वतंत्रता के लिए अपनी पत्नी महादेवी केजरीवाल के साथ काफी सक्रिय रहे। 'निर्माण' तथा 'गांधी संदेश' पत्रिकाओं के संपादक भी रहे।

प्रफुल्लचंद्र पटनायक—ये प्रसिद्ध क्रांतिकारी नेता तथा साहित्यकार थे। इन्होंने संथाल और पहाड़िया लोगों को अंग्रेजी सरकार के विरुद्ध सशस्त्र क्रांति करने के लिए संगठित किया था। अंग्रेजी सरकार ने इन्हें देखते ही गोली मार देने का आदेश जारी किया था।

मुकुटधारी सिंह—ये स्वतंत्रता सेनानी, पत्रकार एवं मजदूर नेता थे। इन्होंने स्वतंत्रता आंदोलन के दौरान कोयला मजदूरों की समस्याओं को प्रमुखता से उठाया। इनके संपादन में 'साप्ताहिक युगांतर' पत्र निकलता था। इंदिरा गांधी के आपातकाल का 'युगांतर' में विरोध करने के कारण इन्हें वर्षों जेल में कैद रहना पड़ा था।

हवलधारी राम गुप्त 'हलधर'—ये प्रसिद्ध साहित्यकार एवं झारखंड के आरंभिक कहानीकार हैं। ये 'पलामू हिंदी साहित्य सम्मेलन' के संस्थापक अध्यक्ष हैं। वैश्य समाज में समाज सुधार संबंधी अनेक कार्य इनके द्वारा किया गया। 'पलामू का इतिहास' इनकी चर्चित पुस्तक है।

विनोदानंद झा—ये प्रसिद्ध स्वतंत्रता सेनानी एवं बिहार के प्रथम झारखंड मुख्यमंत्री थे। असहयोग आंदोलन के दौरान देवघर में 'हिंदी विद्यापीठ' की स्थापना में इन्होंने महत्त्वपूर्ण योगदान दिया था।

कृष्ण वल्लभ सहाय—ये प्रसिद्ध स्वतंत्रता सेनानी, पत्रकार एवं बिहार के दूसरे झारखंडी मुख्यमंत्री थे। 1940 में कांग्रेस के रामगढ़ अधिवेशन संपन्न कराने में इन्होंने महत्त्वपूर्ण भूमिका निभाई थी। स्वतंत्रता आंदोलन के दौरान हजारीबाग से 'छोटानागपुर संदेश' नामक साप्ताहिक का संपादन करते रहे थे।

सिस्टर निर्मला—मदर टेरेसा की मृत्यु के पश्चात् मिशनरीज ऑफ चैरिटी की प्रमुख बनने वाली ये राज्य की महत्त्वपूर्ण विभूति हैं। आजीवन असहायों की सेवा में

लगी रहीं।

सरस्वती देवी—ये प्रसिद्ध स्वतंत्रता सेनानी थी। परदा प्रथा, बाल विवाह आदि के उन्मूलन में इनका सक्रिय सहयोग मिला। ये जेल जानेवाली हजारीबाग की पहली महिला थीं।

महेंद्र सिंह धोनी—ये भारतीय क्रिकेट टीम के सबसे सफलतम कप्तान हैं। इन्हें राजीव गांधी खेल रत्न पुरस्कार एवं पद्मश्री से सम्मानित किया गया है।

सावित्री पूर्ति—ये अंतरराष्ट्रीय महिला हॉकी खिलाड़ी हैं। इन्होंने भारतीय महिला टीम की कप्तान बनकर कई टूर्नामेंट में सफलता हासिल की।

सिमोन उराँव—पद्मश्री सिमोन उराँव जल संरक्षण एवं पर्यावरण की रक्षा करने में झारखंड के सबसे प्रसिद्ध एवं महत्त्वपूर्ण व्यक्ति हैं। उनका नारा है—'आदमी बनना है तो जमीन से लड़ो' यानी जमीन में मेहनत करो। उन्होंने देशी तकनीक के जरिए गाँव वाले के सहयोग से सिंचाई के लिए पहला बाँध गाय घाट का निर्माण किया। इसके बाद देशवाली बाँध का निर्माण किया, जिससे नहर के द्वारा कई गाँवों के खेत को सिंचाई के लिए पानी मिलता है।

रामदयाल मुंडा—ये महान् शिक्षाविद्, संस्कृतिविद्, समाजवाद की प्रतिमूर्ति झारखंड आंदोलन के अग्रणी नेता थे। राँची विश्वविद्यालय का जनजातीय और क्षेत्रीय भाषा विभाग इनकी महत्त्वपूर्ण उपलब्धि है। झारखंडी कला और संस्कृति को ऊपर उठानेवाले डॉ. मुंडा को पद्मश्री तथा संगीत नाटक अकादमी सम्मान से सम्मानित किया गया था।

अशोक भगत—पद्मश्री सम्मान से सम्मानित अशोक भगत गुमला जिला के बिशुनपुर प्रखंड के 'विकास भारती' नामक एन.जी.ओ. के सचिव हैं। इन्होंने जल-प्रबंधन एवं पर्यावरण के क्षेत्र में महत्त्वपूर्ण कार्य किए हैं। इनके द्वारा जल-संरक्षण हेतु बोरा बाँध योजना चलाई जा रही है, जो ग्रमीण क्षेत्र में काफी प्रसिद्ध है।

आधुनिक झारखंड का गठन

सन् 1912 में जब झारखंड बंगाल से अलग होकर बिहार से जुड़ा, तभी से यह बिहार के लिए समृद्धि का प्रतीक बन गया। झारखंड को बिहार की समृद्धि से मूक जलन होती हो, इसमें कुछ भी अस्वाभाविक नहीं, क्योंकि अपने संसाधनों से दूसरे की उन्नति और अपनी अवनति सदैव असहनीय होती है। क्या बिहार सरकार का यह दायित्व नहीं बनता था कि वह अपने शासन में सम्मिलित आदिवासी क्षेत्र का समुचित विकास करे? अशिक्षा और असुविधाओं के साथ अनगिनत अत्याचारों से पीड़ित झारखंड की आदिवासी जनजातियाँ निम्न से निम्नतर स्थिति में पहुँची थीं तथा बिहार सरकार से

अपने उत्थान की आशा रखती थीं, तो ऐसी स्थिति में राज्य सरकार का दायित्व और भी बढ़ जाता है। मानवीय आधार पर भी 19वीं शताब्दी तक आदिवासी जनजातियाँ आधुनिकता की दयापात्र रही हैं। 20वीं शताब्दी में आंशिक परिवर्तन से इन्होंने आधुनिकता को ओढ़ा है और अब ये दया की नहीं, बल्कि अधिकारों की बात करें तो इसमें आश्चर्य कैसा? उत्तरी बिहार ने झारखंड को अपने विकास का आदर्श स्रोत समझा। यदि विकास के प्रारूप में इस क्षेत्र को प्राथमिकता ही नहीं, समानता भी मिलती, तो संभवत: इसके पृथक्करण की माँग ही नहीं उठती और उत्तरी बिहार को विकास के इस स्रोत से वंचित भी नहीं रहना पड़ता।

झारखंड के पृथक् राज्य के गठन के विरोध में बिहार के प्रथम मुख्यमंत्री डॉ. श्रीकृष्ण सिंह ने तर्क दिया था कि वित्तीय दृष्टि से छोटानागपुर राज्य घाटे में रहेगा और यही वित्तीय स्थितियाँ इसके पृथक् राज्य के निर्माण में बाधक हैं। डॉ. सच्चिदानंद सिन्हा ने कहा था कि सन् 1943–44 में इस क्षेत्र का घाटा 7,12,600 रुपए था, जो 1944–45 में बढ़कर 9,00,200 रुपए हो गया। ये खोखले तर्क थे। ये आजादी से पहले के आँकड़े थे, जिनको आजादी के बाद उठाना उचित नहीं बनता; क्योंकि जैसे हालात और अस्थिरता से यह क्षेत्र आजादी से पहले गुजरा था, उसमें ऐसा हो जाना कोई आश्चर्य की बात भी तो नहीं। इन दोनों दिग्गजों ने इससे भी आगे की बात कह डाली थी, क्योंकि छोटानागपुर संयुक्त संघ ने यह प्रमाणित कर दिया कि वे आँकड़े थोपे हुए थे, जबकि छोटानागपुर के संथालों के पास 2,406,300 रुपए तब भी अधिशेष थे।

सन् 1953 में 'राज्य पुनर्गठन आयोग' की स्थापना हुई और इसके सामने भी झारखंड के स्वतंत्र राज्य के रूप में गठन की माँग आई। छोटानागपुर संयुक्त संघ का नेतृत्व गैर-जनजाति के रामनारायण सिंह कर रहे थे और उनके ही नेतृत्व में यह माँगपत्र 'राज्य पुनर्गठन आयोग' को सौंपा गया।

सन् 1953 में 'राज्य पुनर्गठन आयोग' की स्थापना हुई और इसके सामने भी झारखंड के स्वतंत्र राज्य के रूप में गठन की माँग आई। छोटानागपुर संयुक्त संघ का नेतृत्व गैर-जनजाति के रामनारायण सिंह कर रहे थे और उनके ही नेतृत्व में यह माँगपत्र 'राज्य पुनर्गठन आयोग' को सौंपा गया। ऐसा ही एक माँगपत्र जयपाल सिंह ने भी सौंपा था। जयपाल सिंह एक जनजातीय नेता थे। इससे भी यह स्पष्ट होता है कि झारखंड आंदोलन मात्र जनजातीय नहीं था, बल्कि तत्कालीन छोटानागपुर संथाल में रह रहे सभी मिश्रित समुदायों का आंदोलन था। यह एक मिश्रित संस्कृति का अपने अधिकारों की प्राप्ति का गहन प्रयास था।

'राज्य पुनर्गठन आयोग' ने पृथक् झारखंड राज्य की माँग को अस्वीकार कर दिया और इसके पीछे जो तर्क दिए, वे पूरी तरह से खोखले थे। वे तर्क इस प्रकार हैं—

- दक्षिणी बिहार के बाहर का जनमत विभाजन के पक्ष में नहीं है और इस क्षेत्र के राजनीतिक दल भी इस विभाजन के विरोधी हैं।
- पृथक् राज्य की माँग झारखंड के अल्पसंख्यक आदिवासियों द्वारा की गई है, जबकि इस क्षेत्र में गैर-आदिवासियों की संख्या भी बहुत है।
- छोटानागपुर और उत्तरी बिहार एक-दूसरे के पूरक हैं। दक्षिणी बिहार के उद्योग और उत्तरी बिहार की कृषि एक-दूसरे पर निर्भर हैं। अतः बिहार से पृथक् झारखंड का निर्माण बिहार की अर्थव्यवस्था को प्रतिकूल रूप में प्रभावित करेगा।
- छोटानागपुर और शेष बिहार दोनों अपने संसाधनों से ठीक उसी प्रकार पूर्ण रूप से सक्षम हैं, जिस प्रकार असम और उड़ीसा हैं।

आयोग के इन तर्कों पर झारखंड के समर्थकों ने विरोधस्वरूप तीव्र प्रतिक्रिया व्यक्त की। उन्होंने आयोग के प्रत्येक तर्क का खंडन किया। 'दक्षिणी बिहार से बाहर का जनमत' से आयोग का आशय शेष बिहार से था। यह नितांत खोखला तर्क था, क्योंकि शेष बिहार के जनमत की इच्छा को झारखंड पर थोपा जाना उचित नहीं है। शेष बिहार ऐसा क्यों नहीं चाहता, यह तो स्पष्ट है ही कि जो विकास उत्तरी बिहार में हुआ, वह झारखंड के संसाधनों से ही हुआ। दूसरी बात यह कि झारखंड के दल विभाजन के विरोधी कैसे थे? तत्कालीन समय में झारखंड में चार प्रमुख दलों का ही वर्चस्व था, जिनमें से कांग्रेस के अतिरिक्त सभी पृथक् राज्य के समर्थन में थे। झारखंड पार्टी, जनता पार्टी और लोकसेवक संघ तीनों ही पृथक् राज्य के समर्थन में जनता का नेतृत्व कर रहे थे।

यह तथ्य भी गलत है कि झारखंड की माँग अल्पसंख्यक जनजाति ही कर रही है। यह सत्य है कि झारखंड कभी बहुसंख्यक जनजातिवाला क्षेत्र रहा है, लेकिन विस्थापन, बेरोजगारी और घोर अभावों ने अब इसे अल्पसंख्यक कर दिया है। गैर-आदिवासियों के आगमन व उनके यहाँ बस जाने से यह क्षेत्र मिश्रित धर्म और समुदायों का हो गया है। पृथक् झारखंड की माँग भी इन मिश्रित लोगों की संयुक्त माँग है, क्योंकि किसी एक क्षेत्र में रहनेवाले विभिन्न वर्ण, वर्ग, जाति या जनजाति सबको मूलभूत सुविधाओं की आवश्यकता होती है। पानी, बिजली, स्वास्थ्य सेवाएँ, सड़क और रोजगार आदि की जितनी आवश्यकता आदिवासियों को है, उतनी ही गैर-आदिवासियों को भी है। अतः यह तर्क सिद्धांतहीन है कि जनजातियों और गैर-जनजातियों दोनों का ही समर्थन झारखंड आंदोलन को नहीं मिला हुआ था।

आयोग का तीसरा तर्क बिल्कुल ही बचकाना कहा जा सकता है। एक-दूसरे के पूरक होना तो आदान-प्रदान की प्रणाली है, जो किन्हीं भी दो व्यक्तियों, दो राज्यों या दो देशों में हमेशा से ही चली आ रही है। बिहार या झारखंड क्या, कोई भी राज्य दैनिक

उपभोग की पूर्ति में पूरी तरह आत्मनिर्भर नहीं होता और यह पूर्ति आदान-प्रदान से ही की जाती है। यद्यपि झारखंड क्षेत्र में कृषि क्षेत्र की कमी है, लेकिन उत्तरी बिहार में उद्योगों की कमी नहीं कही जा सकती। इसके अलावा दूसरी बात यह कि विभाजन से कभी भी आदान-प्रदान प्रभावित नहीं होता। भारत और पाकिस्तान के बीच भी निर्बाध आयात-निर्यात जारी है, अपवाद समय को छोड़कर।

आयोग का चौथा तर्क अपने तीसरे ही तर्क के अंतिम भाग का खंडन करता है कि बिहार की अर्थव्यवस्था चरमरा जाएगी, यदि पृथक् झारखंड बनता है। इससे दो बातें स्पष्ट होती हैं—चौथे तर्क के अनुसार बिहार और झारखंड दोनों ही सक्षम हैं, तो फिर पृथक् होने से कैसे किसी एक की अर्थव्यवस्था प्रभावित होगी? यदि हुई भी तो यह उसकी अक्षमता का प्रमाण है। अब यह कौन स्पष्ट करे कि बिहार अक्षम है या भावी झारखंड?

वस्तुत: आयोग के ये तर्क एक राज्य के गठन के सिद्धांतों के अनुकूल ही नहीं थे और इस संबंध में झारखंड आंदोलन के नेताओं ने आयोग पर यह आरोप भी लगाया कि आयोग राज्य सरकार के अनुरूप रिपोर्ट देने के लिए बाध्य है।

यद्यपि आयोग की इस भ्रामक रिपोर्ट ने संवैधानिक रूप से पृथक् राज्य की माँग और गठन पर तुषारापात अवश्य किया, पर इससे झारखंड आंदोलन में मामूली सी निराशा के अलावा और कुछ विशेष प्रभाव नहीं पड़ा। आंदोलन के प्रतिनिधियों ने आयोग, राज्य सरकार और केंद्र सरकार की इस अलोकतांत्रिक प्रक्रिया की कड़ी भर्त्सना की। 'छोटानागपुर उन्नति संघ' के प्रमुख रामनारायण सिंह ने कुछ और कड़े स्वर में कहा था, ''छोटानागपुर के लोगों के हृदयों में असंतोष की जो भावना अंदर-ही-अंदर उबाल पर है, उसे किसी भी प्रकार अधिक दिनों तक शांत नहीं किया जा सकता, फिर चाहे उसके लिए कानूनी अड़ंगे लगें या कुतर्क गढ़े जाएँ। छोटानागपुर के लोगों की बात को देर-सवेर पहचान मिलकर ही रहेगी।''

झारखंड आंदोलन में आयोग की रिपोर्ट ने एक फाँस भले ही फँसा दी थी, लेकिन इसके प्रतिनिधि अभी भी पराजित नहीं हुए थे। कई संगठन अपने प्रयासों में लगे थे। इन संगठनों में आदिवासी और गैर-आदिवासी सभी शामिल थे। सन् 1928 में 'छोटानागपुर उन्नति संघ' की स्थापना हुई थी, जिसने साइमन कमीशन से मिलकर स्वतंत्र राज्य की माँग की और साथ ही विभिन्न राजनीतिक दल भी इसी प्रयास में लगे रहे। सन् 1950 तक तो यह आंदोलन राष्ट्रीय आंदोलन के प्रवाह में बहता रहा और केंद्र सरकार की उपेक्षा का शिकार रहा।

'राज्य पुनर्गठन आयोग' की रिपोर्ट के बाद सन् 1969 तक केंद्र और राज्य सरकार झारखंड की पृथक्ता से विमुख रहीं, जबकि आंदोलन अभी भी चल रहा था। सन्

1969 में बिहार में गठबंधन सरकार बनी, जिसमें झारखंड क्षेत्र के प्रतिनिधि अलग राज्य का प्रयास करते रहे। निरल होरो, जो सरकार में मंत्री पद पर थे और वे झारखंड आंदोलन के प्रमुख नेता भी थे, से यह आशा थी कि इस गठबंधन सरकार के कार्यकाल में पृथक् राज्य का सपना साकार हो जाएगा, लेकिन यह सरकार अपना कार्यकाल भी पूरा न कर सकी और फिर झारखंड मुद्दा माँग तक ही सीमित रह गया।

सन् 1972 में संसदीय चुनाव हुए और इंडियन नेशनल कांग्रेस भारी बहुमत से सत्ता में आई। कांग्रेस से तो पहले ही किसी को आशा नहीं थी, फिर भी आंदोलन के प्रतिनिधि अपने प्रयासों में लगे हुए थे। उस समय देश में पाकिस्तान पर मिली सन् 1971 की जीत के जश्न में राष्ट्रीयता की भावना में क्षेत्रीय मुद्दों पर कोई विशेष ध्यान नहीं दिया गया। आंदोलन की गति धीमी भले ही हो गई थी, पर रुकी बिल्कुल नहीं थी।

सन् 1971 में निरल होरो ने कांग्रेस का दामन संभवतः इसी आशा में पकड़ा कि वे उस झारखंड विरोधी सरकार को अपनी बात समझा सकें, लेकिन होरो अपने मतदाताओं को ही नहीं समझा सके और चुनाव हार गए। इससे सब आशाएँ धूमिल हो गईं और आंदोलन अपनी मंथर गति से चलता रहा।

यही वह समय था, जब झारखंड की राजनीति के पटल पर एक नए दल का उदय हुआ। इस दल की स्थापना शिबू सोरेन और विनोद बिहारी महतो ने की। शिबू सोरेन आदिवासी संस्कृति और परंपरा से आए थे तथा पहले भी आदिवासी हितों के लिए संघर्षरत रहे थे। अतः उनके सक्रिय राष्ट्रीय राजनीति में आने से जनजातीय आशाएँ प्रबल हो उठीं। सामाजिक कार्यकर्ता के रूप में शिबू सोरेन की प्रसिद्धि थी तो उन्हें 'झारखंड की मुक्ति' के नाम पर व्यापक समर्थन भी मिल रहा था। 'मार्क्सवादी कॉर्डिनेशन कमेटी' के नेता एम.के. राय 'झारखंड मुक्ति मोरचा' के साथ इस आंदोलन को गति देने आ गए। दोनों ने मिलकर श्रमिक और कृषक वर्ग को अपने साथ मिलाकर किसान आंदोलन का भी सूत्रपात किया। इसके साथ ही वे 'दीकुओं' को भी अपने क्षेत्र से भगाने के प्रयास करते रहे। नित नए स्थानों पर वे पृथक् राज्य की माँग को लेकर भी प्रदर्शन करते रहे। इसी समय देश में आपातकाल लगा दिया गया और शिबू सोरेन तथा विनोद बिहारी महतो को गिरफ्तार कर लिया गया। इन शीर्ष नेताओं के जेल जाने से गतिशील हो चुके आंदोलन की गति फिर से मंथर हो गई।

आपातकाल के बाद संसदीय चुनाव हुए और इंदिरा गांधी को आपातकाल लगाने का खामियाजा भुगतना पड़ा। मतदाताओं ने कांग्रेस को नकार दिया और देश में अधिकांश स्थानों पर कांग्रेस को पराजय का मुँह देखना पड़ा। संभवतः झारखंड आंदोलन के लिए यह स्थिति सुखद थी। झारखंड आंदोलन के सभी दल एकजुट होकर स्वतंत्र राज्य की माँग में खड़े हो गए। इसी समय गृहमंत्री चौधरी चरण सिंह ने राज्य के पुनर्गठन के

संबंध में सकारात्मक बयान दिए। इससे पृथक् राज्य भी केंद्र सरकार के एजेंडे में आ गया, तभी झारखंड आंदोलन के प्रतिनिधियों के बीच 'सूत न कपास, जुलाहे की धुन्नमधुन्ना' जैसे हालात पैदा हो गए। उनके बीच भावी झारखंड के भौगोलिक स्वरूप को लेकर मतभेद पैदा हो गए। कुछ दल छोटानागपुर संथाल परगनों को मिलाकर झारखंड का भावी मानचित्र बना रहे थे, तो निरल होरो पश्चिम बंगाल, बिहार, उड़ीसा और मध्य प्रदेश के कुछ जिलों को भी झारखंड में शामिल कर वृहद् झारखंड बनाने की माँग पर अड़े हुए थे। जबकि वास्तविकता यह थी कि ये मतभेद अकारण और बचकाना ही थे। अभी दिल्ली बहुत दूर थी।

21 मार्च, 1978 को शिबू सोरेन और एम.के. राय ने बिहार की राजधानी पटना में आदिवासियों का नेतृत्व करते हुए विशाल जुलूस निकालकर राज्य सरकार को जैसे आतंकित करना चाहा। इस जुलूस से झारखंड आंदोलन सार्थक दिशा में मुड़ा और इसकी व्यापकता का आभास सभी दलों को हो गया। 'झारखंड मुक्ति मोरचा' को निश्चित लाभ होना ही था।

सन् 1980 में गैर-कांग्रेसी सरकार गिर गई और चुनाव निकट आ गए। इन चुनावों में जनता पार्टी पराजित हुई और कांग्रेस फिर से सत्ता में लौटी, जिससे झारखंड आंदोलन आशंकाओं से घिर गया। यहाँ एक बात आशाजनक रही कि शिबू सोरेन लोकसभा के सदस्य बन गए। फिर विधानसभा चुनाव हुए और 'झारखंड मुक्ति मोरचा' ने 13 सीटों पर जीत हासिल की। शायद यही जीत झामुमो के बीच अंतर्कलह का कारण भी बनी, क्योंकि तभी मार्क्सवादी समन्वय समिति और झामुमो के बीच दरार पड़ गई तथा दोनों का साथ छूट गया। बात यहीं तक होती तो गनीमत थी, लेकिन तभी झामुमो के दो भाग हो गए। इसके सहसंस्थापक विनोद बिहारी महतो मार्क्सवादी कॉर्डिनेशन कमेटी के साथ चले गए। झामुमो के एक गुट का नेतृत्व शिबू सोरेन कर रहे थे और दूसरे गुट का नेतृत्व बाबूलाल मरांडी करने लगे। इस प्रकार झारखंड पार्टी का लोपन ही हो गया।

सन् 1984 में इंदिरा गांधी की हत्या कर दी गई, जिससे पूरे देश में सहानुभूति के रूप में कांग्रेस की लहर दौड़ गई और इसका प्रभाव झारखंड की राजनीति पर भी पड़ा। जब चुनाव हुए तो उनमें शिबू सोरेन, एम.के. राय और विनोद बिहारी महतो जैसे दिग्गज नेता भी हार गए तथा पृथक् राज्य का भावी सपना टूट गया।

सन् 1987 में शिबू सोरेन और बाबूलाल मरांडी ने संयुक्त मोरचे की आवश्यकता को महसूस करते हुए अन्य छोटे-छोटे दलों के सहयोग से 'झारखंड समन्वय समिति' का गठन किया। जून 1987 में इस समिति ने रामगढ़ में एक सम्मेलन आयोजित कर 25 सदस्यीय एक तदर्थ समिति बमाई, जिसमें 21 संगठनों का सहयोग मिला। इस समिति ने तत्कालीन राष्ट्रपति ज्ञानी जैल सिंह को एक ज्ञापन सौंपा, जिसमें एकीकृत बिहार के 21

जिलों को अलग कर पृथक् राज्य, झारखंड की माँग की गई। इस समिति के प्रयासों ने भारतीय जनता पार्टी को इस आंदोलन की ओर आकृष्ट किया और सन् 1987 में पहली बार भाजपा ने इसके समर्थन में आवाज उठाई। इससे आंदोलन को और भी गति मिली, लेकिन इस आंदोलन की सफलता पर ग्रहण की तरह केंद्र सरकार की नीति लगी थी।

सन् 1986 से 1996 तक कांग्रेस ने केंद्रीय सत्ता और बिहार की सत्ता पर शासन किया तथा इस दौरान झारखंड के उदय की कोई आशा नहीं थी, फिर भी आंदोलन की तीव्रता और व्यापकता से इसे कांग्रेस के लिए अनदेखा करना बहुत मुश्किल था। तत्कालीन केंद्रीय गृहमंत्री बूटा सिंह ने केंद्र सरकार के निर्देश पर 26 नवंबर, 1986 को झारखंड समर्थक विधायकों एवं सांसदों के साथ एक बैठक की घोषणा की, जो अपरिहार्य कारणों से स्थगित कर दी गई। इससे झारखंड आंदोलन और भी तेज हो गया। तब केंद्र सरकार को सकारात्मक कदम उठाने की आवश्यकता महसूस हुई और प्रधानमंत्री के निर्देश पर गृह मंत्रालय के सचिव के नेतृत्व में एक पाँच सदस्यीय टीम बिहार, पश्चिम बंगाल, उड़ीसा एवं मध्य प्रदेश की आदिवासी आबादी का दौरा करने के लिए भेजी गई।

इसी समय बिहार के दिग्गज कांग्रेसी नेता भागवत झा आजाद ने राँची में यह ऐलान किया कि बिहार का विभाजन किसी भी मूल्य पर नहीं किया जाएगा। मुख्यमंत्री बिंदेश्वरी दुबे भी इस विभाजन के पक्ष में नहीं थे। तभी केंद्र और राज्य सरकार में अस्थिरता का संकट पैदा हो गया। सन् 1987–89 के बीच भागवत झा, सतेंद्र नारायण सिंह और फिर जगन्नाथ मिश्र को राज्य का मुख्यमंत्री बनाया गया। राजनीतिक अस्थिरता ने झारखंड आंदोलन को फिर से लगभग गतिहीन कर दिया और झारखंड के विरोधी दलों को एक मंच पर ला खड़ा किया।

सन् 1989 में फिर इस आंदोलन ने गति पकड़ी और इस बार इसका रूप पहले की अपेक्षा अधिक उग्र हो गया। संभवतः आंदोलनकारियों के धैर्य का बाँध टूट गया था और अब वे अपने आक्रोश को दबा नहीं पा रहे थे। जगह–जगह पर नाकेबंदी, जुलूस और हड़तालें होने लगीं। केंद्र सरकार इस बढ़ती अराजकता और असंतोष से चिंतित हो उठी तथा इस मुद्दे पर नरमी का रुख अपनाने को विवश हो गई। तत्कालीन प्रधानमंत्री विश्वनाथ प्रताप सिंह ने 23 अगस्त, 1989 को झारखंड राज्य के गठन की जाँच के लिए एक 24 सदस्यीय समिति को उड़ीसा, मध्य प्रदेश, बिहार और पश्चिम बंगाल का दौरा करने के लिए भेजा। केंद्र ने इस समिति में झारखंड आंदोलन के 16 प्रतिनिधियों को भी शामिल किया था। इस समिति ने चारों राज्यों के 21 जिलों का दौरा करके अपनी रिपोर्ट 30 मार्च, 1990 को संसद् में सौंप दी। केंद्र ने तत्काल कोई प्रतिक्रिया नहीं दी। संभवतः समिति के दौरे से ही आंदोलन के नेताओं को संतुष्ट हुआ मानकर इस रिपोर्ट पर कोई

कारखाई नहीं हो सकी थी। इसके पीछे संभवतः राज्य सरकार का भी हाथ था।

सन् 1990 में बिहार में लालू प्रसाद यादव मुख्यमंत्री बने। राजद सरकार को झामुमो ने भी बाहर से समर्थन दिया था। लालू प्रसाद यादव ने जब प्रदेश में अराजकता और अस्थिरता देखी तो झारखंड के मुद्दे पर कोई भी काम नहीं किया। वैसे भी वे बिहार विभाजन के कड़े विरोधियों में से एक थे। समिति ने केंद्र को जो प्रतिवेदन सौंपा था, वह राज्य सरकार को मिला था और उसमें पृथक् झारखंड की माँग को सामाजिक और सांस्कृतिक कारणों के आधार पर औचित्यपूर्ण बताया। तब राज्य सरकार के प्रमुख सचिव कमला प्रसाद ने गृह मंत्रालय को अत्यंत गोपनीय पत्र लिखा। इस पत्र के संबंध में आंदोलन के प्रतिनिधियों का कहना था कि इसमें गोपनीयता जैसी कुछ भी नहीं थी और छिपे रूप में राज्य सरकार झारखंड गठन के अपने विरोधी नजरिए को विकासोन्मुखी योजनाओं के नाम पर छिपा रही थी, जो कभी भविष्य में लागू नहीं होनेवाली थीं। ग्रामीण स्वरोजगार प्रशिक्षण संस्थान, झारखंड सांस्कृतिक अकादमी और विद्यासागर महिला शिक्षण संस्थान आदि ऐसी योजनाएँ थीं, जो लालू सरकार ने इस आंदोलन को बंद करने के बदले झारखंड के लिए बनाई थीं, जिनका कभी क्रियान्वित हो पाना भी संदेह के घेरे में था। कुशल राजनीतिज्ञ लालू प्रसाद यादव ने विभाजन का अधिकार केंद्र के पास कहकर अपनी विभाजन विरोधी छवि को ढकने का प्रयास भी किया। इसका एक मुख्य कारण 'झारखंड मुक्ति मोरचा' का समर्थन मिलना भी था, जिसे नाराज करना राजद सरकार के लिए अहितकारी सिद्ध हो सकता था।

सन् 1991 में बिहार सरकार ने अपने सहयोगी दलों को खुश करने के लिए 'झारखंड क्षेत्र विकास परिषद्' का प्रस्ताव तैयार कर केंद्र सरकार को भेजा, जिसका समर्थन झामुमो ने भी किया था। इस प्रस्ताव में जो विसंगतियाँ थीं, उससे झारखंड आंदोलन के प्रतिनिधियों को इस प्रस्ताव की वास्तविकता का ज्ञान हो गया। इसमें स्वायत्तता के नाम पर लोगों को भ्रमित कर राज्य सरकार वास्तव में सारे अधिकार अपने पास रखना चाहती थी। परिषद् का अध्यक्ष राज्य सरकार की पसंद से ही चुना जाना था और उसे कार्य भी सरकार की इच्छा से ही करना था। स्पष्ट था कि यह एक भ्रामक प्रस्ताव था, जिसका विरोध किया गया।

सन् 1992 में झारखंड की अस्थिरता को देखते हुए केंद्र सरकार ने एक नया कदम उठाया। गृहमंत्री शंकर चव्हाण ने बिहार, उड़ीसा, मध्य प्रदेश और पश्चिम बंगाल के मुख्यमंत्रियों के साथ बैठक की, लेकिन उसमें कोई निर्णय नहीं हो सका। संभवतः इस मामले में एकमत न हुआ जा सका और यह मुद्दा वहीं-का-वहीं रहा।

सन् 1994 में केंद्र सरकार ने एक और प्रयास किया। केंद्र ने बिहार सरकार और झारखंड आंदोलन के प्रतिनिधियों के साथ त्रिपक्षीय वार्त्ता कर 'झारखंड क्षेत्र विकास

परिषद्' को और भी प्रभावी बनाने के लिए उसमें संशोधन कर दिया। इससे जो नया प्रस्ताव तैयार हुआ, वह 'झारखंड क्षेत्र स्वायत्तशासी परिषद्' के गठन से संबंधित था। तीनों पक्ष इस बात पर सहमत हो गए। केंद्रीय गृह राज्यमंत्री राजेश पायलट, बिहार के मुख्यमंत्री लालू प्रसाद यादव और झामुमो के प्रमुख नेता शिबू सोरेन व सूरज मंडल ने इस पर हस्ताक्षर किए।

इस प्रारूप में झारखंड क्षेत्र विकास परिषद् में 162 सदस्य और 18 सदस्य होने का प्रावधान था, जिनमें 18 मनोनीत सदस्य होते थे। राज्य चुनाव आयोग प्रत्येक विधानसभा क्षेत्र को दो भागों में बाँटेगा। आरक्षण नीति लागू होगी। पाँच वर्ष के कार्यकाल के साथ कई अधिकार दिए जाने की बात रखी गई और 42 विषयों को परिषद् के कार्यबिंदुओं में रखा गया। साथ ही इस परिषद् को राज्य सरकार के बजट का 25 प्रतिशत मिलने का प्रावधान भी था।

इस परिषद् को आंदोलन की पहली जीत और झारखंड गठन में महत्त्वपूर्ण उपलब्धि के तौर पर गिना गया, फिर भी कुछ आंदोलन प्रतिनिधि इससे पूर्ण संतुष्ट नहीं थे। छोटानागपुर-संथाल की जनसंख्या (2, 18, 43, 911) और क्षेत्रफल (79, 714 वर्ग कि.मी.) के लिए 25 प्रतिशत बजट किसी भी प्रकार उचित और पर्याप्त नहीं कहा जा सकता। शेष बिहार की जनसंख्या यद्यपि अधिक है, लेकिन 42 विषयों के विकास के लिए 25 प्रतिशत धनराशि अपर्याप्त थी। यह इसलिए भी तर्कसंगत नहीं था कि 70 प्रतिशत राजस्व देनेवाला क्षेत्र विकास के खर्चों में केवल 25 प्रतिशत का ही अधिकारी बने! गैर-योजना खर्च मद में निरंतर संकुचन हो रहा था और परिषद् को इसे बढ़ाने के अधिकार भी नहीं थे।

कुछ वित्तीय-सामाजिक मामलों और विकास कार्यों के जानकारों ने परिषद् के गठन को झारखंड के गठन की दिशा में पहला कदम तो बताया, लेकिन इसकी सफलता पर संदेह भी किया। उन्होंने यह राय दी कि परिषद् क्षेत्र के विकास कार्यों पर पूरा ध्यान दे तो यह उस समय का बेहतर सदुपयोग होगा, जो पृथक् राज्य के निर्माण में लगनेवाला है। परिषद् के सीमित अधिकार और राज्य सरकार का पूरा हस्तक्षेप इस परिषद् की सफलता में बाधक हैं। आशा ही नहीं थी कि राज्य सरकार पक्षपात विहीन हो सकेगी, फिर भी परिषद् ने एक शुभ कार्य तो यह किया ही कि झारखंड को पहचान दिला दी। जिस झारखंड शब्द से ही कुछ लोगों को परहेज था, वह अब अस्तित्व और प्रयोग में आ गया था। अंततः बिहार के योजना मंत्री तुलसी सिंह ने 20 दिसंबर, 1994 को विधानसभा में परिषद् विधेयक प्रस्तुत कर दिया और यह पारित भी हो गया।

इस परिषद् का गठन 9 अगस्त, 1995 को हुआ। इसके अध्यक्ष शिबू सोरेन और उपाध्यक्ष सूरज मंडल बने। इसमें एक विशेषता यह रही कि इसके चुनावों की घोषणा

उत्तराखंड, छत्तीसगढ़ और झारखंड के पृथक् राज्यों की माँग के लिए जो अस्थिरता थी, उसे अपने पक्ष में करने का यह सुनहरा अवसर भी था। भाजपा ने सन् 1987 में पृथक् झारखंड की माँग का समर्थन भी किया था।

1997 में दो बार हुई और चुनाव एक बार भी नहीं हुआ। परिषद् की सफलता पर जो संदेह था, वह दिखने लगा था।

अब बारी भाजपा की थी, जो 1998 में केंद्र में आई। यह एक गठबंधन सरकार थी और भाजपा के सामने बहुत सारी चुनौतियाँ थीं। अभी तक इस दल को केंद्रीय सत्ता केवल परिवर्तन के आधार पर मिली थी और इसे समर्थन देनेवाले अनेक क्षेत्रीय दल थे। भाजपा को अपना मजबूत जनाधार बनाना था और कुछ विशेष करके दिखाना था। उसके सामने एक शानदार अवसर भी था। उत्तराखंड, छत्तीसगढ़ और झारखंड के पृथक् राज्यों की माँग के लिए जो अस्थिरता थी, उसे अपने पक्ष में करने का यह सुनहरा अवसर भी था। भाजपा ने सन् 1987 में पृथक् झारखंड की माँग का समर्थन भी किया था। राजनीतिक दल होने के कारण भाजपा इस समर्थन में अपने लाभांश को कैसे भूल सकती थी? वह झारखंड के गठन के लिए तैयार थी, लेकिन उसकी इच्छा थी कि उसका नाम 'वनांचल' हो। इसका कारण था कि झारखंड के नाम से चुनावी लाभ झारखंड नामधारी दलों को मिलने की आशंका थी। अत: भाजपा सरकार ने सन् 1997 में पारित बिहार विधानसभा के पृथक् राज्य के संकल्प को आधार बनाकर 'वनांचल राज्य' के नाम से पुनर्गठन विधेयक बिहार सरकार को भेज दिया। तत्कालीन मुख्यमंत्री राबड़ी देवी थीं, जिन्होंने इस प्रस्ताव का विरोध किया। उनके इस विरोध को पूर्व मुख्यमंत्री लालू प्रसाद यादव ने पूरा समर्थन दिया।

21 सितंबर, 1998 को पृथक् राज्य गठन का विधेयक बिहार विधानसभा में प्रस्तुत किया गया। इस विधेयक के पक्ष में 107 मत पड़े और विपक्ष में 181 मतों ने इसे अस्वीकार कर दिया। यह झारखंड की माँग करनेवालों के लिए गहरा आघात था। एक तरह से कहा जाए तो एक गहरी हताशा थी और इस हताशा ने झामुमो को प्रभावित किया। सन् 1999 में झामुमो में मतभेद हो गए और परिणामस्वरूप सन् 2000 में हुए विधानसभा चुनाव में सूरज मंडल को दल से निकाल दिया गया।

दूसरी ओर भाजपा का पहला प्रयास विफल हुआ तो नई रणनीति के साथ मनन किया गया। निष्कर्ष निकला कि संभवत: यह विफलता 'वनांचल' नाम के कारण मिली थी, इसीलिए भाजपा ने अपने लाभांश को छोड़ने का निर्णय लिया। यद्यपि यह मामूली लाभांश ही था और वास्तविक लाभ तो झारखंड के गठन के बाद जनाधार बढ़ने से होनेवाला था। भाजपा के रणनीतिकारों ने समझ लिया कि झारखंड के नाम से पृथक्

राज्य के गठन से झामुमो को लाभ होगा, लेकिन उसके गठन में प्रभावी सफल योगदान से भाजपा को लाभ अवश्य ही मिलेगा। वस्तुतः नामकरण का आग्रह पीछे छोड़ना होगा।

सन् 1999 में केंद्र में भाजपा के नेतृत्व में गठबंधन सरकार बनी और नई रणनीति के साथ फिर से केंद्र में पृथक् झारखंड राज्य के गठन का नया प्रारूप बनाया गया तथा राज्य सरकार को भेज दिया। इस बार राजनीतिक परिस्थितियाँ अनुकूल थीं। बिहार में कांग्रेस का समर्थन प्राप्त कर लालू प्रसाद ने सरकार बनाई थी। यद्यपि कांग्रेस झारखंड विरोधी थी, लेकिन अब एन.डी.ए. की चुनौती सामने थी। दशकों से छोटी-मोटी चुनौतियों को दरकिनार कर भारतीय राजनीति पर एकच्छत्र राज करनेवाली कांग्रेस एन.डी.ए. को हल्के में नहीं ले सकती थी। परिणामस्वरूप राजनीतिक चाल चलते हुए कांग्रेस ने लालू प्रसाद यादव के सामने अपना समर्थन देने की दो शर्तें रख दीं—

- पृथक् झारखंड राज्य के गठन में सहयोग।
- सत्ता में भागीदारी।

लालू प्रसाद यादव को कांग्रेस की दोनों शर्तें माननी पड़ीं, क्योंकि बिना कांग्रेस के समर्थन के बिहार में उनकी सरकार नहीं बननेवाली थी। फलतः उन्होंने 18 जिलों को अलग करके पृथक् झारखंड के प्रस्ताव को 25 अप्रैल, 2000 को विधानसभा में मंजूरी दिलवाकर इसका अनुमोदन कर दिया। अब पृथक् झारखंड का मार्ग प्रशस्त हो गया था। लगभग तीन शताब्दियों से उपनिवेश बने रहने की पीड़ा से मुक्ति मिलने का समय आ गया था। 15 नवंबर, 2000 को संवैधानिक रूप से भारत के राजसंघीय पटल पर झारखंड 28वें स्वतंत्र राज्य के रूप में झिलमिला उठा।

झारखंड आंदोलन के संगठन

पृथक् राज्य के रूप में झारखंड का अस्तित्व में आना उसके इतिहास का स्वर्णिम क्षण था। केवल 15 दिनों के अंदर तीन नए राज्य अस्तित्व में आ गए थे। यदि उत्तराखंड और झारखंड के आंदोलनों की तुलना की जाए तो इनमें उत्तराखंड का आंदोलन व्यवस्थित और एकजुट रहा, जबकि झारखंड आंदोलन में इसका अभाव रहा। समय-समय पर विभिन्न लोगों ने झारखंड आंदोलन को गति प्रदान की। इसके अस्तित्व के लिए सभी ने प्रयास किए और सबके योगदान का महत्त्व इसके इतिहास में अंकित रहेगा। झारखंड के गठन के लिए जनजाति और गैर-जनजाति ने संयुक्त प्रयास किए तथा कांग्रेस सरकार के इस तर्क को झूठा साबित किया कि नए राज्य के निर्माण की कोई योजना नहीं है और इससे केवल राष्ट्रीय विघटन को ही बढ़ावा मिलेगा। सिद्धू-कान्हू, बिरसा मुंडा और बुद्धू

भगत आदि सबने स्वतंत्रता की लड़ाई लड़ी एवं 19वीं शताब्दी में इस लड़ाई ने विस्तृत रूप ले लिया। उन प्रमुख दलों या संगठनों का वर्णन निम्न प्रकार है, जिन्होंने झारखंड आंदोलन में अपना महत्त्वपूर्ण योगदान दिया—

ढाका छात्र संघ

सन् 1910 में सेंट कोलंबस कॉलेज में जे. वर्थोलेमन ने कुछ ईसाई मिशनरियों के सहयोग से आदिवासी छात्रों की शिक्षा-नीति के तहत 'ढाका छात्र संघ' की स्थापना की थी। इस संघ ने धार्मिक और सांस्कृतिक रूप से छात्र संगठन बनाकर आदिवासी छात्रों के लिए शिक्षा एवं रोजगार के साथ स्वतंत्रता की भावना का विकास करने के उद्देश्य से कार्य किया।

छोटानागपुर उन्नति संघ

सन् 1928 में कुछ ईसाई आदिवासियों ने एंग्लिकन बिशप, राँची के सहयोग से इस संघ की स्थापना की। यह संघ जनजातीय समाज में पुनर्जागरण के उद्देश्य से सक्रिय रहा। इस संघ ने साइमन कमीशन से मिलकर अलग राज्य की माँग की थी। इसी संघ ने राज्य पुनर्गठन आयोग के सामने सांसद रामनारायण सिंह के नेतृत्व में माँगपत्र प्रस्तुत किया। इसका योगदान कई अर्थों में महत्त्वपूर्ण रहा।

किसान सभा

पॉल दयाल और थेबेल उराँव ने आंदोलन में कृषकों की भूमिका अनिवार्य और सुनिश्चित करने के लिए 'किसान सभा' का गठन किया। 'किसान सभा' बल-प्रयोग करने से भी नहीं हिचकती थी।

छोटानागपुर कैथोलिक सभा

छोटानागपुर के आर्च बिशप के सहयोग से इस सभा का गठन किया गया। इग्नेस बेक और बेनिफस लकड़ा इस सभा के प्रमुख स्तंभ थे। यह सभा सामाजिक एवं धार्मिक चेतना के साथ-साथ राजनीतिक गतिविधियों में भी सक्रिय रही। सन् 1937 के चुनाव में इन्हें अवश्य सफलता मिली, लेकिन राजनीति के क्षेत्रीय रूप की आवश्यकता इस सभा ने अनिवार्य कर दी।

आदिवासी महासभा

जब सन् 1937 के चुनावों में कांग्रेस ने बहुमत प्राप्त किया, तब इग्नेस बेक ने झारखंड में सक्रिय सभी छोटे-बड़े संगठनों को एक मंच पर लाने की आवश्यकता महसूस की। इस समीकरण से आदिवासी नेता सक्रिय राजनीति में आने के लिए प्रेरित हुए और तब 'आदिवासी महासभा' का गठन हुआ। इसमें आदिवासी तथा गैर-आदिवासी

सभी शामिल थे। इस प्रकार एक बड़े राजनीतिक मंच की स्थापना हुई। वर्ष 1939 में जयपाल सिंह इस सभा के अध्यक्ष बने।

झारखंड पार्टी

इस पार्टी का उदय 'आदिवासी महासभा' के सन् 1950 के जमशेदपुर अधिवेशन में हुआ। इस पार्टी के गठन का उद्देश्य गैर-आदिवासी लोगों को आंदोलन से पूरी लगन के साथ जोड़ना था, क्योंकि 'आदिवासी महासभा' से जुड़े गैर-आदिवासी स्वयं को भलीभाँति प्रस्तुत नहीं कर पा रहे थे। 'झारखंड पार्टी' ने संयुक्त बिहार के पहले ही विधानसभा चुनाव में 32 सीटों पर जीत हासिल की और पृथक् झारखंड के गठन को मुद्दा बनाया।

इस पार्टी ने भी 'राज्य पुनर्गठन आयोग' के सामने पृथक् झारखंड का प्रस्ताव रखा, लेकिन उसका औचित्य न समझा पाने के कारण पार्टी की इस माँग को खारिज कर दिया गया। इस पार्टी में कुछ कमियाँ रहीं; जैसे इसके नेता शहरी वर्ग से थे और ग्रामीण हितों की अनदेखी कर रहे थे। सन् 1952 में पार्टी को केवल 20 सीटों पर ही जीत मिली, जो इसकी लोकप्रियता के ह्रास के संकेत थे। बाकी की रही-सही कमी कांग्रेस, जनसंघ, स्वतंत्र पार्टी और कम्युनिस्ट पार्टी के आगमन ने पूरी कर दी, तब 'झारखंड पार्टी' ने कांग्रेस में अपना विलय कर लिया।

बिरसा मुंडा दल

यह दल आक्रामक रूप में सामने आया। सन् 1968 में गैर-आदिवासी गुट स्वयं को आदिवासी जनजाति से बाहर रखने की माँग करने लगे। बिरसा मुंडा दल में वामपंथी और उग्रवादी विचारधारा की झलक दिखाई देने लगी। यह दल सशस्त्र आंदोलन का समर्थक रहा और अपने प्रदर्शन में हथियारों को लहराने से बाज नहीं आया। संभवतः इस सशस्त्र राजनीति से ही वर्तमान झारखंड में उग्रवादी समस्या पनपी है।

झारखंड मुक्ति मोरचा

आदिवासी नेता और जनजातीय संस्कृति व परंपरा के प्रतीक शिबू सोरेन ने इस मोरचे की स्थापना की। यह मोरचा सक्रिय राजनीति में सफल भी रहा और झारखंड आंदोलन का नेतृत्व भी इसने सफलता से किया। बाद में कुछ मतभेदों के कारण इस दल में फूट पैदा हो गई और यह दो भागों में विभाजित हो गया। इसके बावजूद इसने पृथक् झारखंड का मुद्दा नहीं छोड़ा। शिबू सोरेन को इस मुद्दे पर व्यापक समर्थन मिला और झारखंड सहित शेष बिहार की राजनीति में भी सफलता प्राप्त की। यह दल झारखंड के हितों में अग्रणी रहा।

आजसू (संपूर्ण झारखंड छात्रसंघ)

यह संघ झारखंड के युवा वर्ग को आंदोलन से जोड़ने के उद्देश्य से अस्तित्व में आया। इस संघ की स्थापना 22 जून, 1986 को सूर्य सिंह बेसरा के नेतृत्व में की गई। युवा शक्ति के जोश और ज्ञान पर आधारित यह दल उग्र था और इसमें हिंसात्मक आंदोलन को भी स्थान दिया गया था। 26 जनवरी, 1986 को 'आजसू' ने बंद का ऐलान कर दिया, जिसका समर्थन झामुमो ने भी किया।

इस प्रकार झारखंड के गठन में सभी झारखंडवासियों का महत्त्वपूर्ण योगदान रहा। कई प्रकार के घटनाक्रमों से गुजरता झारखंड आंदोलन केवल जनजातीय नहीं था, यह इन दलों में गैर-जनजातीय लोगों के अविस्मरणीय सहयोग से स्पष्ट हो जाता है।

प्राकृतिक संसाधनों से भरपूर झारखंड का बहुत बड़ा भाग केंद्रीय शासन की अधीनता में है। कई बड़े कारखाने, खनन उद्योग आदि परियोजनाएँ केंद्र के अधीन हैं। जनसंख्या की दृष्टि से यदि यह संभव नहीं था तो पृथक् राज्य के गठन में तो यह हीला-हवाली नहीं होनी चाहिए थी।

ऐतिहासिक दृष्टि से झारखंड आंदोलन बहुत महत्त्वपूर्ण कहा जा सकता है, क्योंकि इसने राष्ट्रीय आंदोलन को भी तीव्र गति दी। इस जनजातीय क्षेत्र ने सदैव अपने अस्तित्व को बचाने की लड़ाई लड़ी। शोषण, उत्पीड़न एवं अत्याचार की राजवंशीय पोषित जमींदारी प्रथा हो या ब्रिटिश शासन में घोर निराशा का दौर अथवा एकीकृत बिहार में राज्य सरकार द्वारा पक्षपातपूर्ण शासन हो—छोटानागपुर-संथाल ने सबकुछ सहा। उपनिवेश के डंक से पीड़ित झारखंड राष्ट्रीय स्वतंत्रता के बाद भी इसमें पीछे न रहा। विदेशी उपनिवेशकों से मुक्ति मिली तो उसे स्वदेशी उपनिवेश बनकर रहना पड़ा।

आदर्श स्थिति तो तब होती, जब झारखंड केंद्रशासित प्रदेश तभी घोषित कर दिया जाता, जब भारत को स्वतंत्रता मिली थी। प्राकृतिक संसाधनों से भरपूर झारखंड का बहुत बड़ा भाग केंद्रीय शासन की अधीनता में है। कई बड़े कारखाने, खनन उद्योग आदि परियोजनाएँ केंद्र के अधीन हैं। जनसंख्या की दृष्टि से यदि यह संभव नहीं था तो पृथक् राज्य के गठन में तो यह हीला-हवाली नहीं होनी चाहिए थी।

अंततः यह कहा जा सकता है कि झारखंड ने अनेक विरोधों का सामना किया और उत्पीड़न सहे, लेकिन अंत में अपने लक्ष्य को पा ही लिया। □

3. झारखंड की विशिष्ट पहचान

(झारखंड की सामाजिक, सांस्कृतिक, राजनीतिक, आर्थिक स्थिति के अलावा धार्मिक विशिष्टताएँ और पहचान)

सामाजिक परिवेश

- सामाजिक संरचनात्मक अवलोकन
- झारखंड की जनजातियाँ
- विभिन्न वैवाहिक परंपराएँ

सामाजिक संरचनात्मक अवलोकन

झारखंड की प्राचीन जनजातियों का सामाजिक जीवन अत्यंत सरल और सादा रहा है। पूर्णरूपेण वनोत्पादनों, आखेट और पारंपरिक मान्यताओं पर आधारित यह समाज कालांतर में नई संस्कृतियों से प्रभावित हुआ। नागवंशी परंपरा से इन जनजातियों का राजतंत्र की ओर रूझान रहा और ब्राह्मणवाद व पुरोहितवाद में विश्वास बढ़ा। राजतंत्र में ही वणिक और शिल्प वर्ग का उदय हुआ। बाहरी लोगों के सतत आगमन ने मूल जनजातीय सामाजिकता और सांस्कृतिक जीवन में अनेक परिवर्तन किए, जिन्हें सुधारवादी कहा जा सकता है। प्राचीन जनजातियों का सामाजिक ढाँचा नितांत आदिम युग वाला था, जिसमें रूढ़ियों और अंधविश्वासों की प्रधानता थी। मध्यकाल में हिंदू-मुगलों के आगमन से भी इस क्षेत्र में नवीन जातियों का पदार्पण हुआ, जिससे यहाँ की मूल जनजातियों को अपने अस्तित्व पर गहरा संकट दिखाई देने लगा और ये मूल जातियाँ यहाँ से पलायन कर गईं। बिरहोर, खड़िया और असुर जनजातियाँ इनमें प्रमुख रहीं।

इस प्रकार कहा जा सकता है कि झारखंड का सामाजिक एवं सांस्कृतिक परिवेश

मिश्रित संस्कृति का जन्मदाता रहा। इस मिलन से जनजातियों में नई मान्यताओं का संचार हुआ। इनमें विशेष प्रभाव हिंदू-मुसलमानों का रहा। इनके संपर्क से जातिप्रथा, पूजा पद्धति और खान-पान के साथ-साथ रहन-सहन में भी परिवर्तन हुए। प्राचीन और पूर्व मध्य काल में इष्ट 'सिंगबोंगा' और 'औरी बोंगा' रहे, जो इस नवीन सुधार के कारण महादेव और चंडी के रूप में पूजनीय हो गए। व्रतों, पर्वों आदि में भी श्रद्धा और सुधारों का प्रभाव रहा। ईसाइयों के आगमन ने इस जनजातीय समाज को अशिक्षा के घोर तिमिर से निकालकर शिक्षा और व्यवहार के लोक में लाने में अग्रणी भूमिका निभाई। वन और आखेट पर आधारित जनजातीय समाज कृषि, शिक्षा, परंपराओं और विश्वासों पर आधारित समाज तथा शिक्षित एवं रोजगारपरक उन्नत समाज के मिलन ने झारखंड के सामाजिक एवं सांस्कृतिक जीवन को मिश्रित संस्कृति से परिचित कराया। इसके उपरांत द्विपक्षीय प्रभाव के अनुसार जनजातियों के रहन-सहन, खान-पान और परंपराओं का प्रभाव गैर-जनजातियों पर भी पड़ा तथा उन्होंने भी इन्हें अपना लिया।

जनजातीय समाज में श्रमशीलता हमेशा से थी, जो सीमित साधनों के कारण आर्थिक लाभ नहीं दे सकी। लेकिन जब बाह्य आगमनों से रोजगारपरक साधन उपलब्ध हुए तो जनजातीय लोग भी इनसे आकर्षित हुए। रोजगार की खोज में वे नवनिर्मित उद्योगों और नगरों की ओर चल पड़े, जिससे प्रवासन की प्रवृत्ति को बढ़ावा मिला। यही वह समय था, जब ईसाई मिशनरियाँ अपने प्रचार-प्रसार के माध्यम से आदिवासी के सामाजिक व्यवस्था को बदलने का प्रयास कर रही थी। आदिवासियों में बहु-विवाह जैसी कुप्रथा और स्वच्छंद यौन संबंधों में विश्वास को बदलने के काफी सराहनीय और सफल प्रयास किए गए। यद्यपि आदिवासी समाज पूर्व में इन परिवर्तनों के लिए राजी नहीं हुआ, लेकिन बाद में अन्य गैर-आदिवासियों की सामाजिक व्यवस्था ने उन्हें प्रेरित किया।

इस मिश्रित समाज की विस्तृत जानकारी के लिए हमें इनके रहन-सहन, वेश-भूषा, खान-पान और पारंपरिक रीति-रिवाजों एवं त्योहारों पर दृष्टि डालनी होगी। इनके ग्रामीण अधिवासों में प्राय: झोंपड़ियाँ होती हैं, लेकिन कुछ अधिवास मिट्टी के भी बने होते हैं। इन अधिवासों से ही इनके सामाजिक परिवेश का गठन होता है। भूमि की विषमता भी इन अधिवासों में मुख्य भूमिका निभाती है। इसी कारण इन अधिवासों में प्रकीर्णता पाई जाती है। कृषि की आवश्यकता के कारण अधिकांश अधिवास जलप्रवाहों के समीप होते हैं, जो वर्षा ऋतु में जलवृद्धि के कारण ध्वस्त हो जाते हैं। खनन क्षेत्रों में स्थायी और अस्थायी दोनों प्रकार के अधिवास पाए जाते हैं। अधिकांश आँगनरहित इन मकानों में थोड़ी खुली जगह घर के बाहर होती है, जो कम ऊँचाई के परकोटे से घिरी रहती है।

इसके अतिरिक्त ग्रामीण जीवन में सुरक्षा को भी स्थान दिया जाता है, लेकिन घुमंतू जनजातियाँ सघन जंगलों और ऊँचे पहाड़ों पर बस्तियाँ बसाने से भी कतराती नहीं हैं। समतल भूमि पर कृषि योग्य भूमि का होना भी समप्राय मैदानी भागों में छोटी-बड़ी ग्रामीण बस्तियों के बसने का कारण है। नगरीय अधिवासों में शिक्षा और उद्योगों की उपलब्धता से योजनाबद्ध आवासों की प्रधानता देखी जा सकती है।

ग्रामीण श्रमिक वर्ग असुविधाओं और आर्थिक अभावों के कारण मलिन बस्तियों का निर्माण करते हैं। जहाँ नगरीय संस्कृति के आकर्षण से इन लोगों की मूल संस्कृति को खतरा होने की संभावना भी बराबर बनी रहती है। आकर्षण और मान्यताओं का यह अंतर्द्वंद्व एक जटिल सामाजिक व्यवस्था को जन्म देता है। एक प्रकार से नगरों में ग्रामीण जनसंख्या का समाज या संस्कृति से सीधा मतलब नहीं होता है, बल्कि पूरी तरह से रोजगार की आशा पर निर्भर होता है। नगरीय संस्कृति की तड़क-भड़क, चकाचौंध और आधुनिकता भी निकट के ग्रामीण क्षेत्रों को सामाजिक या सांस्कृतिक सुधार का कोई लाभ नहीं देती। नगरीय संस्कृति से जनजातियों का तालमेल न होने के कारणों पर गौर किया जाए तो अशिक्षा, अभाव और मूल परंपराओं से बँधा होना इनमें प्रमुख कारण होते हैं। इसके लिए पृथक् जनजातीय परिवेश के बारे में जान लेना आवश्यक है।

झारखंड की जनजातियाँ

झारखंड में विभिन्न जनजातीय समूह की जनसंख्या राज्य की कुल जनसंख्या का 26.2 प्रतिशत है। इनमें लगभग 91.7 प्रतिशत ग्रामीण क्षेत्रों में एवं लगभग 8 प्रतिशत शहरी क्षेत्रों में रहते हैं। झारखंड की जनजातियों को इनके निवास, रहन-सहन और खान-पान की प्रकृति के आधार पर अनुसूचित जनजाति एवं आदिम जनजाति में बाँटा गया है।

निर्वाह के आधार पर जनजातियों को चार भागों में बाँटा जा सकता है, जो निम्न हैं—

घुमंतू जनजाति—इसके अंतर्गत बिरहोर, हिल, खड़िया जैसी जनजातियाँ आती है। इनका जीवन घुमंतू होता है और ये अस्थायी बस्ती 'टंडा' बनाकर रहती हैं। ये एक ही स्थान पर कुछ दिन ठहरती हैं। इसके बाद दूसरे स्थान के लिए प्रस्थान कर जाती हैं। 'टंडा' में 10-15 झोंपड़ियाँ होती हैं, जो लकड़ियों से निर्मित होती हैं तथा इनमें वृक्ष की शाखाओं, पत्तियों और घास-फूस आदि का प्रयोग होता है। भोजन के लिए ये कंद-मूल, फल-फूल, जंगली जानवरों के मांस आदि पर आश्रित रहते हैं। ये भोजन का संग्रह करने में विश्वास करते हैं। इन जनजातियों के अधिकांश बरतन वृक्षों के पत्तों के बने

होते हैं और खाना पकाने के लिए मिट्टी के बरतनों को प्रयोग में लाते हैं तथा जमीन पर चटाई की तरह बड़े-बड़े पत्ते बिछाकर सोते हैं। इनकी वेश-भूषा अतिसाधारण होती है और वस्त्र के नाम पर कमर से घुटनों तक ढकनेवाला कपड़ा प्रयोग करते हैं, जिसे 'करेया' कहते हैं।

जंगल से प्राप्त लकड़ियों से ये लोग ओखली, कठौती और ढोलकी आदि बनाकर हाट-बाजारों में बेचते हैं, जिनसे मिर्च-मसाला और अन्य वस्तुओं को खरीदकर लाते हैं। पशुपालन में इनके पशु बकरी, मुरगी, मुरगे के अतिरिक्त कुत्ते भी होते हैं, जो शिकार में इनके सहयोगी बनते हैं। इस वर्ग में कुछ लोग कृषि से भी जुड़ गए हैं, लेकिन इनकी संख्या कम है। इन्हें 'जाँघी' कहा जाता है। 'झूम कृषि' के अलावा कुछ स्थानों पर स्थायी खेती भी होने लगी है।

घुमंतू कृषक जनजाति—इसके अंतर्गत सौरिया, पहाड़िया और कोरबा जनजातियाँ आती हैं। ये लोग भी घुमक्कड़ प्रवृत्ति के होते हैं, लेकिन इनका मुख्य व्यवसाय झूम कृषि है। ये एक स्थान पर आकर वहाँ पेड़ों को साफ करके कृषि योग्य भूमि तैयार करते हैं। जब ये दूसरे स्थान पर जाते हैं, वहाँ भी पुनः नए खेत तैयार करते हैं। कृषि कार्यों के लिए इनके पास नुकीले और धारदार औजार होते हैं। खेती के अतिरिक्त इनके भोजन में शिकार और कंद-मूल-फल भी शामिल होते हैं। इनकी खेती को 'खूरा' कहा जाता है। 'खूरा' से जंगल में अवैध कटाव बहुत हुआ है, जिसने वनक्षेत्र को कम किया है। ये पशुपालन में छोटे जीवों को पालते हैं। यद्यपि राजमहल के माल पहाड़िया अब पुरानी पद्धति छोड़कर स्थायी कृषि को अपना चुके हैं। कोरबा भी पलामू क्षेत्र में स्थायी खेती करने लगे हैं।

कृषक जनजाति—इसके अंतर्गत संथाल, उराँव, हो, मुंडा और भूमिज जैसी प्रमुख जनजातियाँ हैं, जो पूर्व में भले ही शिकार और झूम कृषि पर आश्रित रही हों, लेकिन बाहरी संपर्कों ने इन्हें जल्दी ही स्थायित्व का महत्त्व समझा दिया और इन दोनों ने भूमि अधिग्रहण कर स्थायी खेती का व्यवसाय अपनाया।

अब ये लोग कृषि और पैदावार के तरीकों में अनुभवी हो चुके हैं और हल-बैल के साथ खाद, पानी की महत्ता भी जान चुके हैं। कुछ लोगों ने कृषि के अलावा नकदी लाभ के लिए व्यवसाय में भी कदम रखे हैं। अब ये जनजातियाँ धनप्राप्य मांसाहार करने लगी हैं और बहुधा पर्व आदि के अवसर पर ही सामूहिक आखेट पर जाती हैं।

शिल्प जनजाति—इसके अंतर्गत वे जनजातियाँ हैं, जो अपने जीवनयापन के लिए गृह उद्योगों पर आश्रित हैं। इनमें मछली, करमाली, लोहरा, चीक और बड़ाइक आदि जनजातियाँ प्रमुख हैं। ये जनजातियाँ मिश्रित जनसंख्यावाले गाँव में रहती हैं। इनका विकास मुख्यतः भूमिज, संथाल और उराँव आदि बस्तियों में होता है, जहाँ इनके

उत्पाद सरलता से क्रय हो जाते हैं। चीक व बड़ाइक जहाँ कपड़े बुनते हैं, वहीं लोहरा और करमाली कृषि के काम में आनेवाले औजारों की मरम्मत करते हैं और इस तरह अपना जीवनयापन करते हैं।

स्पष्ट होता है कि इन जनजातियों की जीवन-शैली जटिल और श्रमशील होती है तथा लगभग अभावग्रस्त रहती है। यद्यपि इन जनजातियों ने समय के साथ अपने परंपरागत कार्यों को छोड़कर नए व्यवसायों को अपना लिया है। कभी असुर जनजाति लौह कार्यों में लगी थी, लेकिन अब मशीनी युग में औजारों की आवश्यकता घट जाने से इन्होंने यह कार्य छोड़कर अन्य नकदी लाभवाले व्यवसायों को अपना लिया है। स्थायित्व की भावना से अब जनजातियों में उद्योग-धंधों में भी रुचि बढ़ी है और कारखानों आदि में जनजातीय श्रमिक बहुतायत संख्या में देखे जाते हैं। चाय बागानों में जनजातीय स्त्रियाँ अधिक श्रमशील और सफल सिद्ध हो रही हैं। अब शिक्षा के कारण ये जागरूक हो गए हैं और जनजातीय युवक तथा स्त्रियाँ सरकारी उपक्रमों में और अर्द्धसरकारी कार्यालयों में भी पदासीन देखे जा सकते हैं।

पारिवारिक परिप्रेक्ष्य में लगभग सभी जनजातियों के नियम एक जैसे ही हैं। पितृसत्तात्मक परिवार प्रणाली लगभग सभी जनजातियों में मान्य है। यद्यपि कुछ समय पूर्व तक 'हो' जनजाति में मातृसत्तात्मक व्यवस्था रही हैं। बाद में यह व्यवस्था पितृप्रधान हो गई। पैतृक संपत्ति पर बड़े पुत्र का अधिकार होता है और कहीं-कहीं अविवाहित पुत्रियों को भी इसमें हिस्सा देने की प्रथा है। प्रमुख जनजातियों मुंडा और उराँव में स्त्रियों पर अधिक सामाजिक बंधन थे तथा वे पूजा-पद्धति, शिकार एवं सभाओं में भागीदारी से वंचित थीं। यद्यपि कुछ स्त्रियों को कुछ अधिकार भी दिए गए थे। वर्तमान में देखा जाए तो घर की दैनिक खरीदारी महिलाएँ ही करती हैं, जबकि व्यक्तिगत पारिवारिक निर्णयों में भी इनके परामर्श को मान्यता दी गई है। हाँ, आर्थिक भागीदारी में इनकी भूमिका नगण्य रही है, लेकिन आर्थिक उपार्जन में इनका श्रम-सहयोग लगभग बराबर ही रहा है।

झारखंड की जनजातियाँ

झारखंड में मुख्य रूप से 32 प्रकार की जनजातियाँ निवास करती हैं, जिनमें 09 आदिम जनजाति एवं 23 अनुसूचित जनजाति के रूप में चिह्नित हैं, जिनका विवरण निम्न है—

1. संथाल जनजाति

जनसंख्या की दृष्टि से संथाल जनजाति झारखंड की सबसे बड़ी जनजाति है। ये मुख्य रूप से झारखंड के संथाल परगना प्रमंडल एवं धनबाद, बोकारो, गिरिडीह, हजारीबाग,

चतरा, कोडरमा, पूर्वी सिंहभूम, पश्चिमी सिंहभूम आदि जिलों में निवास करते हैं। प्रजातीय दृष्टि से इन्हें प्रोटो-ऑस्ट्रोलॉयड श्रेणी में रखा जाता है। इनकी अपनी भाषा 'संथाली' एवं अपनी लिपि 'ओलचिकी' है। ये 12 गोत्र में विभाजित हैं, जो मुरमू, हंसदा, सोरेन, हेम्ब्रम, किस्कू, बासके, बेसरा, पोरिया, टुडू, गेंडुवार, चोड़े एवं मरांडी हैं।

संथाल सुव्यवस्थित गाँव में रहते हैं। गाँव के बीच में इनका 'माँझीथान' होता है, जहाँ गाँव का माँझी पूजा-पाठ करता है। 'माँझीथान' माँझी हड़ाम बोंगा का निवास स्थान माना जाता है। गाँव की पंचायतें भी प्राय: यहीं बैठती है। गाँव के बाहर एक किनारे सखुआ या महुआ पेड़ों के झुरमुट के बीच 'जहेर थान' होता है, जहाँ 'जाहेर एरा' के अतिरिक्त संथालों के अन्य प्रमुख देवी-देवता निवास करते हैं। इनका सर्वोच्च देवता 'मरांग बुरू' है। इन्हें 'ठाकुरजी' भी कहा जाता है। गाँव के मुखिया का घर बीच में माँझीथान के पास होता है।

संथालों का आर्थिक जीवन अन्य जनजातियों की तरह अभावग्रस्त होता है। कृषि ही इनकी आजीविका का मुख्य आधार है। धान इनकी मुख्य फसल है। इनका भोजन सादा एवं साधारण होता है। चावल इनका मुख्य भोजन और पोचाई (चावल की शराब) प्रिय पेय है। संथालों में गोदना गोदने का प्रचलन पाया जाता है। पुरुष के बाएँ हाथ में सिक्का का चिह्न होता है। बिना सिक्का चिह्नवाले पुरुष के साथ समाज की कोई लड़की विवाह करना नहीं चाहती है। संथाली समाज बहिर्विवाही गोत्रों में विभक्त है। सगोत्रीय विवाह एक गंभीर अपराध समझा जाता है। गोत्र चिह्न के प्रति असीम श्रद्धा एवं अज्ञात भय-भाव बना रहता है। गोत्र-चिह्न को मारना, नष्ट करना या खाना वर्जित है।

संथाली जाति में अनेक प्रकार के विवाहों का प्रचलन है, जैसे किरिंग (बहू) बापला, किरिंग जबाई, इतुत, निर्बोलोक, टुनकी दिपिल बापला, घर की जमाई, सेवा विवाह, सांगा आदि। किरिंग बापला सर्वाधिक प्रचलित विवाह है। वर-पक्ष की ओर कन्या पक्ष को जो वधू-मूल्य प्रदान किया जाता है, उसे 'पोन' कहा जाता है। संथाल जनजाति मुख्य रूप से बाहा या बा, सोहराई, सरहुल, करम, बंधना, एरोक, माघसिम, हरिहारसिम आदि पर्व मनाते हैं। इनके अधिकतर पर्व कृषि या प्रकृति से संबंधित होते हैं।

संथालों का परिवार ही उनकी पहली सामाजिक इकाई होती है। संथालों ने सौरिया पहाड़ी की तरह ही राजनैतिक संगठन को अपनाया। प्रत्येक संथाल गाँव में एक पंचायत होती है, जिसका मुखिया 'माँझी' कहलाता है। गाँवों का एक धार्मिक प्रधान भी होता है, जिसे 'नायके' कहते हैं। 'माँझी' गाँव का प्रधान होता है और उसे प्रशासनिक एवं न्यायिक अधिकार होते हैं। वह ग्रामसभा बुलाकर गाँव के झगड़ों का निपटारा करता है, लगान वसूलता है तथा विवाह संबंध स्थापित करने के लिए अनुमति देता है। इसका एक सहायक होता है, जो 'जोगमाँझी' कहलाता है। 'जोगमाँझी' समाज के लोगों पर

उनके आचरण पर निगाह रखता है, साथ ही वैवाहिक समस्याओं को सुलझाता है। जन्म एवं विवाह के अवसर पर इसकी सलाह महत्त्वपूर्ण होती है। माँझी की अनुपस्थिति में उसके कार्य 'प्रमाणिक' सँभालता है। गाँव में संदेशवाहक के रूप में गुड़ैंत होते हैं, जो ग्रामसभा या उत्सव की सूचना ग्रामीणों को देते हैं, साथ ही उन्हें एक स्थान पर एकत्रित करता है तथा माँझी की आज्ञा का पालन करता या करवाता है।

माँझी ग्राम पंचायत के माध्यम से हत्या जैसे गंभीर अपराध को छोड़कर गाँव के सारे मामले को निपटाता है। झगड़ों के निर्णय में विचार-विमर्श के लिए कुछ वरिष्ठ सज्जन होते हैं, जिन्हें 'भग्दो प्रजा' कहा जाता है। अपराधों के लिए आर्थिक या शारीरिक या दोनों दंड दिया जाता है। यौन अपराधों के आरोप सिद्ध हो जाने पर दोषी को पहले तो पीड़िता को पत्नी के रूप में ग्रहण करवाया जाता है और अगर दोषी इनकार करता है तो उसे देशमाँझी या फिर परगनैत के पास भेज दिया जाता है, जहाँ कोई विकल्प नहीं होने पर संथालों की सबसे कड़ी सजा 'बिटलाहा कर' देने की सजा दी जाती है। जिसमें व्यक्ति का पूर्ण बहिष्कार, अपमानित करना एवं तिरष्कृत कर उसे गाँव-समाज से निकाल दिया जाता है। कुँवारी लड़की के गर्भवती होने पर जोगमाँझी को सबसे पहले सूचना दी जाती है फिर पंचायत की बैठक होती है। यदि लड़की अवैध संतान के पिता का नाम-पहचान बता देती है और आरोप प्रमाणित हो जाता है तो दोषी को लड़की को अपनाना पड़ता है। यदि किसी का नाम या पहचान लड़की नहीं बताती है तो दोष को दूर करने तथा गाँव को पवित्र करने के लिए लड़की के परिवार को दंड के रूप में पूजा-पाठ की सामग्री तथा भोज भात के लिए चावल, दाल, खस्सी आदि देना पड़ता है। संतान पैदा होने पर इसका नामांकरण जोगमाँझी के गोत्र पर किया जाता है।

ग्राम पंचायत में जमीन-जायदाद के मामले, तलाक, आपसी झगड़े आदि सुलझाए जाते हैं। अगर किसी की हत्या हो जाती है तो सरकारी हस्तक्षेप आवश्यक है। 5-8 गाँव के माँझी को देशमाँझी कहा जाता है। जिन मामलों का निपटारा माँझी नहीं कर पाता है, उसे देशमाँझी के पास फैसले के लिए भेज दिया जाता है।

15-20 गाँवों को मिलाकर एक परगना बनता है, जो एक अंतर्ग्राम्य संगठन होता है। इसका प्रधान 'परगनैत' कहलाता है। 'परगनैत' के जिम्मे अनेक कार्य होते हैं। विभिन्न गाँवों के बीच के विवादों का निपटारा यही पंचायत करती है। देशमाँझी या माँझी जिस मामले को सुलझा नहीं पाता, उसे परगनैत के पास भेज देता है। परगनैत को बिटलाहा करने का भी अधिकार होता है। देशमाँझी परगनैत का सहायक होता है। शादी-विवाह के मामले में तो जोगमाँझी ही निर्णय सुनाता है तथा धार्मिक अपराधों में नायके ही फैसला देता है।

अब सरकारी पंचायतों की स्थापना हो गई है, जिसके कारण परंपरागत पंचायतों

की शक्ति में कमी आई है, फिर भी दोनों साथ-साथ कार्यरत हैं। अभी भी परगनैत अपने क्षेत्र के सभी गाँवों की सामाजिक, वैवाहिक एवं अन्य समस्याओं का निदान करता है।

बिटलाहा संथाल समाज में सबसे कठोर सजा है। यौन अपराध सबसे अधिक निंदनीय एवं दंडनीय माना जाता है। जब कोई महिला समगोत्रीय पुरुष या गैर-संथाल के साथ यौन संबंध की दोषी पाई जाती है तो उसे 'बिटलाहा' की सजा दी जाती है। बिटलाहा की सजा समाप्त करने का भी प्रावधान है। दोषी को क्षमा याचना करते हुए एक बड़ा जाति भोज देना पड़ता है। अब बिटलाहा सजा प्राय: नहीं के बराबर दी जाती है। इसमें प्रशासन का भी हस्तक्षेप आंरभ हो गया है। सामूहिक और पारिवारिक जीवन में मौखिक संविधान, नियम, उप नियमों का पालन करने की सीख बचपन से ही मिलती है। उसकी उपेक्षा व उल्लंघन करने पर सामाजिक पंचायत द्वारा दंडित होना पड़ता है। संथाल सामूहिक जीवन को मान्यता देते हैं।

2. उराँव जनजाति

उराँव झारखंड की एक महत्त्वपूर्ण एवं जनसंख्या की दृष्टि से दूसरी सबसे बड़ी जनजाति है। ये मुख्य रूप से राँची, पलामू, लातेहार, हजारीबाग, सिंहभूम तथा संथाल परगना क्षेत्रों में पाए जाते हैं। उराँव भाषा एवं प्रजाति दोनों दृष्टि से द्रविड़ जाति से संबंधित हैं।

उराँव का मुख्य पेशा कृषि है। शिकार करना इनका पेशा न रहकर शौक बन गया है। ये प्रतिवर्ष वैशाख में 'विसू सेंदरा,' फागुन में 'फागु सेंदरा' और वर्षा ऋतु के प्रारंभ में 'जेठ शिकार' करते हैं। इसके अलावा सुविधा एवं इच्छानुसार 'दौराहा' शिकार करते हैं, जो अनौपचारिक होता है। उराँव जनजाति में 'पसरी' प्रथा भी प्रचलन में है, जिसमें किसी को हल-बैल देकर मदद करने के बदले में उससे खेत जोतने-कोड़ने में सहायता मिलती है या फिर मेहनत का विनिमय होता है, जिसके तहत एक-दूसरे के कृषि कार्य में सहयोग करते हैं। पहले इनमें 'पाचा' पद्धति प्रचलन में खूब था। युवागृह के धांगर-महतो के माध्यम से युवकों की मदद मिल जाती थी, बदले में खाने को और हड़िया पीने को दे दिया जाता था। अब नकदी रकम तय कर ली जाती है। 'घर-दी-जमाई' की व्यवस्था भी मदद पाने के लिए ही की जाती है। एक 'शौंकिया' प्रथा है, जिसमें कोई रहने खाने की व्यवस्था पर धांगर की तरह मजदूरी करता है।

परिवार उराँव जनजाति का मूल एवं सबसे छोटी सामाजिक इकाई है। इनका परिवार पितृसत्तात्मक एवं पितृवंशीय होता है। उराँव कई टोटेमिक गोत्रों में बँटे हुए हैं, जिन्हें 'किली' कहा जाता है। तिर्की, कच्छप, मिंज, खलखो, एक्का, खाखा, केरकेट्टा, लकड़ा, टोप्पो, कुजूर आदि इनके कुछ प्रमुख गोत्र हैं। इनमें अनके प्रकार के विवाह

देखने को मिलता है। ये 'समग्रामा विवाह' के सिद्धांत को मानते हैं। एक ही गाँव में लड़का-लड़की का विवाह पसंद नहीं किया जाता है। ये आपस में कृत्रिम ढंग से नाता स्थापित करने के लिए 'सहिया' का चुनाव करते हैं। इसे 'सहियारो' कहते हैं। यह नाता बहुत सुदृढ होता है। प्रत्येक तीन वर्ष धनकटनी के बाद 'सहिया-चयन समारोह' होता है। गाँव की कुँवारी लड़कियाँ आपस में 'गोई' या 'करमडार' आदि के रूप में मित्रता बनाती हैं। इसी प्रकार लड़कों में मित्रता का स्वरूप 'लार' या 'संगी' है। विवाह के बाद उनकी पत्नियाँ भी एक-दूसरे को 'लारिन' या 'संगिमी' कहकर बुलाती हैं।

उराँव जनजाति के सामाजिक व्यवस्था में युवागृह 'धुमकुड़िया' एवं 'अखरा' का महत्त्वपूर्ण स्थान है। 'धुमकुड़िया' एक साधारण घर होता है, जहाँ अविवाहित युवक-युवतियाँ रहते हैं। लड़के और लड़कियों के लिए अलग-अलग धुमकुड़िया का प्रबंध होता है। लड़कों के धुमकुड़िया को 'जोंख-एरेपा' और लड़कियों के धुमकुड़िया को 'पेल-एरेपा' कहते हैं। जोंख-एरेपा को 'धांगर कुड़िया' भी कहते हैं। जोंख एरेपा के नियंत्रण और देखभाल के लिए किसी लड़के को मुखिया के रूप में नियुक्त कर दिया जाता है, जिसे 'महतो' या 'धांगर महतो' कहते हैं। पेल-एरेपा की लड़कियों की देखभाल और उन पर नजर रखने का दायित्व किसी प्रौढ़ या विधवा महिला को सौंपा जाता है। वह 'बड़की धांगरिन' कहलाती है। धुमकुड़िया में प्रवेश लगभग 10-11 वर्ष की उम्र में हो जाता है और विवाह के पूर्व तक इसके सदस्य रहते हैं। इनकी तीन श्रेणियाँ होती हैं—1. पूना जोखर जो नए प्रवेश करते हैं। 2. माँझ जोखर (तीन साल बाद)। 3. कोहा जोखर। धांगर महतो का एक सहायक होता है, जो कोतवार कहलाता है। धुमकुड़िया में कठोर अनुशासन बनाए रखा जाता है। इसके अधिकारी प्रत्येक 3 वर्ष पर बदल दिए जाते हैं। इसके लिए एक सरल साधारण समारोह 'मुखिया हंडी' (हड़िया पीना) होता है। धुमकुड़िया में प्रवेश 3 वर्ष में एक बार दिया जाता है। इसके लिए सुसंपन्न 'दीक्षा समारोह' होता है। धुमकुड़िया एक आर्थिक, सामाजिक, धार्मिक संगठन का पुरातन स्वरूप प्रस्तुत करता है। यह जनजातीय प्रशिक्षण केंद्र होता है। जहाँ एक सफल सामाजिक व्यक्ति बनने की शिक्षा दी जाती है। अपने जनजातीय रीति-रिवाज, परंपरा, लोकगीत, लोकनृत्य, लोक संस्कृति, आस्था-विश्वास आदि से परिचित कराते हुए व्यावहारिक ज्ञान दिया जाता है।

अखरा उराँव का एक महत्त्वपूर्ण सामाजिक, सांस्कृतिक संस्था है। यह विराम स्थल है, प्रकृति का शरण स्थल है। जहाँ दिनभर की कड़ी मेहनत के बाद युवक-युवतियाँ अपनी थकान मिटाते हैं।

उराँव जनजाति के लोग मिश्रित धर्म मानते हैं। इनका प्रमुख देवता 'धर्मेश' है, जो सिंगबोंगा या सूर्य का प्रतीक है। धरती माता उनकी दंपती मानी जाती है। अन्य देवी-

देवता मरांग बुरू (पहाड़ देवता), ठाकुर देव (ग्राम देवता), डीहवार (सीमांत देवता), पूर्वजात्मा (कुल देवता) आदि हैं। पाहन इनका धर्म प्रधान व पुजारी होता है। 'सरना' इनका मुख्य पूजा स्थल होता है। पूर्वजों की आत्मा 'सासन' में निवास करती है। साल में एक बार प्राय: जनवरी में 'हड़बोरा' संस्कार होता है, जिसमें वर्ष भर में मरे गोत्र के सभी लोगों की हड्डी 'गोत्र-खुँदी' (नदी) में निक्षेपित की जाती हैं। हड़बोरा के बाद उनकी आत्माएँ पूर्वजों की आत्माओं से जा मिलती हैं। आत्माओं की इस मिलन को 'कोहाबेंजा' कहते हैं। उराँव के मुख्य पर्व सरहुल, करमा, जितिया, नवाखानी, फागु जतरा आदि हैं। इनमें सेवा विवाह, गोलट विवाह, आयोजित विवाह, विधवा विवाह आदि का प्रचलन है।

उराँव जनजाति की राजनीतिक एवं प्रशासनिक व्यवस्था बहुत मजबूत है। जब ये छोटानागपुर में आ बसे तो हर परिवार के या कुल के लोगों ने जंगल के किसी उपयुक्त भाग को चुना तथा जंगलों को साफ करके खेती योग्य भूमि बनाई। उसी में झोंपड़ियाँ बनाईं। इस तरह से गाँव बसे। ये प्रथम जंगल साफ कर खेत बनानेवाले 'भुईहर' कहलाए। बाद में आनेवाले उराँव 'जेठ रैयत' या 'रैयत' कहलाए। भूईहर का अर्थ भूमि का स्वामी। उनकी जमीन भुईहर जमीन कहलाई। उनके द्वारा बसाए गए गाँवों को कुछ ने 'भुईहर गाँव' तक कहा। गाँव के प्रबंधन और संचालन तथा धार्मिक कृत्यों के संपादन के लिए एक ही व्यक्ति को कर्ता बनाया गया। उसे 'पाहन' कहा गया और जिस कुल का वह था, उसे 'पाहन खूँट' कहा गया। पाहन ही प्रशासनिक और धार्मिक दोनों कार्य करता रहा। बाद में उसकी सहायता के लिए दूसरे मुखिया का चयन हुआ। वह 'महतो' कहलाया। वह भी भूईहर कुल का था और उसके कुल को 'महतो खूँट' कहा गया। इस प्रकार गाँव के प्रशासनिक प्रबंधन के लिए दो अधिकारी हुए—पाहन, जिसका कार्य क्षेत्र धार्मिक कृत्यों तक सीमित हो गया, और महतो, जिसका कार्य-क्षेत्र गाँव का प्रशासनिक प्रबंध हो गया। गाँव में बढ़ती आबादी के साथ विवादों को सुलझाने के लिए पंचायत बनी, जिसमें सभी वरिष्ठ सदस्य पंच हुए और महतो उसका अध्यक्ष हुआ।

आसपास के गाँवों में प्राकृतिक और अलौकिक शत्रुओं से सुरक्षा के लिए एक साथ मिल-जुलकर काम करने की जरूरत का अहसास हुआ, जिसके फलस्वरूप पड़हा संगठन, शिकार-समूह के तर्ज पर, खड़ा हुआ जिसका आधार संबंधियों का समूह न होकर, स्थानीय समीपता बना। पड़हा, जैसा आज अस्तित्व में है, कई निकटवर्ती पड़ोसी गाँवों का संघ समुदाय है। जिसका केंद्रीय संगठन 'पड़हा पंच' है।

पड़हा का गठन 7, 12, 21 या 22 गाँवों को मिलाकर होता है, जिसका मुखिया 'राजा' कहलाता है। अब इस व्यवस्था के आंशिक विघटन के कारण पड़हा के गाँवों की संख्या 5, 4 या 3 तक रह गई है। पड़हा के गाँवों में से एक को 'राजा गाँव,' दूसरे

को 'दीवान गाँव,' तीसरे को 'पनेरे गाँव,' चौथे को 'कोतवार गाँव' और शेष गाँवों को 'प्रजा गाँव' कहते हैं। हर गाँव का अपना विशेष प्रकार्य होता है।

कुँवारा पाहन नहीं बन सकता। एक (पाहन) गाँव को बनाता है, दूसरा (महतो) गाँव को चलाता है। फिर भी इनको कर लगाने, वसूलने या कोई वित्तीय अधिकार नहीं है। सारा अधिकार पंचायत और पंचों में सन्निहित है, जिनकी स्वीकृति और सहमति से ही पाहन-महतो कुछ करते हैं।

ग्राम पंचायत गाँव के अंदरूनी विवादों का निपटारा करती है। इसमें संपत्ति के बँटवारा, विवाह संबंधी विवाद, यौन-अपराध, निषेध उल्लंधन, कभी मारपीट और चोरी के मामले आते हैं। क्षुब्ध या पीड़ित व्यक्ति महतो और पाहन से मौखिक शिकायत करता है। गाँव के वरिष्ठ सदस्य (पंच) अखरा या अन्य नियत स्थान पर एकत्र होते हैं। गोड़ाइत दोनों पक्षों के शिकायत कर्ता और अभियोगी को बुलाता है। दोनों पक्षों को सुनने के बाद गवाहों की सुनवाई होती है। शपथ लेने और कठोर जाँच परीक्षण की भी प्रथा है। पंचों की सर्वसम्मति से निर्णय लिया जाता है। अपराध सिद्ध होने पर जुर्माना या जाति बहिष्कार का दंड-विधान है। डायन का मामला सही पाए जाने पर उसका गाँव से निष्कासन कर दिया जाता है। जुर्माने के पैसे भोज-भात और शराब पर खर्च किए जाते हैं।

एक गाँव का दूसरे गाँव के साथ हुए विवादों का निपटारा पड़हा में ही होता है। जाति बहिष्कार का अंतिम निर्णय पड़हा ही लेता है और पुनर्प्रवेश की अनुमति भी देता है। पड़हा के अनेक प्रकार्य हैं। यह भी कल्याणार्थ कार्य करता है। मानवीय-अमानवीय, प्राकृतिक और अलौकिक खतरों-विपदाओं से सुरक्षा, सांस्कृतिक कार्यों का आयोजन, जैसे जतरा नाच, सामूहिक शिकार आदि पड़हा के मुख्य कार्य हैं।

विशेष परिस्थिति में कोई गाँव एक पड़हा को छोड़कर दूसरे पड़हा में शामिल हो सकता है, किंतु पुराने पड़हा के साथ संबंध-विच्छेद नहीं होता। इसे 'दूध-भैया' गाँव कहा जाता है। ऐसे 'दूध-भैया' गाँवों के समावेश से पड़हा से भी बड़ा संगठन या संघ बन जाता है, जिसे 'अंतर्पड़हा' कहते हैं।

अब उराँव गाँवों में सरकारी पंचायत बन चुकी है। इनमें राजनीतिक चेतना का विकास हो गया है।

3. मुंडा जनजाति

मुंडा झारखंड में कोलेरियन समूह की एक सशक्त और शक्तिशाली जनजाति है। झारखंड में यह आबादी की दृष्टि से तीसरी सबसे बड़ी जनजाति है। प्रजातीय दृष्टि से मुंडा को प्रोटो-ऑस्ट्रोलॉयड समूह में रखा जाता है। इनकी भाषा मुंडारी ऑस्ट्रो-एशियाटिक भाषा परिवार के अंतर्गत आती है। ये अपनी भाषा को 'होड़ो जगर' भी कहते हैं। इनका

मुख्य निवास स्थल राँची, हजारीबाग, पलामू, गुमला, गिरिडीह, सिंहभूम, संथाल परगना आदि है। मुंडा समुदाय झारखंड के मूल निवासी हैं और झारखंड क्षेत्र में इनका प्रवेश लगभग 600 ईसापूर्व हुआ था। मुंडाओं के अनेक गोत्र होते हैं। आईंद, कंडुलना, केरकेट्टा, टुटी, डुंगडुंग, तिर्की, तोपनो, पूर्ति, बरला, बागे, बलमुचू, बेंगरा, बोदरा, भेंगरा, सुरीन आदि मुंडा जनजाति के प्रमुख गोत्र हैं।

मुंडा गाँव में तीन विशेष स्थल होते हैं, जो जनजातीय गाँव की विशेषता भी मानी जा सकती है। ये स्थान हैं 'सरना,' जहाँ इनके ग्राम देवता निवास करते हैं। इनका दूसरा प्रमुख स्थल 'अखड़ा' है, जहाँ पंचायत की बैठक होती है और रात्रि में युवक-युवतियाँ एकत्र होकर नाचते-गाते हैं। तीसरा विशेष स्थल 'सासन' है, जो समाधि स्थल होता है। यहाँ मृतकों की पुण्य स्मृति में पत्थर के सिल रखे जाते हैं, जिसे 'सासनदिरि' कहा जाता है। इसके अतिरिक्त इनके गाँव में एक युवागृह होता है, जिसे 'गीतिओड़ा' कहा जाता है।

इनका मुख्य देवता 'सिंगबोंगा' है। इनका ग्राम देवता 'हातुबोंगा' तथा पहाड़ देवता 'बुरूबोंगा' है। देशाउली गाँव की सबसे बड़ी देवी है। इन देवी-देवताओं को खुश रखने के लिए पाहन सरना में पूजा करता है। प्रत्येक घर में ओड़ाबोंगा (कुल देवता) की पूजा परिवार का मुखिया करता है। मुंडा 'टोटेम' (इष्ट चिह्न) की भी पूजा करते हैं।

मुंडा के मुख्य पर्व सरहुल (बा), करमा, सोहराई, माघे, फागु, नवाखानी, जीतिया, अनौबा आदि है। अधिकांश पर्व कृषि और प्रकृति से जुड़े हैं। फागु पर्व के समय सामूहिक शिकार का आयोजन किया जाता है। सरहुल को 'बा' पर्व एवं फूलों का पर्व भी कहा जाता है। धान रोपनी के समय 'रोआपुना' और नए अनाज घर आने पर 'जोमनवा' पर्व विशिष्ट रूप से मनाया जाता है। आषाढ़ में खेत जुताई और चौरसीकरण के पहले 'बतौली' पर्व मनाया जाता है।

इनके गाँव के मुखिया को 'हातुमुंडा' या 'मुंडा' कहा जाता है तथा धार्मिक प्रधान 'पाहन' कहलाता है। मुंडा पूरे गाँव का प्रतिनिधित्व करता है। वह ग्रामीणों से लगान वसूलता है। गाँव में विधि-व्यवस्था बनाए रखता है तथा गाँव के विवादों का निपटारा करता है। पाहन गाँव के कल्याण, कुशलता एवं सुरक्षा के लिए देवी-देवताओं का पूजन-अर्चन करता है तथा बलि चढ़ाता है। पाहन के सहायक को 'पुजार' या 'पनभरा' कहते हैं। पाहन को थोड़ी लगान-मुक्त भूमि मिली रहती है, जिसे 'डाली-कटारी भूमि' कहते हैं। एक प्रकार की और सेवा भूमि उसे मिलती है, जिसे 'भूत खेता' कहते हैं, जिसकी उपज या आय से भूत-प्रेत की पूजा व्यवस्था चलती रहती है। कई गाँवों को मिलाकर अंतर्ग्रामीण पंचायत बनती है, जिसे 'पड़हा पंचायत' कहते हैं। गाँव-गाँव के बीच के झगड़ों विवादों का निपटारा 'पड़हा पंचायत' करती है। इनका प्रधान 'मानकी' कहलाता है। यह मुंडा का सर्वोच्च न्यायपालिका, कार्यपालिका और विधायिका माना

जाता है। इसमें पड़हा राजा, दीवान, ठाकुर, कोतवार, पांडे, लाल, कर्ता आदि अधिकारी होते हैं। मुंडा एवं मानकी का पद वंशानुगत होता है।

वर्तमान समय में सरकारी पंचायतों की स्थापना एवं राजनीतिक जागरूकता के कारण मुंडा समाज में अनेक परिवर्तन देखने को मिलते हैं। इनकी सामाजिक, सांस्कृतिक, राजनीतिक, आर्थिक एवं धार्मिक जीवन में महत्त्वपूर्ण बदलाव हुए हैं।

4. हो जनजाति

जनसंख्या की दृष्टि से झारखंड की चौथी बड़ी जनजाति हो जनजाति है, जो प्रोटो-ऑस्ट्रोलॉयड श्रेणी से संबंधित है। कुछ विद्वान् हो जनजाति को मुंडा जनजाति का ही अंश मानते हैं। इनकी भाषा 'हो' मुंडारी तथा संथाली से काफी मिलती-जुलती है। वर्तमान समय में इन्होंने अपनी लिपि 'बारङचिति' बनाई है। झारखंड में यह मुख्य रूप से पूर्वी एवं पश्चिमी सिंहभूम, सरायकेला-खरसावाँ जिलों में निवास करते हैं।

हो गाँव माल भूमि या कटक पर बसे होते हैं। कुछ गाँवों के बीच में अखड़ा मिलता है, जिसे 'एटे तुरतुड' कहते हैं। आम सभा या ग्राम पंचायत की बैठक यहीं होती है। यहाँ नाच-गान कथा-वार्त्ता के माध्यम से मनोरंजन और प्रशिक्षण दोनों उद्देश्य की पूर्ति होती है। कुछ गाँव में 'गीति ओड़ा' भी पाए जाते हैं, जहाँ अस्त्र-शस्त्र और वाद्य-यंत्र रखे रहते हैं। गाँव के छोर पर 'जाहेर' मिलता है। कोल्हान में गाँवों को 26 पीड़ में बाँटा गया है। प्रत्येक पीड़ में 5 से 10 गाँव होते हैं। प्रत्येक पीड़ का एक मानकी होता है। मानकी व्यवस्था को अंग्रेजों ने भी मान्यता दे रखी थी। इनके रसोईघर के एक कोने में 'अदिग' होता है, जो पूर्वजों का पवित्र स्थान होता है।

हो की जीविका का मुख्य साधन खेती है। इनकी भूमि की तीन श्रेणियाँ हैं—'बेड़ो जो निम्न भूमि एवं उपजाऊ होती है। दूसरी—'वादी' अर्थात् धनखेती तथा तीसरी—'गोड़ा भूमि' जिसमें मोटे अनाज उपजाए जाते हैं और यह कम उपजाऊ होती हैं। 'इली' हो का प्रिय एवं पवित्र पेय पदार्थ है। देवी-देवताओं को भी 'इली' चढ़ाते हैं।

हो परिवार पितृसत्तात्मक एवं पितृवंशीय होता है। हो अनेक गोत्रों में विभाजित हैं, जिनमें बोदरा, बिरूआ, पिगुंवा, बोयोपाई, बिरउली, बालमुचू, बागे, बड़ाय, गागराई, जामुदा, लुगुन, लागुरी आदि प्रमुख हैं। हो समाज में मुख्य रूप से पाँच प्रकार के विवाह देखे जाते हैं—आंदि बापला, दिकू आंदि, ओपोरतिपि, राजी-खुशी तथा अनादर विवाह। इसके अलावा बहुत कम ही सेवा-विवाह या गोलट विवाह के उदाहरण पाए जाते हैं। घर-जवाँई विवाह बहुत कम होते हैं। आंदि विवाह बहुत प्रचलित एवं लोकप्रिय है। वधू-मूल्य को 'गोनोंग या पोन' कहा जाता है। गैर-जनजातियों के साथ विवाह को 'दिकू आदी कहा जाता है। हो जनजाति में अंतर्गोत्रीय विवाह को निषेध माना जाता है। प्रायः वैवाहिक संबंध बनाने का प्रस्ताव वर पक्ष की ओर से ही किया जाता है। इस

जनजाति में एक पत्नी परंपरा प्रचलित है, किंतु बहुपत्नीक परंपरा भी देखने को मिल जाती है। विधुर और विधवा विवाह पर किसी प्रकार का प्रतिबंध नहीं है।

बोंगा पूजा हो धर्म का सार है। इनका सर्वोच्च देवता सिंगबोंगा है। इसके अलावा अन्य देवी-देवताओं में देसउली या पाहुई बोंगा (ग्राम देवता), ओटी बोड़ोम (पृथ्वी देवता), मरांग बुरू, नागे-बोंगा आदि प्रमुख हैं। ये सूर्य, चंद्र, नदी और पहाड़ के साथ दुर्गा, काली और हनुमान के भी उपासक होते हैं। हो के मुख्य पर्व-त्योहारों में माघे, बाहा, हेरो, बताउली, दमुराई (धनरोपी), जोमनामा, कोलोभ आदि हैं। प्रायः सभी पर्व कृषि एवं प्रकृति से जुड़े हैं। माघे हो का मुख्य पर्व माना जाता है।

इनकी सामाजिक तथा राजनीतिक व्यवस्था एक विशिष्ट पहचान रखती है। हो गाँव में पंचायत होती है, जो गाँव के विवादों का निपटारा करती है। गंभीर एवं संगीन आरोप ग्राम पंचायत के समक्ष लाया जाता है। रक्त संबंधियों में यौन संबंध होना या बनाना गंभीर अपराध माना जाता है। इसके लिए अपराधी को सामाजिक बहिष्कार की सजा दी जाती है। इनके यहाँ डायन प्रथा पाई जाती है। यदि किसी महिला का डायन होने से संबंधित पुख्ता सबूत प्राप्त होता है तो ऐसी स्थिति में उक्त महिला को कड़ी सजा दी जाती है। अन्य जातियों के यहाँ खाने-पीने पर भी कड़ी पाबंदी होती है। इस अपराध के लिए गोत्र से बाहर कर दिया जाता है, लेकिन भोज-भात आयोजित करने पर जाति में मिला लिया जाता है। साधारण अपराधों के लिए नकद या सामग्री के रूप में जुर्माना किया जाता है, जिसका उपयोग सामूहिक समारोह पर होता है।

पारिवारिक झगड़ों, गाँव के विवाद, संपत्ति संबंधी मामलों का निपटारा भी पंचायत द्वारा होता है। गाँव का प्रधान 'मुंडा' होता है और उसका सहायक 'डाकुआ' कहलाता है। कई गाँवों को मिलाकर अंतर्ग्राम्य पंचायत बनती है, जिसे 'पीड़' कहते हैं, जिसका प्रधान 'मानकी' होता है। एक पीड़ में साधारणतः 5 से 10 गाँव होते हैं। कुछ पीड़ में अधिक गाँव और एक से अधिक मानकी होते हैं। ग्राम पंचायत में सभी परिवार के मुखिया फैसला करने में शामिल होते हैं। अंतर्ग्राम्य पंचायत में सभी गाँव के मुंडा भाग लेते हैं। पंचायत का निर्णय प्रायः मान्य होता है। वर्तमान समय में सरकारी पंचायतों का अस्तित्व हो क्षेत्र में भी देखने को मिलता है।

हो का इतिहास गौरवशाली रहा है। तत्कालीन अंग्रेज अफसरों ने लिखा है कि कोल्हान के लोगों को लड़ाई से नहीं जीता जा सकता। सहमति के रास्ते से ही कुछ हो सकता है। तभी 'विलकिंसन कानून' के माध्यम से अंग्रेजों ने इनसे संधि की और उनकी स्वशासन प्रणाली को मान्यता दी गई। अपनी अस्मिता के लिए हो ने संघर्ष किया। आज भी यह क्षेत्र आदिवासी स्वशासन की जीवंत भूमि है।

5. खड़िया जनजाति

झारखंड में खड़िया जनजाति का निवास प्राचीन काल से ही रहा है। वैसे इनका मूल निवास मगध एवं रोहतास क्षेत्र माना जाता है। झारखंड में इनका निवास गुमला, सिंहभूम, हजारीबाग और मानभूम में है। झारखंड के अलावा वर्तमान में ये मध्य प्रदेश, छत्तीसगढ़, उड़ीसा, पश्चिम बंगाल और असम में भी पाए जाते हैं। प्रजातीय दृष्टि से ये प्रोटो-ऑस्ट्रोलॉयड श्रेणी में आते हैं। इनकी भाषा खड़िया मुंडारी भाषा की एक शाखा है, जो ऑस्ट्रिक-एशियाटिक भाषा परिवार से संबंधित है।

खड़िया के तीन प्रमुख वर्ग हैं—पहाड़ी खड़िया, ढेलकी खड़िया और दूध खड़िया है। इनमें पहाड़ी खड़िया सबसे अधिक पिछड़ा और दूध खड़िया सर्वाधिक उन्नत है। ढेलकी और दूध खड़िया एक साथ रहते हैं। पहाड़ी खड़िया तो बीहड़ क्षेत्रों में पहाड़ की चोटी, ढाल और गिरिपद में—'लूट लाओ और कूट खाओ' की जिंदगी बसर करते हैं। खड़िया जनजाति में अनेक गोत्र पाए जाते हैं, जिनमें किरो, कुल्लू, गुलगु, जस, बरलिया, चाहा, टेसा, टोपनो, टोप्पो, डुंगडुंग, मुरू, भुइयाँ, विलुंग, सोरेंग, हेम्ब्रोम आदि प्रमुख है।

इस जनजाति की वैवाहिक परंपरा में गोत्र प्रणाली का महत्त्वपूर्ण योगदान है। सगोत्रीय विवाह वर्जित है। इनमें कन्या-मूल्य देकर विवाह करने की प्रथा सर्वाधिक मान्य और लोकप्रिय है। इसे 'ओलोलदाय' या 'असल विवाह' कहते हैं। अन्य विवाह 'उघरा-उघरी' (सह पलायन), तापा या तनिला (अपहरण), ढुकु चोलकी (अनाहूत), सगाई, झींका या राजी-खुशी (प्रेम विवाह) आदि है। सगाई विधवा/विधुर विवाह है। परित्यक्ता के साथ दूसरे विवाह को भी 'सगाई' कहा जाता है।

इनके मुख्य पर्व 'बा बिड,' 'बंगारी,' 'कादो लेटा,' 'नयोदेम' आदि है। फागु शिकार उत्सव है, जो सभी खड़िया मनाते हैं। इस अवसर पर 'पाट' और बोराम की पूजा करते हैं तथा सरना में बलि चढ़ाते हैं। 'बा बिड' बीजारोपण का पर्व है। यह सार्वजनिक त्योहार है। नया अन्न या चावल खाने के पहले 'नयोदेम' या 'धाननुआ खिया' पूजा पूर्वजों को अर्पित करने का पर्व है।

खड़िया जीवन समाज से संयुक्त है। अतः इनके लिए समाज अधिक महत्त्वपूर्ण है। इसलिए इनके यहाँ ग्राम पंचायत होती है। गाँव में एक मुखिया होता है, जो 'प्रधान' कहलाता है। उसके सहायक को 'नेगी' कहते हैं। संदेशवाहक भी होता है, जिसे 'गंड़ा' कहते हैं। पंचायत का मुख्य कार्य जाति के रीति-रिवाजों को निर्धारित करना, उनका संचालन और नियंत्रण करना, उसके उल्लंघन करनेवालों को दंडित करना, किसी दोष के कारण निष्कासित व्यक्ति या परिवार को पुनः समाज में शामिल करना, उत्तराधिकार के झगड़ों को निपटाना आदि है। इनके समाज में खान-पान में जातीय नियमों का

उल्लंघन करना, निषेधों का खंडन, अवैध यौन संबंध, सगोत्र संभोग आदि अपराध माने जाते हैं। डायन को सामाजिक शत्रु समझा जाता है। उसे गाँव से बाहर निकाल दिया जाता है या कभी-कभी उसकी हत्या भी कर दी जाती है। इनकी एक 'डोकलो सोहोर' महासभा होती है, जो मुंडा-उराँव के पड़हा पंचायत की तरह कार्य करती है।

वर्तमान समय में खड़िया समाज में परिर्वतन आया है। इनका जीवन स्तर ऊपर उठा है। इनमें राजनीतिक जागरूकता एवं चेतना आई है।

6. भूमिज जनजाति

भूमिज झारखंड की एक ऐसी जनजाति है, जिसे 'जनजाति का हिंदी संस्करण' कहा जाता है। इन्हें कोलेरियन समूह का माना जाता है। ये प्रजातीय दृष्टि से प्रोटो-ऑस्ट्रोलॉयड वर्ग में रखे जाते हैं। इन्हें 'धनबाद के सरदार' के नाम से भी जाना जाता है। इनका निवास स्थल सिंहभूम, हजारीबाग, राँची, धनबाद आदि जिले हैं। इनकी अपनी भाषा मुंडारी है, लेकिन ये कहीं-कहीं मिश्रितभाषी भी देखे जाते हैं। घने वन में रहनेवाले भूमिज को 'चुहाड़' उपनाम दिया गया है।

भूमिज की अपनी जातीय पंचायत होती है। इसका मुखिया 'प्रधान कहलाता है। यह पद वंशानुगत होता है। गाँववालों के सारे विवादों का निपटारा यही पंचायत करती है। इनके अपने परंपरागत नियम-कानून है। इनकी परंपरा है कि पैतृक संपत्ति का बँटवारा भाइयों में बराबर-बराबर हो और पुत्र नहीं रहने पर पुत्री को हक मिले—बशर्ते उसका पति उसके साथ ससुराल में आकर रहे। सगोत्रीय विवाह वर्जित है और इसका उल्लंघन अपराध माना जाता है। व्याभिचार गंभीर अपराध माना जाता है। निकट या रक्त संबंधियों के बीच यौन संबंध निकृष्ट माना जाता है। दूसरी जाति या जनजाति के साथ यौन संबंध को गंभीरता से लेते हुए व्यक्ति को समाज से निष्कासित कर दिया जाता है। वर्तमान समय में इनमें अनेक परिवर्तन देखे गए हैं। सरकारी पंचायत की स्थापना से इनकी ग्राम पंचायतें कमजोर हुई हैं।

7. असुर जनजाति

असुर झारखंड की अल्पसंख्यक आदिम जनजातियों में से एक है। असुरों को सिंधु सभ्यता के प्रतिष्ठापक के रूप में माना जाता है। ऋगवेद, उपनिषद् आदि ग्रंथों में असुर का जिक्र मिलता है। प्रजातीय दृष्टिकोण से असुर को प्रोटो-ऑस्ट्रोलॉयड श्रेणी में रखा जाता है। इनकी भाषा असुरी है, जो ऑस्ट्रो-एशियाटिक (आग्नेय) भाषा परिवार से संबंध रखती है। इनका मुख्य निवास स्थल पाट क्षेत्र है, जो गुमला, लोहरदगा, लातेहार तथा पलामू जिले के अंतर्गत स्थित है।

असुर जनजाति प्रारंभ से ही पठारी वातावरण में रहने की अभ्यस्त थी, तो श्रम के

मामले में यह अन्य जनजातियों से आगे थी। इनकी तीन उपजातियाँ पाई जाती हैं—वीर असुर, बिरजा असुर और अगरिया असुर। आदिकाल से ही असुर लौहकर्मी रहे हैं। लोहा गलाना ही उनका पारंपरिक पेशा और आजीविका का एकमात्र साधन था। वर्तमान में ये कृषि एवं पशुपालन का कार्य भी करते हैं। सुबह के खाने को 'लोलो घोटो जोमकू' और शाम के खाने को 'बियारी घोटो जोमको' कहते हैं। हड़िया को 'बोथा' या 'झरनुई' कहा जाता है।

असुर प्रायः संयुक्त परिवार में रहते हैं, किंतु एकाकी परिवार भी पाए जाते हैं। इनका समाज पितृसत्तात्मक एवं पितृवंशीय होता है। असुर जाति कई गोत्रों में बँटी हुई हैं। बेंग, इंदवार, टोप्पो, खुसर, केरकेट्टा, ठिठइयो, बारवा, बघना, आइंद, ऊलू आदि मुख्य गोत्र हैं। असुर गोत्र को 'पारस' कहते हैं। असुर समाज में 'चामबंदी' संस्कार का रिवाज है। सुरक्षा के लिए शिशु को चमड़े का धागा पहनाया जाता है, जो बहुधा विवाह के समय ही खुलता है। असुरों में वधू-मूल्य (डाली टका) देने की प्रथा है। असुरों में 'ईदी-मी' (इदी-ताई-मा) विवाह की अनोखी विधि है। इसमें लड़का-लड़की बिना विवाह की औपचारिकता निभाए पति-पत्नी की तरह रहने लगते हैं, किंतु कभी-न-कभी उन्हें शादी के रस्म को पूरा करना पड़ता है। असुर धर्म में सिंगबोंगा सर्वश्रेष्ठ देवता है। इनके अन्य प्रमुख देवता मरंग बोंगा, धरती माता, दुआरी, पाटदरहा, तूसहुसीद आदि हैं। सोहराई, सरहुल, फगुआ, कथदेली, नवाखानी आदि इनके प्रमुख पर्व हैं। पूजा में 'बैगा' और उसका सहायक 'सुबारी' महत्त्वपूर्ण भूमिका अदा करते हैं।

असुर गाँव स्वयं में एक राजनैतिक इकाई होता है। असुर समाज पुरानी परंपरागत प्रथा से शासित होता है। गाँव में असुर पंचायत होती है, जिसके अधिकारी महतो, बैगा, पुजार, गोड़ाइत आदि होते हैं। पंचायत में कम-से-कम पाँच गाँव के वरिष्ठ नागरिक पंच के रूप में रहते हैं। सभी वयस्क पुरुष पंचायत में भाग लेते हैं। पंचायत गाँव से संबंधित सभी प्रकार के विवादों का निपटारा करती है। अपराधियों व दोषियों को सजा देती है और समाज में एकता बनाए रखती है। शारीरिक और आर्थिक दोनों दंड का प्रावधान इनके यहाँ देखा जाता है। विशेष परिस्थिति में ही सामाजिक बहिष्कार की सजा दी जाती है। आधुनिक सरकारी पंचायतों की स्थापना के बाद परंपरागत पंचायतों की सक्रिय भूमिका कमजोर पड़ रही है, फिर भी इनकी पंचायतें अधिकतर कार्यों का निष्पादन करती दिखाई पड़ती हैं।

8. बनजारा जनजाति

झारखंड की 32 अनुसूचित जनजातियों में से एक घुम्मकड़ जनजाति बनजारा भी है। ये झारखंड के लगभग सभी क्षेत्रों में देखे जाते हैं, लेकिन इनका मुख्य सकेंद्रण स्थल संथाल परगना प्रमंडल के राजमहल और दुमका क्षेत्र है। 1956 में इन्हें अनुसूचित

जनजाति की श्रेणी में शामिल किया गया। इनकी भाषा मिली-जुली है। ये अपने भाषा को 'लंबाड़ी' कहते हैं। ये चार समूहों में विभाजित है—चौहान, पवार, राठौर और उर्वा। बनजारा समाज में वैसे तो गोत्र नहीं पाया जाता है, किंतु कुछ लोग अपने को 'कश्यप' गोत्र बतलाते हैं। राय की उपाधि इनमें काफी प्रचलित है। सगाई के समय कन्या पक्ष के द्वारा वर पक्ष को कुछ बैल या नगद 140 रुपए दिए जाते हैं। वधू-मूल्य (हरजी) का रिवाज है। इसमें नगद एवं सामान दिए जाते हैं। इनमें विधवा विवाह का प्रचलन है, जिसे 'नियोग' कहा जाता है। नरसिंहा, ठपरा, चिंकारा, ढोल आदि इनके मुख्य वाद्य-यंत्र हैं। 'आल्हा-उदल' को अपना वीर पुरुष मानते हैं और यह लोकगाथा बहुत लोकप्रिय है। इनके गीतों में पृथ्वीराज चौहान का उल्लेख प्रायः मिलता है। इनका अत्यंत प्रचलित लोकनृत्य 'दंड-खेलना' है। इनकी अराध्या बंजारी देवी है।

बनजारों के बीच कोई राजनीतिक संगठन नहीं पाया जाता है, जिसका मुख्य कारण राजनीतिक जागरूकता का अभाव है। फिर भी इनकी सामुदायिक परिषद् होती है, जिसका संचालन 'नायक' द्वारा होता है। नायक का चुनाव बनजारा जनजातियों द्वारा किया जाता है। वर्तमान समय में 'बनजारा सेवक संघ' के नाम से इनके द्वारा एक संगठन का भी निर्माण किया गया है। इनका निश्चित आवास स्थल नहीं होने के कारण इनकी परंपरागत पंचायतें सशक्त नहीं बन पाई हैं। अतः इनकी स्थिति सुधारने एवं इनकी क्षमताओं के विकास के लिए सुसंगत सरकारी नीति और सहायता की आवश्यकता है।

9. बथुडी जनजाति

बथुडी झारखंड की एक लघु जनजाति है। इनके पास भूमि होती है, इसलिए इन्हें 'भूमिज' भी कहा जाता है। प्रजातीय दृष्टि से इन्हें प्रोटोस्टॉलाइड समूह में रखा जाता है। ये सरदार या मुंडा उपाधि भी धारण करते हैं तथा मुंडारी बोलते हैं। झारखंड में सिंहभूम इनका मुख्य निवास स्थल है।

बथुडी की परंपरागत पंचायत है, जो जातीय संगठन ही है। इसका मुखिया 'देहरी' कहलाता है, जो पुरोहित का काम भी करता है। यह पद वंशानुगत होता है। हर परिवार का वरिष्ठ व्यक्ति इसका सदस्य होता है। सभी तरह के विवाद पंचायत द्वारा निपटाए जाते हैं। इनका अपना पारंपरिक कानून है। जैसे पिता की मृत्यु के बाद ही संपत्ति का पुत्रों में समान रूप से बँटवारा, दत्तक पुत्र को भी संपत्ति में हक, सौतेले बेटे को 'कठ-बाप' (माँ का दूसरा पति) की संपत्ति में हक नहीं आदि संपत्ति संबंधी झगड़े इसी आलोक में निपटाए जाते हैं।

गोत्र में यौन संबंध या सगोत्रीय विवाह इनके समाज में गंभीर अपराध माने जाते हैं और इसके लिए गंभीर दंड का प्रावधान है। डायन को ग्राम कल्याण को दृष्टि में रखकर

गाँव से बहिष्कृत कर दिया जाता है। इनकी अंतर्ग्राम्य पंचायत भी है, जिसका मुखिया 'प्रधान' कहलाता है। पंचायत सही आधार पर तलाक की अनुमति देती है या यथेष्ट आधार नहीं होने पर असहमति भी जताती है। वर्तमान समय में सरकारी पंचायत भी कार्य करने लगी है, जिस पर बथुडी जनजाति की आस्था परिपक्व हो रही है।

10. बेदिया जनजाति

प्रजातीय दृष्टि के आधार पर बेदिया जनजाति प्रोटो-ऑस्ट्रोलॉयड से संबंध रखती है। इनका निवास स्थल राँची, हजारीबाग, बोकारो जिला है। इनकी अपनी कोई भाषा नहीं है। ये अपने निवास स्थल में प्रचलित भाषा का ही प्रयोग करते हैं। बेदिया जनजाति में वर्ण-व्यवस्था पाई जाती है, जो इसे अन्य जनजातियों से इसे अलग करती है।

बेदिया का आर्थिक आधार कृषि है। इनके जीविकोपार्जन के अन्य साधन वन्य पदार्थ और मजदूरी है। बेदिया जनजाति परंपरागत वस्त्रों को धारण करते हैं। पुरुष का परंपरागत वस्त्र 'करेया,' 'काच्छा' या 'भगवा' है, जबकि महिलाओं का परिधान 'ठेठी' और 'पाचन' है। इनका परिवार पितृसत्तात्मक एवं पितृवंशीय होता है। बेदिया में अनेक गोत्र मिलते हैं, जो प्राकृतिक पदार्थों एवं प्राणियों के बोधक होते हैं। चिडरा, बड़वार, फेचा, काछिम, आहेर, बाम्बी, महुआ, सुइया, शेरहार आदि इनके कुछ प्रमुख गोत्र हैं। वैवाहिक संस्कार में लड़की पक्षवाले को वधू-मूल्य दिया जाता है। इनमें आयोजित विवाह सर्वाधिक प्रचलित है। विजातीय विवाह को निषेध माना जाता है तथा इसे 'ठुकुर ठेनी' कहा जाता है।

समाज को नियंत्रित रखने के लिए बेदिया में ग्राम स्तर से लेकर पूर्ण समाज स्तर तक संगठन पाए जाते हैं। ग्राम स्तर पर पंचायत का मुखिया 'प्रधान' कहलाता है। कहीं-कहीं उसे 'महतो' या 'ओहदार' भी कहा जाता है। गाँव की सामाजिक समस्याओं पर निर्णय देनेवाला सर्वोच्च व्यक्ति प्रधान होता है। उसका सहायक 'गोड़ैत' कहलाता है। गाँव के झगड़े-झंझट का निपटारा वही करता है और प्रधान का निर्णय सारा गाँव मानता है। गोड़ैत का मुख्य कार्य गाँव के संवादों को प्रधान तक और प्रधान का निर्णय या आदेशों को ग्रामीणों तक पहुँचाना है। कई गाँव को मिलाकर 'प्रधान' द्वारा एक 'सरकार' चुना जाता है, जो अंतर्ग्राम्य विवादों का निराकरण करता है। सबसे बड़े प्रधान को 'परगनैत' कहते हैं। सभी पद आनुवांशिक होते हैं।

11. बिंझिया जनजाति

बिंझिया झारखंड की एक अल्पसंख्यक जनजाति है। बिंझिया झारखंड के मूल निवासी नहीं हैं। ये उड़ीसा और मध्य प्रदेश से आकर बसे हैं। ये अपने को 'विंधनिवासी' कहते हैं। प्रजातीय दृष्टि से बिंझिया ऑस्ट्रोलायड समूह में रखे जाते हैं। इनका मुख्य

निवासी स्थल राँची जिला है। इसके अतिरिक्त ये लोहरदगा, गुमला और सिमडेगा में भी पाए जाते हैं।

बिंझिया समाज पितृवंशीय और पितृसत्तात्मक होता है। इनमें भी वधू-मूल्य देने की प्रथा है, जिसे 'डाली कटारी' कहा जाता है। जब लड़के का पिता, अगुवा और किसी अन्य के साथ लड़की के घर पहुँचता है, तो इसे 'घर-खूँदी' कहते हैं। इनमें आयोजित विवाह, गुलैची विवाह, गोलट विवाह, ढुकु विवाह, सगाई संघा विवाह आदि प्रचलित विवाह हैं। ये दूध पीते हैं, लेकिन हड़िया नहीं पीते हैं। बिंझिया तुलसी पौधा को पूजनीय मानते हैं। इनके पुजारी 'बैगा' होते हैं, जो धार्मिक कार्यों को संपन्न करते हैं।

बिंझिया गाँव में इनकी जाति पंचायत होती है, जिसके दो प्रधान होते हैं—मादी और गाद्दी। पंचायत में जातीय मामलों का निपटारा किया जाता है। वर्जित यौन या अनैतिक यौन संबंध, गौमांस भक्षण, माता-पिता के साथ दुर्व्यवहार, व्याभिचार या पर-स्त्री-पुरुष गमन आदि अपराध माने जाते हैं और इसके लिए कठोर सजा का प्रावधान है। शारीरिक दंड या जुर्माना सामान्य सजा हैं। गौमांस भक्षण के लिए तो जाति बहिष्कार ही मात्र दंड है और वैसे लोगों को समाज में पुनः प्रवेश असंभव है। कुछ अपराधों के लिए पूरी जाति को भोज देना पड़ता है। साथ ही धर्म स्थलों पर जाकर विशेष अनुष्ठान तथा आहत पक्ष को क्षतिपूर्ति करना पड़ता है। प्रतिनिधि समिति में हर घर से प्रतिनिधि होते हैं, जिसके मुखिया 'करटाहा' कहलाता है। उसका निर्णय सभी को मान्य होता है। इनमें राजनीतिक चेतना और जागरूकता का अभाव है। वर्तमान समय में सरकारी पंचायतों को कार्य करने से इनकी परंपरागत पंचायतें कमजोर हुई हैं।

12. बिरजिया जनजाति

बिरजिया झारखंड की एक अल्पसंख्यक आदिम जनजाति है, जो प्रोटो-ऑस्ट्रोलॉयड प्रजाति से संबंध रखता है। ये मुख्य रूप से लातेहार के बरवाडीह, गारू, महुआडाँड़, बालूमाथ, गढ़वा का भंडरिया, गुमला जिले के बिशुनपुर, रायडीह तथा लोहरदगा जिले के सेन्हा एवं किस्को प्रखंड में पाए जाते हैं।

बिरजिया जाति का मुख्य पेशा खेती है। पहाड़ के ऊपर पाट-क्षेत्र में बसे बिरजिया स्थानांतरित खेती करते हैं। काश्तकारी इनका मुख्य उप पेशा है। ये सुबह के खाने को 'लुकमा,' दिन के खाने को 'कलवा' और रात के खाने को 'बियारी' कहते हैं। बिरजिया को सामाजिक व्यवस्था के अनुसार दो भागों में बाँटा गया है—सिंदूरिया और तेलिया। तेलिया बिरजिया के दो उपभाग हैं—दूध बिरजिया और रस बिरजिया। सिंदूरिया बिरजिया विवाह में सिंदूर का प्रयोग करते हैं, जबकि तेलिया बिरजिया सिंदूर का प्रयोग नहीं करते हैं। उसी तरह दूध बिरजिया गाय का दूध पीते हैं, परंतु मांस नहीं खाते, जबकि रस बिरजिया दूध भी पीते हैं और मांस भी खाते हैं। इनमें बहुविवाह प्रचलित है।

बिरजिया समाज में राजनीतिक संगठन के नाम पर मात्र इनकी जाति पंचायत है। जाति का कोई प्रमुख व गण्यमान्य व्यक्ति इसका मुखिया होता है। बैगा, बेसरा, धावक तथा गाँव के माननीय व्यक्ति इसमें शामिल होते हैं। यह पंचायत हर तरह के जातीय मामले का निष्पादन करती है। दोषियों को दंड या जुर्माना की सजा दी जाती है। अब हर क्षेत्र में सरकारी पंचायत की स्थापना हो गई है। जहाँ गाँव के सारे विवाद निपटाए जाते हैं।

13. बिरहोर जनजाति

बिरहोर झारखंड की विलुप्त होती जा रही अल्पसंख्यक आदिम जनजाति है। यह एक घुमंतू जनजाति है, जो छोटे-छोटे समूहों में परंपरा से जंगलों में रहकर घूम-फिर कर कंदमूल, फलफूल आदि वन्य पदार्थों का संग्रह कर तथा शिकार द्वारा अपना जीवन यापन करती है। प्रजातीय दृष्टि से इनको प्रोटो-ऑस्ट्रोलॉयड समूह में रखा जाता है। ये बिरहोरी बोलते हैं, जो मुंडारी भाषा का ही एक अंग है। भाषा विज्ञान की दृष्टि से इसे ऑस्ट्रिक भाषा परिवार की ऑस्ट्रो-एशियाटिक भाषा उप-परिवार में रखा जाता है। ये मुख्य रूप से हजारीबाग, चतरा, कोडरमा, राँची, सिमडेगा, गुमला, लोहरदगा, सिंहभूम, बोकारो, गिरिडीह और धनबाद में पाए जाते हैं।

बिरहोर की बस्ती को 'टंडा' कहा जाता है। बिरहोर छोटी-छोटी झोंपड़ियों में रहते हैं, जिसे 'कुंबा' या 'कुरहर' कहते हैं। कुछ टंडा में 'गितिओड़ा' पाया जाता है, जो कुँवारे लड़के-लड़कियों के सांस्कृतिक स्थल होते हैं। लड़कों के गितिओड़ा को 'डोंडा कांठा' और लड़कियों के गितिओड़ा को 'डींडी कुंडी' के नाम से जाना जाता है। उथलू बिरहोर के त्रिभुजाकार कुंबे भी होते हैं। बड़े कुंबे को 'ओड़ा कुंबा' तथा छोटे को 'चू-कुंबा' कहते हैं।

अधिकांश बिरहोर 'लूट लाओ, कूट खाओ' की जिंदगी जीते हैं। इनका एक उपवर्ग-जाँघी बिरहोर स्थायी कृषक हो गए हैं। इनकी जमीन तीन तरह की होती है—'बेरा' (निम्न भूमि), 'गोड़ा' (उच्च भूमि) और 'बादी' (बीच की भूमि)। इनकी भूमि सामुदायिक संपत्ति मानी जाती है, जिसे बेचना मना होता है। पीतल, ताँबे और काँसे की कारीगरी में बिरहोर निपुण होते हैं। जीवनयापन के ढंग पर बिरहोर को दो उपवर्गों में रखा जा सकता है—उथलू या भूलिया (घुम्मकड़) और जाँघी या थानिया (अधिवासी)। उथलू बिरहोर वर्षा ऋतु को छोड़कर सालों भर छोटे-छोटे समूहों में जंगल-जंगल भोजन की तलाश में घूमते रहते हैं। जाँघी स्थायी रूप से बस गए हैं और इनके पास भूमि है। वे खेती करते हैं।

बिरहोर में अनेक विवाह प्रचलित है, जिनमें नाम—नपम बापला, उद्रा-उद्री बापला, बोलो बापला, सिपुंदुर, हिरूम, बेंग-कढ़ी आदि प्रमुख हैं। सिंगबोंगा इनका प्रमुख देवता है। पारिवारिक देवी-देवताओं में 'हेपरोम' प्रमुख है। इनके नृत्य तीन प्रकार के होते

हैं—डोंग, लागरी और मुतकर।

राजनीतिक दृष्टि से इनके बीच कोई संगठन नहीं है। इनका टंडा ही, जहाँ कई गोत्र के बिरहोर भोजन समूह या शिकार समूह के रूप में बँटे अपने कुंबों में रहते हैं, सर्वोपरि संगठन माना जाता है। इसका एक मुखिया होता है, जिसे 'नाये' कहा जाता है। यह सामाजिक, धार्मिक, राजनीतिक तथा आर्थिक क्रिया-कलापों को संचालित एवं नियंत्रित करता है। उसका एक सहायक होता है, जिसे 'दिगुआर या कोतवार' कहते हैं। ये ही दोनों जरूरत पड़ने पर पंचायत बैठाते हैं, जिसमें हर परिवार का मुखिया भाग लेता है। यही पंचायत अपराधों-विवादों का फैसला करती है, यथारीति नियमों के अनुसार दंड देती है, जो सर्वमान्य होता है। आधुनिक राजनीतिक लोकतंत्र आदि उनके लिए बेमानी है। वर्तमान समय में सरकारी पंचायतों के आने से इनका राजनीतिक संगठन कमजोर हुआ है।

14. बैगा जनजाति

बैगा जनजाति झारखंड की एक अल्पसंख्यक जनजाति है, जो प्रोटो-ऑस्ट्रोलॉयड प्रजाति से संबंध रखती है। ये मुख्य रूप से पलामू, गढ़वा, राँची, लातेहार, हजारीबाग आदि जिलों में निवास करते हैं।

बैगा जाति में अन्य कोलेरियन समूह की तरह टोटेमिक गोत्र नहीं पाया जाता है। ये बाघ को पवित्र पशु मानते हैं। इनमें अनेक प्रकार के विवाह प्रचलित हैं। 'लाम सेना' विवाह को 'सेवा विवाह,' 'पैठुल विवाह' को 'ढुकु विवाह' तथा 'उठावा विवाह' को 'राजी-खुशी विवाह' भी इनके यहाँ कहा जाता है। करमा नृत्य बैगा का प्रधान नृत्य है। अन्य बैगा नृत्य में 'झरपट,' 'विमला' आदि प्रमुख हैं। पुरुष 'दशन' या 'सैला' तथा स्त्री 'रीना नृत्य' करते हैं। इनका मुख्य देवता 'बड़ा देव' है, जो 'सखुआ गाछ' में निवास करता है। अन्य देवताओं में 'ठाकुर देव,' 'धरती माता,' 'आजी-दत्ती,' 'रात माई' आदि हैं। इनका वर्ष का पहला पर्व 'चरेता' है, जो बच्चों का बाल भोज है। अन्य पर्व में 'बिदरी,' 'हरेली,' 'नवभोज,' 'फाग' आदि हैं। ये प्रत्येक नौ वर्ष पर 'रस-नावा' पर्व मनाते हैं।

बैगा समाज में गोत्र या गाँव के स्तर पर संगठन पाया जाता है। इनकी परंपरागत जातीय पंचायत गाँव स्तर पर होती है। ग्राम संगठन का मुखिया 'मूकद्दम' कहलाता है। यह पद वंशानुगत होता है। ग्राम का धार्मिक प्रधान अथवा पुजारी भी होता है, किंतु कभी-कभी या कहीं-कहीं पुजारी का अधिकार मुखिया से ही संयुक्त कर दिया जाता है। प्रायः एक ही व्यक्ति दोनों पद सँभालते हुए मिलते हैं। मुखिया के सहायक 'सयाना' एवं 'सिखे' होते हैं। इन दोनों पदों पर ग्रामीणों द्वारा निर्वाचित लोग होते हैं। एक संदेश वाहक भी होता है, जिसे 'चारिदार' कहते हैं।

ग्राम पंचायत में गाँव के आपसी झगड़ों, उत्तराधिकार संबंधी संपत्ति विवाद, यौन अपराध, विवाह या तलाक संबंधी निर्णय, डायन ओझा, बिसाइन या चोरी के मामलों का निपटारा किया जाता है। विवाह पूर्व या विवाहेत्तर यौन संबंधों तथा जाति के बाहर विवाह संबंधी समस्याओं का निराकरण भी किया जाता है। दोषी या अपराधी व्यक्तियों को आर्थिक जुर्माना या शारीरिक दंड की सजा दी जाती है। पंचायत के निर्णय का सभी सम्मान करते हैं तथा उल्लंघन करनेवाले को गाँव के वरीय सदस्यों की सहायता से सामाजिक बहिष्कार किया जाता है। गाँव में महामारी फैलने पर, रोग होने पर या किसी के बीमार होने पर पंचायत की भूमिका मुखर हो उठती है। गाँव देवता की पूजा तथा अन्य सामाजिक कार्यों में पंचायत सहयोग एवं सहायता करती है।

गाँव में सरकारी पंचायत की स्थापना हो जाने से परंपरागत पंचायत की गरिमा, लोकप्रियता तथा अधिकार में ह्रास हुआ है।

15. चेरो जनजाति

चेरो झारखंड की एक प्राचीन जनजाति है, जो प्रोटो-ऑस्ट्रोलॉयड प्रजाति से संबंध रखती है। इन्हें 'बारह हजारी' एवं 'तेरह हजारी' के नाम से भी जाना जाता है। ये मुख्य रूप से लातेहार, पलामू, गढ़वा जिलों में निवास करते हैं।

पलामू के चेरो दो अंतर्विवाही समूहों में बँटे हुए हैं—'बारह हजारी' और 'तेरह हजारी'। बारह हजारी अपने को श्रेष्ठ मानते हैं। ऐसा कहा जाता है कि 'तेरह हजारी' 'बारह हजारी' की अवैध पत्नी के संतान हैं। चेरो समाज में तेरह हजारी का स्थान निम्नतर है, लेकिन इन्हें 'वीर बंधिया' चेरो भी कहा जाता है। दोनों समूह बारह समानांतर गोत्रों में बँटे हुए हैं, जिसे 'पारी' कहा जाता है। इनके मुख्य गोत्र हैं—छोटा मउआर, बड़ा मउआर, छोटा कुँवर, बड़ा कुँवर, महतो, मंझिया, समबात, रौतिया आदि। संडर ने एक गोत्र और 'सोनहैत' बतलाया है। इनमें अन्य जनजातियों की तरह गोत्र टोटेमिक नहीं होते हैं। चेरो अपने को चौहान वंशी या चंद्रवंशी राजपूत कहते हैं। इनमें विवाह के मुख्य दो ढंग हैं—'ढोला' और 'चढ़ा'। ढोला विवाह लड़के के घर में लड़की लाकर होता है, जबकि चढ़ा विवाह लड़की के घर में बारात जाकर होता है। चढ़ा विवाह अधिक खर्चीला होता है, जबकि ढोला विवाह गरीबों के यहाँ देखा जाता है।

चेरो जाति की अपनी पंचायत होती है, जो गाँव, अंचल और मंडल स्तर पर काम करती है। गाँव और अंचल स्तर पर पंचायत के प्रधान को 'मुखिया' और जिला स्तर पर 'सभापति' कहते हैं। पंचायत में गाँव के विवादों का निपटारा किया जाता है। संपत्ति का बँटवारा, अवैध यौन संबंध, बलात्कार, व्याभिचार, चोरी, तलाक, वैवाहिक मामले आदि का फैसला पंचायत में होता है। दोषी को दंड या जुर्माना किया जाता है। पंचायत का निर्णय मान्य होता है। उसका उल्लंघन करने पर जाति बहिष्कार भी किया जाता है।

16. चीक बड़ाईक जनजाति

चीक बड़ाईक झारखंड की एक बुनकर जनजाति है। ये मुख्यरूप से कपड़ा बुनने का काम करते हैं। इन्हें 'हाथों से बने कपड़ों का जनक' भी कहा जाता है। ये मुख्य रूप से राँची, खूँटी, गुमला, सिमडेगा और लोहरदगा जिले में पाए जाते हैं।

इनकी संस्कृति मिली-जुली है। ठाकुर द्वारा विवाह, पाहन द्वारा पूजा, बलि-तपावन की पद्धति, वर पक्ष द्वारा कन्या की खोज, वधू-मूल्य (गोनोड़) का प्रचलन, नेड़ा, टोटेम-गोत्र तथा कुछ उनके पर्व त्योहारों को मनाना इनकी संस्कृति का जनजातीय विशिष्टता है। इनमें विधवा विवाह और पुनर्विवाह दोनों की प्रथा है। पुनर्विवाह को 'सगाई' कहते हैं। सिंगबोंगा इनका सर्वोच्च देवता और देवी-माई को सर्वोच्च देवी मानते हैं। अन्य देवी-देवताओं में ग्राम देवता, डिहवर देवता, पितर देव, नाग देव, बाघ देव आदि हैं। वैशाख में 'बड़ पहाड़ी' और 'सुरजाही' पूजा होती है। पहले इनके यहाँ नर बलि की प्रथा थी।

चीक बड़ाईक में अपनी जातीय शासन व्यवस्था नहीं पाई जाती है। इनके प्रत्येक गाँव में 15-15 परिवारों का निवास स्थल होता है। ये मिले-जुले गाँव में रहते हैं। इसलिए मिली-जुली ग्राम पंचायत से ही इनकी समस्याओं का निपटारा होता है। कई गाँव मिलाकर इनकी अंतर्ग्रामीण परिषद् बनती है, जिसका अधिपति 'राजा' कहलाता है। उसकी सहायता के लिए दीवान, पानरे आदि होते हैं। ये सभी पद वंशानुगत होते हैं। सभी विवादों का निपटारा इसी परिषद् से होता है। इनकी रीति-रिवाज के अनुसार इनके कायदे-कानून हैं, जिनको ध्यान में रखते हुए निर्णय होता है। अवैध यौन संबंध, सगोत्रीय या गैर-जनजाति से यौन संबंध गंभीर अपराध माने जाते हैं। ऐसे अपराधों के लिए उन्हें जाति बहिष्कार या कठोर सजा का सामना करना पड़ता है। वर्तमान समय में 'अखिल भारतीय चीक बड़ाईक कल्याण समिति' का गठन हुआ है, जो चीक बड़ाईक के विकास में महत्त्वपूर्ण योगदान कर रही है।

17. गोंड जनजाति

गोंड भारत की दूसरी सबसे बड़ी जनजाति है, जिनका मूल निवास स्थान गोंडवाना क्षेत्र माना जाता है। झारखंड में ये मुख्य रूप से गुमला, सिमडेगा, पश्चिमी सिंहभूम, सरायकेला, पलामू, गढ़वा, लातेहार, गिरिडीह, धनबाद, बोकारो आदि जिलों में निवास करते हैं। गोंड की भाषा 'गोंडी' है, जिसे द्रविड़ भाषा परिवार का एक अंग माना जाता है। झारखंड की गोंड जनजाति बोलचाल में सादरी, नागपुरी का ही प्रयोग करते हैं।

गोंड की अर्थव्यवस्था वस्तुतः खेती और मजदूरी पर टिकी है। पहले स्थानांतरित खेती करते थे, जिसे 'दीपा' या 'बेवार' कहते हैं। इनका समाज तीन वर्गों में विभक्त हैं—एक अभिजात वर्ग है, जिसे 'राजगोंड' कहा जाता है, जिसमें मालगुजार, पटेल और

गाँव की जमीन के मालिक होते हैं। मुखिया प्रायः इसी समुदाय का होता है। दूसरी श्रेणी में धुर-गोंड आते हैं, जो सामान्य वर्ग के हैं। ये कृषक होते हैं। तीसरे वर्ग में भूमिहीन श्रमिक मजदूर है, जिन्हें 'कमिया' कहते हैं। गोंड में चार भातृदल (फ्रेटरी) तथा अनेक टोटेमिक गोत्र होते हैं। समगोत्रीय विवाह वर्जित माना जाता है। साथ ही एक ही गाँव में विभिन्न गोत्रों के बीच वैवाहिक संबंध नहीं होता है अर्थात् गोंड 'गाँव-बहिर्विवाही' के नियम का पालन भी करते हैं। प्रत्येक कुल या गोत्र 'परसापन' नामक कुल-देवता की पूजा करता है। इस कार्य को करनेवाले को 'फरदंग' (भाट व चाल) कहा जाता है। इनके प्रमुख देवता 'ठाकुर देव' और 'ठाकुर देई' हैं, जो सूर्य और धरती के प्रतीक हैं। इनका पुजारी 'बैगा' कहलाता है। 'मति' उसका सहायक होता है।

गोंड के हर गाँव में गोंड जाति पंचायत होती है, जिसमें प्रत्येक परिवार का मुखिया सदस्य होता है। पंचायत का मुखिया 'बैगा' ही होता है, जिसे 'सयाना' कहते हैं। इस पंचायत में संपत्ति का बँटवारा, तलाक, व्याभिचार, बलात्कार, अवैध एवं अनैतिक यौन संबंध, फसल संबंधी विवाद, चोरी, डायन आदि के मामले निपटाए जाते हैं। फैसला सर्वसम्मति से होता है, जिसे सभी मानते हैं। पंचायत के निर्णय का उल्लंघन करनेवाले को अपराधी घोषित कर उसका जाति बहिष्कार कर दिया जाता है। क्षमा माँगने तथा जाति भोज देने पर उसे पुनः समाज में शामिल करने की व्यवस्था भी गोंड समाज में पाई जाती है। सरकारी पंचायतों के आने से परंपरागत पंचायतों का नियंत्रण गोंड जनजाति पर से कम हुआ है।

18. गोड़ाइत जनजाति

गोड़ाइत झारखंड की एक अल्पसंख्यक जनजाति है। गोड़ाइत को 'गोड़ैत' भी कहा जाता है। ये प्रोटो-ऑस्ट्रोलॉयड प्रजाति से संबंध रखते हैं। भाषा की दृष्टि से ये ऑस्ट्रिक भाषा परिवार के वर्ग में आते हैं, जिसे स्थानीय रूप में मुंडा भाषावर्ग कहा जाता है। झारखंड में ये मुख्य रूप से राँची, हजारीबाग, सिंहभूम, धनबाद, पलामू, संथाल परगना में निवास करते हैं। ये प्राचीन काल में पहरेदारी का काम करते थे।

गोड़ाइत में अनेक टोटेमिक गोत्र पाए जाते हैं, जैसे—टुड्डू, बाघ, इंदुआर, खलखो, टोप्पो आदि। ये देवी माई और पुरूविया की पूजा करते हैं। पुरूविया एक जनजातीय भूतात्मा है, जिसे साल में एक बार बकरे की बलि दी जाती है। बैगा इनका पुजारी होता है। करमा, सरहुल, सोहराई, जितिया, नवाखानी, फागु आदि इनके प्रमुख पर्व-त्योहार हैं।

गोड़ाइत मिले-जुले गाँव में छिट-पुट रूप से बसे हुए हैं। इसलिए इनकी कोई संगठित पंचायत नहीं है, जो नियमित व सुचारु रूप से काम करे। फिर भी इनकी जाति पंचायत हैं। जातीय झगड़े एवं विवाद वरिष्ठ व्यक्तियों की समिति द्वारा सुलझाए जाते हैं। परंपरागत मिथकों के मुताबिक पिता की संपत्ति पुत्रों में बराबर-बराबर बाँटी जाती

है। संपत्ति में पुत्री का अधिकार नहीं होता है। विवाहोपरांत पर-पुरुष से यौन संबंध गंभीर अपराध माना जाता है। डायन का पता चल जाने पर पंचायत उसे गाँव से बहिष्कृत कर देती है। तलाक एवं विधवा विवाह के मामलों में पंचायत सहमति या असहमति की स्वीकृति प्रदान करती है। अन्य छोटे-मोटे विवादों का निर्णय भी पंचायत के द्वारा ही होता है।

19. करमाली जनजाति

करमाली झारखंड की एक अति प्राचीन जनजाति है। ये पाषाण युग से ही इस क्षेत्र में निवास करते आ रहे हैं। इन्हें प्रोटो-ऑस्ट्रोलॉयड प्रजाति समूह में रखा जाता है। इनकी भाषा कुरमाली है, जो ऑस्ट्रिक भाषा परिवार की है। करमाली शिल्पकार होते हैं। ये अस्त्र-शस्त्र बनाने में निपुण माने जाते हैं। इनका निवास स्थल हजारीबाग, संथाल परगना, राँची, बोकारो, सिंहभूम आदि जिले हैं।

करमाली जनजातियों में अनेक प्रकार के विवाह देखे जाते हैं, जैसे—आयोजित विवाह, गोलट विवाह, विनिमय विवाह, उढ़री विवाह, राजी-खुशी विवाह, ढुकू विवाह, सांघा विवाह आदि। वधू-मूल्य को 'पोन' या 'हथुआ' कहा जाता है। ये दामोदर को पवित्र नदी मानते हैं। इनका सर्वोच्च देवता 'सिंगबोंगा' होता है। धार्मिक कार्यों का संपादन करनेवाला 'पाहन' या 'नाया' कहलाता है। गुनी-ओझा का एक पवित्र स्थान होता है, जिसे 'देउकरी' कहते हैं। इनके प्रमुख त्योहार सरहुल, करमा, सोहराई, नवाखानी तथा टुसू हैं। टुसू को ये 'मीठा परब' या 'बड़का परब' कहते हैं।

करमाली जनजाति का कोई राजनीतिक संगठन नहीं है। विवादों के निपटारे के लिए पाहन और मुंडा या गाँव के अन्य अधिकारियों पर निर्भर करते हैं, फिर भी परंपरागत जाति अथवा ग्राम पंचायत कायम रखे हुए हैं। ग्राम स्तर पर जातीय पंचायत का मुखिया 'मालिक' कहलाता है। पद वंशानुगत होता है। यह विवाह गोत्र, अनैतिक यौन संबंध, शादी, तलाक आदि मामलों का निपटारा करता है। जटिल समस्याओं को सुलझाने के लिए परगना स्तर पर 'सत गँवइया' पंचायत बैठती है। यह अंतर्ग्रामीण मामलों का निष्पादन करती है। इसके प्रधान को 'परगना मालिक' कहते हैं। शिखर स्तर पर 'बाईसी' पंचायत होती है। इसमें 17-22 गाँव शामिल होते हैं। इसके मुख्य या प्रमुख को 'मुख्य मालिक' कहा जाता है। पंचायतों में अपराध निर्धारण के लिए प्रत्यक्षदर्शियों की गवाही ली जाती है। शपथ या कसम द्वारा अपराध निर्धारण होता है। खौलते पानी में हाथ डालने की धमकी देने पर प्राय: अपराधी सच कबूल लेता है। नहीं कबूलने पर यदि चेहरे पर कोई शिकन नहीं आता है, तो उसे निर्दोष माना जाता है। भूमि विवाद, चोरी, मारपीट, अवैध यौन संबंध आदि मामलों का निपटारा भी बड़ी सावधानी से किया जाता है। आर्थिक दंड, शारीरिक दंड, सामूहिक उपवास, भोज आदि सजा देने के

विविध ढंग हैं। कभी थूक चटाया जाता है या बाल मुड़कर चूना पोत दिया जाता है और गधे पर बैठाकर गाँव घुमाया जाता है। पंचायत की बैठक की सूचना तथा पंचायत का संदेश लोगों तक पहुँचाने का काम गोड़ाइत करता है।

20. कँवर जनजाति

झारखंड में कँवर को अनुसूचित **जनजाति की श्रेणी में 31वें स्थान पर** 2003 में विधि न्याय मंत्रालय, नई दिल्ली **द्वारा गजट में प्रकाशित कर शामिल** किया गया है। प्रजातीय दृष्टि से कँवर को **प्रोटो-ऑस्ट्रोलॉयड वर्ग में रखा जाता है।** झारखंड में कँवर गुमला, सिमडेगा, पलामू, **लातेहार आदि जिलों में पाए** जाते हैं। इनकी भाषा 'कँवराती' या 'कवरासी' कहलाती है।

कँवर में क्रय विवाह सर्वाधिक प्रचलित है। इसमें वधू-मूल्य देना पड़ता है। वर पक्ष वाले अपने वंश या गोत्र को छोड़कर कन्या ढूँढ़ते हैं और चयन करते हैं। इसे 'कुटमैती' प्रथा कहते हैं। वधू-मूल्य को 'सुकदाम' कहा जाता है। इसमें नकद रुपए, वस्त्र के अलावा 10 खंडी चावल देना पड़ता है, जिसे 'सुक मोल' कहते हैं। कँवर सरना धर्मावलंबी होते हैं। सर्वश्रेष्ठ देवता को 'भगवान्' कहते हैं। इनका पुजारी पाहन होता है, जिसे बैगा भी कहते हैं।

अपने समाज के संचालन और नियंत्रण के लिए कँवर के बीच परंपरागत जाति पंचायत है, जिसका मुखिया 'सयाना' कहलाता है। वह जातीय मामलों का निपटारा करता है। इनका ग्राम पंचायत भी है, जिसका संचालन प्रधान या पटेल करता है। पंचायत गाँव के झगड़ों का निपटारा करती है। विवाद प्रायः यौन अपराध, व्याभिचार, विवाह विधान का उल्लंघन, चोरी, भूमि विवाद आदि से संबंधित होते हैं, जिनका निपटरा पंचायत करती है और अपराधियों को दंड एवं जुर्माना लगाती है। कई गाँव को मिलाकर अंचल संगठन भी बनाया जाता है, जो अंतर्ग्रामीण विवादों को सुलझाता है। कई अंचलों को मिलाकर एक केंद्रीय संगठन भी है, जो पूरे क्षेत्र का या पंचायत के फैसलों के विरुद्ध सुनवाई का काम करता है। इधर कँवरों ने एक 'कँवर समाज' भी बनाया है, जो समाज के उत्थान और विकास के लिए सरकार से संपर्क करता है। अब गाँव में सरकारी पंचायतें भी चल रही हैं, जिससे परंपरागत पंचायतें कुछ कमजोर पड़ती जा रही हैं।

21. खरवार जनजाति

खरवार झारखंड की एक लड़ाकू जनजाति मानी जाती है। पलामू एवं लातेहार में इस जनजाति को 'अठारह हजारी' के नाम से भी जाना जाता है। इनका निवास स्थल पलामू, लातेहार, गढ़वा, लोहरदगा, राँची, हजारीबाग, चतरा आदि जिलों में है।

खरवार जनजाति मुख्यत: स्थायी कृषक हैं। 'खाओ, पीओ और मौज में जीयो' इनका जीवन दर्शन है। इनका मुख्य देवता 'सिंगबोंगा' है। गाँव बोंगा, डिहवार बोंगा को भी ये मानते हैं। इनका धार्मिक पुरोधा बैगा होता है।

खरवार समाज में परंपरागत जाति पंचायत पाई जाती है। गाँव का वरिष्ठ एवं योग्य व्यक्ति इसका मुखिया होता है। इस पंचायत के द्वारा अंतर्जातीय या सगोत्रीय विवाह, विवाह पूर्व यौन संबंध, डायन, तलाक, संपत्ति का बँटवारा आदि के मामले सुलझाए जाते हैं। इनकी अंतर्ग्रामीण पंचायत भी होती है, जिसे चट्टी-पट्टी, पचौरा या सतौरा कहते हैं। चार गाँव की पंचायत को चट्टी, पाँच गाँव की पंचायत को पचौरा और सात गाँव की पंचायत को सतौरा कहते हैं। ये पंचायत अपने सदस्य गाँव के बीच के झगड़े-विवादों का निपटरा करती है। पंचायत का निर्णय मान्य होता है तथा उसका उल्लंघन करने पर जाति से बहिष्कार कर दिया जाता है। वर्तमान समय में सरकारी पंचायतों के आने से इनकी परंपरागत पंचायतें शिथिल होते जा रही हैं।

22. खोंड जनजाति

खोंड जनजाति झारखंड की एक अल्पसंख्यक जनजाति है। ये जाति द्रविड़ प्रजाति से संबंध रखते हैं। वैसे तो यह जनजाति मुख्य रूप से उड़ीसा में पाई जाती है, लेकिन इसकी कुछ संख्या झारखंड के संथाल परगना, उत्तरी छोटानागपुर प्रमंडल तथा दक्षिणी छोटानागपुर प्रमंडल में भी पाई जाती है। खोंड की बोली 'कोंधी' कहलाती है। पुराने जमाने में खोंड में नर बलि की प्रथा पाई जाती थी, जिसे 'मरियाह प्रथा' कहा जाता था।

इनके तीन समूह हैं—'कुहिया' खोंड जो पहाड़ी भागों में रहते हैं। 'डोंगरिया' खोंड जो निचली पहाड़ी भूमि में निवास करते हैं। ये बागवानी का कार्य करते हैं। 'देशिया' खोंड जो समभूमि या निम्न भूमि में निवास करते हैं। खोंड का एक और चौथा समूह 'सीथ' है, जो कोरापुट में रहते हैं। कुहिया और डोंगरिया खोंड स्थानांतरित खेती करते हैं, जिसे 'पोड़चा' कहा जाता है। इनके प्रमुख देवता बूरा पेनू या बेलापून है। अन्य देवताओं में ग्राम देवता, ठाकुरदेव, ठाकुरदेई, मरांगबुरू आदि हैं। 'नाबानंद' त्योहार अन्य जनजातियों के नवाखानी त्योहार के समान है, जिसमें नए चावल को पकाया जाता है।

प्राचीन काल में खोंडों का पारंपरिक ग्राम संगठन बहुत मजबूत था। उसका मुखिया 'गौटिया' कहलाता था। यही इनके सारे विवादों का निराकरण करता था। अब अधिकांश गाँव में कोई गौटिया नहीं है। ये मिले-जुले गाँव में रहते हैं। ये अब ग्राम पंचायत के अंग बन गए हैं, जिसका मुखिया प्राय: दूसरी जनजाति से होता है। इनका अपना अंतर्ग्राम्य जाति पंचायत है, जिसमें इनके जातीय विवादों का निपटारा होता है। जाति के बाहर या गोत्र में विवाह, यौन संबंध आदि को सामाजिक अपराध माना जाता है। दोषी को दंड दिया जाता है, आर्थिक जुर्माना करते हैं या भोज-भात देने को बाध्य करते हैं।

अब ग्राम पंचायत में सरपंच ही सर्वेसर्वा बन गया है, जिसका चयन ग्रामवासियों द्वारा होता है।

23. किसान जनजाति

किसान झारखंड की एक अल्पसंख्यक अनुसूचित जनजाति है। यह अपने को नगेसिया कहते हैं। प्रारंभ में ये खेती-बारी का काम करते थे। इसलिए इनकी पहचान किसान के रूप में बनी। इनका निवास स्थल झारखंड के पलामू, राँची, सिंहभूम, लोहरदगा आदि जिले हैं। किसान के बीच उच्च लिंगानुपात उल्लेखनीय है, क्योंकि प्रत्येक हजार पुरुष पर स्त्रियों की संख्या हजार से कुछ अधिक रही है।

किसान समाज दो मुख्य भागों में विभक्त है—सिंदूरिया और तेलिया। एक वर्ग में विवाह के अवसर पर सिंदूर और दूसरे वर्ग में तेल का महत्त्वपूर्ण स्थान है। इनमें कई प्रकार के विवाह प्रचलित हैं। सर्वाधिक लोकप्रिय आयोजित विवाह होता है। बारात ले जाकर लड़की के घर में विवाह करने को 'चढ़उआ' विवाह कहते हैं। अपने घर लड़की लाकर विवाह करने को 'गुरुबां' विवाह कहा जाता है।

इनके बीच कोई राजनीतिक संगठन नहीं है। गाँव में जाति पंचायत तथा ग्राम पंचायत पाई जाती है। गाँव के झगड़े-झंझट को निपटाने के लिए अस्थायी पंचायत बुलाई जाती है। लगभग एक दर्जन गाँव मिलाकर परगना पंचायत का निर्माण होता है, जो अंतर्ग्रामीण विवादों को सुलझाने का प्रयास करती है। महात और सरदार या कोतवार पंचायत अधिकारी होते हैं। प्रत्येक वरिष्ठ सदस्य पंचायत की काररवाई में भाग ले सकता है। पंचायत का खर्च, पंचायत बैठाने या बुलाने वाले व्यक्ति को वहन करना पड़ता है। समय के साथ किसान समाज में भी तेजी से बदलाव आया है। सरकारी पंचायतों द्वारा अधिकतर कार्य उनके यहाँ भी संपन्न किए जा रहे हैं।

24. कोल जनजाति

झारखंड की 32वीं जनजाति के रूप में कोल जनजाति को मान्यता 2003 में मिली। प्रजातीय समूह की दृष्टि से कोल को प्रोटो-ऑस्ट्रोलॉयड के अंतर्गत रखा जाता है। इनकी भाषा संथाली से मिलती-जुलती बताई जाती है। झारखंड में कोल मुख्य रूप से दुमका, देवघर, गिरिडीह आदि जिले में पाए जाते हैं। इनमें 'बी' रक्त समूह की अधिकता पाई जाती है। ये सरना धर्म के अनुयायी हैं तथा सिंगबोंगा को सर्वशक्तिमान देवता मानते हैं।

कोल में राजनीतिक चेतना का पूर्णतः अभाव है। परंपरागत पंचायत प्रचलित हैं, जिसका मुखिया माँझी होता है। ये पंचायत उनके सारे जातीय, सामाजिक एवं आपसी विवादों का निपटारा करती है। पंचायत का निर्णय प्रायः मान्य होता है।

25. कोरा (कोड़ा) जनजाति

कोरा झारखंड की एक अल्पसंख्यक जनजाति है। इस जनजाति को 'दाँगर' भी कहा जाता है। सन् 1872 की पहली जनगणना में 18 जनजातियों को सूचीबद्ध किया गया था। कोरा को जनजातीय सूची में 1931 की जनगणना में शामिल किया गया। कोरा प्रोटो-ऑस्ट्रोलॉयड माने जाते हैं। 'कोरा' शब्द की व्युत्पत्ति मुंडारी शब्द 'कोड़ा' से बताई जाती है, जिसका अर्थ होता है—मिट्टी कोड़ना-काटना और इनका परंपरागत पेशा मिट्टी कोड़ना ही रहा है। झारखंड में कोरा मुख्य रूप से हजारीबाग, बोकारो, धनबाद, सिंहभूम एवं संथाल परगना जिलों में पाए जाते हैं।

कोरा अनेक बहिर्विवाही गोत्रों में बँटे हुए हैं, जो टोटेमिक हैं। बुटकोई, मेरोम, कौड़ी, चीरा, कच, चिरवेल, मागढू आदि प्रमुख गोत्र हैं। सबसे ऊपर कच और सबसे नीचे बुटकोई गोत्र माना जाता है। गोत्रों को 'गुष्टी' कहते हैं। कोरा के मुख्य नृत्य खेमटा, झिंगफुलिया, गोलवारी और दोहरी नृत्य हैं। 'गोदना' इनका एक प्रमुख संस्कार है, जिसे ये स्वर्ग या नरक में अपने सगे-संबंधियों को पहचानने का चिह्न मानते हैं। इनका पूजा स्थल पिंगी, अखड़ा, बोंगाथान, अहिरथान, दादीथान आदि है। इनका पुजारी 'बैगा' कहलाता है।

कोरा की एक परंपरागत ग्राम पंचायत होती है, जिसका मुखिया 'महतो' कहलाता है। गाँव के सभी परिवार का मुखिया पंचायत के सदस्य होते हैं और महतो उसका अध्यक्ष होता है। महतो की सहायता के लिए प्रमाणिक और जोग माँझी होते हैं। पंचायत का निर्णय सभी को मान्य होता है। कोई लिखित कानून नहीं है, किंतु सामाजिक नियंत्रण, कुछ परंपराएँ, नियम, आदर्श एवं आचरण हैं, जिन्हें कानून जैसी मान्यता प्राप्त है। इस पंचायत में घरेलू झगड़े, संपत्ति-विवाद, व्याभिचार, पत्नी-प्रताड़ना, जादू-टोना, डायन आदि से जुड़े मामलों का निपटारा होता है। दोषी पर जुर्माना लगाया जाता है या शारीरिक दंड दिया जाता है। अंग्रेजों के शासनकाल में जमींदारी उन्मूलन के पहले तक कर वसूली का काम ये करते थे। वर्तमान समय में सरकारी ग्राम पंचायतों की स्थापना के बाद परंपरागत पंचायत कमजोर हुई है, लेकिन इसकी लोकप्रियता अभी भी बनी हुई है। परंपरागत पंचायत के प्रायः सभी पद वंशानुगत होते हैं।

26. कोरबा जनजाति

कोरबा झारखंड की एक आदिम जनजाति है, जो प्रोटो-ऑस्ट्रोलॉयड से संबंधित है। इनकी भाषा कोरबा ऑस्ट्रो-एशियाटिक भाषा परिवार की है। झारखंड में कोरबा मध्य प्रदेश से आए हैं। ये मुख्य रूप से गढ़वा, पलामू और लातेहार जिलों के पहाड़ी क्षेत्रों में पाए जाते हैं। पहाड़ पर रहनेवालों को 'पहाड़ी कोरबा' और नीचे गाँव में रहनेवाले को 'डिहारिया कोरबा' कहते हैं।

कोरबा की अर्थव्यवस्था मिली-जुली है, जिसमें कृषि, शिकार, पशुपालन, शिल्प निर्माण, मजदूरी आदि शामिल हैं। यह स्थानांतरित कृषि भी करते हैं, जिसे 'बियोड़ा' कहते हैं। कोरबा में गोत्र या किली व्यवस्था है, जिसमें हुटरटिएँ, कासी, सूइया, खरपो, कोकट, बुचुंग आदि प्रमुख हैं। इनका प्रमुख देवता सिंगबोंगा है, जिसे ये 'भगवान्' कहते हैं। धरती माई, ग्राम देवता, कुल देवता, रकसेल, डरहा चांडी, सोखा आदि इनके प्रमुख देवी-देवता हैं। इनका पुजारी 'बैगा' होता है।

प्राय: प्रत्येक गाँव में कोरबा की अपनी परंपरागत जाति पंचायत होती है। जाति पंचायत वैवाहिक, सामाजिक आचरण एवं नियमों के पालन पर ध्यान रखती है। जाति पंचायत में संपत्ति के बँटवारे संबंधी विवाद, पति-पत्नी का झगड़ा, विवाहेत्तर यौन संबंध, सगोत्रीय या अंतर्जातीय विवाह, तलाक, डायन आदि के मामले सुलझाए जाते हैं। विवादों का निपटारा साक्ष्य के आधार पर होता है। गवाहों की सत्यता की परीक्षा शपथ दिलाकर की जाती है। जब कोई व्यक्ति जात से बाहर विवाह कर लेता है, तो उस पर जुर्माना या उसे जाति बहिष्कार की सजा दी जाती है। बहिष्कृत व्यक्ति को भोज-भात देने पर पुन: समाज में शामिल कर लिया जाता है। इसे 'भात-भीतर' कहा जाता है। जाति पंचायत के अलावा ग्राम पंचायत होती है, जिसका मुखिया प्रधान होता है। गाँव के वरिष्ठ इसके पंच होते हैं और बैठक की अध्यक्षता मुखिया करता है। अंतर्ग्रामीण विवादों को गाँव की पंचायतों के सदस्य सुलझाते हैं, जिसका प्रधान 'बड़ा मुखिया' कहलाता है। वह समुदाय के विशिष्ठ एवं प्रतिष्ठित व्यक्ति के रूप में जाना जाता है। सभी महत्त्वपूर्ण पर्व-त्योहार और समारोहों में उसकी उपस्थिति अनिवार्य मानी जाती है।

27. लोहरा जनजाति

लोहरा झारखंड की अनुसूचित जनजातियों में एक पेशेवर जाति है, जिसका परंपरागत पैतृक पेशा लुहारी है। प्रजातीय दृष्टि से लोहरा को प्रोटो-ऑस्ट्रोलॉयड समूह में रखा जाता है। ये मुख्य रूप से राँची, गुमला, सिमडेगा, लोहरदगा, सिंहभूम, संथाल परगना, हजारीबाग, पलामू, धनबाद, बोकारो, गिरिडीह जिलों में पाए जाते हैं। लोहरा सदानी भाषा का प्रयोग करते हैं।

ये छिट-पुट रूप से मिले-जुले गाँव में बसे होने के कारण इनका कोई अपना संगठित राजनीतिक संगठन नहीं है। ये भी परंपरागत ग्राम पंचायत के ही अभिन्न अंग है, किंतु अपनी जातिगत समस्याओं को सुलझाने के लिए इनकी जाति पंचायत होती है। ये पंचायत उनके सारे आपसी विवाद एवं झगड़े का निपटारा करती है। इनके बीच रीति-रिवाज एवं परंपरागत नियम-कानून हैं। इसी के आलोक में निर्णय लिया जाता है, जो समाज द्वारा मान्य होता है। डायन साबित हो जाने पर कठोर दंड दिया जाता है। दूसरे

गाँव के लोहरा से किसी खास मौके पर संपर्क सूत्र बनाकर अंतर्ग्राम्य परिषद् का रूप दे दिया जाता है, जो दो गाँवों के बीच के गंभीर विवादों का समाधान करता है।

28. महली जनजाति

महली झारखंड की शिल्पी जनजाति है, जो बाँस की कला में दक्ष एवं प्रवीण मानी जाती है। ये मुख्य रूप से राँची, लोहरदगा, गुमला, सिमडेगा, सिंहभूम, संथाल परगना, हजारीबाग, धनबाद आदि जिलों में पाए जाते हैं। महली प्रोटो-ऑस्ट्रोलॉयड प्रजाति से संबंधित है। इनमें 'बी' रक्त समूह की अधिकता होती है।

महली पाँच उपजातियों में बँटे हुए हैं, यथा—

1. बाँस फोड़ महली — बाँस से जुड़ा कार्य।
2. पातर महली — बाँस के उपकरण बनाना एवं खेती कार्य। ये मुख्य रूप से तमाड़ क्षेत्र में पाए जाते हैं।
3. सुलकी महली — खेती और मजदूरी का कार्य।
4. ताँती महली — शादी-विवाह के अवसर पर पालकी ढोने एवं बाजा बजाने का कार्य।
5. महली मुंडा — मजदूरी एवं कृषि कार्य।

महली की सांस्कृतिक विरासत बहुत धनी है। 'संगीत-सृजन' नाम की संस्था के अधिकांश सदस्य महली जनजाति के ही हैं। नागपुरी के महान् गीतकार घासी राम इस जनजाति की उपशाखा के थे, जिन्हें लोगों ने 'नागपुरी के विद्यापति' कहा है। इनका सर्वोच्च देवता 'सूरजी देवी' है। अन्य देवताओं में 'बड़ पहाड़ी,' 'मनसा देवी' प्रमुख हैं। महली पुरखों की पूजा 'गोड़ाम साकी' के रूप में करते हैं। बंगरी, हरियरी, नवाखानी आदि पर्व मनाते हैं। सिल्ली क्षेत्र में महली 'उतूर पूजा' करते हैं।

दूर-दूर के गाँवों में छिट-पुट रूप से बसे होने के कारण इनका कोई सामाजिक संगठन विकसित नहीं हो पाया है। इनके सारे सामाजिक कार्य बँधी-बँधाई परंपरा के सहारे चलती है। अपने विवादों को सुलझाने के लिए गाँव में स्थापित पंचायत की मदद लेते हैं। यही पंचायत पूरे गाँव को नियंत्रित करती है और सारे वाद-विवाद, लड़ाई-झगड़ों का निपटारा करती है। व्याभिचार, अनैतिक यौन संबंध, उत्तराधिकार विवाद आदि मुख्य अपराध माने जाते हैं। आर्थिक दंड या शारीरिक दंड दोनों की व्यवस्था इनके समाज में पाई जाती है। गंभीर अपराध के लिए गाँव तथा आसपास के सभी रिश्तेदारों को जाति भोज देना पड़ता है। संथाली क्षेत्र में प्रधान या परगनैत और मुंडा क्षेत्र में मुंडा मुखिया ही महली का भी मुखिया होता है।

29. माल पहाड़िया जनजाति

माल पहाड़िया पहाड़िया जाति की दो प्रमुख शाखाओं में से एक है। दूसरी शाखा को 'सौरिया पहाड़िया' या 'मलेर' कहा जाता है। प्रजातीय दृष्टि से माल पहाड़िया को प्रोटो-ऑस्ट्रोलॉयड समूह में रखा जाता है। इनकी भाषा को 'मालतो' कहा जाता है, जो द्रविड़ परिवार की भाषा मानी जाती है। माल पहाड़िया मुख्य रूप से संथाल परगना के दुमका, जामताड़ा, गोड्डा, देवघर, पाकुड़ आदि जिलों में पाए जाते हैं।

माल पहाड़िया मुख्य रूप से खेती, लघु वन पदार्थों का संग्रह, मजदूरी आदि का कार्य करते हैं। ये झूम या कुरवा खेती भी करते हैं। माल पहाड़िया अपनी भूमि को चार श्रेणी में बाँटते हैं—सेम, टिकुर, डेम और घर-बाड़ी। 'सेम' भूमि काफी उपजाऊ होती है। 'टिकुर' कम उपजाऊ जमीन है। इन दोनों के बीच की भूमि 'डेम' भूमि कहलाती है। 'बाड़ी' भूमि घर से सटे 'किचेन गार्डेन' है, जहाँ सब्जी उगाई जाती है। माल पहाड़िया में वधू-मूल्य के रूप में सुअर देने की प्रथा है। माल पहाड़िया में गोत्र नहीं पाया जाता है।

विवाह योग्य होने पर लड़की के पिता 'सिथू या सिथूदार' (अगुवा) के माध्यम से कन्या की खोज करता है। वधू-मूल्य के रूप में 'पोन' या बंदी दिया जाता है। नकद को पोन टका या पोन एवं सामान को बंदी कहा जाता है। पूर्वज पूजा माल पहाड़िया के धर्म का केंद्र बिंदु है। इनका प्रमुख देवता धरती गोरासी गोसाई हैं, जिसे 'वसुमति गोसाई या वीरू गोसाई' भी कहते हैं।

माल पहाड़िया गाँव ही इनके राजनीतिक संगठन की इकाई होता है, जो गाँव के स्तर पर इनके सामाजिक, धार्मिक और राजनीतिक जीवन को नियंत्रित एवं संचालित करता है। गाँव का मुखिया माँझी कहलाता है। वही ग्राम पंचायत का प्रधान होता है। उसकी सहायता के लिए 'गोड़ाइत' और 'दीवान' होते हैं। कुछ क्षेत्र में खासकर सालवन पहाड़ में एक और अधिकारी होता है, जिसे 'प्रमाणिक' कहते हैं। वह माँझी के नीचे होता है। सभी पद वंशानुगत होते है। इस परंपरागत पंचायत में गाँव के सभी वरीय व्यक्ति सदस्य होते हैं। इस पंचायत में गाँव के झगड़ों का निपटारा और समस्याओं का समाधान किया जाता है। पंचायत का फैसला सभी को मान्य होता है। उनका उल्लंघन और अवहेलना करनेवाले को जाति बहिष्कार की सजा भी दी जाती है। इनके बीच 'बिटलाहा' की प्रथा नहीं है। जुर्माना में दिए गए पैसों का पूजा या ग्राम भोज में उपयोग किया जाता है। अंतर्ग्राम्य झगड़े-विवाद को सुलझाने के लिए कई गाँवों को मिलाकर एक बड़ा संगठन बनाया जाता है, जिसका मुखिया 'सरदार' कहलाता है। वर्तमान समय में सरकारी पंचायतें काम करने लगी हैं, जिसकी संरचना एवं प्रक्रिया परंपरागत पंचायतों से भिन्न होती है। फिर भी माल पहाड़िया पुराने पंचायतों का ही सहारा लेते हैं।

30. सौरिया पहाड़िया जनजाति

पहाड़िया जनजाति की एक शाखा को 'सौरिया पहाड़िया' के नाम से जाना जाता है। यह झारखंड की एक आदिम जनजाति है। ये अपने को 'मलेर' कहते हैं। प्रजातीय दृष्टि से इन्हें प्रोटो-ऑस्ट्रोलॉयड श्रेणी में रखा जाता है। इनकी बोली मालतो है, जो द्रविड़ भाषा परिवार से संबंधित है। मालतो भाषा उराँव की भाषा कुडुख से काफी मिलती-जुलती है। ये मुख्य रूप से संथाल परगना के साहेबगंज, पाकुड़, दुमका, जामताड़ा, गोड्डा एवं देवघर जिले में निवास करते हैं।

सौरिया पहाड़िया के गाँव प्रायः पहाड़ियों की चोटियों तथा वनाच्छादित पहाड़ी ढलानों पर अवस्थित होते हैं। इनके आवासों को 'अड्डा' कहा जाता है। इनकी अर्थव्यवस्था कृषि एवं वन पर आश्रित है। ये स्थानांतरित कृषि (कुरवा) का कार्य भी करते हैं। इसके अतिरिक्त ये लांगल खेती या हलवाही एवं सवाई खेती भी करते हैं। ढाल पर बसे लोग जोत कोड़कर खेती करते हैं, जिसे 'भीठा' या 'धामी' कहते हैं। गौमांस भक्षण के कारण ही इन्हें माल पहाड़िया अपवित्र मानते हैं। सौरिया पहाड़िया अंतर्विवाही समुदाय है। इनके बीच गोत्र नहीं पाया जाता है। विवाह कार्यक्रम का संचालन 'वेद सीढू' (पुरोहित) करता है। सौरिया में शव को दफनाने की प्रथा है। इनका युवागृह 'कोड़बाह' या 'कोड़वाहा अड्डा' कहलाता है। युवकों के लिए 'मर्समक कोडबाह' और युवतियों के लिए 'पेलमक कोडबाह' होते हैं, जहाँ युवक-युवतियों को सामाजिक, सांस्कृतिक, धार्मिक एवं आर्थिक जीवन के पक्षों की जानकारी परंपरागत अनौपचारिक शिक्षा के माध्यम से दी जाती है।

सौरिया पहाड़िया के धार्मिक जीवन में पूर्वज-पूजा का महत्त्वपूर्ण स्थान है। इनके मुख्य देवता बेरू गोसाई (सूर्य), बिल्प गोसाई (चाँद), लैहू गोसाई (सृष्टिकर्ता), दरमारे गोसाई (सत्य देव), जरमात्रे गोसाई (जन्मदेव) आदि हैं। लैहू गोसाई सर्वश्रेष्ठ एवं सर्वशक्तिमान देवता है। पो गोसाई राजमार्ग का देवता है तथा औटगा शिकार का देवता है। धार्मिक कार्यों का संचालन 'कांदो माझी' करता है। 'कोतवार' एवं 'चालवे' उसकी सहायता करते हैं। जाहेरथान में चाल गोसाई की पूजा की जाती है। फसल से संबंधित ये भादो में 'गांगी आड़या,' कार्तिक में 'ओसरा आड़या' तथा पूस में 'पुनू आड़या' पर्व मनाते हैं। माघ या चैत में सौरिया की सलियानी पूजा होती है।

सौरिया का राजनीतिक जीवन बड़ा लोकतांत्रिक है। गाँव का प्रबंधन माँझी करता है, जो गाँव का मुखिया एवं पुजारी भी होता है। उसकी सहायता गिरि, कोतवार और भंडारी या गोड़ैत करते हैं। ग्राम पंचायत गाँव के सभी प्रकार के झगड़ों-विवादों का निपटारा करती है। वर्तमान समय में ग्राम पंचायत की अध्यक्षता माँझी करता है और गोड़ैत उसकी सहायता करता है। विभिन्न गाँवों के बीच विवादों को सुलझाने के लिए

दो तरह के अंतर्ग्राम्य संगठन पाए जाते हैं। 15-20 गाँवों पर एक नायक होता है तथा 70-80 गाँवों पर एक सरदार होता है। सरदार पर पूरे इलाके की जिम्मेदारी रहती है। अंग्रेजों के शासनकाल में सरदार नायक एवं माँझी को मान्यता मिली हुई थी और उन्हें मासिक वृत्ति भी दी जाती थी। सभी अधिकारियों के पद वंशानुगत होते हैं। वर्तमान समय में सरकारी पंचायतों की स्थापना के बाद परंपरागत पंचायतों का प्रभाव क्षीण होता जा रहा है।

31. परहिया जनजाति

परहिया झारखंड की एक अल्पसंख्यक आदिम जनजाति है। ये पलामू की पहाड़ियों में पीढ़ियों से रहते आ रहे हैं। ये मुख्य रूप से लातेहार, पलामू, गढ़वा एवं हजारीबाग के जिलों में निवास करते हैं। प्रजातीय दृष्टि से परहिया को प्रोटो-ऑस्ट्रोलॉयड वर्ग में रखा जाता है।

परहिया जनजाति की आर्थिक स्थिति बहुत दयनीय है। इनके झोंपड़ीनुमा घर को 'झाला' कहा जाता है। पहले ये बिरहिया जनजाति की तरह पहाड़ियों में स्थानांतरित कृषि (बियोड़ा या झूम) करते थे। इनके यहाँ परिवार की गिनती 'कुराला' (चूल्हे) से होती है। व्यावहारिक स्तर पर इनके यहाँ गोत्र व्यवस्था नहीं है, लेकिन नातेदारी की व्यवस्था है, जो 'पारी' में विभाजित है। नातेदारी दो भागों में बँटी है—'धैयानिया' और 'सनाही'। धैयानिया संबंध जन्म से जुड़ा होता है और इसके सदस्य 'कुल-कुटुंब' कहलाते हैं। सनाही संबंध शादी के द्वारा बनता है और इसके सदस्य 'हित-कुटुम्ब' कहलाते हैं। इनमें वधू-मूल्य देने की प्रथा है, जिसे 'डाली' कहा जाता है।

परहिया का दृढ विश्वास है कि पूरा जीवन अलौकिक शक्तियों के द्वारा संचालित एवं नियंत्रित होता है। इनके मुख्य देवी देवता सिंगबोंगा, चंडी, दुआरपार, बघौत आदि हैं। 'मुआ पूजा' (पूर्वज पूजा) का विशेष महत्त्व है। परहिया गाँव का पुरोधा बैगा होता है। कुछ गाँवों में बैगा के अलावा 'देवरा' भी होता है, जो गौंवहेल में प्रेतात्मा-डरहा एवं डाकिन का उपशमन करता है, ताकि अच्छी फसल हो सके। इनका मुख्य धार्मिक स्थल डिहवार थान, देवी थान आदि होते हैं। गृह-देवता या कुल-देवता खूँट के मुखिया के घर में या नातेदारी के सबसे वरीय सदस्य के घर में स्थित होता है। परहिया के मुख्य पर्व सरहुल, करमा, जीतिया, सोहराई, फागु, रामनवमी, लंकारी आदि हैं।

परहिया समाज या गाँव के संचालन में खूँट की विशेष भूमिका होती है। हर गाँव में इनकी जाति पंचायत होती है, जिसे 'भैयारी' या 'जातिगोठ' भी कहते हैं। यही भैयारी गाँव के विवादों को सुलझाता है। 8-10 गाँव मिलकर अंतर्ग्रामीण पंचायत बनाती है, जिसे 'कारा भैयारी' कहा जाता है, जो विभिन्न गाँवों के झगड़ों का निपटारा करती है। गाँव पंचायत का मुखिया महतो या प्रधान कहलाता है। उसका सहायक 'कहतो' या

'खतो' होता है। पंचायत में कई पंच भी रहते हैं। महतो प्रथागत नियमों के मुताबिक फैसला देता है। इनके यहाँ साक्षी प्रथा है। गाँव में पर्व या धार्मिक उत्सव समारोह के आयोजन में महतो मार्गदर्शन करता है तथा संकट की घड़ी में गाँव के कल्याण के लिए बैगा को पूजा-पाठ द्वारा देवी-देवताओं को प्रसन्न करने के लिए निर्देश देता है। गाँव में सरकारी पंचायतों की स्थापना के बाद परंपरागत पंचायतें कमजोर हो गई हैं।

32. सबर जनजाति

सबर झारखंड की एक अल्पसंख्यक आदिम जनजाति है। इस जाति का इतिहास बहुत प्राचीन और गौरवशाली है। लाखों वर्ष पूर्व त्रेता युग में सबर जाति के अस्तित्व का उल्लेख मिलता है। सबर को 'पहाड़ी खड़िया' भी कहा जाता है। ये मुख्य रूप से पूर्वी एवं पश्चिमी सिंहभूम में पाए जाते हैं। इसके अलावा इनकी आबादी गिरिडीह, धनबाद, बोकारो, गुमला, राँची, लोहरदगा आदि जिलों में भी मिलती है। सबर की चार उपजातियाँ है, जिसमें तीन 'झरा,' 'बासु' और 'जंटापति' तो उड़ीसा में पाई जाती हैं और चौथी उपजाति 'जाहरा' यहाँ धालभूम में आ बसी है। इनके यहाँ गोत्र प्रणाली नहीं है।

सबरों की अपनी परंपरागत पंचायत होती है, जिसका प्रमुख प्रधान कहलाता है। उसकी सहायता के लिए गोड़ाइत होता है, जो संदेशवाहक का काम करता है। ये पद वंशानुगत होते हैं। इनके अपने परंपरागत नियम-कानून एवं रीति-रिवाज हैं, जो इनके सामाजिक आचरण को नियंत्रित करते हैं। वर्जित यौन संबंध, पर-स्त्री या पर-पुरुष गमन, चोरी, व्याभिचार, जादू-टोना आदि अपराध माने जाते हैं और इसके लिए दोषियों को सजा दी जाती है। आर्थिक, सामाजिक, धार्मिक सभी तरह के विवाद पंचायत के द्वारा ही निपटाए जाते हैं। इनमें राजनीतिक चेतना का अभाव पाया जाता है। सरकारी पंचायतों के आने से इनकी परंपरागत पंचायतें कमजोर हुई हैं।

विभिन्न वैवाहिक परंपराएँ

सामाजिक व्यवस्था के अंतर्गत जनजातियों में गोत्र तथा खूँट (कबीला) को मान्यता मिली है। प्रत्येक जनजाति में गोत्रों की बहुलता पाई जाती है। केवल सौरिया पहाड़िया जनजाति में गोत्र व्यवस्था का अभाव है। इनके गोत्र या खूँटों के नाम प्राय: किसी पक्षी, वनस्पति या जानवर के नाम पर होते हैं, जो सबके लिए पूज्य होते हैं और इस नाम के पक्षी, वनस्पति या जानवर आदि की रक्षा में ये लोग तत्पर रहते हैं। इसे स्थानीय भाषा में 'टोटेम' कहा जाता है, जो इन जनजातियों का इष्ट प्रतीक होता है।

सभी सांस्कृतिक कार्य इन जनजातियों में उत्साह से मनाए जाते हैं। जन्म, मृत्यु, विवाह आदि सभी संस्कार पूर्व से ही प्रचलन में है। वैवाहिक संबंधों को लेकर इन

जनजातियों में सजगता देखी जाती है। सगोत्रीय विवाह वर्जित है। ऐसा करनेवालों के लिए सामाजिक बहिस्कार के साथ कठोर दंड का भी प्रावधान है, जिसे 'बिटलाहा' प्रथा के नाम से जाना जाता है। नियम के अनुसार ही विवाह संपन्न होते हैं और कहीं-कहीं बाल विवाह को भी मान्यता है। बाल विवाह अकसर मुंडा जनजाति में ही मान्य है, अन्य में नहीं।

विभिन्न जनजातियों में वैवाहिक संस्कारों में आंशिक भिन्नता देखी जाती है। इनके विवाह के अनेक क्षेत्रीय रूप भी देखने को मिलता है। सादाई वापला, गोलटी वापला, घरदी जाँवाय आदि कई क्षेत्रीय विवाह प्रथाएँ इनमें प्रचलित हैं। संथाल जनजाति जनसंख्या में अधिक होने एवं प्रकीर्ण निवास के कारण उनमें कई प्रकार की क्षेत्रीय विवाह प्रथाओं को मान्यता है। जनजातियों में वधू-मूल्य की परंपरा देखी जाती है। कुछ विशेष परिस्थितियों में वधू-मूल्य वापस करने की प्रथा भी देखने को मिलती है। जैसे वधू की मृत्यु, बाँझपन या तलाक, वधू-मूल्य लौटाने के कारण होते हैं। कोरबा जनजाति में वर-मूल्य होता है और आंशिक दहेज ही मान्य है, जिसमें कपड़े और अन्न आदि वस्तुएँ दी जाती हैं। यौन स्वच्छंदता नियमों में बँधी होती है। यह खरवारों में भी तब देखी गई, जब उन्होंने बाल विवाह को स्वीकृति दी।

वैवाहिक संबंधों में जनजातियों की मान्यताएँ भिन्न हैं। मुंडा जनजाति के सभी प्राकृतिक देवी-देवताओं में परस्पर विवाह संबंध की मान्यता है। कोल्हान की हो जनजाति में निर्जीव पदार्थों के विवाह की परंपरा है और साथ ही इनमें सूर्य, चंद्रमा तथा पृथ्वी के विवाह की भी मान्यता है। विवाह के लिए लड़के या लड़कियों को कुछ आवश्यक शर्तों पर खरा उतरना होता है अन्यथा उन्हें विवाह की अनुमति नहीं दी जाती। लड़के को दक्ष शिकारी और निपुण सामाजिक व्यक्ति बनने के उपरांत ही विवाह की अनुमति दी जाती है, तो लड़की को गृह-कार्यों में कुशल होने के बाद विवाह की अनुमति मिलती है। सामान्यत: लड़कों के लिए विवाह की आयु 18 से 24 वर्ष के बीच और लड़कियों के लिए 16-18 वर्ष के बीच मानी गई है।

जनजातियों में कई प्रकार के विवाह प्रचलित हैं, जिनमें मुख्य विवाह निम्नलिखित हैं—

क्रय विवाह—इसमें कन्या के माता-पिता को कन्या मूल्य के रूप में कुछ धन प्रदान कर विवाह किया जाता है। इस वधू-मूल्य को संथाल में पोनटका, मुंडा में कुरी गोनोंग, हो में दुतम, पहाड़िया में बिते कहते हैं।

सेवा विवाह—वधू-मूल्य की अदायगी नहीं कर पाने की स्थिति में जब वर अपने भावी सास-ससुर को यह वचन देता है कि वधू-मूल्य की एवज में वह उनकी सेवा कर मूल्य चुकता करेगा तो यह विवाह सेवा विवाह कहा जाता है। इसमें 5-6 वर्ष

तक ससुराल में लड़के को रहना पड़ता है। मुंडा, बिरहोर, संथाल में यह विवाह प्रचलित है।

हरण विवाह—कन्या का अपहरण कर जब विवाह किया जाता है तो वह अपहरण विवाह कहलाता है। यह हरण हाट या बाजार या मेला आदि किसी भी स्थान में लड़की पसंद होने पर किया जाता है। वस्तुतः यह प्रेम विवाह ही होता है। यह प्रथा खड़िया, बिरहोर, मुंडा, सौरिया पहाड़िया आदि में प्रचलित है।

हठ विवाह—इस विंवाह में उभयपक्षीय प्रेम होना जरूरी नहीं है। अगर लड़की को कोई लड़का पसंद आ गया है तो वह बगैर किसी से विचार-विमर्श किए स्वयं उसके घर जाकर रहने लगती है। वह इस अवधि में कुछ अधिक खाती-पीती भी नहीं है और इस कारण वह मरणासन्न स्थिति में पहुँच जाती है। ऐसे में संभव है लड़के के माता-पिता उसे अपना लें या फिर उसे काफी अपमानित भी करें। तब भी अगर वह लड़की नहीं हटती है तो माँ-बाप उसका विवाह कर देते हैं। मुंडा, हो, खड़िया, बिरहोर आदि में यह प्रथा है।

पलायन विवाह—जब युवक-युवती विवाह करना चाहते हैं और माता-पिता की अनुमति नहीं मिलती हैं तो वे एक साथ कहीं भाग जाते हैं। ऐसे में या तो दोनों के रिश्तेदार उन्हें बुलाते हैं अथवा बाद में स्वयं चले आते हैं और शादी कर लेते हैं। मुंडा, खड़िया, बिरहोर आदि में यह प्रथा अधिक प्रचलित है।

विनिमय या गोलट विवाह—एक लड़के की शादी दूसरे परिवार की लड़की से और दूसरे परिवार की लड़की की शादी पहले परिवार के लड़के से संपन्न हो तो उसे विनिमय विवाह या गोलट विवाह कहते हैं।

सांस्कृतिक समन्वय की भावना

राज्य में धार्मिक विविधता का स्पष्ट अवलोकन विभिन्न धर्मों के साथ जनजातीय पर्व और त्योहारों से हो जाता है। मिश्रित संस्कृति की यह विशेषता होती है कि क्षेत्र में वर्ष भर त्योहार मनाए जाते रहते हैं और त्योहार भले ही किसी भी धर्म का हो, उल्लास सभी लोगों में मिलता है। चूँकि झारखंड में हिंदू जनसंख्या अधिक है, तो यहाँ वर्ष भर हिंदू त्योहार मनाए ही जाते रहते हैं। बहुदेववाद के कारण त्योहारों की संख्या भी बहुत है। मुख्य त्योहार जैसे होली, दशहरा, दीपावली और रक्षाबंधन तो अपने समय पर बड़े हर्षोल्लास से मनाए जाते हैं, जिनमें सभी धर्मावलंबियों का सहयोग मिलता है। रंगों, पटाखों और दीपमालाओं आदि की दुकानें केवल हिंदू धर्म की ही नहीं होतीं, बल्कि इन त्योहारों को व्यापार का अच्छा और आय का बढ़िया स्रोत मानकर सभी धर्मों के लोग अपनी दुकानें सजाते हैं। अन्य धर्मों के लोग भी उल्लास से इन त्योहारों का

आनंद लेते हैं।

माघ माह के शुरू में ही बसंत पंचमी का त्योहार शिक्षा और ज्ञान की देवी सरस्वती की पूजा से शुरू होता है। छात्रों, शिक्षकों व शिक्षण संस्थाओं में इसका उत्साह शुरू होकर गलियों-मुहल्लों में बिखर जाता है। सरस्वती की प्रतिमा की स्थापना करके पूजा की जाती है और अगले दिन धूमधाम से ढोल व नगाड़ों के साथ मूर्ति का जल-विसर्जन होता है। छात्रों में विविध धर्मों के अनुयायी होते हैं। अत: यह त्योहार एक प्रकार से मिश्रित त्योहार का रूप ले लेता है। फिर होली आती है, जिसे बड़े हर्षोल्लास से मनाया जाता है।

प्राकृतिक संसाधनों से भरपूर झारखंड का बहुत बड़ा भाग केंद्रीय शासन की अधीनता में है। कई बड़े कारखाने, खनन उद्योग आदि परियोजनाएँ केंद्र के अधीन हैं। जनसंख्या की दृष्टि से यदि यह संभव नहीं था तो पृथक् राज्य के गठन में तो यह हीला-हवाली नहीं होनी चाहिए थी।

भाद्रपद माह के अंत में पैदावार की अच्छी आशा में अनंत पूजा किसान वर्ग में बड़े धूमधाम से होती है। फिर नवरात्रि का पर्व आ जाता है, जो दस दिन तक राज्य भर को धर्ममय, भक्तिमय कर देता है। दशमी के दिन दशहरा का भव्य आयोजन किया जाता है, जिसे समस्त राज्यवासी बड़े सद्भाव से मनाते हैं। इसके बाद दीपावली की भव्य रौनक रहती है। घर-घर में धर्म की देवी लक्ष्मी का पूजन किया जाता है। सारा राज्य प्रकाश से नहा उठता है। रात भर दीपक कतारों में जलते रहते हैं और बाजार में बड़ी चहल-पहल रहती है। पटाखों की आवाजें रात भर आती रहती हैं।

कार्तिक माह में धान की फसल तैयार होने पर कई पर्व मनाए जाते हैं। छठ पर्व की छठा देखते ही बनती है। सूर्य देवता की पूजा-आराधना में स्त्री-पुरुषों के समूह नदियों में स्नान व तर्पण करते हैं। उपवास की भी परंपरा बहुधा स्त्रियों में देखी जाती है। छठ का व्रत सतत और प्रतिवर्ष करना होता है। मान्यता है कि इस व्रत को छोड़ने से सूर्य भगवान् का कोप सहन करना पड़ता है। इस व्रत के नियम कठोर हैं, इसीलिए यह बड़ी सावधानी से शुरू किया जाता है। पीढ़ी-दर-पीढ़ी यह व्रत हस्तगत होता जाता है और फिर परिवार का अनिवार्य व्रत बन जाता है। त्योहारों में स्त्रियों की भूमिका अग्रणी रहती है और हिंदू धर्म में कुछ त्योहार नितांत स्त्रियों को केंद्र में रखकर मनाए जाते हैं। भाई-बहन के रिश्ते को मान्यता देता रक्षाबंधन अब केवल हिंदू त्योहार नहीं रह गया, बल्कि अन्य धर्मों में भी लगभग मान्य हो चुका है। बहन अपने भाई को तिलक कर उसकी दीर्घायु की कामना करती है और कलाई पर राखी बाँधकर उससे अपनी रक्षा का वचन लेती है।

महाशिवरात्रि भी स्त्रियों का ही पर्व है, जो इस राज्य में स्त्रियाँ अपने पति की दीर्घायु के लिए व्रत रखकर मनाती हैं। यह एक मौन व्रत होता है, जिसमें पवित्र पीपल की पूजा के बाद मौन व्रत रखा जाता है। इसके अतिरिक्त मकर संक्रांति का पर्व भी बड़ी धूमधाम से मनाया जाता है और इसमें नए-नए व तिल से मीठे पकवान तैयार किए जाते हैं। कृष्ण जन्माष्टमी भी यहाँ दीपावली, दशहरे की भाँति मनाई जाती है। इसमें स्त्री-पुरुष व बच्चों का भरपूर सहयोग रहता है। जगह-जगह बाल-गोपाल के वस्त्रों से सजे बच्चे कृष्ण की झाँकी का मनोहारी रूप दिखाते हैं।

रामनवमी का त्योहार राँची और हजारीबाग का ऐसा भव्य त्योहार है, जिसके आयोजन को देखने के लिए दूर-दूर से लोग पहुँचते हैं। राम, लक्ष्मण और सीता सहित वीर हनुमान की झाँकियाँ नगर-भ्रमण करती हैं। बच्चे वानर सेना का रूप धारण कर उत्साह से उछलते-कूदते और नाचते हैं। घरों में क्षेत्रवासी पूरी श्रद्धा से वीर बजरंगी की ध्वजा स्थापित करते हैं। इस उत्सव में ग्रामीण झाँकियाँ सजाकर नगरीय आयोजन भी किए जाते हैं।

राज्य में इन त्योहारों के अलावा मुसलिम त्योहारों की भी उतनी ही भव्यता देखने को मिलती है। ईद के मौके पर सजे और आपस में गले मिलकर मुबारकबाद देते मुसलिम भाइयों को प्रसन्न रहते तथा सद्भावना के लिए दुआ करते देखा जा सकता है। मुहर्रम और बकरीद पर भी ऐसी ही चहल-पहल रहती है। शबे-बरात पर इतना भव्य आयोजन किया जाता है कि लोग मंत्रमुग्ध हो जाते हैं। इनके अलावा भी सभी मुसलिम त्योहार प्रेम एवं सौहार्द से मनाए जाते हैं।

सिख समुदाय के त्योहार बैसाखी, लोहिड़ी, जयंती पर्व और प्रकाश पर्व भी पंच प्यारों के नेतृत्व में मनाए जाते हैं। जैन धर्म में महावीर जयंती आदि महत्त्वपूर्ण त्योहार भी पूरी तरह सजाकर एवं भव्यता से मनाए जाते हैं।

झारखंड राज्य सामाजिक स्तर पर जितना रंग-बिरंगा और रोचक है, सांस्कृतिक रूप से भी यह अत्यंत समृद्ध है। वैसे तो यहाँ मिश्रित संस्कृति के दर्शन होते हैं, लेकिन जनजातीय संस्कृति यहाँ के प्राण हैं।

झारखंड राज्य सामाजिक स्तर पर जितना रंग-बिरंगा और रोचक है, सांस्कृतिक रूप से भी यह अत्यंत समृद्ध है। वैसे तो यहाँ मिश्रित संस्कृति के दर्शन होते हैं, लेकिन जनजातीय संस्कृति यहाँ के प्राण हैं। जब से इस संस्कृति ने बाह्य संस्कृतियों से मेल-मिलाप किया है, तब से इनमें कुछ नए बदलाव अवश्य ही देखने को मिले हैं। प्राचीनकाल से ही नदियों, जंगलों और पहाड़ों के पाटों पर रहनेवाली ये जनजातियाँ अपनी तटस्थ संस्कृति के साथ रह रही थीं, जिसमें इनके गीत, संगीत, वाद्य और अपनी जीवन-शैली रही है। कालांतर में इस क्षेत्र की

प्राकृतिक संपन्नता पर बाह्य लोगों की दृष्टि पड़ी और वे लोग यहाँ आ गए। संपदा दोहन की लालसा और संभावना ने इन बाहरी लोगों को यहाँ बसने को लालायित कर दिया। कोई बल से, कोई बुद्धि से और कोई प्रेम से इन जनजातियों के गाँवों में आकर बस गया।

जब संपर्क बढ़े तो जनजातियों में भी संपन्न, स्वच्छंद और सुखद जीवन-शैली को अपनाने की प्रेरणा मिली। सामाजिक प्रतिष्ठा बढ़ाए जाने के प्रयास किए जाने लगे और इन प्रयासों ने उन लोगों के बहुत से आचरण अपनाने को प्रेरित किया। धीरे-धीरे इन प्रयासों ने गति पकड़ी और सामंजस्य बनने लगा। सबसे अधिक प्रभाव हिंदू समाज का पड़ा, क्योंकि उनके व्यवहार और परंपरा काफी हद तक उनसे मिलती-जुलती थी। सामाजिक व्यवस्था में जातीय भेदभाव, बाल-विवाह एवं धार्मिक पद्धति आदि को मान्यता दे दी गई। इससे संस्कृति में परिवर्तन भी हुआ व सुधार भी।

बौद्ध और जैन धर्म संभवत: इसके पश्चात् ही इन लोगों के संपर्क में आया तथा इन दोनों धर्मों में जीवन की दार्शनिक परिभाषा ने भी जनजातीय समाज को अपनी ओर आकर्षित किया। यद्यपि बौद्ध धर्म का प्रभाव शैव शशांक ने बलात् ही कम कर दिया था, फिर भी इस धर्म का बीज अंकुरित तो हो ही चुका था। जैन धर्म ने अपने पाँव भलीभाँति जमा लिये थे। तत्पश्चात् ईसाई मिशनरी इस क्षेत्र में अपने प्रचार-प्रसार को आए और इनकी शिक्षा, सेवाभाव तथा धार्मिकता ने स्वयं को यहाँ स्थापित कर दिया। यद्यपि ईसाइयों को प्रबल विरोध भी सहने पड़े, फिर अपनी शांति नीति से इन्होंने सफलता पाई। देश के स्वतंत्र होने तक झारखंड में ईसाई आदिवासी काफी संख्या में हो गए। इस प्रकार जनजातीय संस्कृति में परिवर्तन आने लगा और इसका कारण अन्य संस्कृतियों का आगमन था। इन संस्कृतियों ने इन लोगों को शिक्षा, धर्म और व्यवहार के प्रति सचेत किया तथा एक प्रकार से नवीन परिवर्तन की नींव रखी।

धीरे-धीरे राज्यों से लोग यहाँ आकर बसने लगे तो 19वीं शताब्दी के आरंभ से ही यहाँ उद्योग और नगरों का विकास होने लगा, जिसने आर्थिक परिवर्तन को जन्म दिया। राज्य की मूल जनजातियों को उस समय और भी नए अनुभवों से दो-चार होना पड़ा। केंद्र सरकार के नए नियम उन्हें अपनी पिछली गलतियों का अनुभव कराने लगे। वन भूमि के नियमों ने जहाँ इन लोगों को भूमिहीन कर दिया, वहीं अन्य धर्मों की चकाचौंध ने इन लोगों को शिक्षा और स्वास्थ्य की अनिवार्यता से परिचित कराया। इन आवश्यकताओं ने और अधिक परिवर्तन के मार्ग प्रशस्त किए तथा जनजातीय पारंपरिक मान्यताएँ, सामाजिक एवं आर्थिक व्यवस्थाओं में अभूतपूर्व परिवर्तन हुए। ये सभी परिवर्तन रहन-सहन, खान-पान और वेशभूषा में स्पष्ट दिखाई देने लगे। शिक्षा की ओर उन्मुख होने से ये लोग अपने जीवन का स्तर उठाने में सफल हुए तो मूल परंपराओं से दूर भी होने लगे।

प्रमुख पर्व एवं त्योहार

पर्व एवं त्योहारों की विविधता भारतीय समाज को एक-दूसरे से जोड़े रखती है। त्योहारों पर परस्पर बधाइयों और उपहारों का आदान-प्रदान भी होता है। यांत्रिक दिवस पर भगवान् विश्वकर्मा की पूजा सभी औद्योगिक इकाइयों में की जाती है। ग्राम-नगरों के बीच जनजातीय त्योहार भी अपना विशेष स्थान रखते हैं, जो पूरे उत्साह व उल्लास से मनाए जाते हैं। जनजातीय पर्व एवं त्योहार भी राज्यवासियों में मिश्रित जनभावना का संचार करते हैं। ग्रामीण क्षेत्र में मनाए जानेवाले ये पर्व एवं त्योहार अपनी प्राचीनता तथा समय की नवीनता से तालमेल करते हुए और भी मनमोहक हो जाते हैं। इनमें से कुछ प्रमुख पर्व एवं त्योहारों का यहाँ वर्णन किया जा रहा है—

फगुआ

यह जनजातीय त्योहार फाल्गुन (मार्च) माह को विदाई देने और चौत्र माह के आगमन के उपलक्ष्य में मनाया जाता है। पूर्णिमा के दिन अखरा में सेमल की डाली गाडकर उसके आसपास पुआल और लकड़ियों का ढेर बना दिया जाता है तथा रात को उसमें आग लगा दी जाती है। रात भर नाच-गाना और शोर-शराबा रहता है, फिर सुबह किसान उस आग की राख का तिलक (टीका) लगाकर उसे अपने खेतों में बिखेरने चल पड़ते हैं। इसके बाद सभी नदी, तालाब या झरने पर स्नान कर अपने पितरों का तर्पण करते हैं। घर आकर ये लोग हंडिया का तपान और मुरगे की बलि चढ़ाते हैं। लगभग इस दिन सभी उपवास करते हैं और दिनभर एक-दूसरे पर रंग डालते हैं। इसके बाद संध्या के समय अबीर-गुलाल लगाया जाता है और सभी पुराने वैमनस्य भुला दिए जाते हैं। शाम के समय सभी सामूहिक रूप से इकट्ठे होते हैं और फगुआ गीतों से सब दिशाओं को गुंजायमान कर देते हैं। रातभर नाच-गान के बाद संवत् का पहला शिकार करने समूह में जाते हैं। एक प्रकार से यह पर्व होली का झारखंडी रूप है।

सरहुल

यह त्योहार भी प्रकृति के परिवर्तन और उल्लास के स्वागत के रूप में मनाया जाता है। इसकी कोई निश्चित तिथि नहीं होती, लेकिन अधिकांशतः इसे वैशाख माह के अंतिम दिन मनाने का रिवाज है। 'सरहुल' को मुंडा जनजाति में 'बा' और उराँव जनजाति में 'खद्दी' कहा जाता है। खडिया लोग इसे 'जंकारे सोहराई' के नाम से मनाते हैं। पृथक् नामों के कारण ही यह वैशाख माह की भिन्न तिथियों को भिन्न गाँवों में मनाया जाता है। 'हो' और उराँव इसे एक ही दिन मनाते हैं। यह साल के वृक्षों पर फूलों के गदराने के उपलक्ष्य में मनाते हैं। जनजातियों के वनोत्सव के रूप में मनाए जानेवाले इस त्योहार में पाहन की मुख्य भूमिका होती है। साखू के फूलों को पवित्र सरना में

चढ़ाकर पाहन-पाहनाइन का 'प्रतीक विवाह' होता है।

पाहन द्वारा सरना में हंडिया का तपान (चढ़ावा) और मुरगे की बलि दी जाती है तथा चावल-मुरगे का प्रसाद बनाकर सबको बाँटा जाता है। वहाँ से लौटकर नगाड़ों की धुन पर नाच-गाना होता है। अगली सुबह गाँव का बलिष्ठ युवक पाहन को कंधे पर बिठाकर घर-घर घुमाता है, जहाँ पाहन हर घर में दरवाजे या छप्पर में फूल खोंसता है और घरवाले पाहन के पाँव पखारकर उनमें तेल लगाते हैं। पाहन सबको सुख-समृद्धि और शांति का आशीर्वाद देता है।

मंडा पर्व

यह महादेव की पूजा और उपवास का पर्व है, जिसमें मुख्य भूमिका भगत और उसके पाट भगतों की होती है। अक्षय तृतीया को मनाया जानेवाला यह पर्व रात्रि जागरण और आकर्षक सामूहिक 'छऊ' नृत्य के साथ शुरू होता है। इन भगतों को धार्मिक आस्था के कठिन नियमों का पालन करना होता है। रात्रि में आग जलाकर इन भगतों को अग्निशिखा के ऊपर लटकाया जाता है, फिर इन्हें नंगे पाँव अंगारों पर चलना होता है। इतने समय तक नृत्य-गान चलता रहता है। उलटा लटकाने की क्रिया को 'धुवाँसी' कहते हैं। अगले दिन भी इन्हें ऊँचे भवनों पर लगी लगभग 20 फीट ऊँची चरखी पर लटकाकर झुलाया जाता है।

कदलेटा

यह जनजातीय पर्व मेंढकी भूत की शांति के लिए वृक्ष की पूजा करके मनाया जाता है। इसके पीछे मान्यता है कि इसके मनाने से फसल में कोई रोग नहीं लगता। इसका समय भाद्रपद माह में होता है, जो पाहन तय करता है, क्योंकि इसके बाद 'करम पूजा' का बड़ा पर्व आता है। इसमें पाहन हंडिया उठाने के लिए घर-घर से चावल एकत्रित करता है। निश्चित दिन पाहन के साथ गाँव के हर घर से एक आदमी जंगल जाता है और लकड़ियाँ काट-काटकर 'अखरा' में जमा करता है। इसके बाद पाहन इन डालियों की पूजा हंडिया के तपान और मुरगे की बलि से करता है, फिर मिट्टी के नए बरतन में मुरगे और चावल की खिचड़ी बनाई जाती है। इसे स्थानीय भाषा में 'ताहरी' कहा जाता है। 'ताहरी' का भोग पहले भगवान् को दिया जाता है। सादे रूप में मनाया जानेवाला यह त्योहार जनजातीय मान्यताओं का प्रतीक है।

करम पूजा

इस पूजा को राज्य में बहुत धूमधाम से मनाया जाता है। यह भाई-बहन के प्रेम को प्रदर्शित करनेवाला त्योहार है और इसमें गैर-आदिवासी भी उत्साहपूर्वक भाग लेते हैं। हिंदुओं के रक्षाबंधन से मिलता-जुलता यह पर्व एकता, सद्भाव के साथ कर्म को धर्म

और धर्म को कर्म बनाने का संदेश देता है। करम पूजा से पहले ही सभी भाई अपनी विवाहित बहनों को ससुराल से विदा कराकर लाते हैं, लेकिन इस पूजा में माता बन चुकी बहनें भाग नहीं लेतीं। हाँ, उन्हें वहाँ बुलाया अवश्य जाता है।

करम पूजा से सात दिन पहले बहनें नदी से स्वच्छ बालू टोकरी में लेकर आती हैं और उसमें सात प्रकार के अनाज बो देती हैं। इन अनाजों में जौ, गेहूँ, मकई, उड़द, कुर्थी, चना और मटर होते हैं, फिर विधि-विधान से पूजा और गान के द्वारा 'जावा' जगाया जाता है। पूजा के दिन भाई उपवास रखता है और करम वृक्ष की डाली काटकर लाता है। इसे घर के आँगन में गाड़ दिया जाता है। ऐसी ही एक डाली पाहन भी लाकर अखरा में गाड़ देता है। फिर सभी बहनें सामूहिक रूप से अखरा में डाली के आसपास पूजा पर बैठ जाती हैं। पूजा में खीरे की बेल सांकेतिक रूप से चढ़ाई जाती है। यहाँ पाहन सबको करम की कथा सुनाता है, जो करमा-धरमा आदि सात भाइयों की कथा है। पाहन के स्थान पर कहीं-कहीं यह कथा गाँव के बुजुर्ग या वृद्धा द्वारा सुनाई जाती है। अगले दिन करम देवता की पूजा करके घर-घर से नदी में विसर्जन के लिए ले जाया जाता है और फिर रातभर नृत्य-गान चलता रहता है। जावा को इसमें आशीर्वाद और प्रसाद के रूप में बाँटा जाता है। इस पर्व में भी गैर-आदिवासियों की उपस्थिति बहुत संख्या में रहती है।

करम पूजा से सात दिन पहले बहनें नदी से स्वच्छ बालू टोकरी में लेकर आती हैं और उसमें सात प्रकार के अनाज बो देती हैं। इन अनाजों में जौ, गेहूँ, मकई, उड़द, कुर्थी, चना और मटर होते हैं, फिर विधि-विधान से पूजा और गान के द्वारा 'जावा' जगाया जाता है।

सोहराई

भारतीय जन-जीवन की यह विशेषता है कि यहाँ जनमानस के हृदय में पशु-पक्षी भी श्रद्धा के पात्र हैं। इसलिए भारत में गाय को 'माता' कहते हैं और कौए को 'पितर' कहते हैं। हमारी परंपराओं में जीव-जगत् की सभी जातियों के लिए वर्ष भर में एक दिन सम्मान के लिए होता है। वर्ष भर काँव-काँव करनेवाले कौए पितृपक्ष में सम्मान पाते हैं। इसी प्रकार जनजातीय समाज में झारखंड राज्य में मवेशियों की पूजा और सम्मान के लिए सोहराई पर्व मनाया जाता है।

कार्तिक अमावस्या को जब दीपावली का त्योहार समस्त भारत में मनाया जाता है, तब यहाँ सोहराई मनाया जाता है। इसमें सभी पशुओं को नहलाया-धुलाया और गोशाला को सजाया जाता है। गोशाला के मार्ग में रंगों से अल्पना बनाकर पशुओं को उसमें आदर सहित प्रवेश कराया जाता है। रात्रि में उनके सींगों पर तेल और सिंदूर लगाते हैं और काली मुरगी या सूअर की बलि देते हैं। अगले दिन गोशाला जाकर रंगुआ मुरगे (बोलनेवाला

मुरगा, जो सिखाया जाता है) की बलि दी जाती है और गौरैया पूजा (मिट्टी का पिंड रखकर) की जाती है। इसके बाद हंडिया का तपान दिया जाता है। इसे प्रसाद के रूप में वितरित किया जाता हैं। पशुओं के लिए सातों अनाजों से तैयार 'पखवा' खिलाया जाता है और इसे लोगों द्वारा प्रसाद रूप में खाया जाता है। दोपहर को सभी पशुओं की दौड़ होती है।

देव उठान

हिंदू धर्म में मान्यता है कि आषाढ़ माह की नवमी को सभी देवतागण शयन करने चले जाते हैं और कार्तिक माह की चतुर्दशी तक सोए रहते हैं। इस बीच कोई नवीन कार्य करने की प्रथा नहीं है। देवों को जगाने के लिए कार्तिक चतुर्दशी को 'देव उठान' मनाया जाता है।

इस दिन घर की महिलाएँ आँगन और घर की सफाई करके अच्छी तरह से गोबर से लीपती हैं और फिर खडिया घोलकर चौक पूरती हैं। दीवार पर चावल के घोल में रंग मिलाकर देवी-देवताओं की तसवीरें बनाई जाती हैं। घर के सदस्य पुरुष पितरों की पूजा करके चौकी पर देव बिठाकर उनकी पूजा आदि करते हैं। चौकी को पाँच बार उठाकर देव को जाग्रत् किया जाता है। 'देव उठान' संपन्न करने के बाद शादी-विवाह के कार्य आरंभ हो जाते हैं।

जनी शिकार

यह जनजातीय शिकार पर्व पूरी तरह जनजातीय स्त्रियों के साहस और शक्ति-प्रदर्शन पर आधारित है, जो कुंभ मेले की भाँति 12 वर्ष के अंतराल पर मनाया जाता है। इस अनोखे त्योहार में निश्चित दिन आदिवासी महिलाएँ, पुरुषों के वस्त्र पहनकर और हथियार लेकर एक गाँव से दूसरे गाँव शिकार खेलने जाती हैं तथा वहाँ पहुँचकर मुरगे, बकरे, भेड़, सूअर, जो भी इनके सामने आता है, ये मारती जाती हैं। विशेषता यह है कि इनके शिकार में कोई पुरुष दखल नहीं देता, चाहे जिसका जितना नुकसान हो। पाहन गाँव में मरे पड़े सभी शिकारों को अखरा में इकट्ठा करता है और इसे गाँव भर में बाँटा जाता है या सामूहिक रूप से पकाकर खा लिया जाता है।

सावन पूजा

सावन शुक्लपक्ष सप्तमी के दिन देवी की पूजा एक बकरे की बलि देकर की जाती है। बकरा सामूहिक चंदे से खरीदा जाता है। प्रसाद रूप में बलि पशु का मांस घर-घर पूरे गाँव में वितरित किया जाता है।

बहुरा

भादो के कृष्णपक्ष चतुर्थी के दिन वर्षा के अच्छी समाप्ति के निमित्त तथा स्वस्थ संतान-प्राप्ति के लिए यह पर्व स्त्रियाँ संपन्न करती हैं। इसे 'राइज बहरलक' भी कहा जाता है।

भलवा फारेक (भाख काटेक)

कदलेटा पर्व के दो-तीन दिन बाद यह पर्व मनाया जाता है। पाहन गाँव के हर आँगन या खलिहान में जाकर चूल्हे की मिट्टी, कोयला, अरवा चावल, चावल का आटा, मुरगी अंडा, हड़िया, भेलवा की डाली आदि पूजन सामग्री के साथ पूजा करता है।

चाँद बारेक

भादो के कृष्णपक्ष में दो दिन रात्रि में चाँद न देखने का व्रत घर की बड़ी-बूढ़ी महिलाएँ रखती हैं। यह प्रथा अब समाप्ति पर है।

नवाखानी

करम पूजा के बाद नया अनाज गोंदली गोडा धान पकने पर यह पर्व मनाया जाता है। इसमें नहा-धोकर पूजा कर ओखल में नए अनाज से चूड़ा बनाया जाता है। देव-पितरों को हड़िया का तपान अर्पित कर दही-चूड़ा अर्पित किया जाता है। नवीन अन्न ग्रहण करने का यह एक छोटा त्योहार है।

सूरजाही पूजा

अगहन मास में सूर्य की पूजा सफेद मुरगे की बलि तथा हड़िया के तपान से की जाती है। इसे घर की बारी या टांड में किया जाता है। इस पूजा में केवल पुरुष ही भाग लेते हैं।

देशउली

यह देव-भूत की पूजा है। यह बारह वर्षों में एक बार की जाती है। पूरे गाँव के लोग मिलकर काड़ा (भैंसा) की बलि देते हैं। गाँव का भुईहरदार बलि चढ़ाता है। इसी क्रम में प्रत्येक वर्ष जो बलियाँ चढ़ाई जाती हैं, वे हैं—बड़पहाड़ी या मरडबुरू के नाम पर सुअर की, भूत के नाम भेड़ा, देव-देवी के नाम पर बकरा की तथा इष्टदेव के नाम पर मुरगे की बलि दी जाती है।

पाटो सरना

यह खड़िया समाज का प्रमुख त्योहार है, जो वैशाख मास में मनाया जाता है।

इसमें विविध देवताओं के नाम पर भैंसा या भेड़ा तथा पाँच मुरगों की बलि दी जाती है। प्रधान पुजारी 'कालो' पूजा संपन्न करता है। सरना स्थल पर दूध उबालकर उसके गिरने की दिशा देखकर वर्षा की भविष्यवाणी की जाती है।

सरना पूजा

यह खड़िया समाज की पूजा है। इसमें सरना स्थल पर पाँच मुरगों की बलि दी जाती है। सरना पर तीन घड़े उलटकर रख दिए जाते हैं। प्रतीकात्मक रूप में इसी पर भात और बलि दिए गए मुरगे का एक-एक टुकड़ा मांस फूलों के साथ चढ़ाया जाता है।

जाडकोर पूजा

यह खड़िया समाज का सर्वप्रमुख त्योहार है। यह पूजा प्रत्येक खड़िया घर में तथा सार्वजनिक रूप में प्रधान पुजारी 'कालो' द्वारा संपन्न होता है। पूर्णिमा को उपवास रखकर सरना स्थल पर लोगों के साथ इस पूजा को संपन्न करता है। यह पूजा मानव एवं पालतू पशुओं की रक्षा के लिए की जाती है। 'कालो' को बलिष्ठ युवा कंधे पर बिठाकर घर-घर घुमाता है। पुजारी महुआ तथा शाल का फूल प्रसाद रूप में बाँटता है।

कुटी दहन पूजा

यह पूजा गाँव भर में बीमारी से बचने और आकाशीय बिजली से बचने की कामना से की जाती है। इसमें सभी लोग एक झोंपड़ी बनाते हैं और इसके आगे रास्ते में सेमल और रेंड की डालियाँ गाड़ देते हैं। शाम के समय पुजारी के साथ नृत्य-गान करते हुए लोग आते हैं। पुजारी झोंपड़ी में पूजा की विधि करके चावल का ढेर लगा देता है, फिर वह इस पर अंडा रख देता है। दीपक जलाकर सभी पूजा-सामग्री चावल के ढेर पर रखी जाती है। पुजारी पूर्व दिशा में मुँह करके ध्यानमग्न होकर सभी देवों के नाम से चावल के दाने गिराता है, फिर सफेद मुरगा देवता को सौंपने का संकल्प लेकर उसे चावल चुगने के लिए छोड़ देता है। मुरगा जब गिरे हुए चावल खा लेता है तो पुजारी द्वारा उसे चाकू से काटकर बलि दी जाती है। इसके बाद दूसरे मुरगे की ग्राम देवता की बलि चढ़ाई जाती है। अंत में पुजारी झोंपड़ी में आग लगा देता है और सभी गाँववाले उस आग से होकर गुजरते हैं। पुजारी द्वारा रेंड व सेमल की डालियों को छोटे-छोटे भाग में काट दिया जाता है, जिन्हें पवित्र मानकर लोग उन्हें अपने घर ले जाते हैं और अपने दरवाजों पर टाँग देते हैं।

इन जनजातीय पर्वों के अतिरिक्त भी ये लोग कितने ही पर्व और भी मनाते हैं। सभी जनजातीय पर्व विधि-विधान में मुख्यत: बलि, नृत्य-गान और पूजा के आधार पर सामान लगते हैं, लेकिन इनके मनाने के पीछे भिन्न-भिन्न कारण होते हैं। सामाजिक एकता के लिए किसी भी क्षेत्र में स्थानीय पर्वों का होना आवश्यक है, इसीलिए जनजातीय

त्योहार अपना अस्तित्व बचा सके हैं, क्योंकि ये इनके परस्पर सह-अस्तित्व का मूल हैं। यद्यपि पशु संरक्षण अधिनियम के तहत बलि-प्रथा पर लोगों को जागरूक होना चाहिए। पूजा पद्धति में कुछ कुप्रथाएँ चली आ रही हैं, उन्हें भी इनसे पृथक् कर पूजा को सात्त्विक करने के प्रयास करने चाहिए। पूजा ईश्वर से प्रार्थना के निमित्त की जाती है और ईश्वर इसमें रक्तपात की आज्ञा नहीं देता। हर पर्व को अब वैज्ञानिक आधार भी प्राप्त है, लेकिन कुछ कुप्रथाएँ इनके लाभकारी पहलू को बीभत्स भी कर रही हैं।

झारखंड के प्रमुख मेले

'मेला' शब्द हम सबका जाना-पहचाना है। भारत के सभी प्रांतों में मेलों की परंपरा बहुत समय से प्रचलित है। मेला कहने से हमारे मन में अनेक प्रकार की सजी-सजाई दुकानें, खेल, तमाशे, खान-पान की दुकानें, सरकस और दैनिक जीवन के उपयोग में आनेवाली वस्तुओं की दुकानों की तसवीरें घूम जाती हैं। हमारे देश में मेले का आयोजन दैनिक जीवन की एकरसता से मुक्त होने का पारंपरिक साधन व माध्यम दोनों है।

झारखंड में मेलों की प्राचीन परंपरा रही है। विभिन्न क्षेत्रों में विभिन्न अवसरों पर मेले अयोजित होते हैं। शहरी क्षेत्रों में मनोरंजन के अन्य साधन उपलब्ध रहने के कारण भले ही मेले का स्वरूप आधुनिक हो गया हो, तथापि उद्देश्य एक ही है—उत्सव का वातावरण एवं आनंद की प्राप्ति, परंतु इनका अपना व्यापारिक पक्ष भी होता है।

ब्रिटिश शासनकाल में झारखंड के आदिवासी क्षेत्रों में कुछ खास मेलों का आयोजन तत्कालीन प्रशासन की ओर से किया जाता था। इन मेलों का प्रमुख उद्देश्य सुदूर ग्रामीण क्षेत्रों में निवास करनेवाले आदिवासी समूहों को मेले के उत्सव जैसे माहौल की ओर आकृष्ट करके उनकी उपस्थिति सुनिश्चित करना था, ताकि उनके सोच-विचार और रहन-सहन की शैली में आए परिवर्तन का मूल्यांकन किया जा सके। इसके अतिरिक्त ब्रिटिश प्रशासकों के लिए मेले आदिवासियों की विशिष्ट सांस्कृतिक परंपरा से अवगत होने का एक अच्छा अवसर हुआ करते थे।

झारखंड के आदिवासी बहुल क्षेत्रों में मेले को 'जतरा' कहा जाता है। ऐसे मेलों का स्वरूप प्रमुख रूप से सामाजिक व सांस्कृतिक होता है, जिसमें समस्त झारखंड की झारखंडी संस्कृति के दर्शन किए जा सकते हैं।

अन्य प्रकार के मेले धार्मिक अवसरों अथवा पर्व-त्योहार के समय आयोजित किए जाते हैं। इस दृष्टि से झारखंड में धार्मिक अवसरों पर आयोजित होनेवाले कुछ मेलों की परंपरा अत्यंत पुरानी है।

झारखंड के आदिवासी बहुल क्षेत्रों में मेले को

'जतरा' कहा जाता है। ऐसे मेलों का स्वरूप प्रमुख रूप से सामाजिक व सांस्कृतिक होता है, जिसमें समस्त झारखंड की झारखंडी संस्कृति के दर्शन किए जा सकते हैं। इस प्रकार के मेले न केवल सगे-संबंधियों, इष्ट मित्रों व शुभचिंतकों से मिलने-जुलने का अच्छा अवसर होते हैं, अपितु इन मेलों में नए संबंध जुड़ने की संभावना भी होती है। इस कारण आदिवासी अथवा झारखंडी संस्कृति में मेलों का स्थान अत्यंत महत्त्वपूर्ण माना जाता है। झारखंडी संस्कृति की प्रारंभिक जानकारी के लिए आइए झारखंड के प्रमुख मेलों के बारे में जानते हैं—

देवघर का श्रावणी मेला

देवघर हिंदू धर्मावलंबियों का प्रसिद्ध तीर्थस्थल है। झारखंड-बिहार में यह 'बाबा धाम' के नाम से भी जाना जाता है। शिव पुराण के अनुसार देवघर का 'बाबा धाम' बारह ज्योतिर्लिंगों में से एक माना जाता है। अविभाजित बिहार के समय से ही देवघर राज्य के प्रमुख तीर्थस्थल व पर्यटक स्थल के रूप में विख्यात रहा है। ऐसी मान्यता है कि रावण द्वारा भगवान् शिव को लंका ले जाने के क्रम में उनकी यहाँ स्थापना हुई थी।

इस मंदिर की स्थापना सन् 1556 में उस समय में हुई, जब बैजू नाम के एक व्यक्ति ने खोए हुए शिवलिंग को खोजा था। इसी के बाद से बैजू के नाम पर यहाँ के मंदिर का नाम 'वैद्यनाथ धाम' पड़ा। श्रद्धालु इसे 'कामनालिंग' भी कहते हैं और मनोकामना पूर्ति की कामना करते हैं।

प्रत्येक वर्ष सावन मास में यहाँ श्रावणी मेला लगता है, जो एक महीने तक चलता है। इस मौसम में श्रद्धालु काँवड़ियों के रूप में भागलपुर के सुल्तानगंज से गंगाजल लेकर देवघर स्थित 'बाबा धाम' तक 98 किलोमीटर की दूरी पैदल ही तय करके बाबा को जल चढ़ाते हैं। सावन (जुलाई-अगस्त) मास में 'बाबा धाम' में जल चढ़ाने की यात्रा का प्रारंभ सुल्तानगंज से होता है।

सुल्तानगंज से श्रद्धालु गंगा नदी से पवित्र जल पात्रों में भरते हैं और 'बोल बम' के जयकारे के साथ देवघर की ओर चल देते हैं। विधान है कि इस संपूर्ण यात्रा के क्रम में पवित्र जल से भरे पात्र का संपर्क भूमि से न होने पाए। वर्तमान में देवघर का श्रावणी मेला इतना सुप्रसिद्ध हो चुका है कि बिहार, झारखंड सहित देश के अन्य प्रांतों से भी श्रद्धालुओं का समूह बड़ी संख्या में काँवड़ियों के रूप में देवघर आता है। इस अवसर पर इतने अधिक श्रद्धालु जुटते हैं कि बाबा धाम में प्रवेश कर दर्शन व पूजन के लिए सात से आठ किलोमीटर तक की लंबी कतारें लग जाती हैं।

परंपरा के अनुसार, देवघर 'बाबा धाम' की यात्रा को तब तक संपूर्ण नहीं माना जाता, जब तक देवघर से 42 किलोमीटर की दूरी पर जरमुंडी नामक स्थान में अवस्थित 'बासुकीनाथ धाम' का दर्शन और पूजन नहीं किया जाता है। इसके फलस्वरूप अनेक

श्रद्धालु 'बासुकीनाथ धाम' की भी यात्रा करते हैं।

श्रावणी मेले के अवसर पर सुल्तानगंज से लेकर देवघर तक का मार्ग शिव-भक्तों से भरा होता है। मार्ग में 'सूइया पहाड़' नामक स्थान पर दुर्गम पहाड़ी रास्ता है। इसे पार करते समय शिव-भक्तों के पाँवों में नुकीले पत्थर चुभते हैं, परंतु मतवाले काँवड़िए इसकी चिंता न करके 'बोल बम' के जयकारे लगाते हुए इसे सहजता से पार कर लेते हैं। भक्ति से सराबोर कुछ शिव-भक्तों को साष्टांग दंडवत् करते हुए बाबा धाम की ओर जाते हुए देखा जा सकता है।

कुछ दशक पहले तक श्रावणी मेले के अवसर पर देवघर बाबा धाम की यात्रा में अधिसंख्य मध्यम आयु के श्रद्धालु दिखते थे, परंतु अब इस मेले में महिला, किशोर और युवाओं की अच्छी उपस्थिति देखी जा सकती है। श्रावणी मेले के अवसर पर देवघर बाबा धाम की यात्रा धार्मिक दृष्टिकोण से तो महत्त्वपूर्ण है ही, इसमें अब पर्यटन का पक्ष भी सम्मिलित हो गया है।

दुमका का हिजला मेला

दुमका वर्तमान झारखंड की उप-राजधानी है। यह संथाल परगना प्रमंडल का एक प्रमुख और पुराना जिला मुख्यालय है। दुमका मुख्यालय से लगभग 3 किलोमीटर दक्षिण में हिजला पहाड़ी है। इसी हिजला पहाड़ी के नाम पर इस मेले का नाम 'हिजला मेला' रखा गया है।

सन् 1890 में तत्कालीन अंग्रेज उपायुक्त द्वारा प्रारंभ किए गए इस सरकारी मेले का प्रमुख उद्देश्य सुदूर ग्रामीण इलाकों में निवास करनेवाले संथाल समुदाय के आदिवासियों की सामाजिक, आर्थिक और सांस्कृतिक स्थिति का मूल्यांकन करने के साथ-साथ सरकार की कल्याणकारी योजनाओं से जनसाधारण को अवगत कराना था।

वर्तमान में जिला प्रशासन द्वारा आयोजित इस मेले का प्रमुख उद्देश्य राज्य सरकार द्वारा चलाए जानेवाले विकास के विभिन्न कार्यक्रमों की जानकारी जनसाधारण को देना है। इसके साथ ही मेले में आए किसानों को उन्नत कृषि के तौर-तरीकों की जानकारी देना और परंपरागत खेल-कूद तथा सांस्कृतिक विरासत को प्रोत्साहन देना है। इस मेले का प्रमुख आकर्षण यहाँ आयोजित होनेवाली विभिन्न खेल-कूद प्रतियोगिताएँ, गीत-संगीत, कृषि प्रदर्शनी, विभिन्न नृत्यों और नाटकों का प्रदर्शन है।

एक सप्ताह तक चलनेवाले इस मेले में प्रतिदिन संध्या के समय मनोरंजन कार्यक्रमों का आयोजन होता है। इसमें प्रमुख रूप से स्थानीय सांस्कृतिक दलों द्वारा पारंपरिक लागड़ें, दोंग, पइकाहा और सोहराय आदि आदिवासी नृत्य-संगीत प्रस्तुत किए जाते हैं। इस अवसर पर बंगाल, असम, ओड़िसा और बिहार जैसे पड़ोसी राज्यों के लोक कलाकार भी आमंत्रित किए जाते हैं।

खेल-कूद प्रतियोगिताओं में दौड़ प्रतियोगिता, चिकनाई लगे मलखँभ पर चढ़ना, तीरंदाजी, कबड्डी और बच्चों के लिए बोरा रेस, तीन पैरों की दौड़, जलेबी रेस, सुई-धागा रेस, म्यूजिकल चेयर आदि मनोरंजक खेलों का आयोजन किया जाता है।

समय के बदलाव के साथ अब इस मेले में भी बड़े झूले, जादू के खेल सहित दैनिक उपयोग की वस्तुओं की दुकानें और खान-पान की दुकानें भी सजने लगी हैं।

यह मेला संथाल और पहाड़िया आदिवासी समुदायों सहित झारखंड की लोककला एवं संस्कृति को जानने-समझने का एक अच्छा माध्यम है।

राँची का जगन्नाथपुर मेला

झारखंड की राजधानी राँची से लगभग 11 किलोमीटर दक्षिण-पश्चिम में सार्वजनिक क्षेत्र का विशाल कारखाना भारी अभियंत्रण निगम (हैवी इंजीनियरिंग कॉरपोरेशन) के अहाते से सटा प्रसिद्ध ऐतिहासिक जगन्नाथ मंदिर है। मंदिर के कारण इस स्थान का नाम भी 'जगन्नाथपुर' है। इस मंदिर परिसर में रथयात्रा के उपलक्ष्य में प्रत्येक वर्ष आषाढ़ द्वितीया के अवसर पर विशाल मेले का आयोजन होता है, जो संपूर्ण झारखंड सहित पड़ोसी राज्यों ओड़िसा और पश्चिम बंगाल में भी 'जगन्नाथपुर मेला' के रूप में सदियों से विख्यात है।

जगन्नाथपुर में रथयात्रा एवं मेले का प्रारंभ बडकागढ़ के राजा ठाकुर ऐनीनाथ शाहदेव के शासनकाल में सन् 1691 में हुआ था। उसी समय से यह मेला भगवान् के भक्तों व दर्शनार्थियों के लिए आयोजित होता आ रहा है। परंपरानुसार रथयात्रा के दिन पूजन एवं रथ खींचने में भी ठाकुर ऐनीनाथ शाहदेव के वंशज प्रमुख रूप से सहभागिता करते हैं।

रथयात्रा के अवसर पर आयोजित इस मेले में भगवान् जगन्नाथ, भैया बलभद्र और बहन सुभद्रा को नंदी रथ पर विराजमान कराया जाता है। मेले में उपस्थित श्रद्धालु और भक्तगण रथ को सामूहिक रूप से खींचकर मौसीबाड़ी ले जाते हैं, जहाँ भगवान् जगन्नाथ, भैया बलभद्र और बहन सुभद्रा आठ रातों तक निवास करने के बाद नौवें दिन अपने घर लौट जाते हैं।

रथयात्रा के अवसर पर आयोजित इस मेले में भगवान् जगन्नाथ, भैया बलभद्र और बहन सुभद्रा को नंदी रथ पर विराजमान कराया जाता है। मेले में उपस्थित श्रद्धालु और भक्तगण रथ को सामूहिक रूप से खींचकर मौसीबाड़ी ले जाते हैं, जहाँ भगवान् जगन्नाथ, भैया बलभद्र और बहन सुभद्रा आठ रातों तक निवास करने के बाद नौवें दिन अपने घर लौट जाते हैं।

यह मान्यता है कि नेत्रदान से 16 दिन पूर्व भगवान् के अस्वस्थ हो जाने के बाद वे स्वास्थ्य-

लाभ हेतु मौसीबाड़ी जाते हैं।

रथयात्रा के दिन भगवान् जगन्नाथ, भैया बलभद्र एवं बहन सुभद्रा के दर्शन एवं पूजन के लिए भक्तों और श्रद्धालुओं का ताँता सुबह से ही लगना प्रारंभ हो जाता है। दोपहर तक मंदिर के अहाते और मेला स्थल में आसपास के गाँवों, कस्बों तथा झारखंड के अन्य जिलों और अन्य प्रांतों के लाखों श्रद्धालु एकत्रित होकर रथयात्रा शुभारंभ होने की प्रतीक्षा करते हैं। विधि-विधान पूरा होते ही जब रथयात्रा आरंभ करने का निर्देश होता है तो श्रद्धालुओं में रथ का रस्सा खींचने अथवा रथ का स्पर्श करने की होड़ सी लग जाती है।

रथयात्रा के अवसर पर जगन्नाथपुर में नौ दिन तक चलनेवाले मेले को स्थानीय लोग 'रथ मेला' कहते हैं। इसका समापन नौवें दिन 'घुरती-रथयात्रा' के साथ होता है। मेले में आदिवासी और अन्य झारखंडी लोगों के उपयोग में आनेवाली चीजों, जैसे धनुष-बाण, बाँस का छाता, खजूर के पत्तों की चटाई, चकला-बेलन और तवा-कड़ाही से लेकर विभिन्न प्रकार के पारंपरिक वाद्य-यंत्र जैसे माँदर, नगाड़ा, ढोल, झाँझ, बाँसुरी आदि की बिक्री मुख्य रूप से होती है। इसके अलावा सौंदर्य प्रसाधन, कपड़े, खान-पान की सामग्री और जूते-चप्पल की दुकानें भी लगाई जाती हैं।

प्रत्येक वर्ष मेले में आए लोगों के आकर्षण का प्रमुख केंद्र मौत का कुआँ, सरकस, बड़ा झूला और अन्य खेल-तमाशे होते हैं। इस ऐतिहासिक मेले में लोग विशेष रूप से भगवान् जगन्नाथ, भैया बलभद्र और बहन सुभद्रा के दर्शन के लिए तो आते ही हैं, साथ ही यह मेला पारंपरिक वाद्य-यंत्रों एवं अन्य पारंपरिक चीजों के विक्रयस्थल के रूप में भी प्रसिद्ध है।

मुड़मा जतरा

राँची से लगभग 28 किलोमीटर दूर राँची-डाल्टनगंज मार्ग पर मुड़मा नामक गाँव है। यहाँ प्रतिवर्ष दशहरे से दस दिन बाद 'मुड़मा जतरा' का भव्य आयोजन होता है। झारखंड के आदिवासी समुदायों में मेला को 'जतरा' कहा जाता है।

इस मेले की अपनी एक अलग सामाजिक, सांस्कृतिक और ऐतिहासिक पहचान है। 'मुड़मा जतरा' कब प्रारंभ हुआ, यद्यपि इसका कोई लिखित प्रमाण नहीं है, तथापि लोकगीतों में वर्णित प्रसंग एवं मौखिक इतिहास के अनुसार 'मुड़मा जतरा' के स्थापना काल का संबंध उराँव आदिवासी समुदाय के रोहतासगढ़ से भागकर आने से जोड़ा जाता है।

छोटानागपुर के इतिहास के अनुसार, जब मुगलों ने रोहतासगढ़ पर अधिकार कर लिया तो वहाँ रह रहे उराँव समुदाय के लोगों को गढ़ छोड़कर भागना पड़ा था। इस क्रम में वे सोन नदी पार कर वर्तमान पलामू होते हुए वर्तमान राँची जिले की ओर बढ़े। मुड़मा में उनका सामना इस क्षेत्र में रह रहे मुंडा आदिवासी समुदाय से हुआ; परंतु कुछ विद्वानों

का मानना है कि जब उराँव लोगों ने अपनी व्यथा कथा मुंडाओं को सुनाई तो उन्होंने इन लोगों को पश्चिम वन-क्षेत्र को साफ करके वहाँ रहने का सुझाव दिया। यह समझौता मुड़मा में ही हुआ था। इसी कारण बाद में उराँव समुदाय के 40 पड़हा के लोग उस ऐतिहासिक समझौते की स्मृति में 'मुड़मा जतरा' का आयोजन करने लगे।

'मुड़मा जतरा' एक दिन और एक रात का सामाजिक-सांस्कृतिक आयोजन है। पहले दिन दोपहर से ही खेल-तमाशे और खरीदारी शुरू हो जाती है। मेले की चकाचौंध शाम होते-होते तेजी से बढ़ने लगती है, जो रात भर जारी रहती है। दूसरे दिन प्रातरू 'जतरा खूँटा' के पूजन की तैयारी शुरू हो जाती है। माना जाता है कि प्रारंभ में 'जतरा खूँटा' को सामुदायिक रूप से मंत्रावेशित कर स्थापित किया गया था।

मुड़मा गाँव का पाहन (पुजारी) ग्रामीणों के साथ जल और अन्य पूजन सामग्री के साथ जतरा स्थल पर आता है। इस जुलूस में ग्रामीण नाचते-गाते और बाजा बजाते हुए साथ चलते हैं। जतरा खूँटास्थल पर पाहन पारंपरिक रूप से सरगुजा के फूल सहित अन्य पूजन सामग्रियों के साथ देवता का आह्वान और पूजन करता है।

पूजन संपन्न होने पर पुनः सभी ग्रामीण गाँव लौट आते हैं। गाँव के विभिन्न घरों में पारिवारिक पूजा भी होती है। इस पूजा में सफेद, रंगुआ और काले रंग के मुरगे की बलि विभिन्न देवी-देवताओं के लिए अर्पित की जाती है।

दोपहर बाद 40 पड़हा के ग्रामीण अपने-अपने पड़हा के प्रतीक चिह्नों के साथ नृत्य करते हुए जतरास्थल में प्रवेश करते हैं। इन प्रतीक चिह्नों में पक्षी, मछली, मगरमच्छ, वाद्य और अन्य जीव-जंतुओं की छवियाँ सम्मिलित हैं। इन्हें लेकर एक व्यक्ति नर्तक दल के आगे-आगे लगभग दौड़ता हुआ जाता है। इन सब में दर्शकों का सबसे अधिक ध्यान 'रंपा-चंपा' नामक प्रतीक चिह्न खींचता है। यह लगभग 30-30 फीट लंबी बल्ली पर बनाया गया होता है, जिसे केवल एक व्यक्ति अपने कंधों पर टिकाए हुए संतुलित रखकर हिल-डुलकर नृत्य करता रहता है।

सभी दल 'जतरा खूँटा' की परिक्रमा करते हैं, प्रणाम करते हैं और इसके बाद अपने-अपने दलों के साथ नृत्य-गान करके प्रसन्नता व्यक्त करते हैं। नृत्य-गान समाप्त होने के साथ ही मेले का सामाजिक-सांस्कृतिक पक्ष पूर्ण हो जाता है और फिर खरीदारी एवं मनोरंजन के कार्यक्रम लोगों को आकर्षित करने लगते हैं। शाम ढलते-ढलते 'मुड़मा जतरा' लगभग समाप्त हो जाता है।

टुसू मेला

झारखंड के पंच परगना क्षेत्र में टुसू मेले का आयोजन किया जाता है। टुसू मेले का संबंध एक पौराणिक कथा से है। इस कथा के अनुसार, टुसू किसी निर्धन कुरमी किसान की बेटी थी। उसकी सुंदरता की चर्चा तत्कालीन क्रूर राजा के कानों में भी

पड़ी। राजा ने सुंदरी टुसू को हासिल करने के लिए एक कुटिल चाल चली। उसने किसानों पर दुगना कर लगा दिया, जबकि चारों ओर अकाल पड़ा था और सूखे के कारण फसल भी नहीं हुई थी।

टुसू ने किसानों के साथ मिलकर राजा के अत्याचार का सामना किया। अनेक निर्दोष किसान मारे गए और टुसू ने उफनती नदी में कूदकर अपने प्राण गँवाते हुए अपने सतीत्व की रक्षा की। टुसू के बलिदान की याद में ही 'टुसू मेले' का आयोजन किया जाता है।

मकर संक्रांति का दिन टुसू महोत्सव और मेले का अंतिम दिन होता है। इस पूर्व रात्रि में जागरण होता है और 8 प्रकार के अनाजों को भूनकर टुसू का भोग लगाया जाता हैं। युवतियाँ टुसू की प्रतिमा का निर्माण कर रंग-बिरंगा श्रृंगार करती हैं। एक निश्चित स्थान पर प्रतिमा स्थापित करके रात्रि में टुसू के गीत गाए जाते हैं। सूर्योदय से पूर्व ही प्रतिमा का विसर्जन कर दिया जाता है।

गिरिडीह का लँगटा बाबा मेला

गिरिडीह से लगभग 40 किलोमीटर दूर खडकडीह नामक स्थान पर पौष पूर्णिमा के दिन प्रतिवर्ष इस मेले का आयोजन किया जाता है। इस स्थान पर 'लँगटा बाबा' नामक सिद्ध पुरुष की समाधि है। उन्हीं की स्मृति में यह मेला लगता है और मान्यता है कि बाबा के प्रताप से सभी मनोकामनाएँ पूर्ण होती हैं।

ऐसी मान्यता है कि सर्दी, गरमी और बरसात सभी ऋतुओं में लँगटा बाबा केवल एक वस्त्र ही धारण किया करते थे। इसी कारण उनका नाम 'लँगटा बाबा' पड़ा। बाबा को झारखंड की साँझी संस्कृति का प्रतीक माना जाता है। उनकी समाधि पर एक ओर हिंदू श्रद्धालु पूजा-अर्चना करते हैं, तो दूसरी ओर मुसलिम भक्त उनकी मजार पर चादर चढ़ाते हैं और फातिहा पढ़ते हैं।

इस मेले में विभिन्न प्रकार की दुकानें सजती हैं, भंडारे का आयोजन होता है और रोचक-मनोरंजक कार्यक्रम आयोजित किए जाते हैं। प्राय: श्रद्धालु अपनी-अपनी मनोकामनाओं की पूर्ति हेतु इस मेले में आते हैं।

सिमडेगा के रामरेखा नामक स्थान पर प्रतिवर्ष कार्तिक पूर्णिमा के दिन इस तीन दिवसीय मेले का आयोजन किया जाता है। इस मेले में सत्संग और प्रवचन के साथ ही सांस्कृतिक कार्यक्रम भी आयोजित किए जाते हैं।

सिमडेगा का रामरेखा मेला

सिमडेगा के रामरेखा नामक स्थान पर प्रतिवर्ष कार्तिक पूर्णिमा के दिन इस तीन दिवसीय मेले का आयोजन किया जाता है। इस मेले में सत्संग और प्रवचन के साथ ही सांस्कृतिक कार्यक्रम भी आयोजित किए जाते हैं।

मेला स्थल एक पहाड़ी पर स्थित है। यहाँ प्राचीनकाल की गुफाएँ भी हैं। इन गुफाओं में भगवान् राम और माता सीता के अलावा अन्य देवी-देवताओं की प्रतिमाएँ भी हैं। श्रद्धालुजन पवित्र कुंड में स्नान करके देवी-देवताओं के दर्शन करते हैं।

यह मेला ब्रह्मलीन संत पूज्य प्रपन्नाचार्यजी महाराज रामरेखा बाबा की पुण्यतिथि पर आयोजित किया जाता है। इस पुण्य अवसर पर श्रद्धालुजन बाबा की समाधि पर शीश झुकाते हैं और पुष्प अर्पित करते हैं।

पलामू का भूत मेला

पलामू के हैदरनगर में सुविख्यात 'देवी धाम' है। इसका इतिहास लगभग सौ वर्ष पुराना माना जाता है। लगभग 2 एकड़ के 'देवी धाम' परिसर में प्रत्येक वर्ष चौत्र मास की प्रतिपदा से पूर्णिमा तक 15 दिनों का अनोखा 'भूत मेला' आयोजित किया जाता है।

भूत-प्रेत से ग्रस्त लोग अथवा जिनके घर में सुख-शांति नहीं होती या संतान की मनोकामनावाले निस्संतान लोग इस मेले में बड़ी संख्या में आते हैं। यहाँ की मान्यता के अनुसार, देवी धाम में हलवाइयों के एक विशेष समुदाय द्वारा चीनी की बनाई गई मिठाइयाँ ही चढ़ाई जाती हैं।

जनश्रुति है कि इस मेले का विस्तार जम्होर (औरंगाबाद) से आए हलवाइयों के एक समूह के आने के बाद ही हुआ। इस समूह में एक ओझा भी था। उस समय से आज तक मेले में भूत-प्रेत से ग्रस्त लोगों को ओझाओं द्वारा झाड़-फूँक करते देखा जा सकता है।

जामताड़ा का करमदाहा मेला

नारायणपुर के करमदाहा नामक स्थान पर मकर संक्रांति के अवसर पर ऐतिहासिक करमदाहा मेले का आयोजन किया जाता है। प्रतिवर्ष बाबा दु:खहरण (भगवान् शिव) के मंदिर परिसर में यह मेला आयोजित होता है। पंद्रह दिन तक चलनेवाले इस मेले में न केवल आसपास के लोग आते हैं, बल्कि अन्य प्रांतों के श्रद्धालु भी भाग लेते हैं।

एक मान्यता के अनुसार, दुखिया महादेव शिवलिंग की खोज कर्ण नामक एक महाप्रतापी राजा द्वारा की गई थी, किंतु कालांतर में लोग इस स्थान को 'कर्णदाहा' के बजाय 'करमदाहा' कहकर पुकारने लगे।

जनश्रुति के अनुसार, यह ऐतिहासिक मेला सत्रहवीं सदी के मध्य से आयोजित किया जा रहा है। कहा जाता है कि दुखिया महादेव के पास से कोई भी श्रद्धालु भक्त खाली हाथ नहीं लौटता है। इसी कारण प्रतिवर्ष मकर संक्रांति के अवसर पर हजारों की संख्या में श्रद्धालुजन यहाँ दर्शन-पूजन के लिए आते हैं।

फुसरो का हथिया पत्थर मेला

बोकारो जिले के अंतर्गत फुसरो नामक स्थान पर इस क्षेत्र का विख्यात 'हथिया पत्थर मेला' आयोजित किया जाता है। फुसरो के समीप ही 'हथिया पत्थर' नामक स्थान है। यहाँ जरीडीह नामक बाजार में शिव मंदिर के निकट नदी तट पर मकर संक्रांति के अवसर पर इस विशाल मेले का आयोजन किया जाता है।

श्रद्धालुजन यहाँ अपनी-अपनी मनोकामनाएँ लेकर आते हैं। जिन लोगों की मनोकामनाएँ पूर्ण होती हैं, वे निकट ही स्थित देवी मंदिर में श्रद्धापूर्वक बलि चढ़ाते हैं।

इस मेले के बारे में एक लोककथा प्रचलित है कि दक्षिण के एक राजा अपने पुत्र की बरात लेकर दामोदर नदी पर पहुँचे तो नदी की धारा प्रचंड वेग से बह रही थी। उस समय नदी को पार करना असंभव था। राजा ने तब नदी से करबद्ध होकर प्रार्थना की कि यदि वे अपने पुत्र का विवाह संपन्न कराकर सकुशल लौट आए तो तट पर बकरे और भैंसे की बलि चढ़ाएँगे। राजा की प्रार्थना सुनकर नदी की धारा शांत हो गई और राजा बरातियों के साथ पार उतर गए। पुत्र का विवाह कराकर राजा पुत्रवधू के साथ पुनः नदी पार आ गए।

राजा ने सकुशल नदी पार कर लेने के बाद भी अपनी मन्नत पूरी नहीं की और न बलि अर्पित की। फलस्वरूप राजा, उनका पुत्र-पुत्रवधू, बराती, सेवक और ऊँट, हाथी, घोड़े आदि पत्थर के बन गए।

श्रद्धालुजन इस मेले में आकर नदी में स्नान करते हैं। यहाँ स्थित शिव मंदिर में पूजा-अर्चना करते हैं और मेले में आयोजित कार्यक्रमों का भरपूर आनंद उठाते हैं।

राजनीतिक स्थिति

झारखंड का राजनीतिक विश्लेषण

झारखंड को राजनीतिक परिप्रेक्ष्य में देखा जाए तो यह राज्य प्रारंभ से ही राजनीतिक घटनाक्रमों से जूझता रहा है। प्राचीनकाल में जनजातीय समाज में अनेक कबीलाई समूह थे, जिसमें सबल राजनीति का प्रचलन था। शक्ति के बल पर ही लोग शासन करते थे। मूल जनजातियों असुर, खरिया और बिरहोर के बाद यहाँ अन्य जातियाँ आईं, जिन्होंने बलपूर्वक राजनीति के सहारे ही इस क्षेत्र में अपना अस्तित्व कायम किया। मुंडा जनजाति मध्य भारत से और उराँव जनजाति दक्षिण भारत से इस क्षेत्र में पहुँची थी। पूर्व मध्यकाल में यहाँ संथाल, चेरो और खरवार भी आकर बसे। कालांतर में कुछ राजवंशों की स्थापना हुई, जिनका काल भी राजनीति से परिपूर्ण रहा। जब सुतना पाहन को मुंडाओं का शासक चुना गया, उस समय रिता मुंडा नामक व्यक्ति ने परिपक्व राजनीतज्ञ होने का परिचय दिया।

राष्ट्रीय आंदोलन में अंग्रेजों के खिलाफ आंदोलन करनेवाली प्रमुख पार्टी कांग्रेस थी। कांग्रेस द्वारा 1920 ई. में झारखंड में कांग्रेस कमेटी का गठन किया गया था। 1937 ई. में कैथोलिक सभा की छोटानागपुर में चुनावी राजनीति में प्रमुख भूमिका रही। इसके दो प्रमुख लोगों, इग्नेस बेक और बेनिफेस लकड़ा ने चुनाव भी लड़े, लेकिन वे जीत न सके। बाद में इग्नेस बेक की जीत हुई और विधायिका के सदस्य बने। उन्होंने ही क्षेत्र में राजनीतिक दल की स्थापना पर बल दिया और 'आदिवासी महासभा' का गठन किया। 1937 ई. के चुनावों में कांग्रेस को बहुमत मिला और मुसलिम लीग भी 20 सीट जीतने में सफल रही। 1946 ई. में हुए चुनावों में कांग्रेस के सामने 'आदिवासी महासभा' को हार का सामना करना पड़ा। 'आदिवासी महासभा' द्वारा झारखंड में गैर-जनजातीय लोगों को भी अपने साथ लाने के लिए 'झारखंड पार्टी' का उदय हुआ। स्वतंत्र भारत के प्रथम विधानसभा चुनाव में इस दल के 32 विधायक चुने गए।

1960 ई. तक झारखंड क्षेत्र में कांग्रेस, जनसंघ, स्वतंत्र पार्टी और कम्युनिस्ट पार्टी का उदय हो चुका था और इस समय तक झारखंड पार्टी की स्थिति कमजोर होने लगी थी और अंततः इसका विलय कांग्रेस में हो गया। कांग्रेस में झारखंड पार्टी का विलय एक बड़े राजनीतिक बिखराव का कारण बना। इस पार्टी में कई गुट बन गए थे, जो पृथक् क्षेत्रीय दलों के गठन का प्रयास करने लगे थे। स्वतंत्रता के बाद पृथक् झारखंड राज्य की माँग तीव्र होने लगी। लेकिन केंद्र और राज्य में कांग्रेस की स्थिति मजबूत होने के कारण पृथक् झारखंड की माँग पर विशेष ध्यान नहीं दिया गया।

1973 ई. में झारखंड में एक और दल उभरकर सामने आया, जो अन्य दलों के असफलता के कारण उभरकर सामने आया था। इसके नेता शिबू सोरेन थे, जिन्होंने 'झारखंड मुक्ति मोर्चा' नामक नए दल का गठन किया। इसमें विनोद बिहारी महतो ने उनका सहयोग किया था। 1975 ई. में देश में लागू आपातकाल का झारखंड मुक्ति मोर्चा द्वारा व्यापक विरोध किया गया और शिबू सोरेन को जेल भी जाना पड़ा। इस समय झारखंड मुक्ति मोर्चा, सी.पी.आइ. और मार्क्सवादी समन्वय समिति आदि ने मिलकर एक नया गठजोड़ बनाया था। आपाताकाल के बाद हुए चुनाव में कांग्रेस की हार हुई थी। इस समय एन.ई. होरो एक वृहद् झारखंड की माँग कर अपना कद बढ़ना चाहते थे तो कुछ गुट छोटानागपुर संथाल से ही संतुष्ट थे। इस राजनीतिक परिदृश्य ने झारखंड आंदोलन को प्रभावित किया।

1980 के चुनाव में शिबू सोरेन लोकसभा के चुनाव जीते एवं विधानसभा चुनाव में उनकी पार्टी को 13 सीटों पर जीत मिली। लेकिन मंत्री पद के लिए गठबंधन और पार्टी में कलह उत्पन्न हुआ तथा मार्क्सवादी समन्वय समिति झामुमो से अलग हो गई। इन्हीं कारणों से झामुमो में भी अंतर्कलह पैदा हो गई और यह पार्टी दो गुटों में बँट गई। एक

दल का नेतृत्व शिबू सोरेन तथा दूसरे दल का नेतृत्व बाबूलाल मरांडी द्वारा किया जाने लगा। इसके अलावा झारखंड मुक्ति मोर्चा के सहसंस्थापक विनोद बिहारी महतो भी मार्क्सवादी समन्वय समिति में चले गए। 1987 ई. के बाद से भारतीय जनता पार्टी ने भी पृथक् झारखंड राज्य की माँग का समर्थन करना शुरू कर दिया। 1990 ई. में बिहार में क्षेत्रीय पार्टी राष्ट्रीय जनता दल का उदय हुआ, जिसे झामुमो का भी समर्थन प्राप्त था। 1990 ई. के दशक में झारखंड आंदोलन अपने चरम पर था, जिसके कारण 1995 ई. में 'झारखंड स्वशासी क्षेत्र परिषद्' का गठन किया गया।

1995 ई. में जब केंद्र में भाजपा की सरकार बनी, तब पृथक् झारखंड का नाम 'वनांचल' रखने का प्रस्ताव तैयार किया। लेकिन राज्य सरकार ने 'वनांचल' के नाम से पृथक् राज्य का प्रस्ताव अस्वीकार कर दिया था। अंततः 15 नवंबर, 2000 ई. को अलग झारखंड राज्य के प्रस्ताव को राज्य सरकार ने स्वीकार कर लिया और इस प्रकार पृथक् झारखंड राज्य स्वतंत्र अस्तित्व में आया।

झारखंड का प्रथम मंत्रिमंडल

15 नवंबर को झारखंड के प्रथम राज्यपाल के रूप में प्रशासनिक सेवा से सेवानिवृत्त हुए प्रभात कुमार ने शपथ ली। झारखंड के प्रथम मुख्य सचिव वी.एस. दुबे ने भारत के राष्ट्रपति द्वारा जारी किया गया 'वारंट ऑफ एपॉइंटमेंट' पढ़ा, जिसमें झारखंड के राज्यपाल के पद पर प्रभात कुमार की नियुक्ति की गई थी। फिर झारखंड उच्च न्यायालय के कार्यकारी मुख्य न्यायाधीश बी.के. गुप्ता ने राज्यपाल को शपथ दिलाई। एन.डी.ए. के विधायक दल के नेता बाबूलाल मरांडी झारखंड के प्रथम मुख्यमंत्री बने।

मुख्यमंत्री बाबूलाल मरांडी ने झारखंड के प्रथम कैबिनेट का विस्तार किया और 25 विधायकों को विभिन्न विभागों का मंत्री बनाया। झारखंड के प्रथम मंत्रिमंडल में निम्नलिखित लोग शामिल थे—

नाम	विभाग
श्री बाबूलाल मरांडी	मुख्यमंत्री, झारखंड मंत्रिमंडल एवं समन्वय, सूचना व जनसंपर्क, गृहकार्य, कार्मिक एवं प्रशासनिक सुधार व राजभाषा, सिविल विमानन, योजना विकास, सांस्थिक वित्त एवं कार्यक्रम क्रियान्वयन, निबंधन, सूचना तकनीकी, सहकारिता, सहायता एवं पुनर्वास, चिकित्सा, शिक्षा और वे सभी विभाग, जो किसी को आवंटित नहीं।
श्री लालचंद्र महतो	ऊर्जा
श्री समरेश सिंह	विज्ञान एवं प्रौद्योगिकी
श्री यमुना सिंह	वन एवं पर्यावरण

श्री देवीदयाल	कृषि
श्री मृगेंद्र प्रताप सिंह	वित्त (वाणिज्य कर व राष्ट्रीय बचत)
श्री रामजीलाल सारडा	विधि
श्री देवीधन बेसरा	खाद्य आपूर्ति, वाणिज्य, मत्स्य एवं पशुपालन
श्री रघुवर दास	श्रम, नियोजन एवं प्रशिक्षण
श्री अर्जुन मुंडा	कल्याण (अल्पसंख्यक कल्याण सहित)
श्री पशुपतिनाथ सिंह	उद्योग
श्री सघनु भगत	भवन-निर्माण एवं परिवहन
श्रीमती जोबा माँझी	पर्यटन, महिला एवं बाल कल्याण तथा आवास
श्री मधु सिंह	राजस्व एवं भूमि-सुधार
श्री रामचंद्र केसरी	जल संसाधन, संसदीय कार्य
श्री चंद्रमोहन प्रसाद	मानव संसाधन
श्री प्रदीप यादव	ग्रामीण विकास
श्री रवींद्र राय	खान एवं भूतत्त्व
श्री बैजनाथ राम	खेल-कूद, कला, संस्कृति एवं युवा कार्य
श्री रमेश सिंह मुंडा	उत्पाद, मद्यनिषेध
श्री बच्चा सिंह	नगर विकास
श्री सुदर्शन भगत	मानव संसाधन (राज्य मंत्री)
श्री जलेश्वर महतो	लोक स्वास्थ्य, अभियंत्रण
श्री नीलकंठ सिंह मुंडा	पथ-निर्माण (राज्य मंत्री)
श्री मधु कोड़ा	ग्राम्य अभियंत्रण संगठन
श्री दिनेश षाडंगी	स्वास्थ्य एवं परिवार कल्याण

झारखंड का शासन और प्रशासन

झारखंड राज्य के गठन के बाद भारतीय संविधान के अनुसार झारखंड में भी शासन पद्धति लागू की गई है। राज्यपाल की नियुक्ति संविधान के अनुच्छेद 153 के तहत की जाती है। राज्यपाल राज्य का सवैंधानिक प्रधान होता है। राज्यपाल राज्य कार्यपालिका का भी प्रधान होता है। भारतीय संविधान के अनुच्छेद 164 के अनुसार, राज्य में राज्यपाल मुख्यमंत्री एवं मंत्रीपरिषद् की नियुक्ति करता है। सामान्यत: बहुमत दल के नेता को राज्य में सरकार बनाने के लिए राज्यपाल द्वारा आमंत्रित किया जाता है। बहुमत दल के नेता मुख्यमंत्री का पदभार ग्रहण करता है। राज्यपाल मुख्यमंत्री के सलाह से मंत्रीपरिषद् की नियुक्ति करता है। मंत्री बनने के लिए विधानसभा का सदस्य होना अनिवार्य होता है। मुख्यमंत्री विधानसभा का नेता होता है। मंत्रीपरिषद् के गठन के बाद

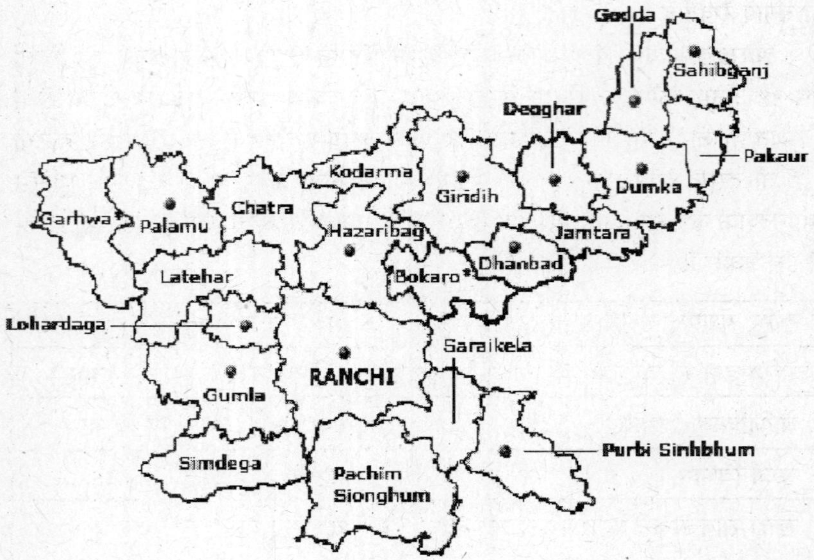

झारखंड : राजनीतिक मानचित्र

मुख्यमंत्री विधानसभा के कार्यों को आगे बढ़ाता है। मुख्यमंत्री को यह अधिकार है कि मतभेद होने या मंत्री के कार्य से असंतुष्ट होने की दशा में मंत्री को पदच्युत कर सकता है। झारखंड में वर्तमान में विधानसभा की 82 सीट एवं लोकसभा की 14 सीट हैं। राज्य में राज्यसभा की 6 सीट हैं।

झारखंड के गठन के बाद ही 15 नवंबर, 2000 को उच्च न्यायालय का गठन हुआ, जो राँची में स्थित है। वर्तमान में राँची उच्च न्यायालय में न्यायाधीशों की कुल संख्या मुख्य न्यायाधीश सहित 20 है। इनकी नियुक्ति राष्ट्रपति द्वारा होती है। उच्च न्यायालय को तीन प्रकार के क्षेत्राधिकार प्राप्त है—

- मूल क्षेत्राधिकार
- अपीलीय क्षेत्राधिकार
- प्रशासनिक क्षेत्राधिकार

मूल क्षेत्राधिकार के अंतर्गत संविधान की व्याख्या और नागरिकों के अधिकारों की सुरक्षा संबंधी मामले आते हैं। अपीलीय क्षेत्राधिकारों में उच्च न्यायालय अपने सभी अधीनस्थ न्यायालयों के आदेशों के विरुद्ध दायर हुई अपीलों को सुनता है। इसके बाद प्रशासकीय क्षेत्राधिकारों में अधीनस्थ्य न्यायालयों का निरीक्षण और उनपर नियंत्रण शामिल है। उच्च न्यायालय और अधीनस्थ न्यायालय राज्य में न्याय और दंड व्यवस्था

को बनाए रखते हैं।

झारखंड राज्य में प्रशासनिक व्यवस्था के अंतर्गत राज्य को 5 प्रमंडलों, 24 जिलों और 38 अनुमंडलों 260 प्रखंडों में बाँटा गया है। राज्य का प्रशासनिक मुख्यालय राँची में स्थित है, जो दो भागों में है। मुख्य भाग सचिवालय प्रोजेक्ट भवन, एच.ई.सी. हटिया में है तो दूसरा भाग नेपाल हाउस, डोरंडा में है। राज्य के मुख्य सचिव और पुलिस महानिदेशक का कार्यालय हटिया में है। राज्य के प्रशासनिक विभागों की संख्या 31 है, जो इस प्रकार हैं—

• कृषि, पशुपालन एवं सहकारिता विभाग	• भवन-निर्माण विभाग
• मंत्रिमंडल सचिवालय एवं निगरानी विभाग	• मंत्रिमंडल (निर्वाचन) विभाग
• वाणिज्यिक विभाग	• पेयजल एवं स्वच्छता विभाग
• ऊर्जा विभाग	• आबकारी विभाग
• खाद्य सार्वजनिक वितरण एवं उपभोक्ता मामले विभाग	• वन, पर्यावरण एवं जलवायु परिवर्तन विभाग
• स्वास्थ्य, चिकित्सा शिक्षा एवं परिवार कल्याण विभाग	• गृह, जेल एवं आपदा प्रबंधन विभाग
• उच्च एवं तकनीकी शिक्षा विभाग	• उद्योग विभाग
• सूचना एवं जनसंपर्क विभाग	• सूचना एवं प्रौद्योगिकी एवं इ-गवर्नेंस विभाग
• विधि विभाग	• खान एवं भूतत्त्व विभाग
• कार्मिक, प्रशासनिक सुधार एवं राजभाषा विभाग	• योजना-सह-वित्त विभाग
• राजस्व, पंजीकरण एवं भूमि सुधार विभाग • ग्रामीण विकास विभाग	• सड़क निर्माण विभाग • स्कूली शिक्षा एवं साक्षरता विभाग
• पर्यटन, कला संस्कृति, खेलकूद एवं युव कार्य विभाग	• परिवहन विभाग
• नगर विकास एवं आवास विभाग	• जल संसाधन विभाग
• कल्याण विभाग	• महिला, बाल विकास एवं सामाजिक सुरक्षा विभाग

इन सभी विभागों का कार्य राज्यपाल द्वारा संपादित होता है। जिस मंत्री के अधीन यह विभाग होता है, वह विभाग का प्रधान होता है। वह मंत्री अपनी सहायता के लिए एक सरकारी और एक गैर-सरकारी सचिव रख सकता है। उसके अन्य सहायकों में निजी सहायक एवं टंकक आदि होते हैं। सचिव सरकार का ही होता है और इसके सहायकों में विशेष सचिव, अतिरिक्त सचिव, संयुक्त सचिव, उप-सचिव, अपर सचिव एवं निबंधक होते हैं। विभागों में पद-वृद्धि वित्त विभाग की सहमति से होती है।

सचिवालय के मुख्य सचिव को लोकसेवाओं का अध्यक्ष कहा जाता है। वह सभी विभागों के बीच सहयोग और समन्वय सुनिश्चित करने का केंद्रबिंदु होता है। मंत्रिपरिषद् का मुख्य सलाहकार होने के नाते मुख्य सचिव सरकारी तंत्र का प्रधान कहा जाता है।

इन सभी विभागों के कार्यों के अध्ययन एवं निरीक्षण आदि के लिए राज्य में मुख्यमंत्री की सहायता के लिए सचिवालय होता है। सामान्यत: मुख्यमंत्री सचिवालय में भारतीय प्रशासनिक सेवा के वरिष्ठ पदाधिकारी को प्रमुख बनाया जाता है, जिसके अधीनस्थ सहायक उपसचिव, अपर सचिव एवं अन्य सचिव होते हैं। सचिवालय के मुख्य सचिव को लोकसेवाओं का अध्यक्ष कहा जाता है। वह सभी विभागों के बीच सहयोग और समन्वय सुनिश्चित करने का केंद्रबिंदु होता है। मंत्रिपरिषद् का मुख्य सलाहकार होने के नाते मुख्य सचिव सरकारी तंत्र का प्रधान कहा जाता है। यही मुख्य सचिव अन्य विभागों के सचिवों की संलेख सूचियाँ मुख्यमंत्री को पेश करता है और जनसंपर्क अधिकारी की प्रमुख भूमिका में केंद्र व अन्य राज्यों की सरकारों के साथ अपने राज्य की सरकार की वार्त्ता का सेतु बनता है। राज्य सचिवालय के प्रमुख कार्य निम्न प्रकार हैं—

- मुख्यमंत्री और मंत्रिपरिषद् को सचिवीय सहायता देना।
- राज्यपाल और मुख्यमंत्री से वांछित सूचनाओं को प्राप्त कर अधिकृत रूप से अग्रसारित करना।
- विभागीय नीतियों के प्रस्ताव और क्रियान्वयन में परामर्श देना।
- अत्यंत आवश्यक अध्यादेशों का प्रारूप तैयार करना।
- राज्यपाल के संदेशों और अभिभाषणों को तैयार करना।
- विभागीय मंत्रियों के प्रस्तावों पर निर्णय संबंधी काररवाई करना।
- वित्त विभाग के परामर्श से विभागीय बजट तैयार करना।
- वित्त संकट के समय आनेवाले सुझावों एवं समाधानों पर परामर्श देना।
- वेतन, नियुक्ति और पदोन्नति के नियम बनाना।

➢ स्थानांतरण एवं पदस्थापन आदि के बारे में काररवाई करना।
➢ विभागीय क्रियाकलापों की वार्षिक रिपोर्ट बनाना।
➢ सरकारी राजस्व वसूली को सुनिश्चित करना।
➢ विभागीय कार्यों के सुचारु क्रियान्वयन के लिए नीति व अनुदेश बनाना।
➢ प्रशिक्षण के लिए पदाधिकारियों का चयन और प्रशिक्षण नीति तय करना।
➢ आवश्यकतानुसार विभिन्न आयोगों का गठन करना।
➢ केंद्र व राज्य द्वारा विभागों को दी जानेवाली राशि का सामयिक एवं समुचित उपयोग सुनिश्चित करना।

इसके बाद राज्य में क्षेत्रीय प्रशासन होता है, जो व्यापक रूप से राज्य में सरकारी नीतियों, नियमों और सुविधाओं को आदेशात्मक रूप में क्रियान्वयन करता है। राज्य में क्षेत्रीय प्रशासन को पाँच भागों में बाँटा गया है—

➢ प्रमंडलीय प्रशासन
➢ जिला प्रशासन
➢ अनुमंडल प्रशासन
➢ प्रखंडीय प्रशासन
➢ ग्राम पंचायत।

प्रमंडलीय प्रशासन

राज्य में पाँच प्रमंडल हैं, जिनके प्रमुख प्रमंडलीय आयुक्त होते हैं। ये आयुक्त भारतीय प्रशासनिक सेवा के वरीय और अनुभवी अधिकारी होते हैं। आयुक्त के कार्यों में जिलाधिकारियों के विधि-विकास कार्यों में पर्यवेक्षक की भूमिका और न्यायालयों के कार्य आदि होते हैं। आयुक्त के सहायक अपर जिला दंडाधिकारी स्तर के सचिव के अलावा एक उपनिदेशक (खाद्य), उपनिदेशक (पंचायती राज) और अपर जिला दंडाधिकारी (फ्लाइंग स्क्वॉयड) के रूप में होते हैं।

जिला प्रशासन

इस व्यवस्था का उद्देश्य सरकार की सभी सेवाओं को प्रभावी ढंग से नागरिकों तक पहुँचाना है। इसका प्रमुख जिलाधिकारी होता है। राज्य में जिलाधिकारी को 'उपायुक्त' पदनामित किया जाता है और इसे विभिन्न स्वरूपों में अपना कार्यभार सँभालना होता है। कलेक्टर के रूप में उपायुक्त को निम्न कार्य करने होते हैं—

- भू-राजस्व वसूली।
- कैनाल एवं अन्य शुल्कों की वसूली।
- विभिन्न राजकीय ऋणों की वसूली।

- राष्ट्रीय विपदाओं का मूल्यांकन और उनमें सहायता कार्य।
- स्टांप ऐक्ट का प्रभावी क्रियान्वयन।
- सामान्य एवं विशेष भूमि अर्जन का कार्य।
- जमींदारी बॉण्ड्स का भुगतान।
- भू-अभिलेखों का समुचित रख-रखाव।
- भूमि पंजीकरण का कार्य।
- सांख्यिकी संबंधी रिकॉर्ड रखना।

कलेक्टर की भूमिका के साथ ही उपायुक्त को जिला पदाधिकारी की भूमिका भी निभानी पड़ती है। नागरिक सुविधाओं के क्रियान्वयन हेतु इस भूमिका में उपायुक्त के कार्य इस प्रकार हैं—

- राज्य सरकार के आदेशों का क्रियान्वयन करना।
- जिला कोषागार का प्रबंध करना।
- प्रशासनिक पदाधिकारियों को प्रशिक्षण देना।
- चरित्र प्रमाण-पत्र एवं नागरिकता संबंधी प्रमाण-पत्र निर्गत करना।
- अनुसूचित जाति, जनजाति, पिछड़े वर्गों, सैनिकों और भूमिहीनों के लिए भूमि-बंदोबस्त संबंधी कार्य करना।
- जिला समाहरणालय में दंडाधिकारियों की प्रतिनियुक्ति करना।
- कर्मचारियों एवं पदाधिकारियों के पेंशन संबंधी मामलों का निष्पादन करना।
- जिला स्तरीय समितियों की अध्यक्षता और नियमित बैठकों का आयोजन करना।
- केंद्र अथवा राज्य के मंत्रियों के जिले में आगमन पर सुरक्षा-प्रबंध करना।
- जिला स्तर के सभी अधिकारियों पर बजट नियंत्रण रखना।
- राष्ट्रपति, प्रधानमंत्री, उपराष्ट्रपति के जिला-भ्रमण दौरों पर सुरक्षा-प्रबंध करना।
- सामान्य नागरिकों की शिकायतें सुनकर आवश्यक काररवाई करना।
- जिले में शिक्षा की गुणवत्ता बनाए रखने के लिए शिक्षा पदाधिकारियों का पर्यवेक्षण करना।
- जिले में मूलभूत सुविधाओं का आपूर्ति संबंधी पर्यवेक्षण करना।
- अनुमंडल/प्रखंड/ग्राम्य स्तर के पदाधिकारियों पर नियंत्रण, पर्यवेक्षण और उन्हें अवकाश देने संबंधी कार्य करना।

उपायुक्त को इन दो भूमिकाओं के बाद जिला दंडाधिकारी के रूप में भी जिले में शांति व्यवस्था बनाए रखने का महत्त्वपूर्ण कार्य करना होता है। इस भूमिका में उसके कार्य निम्नलिखित हैं—

- पर्व, त्योहार और विशेष व्यक्ति की सुरक्षा में दंडाधिकारी की तैनाती करना।
- अनुसूचित जाति, जनजाति, पिछड़े वर्ग को प्रमाण-पत्र देना।
- अशांति, हिंसा और दंगों की स्थिति में सेना का प्रभावित क्षेत्र में फ्लैग मार्च कराना।
- बिगड़ती न्याय व्यवस्था के नियंत्रण के लिए आवश्यक कदम उठाना, कर्फ्यू लगाना आदि।
- अधीनस्थ कार्यपालक दंडाधिकारियों की प्रतिनियुक्ति करना।
- जेलों का औचक अथवा पूर्व नियोजित, नियोजित निरीक्षण करना।
- बंदियों को व्यवहार के आधार पर श्रेणी देना अथवा पैरोल पर छोड़ना।
- अपराधों की वार्षिक रिपोर्ट राज्य सरकारों को सौंपना।
- जिला अंतर्गत सभी थानों का वार्षिक निरीक्षण करना।
- आपदा, दुर्घटना, उग्रवादी गतिविधियों में पीड़ितों को मुआवजा देना।
- जिला स्तर के विभिन्न चुनावों को शांतिपूर्वक संपन्न कराना।
- जिले में मनोरंजन संस्थाओं से मनोरंजन कर लागू करके वसूलना।
- जिले की मतदाता सूची को अद्यतन कराना।
- संसदीय/विधानसभा क्षेत्रों का पुनर्सीमन कराना।
- जनगणना संबंधी कार्य पूर्ण कराना।

जिला उपायुक्त को विभिन्न जिला स्तरीय विभागों के बीच सहयोग एवं समन्वय बनाकर रखना पड़ता है। इस समन्वयक भूमिका में वह निम्नलिखित विभागों और उनके पदाधिकारियों से निरंतर संपर्क में रहता है—

- पुलिस विभाग के पुलिस अधीक्षक से।
- वन विभाग के वन पदाधिकारी से।
- शिक्षा विभाग के जिला शिक्षा पदाधिकारी से।
- सहकारी विभाग के सहायक निबंधक से।
- कृषि विभाग के जिला कृषि पदाधिकारी से।
- खनन विभाग के सहायक खनन पदाधिकारी से।
- चिकित्सा विभाग के सिविल सर्जन से।
- निबंधन विभाग के सहायक निबंधक से।
- उद्योग विभाग के जिला उद्योग पदाधिकारी से।
- उत्पाद विभाग के अधीक्षक से।
- आपूर्ति विभाग के जिला आपूर्ति पदाधिकारी से।

इस प्रकार जिलाधिकारी/उपायुक्त जिले का प्रमुख होता है, जो अपनी पूर्ण क्षमता

और अधिकारों के साथ जिले के नागरिकों और राज्य सरकार के बीच सुविधा-सेतु का कार्य करता है।

अनुमंडल प्रशासन

जिला प्रशासन के बाद क्षेत्रीय प्रशासन में अनुमंडल प्रशासन आता है, जिसका प्रमुख अनुमंडल पदाधिकारी (एस.डी.एम.) होता है। यह पद भारतीय प्रशासनिक सेवा के पदाधिकारी अथवा राज्य प्रशासनिक सेवा के पदाधिकारी को सौंपा जाता है। झारखंड के अनुमंडल प्रशासन में दोनों प्रकार के पदाधिकारी हैं। ये पदाधिकारी भी अपने क्षेत्र में जिलाधिकारी की भाँति ही कई भूमिकाओं का निर्वाह करते हैं। राजस्व, विधि और न्याय संबंधी कार्यों में इनकी प्रमुख भूमिका होती है। इसके साथ ही ये विकास संबंधी योजनाओं का पर्यवेक्षण और क्रियान्वयन करने का कार्य भी करते हैं।

झारखंड के अनुमंडल प्रशासन में दोनों प्रकार के पदाधिकारी हैं। ये पदाधिकारी भी अपने क्षेत्र में जिलाधिकारी की भाँति ही कई भूमिकाओं का निर्वाह करते हैं। राजस्व, विधि और न्याय संबंधी कार्यों में इनकी प्रमुख भूमिका होती है। इसके साथ ही ये विकास संबंधी योजनाओं का पर्यवेक्षण और क्रियान्वयन करने का कार्य भी करते हैं।

यह पदाधिकारी कृषि और भूमि संबंधी राजस्व वसूलने और अंचलाधिकारियों के आदेशों के विरुद्ध अपील सुनने का कार्य करता है। अपने अधीनस्थ प्रतिनियुक्तियों का कार्य करता है। क्षेत्र में कानून व्यवस्था बनाए रखने हेतु पुलिस पर नियंत्रण और आदेश जारी करता है। क्षेत्र में शस्त्र आवेदनों पर अनुशंसा के साथ शस्त्रों का वार्षिक निरीक्षण भी करता है। साथ ही क्षेत्र में आनेवाले जिला/राज्य/केंद्र के विशेष व्यक्तियों की सुरक्षा का प्रबंध करता है।

प्रखंड प्रशासन

जिला प्रशासन की दूसरी सीढ़ी प्रखंड प्रशासन है, जिसमें अंचलाधिकारी, प्रखंड विकास अधिकारी, प्रखंड कृषि पदाधिकारी, पशुपालन पदाधिकारी, प्रखंड आपूर्ति पदाधिकारी, प्रखंड कल्याण पदाधिकारी आदि पदनामित पदाधिकारी सम्मिलित होते हैं। इनमें अंचलाधिकारी और प्रखंड विकास अधिकारी के पद और कार्य प्रमुख होते हैं।

अंचलाधिकारी एवं उसके कार्य

अंचलाधिकारी का पद राज्य प्रशासनिक सेवा अथवा अन्य सेवाओं से प्रोन्नत हुए पदाधिकारी को दिया जाता है। अंचल के अंतर्गत आनेवाले ग्रामीण क्षेत्रों में इसके प्रमुख कार्य इस प्रकार हैं—

- भू-राजस्व, भू-अभिलेख, विधि व्यवस्था का संधारण करना।
- चुनाव, जनगणना, कृषि सांख्यिकी, आय प्रमाण-पत्र, जाति प्रमाण-पत्र, आवासीय प्रमाण-पत्र जारी करना।
- पर्व-त्योहारों में शांति-व्यवस्था, सौहार्द बनाने और विशिष्ट व्यक्तियों की सुरक्षा का प्रबंधन करना।
- राज्य में आदिवासियों के भूमि-संबंधी अधिकारों की सुरक्षा करना।
- समाज कल्याण के सभी कार्यों का संपादन करना।
- आपदा, दुर्घटना, दंगा पीड़ित लोगों के मुआवजे का आकलन और मुआवजा देने का कार्य करना।

प्रखंड विकास अधिकारी एवं उसके कार्य

यह राज्य प्रशासनिक सेवा के पदाधिकारी अथवा राज्य कृषि सेवा के अधिकारियों को सौंपा जानेवाला पद है। यह अधिकारी प्रखंड के सभी विभागों के अधिकारियों के बीच सहयोगी और समन्वयक की भूमिका निभाता है। इसके प्रमुख कार्य निम्नलिखित हैं—

- केंद्र सरकार की योजनाओं का क्रियान्वयन करना।
- ग्रामीण क्षेत्रों में स्वरोजगार संबंधी आवेदनों की अनुशंसा करना।
- ग्रामीण क्षेत्रों में विकास योजनाओं को क्रियान्वित करना।

ग्राम पंचायत

झारखंड में त्रिस्तरीय पंचायत व्यवस्था के अंतर्गत पंचायत राज अधिनियम की धारा-11 के अनुसार ग्राम पंचायत, पंचायत समिति और जिला परिषद् शामिल है। राज्य में जनसंख्या के अनुपात में ग्रामसभा में अनुसूचित जाति, जनजाति के लिए आरक्षण व्यवस्था लागू की गई है। झारखंड के 260 प्रखंडों में से 132 प्रखंडों को अनुसूचित क्षेत्र घोषित किया गया है। 2 सितंबर, 2005 के झारखंड उच्च न्यायालय के निर्णय के बाद राज्य में त्रिस्तरीय पंचायत चुनाव संपन्न हुए। झारखंड राज्य में प्रथम पंचायत चुनाव झारखंड पंचायती राज अधिनियम, 2001 के आधार पर 2010 ई. में संपन्न किया गया। ग्राम पंचायत के लिए आवश्यक नियमों के अनुसार, ग्राम पंचायत में मुखिया और निर्वाचित सदस्यों की प्रत्यक्ष भूमिका स्वीकृत की गई है। ग्राम पंचायत अधिकारी के लिए अर्हताएँ निर्धारित हैं। ग्राम पंचायत में मुखिया अथवा उसकी अनुपस्थिति की दशा में उपमुखिया के कर्तव्य इस प्रकार निर्धारित हैं—

- ग्रामसभा की बैठक आयोजित करना।
- ग्राम पंचायत की बैठकों को की अध्यक्षता करना।
- ग्राम पंचायत के अभिलेखों और पंजियों की अभिरक्षा करना।

- ग्राम पंचायत निधि के भुगतान व चेक जारी करना।
- ग्राम पंचायत निधि की सुरक्षित अभिरक्षा करना।
- ग्राम पंचायत के कर्मियों पर प्रशासनिक नियंत्रण रखना।

ग्राम पंचायत के इन कार्यों पर ग्रामसभा की निगरानी होती है, जो ग्राम के पंजीकृत मतदाताओं से बनती है। ग्रामसभा ग्राम पंचायत की विधायिका का कर्य करती है। ग्रामसभा के कार्य निम्नलिखित होते हैं—

- ग्रामीण योजनाओं का आकलन और उनकी प्राथमिकता का निर्धारण।
- ग्रामीण पंचायत के वार्षिक बजट पर विमर्श और सिफारिश कार्य।
- ग्रामीण क्षेत्रों में सफाई और स्वच्छता कार्य सुनिश्चित करना।
- क्षेत्र के जन्म, मृत्यु एवं विवाह अभिलेखों का रख-रखाव।
- ग्राम्य वनों का संरक्षण और वृक्षारोपण।
- युवा कल्याण, परिवार कल्याण व खेल-कूद योजनाओं का विस्तार।
- पंचायत के वार्षिक लेखा व अंकेक्षण प्रतिवेदन पर विचार।
- ग्रामीण उन्मूलन व अन्य कार्यक्रमों के लाभार्थियों का चयन।
- ग्रामसभा की संपत्तियों का संरक्षण।
- पंचायत समिति और जिला परिषद् द्वारा दिए गए कार्यों का क्रियान्वयन।
- आवारा एवं बीमार पशुओं के लिए पशुशाला का निर्माण।
- ग्रामीण योजना निधियों का समुचित उपयोग सुनिश्चित करना।

ग्रामसभा को जो अधिकार प्रदान किए गए हैं, उनमें 'ग्राम रक्षा दल' की नियुक्ति भी है। यद्यपि यह कुछ ही राज्यों में लागू है। झारखंड के पंचायती राज अधिनियम, 2001 के अनुसार ग्राम पंचायत 'ग्राम रक्षा दल' का गठन करती है। ग्रामीण पुलिस की भूमिका का निर्वाह करते हुए गाँव के युवा और योग्य व्यक्ति इस दल के सदस्य होते हैं। 'ग्राम रक्षा दल' के निम्नलिखित कार्य हैं—

- रात्रि पहरा और अवांछनीय गतिविधियों को रोकना।
- बाँध या पुलों को सुरक्षा प्रदान करना।
- आगजनी की घटना में सामूहिक सुरक्षा व्यवस्था करना।
- प्राकृतिक आपदा, महामारी एवं अतिवृष्टि के समय आवश्यक उपाय करना।
- ग्रामवासियों के जान-माल को चोर-डकैतों से सुरक्षा करना।

झारखंड राज्य के शासन-प्रशासन में नगरीय प्रशासन की भूमिका शहरी क्षेत्रों का सुनियोजित विकास, स्थानीय संसाधनों का अधिकतम लाभ हेतु उपयोग, स्वास्थ्य व्यवस्था, लोक सेवाओं का निरूपण आदि की सुविधाएँ उपलब्ध कराने की होती है। यह निम्न निकायों के द्वारा गठित नगरीय प्रशासन होता है—

नगर निगम

10 लाख से अधिक, लेकिन 20 लाख से कम जनसंख्या वाले शहरों में नगर निगम का गठन होता है। झारखंड में राँची, धनबाद, देवघर, हजारीबाग, चास एवं रामगढ़ में नगर निगम स्थापित हैं।

नगर परिषद्

नगर परिषद् का गठन सन् 1922 में ही हो गया था, जो कई संशोधनों के बाद वर्तमान रूप में आया है। नगर परिषद् क्षेत्र की आबादी 5 लाख से 10 लाख के बीच होती है। इसके चार अंग होते हैं—

- परिषद्
- समिति
- अध्यक्ष/उपाध्यक्ष
- कर्मचारी।

नगर परिषद् के सदस्यों की संख्या राज्य सरकार निर्धारित करती है। 2016 ई. में झारखंड में नगर परिषद् की कुल संख्या 18 है। इसमें 80 प्रतिशत सदस्य निर्वाचित होते हैं। शेष को मनोनीत किया जाता है। वार्डों में विभाजित नगर परिषद् के प्रत्येक वार्ड का एक पार्षद (कौंसलर) होता है। नगर परिषद् के अध्यक्ष एवं उपाध्यक्ष अवैतनिक होते हैं। प्रमुख कार्यपालक अधिकारी व उसके सहायक राजस्व, स्वास्थ्य, जल अभियंता, लेखपाल, कनिष्ठ अभियंता, कर दरोगा व अन्य कर्मचारी होते हैं। नगर परिषद् के प्रमुख कार्य निम्नलिखित हैं—

- पेयजल की आपूर्ति, हैंडपंपों की स्थापना और रख-रखाव।
- जन्म और मृत्यु का पंजीकरण व प्रमाण-पत्र निर्गत करना।
- प्राथमिक विद्यालयों की स्थापना और शिक्षा-व्यवस्था।
- नगर के सभी मकानों के नंबरों का निर्धारण करना।
- सार्वजनिक सड़कों एवं गलियों पर प्रकाश-व्यवस्था करना।
- नगर की नालियों का निर्माण, रख-रखाव और सफाई करना।
- सार्वजनिक स्थलों एवं पार्कों आदि की साफ-सफाई करना।
- मच्छर, कीड़ों आदि के प्रकोप की रोकथाम के लिए आवश्यक कदम उठाना।
- स्वास्थ्य संबंधी कार्य, अस्पतालों का रख-रखाव और सफाई आदि कराना।
- पेयजल की स्वच्छता बनाए रखने के लिए कुओं और हैंडपंपों का रख-रखाव।

इनके अतिरिक्त नगरीय प्रशासन में क्षेत्रीय विकास प्राधिकारी, उन्नयन न्यास और नगर पंचायत भी संबंधित क्षेत्र के सर्वांगीण विकास, उसकी नागरिक सुरक्षा, सुविधाओं,

आवश्यकताओं व नागरिक अधिकारों के तहत कार्य करते हैं। झारखंड राज्य में 'क्षेत्रीय विकास परिषद्' अभी केवल राँची में ही कार्यरत है। इसके कार्यों में भी सड़क, बिजली, पानी आदि की समुचित व्यवस्था करना है। उन्नयन न्यास भी इन्हीं कार्यों को करते हैं। नगर पंचायत 5,000–10,000 की आबादीवाले क्षेत्र में गठित होते हैं। यह व्यवस्था उन ग्रामीण क्षेत्रों में स्थापित की जाती है, जो शहरीकरण की दिशा में तेजी से आगे बढ़ने लगते हैं। ऐसे समय में नगर पंचायत योजनाबद्ध विकास के साथ बिजली, पानी, सड़क और स्वच्छता के कार्य संपादित करती है। झारखंड में 15 नगर पंचायत हैं।

छावनी बोर्ड

यह उन शहरों में स्थापित किया जाता है, जहाँ सैन्य छावनियाँ होती हैं। ये भारत के प्रतिरक्षा मंत्रालय के अंतर्गत कार्य करते हैं और इनकी कार्यप्रणाली नगरपालिकाओं के समान ही होती है। राज्य सरकार का इन छावनी बोर्ड पर कोई नियंत्रण नहीं होता। झारखंड राज्य में एकमात्र छावनी बोर्ड रामगढ़ में स्थापित है।

इसके अतिरिक्त दो अधिसूचित क्षेत्र समिति और एक नगर पालिका जुगसलाई है।

प्रमंडल एवं जिला प्रशासन

झारखंड राज्य को पाँच प्रमंडलों में बाँटा गया हैं और भौगोलिक स्थिति के आधार पर प्रत्येक प्रमंडल में जिलों की संख्या भिन्न है। इन पाँचों प्रमंडलों की जानकारी निम्न प्रकार है—

1. उत्तरी छोटानागपुर प्रमंडल

इस प्रमंडल का मुख्यालय हजारीबाग में है। इसके अंतर्गत सात जिले आते हैं। इनमें रामगढ़ जिले को हजारीबाग जिले से पृथक् कर बनाया गया है।

हजारीबाग

सन् 1834 में स्वतंत्र अस्तित्व में आया यह जिला सन् 1872 तक चार अनुमंडलों सदर, चतरा, गिरिडीह और बरही के साथ बहुत बड़ा जिला था। सन् 1994 में चतरा और कोडरमा इससे अलग हुए और राज्य के गठन के बाद रामगढ़ को स्वतंत्र किया गया। इस जिले की भौगोलिक स्थिति छोटानागपुर पठार क्षेत्र के उत्तर में है और यह समुद्रतल से 300–600 मीटर ऊपर है। जिले का क्षेत्रफल 4,313.15 वर्ग कि.मी. और जनसंख्या 17,34,005 (2011) है। जिले की जनसंख्या में 8,91,179 पुरुष और 8,42,826 स्त्रियाँ हैं। बरही और हजारीबाग दो अनुमंडल हैं। जिले का लिंग अनुपात 946/1000 है। जनसंख्या घनत्व 403 व्यक्ति प्रतिवर्ग किलोमीटर और साक्षरता दर 70.48 प्रतिशत है। इसमें पुरुष साक्षरता दर 81.15 प्रतिशत और स्त्री साक्षरता दर 59.25 प्रतिशत है।

अभ्रक और कोयला इस जिला का मुख्य खनिज है। बराकर एवं दामोदर यहाँ की प्रमुख नदियाँ हैं।

रामगढ़

हजारीबाग से पृथक् होकर रामगढ़ जिला का निर्माण किया गया है। इसका क्षेत्रफल 1211.06 वर्ग किलोमीटर है। यहाँ की जनसंख्या 2011 ई. की जनगणना के अनुसार 9,49,443 व्यक्ति हैं, जिसमें 4,34,037 पुरुष और 4,55,122 स्त्रियाँ हैं। जिले का लिंगानुपात 921 प्रति हजार है। जनसंख्या घनत्व 708 व्यक्ति प्रति वर्ग किलोमीटर है। यहाँ की साक्षरता दर 73.92 प्रतिशत है, जिसमें पुरुष साक्षरता दर 82.4 प्रतिशत और स्त्री साक्षरता दर 63.49 प्रतिशत है। यहाँ कोयला, चूना-पत्थर, अभ्रक आदि प्रमुख खनिज पाए जाते हैं। सीमेंट, कैल्शियम कार्बाइड और माइल्ड स्टील के कारखाने रामगढ़ में स्थापित हैं। रामगढ़ में सैन्य छवनी स्थित है तथा दामोदर और बराकर यहाँ की प्रमुख नदियाँ हैं।

कोडरमा

हजारीबाग से पाँच प्रखंड को अलग कर 10 अप्रैल, 1984 ई. को कोडरमा जिला का गठन किया गया। इसके पूर्व में गिरिडीह जिला, पश्चिम में गया (बिहार), उत्तर में नवादा (बिहार) और दक्षिण में हजारीबाग जिला है। इस जिले का क्षेत्रफल 1311.63 वर्ग किलोमीटर है। यहाँ की कुल जनसंख्या 7,16,259 है, जिसमें 3,67,222 पुरुष और 3,49,037 स्त्रियाँ हैं। जिले में लिंगानुपात 949 प्रति हजार है। जनसंख्या घनत्व 427 व्यक्ति प्रति वर्ग किलोमीटर है। जिले की साक्षरता दर 66.84 प्रतिशत है, जिसमें पुरुष साक्षरता दर 79.8 प्रतिशत और स्त्री साक्षरता दर 53.2 प्रतिशत है। इसके दो प्रमुख शहर कोडरमा और झुमरीतिलैया है। अभ्रक और चूना प्रमुख खनिज है। दामोदर, बरसोही और सकरी प्रमुख नदियाँ हैं।

चतरा

हजारीबाग का एक अनुमंडल चतरा, जिसे 1994 में अलग जिला बनाया गया, जिसका क्षेत्रफल 3,706 वर्ग किलोमीटर है। चतरा जिला में 10 प्रखंड हैं तथा जिले की कुल जनसंख्या 10,42,886 है, जिसमें पुरुषों की संख्या 5,33,935 और स्त्रियों की संख्या 5,08,951 है। इस जिले का लिंगानुपात 953 प्रति हजार है। जनसंख्या घनत्व 280 व्यक्ति प्रति वर्ग किलोमीटर है। जिले की साक्षरता दर 60.2 प्रतिशत है। कोयला, अभ्रक, चूना पत्थर यहाँ के प्रमुख खनिज हैं। औद्योगिक दृष्टि से यह पिछड़ा जिला है।

धनबाद

24 अक्तूबर, 1956 ई. में इस जिला का गठन हुआ। जिले का क्षेत्रफल 2,070.68 वर्ग किलोमीटर है। धनबाद की कुल जनसंख्या 26,84,487 है, जिसमें 14,05,956 पुरुष और 12,78,531 स्त्रियाँ हैं। धनबाद में लिंगानुपात 909 प्रति हजार है, जो झारखंड में सबसे कम है, जबकि जनसंख्या घनत्व 1316 व्यक्ति प्रति वर्ग किलोमीटर है, जो राज्य में सर्वाधिक है। यहाँ की साक्षरता दर 75.05 प्रतिशत है, जिसमें पुरुष साक्षरता दर 83.8 प्रतिशत और स्त्री साक्षरता दर 64.3 प्रतिशत है। यहाँ की प्रमुख नदियाँ दामोदर, बराकर और कोनार है। प्रमुख खनिज अभ्रक, कोयला और कायनाइट हैं।

बोकारो

इस जिले की स्थापना 1951 ई. में धनबाद जिले के दो प्रखंड और गिरिडीह जिले के 6 प्रखंडों को मिलाकर की गई थी। समुद्रतल से औसत ऊँचाई लगभग 210 मीटर है। जिले का कुल क्षेत्रफल 2,660.82 वर्ग किलोमीटर है। जिले की जनसंख्या 20,62,330 है और जनसंख्या घनत्व 715 व्यक्ति प्रति वर्ग किलोमीटर है। पुरुष जनसंख्या 10,72,807 और स्त्रियों की संख्या 9,89,523 है। इस जिले की साक्षरता दर 72.01 प्रतिशत है। इसमें पुरुष साक्षरता दर 82.5 प्रतिशत और स्त्री साक्षरता दर 60.6 प्रतिशत है। जिले का लिंगानुपात 922 प्रति हजार है। यहाँ का प्रमुख खनिज कोयला है। औद्योगिक दृष्टि से यह विकसित जिला है। जहाँ बोकारो स्टील प्लांट, विद्युत् संयंत्र, जेपी सीमेंट और गैस बाटलिंग प्लांट आदि कई बड़े उद्योग स्थापित हैं। सी.सी.एल. एवं बी.सी.सी.एल. के अंतर्गत बेरमो, दुग्धा और चंदनक्यारी कोयले की प्रमुख खानें हैं।

गिरिडीह

इस जिला का गठन 6 दिसंबर, 1972 ई. में हुआ था। इसका कुल क्षेत्रफल 4,887.05 वर्ग किलोमीटर है। इसकी जनसंख्या 24,45,474 है और जनसंख्या घनत्व 493 व्यक्ति प्रति वर्ग किलोमीटर है। जनसंख्या में 12,58,098 पुरुष एवं 11,87,376 स्त्रियाँ हैं। जिले की साक्षरता दर 63.14 प्रतिशत है, जिसमें पुरुष साक्षरता दर 76.8 प्रतिशत और महिला साक्षरता दर 48.7 प्रतिशत है। इस जिले का प्रमुख खनिज कोयला है। यहाँ उद्योगों की संख्या पर्याप्त मात्रा में है। शिवम आयरन ऐंड स्टील कंपनी, बाल मुकुंद स्टील प्राइवेट लिमिटेड, नरसिंह सीमेंट कंपनी, अमरनाथ राइस ऐंड ऑयल मिल आदि औद्योगिक इकाइयाँ स्थापित हैं। गिरिडीह जिले में विनोबा भावे विश्वविद्यालय से संबद्ध 6 महाविद्यालय स्थापित हैं। राष्ट्रीय राजपथ संख्या-2 इस जिले से होकर गुजरता है।

2. दक्षिणी छोटानागपुर प्रमंडल

इस प्रमंडल का अधिकांश भाग पठारी है। समुद्र तल से औसत ऊँचाई लगभग 600 मीटर है। इसका मुख्यालय राँची में स्थित है। इस प्रमंडल में 5 जिले—राँची, खूँटी, गुमला, सिमडेगा और लोहरदगा सम्मिलित हैं। इस प्रमंडल का प्रमुख फसल धान है। वर्तमान में सब्जी उत्पादन का प्रमुख केंद्र बन गया है।

इस प्रमंडल के जिलों का विवरण इस प्रकार है—

राँची

राँची दक्षिणी छोटानागपुर प्रमंडल का मुख्यालय के साथ-साथ झारखंड राज्य की राजधानी भी है। राँची जिले का कुल क्षेत्रफल 4,962.82 वर्ग किलोमीटर है। जनसंख्या की दृष्टि से यह राज्य का सबसे बड़ा जिला है, जिसकी जनसंख्या 29,14,253 है। जनसंख्या में पुरुषों की संख्या 14,94,937 तथा स्त्रियों की संख्या 14,19,316 है। जिले का लिंगानुपात 949 प्रति हजार है, जबकि जनसंख्या घनत्व 572 व्यक्ति प्रति वर्ग किलोमीटर है। इस जिले की साक्षरता दर राज्य में सबसे अधिक 76.10 प्रतिशत है। यहाँ पुरुष साक्षरता दर 84.30 प्रतिशत और महिला साक्षरता दर 67.40 है।

राँची जिले का पूर्व में नाम लोहरदगा था, जिसे 1899 में राँची नाम दिया गया। औसतन 2,140 फीट पर स्थित राँची में दो अनुमंडल—राँची और बुंडू है। राँची अनुमंडल में 14 प्रखंड और बुंडू अनुमंडल में 4 प्रखंड है। राँची जिले में कुल 303 पंचायतें हैं।

राँची में प्रमुख खनिज बॉक्साइट, एस्बेस्टस, मोनाजाइट, चीनी-मिट्टी, चूना-पत्थर आदि हैं। उद्योगों में भारी उद्योग निगम, हय्या, गार्डेन रीच शिपबिल्डर्स एंड इंजीनियरिंग लि., हिंडाल्को सहित कई बड़े कारखाने हैं और सैकड़ों मध्यम श्रेणी के उद्योग हैं।

स्वर्णरेखा, शंख, जुमार और दक्षिण कोयल यहाँ की प्रमुख नदियाँ हैं। पर्यटन क्षेत्रों में नक्षत्र वन, रॉक गार्डन और हुँडरू जलप्रपात प्रमुख हैं। चुटिया का राममंदिर, जगन्नाथ मंदिर और देवड़ी मंदिर प्रमुख धर्मस्थल हैं क्रीड़ा क्षेत्र में राँची ने बड़ा योगदान दिया है। यहाँ कई स्टेडियम हैं। प्राकृतिक सौंदर्य से भरपूर इस जिले में 'भगवान् बिरसा जैविक उद्यान' दर्शनीय है। राँची जमशेदपुर मार्ग पर काँची नदी, स्वर्णरेखा की सहायक नदी द्वारा दशम जलप्रपात, ऊँचाई 144 फीट, जोन्हा या गौतमधारा जलप्रपात भी प्रमुख दर्शनीय पर्यटन स्थल हैं।

शिक्षा के क्षेत्र में राँची जिला सभी प्रकार की शिक्षाओं का केंद्र है। तकनीकी शिक्षा के लिए अनेक निजी और कई राजकीय शिक्षण संस्थान हैं। यहाँ बिरसा मुंडा हवाई अड्डा है। राष्ट्रीय राजपथ संख्या 33,75 और 23 यहाँ से गुजरते हैं।

खूँटी

12 सितंबर, 2007 में राँची से 6 प्रखंडों को अलग कर खूँटी जिला सृजित किया गया। इस जिले का कुल क्षेत्रफल 2610.86 वर्ग किलोमीटर है। यहाँ की जनसंख्या 5,31,885 और जनसंख्या घनत्व 210 व्यक्ति प्रति वर्ग किलोमीटर है। इस जिले में पुरुषों की संख्या 2,65,939 और महिलाओं की संख्या 2,64,360 है। जिले की साक्षरता दर 63.86 प्रतिशत है। इसमें पुरुष साक्षरता दर 74.10 प्रतिशत और महिला साक्षरता दर 53.71 प्रतिशत है।

खूँटी जिले के खनिजों में बॉक्साइट और चूना पत्थर प्रमुख हैं। पर्यटन स्थलों में पंचघाघ जलप्रपात, बिरसा मृग विहार आदि प्रमुख हैं। यद्यपि अधिकांश उद्योग-धंधे राँची में ही हैं, तथापि कई छोटे-छोटे औद्योगिक कारखाने यहाँ भी स्थापित हो चुके हैं।

बिरसा मुंडा की जन्मस्थली उलिहातू, डोमबाड़ी बुरू जहाँ से उलगुलान शुरू हुआ, खूँटी जिले में स्थित है। यह जिला लाह का सबसे बड़ा उत्पादक जिला है। चाईबासा रोड पर स्थित पंचघाघ जलप्रपात, आँगनबाड़ी, जो शिव मंदिर है, कालामाटी का बिरसा मृग विहार है, खूँटी तमाड़ रोड पर रानी जलप्रपात, छाता नदी पर पेरवाघाघ जलप्रपात आदि दर्शनीय स्थल हैं।

गुमला

गुमला का अर्थ मुंडारी भाषा में धान कूटना है, जो स्थानीय लोगों का मुख्य पेशा है। ऐसा माना जाता है कि गौ-मेला लगने के कारण ही इस क्षेत्र का नाम गुमला पड़ा। गुमला पहले लोहरदगा जिले का एक हिस्सा था, जो 1899 ई. में राँची जिले का हिस्सा बना और 1902 ई. में राँची का एक अनुमंडल बनाया गया। 1984 ई. में राँची जिले से पृथक् कर गुमला को स्वतंत्र जिला बनाया गया। जिले का कुल क्षेत्रफल 5,320.94 वर्ग किलोमीटर है तथा 2011 की जनगणना के अनुसार यहाँ की कुल जनसंख्या 10,25,213 है और जनसंख्या घनत्व 191 व्यक्ति प्रति वर्ग किलोमीटर है। जनसंख्या में 5,14,390 पुरुष और 5,10,823 स्त्रियाँ हैं। इस जिले के औसत साक्षरता दर 64.7 प्रतिशत है। इसमें पुरुष साक्षरता दर 75.9 प्रतिशत और महिला साक्षरता दर 55.9 प्रतिशत है। गुमला जिले की कुल जनसंख्या का दो तिहाई जनजातीय जनसंख्या है।

गुमला जिले की मुख्य नदियाँ—कोयल और शंख हैं। यहाँ के मुख्य खनिज सीसा, बॉक्साइट, अभ्रक और कायनाइट है। यहाँ कोरांबे और डोइसागढ़ प्रमुख ऐतिहासिक स्थल हैं। डोइसागढ़ में नवरत्नगढ़ के नागवंशी राजाओं द्वारा एक किला बनवाया गया था। यहाँ तीन महाविद्यालय हैं, जो राँची विश्वविद्यालय से संबद्ध हैं। परमवीर चक्र विजेता अल्बर्ट एक्का के नाम पर एक स्टेडियम भी स्थित है।

सिमडेगा

इस जिले का सृजन राज्य के गठन के तत्काल बाद 4 अप्रैल, 2001 को हुआ। 471 ग्रामोंवाला यह जिला क्षेत्रफल में 3,756.19 वर्ग किलोमीटर में फैला है। इसकी सीमा ओड़िसा और छत्तीसगढ़ से मिलती है। यह गुमला जिले से अलग होकर नया जिला बना है। यहाँ अनुसूचित जनजातियों की संख्या सर्वाधिक है, जो कुल जिला की जनसंख्या का 70.2 प्रतिशत है। इसकी कुल जनसंख्या 5,99,578 है और जनसंख्या घनत्व राज्य के सभी जिलों से कम 159 व्यक्ति प्रति वर्ग किलोमीटर है। यहाँ पुरुषों की संख्या 3,00,309 और महिलाओं की संख्या 2,99,269 है। इस प्रकार यहाँ लिंगानुपात विशुद्ध 997/1000 है। इस जिले की औसत साक्षरता दर 68.00 प्रतिशत है। इसमें पुरुष साक्षरता दर 76.10 प्रतिशत और महिला साक्षरता दर 55.90 प्रतिशत है।

सिमडेगा में ग्रेनाइट और कुछ इमारती पत्थर मुख्य खनिज हैं। टोकरी उद्योग इस जिले में सर्वाधिक प्रचलित और आय का स्रोत है। शंख, देव और पलमारा इस जिले की मुख्य नदियाँ हैं। यहाँ राँची विश्वविद्यालय से संबद्ध एक महाविद्यालय भी है। इस जिले को खेल की नर्सरी भी कहा जाता है खासकर हॉकी में। माइकल कीडो, सिलवानूस डुंगडुंग जैसे ओलंपिक खिलाड़ी इसी जिला के थे।

लोहरदगा

यह छोटा सा जिला बड़ा ऐतिहासिक महत्त्व रखता है। लोहार यानी 'लोहे का काम करनेवाला' से इसका नाम लोहरदगा पड़ा। 19वीं सदी में लोहरदगा जिला स्वयं एक वृहद् जिला था। इसमें राँची, पलामू और लातेहार भी शामिल थे। सन् 1831-32 में ब्रिटिश शासन ने साउथ-वेस्ट ऐक्ट के अंतर्गत लोहरदगा को जिला बनाया था। 1899 में राँची को मुख्यालय बनाया गया और राँची, लोहरदगा को लेकर जिले के रूप में गठित हुआ। 1972 ई. में यह राँची का अनुमंडल बना। इसके बाद 1981 में लोहरदगा को 6 प्रखंडों के साथ नए जिले के रूप में गठित किया गया। बाद में इसमें एक प्रखंड और बनाया गया। अभी इसमें 7 प्रखंड हैं।

इस जिले का कुल क्षेत्रफल 1,490.80 वर्ग किलोमीटर है। यहाँ की कुल जनसंख्या 4,61,790 और जनसंख्या घनत्व 307 व्यक्ति प्रति वर्ग किलोमीटर है। यहाँ पुरुषों की संख्या 2,32,629 और महिलाओं की संख्या 2,29,161 है। लिंगानुपात 985/1000 है। इस जिले की औसत साक्षरता दर 67.61 प्रतिशत है। इसमें पुरुषों की साक्षरता दर 77.40 प्रतिशत और महिलाओं की साक्षरता दर 57.70 प्रतिशत है।

लोहरदगा की प्रमुख नदी दक्षिण कोयल है। खनिजों में यहाँ बॉक्साइट का भंडार है। शिक्षा संस्थानों में दो महाविद्यालय और एक शिक्षक प्रशिक्षण महाविद्यालय हैं। यहाँ के पर्यटन स्थलों में घड़घड़िया जलप्रपात और निंदी जलप्रपात प्रमुख हैं।

3. कोल्हान प्रमंडल

इस प्रमंडल का गठन झारखंड राज्य के गठन का बाद हुआ है। इसमें तीन जिले पूर्वी सिंहभूम, पश्चिमी सिंहभूम और सरायकेला-खरसावाँ को शामिल किया गया है। इस प्रमंडल में 6 अनुमंडल और 32 प्रखंड हैं। कोल्हान प्रमंडल का मुख्यालय चाईबासा है। प्रमंडल के पूर्व में पश्चिम बंगाल, दक्षिण में ओड़िसा तथा उत्तर एवं पश्चिम में राँची प्रमंडल स्थित है। प्रमंडल के अंतर्गत स्थित तीनों जिलों का विवरण इस प्रकार है—

पूर्वी सिंहभूम

सिंहभूम का अर्थ होता है—'लैंड ऑफ लॉयन'। कोल्हान प्रमंडल के बनने से पहले पूर्वी सिंहभूम दक्षिणी छोटानागपुर प्रमंडल का जिला था। 1981 ई. में सिंहभूम जिला को दो भाग में पूर्वी सिंहभूम एवं पश्चिमी सिंहभूम में विभाजित किया गया। पूर्वी सिंहभूम का मुख्यालय जमशेदपुर (टाटा नगर) है, जो इस्पात उद्योग के लिए प्रसिद्ध है। जमशेदपुर को भारत का पिट्सवर्ग कहते हैं। इस जिले का क्षेत्रफल 3,533.35 वर्ग किलोमीटर है। कुल जनसंख्या 22,93,919 है, जिसमें पुरुषों की संख्या 11,76,902 और स्त्रियों की संख्या 11,17,017 है। यहाँ लिंगानुपात 949 प्रति हजार है तथा जनसंख्या घनत्व 644 व्यक्ति प्रति वर्ग किलोमीटर है। जिले की साक्षरता दर 75.5 प्रतिशत है, जिसमें पुरुष साक्षरता दर 83.8 प्रतिशत और महिला साक्षरता दर 66.8 प्रतिशत है।

औद्योगिक दृष्टि से यह जिला झारखंड की 'आर्थिक राजधानी' कहा जाता है। यहाँ टाटा समूह के 7 बड़े उद्योग, बड़े-बड़े शिक्षण और प्रशिक्षण संस्थान हैं। टिस्को, टेल्को आदि औद्योगिक कंपनियों के अलावा यहाँ टिनप्लेट, ताँबा, सीमेंट, कृषि यंत्र-निर्माण आदि की सैकड़ों औद्योगिक इकाइयाँ भी हैं।

पूर्वी सिंहभूम जिले में दो अनुमंडल ढालभूम और घाटशिला है। स्वर्णरेखा और खरकई यहाँ की प्रमुख नदी हैं। खनिजों की दृष्टि से यह जिला अत्यंत समृद्ध कहा जा सकता है। यहाँ ताँबा, यूरेनियम, सोना जैसे मूल्यवान् खनिजों के अतिरिक्त कोयला और लोहा भी पाया जाता है।

औद्योगिक दृष्टि से यह जिला झारखंड की 'आर्थिक राजधानी' कहा जाता है। यहाँ टाटा समूह के 7 बड़े उद्योग, बड़े-बड़े शिक्षण और प्रशिक्षण संस्थान हैं। टिस्को, टेल्को आदि औद्योगिक कंपनियों के अलावा यहाँ टिनप्लेट, ताँबा, सीमेंट, कृषि यंत्र-निर्माण आदि की सैकड़ों औद्योगिक इकाइयाँ भी हैं। टाटा स्टील, टाटा मोटर, गोलमुरी मेंटीन प्लेट, गोविंदपुर में लाफार्ज सीमेंट, जादूगोरा में यूरेनियम कॉरपोरेशन इंडिया लि., घाटशिला में हिंदुस्तान कॉपर लि., राखा में राखा कॉपर माइंस और तुरमडीह में

सोना की खानें हैं। यहाँ नेशनल इंस्टीट्यूट ऑफ टेक्नोलॉजी, एम.जी.एम. मेडिकल कॉलेज, आर.बी.एस. कॉलेज ऑफ इंजीनियरिंग आदि अनेक शिक्षण संस्थान हैं।

पर्यटन की दृष्टि से यहाँ डिमना नाला जलाशय, जुबली पार्क, चित्रेश्वरी और धारागिरि जैसे दर्शनीय स्थल हैं, तो दलमा वन्य जीवन अभयारण्य, ईचागढ़ पक्षी विहार और टाटा स्टील जूयोलॉजिकल पार्क भी हैं। यहाँ दो हवाई पट्टियाँ टाटानगर और चकुलिया में हैं। 14 महाविद्यालयों के साथ एक मेडिकल कॉलेज और एक इंजीनियरिंग कॉलेज भी यहाँ हैं। यह जिला नागपुर–हावड़ा रेलमार्ग और राष्ट्रीय राजमार्ग संख्या 61 और 33 से सड़क मार्ग से जुड़ा है।

पश्चिमी सिंहभूम

एकीकृत सिंहभूम से दूसरा हिस्सा पश्चिमी सिंहभूम के रूप में सामने आया और कोल्हान प्रमंडल में शामिल हुआ। इसका मुख्यालय चाईबासा बनाया गया। इस जिले का कुल क्षेत्रफल 5,290.21 वर्ग किलोमीटर है। यहाँ की कुल जनसंख्या 15,02,338 और जनसंख्या घनत्व 208 व्यक्ति प्रति वर्ग किलोमीटर है। जिले में पुरुषों की संख्या 7,49,314 और महिलाओं की संख्या 7,52,305 है। यहाँ लिंगानुपात राज्य में सबसे अधिक 1005/1000 है। जिले की औसत साक्षरता दर 58.63 प्रतिशत है। इसमें पुरुष साक्षरता दर 71.10 प्रतिशत और महिला साक्षरता दर 46.30 है।

पश्चिमी सिंहभूम जिले में चाईबासा और चक्रधरपुर दो अनुमंडल हैं। 16 प्रखंडों वाले इस जिले की प्रमुख नदियाँ दक्षिण कोयल, वैतरणी, शरो, देव, कारो और कोयला हैं। खनिजों में लौह अयस्क, मैंगनीज, क्रोमियम, कायनाइट और चूनापत्थर हैं। उद्योग–धंधों में तसर रेशम उत्पादन, सीमेंट और लकड़ी का कार्य प्रमुख हैं।

इस जिले के ऐतिहासिक स्थलों में बेनीसागर का प्रसिद्ध शिवमंदिर प्रमुख है। इसके बारे में अनुमान है कि इसे शैव शशांक ने बनवाया था। यहाँ के पर्यटन स्थलों में सारंडा वन, पलकोबाद , छोटा नागरा, मुरगा महादेव, सेरेंगदा का 'विश्व कल्याण आश्रम' और हिरणी जलप्रपात आदि प्रमुख हैं। सारंडा के 7 वन तो विश्वप्रसिद्ध हैं। यहाँ 13 महाविद्यालय हैं। चाईबासा तथा नोआमुंडी में हवाई अड्डे स्थित हैं।

सरायकेला-खरसावाँ

सन् 2001 ई. में इस जिले का गठन किया गया। 1620 ई. में कुमार विक्रम सिंह ने स्वतंत्र सरायकेला राज्य की स्थापना की थी, जो वर्तमान में झारखंड राज्य का एक जिला है। इसका कुल क्षेत्रफल 2,724.55 वर्ग किलोमीटर है। यहाँ की कुल जनसंख्या 10,65,056 है, जिसमें पुरुष जनसंख्या 5,44,441 और स्त्रियों की संख्या 5,20,645 है। जिले का लिंगानुपात 958 प्रति हजार है। सरायकेला में औसत साक्षरता दर 67.70

प्रतिशत है, जिसमें पुरुष साक्षरता दर 79.0 प्रतिशत और महिला साक्षरता दर 55.9 प्रतिशत है। यहाँ की प्रमुख खनिज लौह अयस्क है। सरायकेला का छऊ नृत्य विश्वप्रसिद्ध है। आदित्यपुर औद्योगिक क्षेत्र एशिया के प्रमुख औद्योगिक क्षेत्रों में से एक है। जूपिटर सीमेंट, अभिजीत ग्रुप और बेदांता ग्रुप द्वारा कई औद्योगिक इकाइयाँ स्थापित की जा रही हैं।

4. पलामू प्रमंडल

पलामू प्रमंडल का इतिहास गौरवमयी है। यहाँ दो ऐतिहासिक किला है, जो पलामू किला के नाम से जाना जाता है। ये दोनों किलों का निर्माण चेरो राजा द्वारा किया गया था। 1641 ई. में मुगल सेनापति शाइस्ता खाँ ने पलामू पर आक्रमण किया था, लेकिन चेरो राजा ने उसे विफल कर दिया था। लेकिन 1771 ई. में अंग्रेज सेना ने कैप्टन कैमक के नेतृत्व में चेरो राजा को पराजित कर दिया था। इस प्रमंडल की समुद्र तल से औसत ऊँचाई 300 मीटर है।

इस प्रमंडल में 3 जिले पलामू, लातेहार और गढ़वा स्थित है। इन तीनों जिलों का विवरण इस प्रकार है—

पलामू

पलामू 2 जुलाई, 1928 ई. को स्वतंत्र जिला बना। पलामू जिला का मुख्यालय डाल्टनगंज है, जिसका वर्तमान नाम मेदिनीनगर है। इस जिले का कुल क्षेत्रफल 5,043.80 वर्ग किलोमीटर है। यहाँ की कुल जनसंख्या 19,39,869 है, जिसमें पुरुषों की संख्या 10,06,302 और स्त्रियों की संख्या 9,33,567 है। पलामू का जनसंख्या घनत्व 442 व्यक्ति प्रति वर्ग किलोमीटर है तथा लिंगानुपात 929 प्रति हजार है। पलामू जिले की औसत साक्षरता दर 63.63 प्रतिशत है। इसमें पुरुष साक्षरता दर 74.3 प्रतिशत और महिला साक्षरता दर 52.1 प्रतिशत है। इस जिले में तीन अनुमंडल और 20 प्रखंड है। इस जिले का प्रमुख फसल धान और गन्ना है। यहाँ की प्रमुख नदियाँ सोन, कोयल और औरंगा नदी हैं। इस जिले में लौह अयस्क, बॉक्साइट, लीथियम, डोलोमाइट्स, सीसा, चाँदी और कोयला प्रमुख खनिज हैं। यहाँ के ऐतिहासिक स्थलों में पलामू का किला, लोधा जलप्रपात, मिरचइया जलप्रपात, गरम जल का ताता पानी कुंड आदि प्रमुख हैं। इस जिले में नीलांबर-पीतांबर विश्वविद्यालय से संबद्ध 8 महाविद्यालय हैं।

लातेहार

4 अप्रैल, 2001 ई. को पलामू जिले से अलग कर इस जिला का गठन हुआ। इस जिला का कुल क्षेत्रफल 3,660.47 वर्ग किलोमीटर है। कृषि पर आधारित इस जिले में 90 प्रतिशत भूमि असिंचित है। यहाँ की कुल जनसंख्या 2001 ई. के अनुसार 7,26,978

है, जिसमें पुरुषों की संख्या 3,69,666 और महिलाओं की संख्या 3,57,312 हैं। जनसंख्या घनत्व 169 व्यक्ति प्रति वर्ग किलोमीटर और लिंगानुपात 967 प्रति हजार है। इस जिले की साक्षरता दर 59.5 प्रतिशत है, जिसमें पुरुष साक्षरता दर 70.8 प्रतिशत और महिला साक्षरता दर 48.7 प्रतिशत है। लातेहार जिले में मुख्य रूप से ग्रेनाइट, क्वाट्र्ज, कोयला, बॉक्साइट, लेटेराइट और डोलोमाइट खनिज पाया जाता है। यहाँ का मुख्य फसल धान, मक्का और गेहूँ है। इस जिले के प्रमुख पर्यटन स्थल नेतरहाट, बूढ़ाघाघ जलप्रपात, नगर भगवती मंदिर है। यहाँ हिंडालको कंपनी का स्मेलटर प्लांट स्थापित है। बीड़ी बनाने और लकड़ी पर आधारित लघु उद्योग अधिक संख्या में पाए जाते हैं। जिले में राज्य का एकमात्र राष्ट्रीय पार्क 'बेतला राष्ट्रीय पार्क' स्थित है।

गढ़वा

1 अप्रैल, 1991 ई. को पलामू से अलग कर नया जिला बना। इसके बारे में ऐसा माना जाता है कि यह मराठों द्वारा बसाया गया था। गढ़वा का कुल क्षेत्रफल 4,044.22 वर्ग किलोमीटर है। इस जिले की कुल जनसंख्या 13,22,784 है, जिसमें पुरुषों की संख्या 6,83,575 और महिलाओं की संख्या 6,39,209 हैं। जिले का जनसंख्या घनत्व 323 व्यक्ति प्रति वर्ग किलोमीटर है और लिंगानुपात 935 प्रति हजार है। यहाँ की औसत साक्षरता दर 60.3 प्रतिशत है। इसमें पुरुष साक्षरता दर 72.2 प्रतिशत और महिला साक्षरता दर 47.6 प्रतिशत है। सोन और कोयल यहाँ की प्रमुख नदियाँ हैं।

गढ़वा जिले के खनिजों में लौह अयस्क, ग्रेफाइट, सीसा, बॉक्साइट और कोयला प्रमुख हैं। गढ़वा में बिहार कास्टिंग ऐंड केमिकल का एक बड़ा कारखाना स्थापित है। सूखदारी, गुरुसिंधू और बलचौरा जलप्रपात प्रमुख पर्यटन स्थल है। भवनाथपुर के स्थित माँ काली का मंदिर और नगर ऊँटारी प्रखंड में स्थित वंशीधर मंदिर प्रमुख धार्मिक स्थल हैं। गढ़वा में दो महाविद्यालय हैं, जो नीलांबर-पीतांबर विश्वविद्यालय से संबद्ध हैं।

5. संथाल परगना प्रमंडल

संथाल जनजाति के अधिक घनत्व के कारण इस क्षेत्र का नाम संथाल परगना ही पड़ गया। संथालों का झारखंड में आगमन अनुमानतः मुंडा जाति के साथ ही हुआ और ये दोनों जनजातियाँ राँची-पलामू के संधि-स्थल से अलग-अलग दिशाओं में बँट गईं। पूरब दिशा में निवास करती हुई यह जनजाति एक स्थान पर अधिक समय तक नहीं ठहरी। यह दामोदर नदी पार करके मानभूम और राजमहल की पहाड़ियों की ओर निकल गई। यहाँ की चौड़ी घाटियों में कृषि की सुविधा देखकर संथाल लोग यहीं बस गए। पेड़ों को काटकर इन्होंने झूम कृषि से स्थायी कृषि की नींव डाली।

इन क्षेत्रों में पहले बसी पहाड़िया जनजाति ने संथालों का विरोध अवश्य किया,

लेकिन संथालों के सामने उनकी बाद में वे लोग पहाड़ी के ऊपरी भागों में चले गए। संथालों ने इस क्षेत्र पर अपना पूर्ण अधिकार कर लिया और यह संथाल परगना ही बन गया।

सन् 1772 से 1780 के मध्य पहाड़िया जनजाति ने इस क्षेत्र में अशांति उत्पन्न कर दी थी। उस समय अंग्रेजों ने दमनकारी काररवाई कर यहाँ शांति स्थापित की। सन् 1855 में संथालों ने भी अंग्रेजों के विरुद्ध विद्रोह किया था।

सन् 1983 में संथाल परगना को प्रमंडल के रूप में सृजित किया गया और झारखंड राज्य के गठन के बाद इसमें 6 जिले बनाए गए। दुमका से पृथक् कर बनाया गया जामताड़ा नया जिला है। प्रमंडल का मुख्यालय दुमका में है। इसके जिलों का विवरण इस प्रकार है—

दुमका

संथाल परगना सन् 1955 में जब जिला बना तो दुमका उसका एक अनुमंडल था और संथाल परगना भागलपुर प्रमंडल का भाग था। आगे चलकर दुमका को एक स्वतंत्र जिला बनाया गया। दुमका जिले में 10 प्रखंड हैं। झारखंड राज्य के गठन के समय ही घोषणा की गई थी कि दुमका को राज्य की दूसरी राजधानी के रूप में विकसित किया जाएगा। यह घोषणा अधिसूचित की गई थी।

दुमका जिला 3,716.20 वर्ग किलोमीटर क्षेत्रफल में फैला है, जिसकी कुल जनसंख्या 13,21,442 है। इस जनसंख्या में 6,68,514 पुरुष और 6,52,928 महिलाएँ हैं। इसका औसत जनसंख्या घनत्व 351 व्यक्ति प्रति वर्ग किलोमीटर और लिंगानुपात 977/1000 है। यहाँ की औसत साक्षरता दर 61.00 प्रतिशत है। इसमें पुरुष साक्षरता दर 73.00 प्रतिशत और महिला साक्षरता दर 48.80 प्रतिशत है। यहाँ की प्रमुख नदी मोर है।

दुमका जिले के खनिजों में कोयला और चीनी-मिट्टी अधिक पाए जाते हैं। धान और मक्का यहाँ की प्रमुख फसलें हैं। उद्योग की दृष्टि से यहाँ कुटीर और लघु उद्योग ही अधिक हैं। इनमें हथकरघा, वस्त्र उद्योग, तसर रेशम उद्योग, रस्सी और बीड़ी बनाने के उद्योग हैं।

यह मूलत: पठारी और जंगली क्षेत्र है। इस जिले में सिद्धू-कान्हू विश्वविद्यालय, होम्योपैथिक कॉलेज एंड हॉस्पिटल, दुमका राजकीय पॉलिटेक्निक, राजकीय पुस्तकालय आदि शिक्षा के स्तर को विकसित करते हैं। यहाँ विश्वविद्यालय से संबद्ध 9 महाविद्यालय हैं। इस जिले में पर्यटन की दृष्टि से सरैयाहाट प्रखंड में बाबा सोमेश्वरनाथ, शिव पहाड़ की चोटी पर नाग मंदिर, सृष्टि उद्यान, बासुकीनाथ आदि प्रमुख हैं। पुरातत्त्वकालीन स्थल मलूटी, जिसे 'मंदिरों का गाँव' कहा जाता है, शिकारीपाड़ा प्रखंड में है। यहाँ 108 मंदिर थे, जिनमें से अधिकतर अब भग्नावशेष के रूप में हैं। मयूराक्षी नदी पर मसानजोर

डैम और तीलपाड़ा बराज जिसे कनाडा डैम भी कहते हैं, दुमका जिले का महत्त्वपूर्ण दर्शनीय पिकनिक स्थल है। मयूराक्षी के किनारे ही राज्य प्रसिद्ध 'हिजला मेला' लगता है। यहाँ एक इनडोर स्टेडियम भी है।

जामताड़ा

26 अप्रैल, 2001 को दुमका जिले के 4 प्रखंडों को अलग करके जामताड़ा जिले का गठन किया गया। इस जिले का कुल क्षेत्रफल 180.98 वर्ग किलोमीटर ही है। यहाँ की कुल जनसंख्या 7,91,042 और जनसंख्या घनत्व 737 व्यक्ति प्रति वर्ग किलोमीटर है। यहाँ पुरुषों की संख्या 4,04,830 और महिलाओं की संख्या 3,86,212 है। यहाँ का लिंगानुपात 959/1000 है।

जामताड़ा जिले की औसत साक्षरता दर 64.60 प्रतिशत है। इसमें पुरुष साक्षरता दर 76.85 प्रतिशत और महिला साक्षरता दर 52.20 प्रतिशत है। यहाँ कृषि में मुख्य फसल धान, मक्का और अरहर हैं। उद्योग नें पत्थर उद्योग प्रमुख है।

चितरंजन, जामताड़ा और विद्यासागर यहाँ के तीन रेलवे स्टेशन हैं। छोटा जिला होने के कारण यहाँ विकास की अच्छी संभावनाएँ हैं।

देवघर

इस जिले की स्थापना 1981 में हुई। धार्मिक दृष्टि से यह जिला बिहार और झारखंड का प्रसिद्ध तीर्थस्थान है। यहाँ का वैद्यनाथ धाम मंदिर देश भर में प्रसिद्ध है। वैद्यनाथ धाम मंदिर पर श्रावण माह में लगनेवाला मेला इस जिले को आस्था का केंद्र बना देता है। इस जिले की उत्तर-पश्चिम सीमा बिहार के जमुई और बाँका से मिलती है।

देवघर जिले का कुल क्षेत्रफल 2,479 वर्ग किलोमीटर और कुल जनसंख्या 14,92,073 है। यहाँ का जनसंख्या घनत्व 602 व्यक्ति प्रति वर्ग किलोमीटर है। यहाँ पुरुषों की संख्या 7,75,022 और महिलाओं की संख्या 7,17,051 है तथा लिंगानुपात 925/1000 है।

देवघर जिला की औसत साक्षरता दर 64.90 प्रतिशत है। इस जिले में पुरुष साक्षरता दर 76.90 और स्त्री साक्षरता दर 51.80 प्रतिशत है। जिले में 2 अनुमंडल देवघर व मधुपुर हैं। 9 प्रखंडों वाले जिले में मयूराक्षी और अजय नदी प्रमुख हैं। मुख्य फसल में यहाँ भी धान, गेहूँ और मक्का की खेती अधिक होती है। यहाँ के खनिजों में कोयला और ऐस्बेस्टस प्रमुख हैं। यहाँ

यहाँ का वैद्यनाथ धाम मंदिर देश भर में प्रसिद्ध है। वैद्यनाथ धाम मंदिर पर श्रावण माह में लगनेवाला मेला इस जिले को आस्था का केंद्र बना देता है। इस जिले की उत्तर-पश्चिम सीमा बिहार के जमुई और बाँका से मिलती है।

की औद्योगिक इकाइयों में दवा उद्योग, चीनी-मिट्टी उद्योग और ऊनी धागा उद्योग जैसे लघु उद्योगों के साथ रेलवे वैगन फैक्टरी और डाबर इंडिया जैसे उद्योग प्रमुख हैं।

गोड्डा

सन् 1981 की जनगणना के बाद गोड्डा को स्वतंत्र जिला बनाया गया। उत्तर-पश्चिम में बिहार के भागलपुर और बाँका जिले से घिरे गोड्डा में संथाल और पहाड़िया जनजाति के अधिकांश लोग रहते हैं। इस जिले का कुल क्षेत्रफल 2,110.45 वर्ग कि.मी. है। यहाँ की कुल जनसंख्या 13,13,551 है। इसमें पुरुषों की संख्या 6,77,927 और स्त्रियों की संख्या 6,35,624 है। जिले का जनसंख्या घनत्व 580 व्यक्ति प्रति वर्ग कि.मी. है और लिंगानुपात 938/1000 है।

गोड्डा जिले की औसत साक्षरता दर 56.4 प्रतिशत है, जिसमें पुरुष साक्षरता दर 67.8 प्रतिशत और स्त्री साक्षरता दर 44.1 प्रतिशत है। जिले में कृषि में धान, गेहूँ और मक्का मुख्य फसलें हैं। खनिजों में यहाँ कोयला और शीशा पाया जाता है। उद्योग-धंधों में छोटे-मोटे बीड़ी के कारखाने और चीनी-मिट्टी उद्योग हैं।

गोड्डा जिले की औसत साक्षरता दर 56.4 प्रतिशत है, जिसमें पुरुष साक्षरता दर 67.8 प्रतिशत और स्त्री साक्षरता दर 44.1 प्रतिशत है। जिले में कृषि में धान, गेहूँ और मक्का मुख्य फसलें हैं। खनिजों में यहाँ कोयला और शीशा पाया जाता है।

इस जिले में तीन महाविद्यालय हैं, जो सिद्धू-कान्हू विश्वविद्यालय से संबद्ध हैं। यहाँ एक योगिनी मंदिर है, जिसके बारे में मान्यता है कि यहाँ माता सती की दाहिनी जाँघ कटकर गिरी थी। जाँघ के आकार का एक शैल यहाँ भी पाया जाता है, जो आस्था का केंद्र है। इसके अलावा बसंतराय प्रखंड में 'बसंत राय' नामक एक तालाब है, जहाँ वर्ष भर में एक बार भव्य मेले का आयोजन भी किया जाता है।

साहेबगंज

यह जिला संथाल परगना प्रमंडल में 2 अनुमंडलों साहेबगंज और राजमहल के साथ पश्चिम में पश्चिम बंगाल से सटा है। इस जिले का कुल क्षेत्रफल 1,549.97 वर्ग कि.मी. है। यहाँ की कुल जनसंख्या 11,50,567 है, जिसमें 5,89,391 पुरुष और 5,61,176 स्त्रियाँ हैं। जिले का जनसंख्या घनत्व 558 व्यक्ति प्रति वर्ग कि.मी. है और लिंगानुपात 952/1000 है। जिले की औसत साक्षरता दर 52.00 प्रतिशत है, जिसमें पुरुष साक्षरता दर 60.30 प्रतिशत और स्त्री साक्षरता दर 43.30 प्रतिशत है।

इस जिले की मुख्य फसल धान है। गंगा और बासलोई यहाँ की प्रमुख नदियाँ हैं।

खनिज में चाइना क्ले और बेंटोनाइट प्रमुख हैं। यहाँ वन क्षेत्र में उधवा पक्षी विहार और जीवाश्म उद्यान प्रमुख स्थान हैं। पर्यटन की दृष्टि से यह पहाड़ी क्षेत्र राजमहल के सिंही दालान, अकबरी मसजिद, विंध्यवासिनी मंदिर, शुक्रवासिनी मंदिर आदि स्थानों से पर्यटन के लिए अच्छा है। उद्योगों में टिकन मैन्युफैक्चरिंग और चाइना क्ले फैक्टरी प्रमुख हैं। शिक्षा के लिए जिले में सिद्धू-कान्हू विश्वविद्यालय से संबद्ध पाँच महाविद्यालय हैं।

पाकुड़

झारखंड राज्य का यह जिला विकास के हर क्षेत्र में सभी अन्य जिलों से पिछड़ा हुआ है। क्षेत्रफल में 1,805.59 वर्ग कि.मी. में पठारों पर फैला यह जिला कृषि में भी अत्यंत दीन है। यहाँ की जनसंख्या 9,00,422 है, जिसमें पुरुष संख्या 4,04,830 और स्त्रियों की संख्या 3,86,212 है। जिले का जनसंख्या घनत्व 497 व्यक्ति प्रति वर्ग कि.मी. है और यहाँ का लिंगानुपात 989/1000 है।

इस जिले की औसत साक्षरता दर राज्य के सभी जिलों से कम 48.82 प्रतिशत है। पुरुष साक्षरता दर भी सबसे कम 57.1 प्रतिशत है। यही हाल स्त्री साक्षरता दर का है, जो केवल 40.5 प्रतिशत ही है। यहाँ की कृषि में आलू, धान, बादाम और मक्का का

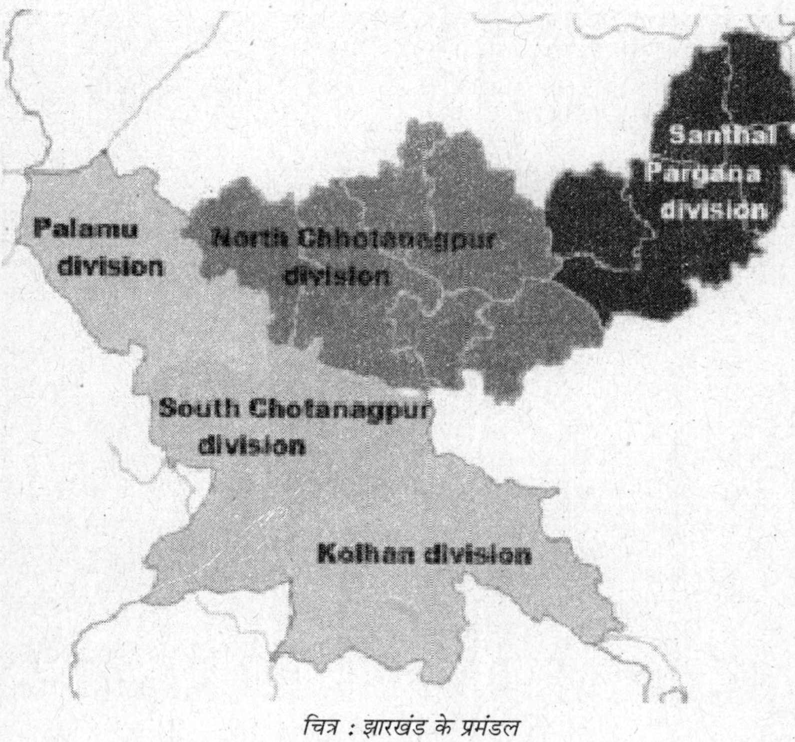

चित्र : झारखंड के प्रमंडल

उत्पादन होता है, लेकिन कृषि क्षेत्र का विस्तार बहुत कम है। पाकुड़ जिले के उद्योगों में पत्थर उद्योग, लौह उद्योग, बीड़ी उद्योग और हस्तकला शिल्प आदि प्रमुख हैं। गुमानी, बाँसलोई, पालसी और ब्राह्मनी यहाँ की प्रमुख नदी हैं, जो मौसमी नदी हैं। यहाँ एकमात्र महाविद्यालय है।

झारखंड की प्रशासनिक इकाई

क्रमांक	प्रशासनिक इकाई	झारखंड
1.	प्रमंडल	2
2.	जिला	24
3.	अनुमंडल	38
4.	प्रखंड	260
5.	शहर	228
6.	राजस्व ग्राम	32615
	(स्रोत : जनगणना, 2011)	

झारखंड में जनजातीय जनसंख्या की बहुलता पाई जाती है। झारखंड में 2011 के जनगणना के अनुसार जनजातियों की कुल जनसंख्या 8,645,042 है, जो कुल जनसंख्या का 26.20 प्रतिशत है। जनजातीय क्षेत्रों के विकास के लिए संविधान की पाँचवीं एवं छठी अनुसूची में विशेष प्रावधान किए गए हैं। संविधान के पाँचवीं अनुसूची [अनुच्छेद-244(1)] में झारखंड के जनजातीय अनुसूचित क्षेत्र को शामिल किया गया है। झारखंड के 12 जिले, जिसमें राँची, लोहरदगा, गुमला, सिमडेगा, लातेहार, पूर्वी सिंहभूम, पश्चिमी सिंहभूम, सरायकेला-खरसावाँ, साहेबगंज, दुमका, पाकुड़, जामताड़ा एवं पलामू जिला के सतबरवा प्रखंड के रबड़ा एवं बकोरिया पंचायत, गढ़वा जिला के भंडरिया प्रखंड तथा गोड्डा जिला के सुंदरपहाड़ी और बोरीजोर प्रखंड अनुसूचित क्षेत्र के अंतर्गत शामिल हैं। अनुसूचित क्षेत्रों का प्रशासन राष्ट्रपति द्वारा नियंत्रित होता है। इसके लिए 'जनजातीय सलाहकार परिषद्' का गठन किया गया है।

आर्थिक स्थिति

झारखंड के प्राकृतिक एवं अन्य संसाधन

झारखंड राज्य प्राकृतिक संपन्नता की दृष्टि से देश के अग्रणी राज्यों में से एक है। प्रकृति ने इस राज्य क्षेत्र में अपनी लगभग सभी विशेषताओं का सम्मिश्रण किया है। 'काले सोने' के नाम से विख्यात ऊर्जा का स्रोत कोयला राज्य की सबसे बड़ी शक्ति है।

एक ही क्षेत्र में किसी उत्पादन के लिए कच्चा माल और सुविधाएँ मिलने के मामले में यह राज्य काफी भाग्यशाली है। झारखंड जनजातीय जनसंख्या अधिक है, लेकिन यहाँ की संपदा का लाभ यहाँ के जनजातियों को उतना नहीं मिला, जितना मिलना चाहिए था। व्यवहार में सरल और तड़क-भड़क से दूर रहनेवाले यहाँ के जनजातीय लोग नियम-कानूनों से अनभिज्ञ होने के कारण सदैव शोषण का शिकार रहे और अपनी ही भूमि तथा अधिकारों से वंचित रहे हैं। आज इस संपन्न राज्य में बहुभाषीय, बहुसांस्कृतिक और बहुदेववादी समाज रहता है और इस राज्य की प्राकृतिक सुंदरता में निवास करता है।

झारखंड की आर्थिक संपन्नता को हम प्राकृतिक संसाधनों की उपलब्धता के आधार पर जान सकते हैं। इन प्राकृतिक संसाधनों में निम्नलिखित संसाधन प्रमुख हैं—

- भूमि संसाधन
- वन संसाधन
- जल संसाधन
- खनिज संसाधन
- मानव संसाधन
- पशु संसाधन।

प्रकृति ने झारखंड राज्य को सभी संसाधन उपलब्ध कराए हैं, जो किसी भी राज्य की आर्थिक स्थिति के कारक होते हैं। इन संसाधनों का हम पृथक्-पृथक् विश्लेषण यहाँ प्रस्तुत कर रहे हैं—

भूमि संसाधन

भारत के कुल क्षेत्रफल के 2.24 प्रतिशत भाग पर अवस्थित झारखंड राज्य भूमि की मिश्रित सतहों से ढका हुआ है। इस राज्य की कुल जनसंख्या की लगभग 76 प्रतिशत आबादी ग्रामीण क्षेत्रों में निवास करती है। राज्य के भौगोलिक क्षेत्रफल 79,714 वर्ग कि.मी. में कृषि योग्य भूमि लगभग 26 लाख हेक्टेयर है। राज्य के इस कृषि कार्य में कुल 22.68 प्रतिशत में ही भूमि का उपयोग हो रहा है। यहाँ खाद्यान्न उत्पादन 30 लाख मीट्रिक टन है, जबकि आवश्यकता 50 लाख मीट्रिक टन की है। यहाँ की अम्लीय मिट्टी और भूमि विषमता से सिंचाई का अभाव कृषि में सबसे बड़ी बाधाएँ हैं। राज्य में वन क्षेत्रफल 29.61 प्रतिशत है और इस क्षेत्र में कृषि योग्य भूमि की उपलब्धता कम है।

राज्य का लगभग 72 प्रतिशत भूमि पथरीली, पठारी और ऊसर है, जो कृषि योग्य नहीं है। वन कटाव से पैदावार योग्य मिट्टी नष्ट होने से भी इस बंजर भूमि में वृद्धि हुई है।

राज्य का लगभग 72 प्रतिशत भूमि पथरीली, पठारी और ऊसर है, जो कृषि योग्य नहीं है। वन कटाव से पैदावार

योग्य मिट्टी नष्ट होने से भी इस बंजर भूमि में वृद्धि हुई है। भूमि के 79,714 वर्ग कि.मी. क्षेत्रफल में 23.22 लाख हेक्टेयर जंगल, 5.66 लाख हेक्टेयर बंजर और 7.24 लाख हेक्टेयर कृषि और गैर-कृषि कार्यों में उपयोगी भूमि के अतिरिक्त 0.9 लाख हेक्टेयर में चरागाह आदि हैं। राज्य में उपलब्ध भूमि का उपयोग निम्नलिखित है—

भूमि का उपयोग	क्षेत्रफल (लाख एकड़ में)	प्रतिशत
शुद्ध कृषि भूमि	59.53	29.8
चालू परती भूमि	26.16	13.1
अन्य परती भूमि	18.17	9.1
वन क्षेत्र	55.33	27.7
गैर-कृषि कार्यों में	14.38	7.2
कृषि योग्य बंजर	8.00	4.1
ऊसर भूमि	13.98	7.0
चरागाह भूमि	2.39	27.7
बाग-बगीचे	0.14	0.70

इस भूमि वितरण में कृषि योग्य भूमि में सिंचाई का अभाव उत्पादन को बाधित करता है। वर्षा आधारित होने के कारण और वर्षा के जल का समुचित वितरण का अभाव भी कृषि के लिए प्रतिकूल होता है। खरीफ की फसल में 8 प्रतिशत और रबी की फसल में 6 प्रतिशत भूमि ही सिंचित क्षेत्र में आती है। शेष भूमि जलाभाव से ग्रसित रहती है।

राज्य में भूमि, जलवायु और मिट्टी के आधार पर खाद्यान में चावल, गेहूँ, जौ, मकई आदि फसलें और दलहन में मसूर, चना, अरहर, मटर के साथ नकदी फसल में गन्ना व सब्जी प्रमुख हैं।

धान

यह राज्य की मुख्य खाद्य फसल है। यह दो मौसमों में उत्पादित होती है। अगहनी धान सर्वत्र पैदा किए जाते हैं, जबकि गरमा धानों का उत्पादन सिंचित क्षेत्रों में होता है। जहाँ धान के उत्पादन में राँची, दुमका और सिंहभूम सबसे अधिक उत्पादक क्षेत्र हैं। धान की फसल लगभग 15 लाख हेक्टेयर में होती है।

मक्का

धान के बाद मक्का (मकई) इस राज्य की दूसरी प्रमुख फसल है। इसका सर्वाधिक

उत्पादन दुमका जिले में होता है। इसके बाद दूसरे स्थान पर हजारीबाग है। इसके अतिरिक्त गिरिडीह, सिंहभूम, राँची, देवघर और पलामू में भी मक्का की खेती की जाती है।

गन्ना

तीसरे स्थान पर गन्ना की कृषि होती है। हजारीबाग और पलामू में इसकी सर्वाधिक फसल होती है। दुमका, गोड्डा, साहेबगंज के अलावा गिरिडीह में भी इसका अच्छा उत्पादन होता है। गन्ना राज्य की प्रमुख नकदी फसल है।

गेहूँ

उत्पादन की दृष्टि से इस फसल का राज्य में चौथा स्थान है। इसका पलामू में सर्वाधिक उत्पादन होता है। राज्य उत्पादन का लगभग 25 प्रतिशत यहीं होता है। राज्य में गेहूँ का कुल उत्पादन 63.8 हजार मीट्रिक टन होता है, जिसमें 18.7 मीट्रिक टन अकेले पलामू जिले में होता है। गेहूँ उत्पादक अन्य जिलों में हजारीबाग, गोड्डा, देवघर और गिरिडीह प्रमुख हैं। इसके साथ ही जौ का भी उत्पादन मुख्य रूप से पलामू में ही होता है।

चना

पलामू, गोड्डा, गुमला, हजारीबाग और साहेबगंज जिलों में पैदा होनेवाला चना दाल के रूप में भी प्रयोग किया जाता है। पलामू इसके उत्पादन का प्रमुख स्थान है।

सब्जी

झारखंड सब्जी उत्पादन में आत्मनिर्भर है। छोटानागपुर का पठार उष्ण कटिबंधीय जलवायु के अंतर्गत होने से यहाँ जून के प्रथम पक्ष में ही मानसून दस्तक दे देता है और औसतन वर्षा 1400 मि.मी. होती है। इससे मौसम प्राय: ठंडा रहता है, जिससे सब्जी उत्पादन की आदर्श स्थिति बनी रहती है। राज्य में लगभग 1.5 लाख हेक्टेयर में सब्जी की खेती होती है। 2010 में सब्जी का उत्पादन लगभग 39 हजार मीट्रिक टन था। यहाँ से समीपवर्ती राज्यों में सब्जी का निर्यात किया जाता है। सब्जियों में आलू, मटर, फूलगोभी, मूली, गाजर, टमाटर और फ्रेंचबीन प्रमुख हैं। राँची, हजारीबाग, दुमका इन सब्जियों के प्रमुख क्षेत्र हैं।

फल

आम, अमरूद, पपीता, केला, लीची, नींबू, शरीफा और कटहल आदि फलों का उत्पादन यहाँ प्रमुख रूप से होता है। पपीते की उत्पादन दर राष्ट्रीय उत्पादन से भी अधिक रहती है और कई बार तो यह दोगुनी हो जाती है। लगभग 32,667 हेक्टेयर क्षेत्र में फलों का उत्पादन होता है। 2010 के आँकड़ों के अनुसार राज्य में कुल फल उत्पादन

638.63 हजार मीट्रिक टन हुआ था।

फूल

राज्य के लगभग 100 हेक्टेयर क्षेत्र में ही फूलों की खेती की जाती है, जो कर्नाटक के 20 हजार हेक्टेयर और समीपवर्ती पश्चिम बंगाल के 13.8 हजार हेक्टेयर की तुलना में बहुत कम है। यहाँ मुख्य रूप से गेंदा, गुलाब, ग्लैडियस और जरबेरा के फूलों का उत्पादन किया जाता है।

इसके अतिरिक्त राज्य में औषधीय खेती की संभावनाओं को देखते हुए 10 जिलों में औषधीय पौधशाला का कार्य भी हुआ है। झारखंड में विशेषकर यहाँ की क्षेत्रीय परिस्थिति कृषि को प्रभावित करती है। असमान भूमि, मिट्टी में कम उर्वरता और वर्षा का असमान वितरण इसके मुख्य कारक हैं। सिंचाई के कृत्रिम साधनों का विकास आवश्यक है, जिससे असिंचित क्षेत्र को भी बेहतर उत्पादन योग्य बनाया जा सके। कृषि वैज्ञानिक मानते हैं कि राज्य में चालू परती भूमि और अन्य परती भूमि को सिंचाई उपलब्ध हो तो कृषि योग्य भूमि का विस्तार 47 प्रतिशत तक हो सकेगा। परती भूमि जल के अभाव के कारण आर्द्रताहीन होती है और इन्हें श्रम व अन्य प्रयासों से कृषि योग्य बनाया जा सकता है। इस दिशा में गंभीर प्रयासों की आवश्यकता है।

सिंचाई के कृत्रिम साधनों का विकास आवश्यक है, जिससे असिंचित क्षेत्र को भी बेहतर उत्पादन योग्य बनाया जा सके। कृषि वैज्ञानिक मानते हैं कि राज्य में चालू परती भूमि और अन्य परती भूमि को सिंचाई उपलब्ध हो तो कृषि योग्य भूमि का विस्तार 47 प्रतिशत तक हो सकेगा।

वन संसाधन

राज्य की आर्थिक स्थिति में वनों का महत्त्वपूर्ण योगदान होता है। झारखंड में वनों का विस्तार 23,605 वर्ग कि.मी. क्षेत्र में है और यह राज्य के कुल भू-क्षेत्रफल का 29.61 प्रतिशत है। यद्यपि 20वीं शताब्दी तक राज्य में वन-विस्तार बहुत अधिक था, जो वैध-अवैध कटावों से कम होता चला गया है। राज्य में सन् 1909 में ही 'वन संरक्षण समिति' की स्थापना हो चुकी थी और सन् 1948 में यह पूर्णतया विशेष विधेयक द्वारा राजकीय संरक्षण में ले लिये गए थे, लेकिन फिर भी समुचित नीति-नियमन के अभाव में इनका ह्रास नहीं रोका जा सका। अस्सी के दशक में केंद्र सरकार ने वन संरक्षण अधिनियम लागू किया, जिससे वनों के अवैध और अनावश्यक कटाव में कमी आई।

राज्य में वनों को दो वर्गों में सुरक्षित और संरक्षित में रखा गया है। इसमें राज्य का 18.58 प्रतिशत वन क्षेत्र (4,387 वर्ग कि.मी.) सुरक्षित और शेष 81.42 प्रतिशत क्षेत्र

संरक्षित वन की श्रेणी में आता है। सारा राज्य ही वनों से आच्छादित है, लेकिन गिरिडीह, हजारीबाग, सरायकेला, चतरा, पलामू, गढ़व और सिंहभूम के तीन-चौथाई भाग पर वनों का विस्तार है। वनों से राज्य को अनेक लाभ होते रहे हैं। वनोत्पादनों में इमारती और जलावन लकड़ी के अलावा बाँस, लाह, गोंद शहद, तेंदूपत्ता, कत्था, महुआ, अंजन और पशुओं के लिए चारा भी मिलता है। राज्य में वनों की लकड़ी की उत्पादकता दर कम है, फिर भी छह लाख घन मीटर लकड़ी प्रतिवर्ष प्राप्त हो ही जाती है। इन लकड़ियों में शीशम, साल, महुआ, आम, कटहल, अर्जुन सेमल, कुसुम आदि प्रमुख हैं।

लाह इन वनों का मुख्य उत्पाद है, जो मुलायम डालों में रहनेवाले लाह के कीड़ों के शरीर से निकले चिकने और चिपचिपे पदार्थ से मिलता है। प्रतिवर्ष लाह को चार बार एकत्र किया जाता है। मौसम के आधार पर ज्येष्ठ, आषाढ़, कार्तिक और अगहन में यह मिलता है। गरम मौसम में लाह का उत्पादन लगभग 82 प्रतिशत होता है, जबकि सर्दियों में 18 प्रतिशत। लाह को शुद्ध करने के लिए राज्य में लगभग 37 कारखाने हैं। लाह का प्रयोग वार्निश, चमड़ा उद्योग, दवाओं, बरतन, विद्युत्-निरोधक वस्तुओं आदि को बनाने में किया जाता है। जनजातीय ग्रामीण जनसंख्या का एक बड़ा भाग लाह एकत्र करने के कार्य में जुटा है।

इमारत और जलावन लकड़ी के अतिरिक्त वनों से प्राप्त लकड़ी बहुत से मानवोपयोगी सामान बनाने में काम आती है। सेमल की लकड़ी से तख्ते, पेटियाँ आदि बनाई जाती हैं तो कुसुम की लकड़ी से औजारों के टिकाऊ दस्ते बनाए जाते हैं। बाँस का प्रयोग कागज के उत्पादन और अन्य बहुत से कार्यों में होता है। व्यापार और औषधि के लिए कत्था, गोंद, सबुआ व तेंदू के पत्ते उपयोगी होते हैं।

राज्य में आरंभ से ही वनों का ह्रास होता रहा है। जनजातियों की झूम कृषि ने वनों का अंधाधुंध कटाव किया है और फिर बढ़ती जनसंख्या ने आवासीय आवश्यकताओं की पूर्ति के लिए इन वनों पर प्रहार किए। इसके साथ ही पशुओं की बढ़ती जनसंख्या ने इन वन क्षेत्रों को पूर्ति न होनेवाली क्षति पहुँचाई। आज राज्य में लगभग 75 लाख मवेशी हैं, जो चरागाहों के अभाव में इन वनों पर आश्रित हैं और जो केवल 25 लाख मवेशियों को ही चारा देने की क्षमता रखते हैं। इसके बाद बेरोजगारी, ईंधन की ज्यादा खपत और तस्करी ने इन वनों को बहुत हानि पहुँचाई है कीमती लकड़ियों की तस्करी रोके नहीं रुक रही।

इसके अलावा राज्य में कई रेलवे लाइनों, उद्योग-धंधों, सड़कों और आवासीय आवश्यकताओं ने भी इन वनों का पतन किया है। एक आँकड़े के अनुसार, कभी राँची जिले में 2,281 वर्ग मील वनों का विस्तार था, जो घटते-घटते 1,278 वर्ग मील रह गया। राज्य सरकार ने वन नीति में आवश्यक सुधार करने के प्रयासों को गति अवश्य दी

संयुक्त वन प्रबंधन के अंतर्गत राज्य में 6,628 ग्राम वन समितियों का गठन इस दिशा में एक महत्त्वपूर्ण कदम है। इसके द्वारा 14,232 वर्ग कि.मी. वन क्षेत्रों को संरक्षण और प्रबंधन मिल रहा है।

है, लेकिन अभी यह धीमी है। भारत सरकार ने भी झारखंड के वनों के महत्त्व को देखते हुए कुछ नीतियाँ बनाई हैं और वन संरक्षण में आम नागरिक की भागीदारी को सुनिश्चित करने संबंधी नियमों को मंजूरी दे दी है। राज्य में वृक्षारोपण पर अधिक ध्यान दिया जा रहा है। सामाजिक वानिकी विभाग द्वारा ग्रामीण जनसंख्या की वनों पर निर्भरता कम करके उनकी आवश्यकता की पूर्ति के विकल्प खोजे गए हैं। संयुक्त वन प्रबंधन के अंतर्गत राज्य में 6,628 ग्राम वन समितियों का गठन इस दिशा में एक महत्त्वपूर्ण कदम है। इसके द्वारा 14,232 वर्ग कि.मी. वन क्षेत्रों को संरक्षण और प्रबंधन मिल रहा है।

जल संसाधन

राज्य में सतही जल की उपलब्धता 2,56,570 लाख क्यूसिक घन मीटर है, जिसमें से केवल 23.4 प्रतिशत जल का ही उपयोग होता है। भूमिगत जल उपलब्धता 5.49 लाख हेक्टेयर मीटर है, जिसमें से केवल 0.40 लाख हेक्टेयर मीटर जल का ही उपयोग हो पाता है। मुख्य रूप से कृषि पर आधारित इस राज्य में सिंचाई के साधनों का अभाव है और यही कारण है कि राज्य का शुद्ध बोया जानेवाला मात्र 8 प्रतिशत क्षेत्र ही सिंचित क्षेत्र है। राज्य में अधिकांश नदियाँ वर्षा जल प्रवाह करती हैं और वर्षा ऋतु में भरी हुई दिखती हैं, लेकिन ग्रीष्म ऋतु में सूख जाती हैं। भूमि की असमानता भी सिंचाई के मार्ग में एक बड़ी बाधा है। वर्षा अनिश्चित और अनियमित होने के साथ ही क्षेत्रीय वितरण में भी असमान रहती है। राज्य का बड़ा हिस्सा सूखे की चपेट में रहता है। कृषि के अच्छे परिणामों के लिए राज्य में सिंचाई के कृत्रिम साधनों को अधिक-से-अधिक बढ़ावा देने के अलावा और कोई विकल्प नहीं है।

राज्य में सिंचाई के साधन नहर, तालाब, कुएँ और नलकूप आदि उपलब्ध हैं, फिर भी असमान जल वितरण और भौगोलिक स्थितियों की असमानता से हर स्थान और हर खेत को पानी उपलब्ध कराना बहुत कठिन कार्य है। नहरों से सिंचाई करने में यद्यपि कृषि भूमि का बहुत बड़ा भाग सींचा जा रहा है, लेकिन सीढ़ीदार और ढलावदार खेतों तक इस सुविधा का पहुँचना कठिन है। तालाबों द्वारा भी सभी जिलों में सिंचाई और मत्स्य पालन उद्योग को बढ़ावा मिला है, लेकिन समय के साथ इनके रख-रखाव में होती लापरवाही और नए तालाबों का कम निर्माण इस सुविधा पर संकट है। राज्य में दामोदर नदी घाटी परियोजना एवं स्वणरिखा नदी घाटी परियोजना से सिंचाई क्षेत्र में

विस्तार हुआ है।

इन दोनों परियोजनाओं के प्रमुख उद्देश्यों में उद्योग का विकास और विद्युत् उत्पादन है। कृषि उत्पादन में ये परियोजनाएँ विद्युत् उत्पादन करके बहुत मदद कर रही हैं, जिससे नलकूपों द्वारा भू-गर्भ जल से सिंचाई हो रही है। राज्य सरकार ने भी राज्य की कृषि को वर्षा आश्रित न रखकर जल उपलब्ध कराने के लिए बहुत सारी योजनाओं का विकास किया है। सिंचाई योजनाओं में कुछ समय से बंद पड़ी योजनाओं को फिर से चालू करने की दिशा में महत्त्वपूर्ण कार्य हुए हैं। ऐसी कई जलाशय योजनाएँ हैं, जो उचित प्रबंधन के अभाव में कार्य नहीं कर रही थीं। राज्य में 2007-08 के बाद वृहद् सिंचाई योजनाओं के तहत 18 जलाशय योजनाओं पर कार्य प्रगति से चल रहा है।

विद्युत् का उत्पादन भी राज्य में नदियों पर विशाल बाँध बनाकर किया जा रहा है। लगातार औद्योगिक विकास के कारण राज्य में विद्युत् आवश्यकता 1,500 मेगावाट हो गई है, जबकि कुल उत्पादन 1,390 मेगावाट है। इसमें 130 मेगावाट जल विद्युत् का उत्पादन है। सिकिदरी जल विद्युत् उत्पादन केंद्र बहुत पुरानी संयंत्र योजना है, जो रख-रखाव के कारणों से वर्ष भर में 3 से 4 माह तक बंद रखनी पड़ती है। इन सभी बातों को ध्यान में रखकर सरकार ने राज्य में 20 स्थलों पर जल विद्युत् संयंत्र लगाने का प्रस्ताव किया है और यह बड़ी तेजी से प्रगति पर भी है। राज्य में ऐसे कितने ही आदर्श जलप्रपात क्षेत्र हैं, जिन पर ये योजनाएँ कार्यान्वित हो सकती हैं। ऊर्जा विभाग ने ऐसे 54 स्थानों को चिह्नित भी कर लिया है।

राज्य में जल संसाधनों की कोई कमी नहीं है, बल्कि इसके समुचित भंडारण, संरक्षण और उपयोग की योजनाओं की कमी है। यही कारण है कि राज्य में पेयजल की समस्या बनी रहती है। ग्रीष्मकाल में यह स्थिति और भी विस्फोटक हो जाती है। यद्यपि इस बारे में भी सरकार के प्रयास सराहनीय हैं। सुदूर गाँवों में हैंडपंपों की सुविधा दी जा रही है। नगरों में भी जलापूर्ति की योजनाएँ सफलता से अमल में लाई गई हैं और वर्षा जल संचयन की दिशा में भी प्रयास किए जा रहे हैं।

झारखंड में प्रकृति प्रदत्त जल संपदा भी पर्याप्त है और इसे राज्य की आर्थिक स्थिति में सुधार का मुख्य साधन समझना होगा। जल संसाधनों के समुचित उपयोग से विकास का मार्ग प्रशस्त हो रहा है।

झारखंड में प्रकृति प्रदत्त जल संपदा भी पर्याप्त है और इसे राज्य की आर्थिक स्थिति में सुधार का मुख्य साधन समझना होगा। जल संसाधनों के समुचित उपयोग से विकास का मार्ग प्रशस्त हो रहा है।

खनिज संसाधन

खजिन संसाधन की दृष्टि से झारखंड भारत का सबसे संपन्न राज्य है। भारत का लगभग 40 प्रतिशत खनिज

झारखंड में पाया जाता है। खनिज पदार्थों की प्रचुरता के कारण ही झारखंड को भारत का रूर कहा जाता है। यहाँ के आर्कियन, धारवाड़ और गोंडवाना कालीन चट्टानी क्षेत्रों में प्रकृति ने विपु संपदा एकत्र कर दी है। यद्यपि यह संपूर्ण राज्य में समान रूप से नहीं है। वितरण के असमानता के आधार पर इसे तीन भागों में बाँटा जा सकता है—

- दक्षिण में धात्त्विक प्रधान खनिज पट्टी।
- मध्य में ईंधन खनिज प्रधान पट्टी।
- उत्तर में अधात्विक खनिज प्रधान पट्टी।

ये तीनों खनिज पट्टियाँ पश्चिम से पूर्व तक फैली है। झारखंड की खनिज पट्टी से भारत में प्राप्त कुल खनिज का 40 प्रतिशत पाया जाता है। राज्य के खनिजों को तीन वर्गों में रखा गया है—

धात्त्विक खनिज

इन खनिजों में लोहा, मैंग्नीज, ताँबा, सीसा, जस्ता, टंगस्टन, बॉक्साइट, सोना, चाँदी और टिन आते हैं।

अधात्विक खनिज

इस वर्ग में अभ्रक, पायराइट, नमक, जिप्सम, कायनाइट, हीरा, चूना-पत्थर, संगमरमर, काँच और बालू आते हैं।

ऊर्जा खनिज

इसमें बहुमूल्य कोयला, यूरेनियम, थोरियम, सुरमा, ग्रेफाइट, इल्मेनाइट और बैरीलियम जैसे खनिज आते हैं।

लौह अयस्क मुख्यत: चार प्रकार का होता है—हैमेटाइट, मैग्नेटाइट, लिमोनाइट, सिडेराइट। झारखंड में 99 प्रतिशत लौह अयस्क हैमेटाइट प्रकार का है। लौह अयस्क का मुख्य उत्पादक जिला पश्चिमी सिंहभूम है। ताँबा के उत्पादन में झारखंड का देश में प्रथम स्थान है। देश का 26 प्रतिशत ताँबा यहाँ उत्पादन होता है। प्रमुख उत्पादक जिला पूर्वी सिंहभूम है। बॉक्साइट के उत्पादन में देश में दूसरा स्थान है। झारखंड में सर्वाधिक बॉक्साइट खनन केंद्र गुमला में 18 और लोहरदगा में 9 हैं। भारत 33.4 प्रतिशत कोयला झारखंड में पाया जाता है। कोयला के प्रमुख केंद्र झरिया, बोकारो, गिरिडीह, कर्णपुरा आदि हैं। आणविक खनिजों में यूरेनियम थालभूम में पाया जाता है। प्रमुख केंद्र जादूगोड़ा में स्थित है।

मानव संसाधन

मानवीय संसाधन की दृष्टि से भी झारखंड संपन्न कहा जा सकता है। यहाँ की

जनजातियाँ सदैव ही श्रमशील, स्वच्छंद और आत्मनिर्भर रही हैं। बदलते समय में भी इनकी श्रमशीलता में कोई परिवर्तन नहीं आया और राज्य के सभी उद्योग-धंधों में ये कार्य करते हैं। इनके अतिरिक्त जो भी बाहरी लोग यहाँ आकर बसे हैं, सभी राज्य की प्रगति में श्रमसाध्य प्रयास कर रहे हैं।

सन् 2011 की जनगणना के अनुसार, राज्य की कुल जनसंख्या 3,29,88,134 है। इस आधार पर झारखंड का भारत में तेरहवाँ स्थान है। इस समय झारखंड में 24 जिले, 5 प्रमंडल, 38 अनुमंडल, 260 प्रखंड, 228 शहर और 32,394 गाँव हैं। राज्य का औसत जनसंख्या घनत्व 414 व्यक्ति प्रति वर्ग किलोमीटर है। धनबाद जिला 1316 व्यक्ति प्रति वर्ग किलोमीटर के साथ सबसे सघन घनत्व का है, जबकि सिमडेगा जिला 159 व्यक्ति प्रति वर्ग किलोमीटर के साथ सबसे विरल घनत्व का है। राज्य की राजधानी राँची में सबसे अधिक जनसंख्या 29,14,253 है, जबकि लोहरदगा जिले की जनसंख्या 4,61,790 सबसे कम है।

साक्षरता दर के आँकड़ों में झारखंड की औसत साक्षरता दर 66.40 प्रतिशत है। पुरुष साक्षरता दर 76.83 प्रतिशत और महिला साक्षरता दर 55.41 प्रतिशत है। राँची में औसत साक्षरता दर सबसे अधिक 76.10 प्रतिशत है। पुरुष साक्षरता दर राँची जिले में सबसे अधिक 84.30 प्रतिशत है, जबकि पाकुड़ जिले में सबसे कम 57.10 प्रतिशत है। महिला साक्षरता दर राँची में सबसे अधिक 67.40 प्रतिशत है, जबकि सबसे कम पाकुड़ जिले में 40.50 प्रतिशत है।

झारखंड का औसत लिंगानुपात 947/1000 है। पश्चिमी सिंहभूम जिले में सबसे अधिक लिंगानुपात 1005/1000 और धनबाद जिले में सबसे कम लिंगानुपात 908/1000 है।

झारखंड की कुल आबादी में 68.6 प्रतिशत हिंदू, 13.8 प्रतिशत मुसलिम, 9.41 प्रतिशत ईसाई, 0.3 प्रतिशत सिख और 7.89 प्रतिशत जैन, बौद्ध तथा अन्य धर्मों को माननेवाले लोग हैं।

झारखंड में लगभग 32 जनजातियाँ पाई जाती हैं, जिन्होंने कालांतर में विभिन्न धर्मों को अपना लिया। अधिकांश जनजातीय जनसंख्या कृषि कार्य करती है। राज्य की कुल जनसंख्या का लगभग दो-तिहाई भाग गाँवों में निवास करता है। स्पष्ट है कि राज्य के अधिकांश लोग कृषि पर ही निर्भर करते हैं। लघु, कुटीर और पुश्तैनी उद्योगों में भी यहाँ के लोग राज्य की अर्थव्यवस्था में

झारखंड में लगभग 32 जनजातियाँ पाई जाती हैं, जिन्होंने कालांतर में विभिन्न धर्मों को अपना लिया। अधिकांश जनजातीय जनसंख्या कृषि कार्य करती है। राज्य की कुल जनसंख्या का लगभग दो-तिहाई भाग गाँवों में निवास करता है।

योगदान करते हैं। बड़े उद्योगों में भी राज्य की जनसंख्या की अच्छी भागीदारी है। कहा जा सकता है कि राज्य में मानव संसाधनों की कोई कमी नहीं है। झारखंड में एक श्रमशील मानव समाज पर्याप्त संख्या में है।

झारखंड में कुल श्रमशक्ति लगभग 1,01,27,733 है, इनमें से पुरुष श्रमिकों की संख्या 66,82,839 और महिला श्रमिकों की संख्या 34,44,894 है। मुख्य कामगारों की संख्या 64,62,736 और सीमांत कामगारों की संख्या 36,64,997 है। इनमें भी ग्रामीण कामगार 85,90,029 और शहरी कामगार 15,37,704 हैं। स्पष्ट है कि 84 प्रतिशत कामगार ग्रामीण क्षेत्र से हैं। इन ग्रामीण कामगारों में पुरुषों की संख्या 53,20,278 और महिला कामगारों की संख्या 32,69,751 है। शहरी पुरुष कामगारों की संख्या 13,62,561 और महिला कामगारों की संख्या 1,75,143 है।

खेतिहर श्रमिकों में 24,30,303 पुरुष और 14,77,932 महिलाएँ हैं। इनमें कामगार पुरुष 14,91,828 और कामगार महिलाएँ 13,70,111 हैं। गृह उद्योगों में कुल कामगारों 4,20,118 में से पुरुष कामगार 2,29,235 और महिला कामगार 1,90,883 हैं। यद्यपि ये सभी आँकड़े 2001 की जनगणना पर आधारित हैं, जिनमें पिछले दशक में परिवर्तन संभव है, परंतु अनुपलब्धता के कारण हम इन आँकड़ों से मानवीय संसाधन की जानकारी प्रस्तुत कर रहे हैं। इससे राज्य में श्रम भाव से परिचित हुआ जाना ही प्रयोजन है। आँकड़ों से स्पष्ट है कि राज्य की मानवीय संसाधन क्षमता श्रम भाव से पर्याप्त है।

इस परिप्रेक्ष्य में देखा जाए तो राज्य में मानवीय संसाधनों का समुचित प्रयोग नहीं हो सका। इसी कारण राज्य में प्रवासन की समस्या ने जन्म लिया। उचित नीति-निर्धारण के अभाव में और उद्योगों के अत्यधिक मशीनीकरण ने हाथों से रोजगार छीना है। इन प्रवासनों और मशीनीकरण से श्रमशक्ति का अभाव होना स्वाभाविक है। इनकी अनदेखी करके उद्योगों में बिहार, पश्चिम बंगाल और ओड़िसा से सस्ते श्रमिकों को लाया गया। इसका प्रभाव मूल निवासियों पर तो पड़ा ही, श्रमिकों के अभाव में कई बड़ी औद्योगिक इकाइयाँ भी बीमार हो गईं। एच.ई.सी., बी.एस.एल., पतरातु थर्मल पावर स्टेशन आदि इकाइयाँ रुग्णावस्था में पहुँच गईं। इसके अलावा टिस्को, टेल्को, उषा मार्टिन जैसे निजी संस्थानों ने अपना नया निवेश अन्य राज्यों में शुरू कर दिया है। कितने ही छोटे उद्योग या तो बंद हो चुके अथवा बंद हो जाने की स्थिति में हैं। यह स्थिति मानवीय संसाधनों के समुचित उपयोग के अभाव में उत्पन्न हुई।

भारत की तुलना में झारखंड का स्थान								
नाम	जनसंख्या				वृद्धि दर	लिंगानुपात		जनसंख्या घनत्व
	कुल	पुरुष	महिला	2001–11	2001	2011	2001	2011
भारत	1,21,05,69,573	62,31,21,843	58,74,47,730	17.64	933	943	324	382
झारखंड	3,29,88,134	1,69,30,315	1,60,57,819	22.34	941	947	338	414

(स्रोत : जनगणना, 2011)

राज्यों में झारखंड की जनसंख्या का स्थान			
क्रमांक	राज्य का नाम	कुल जनसंख्या का प्रतिशत (2011)	2011 में राज्य का स्थान
1	उत्तर प्रदेश	16.49	1
2	महाराष्ट्र	9.29	2
3	बिहार	8.58	3
4	पश्चिम बंगाल	7.55	4
5	आंध्र प्रदेश	7.00	5
6	मध्य प्रदेश	6.00	6
7	तमिलनाडु	5.96	7
8	राजस्थान	5.67	8
9	कर्नाटक	5.05	9
10	गुजरात	4.99	10
11	ओड़िसा	3.47	11
12	केरल	2.76	12
13	झारखंड	2.62	13
14	असम	2.58	14
15	पंजाब	2.29	15
16	छत्तीसगढ़	2.11	16
17	हरियाणा	2.09	17
18	दिल्ली	1.38	18
19	जम्मू और कश्मीर	1.04	19
20	उत्तराखंड	0.84	20
21	हिमाचल प्रदेश	0.57	21
22	त्रिपुरा	0.30	22

23	मेघालय	0.24	23
24	मणिपुर	0.22	24
25	नागालैंड	0.16	25
26	गोवा	0.16	26
27	अरुणाचल प्रदेश	0.11	27
28	पुडुचेरी	0.10	28
29	मिजोरम	0.09	29
स्रोत : जनगणना रिपोर्ट 2011			

2011 में स्थान	जिला	लिंगानुपात (वर्ष 2011)
1	पश्चिम सिंहभूम	1005
2	सिमडेगा	1000
3	खूँटी	994
4	गुमला	993
5	लोहरदगा	985
6	पाकुड़	985
7	दुमका	974
8	लातेहार	964
9	जामताड़ा	959
10	सरायकेला-खरसावाँ	958
11	चतरा	951
12	राँची	950
13	कोडरमा	949
14	पूर्वी सिंहभूम	949
15	साहेबगंज	948
16	हजारीबाग	946
17	गिरिडीह	943
18	गढ़वा	933
19	गोड्डा	933
20	पलामू	929
21	रामगढ़	921
22	देवघर	921
23	बोकारो	916

24	धनबाद	908
स्रोत : जनगणना रिपोर्ट 2011		

झारखंड में जनसंख्या का घनत्व 2011 की जनगणना के अनुसार 414 हो गया, जो बिहार के 1102 से बहुत कम है, लेकिन राष्ट्रीय औसत 382 से थोड़ा ज्यादा है।

झारखंड राज्य में जिलावार जनसंख्या घनत्व

2011 में स्थान	जिला	लिंगानुपात (वर्ष 2011)
1	धनबाद	1284
2	साहेबगंज	719
3	बोकारो	716
4	रामगढ़	684
5	पूर्वी सिंहभूम	648
6	गोड्डा	622
7	देवघर	906
8	राँची	557
9	पाकुड़	498
10	गिरिडीह	497
11	जामताड़ा	439
12	कोडरमा	427
13	हजारीबाग	403
14	सरायकेला-खरसावाँ	390
15	पलामू	381
16	गढ़वा	327
17	लोहरदगा	310
18	दुमका	300
19	चतरा	275
20	खूँटी	215
21	पश्चिमी सिंहभूम	209
22	लातेहार	200
23	गुमला	193
24	सिमडेगा	159
स्रोत : जनगणना 2011		

झारखंड : साक्षरता दर 2011 की जनगणना के अनुसार (प्रतिशत में)

क्रमांक	जिला	कुल साक्षरता	पुरुष साक्षरता	स्त्री साक्षरता
1	राँची	76.1	84.3	67.4
2	पूर्वी सिंहभूम	75.5	83.8	66.8
3	धनबाद	74.5	83.8	64.3
4	रामगढ़	73.2	82.4	63.1
5	बोकारो	72.0	82.5	60.6
6	हजारीबाग	69.8	80.0	59.0
7	सिमडेगा	68.0	76.1	55.9
8	सरायकेला-खरसावाँ	67.7	79.0	55.9
9	लोहरदगा	67.6	77.4	57.7
10	कोडरमा	66.8	79.8	53.2
11	देवघर	64.9	76.9	51.8
12	गुमला	64.7	75.9	55.9
13	जामताड़ा	64.6	76.5	52.2
14	खूँटी	63.9	74.1	53.7
15	पलामू	63.6	74.3	52.1
16	गिरिडीह	63.1	76.8	48.7
17	दुमका	61.0	73.0	48.8
18	गढ़वा	60.3	72.2	47.6
19	चतरा	60.2	69.9	49.9
20	लातेहार	59.5	70.0	48.7
21	पश्चिमी सिंहभूम	58.6	71.1	46.3
22	गोड्डा	56.4	67.8	44.8
23	साहेबगंज	52.0	60.3	43.3
24	पाकुड़	48.8	57.8	40.0
25	**झारखंड समग्र**	**66.4**	**76.8**	**55.5**
स्रोत : जनगणना 2011				

पर्यटन में अपार संभावनाएँ

झारखंड सरकार ने राज्य गठन के बाद ही पर्यटन को उद्योग के रूप में मान्यता दे दी थी। इसके लिए भी आवश्यक नीति-नियम बनाए गए, जिनमें पर्यटन विकास

सार्वजनिक एवं जिला क्षेत्रों में किए जाने की आवश्यकताओं पर बल दिया गया। इस समय पर्यटन विश्व भर में एक बड़े उद्योग का रूप ले रहा है और झारखंड तो प्राकृतिक संसाधनों से भरपूर पर्यटन के लिए आदर्श राज्य है। इस राज्य में वे सभी कारक हैं, जो एक पर्यटक को अपनी ओर आकर्षित करते हैं। यहाँ ऐतिहासिक स्थलों की लंबी श्रृंखला है तो धर्मस्थलों का भी अभाव नहीं है। मिश्रित संस्कृति से मनोहारी संस्कृति में परिवर्तित हुआ यह राज्य परंपराओं से लबालब है। अनेक जैविक उद्यान यहाँ वन्य जीव प्रेमियों को अपनी ओर आकर्षित करने की क्षमता रखते हैं, तो यहाँ की हरी-भरी, रंग-बिरंगी पर्वत श्रृंखलाएँ, झर-झर करते झरने और मृग विहार आदि किसी भी प्रकृति-प्रेमी को सम्मोहित कर सकते हैं।

किसी भी राज्य में पर्यटन का विकास निम्न सात तथ्यों के कुशलतापूर्वक प्रबंधन से ही संभव है—

- स्वास्थ्य
- सुरक्षा
- सूचना
- सुविधा
- सहयोग
- संरचना
- सफाई।

आज देशी या विदेशी पर्यटक जहाँ भी जाते हैं, इन सभी तथ्यों को ध्यान में रखते हैं। पर्यटनों के विकल्प अधिक होने के कारण कोई भी पर्यटक अन्यत्र पर्यटनस्थल पर जाने को उत्सुक रहता है। जम्मू एवं कश्मीर इसका प्रत्यक्ष उदाहरण है। संसार भर के पर्यटकों को आकर्षित करनेवाला धरती का स्वर्ग कश्मीर पर्यटकों की दृष्टि से अपनी अनुपम घाटियों की प्रशंसा के लिए तरस रहा है। झारखंड राज्य की स्थिति भी इन तथ्यों में कहीं ठीक नहीं है।

कुछ लोगों का मानना है कि बिहार राज्य के संयुक्त शासन में राज्य के पर्यटन विकास के लिए समुचित उपाय नहीं किए गए। हो सकता है कि ऐसा हुआ हो, लेकिन अभी भी वर्षों के स्वतंत्र शासन में इस दिशा में क्या कोई खास प्रगति हुई है? आज का पर्यटक केवल ऐतिहासिक, सांस्कृतिक और प्रकृति के दर्शन करने ही घर से नहीं निकलता, बल्कि वह उस राज्य की व्यवस्था का भी अध्ययन करता है। इतिहास साक्षी है कि कश्मीर को विश्व-प्रसिद्ध पर्यटनस्थल के रूप में घोषित कराने का कार्य वहाँ आए करोड़ों पर्यटकों ने ही किया और आज वहाँ पर्यटक स्वयं को असुरक्षित महसूस कर रहा है। विश्व में पर्यटनस्थलों की कमी नहीं, फिर भी प्रतिवर्ष लाखों विदेशी

पर्यटक भारत-दर्शन को आते हैं।

पर्यटन से राज्य को लाभ तो होता ही है, नागरिकों को भी रोजगार के अवसर उपलब्ध होते हैं। पर्यटक क्योंकि विभिन्न देशों से भी आते हैं, तो परस्पर ज्ञानवृद्धि की भी पूरी संभावना बनती है।

झारखंड सरकार ने पर्यटन की महत्ता को समझा है और इस संबंध में प्रयास भी किए जा रहे हैं। संरचना सुदृढता के लिए पर्यटन को तीन भागों में बाँटा गया है—

- राँची-चांडिल-जमशेदपुर-किरीबुरू-चाईबासा-राँची।
- राँची-नेतरहाट-बेतला-राँची।
- पारसनाथ-बरकट्टा-तिलैया डैम-ईटखोरी।

इन भागों में राज्य के कई ऐतिहासिक और धार्मिक स्थलों के पर्यटनस्थल हैं, जिन्हें विकसित करने के प्रयास चल रहे हैं। केंद्र सरकार भी इसमें सहयोग कर रही है। राष्ट्रीय एवं अंतरराष्ट्रीय स्तर के होटल बनाने का प्रस्ताव है। सूचना के क्षेत्र में विज्ञापन के सभी माध्यमों में पर्यटकों को आकर्षित करने के प्रयास हैं, लेकिन परिवहन के क्षेत्र में पर्यटन के अनुरूप राज्य में कोई विकास दिखाई नहीं देता। रेलमार्ग से पर्यटकों के आने की आशा करना उचित नहीं है। वायुमार्ग के विकास और विस्तार से ही यह संभव है।

विकास को अवरुद्ध करती समस्याएँ

किसी भी नवसृजित राज्य के सामने अनेक चुनौतियाँ और समस्याएँ होती हैं। पहले तो राज्य को उस शासन की नीतियों से निपटने और उनमें आवश्यक सुधार करने की आवश्यकता पड़ती है, जिसके अधीन वह पूर्व में रह चुका होता है। झारखंड के सामने ये चुनौतियाँ अधिक थीं। संभवत: बिहार सरकार ने वर्षों पहले ही अनुमान लगा लिया था कि झारखंड स्वतंत्र राज्य बनकर रहेगा और यही कारण था कि पिछले कई वर्षों में बिहार सरकार द्वारा अपने इस उपनिवेश में औद्योगिक लाभ उठाने की प्रक्रिया में तेजी आई। यहाँ विकास के नाम पर कोई उल्लेखनीय कार्य नहीं हुआ।

झारखंड के गठन के बाद उसे विरासत में मिली थी—जर्जर अर्थव्यवस्था, रुग्ण उद्योग और असंतोष व्यक्त करती जनता। सरकार ने धैर्य से इन परिस्थितियों का सामना करने का संकल्प किया और एक विकास लॉबी का गठन किया। मंत्रिपरिषद् के गठन के बाद विभागों को कार्यभार सौंप दिया गया। राज्य में विकास की गति तेज करने की कवायद शुरू हो गई। बहुत समय तो बिहार सरकार से कई अधिकारों को प्राप्त करने में लगा और बहुत समय बाद समस्याओं को चिह्नित किया गया।

इसी समय राजनीतिक हलचल शुरू हो गई। राज्य में राजनीतिक अस्थिरता विकास-पथ की सबसे बड़ी बाधा बन गई। राजनेताओं के व्यक्तिगत तुष्टीकरणों की पूर्ति न होने से मतभेदों की बाढ़ सी आ गई थी और विकास योजनाओं के क्रियान्वयन में बाधा आने

लगी थी। यह राजनीतिक अस्थिरता लंबे समय तक रही। सन् 2010 तक मुख्यमंत्री की कुरसी पर सात लोग बैठे और कोई भी पूर्ण अवधि तक न टिक सका। दूसरे मुख्यमंत्री अर्जुन मुंडा अपने तीन बार के कार्यकाल में लगभग चार वर्ष तक इस पद पर रहे और उन्हीं के कार्यकाल में राज्य ने कुछ गति पाई।

राज्य के जनजातीय समाज के नायक के रूप में उभरे और अनेक महत्त्वाकांक्षाएँ पाले बैठे शिबू सोरेन को जब मुख्यमंत्री पद सौंपा गया तो वे बहुत प्रयासों से भी अपनी कुरसी न बचा सके। उन्हें कोई विधानसभा क्षेत्र ही न मिला, जहाँ से चुनाव जीतकर वे विधायक बन सकते और संविधान की शर्त पूरी कर पाते। इस संबंध में उन्हें बड़े ही कड़वे अनुभवों से दो-चार होना पड़ा था।

प्रथम मुख्यमंत्री बाबूलाल मरांडी को राजनीति के हवनकुंड में अपनी आहुति स्वयं ही देनी पड़ी, यह भी सभी जानते हैं। इन सब राजनीतिक अस्थिरताओं के चलते कैसे नीति-नियंता राज्य की प्रगति का कार्य कर सकते थे? आंतरिक कलह की इस स्थिति ने विस्फोटक रूप धारण कर लिया था और राजनीति का विकृत रूप राज्य को और पीछे घसीटे ले जा रहा था। जो इस स्थिति पर चिंतित थे, वे असहाय और असमर्थ थे।

राज्य के सामने एक और समस्या थी, जो उसे विरासत में मिली थी और वह थी विस्थापितों का कोलाहल। राज्य में जब से औद्योगिक गतिविधियाँ आरंभ हुईं, तभी से विस्थापन की समस्या ने जन्म लिया। एकीकृत बिहार राज्य में लाखों लोग विस्थापित हुए। भूमि संबंधी नियम न होने से विस्थापितों को अपनी ही भूमि छोड़कर जाना पड़ रहा था। अधिकांश लोगों के पास भूमि अधिकार संबंधी कागजात नहीं थे। अशिक्षित जनजातीय लोगों को क्या पता था कि जिस जमीन पर वे रहते हैं और खेती करते हैं, कानूनन वह उनकी नहीं है? अत: इसके भयावह परिणाम रहे।

औद्योगिक इकाइयों की वृहद् पैमाने पर स्थापना हो रही थी और उसी अनुपात में विस्थापन भी बढ़ रहा था। पुनर्वास नीति कागजों पर बड़ी लुभावनी थी, लेकिन धरातल पर नहीं उतर रही थी। इसके क्रियान्वयन के अभाव ने लाखों लोगों को विस्थापन का दंश दिया। तत्कालीन बिहार सरकार को औद्योगिक लाभ के अतिरिक्त कुछ नहीं सूझ रहा था। विडंबना तो यह रही कि इन उद्योगों में उन विस्थापितों को सीमित रोजगार उपलब्ध हो रहे थे। उद्योग सीमावर्ती राज्यों के सस्ते श्रमिकों को प्राथमिकता दे रहे थे। घोर विपन्नता की स्थिति थी।

इन स्थितियों से एक नई समस्या ने जन्म लिया। यह प्रवासन की समस्या थी। राज्य में प्रवासन एक गंभीर समस्या के रूप में सामने आई। इसमें सामान्यत: पुरुषों की संख्या अधिक होती थी, लेकिन साथ में स्त्रियों को भी जाना पड़ता था। अपने राज्य की

राजनीतिक अस्थिरता से उपजा असंतोष, विस्थापन की पीड़ा और रोजगार के संकुचित व सीमित अवसर इस प्रवासन की वृद्धि के कारण बन रहे थे। राज्य के लोग समीपवर्ती और सुदूर राज्यों में जा रहे थे। विडंबना यह थी कि उनके अपने राज्य में बाहर से श्रमिकों व कामगारों की भीड़ चली आ रही थी। भूमिहीनों में प्रवासन की प्रवृत्ति सामान्य स्थिति में भी देखी जाती है। कृषि के क्षेत्र में बढ़ती अनिश्चितताएँ भी एक कुशल कृषक वर्ग को प्रवासन की ओर धकेल रही थीं।

जनसंख्या नियंत्रण पर एकीकृत बिहार के समय झारखंड में कभी कोई उल्लेखनीय प्रयास नहीं हुए और इस समस्या ने भी प्रवासन को बढ़ावा दिया। जहाँ से प्रवासन होता है, वहाँ सामाजिक असंतोष और असुरक्षा की भावना बढ़ जाती है।

जनसंख्या नियंत्रण पर एकीकृत बिहार के समय झारखंड में कभी कोई उल्लेखनीय प्रयास नहीं हुए और इस समस्या ने भी प्रवासन को बढ़ावा दिया। जहाँ से प्रवासन होता है, वहाँ सामाजिक असंतोष और असुरक्षा की भावना बढ़ जाती है। शेष लोग भयभीत रहते हैं कि कभी-न-कभी उन्हें भी अपनी जमीन छोड़नी पड़ेगी। इसके बाद कुप्रभाव प्रवासन के गंतव्य पर दिखाई पड़ते हैं। जहाँ ये प्रवासी जाते हैं, वहाँ अपनी झुग्गी-बस्ती बना लेते हैं और इससे संबंधित राज्य या नगर की व्यवस्था भंग होती है। जीविकोपार्जन की स्वतंत्रता के कारण इन प्रवासियों के प्रति अत्यंत कठोर नहीं हुआ जा सकता। अत: वहाँ की नगरपालिकाओं और नगर निगम पर बोझ बढ़ता है। प्रवासन की यह समस्या राज्य में लंबे समय से चली आ रही है।

इन उपर्युक्त समस्याओं ने संयुक्त होकर एक और नई समस्या को जन्म दिया, जो पूर्व में भी छोटे व सीमित दायरे में देखी जाती रही थी। यह उग्रवाद की समस्या थी, जो राज्य के गठन के बाद एकाएक बढ़ती गई। इस समस्या ने अपनी हिंसात्मक गतिविधियों से झारखंड को भयग्रस्त कर दिया। देखते-ही-देखते राज्य के 16 जिले इस नक्सलवादी समस्या की चपेट में आ गए।

यह नक्सलवाद सन् 1967 में पश्चिम बंगाल के नक्सलबाड़ी गाँव में जनमा था, जब सी.पी.आई. (एम) के कार्यकर्ताओं ने 300 मन धान लूटकर व्यवस्था के प्रति असंतोष प्रकट किया था। 20 अक्तूबर, 1969 को एम.सी.सी. की स्थापना कर नक्सलबाड़ी आंदोलन को नक्सलवाद जैसी हिंसक समस्या में बदल दिया गया। इसका उद्देश्य 'जनता के अधिकार, जनता के हाथ' के नारे से शुरू हुआ, जो अब विकराल आतंकवादी संगठन की तर्ज पर काम कर रहा है। इस शासन विरोधी और कथित जनहितैषी संगठन का गठन 'नेपाल माओवाद' की कुछ सफलताओं से प्रेरित होकर किया गया। मजे की बात यह थी कि सी.पी.आई. (एम) के एजेंडे में जो कार्य चिह्नित किए गए, वे सब

असंतोष में डूबी जनता को लुभावने लगते थे। इनकी गतिविधियाँ निम्न चार बिंदुओं से ज्ञात होती हैं—

1. संगठन सशक्तीकरण

इसमें ये लोग राज्य स्तर से ग्रामीण स्तर तक अपने संगठन को मजबूत करने का उद्‌देश्य लेकर कार्य करते हैं। इसके लिए ग्रामीण क्षेत्रों की समस्याओं का निदान और व्याप्त भ्रष्टाचार का विरोध कर ग्रामीणों को अपने साथ जोड़ने का कार्य किया जाता है।

2. प्रचार-प्रसार

ग्रामीण युवाओं को प्रचार-प्रसार के माध्यम से बागी बनने को प्रेरित किया जाता है। क्रांतिकारी विचारधारा का प्रचार किया जाता है और ऐसे रात्रिकालीन विद्यालय संचालित किए जाते हैं, जिनमें युवाओं को क्रांतिकारी बनने की दिशा में शिक्षण-प्रशिक्षण दिया जाता है। कुछ क्रांतिकारी पत्र-पत्रिकाओं का वितरण भी ग्रामीण क्षेत्रों में किया जाता है, जिनमें 'लाल सलाम,' 'लाल चिनगारी,' 'जन ज्वार' और 'लाल पताका' आदि प्रमुख हैं। इनके अतिरिक्त यह संगटन अपनी आवश्यकता सिद्ध करने के लिए न्यायाधीश और जल्लाद की भूमिका भी निभाता है। जन अदालत लगाकर चोरी, डकैती, बलात्कार, हत्या, उत्पीड़न आदि मामलों की सुनवाई करके संबंधित अपराधी को दंड सुनाता है। इन दंडों में अर्थदंड, मृत्युदंड और सिर मुंडन आदि शामिल हैं।

3. लेवी संग्रहण

आम बोलचाल की भाषा में इसे हफ्ता, चौथ, रंगदारी और अवैध वसूली के नाम से जाना जाता है। संगठन ने इसे व्यावसायिक नाम दिया। इसका उद्‌देश्य संगठन की आर्थिक स्थिति को मजबूत करना है। इसके अंतर्गत बड़े उद्यमियों, ठेकेदारों, प्रखंड स्तर के अधिकारी व अन्य संपन्न लोगों से नियमित रकम वसूली जाती है। न देनेवालों को मृत्युदंड तक की सजा दी जाती है। इस अवैध वसूली का कोई ओर-छोर नहीं है। इसमें और भी वृद्धि के लिए संगठन ने 'पकड़' उद्योग चलाया, जिसने एक समय तो बिहार और झारखंड को दहलाकर रख दिया था।

4. लड़ाकू गतिविधियाँ

अपनी उपस्थितियाँ सतत जारी रखने के लिए संगठन ने कई कैडर बनाए हैं, जिनमें प्रमुख हैंकृपीपुल्स लिबरेशन गोरिल्ला आर्मी, लोकल गोरिल्ला स्क्वॉयड, स्पेशल गोरिल्ला स्क्वॉयड। इन सब स्क्वॉयड्स में आधुनिक हथियारों की भरमार रहती है। एके-47 व 56, पुलिस राइफल, एस.ए.एल.आर. और कारबाइन जैसे हथियार इन लोगों को उपलब्ध हैं। नए सदस्यों के प्रशिक्षण के लिए केंद्र स्थापित हैं। प्रशिक्षण में

लैंड माइंस निर्माण, विस्फोटक, बम निर्माण और हथियार संचालन प्रमुख होता है। अनुमान है कि इन प्रशिक्षणों में अन्य राज्यों के अनुभवी विप्लवी तत्त्व भी शामिल हैं।

ऐसे एक नहीं, बल्कि कई उग्रवादी संगठन झारखंड में सक्रिय हो गए हैं। ये संगठन राँची, गुमला, लोहरदगा, सिमडेगा, पलामू, गढ़वा, लातेहार, चतरा, कोडरमा, गिरिडीह, हजारीबाग, बोकारो, धनबाद, सरायकेला आदि जगहों पर अधिक सक्रिय हैं।

इन संगठनों ने राज्य भर में बड़ी दहशत फैलाई। पुलिस पर भी इनके हमले होते रहे हैं। झारखंड में नक्सली घटनाओं में 2008, 2009 और 2010 में लगभग 572 लोगों की जानें गईं। 2010 में अवैध वसूली की रिकॉर्ड 132 घटनाएँ हुईं। इन संगठनों ने झारखंड व बिहार से बढ़कर अन्य सीमावर्ती राज्यों में भी अपना नेटवर्क जमाया। सरकारी आँकड़े जो भी हों, इन उग्रवादी घटनाओं में और भी अधिक जान-माल की हानि हुई।

अंधाधुंध बढ़ती जनसंख्या के दबाव ने इन उग्रवादी संगठनों को जगह दी। शुरुआत में ये संगठन जनसेवक बनकर आए थे। इन्होंने अपना असली रूप तब दिखाना शुरू किया, जब इन्होंने बिहार-झारखंड में व्याप्त जन असंतोष को भलीभाँति परख लिया।

उग्रवाद को झारखंड में पनपने का अवसर राज्य की गलत नीतियों ने दिया, यद्यपि यह समस्या भी बिहार से विरासत में मिली है। एकीकृत बिहार में राजनीतिक घटनाक्रम सदैव सुर्खियों में रहे। अंधाधुंध बढ़ती जनसंख्या के दबाव ने इन उग्रवादी संगठनों को जगह दी। शुरुआत में ये संगठन जनसेवक बनकर आए थे। इन्होंने अपना असली रूप तब दिखाना शुरू किया, जब इन्होंने बिहार-झारखंड में व्याप्त जन असंतोष को भलीभाँति परख लिया। सेवा को उद्योग के रूप में बढ़ाया और तरीका भी ऐसा अपनाया कि जनसमर्थन मिलता गया। जमींदार व साहूकार जनता का शोषण कर रहे थे, संगठनों ने उन्हें जान का भय दिखाकर उन पर अंकुश लगाया। युवा बेरोजगार बढ़ रहे थे, जिससे संबंधित परिवार भुखमरी के कगार पर पहुँच रहे थे, तो संगठनों ने आकर्षक वेतन तथा कमाई के नाम पर उन्हें छोटे-मोटे कम खतरे के काम दिए और उन्हें प्रशिक्षित किया। मजदूर वर्ग को निर्माण ठेकेदारों से मजदूरी नहीं मिल रही थी तो संगठन ने लेवी संग्रहण कोष में ऐसे ठेकेदारों से वसूली की और मजदूरों को उनकी मजदूरी दी। असंतुष्ट मजदूर इसे न्यायी राजा का न्याय मानकर ऐसे एहसान को उसके संगठन में शामिल होकर उतारने का प्रयास करता।

राज्य सरकार ने अपनी तरफ से इस समस्या का निदान करने के सभी प्रयास किए। स्वयं जनता के कुछ वर्गों ने इस समस्या को गंभीरता से लिया और इसके विरोध

में निजी संगठन भी बंने, जिनमें रणवीर सेना, भूमि सेना, सनलाइट सेना, अली सेना, कुँवर सेना और नागरिक सुरक्षा समिति आदि थे। लेकिन सीमित साधनों के अभाव और कानून की जटिलता से इनमें से किसी को वांछित सफलता नहीं मिली और ये संगठन केवल चुनावी समर में विभिन्न दलों की केवल माँग बनकर रह गए। अतः उग्रवादी संगठनों ने तेजी से वर्चस्व जमाया।

प्रश्न यह नहीं कि यह समस्या बिहार ने विरासत में दी। प्रश्न यह है कि झारखंड में इस समस्या को पनपने देनेवाली परिस्थितियों का प्राथमिकता के तौर पर त्वरित निदान क्यों नहीं हुआ? जो प्रयास अब बड़े पैमाने पर किए जा रहे हैं, वे तभी किए जाने चाहिए थे। राज्य सरकार ने देखा भी है कि उचित नीतियों के क्रियान्वयन से प्रथम मुख्यमंत्री बाबूलाल मरांडी ने पद सँभालने के नौ माह बाद ही 12 अगस्त, 2001 को 37 उग्रवादियों को आत्मसमर्पण कराने का करिश्मा कर दिखाया था। इसके अलावा और भी उग्रवादी आत्मसमर्पण कर चुके हैं। स्पष्ट है कि ये लोग संगठनों के निचले स्तरों पर असंतोष के कारण विवश होकर इस हिंसक मार्ग पर चले हैं और लौटने के इच्छुक हैं। सरकारी तंत्र उन्हें सहयोग और उनके सुरक्षित जीवन-निर्वाह का आश्वासन देगा, तो ये लोग भी सामान्य धारा में लौट आएँगे।

नक्सलवाद से निपटने की जो भी योजनाएँ वर्तमान में चल रही हैं, वे काफी आशातीत हैं, लेकिन इससे आगे की भी बात सोचनी होगी। कड़े और संयुक्त प्रयासों की आवश्यकता है। इन उग्रवादी संगठनों के घटक दलों में तो मात्र असुविधाओं का असंतोष है, जो राज्य सरकार की योजनाओं से दूर हो जाएगा और संगठनों के सक्रिय कार्यकर्ता समाज की मुख्यधारा में लौट आएँगे, लेकिन इन संगठनों के सिरों पर बैठे उन आपराधिक उद्यमियों के लिए अतिरिक्त प्रयास करने होंगे। नक्सलवादी मुखियाओं ने अपने इस उद्योग का वैश्वीकरण कर लिया है। बिहार, बंगाल, छत्तीसगढ़, नेपाल, पाकिस्तान, श्रीलंका और जहाँ भी ये लोकतंत्र विरोधी संगठन सक्रिय हैं, सब आपस में जुड़े हुए हैं। कोई किसी को मदद भेज रहा है, तो कोई कहीं से मदद ले रहा है।

उनके इस एकीकरण से राज्य सरकारों को सीखना चाहिए और उन्हें भी सामूहिक काररवाई करनी चाहिए। एक अकेला राज्य इस दानव से कभी नहीं जीत सकता। सामाजिक एवं आर्थिक सुधार कार्यक्रमों पर दृष्टि रखते हुए सभी नक्सल प्रभावित राज्यों को एक साथ मिलकर एक अंतरराज्यीय प्रशासनिक संगठन गठित करना चाहिए, जिससे इन उग्रवादी संगठनों को एक राज्य से दूसरे राज्य में भागकर शरण न मिले, तभी इस समस्या का निदान संभव है।

झारखंड राज्य की समस्याएँ बड़ी हैं, फिर भी यह तो स्थापित सत्य है कि सही नीति-नियमों का चयन, निर्धारण, प्राथमिकता और क्रियान्वयन से बड़ी-से-बड़ी समस्या

का निदान संभव है। राज्य में आर्थिक संसाधनों की प्रचुर मात्रा है और प्राकृतिक संसाधन भी पर्याप्त हैं। प्रकृति के गर्भ में अभी भी इतना खजाना इस राज्य की पठारी श्रृंखलाओं में है कि उसका नित्य खनन किया जाए तो भी समाप्त नहीं होगा। झारखंड को प्रकृति का उपहार मानना चाहिए। झारखंड सरकार और वहाँ के निवासियों को चाहिए कि प्रकृति के इस अनमोल उपहार पर श्रम व नियम के सिद्धांतों का पालन करें। इसके बिना झारखंड का विकास संभव नहीं है। सरकार को दृढ संकल्प से अपनी भूमिका निभानी होगी, क्योंकि संसाधनों का उपयोग करने का सामर्थ्य होने के कारण ही उसे 'शासक' के नाम से जाना जाता है। पिछले 13 वर्षों की समीक्षा की जाए तो राज्य ने विकास को गति दी है। कुछ अनचाहे अवरोधों ने इस विकास को स्पष्ट नहीं होने दिया, लेकिन अभी भविष्य की ओर देखना श्रेयस्कर होगा। राज्य की प्रगति राजनीतिक शक्ति की प्रबल संकल्पशक्ति पर निर्भर करती है।

धार्मिक विशिष्टताएँ एवं पहचान

झारखंड में मुख्य रूप से हिंदू, मुसलिम और ईसाई धर्म के माननेवालों की संख्या अधिक है। यहाँ के विभिन्न नगरों में अन्य धर्म के लोग भी भिन्न-भिन्न तरह के काम-धंधे और व्यवसाय आदि कर रहे हैं। प्रमुख धर्मावलंबियों का विवरण इस प्रकार है—

हिंदू धर्म

झारखंड में हिंदू धर्म को माननेवाले लोगों की संख्या अधिक है। इसका प्रमुख कारण सदियों से यहाँ सनातन धर्म का प्रवाह है। सबसे पहले हिंदू लोग ही इनके संपर्क में आए। इस धर्म में वास्तविकता और अलौकिकता का आकर्षण है तथा इसमें जीवन से संबंधित रहस्यों को स्वयं में समाहित करने की क्षमता है। इसी कारण इसकी जटिलता भी बढ़ी है। हालाँकि विभिन्न तत्त्वों के निरंतर समावेश से इसके अंदर के विरोधी तत्त्वों की पहचान में अवश्य ही पारदर्शिता नहीं रही। इस धर्म में असंख्य देवी-देवताओं की पूजा-अर्चना की जाती है। यहाँ तक कि मानवीय रूपों में भी यहाँ देवी-देवताओं के दर्शन और पूजा सुलभ है।

समय के साथ प्रत्येक धर्म में कुछ भ्रांतियाँ और विसंगतियाँ खोजी जा रही हैं और हिंदू धर्म भी इसका अपवाद नहीं है। भौतिकता के बढ़ते संजाल में अब हिंदू धर्म में सात्त्विकता नहीं रही और केवल कुछ ही व्यक्ति इस धर्म को गहराई से निभा रहे हैं। आधुनिक हिंदू ने धर्म को व्यक्तिगत जीवन में जटिल बना लिया है।

झारखंड में हिंदू अपने चारों वर्णों—ब्राह्मण, क्षत्रिय, वैश्य और शूद्र में पाया जाता है। ब्राह्मणों की उपजातियाँ—महाब्राह्मण, सरवार, कनौजिया और शाकदूपी आदि हैं।

क्षत्रिय नागवंशी, सिखर और खसेल आदि नामों से जाने जाते हैं। वैश्यों की उपजातियाँ—अग्रवाल, माहेश्वरी, वर्णवाल और जायसवाल आदि हैं। इनमें कुछ निम्नवर्गीय वैश्य भी होते हैं, जिनमें मोदी और बनिया आदि आते हैं। शूद्रों में चमार, डोम और दुसाध आते हैं। शिल्पकर्मियों में हलवाई, धानुक, माली आदि आते हैं, तो श्रमिक किसानों में कोइरी, कुरमी आते हैं। इनके अलावा भी बहुत सी अन्य जातियाँ हैं, जिनमें कुम्हार, बढ़ई, लोहार, हज्जाम, ग्वाला और मल्लाह सम्मिलित हैं। अनेक जातियाँ हिंदू धर्म से आ मिलीं, जिनमें माहिल, तूरी और उड़िया थे। यहाँ के गाँवों में मिश्रित जनसंख्या मिलती है, जैसाकि भारतीय ग्रामीण परिवेश में पाया जाता है। एक-दूसरे पर अवलंबित इस समाज में जीवन-निर्वाह की प्रणाली पाई जाती है।

हिंदू धर्म के संपर्क में रहने से अधिकांश जनजातियों पर प्रभाव पड़ा और अधिकांश ने हिंदू धर्म को अपना लिया। चेरो, खरवार, रावर, राजाबार, विराजिया और परहिया आदि तो स्वयं को आरंभ से पूर्ण जनजातीय नहीं मानते। शिव, विष्णु, कृष्ण, हनुमान् और काली की पूजा इनमें बहुत समय से चली आ रही है। हिंदू धर्म की ही भाँति इनके सभी धार्मिक कार्य पुरोहित द्वारा संपन्न होते हैं। यह हिंदू धर्म का ही प्रभाव था कि दान्हा भगत, बिरसा भगत और टाना भगत जैसे समुदाय अस्तित्व में आए।

आँकड़ों के अनुसार, झारखंड की कुल आबादी में 68.6 प्रतिशत हिंदू धर्म को माननेवाले हैं। इनकी कुल साक्षरता 54.6 प्रतिशत है। राज्य में बड़ी जनसंख्या होने के बाद भी हिंदू धर्म के माननेवालों का जनसेवा कार्यों में कोई उल्लेखनीय योगदान नहीं देखा जाता। इन लोगों को भव्य मंदिरों के निर्माण और धार्मिक त्योहारों का आयोजन करने में ही अपने धार्मिक कर्तव्यों की इतिश्री का आभास होता है। सेवाभाव की दृष्टि से चिकित्सालय, धर्मार्थ अनाथालय, धर्मशालाएँ और विद्यालय आदि के सामाजिक विकास कार्यों में योगदान कम ही देखने को मिलते हैं। फिर भी हिंदू धर्म के माननेवालों में सर्वधर्म-समभाव की भावना अन्य धर्मावलंबियों से अधिक है और ये सौहार्द व सद्भाव का संदेश देते हैं। कठोर नियमों के आचरणवाला यह धर्म राज्य में धार्मिकता का अटूट सेतु है।

भारत में समय-समय पर हिंदू धर्म के लिए सुधारवादी आंदोलन भी होते रहे हैं। सन् 1898 में राजा राममोहन राय ने 'ब्रह्म समाज' की स्थापना इसी उद्देश्य से की थी कि तत्कालीन हिंदू समाज में व्याप्त कुरीतियों और अंधविश्वासों के साथ जो अनुचित तत्त्व आ गए हैं, उन्हें बाहर निकाला जा सके। यह सामाजिक सुधार का आंदोलन झारखंड में भी आया।

जब धर्म-परिवर्तन जैसे मुद्दे उठे तो हिंदू समाज सुधारकों ने इसका विरोध किया और इसके मूल कारण को खोजा। 'ब्रह्म समाज' ने शिक्षा के लिए स्कूलों की स्थापना

की, क्योंकि अशिक्षित वर्ग में धर्म-परिवर्तनकारियों का प्रभाव अधिकांश ही देखने को मिलता था। बंगाली प्रबुद्ध समाज इस आंदोलन का प्रमुख स्तंभ रहा और 'ब्रह्म समाज' ने कई कुप्रथाओं में बदलाव लाने में भी सफलता प्राप्त की। इसी समाज ने जनजातियों की स्वास्थ्य समस्याओं को देखते हुए नि:शुल्क होम्योपैथी दवाखानों की स्थापना की। इसके अलावा भी इस समाज ने अनेक कल्याणकारी योजनाएँ कार्यान्वित कीं।

बंगाल से रामकृष्ण मिशन ने झारखंड में हिंदू धर्म के नवजागरण का अलख जगाया तो झारखंड को भी केंद्र में रखा। इस संस्था ने ईसाई मिशनरी को सिर्फ कड़ी चुनौती ही नहीं दी, बल्कि इसके प्रसार में सबसे बड़ी बाधा भी बनी।

बंगाल से रामकृष्ण मिशन ने झारखंड में हिंदू धर्म के नवजागरण का अलख जगाया तो झारखंड को भी केंद्र में रखा। इस संस्था ने ईसाई मिशनरी को सिर्फ कड़ी चुनौती ही नहीं दी, बल्कि इसके प्रसार में सबसे बड़ी बाधा भी बनी। राज्य में शिक्षा और स्वास्थ्य की आवश्यकता को देखते हुए रामकृष्ण मिशन ने अनेक विद्यालय और अस्पतालों की स्थापना की। राँची में कृषि व्यवसाय को बढ़ावा देने के लिए टैगोर हिल के नीचे 'दिव्यायन' नाम से प्रशिक्षण केंद्र खोला गया। राँची के समीप ही 'आरोग्य धाम' की स्थापना कर उसमें निरंतर स्वास्थ्य सेवा को सुचारु किया गया। जब क्षेत्र में अनावृष्टि के कारण अकाल या सूखे की स्थिति उत्पन्न हुई तो मिशन ने राहत कार्यों में अग्रणी भूमिका निभाई। 'आर्य समाज' ने भी सामाजिक सुधारों के लिए यहाँ हरसंभव प्रयास किए। इन नवजागरणों का प्रयास भी काफी सार्थक रहा।

हम यह कह सकते हैं कि हिंदू धर्म ने भी सामाजिक हितों के प्रयासों में कोई कमी नहीं छोड़ी और रामकृष्ण मिशन तो आज भी सक्रिय भूमिका निभा रहा है। प्रत्येक धर्म का आदर करते हुए अपने धर्म में पूर्ण निष्ठा रखने और कुरीतियों से दूर रहकर नए हिंदू समाज का निर्माण करने का लक्ष्य इन सुधारवादी आंदोलनों का रहा है। इन आंदोलनों ने ईसाई मिशनरियों का विरोध धर्म के आधार पर नहीं, बल्कि धर्म-परिवर्तन के गलत तरीकों के लिए किया। इस धर्म ने सभी धर्मों को आकर्षित किया और जनजातीय समुदाय भी इसी धर्म के प्रति बहुत प्रभावित हुआ। पूजा-अर्चना, ज्योतिष व अनेक धार्मिक विश्वास इन जनजातियों में हिंदू धर्म से ही जाग्रत् हुए। सूर्य पूजा को हिंदू धर्म के अनुसार ही जनजातियों में प्रमुख स्थान मिला है।

इसलाम धर्म

15वीं शताब्दी के उत्तरार्द्ध में छोटानागपुर में मुगलों का प्रवेश हुआ और तब से यहाँ इसलाम का अभ्युदय हुआ। मुगल सम्राटों ने काफी संख्या में धर्म-परिवर्तन भी

कराए और इनकी प्रलोभन नीति ने भी जनजातियों को अपनी ओर आकर्षित किया। राज्य की जनसंख्या का बहुत बड़ा भाग इस धर्म को मानता है और कुल जनसंख्या में इनका प्रतिशत 16.8 है। इसलाम धर्म को माननेवाले भी दो वर्गों में बँटे हुए हैं। सैयद, मुगल, ईरानी और अफगानी अपने आपको 'असराफ' कहते हैं, जबकि दूसरा वर्ग 'असलाफ' कहलाता है। इस दूसरे वर्ग में मोमिन, लालंनेगी और जुलाहा आदि आते हैं। राज्य में लंबे समय से हिंदू समाज में रहने के कारण दोनों ही समुदायों में अनेक विश्वासों और रिवाजों का समन्वय हो गया है। एक-दूसरे के धार्मिक त्योहारों में हर्षोल्लास से भाग लेना सामान्य सी बात है। यद्यपि बढ़ती सांप्रदायिकता ने इस सद्भावना को समय-समय पर बाधित करने के प्रयास भी किए हैं, फिर भी ऐसे संकट के समय दोनों धर्मों के लोग शांत और सद्भावना बनाए रखने के लिए आगे आते हैं।

इसलाम धर्म में सामूहिक नमाज, सर्वसुखेन भवतु, दुआ और दया के साथ दान की सामाजिक अनिवार्यता है। कुरान के अनुसार कर्तव्यों का पालन करने में मुसलमान सदैव तत्पर रहते हैं। सर्वसमाज को जोड़े रखना इनकी भावना में समाहित रहता है। हिंदुओं की भाँति इनके धर्मस्थल मसजिद, दरगाह आदि राज्य में बहुत हैं। सामाजिक विकास के लिए इस धर्म को माननेवाले शिक्षा को बढ़ावा देने के लिए मदरसों का निर्माण करते हैं।

ग्रामीण मुसलमान कृषि, वस्त्र आदि छोटे-छोटे कार्यों से जुड़े हैं, तो नगर में रहनेवाले मुसलमान प्रशासनिक, सामाजिक संस्थानों में पदासीन हैं। समाज का यह शिक्षित वर्ग राज्य में महत्त्वपूर्ण भूमिका निभाता है। इनकी स्थानीय भाषा में उर्दू के साथ फारसी, अरबी और हिंदी के शब्द भी देखे व सुने जाते हैं। जुमे की नमाज सामूहिक रूप से हर शुक्रवार को होती है। ईद, बकरीद (ईद-उल-जुहा), शबे-बरात, मुहर्रम आदि त्योहार भी बड़े हर्षोल्लास से मनाए जाते हैं। आर्थिक और सामाजिक स्तर पर मुसलमानों की स्थिति राज्य में अन्य धर्मों के लोगों की तरह ही है। राज्य में इस धर्म का बड़ा महत्त्व है।

ईसाई धर्म

लगभग दो शताब्दी पूर्व ईसाई मिशनरियाँ इस क्षेत्र में सक्रिय हुई थीं और इन्होंने जनजातियों में अपनी शिक्षाओं का प्रचार-प्रसार किया। जर्मनी से आए ईसाई धर्म-प्रचारकों को पहली सफलता 6 जून, 1850 को मिली, जब चार लोग ईसाई धर्म में दीक्षित हुए। संथाल जनजाति ईसाई धर्म से बहुत प्रभावित हुई और स्वतंत्रता-प्राप्ति तक 3 प्रतिशत संथाल ईसाई धर्म अपना चुके थे। इटली की ईसाई मिशनरी ने इस क्षेत्र में पाश्चात्य शिक्षा की नींव डाली।

सन् 1947 तक ईसाई मिशनरियों ने राज्य में स्कूल और गिरिजाघर की स्थापना के

साथ लाखों जनजातीय लोगों को अपने धर्म में दीक्षित कर लिया था। 'रोमन कैथोलिक मिशन' की स्थापना 1869 में हो चुकी थी। ईसाइयों ने आरंभ से ही इस क्षेत्र की मूलभूत सुविधाओं के विकास की ओर ध्यान दिया। स्कूल, छात्रावास, कॉलेज, अस्पताल और गिरिजाघर आदि की स्थापना में इन्होंने कोई कमी नहीं छोड़ी। शिक्षा के प्रति जनजातियों को जाग्रत् किया। यद्यपि इन सबके पीछे प्रमुख उद्देश्य ईसाई धर्म का प्रचार-प्रसार करना था, फिर भी इस दृष्टिकोण से कि मूलभूत सुविधाएँ धर्म से पहले मानव की आवश्यकता है, ईसाइयों ने इस क्षेत्र को बहुत कुछ दिया।

वर्तमान में राज्य में ईसाई धर्म माननेवालों की संख्या 9.41 प्रतिशत है। हिंदू जनजागरण के आंदोलनों और राजनीतिक विरोधों ने इसके प्रसार में न्यूनता कर दी है। ईसाई धर्मावलंबी अधिकांश राँची, गुमला, सिमडेगा, सिंहभूम, लोहरदगा और संथाल परगना में हैं। पूर्व में कट्टर जनजातियाँ ईसाई धर्म के संपर्क में आने से सहिष्णु बनीं और उनमें धार्मिक उदारीकरण परिलक्षित हुआ। वर्ष 1812 में 'ईसाई छात्र संगठन' की स्थापना हुई, जो सर्वशिक्षा के अधिकार के हितों के लिए प्रयासरत रहा। ईसाइयों की सबसे अधिक संख्या गुमला जिले में है और सबसे कम संख्या देवघर जिले में है। साक्षरता के आँकड़ों में ईसाइयों में 67.9 प्रतिशत ईसाई शिक्षित हैं। जनजातीय जनसंख्या के लगभग 14.5 प्रतिशत लोग ईसाई धर्म को माननेवाले हैं। आश्चर्य की बात यह है कि अनुसूचित जनजातियों में ईसाई धर्मावलंबी लगभग शून्य हैं।

इनके प्रार्थनास्थलों में संत पॉल गिरजाघरों और जी.ई.एल. चर्च आदि प्रमुख हैं, जो झारखंड राज्य के आकर्षक पर्यटनस्थलों में से हैं। यह कहा जा सकता है कि ईसाई मिशनरियों ने इस क्षेत्र में अपनी पूरी क्षमता से ईसाई धर्म को अवस्थित किया और संस्कृतियों के अद्‌भुत मिश्रण का भाग बने। आज राज्य में सभी धर्मों के लोगों की सहभागिता है और इसी सहभागिता ने इस प्राकृतिक संपदा संपन्न राज्य के विकास की संभावनाओं को जीवंत रखा है। ईसाइयों का भी इसमें योगदान अविस्मरणीय रहा है।

इन सब प्रमुख धर्मों के अतिरिक्त झारखंड में सिख, जैन और बौद्ध का भी सक्रिय सहअस्तित्व है। सिख धर्मावलंबी राज्य के अधिकांश नगर और कस्बों में ही निवास करते हैं और इनका योगदान व्यापार एवं प्रशासन सहित अन्य क्षेत्रों में देखा जाता है। यद्यपि इनकी जनसंख्या बहुत कम है, लेकिन इनकी साक्षरता दर 87.8 प्रतिशत है। बौद्ध धर्म को माननेवालों की संख्या बहुत कम है। यहाँ जैन मतावलंबी बहुत हैं और प्राचीन काल से यहाँ के लोगों पर जैन धर्म का प्रभाव रहा है। क्षेत्र में इस धर्म से संबंधित भग्नावशेष पाए जाते हैं, जो इसकी प्राचीनता का प्रमाण हैं। राज्य में जैनियों ने मुख्यत: उद्योग और व्यापार को अपनाया है और इनकी अधिक संख्या नगरों में निवास करती है। सामाजिक विकास में जैन धर्म की भूमिका अग्रणी रही है। गौशाला, धर्मशाला, विद्यालय

और अस्पताल बनवाने में इन लोगों की विशेष रुचि रहती है और ये धर्मावलंबी इन कार्यों में बढ़-चढ़कर भाग लेते रहे हैं।

इस प्रकार हम कह सकते हैं कि भारत संघ के सभी राज्यों में जो धार्मिक विविधता और सहभागिता देखने को मिलती है, वह झारखंड में भी दिखाई देती है। यहाँ सभी धर्म एक-दूसरे का आदर करते देखे जा सकते हैं और कहीं-कहीं तो सहअस्तित्व ने परस्पर इन धर्मों को एक-दूसरे के कई रिवाजों का अनुसरण करने के लिए प्रेरित भी किया है। □

4. झारखंड का लोक साहित्य

- लोक साहित्य
- पारंपरिक कला
- लोक संगीत
- झारखंड के प्रमुख वाद्य-यंत्र
- झारखंड के दर्शनीय स्थल

लोक साहित्य

लोक साहित्य वैसे साहित्य को कहते हैं, जो पीढ़ी-दर-पीढ़ी यात्रा करते हैं। यह साहित्य जनश्रुतियों पर आधारित होता है। झारखंड राज्य विभिन्न जनजातियों का राज्य है। अत: सभी जनजाति अपने परंपराओं तथा रीति रिवाज के द्वारा इस लोक साहित्य अतीत से वर्तमान तक काफी सफलता से विकसित कर पाए हैं। इस राज्य में लोक साहित्य के निम्न रूप मिलते हैं—

लोक नाट्य

झारखंड के जनजातियों में अपने जन-गण के मनोरंजन की विशिष्ट परंपराएँ रही हैं। इन परंपराओं में कई ऐसी विधाएँ हैं, जो लोक नाट्य की संपूर्ण अभिव्यक्ति में सक्षम होती है। झारखंड के कई अंचलों में ज़तरा यानी कई गाँवों के बीच नाच-गान प्रतियोगिताओं की परंपरा रही है। भूमि का खास हिस्सा जतरा के लिए सुरक्षित रहता है, जिसे 'जतरा टांड' कहते हैं। खरसावाँ राज के संरक्षण में विकसित हुई 'छउर' मुखौटों के साथ नृत्य नाटिका है। नृत्य में विभिन्न पात्रों के माध्यम से धार्मिक कथाओं का मंचन ही 'छउर' की विशेषता है।

लोकगीत

लोग अपने मन की बातों को, सुख-दु:ख को, जन्म से मरण तक के विशेष भावों

को, उल्लास-उत्सव को आदिकाल से ही गाकर व्यक्त करते रहे हैं। गेय रूप में हृदय की अनुभूतियाँ अपने चरम को स्पर्श करती हैं। विवाह के बाद बेटी की विदाई के समय गाया जानेवाला गीत पत्थरों को भी पिघलाने की ताकत रखता है। ये लोकगीत लोक कंठ की धरोहर है। एक कंठ से दूसरे कंठ, एक पीढ़ी से दूसरे पीढ़ी तक पहुँचने वाले लोकगीत शब्द और स्वर के दोहराव से संचलित होते हैं। दोहराव लोकगीतों का सबसे बड़ा गुण और शक्ति है। जिसके कारण नई पीढ़ी सहजता से अपनी स्मृति में गीतों को ग्रहण करने में सक्षम होती है।

लोक कथा

लोक कथा पीढ़ी-दर-पीढ़ी यात्रा करते हैं। इनकी यात्रा के माध्यम हैं—दादी-नानी, बड़े बुजुर्गों की किस्सा-कहानियाँ। ये कथाएँ गद्यात्मक और पद्यात्मक दोनों हैं। झारखंडी समाजों की लोक कथाओं के संग्रहण का कार्य बहुत सुव्यवस्थित ढंग से हुआ है। पी.ओ. बोर्डिंग ने संथाली लोक कथाओं का संग्रहण किया है। श्री जगदीश त्रिगुणायत ने मुंडारी लोक कथाओं का एवं शांति प्रबल बाखला ने कुड़ुख लोक कथाओं के संग्रहण में अपनी महत्त्वपूर्ण भूमिका निभाई है।

लोकोक्ति

लोकोक्ति एक ऐसी अनुभवपरक अभिव्यक्ति है, जिसमें जीवन के सुख-दुःख, हास्य-परिहास, रंग-व्यंग्य, अतीत-वर्तमान की छोटी-से-छोटी धड़कन देखी जा सकती है। लोकोक्ति में कहावतें, पहेलियाँ आदि आती हैं।

कहावतें

कहावतें ज्ञान और अनुभव की घनीभूत रचनाएँ होती हैं। कहावतों में जीवन के कड़वे-मीठे अनुभवों को अत्यंत सुंदर ढंग से व्यक्त किया जाता है। झारखंड के विभिन्न भाषाओं में ऐसी कहावतों की भरमार है।

पहेली

पहेली ऐसी वाक्य-रचना है, जिन्हें जान-बूझकर द्विअर्थक बनाया जाता है। चित्रात्मकता और बिंबात्मकता पहेली की प्रमुख विशेषताएँ हैं। राज्य की विभिन्न जनजातियों में ऐसी पहेली बहुतायत से मिलती है।

प्रतीक

लोक और ग्राम्य संस्कृति में प्रतीक का प्रचलन अतीत से चलता रहा है। धार्मिक प्रतीकों, यौन प्रतीकों, गार्हस्थिक प्रतीकों का संसार बहुत व्यापक और विस्तृत है। शाल वृक्ष में देवता की कल्पना की गई, तब पूरा पेड़ प्रतीक बन गया। मराङ बुरू की कल्पना

में पूरा पहाड़ प्रतीक है। महादेव–पार्वती के प्रतीक के रूप में लिंग–योनि की पूजा सृष्टि सृजन का प्रतीक है। राज्य की विभिन्न जनजातियों में ऐसे प्रतीकों की भरमार है।

पारंपरिक कला

झारखंड राज्य की स्थापत्य कला यहाँ के प्राचीन मंदिरों, किलों और उनके खँडहरों में झलकती है। यद्यपि इन सब में किसी विशिष्ट कला की झलक नहीं मिलती और अधिकांश इमारतें साधारण रूप से ही निर्मित हुई हैं। फिर भी झारखंड के पूर्वी भागों में दारूहेड़ा, बढ़ाडीह, हेथ और बुंडू के मंदिरों में ओड़िसा की स्थापत्य कला का प्रभाव देखने को मिलता है। दालमी का विष्णु मंदिर और लोहरदगा का वासुदेव मंदिर हिंदू धर्म की स्थापत्य कला से प्रभावित है। गिरिजाघरों के निर्माण में अवश्य पाश्चात्य कला का प्रयोग हुआ है। राँची का गिरिजाघर गौथिक शैली में निर्मित है। यह आज भी आकर्षण का केंद्र बना हुआ है।

ईसाई मिशनरियों ने अधिकांश भवनों के निर्माण में अपनी शैलियों का प्रयोग किया है। झारखंड के अधिकांश प्रमुख मंदिरों एवं किलों का निर्माण राजाओं ने करवाया था।

भिन्न–भिन्न वंशों की स्थापना के बाद से ही इनके राजाओं ने विभिन्न शैलियों में मंदिरों एवं किलों का निर्माण कराया। इसके बाद यहाँ अन्य बाह्य लोगों का आगमन हुआ, जिनसे यहाँ मिश्रित कला अस्तित्व में आई। पारंपरिक जनजातीय स्थापत्य कला में काष्ठ कला का ही अधिक प्रयोग रहा, जिससे झोंपड़ियाँ बनाई गईं, फिर भी भिन्न–भिन्न आकृति और आकार–प्रकार के कारण इतना तो स्पष्ट है कि इन लोगों में भी स्थापत्य कला में विविधता मान्य थी। प्रकीर्ण बस्तियों में लकड़ी और मिट्टी की या घास–फूस की झोंपड़ियाँ होती थीं, जिन पर छप्पर पड़े होते हैं। ढलवाँ छतों पर खपरैल, गुंबद, ढलान और तंबू के आकार में भी देखी जा सकती थीं। वैसे जनसामान्य में भवन–निर्माण का स्थायी रूप 19वीं शताब्दी से प्रभावकारी हुआ।

चित्रकला के बारे में इस राज्य की जनजातियों में भी रुचि रही है। मिट्टी और लकड़ी से बने घरों पर इनके द्वारा उकेरी गई आकृतियों और भित्तिकला से उनके कलाप्रेमी होने का पता चलता है।

चित्रकला के बारे में इस राज्य की जनजातियों में भी रुचि रही है। मिट्टी और लकड़ी से बने घरों पर इनके द्वारा उकेरी गई आकृतियों और भित्तिकला से उनके कलाप्रेमी होने का पता चलता है। अधिकांश घरों की दीवारों पर मिट्टी की परत चढ़ाई जाती है और उस पर

सूर्य, चंद्रमा, फूल-पत्तियाँ आदि उकेरे जाते हैं। पशु-पक्षियों की आकृतियाँ भी देखी जा सकती हैं। संथाल और उराँवों को चित्रकला से अधिक प्रेम रहा है। इनकी भित्ति कला अपने-आप में एक शानदार जनजातीय चित्रकला का प्रमाण है। धार्मिक पर्वों में चावल के माँड़ में रंग मिलाकर घर की दीवारों पर काल्पनिक देवी-देवताओं के चित्र समस्त जनजातीय समाज में उकेरे जाते हैं और उनकी पूजा भी की जाती है।

लोक चित्रकलाएँ : झारखंड की चित्रकलाओं में कोहवर और सोहराई चित्र, जादो पाटिया और वंदना प्रमुख हैं। कोहवर शब्द, दो शब्दों 'कोह' और 'वर' के मेल से बना है। कोह या खोह का अर्थ गुफा है और वर दूल्हे को कहा जाता है। संभवत: आज का कोहवर पुरानी गुफा चित्रों का विकसित रूप है। कोहवर चित्रों की विषयवस्तु सामान्यत: स्त्री-पुरुष संबंध, सांकेतिक प्रजनन, जादू-टोना आदि होती है, जिसे फूल-पत्तियों, पशु-पक्षियों के प्रतीक चिह्नों द्वारा बनाया जाता हैं।

सोहराई चित्रों में दीवारों पर कत्थई लाल, सफेद (केओलीन) और काले (मैंगनीज) रंगों से आकृतियाँ बनाई जाती हैं। एक मत के अनुसार 'सोहराई' शब्द की उत्पति मुंडारी शब्द 'सोराई' से हुआ है, जिसका शाब्दिक अर्थ झाड़ूनुमा छड़ी से जानवरों को मारना है। सोहराई के दिन गाँव के लोग पशुओं को सुबह जंगल की ओर ले जाते हैं और अपराह्न में उनका स्वागत अपने द्वार पर करते हैं।

जादोपाटिया प्राचीन पटचित्र कथा परंपरा की लोकचित्र कथा-शैली है। यह मुख्यत: संथाल परगना में प्रचलित है। ये चित्र एक जाति विशेष 'जादो' के लोक कलाकारों द्वारा बनाए जाते हैं। जादो समुदाय को संथाली समाज में पुरोहित का दरजा प्राप्त है। छोटे-बड़े कपड़ों-कागजों के टुकड़ों को जोड़कर 6 से 10 फीट लंबे पर बनाए जाते हैं। पूर्व में इसकी विषयवस्तु संथालों की उत्पतिकथा, रामकथा, कृष्णलीला, जीवन-मरण आदि होती थी। बाद में पर्व-त्योहार, महाभारत और रामायण को भी विषयवस्तु बनाया गया।

प्रत्येक गाँव के सरना में हर परिवार की अपनी पाषाण की मूर्ति होती है। पत्थर को रखकर उसे विभिन्न काल्पनिक आकृति से रँग दिया जाता है। इससे स्पष्ट होता है कि जनजातीय समाज चित्रकला में बहुत रुचि रखता है। वर्तमान में राज्य में चित्रकला को बहुत महत्त्व दिया जा रहा है। ललित मोहन राय को चित्रों द्वारा जनजातीय जीवन को स्पष्ट करने में महारत हासिल हुई और उन्हें 'कलाश्री सम्मान' से पुरस्कृत किया गया। राज्य के वरिष्ठ एवं विशिष्ट चित्रकारों में श्री राय का अग्रणी स्थान है। हरेन ठाकुर को चित्रकला में कितने ही राष्ट्रीय, अंतरराष्ट्रीय पुरस्कारों से सम्मानित किया गया है। हरेन ठाकुर को 'छोटानागपुर चित्रांकन शैली' में निपुणता प्राप्त है। राज्य की कलाओं को प्रोत्साहित करने के उद्देश्य से झारखंड में 'झारखंड कला मंदिर' का गठन भी हो चुका है। यह संस्था नए चित्रकारों को प्रोत्साहित करती है।

शिल्पकला

झारखंड के जनजातीय जीवन में हस्तशिल्प की महत्त्वपूर्ण भूमिका रही है। जीवन के हर क्षेत्र में इन लोगों को अपने ही हाथों से अपनी आवश्यकता की वस्तुओं का निर्माण करना पड़ा है। आखेट पर आधारित जनजातीय समाज को अपने अस्त्र, जाल इत्यादि स्वयं ही बनाने होते थे। मिट्टी के बरतन और टोकरियों के अलावा सोने के लिए चटाइयाँ भी ये स्वयं ही बनाते थे। जब इनकी कृषि में रुचि हुई तो कृषि के सभी उपकरण एवं औजार इन्होंने स्वयं ही विकसित किए। पेड़ों की छालों से रस्सियाँ बनाईं।

मछली पकड़ने के इनके जाल व काँटे भिन्न-भिन्न नामों से आज भी राज्य के हाट-बाजारों में मिलते हैं। कुमुनी, लोंडरा, जालोम, गीरा और भँवरजाल आदि नामों के ये सामान आकर्षक रूप में हैं। छोटे-बड़े पक्षी और पशु आदि को फँसानेवाले इनके जाल बुद्धिमानी एवं कला के अच्छे उदाहरण हैं। घरों की छोटी वस्तु से लेकर बड़ी वस्तु तक के संग्रह एवं संरक्षण के लिए इनके द्वारा लकड़ी और मिट्टी से बनाए गए सामान देखने योग्य होते हैं। इनके द्वारा चिकनी लकड़ी को खोखली करके तंबाकू रखने की डिबिया आज भी आधुनिक व महँगी डिबियों से कहीं अधिक आकर्षक होती है।

आदिवासी स्त्रियाँ अपने शृंगार के लिए जो आभूषण बनाती हैं, वे सुंदर कारीगरी का नमूना होते हैं। उराँवों में लड़कियाँ सीपों को घिस-घिसकर उनसे अद्‌भुत आकर्षक 'झिपली' बनाती हैं। मोतियों, मूँगों और लौह से बनी इनकी कंठमालाएँ बहुत ही मनोहारी होती हैं। ये अपने पहनने के वस्त्र भी अधिकांशतः अपने हाथों से बुनते हैं। इसके लिए इन्होंने हथकरघों का निर्माण भी किया है।

छालों से रंग निकालने में प्रवीण इन लोगों के रंग-बिरंगे परिधान पर्व-त्योहारों में छटा बिखेरते हैं। पूर्व में इनके सभी हस्तशिल्प अपनी आवश्यकताओं के अनुसार आविष्कृत हुए और समय के साथ यह हुनर इनकी आर्थिक स्थिति को सुधारने में काम आने लगा। भिन्न जनजातियों की उपजातियों ने भिन्न हस्तकलाओं को पुश्तैनी कार्य के रूप में स्वीकार किया। टोकरी बनानेवाले लोग अब और अधिक निपुण कलाकार हो गए। चटाई बनानेवालों ने समय के साथ अपनी कला में और भी विविधता व आकर्षण भर दिया। गाँवों के साप्ताहिक हाटों से निकलकर अब झारखंड हस्तशिल्प राष्ट्रीय बाजार में अपनी छटा बिखेर रहा है। मूल रूप से कला जनजातीय जीवन की प्राण रही है और इसी से ये लोग अपना अस्तित्व बचाए रखने में सफल हुए हैं।

नाट्‌य कला

जनजातीय समाज में लोक नाट्‌य कला का आरंभ से ही चाव रहा है। कई विशेष अवसरों पर इस समाज में नाट्‌य कला का मंचन किया जाता रहा है। इनके प्रमुख नाटकों में कृष्णलीला, डोमकच, रामायण, भकुली बंका, कीरतनिया और अन्य पौराणिक काल्पनिक

नाट्य हैं। कीरतनिया का कई वाद्यों की संगत से कीर्तन के रूप में मंचन किया जाता है और यह भागवत कथाओं पर आधारित होता है। अविवाहितों द्वारा श्रावण से कार्तिक तक 'जट-जाटिन' के माध्यम से गृहस्थ जीवन के उतार-चढ़ाव देखे जा सकते हैं। भकुली बंका नृत्य आधारित नाट्य हैं, जो इसी अवधि में आयोजित किया जाता है। रामायण, कृष्णलीला या अन्य पौराणिक कथाओं का नाट्य मंचन पर्व-त्योहारों के अनुसार होता है और इनकी भाव-भंगिमाओं, साज-सज्जा और संवादों की अदायगी से सभी रस छलक उठते हैं। डोमकच एक नितांत ही व्यक्तिगत वयस्क नाट्य है, जिसमें गिने-चुने वयस्क ही शामिल होते हैं। इसका मंचन सार्वजनिक रूप से नहीं किया जाता। इस नाट्य की भाव-भंगिमाएँ, नृत्य-मुद्राएँ अत्यंत आकर्षक होती हैं। नृत्य-प्रधान रागिनी स्त्रियों द्वारा गाई जाती हैं। इस नाट्य मंचन में छोटे बच्चों को नहीं लाया जाता।

नाट्य कला में पारंगत जनजातीय समाज ने पूर्व में इसे अपने मनोरंजन का माध्यम ही समझा था, लेकिन अब यह कला अंतरराष्ट्रीय स्तर पर प्रसिद्ध हो चुकी है। राज्य के बुद्धिजीवी वर्ग ने इस कला की असीम संभावनाओं का अनुभव करके इस सांस्कृतिक कला को विकसित करने के प्रयास किए। आज राज्य के सभी प्रमुख नगरों में नाट्य-संस्थाओं का गठन हो चुका है। राँची में नाट्य कला के विकास में हस्ताक्षर, रंगायन, वसुंधरा आर्ट, रंग-दर्पण, सार्थक और नाट्यचल जैसी नाट्य संस्थाएँ सक्रिय हैं।

हजारीबाग में 'सम्राट्', गिरिडीह में 'रंगालय', 'त्रिमूर्ति', 'युवा रंगमंच' और 'तेतास नाट्य ग्रुप' आदि संस्थाएँ इन नाट्य कलाकारों को मंच प्रदान कर रही हैं। धनबाद का 'अंकुर' और बोकारो का 'कलाकेंद्र' कितने ही युवा कलाप्रेमियों को नए नाट्य संसार से परिचित करा रहा है। अत: कहा जा सकता है कि राज्य में लोक नाट्य कला का भविष्य उज्ज्वल है, यदि इसमें और भी पारदर्शिता से कार्य किया जाए तो शीघ्र ही इसके सार्थक परिणाम निकलेंगे।

लोक संगीत

छोटानागपुर-संथाल परगना का जनजातीय समाज अपने जीवन में अपने ही द्वारा सृजित मनोरंजनों से अपने सुख की खोज करता रहा। बाह्य संपर्कों से पूर्व आदिवासी समाज के पास भोजन एकत्र करना, खाना और फिर शेष समय सामूहिक मनोरंजन में बिताने का कार्य था। इसके बाद कार्य तो बढ़े, लेकिन मनोरंजन भी कम नहीं हुए। नृत्य कला तो जैसे आनुवंशिक पद्धति में है। लोकगीत और लोक नृत्य ही इनके परस्पर सौहार्द के प्रमुख कारण रहे हैं। इन्होंने समय, मौसम, माह, संस्कार और कृषि आदि का निर्धारण कर मौखिक गीतों की रचना की तथ नृत्य शैलियों का सृजन किया।

नृत्य-गायन में इन लोगों के जीवन की झलक दिखाई देती है। इनके मौखिक लोकगीतों में से कुछ ही गीत लिखित रूप में संगृहीत हो सके हैं। नृत्य-गायन में वाद्य-यंत्रों की निपुणता देखते ही बनती है। इन वाद्य-यंत्रों में अधिकांश तो स्वयं इनके द्वारा ही निर्मित होते हैं। मुरली, बनम, ढोल, तुरही, मृदंग, नगाड़ा, शहनाई, टुइला, भेइर और माँदर आदि ऐसे वाद्य-यंत्र हैं, जो क्षेत्रीय स्तर पर प्रयोग में लाए जाते हैं। इन वाद्य-यंत्रों ने समूचे झारखंड के नृत्य-गायन को अपनी संगति दी है।

नृत्य-गायन की विद्या ने ही मूल जनजातियों को बाहर से आनेवाले लोगों से जोड़ने में भी सहायता की, क्योंकि बाहर से आनेवाले लोग भी गीत-संगीत से अनभिज्ञ नहीं थे। अत: दोनों ही पक्ष एक-दूसरे के नृत्य गायन में परस्पर समाहित होते चले गए। इससे लोक संगीत एक नए पथ की ओर अग्रसर हुआ। इस सामंजस्य ने यह प्रभाव डाला कि गीत-संगीत और नृत्य आदिवासी व गैर-आदिवासी दोनों के ही सार्वनिष्ठ बन गए। झारखंड का लोक संगीत मुख्य रूप से दो भागों में वर्गीकृत किया जा सकता है—

नृत्य-गायन की विद्या ने ही मूल जनजातियों को बाहर से आनेवाले लोगों से जोड़ने में भी सहायता की, क्योंकि बाहर से आनेवाले लोग भी गीत-संगीत से अनभिज्ञ नहीं थे। अत: दोनों ही पक्ष एक-दूसरे के नृत्य गायन में परस्पर समाहित होते चले गए।

- जनजातीय लोक संगीत।
- क्षेत्रीय लोक संगीत।

जनजातीय लोक संगीत में संथाली, मुंडारी, 'हो,' खडिया और उराँव आदि जनजातीय लोक संगीत आते हैं। जबकि क्षेत्रीय लोक संगीत में नागपुरी, खोरग, कुरमाली और पंचपरगनिया के लोक संगीत को गिना जाता है। बाहर से आकर बसे 'दीकुओं' का लोक संगीत भी राज्य में अपना अस्तित्व स्थापित कर चुका है।

नागपुरी लोक संगीत अन्य सभी से अधिक व्यापक और समृद्ध है। यद्यपि इस पर अन्य सभी लोक संगीतों का प्रभाव पड़ा है, लेकिन इसकी कुछ ऐसी विषमताओं के कारण, जो अन्य लोक संगीतों में नहीं हैं, नागपुरी ने अपनी विशिष्ट पहचान और पैठ बनाई है। इसमें नृत्य-गायन को मौसम और समय के आधार पर चार भागों में बाँटा जा सकता है—

1. **मौसमी गीत**—फगुआ, उदासी, पावस और भदवाही ऐसे नृत्य-गायन होते हैं, जो प्रतिवर्ष के मौसम में माह या पक्ष के स्वागत में गाए जाते हैं।
2. **त्योहारी गीत**—इसमें करमा, जितिमा, सोहराई और तीज आदि गीत होते हैं,

जो पर्व-त्योहारों में गाए जाते हैं।

3. **संस्कार गीत**—जन्म से लेकर जीवन के सभी प्रमुख संस्कारों में गाए जानेवाले ये गीत देवी गीत, झंझाइन गीत और बिहा गीत आदि गीत हैं।
4. **नृत्य गीत**—ये गीत नृत्य प्रधान होते हैं और इनमें मरदाना झूमर, जनाना झूमर, लुझरी, डोमकच और खेमटा गीत सम्मिलित होते हैं।

मौसमी गीतों में 'फगुआ' होली के अवसर पर गाए जानेवाले गीत हैं। यह पुरुष समूह द्वारा आयोजित प्रदर्शन नृत्य-गायन है। उदासी गीत गरमियों के आने पर गाए जाते हैं। इनमें वाद्य-यंत्रों की आवश्यकता कम ही होती है। इनमें भक्तिमय गीतों को स्थान मिलता है। पावस गीत वर्षा ऋतु में पुरुषों के द्वारा गाए जाते हैं और वर्षा ऋतु के आनंद का वर्णन करते हैं। वर्षा ऋतु में 'भदवाही गीत' गाए जाते हैं।

त्योहारी गीतों में 'करमा गीत' करम पूजा के अवसर पर महिलाओं द्वारा सामूहिक नृत्य में गाए जाते हैं। 'सोहराई गीतों' को कार्तिक माह में सोहराई के अवसर पर गाया जाता है। जितिया पर्व पर पुत्र की लंबी आयु की कामना करते 'जितिया गीत' पुत्रवती महिलाओं द्वारा गाए जाते हैं। तीज के पर्व में लड़कियाँ नृत्य करते हुए समूह में तीज गीत गाती हैं। इन गीतों से पर्व का उल्लास प्रकट होता है।

संस्कार गीतों में जन्मोत्सव पर मुंडन से लेकर जनेऊ तक के सभी संस्कारों पर पृथक् गीत गाए जाते हैं। 'बिहा गीत' विवाह के सभी संस्कारों पर गाए जाते हैं। सोहर, खेलोनो, सुमंगली और कोहवर आदि 'बिहा गीत' हैं।

नृत्य गीतों में 'मरदाना झूमर' पुरुषों द्वारा सामूहिक नृत्य-गायन की एक ओजपूर्ण शैली है, जबकि 'जनानी झूमर' स्त्रियों द्वारा सामूहिक नृत्यगान द्वारा प्रस्तुत होता है। यह विभिन्न पर्वों और त्योहारों पर गाए जाते हैं। नृत्य-गीत सभी उच्च स्वर में और नृत्य प्रधान ही होते हैं।

ग्रामीण परिवेश में वाद्यों द्वारा गाए जानेवाले गाथागीत अत्यंत लोकप्रिय होते हैं। इनमें अधिकांशत: सभी रसों का समावेश होता है। रस के अनुसार ही इनके लय, सुर व ताल में उतार-चढ़ाव होते हैं। इनमें एक या दो मुख्य गायक होते हैं और अन्य सहायक होते हैं। इन गाथा गीतों में आल्हा-ऊदल, नायक बंजारा, दीनाभदरी और बिजमैल आदि गाथाएँ गाई जाती हैं।

कृषि कार्यों में भी गीतों का बहुत महत्त्व है। खेत तैयार करते समय हल चलाता कृषक उच्च स्वर में उल्लास से भरा गीत गाता है। फसल बोते समय भी गीत गाए जाते हैं। नवान्न घर में आने पर पूजा और नृत्यगान होता है। इसके अलावा चातुर्मासी, बारहमासी, कंजरी, हिंडोला आदि गीत भी हैं, जो समय-समय पर गाए जाते हैं। इन सभी प्रकार के गीतों की संख्या इतनी अधिक है कि भिन्न अवसर पर भिन्न गायक द्वारा

भिन्न गीत भी गाया जा सकता है, लेकिन इनमें से कुछ अब अप्राप्य हैं।

यद्यपि गीतों के संग्रह में विद्वानों ने फलीभूत प्रयास भी किए हैं। ड्ब्ल्यू.जी. आर्चर ने वर्ष 1661 में मुंडा गीतों को 'मुंडा दुरंग' में संगृहीत किया। इन्होंने ही 'होड़ सेरेन' गीत संग्रह में तीन हजार संथाली गीतों को भी संगृहीत किया। उराँव जनजाति के छब्बीस हजार गीतों का संग्रह 'लीलखोर से खेल' नामक पुस्तक में है। इतने संग्रहों के अलावा भी कुछ और गीत-संग्रह देखने को मिलते हैं, लेकिन फिर भी अप्राप्य गीतों की संख्या भी बहुत अधिक होगी, इस बात में कोई संदेह नहीं है। कुरमाली लोकगीत में स्त्री-पुरुष व दोनों के सामूहिक गाए जानेवाले गीतों का पर्याप्त भंडार रहा है। प्रायः इसमें सभी गीत मौसमी ही होते हैं, जो अपने भिन्न-भिन्न सुर, लय और ताल से गाए जाते हैं तथा साथ में नृत्य भी किया जाता है।

कुरमाली लोक संगीत में स्त्री-प्रधान नृत्य-गान में टुसू गीत हैं, जो पौष माह के पहले दिन से ही मकर संक्रांति तक गाए जाते हैं। सामूहिक गीतों में उधवा, अढ़ाइयाँ आदि आते हैं, जिनमें स्त्री-पुरुष दोनों मिलकर नृत्य-गान करते हैं। सरहुल में बसंत के पर्व पर भी सामूहिक नृत्य किया जाता है। पुरुष-प्रधान वैराग्य गीत 'ढप गीत' के तहत अगहन से फाल्गुन तक गाए जाते हैं। यह पुरुषों का सामूहिक गान होता है।

झारखंड राज्य का सबसे आकर्षक और प्रसिद्ध नृत्य 'छऊ' है, जो सरायकेला का मुख्य नृत्य है। यह नृत्य समीपवर्ती राज्य ओड़िसा के मयूरभंज और पश्चिम बंगाल के पुरुलिया जिले में भी प्रचलित है। इस नृत्य में पौराणिक और ऐतिहासिक विषयों की प्रधानता होती है। इसमें चरित्र के अनुसार मुखौटे लगाकर आकर्षक वेश-भूषा में नृत्य-प्रदर्शन किया जाता है। इस नृत्य शैली को सरायकेला के राजघराने से निकालकर यूरोप तक पहुँचाने का श्रेय यहाँ के राजकुमार सुधेंदु नारायण सिंह को जाता है, जिन्होंने सन् 1938 में यूरोप में इसका प्रदर्शन कराया।

'करमा' आदिवासियों का एक महत्त्वपूर्ण सामूहिक नृत्य है। यह फसल की बुआई, कटाई और कर्म देवता की पूजा के अवसर पर किया जाता है। इस नृत्य में माँदर, बाँसुरी, तुरही आदि वाद्य-यंत्र बजाए जाते हैं।

'पइका' एक ओजपूर्ण नृत्य शैली है, जिसमें नर्तक सैन्य परिधान में नृत्य करते हैं।

'जदूर नृत्य' में स्त्री और पुरुष एक-दूसरे का हाथ पकड़कर नाचते हैं। 'अग्नि नृत्य' एक धार्मिक नृत्य है।

'नचनी' एक पेशेवर नृत्य शैली है।

'नटआ' पुरुष प्रधान नृत्य है। इसके अतिरिक्त चौकारा, जमुदा घटवार, सोहराय, सामरो आदि नृत्य की अन्य शैलियाँ हैं।

झारखंड के प्रमुख वाद्य-यंत्र

झारखंडवासियों की जीवन-शैली में संगीत और नृत्य की प्रधानता है। यहाँ के दैनिक जीवन में प्रायः हर प्रकार के समारोह अथवा अनुष्ठान में संगीत-नृत्य अनिवार्य है। जन्म, नामकरण, शादी-विवाह, पर्व-त्योहार, कृषि एवं विभिन्न धार्मिक अवसरों के आयोजन संगीत के बिना संपन्न नहीं होते हैं। किसी भी संगीत में वाद्य-यंत्र का स्थान महत्त्वपूर्ण होता है। इसी प्रकार वाद्य-यंत्र के बिना झारखंडी संगीत का आनंद अधूरा है। इसलिए झारखंड के भौगोलिक एवं सांस्कृतिक परिवेश की आवश्यकतानुसार स्थानीय स्तर पर सुगमता से उपलब्ध संसाधनों द्वारा ही वाद्य-यंत्रों का निर्माण किया जाता है। इन वाद्य-यंत्रों के निर्माण में समाज के सभी समुदायों का सहयोग होता है। प्रायः वाद्य-यंत्रों में विभिन्न सामग्रियों एवं कुशल शिल्प की आवश्यकता होती है, जिसमें समाज के शिल्पकार समुदायों का महत्त्वपूर्ण योगदान होता है। इन वाद्य-यंत्रों की विशिष्टता यह भी है कि झाँझ व करताल को छोड़कर प्रायः सभी वाद्य-यंत्र पुरुषों द्वारा बजाए जाते हैं।

झारखंड के वाद्य-यंत्रों को उनकी बनावट के अनुसार चार श्रेणियों में विभक्त किया जा सकता है। ऐसे वाद्य-यंत्र, जिनमें ताँत या तंतु अथवा डोरी या तार को रगड़ने अथवा छेड़ने से ध्वनि उत्पन्न होती है, उन्हें 'तंतु वाद्य' कहते हैं। इस श्रेणी में केंदरा, बनम, बउंग, टुइला और एकतारा आदि आते हैं। इन वाद्य-यंत्रों को गज अथवा कमानी के द्वारा रगड़ा जाता या उँगली से छेड़ा जाता है, जिससे ध्वनि उत्पन्न होती है। रेतकर उत्पन्न हुए स्वरों को दूसरे हाथ की उँगलियों के संचालन द्वारा नियंत्रित किया जाता है।

दूसरी श्रेणी में मुँह से फूँककर बजाए जानेवाले वाद्य-यंत्र आते हैं, जैसे बाँसुरी, सनाई या शहनाई, सिंगा, मदनभेरी निशान आदि।

तीसरी श्रेणी में विभिन्न प्रकार के चर्म वाद्य आते हैं, जिनको हथेली-उँगलियों अथवा लकड़ी की पतली व छोटी छड़ी से पीटकर बजाया जाता है। ये सभी मूलतः तालवाद्य ही हैं, क्योंकि गीत की लय एक समान बनाए रखने में इनका योगदान रहता है। इस श्रेणी में माँदर, नगाड़ा, टामाक, ढोल, ढाक इत्यादि आते हैं।

चौथी श्रेणी के वाद्य-यंत्र यद्यपि ताल वाद्य ही हैं, तथापि उनकी भूमिका प्रमुख न होकर सहयोगी वाद्य के रूप में होती है। इस श्रेणी में झाल, करताल, थाल, घंटी, घुँघरू, मजीरा, सेकोए आदि आते हैं, जो प्रायः ताल के सम पर बजाए जाते हैं। पाश्चात्य संगीत में इनको 'परकसन इंस्ट्रूमेंट' कहते हैं।

ताँत या तंतु वाद्य

ये ऐसे वाद्य-यंत्र हैं, जिनमें रेशम की डोरी, ताँत, लोहे, ताँबे या पीतल के तार बँधे होते हैं। इन्हें दो प्रकार से बजाया जाता है—

1. रेशम की डोरी, ताँत या धातु के तारों को उँगली, हाथी दाँत, स्ट्राइकर, लकड़ी आदि से छेड़ा जाता है; जैसे टोहिला, एकतारा, गावगुबी आदि।
2. जिन वाद्य-यंत्रों में तारों के नीचे चमड़ा मढ़ा होता है, उन तारों को घोड़े के बालों से बने धनुष या कमानी से रेतकर बजाया जाता है।

केंदरा

केंदरा छोटनागपुर क्षेत्र का लोकप्रिय तंतु वाद्य है, जिससे कोमल व करुण स्वर उत्पन्न होते हैं। हिंदुस्तानी संगीत में यह स्थान सारंगी को दिया जा सकता है। स्वर की तीव्रता धीमी व कोमल होने के कारण इसको माँदर, नगाड़ा अथवा ढोल या ढोलक के साथ बजाए जाने पर इसका स्वर गौण हो जाता है। इसी कारण चर्म वाद्यों के थमने पर प्राय: इसे एकल गीत के साथ बजाया जाता है।

इसका निर्माण लगभग चार फीट के एक खोखले बाँस की छड़ी के दोनों सिरों पर सूखी लौकी के दो गोलाकार खोलों को बाँधकर किया जाता है। दोनों ही छोरों पर लकड़ी से बनी खूटियाँ लगी होती हैं, जिन पर तारों को बाँधा जाता है। तारों के बचे हुए अंश को निकट ही लगी अन्य खूँटी में बाँध दिया जाता है। देखने में यह वीणा का देशज स्वरूप लगता है, लेकिन इसमें ध्वनि तारों पर गज या कमानी चलाने से निकलती है।

बनम या बानाम

यह तंतु वाद्य संथाल समुदाय का प्रिय वाद्य-यंत्र है। इसका उपयोग गीत के साथ संगत के रूप में किया जाता है। इसका निर्माण नारियल के खोल को आधा काटकर उसके ऊपर गोह का चमड़ा मढ़कर किया जाता है। गोह गिरगिट प्रजाति का, लेकिन उससे कई गुना बड़ा रेंगनेवाला जंतु है, जो संथाल परगना क्षेत्र में प्रचुरता से उपलब्ध है। इसका चमड़ा मजबूत होता है। मढ़े हुए खोल से लकड़ी अथवा बाँस का दंड जुड़ा होता है। इस दंड के ऊपरी सिरे पर दोनों ओर दो-दो खूटियाँ लगी होती हैं। नारियल के खोल के निचले सिरे में लगी खूँटी से तीन अथवा चार ताँत या तार निकालकर मढ़े गए चमड़े के ऊपर से ले जाकर दंड के ऊपरी सिरे पर लगी खूँटियों में अलग-अलग बाँध दिया जाता है। ताँत या तार चमड़े का स्पर्श न करें, इसलिए नारियल के चमड़ा मढ़े खोल के लगभग बीच में एक पतली लकड़ी या घोड़ा लगा दिया जाता है। इसके चारों अथवा तीनों तार चमड़े की सतह से ऊपर उठे और तने हुए रहते हैं। इन तारों को घोड़ों की पूँछवाली कमानी से रगड़ने या रेतने पर थोड़ी मोटी ध्वनि निकलती है। यह पाश्चात्य संगीत में प्रयुक्त होनेवाले तार वायलिन का देशज रूप है।

बुअंग या भुआंग

यह संथाल समुदाय का प्रिय वाद्य है। इस वाद्य-यंत्र में दो भाग होते हैं—पहला,

धनुष और दूसरा, सूखी लौकी का तुंबा, जिसका एक सिरा खुला होता है। आमतौर पर जहाँ धनुष पकड़ा जाता है, अर्थात् लगभग मध्य में लौकी का लगभग डेढ़ फीट लंबा तुंबा लटकाकर बाँधा जाता है। तुंबे का निचला सिरा खुला होता है। इसे बजाने के लिए बाएँ हाथ से धनुष पकड़कर दाएँ हाथ से धनुष की रस्सी खींचकर छोड़ने से 'बुअंग-बुअंग' की ध्वनि निकलती है। इससे एक ही प्रकार का स्वर निकलता है, इसलिए यह ताल के सम पर बजाया जाता है।

टुइला या टोहिला

कोमल स्वरवाला यह वाद्य और इसके वादक अब लुप्तप्राय हो रहे हैं, क्योंकि इस यंत्र को बजाने की प्रक्रिया अत्यंत जटिल है। इसके कोमल स्वर के कारण ही इसे प्रायः अन्य चर्म वाद्य के साथ नहीं बजाया जाता है और गीत के साथ इसकी संगत की जाती है। इसको बनाने के लिए लगभग 3-4 फीट को खोखली लाठी ली जाती है। लाठी के मोटेवाले सिरे पर एक सूखी लौकी के कटे हुए आधे खोल को आधार की ओर से रखकर जड़ दिया जाता है। कटे हुए आधे भाग का मुँह खुला रहता है। इस आधे भाग के अंदर रेशम के मोटे धागे से धातु का छल्ला कस दिया जाता है। रेशम के धागे को खोखली लाठी के दूसरे सिरे पर दो-तीन स्थान पर बाँध दिया जाता है। वादक टुइला या टोहिला को एक हाथ से अपने सीने से सटाए रखता है और दूसरे हाथ की उँगलियों से रेशम के धागे को छेड़ता अथवा रगड़ता है। इसके साथ ही सीने से सटे लौकी के खुले सिरे को कभी हटाता और कभी पुनः सटा लेता है। इससे इच्छित कोमल व करुण स्वर निकलता है।

एकतारा

इसके नाम से ही स्पष्ट है कि एकतारा एक तंत्री वाद्य है। सामान्यतः इसका प्रयोग साधु, भिक्षुओं और फकीरों द्वारा भक्ति गीतों, भजनों के साथ संगत करने के लिए किया जाता है। इससे निकलनेवाला एक ही स्वर गायक को स्वर का आधार प्रदान करने के साथ-साथ ताल भी बनाए रखता है। इसके निर्माण के लिए लौकी का आधा कटा सूखा खोल लिया जाता है, जिसके ऊपर चमड़ा मढ़ दिया जाता है। लौकी के दो सिरों में बाँस की लगभग तीन-साढ़े तीन फीट की दो खपच्चियाँ कस दी जाती हैं। खपच्चियों के ऊपरी सिरे जोड़ दिए जाते हैं और बीच में बाँस अथवा लकड़ी की खूँटी डाल दी जाती है। लौकी के खोल के मध्य से एक तार निकालकर इसके बीच में डाली गई खूँटी में लपेट दिया जाता है। खूँटी बाएँ घूम सकती है। इससे तार को कसने अथवा ढीला करने में मदद मिलती है। वादक एक हाथ की हथेली से बाँस की दोनों खपच्चियों को इस प्रकार पकड़ता है कि उसकी तर्जनी तार को छेड़ने के लिए स्वतंत्र होती है। तार छेड़ने

पर स्वर निकलता है, जिसको इच्छानुसार पतला या मोटा बनाने के लिए खपच्चियों पर पकड़ कसी अथवा ढीली की जाती हैं। उँगली को तार के आघात से बचाने के लिए धातु का त्रिकोण टुकड़ा भी पहना जाता है।

सारंगी

तंतु वाद्य-यंत्रों के अतिरिक्त सारंगी भी एक प्रमुख वाद्य-यंत्र है, जिसकी बनावट बनम या बानाम जैसी होती है। अंतर इतना ही है कि इसका आधार और ऊपरी भाग दोनों बनम से अधिक चौड़े होते हैं। इसे आधार की ओर से गोद में रखकर ऊपरी भाग को कंधे पर रखकर कमानी से बजाया जाता है। उँगलियों के नाखूनों को तारों पर आगे-पीछे रखते हुए इसके स्वरों को नियंत्रित किया जाता है।

फूँककर बजाए जानेवाले वाद्य-यंत्र

फूँककर बजाए जानेवाले वाद्यों की श्रेणी में बाँसुरी, मुरली, सनाई या शहनाई, मदनभेरी इत्यादि हैं।

बाँसुरी

बाँसुरी झारखंड क्षेत्र का लोकप्रिय वाद्य है। संथाल परगना क्षेत्र में चरवाहों को बाँसुरी बजाते, गाय-बैल चराते देखना एक आम दृश्य है। इससे बनाने के लिए लगभग डेढ़ इंच व्यासवाले खोखले बाँस का लगभग ढाई फीट का टुकड़ा लिया जाता है। इस खोखले बाँस के टुकड़े का एक सिरा गाँठ के ऊपर से काटा जाता है, ताकि यह सिरा बंद रहे। दूसरे सिरे को गाँठ से पहले काटा जाता है, ताकि यह सिरा खुला रहे। बाँस के टुकड़े का व्यास कम अथवा अधिक भी हो सकता है। इसी मोटाई से बाँसुरी के महीन अथवा मोटे स्वर का निर्धारण होता है। लोहे के मोटे तार अथवा पतले सरिया को आग में रखकर गरम किया जाता है। जब यह गरम होकर लाल हो जाता है, जब बाँस के गाँठवाले सिरे में गाँठ से लगभग चार अंगुल की दूरी पर गरम तार या सरिया से गोल छेद किया जाता है। इसके बाद बाँस के खुले सिरे की ओर इस छेद से लगभग दस-बारह अंगुल के अंतर से शुरू करके छह छेद इस प्रक्रिया से बनाए जाते हैं। गाँठवाले सिरे से बनाए गए एक छेद पर होंठ रखकर फूँक मारी जाती है तथा अन्य क्षेत्रों को दोनों हाथों की तीन-तीन उँगलियाँ रखकर बंद अथवा खोलने के द्वारा स्वर नियंत्रित किए जाते हैं। संथाल परगना क्षेत्र में पारंपरिक रूप से ऊपर के छेदों को बाएँ हाथ की दो उँगलियों और शेष चार छेदों को दाएँ हाथ की चार उँगलियों से बंद किया जाता है। हिंदुस्तानी संगीत की वादन शैली और जनजातीय वादन शैली में यह बहुत बड़ा अंतर है।

मुरली

यह बाँसुरी का ही एक अन्य रूप है। बाजार में उपलब्ध जिस वाद्य को मुरली कहा जाता है, उसको मुँह में रखकर फूँकने से स्वर निकलता है। इसमें बने स्वर नियंत्रण करनेवाले छेदों की संख्या और आकार भी बाँसुरी जैसे ही होते हैं, परंतु अंतर यह है कि जिस सिरे में मुँह से फूँक मारी जाती है, उस सिरे को आधा छीलकर लगभग उसी व्यास की एक अन्य लकड़ी इस प्रकार ठूँस दी जाती है कि हवा जाने के लिए थोड़ा मार्ग भर बचता है। इसी सिरे पर लगभग दो अंगुल पर एक छोटा आयताकार छेद बनाया जाता है। छिले हुए सिरे को मुँह में डालकर फूँक मारने से स्वर निकलता है। संथाल समुदाय द्वारा प्रयुक्त मुरली की बनावट की तकनीक भी वही है, परंतु बाँस के टुकड़े का व्यास इतना रहता है कि उसके फूँकनेवाले सिरे में वादक का मुँह समा जाता है, इस कारण मुरलीवाले बाँस का व्यास आम मुरली से अधिक होता है। इस प्रकार की मुरली को बजाने के लिए फूँक मारने की अतिरिक्त क्षमता की आवश्यकता होती है। ऐसी मुरली से मोटा स्वर निकलता है। यह पारंपरिक मुरली है।

सनाई या शहनाई

छऊ, पइका व नटुआ आदि नृत्यों में यह मुख्य वाद्य के रूप में प्रयोग की जाती है। इसके अतिरिक्त सदान समुदायों के विवाह, पूजन आदि के अवसरों पर इसे बजाया जाता है। यह भी मुरली के प्रकार का ही वाद्य है, परंतु अंतर यह है कि मुरली और बाँसुरी में स्वर नियंत्रित करने के लिए जहाँ छह छिद्र होते हैं, वहीं शहनाई में सात छिद्र होते हैं, जो खोखले लकड़ी के लगभग एक-डेढ़ फीट लंबाईवाले टुकड़े पर बने होते हैं। फूँके जानेवाले अपेक्षाकृत पतले सिरे पर ताड़ के पत्ते से बनाया गया 'पन्ना' धागे से बँधा होता है। दूसरे सिरे पर पीतल अथवा काँसे का बना चोंगा कसा रहता है। ताड़ के पत्ते से बना पन्ना होंठों में दबाकर फूँक मारने से पतला और तीखा स्वर निकालता है।

मदनभेरी

विवाह, छऊ नृत्य के समय यह शहनाई अन्य चर्म वाद्यों के साथ बजाया जाता है। कभी-कभी इसकी ध्वनि का प्रयोग वन्य पशुओं को भगाने के लिए भी किया जाता है। इससे एक ही स्वर निकलता है। इसकी लगभग चार फीट लंबी लकड़ी की नली के अग्र भाग में पीतल की नली जुड़ी रहती है। स्वर नियंत्रित करने के लिए मुँह से हवा के दबाव को कम अथवा अधिक किया जाता है।

इन वाद्यों के अतिरिक्त फूँककर बजाए जानेवाले वाद्य-यंत्रों में सिंगा, निशान और भेइर इत्यादि प्रमुख हैं।

पीटकर बजाए जानेवाले चर्म वाद्य-यंत्र

इस श्रेणी के वाद्य-यंत्रों में माँदर, नगाड़ा, ढोल, ढाक इत्यादि प्रमुख हैं।

माँदर

यह झारखंड के प्राचीनतम वाद्य-यंत्रों में से एक है, जिसका प्रयोग सभी झारखंडी समुदाय के लोग करते हैं। विभिन्न समुदाय में इसका आकार भले ही छोटा-बड़ा हो, परंतु बनावट एक ही होती है। प्रायः सभी झारखंडी नृत्यों में माँदर का उपयोग किया जाता है। इसका निर्माण मिट्टी अथवा लकड़ी के लगभग तीन से साढ़े तीन फीट लंबे गोलाकार खोल के खुले सिरों के दोनों ओर चमड़ा मढ़कर किया जाता है। मढ़ने के लिए प्रायः बंदर अथवा बकरे के चमड़े का प्रयोग किया जाता है। मिट्टी से बने लंबे गोलाकार खोल की सुरक्षा के लिए इसके ऊपर पतला चमड़ा चारों ओर से कसकर लपेटा जाता है। दोनों खुले सिरों पर गढ़े गए चमड़े को उसकी गोलाई के ऊपरी सिरे में छोटे-छोटे छिद्र करके चमड़े की पतली पट्टी से जोड़कर रखा जाता है। इन पतली पट्टियों को कसने से दोनों ओर के चमड़े में कसाव आता है और पीटने पर स्वर चढ़ता है तथा ढीला करने पर स्वर मोटा होता है। माँदर के बाएँ हाथवाले सिरे के मुँह का व्यास दाएँ हाथवाले सिरे से थोड़ा बड़ा होता है। दाएँ हाथवाले सिरे के चमड़े पर गाद लगाकर वैसे ही चिकना किया जाता है, जैसे तबले को किया जाता है। बाएँ सिरे पर लगाई जानेवाली गाद की परत थोड़ी मोटी और खुरदरी होती है। इसे ढोलक के समान गले में टाँगकर दोनों हाथों की हथेलियों व उँगलियों से बजाया जाता है। निःशब्द रात्रि में माँदर की धमक और थाप दोनों ही अजीब जादुई सम्मोहक ध्वनि उत्पन्न करती हैं।

नगाड़ा

माँदर के समान ही नगाड़ा भी झारखंड का एक प्रमुख वाद्य है। आदिवासी और सदान दोनों समुदायों द्वारा इसका प्रयोग विभिन्न अवसरों पर किया जाता है। अधिकतर नृत्यों में माँदर के साथ इसकी संगत को अनिवार्य माना जाता है।

नगाड़े का आकार स्थान और समुदाय के अनुसार बड़ा, मध्यम और छोटा निर्धारित किया जाता है। बड़े आकार का नगाड़ा जमीन पर रखकर बजाया जाता है। मध्यम और छोटे आकार के नगाड़े गले अथवा कमर में लटकाकर बजाए जाते हैं। छोटे आकार के नगाड़े को संथाल परगना क्षेत्र में 'टामाक' कहा जाता है।

नगाड़ा बनाने के लिए लोहे के गुंबदाकार खोल के खुले सिरे को भैंसे के मोटे चमड़े से मढ़ा जाता है। गुंबदाकार खोल को जमीन पर आधार प्रदान करने के लिए चमड़े का रिंग लगाया जाता है। इसमें चमड़े के फीते लगाए जाते हैं। इन फीतों को ऊपर मढ़े हुए चमड़े के बाहरी किनारों पर बने छिद्रों में डालकर कसा जाता है। कसने से स्वर

चढ़ता है और ढीला करने से स्वर धीमा और मोटा होता है। ऊपर मढ़े हुए चमड़े के बीच में गाद लगाया जाता है। मध्यम और छोटे आकार के नगाड़ों में भी यही तकनीक अपनाई जाती है। इन्हें बजाने के लिए पतली और छोटी छड़ी का प्रयोग किया जाता है।

ढोल

प्राय: वैवाहिक समारोह, पर्व एवं पूजन आदि अवसरों पर ढोल बजाया जाता है। झारखंड के विभिन्न पर्वों और कई लोक नृत्यों में ढोल की मुख्य भूमिका होती है।

ढोल का निर्माण प्राय: गम्हार, कटहल और आम की लकड़ी से किया जाता है। इसके लिए लगभग तीन-साढ़े तीन फीट व्यास की लकड़ी का खोल लिया जाता है। लकड़ी का मध्य भाग थोड़ा उभरा होता है। इसके दोनों खुले सिरों को बकरे के चमड़े से मढ़ दिया जाता है। इन दोनों सिरों के चमड़ों में कसाव के लिए इन्हें चमड़े के फीतों द्वारा माँदर के समान चारों ओर बाँधकर रखा जाता है। इन फीतों में पिरोए हुए धातु के छल्लों को ऊपर-नीचे करके चमड़े में कसाव और ढीलापन किया जाता है। ढोल को गले में टाँगकर बाईं ओर हथेली से और दाईं ओर लकड़ी की पतली तथा छोटी छड़ी से पीटकर बजाया जाता है।

ढोल का निर्माण प्राय: गम्हार, कटहल और आम की लकड़ी से किया जाता है। इसके लिए लगभग तीन-साढ़े तीन फीट व्यास की लकड़ी का खोल लिया जाता है। लकड़ी का मध्य भाग थोड़ा उभरा होता है। इसके दोनों खुले सिरों को बकरे के चमड़े से मढ़ दिया जाता है।

ढाक

ढाक देखने में ढोल के समान ही दिखाई पड़ता है, लेकिन इसका आकार ढोल और माँदर से कुछ बड़ा होता है। इसे प्राय: दुर्गा-पूजा और मनसा-पूजा आदि पवित्र पर्वों तथा 'पइका' और 'नटुआ' नृत्यों के समय विशेष रूप से बजाया जाता है।

ढाक को ढोल के समान ही लकड़ी के खोल के दोनों खुले सिरों को बकरे के चमड़े से मढ़ दिया जाता है और इन्हें चमड़े के फीते से ही आपस में जोड़कर रखा जाता है। इन फीतों में धातु के छल्ले पिरोए जाते हैं, जिन्हें ऊपर-नीचे करके ढाक के स्वर को चढ़ाया अथवा उतारा जाता है।

ढाक को बजाने के लिए वादक इसे अपने बाएँ कंधे पर इस प्रकार लटका लेता है कि बजाया जानेवाला सिरा थोड़ा तिरछा होकर सामने की ओर होता है। इसी सिरे पर बाँस की पतली कमानियों से प्रहार करने पर कर्णप्रिय आवाज निकलती है।

ढाक वाद्य-यंत्र को बजानेवाले समुदाय-विशेष के लोगों को वैवाहिक समारोह, उत्सव और पूजन-पर्व आदि के अवसरों पर मुख्य रूप से आमंत्रित किया जाता है।

झारखंड के दर्शनीय स्थल

झारखंड राज्य के इतिहास में जितने भी राजवंश हुए, सभी ने अपनी सुरक्षा और शान के लिए किलों का निर्माण कराया। इसके साथ ही धार्मिक आस्था रखते हुए भव्य एवं विशाल मंदिरों और धर्मस्थलों का भी निर्माण कराया। इनके अतिरिक्त बाह्य शासकों ने भी यहाँ भवनों आदि का निर्माण कराया, जो समय के साथ जीर्ण हो गए और अधिकांश धूल-धूसरित हो गए। इनमें से कुछ के अवशेष मिले हैं और कुछ लुप्त हो गए हैं। किसी क्षेत्र की वास्तुकला, धार्मिकता और सुरक्षा व्यवस्था का पता इन्हीं से चलता है। झारखंड के बारे में विस्तृत रूप से जानने के लिए इनके बारे में जानना भी आवश्यक है :—

नवरतनगढ़

दोइसा में बना यह किला नागवंशी राजाओं ने बनवाया था। जब सन् 1627 में जहाँगीर की कैद से रिहा होकर राजा दुर्जन साल अपनी राजधानी कोकरह आया तो उसने सुरक्षा की दृष्टि से अपनी राजधानी को कोकरह से दोइसा स्थानांतरित कर लिया। यहीं उसने पाँच मंजिल महल का निर्माण कराया। पूर्व में इस महल में पहली मंजिल पर नौ-नौ कक्ष थे, जो समय की आँधी में जीर्ण हो गए। जबकि इसकी ऊपर की दो मंजिलें ढह गईं और अब शेष तीन मंजिलों में 27 कक्ष ही बचे हैं। पूर्व-पश्चिम, उत्तर-दक्षिण में इसकी लंबाई 42 मीटर है।

इचाक का किला

मध्यकाल में रामगढ़ के राजा की राजधानी रही इचाक हजारीबाग से केवल 8 मील की दूरी पर है। जब सन् 1772 में अंग्रेजों ने रामगढ़ पर हमला किया, तब रामगढ़ के राजा तेज सिंह अपनी राजधानी को सुरक्षा कारणों की दृष्टि से इचाक ले गए और यहाँ तीन मंजिल महल बनाया। उचित रख-रखाव के अभाव में यह किला भी लगभग ध्वस्त हो चुका है।

राजमहल का किला

15वीं शताब्दी के अंत में जब अकबर का सेनापति मानसिंह एक अफगान विद्रोही का पीछा करते हुए सिंहभूम से होकर गुजरा, तब उस समय राजमहल को बंगाल की राजधानी बनाया गया। सन् 1660 में औरंगजेब ने इसे शाहशुजा से छीन लिया और राजधानी के रूप में इसकी मान्यता खत्म कर दी। इसी राजमहल में राजा मानसिंह ने एक जामा मसजिद का निर्माण कराया था। शाहशुजा ने भी यहाँ प्रसिद्ध सिंही दालान का निर्माण कराया।

विश्रामपुर किला

इस किले का निर्माण मुगल शैली में किया गया है, जो संभव है कि चेरो-मुगल संबंधों के समय निर्मित हुआ था। इसके निकट ही एक मंदिर भी है। चेरो परंपरा के अनुसार इस किले का निर्माण कार्य लगभग नौ वर्ष तक चला था।

नारायणपुर किला

नवागढ़ में स्थित अब लगभग ध्वस्त हो चुका यह किला चेरो राजा के लेखपाल जाजा दास ने बनवाया। ऐसा कहा जाता है कि यह किला चेरोवंशियों के लिए अभिशप्त था और वे इसमें नहीं जाते थे।

जगन्नाथपुर का मिट्टी का किला

यह किला पोरहट के राजा जगन्नाथ सिंह ने बनवाया था। इसके निर्माण में अधिकांशतः मिट्टी का ही प्रयोग किया गया था। इसके कारण अब इसके चिह्न मात्र ही पाए जाते हैं।

ढालभूमगढ़

इसका निर्माण ढालभूम के राजा जगन्नाथ ढाल ने करवाया था और इसके साथ ही घाटशिला में भी एक किले का निर्माण करवाया गया। सन् 1767 में जब फर्गुसन के नेतृत्व में अंग्रेजों ने ढालभूम पर आक्रमण किया, तो राजा जगन्नाथ ढाल ने घाटशिला के महल को खाली करने से पहले उसमें आग लगा दी। समय के साथ ही ढालभूम का किला भी ध्वस्त हो गया।

अलीनगर का किला

यह त्रिभुजाकार किला रोहिलों के सरदार मुजफ्फर खाँ ने बनवाया था। इसके तीनों कोणों पर वर्गाकार विशाल प्रकोष्ठ हैं और तीनों भुजाएँ समान (18 मीटर) हैं। इस किले को रोहिलों के किले के नाम से भी जाना जाता है।

अलीगंज का किला

इस किले का निर्माण पाकुड़ जिले में स्थित अलीगंज गाँव में किया गया था। संथाल-विद्रोह की शुरुआत यहीं से हुई थी। यह किला संथालों की अद्‌भुत वीरता एवं एकजुटता का प्रमाण माना जाता है।

अधूरा नागफनी भवन

यह भवन 17वीं शताब्दी में बनवाया गया था, लेकिन यह अपूर्ण स्थिति में है। ऐसा माना जाता है कि जिस राजा ने इसका निर्माण कार्य शुरू करवाया था, वह संभवतः इसके

पूरा होने से पहले ही काल-कवलित हो गया था और बाद में फिर किसी ने इसे पूरा नहीं कराया। इस किले की पहाड़ी पर नागफनी का चित्र था, जिससे इसका यह नाम पड़ा।

शत्रु किला

यह नागवंशियों की अंतिम राजधानी रही, जहाँ नागवंशी राजाओं ने किले का निर्माण किया। नागवंशी इतिहास के अनुसार इस किले में दशहरे का भव्य आयोजन किया जाता था, जिसका सारा खर्च राजकोष वहन करता था।

चतरा किला

यह मध्यकालीन किला अब इतनी जीर्ण अवस्था में है कि पुरातत्त्व विभाग ने इसे जीर्णोद्धार के लिए अनुपयुक्त बताया है।

इन किलों के अतिरिक्त भी झारखंड में प्राचीनकालीन, मध्यकालीन और अंग्रेजों के समय के भी किले हैं। इनमें केशनागढ़, पंचेत, तेलियागढ़, तिलमी, बादाम, जपला, कुंडा, ईटखोरी, मार्टिलो टावर और टैगोर हिल आदि किले आज भी झारखंड की सांस्कृतिक और ऐतिहासिक धरोहर हैं।

माँ भद्रकाली मंदिर

यह मंदिर झारखंड के प्राचीनतम मंदिरों में से एक है। इसकी स्थापना के संबंध में माना जाता है कि इस मंदिर का निर्माण 5वीं या छठी शताब्दी में हुआ। यह पाल शासकों का समय था। एक ही शिलाखंड से तराशी गई माँ भद्रकाली की प्रतिमा 4.5 फीट ऊँची और 2.5 फीट चौड़ी है। इसके बारे में अनेक शोध भी किए गए हैं, जिनसे पता चला है कि भैरवनाथ ने इसी स्थान पर घोर साधना की थी। इस मंदिर को भारत सरकार ने मान्यता दी है। इसके निकट ही एक संग्रहालय भी बनाया गया है, जिसमें प्राचीन मूर्तियाँ और उनके भग्नावशेष हैं।

वैद्यनाथ धाम

यह देवघर जिले में स्थित हिंदुओं के प्रमुख तीर्थस्थानों में से एक है। ऐसी मान्यता है कि जब लंका के राजा रावण द्वारा भगवान् शिव को लंका विग्रहरूप में ले जाया जा रहा था, तब भगवान् शिव इस स्थान पर आकर इतने भारी हो गए कि उसे वह विग्रह यहीं छोड़ना पड़ा। केवल झारखंड ही नहीं, बल्कि सारे भारत में इस मंदिर की मान्यता है।

पारसनाथ का मंदिर

यह जैन धर्म का प्रमुख स्थल है। जैन धर्म में यह माना जाता है कि उनके बीसवें और चौबीसवें तीर्थंकर ने यहीं महासमाधि प्राप्त की। यहाँ पर जैन धर्म के दोनों संप्रदायों ने अनेक भव्य मंदिरों का निर्माण कराया है।

डिमना झील एवं जुबली पार्क

पश्चिमी सिंहभूम का सारंडा जंगल साल के पेड़ोंवाले सबसे बड़े जंगल के रूप में एशिया भर में प्रसिद्ध है। वहीं पूर्वी सिंहभून में डिमना झील एवं जुबली पार्क पर्यटकों को अपनी ओर आकर्षित करते हैं।

विख्यात त्रिशुल टाँगीनाथ मंदिर

मंझगाँव की पहाड़ी पर टाँगीनाथ तीर्थस्थल स्थित है। इस पहाड़ी में एक गुफा है, जो देवता झुमरा टाँगी के नाम से विख्यात है, जहाँ कई मूर्तियाँ मिली हैं। कलियुग को देखकर भगवान् टाँगीनाथ विक्षुब्ध हो गए और गुफा के निकट ही स्थित चंदन के वृक्ष में समा गए।

महामाया मंदिर

महामाया मंदिर का निर्माण नागवंशी राजा गजघंट ने कराया था। इस मंदिर के प्रथम पुरोहित द्विजहरिनाथ थे। इस मंदिर की स्थापना अभिलेख के अनुसार, 965 संवत् अर्थात् 908 ई. में की गई थी। अभिलेख पर वर्णित अंकों के अनुसार, 1458 ई. में नागवंशी महाराजा शिवदास कर्ण ने महामाया मंदिर में शेषशय्या पर विराजमान विष्णु की मूर्ति की स्थापना की थी। इस क्षेत्र में सुख-शांति के लिए यहाँ काली मंदिर की स्थापना एक तांत्रिक पुजारी ने कराई थी।

बेनी सागर का मंदिर

बेनी सागर मंदिर पश्चिमी सिंहभूम के अंतिम छोर पर उड़ीसा राज्य के क्योंझर से 12 कि.मी. दूर स्थित कोचांग नामक स्थान पर स्थित है। पौराणिक कथाओं के अनुसार, बेनी सागर का शिव मंदिर बंगाल के शासक शशांक द्वारा स्थापित माना जाता है। यहाँ कई बड़ी-छोटी मूर्तियाँ मिली हैं। वर्ष 1954 में भारत सरकार के द्वारा सभी प्राचीन स्थलों, मूर्तियों आदि का सर्वेक्षण करवाया गया था।

रजरप्पा स्थित माँ छिन्नमस्तिका मंदिर

रजरप्पा स्थित माँ छिन्नमस्तिका मंदिर राँची से लगभग 87 कि.मी. दूर हजारीबाग जिले के रामगढ़-बोकारो मार्ग पर गोला से 14 कि.मी. दूर रजरप्पा नामक स्थान पर स्थित है। भैरवी (भेड़ा) नदी और दामोदर नदी के संगम पर त्रिभुजाकार उच्च भूमि पर माँ छिन्नमस्तिका का अतिप्राचीन मंदिर स्थित है। शारदीय दुर्गा उत्सव में माँ की महानवमी पूजा सबसे पहले संथालों आदिवासियों द्वारा की जाती है। इन्हीं के द्वारा प्रथम बकरे की बलि दी जाती है।

ईटखोरी का मंदिर

ईटखोरी का मंदिर हजारीबाग से 53 कि.मी. दूर चतरा जिले के ईटखोरी प्रखंड में भदूली ग्राम के अंतर्गत स्थित है। इसी ग्राम में माँ भद्रकाली का अत्यंत प्राचीन मंदिर है। मंदिर के मुख्य द्वार के पास स्थित 52 फीट ऊँची, 70 फीट लंबी और 50 फीट चौड़ी एक भव्य यक्षशाला है। इस स्तूप के चारों ओर भगवान् बुद्ध की योगमुद्रा में 1008 आकृतियाँ उत्कीर्ण हैं। इस स्तूप के समीप ही सैकड़ों शिवलिंग स्थापित हैं।

पंचपरगना के प्राचीन मंदिर

पंचपरगना के अंतर्गत सिल्ली, सोनाहातु, बुंडु, तमाड़ और अडकी प्रखंड आते हैं। यहाँ मुंडा जनजाति, सराक (जैन धर्म माननेवाले आदिवासी) अन्य प्रकार के गैर-जनजातियों की मिश्रित जनसंख्या निवास करती है।

देवड़ी मंदिर

तमाड़ से 3 कि.मी. दूर देवड़ी ग्राम में स्थित विख्यात देवड़ी मंदिर है। इस मंदिर में 16 भुजाओंवाली माँ भगवती की प्रतिमा है। इस मंदिर में एक पहान पुजारी सप्ताह में 6 दिनों तक पूजा करता है। ब्राह्मण पुजारी सप्ताह में एक दिन मंगलवार को पूजा करवाता है। दशहरा के अवसर पर भी पहान पुजारी द्वारा ही पशुबलि दी जाती है। यहाँ शिव को पशुबलि देने की आश्चर्यजनक प्रथा है।

नगर ऊँटारी का वंशीधर मंदिर

यह मंदिर गढ़वा से 40 कि.मी. दूर स्थित नगर ऊँटारी में प्रतिष्ठित है। इसकी स्थापना संवत् 1885 में गई थी। यहाँ अष्ट धातु से निर्मित स्वर्ण शेषनाग के मस्तक पर जडित कमल पुष्प पर मुसकराती हुई बाँकी चितवन से त्रिभंगी रूप में श्रीकृष्ण वंशी बजा रहे हैं।

कोरांबे में स्थित हल्दीघाटी मंदिर

गुमला जिले के घाघरा के पूर्व में कोरांबे ग्राम स्थित है। यह स्थान नागवंशी राजा तथा रक्सैल के लिए हल्दीघाटी का सन् 1576 में लड़ा गया, वह युद्धस्थल है, जहाँ अकबर और महाराणा प्रताप की सेनाएँ आमने-सामने हुई थीं। कोरांबे में वासुदेव राय का मंदिर स्थित है।

नागवंशी राजाओं का धरोहर दोइसागढ़

फणिमुकुट राय की मृत्यु 113 वर्ष की आयु में हुई। इस तरह उन्होंने प्रथम नागवंशी के रूप में 94 वर्षों तक शासन किया। इस मंदिर के किले में आज भी यहाँ-वहाँ भग्नावशेष रूप में बिखरे पड़े हैं।

पलामू का किला

इस किले की नींव संवत् 1619 में माघ कृष्ण पंचमी बुध के दिन च्यवन ऋषि कुलभ देव महीपति मेदनी राय ने अपने पुत्र युवराज प्रताप राय के लिए रखी थी। इस किले का सर्वाधिक आकर्षक दृश्य नागपुरी दरवाजा है। यह दरवाजा नागवंशी राजा को हराकर पलामू लाया गया था।

बोड़ेया मंदिर

यह काँके (राँची) के गाँव बोड़ेया में राजा रघुनाथ शाह के सहयोग से सन् 1665 में निर्मित हुआ और इसके निर्माण में 17 वर्षों का लंबा समय लगा। यह राम-सीता-लक्ष्मण का भव्य मंदिर है। राँची शहर से आठ कि.मी. दूर बोड़ेया ग्राम में वैष्णव समूह, का लगभग 325 वर्ष पुराना प्राचीन मंदिर है। यह मंदिर 'मदनमोहन मंदिर' के नाम से भी जाना जाता है। इस मंदिर का शिलान्यास बोड़ेया के लक्ष्मीनारायण तिवारी ने किया था।

कन्हैया स्थान मंदिर

राजमहल से थोड़ी दूर गंगा तट पर स्थित यह मंदिर भगवान् श्रीकृष्ण को समर्पित है। चौतन्य भक्तों का मानना है कि महाप्रभु बंगाल से लौटते हुए यहाँ ठहरे थे और इसी स्थान पर उनका भगवान् श्रीकृष्ण से साक्षात्कार हुआ था। इस मंदिर की बड़ी मान्यता है।

चुटिया मंदिर

इस मंदिर का निर्माण भी नागवंशी राजा रघुनाथ शाह द्वारा करवाया गया। इस मंदिर के निर्माण कार्य में हरि ब्रह्मचारी का बड़ा सहयोग रहा। पत्थरों को तराशकर बनाया गया यह मंदिर पहले राजा वल्लभ का था, जो बाद में राम मंदिर में परिवर्तित किया गया। यह मंदिर सन् 1685 में निर्मित हुआ।

मलूटी

मलूटी पश्चिम बंगाल की सीमा पर बसा एक गाँव है, जिसमें 108 मंदिर हैं। इसे भारत सरकार ने विशिष्ट धर्मस्थल के रूप में विकसित कराने का निर्णय लिया है।

चित्रेश्वरी धाम

बहरागोड़ा से 10 कि.मी. दूर स्थित इस मंदिर में भगवान् चित्रेश्वरी महादेव की मूर्ति है। मंदिर के सामने सर्वदा जल से युक्त एक पुष्करिणी है। यहाँ महाशिवरात्रि और श्रावणी पूर्णिमा में एक भव्य मेले का आयोजन किया जाता है।

कोलेश्वरी

माँ भगवती कोलेश्वरी मंदिर चतरा जिले के हंटरगंज प्रखंड में 1575 फीट की

ऊँचाईवाले कोल्हुआ पर्वत पर स्थित है। यह पर्वत विंध्याचल पर्वतमाला की ही एक श्रेणी है, जहाँ से कर्क रेखा गुजरती है। वास्तव में कोल्हुआ पर्वत तीन धर्मों हिंदू, बौद्ध और जैन का एक सुंदर संगम स्थल है। जैन धर्मावलंबी इसे 23वें तीर्थंकर पार्श्वनाथ के चिह्न के रूप में मानते हैं। यह गुफाओं का मंदिर है, जो कालू पहाड़ी पर स्थित है। कई मंदिरों के समूह को 'कोलेश्वरी का मंदिर' कहा जाता है। यहाँ पशुबलि दी जाती है और मेले का आयोजन भी होता है।

सूर्य मंदिर

सूर्य के रथ की आकृति में बनाया गया यह मंदिर राँची से 40 कि.मी. दूर जमशेदपुर मार्ग पर बुंडू के निकट स्थित है। इस मंदिर को अपनी भव्य कलाकृति के आधार पर साहित्यकारों ने 'पत्थर पर लिखी काव्य-रचना' कहा है।

श्री वंशीधर मंदिर

नगरऊँटारी में स्थित राधा-कृष्ण का यह भव्य मंदिर बहुत प्रसिद्ध है। इसमें पहले केवल श्रीकृष्ण की ही स्वर्ण मूर्ति थी, जिसका वजन लगभग 1,300 किलोग्राम था। राधा-रानी की प्रतिमा यहाँ बाद में स्थापित की गई।

आंजनग्राम मंदिर

रामायण काल में वर्णित सात आश्रमों में से एक आश्रम आंजनग्राम भी था, जहाँ रामभक्त हनुमान की माता अंजना की प्राचीन प्रतिमा है। यही स्थान हनुमान की जन्मस्थली भी माना जाता है। पहाड़ी पर स्थित इस चक्रधारी मंदिर में एक ही कतार में 8 भव्य शिवलिंग हैं और भगवान् शिव, भगवान् विष्णु और माँ दुर्गा की मूर्तियाँ यहाँ अवस्थित हैं। ऐसा माना जाता है कि यहाँ कभी 360 शिवलिंग और इतने ही तालाब थे। यह मंदिर गुमला जिले में स्थित है।

ठाकुरबाड़ी मंदिर

लगभग 500 वर्ष पुराना यह मंदिर पाकुड़-साहेबगंज मार्ग पर बड़ाबाघ मार्ग तालाब के सामने स्थित है। इस मंदिर में भगवान् शिव का सफेद ज्योतिर्लिंग है। इस मंदिर के बारे में लोगों की अपार श्रद्धा है। इसे मनोकामना सिद्धि का केंद्र भी माना जाता है। यहाँ गणेश, पार्वती, कृष्ण, हनुमान और माँ काली सहित भगवान् भोलेनाथ की मूर्तियाँ स्थित हैं, जिन्हें 'ठाकुरबाड़ी' के नाम से जाना जाता है।

मंगल चंडी मंदिर

बोकारो जिले में बगदा गाँव के निकट स्थित यह मंदिर आस्था का बड़ा केंद्र है। इस मंदिर में महिलाओं का प्रवेश वर्जित है और यहाँ साप्ताहिक मेले का आयोजन होता

है, जिसमें केवल पुरुष ही आते हैं। इस मंदिर में हर मंगलवार को बकरे की बलि चढ़ाई जाती है और इसी का प्रसाद वितरित होता है।

योगिनी मंदिर

बाराकोप पहाड़ी पर स्थित इस मंदिर के बारे में यह मान्यता है कि यहाँ माता सती की दाहिनी जाँघ गिरी थी और उसी के आकार की प्रस्तर प्रतिमा यहाँ स्थापित है, जिस पर श्रद्धालु लाल चुनरी चढ़ाकर अपनी मनौती माँगते हैं।

तेलकुप्पी के मंदिर

दामोदर नदी के किनारे तेलकुप्पी नामक ग्राम में 13 मंदिरों का समूह है, जिसमें अनेक देवी-देवताओं की प्रतिमाएँ स्थापित हैं। मुख्य रूप से यह भगवान् शिव का मंदिर है।

जी.ई.एल. चर्च

विभिन्न धर्मों की मिश्रित संस्कृति के प्रतीक झारखंड में ईसाई धर्म के प्रमुख चर्चों में से एक जी.ई.एल. चर्च भी है। इसकी स्थापना फादर गॉसनर ने सन् 1851 में की थी, जिसका निर्माण प्रसिद्ध वास्तुशास्त्री पेस्टर हिराजॉग ने किया था। 150 वर्ष पुराने इस चर्च को वर्तमान में भव्यता के आधार पर आधुनिक चर्चों के समकक्ष माना जाता है।

दालमी का मंदिर

मध्यकाल में निर्मित यह मंदिर धनबाद ज़िले में स्थित है। यह 17वीं शताब्दी में बनाया गया विष्णु मंदिर है। इसमें मदन-रति की आलिंगन मुद्रा में विशाल मूर्ति भी है। इसके निकट ही कार्तिकेय का मंदिर भी है।

दिगंबर जैन मंदिर

यह द्वितलीय मंदिर है, जिसका निर्माण सन् 1920 में हुआ था। इसके निचले तल में तीन वेदियों पर जिनेश्वर प्रभु की प्राचीन पाषाणिक प्रतिमाएँ हैं। यह जैन धर्म का प्रमुख धर्मस्थल है।

इचाक

हजारीबाग से सात-आठ मील उत्तर में इचाक रामगढ़ राजा की राजधानी थी। 1772 ई. में अंग्रेजों के द्वारा रामगढ़ पर अधिकार करने बाद तेज सिंह ने रामगढ़ की राजधानी इचाक को बनाया एवं वहाँ एक किला बनवाया, जो तीन मंजिला थी। रख-रखाव के अभाव के कारण इचाक किला लगभग समाप्त हो चला है।

कतरास

बोकारो में कतरास के झिनझिनी पहाड़ी के समीप एक तलाब और शिव मंदिर के अवशेष मिले हैं। तालाब का नाम 'घाट बाँध ताल' था, जो संभवत: अब धरती के गर्भ में समा गया है।

कोराम्बे

लोहरदगा जिला में सेन्हा थाने से 15 किलोमीटर दक्षिण कोराम्बे ग्राम नागवंशियों और रक्सैलों से जुड़ा था। यहाँ पर मध्यकालीन बासुदेव राय की मूर्ति लगभग एक मीटर ऊँची है। ऐसी कहावत है कि इसकी स्थापना 1463 ई. में की गई थी।

केसनागढ़

चाईबासा से दक्षिण-पूर्व केसनागढ़ है। जहाँ पर स्थानीय शासक केसना ने एक किला बनवाया था। बाद में यह किला संभवत: आगजनी से नष्ट हो गया।

कौलेश्वरी

हंटरगंज से 16 किलोमीटर दक्षिण कालू स्थान पहाड़ी पर कई मंदिर हैं। जिसमें कौलेश्वरी का मंदिर प्रमुख है। यहाँ पर कई गुफाएँ भी हैं, जिनमें महादेव, पाताल गंगा प्रमुख हैं।

कुंदा

चतरा जिला में चेरो द्वारा स्थापित एक मध्यकालीन किला है। 1886 ई. तक यह खड़ा था, लेकिन अब खँडहर में बदल गया है। यह 92 मीटर लंबा, 56 मीटर चौड़ा तथा 10 मीटर ऊँचा है।

चक्रधरपुर

पं. सिंहभूम जिले में प्रागैतिहासिक युग के कई पत्थर के औजार मिले हैं। ये अधिकतर नदियों के समीप जमीन से 18-20 फीट अंदर मिले हैं।

चेचगाँव

धनबाद जिला में कतरास से 14 किलोमीटर दूर दामोदर नदी के किनारे लगभग 16 मंदिरों के अवशेष मिले हैं। यह मंदिर क्षेत्र आधा मील लंबा एवं एक चौथाई मील चौड़ा था। सबसे बड़ा मंदिर भगवान् शिव का था। ऐसा कहा जाता है, इस मंदिर क्षेत्र का निर्माण घटवाल राजा महेश्वर ने करवाया था।

जगरनाथपुर मंदिर

राँची शहर से लगभग 10-12 किलोमीटर दूर जगरनाथपुर में छोटी पहाड़ी पर

एक मंदिर है, जिसकी स्थापना 1891 ई. में की गई थी। आषाढ़ महीने में यहाँ पूरी की तरह रथ का निर्माण कर रथयात्रा का आयोजन किया जाता है। इस दौरान यहाँ एक विशाल मेला भी लगता है।

जपला

सोन नदी पर बसा हुआ इस ऐतिहासिक शहर में पुराने किले के भग्नावशेष मिले हैं। जपला मध्यकाल खरवाड़ राजा प्रतापधावला की राजधानी थी।

झरिया

धनबाद जिले के अंतर्गत झरिया में 1872–73 में बेंगलर ने ऊँचे स्थान पर पुराने किले के भग्नावशेष देखे थे। इस महल को 'झरियागढ़' कहा जाता था। कुछ लोगों का यहाँ तक कहना है कि झारखंड नाम इसी जगह से लिया गया है।

टैगोर हील

राँची शहर में मोरहाबादी स्थित टैगोर हील रवींद्रनाथ ठाकुर के परिवार से जुड़ा हुआ है। इस पहाड़ी के ठीक नीचे श्री रामकृष्ण मिशन का आश्रम स्थापित है, जहाँ 'दिव्यायन' नामक प्रशिक्षण केंद्र मौजूद हैं।

तिलमीकिला

राँची जिला के कर्रा प्रखंड में तिलमी नामक ग्राम में इस किले का अवशेष है, जो नागवंशी ठाकुरों का निवास स्थान है।

नगर

पलामू जिला के नगर कस्बे में बंशीधर का सुप्रसिद्ध मंदिर है, उसमें बंशीधर की मूर्ति अष्टाधातु की बनी है, जिसमें स्वर्ण की मात्रा अधिक है।

पांकी

1967 ई. में पांकी के निकट सोरठ गाँव में एक प्राचीन मूर्ति मिली थी। सन् 1972 में एक दूसरी मूर्ति मिली, जो संगमरमर की थी। संभवतः ये मूर्तियाँ विष्णु और सूर्य की थी।

पहाड़ी मंदिर

राँची नगर की पहाड़ी पर खूबसूरत शिव का मंदिर है। इसकी ऊँचाई लगभग 2140 फीट है। लोगों की मान्यता है कि नागदेवता साल में एक बार यहाँ अवश्य निकलते हैं।

पालकोट राजमहल

यदुनाथ शाह के शासनकाल में नागवंशियों की राजधानी दोइसा से पालकोट बदली गई। नागवंशी राजाओं ने यहाँ महल-उद्यान आदि बनवाए।

बहरागोड़ा

पूर्वी सिंहभूम में स्थित इस जगह पर कुछ भवन के अवशेष मौजूद हैं, जो ईस्ट इंडिया कंपनी के द्वारा नील बनाने के लिए प्रयोग में लाए जाते थे।

बादम

बरकागाँव से लगभग 11 किलोमीटर दक्षिण-पूर्व में यह किला है, जो संभवतः 1645 ई. में कर्णपुरा के राजा हेमंत सिंह द्वारा बनवाया गया था।

वेणुसागर

सिंहभूम के देव स्थानों में वेणुसागर मंदिर ऐतिहासिक है। इस जगह पर कई मंदिर के अवशेष मिले हैं, जिनमें जैन, बौद्ध, शिव, दुर्गा तथा गणेश की मूर्तियाँ मिली हैं।

महादानी मंदिर

राँची जिले के बेड़ो प्रखंड स्थित इस मंदिर की उत्पती और निर्माण काल की कोई सीमा नहीं है। कुछ लोग इसे मोहनजोदड़ो की सभ्यता से जुड़ा मानते हैं। कुछ लोगों के अनुसार, भगवान् विश्वकर्मा ने इस मंदिर को एक ही रात में बनवाया था। यहाँ पर भगवान् शंकर का मंदिर है।

रामरेखा

यह सिमडेगा से 21 किलोमीटर पश्चिम में स्थित है। जहाँ राम मंदिर है। कहा जाता है कि वनवास के दिनों में राम भगवान् यहाँ कुछ दिनों के लिए ठहरे थे। यहाँ कार्तिक पूर्णिमा के दिन मेला लगता है।

रातू किला

नागवंशियों की अंतिम राजधानी रातू में इस वंश के शासकों ने एक राजमहल बनवाया, जिसे 'रातू किला' के नाम से जाना जाता है। दशहरे के अवसर पर पूर्व नागवंशी राजा की ओर से महल में एक विशाल समारोह का आयोजन होता है और कई जानवरों की बली चढ़ाई जाती है। अभी वर्तमान में इस किला के सामने बच्चों के मनोरंजन के लिए एक 'फन-कैसल पार्क' स्थित है।

लातेहार

लातेहार के निकट तथा पहाड़ी पर बुद्ध की अनेक खंडित मूर्तियाँ पाई गईं। शासंग

ग्राम के निकट भी एक पहाड़ी पर अनेक सुंदर प्रतिमाएँ मिली हैं।

संत पौल गिरजाघर

यह 1873 ई. में जनरल रॉलट के द्वारा निर्माण कराया गया एक प्रसिद्ध गिरजाघर है। राँची स्थित इस गिरजाघर में 9 मार्च, 1873 को विशप मिलमैन ने प्राण–प्रतिष्ठा की।

सुतियाम्बे

यह स्थान राँची से 15 किलोमीटर दूर पिठोरिया थाना के समीप है। नागवंशी राजा फनीमुकुट राय की प्रथम राजधानी सुतियाम्बे थी।

इस प्रकार पता चलता है कि झारखंड·धार्मिक आस्था का केंद्र है। यहाँ उपर्युक्त ऐतिहासिक मंदिर इस बात के प्रमाण हैं कि शुरू से ही यहाँ के लोग धर्म के संबंध में सजग रहे हैं। सभी जनजाति और गैर–जनजाति के लोग इससे जुड़े रहे हैं। यहाँ भगवान् शिव को प्रमुख आराध्य माना जाता है और माँ काली को शक्ति एवं संरक्षणदायिनी के रूप में पूजा जाता है।

□

5. झारखंड का साहित्य व साहित्यकार

- नागपुरी साहित्य
- खोरठा साहित्य
- पंचपरगनिया साहित्य
- कुरमाली साहित्य
- संथाली साहित्य
- उराँव या कुडुख साहित्य
- मुंडारी साहित्य
- हो साहित्य
- खड़िया साहित्य
- झारखंड के हिंदी साहित्य एवं साहित्यकार

झारखंड की मूल संस्कृति में भाषा, साहित्य, कला, चित्रकला, शिल्प, नृत्य-गान, नाट्य-कला, लोक कला आदि सभी अपनी विविधताओं के साथ उपस्थित हैं। क्षेत्रीय विविधता से ही इनमें यह विशेषता रही है। यद्यपि बाह्य संस्कृतियों के संपर्क में आने से इनमें कुछ मिश्रण या पृथक्करण हुआ है, लेकिन अभी भी यह कुछ क्षेत्रों में अक्षुण्ण देखी जा सकती है। भाषा के आधार पर देखा जाय तो राज्य में तीन मुख्य भाषा परिवार हैं, जिनमें भिन्न-भिन्न बोलियाँ हैं। इन भाषाओं के तीन मुख्य परिवार आर्य भाषा परिवार, ऑस्ट्रिक भाषा परिवार तथा द्रविड़ भाषा परिवार हैं।

आर्य भाषा परिवार से संबंधित साहित्य

नागपुरी साहित्य

नागपुरी भाषा के उद्‌भव से संबंधित विषय पर विद्वानों का अलग-अलग मत रहा

है। सर जॉर्ज अब्राहम ग्रियर्सन ने अपने ग्रंथ 'द लिंग्विस्टिक सर्वे आफॅ इंडिया' में नागपुरी को भोजपुरी की एक उप बोली कहा है। प्रोफेसर केसरी कुमार सिंह ने अपने आलेख 'नागपुरी भाषा एवं साहित्य' में मगही और मैथिली की तरह नागपुरी को भी मागधी अपभ्रंश से प्रसूत एक निश्चित भाषा कहा है। डॉ. श्रवण कुमार गोस्वामी ने अपने शोध 'नागपुरी शिष्ट साहित्य' में नागपुरी को आर्यभाषा परिवार की 'औरस' संतान मानते हुए इसे अर्द्धमागधी अपभ्रंश से उत्पन्न माना है। नागपुरी झारखंड के राँची, लोहरदगा, गुमला, सिमडेगा, सिंहभूम, लातेहार तथा छत्तीसगढ़ के जसपुर सरगुजा, कोरिया एवं उड़ीसा के सुंदरगढ़, क्योंझर एवं बारीपदा जिलों में तथा असम के चाय बागानों में बोली जाती है।

नागपुरी लोक साहित्य के अंतर्गत लोकगीत, लोक कथा, पहेली आदि साहित्य बहुत ही समृद्ध पाई जाती हैं। नागपुरी में ठेठ नागपुरी लोकगीत एवं बंगला मिश्रित नागपुरी गीत की प्रचुरता पाई जाती है। नागपुरी लोक कथाओं की तुलना की जाय तो वेदों के आख्यान, जातक कथाएँ, कथासरितसागर, बैताल पचीसी, सिंहासन बत्तीसी, हितोपदेश, पंचतंत्र आदि कथाओं से मिलती-जुलती प्रतीत होती हैं। नागपुरी शिष्ट साहित्य में गीत, कविता, कहानी, उपन्यास, नाटक, निबंध, संस्करण आदि सभी साहित्यक विधाओं का सृजन हुआ है। नागपुरी के प्रथम कवि के रूप में रघुनाथ नृपति को माना जाता है। प्रथम परंपरा के कवियों में रघुनाथ नृपति के अलावा हनुमान सिंह, बरजुराम, जय गोविंद, घासी राम, महंत घासी, कंचन आदि को माना जाता है। इनकी रचनाएँ सगुन भक्ति धारा से संबंधित है। निर्गुण भक्ति परंपरा को सोबरन, महंत घासी, रूंगटु मलार, अर्जुन एवं मृत्युंजय नाथ शर्मा ने आगे बढ़ाया। आधुनिक काल के कवियों में प्रफुल्ल कुमार राय, सहनी उपेंद्र पाल नहन, शिव अवतार चौधरी, लाल रणविजय नाथ शाहदेव, डॉ. बी.पी. केसरी, रामदयाल मुंडा, गिरधारी राम गोंझू गिरिराज प्रमुख हैं।

नागपुरी गद्य साहित्य का विकास 1900 ई. के आसपास ईसाई धर्म प्रचारकों द्वारा आरंभ माना जाता है। ई.एच. हिव्टली ने 1896 ई. में नागपुरी का प्रथम व्याकरण 'नोट्स ऑन दि गँवारी डायलेक्ट ऑफ लोहरदगा, छोटानागपुरो लिखा, जिसे नागपुरी में गद्य साहित्य का प्रारंभ माना जाता है। नागपुरी साहित्य में अनेक रचनाएँ की गईं, जो निम्नलिखित हैं—

रचना	रचनाकार
नागवंशावली	बेनीराम महथा
नागपुरी फागशतक, लाल रंजना, दुर्गाशप्तशती, नागवंशावली, झूमर	घासीराम
सुदामा चरित्र, कृष्ण चरित्र, महाभारत, लंका कांड, उषा हरण	कंचन

नल–चरित्र, कोराम्बे उपाख्यान	दृग्गपालराम देवधरिया
जीतिया कहानी, फोगली बुढ़िया कर कहानी, नारद मोह लीला, करम महात्मय, श्रीकृष्ण चरित	धनाराम बक्शी
नोट्स ऑन दि गँवारी डायलेक्ट ऑफ लोहरदगा छोटानागपुर (व्याकरण)	ई.एच. हिव्टली
ग्रामर ऑफ दि नागपुरिया सदानी लैंग्वेज	कोनराड बुकआउट
नेरूआ लोटा उर्फ सांस्कृतिक अवधारणा (निबंध), ठाकुर विश्वनाथ शाही (लघु नाटक), कांटी (कहानी-संग्रह)	बी.पी. केसरी
सेवा और नौकरी (एकांकी नाटक), तेतर की छाँह	डॉ. श्रवण कुमार गोस्वामी
मरंङ गोमके : जयपाल सिंह, महाराजा मदरा मुंडा	गिरिधारी राम गोंझू
सोनझइर (कहानी-संग्रह)	प्रफ्फुल कुमार राय
मेंजुर पाँइख	नइमुद्दीन मिरदाहा
काका कर कहनी	बड़ाईक ईश्वरी प्रसाद सिंह
खुंखड़ी रूगड़ा	काली कुमार सुमन

खोरठा साहित्य

खोरठा भाषा के उद्भव एवं विकास के संबंध में ए.के. झा ने लिखा है कि यह भारत की प्राचीनतम लिपि 'खरोष्ठी' से संबंधित है। 'खरोष्ठी' शब्द ही अपभ्रंशित होकर क्रमशः खरोठ-खरोठी, खोरठा हो गई है। यह झारखंड की एक प्रमुख आर्य भाषा परिवार से संबंधित भाषा है, जो मुख्य रूप से धनबाद, बोकारो, हजारीबाग, चतरा, गिरिडीह, कोडरमा आदि जिलों में बोली जाती है।

खोरठा भाषा का लोक साहित्य एवं शिष्ट साहित्य बहुत समृद्ध है। लोक साहित्य के अंतर्गत लोकगीत एवं लोक कथा की परंपरा प्रायः सभी क्षेत्रों में देखी जाती है। सोहरगीत, करम गीत, जीतिया गीत, टुसु गीत, फगुआ गीत आदि की परंपरा प्राचीन काल से चली आ रही है। खोरठा में राजा, मंत्री, राजकुमार, योद्धाओं आदि से संबंधित लोक कथाएँ प्रचलित हैं।

खोरठा शिष्ट साहित्य का आरंभ 1947 ई. के पूर्व से ही देखा जाता है। अजादी के पूर्व भुवनेश्वर दत्त शर्मा ने अनेक क्रांतिकारी रचनाएँ प्रकाशित की हैं। बरवा अड्डा

धनबाद से श्री निवास पानुरी द्वारा 1950 ई. के आसपास उनके खोरठा संकलनों का प्रकाशन 'मेघदूत' नाम से हुआ था। इसके तुरंत बाद 1951 ई. में 'तितकी' नामक संकलन का प्रकाशन हुआ। सन् 1954 में पानुरीजी की पुस्तक 'दिव्य ज्योति' एवं 'बाल किरण' का प्रकाशन हुआ है। सन् 1957 में प्रथम खोरठा पत्रिका 'मातृभाषा' का प्रकाशन एवं 1970 में 'खोरठा' (पाक्षिक) पत्रिका की शुरुआत पानुरीजी द्वारा की गई। 1988 ई. में गजाधर महतो की पुस्तक 'कहानी-संग्रह' के रूप में 'पुटुस फुल' प्रकाशित हुई। 1985 ई. में खोरठा ढांकी छेतर कमेटी, कोठार से ही 'एक टोकी फूल' का प्रकाशन किया गया।

1980-90 के दशक में सेवाती और झिंगुर (सुकुमार), रूसल पुटुस (शिवनाथ प्रमाणिक) एक पथिया डोंगल महुआ (संतोष कुमार महतो), बोनेक बोल (रमनिका गुप्ता), सोंधमाटी (विनोद कुमार) आदि पुस्तकों का प्रकाशन हुआ। 1991 में धनपत महतो की पुस्तक 'बिरसा भगवान्' तथा ए.के. झा की पुस्तक 'मेकामेकी ने मेटमाट' छपी। सन् 1992 में 'डाह नाटक' सुकुमारजी की प्रकाशित हुई। सन् 1992 में वंशीडाल की पुस्तक 'डिंडाक डोआनी' सन् 1993 में फूलचंद महतो की 'भीसमेक सूत' सन् 1995 में श्याम सुंदर की मुक्तिक डेहर, सन् 1996 में पानुरीजी की राम कथामृत छपी। सन् 1997 में धनंजय प्रसाद के संपादन में एक नई खोरठा पत्रिका का प्रकाशन आरंभ हुआ। गिरधारी गोस्वामी के संपादन में सन् 1999 से लुआठी नामक पत्रिका का प्रकाशन बालीडीह से प्रारंभ हुआ। अनिल कुमार गोस्वामी के संपादन में 'सहिया' नामक द्विमासिक पत्रिका आरंभ हुआ। संतोष कुमार महतो द्वारा एक मउनी फूल, एवं एक पथिया डोंगी महुआ काव्य-संग्रह के रूप में तथा चितरंजन महतो द्वारा 'जिनगिक टोह' नामक उपन्यास की रचना की गई।

अन्य रचनाकारों में शांति भारत, भोगनाथ ओहदार, कमलेश सिंह, विनोद कुमार, भोलाराम ओहदार, लक्षुमण महतो, डोमन साहु समीर आदि की रचनाएँ भी उल्लेखनीय हैं।

पंचपरगनिया साहित्य

प्रोफेसर केसरी कुमार के अनुसार नागपुरी मागधी अपभ्रंश से प्रसुत एक निश्चित भाषा है। नागपुरी के एक विशिष्ट रूप को ही 'पंचपरगनिया भाषा. कहा जाता है। यह मुख्य रूप से पाँच परगना क्षेत्रों, यथा—बुंडु, तमाड़ राहे, सोनाहातु, सिल्ली क्षेत्रों में बोली जाती है।

पंचपरगनिया भाषा लोक साहित्य में मनुष्य के हर्ष-विषाद आशा-आकांक्षा के साथ मानव समाज की रीति-नीति, पर्व त्योहार, संस्कार-संस्कृति तथा परिवेश एवं प्रकृति का चित्रण मिलता है, जिसे लोकगीतों एवं लोक कथाओं के माध्यम से प्रस्तुत किया जाता है। लोकगीतों में झुमर, डमकच, खेंमटा, डहरिया, टुसु, रंग, विवाह गीत

आदि महत्त्वपूर्ण हैं।

पंचपरगनिया भाषा क्षेत्र में शिष्ट साहित्य का आरंभ विनंद या विनंदिया कवि से माना जा सकता है। ये कवि होने के साथ-साथ सिल्ली के राजा भी थे। छोटानागपुर ताल मंजरी में विनंदिया के झुमरों का संकलन किया गया है, जिसकी रचना उपेंद्र नाथ सिंह द्वारा किया गया है। पंचपरगनिया के दूसरे महत्त्वपूर्ण कवि गौरांँगिया या गौरांग सिंह या गौरचाँद को माना जाता है। इनके गीतों में बंगला भाव-भाषा का प्रभाव मिलता है। पंचपरगनिया के कबीरपंथी धारा को उच्च स्थान दिलाने में कवि सोबरन का नाम आदर से लिया जाता है। नागपुरी के कवि बरजुराम की तरह पंचपरगनिया में भी बरजुराम नाम के एक कवि का महत्त्वपूर्ण स्थान है। पाँचवे कवि के रूप में दीन या दीना को जाना जाता है। ये बाघमुंडी थाना जिला पुरूलिया के रहनेवाले थे। इनके गीत पंचपरगना क्षेत्रों में काफी प्रचलित हैं।

आधुनिक कवियों में ज्योतिलाल महादानी, रामकिष्टो, विपिन बिहारी, राजकिशोर सिंह, प्रेमानंद महतो, सृष्टिधर महतो, खगेन्द्र महतो, शक्तिधर अधिकारी, करमचंद अहीर, दुर्गा प्रसाद आदि के नाम उल्लेखनीय हैं, जिन्होंने पंचपरगनिया भाषा साहित्य के विकास में महत्त्वपूर्ण भूमिका निभाई हैं।

कुरमाली साहित्य

मागधी अपभ्रंश से निकली हुई भाषा कुरमाली का विस्तार पंचपरगना क्षेत्र के अलावा संथाल परगना, बोकारो, धनबाद, दक्षिणी गिरिडीह, दक्षिणी हजारीबाग आदि क्षेत्रों में बोली जाती है। अन्य भाषाओं के लोक साहित्य की तरह करमाली लोक साहित्य के भी दो रूप होते हैं—गद्यरूप एवं पद्यरूप। गद्य साहित्य में लोक कथा, मुहावरा, लोकोक्तियाँ और पहेलियाँ होती हैं। पद्यरूप में लोकगीत एवं उसके विविध रूप होते हैं।

लोकगीतों में कुरमाली संस्कृति, रीति-रिवाज, विचारधारा, चिंतन पद्धति, कृषक जीवन, धर्म विश्वास, आनंद, वेदना तथा दार्शनिक भाव की अभिव्यक्ति दिखाई देती है। कुरमाली लोकगीत अधिकतर प्रश्नोत्तर रूप में होते हैं। ये साहित्यक छंद विधान के नियम से मुक्त होते हैं। उधवा गीत, ढप गीत, डमकच, नटुआ, डाँइडधारा, जावा करम, डाबका, बाँदना, कुँआरी आदि करमाली लोकगीत के प्रमुख रूप हैं। कुरमाली लोक कथाएँ नागपुरी लोक कथाओं से मिलती-जुलती हैं। लोकनाट्य के रूप में कुरमाली क्षेत्र में छऊ नृत्य, नटुआ नृत्य, डमकच और माछानी को जाना जाता है।

मध्यकाल से कुरमाली साहित्य का शिष्ट साहित्य आरंभ होता है। इसका काल लगभग 14वीं सदी माना जाता है, जब चंडीदास की पुस्तक 'करमालिक घँघर' प्रकाशित

हुई। इसके बाद 18वीं सदी में ईसाई पादरी वेसहॉल मार्क द्वारा रचित कुरमाली भाषा की महान् पुस्तक प्रकाशित हुई थी। इस सदी में कुरमाली भाषा के मुख्य कवि विनंद सिंह गौराँगिया थे। इन्हें 'कुरमाली का सूर' कहा जाता है। विनंद सिंह गौराँगिया के गीत 'आदि झुमर संगीत' नामक पुस्तक में संकलित हैं। 18वीं एवं 19वीं सदी के प्रमुख कवियों में बरजुराम तांती, भवप्रीतानंद, दीनानाथ राय, शिरोमणी, रामकृष्ण, माली प्रमाणिक, पीतांबर, कृष्णचंद्र राउत, वृंदावन मुर्ख, अजमइत जुलाहा आदि प्रमुख थे।

20वीं सदी के आरंभिक कवियों में कमला झरिया, चैतन्य कर्मकार, विपिन बिहारी मुखी, बरजुराम, भोलानाथ कालिंदी, शंकर बोधा, सृष्टिधर, महिपाल आदि प्रमुख हैं।

कुरमाली भाषा की प्रमुख रचनाएँ एवं रचनाकार

कुरमाली भाषा तत्त्व	—	खुदीराम महतो
निधरे आँखि जलआँखि पाते	—	देवकीनंदन प्रसाद
आदि झूमर संगीत	—	राजा उपेंद्र नाथ सिंहदेव
करम गीत	—	बुधु महतो
नेठा पाला	—	निरंजन महतो
कपिला मंगल	—	राजेंद्र प्रसाद महतो
झूमर संगीत एवं पाला संगीत	—	रामेश्वर महतो
पथें चलक लेहा नमस्कार	—	डॉ. नंद किशोर सिंह
भात-भगवान्, मानभूमेक, घॅघौरा, साधन संगीत	—	सृष्टिधर सिंह कटियार

ऑस्ट्रिक भाषा से संबंधित साहित्य

संथाली साहित्य

संथाली भाषा ऑस्ट्रिक या आग्नेय भाषा परिवार से संबंधित झारखंड की सबसे प्रमुख जनजातीय भाषा है। यह मुख्य रूप से संथाल परगना के क्षेत्र में बोली जानेवाली जनजातीय भाषा है। संथाली भाषा का लोक साहित्य लोकगीत, लोक कथा एवं लोकोक्तियों में विभक्त है। संथाली लोक साहित्य प्रकृति से घनिष्ठ संबंध रखता है। संथाली लोकगीत, लोक कथाएँ एवं लोकोक्तियाँ, वनस्पति एवं जीव-जंतुओं से अधिक संबंधित होते हैं। संथाली लोकगीतों में सिञ दुआर और बहीं दुआर नामक दो घाटियों की चर्चा आती है तथा चाय चंपा के काल को स्वर्णकाल के रूप में वर्णन मिलता है। संथाली लोकगीतों में धर्म, राष्ट्रीयता, प्रेम-सौंदर्य, काम, मनोविज्ञान, दाम्पत्य, गृहस्थ, कर्म और जीवन आदि विषयवस्तु मिलती हैं। इन गीतों में मुख्यतः श्रृंगार, शांत, करुण और हास्यारसों

की प्रमुखता देखी जाती है।

संथाली शिष्ट साहित्य की परंपरा अन्य जनजातियों के साहित्य से अधिक समृद्ध है। 'एन इंट्रोडक्सन टू द संथाल लैंग्वेज' जो 1852 में प्रकाशित हुई, संथाली भाषा पर लिखी गई प्रथम पुस्तक है। 1868 ई. में ई.एल. पक्सुले ने प्रथम संथाली शब्दकोश 'ए वोकेब्युलरी ऑफ दि संथाली लैंग्वेज' लिखा। 1873 ई. में एल.ओ. स्क्रेफ्सरूड ने प्रथम व्याकरण 'ए ग्रामर ऑफ दि संथाली लैग्वेज' लिखा। 1887 ई. में ईसाई मिशनरियों द्वारा रोमन लिपि में लिखी गई पुस्तक 'होडको रने मारे हांपडाम कोरेयाक' कथा प्रकाशित की गई थी। 1899 ई. में कैंपवेल द्वारा रचित 'संथाली-इंग्लिश ऐंड इंग्लिश-संताली शब्दकोश' का प्रकाशन किया गया। 1929 ई. में 'पी.ओ. बोडिंग' की पुस्तक 'मेटिरियल्स फॉर ए संथाली ग्रामर' एवं 'ए संथाली डिक्श्नरी' प्रकाशित हुई। 1951 ई. में सर्वप्रथम डोमन साहू समीर ने देवनागरी लिपि में 'संथाली प्रवेशिका' एवं केवल सोरेन ने 'हिंदी-संथाली कोश' की रचना की।

संथाली भाषा में अनेक काव्य एवं काव्य-संग्रह देखने को मिलता है। इसमें 1936 ई. में प्रकाशित कविता-संग्रह 'ओनोंडहें बाहा डालवाक' उल्लेखनीय है, जिसमें पाल जूझार सोरेन की मौलिक कविताएँ संग्रहित हैं। 1942 से 1945 के बीच ड्ब्ल्यू.जी. आर्चर ने संथाली लोकगीतों का दो संग्रह प्रकाशित किया—होड़ सेरेञ एवं दोड़ सेरेञ। इसके बाद श्री पंचानन मरांडी लिखित 'सेरेञ इता' (गीत के बीज) और ठाकुर प्रसाद मुर्मू द्वारा लिखित 'एभेन आडाङ्' (जागरन गान), संग्रह फुटकर कविताओं के हैं। 1953 ई. में देवनागरी लिपि में शारदा प्रसद किस्कू द्वारा रचित 41 कविताओं का संग्रह 'भुरका इंपिल' (शुक्रतारा) का प्रकाशन हुआ। 1953 ई. में डोमन साहू समीर द्वारा रचित पुस्तक 'दिसोम बाबा' (राष्ट्रपति), जो संथाली लोकगीत छंद में है। यह देवनागरी में लिखी गई पुस्तक है।

पी.ओ. बोंडींग ने 1924 ई. में संथाली लोक कथाओं का संग्रह 'होड़ काहनी को' एवं 1945 में 'गाम' कहानी प्रकाशित किया। संथाली का सबसे पहला उपन्यास आर. कारर्टेयर्स द्वारा लिखित 'हाड़मवाक् आतो' (हाड़मा का गाँव) 1946 ई. में रोमन लिपि में प्रकाशित हुआ। संथाली का दूसरा प्रमुख उपन्यास ननकू सोरेन द्वारा लिखित 'मुहिला चेचेत दाई' (अध्यापिका महिला) है। बाल किशोर वासु की द्वारा लिखित देवनागरी लिपि में लिखी गई प्रथम संथाली कथा-संग्रह 'कुकमू' (स्वप्न) है। बसमुंडा (पियक्कड़) डोमन साहू का प्रकाशित साहित्य है।

संथाली भाषा साहित्य का प्रथम साहित्यिक नाटक 'विदू-चांदन' है, जिसके लेखक रघुनाथ मुरमू है। इसका प्रथम प्रकाशन 1942 में उड़िया लिपि में हुआ तथा दूसरी बार 1947 ई. में इसे बांग्ला लिपि में प्रकाशित किया गया। इसे संथाली साहित्य की अमूल्य

निधि कहा जाता है। 1952 ई. में श्री मुरमू ने 'खेरवार बीर' नामक दूसरा नाटक लिखा। इसमें मानवों एवं दानवों के संघर्ष का चित्रण है। संथाली के अन्य प्रमुख नाटकों में श्री रूपनारायण श्याम का 'आले आतो' (हमारा गाँव) तथा बालकिशोर बासुकी 'आरमान' का 'आकिल आरसी' (ज्ञान दर्पण) हैं।

संथाली भाषा में अनेक पत्र-पत्रिकाओं का प्रकाशन हुआ, जिसमें प्रोटेस्टेंट मिशन का 'पेड़ा होड़' (कुटुम्ब अतिथि) मासिक पत्रिका कैथोलिक मिशन का 'मारसालताबोन' मासिक पत्रिका प्रमुख हैं। सन् 1947 में डोमन साहू समीर के संपादन में 'होड़ संवाद' देवनागरी लिपि में प्रकाशित प्रथम समाचार-पत्र था। यह बिहार सरकार के जनसंपर्क विभाग द्वारा प्रकाशित किया जा रहा था।

उराँव या कुडुख साहित्य

उराँव या कुडुख भाषा को यूरेसिया खंड के द्रविड़ परिवार अंतर्गत मध्यवर्ती समूह की भाषा माना जाता है। यह मुख्य रूप से झारखंड के राँची, गुमला, लोहरदगा, पलामू, लातेहार, हजारीबाग आदि जिलों में बोली जाती है। इसके अलावा यह प. बंगाल, बिहार, असम, मध्य प्रदेश छत्तीसगढ़, उड़ीसा आदि राज्यों में भी बोली जाती है। कुडुख लोक साहित्य भी अन्य लोक साहित्य की तरह लोकगीत, लोक कथा, लोकवार्त्ता, पहेलियाँ, कहावत, मुहावरे आदि से परिपूर्ण है।

लोकगीतों के अंतर्गत ऋतु गीत, त्योहार गीत, संस्कार गीत, धार्मिक गीत, श्रम गीत, खेल गीत, प्रतिवादी गीत, उपदेश गीत आदि गाए जाते हैं। इन गीतों के अंतर्गत करमगीत, खद्दी (सरहुल) गीत, सोहराय गीत, फग्गू गीत, जतरा गीत, चिरदी गीत, मट्ठा गीत, जदुरा गीत आदि महत्त्वपूर्ण हैं। संस्कार गीतों में विवाह गीत को बैजा डंडी कहा जाता है। कुडुख लोक साहित्य में अनेक लोक कथाएँ हैं, जो चाँद, सूरज, धरती, मनुष्य, देवता, नदी, पर्वत, पर्व-त्योहार, आदि की उत्पति से संबंधित धर्म-गाथाएँ कहती हैं।

कुडुख शिष्ट साहित्य को कहानी, कविता उपन्यास, नाटक, निबंध आदि भागों में विभाजित किया जाता है। कुडुख साहित्य के विकास में सबसे अधिक योगदान, ईसाई मिशनरियों का रहा है। 1874 ई. में ओ. फ्लैक्स की पुस्तक 'एन इंट्रोडक्सन टू द उराँव लैग्वेज' एवं सर जॉर्ज कैंपबेल की पुस्तक 'स्पेरिमेंस ऑफ लेंग्वेजेज ऑफ इंडिया' में कुडुख भाषा की जानकारी दी गई है। 1886 ई. में 'एशियाटिक सोसाइटी ऑफ बंगाल' के जनरल में एफ. वैच की 'ब्रीफ ग्रमर ऐंड भोकेवलरी ऑफ उराँव लैग्वेज़' एवं इपिटोम ऑफ द ग्रामर ऑफ उराँव लैग्वेज' प्रकाशित हुआ। फर्डिनेंट हॉन ने कलकत्ता से 1898 ई. में कुडुख ग्रामर एवं कुडुख फोकलोर नामक पुस्तक प्रकाशित किया। 1924 ई. में ए. ग्रिनार्ड की पुस्तक 'एन उराँव इंग्लिश डिक्शनरी' और 'ए ग्रामर ऑफ द उराँव लैग्वेज ऐंड स्टडी इन उराँव एड्वर्सरिया' प्रकाशित हुई। 1941 ई. में रेवहॉन,

धर्मदास लकड़ा और ड्ब्ल्यू.जी. आर्चर की पुस्तक 'लील-खोरा-खेखेल' प्रकाशित हुई, जिसमें नागपुरी एवं कुडुख की 2660 गीत है। आजादी के बाद 1949 में श्री अहलाद तिर्की का व्याकरण 'कुडुख सरहा' प्रकाशित हुई। 1952 ई. में मिखाइल तिग्गा का व्याकरण की पुस्तक 'कत्थ आरा कत्थ विल्लियन ईदऊ' प्रकाशित हुई। इन्होंने उराँव इंग्लिश-हिंदी डिक्शनरी का भी प्रकाशन किया। कुडुख भाषा के प्रसिद्ध कवि बिहारी लकड़ा ने गीतों की पुस्तक 'कुडुख दंडी' 1950 ई. में प्रकाशित की। इन्हें 2005 ई. में 'साहित्य अकादेमी पुरस्कार' प्रदान किया गया। 1950 ई. में दवले कुजूर की कविता-संग्रह पुस्तक 'मुंता-पूँप-झुँपा' प्रकाशित हुई। श्री तेजु भगत, श्री थोथे उराँव और श्री जमुआ भगत ने मिलकर गीत-संग्रह पुस्तक 'चाजिका-कुरूख-डंडी' का प्रकाशन देवनागरी लिपि में किया।

कुडुख भाषा साहित्य में अनेक साहित्यिक रचनाओं का लेखन एवं प्रकाशन 1950 के बाद देखा जाता है, जिसमें मुख्य रूप से इंद्रजीत उराँव का 'खल्ली अयंग', श्रीमती स्वर्णलता प्रसाद का कुडुख-हिंदी शब्दकोश एवं हिंदी-कुडुख शब्दकोश, ब्रजबिहारी कुमार का कुडुख कोश, कुडुख भाषा प्राध्यापक साहित्य परिषद् का 'कत्थ खीरी, जॉन लकड़ा का मौसमी राग, पी.सी. बेक का 'कुडुख परकला' प्रमुख हैं।

कुडुख भाषा में पत्र-पत्रिकाओं का प्रकाशन 1940-41 से आरंभ हुआ। 1940 ई. में इग्नेश बेक ने 'विजबिनको' मासिक पत्रिका एवं 1949 में श्री अहलाद तिर्की ने 'बोलता' नामक मासिक पत्रिका का प्रकाशन किया। 1950 ई. में अहलाद तिर्की ने ही 'धुमकुड़िया' नामक पत्रिका निकाली। इसके अतिरिक्त कुडुखन, कुडुख झरिया, सिनगी दई, जोहार, सरनाफूल आदि पत्रिकाएँ प्रकाशित होती रही हैं, जिसमें कुडुख रचनाएँ समाहित होती हैं।

मुंडारी साहित्य

मुंडारी भाषा झारखंड के राँची, सरायकेला-खरसावाँ, गुमला, सिमडेगा, दक्षिणी हजारीबाग, उत्तरी पूर्वी सिंहभूम तथा उत्तरी प. सिंहभूम जिलों में बोली जाती है। इसके अलावा यह भाषा बंगाल, उड़ीसा, छत्तीसगढ़, असम, अंडमान-निकोबार आदि राज्यों में भी बोली जाती है।

सभी लोक साहित्य की तरह मुंडारी लोक साहित्य में भी लोकगीत लोक कथा, कहावत, मुहावरे, पहेलियाँ आदि के भंडार हैं। मौसम आधारित लोकगीत में मागे, जापि, जदुर, गेना, करम, अड़दी आदि गीत गाए जाते हैं। मुंडारी लोकगीतों में अन्य विषयों की प्रमुखता भी देखी जाती है, जैसे प्रकृति वर्णन, आदर्श-विचार, सुख-दुःख, आनंद, भूत-प्रेत, पर्व-त्योहार इसके संबंधित विषय। मुंडारी लोक कथाओं में अनेक प्रकार के विषयों से संबंधित घटनाओं का वर्णन गीतों के साथ किया जाता है।

मुंडारी शिष्ट साहित्य संथाली शिष्ट साहित्य की तरह अधिक समृद्ध है। जे.सी. हिव्टली ने सर्वप्रथम 'मुंडारी प्राइमर' नामक पुस्तक लिखी, जिसका प्रकाशन कलकत्ता से 1873 ई. में किया गया था। इसके बाद ए. नोट्रोट द्वारा लिखित दूसरी पुस्तक 'मुंडारी ग्रामर' 1882 ई. में प्रकाशित हुई। यह मुंडारी भाषा का प्रथम व्याकरण था। मुंडारी भाषा का दूसरा व्याकरण 'रयूडिमेंट्स ऑफ मुंडारी ग्रामर' की रचना जे.डी. स्मेट द्वारा किया गया था। 1912 ई. में एस.सी. राय ने 'मुंडाज ऐंड देयर कंट्री' की रचना की। इसके बाद हॉफमैन ने 'इनसाइक्लोपिडिया मुंडारिका' एवं 1956 ई. में पी.के. मित्रा ने 'मुंडारी फोकटेल' नामक पुस्तक लिखी।

मुंडारी भाषा से संबंधित कुछ प्रमुख रचनाएँ निम्नलिखित है—

बज रही बाँसुरी — जगदीश त्रिगुणायत
बिरसा भगवान् (नाटक) — सुखदेव बरदियार
मुंडारी-इंग्लिश कोष (शब्द कोष) — मणींद्र भूषण भादुड़ी
मुंडारी-हिंदी शब्दकोश — स्वर्णलता प्रसाद
ए डिस्क्रिटिव एनालाइसिस ऑफ मुंडारी — कुक वाल्टर
सोसो बोंगा — जगदीश त्रिगुणायत
चंगा-दुरंड — बलदेव मुंडा

प्रीतपाला और रामायण पाला (संकलन), सेलेद (विविधा), हिसिर (गीत-संग्रह), बुद्धू बाबू और उनकी रचनाएँ, ए 'अ' नवकानिकों, मुंडारी पाठ, मुंडारी व्याकरण, मुंडारी टुड को ठारि (साहित्य अकादेमी पुरस्कार—राम दयाल मुंडा, 2000 ई.), आड़ांदि बोंगा (विवाह मंत्र), बा (हो) बांगो (सरहुल मंत्र), गोनोए : पारोमेन बोंगा (श्राध मंत्र)।

मुंडारी भाषा में पत्रिकाओं का प्रकाशन—

1. आदिवासी सकम — (संपादक-जयपाल सिंह, जमशेदपुर)
2. जगर साड़ा
3. सरना सकम

सम्पड़ तिड़

हो साहित्य

हो जनजाति प्रोटोस्ट्रोलायड से संबंधित है, अर्थात् यह आग्नेय भाषा समूह के अंतर्गत मुंडा भाषा समूह की एक उपशाखा है। यह झारखंड में मुख्य रूप से कोल्हान प्रमंडल, राँची आदि क्षेत्रों में बोली जाती है। अन्य जनजातीय भाषाओं की तरह लोक साहित्य के रूप में हो लोक साहित्य भी लोकगीत, लोक कथा, लोकोक्ति, पहेली, मुहावरों से निर्मित है। यह लोक साहित्य अभी भी जनकंठ में व्याप्त है। हो लोक

साहित्य में लोकगीत या लोक कथाओं से संबंधित विषयवस्तु हो जनजातियों की संस्कृति को दरशाती हैं।

हो शिष्ट साहित्य का आरंभ 19वीं सदी से माना जाता है। सर्वप्रथम 1840 ई. में एशियाटिक सोसाइटी ऑफ बंगाल के आलेख में 'द ग्रामेटिकल कंसट्रक्संस ऑफ द हो लैंग्वेज' प्रकाशित हुआं। इसके बाद जॉन बॉम्बस ने तीन खंडों में 'कम्पटेटिव ग्रामर ऑफ द मॉडर्न एरियन लैग्वेज ऑफ इंडिया' प्रकाशित किया। हो जनजातियों के लोकगीतों पर प्रथम पुस्तक सी.एच. बोम्बास तथा एन.के. बॉस द्वारा लिखित 'फोकलोर ऑफ द कोल्हान' 1902 ई. में कलकत्ता से प्रकाशित हुई। 1905 ई. में ए. नोट्राट ने 'ग्रामर ऑफ द कोल' नामक पुस्तक लिखा, जिसका प्रकाशन जी.ई.एल. मिशन प्रेस राँची द्वारा हुआ। 1915 ई. में लियोनल बरो ने 'हो ग्रामर' की रचना की। 1930 में हॉफ मैन की 'एनसाइक्लोपीडिया मुंडारिका' 13 भागों में प्रकाशित हुई, जिसमें हो भाषा के अनेक लोकगीतों एवं लोक कथाओं का संकलन है।

सर्वाधिक उल्लेखनीय कार्य ड्ब्ल्यू.जी. आर्चर का है, जिन्होंने हो गीतों का संकलन 'हो दुरं' के रूप में देवनागरी लिपि में किया है। इसे हो साहित्य का महाकाव्य कहा जाता है। जगदीश त्रिगुणायत ने 1958 ई. में 'बाँसुरी बज रही' नामक पुस्तक में मुंडारी हो भाषा का एक नया अध्याय आरंभ किया है। श्री सतीश कोड़ा सेंगल ने 'रूमुल' की रचना की है। यह किसी हो युवक द्वारा लिखी गई पहली पुस्तक है। 1960 ई. के आसपास श्री बी.के.एस. जराई द्वारा लिखित हो कविताओं का संग्रह प्रकाशित हुआ। जेवियर हो प्रकाशन, संत जेवियर्स लुपुड़गुटु चाईबासा के द्वारा फादर जॉन डीनी एस.जे. का 'हो ग्रामर ऐंड वोकेवुलेरी' तथा 'हो इंग्लिश डिक्शनरी का प्रकाशन किया गया। इसी समय इनकी एक पुस्तक 'An Introduction to the Ho Language' प्रकाशित हुई। 1970 ई. में 'हो ट्राइब ऑफ सिंहभूम' नामक पुस्तक सी.पी. सिंह द्वारा प्रकाशित की गई। ब्रज बिहारी द्वारा लिखित हिंदी-हो कोश का प्रकाशन नागालैंड भाषा परिषद्, घेटिना द्वारा 1982 में किया गया। हो भाषा साहित्य के प्रमुख विद्वान् कमल लोचन कोड़ा ने 'इटा बटा लना बसा,' जोअर, बिरबुरू, बोंगा बुरू, पेरेम सनड़ सरजान तरल, मांगे मुनु जंगर आदि की रचनाएँ की। महिपाल बुड़िउलि का नाटक 'दोष ओकोय' एवं 'ओकोमा बुगिनां' काफी प्रशंसनीय रहे हैं। अन्य प्रमुख हो लेखकों ने देवेंद्रनाथ सिंकु, अन्नत कुमार पिंगुआ, प्रो. बलराम पाट पिंगुआ, डॉ. आदित्य प्रसार सिन्हा, मोतीलाल बिरूआ, बुधराम हेम्ब्रम आदि का नाम लिया जा सकता है।

खड़िया साहित्य

खड़िया जनजाति प्रोटो-ऑस्ट्रोलायड प्रजाति से संबंधित है। इनकी भाषा को खड़िया भाषा कहा जाता है, जो मध्यवर्ती मुंडा भाषा की एक उपभाषा है। खड़िया लोक

साहित्य को लोकगीत, लोक कथा, लोकोक्ति आदि में विभाजित करते हैं। खड़िया लोकगीतों की विषयवस्तु ऐतिहासिक, निवास स्थान, पलायन, युद्ध, जीवन-दर्शन, जाति व्यवस्था, सामाजिक व्यवस्था, प्रेम, आनंद, दुःख, धर्म, प्रकृति, जीव-जंतु आदि है। खड़िया लोक साहित्य में भूत-प्रेत कथा, दैत्य कथा, पशु-पक्षी कथा, वृक्षों एवं पुष्पों की कथा, व्रत संबंधी कथा, साधु-संतों की कथा, चुटकुले कहावतें आदि हैं।

खड़िया शिष्ट साहित्य का आरंभ 1866 ई. के आसपास माना जाता है। 1894 ई. में जी.सी. बनर्जी ने 'इंट्रोडक्शन टू खड़िया लैंग्वेज' एवं 1934 ई. में फ्लोर चेइसंस और डुअर्ट ने 'खड़िया शब्दकोश' की रचना की। 1937 ई. में एस.सी. राय की पुस्तक 'द खड़ियाज' कैथोलिक प्रेस राँची से छपा, जिसमें लोकगीतों, लोक कथाओं और मंत्रों को स्थान दिया गया है। 1942 ई. ड्ब्ल्यू.सी. आर्चर ने 'खड़िया ओलोंग' नामक पुस्तक का प्रकाशन किया। इस पुस्तक में खड़िया लोकगीतों का संकलन है।

स्वतंत्रता-प्राप्ति के बाद 'आदिवासी पत्रिका' एवं आकाशवाणी की स्थापना के बाद खड़िया शिष्ट साहित्य का विकास तेजी से होने लगा। आदिवासी पत्रिका में प्यारे केरकेट्टा, सरोज केरकेट्टा, रोज केरकेट्टा, ग्लेरिया सोरेन की कविताएँ, कहानियाँ, लेख आदि प्रकाशित हुए। खड़िया भाषा में 'तारदी' एवं 'जोहार' नामक पत्रिकाओं का प्रकाशन किया गया। वर्तमान में खड़िया लेखकों में आर.पी. साहु, वंदना टेटे, पुष्पा टेटे, मेरी एस. सोरेन, जुएल सोरेंग आदि का नाम उल्लेखनीय है।

प्यारे केरकेट्टा की प्रमुख प्रकाशित पुस्तकें—जामा बहार, मेरोंडअ, डोकलोओ (रिपोर्ट), बेअरथा बिहा (कहानी-संग्रह), लोदरो सोमधी (कहानी-संग्रह), खड़िया कविताएँ (संग्रह), जुझइर डॉड (नाटक), मुड़ सिंड़कि (नाटक)।

झारखंड के हिंदी साहित्य एवं साहित्यकार

हिंदी साहित्य के क्षेत्र में झारखंड का योगदान महत्त्वपूर्ण है। इस दिशा में ईसाई मिशनरियाँ ही अग्रणी रही हैं। इन्होंने बाईबल का हिंदी में अनुवाद किया और धर्म प्रचार के लिए इसको माध्यम बनाया। हिंदी साहित्य के अंतर्गत कहानी, उपन्यास, नाटक, कविताएँ, निबंध, लेख, आदि विधाओं को सम्मिलित किया जाता है।

झारखंड में हिंदी कहानी

हिंदी कहानी का आरंभिक काल मुख्यरूप से 1900 से 1910 ई. माना जाता है, लेकिन झारखंड में इसका विकास 1913 ई. माना जाता है। 1913 ई. में ही राधाकृष्ण की पहली कहानी 'सिन्हा साहब' का प्रकाशन हिंदी पत्रिका 'गल्पमाला' के माध्यम से हुआ। 1930 ई. से द्वारिका प्रसाद द्वारा लिखित अनेक कहानियों का प्रकाशन 'झारखंड' नामक पत्रिका में हुआ। हिंदी के प्रसिद्ध कवि एवं कहानीकार प्रफुल्लचंद्र पटनायक

1945 ई. में राँची कॉलेज के प्राध्यापक बनकर आए। योगेंद्र नाथ के कथा संकलनों में 'दुम्बी हो,' 'चलो बादलों में छिप जाएँ,' 'आसमान-तारा' आदि उल्लेखनीय है। गोपालदास मुंजाल की कहानी-संग्रह का नाम 'मोल श्री' है। इनकी दूसरी पुस्तक 'हिंदी के कहानीकार' काफी चर्चित हैं। प्रोफेसर शिवनंदन प्रसाद ने अलबर्ट कृष्ण अली के नाम से अनुठी पैनदार कहानियाँ लिखी हैं। इनके प्रमुख कथा संकलन हैं—'आदि-अनादि इत्यादि' तथा 'कल्कि-पुराण'। हिंदी के प्रमुख साहित्यकार राधाकृष्ण की कहानियों का संकलन 'रामलीला' में है। इनकी दूसरी पुस्तक 'सजला' है। 1956 में राधाकृष्ण की 27 लघुकथाओं का संग्रह 'गल्पिका' का प्रकाशन हुआ। 1963-64 में विद्याभूषण की कहानियाँ 'चेहरे के नीचे का चेहरा' कहानी-संग्रह के रूप में प्रकाशित हुआ। डॉ. वचनदेव कुमार ने 'कथा यात्रा' नाम के कहानी-संग्रह की रचना की। शिवचंद्र शर्मा के दो कहानी-संग्रह 'पंचदशतंत्र' तथा 'काँच के तूफान' का प्रकाशन हुआ।

1970-80 के दशक में काशीनाथ पांडेय की कहानियाँ प्रकाशित हुईं, जिनमें मुख्य थी—'कहानी,' 'नई कहानियाँ,' 'धर्मयुग'। रामचंद्र वर्मा संत जेवियर्स कॉलेज में हिंदी के प्राध्यापक रहे हैं। इनकी कहानी संकलन का नाम 'ऊसर की दूब' है। सन् 1975 में राधाकृष्ण की 'गेंद और गोल' का प्रकाशन हुआ। वर्ष 1980 के बाद कहानी के क्षेत्र में अनेक साहित्यकारों ने अपनी रचनाएँ प्रस्तुत कीं। प्रमुख रचनाकारों में जयनंदन, रमा सिंह, वासुदेव, विजय शर्मा, रतन वर्मा, विपिन बिहारी, अनिंदिता, ध्रुव तनवानी, रामकुमार तिवारी आदि हैं।

झारखंड में हिंदी उपन्यास

झारखंड में उपन्यासों का सृजन काल कहानियों के पूर्व से ही माना जा सकता है। 1906 ई. में झारखंड का प्रथम उपन्यास चक्रधरपुर के राजा रामचीज सिंह वल्लभ द्वारा रचित 'राजपूतानी शान' को माना जाता है। इनके दो अन्य उपन्यासों का प्रकाशन हुआ है, जिनका नाम 'ललिता और उमाशंकर' है। 1910 से 1947 के बीच झारखंड में मात्र चार उपन्यास लेखक हुए एवं इनकी दस रचनाएँ प्रकाशित हुईं। डाल्टेनगंज के रामदीन पांडेय द्वारा रचित उपन्यास 'विद्यार्थी,' 'चलती पिटारी' एवं 'वासना' है। हवलदारी राम हल्धर का उपन्यास 'कंगाल की बेटी' एवं सत्यनारायण शर्मा का उपन्यास 'आत्महंता' एवं 'टूटती हुई जंजीरें' काफी लोकप्रिय हुए।

उपन्यासों का वास्तविक विकास 1945 ई. के बाद डॉ. द्वारिका प्रसाद और राधाकृष्ण के उपन्यासों से मिलता है। डॉ. द्वारिका प्रसाद के प्रमुख उपन्यासों में 'स्वयंसेवक,' 'घेरे के बाहर,' 'रंजना,' 'बेड़ियाँ,' 'अंकुश' आदि हैं। राधाकृष्ण ने 'फुटपाथ,' 'रूपांतर,' 'बोगस,' 'सनसनाते सपने' तथा 'सपने बिकाऊ हैं' जैसे महत्त्वपूर्ण उपन्यासों की रचना की। योगेंद्र नाथ सिन्हा का 'वनलक्ष्मी,' 'गोपलादास मुंजाल,' 'पुनमः एक याद,' कमल

जोशी का 'बहता तिनका,' ज्योति प्रकाश का 'सीधा रास्ता,' बलराम श्रीवास्तव का 'एक दिन' शंभुनाथ प्रवासी का 'बत्तियाँ गुल हैं' आदि प्रमुख उपन्यास लिखे गए हैं। 1990 के बाद झारखंड से संबंधित समसामयिकी पर अनेक उपन्यास लिखे गए, जिनमें सतीशचंद्र का 'कालीमाटी', जयनंदन का 'श्रम एवं जयते', श्यामबिहारी श्यामल का 'अग्निपुरुष,' विनोद कुमार का 'समर शेष है,' वासुदेव का 'सुबह के इंतजार में,' अवधेश शर्मा का 'मिस्टर अनफिट,' कमल का 'आखर चौरासी,' देवेश तांती का 'कालपुरुष' प्रमुख हैं।

झारखंड में हिंदी नाटक

झारखंड में कहानी लेखन के साथ नाटक लेखन का भी कार्य सन् 1913 के आसपास माना जाता है। अनंत सहाय अखौरी द्वारा रचित 'ग्रह का फेर' नामक प्रहसन को नाटक साहित्य लेखन का श्रीगणेश माना जाता है। सन् 1937 में रामदीन पांडेय ने 'जीवन-यज्ञ' एवं 'ज्योत्सना' नामक नाटक की रचना की। 1945 ई. में 'संथाल बोधोदय' नामक नाटक संथाल विद्रोह विषयवस्तु को लेकर स्वामी शिवानंद तीर्थ ने लिखा। आधुनिक नाटकारों में श्रवण कुमार गोस्वामी, आनंद बिहारी शरण, डॉ. द्वारिका प्रसाद, अशोक पागल, शिवशंकर मिश्र, विनय कुमार पांडेय, अशोक कुमार अंचल, मुरलीधर महतो, ब्रजबिहारी, गिरधारी राम गोंझू गिरिराज आदि के नाम उल्लेखनीय हैं। राधाकृष्ण ने दो नाटक और एक एकांकी का लेखन किया है, जिसमें 'भारत छोड़ो' और 'बिगड़ी हुई बात' नाटक हैं तथा 'अधिक अन्न उपजाओ' एकांकी है। डॉ. सिद्धनाथ कुमार ने काव्य नाटक, रेडियो नाटक और अन्य नाटकों का सृजन किया। इनके पाँच काव्य नाटकों का संग्रह 'सृष्टि की साँझ' प्रकाशित हुआ।

नाटक विधा को आगे बढ़ाने में डॉ. श्रवण कुमार गोस्वामी की कृतियों का विशिष्ट योगदान है। इनके तीन नाटकों में 'समय,' 'पति सुधार केंद्र' और 'हमारी माँगें पूरी करो' महत्त्वपूर्ण हैं। आनंद बिहारी शरण के दो नाटक—'देश के लिए' तथा 'आशियाना' हैं तो बालमुकुंद पैनाली के नाटक 'रावण बध,' 'मुल्क और मजहब' तथा 'चंबल का प्रतिशोध' है। अशोक पागल ने 'सागर तट की नदी,' 'कहाँ हो परशुराम,' 'श्रुतिरंग,' 'अमीबा' आदि नाटकों की रचना की। अशोक कुमार अंचल का नाटक 'पागलखाना' एक महत्त्वपूर्ण नाटक है, जबकि सत्यदेव नारायण किरण का 'तपस्विनी' तथा डॉ. गिरिधारी राम गोंझू गिरिराज का 'झारखंड का अमृत-पुत्र : मरङ गोमके जयपाल सिंह' एवं श्रुतिनाटक 'महाराजा मदरा मुंडा' महत्त्वपूर्ण नाटक हैं। हास्य-व्यंग्य के नाटकार डॉ. बालेंदु शेखर तिवारी ने 'मिडियोत्सव' तथा 'फिल्मेरिया' की रचना की। एकमात्र महिला नाटकार अनिंदिता ने अपने रेडियो एकांकियों का संग्रह 'माँदर बज उठा' के नाम से प्रकाशित किया है।

झारखंड में पत्र-पत्रिका

झारखंड में पत्र–पत्रिकाओं के प्रकाशन की शुरुआत जी.ई.एल. मिशन की पत्रिका 'घर बंधु' (1880) माना जाता है। इसके बाद 1892 में 'विनिता हितैसी' एवं 1898 में 'आर्यावर्त' का प्रकाशन हुआ। 1924 ई. में पंडित मामराज शर्मा के संपादन में 'छोटानागपुर' पत्रिका का प्रकाशन आरंभ हुआ। कुछ वर्षों के बाद गुमला से 'झारखंड' नामक पत्रिका का प्रकाशन ईश्वरी प्रसाद बड़ाईक ने किया। बाद में 'स्वर्ण रेखा' तथा 'उल्टी गंगा' नामक पत्रिका का प्रकाशन हुआ, जिसके संपादक क्रमश: हेरंब मिश्र तथा उनके पुत्र सुबोध मिश्र थे। इसी समय हरे कृष्ण चौधरी ने 'निरझर' नामक पत्रिका का प्रकाशन किया। 'ग्राम निर्माण' नामक पत्र का प्रकाशन 'आदिम जाति सेवा मंडल' ने आरंभ किया। इसका संपादन मदन मोहन मिश्र कर रहे थे।

1950 ई. में प्रथम दैनिक पत्र 'राष्ट्रीय भाषा का प्रकाशन राँची से आरंभ हुआ, जो उमा प्रेस से छपता था। इसके प्रकाशक देवती प्रसाद मित्र और संपादक बटुकदेव शर्मा थे। 1951 ई. में राधारमण के संपादन में सुदर्शन प्रेस से 'कसौटी' का प्रकाशन हुआ। 'वर्तमान संदर्भ' त्रैमासिक साहित्यिक पत्रिका का प्रकाशन 2001 से 2003 तक संगीता आनंद के नेतृत्व में किया गया। 'संगम' पत्रिका का संपादन 1992 से 2002 तक डॉ. राम कुमार तिवारी ने किया। नागपुरी साहित्य विशेषांक, कहानी विशेषांक, संस्कृति विशेषांक, आदिवासी विशेषांक आदि 'संगम' पत्रिका में प्रकाशित होते रहे। इसका प्रकाशन 'नागपुरी कला संगम' में किया है, जिसके अध्यक्ष श्री सत्यदेव नारायण तिवारी थे तथा वर्तमान में श्री गोविंद नारायण तिवारी हैं।

इस नई शताब्दी में भी झारखंड में अनेक नई पत्रिकाओं का प्रकाशन आरंभ हुआ है। इनमें 'परिकथा', 'काँची', 'अखरा', 'आईना', 'सहिया', 'वनांचल प्रहरी', 'उदित वाणी', 'दृष्टिपात', 'महुआ' आदि का नाम उल्लेखनीय है।

□

6. शिक्षण संस्थान

- शिक्षा के क्षेत्र में झारखंड
- राज्य के प्रसिद्ध शिक्षण संस्थान

शिक्षा के क्षेत्र में झारखंड

बहुत समय तक अशिक्षा के घोर तिमिर में लिपटा रहा झारखंड राज्य सरल और विषम जनजातीय जीवन क्षेत्र के रूप में इतिहास में चिह्नित हुआ, लेकिन समय ने उस इतिहास के आँकड़ों को नवीनता से भर दिया। बाह्य संपर्कों ने, विशेषकर ईसाई मिशनरियों ने इस क्षेत्र में शिक्षा के प्रचार-प्रसार पर बल दिया। फिर अन्य समाज सुधारक आंदोलनों ने भी इस आवश्यकता में अपना सहयोग दिया और यह दीपक जल ही उठा। इसके आलोक में झारखंड का समाज ज्ञान-विज्ञान की ओर कदम बढ़ाने लगा। रफ्तार अवश्य धीमी रही। क्षेत्रीय विषमताओं और अनेक समस्याओं ने इस लक्ष्य में अवरोध उत्पन्न किए हैं, फिर भी स्थिति को उतना दयनीय नहीं कहा जा सकता।

राज्य में साक्षरता दर 2011 के राष्ट्रीय साक्षरता आँकड़ों में 66.40 प्रतिशत है। इसमें 76.8 प्रतिशत पुरुष साक्षरता दर और 55.40 प्रतिशत स्त्री साक्षरता दर है। इसमें भी साक्षरता दर के प्रादेशिक वितरण में राँची 76.10 प्रतिशत के साथ प्रथम स्थान पर है और पूर्वी सिंहभूम 75.50 प्रतिशत के साथ दूसरे स्थान पर है। सबसे कम साक्षरतावाला क्षेत्र पाकुड़ है, जिसकी साक्षरता दर 48.82 प्रतिशत है, जो 2001 के आँकड़ों 30.54 प्रतिशत से बढ़कर संतुष्टि प्रदान करती है। पुरुष साक्षरता में सबसे आगे राँची (84.30 प्रतिशत) और धनबाद (83.80 प्रतिशत) है, तो स्त्री साक्षरता में राँची (67.40 प्रतिशत) और धनबाद (64.3 प्रतिशत) की दर सबसे अधिक है। न्यूनतम पुरुष साक्षरता दर में जहाँ पाकुड़ (57.10 प्रतिशत) है, वहीं न्यूनतम स्त्री साक्षरता दर में भी पाकुड़ (40.50 प्रतिशत) का ही नाम है। फिर भी 2001 की तुलना में 2011 में साक्षरता दर ने सभी क्षेत्रों में वृद्धि की है।

राज्य सरकार ने एक दशक की स्वतंत्र शिक्षा नीति से काफी कुछ सुधार किया और आगे भी इसमें सुधार की संभावनाओं से इनकार नहीं किया जा सकता। शिक्षा आयोग ने शिक्षा योजनाओं के क्रियान्वयन से शिक्षा की गति को तेज करने के प्रयास निरंतर किए जा रहे हैं। राज्य के सृजन तक शिक्षा स्तर में जो दयनीयता देखी जा सकती थी, वह पिछले दशक में सुधरी है। बालिका शिक्षा पर विशेष ध्यान देकर राष्ट्रीय महिला सशक्तीकरण को पूरा सहयोग दिया जा रहा है। राज्य में अनेक शैक्षणिक योजनाओं का क्रियान्वयन करके शिक्षा के महत्त्व को स्पष्ट किया जा रहा है। कल्याण विभाग अनुसूचित जाति, अनुसूचित जनजाति, पिछड़ी जाति व अल्पसंख्यक वर्ग के छात्र-छात्राओं के लिए कई शैक्षणिक योजनाएँ चला रहा है, जिनमें कुछ निम्नलिखित हैं—

आवासीय विद्यालय

यह शिक्षा व्यवस्था का प्राचीन गुरुकुल रूप है, जिसमें छात्र को शिक्षा और आवास एक ही इमारत में मिलते हैं। इस आवासीय विद्यालय में पढ़नेवाले अनुसूचित जाति, जनजाति और पिछड़े वर्गों के छात्र-छात्राओं को निःशुल्क शिक्षा के साथ सभी आवासीय सुविधाएँ भी उपलब्ध कराई जा रही हैं। राज्य में 89 आदिवासी विद्यालय, 23 अनुसूचित जनजाति के विद्यालय और 4 पिछड़ी जाति के विद्यालय संचालित किए जा रहे हैं। इनमें छात्र-छात्राओं को भोजन, वस्त्र और पाठ्य-सामग्री निःशुल्क दी जाती हैं। इन विद्यालयों में प्रवेश लिखित और मौखिक परीक्षा के आधार पर होता है। प्रतिवर्ष कक्षा 1, 6 व 9 की रिक्तियों के आधार पर परीक्षा समिति इन परीक्षाओं का आयोजन कर योग्य छात्रों को चुनती है। विद्यालयों के रख-रखाव, प्रबंधन और आवश्यकताओं के लिए राज्य सरकार प्रति वित्त वर्ष धन का आवंटन भी करती है।

राज्य में 89 आदिवासी विद्यालय, 23 अनुसूचित जनजाति के विद्यालय और 4 पिछड़ी जाति के विद्यालय संचालित किए जा रहे हैं। इनमें छात्र-छात्राओं को भोजन, वस्त्र और पाठ्य-सामग्री निःशुल्क दी जाती हैं।

पहाड़िया दिवाकालीन विद्यालय

राज्य में यह योजना पहाड़िया जनजाति के छात्र-छात्राओं को ध्यान में रखकर कल्याण विभाग द्वारा 32 स्थानों पर चलाई जा रही है। दुमका, पाकुड़, साहेबगंज, गोड्डा आदि जिलों में इन विद्यालयों का संचालन किया जा रहा है। इसमें प्रवेश प्रक्रिया में सादे कागज पर आवेदन कर जिला कल्याण अधिकारी को दिया जाता है। इसमें प्रत्येक छात्र-छात्रा को निःशुल्क मध्याह्न भोजन और शिक्षा दी जाती है।

छात्रावास

यह योजना कॉलेजों, उच्च विद्यालयों के निकट छात्रावास बनाकर प्रादेशिक अनुसूचित जाति व जनजाति के विद्यार्थियों को आवास उपलब्ध कराने की है। अंतरजिला के तहत दूसरे जिलों से या उसी जिले के अनुसूचित जाति, जनजाति, दलित और अल्पसंख्यक विद्यार्थी इस योजना से लाभान्वित होते हैं। इसमें प्रवेश प्रक्रिया सरल है। कॉलेज या विद्यालय के प्रमुख की अनुशंसा सहित आवेदन-पत्र जिला कल्याण अधिकारी के सामने प्रस्तुत किया जाता है। राज्य में 300 से अधिक छात्रावासों का निर्माण कार्य पूर्ण हो चुका है और लगभग 95 छात्रावासों का निर्माण होना शेष है।

पुस्तक अधिकोष योजना

इस योजना के तहत तकनीकी शिक्षा में अध्ययनरत उन छात्रों को आर्थिक सहायता के रूप में वे पुस्तकें उपलब्ध कराई जाती हैं, जो कमजोर वर्ग के छात्र महँगी होने के कारण खरीद नहीं पाते। मेडिकल, पॉलीटेक्निक, वेटनरी और एग्रीकल्चर महाविद्यालयों में अध्ययन करनेवाले प्रति दो छात्रों पर एक पुस्तक सेट उपलब्ध कराने की योजना है। यह सुविधा संस्थानों के प्रमुख अपने छात्रों की संख्या और आवश्यकता के अनुसार जिला कल्याण अधिकारी द्वारा प्राप्त कर सकते हैं।

साइकिल वितरण योजना

यह योजना ग्रामीण क्षेत्र की उन छात्राओं की शिक्षा को ध्यान में रखकर लागू की गई है, जो सुदूर ग्रामीण क्षेत्रों से पढ़ने आती थीं। इनमें से अधिकांश छात्राएँ अधिक दूरी और आर्थिक अभाव में साधनों की अनुपलब्धता के कारण पढ़ाई बीच में ही छोड़ देती थीं। सरकार ने इस ओर ध्यान दिया और अनुसूचित जाति, जनजाति, पिछड़े तथा अल्पसंख्यक वर्ग की छात्राओं को निःशुल्क साइकिल प्रदान करने की यह योजना लागू की। विगत आठ वर्षों से इस योजना ने गरीब वर्ग की छात्राओं को काफी लाभ पहुँचाया है। इस योजना में शिक्षा को सतत जारी रखने के लिए छात्राओं को अपने प्रधानाचार्य की अनुशंसा द्वारा आवदेन-पत्र जिला कल्याण अधिकारी को देना होता है।

इसके अतिरिक्त राज्य में जनजातीय क्षेत्रों में शिक्षा के विकास के लिए भी राज्य स्तर पर प्रयास किए जाते रहे हैं। सरकार ने 112 मध्य विद्यालयों, 12 राजकीय विद्यालयों और 98 माध्यमिक विद्यालयों का जीर्णोद्धार कराया है। माध्यमिक शिक्षकों के रिक्त पदों पर लगभग साढ़े तीन हजार शिक्षकों की भरती की गई है। अभियान विद्यालयों का गठन कर 60 हजार बच्चों के नामांकन की व्यवस्था की गई है। कक्षा 1 से 8 तक निःशुल्क शिक्षा देने का कार्य चल रहा है। राज्य-सृजन के बाद से अब तक 30 लाख बच्चों का नामांकन हो चुका है। छात्रवृत्ति योजनाओं से शिक्षा के प्रति छात्रों में प्रोत्साहन बढ़ाया जा

रहा है। उच्च शिक्षा की दिशा में भी राज्य महत्त्वपूर्ण दिशा में आगे जा रहा है।

राज्य के सर्वांगीण विकास के लिए महत्त्वपूर्ण कदम उठाए जा रहे हैं। राज्य में 12 राजकीय पॉलीटेक्निक विद्यालयों में से 2 केवल महिलाओं के लिए हैं। तकनीकी शिक्षा के महत्त्व को देखते हुए राज्य के प्रत्येक जिले में एक पॉलीटेक्निक संस्थान की स्थापना की दिशा में कार्य प्रगति पर है। राज्य में कृषि उत्पादन को बढ़ावा देने के लिए राँची कृषि विश्वविद्यालय वर्ष 1995 से ही इस क्षेत्र में शोध और शिक्षण कार्यों में लगा हुआ है।

इस प्रकार कहा जा सकता है कि घोर अशिक्षा के अंधकार में जी रहा छोटानागपुर-संथाल परगना अब शिक्षा के प्रकाश में लगभग पूर्णतया आ गया है। कुछ सुदूर क्षेत्रों में अभी इस दिशा में और व्यापक प्रयास करने की आवश्यकता है। इसके लिए राज्य सरकार, केंद्र सरकार, सामाजिक संस्थाओं और समस्त बुद्धिजीवी वर्ग के सम्मिलित प्रयासों की आवश्यकता है, तभी यह आदिवासी समाज शिक्षा से जुड़कर विकास की मुख्यधारा में सम्मिलित हो सकेगा।

राज्य में संसाधनों की कोई कमी नहीं है। केवल कमी है तो नीति-नियंताओं द्वारा पारदर्शी नीतियों को बनाकर उन्हें लागू करने की, तभी इस राज्य के सांस्कृतिक रूप को और अधिक व्यापक एवं समृद्ध किया जा सकता है। यहाँ न तो प्रतिभाओं की कमी है और न ही कलाकारों की। यदि आवश्यकता है तो केवल सबको मंच प्रदान करने की, जो कोई असंभव कार्य नहीं है।

राज्य के प्रसिद्ध शिक्षण संस्थान

केंद्रीय विश्वविद्यालय (सेंट्रल यूनिवर्सिटी), झारखंड

विश्वस्तर की गुणवत्तापूर्ण शिक्षा प्रदान करने के लिए केंद्रीय विश्वविद्यालय अधिनियम, 2009 के द्वारा झारखंड राज्य में राँची के ब्राम्बे में केंद्रीय विश्वविद्यालय की स्थापना की गई है। इस विश्वविद्यालय का मुख्य उद्देश्य अनुसंधान एवं सामाजिक, आर्थिक और सांस्कृतिक विकास के लिए संस्थान की सहभागिता को सुनिश्चित करना है। यह विश्वविद्यालय अंतरराष्ट्रीय संस्थानों से सहयोग ले रहा है। चीन के तौहाई विश्वविद्यालय थाईलैंड का ए.आई.ई.टी., यू.के. के बर्मिंघम विश्वविद्यालय, कोरिया के सियोल विश्वविद्यालय से संबंध स्थापित कर छात्रों को विश्वस्तरीय गुणवत्तापूर्ण शिक्षा एवं अनुसंधान का अवसर दिया जा रहा है।

भारतीय प्रबंधन संस्थान (आई.आई.एम.) राँची

प्रबंधन शिक्षा में उत्कृष्टता की परंपरा को जारी रखते हुए 6 जुलाई, 2010 को

आठवें भारतीय प्रबंधन संस्थान की स्थापना राँची में की गई। यह मानव संसाधन मंत्रालय, भारत सरकार के दिशा-निर्देश में आई.आई.एम., कलकत्ता के व्यापक सहयोग एवं झारखंड सरकार के सहयोग से संचालित हो रहा है।

बिड़ला इंस्टीट्यूट ऑफ टेक्नोलॉजी (बी.आई.टी.), मेसरा, राँची

झारखंड की राजधानी राँची से लगभग 15 किलोमीटर दूर मेसरा में स्थित इस तकनीकी एवं प्रबंधन संस्थान की स्थापना 1955 ई. में बी.एम. बिड़ला के द्वारा की गई थी। इस संस्थान में बैचलर डिग्री स्तरीय कुल-12 विभाग हैं। तकनीकी शिक्षा के क्षेत्र में इस संस्थान का काफी महत्त्वपूर्ण स्थान है।

नेशनल इंस्टीट्यूट ऑफ फाउंड्री ऐंड फोर्ज टेक्नोलॉजी, राँची

इस संस्थान की स्थापना भारत सरकार ने यू.एन.डी.पी.—यूनेस्को के सहयोग से 1966 ई. में की। इस संस्थान ने मेटल कास्टिंग और फार्मिंग टेक्नोलॉजी में शिक्षण, प्रशिक्षण, शोध तथा विकास के क्षेत्र में काफी सराहनीय भूमिका निभाई है। यह संस्थान राँची, चाईबासा मार्ग पर स्थित है।

जेवियर समाज सेवी संस्थान (एक्स.आई.एस.एस.), राँची

इस संस्थान के संस्थापक फादर माइकल विंडे माने जाते हैं। संत जेवियर्स कॉलेज के विस्तार विभाग के रूप में एक्स.आई.एस.एस. की स्थापना वर्ष 1955 में की गई थी। फादर विंडे संत जेवियर्स कॉलेज, राँची के इतिहास विभाग के व्याख्याता थे। इस संस्थान का मुख्य उद्देश्य युवक-युवतियों को पर्सनल मैनेजमेंट, इंडस्ट्रीयल रिलेशन, रूरल डेवलपमेंट एवं सोशल वर्क के लिए प्रशिक्षित कर तैयार करना है।

बिरसा कृषि विश्वविद्यालय, काँके, राँची

1981 ई. में स्थापित बिरसा कृषि विश्वविद्यालय राज्य का अकेला कृषि विश्वविद्यालय है। इसके द्वारा राज्य के किसानों को कृषि, वानिकी, पशुपालन एवं पशु चिकित्सा की जानकारी पूरे साल दी जाती है। राज्य में कृषि के विकास में इस विश्वविद्यालय का महत्त्वपूर्ण योगदान है।

भारतीय खनिज संस्थान (आई.एस.एम.), धनबाद

इसकी स्थापना 9 दिसंबर, 1926 को तत्कालीन अंग्रेज वायसराय लॉर्ड इरविन के द्वारा की गई थी। यह भारत का तीसरा सबसे पुराना विश्वविद्यालय है। इस संस्थान में माइनिंग समेत अन्य तकनीकी विषयों की पढ़ाई होती है। इस संस्थान को वर्ष 2016 में भारत सरकार के द्वारा आई.आई.टी. का दरजा दिया गया है।

जेवियर लेबर रिसर्च इंस्टीट्यूट (एक्स.एल.आर.आई.)

इस संस्थान की स्थापना 1955 ई. में सोसाइटी ऑफ जेसस के द्वारा की गई है। यह जमशेदपुर में स्थित है। यह भारत का सबसे पुराना बिजनेस मैनेजमेंट स्कूल है।

सैनिक स्कूल, तिलैया

इसकी स्थापना 16 सितंबर, 1963 ई. को कोडरमा जिले में तिलैया नामक स्थान पर की गई। इस संस्थान का मुख्य उद्देश्य रक्षा सेवा के लिए मानसिक और शारीरिक स्तर पर छात्र तैयार करना है।

भारतीय कृषि अनुसंधान संस्थान, बरही, हजारीबाग

इसकी स्थापना की आधारशिला 28 जून, 2015 को प्रधानमंत्री, नरेंद्र मोदी द्वारा रखी गई है। इसकी स्थापना का मूल उद्देश्य कृषि क्षेत्र में समावेशी विकास करते हुए एकीकृत कृषि प्रणाली तैयार करना है। इस संस्थान के द्वारा पूर्वी भारत में कृषि क्रांति लाना मुख्य लक्ष्य है।

नेशनल इंस्टीट्यूट ऑफ टेक्नोलॉजी (एन.आई.टी.), जमशेदपुर

इसकी स्थापना 1960 ई. में रिजनल इंस्टीट्यूट ऑफ टेक्नोलॉजी के रूप में हुई थी। इसे 27 दिसंबर, 2002 को नेशनल इंस्टीट्यूट ऑफ टेक्नोलॉजी की मान्यता प्रदान करते हुए डीम्ड यूनिवर्सिटी घोषित कर दिया गया है। तकनीकी शिक्षा हेतु यह राज्य का प्रमुख शिक्षण संस्थान है।

नेतरहाट विद्यालय नेतरहाट, लातेहार

इसकी स्थापना 15 नवंबर, 1954 ई. को चार्ल्स नेपियर के द्वारा हुई थी। गुरुकुल शिक्षा पद्धति पर आधारित यह विद्यालय देश का गौरवपूर्ण विद्यालय है। झारखंड के सरकारी विद्यालयों के छात्रों का प्रतियोगिता परीक्षा के आधार पर चयन करके उनका सर्वांगीण विकास करना इस विद्यालय का मुख्य उद्देश्य है।

शिक्षा के क्षेत्र में झारखंड एवं प्रमुख शिक्षण संस्थान

न्यूनतम साक्षरतावाले 5 जिले प्रतिशत में

क्र.सं.	जिला का नाम	साक्षरता (प्रतिशत) में
1	पाकुड़	48.82
2	साहेबगंज	52.00
3	गोड्डा	56.40
4	पं. सिंहभूम	58.63
5	लातेहार	59.50

अधिकतम साक्षरता वाले 5 जिले (प्रतिशत में)

क्र.सं.	जिला का नाम	साक्षरता (प्रतिशत में)
1	राँची	76.10
2	पूर्वी सिंहभूम	75.50
3	धनबाद	75.05
4	रामगढ़	73.92
5	बोकारो	72.08

साक्षरता

1	सर्वाधिक साक्षरता	राँची
2	सबसे कम साक्षरता	पाकुड़
3	सर्वाधिक पुरुष साक्षरता	राँची
4	सर्वाधिक महिला साक्षरता	राँची
5	सबसे कम पुरुष साक्षरता	पाकुड़
6	सबसे कम महिला साक्षरता	पाकुड़

समुदायवार साक्षरता

		पुरुष	महिला	कुल
1	संपूर्ण समुदाय	78.45	56.21	67.36
2	मुसलमान	62.37	48.38	55.31
3	अनुसूचित जाति	62.92	39.35	51.35
4	अनुसूचित जनजाति	60.13	32.60	47.43

झारखंड के विश्वविद्यालय/समकक्ष शिक्षण संस्थान

क्र.सं.	नाम	स्थान	स्थापना वर्ष
1	राँची विश्वविद्यालय	राँची	1960
2	बिरसा कृषि विश्वविद्यालय	राँची	1980
3	इंडियन इंस्टीट्यूट ऑफ लीगल मेट्रोलॉजी	राँची	1972
4	केंद्रीय विश्वविद्यालय ब्राम्बे	राँची	2009
5	कोल्हान विश्वविद्यालय	चाईबासा	2009
6	नीलांबर-पीतांबर विश्वविद्यालय	मेदिनीनगर	2009
7	भारतीय प्रबंधन संस्थान	राँची	2010

8	सिद्धु–कान्हू विश्वविद्यालय	दुमका	1992
9	विनोबा भावे विश्वविद्यालय	हजारीबाग	1992
10	इंडियन स्कूल ऑफ माइंस	धनबाद	1926
11	हिंदी विद्यापीठ	देवघर	1929
12	नेशल इंस्टीट्यूट ऑफ फॉउंड्री ऐंड फोर्ज टेक्नोलॉजी	राँची	1966

प्रमुख प्रबंधन संस्थान

क्र.सं.	नाम	स्थान	स्थापना वर्ष
1	जेवियर लेबर रिसर्च इंस्टीट्यूट (XLRI)	जमशेदपुर	1949
2	जेवियर इंस्टीट्यूट ऑफ सोशल सर्विस (XISS)	राँची	1955
3	प्रबंधन प्रशिक्षण संस्थान	राँची	1962
4	बिड़ला प्रौद्योगिकी संस्थान	राँची	1955

चिकित्सा महाविद्यालय

क्र.सं.	नाम	स्थान	स्थापना वर्ष
1	राजेंद्र चिकित्सा महाविद्यालय	राँची	1960
2	एम.जी.एम. चिकित्सा महाविद्यालय	जमशेदपुर	1964
3	पाटलिपुत्र चिकित्सा महाविद्यालय	धनबाद	1974
4	केंद्रीय मनोचिकित्सा संस्थान	राँची	1918
5	राँची तंत्रिका मनोचिकित्सा संस्थान	राँची	1925

इंजीनियरिंग कॉलेज

क्र.सं.	नाम	स्थान	स्थापना वर्ष
1	बिरसा इंस्टीट्यूट ऑफ टेक्नोलॉजी	सिंदरी (धनबाद)	1949
2	नेशनल इंस्टीट्यूट ऑफ टेक्नोलॉजी	जमशेदपुर	1960
3	बिड़ला इंस्टीट्यूट ऑफ टेक्नोलॉजी	मेसरा (राँची)	1955
4	कैम्ब्रिज इंस्टीट्यूट ऑफ टेक्नालॉजी	राँची	2000
5	फैकल्टी ऑफ एग्रीकल्चर इंजीनियरिंग	राँची	

विधि महाविद्यालय

क्र.सं.	नाम	स्थान	स्थापना वर्ष
1	छोटानागपुर विधि महाविद्यालय	राँची	1955
2	राजेंद्र विधि महाविद्यालय	हजारीबाग	1977
3	धनबाद लॉ कॉलेज	धनबाद	1976
4	नेशनल यूनिवर्सिटी ऑफ स्टडी ऐंड रिसर्च इन लॉ	राँची	2010
5	इमामुल हई खान लॉ कॉलेज	बोकारो	

महत्त्वपूर्ण प्रशिक्षण व शिक्षा केंद्र

क्र.सं.	नाम	स्थान	स्थापना वर्ष
1	ट्राइबल रिसर्च इंस्टीट्यूट	राँची	1953
2	श्री कृष्ण लोक प्रशासन प्रशिक्षण संस्थान	राँची	1952
3	पुलिस प्रशिक्षण केंद्र	हजारीबाग	1912
4	तकनीकी प्रशिक्षण केंद्र	राँची	1963
5	सीमा सुरक्षा बल प्रशिक्षण केंद्र एवं स्कूल	हजारीबाग (मेरू)	1966
6	नेतरहाट आवासीय विद्यालय	नेतरहाट	1954
7	इंदिरा गांधी आवासीय विद्यालय	हजारीबाग	1984
8	सैनिक स्कूल	तिलैया	1963
9	झारखंड न्यायिक अकादमी	राँची	2002

अन्य संस्थान

क्र.सं.	नाम	स्थान
1	कॉलेज ऑफ फॉरेस्ट्री	राँची
2	एस.पी.जी. ब्लाइंड स्कूल	राँची
3	गुरुकुल महाविद्यालय	बैद्यनाथ धाम (देवघर)

पशु-चिकित्सा महाविद्यालय

क्र.सं.	नाम	स्थान
1	राँची वेटेरिनरी महाविद्यालय	राँची (1964)
2	राँची कॉलेज ऑफ वेटेरिनरी ऐंड एनीमल हस्बैंड्री	राँची

झारखंड के प्रमुख अनुसंधान केंद्र व प्रयोगशालाएँ

क्र.सं.	नाम	स्थान
1	भारतीय लाह अनुसंधान संस्थान	राँची (1925)
2	केंद्रीय ईंधन अनुसंधान संस्थान	जालगोड़ा (1947)
3	केंद्रीय खनन अनुसंधान संस्थान	धनबाद (1948)
9	जनजातीय शोध एवं अनुसंधान संस्थान	राँची (1953)
4	राष्ट्रीय धातु विज्ञान प्रयोगशाला	जमशेदपुर
5	केंद्रीय मनोचिकित्सा संस्थान	राँची
6	केंद्रीय तसर अनुसंधान एवं प्रशिक्षण संस्थान	राँची
7	कुष्ठ रोग अनुसंधान केंद्र	राँची
8	रिसर्च ऐंड डेवलपमेंट सेंटर फॉर आयरन ऐंड स्टील	राँची
10	मृदा शोध एवं अनुसंधान संस्थान	हजारीबाग
11	चावल अनुसंधान केंद्र	हजारीबाग

झारखंड में राजकीय पॉलिटेक्निक

क्र.सं.	नाम	स्थान
1	राजकीय पॉलिटेक्निक	राँची
2	राजकीय महिला पॉलिटेक्निक	राँची
3	राजकीय पॉलिटेक्निक	खूँटरी, बोकारो
4	राजकीय महिला पॉलिटेक्निक	बी.एस.एल., बोकारो
5	राजकीय पॉलिटेक्निक	धनबाद
6	राजकीय महिला पॉलिटेक्निक	धनबाद
7	राजकीय पॉलिटेक्निक	दुमका
8	राजकीय महिला पॉलिटेक्निक	जमशेदपुर
9	राजकीय पॉलिटेक्निक	आदित्यपुर, पूर्वी सिंहभूम
10	राजकीय पॉलिटेक्निक	लातेहार
11	राजकीय पॉलिटेक्निक	कोडरमा

□

7. झारखंड में खेलकूद

- भूमिका
- झारखंड खेल नीति, 2007
- झारखंड में 34वें राष्ट्रीय खेल
- झारखंड की खेल विभूतियाँ
- स्पेशल ओलंपिक वर्ल्ड समर गेम्स, लॉस एंजेलिस

भूमिका

झारखंड राज्य का शारीरिक गतिविधियों के खेलों में सदैव ही रुझान रहा है। पूर्व में आखेट के लिए जनजातियों में शिकार व दौड़ के साथ लुका-छिपी और कुशल बाण-संचालन इनकी गतिविधियों का हिस्सा थे तो बस्तियों में अखरों (अखाड़ों) में मनोरंजन के लिए कुश्ती आदि खेल भी प्रायः खेले जाते थे। बुजुर्गों की देख-रेख में युवा वर्ग इन गतिविधियों में लगे रहते थे। जंगलों में बंदर आदि पकड़ने के लिए पेड़ों पर चढ़ना और बड़ी कुशलता से एक पेड़ से दूसरे पेड़ पर जाने की छलाँग को इनके लिए खेल के सदृश ही समझा जाना चाहिए। छोटी दौड़, लंबी दौड़ आज परिभाषित हो चुकी हैं और अंतरराष्ट्रीय खेलों का हिस्सा बन चुकी हैं। पहले ये केवल दैनिक क्रियाएँ थीं। शिकार के पीछे दौड़ना हो या एक बस्ती से दूसरी बस्ती में कोई संदेश पहुँचाना हो, ये कार्य रोज ही संपन्न होते थे। विविध खेलों की कला जनजातीय जीवन में आरंभ से ही थी। आगे चलकर बाहरी लोगों का आना हुआ तो इन गतिविधियों में और भी सुधार हुए।

झारखंड क्रीड़ा क्षेत्र में अग्रणी रहा है। सन् 1928 में भारतीय हॉकी टीम के कप्तान जयपाल सिंह झारखंड के ही थे, जिन्होंने एम्सटर्डम ओलंपिक में भारत को स्वर्ण पदक दिलाया। तभी से हॉकी को झारखंड में लोकप्रियता मिली और यह खेल

झारखंड क्रीड़ा क्षेत्र में अग्रणी रहा है। सन् 1928 में भारतीय हॉकी टीम के कप्तान जयपाल सिंह झारखंड के ही थे, जिन्होंने एम्सटर्डम ओलंपिक में भारत को स्वर्ण पदक दिलाया। तभी से हॉकी को झारखंड में लोकप्रियता मिली और यह खेल यहाँ के ग्रामीण क्षेत्रों में भी खेला जाने लगा।

यहाँ के ग्रामीण क्षेत्रों में भी खेला जाने लगा। वृक्षों से हॉकी के आकार की डाली काट ली जाती और गेंद की अनुपस्थिति में ही लकड़ी का टुकड़ा लेकर खेल शुरू हो जाता। हॉकी के प्रति इस लगाव से भारत को झारखंड राज्य से राष्ट्रीय स्तर के अनेक खिलाड़ी मिले हैं। सिलवानुस, डुंगडुंग, माइकल किंडो, हेलेन सोय, दयामणि सोय, एडलिन केरकेट्टा और पुष्पा प्रधान जैसे राष्ट्रीय स्तर के खिलाड़ियों ने देश भर में झारखंड का नाम रोशन किया।

हॉकी के बाद फुटबॉल में भी इस राज्य के लोगों की रुचि रही है। राज्य में इस खेल की संभावनाओं से कितने ही फुटबॉल क्लब स्थापित हैं, जिनके बीच परस्पर प्रतिस्पर्धाएँ होती रहती हैं। इन क्लबों से निकलकर राष्ट्रीय फुटबॉल में अपना और राज्य का नाम रोशन करनेवाले सितारों में पी.के. बनर्जी, रीता कुमारी, रंजीत रुद्र, अशोक सेनापति, अली इमाम, रोबिन राणा और सुधीर तिर्की जैसे और भी कई खिलाड़ी थे। अपनी शारीरिक सौष्ठवता और चपलता के लिए मशहूर झारखंड के इन खिलाड़ियों का प्रदर्शन उच्चकोटि का रहा।

तीरंदाजी तो वैसे आदिवासियों का पारंपरिक खेल था, लेकिन बाद में इसकी संभावनाओं पर विधिपूर्वक कार्य हुए तो देश को यहाँ से पूर्णिमा महतो, विवि जोजुओ, करुणी सरीन, गिरिजा देवी, रोबिन हंसदा, सावित्री सिंह, संगीत खान, दीपिका कुमारी जैसे उत्कृष्ट तीरंदाज खिलाड़ी मिले। राज्य सरकार ने तीरंदाजी को और भी अधिक विकसित करने के लिए सरायकेला में तीरंदाजी अकादमी की स्थापना की है। यहाँ राज्य के सभी योग्य तीरंदाजों को प्रशिक्षण दिया जाएगा, जिससे विश्व तीरंदाजी में भारत को पहचान दिलाने के लिए कुछ उत्कृष्ट तीरंदाज इस राज्य से भी मिल सकें।

अन्य खेलों में भी यहाँ के खिलाड़ियों ने अपनी क्षमता का लोहा मनवाया है। वॉलीबॉल में प्रयाग दत्ता, अचल तिर्की, तरुण मुखर्जी जैसे नाम प्रमुख हैं तो पावर लिफ्टिंग में सरदार इंद्रजीत सिंह, अजीत भदोरिया, राजुमुखी और लखविंदर सिंह आदि ने राज्य को गौरव दिलाया। बास्केटबॉल में जहाँ वसीम अहमद खाँ, सारिका कच्छप और राजन कुमार सिंह आदि ने राज्य का प्रतिनिधित्व किया, वहीं खेल-कूद में तेजल गुप्ता, कामेश्वर रविदास, पुष्पा एक्का, कमला रजवार, नीलमणि खलखो और पुष्पा टोपनो आदि खिलाड़ियों ने अपना वर्चस्व बनाया।

भारत के अत्यंत लोकप्रिय खेल क्रिकेट में जो आज विश्वपटल पर टीम इंडिया की धाक है, उसमें भारतीय टीम के कप्तान महेंद्र सिंह धोनी की महत्त्वपूर्ण भूमिका है। झारखंड के धोनी ने क्रिकेट जगत् को हिलाकर रख दिया और राज्य में इस खेल को इतनी अनिवार्यता से स्थापित किया कि अब गली-गली में क्रिकेट खेलते बच्चे देखे जा सकते हैं। इस राज्य ने क्रिकेट में सुब्रतो बनर्जी और रमेश सक्सेना जैसे खिलाड़ी भी दिए हैं। आदिवासी महिला व हॉकी की प्रसिद्ध खिलाड़ी सावित्री पूर्ति को प्रथम आदिवासी महिला खिलाड़ी होने का गौरव प्राप्त हुआ तो आश्रित लकड़ा प्रथम महिला अंतरराष्ट्रीय अंपायर बनीं।

राज्य में खेल विधा को बढ़ावा देने के प्रयासों में कई उल्लेखनीय क़ार्य हुए हैं। अंतरराष्ट्रीय क्रिकेट स्टेडियम के साथ प्रत्येक खेल के लिए यहाँ स्टेडियम बनाए गए हैं। खेल संरचनाओं के विकास में अच्छी सफलता प्राप्त करने के लिए चहुँमुखी प्रयास किए जा रहे हैं। खिलाड़ियों के खेल में उत्कृष्टता लाने के लिए सभी आधुनिक तकनीकों का प्रयोग किया जा रहा है। इससे यह स्पष्ट होता है कि क्रीड़ा जगत् में इस राज्य का भविष्य उज्ज्वल है।

झारखंड खेल नीति, 2007

झारखंड खेल-नीति, 2007 को लागू करने का प्रस्ताव सरकार के पास विचाराधीन था। सम्यक् विचारोपरांत राज्य सरकार ने निम्न रूप से खेल-नीति को अनुमोदित किया है—

प्रस्तावना

- झारखंड राज्य, राज्य के प्रत्येक व्यक्ति, विशेषकर युवाओं के स्वास्थ्य एवं स्वस्थ जीवन में खेलकूद के मौलिक महत्त्व को मान्यता देता है। अतः इसके चहुँमुखी विकास के लिए कृत संकल्प है।
- राज्य इस बात को समझता है कि 15 नवंबर, 2000 के पूर्व अविभाजित बिहार के इस क्षेत्र में अधिकांश खेल खेले जाते थे, जिसे आज झारखंड राज्य के रूप में जाना जाता है। इसको ध्यान में रखते हुए राज्य पूर्व के लाभों को सुदृढ़ करते हुए खेल-क्रीड़ा में तीव्रतर विकास हेतु आधारशिला रखना चाहती है।

दृष्टि

- झारखंड राज्य खेल के क्षेत्र में संपूर्ण संभाव्य शक्ति को प्राप्त करने की कल्पना करती है, जो राष्ट्रीय स्तर पर श्रेष्ठता की स्थिति होगी। इस संभाव्य शक्ति को वास्तविकता में बदलने हेतु राज्य अनुकूल वातावरण निर्माण एवं लोकहित

साधक संस्कृति के निर्माण के प्रति कृत संकल्पित है। इसके लिए राज्य खेल, खिलाड़ियों एवं खेल संरचना में पर्याप्त निवेश करेगा। ऐसी प्रतिबद्धता एवं दृढ़निश्चय के साथ यह राज्य विश्वास रखता है कि वह राष्ट्रीय/अंतरराष्ट्रीय स्तर पर श्रेष्ठता प्राप्त करने के अपने लक्ष्य को शीघ्र प्राप्त कर लेगा।

उद्देश्य/लक्ष्य

➢ इस खेल नीति के निम्नलिखित उद्देश्य हैं—

(i) खेल को व्यापक बनाना अर्थात् सभी के लिए खेल।

(ii) खेल में राष्ट्रीय एवं अंरतराष्ट्रीय श्रेष्ठता प्राप्त करना।

(iii) माध्यमिक स्तर तक के शैक्षणिक पाठ्यक्रम में खेल विषय को समाहित करना।

(iv) खेल क्षेत्र की उपलब्धियों को गरिमायुक्त रोजगार से जोड़ना।

(vi) मित्रता के महत्त्व, आत्मविश्वास, सद्व्यवहार एवं गरिमा को अपनाकर राज्य में खेल-क्रीड़ा के लिए प्रभावी वातावरण तैयार करने में उपयोग करना।

(vii) सुव्यवस्थित एवं सुसंगत तरीके से प्रतिभा का चयन एवं चयनित प्रतिभा को पूर्ण विकसित करने में सहयोग करना।

(viii) दिव्यांग व्यक्तियों को विशेष छूट प्रदान करना, ताकि वह खेल-क्रीड़ा में भाग लेने योग्य बन सके।

(ix) देशज एवं पारंपरिक खेलों को प्रोत्साहन देकर समस्त राज्य में विस्तारित किया जाय।

खेल क्षेत्र का विस्तार

➢ राज्य में खेल क्षेत्र के विस्तार के लिए पूरे राज्य के शैक्षणिक संस्थानों, विद्यालयों, महाविद्यालयों, ग्रामीण एवं शहरी क्षेत्र में स्थानीय पंचायती निकायों, खेल संघों, औद्योगिक उपक्रमों, एवं खेल क्लबों का आपस में जुड़ाव सुनिश्चित करना है। राज्य में खेलक्रीडा में महिलाओं की भागीदरी को प्रोत्साहित करने के विशेष प्रयास किए जाएँगे। राज्य खेल-क्रीड़ा के तीव्र विकास के लिए क्लब संस्कृति को बढ़ावा देने का प्रयास करेगा।

➢ ग्रामीण क्षेत्रों में उपलब्ध खेल-क्रीड़ा प्रतिभाओं एवं क्षमता को उजागर करने को उच्च प्राथमिकता दिया जाएगा। हॉकी, लंबी दूरी का दौड़ तथा तीरंदाजी में जनजातीय क्षेत्रों के प्रतिभाओं को तलाशने के लिए विशेष प्रयास किए जाएँगे। वर्तमान में उपलब्ध प्रतिभाओं को संपूर्ण क्रियाशील समर्थन दिया

जाएगा। राज्य में देशज एवं पारंपरिक खेलों के विकास के लिए विशेष योजनओं को प्रोत्साहित किया जाएगा।

खेल में श्रेष्ठता

- खेल में श्रेष्ठता प्राप्त करने के लिए प्रमाणित क्षमता लोकप्रियता और अंतरराष्ट्रीय प्रदर्शन के आधार पर विभिन्न खेलों की प्राथमिकता तय की जाएगी। प्राथमिकता वाले खेलों के विकास पर विशेष बल दिया जायगा। विशिष्ट खिलाड़ियों की पहचान एवं प्रशिक्षण हेतु उत्कृष्ट खेल अकादमी केंद्र स्थापित किए जाएँगे, जहाँ युवा एवं प्रतिभावान् खिलाड़ियों को अंतरराष्ट्रीय खेल प्रतियोगिता में श्रेष्ठता प्राप्त करने के लिए तैयार किया जा सकेगा।

शिक्षा के साथ जुड़ाव

- खेल एवं शारीरिक शिक्षा को शैक्षणिक पाठ्यक्रम के साथ जोड़ने एवं उसे अध्ययन हेतु माध्यमिक स्तर तक अनिवार्य शैक्षणिक विषय बनाने एवं इसे छात्रों की मूल्यांकन में शामिल करने हेतु सक्रिय प्रयास किए जाएँगे। राज्य तंदरुस्ती कार्यक्रम राज्य के प्रत्येक विद्यालय में प्रारंभ किया जाएगा। नई खेल संरचनाओं की उपलब्धता में वृद्धि के लिए आवश्यक कदम उठाए जाएँगे। विशेषज्ञ खेल विद्यालय भी स्थापित किए जाएँगे। राज्य एवं जिला स्तर पर अंतर-विद्यालय एवं अंतर-महाविद्यालयों/विश्वविद्यालय प्रतियोगिताओं की उचित व्यवस्था की जाएगी।

खिलाड़ियों को प्रोत्साहन

- प्रतिष्ठित खिलाड़ियों को वित्तीय सुरक्षा प्रदान करने के उद्‌देश्य से सरकार सभी नियुक्तियों में खिलाड़ियों के लिए 2 प्रतिशत आरक्षण की व्यवस्था लागू कर रही है। आरक्षित पदों पर खेलों में उपलब्धि एवं पदों की न्यूनतम अर्हता को ध्यान में रखते हुए सीधी नियुक्ति की व्यवस्था की जाएगी।
- खिलाड़ियों के साथ प्रशिक्षक, निर्णायक एवं रेफरी को उनके विधा में दक्षता प्राप्त करने एवं अनुभव बढ़ाने के लिए आवंश्यक प्रोत्साहन दिया जाएगा।
- राज्य सरकार यह प्रयास करेगी की खिलाड़ियों के लिए निर्धारित आरक्षण नीति सभी विभागों एवं सभी गैर-सरकारी संस्थानों (राज्य सरकार से सहायता प्राप्त) में कड़ाई से लागू की जाय।
- खिलाड़ियों को यथासंभव ग्रेस मार्क दिया जाय, ताकि विभिन्न शैक्षणिक संस्थानों/ व्यावसायिक संस्थानों में उनको प्रवेश मिल सके।

संरचना विकास

- ग्रामीण एवं शहरी क्षेत्रों में उपलब्ध खेल मैदानों एवं स्टेडियमों का रख-रखाव मात्र खेल के उद्देश्य से किया जाएगा एवं खेलों को बढ़ावा देने के उद्देश्य से विद्यालयों, शहरों, कॉलोनियों में खाली जमीन की व्यवस्था हेतु जरूरी कानून तैयार कराया जाएगा। अवकाश के दौरान प्रतिभाशाली खिलाड़ियों के सघन प्रशिक्षण हेतु विशेष शिविर आयोजित किए जाएँगे।

खेल सामग्री

- उत्तम गुणवतायुक्त खेल सामग्री की उपलब्धता एवं निर्माण हेतु आवश्यक कदम उठाए जाएँगे। सामग्रियों के आयात की नीति में देशज खेल सामग्री निर्माताओं के हित का ध्यान रखा जाएगा।

राज्य खेल संघ

- राज्य में खेल का प्रबंध एवं विकास झारखंड ओलंपिक संघ एवं अन्य राष्ट्रीय खेल संघों के कार्य हैं। अत: राज्य सरकार सभी खेल संघों के बीच सामंजस्य बनाने का यथा संभव प्रभाव करेगी।
- प्रत्येक खेल संघ वार्षिक खेल पंचांग निर्धारित करेंगे, जो झारखंड ओलंपिक संघ द्वारा संग्रहित कर प्रकाशित कराया जाएगा।
- राज्य सरकार प्रत्येक खेल स्पर्धा के लिए मात्र एक संघ को मान्यता देगी, जो राज्य ओलंपिक संघ से मान्यता प्राप्त हो।

खिलाड़ियों को वैज्ञानिक सहायता

- खिलाड़ियों की प्रतिभा को उभारने हेतु स्वास्थ्य विभाग की सहायता से विशेषज्ञों को प्रत्येक खेल अथवा खेल समूहों से संबद्ध किया जाएगा, जो खिलाड़ियों को अंतरराष्ट्रीय स्तर के अनुरूप वैज्ञानिक सहायता प्रदान करेगा।
- झारखंड खेल नीति 2007 को इस नए राज्य के अत्यंत उज्ज्वल भविष्य की प्रबल प्रत्याशा में तैयार किया गया है, ताकि इस राज्य के प्रतिभावान् खिलाड़ियों को अपनी प्रतिभा को विकसित करने का सुनहरा मौका उपलब्ध हो।

झारखंड में 34वें राष्ट्रीय खेल

34वें राष्ट्रीय खेल का शुभारंभ 12 फरवरी, 2011 को राँची शहर में हुआ। यह खेल 26 फरवरी, 2011 तक चला, जिसमें कुल-36 टीमों के कुल-8511 खिलाड़ियों ने भाग लिया। इस राष्ट्रीय खेल में कुल-444 इवेंट 33 अलग-अलग खेलों में हुए। इस

खेल का मुख्य आयोजन बिरसा मुंडा एथलेटिक्स स्टेडियम, राँची में हुआ। इस खेल का शुभंकर 'छउआ' था। इसमें झारखंड ने 33 स्वर्ण, 26 रजत एवं 34 कांस्य पदक जीतकर कुल टीमों में पाँचवाँ स्थान प्राप्त किया।

34वें राष्ट्रीय खेल में झारखंड का प्रदर्शन

	तीरंदाजी	
स्पर्धा	**खिलाड़ी**	**पदक**
रिकर्व टीम	अतनु दास, पवन खलखो, मंगल हि, जयंत तालुकदार	स्वर्ण
रिकर्व महिला एकल	दीपिका कुमारी	रजत
रिकर्व महिला एकल	सीमा वर्मा	कांस्य
रिकर्व महिला टीम	सीमा वर्मा, रिमिलि बिरूली, लक्ष्मी रानी एवं दीपिका कुमारी	स्वर्ण
इंडियन राउंड महिला	जयलक्ष्मी लागुरी	रजत
इंडियन राउंड महिला टीम	जयलक्ष्मी, सुकमति पूर्ति, लखी एवं तुलसी हेम्ब्रम	कांस्य
कंपाउंड महिला एकल	नमिता कुमारी	कांस्य
कंपाउंड महिला टीम	नमिता कुमारी, ज्ञानो हांसदा, मंजूषा सोय, भाग्यवती चानू	स्वर्ण

एथलेटिक्स

400 मीटर	सुनील बहादुर	स्वर्ण
20 कि.मी. पैदल चाल	गुरमीत सिंह	स्वर्ण
पुरुष हाई जंप	हरिशंकर राय	स्वर्ण
पुरुष त्रिकूद	अमरजीत	रजत
महिला 1500 मीटर	झूमा खातून	कांस्य
महिला 400 मीटर बाधा	के.ए. सोनिया	कांस्य
महिला 4×400 मीटर रिले दौड़	के.ए. सोनिया, वीजे सोना, चिंचु जोस और अनु जोस	कांस्य
महिला 20 कि.मी. पैदल चाल	दीपमाला देवी	स्वर्ण
महिला पोल वॉल्ट	तासपी नंदी	रजत

लॉन बॉल

एकल पुरुष	सुनील बहादुर	स्वर्ण
लॉन बॉल पेपर्स पुरुष	अबु तालिब एवं कृष्ण	कांस्य
लॉन बॉल पुरुष फोर	कृष्ण, चंदन कुमार, राजीव एवं निदेश	स्वर्ण
लॉन बॉल पुरुष ट्रिपल	दिनेश, सुनील बहादुर एवं चंदन कुमार	स्वर्ण
महिला एकल	लवली चौबे	रजत
लॉन बॉल महिला पेथर	फरजाना खान, आरजू रानी	स्वर्ण
महिला फोर	फरजाना खान, नूतन, रूपा रानी एवं कविता कुमारी	कांस्य
महिला ट्रिपल	कविता कुमारी, रूपा रानी, लवली चौबे	रजत

मुक्केबाजी

बैठमवेट 56 किलोग्राम	मिशाल लकड़ा	स्वर्ण
वेल्टरवेट 69 किलोग्राम	अमित काश्की	रजत
हैवीवेट 91 किलोग्राम	प्रवीण कुमार	स्वर्ण
सुपर हैवीवेट	मनोज कुमार	कांस्य
वेटम महिला 54 किलोग्राम	सुषमा यादव	स्वर्ण
फेदरवेट 57 किलोग्राम	मंदाकिनी चानू	रजत
लाइटर वेल्टर 64 किलोग्राम	अरुणा मिश्रा	स्वर्ण
वेल्टर 69 किलोग्राम	नीतू चाहल	स्वर्ण
75 किलोग्राम मिडिल	तरुणा मिश्रा	रजत
हैवी वेट 91 किलोग्राम	लक्ष्मी पाड़िया	स्वर्ण
सुपर हैवी वेट महिला	स्वपना प्रिया	स्वर्ण

कायकिंग एवं कैनाईंग

1000 मीटर पुरुष फोर	निजाम अली, मनोज सिंह, प्रेम कुमार एवं अश्पु मचारी	रजत
1000 मीटर एकल	नितिन तमांग	कांस्य
1000 मीटर पुरुष डबल्स	राजू रावत एवं अजित कुमार शॉ	स्वर्ण

साइकिलिंग

1500 मीटर टीम ट्रायल	प्रसाद कुमार, राजकुमार भट्ट	कांस्य
कीरेन रेस पुरुष	प्रसाद खैरनार, रिफिशन सिंह	रजत

तलवारबाजी

पुरुष इपी	नांगमाधेम	कांस्य

जिमानास्टिक

पामेल हार्स पुरुष	पार्धा	स्वर्ण

भारोत्तोलन

94 किलोग्राम पुरुष	मंजीत सिंह	स्वर्ण
105 किलोग्राम	गुरमीत सिंह	स्वर्ण
105 किलोग्राम से अधिक	सरबजीत	स्वर्ण
48 किलोग्राम महिला	संध्यारानी देवी	कांस्य
58 किलोग्राम महिला	परमेश्वरी देवी	रजत
63 किलोग्राम महिला	पी. चानू हिजाम	स्वर्ण
69 किलोग्राम महिला	प्रतिभा कुमारी	स्वर्ण
75 किलोग्राम महिला	मोनिका देवी	स्वर्ण

जूडो

100 किलोग्राम से अधिक	विक्रम	कांस्य
60 किलोग्राम से कम	एल. दिनित	रजत
महिला 78 किलोग्राम से अधिक	आरती	स्वर्ण
महिला 78 किलोग्राम से कम	जया	कांस्य
महिला 48 किलोग्राम से नीचे	बेमबेम	स्वर्ण

कराटे

पुरुष कुमिते 50 से 55 किलोग्राम	देवानंद	कांस्य
पुरुष कुमिते एकल 84 किलोग्राम से अधिक	एम. विजय कुमार	कांस्य
महिला काता एकल	सीमा	कांस्य
महिला कुमिते एकल 45 किलोग्राम महिला कुमिते एकल 55 से 61	विमला	रजत

किलोग्राम	सीमा	रजत
महिला कुमिते एकल 58 किलोग्राम से अधिक	अपर्णा सिंह	रजत

डाइविंग

पुरुष 3 मीटर स्प्रिंग बोर्ड	हेमजीत मिताई	स्वर्ण
1 मीटर स्प्रिंग बोर्ड	हेमजीत मिताई	रजत
1 मीटर स्प्रिंग बोर्ड	पुष्कर	कांस्य

ताईक्वांडो

58 से 63 किलोग्राम	सुरेंद्र	स्वर्ण
80 से 87 किलोग्राम	फंटाभूषण	कांस्य
46 किलोग्राम से कम महिला	प्रीति	कांस्य
49 से 53 किलोग्राम महिला	दर्शनजीत	कांस्य
62 से 68 किलोग्राम महिला	शबीना	कांस्य
73 से किलोग्राम से अधिक	श्रीलक्ष्मी	स्वर्ण

कुश्ती

फ्री स्टाइल पुरुष 60 किलोग्राम	कृष्णा	कांस्य
फ्री स्टाइल पुरुष 96 किलोग्राम	नरेंद्र	रजत
ग्रीको रोमन पुरुष 66 किलोग्राम	रंजन कुमार	कांस्य
ग्रीको रोमन पुरुष 74 किलोग्राम	राजेश	स्वर्ण
ग्रीको रोमन पुरुष 84 किलोग्राम	यशपाल	कांस्य
ग्रीको रोमन पुरुष 120 किलोग्राम	ऋषिपाल	कांस्य
फ्री स्टाइल महिला 51 किलोग्राम	अपूर्वा	कांस्य
फ्री स्टाइल महिला 55 किलोग्राम	सीमा	कांस्य
फ्री स्टाइल महिला 72 किलोग्राम	निक्की	रजत

वुशु

पुरुष ताजीनियान	एम. मारिंग धांगसा	कांस्य
पुरुष ताजी कुआन	एम. मारिंग धांगसा	कांस्य
पुरुष शांशाउ 90 किलोग्राम	विप्लव झा	कांस्य
पुरुष नानदाउ	इंदू मुंडा	कांस्य

महिला नानगुन	प्रियंका कुमारी	कांस्य
महिला शांशाउ 45 किलोग्राम	शकुंतला	कांस्य
महिला शांशाउ 52 किलोग्राम	नोचा कोन जेनगबम	कांस्य
महिला शांशाउ 60 किलोग्राम	सराजु देवी	कांस्य
महिला शांशाउ 65 किलोग्राम	रिबिता पेबम	कांस्य

टीम स्पर्धा

हैंड बॉल — पुरुष टीम — रजत
हॉकी — पुरुष टीम — रजत
हॉकी — महिला टीम — रजत

झारखंड के प्रमुख क्रीड़ास्थल

क्र.सं.	क्रीड़ास्थल	स्थान
1.	कीनन स्टेडियम	जमशेदुपर
2.	बिरसा स्टेडियम	राँची
3.	गोल्फ मैदान	धनबाद
4.	डिगवाडीह स्टेडियम	धनबाद
5.	शताब्दी स्टेडियम	राँची
6.	मेकन स्टेडियम	राँची
7.	जयपाल सिंह स्टेडियम	राँची
8.	मोहन कुमार मंगलम स्टेडियम	बोकारो
9.	हजारीबाग स्टेडियम	हजारीबाग
10.	चाईबासा स्टेडियम	चाईबासा
11.	मोहन आहुजा इंडोर स्टेडियम	जमशेदपुर
12.	रेलवे स्टेडियम	धनबाद
13.	इंडोर स्टेडियम	दुमका
14.	टाटा स्पोटर्स	जमशेदपुर
15.	परमवीर अलबर्ट एक्का स्टेडियम	गुमला
16.	बी.एम.पी. मैदान	राँची
17.	रेलवे स्टेडियम	राँची
18.	खेलगाँव	राँची
19.	झारखंड क्रिकेट स्टेडियम	राँची

झारखंड के खेलों से संबंधित खिलाड़ियों के नाम

क्र.सं.	स्पर्धा	संबंधित खिलाड़ी
1.	तीरंदाजी	दीपिका कुमारी, अतनु दास, पवन खलखो, जयंत तालुकदार, सीमा वर्मा, रिमिलि बिरूली, लक्ष्मी रानी माँझी, जय लक्ष्मी लागुरी, नमिता कुमारी, झानों हांसदा, मंजूसार सोय, भाग्यवती चानू, बोम्बायला देवी।
2.	एथलेटिक्स	सुनील बहादुर, गुरमीत सिंह, हरिशंकर राय, अमरजीत, झुमा खातून, केए. सोनिया, वीजे सोनिया, अनु जोश, दीपमाला देवी, तासपी नंदी, काशीनाथ असवले, प्रीति राव।
3.	लॉन बॉल	सुनील बहादुर, अबु तालिब, कृष्णा खलखो, चंदन कुमार, लवली चौबे, फर्जाना खान, आरजू रानी, कविता कुमारी, महीप तिर्की, प्रिंस कुमार महतो, कृष्णा खलखो, रूपा रानी तिर्की, पायल प्रीति, दिनेश कुमार, मृदुल।
4.	मुक्केबाजी	मिशाल लकड़ा, अमीत कारकी, प्रवीण कुमार, मनोज कुमार, सुषमा यादव, मंदाकिनी चानु, अरुणा मिश्रा, नीतू चाहल, तरुणा मिश्रा, लक्ष्मी पाड़िया, स्वपना प्रिया।
5.	तलवारबाजी	नागमाधेम।
6.	साइकिलिंग	प्रसाद कुमार, राज कुमार भट्ट, प्रसाद खैरनार, रिफिशन सिंह।
7.	जिमनास्टिक	पार्धा।
8.	भारतोलन	मंजीत सिंह, गुरमीत सिंह, सरभजीत, संध्या रानी देवी, परमेश्वरी देवी, पी. चानु हिजाम, प्रतिभा कुमारी, मोनिका देवी, एल. दिनित, आरती, जया, बेमबेम।
9.	कराटे	देवानंद, एम. विजय कुमार, सीमा, बिमला, अर्पणा सिंह।
10.	ताईक्कांडो	सुरेंद्र, फंटा भूषण, प्रीति, दर्शनजीत, सबिना, श्रीलक्ष्मी।
11.	कुश्ती	कृष्णा, नरेंद्र, रंजन कुमार, राजेश, यशपाल, रिषिपाल, अपूर्वा, सीमा।
12.	वुशु	एम मारिंग धांगसा, विप्लव झा, इंदु मुंडा, प्रियंका कुमारी, शकुंतला, नोचा कोनजेनगबम, सराजु देवी, रिबिता पेबम।
13.	कायकिंग एवं कैनाईंग	निजामअली, मनोज सिंह, प्रेम कुमार, अश्पू मचारी, नितिन

	तमांग, राजू रावत, अजीत कुमार साह।
14. हॉकी	फुलमनी सोय, अनमोल आईंद, सलोमी भेंगरा, हेलन सोय, दयामनी सोय, अलमा गुड़िया, सावित्रि पुर्ति, कांति बा, अंसुता लकड़ा, पंकज रजक, अभय एक्का, सोनल मिंज, निक्की प्रधान।

झारखंड की खेल विभूति

जयपाल सिंह

1928 के एम्सटर्डम ओलिंपिक में भारत प्रथम बार हॉकी में हिस्सा लिया, जिसके कप्तान जयपाल सिंह को बनाया गया। जयपाल सिंह मुंडा जनजाति से आते हैं। वे हॉकी के बाद अपना कॅरियर भारतीय राजनीति में आजमाया, जिसमें वे सफल हुए। छोटानागपुर में जयपाल सिंह को 'मारंग गोमके' कहा जाता है।

महेंद्र सिंह धोनी

महेंद्र सिंह धोनी का जन्म 7 जुलाई, 1981 को राँची में हुआ। वे वर्तमान समय में भारतीय एकदिवसीय क्रिकेट टीम तथा टी20 टीम के कप्तान हैं। उनके कॅरियर की शुरुआत टेस्ट टीम में श्रीलंका के विरुद्ध 2005 में तथा एकदिवसीय टीम में 2004 में बांग्लादेश के विरुद्ध हुआ। 2007 में वे भारतीय टीम के कप्तान हुए। उनके कप्तानी में 2011 के एकदिवसीय क्रिकेट विश्वकप में जीत हासिल की तथा 2013 के चैंपियन ट्रॉफी में भारत विजेता बना।

मिशल बणजामिन लकरा–इंटरनेशनल बॉक्सर

- हैदराबाद, 2009 में 56 वें सीनियर राष्ट्रीय मुक्केबाजी चैंपियनशिप—रजत पदक।
- जमशेदपुर में 34वें राष्ट्रीय खेलों (पुरुष मुक्केबाजी) 2011—गोल्ड मेडल।
- करनैल स्टेडियम में 65वीं ऑल इंडिया इंटर रेलवे पुरुष मुक्केबाजी चैंपियनशिप—रजत पदक।

लक्ष्मी पाडिया–इंटरनेशनल बॉक्सर

- सेंट जॉन्स कॉलेज 2008 में 9वीं सीनियर महिला राष्ट्रीय मुक्केबाजी चैंपियनशिप—कांस्य पदक।
- 58वें अखिल भारतीय पुलिस महिला मुक्केबाजी चैंपियनशिप, पुणे 2010—गोल्ड मेडल।

- त्रिशूर, 2010 में 11वीं सीनियर महिला राष्ट्रीय मुक्केबाजी चैंपियनशिप—रजत पदक।
- जमशेदपुर 2011 में 34वें राष्ट्रीय खेलों (महिला मुक्केबाजी) 2011—गोल्ड मेडल।
- 60वीं अखिल भारतीय पुलिस महिला मुक्केबाजी चैंपियनशिप, 2012—गोल्ड मेडल।

दिवाकर प्रसाद—इंटरनेशनल बॉक्सर

- हैदराबाद 2009 में 56वें सीनियर राष्ट्रीय मुक्केबाजी चैंपियनशिप में—कांस्य पदक।
- तालकटोरा इंडोर स्टेडियम 2010 में सहारा 57वीं सीनियर राष्ट्रीय मुक्केबाजी चैंपियनशिप में—कांस्य पदक।
- 2011 करनैल स्टेडियम में 65वीं ऑल इंडिया इंटर रेलवे पुरुष मुक्केबाजी चैंपियनशिप में—गोल्ड मेडल।
- अलगप्पा इंजीनियरिंग, 2012 पर सहारा 58वें सीनियर पुरुष राष्ट्रीय मुक्केबाजी चैंपियनशिप में—गोल्ड मेडल।

ध्यानचंद अवार्ड विजेता—सिलवानुस डुंगडुंग

झारखंड के हॉकी खिलाड़ी सिलवानुस डुंगडुंग को केंद्र सरकार ने 'खेल दिवस' के अवसर पर 'ध्यानचंद अवार्ड' से सम्मानित किया है। सिलवानुस डुंगडुंग 1980 के मास्को ओलंपिक के स्वर्ण पदक विजेता भारतीय हॉकी टीम के अभिन्न अंग थे। उन्होंने भारत के लिए गोल्ड मेडल जीतने में अपना महत्त्वपूर्ण योगदान दिया था।

निक्की

ब्राजीलियाई महानगर रियो डी जनेरियो में शुरू होनेवाले ओलंपिक खेल में झारखंड की हॉकी खिलाड़ी को भारतीय महिला हॉकी टीम में शामिल किया गया। निक्की विश्व के सबसे बड़े खेल आयोजन में हिस्सा लेनेवाली इस राज्य की पहली महिला हॉकी खिलाड़ी हैं। झारखंड हॉकी के अध्यक्ष, भोलानाथ सिंह ने भी बधाई दी। निक्की खूँटी जिले में मुरहू ब्लॉक के गाँव हेसेल की रहनेवाली हैं।

अंसुता लाकड़ा

भारतीय महिला हॉकी टीम भले ही ओलंपिक के लिए क्वालिफाई नहीं कर सकी पर महिला हॉकी टीम की कमान झारखंड के सिमडेगा के सदूरवर्ती गाँव की बेटी असुंता लाकड़ा ने किया, जो अपने मेहनत के बल पर यह मुकाम हासिल किया, जो

झारखंडवासियों के लिए गर्व की बात है। असुंता मजबूत भी है और शार्प भी है। उनकी इसी खूबी ने उन्हें इस ऊँचाई पर पहुँचाया है।

शुभ लक्ष्मी

हजारीबाग की शुभ लक्ष्मी भारतीय महिला क्रिकेट टीम में शामिल होकर वेस्टइंडीज गई है, जो वहाँ वेस्टइंडीज के साथ पाँच मैचो की महिला टी-20 सीरीज खेली है। उन्हें गेंदबाज के रूप में भारतीय टीम में शामिल किया गया है। वर्ष 2009 और 2010 में पूर्वी क्षेत्र महिला क्रिकेट टीम में शामिल होकर बेहतर प्रदर्शन किया था। इसके बाद भारतीय महिला क्रिकेट टीम में चयनित हुई।

दीपिका कुमारी

दीपिका झारखंड राज्य की राँची जिले की रातू प्रखंड की रहनेवाली है। राँची के एक ऑटो चालक की बेटी दीपिका ने 2010 में कॉमनवेल्थ गेम्स में भारत को दो गोल्ड दिलाए थे। इसके पूर्व 2009 में कैडेट वर्ल्ड चैंपियन में देश को गोल्ड मेडल दिलाया। दीपिका कुमारी को वर्ष 2012 में भारत के राष्ट्रपति प्रणव मुखर्जी के द्वारा दूसरे सर्वोच्च खेल पुरस्कार 'अर्जुन पुरस्कार' से सम्मानित किया गया। तीरंदाज दीपिका से रियो ओलंपिक में मेडल की आशा थी, परंतु निराशा हाथ लगी।

स्पेशल ओलंपिक वर्ल्ड समर गेम्स, लॉस एंजेलिस

- गौरवीर कौर—बैडमिंटन युगल में स्वर्ण और मिश्रित में कांस्य पदक जीता।
- एम. रशीद खान ने चार सौ मीटर दौड़ में स्वर्ण और चार गुणा चार सौ मीटर दौड़ में कांस्य पदक जीता।
- अब्दुल और शबनम ने सॉफ्ट बॉल में टीम के लिए स्वर्ण पदक जीतने में अपना योगदान दिया।

➢ 'सप्तम राष्ट्रीय वनवासी क्रीड़ा महोत्सव' का आयोजन राँची में हुआ। इस टूर्नामेंट में देश भर के लगभग तीन हजार खिलाड़ियों ने भाग लिए। इससे पहले 2000 में राँची में यह टूर्नामेंट हुआ था।

➢ वनवासी खेलों का आयोजन 'वनवासी खेल आश्रम' द्वारा किया गया जाता है।

➢ वनवासी खेल का आयोजन पहली बार वर्ष 1988 में मुंबई में आयोजित किया गया था।

➢ चौथा वनवासी खेल वर्ष 2000 में राँची, झारखंड में आयोजन हुआ था।

- 'सप्तम राष्ट्रीय वनवासी क्रीड़ा महोत्सव' में लिथुआनिया के बेट्रा और उनकी माँ इनिया रही, जिन्होंने राष्ट्रीय गीत 'वंदे मातरम' गाकर सभी को मंत्रमुग्ध कर दिया।
- 'सप्तम राष्ट्रीय वनवासी क्रीड़ा महोत्सव' में झारखंड 25 स्वर्ण, 17 रजत तथा 18 कांस्य प्राप्त कर पदक तालिका में प्रथम स्थान प्राप्त किया।
- द्वितीय स्थान प्राप्त महाराष्ट्र ने 13 स्वर्ण, 9 रजत और 5 कांस्य प्राप्त किए।
- छत्तीसगढ़ ने 6 स्वर्ण, 2 रजत एवं 5 कांस्य के साथ पदक तालिका में तीसरा स्थान प्राप्त किया।
- लोहरदगा जिले की उनिता लकड़ा ने विपरीत आर्थिक स्थिति के रहते हुए भी दौ सौ मीटर रेस में स्वर्ण पदक प्राप्त किया।
- पाकुड़ जिले के रंजीत किस्कू ने 3000 मी0 रेस में स्वर्ण पदक जीता।
- बारहवीं एशियाई खेलों के अठारह सदस्यीय पुरुष टीम में पंकज रजक तथा अभय एक्का को शामिल किया गया।
- बारहवीं एशियाई खेलों के महिला टीम में सोनल मिंज और निक्की प्रधान को शामिल किया गया।
- ग्यारहवीं एशियन लॉन बॉल्स चैंपियनशिप और अंडर-25 सिंगल्स का आयोजन ब्रुनेई में हुआ।
- झारखंड के खिलाड़ी दिनेश कुमार, कृष्णा खलखो, मृदुल कुमार और चंदन कुमार ने मेंस फोर में स्वर्ण पदक जीता। महिला खिलाड़ी फरजाना खान और रूपा रानी तिर्की ने रजत पदक जीता, जबकि पायल प्रीति कांस्य पदक।
- आठवीं मिनी नेशनल आर्चरी चैंपियनशिप, विशाखापट्टनम टूर्नामेंट में दीप्ति कुमारी ने 30 मीटर और 20 मीटर की स्पर्धा में स्वर्ण पदक प्राप्त किया।
- सैग खेल, गुवाहाटी में दीपिका कुमारी, लक्ष्मीरानी माँझी और बोम्बायला देवी के साथ मिलकर रिकर्व वर्ग में श्रीलंका को 6-0 से हराकर स्वर्ण पदक जीतीं।
- दीपिका कुमारी ने तरुणदीप राय के साथ मिलकर मिश्रित युगल में जीत दर्ज की।
- तीरंदाज झानु हांसदा—विश्व पुलिस खेलकूद प्रतियोगिता विजेता।

□

8. जमीन संबंधी कानून

- छोटानागपुर काश्तकारी अधिनियम, 1908
- संथाल परगना भूधारण (अनुपूरक उपबंध) अधिनियम, 1949

छोटानागपुर काश्तकारी अधिनियम, 1908

भूमिका

1765 ई. में बिहार, बंगाल एवं उड़ीसा की दीवानी ब्रिटिश कंपनी को सौंपी गई। झारखंड क्षेत्र में अंग्रेजों का आगमन 1769 में हुआ। झारखंड क्षेत्र जंगलों से घिरा था। छोटानागपुर क्षेत्र में मुंडाओं के राजा महाराजा छोटानागपुर (खुखरा राजा) का राज्य था। पूरा छोटानागपुर परहा राज्य में विभक्त था।

अंग्रेज कैप्टन कैमेक के आगमन का विरोध खड़गडीहा, पलामू, छोटानागपुर एवं रामगढ़ के राजाओं ने किया। लेकिन तत्कालीन परिस्थितियों में अंग्रेजों का विरोध संभव नहीं था।

1799 तक राजस्व का भुगतान चतरा के कलक्टर को किया जाता था। कंपनी के शासन वाले क्षेत्र में छोटानागपुर के राजा को यह अधिकार प्राप्त था कि वे अपने प्रशासनिक व्यवस्था परंपरागत रूप में चला सकते हैं। महाराजा छोटानागपुर ने सन् 1787 में यह रजामंदी दी थी कि कंपनी राजस्व भुगतान में असफल होने पर उनके राज्य या राज्य के किसी हिस्से को नीलाम कर सकती है।

वर्ष 1765 से 1789 तक कंपनी राजस्व व्यवस्था को अपने ढंग से स्थापित करने का प्रयास किया। सर्वप्रथम भारतीय एजेंट की नियुक्ति जिलों में की गई और उसका मुख्यालय मुर्शिदाबाद रखा गया। जिलों की निगरानी के लिए 'अमील' की नियुक्ति की गई। तत्पश्चात् प्रत्येक जिले में कलक्टर की नियुक्ति की गई, जो बोर्ड ऑफ रेवेन्यू कलकत्ता के अधीन थे।

डिसैनियल बंदोबस्ती (स्थायी बंदोबस्ती) के पूर्व यह विवाद उभरकर सामने आया कि जमींदार या जागीरदार किसे माना जाय। अंतत: डिसैनियल बंदोबस्ती जमींदारों के साथ की गई। गर्वनर जनरल लॉर्ड कार्नवालिस ने पिछले 10 वर्षों की समीक्षा के बाद पाया कि जमींदार बंदोबस्ती संबंधी सूचनाएँ पूरी तरह पर्याप्त नहीं हैं। अत: उन्होंने पुन: वार्षिक बंदोबस्ती को ही जारी रखने का आदेश दिया। 18 सितंबर 1789 में लिये गए अंतिम संकल्प में राजा नागपुर के लिए 'प्रजेंट फूटिंग' शब्द का प्रयोग किया गया, जो नागपुर के राजा की हैसियत जमींदारों से अलग बताती है। इन्हीं कारणों से रेगुलेशंस का विस्तार छोटानागपुर में नहीं किया गया।

अंग्रेजों द्वारा कई प्रकार के कानून बनाकर प्रशासनिक व्यवस्था को अपने हाथ में लेने का षड्यंत्र किया जा रहा था। इसी क्रम में 4 जून, 1809 को थाना व्यवस्था लागू कर दी गई, जिसका नियंत्रण रामगढ़ मजिस्ट्रेट के अंतर्गत था। शेरघाटी में जिला की स्थापना एवं चतरा में कल्कटेरियेट की स्थापना की गई। इस पूरे क्षेत्र को दक्षिण-पश्चिम फ्रंटियर एजेंसी के अंतर्गत लाया गया। दीवानी, फौजदारी और राजस्व न्यायालय की स्थापना कर न्याय दिलाने की प्रक्रिया आरंभ की गई। अंग्रेजों का मुख्यालय भू-राजस्व की प्राप्ति को सुनिश्चित करना था। इसके लिए उन्होंने न्यायालयों का उपयोग कर स्थनीय जमींदारों, जागीदारों एवं रैयतों की भूमि की नीलामी की प्रक्रिया आरंभ कर दी। इस नीलामी के लिए रेगुलेशन ऐक्ट, 1793 के कानून का सहारा लिया गया। नीलामी के सहारे नए जमींदार एवं जागीदार खड़े किए जा रहे थे। ये नए जमींदार एवं जागीदार बिहार, उत्तर प्रदेश, बंगाल एवं उड़ीसा के थे।

स्थानीय जमींदारों एवं जागीरदारों का अपने रैयतों के साथ सामाजिक संबंध था तथा वे स्थानीय नियमों एवं परंपराओं का निर्वाह करते थे। भू-व्यवस्था में भी जनजातीय समाज में प्रचलित नियमों का सम्मान किया जाता था। स्थानीय जमींदार एवं जागीरदार भूईहरी एवं मुंडारी-खूँटहरी भूमि पर किसी प्रकार का कोई हक या दावा नहीं करते थे।

नीलामी से बचने के लिए जमींदारों एवं जागीरदारों ने कड़ाई से लगान वसूल करना शुरू किया। रैयत बढ़े हुए लगान देने की स्थिति में नहीं थे, क्योंकि भूमि की उत्पादकता कम थी और उसके अनुपात में लगान अधिक था। इनके सामने विद्रोह के अलावा और कोई विकल्प नहीं था। सन् 1831-32 का कोल विद्रोह इसी अत्याचार की अभिव्यक्ति थी। जमींदारों, जागीरदारों एवं अंग्रेजों के प्रशासन के विरुद्ध असंतोष बढ़ रहा था। वे अंग्रेजों की राजस्व प्रशासनिक व्यवस्था से संतुष्ट नहीं थे। ऐसी स्थिति उत्पन्न हो गई थी कि बाहरी जमींदारों एवं जागीरदारों की स्थानीय लोगों ने नृशंस हत्या कर दी और इसकी चपेट में स्थानीय जमींदार, जागीरदार एवं सदान भी आ गए।

सन् 1832 में यह विद्रोह दबा दिया गया, लेकिन ब्रिटिश हुकूमत यह सोचने पर

विवश हो गई कि जनजातीय समस्याओं को अनदेखा कर इस क्षेत्र में शांति स्थापित नहीं की जा सकती है। सरकार की ओर से छोटे-बड़े कई प्रशासनिक सुधार किए गए, लेकिन ये काफी नहीं थे। न्यायालय के माध्यम से हस्तक्षेप कर स्थानीय जमींदारों एवं रैयतों की भूमि को हड़पने की प्रक्रिया लगातार जारी थी। इस संदर्भ में जनजातीय लोगों के अतिरिक्त जमींदार, जागीरदार, मानकी, मुंडा, उराँव एवं संथाल थे, जो एकजुट होकर खड़े हो गए थे। स्थानीय लोगों के साथ-साथ जनजातीय समुदाय की समस्याएँ निरंतर बढ़ रही थीं। इन समस्याओं की ओर अंग्रेजी हुकूमत का ध्यान जाना स्वाभाविक था। प्रशासन ने भुईहरी भूमि एवं स्थानीय जमींदारों की मझियस भूमि को चिह्नित करने के लिए वर्ष 1862 में बाबू रखालदास हलधर की देख-रेख में भुईहरी सर्वे आरंभ किया गया, जो सन् 1869 तक चला। सरकार की ओर से अनुसूचित जनजातियों के भूमि को संरक्षित करने का यह पहला प्रभावी कदम था। प्रशासनिक सुधार की प्रक्रिया के अंतर्गत सन् 1879 में 'छोटानागपुर लैंड ऐंड टेनेंट प्रोसिडियोट ऐक्ट' लाया गया। इसके पश्चात् 'बंगाल टेन्नेसी ऐक्ट' 1897 पास किया गया। जबकि 'बंगाल टेन्नेसी ऐक्ट' के प्रावधानों को लागू किए जाने का विचार सन् 1899 तक स्थगित रहा। पिछले 100 वर्ष के अनुभव से प्रशासन में मौजावार सर्वे करवाने का निर्णय लिया गया। जिसके अंतर्गत खेवट एवं खतियान का निर्माण किया जाना था। छोटानागपुर में पहला सर्वे वर्ष 1902 में प्रारंभ हुआ तथा सन् 1903 तक काफी जानकारी उपलब्ध हो चुकी थी। 'छोटानागपुर काश्तकारी अधिनियम', का प्रारूप भी 1903 तक तैयार हो गया था। जिसमें संशोधन एवं परिवर्तन करते हुए 11 नवंबर, 1908 को छोटानागपुर कास्तकारी अधिनियम 1908 लागू कर दिया गया। इस अधिनियम को भारतीय परिषद् अधिनियम, 1892 की धारा-5 के अधीन गर्वनर जनरल की मंजूरी से अधिनियमित किया गया। इस अधिनियम का ब्लू प्रिंट जॉन एच. हॉफमैन ने तैयार किया था। इसमें कुल 19 अध्याय और 271 धाराएँ हैं:—

अध्याय-1

- **संक्षिप्त नाम तथा प्रसार**—इस अधिनियम का संक्षिप्त नाम 'छोटानागपुर काश्तकारी अधिनियम, 1908' है। इसका प्रसार उत्तरी छोटानागपुर और दक्षिणी छोटानागपुर प्रमंडलों में होगा, जिनमें वे क्षेत्र या उन क्षेत्रों के भाग भी शामिल होंगे, जिनमें बिहार, उड़ीसा नगरपालिका अधिनियम, 1922 के अधीन कोई नगरपालिका या अधिसूचित क्षेत्र समिति गठित हो अथवा जो किसी छावनी के भीतर पड़ते हों (धारा-1)।
- **निरसन**—अनुसूची-'क' में निर्दिष्ट अधिनियमों और अधिसूचना को छोटानागपुर प्रमंडल में निरसित किया जाता है। अनुसूची-'ख' में निर्दिष्ट

अधिनियमों को धनबाद जिले में तथा सिंहभूम में पटमदा, इचागढ़ और चांडिल थानाओं में निरसित किया जाता है (धारा-2)।

- **परिभाषाएँ**—(1) भुगुतबंध बंधक—किसी काश्तकार के हित का उसकी काश्तकारी से उधार, उस पर के सभी ब्याजों के साथ, बंधक की कालावधि के दौरान काश्तकारी से होनेवाले लाभों से वंचित समझा जाएगा। (2) जोत—रैयत द्वारा धारित एक या अनेक भूखंड। (3) कोरकर—वह भूमि, जो स्थानीय रूप से बहवाला, खंडवत, जन शासन या अरियत हो, जिसे धान की खेती के लिए चौरस किया गया हो, जो जंगल, बंजर या अन्न-जुती थी एवं जो भूस्वामी से भिन्न किसी कृषक द्वारा बनाई गई हो। (4) भूस्वामी—वह व्यक्ति जिसके तुरंत अधीन काश्तकार भूमि धारण करता है और इसके अंतर्गत सरकार भी आती है। (5) जंगल संपत्ति के अंतर्गत खड़ी फसल भी आती है। (6) मुंडारी-खूँट कट्टीदारी काश्तकारी से अभिप्रेत है, मुंडारी-खूँट कट्टीदार का हित। (7) भूधृति—भूधारक का हित, किंतु इसमें मुंडारी-खूँट कट्टीदारी काश्तकारी नहीं आती है। (8) स्थायी भूधृति का मतलब वह भूधृति, जो वंशगत है। (9) स्थावर शर्त का अर्थ लगान से भिन्न भूमि के अधिभोग से अनुलग्न सेवाएँ। (10) पुनर्ग्राह्य भूधृति—वैसा भूधृति जो परिवार के नर वारिस के नहीं होने पर, रैयत के निधन के बाद पुनः भूस्वामी को वापस हो जाए। (11) ग्राम मुखिया—किसी ग्राम या ग्राम समूह का मुखिया, चाहे वह मानकी या प्रधान या माँझी या अन्य नाम से ज्ञात हो। (12) स्थायी बंदोबस्त—1798 वर्ष में बंगाल, बिहार और उड़ीसा के संबंध में किया गया स्थायी बंदोबस्त (धारा-3)।

अध्याय-2

- **काश्तकारों के वर्ग**—(धारा-4 से 8)

काश्तकारों में भूधारक, रैयत यथा अधिभोगी रैयत, अनधिभोगी रैयत, रैयत, जिन्हें खूँट कट्टी अधिकार प्राप्त हो, दर रैयत अर्थात् ऐसा काश्तकार जो रैयत के अधीन धारण करता हो एवं मुंडारी-खूँट कट्टीदार शामिल हैं (धारा-4)। भूधारक—वैसा व्यक्ति जो अपनी जमीन या किसी दूसरे की जमीन खेती कार्य के लिए धारण किए हुए है एवं लगान चुकाता हो (धारा-5), रैयत—वैसा व्यक्ति जिसने खेती करने के लिए भूमि धारण करने का अधिकार प्राप्त किया हो, इसमें मुंडारी-खूँट कट्टीदार नहीं आते हैं (धारा-6)। खूँट कट्टी अधिकारयुक्त रैयत—वह रैयत, जिसे उस भूमि पर, जो ग्राम के मूल प्रवर्तक या उसकी नर परंपरा के वंशजों द्वारा जंगल में कृषि योग्य बनाई गई है, का

अधिभोग हक रखता हो (धारा–7)। मुंडारी–खूँट कट्टीदार—वह मुंडारी जो जंगल भूमि के भागों को जोत में लाने के लिए भूमि का धारण करने का अधिकार अर्जित किया हो (धारा–8)।

अध्याय-3

- **भूधारक**—(धारा–9 से 15)

किसी भूधारक के जमीन का लगान, जो स्थायी बंदोबस्त के समय से परिवर्तित नहीं हुआ हो तो उसमें कोई वृद्धि नहीं होगी (धारा–9)। 'छोटानागपुर काश्तकारी अधिनियम, 1869' के अधीन किसी रजिस्टर में व्यक्त किसी भुईहर की जमीन का लगान में हुई वृद्धि नहीं होगी (धारा–10)। किसी भूधृति या उसके भाग का अंतरण उत्तराधिकार, विरासत, विक्रय, दान या विनिमय द्वारा किया जाय तो अंतरीति को उस भूस्वामी के कार्यालय में रजिस्ट्रीकृत कराया जाएगा एवं इसके बाद के उपबंधों में भूधृति के अंतरन की रजिस्ट्री की प्रक्रिया का वर्णन है (धारा–11)। यदि कोई भूस्वामी धारा–11 से जमीन की रजिस्ट्री करने से इनकार करता हो तो अंतरीति उपायुक्त के पास आवेदन कर सकेगा एवं उचित जाँच करने के बाद उपायुक्त अंतरण रजिस्ट्री होने का आदेश दे सकता है (धारा–12)। किसी भूधृति के विभाजन या वितरण की सूचना रजिस्ट्रीकृत डाक से भूस्वामी को भेज देने के बाद भूस्वामी उस भूधृति का विभाजन एवं अलग–अलग भाग का लगान निर्धारित कर सकेगा। यदि भूस्वामी विभाजन या लगान के वितरण पर आपत्ति करता है, तो इसके लिए उपायुक्त के पास आवेदन दिया जा सकता है (धारा–13)। कोई पुन:ग्रहण योग्य जमीन, जिनको जमीन दी गई हो, से पुन:ग्रहण की स्थिति आने पर, पुन:ग्रहित हो जाएगी, लेकिन पट्टे पर दी गई भूमि पर, जहाँ निवासगृह, निर्माणशाला या अन्य स्थायी भवन निर्मित किया गया हो, या स्थायी उद्यान, बगान, नहर, पूजास्थल या श्मशान या कब्रिस्तान स्थापित किया गया हो और जहाँ किसी विधिसम्मत प्राधिकारी द्वारा प्राधिकृत खदान बनाया गया हो, कोई भी मुंडारी–खूँट कट्टीदारी काश्तकारी की कोई भुईहरी भूधृति हो तो पुन:ग्रहण पानेवाले का, पुन:ग्रहण करने का अधिकार नहीं होगा (धारा–14)। धारा–11 से किसी जमीन की रजिस्ट्री होने पर भी भूस्वामी उस पुन:ग्रहणीय जमीन को वापस ले सकेगा (धारा–15)।

अध्याय-4

- **रैयत**—(धारा–16 से 36)

इस अधिनियम के प्रारंभ होने के तुरंत पहले किसी स्थानीय प्रथा के द्वारा किसी भूमि में किसी रैयत का अधिभोगाधिकार हो, उस भूमि पर 12 वर्ष न तो खेती की हो, न ही उसे धारित किया हो, तब भी उस पर उसका अधिभोगाधिकार रहेगा। कोई ऐसा क्षेत्र जो बिहार, उड़ीसा नगरपालिका अधिनियम, 1922 के उपबंधों के अधीन एक नगरपालिका के रूप में गठित हो अथवा जो किसी छावनी में हो, में गठन से पूर्व अर्जित अधिकार पर प्रभाव नहीं पड़ेगा (धारा-16)। बंदोबस्त रैयत—वैसा व्यक्ति जिसने इस अधिनियम के पूर्व या पश्चात् किसी गाँव में स्थित भूमि को पूर्णतः या अंशतः पट्टे या अन्यथा रैयत के रूप में लगातार 12 वर्षों की कालावधि तक निर्धारित किया हो, उस कालावधि के अवसान पर उस ग्राम पर बंदोबस्त रैयत समझा जाएगा। कोई व्यक्ति किसी गाँव का बंदोबस्त रैयत उस गाँव में रैयत के रूप में भूमि धारित करते रहने तक तथा उसके 03 वर्षों बाद तक, समझा जाएगा। यदि कोई रैयत धारा-71 के अधीन या बाद के जरिए भूमि का कब्जा वापस ले एवं 03 वर्षों तक बेकब्जा किए रहे, बंदोबस्त रैयत समझा जाएगा (धारा-17)।

- भुईहरों तथा मुंडारी-खूँट कट्टीदारों का बंदोबस्त रैयत होना—

(क) किसी गाँव में मंझिहस या बेठखेता के रूप में ज्ञात भूमि से भिन्न कोई भूमि 'छोटानागपुर भूधृति अधिनियम, 1869' के अधीन तैयार और पुष्ट रजिस्टर में प्रविष्ट हो, वहाँ किसी भुईहरी परिवार के ऐसे किसी सदस्य जो उस गाँव में भूमि धारण करते हों और 12 वर्षों तक लगातार भूमि धारित करते आए हों।

(ख) किसी गाँव की ऐसी भूमि जो मुंडारी-खूँट कट्टीदारी काश्तकारी का भाग न हो एवं इस अधिनियम या इस अधिनियम के प्रारंभ के पूर्व किसी विधि के अधीन मुंडारी-खूँट कट्टीदारी काश्तकारी की प्रविष्टि कर दी गई हो एवं लगातार 12 वर्षों तक भूमि धारित करते रहते हों, बंदोबस्त रैयत समझा जाएगा (धारा-18)।

- बंदोबस्त रैयतों का अधिभोगाधिकार—वैसा व्यक्ति जो धारा-17 या धारा-18 के अंतर्गत किसी गाँव का बंदोबस्त रैयत हो, उस गाँव में उसके द्वारा रैयत के रूप में धारित सभी भूमि में अधिभोगाधिकार होगा (धारा-19)।
- जब किसी अधिभोग जोत का अव्यवहित भूस्वामी भूधारक हो एवं जोत में भूस्वामी तथा रैयत का संपूर्ण हित अंतरण उत्तराधिकार द्वारा संयोजित हो तो ऐसा व्यक्ति स्थायी भूधारक के रूप में भूमि धारित करेगा (धारा-20)।

- भूमि के उपयोग के संबंध में अधिभोगी रैयत के अधिकार—कोई रैयत अपनी अधिकारित भूमि को स्थानीय रीति से काश्तकारी के लिए उपयोग में ला सकता है। कृषि के लिए ईंट और खपड़ों का निर्माण, पानी पीने, घरेलू, कृषि या मत्स्य पालन के लिए, बाँध या आरों के निर्माण के लिए या कुटीर उद्योग के अर्थ में, भवन बनाने के संदर्भ में कर सकता है (धारा-21)।
- बेदखली—अगर कोई अधिभोगी रैयत, अपनी जोत में उस समय के सामाजिक रीति से खेती करते आया हो तो उसे किसी विनिर्दिष्ट आधारों के सिवा बेदखल नहीं किया जाएगा (धारा-22)।
- अधिभोग जोतों के कतिपय अंतरणों का रजिस्ट्रीकरण—यदि कोई अधिभोग जोत विक्रय, दान, वसीयत या विनिमय द्वारा अंतरित कर दिया जाए तो अंतरीति उसको भूस्वामी के कार्यालय में रजिस्ट्री करवाएगा (धारा-23)।

धारा-24 से 36 तक लगान का निर्धारण, जोत के बँटवारा के बाद जमीन के लगान का निर्धारण, लगान वृद्धि या कमी का कारण, वृद्धि या कमी करने का उपायुक्त का अधिकार आदि के बारे में बताया गया है।

अध्याय-5

- **खूँट कट्टी अधिकार प्राप्त रैयत**—(धारा-37)

अधिनियम के अधिभोगी रैयत संबंधी उपबंध उन रैयतों पर भी लागू होंगे, जिन्हें खूँट कट्टी अधिकार प्राप्त हो; लेकिन—

1. काश्तकारी के प्रारंभ के समय किसी लिखित नियम से खूँट कट्टी अधिकार प्राप्त रैयत द्वारा, उस भूमि के लिए, जिसके बारे में उसे ऐसा अधिकार हो, देय लगान नहीं बढ़ाया जाएगा एवं ऐसी भूमि की काश्तकारी इस अधिनियम के प्रारंभ से 20 वर्षों से भी अधिक पूर्व सृजित की गई हो, और
2. खूँट कट्टी अधिकार प्राप्त रैयत द्वारा किसी ऐसी भूमि के लिए देय लगान की वृद्धि हेतु कोई आदेश दिया जाए तो ऐसे आदेश द्वारा लगान वृद्धि उसी गाँव में समरूप भूमि के लिए अधिभोगी रैयत पर लगाए लगान के आधे से ज्यादा नहीं होगी।

अध्याय-6

- **अनधिभोगी रैयत**—(धारा-38 से 42)

अनधिभोगी रैयत और उसके भूस्वामी के बीच करार के आधार पर लगान का दर तय किया जाएगा (धारा-38)। अनधिभोगी रैयत को अपनी जोत के लिए उसी प्रकार लगान देना होगा, जैसा अधिभोगी रैयत देते हैं (धारा-39)।

अनधिभोगी रैयत का लगान किसी रजिस्ट्रीकृत करार या धारा-42 के अधीन करार के अलावा नहीं बढ़ाया जाएगा (धारा-40)।

- अनधिभोगी रैयत को बेदखल किए जाने का आधार (धारा-41)—
  1. तीसरे कृषि वर्ष के प्रारंभ के बाद 90 दिनों के अंदर पिछले दो वर्षों का लगान चुकाने में असफल रहने पर।
  2. जोत में समाविष्ट भूमि का उपयोग किसी अनुपयुक्त तरीके से नहीं किया हो, जिससे भूमि की तात्त्विक रूप में कमी आती हो।
  3. अपने और अपने भूस्वामी के बीच की संविदा के निबंधनों की किसी शर्त को न मानने पर।
  4. अगर किसी रजिस्ट्रीकृत पट्टे से वह अधिभोग में प्रविष्ट हुआ हो।
  5. उचित लगान का भुगतान करने से सहमत न होना।
- उचित और सम्यक् लगान के भुगतान की सहमति देने से इनकार करने पर भूस्वामी करार निर्बंधित करने के लिए उपायुक्त के कार्यालय में आवेदन करेंगे। विभिन्न पक्षों को सुनने के बाद उपायुक्त रैयत के बेदखली होने या न होने का निर्णय देंगे (धारा-42)।

अध्याय-7

- **अध्याय-4 तथा 6 से छूट प्राप्त भूमियाँ**—(धारा-43)

सरकार के द्वारा स्थानीय प्राधिकार या रेलवे कंपनी के लिए अर्जित भूमि, किसी छावनी के भीतर सरकार की भूमि, ऐसी भूमि जिसका उपयोग सड़क, नहर, तटबंध, बाँध के रूप में हो, भूस्वामी की विशेषाधिकारयुक्त भूमि जब किसी अधिकारी द्वारा एक वर्ष से अधिक वर्ष के लिए रजिस्ट्रीकृत पट्टे पर या एक वर्ष या उससे कम अवधि के लिए लिखित या मौखिक पट्टे पर उपयुक्त भूमि पर लगान मुक्त रहेगा (धारा-43)।

अध्याय-8

- **जोतों या भूधृतियों के पट्टे और अंतरण**—(धारा-44 से 51)

प्रत्येक रैयत अपने भूस्वामी से एक पट्टा प्राप्त करने का हकदार होगा, जिसमें उसकी जोत की सीमा, वार्षिक लगान की रकम, लगान की किश्तें, अगर लगान वस्तु रूप में देय हो तो उपज का अनुपात, पट्टे की विशेष शर्तें लिखी रहेगी (धारा-44)। भूस्वामी प्रत्येक दिए हुए पट्टे की शर्तों के अनुरूप एक प्रतिलेख पाने का हकदार होगा (धारा-45)।

- धारा-46—रैयतों द्वारा अपने अधिकारों के अंतरन पर प्रतिबंध—

1. रैयत द्वारा अपनी जोत या उसके किसी भाग पर अधिकार का बंधक या पट्टे द्वारा 5 वर्ष से ज्यादा कालावधि के लिए विक्रय, दान या किसी अन्य संविदा द्वारा अंतरण किसी हद तक विधिमान्य नहीं होगा, परंतु कोई रैयत अपनी जोत या उसके किसी भाग को 7 वर्षों से कम किसी भी कालावधि के लिए भूगतबंध बंधक कर सकेगा, परंतु यह और कि—

(क) ऐसा अधिभोगी रैयत जो किसी अनुसूचित जनजाति का सदस्य हो, उपायुक्त के पूर्व-मंजूरी से अपनी जोत या किसी भाग के अपने अधिकार को विक्रय, विनिमय, दान या विल द्वारा किसी दूसरे अनुसूचित जनजाति के व्यक्ति को अंतरित कर सकेगा, जो उसी पुलिस थाने के क्षेत्र की स्थानीय सीमाओं के भीतर का निवासी हो, जिसके भीतर जोत स्थित है।

(ख) ऐसा अधिभोगी रैयत जो अनुसूचित जाति या पिछड़े वर्ग का सदस्य हो, उपायुक्त की पूर्व-मंजूरी से अपनी जोत या अपनी जोत के किसी भाग के अपने अधिकार को विक्रय, विनिमय, दान, विल या पट्टे द्वारा किसी ऐसे अन्य व्यक्ति को अंतरित कर सकेगा, जो अनुसूचित जाति या पिछड़े वर्गों का सदस्य हो, जो उसी जिले के स्थानीय सीमाओं के भीतर का निवासी हो, जिसके भीतर जोत स्थित है।

(ग) कोई अधिभोगी रैयत अपनी जोत या उसके किसी भाग में अपने अधिकार का अंतरण 1935 का बिहार उड़ीसा अधिनियम के अधीन रजिस्ट्रीकृत समझा गया किसी समिति या बैंक जो राज्य सरकार या केंद्र सरकार के स्वामित्व में है या जिसमें अंश, पूँजी का 51 प्रतिशत से ज्यादा राज्य सरकार या केंद्र सरकार अथवा दोनों धारण करती है और जिसे कृषकों के लिए कृषि उधार देने की दृष्टि से स्थापित किया गया है, कर सकेगी।

(घ) कोई अधिभोगी रैयत जो अनुसूचित जाति, अनुसूचित जनजाति या पिछड़े वर्ग का सदस्य नहीं है, अपनी जोत या उसके किसी भाग में अपने अधिकार का अंतरण, विक्रय, विनियम, दान, वसीयत, बंधक द्वारा अथवा अन्यथा किसी भी अन्य व्यक्ति को कर सकेगा।

2. किसी रैयत द्वारा अपनी जोत या उसके किसी भाग में अपने अधिकार का उपधारा-1 से अंतरण भूस्वामी पर आबद्धकर होगा।

3. उपधारा-1 के उल्लंघन में कोई अंतरण रजिस्ट्रीकृत नहीं किया जाएगा। अगर किसी प्रकार किसी नियम का उल्लंघन हो तो उपायुक्त उन सभी

वादों में आवश्यक पक्षकार होगा, जिसमें वाद का एक पक्षकार अनुसूचित जनजाति का सदस्य है और दूसरा पक्षकार अनुसूचित जनजाति का पक्षकार नहीं है।

4. रैयत ने उपधारा-1 के खंड-(क) के अधीन अपने जोत या उसके किसी भाग के अपने अधिकार को जिस कालावधि के लिए अंतरित किया हो, उस कालावधि की समाप्ति के बाद तीन वर्षों के भीतर किसी भी समय उपायुक्त, रैयत के आवेदन करने पर रैयत को ऐसी जोत या उसके भाग को नियम से उसके कब्जे में देगा।

4. क) उपायुक्त स्वप्रेरणा से या किसी अनुसूचित जनजाति अधिभोगी रैयत द्वारा, अंतरण का निरसन इस आधार पर कराने के लिए कि अंतरण उपधारा-1 (क) के उल्लंघन में किया गया था आवेदन किए जाने पर नियम से जाँच करेगा, परंतु ऐसा कोई आवेदन उपायुक्त द्वारा तब तक ग्रहण नहीं किया जाएगा, जब तक कि अभिभोगी अभिदारी ने अपने जोत या उसके किसी भाग के अंतरन की तारीख से 12 वर्षों की कालावधि के भीतर उसे फाइल न कर दिया हो। लेकिन (ख) एवं (ग) के अधीन कोई आदेश पारित करने के पूर्व, उपायुक्त संबंद्ध पक्षकारों को पर्याप्त अवसर देगा।

(ख) उपायुक्त अगर यह पाते हैं कि अंतरन में उपधारा-1 (क) का उल्लंघन नहीं हुआ है तो आवेदन को रद कर देगा और अंतरक द्वारा अंतरीति को भुगतान किए जानेवाले ऐसे खर्च अधिनिर्णित कर सकेगा, जो उस मामले के अनुसार होगा।

(ग) इस उपधारा के खंड-'क' में निर्दिष्ट जाँच करने के बाद अगर उपायुक्त इस निष्कर्ष पर पहुँचे कि उपधारा-1 (क) का उल्लंघन किया गया हो तो वह अंतरन को खत्म कर देगा और अंतरीति को ऐसी जोत या उसके किसी भाग से बेदखल कर देगा और अंतरक को उसका कब्जा दिला देगा।

परंतु यदि अंतरीति ने ऐसी जोत या उसके किसी भाग पर किसी भवन या संरचना का निर्माण कर लिया है तो उपायुक्त उस दशा में, जिसमें अंतरक उसके मूल्य का भुगतान करने का इच्छुक न हो, अंतरीति को आदेश की तारीख से 02 वर्ष से अनधिक समय के अंदर हटाने के लिए आदेश देगा। परंतु यदि उपायुक्त का समाधान हो जाए कि अंतरीति ने 'छोटानागपुर अभिधृति अधिनियम, 1969' के आरंभ के पहले ऐसी जोत या उसके भाग पर किसी भवन का निर्माण कर लिया है तो वह इस नियम के किसी अन्य उपबंधों के होते हुए भी उपधारा-1 (क) के उल्लंघन में किए गए ऐसे

अंतरन को विधिमान्य कर सकेगा, जबकि अंतरीति या तो समतुल्य मूल्य की या कोई समीप की वैकल्पिक जोत या जोत का भाग अंतरक को उपलब्ध कर दे या ऐसा प्रतिकर का भुगतान कर दे, जो अंतरक के पुनर्वास के लिए उपायुक्त द्वारा निर्धारित किया जाएगा।

5. इस धारा की किसी बात से किसी रैयत से उसके जोत या उसके किसी भाग में उसके अधिकार के ऐसे अंतरन की विधि मान्यता पर प्रभाव नहीं पड़ेगा, जो मानभूम क्षेत्र को छोड़कर छोटानागपुर खंड में 01 जनवरी, 1903 के पूर्व और मानभूम क्षेत्र में 01 जनवरी, 1909 के पूर्व सद्भावपूर्वक किया गया हो।

- धारा-47—न्यायालय आदेश के अधीन रैयती अधिकार के विक्रय पर प्रतिबंध—किसी न्यायालय द्वारा किसी रैयत के जोत या उसके किसी भाग में अधिकार के विक्रय के लिए कोई आदेश नहीं पारित किया जाएगा, लेकिन लगान की वसूली न होने पर, किसी उधार की वसूली के लिए, किसी राष्ट्रीयकृत बैंक की ऋण की वसूली के लिए 'बिहार और उड़ीसा लोकमाँग वसूली अधिनियम' द्वारा बेचा जा सकता है, परंतु यदि किसी होल्डिंग या उसके भाग किसी अनुसूचित जाति या अनुसूचित जनजाति के सदस्य का है तो उसे किसी ऐसे व्यक्ति को नहीं बेचा जाएगा अनुसूचित जाति या अनुसूचित जनजाति का सदस्य नहीं है। इस धारा की कोई बात 01 जनवरी, 1903 के पूर्व किसी जोत के विक्रय के लिए रजिस्ट्रीकृत संविदा के निष्पादन के अधिकार पर प्रभाव नहीं डालेगी।
- धारा-48—भुईहरी भूधृति के अंतरण पर प्रतिबंध—

1. कोई भुईहरी कुटुंब का कोई सदस्य किसी भुईहरी भूधृति को, जो उसके द्वारा धारित हो, अथवा उसके किसी भी भाग को, उसी रीति से और उसी परिमाण तक अंतरित कर सकेगा, जैसे कोई आदिवासी रैयत अपनी जोत में अपने अधिकार को अंतरित कर सकता है।
2. राज्य सरकार भुईहरी कुटुंब के किसी व्यक्ति को उसके भूधृति का विक्रय, दान, विनिमय, विल द्वारा अंतरित करने की अनुज्ञा देने वाले नियम बना सकेगी।
3. ऊपर वर्णित दो उपधारा के अलावा भुईहरी भूधृति का अंतरन किसी भी सीमा तक विधिमान्य न होगा।
4. यदि किसी भुईहरी कुटुंब का सदस्य के किसी ऐसी भुईहरी भूधृति का अंतरन नियम विरुद्ध किया गया हो तो उपायुक्त स्वप्रेरणा से या ऐसे सदस्य के आवेदन पर अंतरीति को बेदखल कर सकेगा।

5. भुईहरी कुटुंब का कोई सदस्य अगर किसी ऐसे ग्राम में भूमि का धारण करता हो, जहाँ 'छोटानागपुर भूधृति अधिनियम, 1869' में यथा परिभाषित भुईहरी भूधृति स्थित हो, ऐसी भूमि को उसी रीति से और उसी सीमा तक अंतरित कर सकेगा, जैसा कोई अधिभोगी रैयत धारा-46 की उपधारा-(3) के अधीन अपनी जोत में अपने अधिकार का अंतरन करता है।

   यदि किसी भुईहरी कुटुंब का कोई सदस्य अपनी भुईहरी भूधृति या उसके किसी भाग को पट्टे द्वारा अंतरित करे तो पट्टेदार उसमें अधिभोगाधिकार अर्जित नहीं करेगा।

- धारा-48-क)—किसी न्यायालय द्वारा भूईहारी भूधृति के अधिकार का विक्रय के संबंध में कोई आदेश पारित नहीं होगा।
- धारा-49—धारा-46, 47, 48 में रहते हुए कोई अधिभोगी रैयत या भुईहरी कुटुंब का कोई सदस्य, जो धारा-48 में निर्दिष्ट हो, निम्न प्रयोजनों में अपनी जमीन का अंतरण कर सकेगाः—

1. किसी प्रोद्यौगिक उद्देश्यों, या जिसे राज्य सरकार, सहायक प्रयोजन के रूप में या उस स्थल तक अपेक्षित भूमि का पहुँच मार्ग के प्रयोजन के लिए।
2. किसी खनन कार्य के उद्देश्य से या जिसे राज्य सरकार सहायक प्रयोजन के रूप में या उस स्थल तक अपेक्षित भूमि का पहुँच मार्ग के प्रयोजन के लिए।

ऐसा कोई अंतरन रजिस्ट्रीकृत दस्तावेज द्वारा ही किया जाएगा। राज्य सरकार उस तारीख से, जिस तारीख को किसी ऐसे अधिभोगी रैयत की, जो अनुसूचित जनजाति का सदस्य हो, जोत के अंतरन, के बारे में उपायुक्त द्वारा लिखित सहमति दी जाय, 12 वर्ष की कालावधि के भीतर किसी भी समय या तो स्वप्रेरणा से या इसके हेतु जमा किए गए आवेदन पर ऐसी लिखित सहमति को उस दशा में अपास्त कर सकेगी।

- धारा-50—भूस्वामी द्वारा भूधृति या जोत का अर्जन—

1. धारा-46 और 47 में किसी बात के होते हुए भी उपायुक्त, जोत के भूस्वामी के आवेदन करने पर उस भूमि का खैराती, धार्मिक अथवा शैक्षणिक प्रयोजनों आदि हेतु, भूस्वामी द्वारा उसका अर्जन की अनुमति दे सकेगा। राज्य सरकार द्वारा खनन कार्य हेतु किसी भूमिं या जोत के लिए उपायुक्त भूस्वामी को, ऐसी भूमि के अर्जन के लिए प्राधिकृत कर सकेगा।
2. उपायुक्त अभिनिश्चित भूमि के बाजार मूल्य के अतिरिक्त इस धारा के अधीन अर्जित हितों के धारक को, अर्जन की अनिवार्य प्रवृत्ति को देखते

हुए, ऐसे बाजार मूल्य पर 20 प्रतिशत की रकम अधिनिर्णित करेगा। लेकिन किसी जोत के या उसके किसी भाग के मंदिर, मसजिद या पूजा के अन्य स्थान, पवित्र उपवन, कब्र या श्मशान से संबंध होने पर उपायुक्त, भूमि के अर्जन को प्राधिकृत नहीं कर सकेगा।

- धारा–51—भूमि के अर्जन के बाद पर्याप्त भुगतान पाने के बाद भूस्वामी द्वारा अभिदारी को अंतरन की सूचना शामिल करने के बाद भूमि का अर्जन संभव होगा।

अध्याय-9

- **लगान के बारे में साधारण उपबंध**—(धारा–52 से 63)

किसी रजिस्ट्रीकृत करार में भुगतेय नकद लगान किसी वर्ष की प्रत्येक तिमाही में चार समान किस्तों में देय होगा (धारा–52)। लगान का भुगतान माल कचहरी, ऐसे अन्य स्थान जहाँ भूमि का लगान का भुगतान हो, डाक मुद्रादेश के द्वारा किया जा सकेगा (धारा–53)। लगान या उस पर देय ब्याज या दोनों के भुगतान करने पर एक रसीद भूस्वामी के द्वारा दिया जाएगा। रसीद नहीं देने पर उपायुक्त के यहाँ शिकायत की जा सकती है (धारा–54)। किसी वर्ष में लगान का भुगतान नहीं होने पर प्रतिवर्ष अधिक-से-अधिक 6.25 प्रतिशत साधारण ब्याज लगेगा। लेकिन अगले किसी वर्ष में संपूर्ण लगान का भुगतान कर देने की स्थिति में ब्याज 3 प्रतिशत से ज्यादा नहीं लगेगा (धारा–58)। लगान नहीं दिए जाने की स्थिति में भूधारक का पट्टे रद करने का निर्णय किया जा सकता है (धारा–59)। काश्तकारी का लगान काश्तकारी पर प्रथम भार होगा। परंतु यदि काश्तकारी का विक्रय लगान के बकाए का भुगतान कर दिया जाए तो खरीददार उस काश्तकारी को विक्रय, विक्रय की तारीख के पूर्व के लगान से मुक्त कर देगा (धारा–60)। वस्तुरूप में देय लगान का रूपांतरण—लगान वस्तुरूप में चुकाने पर भूस्वामी द्वारा लगान को धन लगान के रूप में रूपांतरण करने के लिए आवेदन करने पर उपायुक्त या किसी राजस्व अधिकारी उचित जाँच के बाद रूपांतरित धन लगान का नियम निर्गत कर सकेंगे (धारा–61)। धारा–61 के अधीन किसी जोत का लगान रूपांतरित होने पर वहाँ लगान अगले 15 वर्ष तक नहीं बढ़ाया जाएगा या नहीं घटया जाएगा, सिवाय भूस्वामी द्वारा की गई वृद्धि अथवा भूधृति के क्षेत्र में परिवर्तन के आधार पर उपायुक्त के आदेश से अथवा राजस्व अधिकारी द्वारा पारित आदेश से (धारा–62)। उपयुक्त लगान के देने के बाद भी भूस्वामी के द्वारा किसी काश्तकार

को अतिरिक्त किसी भुगतान की शर्त रखने पर या भुगतान करवाने पर भूस्वामी को छह महीने का कारावास या पाँच सौ रुपए तक का दंड या दोनों देय होगा (धारा-63)।

अध्याय-9 (क)

- **बजंर भूमि का बंदोबस्त**—(धारा-63-क एवं 63-ख)

राज्य सरकार द्वारा बंजर भूमि का बंदोबस्त विहित रूप में पट्टे द्वारा किया जाएगा। पट्टा दो प्रतियों में तैयार होगा, जिसकी एक प्रति रैयत को एवं एक प्रति उपायुक्त को भेजी जाएगी (धारा-63-क)। ऊपर के रीति से बंदोबस्त किसी ऐसी भूमि, जिसपर बंदोबस्त की तारीख से पाँच वर्षों तक खेती न की गई हो एवं अन्य संक्रमण किया गया हो, तो जिले का उपायुक्त बंदोबस्त को अपास्त करने तथा उसे पुनः बंदोबस्त करने के लिए स्वतंत्र होगा (धारा-63-ख)।

अध्याय-10

- **भूस्वामी तथा काश्तकारी के लिए प्रकीर्ण उपबंध**—(धारा-64 से 75)
  - **कोरकर**—किसी गाँव के कृषक या भूमिहीन श्रमिक को उपायुक्त की आज्ञा से भूमि की कोरकर में परिवर्तित करने का अधिकार होगा (धारा-64)। किसी कृषक को किसी अन्य व्यक्ति के कब्जाधीन किसी बगीचे या किसी भूमि या बास भूमि को कोरकर में बदलने का अधिकार नहीं दिया जाएगा (धारा-66)। ऐसे प्रत्येक रैयत को, जो ऐसी भूमि जोतता या धारित करता हो, जिसे उसने कोरकर में परिवर्तित कर दिया हो, इस बात के होते हुए भी कि उसने 12 वर्षों तक उस भूमि पर खेती नहीं की हो, उस भूमि पर अधिभोगाधिकार होगा (धारा-67)। कोरकर में संपरिवर्तित भूमि पर लगान—कोरकर में बदले जाने के बाद पहले कृषि वर्ष की फसल की कटाई के चार वर्ष के बाद तक लगान देय नहीं होगा। इस अवधि के बाद कोरकर के लिए लगान की दर तृतीय वर्ग की धनहर भूमि के लिए प्रचलित दर के आधे से ज्यादा नहीं होगी (धारा-67-क)।
  - **बेदखली**—किसी भी काश्तकार को किसी डिक्री या उपायुक्त के आदेश के सिवा उसकी काश्तकारी से बेदखल नहीं किया जाएगा (धारा-68)। किसी अधिभोगी रैयत या अनधिभोगी रैयत द्वारा अपनी जोत में उपयुक्त तरीके से भूमि का उपयोग नहीं किया गया हो या उसने अधिनियम के संगत कोई नियम नहीं मानी हो, को बेदखल किया जा सकता है। बेदखली

के प्रत्येक आदेश में युक्तियुक्त भुगतेय प्रतिकर की रकम एवं चुकाने की समयावधि निर्धारित रहेगी। यदि प्रतिवादी समय के अंदर प्रतिकर का भुगतान कर दे तो उसकी बेदखली रद की जा सकती है (धारा-69)। बेदखली का आदेश कृषि वर्ष के अंत से और न्यायालय के अगले आदेशित तारीख तक प्रभावी होगा (धारा-70)। कोई काश्तकार बेदखल होने की स्थिति में बेदखली की तारीख से अगले एक वर्ष तक उपायुक्त के सम्मुख आवेदन दे सकता है (धारा-71)।

धारा-71(क)—यदि किसी समय उपायुक्त को पता चले कि कोई रैयत (अनुसूचित जनजाति का) या मुंडारी-खूँट कट्टीदार या भूईहारी है, भूमि का अंतरन धारा-46 या इस अधिनियम के किसी अन्य उपबंध का उल्लंघन करके किया गया है, तो वह अंतरीति को सफाई देने का उपयुक्त अवसर प्रदान करने के बाद, अंतरीति को प्रतिकर के भुगतान किए बिना भूमि से बेदखल कर सकेगा और वह अंतरक को भूमि वापस दे सकेगा। अंतरक या उसके वारिस के उपलब्ध न होने पर या ऐसे प्रत्यावर्तन के लिए सहमत न होने की दशा में, उस भूमि को अनुसूचित जनजाति के किसी दूसरे रैयत के साथ प्रत्यक्त जोत के निबटाव के स्थानीय नियम के अनुसार पुनर्बंदोबस्त कर सकेगा। परंतु यदि अंतरीति ने अंतरन की तारीख से 30 वर्षों के भीतर ऐसी जोत या उसके किसी भाग पर किसी भवन का निर्माण कर लिया हो तो उपायुक्त अंतरक द्वारा उसका मूल्य चुकाने को रजामंद न होने पर अंतरीति को आदेश देगा कि वह आदेश की तारीख से अधिकतम 2 वर्षों के भीतर भवन को हटा ले। ऐसा नहीं करने पर उपायुक्त उस भवन को हटवा सकेगा।

परंतु जहाँ उपायुक्त का समाधान हो जाए कि अंतरीति ने बिहार अनुसूचित क्षेत्र विनियम 1969 के लागू होने से पहले ही ऐसी जोत पर भवन का निर्माण कर लिया तो वह ऐसे अंतरन को विधिमान्यता दे सकेगा, बशर्ते कि अंतरीति अंतरक को ऐसी जोत के आस-पास सममुल्यवाली कोई दूसरी जोत उपलब्ध करा दे या अंतरक के पुनर्वास के लिए उपायुक्त द्वारा निर्धारित प्रतिकर चुका दे।

परंतु यह और भी कि जाँच के बाद उपायुक्त का समाधान आ जाए कि अंतरीति द्वारा प्रतिकूल कब्जा भूमि अंतरक को पुनर्बंदोबस्त कर दिया जाए, ऐसी स्थिति में अंतरक को उपायुक्त के पास उतनी धन राशि जमा करनी होगी, जिससे वह भूमि अंतरित की गई थी अथवा उपायुक्त उस भूमि के बाजार-मूल्य को ध्यान में रखते हुए तथा भूमि में किए गए किसी सुधार की रकम को ध्यान देते हुए उचित रकम का निर्धारण कर सकेगा।

धारा-71-ख) कपटपूर्ण तरीके से धारा-46 को उल्लंघन करते हुए कोई भूमि

अंतरित करने की स्थिति में 3 वर्ष तक की सजा या एक हजार रुपए तक की सजा या दोनों देय होगा और उसके दौरान हरेक दिन के लिए पचास रुपए अनधिकृत अतिरिक्त जुर्माने से दंडित होगा।

- **परित्याग**—कोई रैयत अगर किसी पट्टे से आबद्ध न हो तो कृषि वर्ष के अंत में उपायुक्त की लिखित मंजूरी से अपनी जोत को अभ्यर्पित कर सकेगा (धारा-72)। यदि कोई रैयत भूस्वामी को सूचना दिए बिना अपनी भूमि का परित्याग स्वेच्छा से कर दे और स्वयं किसी अन्य व्यक्ति द्वारा भूमि पर खेती करना बंद कर दे तो भूस्वामी किसी दूसरे रैयत को उस भूमि का पट्टा दे सकेगा। लेकिन भूस्वामी को इसके लिए उपायुक्त को सूचना देनी होगी (धारा-73)।
- **अधिभोग का जारी रहना**—कोई भूधारक, ग्राम मुखिया या रैयत किसी जोत के अधिभोग में रहा हो और कोई पट्टा निष्पादित किया जाए, ताकि अधिभोग जारी रहे तो उस पट्टे के द्वारा अधिभोग में शामिल समझा जाएगा (धारा-74)। काश्तकारी रिक्त होने पर ग्राम मुखिया का अवधारण—कोई काश्तकारी जो रूढ़ि के अनुसार ग्राम मुखिया द्वारा धारित हो किसी कारण से रिक्त हो जाय, तब उक्त काश्तकारी के भीतर भूमि धारण करनेवाला कोई तीन या अधिक काश्तकार या भूस्वामी उपायुक्त के पास उस व्यक्ति के अवधारण के लिए आवेदन कर सकेगा, जिसे रूढ़ि के अनुसार काश्तकारी धारण करने का हकदार ग्राम मुखिया होना चाहिए (धारा-74-क)।
- **माप**—किसी संपदा, भूधृति या मुंडारी-खूँट कट्टीदार—काश्तकारी के प्रत्येक भूस्वामी को इनकी माप करने का अधिकार होगा। यदि किसी भूस्वामी को किसी भूमि की माप करने का अधिकार हो और भूमि के अधिभोगी द्वारा विरोध किया जाय तो भूस्वामी उपायुक्त के पास एक आवेदन पेश करेगा। उपयुक्त पक्षों को सुनने के बाद उपायुक्त सही निर्देश देगा (धारा-75)।

अध्याय-11

- **रूढ़ि और संविदा**—(धारा-76 से 79)

इस अधिनियम की कोई बात ऐसी किसी रूढ़ि, प्रथा को प्रभावित नहीं करेगी जो उसके उपबंधों से असंगत न हो (धारा-76)। बिना राज्य सरकार के अधिसूचना के इस अधिनियम की कोई बात किसी घटवाली या दूसरी सेवा-भूधृत अथवा जोत की किसी प्रसंगति पर प्रभाव नहीं डालेगी (धारा-77)। जब कोई रैयत अपनी वासभूमि को किसी दूसरे रैयत से धारित करे तो इसमें

वासभूमि की स्थानीय प्रथा और रैयत द्वारा धारित भूमि पर इस अधिनियम के लागू होने योग्य उपबंधों द्वारा विनियमन होगा (धारा-78)। इस अधिनियम के प्रारंभ होने के पूर्व या पश्चात् किसी भूस्वामी और काश्तकार के बीच किसी संविदा की कोई बात भूमि में अधिभोगाधिकार को शाश्वत काल के लिए वर्जित नहीं करेगी अथवा संविदा की तारीख को किसी अधिभोगाधिकार को नहीं हटाएगी अथवा किसी भूस्वामी को इस अधिनियम के उपबंध से किसी काश्तकार को बेदखल करने का हकदार नहीं बनाएगी (धारा-79)।

अध्याय-12

- **अधिकार अभिलेख और लगानों का निर्धारण**—(धारा-80 से 100)

राज्य सरकार किसी राजस्व अधिकारी द्वारा सर्वेक्षण करने को आदेश दे सकेगी (धारा-80)। इस आदेश में काश्तकार का नाम, काश्तकार का वर्ग, धारित भूमि की स्थिति और उसकी सीमा, काश्तकार के भूस्वामी का नाम, संपदा के प्रत्येक स्वत्वधारी का नाम, भुगतेय लगान, लगान निर्धारण की प्रक्रिया आदि का वर्णन रहेगा (धारा-81)। राज्य सरकार भूस्वामी, काश्तकारों, स्वत्वधारियों के बीच जल के उपयोग और बहाव के विषय में मौजूद या संभावित विवादों का हल निकालने के लिए निर्देश राजस्व अधिकारी को दे सकती है (धारा-82)। अधिकार अभिलेख का प्रारूप राजस्व अधिकारी विहित रीति से विहित कालावधि के लिए प्रकाशित करेगा (धारा-83)। अधिकार अभिलेख के प्रकाशन के उपरांत इससे संबंधित सभी पक्षों की प्रतिक्रिया के बाद अंतिम रूप से अधिकार अभिलेख का प्रकाशन किया जाएगा (धारा-84)। राजस्व अधिकारी किसी क्षेत्र के सर्वेक्षण के बाद उस जगह पर किसी काश्तकार द्वारा धारित किसी भूमि का उचित लगान निर्धारित कर सकेगा (धारा-85)। लगान परि निर्धारण के दौरान उठने वाले किन्हीं विवादों के अनुरूप राजस्व अधिकारी इसपर उपयुक्त निर्णय कर उचित लगान का निर्धारण कर सकेगा (धारा-86)। राजस्व अधिकारी द्वारा जारी अंतिम सर्वेक्षण अधिकार अभिलेख के बाद विभिन्न पक्षों के बीच का कोई विवाद अगर आएगा तो उसे राजस्व अधिकारी के समक्ष आवेदित किया जाएगा। लेकिन राजस्व अधिकारी इनमें से किसी विशिष्ट मामले के विचारण के लिए किसी सक्षम न्यायालय को इसे अंतरित कर सकेगा (धारा-87)। ऊपर वर्णित किसी विवाद का निर्णय आने पर उसे भी अधिकार अभिलेख में शामिल किया जाएगा (धारा-88)। राज्य सरकार द्वारा नामित कोई राजस्व अधिकारी अधिकार अभिलेख के प्रारूप में की गई किसी प्रविष्टि या आदेश की 12 महीने के अंदर पुनरीक्षण करेगा

(धारा-89)। अधिकार अभिलेख की भूलों को राजस्व अधिकारी द्वारा शुद्धि किया जाएगा (धारा-90)। अधिकार अभिलेख बनने की तैयारी और अंतिम प्रकाशन के 6 महीने तक कोई उपायुक्त या सिविल न्यायालय किसी आवेदन को ग्रहण नहीं करेगा (धारा-91)। अधिकार अभिलेख की तैयारी के क्रम का किसी न्यायालय में कोई वाद नहीं लाया जाएगा (धारा-92)। इस अध्याय के अधीन अधिकार अभिलेख तैयार कर और विवादों का निश्चय करने में राजस्व पदाधिकारी किसी भूस्वामी और उसके किसी अभिधारी के बीच किए गए किसी वैध करार या समझौते को कार्यान्वित करेगा (धारा-96)। राजस्व अधिकारी द्वारा निर्धारित लगान जिस तारीख को लागू किया गया हो, के अगले किसी वर्ष से प्रभावी होगा (धारा-97)। जहाँ इस अधिनियम के प्रारंभ के 'पूर्व बंगाल काश्तकारी अधिनियम, 1885' में उल्लिखित किसी तरह के किसी अधिकार को अभिलिखित करने का कोई आदेश दिया गया हो, वहाँ वे विधिमान्य समझे जाएँगे (धारा-100)।

अध्याय-13

- **भूमि संबंधी शर्तें एवं उनका रूपांतरण और अभिलेख**—(धारा-101 से 117)

इस अधिनियम के प्रारंभ से और उसके बाद लगान मुक्त व्यक्तिगत कार्य को छोड़कर किसी नई शर्त के साथ भूमि संबंधी व्यवसाय शुरू करने पर, नई भूमि संबंधी शर्त डाली जाएगी (धारा-101)। किसी भूमि संबंधी व्यवसाय जिसके लिए पूर्व शर्त निर्धारित न हो, उसपर वहाँ का स्थानीय लोक कानून लागू होगा (धारा-102)। किसी भूमि संबंधी शर्त के मूल्य का निर्धारण न्यायालय द्वारा करना अनिवार्य हो तो यह पिछले दस वर्ष के या उससे कम समय के औसत मूल्य के बराबर माना जाएगा (धारा-103)। जब लगान की वसूली की किसी वाद में, अभिधृति से संबंध भूमि संबंधी शर्तों के मूल्य वसूली की माँग भी की जाय, तो भूमि संबंधी शर्त का मूल्य एवं अभिधृति के संबंध में देय लगान का कुल योग उचित लगान से अधिक होने पर न्यायालय लगान के लिए निर्णय देगा, जो उचित होगी (धारा-104)। जब कोई भूमि किसी भूमि संबंधी शर्त के अधीन धारित की जाए तो अभिधारी या भूस्वामी राजस्व अधिकारी के पास उन शर्तों के रूपांतरण के लिए लिखित रूप से आवेदन कर सकेगा (धारा-105)। राजस्व अधिकारी के द्वारा एक अभिलेख तैयार किया जाएगा, जिसमें किसी स्थानीय क्षेत्र के विभिन्न भूमि संबंधी शर्तों के लिए एक नियत दर तय होगा (धारा-106)। अभिलेख तैयार होने पर

राजस्व अधिकारी विहित तरीके से इसे प्रकाशित करेगा एवं अभिलेख में किसी प्रकार की त्रुटि के संबंध में कोई आपत्ति प्राप्त करेगा (धारा-108)। राजस्व अधिकारी के किसी आदेश के विरुद्ध विहित रीति से विहित अधिकारी के पास अपील हो सकेगी (धारा-109)। आयुक्त या बोर्ड अभिलेख के अंतिम प्रकाशन की तारीख से 2 वर्षों के भीतर अभिलेख के किसी भाग के पुनरीक्षण का आदेश दे सकेगा (धारा-110)। वस्तु रूपी लगान भूमि संबंधी शर्त है या लगान का वस्तु रूप है। इसका निर्णय राजस्व अधिकारी करेंगे, अगर ऐसा कोई मामला आता हो (धारा-113)। किसी स्थानीय क्षेत्र के किसी भाग के लिए भूमि संबंधी शर्त निर्धारण होने के बाद अभिलेख के अंतिम प्रकाशन के बाद आगामी कृषि वर्ष से यह प्रभावी होगा (धारा-114)। इस अध्याय के अधीन कोई भी काररवाई इसके पूरी हो जाने के बाद किसी अभिधारी या भूस्वामी के इस अधिनियम के अधीन लगान में कमी या वृद्धि के दावे के अधिकार का वर्जन नहीं करेगी (धारा-117)।

अध्याय-14

- **भूस्वामियों की विशेषाधिकार-युक्त भूमि का अभिलेख—**(धारा-118 से 126)

वैसी भूमि जिसे भूस्वामी स्वयं अपने स्टॉक से या अपने सेवकों द्वारा या भाड़े के मजदूरों द्वारा जोतता हो या किसी अभिधारी द्वारा 1 वर्ष से अधिक अवधि के पट्‌टे पर धारित हो, वैसी भूमि, जो राँची या धनबाद जिलों को छोड़कर तथा सिंहभूम क्षेत्र के पटमदा, ईचागढ़ तथा चांडिल क्षेत्र को छोड़कर छोटानागपुर प्रमंडल में जिरात के रूप में ज्ञात है और धनबाद जिले में एवं सिंहभूम क्षेत्र के पटमदा, ईचागढ़ और चांडिल थानों में मान के रूप में ज्ञात हो और वैसी भूमि जो छोटानागपुर भूधृति अधिनियम 1869 के अधीन तैयार किसी रजिस्ट्रर में मांझियास या बैठ खेता है, भूस्वामी की विशेषाधिकार-युक्त भूमि कहलाएगी (धारा-118)। राज्य सरकार की अधिसूचना द्वारा किसी राजस्व अधिकारी को विशेषाधिकार-युक्त भूमि का सर्वेक्षण कर अभिलेख तैयार करने का निर्देश दे सकेगी (धारा-119)। अभिलेख तैयार करने के दौरान धारा-83, 84, 87, 88, 90, 95, 96, जहाँ तक वे लागू हो ऐसे अभिलेख पर उसी प्रकार लागू होंगे (धारा-120)। कोई भूमि भूस्वामी की विशेषाधिकार-युक्त भूमि है या नहीं। इसका निर्णय राजस्व अधिकारी, भूस्वामी या भूमि के किसी भी अभिदारी के आवेदन पर तथा व्यय के लिए अपेक्षित राशि जमा कर देने पर, अभिलिखित कर सकेगा (धारा-121)। रजिस्टर में मांझिहास और बैठ

खेता के रूप में दर्ज किसी भूमि को किसी भूस्वामी के विशेषाधिकार-युक्त भूमि के रूप में दर्ज नहीं किया जाएगा (धारा-124)। इस अध्याय के अधीन राजस्व पदाधिकारी के आदेश से विहित पदाधिकारी के समक्ष विहित रीति से अपील होगीं(धारा-126)।

अध्याय-15

- **अधिकार अभिलेख तथा खूँट कट्टी अधिकारवाले रैयत, ग्राम मुखिया तथा अभिधारियों के अन्य वर्गों की बाध्यताएँ**—(धारा-127 से 134)
राज्य सरकार किसी निर्दिष्ट स्थानीय क्षेत्र में खूँट कट्टी अधिकार प्राप्त रैयत, ग्राम मुखिया, अभिधारियों के किसी अन्य वर्ग के अधिकारों या बाध्यताओं का एक अभिलेख राजस्व अधिकारी तैयार करेंगे (धारा-127)। तैयार अभिलेख में किसी प्रविष्टि की शुद्धता के संबंध में या उसमें किसी गलत लोक के संबंध में कोई विवाद उठे, वहाँ अभिलेख के अंतिम प्रकाशन के प्रमाण-पत्र की तारीख से 3 महीनों के भीतर किसी भी समय राजस्व पदाधिकारी के समक्ष वाद किया जा सकेगा (धारा-130)। जब किसी स्थानीय क्षेत्र के लिए खूँट कट्टी अधिकारयुक्त अभिधारियों के अधिकार तथा बाध्यताओं का अभिलेख इस अध्याय के अधीन तैयार कर लिया जाए तो ऐसे क्षेत्र की ऐसी कोई भूमि, जो अभिलेख में प्रविष्ट नहीं की गई हो, ऐसी भूमि के रूप में मान्यता प्राप्त होगी, जिसके संबंध में खूँट कट्टी अधिकार अर्जित किया जा सकता हो (धारा-134)।

अध्याय-16

- **उपायुक्त द्वारा संज्ञेय विषयों की न्यायिक प्रक्रिया**—(धारा-135 से 229)
उपायुक्त इस अधिनियम के अधीन वादों की सुनवाई के लिए अपनी अधिकारिता की स्थानीय सीमाओं के भीतर किसी भी स्थान पर न्यायालय लगा सकेगा (धारा-135)। उपायुक्त किसी उप कलेक्टर या राजस्व अधिकारी से कोई वाद या आवेदन वापस ले सकेगा (धारा-137)। कोई भूमि अगर एक से अधिक जिले या अनुमंडल में स्थित हो तो उसके वाद की सुनवाई उस भूमि के ज्यादा हिस्से वाले जिले या अनुमंडल के अंदर किया जाएगा (धारा-138)। पट्टे के प्रदान या वचनबंध के प्रतिलेख, अभिदारी द्वारा मद्दे देय लगान निर्धारण, कृषि भूमि से किसी काश्तकार को बेदखल करने, या पट्टा को रद करने, से संबंधित सभी वादों पर केवल उपायुक्त द्वारा संज्ञान लिया जाएगा (धारा-139)। अध्याय-12 के उपबंधों के अधीन रहते हुए कोई भी न्यायालय

ऐसे किसी विषय के संबंध में किसी वाद को ग्रहण नहीं करेगा, जिसकी बावत आवेदन धारा-139 के अधीन उपायुक्त के द्वारा संज्ञेय हो और ऐसे किसी आवेदन पर उपायुक्त का निर्णय, इस अधिनियम के अपील संबंधी उपबंधों के अधीन, अंतिम होगा (धारा-139-क)। एक ही ग्राम में भूमि धारण करनेवाले अभिधारियों की किसी भी संख्या द्वारा या उनके विरुद्ध कोई वाद या आवेदन सामूहिक रूप से उपायुक्त के पास किया जा सकेगा (धारा-140)।

- धारा-141 से 176 तक उपायुक्त के न्यायालय में वादों, का निपटारा, गवाही, एवं प्रस्तुत करने की प्रक्रिया, पर निर्णय का वर्णन है। यदि वाद की अंतिम सुनवाई के दिन दोनों पक्ष हाजिर न हो तो मामला खारिज कर दिया जाएगा। यदि दोनों में से एक ही पक्ष उपस्थित हो तो वाद का विचारण अन्य पक्ष की अनुपस्थिति में मौजूद सबूत के आधार पर कर दिया जाएगा (धारा-169)। उपायुक्त इस अधिनियम के अधीन किसी वाद या अन्य काररवाई में अपने अधीनस्थ किसी पदाधिकारी से या कोई ऐसा व्यक्ति, जिसे उपायुक्त ठीक समझे, से विवादग्रस्त विषय के संबंध में स्थानीय जाँच करवा सकता है (धारा-171)।
- उपायुक्त के समक्ष भूस्वामी और अभिधारी के बीच किसी वाद में अभिधारी या अन्य व्यक्ति यह अभिवचन करे कि अभिधारी द्वारा धारित भूमि का लगान प्राप्त करने का अधिकार ऐसे अन्य व्यक्ति को इस आधार पर है कि वह दावा करता है कि वाद संस्थित किए जाने के समय के पूर्व ऐसा लगान प्राप्त और उपभोग किया है, तो ऐसे अन्य व्यक्ति को वाद का पक्षकार बना दिया जाएगा (धारा-177)।
- अनधिभोगी रैयत की बेदखली के लिए वाद लगान के बकाए के लिए किसी अभिदारी के पट्टे का रद्दकरण—किसी अनधिभोगी रैयत को लगान का बकाया देने में असफल होने के आधार पर बेदखल करने या अभिधारी का पट्टा रद्द करने के इच्छुक भूस्वामी ऐसे बेदखली एक ही वाद में बेदखली या रद्दकरण के लिए और बकाए की वसूली के लिए वाद ला सकेगा। उपायुक्त द्वारा किसी अनधिभोगी रैयत को बेदखली या बकाया भुगतान न करने के लिए उसके पट्टे के रद्दकरण की सभी डिक्री में बकाए की रकम उस पर ब्याज एवं वाद का खर्च का भुगतान करने का निर्देश देगा (धारा-178)। किसी अनधिभोगी रैयत, जिसको भूमि से बेदखल करने का आदेश दिया गया हो, बेदखली के आदेश के पूर्व के उपजाए हुए फसल को काटने का हक रैयत को होगा (धारा-178-क)। रैयत को पट्टा देने के आदेश के

बावजूद तीन महीने तक भूस्वामी के द्वारा पट्टा नहीं दिए जाने पर उपायुक्त अपने हस्ताक्षर से उसे पट्टा दे सकेगा (धारा-179)। उपायुक्त द्वारा पारित आदेश के निष्पादन के अगले तीन वर्ष तक किसी भी आवेदन को लिया जाएगा (धारा-181)।

- कुर्की और विक्रय से छूट (धारा-186)—उपायुक्त द्वारा पारित आदेश के निष्पादन को निम्नलिखित को कुर्की और विक्रय से छूट प्राप्त होगी—

(क) निर्णीत ऋणी, उसकी पत्नी और बच्चों के पहनने के वस्त्र और बिस्तर।
(ख) कृषि कर्म का औजार, मवेशी एवं कृषि हेतु बीज।
(ग) घर की सामग्री और भवन, जो कृषक का है।
(घ) लेखा बही।
(ङ) निजी सेवा का कोई अधिकार।
(च) श्रमिकों और घरेलू सेवकों की मजदूरी।
(छ) भावी भरण-पोषण का अधिकार।

- किसी रैयत के विरुद्ध लगान के बकाए की डिक्री का निष्पादन निर्णीत ऋणी को सिविल कारागार में निरुद्ध करके या उसके दखल के घर तथा उनकी सामग्रियाँ एवं इससे सटी उपभोग के लिए आवश्यक भूमि की बिक्री के रूप में नहीं किया जाएगा (धारा-186-क)। किसी निर्णीत ऋणी सिविल जेल से मुक्त कर दिया हो तो उसे आदेश के अधीन दूसरी बार कारारुद्ध नहीं किया जाएगा (धारा-192)। यदि उपायुक्त द्वारा किसी संयुक्त भूधृति के अंशधारी के पक्ष में भूधृति के लगान के शेयर के लिए डिक्री देता है तो ऐसी भूधृति की बिक्री के लिए आवेदन तब तक नहीं किया जाएगा, जब तक कि उसका निष्पादन उस जिले के भीतर जहाँ वाद संस्थित किया गया हो, निर्णीत ऋणी की किसी जंगम संपत्ति के विरुद्ध न कर लिया गया हो और जब तक कि ऐसी संपत्ति की बिक्री डिक्री को तुष्ट करने में पर्याप्त प्रमाणित न हो, ऐसी भूधृति की डिक्री उपायुक्त की पूर्व मंजूरी से ही होगी (धारा-196)। किसी ऐसे धन के भुगतान के रूप में जो लगान के बकाए के रूप में देय हो, उपायुक्त द्वारा किसी डिक्री के निष्पादन के रूप में अगर ऋणी के शरीर या जंगम संपत्ति के विरुद्ध निष्पादन द्वारा प्राप्त नहीं की जा सकती हो तो ऐसे ऋणी की किसी स्थावर संपत्ति के विरुद्ध निष्पादन का आवेदन कर सकेगा (धारा-198)। अगर किसी ऐसी जमीन, जिसे उपायुक्त के निर्णय से विक्रय किया जाना हो, के लिए नियत दिन के पूर्व उपायुक्त के समक्ष कोई अन्य व्यक्ति हाजिर होकर जंगम संपत्ति में अधिकार का दावा करे तो उपायुक्त ऐसे

पक्षकार की परीक्षा संबंधी प्रवृत्त विधि के अनुसार परीक्षा करेगा और ऐसी संपत्ति की बिक्री रोक दे सकेगा बशर्ते कि उसे ऐसा करने का पर्याप्त कारण दिख पड़े (धारा-206)। इस अधिनियम के अधीन उपायुक्त द्वारा पारित डिक्री किसी जोत मद्दे लगान के बकाए के लिए हो तो डिक्रीदार ऐसी जोत की बिक्री के लिए आवेदन कर सकेगा और इसे बेची जा सकेगी (धारा-208)। यदि किसी जोत के अनुसरण में विक्रय के बाद, बिक्री की गई रकम का कोई अंश शेष रह जाए अथवा बिक्री लगान के बकाए की बिक्री न रहने के कारण, जोत या उसके अंश का विक्रय उस धारा के अधीन नहीं किया जा सके तो निर्णीत ऋणी की किसी अन्य संपत्ति, जंगम या स्थावर के विरुद्ध आदेशिका लागू की जा सकेगी (धारा-210)। किसी डिक्री के निष्पादन में किसी स्थावर संपत्ति का विक्रय कर दिया गया हो तो ऐसा कोई व्यक्ति, जो विक्रय के ठीक पहले ऐसी संपत्ति पर स्वामित्व रखता हो, अथवा जो विक्रय के पूर्व विधिपूर्वक अर्जित किसी हक के अधीन उसमें हित का दावा करता हो, विक्रय की तारीख से 90 दिनों की कालावधि के भीतर किसी भी समय उपायुक्त के न्यायालय में विक्रय को अपास्त करने के लिए आवेदन कर सकेगा (धारा-212)। धारा-215 एवं 216 में उपायुक्त के कुछ आदेशों के विरुद्ध न्यायिक आयुक्त के पास अपील करने का वर्णन है।

- यदि अपील का विनिश्चय उपायुक्त द्वारा किया गया हो तो आयुक्त मामले को मँगाकर उस पर ऐसा आदेश पारित कर सकेगा, जैसा वह उचित समझे (धारा-217)। धारा-220 से धारा-223 तक आयुक्त के आदेशों के विरुद्ध न्यायिक आयुक्त के यहाँ चलने वाले वादों की प्रक्रिया का वर्णन है।
- न्यायिक आयुक्त द्वारा पारित किसी अपीली डिक्री के विरुद्ध या धारा-215 के अधीन अपील पर पारित किसी आदेश के विरुद्ध, विधि पर बल रखनेवाली प्रथा के प्रतिकूल आदेश होने पर द्वितीय अपील की जा सकेगी (धारा-224)। किसी एक मामले में कुछ अपील उपायुक्त के पास तथा कुछ न्यायिक आयुक्त के पास अगर हो तो न्यायिक आयुक्त सभी मामलों को अपने पास अंतरित कर सकेगा (धारा-225)। सिविल प्रक्रिया संहिता, 1908 की प्रथम अनुसूची के आदेश 41 के नियम-22 का उपबंध, जहाँ तक लागू हो सके, इस अधिनियम के अधीन उपायुक्त या राजस्व पदाधिकारी के निर्णयों पर सभी अपीलों में लागू होंगे (धारा-229)।

अध्याय-17

- **परिसीमा**—(धारा-230 से 238)

भारतीय परिसीमा अधिनियम, 1908 के उपबंध, जहाँ तक इस अधिनियम से असंगत न हो, इस अधिनियम के अधीन सभी वादों, अपीलों और आवेदनों पर लागू होंगे (धारा-230)। इस अधिनियम के अधीन संस्थित सभी वाद या दिए गए सभी आवेदन, जिनके लिए इस अधिनियम में और कहीं परिसीमा की कोई कालावधि उपबंधित नहीं है, वाद हेतु के प्रोद्भूत होने की तारीख से एक वर्ष के भीतर क्रमश: संस्थित और दाखिल किए जाएँगे (धारा-231)। धारा-22 और धारा-41 में वर्णित किसी आधार पर अधिभोगी रैयत या अनधिभोगी रैयत की बेदखली के लिए वाद, दुरुपयोग की तारीख से 2 वर्ष के भीतर संस्थित किए जाएँगे (धारा-233)। ऐसी जोत या उसके किसी भाग का जिससे किसी अधिभोगी रैयत को विधि विरुद्ध बेदखल कर दिया गया हो, कब्जा वापस पाने का आवेदन ऐसी बेदखली की तारीख से 3 वर्षों के भीतर अवश्य संस्थित कर दिया जाए (धारा-237)। किसी भूस्वामी या भूस्वामी के अनुदेश पर कार्यालय या कृषि भूमि धारण करनेवाले किसी व्यक्ति के विरुद्ध अपने कार्यालय या कृषि भूमि का कब्जा वापस पाने के लिए किसी ग्राम मुखिया द्वारा वाद या आवेदन के कब्जा किए जाने की तारीख से 3 वर्षों के भीतर अवश्य संस्थित किया जाए (धारा-238)।

अध्याय-18

- **मुंडारी-खूँट कट्टीदारों के विषय में विशेष उपबंध**—(धारा-239 से 256) पूर्ववर्ती वे धाराएँ जो मुंडारी-खूँट कट्टीदारों पर लागू होने योग्य है, उन व्यक्तियों और उनकी काश्तकारियों को लागू करने में, इस अध्याय की अगली धाराओं के अंतर्गत पठित की जाएगी (धारा-239)।

- धारा-240. मुंडारी-खूँट कट्टीदारी काश्तकारियों के अंतरन पर प्रतिबंध—

1. कोई मुंडारी-खूँट कट्टीदारी अभिधृति या उसका भाग, न्यायालय के डिक्री या आदेश के निष्पादन में विक्रय द्वारा हस्तांतरणीय न होगा। परंतु किसी ऐसे बंधक (भोगबंधक से भिन्न) जिनका रजिस्ट्रीकरण 'छोटानागपुर काश्तकारी अधिनियम, 1903' के प्रारंभ के पूर्व हुआ था, देय ऋण के समाधान में किसी काश्तकारी या उसके भाग के विक्रय के लिए किसी न्यायालय द्वारा आदेश किया गया हो तो विक्रय उपायुक्त की पूर्व-मंजूरी से किया जा सकेगा।
2. यदि उपायुक्त उपधारा-1 के अधीन किसी अभिधृति के बिक्री की मंजूरी देने से इनकार कर दे तो वह उस भूमि को कुर्क कर लेगा और ऐसा इंतजाम करेगा, जैसा वह ऋण के समापन के लिए यथोचित् समझे।

3. कोई मुंडारी-खूँट कट्टीदारी अभिधृति या उसके किसी भाग का कोई बंधक (Mortage) विधिमान्य नहीं होगा, लेकिन कोई 7 वर्षों तक का भूगतबंध बंधक विधिमान्य होगा। परंतु कोई मुंडारी-खूँट कट्टीदारी अभिधारी, किसी कृषि प्रयोजन के लिए कर्ज जुटाने की दृष्टि से 'बिहार उड़ीसा सहकारी सोसाइटी अधिनियम, 1935' के अधीन रजिस्ट्रीकृत बैंक को अपनी अभिधृति या उसके किसी अंश में अपना अधिकार सादाबंधक द्वारा अंतरित कर सकेगा।
4. परती भूमि के मुकर्ररी पट्टे, जब ये मुंडार या मुंडारियों के किसी समुदाय को खेती के प्रयोजन के लिए दिए जाएँ या जब ये किसी मुंडारी खेतिहर को किसी भूमि के रैयत के रूप में खेती करने के लिए दिए जाएँ, के सिवा खूँट कट्टीदार अभिधृति या उसके किसी भाग का कोई पट्टा विधिमान्य नहीं होगा।
5. जहाँ कोई मुंडारी-खूँट कट्टीदारी अभिधृति मुंडारी-खूँट कट्टीदारों के समुदाय द्वारा धारित हो, वहाँ अभिधृति या उसके किसी भाग का कोई भुगुतबंध बंधक या मुकर्ररी पट्टा तब तक विधिमान्य नहीं होगा, जब तक कि यह सभी मुंडारी-खूँट कट्टीदारी की सहमति से न किया जाय।
6. मुंडारी-खूँट कट्टीदारी अभिधृति या उसके किसी भाग का पूर्वगामी उपधाराओं में यथोपबंधित से अन्यथा किए गए किसी करार द्वारा कोई अंतरन विधिमान्य नहीं होगा।
7. पूर्ववर्ती उपधाराओं की किसी बात से किसी विक्रय पर उपधारा-1 के परंतुक में यथाघोषित कि सिवाय, 'छोटानागपुर काश्तकारी अधिनियम, 1903' के प्रारंभ के पूर्व किए गए किसी विक्रय या बंधक या पट्टे पर प्रभाव नहीं पड़ेगा।

- धारा-241. कतिपय प्रयोजनों के लिए अंतरन—

1. धारा-240 में अंतर्विष्ट किसी बात के होने पर भी, कोई मुंडारी-खूँट कट्टीदारी अपने भूस्वामी की सहमति के बिना अपनी काश्तकारी में समाविष्ट भूमि को किसी ऐसे समुचित और पर्याप्त प्रयोजन से अंतरित कर सकेगा, जो उस काश्तकारी, भूधृति या संपदा की भलाई से हो, जिसमें यह समाविष्ट हो जैसे भूमि का किसी खैराती, धार्मिक या शैक्षिक प्रयोजन से अथवा विनिर्माण या सिंचाई के प्रयोजन से करना हो। परंतु अंतरन रजिस्ट्रीकृत अभिलेख द्वारा किया जाएगा, जिस पर उपायुक्त की लिखित सहमति प्राप्त कर ली जाएगी।

2. ऐसे किसी अंतरन में सहमति देने के पूर्व उपायुक्त अपना समाधान कर लेगा कि काश्तकारी में भूस्वामी तथा अन्य सहअंशधारियों को अंतरन द्वारा हुई हानि के लिए पर्याप्त प्रतिकर दे दिया गया है।
3. उपायुक्त के ऐसे किसी अंतरन में सहमति देने या देने से इनकार करने के किसी आदेश के विरुद्ध कोई अपील अध्याय-16 की रीति से की जा सकेगी।

यदि कोई व्यक्ति किसी मुंडारी-खूँट कट्टीदारी काश्तकारी या उसके किसी भाग का कब्जा धारा-240 के उपबंधों का उल्लंघन करके प्राप्त कर ले तो उपायुक्त उसे वहाँ से बेदखल कर सकेगा (धारा-242)। किसी मुंडारी-खूँट कट्टीदारी काश्तकारी का लगान उपायुक्त के आदेश से, लगान वृद्धि के उपस्थापन के ठीक 20 वर्ष पहले काश्तकारी सृजन होने पर बढ़ाया जा सकेगा। परंतु इसके अधीन किसी ऐसी काश्तकारी का लगान उस रकम तक नहीं बढ़ाया जाएगा, जो रकम उस लगान के आधे से अधिक हो, जो लगान उस भूमि के लिए देय होता, यदि भूमि में अधिभोगाधिकार रखनेवाले ऐसे रैयत द्वारा धारित होती (धारा-243)। अधिकार अभिलेख होने के बाद किसी मुंडारी-खूँट कट्टीदारी काश्तकारी पर लगान का बकाया हो तो इसका कोई वाद किसी न्यायालय में नहीं चल सकता; किंतु भूस्वामी लिखित रूप में उपायुक्त के पास आवेदन करेगा और 12.50 प्रतिशत से अनाधिक प्रतिवर्ष साधारण ब्याज के साथ वसूली हेतु प्रमाण-पत्र जारी किया जाएगा (धारा-244)।

- यदि धारा-244 के अधीन किसी काररवाई के क्रम में किसी का कोई ऐसा प्रश्न आए, जिसके लिए उपायुक्त की राय में सिविल न्यायालय में उसका वाद अधिक समुचित ढंग से किया जा सकता है तो उपायुक्त ऐसे प्रश्न को जिले के सिविल न्यायालय में निर्दिष्ट कर देगा (धारा-245)। जहाँ अधिकार अभिलेख न हो वहाँ लगान के बकाए की वसूली के लिए भूस्वामी वाद संस्थित कर सकेगा (धारा-246)। यदि कोई मुंडारी-खूँट कट्टीदारी काश्तकारी खूँट कट्टीदारों के एक समूह द्वारा संयुक्त रूप से धारित हो, धारा-244 के अधीन प्रमाण-पत्र दिए जाने पर और उसके निष्पादन पर या धारा-246 के अधीन वाद चलाए जाने पर इस आधार पर आपत्ति की जाए की सभी खूँट कट्टीदारों को काररवाई का पक्षकार नहीं बनाया गया है तो आपत्ति मानी नहीं जाएगी (धारा-247)। जहाँ किसी मुंडारी-खूँट कट्टीदार के विरुद्ध सरकार को देय किसी धन अथवा किसी भूस्वामी को देय लगान के लिए 'बिहार-उड़ीसा लोकमाँग वसूली अधिनियम, 1914' के अधीन प्रमाण-पत्र दिया जाए, वहाँ उपायुक्त उसके द्वारा दखल की गई ऐसी भूमि की कुर्की कर

सकेगा (धारा-248)।

- सहअंशधारी काश्तकारों से अंशदान की वसूली—जब किसी मुंडारी-खूँट कट्टीदार ने अपनी काश्तकारी का लगान, लगान के उस अंश सहित जो उसके सहअंशधारियों या उनमें से किसी से देय हो, चुका दिया हो तो उक्त अंश ब्याज सहित उसी प्रकार वसूला जा सकेगा, मानो वे भूस्वामी को देय लगान की बकाया हो (धारा-249)। सभी मुंडारी-खूँट कट्टीदारी काश्तकारी अध्याय-12 के अधीन तैयार अधिकार अभिलेख में वर्णित रहेगी (धारा-250)। अधिकार अभिलेख में मुंडारी-खूँट कट्टीदारी काश्तकारी के संबंध में किसी विषय से संबंधित वाद धारा-87 के अधीन ग्रहण नहीं किया जाएगा (धारा-251)। अधिकार अभिलेख के प्रकाशन की तारीख से 3 महीने के भीतर किसी समय अभिलेख में मुंडारी-खूँट कट्टीदारी काश्तकारी की किसी प्रविष्टि अथवा उसमें ऐसी काश्तकारी या उसकी प्रसंगतियों की किसी विषय पर विवाद होने पर राजस्व पदाधिकारी के समक्ष वाद लाया जा सकेगा (धारा-252)। धारा-252 के अधीन राजस्व पदाधिकारी के निश्चय पर विहित रीति से और विहित पदाधिकारी के पास अपील होगी (धारा-253)। जब भी धारा-252 के अधीन संस्थित वाद का अंतिम रूप से निश्चय हो जाए, तब उस धारा में निर्दिष्ट राजस्व पदाधिकारी द्वारा प्रकाशित अधिकार अभिलेखों का यह भाग समझा जाएगा (धारा-254)। 'बंगाली काश्तकारी अधिनियम, 1885' के अधीन किसी स्थानीय क्षेत्र, संपदा, भूधृति से संबंधित आदेश निकाले होने पर उसके उपरांत किसी वाद के निर्णय लेने में राजस्व पदाधिकारी की किसी जाँच में यह साक्ष्य रूप में नहीं लिया जाएगा कि उक्त क्षेत्र, संपदा, भूधृति मुंडारी-खूँट कट्टीदारी है या नहीं (धारा-255)। यदि ऊपर वर्णित अधिनियम से संबंधित आदेश नहीं हो तो ऐसी प्रविष्टियाँ साक्ष्य के रूप में ली जाएगी (धारा-256)।

अध्याय-19

- **अनुपूरक उपबंध—**(धारा-257 से 271)

संयुक्त भूस्वामी जब दो या दो से अधिक व्यक्ति संयुक्त भूस्वामी हो तो कोई भी ऐसा कार्य, जिसे भूस्वामी से करने की अपेक्षा की जाए, तो यह संबंधित सभी पक्षों पर लागू होगा (धारा-257)। धारा-20, 32, 35, 42, 46, 49, 50, 54, 61, 63, 65, 73, 74, 75, 85, 86, 87, 89, 91 या अध्याय-13, 14, 15, 16, 18 के अधीन किसी वाद में किसी उपायुक्त या राजस्व पदाधिकारी को परिवर्तित, उपांतरित या अपास्त करने के लिए कोई वाद ग्रहण नहीं किया

जाय (धारा-258)। राज्य सरकार इस अधिनियम के उद्देश्य की पूर्ति के लिए नियम बना सकेगी (धारा-264)। राज्य सरकार इस अधिनियम के अधीन उन बातों के संबंध में जिसके लिए इसके द्वारा कोई प्रक्रिया नहीं हो, उपायुक्त की प्रक्रिया के लिए नियम बना सकेगी (धारा-265)। अपने कर्तव्यों के पालन और अपने शक्तियों के प्रयोग में उपायुक्त, आयुक्त तथा बोर्ड के साधारण निर्देशों और नियंत्रण के अधीन, रहेंगे (धारा-270)। इस अधिनियम की कोई बात किसी विधि द्वारा परिभाषित बंदोबस्त पदाधिकारियों की शक्तियाँ और कर्तव्य जो इस अधिनियम द्वारा निरसित नहीं हो को प्रभावित नहीं करेगी (धारा-271)।

महत्त्वपूर्ण बातें

- 1990 में 66वाँ संविधान संशोधन के द्वारा इस अधिनियम के अध्याय-8 के धारा-46, 47, 48, 48(क), 49, अध्याय-10 के धारा-71, 71(क), 71(ख) एवं अध्याय-18 के धारा-240, 241, 242 को संविधान की नौंवी अनुसूची में सम्मिलित किया गया है। नौंवी अनुसूची में सम्मिलित होने से इस कानून में केवल संसद् ही संशोधन कर सकती है। न्यायपालिका इसमें हस्तक्षेप नहीं करेगी।
- अभी तक इस अधिनियम में 26 संशोधन किए जा चुके हैं। अंतिम संशोधन 1995 में हुआ था। प्रमुख संशोधन में 1947 का सी.एन.टी. संशोधन अधिनियम जिसंमें धारा-46 को प्रतिस्थापित किया गया, जिसमें जनजातीय भूमि का अंतरन गैर-जनजाति को करना निषिद्ध किया गया है।
- सन् 1962 में बिहार सरकार ने इस अधिनियम के धारा-46 में अनुसूचित जनजाति के साथ-साथ अनुसूचित जाति एवं पिछड़ी जातियों के लिए भी जमीन के अंतरन संबंधित जातियों के लोगों के लिए सुनिश्चित कर दिया।
- इस अधिनियम की धारा-49 जनजातीय भूमि सहित अन्य सभी भूमियों का अंतरन उद्योग, खनिज या इसके सहायक प्रयोजनों के लिए अनुमति देता है। राज्य सरकार ने सन् 2016 में इस अधिनियम की धारा-49 में संशोधन प्रस्तावित किया है, जिसके अनुसार सरकार उद्योग और खनन कार्यों के अलावा आधारभूत संरचना, रेल परियोजना, ट्रांसमिशन लाइन आदि कार्यों के लिए भी जमीन ले सकेगी।
- इस अधिनियम की धारा-71(क) में किसी जनजातीय भूमि के किसी गैर-जनजाति अंतरिती को अंतरन होने पर पुनः जनजातीय अंतरक को वापस दिलाने का प्रावधान है। बुंडू का सूर्य मंदिर एवं अपोलो हॉस्पिटल की भूमि धारा-71 (क) के प्रावधानों के अंतर्गत वापस की जा चुकी है। धारा-71

(क) के अनुसार एस.ए.आर. कोर्ट से कंपनसेशन के सहारे आदिवासियों की ज़मीन गैर-आदिवासियों हो हस्तांतरित की जाती थी। वर्ष 2016 में सरकार ने प्रस्तावित संशोधन अधिनियम में यह प्रावधान किया है कि अब कंपनसेशन के सहारे आदिवासियों की जमीन गैर आदिवासियों को हस्तांतरित नहीं की जा सकेगी। साथ ही एस.ए.आर. कोर्ट में जमीन वापसी के मुकदमे दायर होंगे।

- इस अधिनियम की धारा-241 मुंडारी-खूँट कट्टी का कुछ खास स्थिति में अंतरन की आज्ञा देता है, लेकिन इसके लिए उपायुक्त की पूर्व अनुमति आवश्यक है। मुंडारी-खूँट कट्टी भूमि के संबंध में भू-वापसी का प्रावधान धारा-242 के अंतर्गत किया गया है।
- इस अधिनियम की एक प्रमुख धारा-21 है, जो किसी भी रैयत को स्थानीय रीति रिवाज के अनुसार भूमि के उपयोग की आज्ञा देता है। जिससे कृषि योग्य भूमि के स्वरूप में अगर परिवर्तन होता है तो रैयत को अपनी भूमि से बेदखल होना पड़ सकता है। जनजातीय समाज के अंतर्गत एक ऐसा वर्ग उत्पन्न हो गया है, जो तात्कालिक आवश्यकता के अनुसार अपने भूमि का उपयोग कृषि कार्य के रूप में नहीं करना चाहता है। सन् 2016 के राज्य सरकार का प्रस्तावित संशोधन में, मालिक को जमीन की प्रकृति बदलने का अधिकार देने का निर्णय लिया है। इससे अब कोई जमीन मालिक अपने कृषि योग्य जमीन का व्यावसायिक उपयोग कर सकेगा। इस जमीन पर मकान, दुकान आदि का निर्माण किया जा सकेगा।

इस अधिनियम में भू वापसी के लिए 2010 ई. में अर्जुन मुंडा सरकार बनने के बाद धारा-46 को शक्ति से लागू करने का आदेश दिया गया था। माननीय झारखंड उच्च न्यायालय का 25 जनवरी, 2012 का निर्णय धारा-46 में पिछड़ी जातियों एवं अनुसूचित जातियों के लिए जमीन के अंतरन में उपायुक्त की पूर्व अनुमति को आवश्यक बना दिया, जिससे राज्य में चल रहे रियल स्टेट व्यवसाय बुरी तरह से प्रभावित हुए। धारा-46 जनजातीय भूमि का लीज 5 साल से ज्यादा करने की आज्ञा नहीं देती है। जिस कारण से बैंकों के द्वारा जनजातीय भूमि के एवज में लोन मिलने में कठिनाई होती है। अभी वर्तमान में इस अधिनियम से संबंधित करीब 20000 वाद न्यायालयों में लंबित हैं।

2001 में केंद्र सरकार द्वारा कराए गए जनजातीय सर्वेक्षण में यह बात स्पष्ट रूप से उभरकर सामने आया कि इस कानून के रहते हुए भी जनजातीय समाज के सदस्यों द्वारा राँची, जमशेदपुर, गुमला, लोहरदगा जैसे शहरों के आसपास तेजी से भूमि का अंतरन किया है।

वर्तमान स्वरूप में कास्तकारी अधिनियम जमींदार एवं रैयत के संबंधों को परिभाषित करने के लिए लाया गया था। इसके अंतर्गत लगान वसूली, लगान निर्धारण, लगान की कमी जैसी समस्याओं के निदान के लिए प्रावधान हैं। अधिनियम के केंद्र में उपायुक्त को रखकर सारे अधिकार उन्हें दिए गए, लेकिन जमींदारी उन्मूलन के पश्चात् सरकार स्वंय जमींदार की स्थिति में आ गई है। इस कारण से सरकार के हित एवं रैयत के हित में कई बार प्रतिस्पर्धा देखी गई है। बदलते परिवेश में राजस्व न्यायालय, राजस्व पदाधिकारी, कास्तकारों की समस्याएँ, भूमि के वर्गीकरण, भूमि की उपयोगिता, ग्रामीण समाज में परिवर्तन आदि को लेकर नई-नई तरह की समस्याएँ खड़ी हो रही है। जिनका समाधान वर्तमान स्वरूप में कास्तकारी अधिनियम के अंतर्गत उपलब्ध नहीं है। राजस्व न्यायालय एवं राजस्व पदाधिकारियों की भूमिका नए ढंग से रेखाकिंत किए जाने की आवश्यकता है। भूमि के वर्गीकरण और भूमि की उपयोगिता को लेकर भी कानूनी प्रावधानों में आवश्यक संशोधन जरूरी हैं। ऐसे संशोधन की जरूरत है कि जनजातीय हितों को सुरक्षित रखते हुए झारखंड के विकास का मार्ग प्रशस्त कर सकें।

संताल परगना भूधारण (अनुपूरक उपबंध) अधिनियम, 1949

संताल परगना जिले का निर्माण 1855 में किया गया, जिसके अंतर्गत भागलपुर एवं वीरभूम जिले के हिस्से सम्मिलित किए गए। इस क्षेत्र का पुराना नाम 'जंगलतरी ट्रैक' था। इस क्षेत्रीय भू-भाग में मुख्यतः जनजातीय निवासी थे। 'जंगलतरी ट्रैक' को ही 'दामिन-को' के नाम से जाना जाता है। यह क्षेत्र किसी भी शासनकाल में किसी के अधीन नहीं रहा था। इस क्षेत्र के मूल निवासी पहड़िया थे। इस क्षेत्र की एक विशेषता यह है कि इसके अंतर्गत आनेवाली जागीर या जमींदारी को राजस्व पंजी में तौजी नंबर से दरशाया गया है। इन तौजियों के जागीरदार और जमींदार भूमि राजस्व के लगान एवं शेष का भुगतान संबंधित जिलाधीश को किया करते थे। जमींदारी उन्मूलन के पश्चात् यह प्रथा समाप्त कर दी गई है।

इस क्षेत्र में 1872 में पहला रैयती कानून 'संताल परगना सेटलमेंट रेग्यूलेशन ऐक्ट, 1872' पारित किया गया। संताल परगना क्षेत्र में यह पहला काश्तकारी कानून था। इसी कानून से संताल परगना में काश्तकारी की अवधारणा विकसित होती गई। मिस्टर गैंजर की बंदोबस्त रिपोर्ट देखने के बाद तत्कालीन बिहार सरकार ने 'संताल परगना इन्क्वायरी कमेटी 1937' का गठन किया। इसी कमेटी के सिफारिश के आधार पर 'संताल परगना काश्तकारी अधिनियम, 1949' का निर्माण किया गया।

अध्याय-1

- संक्षिप्त नाम, प्रारंभ और विस्तार—यह संताल परगना भूधारण (अनुपूरक उपबंध) अधिनियम, 1949 कहलायेगा। यह उस तारीख को लागू होगा, जो राज्य सरकार अधिसूचना द्वारा नियत करें। यह समस्त संताल परगना में लागू होगा, जिनमें दुमका, साहेबगंज, गोड्डा, देवघर, पाकुड़ एवं जामताड़ा जिला हैं (धारा-1)।
- अधिनियम के स्थानीय विस्तार—परिवर्तन के अधिकार और किसी क्षेत्र विशेष से अधिनियम की वापसी का प्रभाव राज्य सरकार अधिसूचना द्वारा संताल परगना प्रमंडल के किसी भी भाग से इस अधिनियम अथवा इसके किसी भाग को वापस ले सकती है और उसी प्रकार इस अधिनियम अथवा इसके भाग को उसी क्षेत्र में लागू कर सकती है, जहाँ से यह वापस ले ली गई है। किसी क्षेत्र से अधिनियम या इसके किसी भाग को वापस करने में उस क्षेत्र में अधिनियम के पूर्व प्रवर्तन अथवा उसके अधीन विधिवत् किए गए अथवा किए जानेवाले किसी कार्य को प्रभावित नहीं करेगी। वापसी से पहले ऐसे क्षेत्र से संबद्ध इस अधिनियम के अधीन किए गए अपराध के संबंध में दिए गए किसी अर्थदंड, जब्ती अथवा दंड को प्रभावित नहीं करेगी (धारा-2)।

- **परिभाषाएँ**—(धारा-4)

  (1) कृषि वर्ष का अर्थ जहाँ बंगला साल चलता है, वहाँ प्रथम बैसाख से प्रारंभ होनेवाला वर्ष से है, जहाँ फसली साल चलता है, प्रथम आश्विन से प्रारंभ होनेवाला वर्ष से है, जहाँ राज्य सरकार भूस्वामी है, वहाँ अप्रैल के पहले दिन से प्रारंभ हो रहा वर्ष कृषि वर्ष होगा। (2) 'भूक्तबंध अथवा पूर्ण भोगबंधक' का अर्थ ऋण रूप में अग्रिम दी गई अथवा अग्रिम दी जानेवाली राशि के भुगतान के प्रयोजन के लिए रैयत की जोत अथवा उसकी जोत की आंशिक हित का इस शर्त पर हस्तांतरण से है कि कुल सूद सहित ऋण बंधक की अवधि में जोत अथवा आंशिक जोत से अद्‌भुत लाभ द्वारा चुकता समझा जाएगा। (3) खास ग्राम का अर्थ किसी ग्राम से है, जहाँ न तो मूल रैयत हो, न उस समय के लिए कोई ग्राम प्रधान हो, इस बात का विचार किए बिना कि ग्राम में पहले मूल रैयत अथवा ग्राम प्रधान था या नहीं। (4) भूस्वामी का अर्थ ग्राम प्रधान अथवा मूल रैयत से भिन्न उस व्यक्ति से है, जिसे लगान पाने का अधिकार हो, और इसमें भू-स्वत्वधारी, मध्यस्वत्वाधिकारी, घटवाल, और सरकार भी सम्मिलित है। (5) रैयत का अर्थ भू-स्वामी से भिन्न किसी

व्यक्ति से है, जिसमें स्वयं अथवा अपने पारिवारिक सदस्यों अथवा भाड़े के मजदूरों द्वारा जोतने के लिए भूधारण कराने का अधिकार प्राप्त किया है। ग्राम प्रधान अपनी निजी जोत, यदि कोई हो, का रैयत समझा जाएगा। (6) संताल सिविल रूल्स का अर्थ है संताल परगना अधिनियम, 1955 की धारा 1 के खंड (2) के अधिनियम, 37 1955 अधीन नियुक्त पदाधिकारियों द्वारा संताल परगना के नागरिक न्याय-शासन-प्रबंध के पालनार्थ राज्य सरकार द्वारा जारी किए गए निर्देश से है। (7) भूधारक में भूधृति-धारक, ग्राम प्रधान एवं मूल रैयत सम्मिलित हैं।

अध्याय-2

- **ग्राम प्रधान और मूल रैयत—(धारा-5 से 11)**

किसी खास ग्राम के रैयत या भूस्वामी के आवेदन पत्र देने पर तथा विनिहित रीति से निश्चित ग्राम के जमाबंदी रैयतों में से कम-से-कम दो तिहाई रैयतों की सहमति से उपायुक्त उस ग्राम के प्रधान की नियुक्ति करेगा (धारा-5)। किसी ग्राम का, जो खास नहीं है, ग्राम प्रधान मर जाए, तब ग्राम का भूस्वामी, इस घटना के तीनं महीने के अंदर ग्राम प्रधान की नियुक्ति के लिए उपायुक्त को प्रतिवेदन देगा (धारा-6)। ग्राम प्रधान नियुक्त होने पर ग्राम प्रधान को यह कबूलियत लिखना पड़ेगा कि वह अपने पद के कार्य संपादन में राज्य सरकार के द्वारा बनाए गए नियमों से शासित होगा (धारा-7)। जब कभी आखिरी ग्राम प्रधान के उत्तराधिकारी के अतिरिक्त कोई अन्य ग्राम प्रधान नियुक्त किया जाय, तो ग्राम के भूस्वामी का यह कर्तव्य होगा कि वह नियुक्ति तिथि से तीन महीने के अंदर उसे ग्राम का अधिकार अभिलेख दे दें (धारा-8)। ग्राम प्रधान को पदांतरण का किसी प्रकार का अधिकार नहीं होगा (धारा-9)। कोई बंजर भूमि जो मूल रैयत या सहरैयत द्वारा आबाद लायक बनाई गई हो या कोई परती जोत जो मूल रैयत या सहरैयत के अधिकार में पाया जाय, इस अधिनियम से मूलरैयत या सहरैयत की अपरावर्तनीय रैयती जोत समझी जाएगी (धारा-10)। इस अधिनियम के अनुसार ग्राम प्रधान, मूल रैयतों और रैयतों पर लगाए गए तथा उनसे वसूले गए सभी जुर्माने, प्रधानों की पुरस्कार निधि कही जानेवाली निधि में जमा किए जाएँगे। इसका व्यय उपायुक्त के निर्देश से होगा (धारा-11)।

अध्याय-3

- **रैयत—(धारा-12 से 26)**

इस अधिनियम से रैयतों का निम्नलिखित वर्ग होगा—(धारा-12)

(क) निवासी जमाबंदी रैयत—वैसे रैयत, जो गाँव में रहते हैं या जिनका

पारिवारिक आवास उस गाँव में है।

(ख) गैर-निवासी जमाबंदी रैयत—वैसे रैयत, जो उस गाँव में नहीं रहते हैं या.जिनका पारिवारिक वास स्थान उस गाँव में नहीं है।

(ग) नए रैयत—वे व्यक्ति, जो नए रैयत के रूप में अभिलिखित हैं।

भूमि उपयोग के संबंध में रैयत के अधिकार—

रैयत उस भूमि का, जो उसके जोत में पड़ती है, किसी भी रीति से, जो स्थानीय प्रचलन या रीति-रिवाज से अधिकृत है या किसी स्थानीय प्रचलन या रीति-रिवाज के अनपेक्षित किसी रीति से, जो भूमि के मूल्य विशेष रूप से नष्ट न करे या जिससे वह जोतने-कोड़ने के अयोग्य न हो जाए, उपयोग कर सकता है (धारा-13)। भूस्वामी द्वारा कोई रैयत को उसके जोत से बिना उपायुक्त के आदेश के बेदखल नहीं किया जा सकेगा (धारा-14)। रैयत को अपने उपयोग के लिए अपनी जोत में, बिना किसी अधिकार शुल्क के, ईंट या खपड़े बनाने का अधिकार होगा (धारा-15)। कोई रैयत भूस्वामी की अनुमति के बिना अपनी जोत या अपने साथ बंदोबस्त भूमि में पीने या सिंचाई प्रयोजनों के लिए बाँध, आहर, तालाब, कुआँ आदि का निर्माण या खुदाई कर सकता है, बशर्ते इससे किसी अन्य को क्षति न पहुँचे। क्षति पहुँचने या पहुँचने की संभावना होने पर इसका सही निर्णय उपायुक्त करेंगे। रैयत बिना शुल्क के ऐसे जलाशयों की मछली तथा अन्य उत्पादन का उपभोग कर सकता है (धारा-16)। रैयत अपनी जोत की किसी भूमि पर वृक्ष, उद्यान एवं बाँस लगा सकता है और उन्हें काटकर गिरा सकता है और उपयोग कर सकता है, लेकिन किसी महुआ वृक्ष को अनुमंडल पदाधिकारी की अनुमति के बिना नहीं काट सकता है। उसे अपनी जोत में अपने द्वारा लगाए हुए वृक्षों पर बिना शुल्क के लाह उपजाने या रेशम कीट पालने का अधिकार होगा (धारा-17)। रैयत अपने या अपने परिवार के घरेलू या कृषि प्रयोजनों के लिए अपनी जोत पर कच्चा या पक्का भवन बना सकता है (धारा-18)।

(धारा-19) जोत का विभाजन तथा लगान का वितरण—

1. भूस्वामी तथा ग्राम प्रधान या मूल रैयत, यदि कोई हो, की सहमति से जोत का विभाजन या उसके लगान का वितरण होगा।
2. अगर न्यायालय के आदेश या किसी अन्य प्रकार से जोत का बँटवारा या उप विभाजन का विषय हो एवं सम्मिलित पक्ष आपसी समझौते से या भूस्वामी या ग्राम प्रधान या मूल रैयत की यदि कोई हो, सहमति से जोत के लगान के वितरण में असमर्थ हो, तो पक्षों में कोई व्यक्ति जोत के लगान वितरण के लिए उपायुक्त को आवेदन-पत्र दे सकता है।
3. यदि जोत के किसी भाग का लगान तीन रुपए से कम होगा तो किसी भी

स्थिति में ऐसी जोत का उप विभाजन नहीं होगा।

(धारा-20) रैयत के अधिकार का हस्तांतरण—

1. विक्रय, दान, बंधक, रिक्त-पत्र, पट्टा या किसी अन्य संविदा या समानुबंध द्वारा प्रकट या ध्वनित रूप से अपने किसी जोत या उसके अंश के अधिकार का रैयत द्वारा किया हुआ हस्तांतरण तब तक मान्य नहीं होगा, जब तक कि हस्तांतरण का अधिकार अभिलेख में उल्लेख न हो। किसी अनुमंडल में रैयती जोत का लीज उपायुक्त की लिखित अनुमति से एक वर्ष तक के लिए किया जा सकता है। जहाँ संताल विधि के अधीन एक अभिलिखित संताल रैयत द्वारा बहन एवं पुत्री को दान अनुज्ञेय है, वैसा रैयत उपायुक्त की पूर्व लिखित अनुमति से, वैसा विधि मान्य दान दे सकता है। आदिवासी रैयत, उपायुक्त की लिखित पूर्वानुमति से, अपनी भूमि का जो जोत के क्षेत्रफल के आधे से अधिक का न हो, दान अपनी विधवा माँ को या अपनी मृत्यु के बाद निर्वाह के लिए अपनी स्त्री को कर सकता है।
2. अधिकार अभिलेख में निहित्त विपरीत किसी बात के रहते हुए वे भी किसी आदिवासी रैयत का अपनी जोत या उसके अंश का हस्तांतरण—योग्य अधिकार किसी भी प्रकार उस परगना या तालुक, जिसमें जोत स्थित है, के सचमुच खेती करनेवाले आदिवासी रैयत के सिवा अन्य व्यक्ति के नाम हस्तांतरित नहीं किया जाएगा। इस उपधारा में उल्लेखित कोई बात भी ऐसे हस्तांतरण के अधिकार पर लागू नहीं होगी, जो आदिवासी रैयत अपने जोत या उसके किसी भाग को अपने गरदी जमाई या घर जमाई के नाम करे।

   इसके अलावा संताल परगना भूधारण (अनुपूरक उपबंध) संशोधन अधिनियम, 1975 से कोई रैयत जो आदिवासी जनजाति या आदिवासी जाति का सदस्य हो उपायुक्त की पूर्वानुमति से और जो आदिवासी जनजाति या आदिवासी जाति का सदस्य न हो ऐसी पूर्वानुमति के बिना अपने जोत या उसके अंश के बारे में रिजर्व बैंक ऑफ इंडिया ऐक्ट, 1934 के अर्थ में किसी अनुसूचित बैंक के साथ जो 'बिहार-उड़ीसा को-ऑपरेटिव सोसाइटीज ऐक्ट' या किसी वित्तीय संस्था के साथ अथवा किसी कंपनी या निगम के साथ, जो राज्य सरकार या केंद्रीय सरकार द्वारा अथवा राज्य सरकार द्वारा अधिकृत हो या जिसमें 51 प्रतिशत से कम शेयर पूँजी धारित न हो और जिसका गठन कृषकों को कृषि ऋण उपलब्ध कराने के लिए किया गया हो, साधारण बंधक कर सकेगा।
3. उपधारा-1 या 2 के विपरीत कोई हस्तांतरण निबंधित नहीं किया जाएगा या

किसी भी प्रकार से दीवानी, फौजदारी या राजस्व क्षेत्राधिकार के किसी न्यायालय द्वारा मान्य नहीं होगा।

4. किसी जोत या उसके किसी भाग में किसी रैयत के अधिकार के विक्रय के लिए किसी न्यायालय या पदाधिकारी द्वारा डिक्री या आदेश के निष्पादन में ऐसा अधिकार बेचा भी नहीं जा सकेगा, जब तक कि हस्तांतरण का रैयत का अधिकार अधिकार-अभिलेख में उल्लेखित नहीं हो। 1976 के 17वें बिहार अधिनियम के द्वारा किसी अधिभागी रैयत जोत या उसका अंश 'रिजर्व बैंक ऑफ इंडिया ऐक्ट, 1934' के अर्थ में किसी अनुसूचित बैंक या किसी सोसाइटी या बैंक से, जो 'बिहार-उड़ीसा सोसाइटी अधिनियम, 1935' के अधीन से निबंधित हो या निबंधित समझा हो या किसी वित्तीय संस्था से, जो राज्य सरकार या केंद्र सरकार द्वारा या अंशत: राज्य सरकार और अंशत: केंद्र सरकार द्वारा अधिकृत हो या जिसमें इक्यावन प्रतिशत शेयर पूँजी से कम धारित न हो एवं जो कृषकों के लिए कृषि ऋण उपलब्ध कराने की दृष्टि से गठित हो, लिए गए ऋण की वसूली के लिए, 'बिहार-उड़ीसा पब्लिक डिमांड्स रिकवरी ऐक्ट, 1914' के में विहित प्रक्रिया के अनुसार बेचा जा सकेगा, लेकिन यदि रैयत का कोई जोत या उसका कोई अंश किसी आदिवासी जनजाति या आदिवासी जाति का सदस्य हो, वह सदस्य व्यक्ति को नहीं बेचा जा सकेगा, जो आदिवासी जनजाति या आदिवासी जाति का सदस्य न हो।

5. यदि किसी समय उपायुक्त के संज्ञान में यह आए कि किसी ऐसे रैयत की भूमि का हस्तांतरण, जो संविधान की आदेश, 1950 की अनुसूची के भाग-III में निर्दिष्ट अनुसूचित जनजाति का सदस्य है, उपधारा-1 और 2 के उल्लंघन करते हुए किसी कपटपूर्वक तरीके से हुआ है, उपायुक्त अंतरिती को, कारण दर्शित करने का उचित अवसर देते हुए, जिसे बेदखल किया जाना है, इस विषय में जरूरी जाँच के बाद अंतरिती को बिना प्रतिकर के भुगतान किए अंतरक या उसके उत्तराधिकारी को प्रत्यावर्तित कर सकेगा या उसके उत्तराधिकारी के उपलब्ध न होने पर या वैसे प्रत्यावर्तित को स्वीकार न करने की दशा में परित्यक्त जोत के व्ययन की ग्राम प्रथा के अनुसार किसी अन्य रैयत जो अनुसूचित जनजाति का अंग है, के साथ पुनर्बंदोबस्त कर सकेगा।

यदि किसी अंतरिती ने अंतरण की तिथि से तीस वर्ष के अंदर वैसी जोत या उसके किसी अंश पर किसी भवन या संचरना का निर्माण कर लिया है एवं अंतरक उसका मूल्य देने को इच्छुक न हो, तो उपायुक्त अंतरिती को यह आदेश देगा कि वह आदेश की तिथि से छह माह के अंदर, उपायुक्त द्वारा बढ़ाए गए समय के भीतर, जो आदेश की

तिथि से दो वर्ष से अधिक न होगा, उक्त भवन या संचरना को हटाने की अनुमति देगा, ऐसा करने में असफल होने की स्थिति में उपायुक्त वैसे भवन या संरचना को हटा सकेगा।

जहाँ उपायुक्त संतुष्ट हो जाए कि अंतरिती ने बिहार अनुसूचित क्षेत्र विनियम, 1969 के लागू होने से पूर्व ही उस जोत या उसके किसी अंश पर पर्याप्त संरचना या भवन का निर्माण कर लिया है, वहाँ वह अधिनियम के किसी अन्य उपबंध के होते हुए ही ऐसे अंतरण को विधिमान्य कर सकेगा, जहाँ अंतरिती अंतरक को आस-पास में समतुल्य मूल्य का वैकल्पिक जोत या उसका कोई अंश दे दे या अंतरक को पुनर्वास के हेतु उपायुक्त द्वारा निर्धारित पर्याप्त प्रतिकर दे।

यदि जाँच के पश्चात् उपायुक्त संतुष्ट हो जाए कि अंतरिती ने स्वत्व का अर्जन प्रतिकूल कब्जा द्वारा किया है और अंतरित भूमि को प्रत्यावत्तित या पुनर्बंदोबस्त करना चाहिए तो वह अंतरिती या उसके उत्तराधिकारी या अन्य रैयत जैसी स्थिति हो, अपेक्षा करेगा कि वह उपायुक्त के पास उपायुक्त द्वारा निर्धारित राशि या उस भूमि के बाजार मूल्य को ध्यान में रखते हुए निर्धारित करे, जैसी स्थिति हो, जिसके लिए भूमि का अंतरण किया गया तथा भूमि में किए गए प्रभावित विकास के किसी प्रतिकर रूप में उपायुक्त साम्यपूर्ण या उचित राशि समझे।

(धारा-21) गैर-आदिवासी रैयत द्वारा भुगत बंध या पूर्ण भोगबंधक से रैयती भूमि का हस्तांतरण तथा उसकी सीमा—

1. धारा-20 में निहित्त किसी बात के रहते हुए भी राज्य सरकार इस संबंध में सरकारी गजट में अधिसूचना प्रकाशित करके, संपूर्ण संताल परगना के या उसके ऐसे खंड के, जो वह उचित समझे, गैर-आदिवासी रैयत को सूचित तिथि से, अपने धान के खेतों और प्रथम श्रेणी के बारी भूमियों के चतुर्थांश का भुगत बंध या पूर्ण भोगबंधक द्वारा राज्य सरकार द्वारा यथाविधि स्थापित भूमि बंधक रखनेवाले बैंक या उपायुक्त द्वारा स्वीकृत किसी अनाज गोला या बिहार और उड़ीसा को-ऑपरेटिव सोसाइटी ऐक्ट, 1935 के अनुसार निबंधित या निबंधित समझी जानेवाली किसी सोसाइटी या संताल परगना के किसी रैयत के नाम हस्तांतरण करने की स्वीकृति दे सकती है। यह हस्तांतरण तब तक मान्य नहीं समझा जाएगा, जब तक यह निबंधित प्रलेख द्वारा न हुआ हो और इसकी रिपोर्ट विनिहित रीति से प्रलेख के निबंधन के एक मास के अभ्यतर अंतरक और अंतरीति द्वारा उपायुक्त और भूस्वामी को न दी गई हो। ऐसा हस्तांतरण छह वर्ष से अधिक की अवधि के लिए नहीं होगा और इस अवधि के बाद छह वर्षों तक अंतरक की किसी भी भूमि का हस्तांतरण न्याय्य नहीं

होगा।

2. उपधारा-1 से हस्तांतरण एवं 6 वर्ष के बाद जमीन वापसी हेतु आवश्यक खर्च को उपायुक्त के पास जमा करना होगा। इसके बिना हस्तांतरण मान्य नहीं होगा।
3. भूमि का लगान अंतरिती उस क्षेत्र के लिए बंदोबस्त की दर से अदा करेगा, अदा नहीं करने पर भूमि से शीघ्र निकाला जाएगा और बंधक रद्द कर दिया जाएगा।
4. बंधक की अवधि की समाप्ति पर उपायुक्त अपनी ओर से पक्षों को नोटिस देंगे कि बंधक की अवधि का अंत हो गया और अंतरीति को निकालकर अंतरक रैयत को कब्जा दिलाने के लिए अग्रसर होगा।
5. उपरोक्त उपधाराओं के अतिरिक्त अन्य प्रकार किया गया भूमि का हस्तांतरण धारा-20 की उपधारा-1 के उल्लंघन में किया गया हस्तांतरण समझा जाएगा।
6. बंधक की अवधि की समाप्ति के बाद रैयत की भूमि की कब्जे में पाए जानेवाला बंधकदार को जेल की सजा दी जाएगी।

(धारा-22) न्यास पर कृषि के लिए रैयत अस्थायी रूप से अपना क्षेत्र दे सकता है।

1. धारा-20 और 21 में निहित किसी बात के रहते हुए गाँव से रैयत की अस्थायी अनुपस्थिति, उसकी बीमारी या शारीरिक अक्षमता, उसके नियंत्रण से बाहर किसी कारणों से हल-बैल की क्षति, रैयत के नाबालिग या विधवा होने की दशा में ग्राम प्रधान, मूल रैयत या भूस्वामी, जैसी दशा हो, निर्धारित डाक द्वारा अनुमंडल पदाधिकारी को सूचना देकर और अपना जोत अस्थायी रूप से न्यास पर जोतने के लिए संताल परगना के किसी रैयत को दे सकता है।
2. उपधारा-1 में यदि कोई अवधि नहीं दी गई हो और रैयत स्वयं अपने नहीं जोतता है तो दस वर्ष की अवधि के बाद जोत छोड़ दिया गया समझा जाएगा।
3. उपधारा-1 के प्रावधानों के अपेक्षा अन्य प्रकार से खेती-बारी करने के लिए किसी जोत का स्थायी या अस्थायी रूप से हस्तांतरण धारा-20 की उपधारा-1 के उल्लंघन में किया गया हस्तांतरण समझा जाएगा।

(धारा-23) रैयती भूमि का विनिमय (बदलैन)—

1. अपनी भूमि को बदलने की इच्छा रखनेवाले लिखकर उपायुक्त के यहाँ आवेदन कर सकते हैं, लेकिन उपायुक्त तब तक विनिमय करने की अनुमति नहीं देंगे, जब तक कि वे संतुष्ट न हो जाए कि विनिमय के पक्ष बदली जानेवाली जमीन के सापेक्ष रैयत है, या बदली जानी वाली प्रस्तावित भूमि

एक ही गाँव में या आसपास के गाँव में है, या यह कारोबार गुप्त बिक्री नहीं है, वरन् पक्षों की पारस्परिक सुविधा के लिए की जानेवाली सचमुच का विनिमय है या बदली जानेवाली भूमि सामान्य मूल्य की है।

2. यदि उपधारा-1 में कोई अवधि नहीं दी गई हो और रैयत स्वयं अपने नहीं जोतता है तो दस वर्षों की अवधि के बाद जोत परित्यक्त समझा जाएगा।
3. उपधारा-1 के प्रावधानों के अतिरिक्त या उपायुक्त के बिना लिखित अनुमति के भूमि का कोई विनिमय धारा-20 के उल्लंघन में किया गया हस्तांतरण समझा जाएगा।

(धारा-24) रैयती जोतों के कतिपय हस्तांतरण का निबंधन—

1. इस अधिनियम और अधिकार अभिलेख (खेवट खतियान) के नियम से किसी रैयती जोत का बिक्री, दान वसीयतनामा या बदलैन हेतु किया जानेवाला भूस्वामी के यहाँ होगा।
2. अधिकार अभिलेख या किसी विधान में या संताल परगना के अंतर्गत विधि का बल रखनेवाले किसी वस्तु में विपरीत किसी बात के होते हुए भी, ऐसे हस्तांतरण का निबंधन भूस्वामी स्वीकृत करेंगे और बिक्री, दान या वसीयतनामा के द्वारा हस्तांतरण की दशा में, निबंधन के लिए शुल्क लगाने के अधिकारी होंगे। अन्यथा कोई शुल्क नहीं लिया जाएगा।

   दान करनेवाले के पति या पत्नी को या हिंदू विधि के अधीन गोद लिये हुए पुत्र या लड़की, बहन, संथाल विधि के अधीन गोद लिये हुए पुत्र या गोद ली हुई पुत्री को या ऐसे दान करनेवाले के ऐसे संबंधी को, जो रक्त संबंध से तीन पीढ़ी से संबंधित है, दान किया जाय तो भूस्वामी को कोई निबंधन शुल्क नहीं देना होगा।
3. उपधारा-1 में वर्णित ऐसे हस्तांतरण का निबंधन यदि कोई भूस्वामी स्वीकृत न करे तो अंतरीति या उसके हक का उत्तराधिकारी, उपायुक्त के पास आवेदन कर सकता है। (धारा-24क) वास भूमि के कतिपय हस्तांतरणों का निबंधन—1976 के 17वें संशोधन अधिनियम से—(1) जब कोई वास भूमि या उसका कोई अंश, जिसे अपने जोत के भाग से अन्यथा, रैयत के रूप में धारण करता हो, रूढ़ि या अधिकार अभिलेख के अनुसार, विक्रय, दान, वसीयतनामा या विनिमय द्वारा हस्तांतरित हो, तब अंतरीति या उसके हक का उत्तराधिकारी हस्तांतरण का निबंधन गाँव के भूस्वामी के कार्यालय में कर सकेगा। (2) अधिकार अभिलेख या संथाल परगना में विधि का बल रखनेवाली किसी बात के प्रतिकूल होने पर भी भूस्वामी ऐसे हस्तांतरण का निबंधन स्वीकृत करेगा

और वह विक्रय, दान या वसीयतनामा द्वारा हस्तांतरण के अलावा कोई निबंधन शुल्क ग्रहण नहीं करेगा। (3) यदि कोई भूस्वामी उपधारा-1 में उल्लेखित किसी ऐसे हस्तांतरण का निबंधन स्वीकृत करने से इनकार करता है, तब अंतरीति या उसके हक का उत्तराधिकारी उपायुक्त के पास आवेदन देगा।

धारा-25 एवं 26 में रैयती जोत के विक्रय या दान के हस्तांतरण की प्रक्रिया का वर्णन है।

अध्याय-4

- **बंजर भूमि एवं खाली जोतों की बंदोबस्ती**—(धारा-27 से 42)

(धारा-27) बंजर भूमि की बंदोबस्ती विनिहित प्रपत्र में पट्टे या अमलनामे के द्वारा की जाएगी। इसकी चार प्रतियाँ तैयार की जाएँगी। एक प्रति रैयत को, एक उपायुक्त को, एक भूस्वामी को और चौथी ग्राम प्रधान या मूल रैयत को दी जाएगी।

(धारा-28) बंजर भूमि या खाली जोत के बंदोबस्ती करने में अधिकार अभिलेख में दर्ज सिद्धांतों के अतिरिक्त निम्न बातों पर ध्यान दिया जाएगा—

(क) प्रत्येक रैयत की आवश्यकताओं और उसकी आबाद लायक बनाने और आबाद करने की क्षमता के अनुसार भूमि का उचित एवं साम्यपूर्ण वितरण।

(ख) ग्राम समुदाय, समाज या राज्य के प्रति की गई सेवाओं के हेतु कोई विशेष दावा।

(ग) रैयत की जमाबंदी भूमि से बंजर भूमि का सानिध्य या साम्य।

(घ) उन भूमिहीन श्रमजीवियों के हेतु व्यवस्था, जो गाँव के वास्तविक स्थायी निवासी हैं तथा जिनके संबंध में यह दर्ज है कि इनका गाँव में निवासगृह है।

- कोई मूल रैयत या ग्राम प्रधान बिना उपायुक्त की अनुमति से अपने साथ या किसी मूल रैयत के साथ कोई बंजर भूमि या खाली जोत बंदोबस्त नहीं करेगा (धारा-29)। भूस्वामी की सहमति एवं उपायुक्त के अनुमोदन के बिना बंदोबस्ती के प्रयोजन के लिए उप विभाजन नहीं किया जाएगा (धारा-30)। इस अधिनियम में अन्यथा उपबंधित के सिवाय, यदि दो या उससे अधिक ग्राम प्रधान, सह मूल रैयत या भूस्वामी किसी ऐसे गाँव में हों, जिसे वे संयुक्त रूप से रखते हो तथा बंजर भूमि की बंदोबस्ती इस प्रकार के सभी ग्राम प्रधानों, सह मूल रैयतों या भूस्वामियों द्वारा संयुक्त रूप से नहीं की गई हो तो आपत्ति होने पर उपायुक्त के विवेक से बंदोबस्ती रद्द या उपांतरित कर दी जा सकती है (धारा-31)। यदि कोई व्यक्ति ग्राम प्रधान या मूल रैयत या भूस्वामी के द्वारा बंजर भूमि या खाली जोत की बंदोबस्ती करने या बंदोबस्ती अस्वीकार

करने की क्रिया से क्षुब्ध हुआ हो, अथवा यदि वह ऐसी भूमि या जोत के संबंध में किसी अन्य व्यक्ति के किसी काम से क्षुब्ध हुआ हो, तो जिस तिथि को बंदोबस्ती के अनुसार भूमि का उद्धार प्रारंभ किया गया हो, या बंदोबस्ती अस्वीकृत कर दी गई हो, उसके एक वर्ष के भीतर उपायुक्त के यहाँ आवेदन दे सकता है (धारा-32)।

- बंदोबस्त की गई भूमि अगर पाँच वर्ष की अवधि के भीतर आबाद नहीं की गई हो तो जमाबंदी रैयत ग्राम प्रधान या मूल रैयत या भूस्वामी के आवेदन-पत्र देने पर उपायुक्त को यह अधिकार होगा कि वह बंदोबस्ती को रद कर दे तथा नियमपूर्वक पुन: ऐसी बंदोबस्ती कर दे (धारा-33)। गाँव के बंजर भूमि का समुचित भाग जहेरथान, श्मशान या कब्रिस्तान के दर्ज क्षेत्र में ग्राम प्रधान या मूल रैयत या उपायुक्त की राय से बंदोबस्ती की जा सकती है (धारा-34)। सिंचाई के लिए या पेयजल के लिए या बाढ़ की रक्षा के लिए किसी बंजर भूमि की बंदोबस्ती रैयतों तथा ग्राम प्रधान या मूल रैयत या भूस्वामी या उपायुक्त के अनुमोदन के बिना बंदोबस्त नहीं की जाएगी। इन जगहों पर सिंचाई, स्नान, धोने या पीने के कामों के लिए कोई कर नहीं लगाया जाएगा (धारा-35)। गाँव की सीमाओं पर की नदिकाओं या नालों, श्मशान या कब्रिस्तान, शिविरस्थलों, सीमा चिह्नों, रास्ते एवं पूजा स्थलों को कोई रैयत किसी अन्य प्रयोजन के लिए परिवर्तित नहीं करेंगे और इनका किसी रैयत के साथ बंदोबस्ती भी नहीं होगी (धारा-36)। गाँव के सभी रैयतों को यह अधिकार होगा कि वे अपने मवेशियों को गाँव के भीतर अभिलेखांकित चारागाह में तथा उपायुक्त द्वारा धारा-38 के अनुसार अलग किए गए चारागाह तथा गाँव की उस बंजर भूमि में, जो संथाल परगना बंदोबस्त विनियम के अनुसार गाँव से अलग कर दी गई हो और धारा-34 के अनुसार वन वृद्धि के लिए रख छोड़ी गई हो, चरा सकता है (धारा-37)। कोई भूमि, जो ग्राम चारागाह या गोचर के रूप में अभिलेखांकित हो, किसी भी व्यक्ति द्वारा चरायी से भिन्न किसी प्रयोजन के लिए प्रयुक्त नहीं की जाएगी। यदि ये क्षेत्र गाँव के कुल रकबे के पाँच प्रतिशत से कम हो तो उपायुक्त, भूस्वामी, ग्राम प्रधान या रैयतों की राय से गाँव की बंजर भूमि का समुचित क्षेत्र चरायी के लिए पृथक् किया जा सकता है (धारा-38)। भूस्वामी की अनुमति से रैयत अपने जोतों से भिन्न भूमियों में पीने तथा अन्य प्रयोजन के लिए अपेक्षित तालाब तथा अन्य जलाशय बना सकते हैं तथा भूस्वामी के साथ किए गए प्रबंध के अनुसार उनकी मछलियों तथा अन्य उत्पादन का उपभोग कर सकते

हैं। भूस्वामी बिना पर्याप्त कारण के ऐसे अनुमति देना अस्वीकार नहीं करेगा, अनुमति अस्वीकार होने पर उपायुक्त, रैयत के आवेदन-पत्र देने पर उचित निर्णय दे सकता है (धारा-39)। भूस्वामी या मूल रैयत या ग्राम प्रधान के द्वारा किसी रैयत को किसी खास तालाब में मछली मारने का प्राप्त अधिकार या सिंचाई के किसी अधिकार में परिवर्तन नहीं कर सकता (धारा-40)। किसी पहाड़िया गाँव में किसी बंजर भूमि या **रिक्त जोत** किसी गैर पहाड़िया के साथ बंदोबस्त नहीं किया जा सकता। पहाड़िया गाँव वह है, जो आयुक्त द्वारा उस रूप में अभिलिखित हो (धारा-41)। उपायुक्त कभी भी अपनी इच्छा से या प्राप्त आवेदन से किसी व्यक्ति को कृषि भूमि पर अतिक्रमण करने पर इस अधिनियम के प्रावधानों से बेदखल कर सकता है (धारा-42)।

अध्याय-5

- **लगान**—(धारा-43 से 52)

वस्तु रूप में लगान वसूल नहीं किया जाएगा या अभिस्वीकृत नहीं होगा (धारा-43)। यह संशोधन अधिनियम, 1955 द्वारा स्थापित किया गया। इसके अनुसार भूधारक के द्वारा मुद्रा लगान चार बराबर किस्तों में किसी वर्ष के अंतिम दिन प्रत्येक तिमाही को देय होगा। भुगतान समय पर नहीं होने पर उसे बकाया समझा जाएगा (धारा-43-क)। किसी भूस्वामी या मूल रैयत का हित हस्तांतरित होने पर कोई रैयत, ग्राम प्रधान या मूल रैयत, हस्तांतरण के बाद देय और जिनका हित हस्तांतरित हुआ हो, ऐसे भूस्वामी या मूल रैयत, को सद्भाव में दिए गए लगान के लिए दायी नहीं होगा, जब तक कि हस्तांतरित लगान देने के पहले हस्तांतरण की नोटिस रैयत, ग्राम प्रधान या मूल रैयत को न दे लें (धारा-44)। रैयत अपने किसी जोत के लिए लगान की रकम को विनिहित प्रपत्र, डाक मनीऑर्डर द्वारा भेजकर भुगतान कर सकता है (धारा-45)। ग्राम प्रधान, मूल रैयत या भूस्वामी प्रत्येक रैयत के लगान का लेखा रखेगा (धारा-46)। प्रत्येक रैयत अपने चुकाए हुए लगान या उसका ब्याज का रसीद भूस्वामी या उसके अभिकर्ता, ग्राम प्रधान या मूल रैयत से लगान चुकाते समय ही लेने का अधिकारी होगा (धारा-47)। उपर्युक्त धारा के अधीन व्यवहार हेतु उचित लेखों के विवरण और प्रत्यर्पण सहित रसीदों के प्रपत्रों को राज्य सरकार तैयार कराएगी और ग्राम प्रधान, मूल रैयत और भूस्वामी के हाथ बिक्रय के लिए सभी अनुमंडल कार्यालयों में रखेगी (धारा-48)। जहाँ रैयत का जोत हस्तांतरण योग्य है, जोत का लगान जोत का प्रथम प्रभार होगा और ग्राम प्रधान या मूल रैयत की दशा में, ग्राम लगान, ऐसे लगान के भुगतान के लिए भूस्वामी, ग्राम प्रधान या मूल रैयत के जोत पर प्रथम प्रभार होगा (धारा-49)।

- (धारा-50) विशिष्ट कारणों से लगान की कमी—

संताल परगना में लागू किसी विधि या विधि का बल रखनेवाली किसी बात के प्रतिकूल रहने पर भी उपायुक्त यदि इसके लिए राज्य सरकार द्वारा प्राधिकृत है, लिखित आदेश द्वारा किसी क्षेत्र में अभिलिखित रैयतों के जोत की या गाँव या वैसे रैयत के किसी वर्ग के भूमि के, जिसे संताल परगना बंदोबस्त विनियम के प्रावधानों के अधीन बंदोबस्त पदाधिकारी द्वारा बंदोबस्त किया गया हो या जो लगान नामावली में प्रवेश हो तो निम्नांकित किसी एक या अधिक आधार पर लगान में कमी कर सकता है—

(क) किसी जोत या क्षेत्र में स्थायी रूप से बालू पड़ जाना, पानी भर जाना।

(ख) वैसे जोत या क्षेत्र का भूस्वामी जिसके जोत के लिए विधिवत् नोटिस देने पर भी छह महीने के अंदर सिंचाई संबंधी व्यवस्था नहीं हो पाती है।

(ग) उत्पादित खाद्यानों के औसत स्थानीय मूल्य में अचानक कमी होने पर। यह कमी सात वर्ष या उससे अधिक की अवधि के लिए कम हो जाने से है। कम किए गए लगान का पूर्व के लगान से वही अनुपात होगा जो वर्तमान मूल्य का उस समय के प्रचलित मूल्य से होगा।

- धारा-50 के अधीन लगान कम किए जाने पर लगान की और भी कमी उन्हीं कारणों से तब तक नहीं की जाएगी, जब तक संताल परगना बंदोबस्त विनियम के अधीन नया अधिकार अभिलेख नहीं तैयार होता (धारा-51)। यदि कोई भूस्वामी या उसका अभिकर्ता अपने रैयत या ग्राम प्रधान या मूल रैयत से देय लगान के अतिरिक्त कुछ और वसूल करता है तो वह दंड का भागी होगा (धारा-52)।

अध्याय-6

- **कतिपय प्रयोजनों के लिए भूस्वामी द्वारा भूमि का अर्जन**—(धारा-53)

(धारा-53) यदि किसी गाँव का भूस्वामी, युक्ति-युक्त और पर्याप्त प्रयोजन से जिसका संबंध जोत, ग्राम अथवा भूस्वामी के हित से हो अथवा भवन निर्माण के लिए अथवा किसी धार्मिक, शैक्षिक अथवा दातव्य प्रयोजन से अथवा खान खोदने, उत्पादन अथवा सिंचाई के प्रयोजन से अथवा कृषि अथवा औद्योगिक उन्नति करने के हेतु अथवा सरकार की कोई राष्ट्रीय नीति प्रभावी करने के हेतु उस ग्राम के किसी रैयत की जोत को अथवा उसके किसी भाग को अर्जन करना चाहे तो इसके लिए उपायुक्त के पास आवेदन दे सकता है। उपयुक्त आवेदन पर उपायुक्त उचित जाँच के बाद अर्जन की कारवाई आरंभ करने की अनुमति दे सकता है। अर्जन के आदेश देने पर उपायुक्त, रैयतों के नाम नोटिस जारी करने के बाद क्षतिपूर्ति के संबंध में दावों और आपत्तियों का निर्णय करेगा। वह रैयत, जिसकी भूमि अर्जित की गई हो, वो क्षतिपूर्ति पाने के अतिरिक्त इस बात का अधिकारी होगा कि उसका लगान उसी अनुपात में घटा दिया जाए। कब्जा

करने के पाँच वर्ष के भीतर यदि भूमि का उस प्रयोजन के लिए उपयोग न हो रहा हो, जिसके लिए वह अपेक्षित था, तो उपायुक्त आदेश देकर उसे संबंधित रैयत को वापस दे सकता है।

■ **न्यायिक प्रक्रिया**—(धारा-54 से 63)

किसी प्रक्रिया के संबंध में इस अधिनियम में प्रावधान नहीं रहने पर राज्य सरकार नियम बना सकती है। जब तक नियम न बने और बन जाने पर उनके तथा पूर्व के अधिनियम के प्रावधानों के अधीन रहकर संबंधित मामलों का निपटारा किया जाएगा (धारा-54)। जहाँ अपने जोत के लगान की वसूली के लिए किसी रैयत के विरुद्ध भूस्वामी ने कोई वाद दायर किया हो, वहाँ उसके विरुद्ध वह पहले वाद के दायर करने की तिथि से छह मास बीत नहीं जाने तक कोई दूसरा वाद लगान की वसूली के लिए दायर नहीं करेगा (धारा-55)।

- बेदखली—उपायुक्त के आदेश के बिना कृषि भूमि से कोई व्यक्ति बेदखल नहीं किया जाएगा। जहाँ कोई रैयत अपने संपूर्ण जोत से बेदखल कर दिया गया हो तो उपायुक्त अपने विवेकानुसार उसे उसके निवासस्थान पर कब्जा बनाए रखने के लिए अनुमति दे सकता है और इसके लिए उपयुक्त लगान का निर्धारण कर सकता है (धारा-56)।
- अपील (धारा-57)—इस अधिनियम में जब तक अन्य रूप से व्यवस्था न हो, उस अधिनियम के अनुसार दिए गए प्रत्येक आदेश के विरुद्ध यदि आदेश—

(क) उपायुक्त के अधिकारों का प्रयोग करनेवाले उपसमाहर्त्ता द्वारा दिया गया हो तो अनुमंडल पदाधिकारी के पास, जिसे इस संबंध में उपायुक्त के अधिकार निहित्त किए गए हों, अपील की जाएगी। उपायुक्त को यह अधिकार रहेगा कि वह इस अपील को अपने मिसिल में अथवा उपसमाहर्त्ता के मिसिल में अंतरन करने का आदेश दे।

(ख) उपायुक्त के अधिकारों का प्रयोग करनेवाले अनुमंडल पदाधिकारी द्वारा दिया गया हो तो उपायुक्त के पास अपील होगा।

(ग) उपायुक्त अथवा अपर उपसमाहर्त्ता द्वारा दिया गया हो तो आयुक्त के पास अपील की जा सकती है।

(घ) आयुक्त द्वारा दिया गया हो राज्य सरकार द्वारा नियुक्त न्यायाधिकरण के पास अपील की जा सकती है।

- दूसरी अपील (धारा-58)—

1. पुनरीक्षण के संबंध में धारा-59 के प्रावधानों के अधीन रहकर सभी दशाओं में अपीलीय आदेश, जहाँ नीचे के न्यायालय के निर्णय को अभिपुष्ट किया

गया हो, अंतिम होगा और दूसरी अपील की अनुमति नहीं दी जाएगी, पर अपवाद यह है कि जहाँ अपर उपसमाहर्त्ता ने अथवा उपायुक्त ने नीचे के न्यायालय के निर्णय को परिवर्तित किया हो तो (क) अपीलीय अधिकार से निहित अनुमंडल पदाधिकारी ने यदि अपीलीय आदेश दिया हो तो उपायुक्त के पास अपील की जाएगी। (ख) यदि अपीलीय आदेश उपायुक्त अथवा अपर उपसमाहर्त्ता ने दिया हो तो आयुक्त के पास अपील की जाएगी।

2. अपील करने पर, आयुक्त द्वारा अथवा धारा-57 के अनुसार नियुक्त न्यायाधिकरण द्वारा यदि आदेश दिया गया हो तो उसके विरुद्ध दूसरी अपील नहीं की जाएगी।

- **पुनरीक्षण (Review) (धारा-59)—**

1. आयुक्त अथवा उपायुक्त ने स्वप्रेरणा से अथवा अन्य रूप से, अपने नियंत्रण के अंतर्गत किसी न्यायालय द्वारा निर्णय किया गया किसी ऐसे मुकदमे का अभिलेख मँगा सकते हैं, जिस पर अपील न हो। किसी पक्ष के आवेदन देने पर आयुक्त ऐसा आदेश नहीं देगा, जब तक कि उपायुक्त अथवा अपर उपसमाहर्त्ता ने पुनरीक्षण में अथवा अपील करने पर उसकी सुनवाई की हो और आदेश दिया हो।
2. उपायुक्त लिखित आदेश देकर अपने नियंत्रण के अंतर्गत किसी अनुमंडल पदाधिकारी को अधिकृत कर सकते हैं। वह ऐसे उपसमाहर्ता के न्यायालयों के सभी निर्णयों अथवा किसी एक निर्णय के संबंध में, जो उपायुक्त के नियंत्रण के अंतर्गत किसी अनुमंडल का प्रभार न रखते हों, उपधारा-1 के द्वारा उपायुक्त के प्रदत्त अधिकारों का प्रयोग करें।

- **पुनर्निरीक्षण (Review) (धारा-60)—**

1. आयुक्त पर्याप्त कारणों से, जिन्हें वे लिखित रूप में अभिलेख करेंगे, किसी आदेश का, जिसे उन्होंने स्वयं अथवा उनके पूर्वाधिकारी ने इस अधिनियम द्वारा प्रदत्त किसी अधिकार के प्रयोग में दिया हो, पुनर्निरीक्षण कर सकते हैं।
2. आयुक्त के अधीनस्थ कोई पदाधिकारी, किसी आदेश का, जिसे उसने स्वयं दिया हो अथवा उसके पूर्वाधिकारी ने दिया हो, पुनर्निरीक्षण नहीं करेगा, पर अपवाद यह है कि लिपिक भूल अथवा अन्यान्य भूल-चूक का शोधन, जो स्पष्टतः असावधानी के कारण हो, बिना पूर्वानुमति लिये कर सकता है।

(क) उपसमाहर्त्ता अथवा अनुमंडल पदाधिकारी की दशा में उपायुक्त का।

(ख) उपायुक्त अथवा अपर उपायुक्त की दशा में आयुक्त का।

उपायुक्त द्वारा दिया गया आदेश, अपील करने पर अथवा पुनर्रीक्षण करने की

प्रक्रिया में अनियमितता के कारण जब तक अनियमितता के कारण न्याय की हानि नहीं हुई हो अथवा होनेवाली हो परिवर्तित नहीं किया जाएगा (धारा-61)। अपने कर्तव्यों के निर्वहन करने में तथा अपने अधिकारों का प्रयोग करने में उपायुक्त, आयुक्त के साधारण निर्देश और नियंत्रण के अधीन रहेगा। अपर उपसमाहर्ता, अनुमंडल पदाधिकारी और उपसमाहर्ता, उपायुक्त के निर्देश के अधीन रहेगा (धारा-62)। वादों पर रोक—किसी आवेदन में जो इस अधिनियम के अनुसार उपायुक्त द्वारा संज्ञेय हो, उपायुक्त द्वारा दिए गए आदेश को प्रत्यक्ष या अप्रत्यक्ष रूप से, संशोधित करने या खारिज करने के लिए, किसी न्यायालय में कोई वाद नहीं चलेगा, और इस प्रकार का प्रत्येक आदेश, अपील और पुनरीक्षण संबंधी इस अधिनियम के प्रावधानों के अधीन रहकर अंतिम होगा (धारा-63)।

अध्याय-7

- **परिसीमा**—(धारा-64 से 66)

सभी आवेदन (धारा-42 को छोड़कर) जिनके लिए इस अधिनियम के अन्यत्र परिसीमा की कोई अवधि उपबंधित नहीं है, वाद करने के प्रावधान होने पर एक वर्ष के भीतर किए जाएँगे (धारा-64)। धारा-14 में वर्णित आधार पर रैयत के बेदखली के लिए आवेदन दुरुपयोग संबंधी परिवाद की तिथि से दो वर्षों के भीतर किया जाएगा (धारा-65)।

➢ (धारा-66) अपीलों के लिए परिसीमा—इस अधिनियम के अधीन प्रत्येक अपील

(क) धारा-57 के अधीन नियुक्त न्यायाधिकरण को या आयुक्त को, जिस आदेश के विरुद्ध अपील की जा रही हो, उस तिथि से 90 दिनों के भीतर तथा

(ख) उपायुक्त को या अनुमंडल पदाधिकारी को, जिस आदेश के विरुद्ध अपील की जा रही हो, उस तिथि से 60 दिनों के भीतर प्रस्तुत की जाएगी।

अध्याय-8

- **विविध प्रावधान**—(धारा-67 से 72)

(धारा-67) दंड—

1. यदि कोई व्यक्ति (क) भूस्वामी होते हुए, किसी खास बाँधों, आहरों, मेढ़ों, जलाशयों, डांडो, नालों, तालाब या किसी अन्य जलाशयों या तालों की मरम्मत करने या उसकी रख-रखाव से चुकता है या (ख) भूस्वामी या भूस्वामी का अभिकर्ता, ग्राम प्रधान या मूल रैयत होते हुए भी इस अधिनियम या किसी

विधि में प्रविष्ट कोई प्रथा सम्मिलित है, के पालन करने में असफल हो। (ग) भूस्वामी, ग्राम प्रधान या मूल रैयत रैयतों की सहायता से किन्हीं बाँधों, आरहों, मेढ़ो, जलाशयों आदि की मरम्मत करने में असफल होता हो। (घ) भूस्वामी या भूस्वामी का अभिकर्ता, ग्राम प्रधान या मूल रैयत धारा-20 के उल्लंघन में किया गया गाँव की भूमि का कोई हस्तांतरण सक्षम पदाधिकारी को प्रतिवेदित करने में असफल होता हो या (ङ) भूस्वामी, ग्राम प्रधान की मृत्यु होने पर उपायुक्त को प्रतिवेदिन करने से चूकता हो, या (च) भूस्वामी या भूस्वामी का अभिकर्ता, किसी गाँव की बंजर भूमि, खाली जोत अथवा किसी अन्य जोत या भूमि को गैर-जमाबंदी रैयत के साथ बंदोबस्त करता है अथवा (छ) भूस्वामी या भूस्वामी का अभिकर्ता होते हुए नवनियुक्त ग्राम प्रधान को जमाबंदी या अधिकार अभिलेख की या मूल या प्रमाणित प्रतियाँ देने से चूकता है। (ज) रैयत होते हुए—

1. भूस्वामी या ग्राम प्रधान या मूल रैयत को किसी गाँव के बाँधों, आहरों, मेढ़ों, पुस्तों, डांडों आदि की मरम्मत में सहायता देने से चूकता है।
2. गाँव के रास्ते 'पड़ाव' भूमि या चारागाह का अतिक्रमण करता है।
3. नियम के विरुद्ध गाँव में कोई पेड़ काटता है, गाँव के जंगल को अन्यथा व्यवहृत करता है तो जुर्माने की रकम दो सौ रुपए तक हो सकती है तथा अपराध के जारी रहने की दशा में प्रतिदिन पाँच रुपए तक और जुर्माने का भागी होगा।

2. यदि कोई भूमि धारा-20 के उल्लंघन में गलत तरीके से हस्तांतरित की गई हो और किसी व्यक्ति द्वारा जोती जाती हो तो उसे तीन वर्ष तक कारावास या एक हजार रुपए जुर्माने से या दोनों से और अपराध जारी रहने की स्थिति में प्रत्येक दिन अतिरिक्त पचास रुपए की राशि से दंडित किया जाएगा।
3. ऐसा जुर्माना उपायुक्त द्वारा ऐसी जाँच-पड़ताल के बाद जो उपायुक्त स्वप्रेरणा से या सूचना पाने पर या अपराध किए जाने की तारीख से तीन महीनों के भीतर परीक्षुब्ध पक्ष के अभियोग पत्र देने पर करे, लगाया जाएगा।
4. उपायुक्त के उपधारा-2 के अधीन जुर्माना लगाने के किसी आदेश के विरुद्ध अपील उपायुक्त के यहाँ होगी तथा ऐसी अपील पर आयुक्त द्वारा दिया गया आदेश अंतिम होगा।

- (धारा-68) भूस्वामी पर तामिल की जाने के लिए अपेक्षित प्रत्येक सूचना, यदि भूस्वामी की ओर से उसका तामिल स्वीकार करने के लिए या उसे लेने के लिए भूस्वामी के हाथ से लिखित अधिकार द्वारा सशक्त अभिकर्ता को

तामिल की जाय तो इस अधिनियम के प्रयोजनार्थ उतनी प्रभावजनक होगी।

- (धारा-69) कतिपय भूमि के अधिकार के अर्जन पर रोक—किसी भी विधि में या संताल परगना में विधि का बल रखनेवाली किसी वस्तु में किसी बात के रहते हुए भी—

(क) धारा-20 के प्रावधानों में धारित या अर्जित भूमि में, या

(ख) सरकार के लिए या किसी स्थानीय प्राधिकार के लिए या रेलवे कंपनी के लिए भूमि अर्जन अधिनियम, 1894 के अधीन अर्जित भूमि में, जब तक कि ऐसी भूमि सरकार की या किसी स्थानीय प्राधिकार की या रेलवे कंपनी की संपत्ति रहती है, या

(ग) सरकार के या स्थानीय प्राधिकार के अधिकार गत के रूप में अभिलिखित या सीमांकित भूमि में, जो किसी सार्वजनिक कार्य के लिए व्यवहृत होती है, या

(घ) ग्राम प्रधान, मूल रैयत और उनके परिवार के सदस्यों या भूस्वामी के द्वारा प्रतिधारित परती जोत में, या

(ङ) ग्राम प्रधान की सरकारी जोत चारागाह, श्मशान और कब्रिस्तान में किसी व्यक्ति को कोई अधिकार प्रोद्भुक्त (accrue) नहीं होगा।

(धारा-70) बकायों की वसूली—इस अधिनियम के अधीन दिए गए सभी परिव्यय, ब्याज, हानि और क्षतिपूर्तियों की वसूली के लिए प्रावहित रीत से वसूल किए जा सकेंगे।

(धारा-71) नियम बनाने का अधिकार—

1. राज्य सरकार अधिसूचना द्वारा नियम बना सकती है।
2. पुराने अधिकार की साम्यता को आघात पहुँचाए बिना राज्य सरकार धारा-5 में रैयतों की सहमति निश्चित करने के लिए, ग्राम प्रधान को अपने कर्तव्यों का संपादन करने की रीति, धारा-21 की उपधारा-1 के अधीन रैयती भूमि का हस्तांतरण प्रतिवेदन करने की रीति, निबंधन पदाधिकारी को देय प्रक्रिया शुल्क की राशि, धारा-53 के अधीन भूमि के अर्जन पर उपबंध एवं ऐसी भूमि पर कब्जा देने की रीति, पर नियम बना सकती है।

(धारा-72) विशिष्ट विधानों का परित्राण—इस अधिनियम की कोई बात संताल परगना में लागू किसी अन्य विधि को, जो इस अधिनियम द्वारा स्पष्टतः या आवश्यक विवक्षण द्वारा रद्द नहीं की गई हो, प्रभावित नहीं करेगी।

महत्त्वपूर्ण बातें

- इस अधिनियम के धारा-53 को छोड़कर सभी धाराओं को केंद्र सरकार द्वारा

1990 में 66वाँ संविधान संशोधन करके 9वीं अनुसूची में डाला गया। 9वीं अनुसूची में सम्मिलित होने से इस कानून में केवल संसद् ही संशोधन कर सकती है। न्यायपालिका इसमें हस्तक्षेप नहीं करेगी।

- भू-वापसी के प्रावधान—'संथाल परगना काश्तकारी अधिनियम, 1949' के अंतर्गत धारा-20 एवं धारा-42, उपायुक्त को अवैध अंतरन एवं अवैध दखल को निरस्त करने की शक्ति प्रदान करता है। धारा-20 के उपधारा-5 के अंतर्गत उसी प्रकार के प्रावधान जोड़े गए हैं, जो 'छोटानागपुर काश्तकारी अधिनियम' की धारा-71(क) के अंतर्गत है। वास्तव में यह प्रावधान बिहार सिड्यूल एरिया रेगुलेशन, 1969 को सम्मिलित किया गया है। संथाल परगना क्षेत्र के अंतर्गत दुमका, पाकुड़, राजमहल, जामताड़ा एवं गोड्डा जिला के सुंदर पहाड़ी, बोआरीजोर प्रखंड को अनुसूचित क्षेत्र में शामिल किया गया है। संथाल परगना क्षेत्र में भूमि के अंतरन पर रोक पूर्व से ही लागू है। दूसरे शब्दों में कहा जाय तो छोटानागपुर काश्तकारी अधिनियम की तुलना में यह रोक काफी प्रभावी रही है।
- वर्तमान स्वरूप में काश्तकारी अधिनियम के धारा-13 के अंतर्गत गैर-कृषि कार्य में प्रयुक्त होनेवाली भूमि के संबंध में कोई प्रावधान नहीं है। राज्य सरकार द्वारा 2016 के प्रस्तावित संशोधन में इस धारा के अंतर्गत अब मालिक को अपने जमीन की प्रकृति बदलने का अधिकार देने का निर्णय लिया गया है। इससे अब कोई रैयत अपनी कृषि योग्य भूमि का व्यावसायिक उपयोग कर सकेगा।

सी.एन.टी. तथा एस.पी.टी. ऐक्ट में प्रस्तावित संशोधन

➢ सी.एन.टी. ऐक्ट की धारा 49

1908—इस धारा के तहत सरकार की ओर से सिर्फ उद्योग और खनन कार्यों के लिए ही जमीन ली जा सकती थी।

2016 का संशोधित ऐक्ट—अब सरकार उद्योग और खनन कार्यों के अलावा आधारभूत संरचना, रेल परियोजना, कॉलेज, ट्रांसमिशन लाइन आदि कार्यों के लिए भी जमीन ले सकेगी।

➢ सी.एन.टी. ऐक्ट की धारा 71(क)

1908—इस धारा के तहत एस.ए.आर. कोर्ट से कंपनसेशन के सहारे आदिवासियों की जमीन गैर-आदिवासियों को हस्तांतरित की जाती थी।

2016—अब कंपनसेशन के सहारे आदिवासियों की जमीन गैर-आदिवासियों को हस्तांतरित नहीं की जा सकेगी। साथ ही एस.ए.आर. कोर्ट में जमीन वापसी के मुकदमे

दायर होंगे।

➢ सी.एन.टी. ऐक्ट की धारा 21 और एस.पी.टी. (1949) ऐक्ट की धारा 13

1908/1949—मालिक को जमीन की प्रकृति बदलने का अधिकार नहीं था, अर्थात् जमीन की प्रकृति अगर कृषि है तो मालिक उसका इस्तेमाल कृषि कार्य के अलावा अन्य कार्य में नहीं कर सकता था।

2016—कैबिनेट ने इन धाराओं में संशोधन करते हुए मालिक को जमीन की प्रकृति बदलने का अधिकार देने का निर्णय लिया है। इससे अब कोई जमीन मालिक अपनी कृषि योग्य जमीन का व्यावसायिक उपयोग कर सकेगा। इस जमीन पर मकान, दुकान आदि का निर्माण कर सकेगा।

□

9. 1947 से राज्य में आर्थिक विकास

(राज्य का भूगोल, पहाड़, नदी, नदी घाटी परियोजनाएँ, खान एवं खनिज)

- झारखंड : भौगोलिक स्थिति
- झारखंड की जलवायु
- झारखंड की प्रमुख नदियाँ
- प्रमुख जलप्रपात, झील और बाँध
- झारखंड में बहुउद्देशीय नदी घाटी परियोजनाएँ
- झारखंड की सतही मिट्टी
- खान एवं खनिज

झारखंड : भौगोलिक स्थिति

झारखंड 24 जिलों से मिलकर बना है। यह भारत का 28वाँ राज्य है। इसकी भौगोलिक स्थिति निम्न प्रकार है—

- ➢ झारखंड उत्तरी गोलार्द्ध में 21^0 59′ से 25^0 18′ उत्तरी अक्षांश के बीच स्थित है।
- ➢ इसका देशांतरीय विस्तार 83^0 20′ से 85^0 57′ पूर्व के बीच है।
- ➢ इसका क्षेत्रफल 79,714 वर्ग किलोमीटर है।
- ➢ इसकी पूर्वी सीमा पर पश्चिम बंगाल स्थित है। इसकी पश्चिमी सीमा पर छत्तीसगढ़ और उत्तर प्रदेश स्थित हैं।
- ➢ इसकी उत्तरी सीमा पर बिहार स्थित है।
- ➢ इसकी दक्षिणी सीमा पर ओड़िसा स्थित है।

झारखंड की जनसंख्या 2011 की जनगणना के अनुसार 32,988,134 है। 19वीं शताब्दी से पहले झारखंड बंगाल का हिस्सा था और 1 अप्रैल, 1912 को यह अलग होकर बिहार में आ गया। बिहार में भी इसकी भौगोलिक स्थिति में परिवर्तन हुए। सन् 1936 में बिहार से पृथक् हो उड़ीसा राज्य बना और सन् 1948 में इसमें सरायकेला, खरसावाँ को सम्मिलित किया गया। सन् 1953 में पुनर्गठन आयोग ने इसके 5,573 कि.मी. भू-भाग को बंगाल में मिला दिया। इस प्रकार तीन बार विभाजन के बाद बिहार का कुल क्षेत्रफल 1,74,038 वर्ग कि.मी. रह गया। इसमें से 79,714 वर्ग कि.मी. क्षेत्रफल के रूप में झारखंड राज्य अलग हुआ।

जनसंख्या की दृष्टि से भारत की कुल जनसंख्या का 2.62 प्रतिशत झारखंड में है। इस आधार पर यहाँ का जनसंख्या घनत्व 414 व्यक्ति प्रति घन कि.मी. है। छोटानागपुर स्थित राँची का पठार संप्राय मैदान का उदाहरण है। झारखंड पठारी क्षेत्र है। यहाँ स्थित पठार अपने गर्भ में विभिन्न खनिज पदार्थों को छिपाए हुए हैं। यहाँ त्रिधरातलीय पठार हैं और स्थान-स्थान पर इनकी ऊँचाई में असमानता पाई जाती है। राँची का पठार, हजारीबाग का पठार, कोडरमा का पठार, बोनाई का पठार और क्योंझर का पठार इत्यादि प्रसिद्ध पठार हैं। सभी पठारों की औसत ऊँचाई 760 मीटर है, लेकिन पार्श्वनाथ की चोटी की ऊँचाई 1,365 मीटर है। यह झारखंड की सबसे ऊँची चोटी है। यहाँ चार प्रकार के पठार हैं, जो इस प्रकार हैं—

- पाट का पठार
- राँची का पठार
- निचला छोटानागपुर पठार
- राजमहल उच्चभूमि और अपरदित मैदानी भू-भाग।

पाट के पठार में नेतरहाट और बागड़ू आदि क्षेत्र हैं और इस पठार की अधिकतम ऊँचाई 3,600 फीट और न्यूनतम ऊँचाई 2,500 फीट है। यह पठार झारखंड के लोहरदगा, लातेहार, पलामू और गुमला जिलों में फैला हुआ है।

राँची के पठार का विस्तार लोहरदगा और गुमला जिलों तक है। इस पठार के सीमावर्ती क्षेत्रों में ढाल पाए जाते हैं, जिनसे बहती हुई नदियाँ जलप्रपात का निर्माण करती हैं। इन पठारों की ऊँचाई लगभग 2,000 फीट है। इसके ऊपरी भाग को 'टाँड' और निचले भाग को 'दोन' कहा जाता है। हुँडरू जलप्रपात 73 मीटर ऊँचा और दशम जलप्रपात 39 मीटर ऊँचा है। राँची का पठार और हजारीबाग का पठार प्राचीन काल में एक ही थे, जो बाद में दामोदर नदी की धारा के कारण अलग हो गए। हजारीबाग के पठार की ऊँचाई 1,000 फीट है।

छोटानागपुर का निचला पठार धरातलीय है, जो संप्राय है। इसकी ऊँचाई 350

फीट है और यह बोकारो, हजारीबाग, गिरिडीह, धनबाद और सिंहभूम जिले में फैला हुआ है। यह खनिजपूर्ण पठार है।

अपरदित मैदानी भू-भाग नदियों-घाटियों का भू-भाग है और समतल निम्न मैदानी भाग का क्षेत्र है। इन चट्टानों में ग्रेनाइट और नीस की प्रचुर मात्रा है। दामोदर बेसिन और राजमहल की पहाड़ी इसी निम्न क्षेत्र में स्थित हैं।

भूवैज्ञानिकों ने स्वीकार किया है कि झारखंड की चट्टानों में ही प्राचीन काल से अब तक हुए भौगोलिक परिवर्तन के स्पष्ट प्रमाण मिलते हैं।

भूगर्भिक संरचना : (Geological Structure)

झारखंड क्षेत्र अति प्राचीन संरचना गोंडवानास भूखंड का उत्तर-पूर्व क्षेत्र है। यह क्षेत्र एक लंबे भूगर्भिक काल में अनेक भूगर्भिक हलचलों एवं परिवर्तनों को देखता रहा। इन परिवर्तनों के परिणामस्वरूप ही यहाँ अनेक युगों की विविधता चट्टानों और खनिजों में मिलती है।

झारखंड के भूगर्भिक निर्माण के प्रमुख चरण इस प्रकार हैं—

1. प्राचीन युग का आर्कियन निर्माण
2. नवीन आग्नेय निर्माण
3. विंध्य युगीन निर्माण
4. गोंडवाना युगीन निर्माण
5. राजमहल ट्रैप
6. तृतीय कल्प के निर्माण
7. लेटेराइट निर्माण
8. नवीन जलोढ़ निक्षेप।

झारखंड के भूगर्भिक निर्माण के उपरोक्त चरणों का विश्लेषण निम्नवत् है—

झारखंड क्षेत्र के आधार का निर्माण आर्कियन युग की प्रचीनतम शैलों अथवा चट्टानों से हुआ है। इनमें ग्रेनाइट, नीश और आग्नेय प्रमुख हैं। इस पठार के 90 प्रतिशत भाग पर इन्हीं चट्टानों का विस्तार है। अन्य प्रमुख चट्टानों में जो शेष 10 प्रतिशत पाई जाती हैं, वे गोंडवाना युग की परतदार कोयला प्रधान चट्टानें, विंध्य युग की बलुआ पत्थर एवं चूना पत्थर प्रधान चट्टानें, राजमहल ट्रैप, लेटेराइट निर्माण बॉक्साइट और नदियों द्वारा निक्षेपित जलोढ़ प्रमुख हैं। आर्कियन युग की चट्टानें मुख्यतः दो वर्गों में विभाजित की जाती हैं। प्रथम, कायांतरित परतदार चट्टानें अथवा धारवाड़ क्रम की चट्टानें तथा द्वितीय, विस्तृत भाग को घेरनेवाली आग्नेय चट्टानें प्रथम वर्ग की धारवाड़ युगीन परतदार चट्टानें कोल्हान क्रम के रूप में पठार के दक्षिणी क्षेत्र अर्थात् सिंहभूम में पाई जाती हैं। इन चट्टानों में लौह अंश की प्रमुखता के कारण इन्हें 'लौह क्रम' भी कहा

जाता है। धारवाड़ युग की चट्टानों का दूसरा विस्तार गया (बिहार) तथा हजारीबाग से मुंगेर तक है। इस युग की संरचना में लोहा, मैंगनीज, ताँबा, कायनाइट, क्रोमाइट जैसे बहुमूल्य खनिज दक्षिण भाग में तथा अभ्रक, चीनी मिट्टी, केल्साइड, चूना पत्थर जैसे अधात्विक खनिज उत्तरी क्षेत्र में पाए जाते हैं।

दूसरे वर्ग के अंतर्गत इस युग की आग्नेय चट्टानें हैं। आग्नेय चट्टानों की रंध्रों मे, खासकर सिंहभूम क्षेत्र में, क्रोमाइट, एस्बेस्टस का निक्षेपण मिलता है। इसी काल में पर्वत निर्माणकारी हलचलों का प्रभाव यहाँ पड़ा, जिसके फलस्वरूप परतों में वलन और भ्रंशन हुए, जिनसे छोटी-छोटी पहाड़ियों का निर्माण हुआ। इन पहाड़ियों का कालांतर में अपरदन होता रहा है। इसी दौरान दालमा-धनजोड़ी क्षेत्र में लावा का उद्गार हुआ, जिसमें समतलप्राय ग्रेनाइट, नीश, पेनीप्लेन पर लावा का जमाव हो गया। यह लावा वलित के रूप में पाया जाता है। इसे 'रोहतास पठार का दक्षिणी छोर' कहा जाता है। इन परतदार चट्टानों में बलुआ पत्थर, चूना पत्थर, क्वार्टजाइट और डोलोमाइट की प्रधानता है।

गोंडवाना युगीन चट्टानों की प्रधानता दामोदर घाटी और औरंगा घाटी में है। पठारी भाग के विस्तृत कोयला निक्षेप इन्हीं चट्टानों में पाए जाते हैं। उच्च कोटि के कोयला निक्षेपों के कारण पठार का महत्त्व काफी बढ़ जाता है। गोंडवाना तलछटों का निक्षेपण जिन क्षेत्रों में हुआ है, उनमें सबसे विशाल क्षेत्र दामोदर-नदी घाटी क्षेत्र है। यह हरसिनियन परिवर्तन काल की भ्रंश घाटी का क्षेत्र है। दामोदर घाटी में निरंतर तलछटों के निक्षेपण के कारण ट्रियासिक कल्प तक में 5000 फीट मोटी परत के रूप में मध्य गोंडवाना या महादेव श्रृंखला का निर्माण हुआ। छोटानागपुर पठार के पश्चिमी भाग की उच्च भूमि को पाट क्षेत्र कहा जाता है। यह पश्चिमी भाग राँची (वर्तमान लोहरदगा) से लेकर दक्षिणी पलामू जिले तक फैला है। इसमें उत्पन्न लेटेराइट से अपरदन क्रिया के फलस्वरूप बॉक्साइट का निक्षेप हुआ है। पठारी भाग में लेटेराइट का निक्षेप ऊँचे स्थलीय भागों में पाया जाता है। राजमहल के पहाड़ी क्षेत्रों में राजमहल ट्रैप का उद्भव हिमालय उत्थान से पूर्व की घटना है। जलोढ़ के निक्षेप कुछ सीमित क्षेत्रों, जैसे—राजमहल के पूर्वी भाग, सोन घाटी, स्वर्णरिखा की निचली घाटी और पठार के उत्तरी छोर पर पाए जाते है। झारखंड में कुड़प्पा क्रम की चट्टानों का न पाया जाना यह सिद्ध करता है कि यह क्षेत्र हमेशा समुद्र तल से ऊपर रहा है।

छोटानागपुर पठार के पश्चिमी भाग की उच्च भूमि को पाट क्षेत्र कहा जाता है। यह पश्चिमी भाग राँची (वर्तमान लोहरदगा) से लेकर दक्षिणी पलामू जिले तक फैला है। इसमें उत्पन्न लेटेराइट से अपरदन क्रिया के फलस्वरूप बॉक्साइट का निक्षेप हुआ है। पठारी भाग में लेटेराइट का निक्षेप ऊँचे स्थलीय भागों में पाया जाता है।

संरचनात्मक विकास एवं शैल संस्तरण

यह उल्लेखनीय है कि प्रायद्वीपीय क्षेत्र संपूर्ण भारत में एक स्थिर पठार के रूप में है। झारखंड का पठारी भू-भाग इसके उत्तर-पूर्वी छोर का एक अंश है। यह भू-भाग क्रिस्टलीय और रूपांतरित चट्टानों से निर्मित है। पठार के प्रारंभिक संरचनात्मक आधार स्तर, जिस पर धरवाड़ चट्टानों का निर्माण हुआ था, इस प्रकार रूपांतरित हो चुकी हैं कि उनके मूल रूप को पहचानना कठिन हो गया है। आर्कियन (आद्यकल्प) की चट्टानों को छोड़कर अन्य काल की चट्टानें अधिकांशतः क्षैतिज ही पाई जाती हैं। आर्कियन काल के बाद इस क्षेत्र में गोंडवाना, शैलसंध के निक्षेपण, दक्कन ट्रैप, ज्वालामुखी सक्रियता का प्रभाव, क्रिटेशियस काल में या उसके बाद गोंडवाना लैंड के विघटन के साथ टर्शियरी काल में हुए हलचल के बाद और कोई विवर्तनिक या संरचना में हलचल नहीं हुआ है। झारखंड के उत्तरी और मध्यवर्ती तथा दक्षिण-पूर्वी भागों में स्थित अवशिष्ट पहाड़ियाँ प्रिकैंब्रियन कालीन पर्वत प्रकट करती हैं।

कैंब्रियन पूर्व (आद्य महाकल्प)

इस कल्प की चट्टानें जीवाश्मरहित हैं। इस महाकल्प को दो भागों में विभाजित किया जाता है—प्रोटोरोजोइक समूह और आर्कियन समूह।

आर्कियन समूह की चट्टानों को 'आधार जटिल समूह' या 'मूल नाइस समूह' कहा जाता है। इनकी उत्पत्ति के संबंध में अनेक विचारधाराएँ हैं। संरचनात्मक विक्षोभ, विवर्तन एवं आग्नेय सक्रियता के कारण इनमें रूपांतरण हुआ है। झारखंड क्षेत्र में इस समूह का वर्गीकरण इस प्रकार है—नए डोलेराइट, आर्कनिज ग्रेनोफायर एवं सोडा ग्रेनाइट, चक्रधरपुर नाइस, छोटानागपुर नाइस, अत्यल्प सिलिक शैल, ग्रेबो, अनार्थोसाइड, कोल्हान संग, दालमा, धंजोरी लावा, धंजोरी बलुआ पत्थर व कॉग्लोमरेट। इसके अलावा लौह अयस्क संघ के अंतर्गत झारखंड में शामिल हैं—सिंहभूम ग्रेनाइट (ऊपरी शैल बलुआ पत्थर, ज्वालामुखी शैल) पट्टी हेमाटाइड, क्वार्टजाइट निम्न शैल, लावा प्रभाव, बलुवा पत्थर कॉग्लोमरेट।

पूर्ववर्ती रूपांतरित चट्टानें—इस आधारभूत समूहों में अभ्रक, कोलोराइट, क्वाइट शिस्ट, हार्नब्लैंड आदि पाए जाते है। यह सभी लौह अयस्क संघ के निक्षेपण के पूर्व वलित एवं अपरदित हो चुके हैं। इस चट्टान समूह के ऊपर विषम विन्यास पाया जाता है। इसके ऊपर अयस्क निक्षेप पाया जाता है। संपूर्ण छोटानागपुर में यह मेगमेटाइटीकरण के कारण अभ्रकी शिस्ट नाइस में परिवर्तित हो गया है। चक्रधरपुर नाइस इन्हीं के भाग हैं।

अत्यल्पशिलिक शैल—यह दक्षिण सिंहभूम में परिवर्तित पेरिडोटाइड के रूप में मिलता है। चाईबासा के निकट सैस्सोनाइट जैसे अल्पशिलिक चट्टान के साथ क्रोमाइट का निक्षेप पाया जाता है।

छोटानागपुर नाइस—सिंहभूम और गंगपुर के उत्तर में विस्तृत नाइस चट्टानें 'छोटानागपुर नाइस' के नाम से जानी जाती हैं। इसमें क्वाट्र्ज, माइक्रोक्लिन, बायोटाइट आदि खनिज पाए जाते हैं।

सिंहभूम ग्रेनाइट—यह बेथोलिथिक आकार में सैकड़ों वर्ग कि.मी. में विस्तृत है। इसमें बायोटाइट, ग्रेनोडायोराइट से लेकर एडामेलाइट, ट्रोजेमाइट तथा हल्के रंग के ग्रेनाइट पाए जाते हैं।

नए डोलेराइट—यह सिंहभूम में पाया जाता है और 700 मी. तक मोटा होता है। ये डोलाराइट चट्टानें हैं। लेकिन कहीं-कहा अन्य चट्टानें भी बन गई हैं, इनका विस्तार मुख्यत: उत्तर, उत्तर-पूर्व से दक्षिण-पश्चिम दिशा में है। झारखंड के उत्तर-पश्चिमी भाग में सीमा का निर्धारण करती सोन नदी घाटी का कुछ क्षेत्र शामिल है। यहाँ भी आर्कियन समूह की उपस्थिति पाई जाती है। ये शिस्ट चट्टानें हैं। इसे दो भागों में रखा गया है। निचले अगोरी समूह में स्लेट, कोलोराइट, शिस्ट क्वाट्र्जाइट, जैस्पर, चूना पत्थर आदि, जबकि ऊपरी समूह में स्लेट, ग्रेनाइट आदि प्रमुख हैं। इसी कल्प में झारखंड के दक्षिणी क्षेत्र में समपनति, समभिनति, भूसंचलन, लावा निरूसरण, अंतर्वेधन तथा अवसादन की जो घटनाएँ घटीं, उनकी छाप आज भी सुरक्षित है। इस संदर्भ में आक्रियन युगीन महास्कंधों एवं सिंहभूम आर्कनिज ग्रेनाइट, दालमा तथा धनजोरी लावा विशेष रूप से उल्लेखनीय हैं।

कड़प्पा श्रेणी झारखंड क्षेत्र में 'कोल्हान संघ' के नाम से जाना जाता है। यह दक्षिणी सिंहभूम एवं क्योंझार (उड़ीसा) जिले के उत्तरी क्षेत्र में लौह अयस्क संघ के ऊपर विषम विन्यास के साथ अवस्थित है। यह संघ या श्रेणी कॉग्लोमरेट, शैल, बलुआ पत्थर के साथ मिलता है। विंध्यन श्रेणी का विकास झारखंड के उत्तर-पश्चिमी सोन क्षेत्र से संबंधित है। लेकिन यह स्पष्टत: झारखंड की सीमा से लगभग 30 कि.मी. आगे डेहरी ओनसोन क्षेत्र में अमझरिया के बीजागढ़ शैल में अवसादी पायराइट के रूप में पाया जाता है। सोन घाटी क्षेत्र में 'सेमरी श्रेणी' के नाम से प्रसिद्ध रोहतास समूह 120-150 मी. मोटे चूने के पत्थर और शैल के स्तर रूप में निक्षेपित हुए थे।

पुराजीव महाकल्प (कैंब्रियन कल्प से मध्य कार्बनीफेरस काल)—कैंब्रियन कल्प से लेकर मध्य कार्बनीफेरस काल के छह कल्प हैं। इनमें कैंब्रियन सबसे प्राचीन है। पुराजीव महाकल्प के संपूर्ण भारत में या विश्व में दो भाग मिलते हैं—कैंब्रियन से मध्य कार्बनीफेरस का निचला स्तर और ऊपरी कार्बनीफेरस से परमियन कल्प तक का ऊपरी स्तर। झारखंड में इस महाकल्प के तहत एक महत्त्वपूर्ण तथ्य यह है कि कैंब्रियन कल्प से लेकर परमियन कल्प तक यह क्षेत्र न केवल समुद्र तल से ऊपर रहा, बल्कि यह किसी व्यापक विवर्तनिक घटनाओं से भी मुक्त रहा। ऊपरी कार्बनीफेरस से परमियन

कल्प में छोटानागपुर पठार के मध्यवर्ती भाग में भ्रंशघाटी की रचना हुई। इसमें दामोदर नदी का विस्तार हुआ। इस भ्रंश घाटी और अन्य बेसिनों में गोंडवाना युगीन अवसादन की एक लंबी प्रक्रिया चली। इन्हीं अवसादी शैल्य स्तरों में कोयला पाया जाता है। इस प्रकार गोंडवाना महासंघ का काल ऊपरी कार्बनीकल्प से ट्रियासिक कल्प तक माना जाता है। यह केवल गोंडवाना अवसादों का समूह माना जाता था, लेकिन भौगोलिक विस्तार और निक्षेपण के समय की व्यापकता को देखते हुए अब इसे 'महासंघ' की मान्यता दी गई है, जबकि इसे महासंघ नहीं माना जाता था। झारखंड में केवल दामोदर घाटी के भ्रंश क्षेत्र का क्रम पाया जाता है। गोंडवाना में तालचीर और दामोदा संघ है। ऊपरी गोंडवाना में महादेव संघ है और निचला स्तर पंचेत श्रेणी है।

तालचीर संघ—गोंडवाना महासंघ का यह सबसे निचला समूह है। यह उन सभी स्थानों में पाया जाता है, जहाँ निचला गोंडवाना महासंघ का विस्तार हुआ। इनका नाम उड़ीसा के तालचीर नामक स्थान पर आधारित है। इसके ऊपर हरे रंग के शैल्य तथा बलुआ पत्थर पाए जाते हैं, जो 100-125 मीटर मोटे हैं। यहाँ गरम जलवायु के संकेत मिलते हैं।

दामोदा संघ—तालचीर संघ के ऊपर कोयले के स्तरों से युक्त चट्टानों की मोटी शृंखला मिलती है, जो 'दामोदा संघ' कहलाती है। इसे चार समूहों में विभाजित किया गया है—1. करहरबारी, 2. बराकर, 3. अनुत्पादक लौह प्रस्तर 4. रानीगंज समूह।

करहरबारी समूह दामोदर घाटी में विकसित हुआ है। यह समूह गिरिडीह कोयला क्षेत्र में तालचीर श्रेणी से अलग होते हुए दिखाई देता है। इसमें 60-120 मीटर मोटी ग्रीट, बलुआ पत्थर, शैल्य आदि पाए जाते हैं। बराकर समूह का नाम बराकर नदी पर आधारित है। यह समूह गोंडवाना महासंघ का सर्वाधिक प्रमुख कोयला समूह क्षेत्र है। यहाँ 750 मीटर मोटे सफेद या भूरे रंग के बलुआ पत्थर पाए जाते हैं। इन्हीं परतों के बीच कोयले की परतें भी पाई जाती हैं। झरिया कोयला क्षेत्र में ऐसी परतें पाई जाती हैं। अनुत्पादक लौह प्रस्तर समूह बराकर और रानीगंज समूहों में स्थित है। यहाँ 420 मीटर मोटे बलुआ पत्थरों का जमाव पाया जाता है, लेकिन यहाँ कोयले के स्तर नहीं मिलते, इसीलिए इसे 'अनुत्पादक शैल्य समूह' के नाम से जाना जाता है। यहाँ कई स्थानों पर लिमोनाइट उपस्थित है। इस्पात कारखाने में इसका

करहरबारी समूह दामोदर घाटी में विकसित हुआ है। यह समूह गिरिडीह कोयला क्षेत्र में तालचीर श्रेणी से अलग होते हुए दिखाई देता है। इसमें 60-120 मीटर मोटी ग्रीट, बलुआ पत्थर, शैल्य आदि पाए जाते हैं। बराकर समूह का नाम बराकर नदी पर आधारित है।

प्रयोग अयस्क के रूप में किया जाता है। रानीगंज समूह की स्थिति इन्हीं अनुत्पादक लौह प्रस्तर समूहों के ऊपर है। यहाँ 1000 मीटर मोटी कोयले की परतों का समूह है। सबसे अधिक विकास रानीगंज में ही होने के कारण इस समूह का नाम 'रानीगंज समूह' पड़ गया। इनमें पाए जानेवाले बलुआ पत्थर बराकर समूह के बलुआ पत्थरों की तुलना में महीन कणोंवाले हैं। बराकर कोयला संस्तरों की तुलना में महीन कणोंवाला है। बराकर कोयला संस्तरों की तुलना में 'रानीगंज समूह' के कोयला स्तरों में वाष्पशीलता एवं नमी की मात्रा कम पाई जाती है।

महादेव संघ—महादेव संघ के निचले स्तर पर पंचेत समूह का जमाव है। इस समूह के निर्माण के साथ ही निचले और मध्यवर्ती गोंडवाना महाकल्प की सीमा खत्म हो जाती है। इसके ऊपरी गोंडवाना महासंघ के शैलों का निक्षेपण हुआ है। पंचेत समूह 450-600 मीटर मोटे बलुआ पत्थरों के ऐसे संस्तरों का नाम है, जो रानीगंज के दक्षिण में रानीगंज समूह के ऊपर विकसित हुआ है।

मध्यजीवी महाकल्प—इस महाकल्प के तीन कल्प हैं। सबसे प्रारंभिक काल ट्राइएशिक, मध्यकाल को जुरासिक और अंतिम काल को क्रिटैशिस कहते हैं। ट्राइएशिक कल्प में ऊपरी गोंडवाना के स्तर पाए जाते हैं। यह महादेव और राजमहल तथा पंचेत श्रेणी के रूप में पाए जाते हैं। रानीगंज में पंचेत श्रेणी के निचले भाग में हरे और भूरे रंग के बलुआ पत्थर तथा अभ्रकी और बलुआ पत्थर पाए जाते हैं। इसके समान समूहों का विकास औरंगाबाद और बोकारों कोयला क्षेत्रों में हुआ है। जुरासिक कल्प में गोंडवाना क्षेत्र में गोंडवाना समूह का निक्षेपण जारी रहा है, लेकिन कहीं-कहीं विवादास्पद तथ्य उभरकर सामने आते हैं। गोंडवाना समूह के ऊपर अवस्थित राजमहल समुदाय के पादपाश्मों के आधार पर साहनी ने उन्हें जुरासिक काल के समतुल्य माना है। डॉ. स्पैथ के मत में यह निम्न क्रिटेशियस युगीन है। जुरासिक कल्प में ही राजमहल क्षेत्र लावा निस्सरण से प्रभावित हुआ। इसके परिणामस्वरूप इस क्षेत्र में ग्रेनाइट का अपरदित धरातल तथा गोंडवाना के अवसादी बेसिन लावा की परत से ढक गए।

क्रिटेशियसकल्प का अंतिम चरण आग्नेय गतिविधियों का काल था। बुंदेलखंड और झारखंड के बॉक्साइट और लेटेराइट पहाड़ियाँ डेक्कन ट्रैप का ही प्रमाण पेश करती हैं। कुछ विद्वानों की मान्यता है कि क्रैटेशियस कल्प में राँची पठार के पश्चिमी भाग में स्थानीय रूप से लावा प्रवाह उत्पन्न हुआ था। इस परिकल्पना के आधार पर राजमहल ट्रैप को डेकन ट्रैप के समान ही बताया गया है। अत: राजमहल ट्रैप जुरासिक कल्प का रूप है। जबकि पश्चिमी राँची या पाट क्षेत्र का ट्रैप क्रिटेशियस काल का है।

नूतनजीवी महाकल्प—नूतनजीवी महाकल्प का आशय है कि मध्यजीवी महाकल्प की समाप्ति के साथ पृथ्वी के विशालकाय जीवों का समापन होना। वनस्पतियों में भी

झारखंड में संरचनात्मक विकास की प्रक्रिया तृतीय कल्प की विवर्तनिक प्रक्रियाओं द्वारा पूरी होती है। इसके लिए हिमालय के क्रमिक उत्थान को जिम्मेदार समझा गया है। द्वितीय उत्थान मध्य मायोसीन काल में हुआ तथा तृतीय उत्थान प्लीस्टोसीन कल्प में हुआ।

इस प्रकार जिमनोस्पर्म और साइकाडोफाइट विलुप्त हो गए। उनके स्थान पर एंगिओस्पर्म पाए जाने लगे। इस महाकल्प में स्तनधारियों और खासतौर पर मनुष्य की उत्पत्ति की विशेष घटना घटित हुई। यही कारण है कि इस कल्प को 'नूतनजीवी महाकल्प' के नाम से पुकारा जाता है। इस महाकल्प के शैलों में जीवित जातियों के जीवाश्म पाए जाते हैं। इस महाकल्प का प्रारंभ 'पेलियोसीन युग' से होता है। झारखंड में संरचनात्मक विकास की प्रक्रिया तृतीय कल्प की विवर्तनिक प्रक्रियाओं द्वारा पूरी होती है। इसके लिए हिमालय के क्रमिक उत्थान को जिम्मेदार समझा गया है। द्वितीय उत्थान मध्य मायोसीन काल में हुआ तथा तृतीय उत्थान प्लीस्टोसीन कल्प में हुआ। इसी क्रम में झारखंड में भी तीन उत्थान हुए। प्रथम उत्थान की घटना के कारण पश्चिमी राँची का लावा क्षेत्र का भू-भाग ऊपर उठा और लगभग 300 मीटर ऊँचा पठार बन गया। द्वितीय उत्थान के पश्चिमी उत्थित पठार तथा छोटानागपुर का मध्यवर्ती भाग पुन: 300 मीटर तक उठ गया और तीसरे उत्थान में संपूर्ण छोटानागपुर पुन: 200-300 मीटर तक ऊपर उठ गया।

भौतिक विभाग (Physical Division)

झारखंड का कुल क्षेत्रफल 79,714 वर्ग कि.मी. जो भारत के कुल क्षेत्रफल का 2.4 प्रतिशत है। उच्चावच के दृष्टिकोण से यह छोटानागपुर पठार के रूप में प्रसिद्ध रहा है। इसकी औसत ऊँचाई 700 फीट मिलती है, लेकिन कुछ भाग 3800 फीट से भी अधिक ऊँचे हैं तो कुछ क्षेत्र 250 फीट से भी कम ऊँचे हैं। झारखंड प्राचीनतम पठार का भाग है। अत: लंबे अपरदन एवं उत्थान के कारण यहाँ अत्यधिक कटे-फटे एवं ऊँचे-नीचे धरातल, अवशिष्ट पहाड़ियाँ, भ्रंश कगारों, दरार घाटियों आदि का विकास हुआ है। झारखंड का उच्चावच संबंधी शोध से स्पष्ट होता है कि झारखंड एक पठार नहीं वरन् पठारों के क्रम के रूप में फैला हुआ है तथा प्रत्येक पठार भ्रंश कगारों द्वारा एक-दूसरे से पृथक् है। 500 फीट की सम्मोच्च रेखा इसे बिहार के मैदान से पृथक् करती है।

उच्चावच के दृष्टिकोण से झारखंड को निम्नवत प्रमुख इकाइयों में विभाजित किया जा सकता है—

पाट प्रदेश—झारखंड का सबसे पश्चिमी एवं सबसे ऊँचाई वाला भाग पाट प्रदेश के नाम से जाना जाता है। इसका विस्तार पलामू तथा गढ़वा, लोहरदगा तथा उत्तरी

गुमला में मिलता है। इसकी औसत ऊँचाई 2500–2600 फीट है। नेतरहाट सबसे ऊँचा क्षेत्र है, जिसकी ऊँचाई 387 फीट है। पाट वस्तुत: एक स्थानीय नामकरण है, जो सपाट चोटियों से युक्त पहाड़ियों को इंगित करता है।

राँची तथा हजारीबाग का पठार—पाट प्रदेश के पूर्व में समान ऊँचाई (औसत ऊँचाई 2000 फीट) के दो पठार पाए जाते हैं—(क) राँची का पठार, (ख) हजारीबाग का पठार।

दोनों पठार दामोदर घाटी द्वारा एक-दूसरे से अलग हैं।

बाहरी छोटानागपुर का पठार—इसकी औसत ऊँचाई 1000 फीट पाई जाती है, परंतु झारखंड की सबसे ऊँची चोटी पारसनाथ की पहाड़ी 4480 फीट इसी में है।

राजमहल की पहाड़ियाँ—यह संथाल परगना में 500-1000 फीट ऊँचा लावा से निर्मित क्षेत्र है।

चाईबासा का मैदान—यह उत्तर में दालमा, पूरब में ढालभूम, पश्चिम में सारंडा और दक्षिण में कोल्हान श्रेणी से घिरा है। यह क्षेत्र लगभग 500 फीट ऊँचा है।

झारखंड की जलवायु

झारखंड को मौसम वैज्ञानिकों ने जलवायु के आधार पर पर्याप्त आर्द्रता और अधिक वर्षावाला क्षेत्र माना है। उष्ण कटिबंधीय क्षेत्र होने के बाद भी ऊँचा पठारीय क्षेत्र होने से जलवायु में उतार-चढ़ाव होते रहते हैं। अगर ऋतुओं की दृष्टि से देखा जाए, तो यहाँ तीन प्रकार की ऋतुएँ पाई जाती हैं—

- ग्रीष्म ऋतु।
- वर्षा ऋतु।
- शीत ऋतु।

ग्रीष्म ऋतु

यह ऋतु मार्च के पहले पखवाड़े के तत्काल बाद शुरू होकर 15 जून तक रहती है। इस ऋतु में झारखंड का औसत तापमान 29^0 से.ग्रे. से 43^0 से.ग्रे. तक हो जाता है। इस उच्च तापमान का कारण सूर्य का उत्तरायण होना, दिन की लंबाई बढ़ना और सूर्याताप का बढ़ते जाना है। बढ़ते तापमान के कारण पठार के उत्तरी-पूर्वी भाग में निम्न दाब उत्पन्न हो जाता है। इस ऋतु में आर्द्रता कम होने लगती है।

वर्षा ऋतु

15 जून से अक्तूबर प्रारंभ होने तक यहाँ वर्षा की अधिकता रहती है। यद्यपि

प्रारंभ में ग्रीष्मकालीन प्रभाव रहता है, लेकिन वर्षा बढ़ने के साथ ही मौसम में परिवर्तन होने लगता है। क्षेत्रीय विषमताओं के कारण यहाँ वर्षा में भी भिन्नता पाई जाती है। यहाँ ऊँचे क्षेत्रों में अधिक वर्षा होती है और निचले क्षेत्रों में स्तिंबर के प्रारंभ से ही वर्षा की मात्रा दक्षिण से उत्तर और पूरब से पश्चिम की ओर कम होती जाती है।

शीत ऋतु

अक्तूबर के उत्तरार्द्ध से ही सर्दियाँ प्रारंभ हो जाती हैं और फरवरी के अंत तक रहती हैं। सर्दी का प्रभाव पूर्णतया मार्च के पहले सप्ताह में ही समाप्त हो जाता है, जब धीरे-धीरे ग्रीष्म ऋतु का आगमन होता है। यहाँ का सबसे ठंडा स्थान नेतरहाट माना जाता है, जिसका तापमान जनवरी में 7.5^0 से.ग्रे. से भी नीचे चला जाता है। यहाँ की अपेक्षा मैदानी इलाकों में ठंड कम होती है।

छोटानागपुर की जलवायु को भूवैज्ञानिकों और मौसम वैज्ञानिकों ने सात भागों में विभाजित किया है—

- उत्तरी व उत्तर-पश्चिमी जलवायु क्षेत्र।
- मध्यवर्ती जलवायु क्षेत्र।
- पूर्वी संथाल परगना (डेल्टाई क्षेत्र)।
- पूर्वी सिंहभूम (सागरीय प्रभाववाला जलवायु क्षेत्र)।
- दक्षिण-पश्चिमी वर्षा क्षेत्र।
- राँची और हजारीबाग पठार का जलवायु क्षेत्र।
- पाट जलवायु क्षेत्र।

प्रसिद्ध लेखक अयोध्या प्रसाद ने इन सात जलवायु क्षेत्रों का विस्तृत वर्णन करते हुए इनकी पृथक्-पृथक् व्याख्या भी की है, जिससे इन जलवायु क्षेत्रों और यहाँ के मौसम के बारे में पता चलता है।

उत्तरी एवं उत्तर-पश्चिमी जलवायु क्षेत्र

यह जलवायु क्षेत्र चतरा, गढ़वा, पलामू और हजारीबाग जिले सहित गिरिडीह जिले के मध्यवर्ती भाग में है। इन क्षेत्रों में इस जलवायु से ग्रीष्मकाल में अधिक गरमी और शीतकाल में अधिक ठंड बन जाती है। देवघर, दुमका और गोड्डा के पश्चिमी भाग में भी इसका प्रभाव देखने को मिलता है। जब ठंड ज्यादा हो जाती है, तब पाले की स्थिति पैदा हो जाती है। वर्षा अपेक्षाकृत कम ही होती है।

मध्यवर्ती जलवायु क्षेत्र

इस क्षेत्र में वर्षा 50-60 से.मी. होती है और तेज हवाओं का आगमन रहने से लू तथा तेज आँधी भी इस क्षेत्र में यदा-कदा चलती ही रहती है, लेकिन इसका प्रभाव कोई

अधिक नहीं होता। इसमें हजारीबाग और बोकारो के साथ धनबाद भी शामिल हैं।

पूर्वी संथाल जलवायु क्षेत्र

इस क्षेत्र में सापेक्षिक आर्द्रता अधिक होती है, क्योंकि यहाँ औसत वर्षा 60 से.मी. से भी अधिक हो जाती है। राजमहल की पहाड़ियाँ उष्ण पश्चिमी वायु और बंगाल की खाड़ी की आर्द्र वायु के बीच दीवार बनकर खड़ी हो जाती हैं। गरमियों में ये अधिक वर्षा का कारण भी बनती हैं।

सागरीय प्रभाववाला जलवायु क्षेत्र

इस क्षेत्र में औसत वर्षा 55 सेमी. से 60 से.मी. तक होती है। यहाँ शीतकाल की अवधि कम होती है। स्वर्णरेखा घाटी, चाईबासा और पंचपरगना के समतल मैदानों में इसका विस्तार होता है। समुद्र का समीपवर्ती होने के कारण यह नार्वेस्टर से भी प्रभावित क्षेत्र है। इसे झारखंड में सबसे अधिक वर्षावाला क्षेत्र माना जाता है।

दक्षिण-पश्चिमी जलवायु क्षेत्र

पश्चिमी सिंहभूम का दक्षिणी क्षेत्र, जिसमें कोयल व शंख नदी हैं, इस जलवायु के विस्तार क्षेत्र हैं। यहाँ पहाड़ी क्षेत्र के कारण समुद्री हवाओं का आगमन नहीं हो पाता। इसी कारण यहाँ शुष्कता रहती है और यह शुष्कता सघन वन क्षेत्रों के कारण गरमी पैदा करती है। यहाँ वार्षिक वर्षा औसत रूप में 60 से.मी. होती है।

राँची और हजारीबाग जलवायु क्षेत्र

यहाँ गरमियों में तापमान अधिक रहता है और रातें अपेक्षाकृत ठंडी रहती हैं। यहाँ मानसून का आगमन जून के उत्तरार्द्ध में होता है और तापमान में निरंतर कमी होती रहती है। दिसंबर और जनवरी के मध्य ठंडी हवाएँ चलती हैं। 2,000 फीट की ऊँचाई के कारण गरम पश्चिमी मैदानी हवाएँ इस क्षेत्र में नहीं आ पातीं और यह क्षेत्र लू व आँधी से मुक्त रहता है।

पाट जलवायु क्षेत्र

वनों की सघनता और क्षेत्र की ऊँचाई अधिक होने से यहाँ की जलवायु से वर्षा अधिक होती है और मौसम सुखद रहता है। इस क्षेत्र में बगड़ू और नेतरहाट आदि क्षेत्र आते हैं।

मौसम अध्ययन के अनुसार ग्रीष्मकालीन तापमान जमशेदपुर में सर्वाधिक और हजारीबाग में सबसे कम रहता है। राज्य भर में वार्षिक वर्षा का औसत 1,200 मि.मी. है। इससे कई क्षेत्रों में बाढ़ की स्थिति भी पैदा हो जाती है। वर्षा के असमान वितरण और कहीं-कहीं अधिकता से कृषि को हानि भी पहुँचती है। राज्य में जिलेवार वर्षा का

विवरण कृषि निदेशालय, झारखंड के द्वारा सन् 2007 में आँका गया, जिसका वर्णन इस प्रकार है—

क्रमांक	जिला क्षेत्र	वर्षा (मि.मी. में)
1	पश्चिम सिंहभूम	1,330.7
2	सिमडेगा	1,758.8
3	खूँटी	1,500.6
4	गुमला	1,335.9
5	लोहरदगा	1,281.1
6	पाकुड़	1,708.8
7	दुमका	1,378.7
8	लातेहार	1,196.5
9	जामताड़ा	1,381.3
10	सरायकेला-खरसावाँ	1,279.3
11	चतरा	1,192.6
12	राँची	1,500.6
13	कोडरमा	1,091.9
14	पूर्वी सिंहभूम	1,321.6
15	साहेबगंज	1,230.9
16	हजारीबाग	1,317.8
17	गिरिडीह	1,350.0
18	गढ़वा	1,246.7
19	गोड्डा	1,101.0
20	पलामू	1,163.4
21	रामगढ़	1,317.8
22	देवघर	1,197.4
23	बोकारो	1,550.4
24	धनबाद	1,334.5
स्रोत : कृषि निदेशालय, झारखंड 2015		

उपर्युक्त सारणी से स्पष्ट होता है कि सिमडेगा में वर्षा सबसे अधिक और कोडरमा में सबसे कम होती है। यद्यपि कुछ वर्षों में वर्षा की न्यूनता भी रही है, जिससे राज्य में सूखे की स्थिति भी उत्पन्न हुई। सन् 2004-05 में औसत वर्षा अधिक रही। जलवायु के

आधार पर झारखंड में प्राकृतिक वर्षा पर्याप्त होती है, लेकिन प्राकृतिक वनों के कटाव से इनमें कमी आ जाती है, जबकि कुछ क्षेत्रों में अतिवृष्टि भी होती है।

जल संसाधन एक प्राकृतिक वरदान है, जिसके अभाव में जैवमंडल का विकास संभव नही है। झारखंड का कुल जल संसाधन 28,781 मिलियन घन मीटर अनुमानित है, जिसका 82.7 प्रतिशत (23,789 मिलियन घन मीटर) सतही जल संसाधन के रूप में है। 17.3 प्रतिशत (4,992 मिलियन घन मीटर) भूमिगत जल के रूप में है। झारखंड के लिए जल संसाधन का संरक्षण अनिवार्य है, क्योंकि यहाँ औसत वार्षिक वर्षा 125 से 150 से.मी. के बीच होती है। खनन, औद्योगिकीकरण एवं शहरीकरण के कारण जंगलों का विनाश तेजी से हुआ है। यह राज्य पहाड़ी सतह का क्षेत्र है। इसी कारण इसमें वर्षा का जल ठहर नहीं पाता है। अतः भूमिगत जल का भंडार काफी सीमित है। यही कारण है कि नदियाँ तथा नदी घाटियाँ राज्य में जल के मुख्य भंडार और स्रोत का कार्य करती हैं। झारखंड की अधिकतर नदियाँ मौसमी हैं। अतः वर्षाकाल में यहाँ की नदियों में पर्याप्त जल उपलब्ध रहता है। इसके विपरीत ग्रीष्मकाल में दामोदर तथा स्वर्णरिखा को छोड़कर अन्य नदियाँ जलविहीन हो जाती हैं या उनमें जल की मात्रा बहुत ही कम पाई जाती है।

वार्षिक वर्षा के भंडारण के लिए प्राकृतिक नदियों, तालाब आदि से झारखंड में जल की उपलब्धता ठीक ही है। जब पेयजल की समस्या वैश्विक बनी हुई है तो झारखंड भी इससे अछूता कैसे रह सकता है? झारखंड के भौतिक स्वरूप में नदियों, पहाड़ों, जलप्रपातों और प्राचीन अवशेषों की अग्रणी भूमिका है।

झारखंड की प्रमुख नदियाँ

झारखंड में प्रवाहित नदी जलधाराओं को दो प्रकार से वर्गीकृत किया जाता है—

- पठारी भागों में निकलीं उत्तर की ओर प्रवाहित नदियाँ।
- पठार के दक्षिणी भागों से निकलकर पूर्व की ओर प्रवाहित नदियाँ।

झारखंड की प्रमुख नदियों में दामोदर, उत्तरी कोयल, स्वर्णरिखा, शंख तथा दक्षिणी कोयल है। संथाल परगना में अजय तथा मोर नामक दो नदियाँ मिलती हैं। संथाल परगना के उत्तर से गंगा प्रवाहित होती है। राज्य की प्रवाह प्रणाली को दो वर्गों में विभाजित किया जा सकता है—

1. गंगा में मिलनेवाली नदियाँ, 2. दक्षिण प्रवाह प्रणाली।

उत्तरी कोयल तथा दामोदर प्रथम वर्ग में शामिल नदियाँ हैं। स्वर्णरिखा, शंख, दक्षिणी कोयल दूसरे वर्ग में शामिल नदियाँ हैं। इन दोनों के बीच मिलनेवाला जल

विभाजक झारखंड के लगभग मध्यवर्ती भाग पूर्व से पश्चिम दिशा की ओर फैला है।

झारखंड की प्रमुख नदियों का वर्णन निम्न प्रकार है—

सोन नदी

मैकाल पर्वत के अमरकंटक पठार से निकली यह नदी पटना के निकट गंगा नदी में मिलने से पूर्व 780 कि.मी. की दूरी तय करती है। क्षेत्र विशेष में इसे अन्य नामों से भी पुकारा जाता है, जैसे—सोनभद्र, हिरण्यवाह। यह अपने उद्गम से निकलकर उत्तर की ओर बहती है और उत्तर-पूर्वी क्षेत्रों से होकर पूर्वी हो जाती है। यह झारखंड के लिए विशेषतः 45 मील लंबी सीमा बनाती है। अमरकंटक से आते-आते इसका प्रवाह पूर्वी हो जाता है। यह नदी झारखंड की उत्तर-पश्चिमी छोर पर सीमा का निर्माण करती है। यह पलामू को उत्तरी सीमा बनाती हुई प्रवाहित होती है। इसकी एक विशाल सहायक नदी उत्तरी कोयल है, जिसका उद्भव पठारी भूखंड से ही हुआ है। इस नदी का दूसरा नाम हिरण्यवाह भी है, क्योंकि इसमें सोने के कण इसके सुनहली रेत में पाए जाते हैं। इसका महत्त्व झारखंड के लिए सिर्फ सीमा के रूप में ही है।

मैकाल पर्वत के अमरकंटक पठार से निकली यह नदी पटना के निकट गंगा नदी में मिलने से पूर्व 780 कि.मी. की दूरी तय करती है। क्षेत्र विशेष में इसे अन्य नामों से भी पुकारा जाता है, जैसे—सोनभद्र, हिरण्यवाह।

दामोदर नदी

यह छोटानागपुर के पठार में पलामू क्षेत्र से निकलकर वनक्षेत्र से होती हुई हजारीबाग और मानभूम के रास्ते आगे बढ़ती है। झारखंड राज्य में इस नदी पर दामोदर घाटी परियोजना के द्वारा बहुद्देशीय जल भंडारण की व्यवस्था की गई है। विद्युत् उत्पादन और जलापूर्ति के लिए इसका निर्माण सफल रहा है। बंगाल के वर्द्धमान और बाँकुड़ा जिलों में सैकड़ों घर तथा हजारों एकड़ कृषि योग्य भूमि नष्ट कर देने के कारण लोग इसे 'बंगाल का शोक' कहकर पुकारते थे, लेकिन आज स्थिति विपरीत हो चुकी है। संयुक्त राज्य अमेरिका के टेनेसी घाटी परियोजना की तर्ज पर यहाँ दामोदर घाटी परियोजना की स्थापना सन् 1948 में की गई। इससे बाढ़ कम हो गई और नई-नई सिंचाई परियोजनाएँ तथा पनबिजली उत्पादन केंद्र स्थापित हुए।

इस नदी का उद्गम स्थल पलामू जिले में है। दामोदर नदी 'देवनद' नाम से प्राचीन साहित्य में उपलब्ध है। यह पलामू जिले से निकलकर हजारीबाग, गिरिडीह, धनबाद होते हुए बंगाल में प्रवेश करती है, जहाँ रानीगंज, आसनसोल औद्योगिक क्षेत्र से होती हुई दुर्गापुर से वर्द्धमान और बाँकुड़ा जिले की सीमा में प्रवेश कर जाती है।

हजारीबाग से वर्द्धमान जिले तक इस नदी की धारा काफी तेज होती है। दामोदर बाँकुड़ा के निकट से होती हुई यह हुगली के साथ मिलकर बंगाल की खाड़ी में मिल जाती है। दामोदर की सहायक नदियों में कोनार, बोकारो और बराकर प्रमुख हैं। ये नदियाँ गिरिडीह, हजारीबाग और बोकारो जिले में है। दामोदर नदी धनबाद के जिस स्थल में प्रवेश करती है, वहीं पर इसमें जमुनिया नदी आ मिलती है। जमुनिया नदी तट की पश्चिमी सीमा गिरिडीह जिले के साथ सीमा-निर्माण करती है। इससे पूर्व में दामोदर से कतरी नदी मिलती है, जो पारसनाथ के पादप प्रदेश से निकलती है तथा चीरकुंडा के पास दामोदर में बराकर नदी मिलती है। इसी बराकर नदी पर मैथन डैम बना हुआ है।

स्वर्णरिखा नदी

यह नदी भी छोटानागपुर के पठारी भू-भाग से राँची जिले के नगड़ी गाँव से बहती हुई उड़ीसा में प्रवेश करती है। राँची जिले से बृहती हुई स्वर्ण रेखा सिंहभूम जिले में प्रवेश करती है। यहाँ से यह उड़ीसा राज्य में चली जाती है। यह मौसमी नदी मुख्यत: बरसाती है। वर्षाकाल में यह पानी से भरी रहती है। इसके सुनहरी रेत में सोना मिलने की संभावना के कारण ही इसे 'स्वर्णरिखा' नदी कहा जाता है। यद्यपि इससे सोना प्राप्त नहीं होता, क्योंकि यह रेत के कणों में अल्पांश ही होता है। पठारी भाग की चट्टानों वाले प्रदेश से प्रवाहित होने के कारण स्वर्णरिखा नदी तथा इसकी सहायक नदियाँ गहरी घाटियाँ तथा जल प्रपात का निर्माण करती है। यह राँची से 28 कि.मी. उत्तर-पूर्व दिशा में हुंडरू जलप्रपात बनाती है, जहाँ से यह 320 फीट की ऊँचाई से गिरती है। राढ़ू (राँची) इसकी सहायक नदी है, जो होरहाप से निकलकर सिल्ली से दक्षिण तोरांग रेलवे स्टेशन से दक्षिण-पश्चिम में मिलती है। यह नदी मार्ग में जोन्हा के पास एक जलप्रपात का निर्माण करती है, जो 150 फीट की ऊँचाई पर है। यह 'जलप्रपात 'गौतम धारा' के नाम से जाना जाता है। इसकी एक प्रमुख सहायक नदी काँची है, जो राढ़ू के संगमस्थल से दक्षिण में मिलती है। यह भी तौमार से दक्षिण में दशम जलप्रपात का निर्माण करती है, जिसकी ऊँचाई 144 फीट है। स्वर्णरिखा नदी की एक विलक्षण विशेषता यह है कि उद्‌गम से लेकर सागर में मिलने तक यह किसी की सहायक नदी नहीं बनती है। यह सीधे बंगाल की खाड़ी में गिरती है। इसकी तीन प्रमुख सहायक नदियाँ राढ़ू, काँची और खरकई हैं, जो पूरब दिशा से बहती हुई इसमें आ मिलती हैं।

बराकर नदी

यह भी बरसाती नदी है, जो छोटानागपुर के पठार से निकलकर हजारीबाग, गिरिडीह, धनबाद और मानभूम में जाकर दामोदर नदी में मिल जाती है। यह बरसात में उमड़कर बहती है और फिर मंद गति से अपना अस्तित्व बनाए रहती है। इस नदी पर

दामोदर घाटी परियोजना के अंतर्गत मैथन बाँध बनाया गया है, जिससे बिजली का उत्पादन किया जाता है। इस नदी का उल्लेख बौद्ध एवं जैन धार्मिक ग्रंथों में हुआ है। गिरिडीह के नजदीक इस नदी के तट पर बराकर नामक स्थान है, जहाँ जैन मंदिर है। मैथन के पास बराकर नदी के तट पर कल्याणेश्वरी नामक देवी का मंदिर है।

उत्तरी कोयल

यह नदी राँची के पठार से निकलकर पात क्षेत्र में ढालों पर घूमती हुई उत्तर की ओर प्रवाहित होती है। अपनी यात्रा में यह औरंगा और अमानत नदियों को भी स्वयं में विलीन कर लेती है तथा साथ ही कई छोटी नदियों को समाहित करते हुए सोन नदी में मिल जाती है। औरंगा और अमानत नदी इसकी सहायक नदियाँ हैं। यह नदी गरमी के मौसम में सूख जाती है, लेकिन वर्षा के दिनों में बाढ़ के साथ उमड़कर बहने लगती है। बूढ़ा नदी महुआ आटांड़ क्षेत्र से निकलकर सेरेंगदाग पाट के दक्षिण में इससे मिलती है। इन दोनों नदियों के मिलन का महत्त्व जलप्रपात के कारण बढ़ जाता है। इस बूढ़ाघाघ जलप्रपात की ऊँचाई 142 मीटर है।

दक्षिणी कोयल

यह नदी राँची के निकट नगड़ी गाँव की पहाड़ी से पश्चिम में बहती हुई लोहरदगा पहुँचती है और फिर उत्तर-पूर्वी होकर दक्षिणावर्त हो जाती है। फिर यह गुमला जिले से होकर सिंहभूम के रास्ते शंख नदी में जा मिलती है। लोहरदगा से 8 कि.मी. उत्तर-पूरब में यह दक्षिण दिशा की ओर मुड़ जाती है और यह लोहरदगा तथा गुमला जिले से होते हुए सिंहभूम में प्रवेश कर जाती है। अंत में यह नदी दक्षिणी कोयल गंगापुर के पास शंख नदी में मिल जाती है। इसकी सबसे बड़ी सहायक नदी कारो है। इसी स्थान पर विवादास्पद 'कोयलाकारो परियोजना' का निर्माण किया गया है।

कन्हर नदी

यह नदी राज्य की उत्तर-पश्चिमी क्षेत्र में पलामू की दक्षिण-पश्चिमी सीमा का निर्माण करती हुई उत्तर की ओर बहती है। कन्हर नदी सरगुजा को पलामू से 50 मील तक बाँटती है। इस नदी की उत्पत्ति सरगुजा से होती है, लेकिन यह नदी पलामू में भंडरिया प्रखंड से प्रवेश करती है। यह रंका प्रखंड की पश्चिमी सीमा से होती हुई धुर्की प्रखंड में प्रवेश करती है। यह नदी पश्चिम की ओर मुड़कर उत्तर प्रदेश में प्रवेश कर जाती है।

फल्गू नदी

यह नदी भी छोटानागपुर पठार के उत्तरी भाग से निकलती है। अनेक छोटी-छोटी

सरिताओं के मिलने से इस नदी की मुख्य धारा बनती है, जिसे 'निरंजना' भी कहते हैं। इसको 'अंतःसलिला या लीलाजन' भी कहते है। बोधगया के पास मोहना नामक सहायक नदी से मिलकर यह विशाल रूप धारण कर लेती है। गया के निकट इसकी चौड़ाई सर्वाधिक पाई जाती है। पितृपक्ष के समय देश के विभिन्न भागों से लोग फल्गू स्नान के लिए आते हैं और पिंडदान करते हैं।

सरकरी नदी

यह नदी भी छोटानागपुर से निकलकर हजारीबाग, पटना, गया और मुंगेर जिलों से होकर प्रवाहित होती है। झारखंड से निकलकर यह उत्तर-पूरब की ओर बहती हुई किउल और मोरहर नदियों के साथ मिलकर गंगा के ताल क्षेत्रों में बिखर जाती है। रामायण में इस नदी को 'सुमागधी' के नाम पुकारा गया है। उस काल में यह नदी राजगीर के निकट से प्रवाहित होती थी। यह नदी अपना मार्ग बदलने के लिए प्रसिद्ध है।

पुनपुन नदी

झारखंड में पुनपुन की सहायक नदियों का उद्भव हजारीबाग के पठार व पलामू के उत्तरी क्षेत्रों से होता है। यह नदी तथा इसकी सहायक नदियाँ उत्तरी कोयल प्रवाह क्षेत्र के उत्तर से निकलकर सोन के समानांतर बहती हैं। पुनपुन का महत्त्व हिंदू धर्म में बहुत अधिक है। इस नदी को पवित्र नदी के रूप में पूजा जाता है। पुनपुन नदी को 'कीकट नदी' भी कहा जाता है, लेकिन इसे कहीं-कहीं 'बमागधी' भी कहा जाता है। गंगा में मिलने से पूर्व इसमें दार्धा और मोरहर नामक सहायक नदियाँ भी आ मिलती हैं।

पुनपुन का महत्त्व हिंदू धर्म में बहुत अधिक है। इस नदी को पवित्र नदी के रूप में पूजा जाता है। पुनपुन नदी को 'कीकट नदी' भी कहा जाता है, लेकिन इसे कहीं-कहीं 'बमागधी' भी कहा जाता है। गंगा में मिलने से पूर्व इसमें दार्धा और मोरहर नामक सहायक नदियाँ भी आ मिलती हैं।

चानन नदी

इसे 'पंचाने' भी कहा जाता है। वास्तव में इसका नाम 'पंचानन' है, जो कालांतर में 'चानन' बन गया। यह नदी पाँच जलधाराओं के मेल से विकसित हुई है, इसलिए इसे 'पंचानन' कहा गया है। छोटानागपुर पठार से इसकी सभी धाराएँ मिलती हैं तथा पैमार, तिलैया, घरांजे, महाने सभी धाराएँ राजगीर की पहाड़ी के अवरोध के कारण एक साथ गिरियक के निकट मिलती हैं। यहाँ से यह बिहार शरीफ की ओर बढ़ती है।

शंख नदी

शंख नदी छोटानागपुर पठार के पश्चिमी छोर में उत्तरी कोयल के विपरीत बहती है। पाट क्षेत्र के दक्षिणी छोर से इसका उद्‌गम होता है। यह गुमला जिले के रायडीह के दक्षिण से प्रारंभ होती है। यह नदी प्रारंभ में काफी सँकरी एवं गहरी खाई का निर्माण करती है। मार्ग में यह राजाडेरा के पास 200 फीट ऊँचा जलप्रपात बनाती है, जो 'सदनीघाघ जलप्रपात' के नाम से जाना जाता है।

अजय नदी

इस नदी का उद्‌गम क्षेत्र मुँगेर है, जहाँ से प्रवाहित होती हुई यह देवघर जिले में प्रवेश करती है। यहाँ से यह दक्षिण-पूर्वी दिशा में बढ़ती हुई प्रवाहित होती है। पश्चिम से आकर इसमें पत्थरो नदी मिलती है। आगे चलकर इसमें जयंती नदी आ मिलती है। ये दोनों सहायक नदियाँ हजारीबाग, गिरिडीह जिले से निकलती हैं। अजय नदी जामताड़ा जिले में कजरा के पास प्रवेश करती है। संथाल परगना के दक्षिणी छोर में यह नदी कुसवेदिया से अफजलपुर तक प्रवाहित होती है।

मोर या मयूराक्षी नदी

यह नदी देवघर जिले के उत्तर-पूर्वी किनारे पर स्थित तिउर पहाड़ी से निकलती है। यह दुमका जिले के उत्तर-पश्चिमी भाग में प्रवेश करती है। यह दक्षिण-पूर्व दिशा में बहती हुई आमजोरा के पास दुमका से अलग होती है। झारखंड को छोड़कर यह बंगाल में सैंथिया रेलवे स्टेशन के पास गंगा में मिल जाती है। यह नदी अपने ऊपरी प्रवाह क्षेत्र में 'मोतीहारी' के नाम से भी जानी जाती है। नवादा जिले में यह भूरभूरी नदी के साथ मिलकर 'मोर' के नाम से पुकारी जाती है। इसका दूसरा नाम 'मयूराक्षी' है। इसकी प्रमुख सहायक नदियों में टिपरा, पूसरो, भामरी, दौना, धोवाई आदि प्रमुख हैं।

गुमानी नदी

यह राजमहल की पहाड़ियों से निकलकर उत्तर-पूर्वी खड्‌ड का निर्माण करती है। बरहैत में इससे मेरेल नदी आकर मिलती है, जहाँ से गुमानी पूरब की दिशा में बहती हुई तेजी से दक्षिण की ओर मुड़ जाती है। झारखंड की सीमा को पार कर यह गंगा में मिल जाती है।

ब्राह्मणी नदी

दुमका जिले के उत्तर में स्थित दुधवा पहाड़ी से इस नदी का उद्‌गम होता है। यह नदी दामिनी-ए-कोह में झिलीमिली और मोसनिया होते हुए बहती है। यह दरिन मौलेश्वर के पास दुमका जिले को छोड़कर झारखंड से बाहर निकलती हुई नलहाती रेलवे स्टेशन

के पास गंगा में मिल जाती है। ब्राह्मणी नदी की प्रमुख सहायक नदियों में गुमरो और एरो हैं।

बांसलोई नदी—यह नदी गोड्डा जिले के पास बांस पहाड़ी से निकलती है। यह पूर्व की ओर बहती हुई दुमका जिले की उत्तरी सीमा बनाती हुई उसे गोड्डा और पाकुड़ से अलग करती है। यह महेशपुर में झारखंड को छोड़ती है। यह नदी मुराराई रेलवे स्टेशन के पास गंगा में मिल जाती है।

गंगा नदी—गंगा नदी झारखंड की सीमारेखा को सबसे पहले संथाल परगना के सीमा-क्षेत्र में तेलियागढ़ी से कुछ कि.मी. पश्चिम में छूती और पूर्व दिशा में प्रवाहित होती दक्षिण-पूर्व की ओर मुड़ जाती है।

प्रमुख जलप्रपात, झील और बाँध

झारखंड की भौगोलिक संरचनाओं में यहाँ के जलप्रपात, झील और बाँध विशेष महत्त्व रखते हैं। ये झारखंड के दर्शनीय पर्यटकस्थल भी हैं। यहाँ इनका संक्षिप्त विवरण प्रस्तुत है—

उसरी जलप्रपात

यह जलप्रपात गिरिडीह जिले में गिरिडीह-टुंडी मार्ग पर शहर से लगभग 13 किलोमीटर की दूरी पर स्थित है। उसरी नदी की धारा से बना होने के कारण इस जलप्रपात को 'उसरी जलप्रपात' कहा जाता है। यह जलप्रपात अन्य की तुलना में काफी छोटा है, लेकिन आस-पास में घना जंगल होने के कारण यहाँ का दृश्य मनोहर एवं रोमांचकारी प्रतीत होता है। इस जलप्रपात की एक विशेषता यह है कि यहाँ नदी का जल कुछ ऊपर उठकर नीचे की ओर गिरता है। यहाँ वर्ष भर पर्यटकों का आना-जाना लगा रहता है।

कांति जलप्रपात

यह जलप्रपात चंदवा-कुडू मार्ग पर सेन्हा गाँव से लगभग 6 किलोमीटर की दूरी पर स्थित है। इसके निकट ही हरा-भरा जंगल है। मनोहर हरियाली और मुख्य मार्ग से कम दूरी पर होने के कारण यह जलप्रपात लोगों के लिए अच्छा 'पिकनिक स्पॉट' बन गया है।

जोन्हा जलप्रपात

यह जलप्रपात राँची-पुरुलिया मार्ग पर राढ़ू नदी पर स्थित है। जोन्हा गाँव के निकट होने के कारण इसका नाम 'जोन्हा जलप्रपात' पड़ा। इसकी ऊँचाई लगभग 150

कहा जाता है कि ऊँचाई से गिरने के बाद इसकी जलधारा 10 धाराओं में बँट जाती है। इसी कारण इसका नाम 'दशम जलप्रपात' पड़ा। राँची के बुंडू प्रखंड के निकट यह जलप्रपात तैमारा घाटी में काँची नदी पर स्थित है।

फीट है। दिसंबर से फरवरी महीने तक यहाँ का दृश्य बड़ा विहंगम होता है। यह स्थान अत्यंत गहराई में होने के कारण यहाँ नीचे उतरने के लिए पक्की सीढ़ियाँ बनी हुई हैं।

दशम जलप्रपात

यह जलप्रपात राँची-जमशेदपुर मार्ग पर राँची से लगभग 40 किलोमीटर की दूरी पर स्थित है। लगभग 144 फीट की ऊँचाई से इसकी जलधारा जिस स्थान पर गिरती है, उसकी गहराई बहुत अधिक है। कहा जाता है कि ऊँचाई से गिरने के बाद इसकी जलधारा 10 धाराओं में बँट जाती है। इसी कारण इसका नाम 'दशम जलप्रपात' पड़ा। राँची के बुंडू प्रखंड के निकट यह जलप्रपात तैमारा घाटी में काँची नदी पर स्थित है।

पंचघाघ जलप्रपात

यह जलप्रपात चाईबासा मार्ग पर खूँटी से लगभग 14 किलोमीटर की दूरी पर स्थित है। यहाँ ऊँचाई से गिरकर जलधारा पाँच धाराओं में बँट जाती है। इसी कारण इसका नाम 'पंचघाघ जलप्रपात' पड़ा। दिसंबर से फरवरी माह तक यहाँ का दृश्य अत्यंत मनोहर होता है।

बूढ़ा घाघ जलप्रपात

यह जलप्रपात महुआ डाँड़ से लगभग 14 किलोमीटर की दूरी पर स्थित है। यह झारखंड का सबसे ऊँचा जलप्रपात है। इसे 'लोधा जलप्रपात' के नाम से भी जाना जाता है। सितंबर-अक्तूबर में यह जलप्रपात और इसके आस-पास का दृश्य बड़ा ही मनोहारी हो जाता है।

सुखलदरी जलप्रपात

यह जलप्रपात नगर उँटारी से लगभग 35 किलोमीटर दक्षिण में कन्हर नदी पर स्थित है। इसकी जलधारा लगभग 100 फीट की ऊँचाई से गिरते हुए बड़ा ही नयनाभिराम दृश्य उपस्थित करती है।

हुँडरू जलप्रपात

यह जलप्रपात राँची जिले के अनगड़ा प्रखंड में राँची से लगभग 32 किलोमीटर की दूरी पर स्थित है। स्वर्णरेखा नदी पर स्थित इस जलप्रपात की ऊँचाई लगभग 98 मीटर (322 फीट) है। यह राँची का निकटवर्ती और सुप्रसिद्ध जलप्रपात है। यह

झारखंड का सबसे ऊँचा और भारत का 10वाँ सबसे ऊँचा जलप्रपात है।

हिरणी जलप्रपात

यह जलप्रपात खूँटी-चाईबासा मार्ग पर मुरहू बाजार से कुछ आगे बाईं ओर स्थित है। यद्यपि इसकी जलधारा अधिक ऊँचाई से नहीं गिरती, फिर भी इसके निकट का हरा-भरा और नयनाभिराम दृश्य पर्यटकों को बहुत आकर्षित करता है। इसी कारण यह अच्छा 'पिकनिक स्पॉट' बन गया है।

डिमना झील

यह झील जमशेदपुर से लगभग 7 किलोमीटर की दूरी पर स्थित है। झील का स्वच्छ जल और उसके आस-पास का मनोहारी दृश्य झील में नौका-विहार के लिए सभी को बहुत आकर्षित करता है।

मसानजोर बाँध

यह बाँध झारखंड और पश्चिम बंगाल की सीमा पर दुमका जिले के मसानजोर नामक स्थान पर स्थित है। 47 मीटर ऊँचा और 640 मीटर लंबा यह बाँध मयूराक्षी नदी पर बनाया गया है। यहाँ वन विभाग का विश्रामगृह बना है।

मैथन बाँध

यह बाँध धनबाद जिले के कुमारडुबी प्रखंड के निकट स्थित है। 56 मीटर ऊँचे और 4357 मीटर लंबे मैथन बाँध का निर्माण सन् 1958 में बराकर नदी पर किया गया था। बाँध के जल से विद्युत् उत्पादन के लिए जल-विद्युत् केंद्र की स्थापना की गई है। यहाँ नौकायन की सुविधा भी है। दिसंबर से फरवरी तक यहाँ पर्यटक अधिक संख्या में आते हैं। झारखंड से प्रवाहित होनेवाली या उसकी सीमाओं को छूनेवाली प्रमुख नदियों के अलावा कई झरने भी राज्य में पाए जाते हैं। संथाल परगना में कई झरने हैं। इनमें सबसे प्रमुख झरना 'मोती झरना' है। यह महाराजपुर रेलवे स्टेशन से 2 मील दक्षिण-पश्चिम में राजमहल पहाड़ी पर स्थित है।

झारखंड में बहुउद्देशीय नदी घाटी परियोजनाएँ

जल की बढ़ती उपयोगिता एवं माँग के आलोक में जल संचयन एवं प्रबंधन अतिमहत्त्वपूर्ण हो गया है। जल संसाधन विभाग ने राज्य में सभी स्रोतों से जल की उपलब्धता का आकलन उसके संचयन एवं संरक्षण हेतु वृहद्, मध्यम एवं लघु सिंचाई योजनाओं का निर्माण कराकर सिंचाई क्षेत्र के विस्तार का प्रयास किया जा रहा है।

जिसके अतिरिक्त भू-गर्भ जल के संरक्षण, संवर्धन, दोहन एवं बेहतर उपयोग के लिए संरचनाओं के निर्माण का कार्य किया जा रहा है। जल संसाधन विभाग द्वारा निर्मित विभिन्न योजनाओं से कुल 9.198 लाख हेक्टेयर कृषि योग्य भूमि में सिंचाई क्षमता का सृजन हुआ है, जो कुल सिंचाई क्षमता योग्य भूमि 24.59 लाख हेक्टेयर का 37.40 प्रतिशत है। राज्य में बहुद्देशीय नदी घाटी परियोजना का निर्माण किया गया है, जिसका उद्देश्य निम्न है—

- सिंचाई क्षेत्र का विस्तार
- विद्युत् उत्पादन और औद्योगिक विकास
- बाढ़ नियंत्रण
- मतस्य पालन
- पेय जल एवं पशुओं के लिए चारा उत्पादन

राज्य की प्रमुख बहुद्देशीय परियोजनाओं में दामोदर घाटी परियोजना एवं स्वर्णरेखा बहुद्देशीय परियोजना प्रमुख है।

दामोदर नदी घाटी परियोजना—इसका निर्माण 1948 ई. में संयुक्त राज्य अमेरिका में निर्मित टेनेसी नदी परियोजना के आधार पर किया गया है। यह भारत की प्रथम बहुद्देशीय परियोजना है। इसके अंतर्गत 8 बाँधों का निर्माण किया है, जो इस प्रकार हैं—

क्र. सं.	नदी	बाँध
1.	बराकर नदी	तिलैया, मैथन और बाल पहाड़ी
2.	दामोदर नदी	पंचेत, अय्यर और बेरमो
3.	बोकारो नदी	बोकारो और कोनार

इस योजना का मुख्य उद्देश्य विद्युत् उत्पादन एवं सिंचाई कार्य है। इस योजना के अंतर्गत 8 लाख हेक्टेयर में सिंचाई होती है तथा 1200 मेगावाट बिजली का उत्पादन किया जाता है।

स्वर्णरेखा बहुद्देशीय परियोजना—यह एक अंतरराज्यीय परियोजना है, जो झारखंड, प. बंगाल और ओड़िसा की संयुक्त परियोजना है। इस योजना के तहत स्वर्णरेखा नदी पर चांडिल डैम एवं गालूडीह बराज तथा खरकई नदी पर ईचा डैम, और खरकई बराज का निर्माण किया गया है। इस योजना का निर्माण 1982-83 में प्रारंभ किया गया था तथा 2003 में प्रथम चरण का निमार्ण पूरा हो चुका है। इस परियोजना के तहत हुंडरू जलप्रपात से 120 मेगावाट विद्युत् का उत्पादन किया जा रहा है।

राज्य की अन्य प्रमुख सिंचाई योजनाओं में निम्नलिखित प्रमुख हैं—

कोनार सिंचाई परियोजना—यह योजना हजारीबाग जिले के विष्णुगढ़ प्रखंड के बनासो गाँव के पास स्थित है। इसका निर्माण डी.वी.सी. द्वारा किया गया है। जिसका सिंचाई लाभ हजारीबाग, गिरिडीह और बोकारो जिलों को मिलता है।

अजय बराज परियोजना—यह परियोजना देवघर एवं दुमका जिला में स्थित है। इस योजना के अधीन देवघर जिला के सारठ प्रखंड के सिकटिया ग्राम के पास अजय नदी पर बराज बनाया गया है। इसके अंतर्गत 110.8 किलोमीटर लंबा नहर निर्मित किया गया है, जिससे जामताड़ा, नाला एवं कुंडहित प्रखंड में सिंचाई किया जाता है।

गुमानी बराज परियोजना—इस परियोजना में बाँध का निर्माण गुमानी नदी पर साहेबगंज जिला में बरहेट प्रखंड के पेटरखासा गाँव के पास किया गया है। इसके अंतर्गत साहेबगंज और पाकुड़ जिला के बरहेट, पतना, बड़हरवा, लिट्टीपाड़ा एवं हिरणपुर प्रखंडों में सिंचाई सुविधा उपलब्ध कराई जाती है।

पुनासी जलाशय परियोजना—इस योजना के अंतर्गत देवघर जिला के पुनासी गाँव के पास बाँध का निर्माण किया जा रहा है। इस योजना से देवघर जिला के चानन कटोरिया, सरैयाहाट, मोहनपुर एवं सारवाँ प्रखंड को सिंचाई का लाभ मिलेगा।

अमानत बराज परियोजना—इस योजना का निर्माण पलामू जिले के पांकी प्रखंड में अमानत नदी पर किया जा रहा है। इस योजना से पलामू जिला के पांकी, मनातू, पाटन प्रखंड को सिंचाई का लाभ प्राप्त होगा। इस योजना के पूर्ण होने पर इससे 25,000 हेक्टेयर भूमि में सिंचाई की सुविधा प्रदान की जाएगी।

उत्तरी कोयल जलाशय परियोजना—इस योजना का निर्माण गढ़वा जिला के कुटकु गाँव के पास उत्तर कोयल नदी पर किया जा रहा है। इस योजना के तहत कोयल नदी पर एक कंपोजिट डैम और एक बराज का निर्माण किया जा रहा है। बराज से दाईं मुख्य नहर से जो 109 किलोमीटर लंबा है, पलामू जिले को सिंचाई सुविधा दी जाएगी, जबकि बाईं मुख्य नहर, जिसकी लंबाई 11.81 किलोमीटर है, इससे गढ़वा जिले को सिंचाई सुविधा दी जाएगी। इस योजना से 24 मेगावाट विद्युत् का उत्पादन भी किया जाएगा। इस योजना के डूब क्षेत्र में बेतला नेशनल पार्क भी स्थित है।

बटेश्वर स्थान गंगा पंप नहर योजना—यह झारखंड और बिहार कि अंतरराज्यीय योजना है। इस योजना के तहत गंगा नदी से लिफ्ट कर पानी को नहर में छोड़ा जाएगा। इस योजना से गोड्डा जिले के मेहरमा एवं महगामा प्रखंडों में सिंचाई की सुविधा प्रदान की जाएगी।

अपरशंख जलाशय योजना—इस योजना का निर्माण शंख नदी पर गुमला जिला के डुमरी प्रखंड के टंगाल गाँव के पास बाँध बनाकर किया जा रहा है।

सोनुआ जलाशय योजना—इस योजना का निर्माण संजय नदी पर प. सिंहभूम

जिला के सोनुआ प्रखंड अंतर्गत परशुआ गाँव के पास किया जा रहा है। इस योजना से सोनुआ प्रखंड के 8 हजार हेक्टेयर भूमि पर सिंचाई होगी।

पंचखेरो जलाशय योजना—यह योजना पंचखेरो नदी पर निर्माणाधीन है। इस योजना के अंतर्गत गिरिडीह जिला का राजधनवार प्रखंड और कोडरमा जिला का मरकच्चो प्रखंड शामिल है। इस योजना से 2,548 हेक्टेयर में खरीफ तथा 537 हेक्टेयर में रबी फसल की सिंचाई होगी।

सुकरी जलाशय योजना—इस योजना का निर्माण सुकरी नदी पर लोहरदगा जिला के किस्को प्रखंड के बंजारी गाँव के पास किया जा रहा है। इस योजना से किस्को प्रखंड की 440 हेक्टेयर भूमि पर सिंचाई होगी।

भैरवा जलाशय योजना—यह योजना भैरवी नदी पर रामगढ़ जिला के गोला प्रखंड के सोनाई गाँव के पास किया जा रहा है। इस योजना के तहत 3,643 हेक्टेयर में खरीफ तथा 1,214 हेक्टेयर में रबी फसल की सिंचाई होगी।

रामरेखा जलाशय योजना—इस योजना का निर्माण सिमडेगा जिला के उतयल नाला पर कैरबैरा गाँव के पास किया जा रहा है। इस योजना से सिमडेगा जिला के सिमडेगा प्रखंड के 4,405 हेक्टेयर भूमि पर सिंचाई की सुविधा उपलब्ध होगी।

बटाने जलाशय योजना—यह योजना बटाने नदी पर पलामू जिला के धाबुडीह गाँव के पास निर्मित किया जा रहा है। यह झारखंड और बिहार की संयुक्त परियोजना है। इससे पलामू जिले की 2360 हेक्टेयर भूमि में सिंचाई को सुविधा उपलघ होगी।

उपर्युक्त सिंचाई योजनाओं के अतिरिक्त कुछ नई सिंचाई योजनाएँ भी प्रस्तावित हैं जो इस प्रकार है—

- तिलैया सिंचाई योजना — जयनगर, कोडरमा
- डोमनीनाला सिंचाई योजना — खरौंधी गढ़वा
- बुढ़ई जलाशय योजना — मधुपुर, देवघर
- राढू जलाशय योजना — सिल्ली, राँची
- दाहरबाटी जलाशय योजना — किस्को, लोहरदगा

उपर्युक्त सिंचाई योजनाओं के अतिरिक्त झारखंड में जल संसाधन के विकास के लिए केंद्र सरकार की नीतियों के आधार पर राज्य में 'जल क्रांति अभियान' वर्ष 2015-16 में किया गया है। इसके तहत राज्य के 24 जिलों के 48 गाँव (प्रत्येक जिले में से दो) जल-ग्राम के रूप में चयनित हुए हैं। इन ग्रामों को जल के सभी आयामों में स्वावलंबी होने हेतु **CIWSP** (Comprehensive Integrated Water Security Plan) तैयार करवाया गया है।

झारखंड की प्रमुख सिंचाई परियोजनाएँ

क्र.सं.	योजना का प्रकार	योजना का नाम	नदी	जिला/राज्य
1.	केंद्रीय बहुद्देशीय योजना	i. दामोदर नदी घाटी परियोजना	दामोदर	झारखंड और बंगाल राज्य
2.	ए.आई.बी.पी. के अंतर्गत वृहद् सिंचाई योजना	i. स्वर्णरिखा बहुद्देशीय परियोजना	स्वर्णरिखा एवं खरकई	झारखंड, बंगाल एवं ओड़िसा
3.	राज्य की वृहद् सिंचाई योजना	i. कोनार सिंचाई परियोजना	कोनार	हजारीबाग
		ii. अजय बराज परियोजना	अजय	देवघर
		iii. गुमानी बराज परियोजना	गुमानी	साहेबगंज
		iv. पुनासी जलाशय परियोजना	अजय	देवघर
		v. अमानत बराज परियोजना	आमनत	पलामू
		vi. उत्तरी कोयल जलाशय परियोजना	उत्तरी कोयल	गढ़वा
		v बटेश्वर स्थान गंगा पंप नहर योजना	गंगा	गोड्डा
4.	राज्य की मध्यम सिंचाई योजना	i. अपरशंख जलाशय योजना	शंख	गुमला
		ii. सोनुआ जलाशय योजना	संजय	प. सिंहभूम
		iii. पंचखेरो जलाशय योजना	पंचखेरो	गिरिडीह एवं कोडरमा
		iv. सुकरी जलाशय योजना	सुकरी	लोहरदगा
		v. भैरवा जलाशय योजना	भैरवी	रामगढ़
		vi.रामरेखा जलाशय योजना	उतयल नाला	सिमडेगा
		vii. केशो जलाशय योजना	सकरी	कोडरमा
		viii. बटाने जलाशय योजना	बटाने	पलामू
		ix. रैसा जलाशय योजना	रैसा	राँची
		x. तजना जलाशय योजना	तजना	खूँटी

झारखंड की सतही मिट्टी

जल के अलावा झारखंड राज्य की सतही मिट्टी भी इसके भौतिक स्वरूप में महत्त्वपूर्ण भूमिका निभाती है। यहाँ की मिट्टी में खनिज पदार्थ प्रचुर मात्रा में पाए जाते हैं। वर्गीकरण के आधार पर झारखंड की मिट्टी को पाँच भागों में बाँटा गया है, जो निम्न प्रकार हैं—

- लाल मिट्टी
- अभ्रकीय लाल मिट्टी
- रेतीली मिट्टी
- काली मिट्टी
- लेटेराइट मिट्टी।

उपर्युक्त सभी मिट्टियों का वर्णन इस प्रकार है—

लाल मिट्टी

यह मिट्टी लगभग समूचे झारखंड में पाई जाती है। अपवाद के लिए दामोदर घाटी की गोंडवाना चट्टानों और राजमहल की ऊँची भूमि में यह नहीं पाई जाती। यह शुष्क और आर्द्र जलवायु के कारण लौह ऑक्साइड से भरपूर चट्टानों के टूटने-पिसने से बनती है। इसमें कहीं-कहीं खनिजों के अंश होने से इसका रंग पीला हो जाता है। कृषि की दृष्टि से यह मिट्टी कम उपजाऊ होती है और इसमें अन्न के रूप में बाजरा ही पैदा हो पाता है। लौह तत्त्वों की मात्रा अधिक होने से यह अति रंध्रयुक्त होती है। रवेदार चट्टानों से निर्मित यह मिट्टी स्थान और ऊँचाई के आधार पर परिवर्तित होती रहती है।

अभ्रकीय लाल मिट्टी

यह रेतीली मिट्टी अभ्रक के अंशों से प्रभावित होकर चमकदार होती है। शुष्कता के कारण इसका रंग हल्का गुलाबी हो जाता है और नमी के कारण पीला। झारखंड राज्य के अभ्रक की खानवाले क्षेत्रों, जैसे, कोडरमा, झुमरीतलैया, माँडू और बडका गाँव में यह अधिक पाई जाती है। कृषि की दृष्टि से यह अधिक उपयोगी नहीं है। कहीं-कहीं इस मिट्टी में कोदो, कुरमी आदि फसलें उगाई जाती हैं।

रेतीली मिट्टी

यह दामोदर घाटी की परतदार चट्टानों के घिसने व टूटने से बनती है। यह रवेदार होती है। इसका रंग धूसर और पीला होता है, जो हल्की लालिमा लिये रहता है। कृषि की दृष्टि से यह मोटे अनाज के लिए उपयुक्त रहती है।

काली मिट्टी

यह बेसाल्टिक मिट्टी सिलिकन पदार्थों से युक्त होती है। इसमें पोटाश, कायोलीन, मैग्नीशियम और लौह ऑक्साइड आदि मुख्य रूप से पाए जाते हैं। नमी के संपर्क में आते ही यह मिट्टी अपनी ऊपरी परत पर क्ले मिट्टी का निर्माण करती है। यह मिट्टी राजमहल की पहाड़ियों में पाई जाती है और नमी व आर्द्रता बनाए रखने की क्षमता के कारण कृषि में उपयोगी होती है। नमी के कारण यह भुरभुरी बन जाती है। यह चने और

धान की खेती के लिए उपयुक्त होती है।

लेटेराइट मिट्टी

गहरे लाल रंग की इस मिट्टी में लौह ऑक्साइड के साथ चूना, फास्फोरस और पोटाश भी पाया जाता है, लेकिन इसमें लौह ऑक्साइड की मात्रा अधिक होती है। इसमें एल्युमीनियम और मैग्नीज भी भरपूर मात्रा में पाए जाते हैं। इसी कारण इसकी उर्वरा शक्ति कम होती है। इसमें अरहर और अरंड की खेती होती है।

इस प्रकार कहा जा सकता है कि इस राज्य में उपजाऊ मिट्टी कम है, फिर भी कृषक लोग अपने श्रम और मवेशियों की खादों से कृषि योग्य भूमि बना ही लेते हैं। धान यहाँ की मुख्य फसल है और यहाँ गेहूँ का उत्पादन भी अच्छा होता है।

खान एवं खनिज

खनिज पदार्थों के मामलों में कहा जा सकता है कि प्रकृति ने इस राज्य पर अधिक कृपादृष्टि रखी और खनिजों के भंडार यहाँ छिपा दिए, जो आज इस राज्य के सर्वांगीण विकास में महत्त्वपूर्ण भूमिका निभा रहे हैं। यहाँ के आर्कियन, धारवाड़ और गोंडवाना कालीन चट्टानी क्षेत्रों में प्रकृति ने विपुल संपदा एकत्र कर दी है। यद्यपि यह संपूर्ण राज्य में समान रूप से नहीं है, इसलिए इस स्थिति के आधार पर इसे तीन भागों में बाँटा जा सकता है—

1. दक्षिण में धात्विक प्रधान खनिज पट्टी।
2. मध्य में ईंधन खनिज प्रधान पट्टी।
3. उत्तर में अधात्विक खनिज प्रधान पट्टी।

ये तीनों खनिज पट्टियाँ पश्चिम से पूर्व तक फैली हैं और यह केवल झारखंड में ही नहीं, बल्कि भारत में कोयले की उपलब्धता जहाँ भी है, इसी क्रम में हैं। झारखंड खनिज पट्टियों से भारत में प्राप्त कुल खनिज का 46 प्रतिशत पाया जाता है। राज्य के खनिजों को तीन वर्गों में रखा गया है, जो निम्न प्रकार हैं—

धात्विक खनिज

इन खनिजों में लोहा, मैंग्नीज, ताँबा, सीसा, जस्ता, टंगस्टन, बॉक्साइट, सोना, चाँदी और टिन आदि आते हैं।

अधात्विक खनिज

इस वर्ग में अभ्रक, पायराइट, नमक, जिप्सम, कायनाइट, हीरा, चूना, संगमरमर, सीमेंट का पत्थर, काँच और बालू आदि आते हैं।

ऊर्जा खनिज

इसमें बहुमूल्य यूरेनियम, थोरियम, सुरमा, ग्रेफाइट, इलैमेनाइट और बैरीलियम जैसे खनिज आते हैं।

इन सभी प्रकार के खनिजों की प्राप्ति, मात्रा, स्थान और उपयोग का विश्लेषण किया जाए तो निम्नलिखित वर्णन प्राप्त होता है—

लोहा (लौह अयस्क)

इस लौह अयस्क का रूप काले या गेरुए रंग का होता है, जो हैमेटाइट, मैग्नेटाइट, लिमोनाइट, सिडेराइट वर्गों में होता है। ये सभी लोहे की कठोरता के अनुसार हैं। हैमेटाइट में लोहे का 64 प्रतिशत भाग होता है और यह झारखंड में प्रचुर मात्रा में पाया जाता है। लौह अयस्कों का लगभग 99 प्रतिशत हैमेटाइट ही पाया जाता है। देश भर में लौह अयस्क उत्पादन में राज्य का पाँचवाँ स्थान है। राज्य में इसकी उपलब्धता 2,657 मीट्रिक टन अनुमानित और 1,825 मिलियन मीट्रिक टन प्रमाणित रूप में है। राज्य में लौह अयस्क की 28 खानें हैं, जिनमें पश्चिमी सिंहभूम की वनरसियाबुरु, नोआमुंडी, वुदाबुरू, शंशागदा, गुआ, जामदा, नेतुबुरू, लोकदुबुरू, झिंलिंगबुरू और नाटुबुरू की खानें उल्लेखनीय हैं।

मैंग्नीज

यह लौह समूह का ही खनिज है, जो इस्पात निर्माण, सीसा गलाने, युद्ध सामग्री बनाने तथा विद्युत् और रासायनिक उद्योगों में प्रयुक्त होता है। इसे अधात्विक उपयोगों में भी लिया जाता है और इससे पोटेशियम परमैगनेट, ऑक्सीजन, क्लोरीन व ब्लीचिंग पाउडर बनाए जाते हैं। साथ ही इसका प्रयोग काँच बनाने तथा काँच का रंग उड़ाने में किया जाता है। यह उर्वरक बनाने, रंग बनाने और बैटरी निर्माण में भी काम आता है। इसके मुख्य अयस्क ग्रेनाइट और साइलोमैलीन होते हैं। राज्य में इसका प्रमाणित भंडार 2.29 मिलियन मीट्रिक टन है। वर्तमान में इसका उत्पादन 19 हजार मीट्रिक टन के लगभग है। यह चाईबासा, लिमटू और बरजमुंडा में मुख्य रूप से पाया जाता है। धनबाद, गिरिडीह और हजारीबाग के कुछ क्षेत्रों में इसकी कम ही उपलब्धता है। इसकी खानें गुआ, जामदा और नोआमुंडा में भी पाई जाती हैं।

ताँबा

यह धातु उपयोग की दृष्टि से कई प्रकार से काम में आती है। इसके उत्पादन में राज्य देश भर में पहले स्थान पर है। देश के कुल उत्पादन का लगभग 26 प्रतिशत सुरक्षित भंडार इस राज्य में पाया जाता है। सिंहभूम में ताँबे की उपलब्धता के संबंध में अनुमान है कि यहाँ की ताँबा पेटी 130 कि.मी. लंबी और 17 कि.मी. चौड़ी है, जो

चक्रधरपुर से मुसबनी होती हुई सुंगरी तक जाती है। इसका खनन कार्य सन् 1924 से ही 'इंडियन कॉपर कॉम्प्लेक्स' द्वारा किया जाता रहा है। इसके अलावा ताँबे की उपलब्धता हजारीबाग, पलामू और संथाल परगना में भी है। ताँबे का उपयोग विद्युत् तार, घरेलू बरतन और मिश्रित धातुएँ बनाने में किया जाता है।

सीसा

यह खनिज प्राय: चाँदी और जस्ते के साथ गैलेना नामक खनिज पत्थर से प्राप्त होता है। यह चट्टानों की नसों के रूप में होता है। विद्युत् कुचालक होने के कारण इसका प्रयोग रेल इंजन, मोटरकार, कारतूस, बैटरी, हवाई जहाज, टाइपराइटर और बिजली के तार आदि में किया जाता है। लोहे और इस्पात उद्योग में इसकी सबसे अधिक खपत है। यह झारखंड में हजारीबाग जिले के टाँडा, बरगुंडा और बरामासिया क्षेत्र के अलावा पलामू और गोड्डा आदि जिलों के कुछ क्षेत्रों में भी पाया जाता है।

बॉक्साइट

एल्युमीनियम से प्राप्त यह खनिज झारखंड में प्रचुर मात्रा में पाया जाता है। इसके उत्पादन में राज्य का भारत में दूसरा स्थान है। भंडारण की दृष्टि से यह भारत में चौथे स्थान पर है। इसका सुरक्षित भंडार 590 लाख टन है और उत्पादन देश का 18 प्रतिशत है। बॉक्साइट के भंडार लोहरदगा, राँची के पठार और पलामू क्षेत्र में हैं। इसके अतिरिक्त छापदुआरिया, पकड़ी एवं औरंगा में भी हैं। मुरी में इसे साफ किया जाता है। झारखंड की सक्रिय खानों में से 18 गुमला में और 9 लोहरदगा जिले में हैं। झारखंड राज्य में राजमहल की पहाड़ियों में भी बॉक्साइट के बड़े भंडार होने का अनुमान है। यह प्रयोग की दृष्टि से बहुउपयोगी है। इसका प्रयोग रेल के डिब्बे, जलयान, प्रक्षेपास्त्र, मिसाइल और विभिन्न वैज्ञानिक यंत्रों के अलावा परिवहन, घरेलू उपयोग की वस्तुओं के निर्माण तथा विद्युत् सामग्री आदि बनाने में किया जाता है। यह अन्य कई वस्तुओं के साथ मिलाकर मिश्रित धातुओं को बनाने में भी प्रयुक्त होता है।

सोना

यह पीली धातु मुख्यत: दो अवस्थाओं में पाई जाती है। यह चट्टानों में भी मिलती है और नदियों की बालू मिट्टी में भी। चट्टानों में मिलनेवाला पठारी सोना और नदियों की बालू में मैदानी सोना। राज्य में यह दोनों ही अवस्थाओं में पाया जाता है। स्वर्णरेखा नदी की बालू में यह अल्प मात्रा में पाया जाता है। राँची के पिठोरिया में यह स्थानीय लोगों द्वारा भी प्राप्त किया जाता है। सन् 1838 में छोटानागपुर के पहले राजनीतिक प्रतिनिधि जॉन ओसले ने सिंहभूम के हीराकुंड में सोने की संभावना प्रकट की थी। राँची के अलावा गढ़वा में भी सोने के भंडार हैं। सोने के संकेत दामोदर घाटी क्षेत्र में भी हैं,

लेकिन यह वहाँ अत्यंत अल्प मात्रा में है। राज्य में प्रतिवर्ष 350 कि.ग्रा. सोने का उत्पादन घाटशिला में होता है। यहाँ इसका उत्पादन 'हिंदुस्तान कॉपर कॉरपोरेशन' द्वारा किया जाता है। सोने के उत्पादन में झारखंड का देश में छठा स्थान है। सोने का उपयोग आभूषण बनाने, सिक्के बनाने, टाइपिन, वर्क और कई प्रकार की औषधियों में किया जाता है।

क्रोमाइट

यह खनिज मैंग्नीज की भाँति होता है। राज्य में इसकी प्राप्ति मुख्यतः सिंहभूम में चाईबासा, जोजोहातु और सरायकेला में है। राज्य में क्रोमाइट का रक्षित भंडार 4.65 लाख टन है, जो देश के कुल भंडार का 3.9 प्रतिशत है। इसके उत्पादन में राज्य का देश में दूसरा स्थान है। यह खनिज मुख्यतः ड्यूनाइट, पैरीडोटाइट और सर्पेंटाइन से प्राप्त किया जाता है। अभी हाल ही में धनबाद और हजारीबाग क्षेत्रों में क्रोमाइट मिलने का अनुमान है।

टंगस्टन

यह उच्चतापीय क्षमतावाला खनिज है, जो सिंहभूम के कालीमाटा क्षेत्र और हजारीबाग जिले में पाया जाता है। भारत में उत्पादित कुल टंगस्टन का 14 प्रतिशत हजारीबाग में पाया जाता है। यह उच्चकोटि के उत्पाद बनाने और बिजली के उत्पाद बनाने में प्रयुक्त होता है।

टिन

टिन कैसीटराइट नामक कच्ची धातु से प्राप्त होता है। यह आग्नेय चट्टानों में पाई जानेवाली कच्ची धातु है। यह राँची, सिंहभूम, पलामू और संथाल परगना में कई स्थानों पर पाया जाता है। कच्ची धातु का शुद्धीकरण करके टिन प्राप्त होता है। टिन प्रयोग की दृष्टि से बहुत उपयोगी है। इससे घरेलू बरतन, छत की चादरें और औजार आदि बनाए जाते हैं। यह धातुओं में सबसे कोमल है। मानव जीवन में इसकी दैनिक उपयोगिता देखी जा सकती है।

अभ्रक

यह अधात्विक खनिज झारखंड में प्रचुर मात्रा में उपलब्ध है। इसके उत्पादन में राज्य का भारत में दूसरा स्थान है। इसकी पट्टी 160 कि.मी. लंबी और 30 कि.मी. चौड़ी है, जिसमें 3.6 लाख टन अभ्रक का भंडार सुरक्षित है। इसके खनन का प्रमुख केंद्र कोडरमा है और यह गिरिडीह, डोमचाँच, गाँवा, चटकारी, नवाडीह, चाकल तथा हजारीबाग जिले के कुछ स्थानों पर मिलता है। यह प्रायः 4 मीटर चौड़ी और 3 मीटर लंबी पट्टी

के रूप में निकाला जाता है। इसका प्रयोग अधिकांशतः बिजली के कारखानों में होता है। राज्य में देश के कुल उत्पादन का 58 प्रतिशत अभ्रक पाया जाता है।

ग्रेफाइट

यह खनिज आर्कियन युग की नीश चट्टानों से प्राप्त होता है। रासायनिक रूप से यह कार्बन है और इसमें सिलिका एवं सिलिकेट की अशुद्धियाँ भी पाई जाती हैं। झारखंड राज्य के पलामू क्षेत्र में इसके सर्वाधिक भंडार मिलते हैं। अनुमान है कि झारखंड में 30.5 लाख टन ग्रेफाइट का भंडार है, जो देश के कुल भंडार का 57.47 प्रतिशत है। यह मुख्यतः काले शीशे या प्लबंगों के निर्माण में उपयोग में लाया जाता है। इसे शीशे की पेंसिल, रंग-रोगन और परमाणु रिऐक्टर के मॉडरेटर के रूप में प्रयोग किया जाता है।

अनुमान है कि झारखंड में 30.5 लाख टन ग्रेफाइट का भंडार है, जो देश के कुल भंडार का 57.47 प्रतिशत है। यह मुख्यतः काले शीशे या प्लबंगों के निर्माण में उपयोग में लाया जाता है। इसे शीशे की पेंसिल, रंग-रोगन और परमाणु रिऐक्टर के मॉडरेटर के रूप में प्रयोग किया जाता है।

ऐस्बेस्टस

उच्च अग्निरोधक यह खनिज झारखंड में धारवाड़ क्रम की चट्टानों में पाया जाता है। इसमें मैग्नीशियम, सिलिका और पानी का मिश्रण होता है। यह रेशे के रूप में कई किस्मों में मिलता है। राज्य में इसका भंडार 403.5 मिलियन टन है और भारत में राज्य का पहला स्थान है। यह रुई की भाँति काटा और बाँटा जानेवाला खनिज है। यह सिंहभूम और राँची जिलों में पाया जाता है। सरायकेला इसका मुख्य उत्पादक क्षेत्र है। इसका प्रयोग अग्निरोधी वस्त्र बनाने, बॉयलर ढकने, तिरपाल बनाने, जेट विमानों के निर्माण एवं प्रक्षेपास्त्रों के निर्माण में होता है।

कायनाइट

यह भी उच्च ताप की क्षमतावाला खनिज है, जो सिंहभूम जिले में सरायकेला से लेकर सिवाई की पहाड़ी तक 130 कि.मी. लंबे और 16 कि.मी. चौड़े क्षेत्र में पाया जाता है। इसके उत्पादन में राज्य का भारत में प्रथम स्थान है। इसका भंडार 113 लाख टन है, जो देश के भंडार का 8.33 प्रतिशत है। इसका प्रयोग लोहा बनाने में किया जाता है। इसकी खानें मुख्य रूप से धागीडीह, कनियाल और मोहनपुरा में हैं।

अग्नि मिट्टी

यह खनिज मुख्य रूप से कोयले की तहों के साथ पाया जाता है। उच्च ताप सहने

की क्षमता के कारण इससे ईंटों का निर्माण करके भट्टियाँ बनाई जाती हैं, जिनमें खनिजों को गलाने का काम होता है। सर्वेक्षण के अनुसार, राज्य में 41.78 लाख टन से भी अधिक अग्नि मिट्टी (फायर क्ले) का सुरक्षित भंडार है। यह दामोदर घाटी, पलामू, राजमहल की पहाड़ियों, राँची और धनबाद में भी पाया जाता है। इसका उत्पादन 261 टन है। लातेहार और दुमका में भी इसका भंडार है।

चूना पत्थर

यह खनिज झारखंड में सिंहभूम, हजारीबाग, पलामू और राँची में पाया जाता है। सिंहभूम का जगन्नाथपुर, राँची का खलारी, होयार और हजारीबाग के बरकट्टा और हौसिर में इसका सबसे अधिक उत्पादन होता है। राज्य में उत्तम श्रेणी का चूना पाया जाता है, जिसका सुरक्षित भंडार लगभग 573 लाख टन है। यह भारत के कुल उत्पादन का 1.05 प्रतिशत है। इसका उपयोग सीमेंट बनाने, लौह इस्पात निर्माण, चीनी मिट्टी के बरतन, गृह-निर्माण आदि सामग्री में किया जाता है। राज्य में इसकी 33 खानें हैं।

चीनी मिट्टी

यह फेलस्पार खनिज के विघटन से निर्मित होनेवाली मिट्टी है। फेलस्पार गिरिडीह में पैग्माटाइट में क्वार्ट्ज के रूप में मिलता है। राज्य में इसका 345.2 मिलियन टन भंडार है। इससे प्राप्त चीनी मिट्टी का अनुमानित भंडार 41.78 लाख टन है। चीनी मिट्टी से बिजली के उपकरण, घरेलू बरतन, मूर्तियाँ और इमारती सामान बनाए जाते हैं। फेलस्पार का प्रयोग शीशा एवं रिफैक्टरी उद्योग में किया जाता है। यह राँची, सिंहभूम, हजारीबाग और धनबाद आदि में मिलता है।

डोलोमाइट

यह पलामू के डाल्टेनगंज में अधिक पाया जाता है। सिंहभूम में भी इसका उत्पादन किया जाता है। झारखंड में इसका अनुमानित भंडार 47.2 लाख टन है। इसका प्रयोग कागज उद्योग, लौह इस्पात, सीमेंट उद्योग और शीशा उद्योग में होता है।

इन खनिजों के अलावा राज्य में ऐपेटाइट, स्टेटाइट आदि खनिज भी पाए जाते हैं। कोयोलीन, बोराइटस, सिलिका सैंड, चाइना क्ले आदि खनिज भी यहाँ प्रचुर मात्रा में हैं। धात्विक-अधात्विक खनिजों के भंडारण में झारखंड को 'भारत का प्राकृतिक कोष' कहा जाए तो कोई अतिशयोक्ति नहीं होगी।

कोयला

झारखंड भारत के एक-तिहाई कोयले का भंडार रखता है। देश का 33.4 प्रतिशत कोयला इसी राज्य में है, इसीलिए यह प्रथम स्थान पर है। राज्य में कुल 620.8 करोड़

टन कोयले का भंडार है। यह गोंडवाना की चट्टानों में पाया जाता है। उत्तम श्रेणी का कोकिंग कोयला झारखंड में ही पाया जाता है और यहाँ देश का 90 प्रतिशत कुकिंग कोल मिलता है। राज्य में कोयले के उत्पादन और भंडारण की दृष्टि से इसे पाँच क्षेत्रों में बाँटा गया है—

1. दामोदर नदी घाटी कोयला क्षेत्र (झरिया, बोकारो, रामगढ़ आदि)।
2. बराकर नदी बेसिन कोयला क्षेत्र (हजारीबाग, गिरिडीह, चोप आदि)।
3. अजय नदी बेसिन कोयला क्षेत्र (जयंती, सहजोरी, करैया आदि)।
4. राजमहल पहाड़ी क्षेत्र (पचवारा, छपरविट्टा, जिलवारी आदि)।
5. उत्तरी कोयल बेसिन क्षेत्र (डाल्टनगंज, अमानत नदी की घाटी आदि)।

इनमें दामोदर नदी घाटी देश में उच्च श्रेणी के कोयला भंडारण और गुणवत्ता उत्पादन में सबसे आगे है। झरिया क्षेत्र में 39 कि.मी. लंबी और 19 कि.मी. चौड़ी कोयला पट्टी राज्य के आधे से अधिक कोयले का उत्पादन करती है। यहाँ उच्च गुणवत्ता का कोकिंग कोयला पाया जाता है। इसकी अधिक गहराई धरातल से लगभग 900 मीटर है। इस क्षेत्र में कोयले की लगभग 20 परतें हैं। बोकारो क्षेत्र दो भागों में बँटा है और दोनों का संयुक्त क्षेत्रफल 374 वर्ग कि.मी. है। 64 कि.मी. लंबी और 11 कि.मी. चौड़ी यह कोयला पट्टी है। इसके पूर्वी भाग में 29 परतें और पश्चिमी भाग में लगभग 10 परतें पाई जाती हैं। इसकी धरातल से गहराई लगभग 305 मीटर है।

उत्तरी कर्णपुरा क्षेत्र में कोयले की पट्टी का क्षेत्रफल 1,424 वर्ग कि.मी. है और यह भी उत्तरी व दक्षिणी दो क्षेत्रों में बँटा हुआ है। यहाँ कोयले की परतें 42 मीटर मोटी हैं, लेकिन यहाँ पाया जानेवाला कोयला मध्यम श्रेणी का है। कुल कोयला भंडार 58 करोड़ टन आँका गया है, जिसमें 44 परतें हैं और यह धरातल से 900 मीटर की गहराई पर पाया जाता है। दक्षिणी कर्णपुरा का क्षेत्रफल 1,230 वर्ग कि.मी. है। रामगढ़ क्षेत्र में 98 वर्ग कि.मी. क्षेत्र में 20 परतों में कोयला मिलता है। ऊपरी परतों में उत्तम श्रेणी का और निचली परतों में निम्न श्रेणी का। कुल भंडार अनुमानतः 105 करोड़ टन है, जो 900 मीटर की गहराई पर स्थित है। इस प्रकार दामोदर नदी घाटी क्षेत्र के 3,866 वर्ग कि.मी. क्षेत्र में कोयले का विपुल भंडार पाया जाता है।

बराकर नदी क्षेत्र में हजारीबाग और गिरिडीह जिले के क्षेत्र आते हैं, जिनमें गिरिडीह के क्षेत्र में 40 करोड़ टन कोयले का भंडार है। यह उच्च श्रेणी का कोयला है। हजारीबाग में भी लगभग 50 करोड़ टन भंडार आँका गया है। यहाँ लगभग 20 परतों में कोयला पाया जाता है।

अजय बेसिन क्षेत्र में क्रमबद्ध क्षेत्र से कोयला नहीं मिलता और यहाँ भी 40 करोड़ टन कोयला भंडार है। यहाँ यह स्थान-स्थान पर 2 परतों, 3 परतों और कहीं-कहीं 5

परतों में मिलता है, जो साधारण श्रेणी का होता है।

राजमहल पहाड़ी क्षेत्र में विस्तृत रूप से कोयला भंडार है और इसका क्षेत्रफल 520 वर्ग कि.मी. है। इसका विस्तार उत्तर से लेकर दक्षिण तक है। यहाँ अधिकतम 13 परतों में कोयला छपरविट्टा में मिलता है। हेना, जिलवारी आदि में 3 से 5 परतों में कोयला पाया जाता है।

उत्तरी कोयल बेसिन के भी 612 वर्ग कि.मी. में कोयला भंडार उपलब्ध है। यहाँ लगभग 250 करोड़ टन कोयला होने का अनुमान है। पलामू जिले के दक्षिणी भाग में इसके प्रमुख कोयला क्षेत्र औरंगा, छुटार और डाल्टनगंज हैं। तीन परतों में सामान्य श्रेणी का यह कोयला औरंगा क्षेत्र में 207 करोड़ टन उपलब्ध है। छुटार में 25 करोड़ टन और डाल्टनगंज में 18 करोड़ टन का कोयला भंडार है। धरातल से 300 मीटर की गहराई पर इस कोयले में कहीं-कहीं नमी और राख भी पाई जाती है।

इससे स्पष्ट होता है कि झारखंड में कोयला प्रचुर मात्रा में भंडारित है। आँकड़ों के अनुसार, 24 अरब टन कुकिंग कोयला, 5 अरब टन अर्द्ध कुकिंग कोयला और 31 अरब टन गैर-कुकिंग कोयला है, जो क्रमशः उच्च, मध्यम एवं निम्न श्रेणी का है।

आणविक खनिजों में यूरेनियम इस राज्य में थालभूम की सुरंगों से प्राप्त किया जाता है। सुरंगों में खानों से एक टन की चट्टान में 250 ग्राम से 1000 ग्राम तक यूरेनियम प्राप्त होता है। जादूगोड़ा, नरवो, कन्यालुका, केंरुआ, डुंगरी और जुरमाडीह में यूरेनियम प्राप्ति के क्षेत्र हैं। इनमें जादूगोड़ा सबसे अधिक भंडारण और उत्पादन का क्षेत्र है।

थोरियम थोरियोनाइट से 90 प्रतिशत तक मिलता है। एग्लैनाइट में इसकी अल्पमात्रा 3 प्रतिशत होती है, जबकि मोनोजाइट में यह 10 प्रतिशत तक मिलता है। यह महत्त्वपूर्ण आणविक खनिज पारसाबाद, धाबुआडीह, बंसाधरवा और धनबाद जिले के कुछ स्थानों पर पाया जाता है।

थोरियम थोरियोनाइट से 90 प्रतिशत तक मिलता है। एग्लैनाइट में इसकी अल्पमात्रा 3 प्रतिशत होती है, जबकि मोनोजाइट में यह 10 प्रतिशत तक मिलता है। यह महत्त्वपूर्ण आणविक खनिज पारसाबाद, धाबुआडीह, बंसाधरवा और धनबाद जिले के कुछ स्थानों पर पाया जाता है। इलमेनाइट राँची के क्षेत्र में पाया जानेवाला खनिज है, जिसका भंडारण 7.4 लाख टन है। इसके अतिरिक्त मोनाजाइट और बोरोलियम भी राज्य में कोडरमा और हजारीबाग क्षेत्र में पाया जाता है। इन सभी आणविक खनिजों के उपयोग आणविक ऊर्जा, पेट्रोलियम उद्योग, विस्फोटक पदार्थ, साइक्लोट्रोन आदि तकनीकी और अनुसंधान क्षेत्रों में होते हैं।

राज्य में बहुमूल्य रत्नों के मिलने की भी पूरी

संभावना है। यहाँ गोमेद, पुखराज और टोपाज तो पाए ही जाते हैं, साथ ही हीरों के मिलने के भी संकेत मिले हैं। राज्य सरकार ने इस दिशा में कार्य करना आरंभ कर दिया है। डी. बीयर्स कंपनी को 4,000 वर्ग किलोमीटर और जिंदल कंपनी को 3,000 वर्ग किलोमीटर क्षेत्र में हीरा खोजने का कार्य सौंपा गया है।

राज्य में खनिज उत्खनन एक वृहद् उद्योग है और इसमें अरबों-खरबों की पूँजी लगाई भी जा चुकी है। झारखंड की गैर-कृषि आबादी का एक बड़ा भाग इस उद्योग से जुड़ा हुआ है। इससे रोजगार की तो अपार संभावनाएँ बनती ही हैं, राष्ट्र भी शक्तिशाली होता है। केंद्र और राज्य सरकार ने मिलकर उत्खनन कार्य की गति तीव्र करने के लिए विभिन्न योजनाओं का निर्धारण किया है।

झारखंड ने निवेश नीति को सरल और पारदर्शी बनाकर देशी-विदेशी पूँजी निवेशकों को यहाँ के उद्योगों में निवेश हेतु आकर्षित किया है। इसके बावजूद खनिज उत्खनन से बहुत सी समस्याएँ उत्पन्न होती हैं, जिनकी तरफ सरकारों को ध्यान देना होगा। कोयला उत्खनन में होनेवाली दुर्घटनाएँ बड़ी जनहानि का कारण बनती रही हैं। इसके साथ ही उत्खनन के कारण बड़ी संख्या में विस्थापन भी होता है, जिसकी पुनर्वास नीति में आज तक कोई सुधार नहीं आया है और इस विस्थापन ने राज्य को उग्रवाद जैसी विकट समस्या दे दी है।

यद्यपि राज्य सरकार ने इन पहलुओं को चिह्नित करके प्रभावी कदम उठाएँ हैं, तथापि राजनीतिक हस्तक्षेप और भ्रष्ट व्यवस्था के चलते इनकी सफलता संदेहास्पद ही है। उत्खनन से प्रभावित लोगों के कल्याण, सुरक्षा और स्वास्थ्य की नीति केवल दफ्तरों में कागज पर लागू कर देने से कुछ नहीं होगा, अपितु इसका प्रभावी क्रियान्वयन आवश्यक है।

भू-गर्भ में जो भी बहुमूल्य भंडार हैं, वे संवैधानिक रूप से राष्ट्र की संपत्ति हैं, लेकिन उस भूतल पर रहनेवाले भी राष्ट्र के ही नागरिक हैं। उनकी जमीन और घर जाते हैं तो उनके भी कुछ अधिकार हैं। जब इन अधिकारों का हनन होता है तो आक्रोश स्वाभाविक है, जिससे झारखंड के इतिहास में कई विद्रोह हो चुके हैं। सरकारों को इन सभी तथ्यों का ध्यान रखना चाहिए और पहले मानव सुविधा की पहल करके, उसके बाद नीचे की जमीन का अधिग्रहण करना चाहिए।

झारखंड में खनिजों का वितरण

कोयला	—	धनबाद, बोकारो, गिरिडीह, हजारीबाग, चतरा, पलामू, लातेहार, राँची, देवघर, दुमका, पाकुड़, गढ़वा, रामगढ़।
अभ्रक	—	कोडरमा, गिरिडीह, राँची।

बॉक्साइट	—	गुमला, लोहरदगा, पलामू।
अग्नि मिट्टी	—	धनबाद, हजारीबाग।
क्वार्टज चूना पत्थर	—	गिरिडीह, हजारीबाग
चीनी मिट्टी	—	सिंहभूम, राँची, धनबाद. हजारीबाग, संथाल परगना।
चूना पत्थर	—	हजारीबाग, पलामू, गढ़वा, राँची, सिंहभूम।
डोलोमाइट	—	पलामू।
यूरेनियम	—	पूर्वी सिंहभूम (जादूगोड़ा)।
थोरियम	—	धनबाद, कोडरमा।
इल्मेनाइट	—	राँची।
मैग्नीज	—	प. सिंहभूम, धनबाद, गिरिडीह, हजारीबाग।
लौह अयस्क	—	प. सिंहभूम।
क्रोमाइट	—	प. सिंहभूम, धनबाद, हजारीबाग।
ताँबा	—	सिंहभूम, हजारीबाग, संधाल परगना, पलामू।

□

10. झारखंड की नीति

(औद्योगिक नीति, विस्थापन एवं पुनर्वास नीति, प्रत्यार्पण एवं पुनर्वास नीति, स्थानीयता नीति, खाद्य सुरक्षा अधिनियम, सेवा का अधिकार कानून)

- औद्योगिक नीति
- विस्थापन एवं पुनर्वास नीति
- प्रत्यार्पण एवं पुनर्वास नीति, 2009 (सरेंडर पॉलिसी)
- झारखंड में स्थानीयता नीति
- झारखंड में खाद्य सुरक्षा अधिनियम
- सेवा का अधिकार कानून (राइट टू सर्विस ऐक्ट)

औद्योगिक नीति

नए राज्य के रूप में झारखंड के निर्माण के बाद राज्य सरकार के द्वारा राज्य के विकास के लिए औद्योगिक, पुनर्स्थापन एवं पुनर्वास, प्रत्यार्पण एवं पुनर्वास, स्थानीयता एवं खाद्य सुरक्षा नीति लागू की गईं जो निम्न हैं—

1. औद्योगिक नीति—झारखंड के त्वरित औद्योगिक विकास हेतु निम्न औद्योगिक नीति राज्य में लागू की गई—

झारखंड औद्योगिक नीति, 2001

झारखंड राज्य के गठन के बाद प्रथम औद्योगिक नीति की घोषणा वर्ष 2001 में की गई। जिसमें 10 प्रतिशत विकास दर का लक्ष्य रखा गया, जो राज्य में उपलब्ध खनिज संसाधनों एवं अन्य प्राकृतिक संसाधनों से प्राप्त करने का लक्ष्य रखा गया। अगस्त 2001 में सरकार ने नई औद्योगिक नीति की घोषणा की है, जिसका उद्देश्य राज्य को घरेलू एवं विदेशी पूँजी निवेश के लिए अनुकूल बनाना है। अन्य उद्देश्य में

प्रमुख आधारभूत संसाधनों से संबंधित परियोजनाओं को त्वरित कार्यान्वयन, रोजगार के अवसरों में बढ़ोतरी, उत्पादकता में सुधार, राज्य के संपूर्ण भौगोलिक क्षेत्रों का संतुलित विकास, लघु, लघुत्तर और कुटीर उद्योगों का विकास करना है। इसका विस्तारीकरण मार्च 2011 तक किया गया है।

औद्योगिक नीति के निम्नलिखित उद्देश्य हैं–

1. राज्य के कृषि योग्य जलवायु, खनिज और मानव संसाधनों का सर्वोत्तम उपयोग।
2. राज्य में अधिकतम पूँजी निवेश सुनिश्चित करने हेतु आर्थिक गतिविधियों को बढ़ावा देना।
3. थ्रस्ट एरिया एवं थ्रस्ट जोन की पहचान करना, ताकि औद्योगिकरण के उद्देश्य से प्रक्षेत्रवार प्राथमिकता और पिछड़े क्षेत्रों का वर्गीकरण किया जा सके।
4. त्वरित एवं सुनियोजित औद्योगिक विकास सुनिश्चित करने हेतु आधुनिकतम तकनीक तथा आधारभूत संरचना का विकास।
5. राज्य के पिछड़े क्षेत्रों में सामाजिक, आर्थिक विकृतियों को रोकने के उद्देश्य से संतुलित क्षेत्रीय विकास सुनिश्चित करना।
6. राज्य में योजनाबद्ध विकास एवं त्वरित औद्योगिकरण में निजी क्षेत्र की भागीदारी को प्रोत्साहित करते हुए सहभागी बनाना।
7. ऐसे सामग्रियों के निर्यात को बढ़ावा देना जिनमें अन्य राज्यों की तुलना में झारखंड राज्य बेहतर स्थिति में है।
8. बीमार इकाइयों को पुनर्जीवन देना।
9. प्रक्रियाओं का सरलीकरण तथा प्रशासनिक एवं विधिक सुधार सुनिश्चित करना,
10. ग्रामीण हस्तशिल्प के संरक्षण एवं प्रोत्साहन हेतु आवश्यक कदम उठाना।
11. अनुसूचित जाति, अनुसूचित जनजाति, विकलांग, कमजोर वर्ग एवं महिलाओं के उन्नत विकास के बेहतर अवसर प्रदान करना।
12. उत्पाद, उत्पादन एवं उत्पादकता में वृद्धि हेतु अनुसंधान एवं विकास तकनीकी में बेहतरी, गुणवत्ता में वृद्धि तथा आधुनिकतम तकनीक का उपयोग।

उपरोक्त उद्देश्यों की प्राप्ति के लिए कार्यनीति निम्न प्रकार से अपनाई जाएगी–

1. वित्तीय रियायतों को युक्तिसंगत बनाना
2. औद्योगिक क्षेत्र के दक्षतापूर्ण कार्य के लिए उचित लागत पर पर्याप्त बेहतर गुणवत्ता का संरचनात्मक सहयोग प्रदान करना।

3. निजी क्षेत्रों की भागीदारी को प्रोत्साहित करने के लिए कानून/नियमों में संशोधन करना।
4. औद्योगिक प्रक्षेत्र के सुचारु संचालन हेतु नियमों, अधिनियमों एवं प्रक्रियाओं का सरलीकरण।
5. उद्यमियों विशेषकर अनुसूचित जाति, जनजाति, विकलांग एवं महिलाओं को दी जानेवाले सुविधाओं की गुणवत्ता में सुधार करना, ताकि विकास की प्रक्रिया में उनकी सक्रिय भागीदारी प्राप्त हो सके।
6. योजना प्रक्रिया को अधिक वास्तविक बनाने के लिए नवीनतम डाटा की संग्रहण पद्धति को लागू करना।
7. जिला, औद्योगिक क्षेत्र तथा राज्य स्तर पर सिंगल विंडो प्रणाली को अधिक प्रभावी बनाना।
8. उद्योगों, विशेषकर-लघु उद्योग इकाई प्रक्षेत्र को समय पर पर्याप्त साख प्रवाह सुनिश्चित करने हेतु उपयुक्त व्यवस्था उपलब्ध कराना।
9. अधिनियमों, नियमों में आवश्यक प्रावधान करते हुए औद्योगिक क्षेत्र की विपणन प्रयासों में पर्याप्त सहयोग।
10. अनुसंधान एवं विकास सुविधाओं तक पहुँच बढ़ाते हुए आधुनिकीकरण के लिए तकनीकी एवं वित्तीय सहायता उपलब्ध कराना।
11. उद्यमिता विकास संस्थान एवं अन्य विशिष्ट संस्थाओं की स्थापना कर उद्यमिता विकास पर बल देना।
12. प्रारंभिक रूग्णता की पहचान करना तथा रूग्ण उद्योगों के पुनर्जीवन के लिए समय-समय पर कदम उठाना एवं जिला स्तर पर ऐसी अनुश्रवण प्रणाली विकसित करना, ताकि औद्योगिक रूग्णता को टाला जा सके।
13. परंपरागत दक्षता इलाकों की पहचान करना तथा प्रशिक्षण, उन्नत डिजाइन, तकनीकी सहायता एवं विपणन हेतु सुविधाएँ उपलब्ध कराना। कारीगरों एवं शिल्पकर्मियों के लिए शिल्प ग्रामों के विकास एवं हस्तशिल्प बाजार की व्यवस्था कर पर्याप्त बाजार की उपलब्धता को सुलभ कराना।
14. राज्य में फल संस्करण, शाक संस्करण, मसाला प्रसंस्करण, बागवानी एवं अन्य खाद्य प्रसंस्करण उद्योगों को बढ़ावा देने हेतु विशेष प्रोत्साहन देना।
15. पर्याप्त बिजली, पानी, संचार, परिवहन एवं अन्य सामान्य सुविधाओं को उपलब्ध कराते हुए सूचना तकनीकी, तसर मलवरी, इलेक्ट्रॉनिक, प्लास्टिक, रसायन, बायोटेक एवं जड़ी बूटियों जैसे विशेष क्रियाकलापों के लिए औद्योगिक पार्कों की स्थापना करना,

16. निजी भागीदारी के माध्यम से लघु उत्पादक इकाइयों एवं गैर-परंपरागत स्रोतों के विकास पर बल देना।
17. उपभोक्ता उन्मुख उद्योगों जैसे प्लास्टिक, जड़ी-बूटी, दवाई, हस्तकरघा, हस्तशिल्प, खादी आदि के विकास को प्रोत्साहित करना।
18. नीति को लागू करने के लिए संबंधित विभागों द्वारा अधिसूचनाएँ जारी करना।
19. प्रबंधन एवं मूल्यांकन की प्रक्रियाओं का संस्थात्मक विकास करना।
20. नीति के कार्यान्वयन की मध्यावधि समीक्षा करते हुए समय-समय पर उचित सुधारात्मक काररवाई करना।

औद्योगिक क्षेत्रों/विकास केंद्रों इत्यादि में भूमि शेड

यह घोषणा की गई है कि उद्यमियों को विकास केंद्रों, औद्योगिक क्षेत्रों इत्यादि से 30 वर्ष की लीज एवं वार्षिक किराए पर नवीकरण की सुविधाओं के साथ उद्योग स्थापित करने के लिए भूमि शेड आवंटित किए जाएँगे। इस प्रकार से आवंटित भूमि के किराए की दर का प्रत्येक दस वर्षों पर पुनरीक्षण किया जाएगा। जिस प्रयोजन से आवंटन हुआ है, उसे सुनिश्चित किया जाएगा।

इच्छुक उद्यमियों को भूमि उपलब्ध कराने के उद्देश्य से राज्य सरकार द्वारा जिला स्तर पर एक 'भूमि बैंक' स्थापित करने, का प्रस्ताव है ताकि भूमि अधिग्रहण की प्रक्रिया को टाला जा सके।

वन आधारित पर्यटन उद्योग को बढ़ावा देने के लिए राज्य सरकार द्वारा वृक्षारोपण पर्यटन उद्देश्य के लिए बंजर भूमि निम्न, कोटि की वन भूमि लंबी अवधि के लिए लीज पर भारत सरकार से वन (संरक्षण) अधिनियम, 1980 की धारा (2) के अंतर्गत पूर्वानुमति लेकर उपलब्ध कराई जाएगी।

औद्योगिक क्षेत्रों/विकास केंद्रों से बाहर उद्योगों की स्थापना के लिए राज्य सरकार भूमि उपलब्ध कराएगी। छोटानागपुरी कास्तकारी अधिनियम 1908 में औद्योगिक उद्देश्य अथवा खनन के उद्देश्य से कोई इकाई स्थापित करने हेतु आवश्यक संशोधन (बिहार अधिनियम 2, 1996) पूर्व में पारित किया जा चुका है। इसी प्रकार 'बिहार कास्तकारी अधिनियम' में कृषि भूमि के परिवर्तन हेतु आवश्यक संशोधन किए जा चुके हैं।

सभी समाहर्ताओं को औद्योगिक उद्देश्य के लिए 5 एकड़ सरकारी भूमि उद्यमियों को लीज पर देने के लिए अधिकृत किया गया है। इससे अधिक जमीन भी वे सदस्य, राजस्व पार्षद की अध्यक्षता में गठित उच्चस्तरीय समिति के अनुमोदन से लीज कर सकते हैं। इसके लिए सभी समाहर्ता जिले में उपलब्ध सभी सरकारी भूमि से संबंधित सूचनाएँ 'भूमि बैंक' के रूप में संधारित करेंगे।

सरकारी निजी औद्योगिक क्षेत्र की स्थापना हेतु भूमि अर्जन करते हुए अर्जन की

लागत पर उपलब्ध कराते हुए बढ़ावा देगी। सरकार ऐसे निजी औद्योगिक क्षेत्र को जल, विद्युत् और सड़क जैसी बुनियादी सुविधाएँ उपलब्ध कराएगी। ऐसे निजी औद्योगिक क्षेत्र का क्षेत्रफल 100 एकड़ से कम नहीं होगा।

त्वरित औद्योगिकरण के लिए आधुनिक आधारभूत संरचनाओं से संबंधित सुविधाएँ उपलब्ध कराने हेतु बरही, हजारीबाग में 'मेगा ग्रोथ सेंटर' स्थापित करने की काररवाई की जा चुकी है। इस विकास केंद्र पर 30 करोड़ से 40 करोड़ रुपए की भूमि-जल-बिजली-संचार आदि जैसी आधारभूत संरचानाओं पर निवेश किया जाएगा।

सरकार राज्य के विभिन्न स्थानों पर जहाँ उद्योग विशेष गतिविधियों को प्रोत्साहित करने की आवश्यकता है, 'मिनी विकास केंद्र' स्थापित करने जा रही है, जो इस प्रकार हैं—

क) चाईबासा और गोड्डा में तसर, रेशम पार्क।
ख) राँची और दुमका में कृषि आधारित फूड प्रोसेसिंग पार्क।
ग) कोडरमा में प्लास्टिक पार्क।
घ) नामकुम टाटीसिलवे में इलेक्ट्रानिक पार्क।
ङ) रासायनिक पार्क।
च) धनबाद में निर्यात प्रोत्साहन औद्योगिक पार्क।
छ) राँची, जमशेदपुर में सॉफ्टवेयर टेक्नोलॉजी पार्क।
ज) बायोटेक और हर्ब्स पार्क।

औद्योगिक वित्त

औद्योगिक इकाइयों एवं उद्यमियों को सुगम वित्त उपलब्ध कराने के उद्देश्य से 'औद्योगिक वित्त एवं आधारभूत संरचना विकास निगम' की स्थापना का प्रस्ताव है। इस निगम की स्थापना वित्तीय संस्थानों, जैसे सिडबी, आई.सी.आई.सी.आई, आई.डी.बी.आई, वाणिज्य बैंक इत्यादि से सहयोग प्राप्त करते हुए 200 करोड़ रुपए की प्रारंभिक पूँजी के साथ की जाएगी।

एस.एस.आई. की बहुलतावाले जिलों में एक निश्चित सीमा के अंदर एस.एस.आई. बैंक की विशेष शाखाओं के खुलवाने की पहल राज्य सरकार करेगी। विभिन्न औद्योगिक इकाइयों को वित्तीय सेवाएँ प्रदान करते हुए राज्य सरकार निजी क्षेत्रों के बैंकों/वित्तीय संस्थानों को आमंत्रित करेगी।

इस प्रकार औद्योगिक नीति से स्पष्ट है कि झारखंड में तीन स्तरीय—मेगा, मिनी तथा माइक्रो स्तर पर उद्योगों के विकास की योजना बनाई गई है। बरही में 'मेगा विकास केंद्र' के विकास का प्रस्ताव है, जो बिहार की औद्योगिक नीति में भी शामिल था। प्रत्येक प्रखंड में माइक्रो उद्योग की स्थापना का लक्ष्य घोषित किया गया है।

प्राथमिकता के आधार पर 29 उद्योगों का चयन किया गया है। इन्हें लाइसेंस एवं अन्य सुविधाओं की प्रक्रिया में सरलीकरण किया गया है। उनके लिए सरकार सब्सिडी एवं करों में रियायत देगी। अगर कोई उद्योग प्रदूषण कम करनेवाले संयंत्र लगाता है तो उसमें भी रियायत दी जाएगी।

उग्रवाद और विधि व्यवस्था पर नियंत्रण की चर्चा औद्योगिक नीति में नहीं है। सरकार इन बिंदुओं पर प्रयत्नशील है। कई जगहों पर गिरफ्तार उग्रवादियों पर 'पोटा' के तहत कारवाई की जा रही है। एल.आर.पी., संचार, हथियार आदि की व्यवस्था द्वारा उग्रवाद विरोधी अभियान में तीव्रता लाई गई है। इनका औद्योगिक नीति में विवरण रहने से शायद उद्योगपतियों और उद्यमियों में विश्वास जग सकता था।

झारखंड में उद्योग के विकास में बड़ी बाधा विस्थापितों द्वारा प्रत्यक्ष या अप्रत्यक्ष विरोध रहा है। 'इरबा' के पास रियाडा की सैकड़ों एकड़ जमीन अर्जित है, लेकिन विरोध के कारण एक भी उद्योग नहीं लग पाया। यह 80 के उत्तरार्द्ध से बेकार पड़ा है। 'कोयल-कारो परियोजना' का उदाहरण भी सबके सामने है। जनविरोध के कारण भूमि अर्जन नहीं किया जा सका। झारखंड की जनता को नई औद्योगिक नीति में विस्थापितों के प्रति नई प्रतिबद्धता के आसार दिखते थे।

आशा है कि विस्थापितों के पुनर्वास, रोजगार आदि पर सरकार नई घोषणा करेगी।

झारखंड राज्य में उपरोक्त समस्याओं के उपलब्ध रहने के बावजूद बहुत सारे ऐसे कारक मौजूद हैं, जो राज्य को औद्योगिक दृष्टि से विकसित राज्यों की श्रेणी में ला सकते हैं, जो निम्न हैं—

(1) भौतिक आधारभूत संरचना; (2) बिजली की उपलब्धता; (3) मददगार प्रशासनिक तंत्र; (4) न्यूनतम सरकारी नियंत्रण; (5) एकल खिड़की व्यवस्था; (6) कुशल कारीगर; (7) सस्ती कच्ची सामग्री। इन सब कारकों की उपस्थिति के कारण 2005-06 में पूँजी निवेश के कई प्रस्ताव प्राप्त हुए, लेकिन अभी सभी प्रस्ताव वास्तविक रूप से धरातल पर नहीं आ पाए हैं।

झारखंड को प्रति वर्ष 72 करोड़ रुपए की क्षति हो रही है, क्योंकि यहाँ शुष्क बंदरगाह (ड्राई पोर्ट) नहीं है। इसके निर्माण से निर्यात-आयात करनेवाली कंपनी को फायदा होगा। राज्य को निर्यात पर 4 प्रतिशत का केंद्रीय अनुदान मिल सकता है। परिवहन लागत, समय और श्रम की भी बचत होगी। कुल निर्यात सामग्रियों में 80 प्रतिशत का जमशेदपुर में उत्पादन होता है। मई 2003 से वहाँ एक कनटेनर डिपो कार्यशील हो गया है।

वन आधारित उद्योगों को भी बढ़ावा मिलना चाहिए। इस राज्य में जैव डीजल, जड़ी-बूटी, लाह उत्पादन, तसर वस्त्र, फर्नीचर आदि की असीम संभावनाएँ हैं। लौह

अयस्क निर्यात के बदले स्पंज आयरन के उद्योग स्थापित किए जा सकते हैं। राँची में सॉफ्टवेयर टेक्नॉलोजी पार्क का उद्घाटन 2004 में हो चुका है, लेकिन इसे गतिमान करने की जरूरत है।

झारखंड औद्योगिक नीति, 2012

झारखंड औद्योगिक नीति, 2001 के लागू होने के बाद राज्य के औद्योगिक विकास में प्रगति हुई। इस नीति के कारण, 26 वृहत्तर उद्योग (मेगा उद्योग) 106 वृहद् उद्योग तथा मध्यम उद्योग और 18,109 सूक्ष्म एवं छोटे उद्योगों की स्थापना हुई। जिसके कारण 28424.06 करोड़ रुपए का निवेश और 63000 लोगों को इन उद्योगों में रोजगार प्राप्त हुआ। इस नीति के कारण राज्य के राजस्व में वृद्धि हुई। साथ ही कुछ प्रक्षेत्रों में जीवन की गुणवत्ता में वृद्धि हुई, जैसे—जमशेदपुर-सरायकेला-चाईबासा, रामगढ़-पतरातू-हजारीबाग, लातेहार-चंदवा, राँची-लोहरदगा, बोकारो-चंदनकियारी-धनबाद-गिरिडीह इत्यादि। इस औद्योगिक नीति के कारण राज्य की औद्योगिक पहचान विकसित हुई। जिसके कारण यह उद्योगपतियों के निवेश के लिए पंसदीदा राज्य में शुमार हुआ। जिसके कारण राज्य सरकार तथा इन औद्योगिक घरानों के साथ कई वृहद् समझौता ज्ञापन हुआ। राज्य सरकार को कई तरह के जमीन अधिग्रहण में समस्याओं का सामना करना पड़ा। फिर भी इन उद्योगपतियों ने रैयतों के साथ प्रत्यक्ष वार्त्तालाप के द्वारा 8000 एकड़ भूमि अधिगृहित की है, साथ ही राज्य सरकार ने भी लगभग 3000 एकड़ भूमि उद्योगों तथा बिजली क्षेत्र को उपलब्ध कराई है। लगभग 17 वृहत्तर उद्योगों ने उत्पादन शुरू किया एवं अन्य कई उद्योगों की स्थापना वित्तीय वर्ष 2011-12 में हुई।

लौह इस्पात का उत्पादन राज्य में 8 मिलियन टन से बढ़कर 12 मिलियन टन 11 वीं पंचवर्षीय योजना में हो गया। झारखंड देश का कुल स्टील उत्पादन का 20-25 प्रतिशत उत्पादन करता है। सरकार की नीति है की इन इस्पात संयत्रों को विस्तार करते हुए इसका उत्पादन 25 मिलियन टन तक करना है और झारखंड को स्टील उत्पादन का केंद्र बनाना है। एल्युमिनियम का उत्पादन 80 हजार मिलियन टन से बढ़ाकर 2 लाख मिलियन टन हो गया। रेशम के उत्पादन में जबरदस्त वृद्धि हुई जो 2006 में 100 मिलियन टन से बढ़कर 2010-11 में 716 मिलियन टन हो गया। इसके कारण 1.25 लाख रोजगार का सृजन हो रहा है। खनिज और खदान उत्खनन में जहाँ 2003-04 में 6523.4 करोड़ रुपए से बढ़कर 10170.5 करोड़ रुपए का उत्पादन हो गया। सकल राज्य, घरेलू उत्पाद (GSDP) में तीन गुणा वृद्धि हुई, जों 2000-01 में वर्तमान कीमत पर 39191.09 था, वह बढ़कर वर्तमान कीमत पर 2010-11 में 120010.20 हो गया। इसी तरह प्रति व्यक्ति आय झारखंड की बढ़कर, जो 2001-02 में 14392 थीं, वह

2010–11 में 38350 हो गई।

झारखंड औद्योगिक नीति, 2001 के कारण कई संगठनों का प्रादुर्भाव हुआ। राँची औद्योगिक क्षेत्र विकास प्राधिकरण, आदित्यपुर औद्योगिक क्षेत्र विकास प्राधिकरण, बोकारो औद्योगिक क्षेत्र विकास प्राधिकरण, राज्य खादी बोर्ड, झारखंड औद्योगिक आधारभूत संरचना विकास कॉरपोरेशन (JIIDCO) और झारक्राफ्ट (JHARCRAFT)Đ इन संगठनों ने झारखंड के औद्योगिकीकरण में प्रमुख योगदान दिया।

औद्योगिक नीति, 2001 की इन सफलताओं के बुनियाद पर झारखंड औद्योगिक नीति, 2012 की घोषणा की गई। जिसके निम्नलिखित उद्‌देश्य हैं—

1. राज्य को निवेश के लिए पसंदीदा क्षेत्र के रूप में विकसित करना और सतत् वहनीय औद्योगिक विकास को बढ़ावा देना।
2. वृहद् उद्योगों तथा सूक्ष्म और लघु उद्योगों के बीच संबंध स्थापित करना।
3. विर्निर्माण क्रियाओं और प्रसंस्करण (Processing) उद्योगों को बढ़ावा देना।
4. राज्य के खनिज एवं अन्य प्राकृतिक संसाधनों का अनुकूलतम स्तर पर प्रयोग हो, इसकी सुविधा प्रदान करना।
5. रेशम उद्योग, हथकरघा, हस्तकला, खादी एवं ग्राम उद्योगों को बढ़ावा देना, जिससे रोजगार सृजन संबंधित उद्‌देश्यों की प्राप्ति हो सके। साथ ही स्थानीय क्षेत्रों में उपलब्ध संसाधनों का प्रयोग करने का प्रयास करना। ग्रामीण क्षेत्रों में उपलब्ध हस्तकला को संरक्षण प्रदान करना तथा उनको प्रोत्साहित करना। जिससे स्थानीय संस्कृति परंपरा का संरक्षण हो सके।
6. ऐसे कौशल को विकसित करना, जो पर्यावरण प्रदूषण से मुक्त उद्योगों को बढ़ावा दे, जैसे सूचना प्रौद्योगिकी, जैव प्रौद्योगिकी, पर्यटन।
7. राज्य के बागवानी, फूलों की खेती और खाद्य प्रसंस्करण उद्योग, जिसमें राज्य को विशेषज्ञता है, उनको बढ़ावा देना।
8. राज्य के अनुसूचित जाति, अनुसूचित जनजाति तथा अपवंचित वर्गों की औद्योगिक विकास में भागीदारी सुनिश्चित करना।
9. राज्य में विश्वसनीय एवं स्पष्ट नीति विकसित करना, जिससे निवेश का माहौल पैदा हो।
10. नवोन्वेषण एवं तकनीकी उन्नयन का विकास करना, जिससे औद्योगिक उत्पादन और उत्पादकता में वृद्धि हो।
11. क्षेत्रीय विषमता को दूर करना, जिससे सामाजिक–आर्थिक क्षति होती है।
12. निजी सरकारी भागीदारी (PPP MODE) से औद्योगिक पार्क/कलस्टर/ औद्योगिक क्षेत्र विकसित करना।

13. प्रशासनिक और विधि-व्यवस्था में सुधार करना, सरलीकरण करना, जिससे परेशानी मुक्त, संवेदनशील प्रशासन उपलब्ध हो और समयबद्ध एवं पारदर्शी तरीके से कार्यों का निपटारा।
14. निजी निवेश से अभियंत्रण कॉलेजों/चिकित्सा कॉलेज/नर्सिंग संस्थान/प्रबंधन संस्थानों को बढ़ावा देना, साथ ही मानव संसाधन विकास एवं कौशल विकास योजनाओं में भी निजी निवेश को प्रोत्साहित करना।

इन उद्देश्यों को प्राप्त करने के लिए निम्नलिखित कार्य-नीति अपनाई जाएगी–

1. राज्य में ऐसे वातावरण का निर्माण करना, जिससे औद्योगिक विकास और इससे संबंधित सामाजिक आधारभूत संरचना का विकास हो सके।
2. 'एकल खिड़की व्यवस्था' का विकास करना, जिससे समयबद्ध रूप से कार्यों का निपटारा हो सके।
3. वित्तीय सहायता एवं लाभ का युक्तिकरण करना।
4. औद्योगिकीकरण विशेषकर आधारभूत संरचना, औद्योगिक विकास क्षेत्र, औद्योगिक पार्क, मानव संसाधन विकास, सेवा क्षेत्र आदि में निजी-सरकारी, भागीदारी की अवधारणा विकसित करना।
5. नए आधारभूत संरचना का विकास इस्पात, ऑटो मोबाइल, खाद्य एवं कृषि-प्रसंस्करण क्षेत्र, इलेक्ट्रॉनिक्स, सूचना एवं संचार तकनीकी क्षेत्रों में करना जिसमें सांगठनिक ढाँचा, जैसे ज्ञान केंद्र, विशिष्ट आर्थिक क्षेत्र शामिल हों।
6. लघु छोटे, गृह उद्योग, हस्तकला, रेशम उद्योग, हथकरघा के लिए बाजार की सुविधा उपलब्ध कराना।
7. बीमार इकाइयों की पहचान, संरक्षण एवं विकास के लिए जिला स्तरीय निगरानी प्रणाली विकसित करना।
8. मध्यम, लघु एवं सूक्ष्म उद्योगों के विकास के लिए संकुल की स्थापना, जिससे उत्पादकता को अधिक प्रभावी बनाना है।
9. विस्थापन एवं पुनर्वास नीति, 2008 में सुधार करना।
10. औद्योगिक वृद्धि को प्रोत्साहित करने के लिए उन्नत किस्म की आधारभूत संरचना, जैसे सड़क, पानी, भूमि, ऊर्जा आदि को विकसित करना।
11. महिलाओं, अनुसूचित जाति एवं अनुसूचित जनजाति उद्यमियों को विशेष प्रोत्साहन देना।

भूमि (Land)

जिला स्तर पर 'भूमि बैंक' का निर्माण किया जाएगा। कम-से-कम 200-500 एकड़ जमीन का अधिगृहित किया जाएगा। जिससे औद्योगिक संपति के साथ आधारभूत औद्योगिक संरचना का निर्माण किया जाएगा। समन्वित प्रयास के माध्यम से ऐसे भूमि को चिह्नित की जाएगी, जो राज्य सरकार की बेकार या परती बंजर भूमि है, जो राज्य के विभिन्न भागों में उपलब्ध है। ऐसे भूमि जो विभिन्न औद्योगिक इकाइयों के द्वारा जैसे केंद्रीय सार्वजनिक नियम, राज्य सरकार और निजी उद्यम के द्वारा अपनी आवश्यकता से अधिक भूमि प्राप्त कर ली है। ऐसे अधिक भूमि को अन्य उद्योगों को आवंटित की जाएगी। साथ ही अधिक भूमि को 'भूमि बैंक' में रखा जाएगा, जिसे आवश्यकतानुसार विभिन्न निवेशकों को उपलब्ध कराया जाएगा। भूमि का अधिग्रहण औद्योगिक उद्यमों के लिए ऐच्छिक या अनैच्छिक भूमि अधिग्रहण ऐक्ट और झारखंड ऐच्छिक भूमि अधिग्रहण नियम, 2010 के तहत किया जाएगा। प्रत्यक्ष जमीन की खरीदारी सार्वजनिक उद्यमों के द्वारा रैयतों से सी.एन.टी./एस.पी.टी. ऐक्ट के अनुसार किया जाएगा। भूमि एवं राजस्व विभाग का कर्तव्य है कि सी.एन.टी./एस.पी.टी. ऐक्ट के तहत किए गए खरीदारी का निरीक्षण करे। राजकीय भूमि का हस्तानांतरण तभी किया जाएगा, जब रैयत तथा अन्य प्रकार की भूमि की उपलब्धता सुनिश्चित हो गई हो। सरकारी भूमि का हस्तानांतरण 30 वर्ष के पट्टे पर किया जाएगा। नियम और शर्तों के अधीन दो बार नवीकरण किया जा सकता है। नियम और शर्तों का निर्धारण राजस्व और भूमि सुधार विभाग के द्वारा किया जाएगा। भूमि का उपयोग हस्तानांतरण के पाँच वर्षों के अंदर करना आवश्यक है। ऐसे भूमि का अधिग्रहण करने से बचना चाहिए, जो द्विफसली या कृषि भूमि से युक्त हो।

खनन (MINES)

राज्य के सभी खनिज का प्रयोग ऐसे औद्योगिक उपक्रमों के लिए किया जाएगा, जो राज्य के लिए मूल्यवर्धन करते हों। खनिज और भूगर्भशास्त्र विभाग उपयुक्त नियम बनाएगी, जिसके आधार पर खनिज आधारित उद्योगों को खनिज संसाधन उपलब्ध कराए जाएँगे।

जल (WATER)

राज्य में सामान्य रूप से 1200-1400 मिलिमीटर वर्षापात होता है, जिसके कारण विभिन्न प्रकार के जलाशय, नदी बेसिन है। जिसके कारण जल की उपलब्धता पर्याप्त मात्रा में है। यह जल औद्योगिक इकाइयों के लिए भी उपलब्ध है। औद्योगिक इकाइयों के लिए यह नियम बनाया जाएगा कि वह जल का न्यूनतम उपभोग करें, क्योंकि जल

एक दुर्लभ संसाधन है। साथ ही ऐसी तकनीक का विकास किया जाएगा या उपयोग किया जाएगा, जिससे जल का पुनर्चक्रण हो सके।

औद्योगिक गलियारा (INDUSTRIAL CORRIDOR)

राज्य सरकार औद्योगिक गलियारे का विकास करेगी। औद्योगिक गलियारा का निर्माण कोडरमा-बहरागोड़ा और पतरातू-राँची-रामगढ़ राष्ट्रीय राजमार्ग के दोनों ओर 25 किलोमीटर तक किया जाएगा। इस औद्योगिक गलियारे में आधारभूत संरचना, जैसे बिजली, रेल संपर्क, विशिष्ट आर्थिक क्षेत्र, कलस्टर, औद्योगिक संपदा का निर्माण किया जाएगा।

औद्योगिक पार्क (INDUSTRIAL PARK)

झारखंड औद्योगिक नीति 2012 के अंतर्गत औद्योगिकीकरण में निजी भागीदारी को उत्साहित करने के लिए निजी औद्योगिक पार्क की स्थापना करेगी। इसके अंतर्गत वस्त्र और परिधान पार्क, सूचना प्रौद्यिगिकी पार्क, हीरे-जवाहरात पार्क, जड़ी-बूटी पार्क, रासायनिक एवं औषधीय पार्क, खाद्य पार्क आदि की स्थापना की जाएगी। यह पार्क संकुल केंद्र के रूप में कार्य करेंगे, जो उस क्षेत्र की विशिष्टता को प्रदर्शित करेंगे।

विशेष आर्थिक क्षेत्र (SPECIAL ECONOMIC ZONE)

विशेष आर्थिक क्षेत्र विकास के इंजन के रूप में कार्य करेगा तथा औद्योगिक निवेश को बढ़ाने के लिए उत्प्रेरक के रूप में कार्य करेगा। सूचना प्रौद्योगिकी, ऑटोमोबाइल, रासायनिक-औषधीय आदि क्षेत्रों को बढ़ाने का प्रयत्न करेगी। विशेष आर्थिक क्षेत्र के अंतर्गत आदित्यपुर में ऑटोमोबाइल और उसकी सहायक सामग्री के विकास के लिए प्रस्तावित है।

औद्योगिक क्षेत्रीय विकास प्राधिकरण (INDUSTRIAL AREA DEVELOPMENT AUTHORITY)

औद्योगिक क्षेत्रीय विकास प्राधिकरण भूमि अधिग्रहण तथा आधारभूत संरचना के विकास के लिए उत्तरदायी है, जैसे—सड़क, पार्क, ड्रेनेज, जलापूर्ति तथा सार्वजनिक उपयोगिता का विकास। उद्यमियों एवं औद्योगिक क्षेत्रों को तीस वर्षों के लिए भूमि उपलब्ध कराने तथा नवीकरण करने का दायित्व इसी संस्था पर है। प्रत्येक दस वर्षों पर भूमि के लगान का नवीकरण किया जाना है। साथ ही यह भी सुनिश्चित करने का दायित्व इस संस्था पर है कि जिस कार्य के लिए भूमि प्रदान की गई, उसका प्रयोग उसी कार्य के लिए हो।

औद्योगिक क्षेत्रीय विकास प्राधिकरण कम-से-कम 1000 एकड़ भूमि अधिगृहित

करेगी। जिसका 40 प्रतिशत भूमि का प्रयोग सूक्ष्म तथा लघु उद्योगों के लिए आरक्षित रहेगा। शेष भूमि औद्योगिक क्षेत्र/पार्क/संपदा आदि में प्रयोग की जाएगी। 5 प्रतिशत कुल राजस्व का कौशल विकास/उद्यमी विकास तथा जोखिम तथा आपदा के समय कौशल विकास के लिए किया जाएगा। कुल भूमि का 10 प्रतिशत उन लोगों के लिए रखा जाएगा, जो अपनी भूमि खो चुके हैं। इस भूमि पर उन भूमि खोनेवालों के लिए जो एक एकड़ से अधिक भूमि खोए हैं, वे अगर अन्य सभी शर्तें पूरा करते हैं, तो उन्हें औद्योगिक इकाई की स्थापना करने के लिए दी जाएगी। औद्योगिक क्षेत्रीय विकास प्राधिकरण प्रत्येक वर्ष आवंटित भूमि का निरीक्षण करेगी, उसकी उपयोगिता का ब्योरा तैयार करेगी। अगर कोई शिकायत प्राप्त होती है कि आवंटित भूमि का उपयोग नहीं हो रहा है या अन्य उपयोग हो रहा है तो उस भूमि का आवंटन रद्द करेगी। अगर सूक्ष्म तथा लघु उद्योग किसी आवंटित भूमि का प्रयोग 2 वर्षों तक नहीं करती है और इनके अलावा अन्य उद्यम पाँच वर्षों तक भूमि का प्रयोग नहीं करते हैं तो आवंटित भूमि का आवंटन रद्द कर दिया जाएगा। अगर पट्टे पर दी गई भूमि का शर्तों का उल्लंघन होता है तो औद्योगिक क्षेत्रीय विकास प्राधिकरण को यह अधिकार है कि उस भूमि के पट्टे को निरस्त कर दे।

मानव संसाधन विकास (HUMAN RESOURCE DEVELOPMENT)

झारखंड में औद्योगिक रूप से संपन्न राज्य बनाने के लिए प्रशिक्षित मानव संसाधन की आवश्यकता होगी, जो तकनीकी रूप से सक्षम हों। जिसके लिए आवश्यक है कि वृहद् मात्रा में तकनीकी संस्थाओं की आवश्यकता है। साथ ही जो पूर्व में स्थापित हैं, उनके उन्नयन की आवश्यकता है। लगभग आधा दर्जन अभियंत्रण कॉलेजों की स्थापना की गई है, जिसमें सभी विधाओं का शिक्षण कार्य सुचारु रूप से चल रहा है। लगभग इतनी ही मात्रा में अभियंत्रण कॉलेज प्रारंभिक अवस्था में है। राज्य सरकार के 13 पोलेटेक्निक कॉलेज स्थापित हैं और 17 से अधिक पॉलटेकनिक कॉलेज की स्थापना की जा रही है। मिनी टूल रूम योजना के अंतर्गत मिनी टूल रूम की स्थापना राज्य सरकार ने राँची और दुमका में की है। तकनीकी विश्वविद्यालय की स्थापना की जा रही है। निजी-सरकारी भागीदारी के माध्यम से अभियंत्रण कॉलेजों की स्थापना की जा रही है। जिसके लिए सरकार सभी प्रकार की आवश्यक सुविधाएँ, जैसे भूमि आदि उपलब्ध करा रही है। राज्य सरकार के पास भूमि के अभाव होने की स्थिति में वह भूमि के 50 प्रतिशत लागत का प्रतिपूर्ति करेगी। इन संस्थाओं में 25 प्रतिशत सीट झारखंड राज्य के निवासियों के लिए आरक्षित रहेंगी।

ऊर्जा (ENERGY)

राज्य सरकार राज्य में ऊर्जा की आवश्यकताओं को पूरा करने तथा ऊर्जा के मामले में आधिक्य (Surplus) राज्य विकसित करने के लिए नवीकरणीय (Renewable) और पर्यावणीय रूप से अनुकूल ऊर्जा विकसित करने के लिए सरकार आवश्यक उपाय कर रही है। इसके अंतर्गत BOT (Build Operate Transfer) नीति का सहारा निजी क्षेत्र के सहायता से शुरू कर रही है। राज्य में उपलब्ध विभिन्न प्रकार के कचरों से जैसे— चावल का भूसी, झाड़ी के पत्ते, सौर ऊर्जा, भूतापीय आदि के माध्यम से ऊर्जा उत्पन्न करने का कोशिश की जा रही है। राज्य में 300 दिनों से अधिक का धूप उपलब्ध है, जिससे पर्याप्त मात्रा में सौर ऊर्जा उत्पन्न की जा रही है। राज्य सरकार अपरंपरागत क्षेत्र से 400–500 मेगावाट ऊर्जा उत्पन्न कर रही है। राज्य विद्युत् नियामक आयोग का इन अपरंपरागत क्षेत्रों से 10 प्रतिशत बिजली उत्पादन करने का विचार है। राज्य सरकार ने 1320 मेगावाट ऊर्जा उत्पादन के लिए संयत्र स्थापित किया है। राज्य में प्रतिव्यक्ति ऊर्जा खपत 552 किलोवाट प्रति घंटा है, जबकि राष्ट्रीय औसत 720 किलोवाट प्रति घंटा है। राज्य सरकार का लक्ष्य है कि सभी ग्रामीण क्षेत्रों में शत-प्रतिशत विद्युतीकरण कार्य संपन्न हो। राज्य सरकार निजी क्षेत्रों के सहायता से बिजली के उत्पादन, हस्तानांतरण और वितरण को बढ़ावा दे रही है।

मूल्यवर्धन (VALUE ADDITION)

झारखंड राज्य धन्य है कि उसे वृहद् मात्रा में प्राकृतिक संसाधन, जैसे खनिज, वन, बागवानी, जल, संपदा प्राप्त हुए हैं। मूल्यवर्धन के माध्यम से इन खनिजों का प्रयोग राज्य को सक्षम बनाने तथा विकसित बनाने में किया जा सकता है।

राज्य को 8 वृहद् क्षेत्रों में खनिज संपदा की प्राप्ति तथा औद्योगिकीकरण के आधार पर बाँटा जा सकता है—

1. पलामू-गढ़वा—लौह अयस्क निक्षेप, डोलामाइट, कोयला, ग्रेफाइट, चाइनाक्ले और ग्रेनाइट।
2. लोहरदगा औद्योगिक क्षेत्र/लातेहार—एल्युमिनियम उद्योग, जो बॉक्साइड पर आधारित, ऊर्जा इकाई।
3. कोडरमा-हजारीबाग औद्योगिक क्षेत्र—अबरख आधारित उद्योग, ऊर्जा, सीमेंट, ग्लास, इस्पात धातु, टेलीकॉम संचार।
4. राँची औद्योगिक क्षेत्र—मध्यम तथा वृहद् उद्योग, सूचना प्रौद्योगिकी तथा खाद्य प्रसंस्करण।
5. धनबाद-बोकारो औद्योगिक क्षेत्र—कोयला और इस्पात, कोयला आधारित ऊर्जा इकाई।

6. सिंहभूम औद्योगिक क्षेत्र—(जमेशदुपर और आदित्यपुर) और सिंहभूम, कोल्हान प्रमंडल—लौह एवं इस्पात, ऑटो अवयव, सीमेंट, यूरेनियम, कॉपर और सोना, अयस्क, सूचना प्रौद्योगिकी, वन उत्पाद बागवानी, खाद्य प्रसंस्करण, सिल्क एवं टेक्सटाइल।
7. घाटशिला औद्योगिक क्षेत्र—कॉपर और वन आधारित उद्योग।
8. देवघर-जसीडीह और संथाल परगना—ऑयल मिल्स, ग्लास, स्टील, ऐरोमेटिक- मेडिसिन प्लांट, मेडीसीन, कोयला आधारित ऊर्जा इकाई, सिल्क-कपड़ा उद्योग।

इन औद्योगिक क्षेत्रों में खनिज संसाधनों का पूरी क्षमता के साथ उपयोग हो साथ ही क्षेत्रीय असमानता को दूर किया जा सके, जिसके लिए मूल्यवर्धन आवश्यक है। खनिज विभाग इस उत्तरदायित्व को निभाता है कि इनका विकास सही तरीके से हो।

झारखंड पूरे देश में तसर के मामले में प्रथम स्थान पर विराजमान है। 'झारक्राफ्ट' (JHARCRAFT) (Jharkhand Silk Textile and Handicraht Development Corporation) जिसकी स्थापना 2006 में हुई, वह डिजाइन 'प्रशिक्षण' उद्यमी विकास, मार्केटिंग आदि में हथकरघा, हस्तकला, सिल्क उद्योग को सहयोग प्रदान करता है। राज्य सरकार 18 विपणन केंद्र राँची, दिल्ली, कोलकाता, बंगलौर, अहमदाबाद और मुंबई आदि शहरों में खोल रही है।

'झारखंड औद्योगिक आधारभूत विकास कॉरपोरेशन' (Jharkhand Industrial Inhrastructure Development Corporation, JIIDCO) नोडल एजेंसी सभी प्रकार के औद्योगिक आधारभूत संरचना के विकास के लिए है, जिसके अंतर्गत औद्योगिक क्षेत्रीय विकास प्राधिकरण सार्वजनिक क्षेत्र से पोषित, जैसे झारक्राफ्ट और अन्य संस्थान, सरकारी मिनी टूल और प्रशिक्षण केंद्र राँची और दुमका जैसे संस्थान हैं, 'जिडको' तकनीकी सहायता भी उपलब्ध कराती है। झारखंड राज्य की सभी निजी-सरकारी योजनाओं (PPP) के लिए JINFRA (Jharkhand Infrastructure Development Corporation) नोडल एजेंसी है।

निवेशकों के हितों की सुरक्षा करने के लिए, उनकी समस्याओं, विवादों एवं अन्य प्रकार की समस्याओं को समयबद्ध तरीके से सुलझाने के लिए राज्य सरकार ने एक संस्था गठन की है। 'निवेशक समाधान अदालत' प्रत्येक महीने कम-से-कम एक बैठक आयोजित करेगी, जो निवेशकों की शिकायतों एवं विवादों को सुलझाने के लिए उपर्युक्त आधिकरण या प्राधिकरण को सिफारिश करेगी। 'निवेशक समाधान अदालत' का अध्यक्ष राजस्व विभाग का सदस्य होगा। अन्य दो सदस्य वित्त, प्रबंधन, उद्योग विभाग के विशेषज्ञ होंगे। सचिवालीय सहायता एकल खिड़की केंद्र उपलब्ध कराएगी।

प्रत्यक्ष विदेशी निवेश को किसी भी राज्य का औद्योगिक विकास का आकर्षक सूचकांक होता है। साथ ही कौशल ज्ञान और तकनीक के विकास के लिए महत्त्वपूर्ण इंजन होता है। विदेशी प्रत्यक्ष निवेश बढ़ाने के लिए राज्य सरकार 'एन.आर.आई. सेल' की स्थापना देश की राजधानी नई दिल्ली तथा राज्य की राजधानी राँची में करेगी, जो एन.आर.आई. (NRI) लोगों के लिए अंतर्क्रिया करने के लिए उचित जगह होगी। साथ ही इन लोगों की शिकायतों का समाधान भी करेगी। राज्य सरकार Investors Meet का आयोजन भारत में तथा विदेशों में Overseas Indian Facilitation Centre (OIFC) के सहयोग से करेगी।

विस्थापन एवं पुनर्वास नीति

विस्थापन का इतिहास

बिहार राज्य के समस्त स्रोतों से आय का 70 प्रतिशत झारखंड और 30 प्रतिशत शेष बिहार से था। इसके विपरीत विकास व्यय में झारखंड की भागीदारी 20 प्रतिशत और शेष बिहार की भागीदारी 80 प्रतिशत थी। जिन खनिजों के कारण झारखंड ने बाहरी आक्रमण सहे, उनमें से बिल्लौर खनिज पदार्थ, लाइम पत्थर और पाइराइट ही थे, जो शेष बिहार में पाए जाते थे। बाकी सभी खनिज पदार्थ झारखंड की भूमि के गर्भ से ही निकलते हैं। इतना ही नहीं, इन खनिजों की प्राप्ति के लिए और अन्य उद्योग-धंधों के लिए जो भी संयंत्र या महासंयंत्र लगाए गए, वे अधिकांशतः आदिवासियों की जमीन पर ही लगाए गए। इन आदिवासियों को 'विकास के नाम' पर विस्थापन की भारी त्रासदी भी सहनी पड़ी। विक्टर दास ने अपनी पुस्तक में 'विकास बनाम विस्थापन' पर बड़ी मार्मिक बात लिखी है, ''भारत के औद्योगिकीकरण के साथ आदिवासियों का नाश, भारत के विकास के साथ आदिवासियों का ह्रास।''

विस्थापन का यह आँकड़ा इतना बड़ा था कि आश्चर्य होता है कि कैसे इतने सारे लोगों को मूर्ख बनाया जा सका? कोयला खदानों में 1984-85 के बीच 1,80,000 लोगों को विस्थापित किया गया और इनमें से प्रति परिवार एक व्यक्ति को रोजगार प्राप्त होने की दर 36.34 प्रतिशत थी। आधुनिक विकास परियोजनाओं के लिए भूमि अधिग्रहण से विस्थापन के आँकड़ों का सहज ही अनुमान लगाया जा सकता है कि विकास के लिए इतनी संख्या में विस्थापन हो जाने से झारखंड का जनसांख्यिकी अस्तित्व कितना प्रभावित हुआ होगा—

परियोजना	विस्थापित परिवार	विस्थापित भूमि
1. टिस्को (1907)	—	3,654 एकड़ आदिवासी भूमि
2. भारी इंजीनियरिंग कॉरपोरेशन, राँची, (1958)	25 गाँव और 102,990 व्यक्ति	9,200 एकड़ भूमि
3. बोकारो स्टील प्लांट	46 गाँव व 12,487 आदिवासी	34,227 एकड़ भूमि
4. कोयला खदान (1981-85)	32,709 परिवार व 1,80,100 आदिवासी	—
5. सी.सी.एल और आई.सी.एल. (1981-85)	—	1,50,300 एकड़ भूमि
6. दामोदर घाटी निगम	—	28,837 एकड़ भूमि
7. आदित्यपुर इंडस्ट्रीयल प्राधिकरण	—	34,432 एकड़ भूमि

विस्थापन का यह बड़ा बीभत्स रूप था। आँकड़े बताते हैं कि सन् 1921 तक ही झारखंड के 94,700 आदिवासी बंगाल और असम चले गए थे। आजादी के बाद सामूहिक रूप से बिहार पर आश्रित इन आदिवासियों को औद्योगिक विकास ने भी पलायन की भारी पीड़ा दी। विस्थापन का उपचार पुनर्वास होता है, जिसकी ओर कभी किसी का ध्यान ही नहीं गया। आधुनिक विकास में जिस निपुण श्रम और दक्षता की आवश्यकता होती है, उनमें ये जनजातीय लोग खरे नहीं उतर पाए, तो फिर इनकी पुनर्वास नीति का क्या काम? इन्हें न तो रोजगार मिला और न ही अधिकार। वीनर ने अपनी पुस्तक 'संस ऑफ दि स्वाइल' में लिखा है, ''छोटानागपुर में जो विकास हुआ, उससे यहाँ के लोग ही नहीं, बल्कि बाहरी लोग भी लाभान्वित हुए। बंगाल तथा उत्तरी बिहार के लोगों ने महाविद्यालयों एवं विश्वविद्यालयों में प्रवेश किया और फिर प्रशासनिक सेवाओं पर भी अधिकार कर लिया। खदानों, औद्योगिक एवं व्यावसायिक गतिविधियों के महत्त्वपूर्ण पदों पर भी बाहरी लोगों का ही अधिकार हो गया।''

सन् 1970 में एच.ई.सी. के 4,284 श्रमिकों में से केवल 335 ही आदिवासी थे, जबकि एच.ई.सी. की स्थापना ने 32,500 लोगों को विस्थापन और पलायन ने डंक मारा। रोजगार में चयन की प्रक्रिया और नियम अशिक्षित आदिवासियों की समझ से परे थे। उत्तरी बिहार के लोग इस संबंध में सक्रिय रहे और एच.ई.सी. के सभी महत्त्वपूर्ण पदों पर आसीन हुए। विडंबना तो यह रही कि एच.ई.सी. ने कभी भी अपनी आदर्श क्षमता के अनुसार उत्पादन नहीं किया और इसका वित्तीय घाटा करोड़ों रुपए सतत रहा।

एक आँकड़े के अनुसार, यदि एच.ई.सी. को बंद कर दिया जाता तो इससे बचत होने की संभावना अधिक बढ़ जाती।

झारखंड की जनजातियों के विस्थापन का सिलसिला जारी ही रहा और कई अन्य राष्ट्रीय हितकारी परियोजनाओं ने इन बेचारों को निर्धनता की उस श्रेणी में ला खड़ा किया, जिसकी इन्होंने कभी कल्पना भी नहीं की होगी। कितने ही आदिवासियों को भीख माँगने के लिए विवश होना पड़ा। इचा डैम, चांडिल डैम और कोयलकारो परियोजनाओं में अपनी भूमि और अधिकारों से वंचित होनेवाले आदिवासियों की संख्या इतनी अधिक होगी कि इस क्षेत्र में उँगली पर गिने जाने लायक आदिवासी शेष बचेंगे। नेतरहाट फायरिंग रेंज के लिए 245 गाँव या 2,24,900 लोग अपनी जमीन छोड़ने के लिए विवश हैं। कहाँ जाएँगे ये लोग? कौन देखेगा इनके मानवीय व्यवहार?

केंद्र सरकार ने किसी भी राज्य में विस्थापन की स्थिति में पुनर्वास नीति को कभी भी प्रभावी बनाने का समुचित प्रयास नहीं किया। राज्य सरकारें क्षेत्रीय हितों और विषमताओं के कारण इसमें सक्षम नहीं हो पातीं। अभी पिछले दशक में ही विस्थापन और पुनर्वास संबंधी गतिरोध का एक उदाहरण सामने आया, जब टाटा समूह की महत्त्वाकांक्षी परियोजना नैनो कार को पश्चिम बंगाल में विस्थापन के भय से स्थापित नहीं होने दिया गया, क्योंकि राज्य सरकार के पास उचित पुनर्वास नीति नहीं थी। गुजरात सरकार ने इस चुनौती को स्वीकार किया, क्योंकि वहाँ की राज्य सरकार के नीति-नियंता विस्थापन के साथ पुनर्वास पर भी विचार करने में सक्षम रहे।

राज्य सरकारें क्षेत्रीय हितों और विषमताओं के कारण इसमें सक्षम नहीं हो पातीं। अभी पिछले दशक में ही विस्थापन और पुनर्वास संबंधी गतिरोध का एक उदाहरण सामने आया, जब टाटा समूह की महत्त्वाकांक्षी परियोजना नैनो कार को पश्चिम बंगाल में विस्थापन के भय से स्थापित नहीं होने दिया गया, क्योंकि राज्य सरकार के पास उचित पुनर्वास नीति नहीं थी।

बिहार में सम्मिलित झारखंड की उपेक्षा ने इस क्षेत्र को सबसे अधिक निर्बल और निर्धन किया। समग्र विकास में राज्य सरकार द्वारा इतना अंतर दिखाई दिया कि पक्षपात और स्वहितकारी नीति स्पष्ट उजागर हो गई। जहाँ झारखंड में सिंचित क्षेत्र केवल 5 प्रतिशत ही रहा, वहीं शेष बिहार में यह 50 प्रतिशत था। जहाँ ग्रामीण विद्युतीकरण में झारखंड का हिस्सा 5 प्रतिशत रहा, वहीं शेष बिहार में यह 40 प्रतिशत था। पक्की सड़कों में झारखंड में प्रति हजार कि.मी. पर केवल 5 प्रतिशत ही रहा, जबकि बिहार में यह 20 प्रतिशत था। झारखंड और शेष बिहार के जिलों में अधिकतम विकास अंक (19) धनबाद का रहा, जबकि शेष बिहार

में यह 39 रहा। नीचे दी गई विकास अंक की तालिका से दोनों क्षेत्रों की विकास गति का सहज ही अनुमान हो जाता है—

विकास अंक तालिका

झारखंड के जिले		बिहार के जिले	
नाम	विकास अंक	नाम	विकास अंक
साहेबगंज	1	जहानाबाद	21
पलामू	2	मुंगेर	22
दुमका	3	औरंगाबाद	25
गोड्डा	4	नवादा	26
गिरिडीह	5	भागलपुर	30
हजारीबाग	6	रोहतास	31
गुमला	7	गया	35
देवघर	8	भोजपुर	36
राँची	11	नालंदा	38
लोहरदगा	12	पटना	39

झारखंड के निम्नतम विकास और अधिकतम ह्रास का अध्ययन करनेवाले विद्वानों ने इसे यदि 'बिहार का उपनिवेश' कहा है तो गलत नहीं है। बिहार शासित झारखंड को उपेक्षा का निरंतर सामना करना पड़ा। झारखंड मामलों की एक समिति ने अपनी रिपोर्ट में कुछ विषयों के द्वारा इस क्षेत्र की बदहाली के कारणों पर प्रकाश डाला है, जो निम्न प्रकार उल्लिखित हैं—

- झारखंड का पिछड़ापन उपेक्षा के कारण है।
- मूल आबादी (झारखंड जनजाति) का शोषण व उत्पीड़न।
- जनजातीय भूमि को बाहरी लोगों द्वारा अनेक प्रकार से हड़पा गया।
- लगातार जंगलों के कटान ने जनजातीय लोगों को अधिक प्रभावित किया।
- सिंचित भूमि का प्रतिशत भी न्यून और सिंचाई सुविधाओं की भी अल्पता।
- विस्थापन के विपरीत पुनर्वास नीति का अभाव।
- महाजन, साहूकार और मादक पदार्थों के द्वारा घोर शोषण।
- सरकारी, अर्द्धसरकारी या सार्वजनिक उपक्रमों में जनजातियों के साथ असमानता और भेदभाव का व्यवहार।

इन सब कारणों से झारखंड की जनजातियों के मन में पृथक् राज्य की माँग ने

सदैव ही सिर उठाए रखा तो इसमें आश्चर्य कैसा? लगभग एक शताब्दी तक बिहार का उपनिवेश रहा झारखंड उपर्युक्त समस्याओं से जूझता ही रहा। शेर खाँ के झारखंड में प्रवेश (1539) के साथ ही जैसे इन जनजातियों के बुरे दिन आ गए थे, तब से इनकी स्वतंत्रता पर आक्रमण होते ही रहे और इन आक्रमणों से शासकीय शोषण ने जन्म लिया, जो लगभग 400 वर्षों तक चलता ही रहा। देश आजाद हुआ, लेकिन यह क्षेत्र नहीं। इसे तो जैसे शासक वर्ग ने शोषण का आदर्श माध्यम मान लिया था। अपने हों या पराए, सभी ने इनके प्राकृतिक संसाधनों का दोहन किया। विडंबना यह रही कि बलात् यही लोग विवशता के ऐसे जाल में फँसे कि अपने ही हाथों से अपनी भूमि खोदकर खनिज संपदा दूसरों के हाथों में सौंप देने की त्रासदी इन्हें सहनी पड़ी। जनजातीय लोगों में यह स्थिति सदैव आक्रोश बनकर रही और इसी आक्रोश ने समय-समय पर विभिन्न विद्रोहों को जन्म दिया। विश्व आधुनिक हो गया। भारत ने भी 21वीं सदी में अपने पाँव जमा दिए, लेकिन झारखंड की अतीतकालीन समस्याएँ नए रूप में जिंदा रहीं। नक्सलवाद ने आक्रोश को नया रूप दिया और तीर-तलवारों आदि ने विस्फोटकों में बदलकर इस क्षेत्र को एक नए भय से आक्रांत कर दिया। पृथक् राज्य की माँग औचित्यपूर्ण रही थी और इसमें विभिन्न संगठनों का सहयोग मिला।

झारखंड के पृथक् राज्य के गठन की माँग में केवल यहाँ की मूल जनजातियाँ ही नहीं थीं, बल्कि यहाँ बसे गैर-जनजातीय लोग भी थे। कई संगठन और राजनीतिक दल बने, जिन्होंने बिहार से अलग झारखंड की विधानसभा की माँग की। इनमें छात्र, किसान, राजनेता और अन्य जाति के सभी लोग शामिल थे। स्वतंत्र झारखंड राज्य के लिए जब आंदोलन शुरू हुआ तो इसमें अनेक गतिरोध पैदा हो गए। यहाँ तक कि आधारहीन तर्कों से इसे पृथक् राज्य बनने के अयोग्य भी कहा गया। केंद्र और राज्य सरकार ने इस दिशा में कोई प्रगतिशील कदम नहीं उठाए। जब राँची से दिल्ली के लिए पहली रेलसेवा आरंभ हुई तो इसका नाम 'झारखंड एक्सप्रेस' अनुमोदित हुआ, लेकिन अंतिम समय में राजनीतिक कारणों से इसका नाम बदल दिया गया। बहुत दिनों के बाद झारखंड के संबोधन में केंद्र सरकार इस क्षेत्र को व्यावहारिकता दे सकी। इस मामले में घोर दाँव-पेंच रहे। इस क्षेत्र के लिए जबकि 'झारखंड' एक उपयुक्त संबोधन संज्ञा है। प्राचीनकाल से ही यहाँ की भौगोलिक और प्राकृतिक बनावट में इस संज्ञा का आभास किया जाता रहा है। प्राचीन संस्कृत-शास्त्रों में भी इस शब्द का वर्णन हुआ है। एक अति प्राचीन श्लोक में इस शब्द का वर्णन करते हुए पूर्ण रूप से इसके जीवन की व्याख्या की गई है—

अयस्क पात्रे पयरू पानम् साल पत्रे च भोजनम्।
श्यनम् खर्जूरीपत्रे झारखंड विधिवते॥

अर्थात् झारखंड एक ऐसा स्थान है, जहाँ के लोग धातु के बरतनों में पेय पदार्थ पीते थे

और साल के पत्तों पर भोजन करते थे तथा खजूर के पत्तों से बिछावन बनाकर उसपर सोते थे।

झारखंड के पृथक् राज्य के विरोध में कांग्रेस के दिग्गज नेताओं ने विभिन्न तर्क दिए तो इसके पीछे एक गंभीर लालच था। सोने के अंडे देनेवाली मुरगी का वह अंग निरंतर बिहार को ही मिले, छिलके का ही कुछ भाग झारखंड पर व्यय हो, इसी मानसिकता ने पृथक् झारखंड की माँग को बार-बार खारिज कर दिया। संपन्नता के आधार पर बिहार और झारखंड की तुलना इस सत्य को स्वीकार करती है कि झारखंड बिहार के समग्र विकास की हड्डी रहा है।

पुनर्स्थापन एवं पुनर्वास नीति, 2008

झारखंड राज्य के ऐतिहासिक घटनाओं के पुनार्वलोकन करने पर महसूस होता है कि झारखंड के लोगों विशेषकर आदिवासी प्रमुखों द्वारा कई विद्रोह किए गए, क्योंकि वे अपनी सभ्यता एवं वृत्ति रिवाजों में बाहरी हस्तक्षेप के विरुद्ध आक्रोशित थे। स्वतंत्रता प्राप्ति के बाद आदिवासियों एवं स्थानीय व्यक्तियों द्वारा अपने हितों की रक्षा के लिए अलग राज्य की माँग की, जिसके लिए लंबा संघर्ष चलाया। परिणामस्वरूप अंतत: 15 नवंबर, 2000 में अलग राज्य की परिकल्पना साकार हुई। प्राकृतिक संसाधनों से परिपूर्ण राज्य के लोगों की सोच थी कि राज्य के औद्योगिकीकरण से झारखंड के लोगों का भविष्य सुनहरा होगा। पूर्व में भूमि अधिग्रहण अधिनियम, 1894 एवं सी.बी.ए. (ए. ऐंड डी.) अधिनियम, 1957 के अंतर्गत उद्योगों, डैम एवं खानों की स्थापना हेतु काफी भूमि अर्जित की गई। भूमि अधिग्रहण से काफी बड़ी संख्या में लोग विस्थापित हुए और अपनी भूमि, वन, जल संसाधन, सामुदायिक पहचान एवं जीविकोपार्जन खो बैठे। स्थानीय लोगों के अशिक्षित होने एवं उनमें तकनीकी योग्यता के अभाव में उद्योगों एवं खानों में उन्हें प्रत्यक्ष या अप्रत्यक्ष रूप से रोजगार की प्राप्ति नहीं हुई, जिससे इस विकास का फायदा उन्हें प्राप्त नहीं हुआ। अत: औद्योगिकीकरण एवं उद्योग इत्यादि के लिए भूमि अधिग्रहण के परिप्रेक्ष्य में आवश्यक है कि वर्तमान स्थिति का आकलन करते हुए उपर्युक्त पुनर्स्थापन एवं पुनर्वास नीति तैयार की जाय, जिससे पूँजी निवेशकों के साथ-साथ उससे प्रभावित लोगों का भी कल्याण सुनिश्चित हो सके।

विगत 60-70 वर्षों में रोजगार के लिए झारखंड में आनेवाले लोगों की संख्या में काफी वृद्धि हुई है, जिससे झारखंड के लोगों की विशेषकर आदिवासी लोगों की सामाजिक आर्थिक, राजनीति एवं सांस्कृतिक पहचान पर प्रतिकूल प्रभाव पड़ा है। झारखंड राज्य की जनसंख्या में आदिवासियों की जनसंख्या वर्ष 1931 में 50 प्रतिशत से घटकर वर्ष 2011 में लगभग 26.3 प्रतिशत हो गया है। राज्य में आदिवासी जनसंख्या के घटने के कारण विधानसभा में अनुसूचित जनजाति के सदस्यों की आरक्षित सीटों की

ंख्या घटकर 1971 में 32 से 28 हो गई। इसी तरह लोकसभा में आदिवासियों के लिए आरक्षित लोकसभा सीटों की संख्या 7 से घटकर 5 हो गई। परिसीमन आयोग, 2001 की जनगणना के अनुसार इसे घटाकर और कम करने का प्रस्ताव था। अत: औद्योगिकीकरण के प्रक्रिया में आवश्यक है कि अनुसूचित जनजातियों एवं स्थानीय लोगों के हितों की रक्षा की जाय।

सार्वजनिक सुविधाओं एवं आधारभूत संरचना की व्यवस्था करते हुए निजी संपत्ति के अर्जन करते समय 'सर्वोपरि अधिकार' के सिद्धांत के अंतर्गत राज्य के द्वारा कभी-कभी विधिक शक्तियों का प्रयोग करना अपेक्षित होता है। इससे लोगों को भूमि, जीविका, आश्रयस्थल छोड़ना पड़ता है, जिसके कारण इन लोगों पर मनोवैज्ञानिक, सामाजिक और सांस्कृतिक प्रभाव पड़ता है। इसका प्रभाव सबसे ज्यादा अनुसूचित जातियों, अनुसूचित जनजातियों, सीमांत किसानों, महिलाओं और समाज के कमजोर वर्गों पर पड़ता है। पुनर्वास एवं पुनर्वासन संबंधी मुद्दों को हल करने के लिए बाह्य व्यक्तियों के अपेक्षा प्रभावित व्यक्तियों की सक्रिय भागीदारी से तैयार की गई विकासात्मक नीति अतिआवश्यक है। अनैक्षिक विस्थापन से प्रतिकूल रूप से प्रभावित व्यक्ति को आर्थिक लाभ से अतिरिक्त लाभ प्रदान करने की आवश्यकता है। विस्थापन से उन लोगों की स्थिति और खराब होती है, जो भूमि के विधिक अथवा मान्यता प्राप्त अधिकार नहीं रखते हैं, जैसे—गैर-मजरूआ एवं वन भूमि धारक, जिसपर वे अपने जीविकोपार्जन के लिए अधिक आश्रित रहते हैं। विगत वर्षों में झारखंड में पुनर्स्थापन एवं पुनर्वास नीति की अधिक आवश्यकता महसूस हुई। राज्य के अनुसूचित क्षेत्रों में ग्रामसभा अथवा पंचायतों से परामर्श पंचायत अधिनियम, 1996 के अधीन होगा। प्रत्येक परियोजना की वांछनीयता और औचित्य के संबंध में लागतों तथा अधिकांश समाज को अद्‍भुत होनेवाला लाभों की मात्रा का ध्यानपूर्वक निर्धारण करके एक स्पष्ट नीति प्रस्तुत की जानी चाहिए। साथ ही यह उद्‍देश्य होना चाहिए कि विस्थापन का न्यूनतम प्रभाव हो। परियोजना के लिए भूमि के न्यूनतम क्षेत्र का अर्जन हो और ऐसी भूमि ली जाय, जो बंजर, अवक्रमित, असिंचित भूमि हो। साथ ही जहाँ बड़ी संख्या में परिवारों का विस्थापन होता हो, वहाँ सामाजिक प्रभाव मूल्यांकन करना और पुनर्स्थापन क्षेत्र में अपेक्षित सभी आधारभूत सुविधाएँ और उन्मुक्तियाँ उपलब्ध कराना अनिवार्य होगा।

झारखंड पुनर्स्थापन और पुनर्वास नीति के उद्‍देश्य—

1. जहाँ तक संभव हो न्यूनतम विस्थापन, विस्थापन न करने अथवा कम-से-कम विस्थापन करने के विकल्पों को बढ़ावा देना।
2. प्रभावित व्यक्तियों की सक्रिय भागीदारी के पर्याप्त पुनर्वास पैकेज सुनिश्चित करना तथा पुनर्वास प्रक्रिया का तेजी से कार्यान्वयन सुनिश्चित करना।

3. समाज के कमज़ोर वर्गों, विशेष रूप से अनुसूचित जातियों तथा अनुसूचित जनजातियों के सदस्यों के अधिकारों की सुरक्षा करने तथा उनके उपचार के संबंध में ध्यानपूर्वक तथा संवेदनशीलता के साथ काररवाई किए जाने पर विशेष ध्यान रखने को सुनिश्चित करना।
4. प्रभावित परिवारों को बेहतर जीवन स्तर उपलब्ध कराने तथा सतत रूप से आय मुहैया कराने हेतु संयुक्त प्रयास करना।
5. पुनर्वास कार्यों को विकास योजनाओं तथा कार्यान्वयन प्रक्रिया के साथ एकीकृत करना।
6. जहाँ तक विस्थापन भूमि-अर्जन के कारण होता है, वहाँ पर अर्जनकारी निकाय तथा प्रभावित परिवारों के बीच आपसी सहयोग के जरिए सौहार्दपूर्ण संबंध स्थापित करना।

परियोजनाओं के सामाजिक प्रभाव का मूल्यांकन

जब कोई नई परियोजना शुरू की जाती है अथवा किसी विद्यमान परियोजना का विस्तार किया जाता है, जिसके कारण किसी भी क्षेत्र में सामूहिक रूप से 100 अथवा अधिक परिवारों का अनैच्छिक विस्थापन होता है, प्रशासक इस अनैच्छिक विस्थापन के सामाजिक प्रभाव का मूल्यांकन करेगा। सामाजिक प्रभाव का मूल्यांकन करते समय प्रशासक इस बात का ध्यान रखेगा कि परियोजना का परंपरागत जनजातीय संस्थाओं के साथ-साथ आदिम जनजाति एवं अनुसूचित जनजाति की संस्कृति एवं परंपरा पर क्या प्रभाव पड़ेगा! साथ ही परियोजना के पर्यावरण पर पड़ने वाले प्रभाव का मूल्यांकन भी किया जाएगा। पर्यावरणीय प्रभाव तथा सामाजिक प्रभाव मूल्यांकन, दोनों का जन सुनवाई के लिए 30 दिनों के अंदर पूरा कर लिया जाएगा।

पुनर्स्थापन तथा पुनर्वास प्रशासक तथा आयुक्त की नियुक्ति तथा उनकी शक्तियाँ और कार्य

जहाँ पर राज्य सरकार इस बात से संतुष्ट हो कि किसी परियोजना के लिए भूमि अर्जन के कारण किसी भी क्षेत्र में 100 या इससे अधिक परिवारों का अनैच्छिक विस्थापन हो रहा हो तो राज्य सरकार अधिसूचना के द्वारा उपायुक्त के स्तर से अन्यून स्तर के किसी अधिकारी को पुनर्स्थापन और पुनर्वास प्रशासक के रूप में नियुक्त करेगी। प्रशासक की सहायता के लिए अधिकारियों और कर्मचारियों की नियुक्ति भी की जाएगी। राज्य सरकार तथा पुनर्स्थापन और पुनर्वास आयुक्त के पर्यवेक्षण निर्देशों तथा नियंत्रण के अधीन, पुनर्स्थापन और पुनर्वास प्रशासक, प्रभावित परिवारों के पुनर्वास के लिए सभी उपाय करेगा। राज्य सरकार के किसी सामान्य अथवा विशेष आदेश के

अधीन पुनर्स्थापन और पुनर्वास प्रशासक निम्नलिखित कार्य और कर्तव्य को संपन्न करेगा—

1. अर्जनकारी निकाय के परामर्श से व्यक्तियों का न्यूनतम विस्थापन और ऐसे विकल्पों का पता लगाना, जिनसे विस्थापन न हो अथवा कम-से-कम विस्थापन हो।
2. पुनर्वास और पुनर्स्थापन स्कीम तैयार करते समय प्रभावित व्यक्तियों एवं संबंधित ग्रामसभा के साथ परामर्श करना।
3. यह सुनिश्चित करना कि अनुसूचित जनजातियों और कमजोर वर्ग के प्रतिकूल रूप से प्रभावित व्यक्तियों के हितों का सर्वेक्षण हो।
4. इस नीति के अंतर्गत पुनर्स्थापन और पुनर्वास स्कीम के लिए योजना का प्रारूप तैयार करना।
5. प्रभावित परिवारों के लिए पर्याप्त भूमि की व्यवस्था करना।
6. प्रभावित परिवारों को लाभ स्वीकृत करना।
7. ऐसे अन्य कार्य निष्पादित करना, जिन्हें राज्य सरकार लिखित आदेश द्वारा समय-समय पर सौंपती है।

प्रशासक अपने कार्यों के संपादन के लिए किसी तकनीकी विशेषज्ञ/संस्थान से अपेक्षित सहयोग ले सकेगा, जिसके व्यय का वहन अधियाची निकाय द्वारा किया जाएगा। राज्य सरकार पुनर्स्थापन और पुनर्वास के सभी मामलों के लिए आयुक्त अथवा समकक्ष स्तर के किसी अधिकारी को नियुक्त करेगी, जिसे 'पुनर्स्थापन और पुनर्वास आयुक्त' कहा जाएगा।

पुनर्स्थापन तथा पुनर्वास योजना

किसी परियोजना के लिए भूमि के अर्जन अथवा किसी अन्य कारणवश सामूहिक रूप से किसी भी क्षेत्र में 100 या अधिक परिवारों के अनैच्छिक परिवारों के विस्थापन की संभावना हो तो वह एस.आई.ए. स्वीकृति के 15 दिनों के अंदर आदेश के माध्यम से गाँवों के क्षेत्र अथवा स्थानों को प्रभावित क्षेत्र घोषित करेगा, जिसे कम-से-कम तीन दैनिक समाचार-पत्रों में प्रकाशित किया जाएगा। घोषणा की सूचना डुगडुगी बजाकर ग्राम पंचायतों में, नगरपालिकाओं के नोटिस बोर्ड पर, ग्रामसभा, पंचायत कार्यालय एवं अन्य प्रमुख स्थानों पर लगाई जाएगी। प्रभावित होनेवाले परिवारों एवं व्यक्तियों की पहचान के लिए आधारमूलक सर्वेक्षण और गणना आयोजित करेगा। इस सर्वेक्षण में प्रभावित परिवारों के बारे में निम्नानुसार ग्रामवार सूचना दी जाएगी—

1. परिवार के वे सदस्य जो प्रभावित क्षेत्र में रह रहे हैं, कब से रह रहे हैं, किस व्यापार, कारोबार अथवा पेशे में लगे हुए हैं।

2. कृषि श्रमिक अथवा गैर कृषि श्रमिक।
3. अनुसूचित जातियों अथवा अनुसूचित जनजातियों, आदिम जनजातियों, अन्य पिछड़ा वर्ग से संबंधित परिवार।
4. विकलांग, निराश्रित अनाथ विधवाएँ, अविवाहित लड़कियाँ, परित्यक्त महिलाएँ अथवा ऐसे व्यक्ति, जिनकी आयु 50 वर्ष से अधिक है, जिन्हें वैकल्पिक आजीविका उपलब्ध नहीं कराई गई है अथवा तत्काल उपलब्ध नहीं कराई जा सकती है और जो अन्यथा परिवार के भाग के रूप में शामिल नहीं होते हैं।
5. ऐसे परिवार, जो भूमिहीन हैं तथा गरीबी रेखा से नीचे रहनेवाले, किंतु प्रभावित क्षेत्र की घोषणा की तारीख से पहले प्रभावित क्षेत्र में कम-से-कम गैर-अनुसूचित क्षेत्र में 15 वर्ष एवं अनुसूचित क्षेत्र में 30 वर्षों से अन्यून अवधि से लगातार रह रहे हैं तथा जो संबंधित ग्रामसभा द्वारा प्रमाणित हो।

पुनर्स्थापन एवं पुनर्वास आयुक्त प्रभावित परिवारों के पुनर्स्थापन एवं पुनर्वास के लिए सर्वेक्षण के ब्योरों के राजपत्र के प्रकाशन के 15 दिनों के अंदर आदेश द्वारा किसी क्षेत्र को पुनर्स्थापन क्षेत्र के रूप में घोषित करेगा। पुनर्स्थापन क्षेत्र परियोजना टाउनशिप में अथवा परियोजना टाउनशिप से सटे हुए होगा।

भूमि की तैयार की गई सूची में जो पुनर्स्थापन और पुनर्वास प्रशासक द्वारा तैयार की जाएगी, उस सूची में निम्नलिखित समाविष्ट होगा—

1. परियोजना के लिए उपलब्ध अथवा अर्जित भूमि और इस परियोजना के लिए निर्धारित भूमि।
2. सरकारी बंजर भूमि और कोई अन्य भूमि, जो सरकार में विहित हो तथा प्रभावित परिवारों के आवंटन हेतु उपलब्ध हो।
3. पुनर्स्थापन और पुनर्वास स्कीम अथवा योजना के प्रयोजनार्थ खरीद अथवा अर्जन के लिए उपलब्ध भूमि।

पुनर्स्थापन और पुनर्वास प्रशासक इस योजना के प्रयोजन के लिए किसी व्यक्ति की भूमि खरीद सकता है, करार कर सकता है अथवा भूमि के अर्जन के लिए राज्य सरकार को कह सकता है।

पुनर्स्थापन और पुनर्वास स्कीम के प्रारूप में निम्नलिखित विवरण सम्मिलित होगा—

(क) परियोजना के लिए अर्जित की जानेवाली भूमि का क्षेत्रफल और प्रभावित गाँवों का नाम।

(ख) प्रभावित व्यक्तियों की ग्रामवार, परिवारवार सूची उम्र सहित, प्रभावित क्षेत्र में उनके कब्जे में अथवा उनके स्वामित्व में भूमि और अचल संपत्ति की मात्रा और स्वरूप।

(ग) ऐसे क्षेत्र में कृषि श्रमिक को सूची और ऐसे व्यक्तियों के नाम, जिनकी आजीविका कृषि कार्यकलापों पर निर्भर है।

(घ) ऐसे व्यक्तियों की सूची, जिनका रोजगार अथवा आजीविका समाप्त हो गई है अथवा समाप्त होने की संभावना है।

(ङ) ऐसे क्षेत्र में शिल्पकारों सहित गैर कृषि श्रमिकों की सूची।

(च) बिना वास भूमिवाले और गरीबी रेखा से नीचे के परिवारों की सूची, जो ग्रामसभा से विमर्श कर गरीबी रेखा से नीचे के सभी परिवारों को शामिल किया जाएगा।

(छ) भेद प्रभावित व्यक्तियों, अधिभोगियों तथा जन सुविधाओं और सरकारी भवनों, सार्वजनिक एवं सामुदायिक संपत्तियों की सूची।

(ज) उन लाभों और पैकेजों की सूची, जो प्रभावित परिवारों को प्रदान किए जाने हैं, जैसे भूमि आवंटन के लिए उपलब्ध भूमि के क्षेत्रफल का ब्योरा, आधारभूत संरचना का ब्योरा, समय-सूची तथा प्रभावित क्षेत्र में पड़ने वाले सेवा भूमि, जैसे-पहनई, महतोई, मुंडई, प्रधानी अथवा छोटानागपुर एवं संथाल परगना काश्तकारी अधिनियम के अंतर्गत सेवा भूमि आदि।

पुनर्स्थापन और पुनर्वास संबंधी स्कीम या योजना के प्रारूप पर ग्रामीण क्षेत्रों में ग्रामसभाओं में और उन शहरी क्षेत्रों में तथा ग्रामीण क्षेत्रों में जहाँ ग्रामसभाऐं मौजूद न हो जन सुनवाइयों में विचार-विमर्श होगा। अनुसूचित क्षेत्रों के 100 या इससे अधिक अनुसूचित जनजातियों के परिवारों के अनैच्छिक विस्थापन के मामले में 'जनजातीय सलाहकार परिषद्' से विचार-विमर्श किया जाएगा।

किसी परियोजना के लिए अर्जित की गई भूमि को सार्वजनिक प्रयोजन के अलावा किसी अन्य प्रयोजन के लिए अंतरित नहीं किया जा सकता है और यह अंतरण राज्य सरकार पूर्वानुमोदन के बाद ही किया जाएगा। साथ ही अर्जनकारी निकाय द्वारा कब्जे में लेने की तारीख से 5 वर्ष की अवधि तक परियोजना के लिए आंशिक रूप से एवं 15 वर्षों की अवधि तक पूर्ण रूप से उपयोग में नहीं लाई जाती है तो उस भूमि को उसके अर्जनकारी निकाय को कोई प्रतिकर या क्षतिपूर्ति की अदायगी किए बिना ही राज्य सरकार के कब्जे में और स्वामित्व में वापस कर दिया जाएगा। राज्य सरकार के द्वारा तत्पश्चात् उस भूमि पर अन्य उपयोगी परियोजना स्थापित करने का प्रयास किया जाएगा एवं ऐसा नहीं होने की स्थिति में भूमि प्रभावित परिवारों को वापस कर दी जाएगी। अर्जनकारी निकाय को अधिगृहित भूमि को विक्रय करने का अधिकार नहीं होगा।

प्रभावित परिवारों के पुनर्स्थापन और पुनर्वास लाभ–

यह लाभ उन सभी प्रभावित परिवारों को दिया जाएगा, जो घोषणा के प्रकाशन की

तारीख को प्रभावित परिवार के रूप में पात्र हों। उक्त तारीख के पश्चात् परिवार में परिसंपत्तियों के किसी बँटवारे पर विचार नहीं किया जाएगा। ऐसे किसी परिवार जिनके पास अपना घर हो और जिसका घर अधिगृहीत कर लिया गया हो या वह घर खो चुका हो, ऐसे प्रत्येक एकल परिवार के लिए वास्तविक आवासीय भूमि की सीमा तक ग्रामीण क्षेत्रों में दस डिसमील या शहरी क्षेत्रों में 5 डिसमील आवास के लिए बिना किसी लागत के आवंटित की जाएगी। अर्जनकारी निकाय द्वारा आवासीय स्थल में एक पक्का घर बनाया जाएगा, जिसमें दो शयन कक्ष, एक ड्राईंग कक्ष, एक रसोईघर तथा एक शौचालय हो। शहरी क्षेत्रों में 100 वर्गमीटर के विस्तार क्षेत्र में घर उपलब्ध कराया जा सकता है। ऐसे घर यदि आवश्यक हो तो बहुमंजिला भवन का प्रस्ताव किया जा सकता है। गरीबी रेखा से नीचे के परिवारों को, जिनके पास वासभूमि नहीं हो और जो प्रभावित क्षेत्र की घोषणा की तारीख से पहले गैर-अनुसूचित क्षेत्र में 15 वर्षों से एवं अनुसूचित क्षेत्रों में 30 वर्षों से लगातार रह रहा हो और इस क्षेत्र से अनैच्छिक रूप से विस्थापित हुआ हो, तो पुनर्स्थापन क्षेत्र में ग्रामीण क्षेत्रों में कम-से-कम 55 वर्गमीटर तथा शहरी क्षेत्रों में 55 वर्गमीटर विस्तार क्षेत्रवाला घर मुहैया कराया जाएगा। परियोजना के लिए अर्जनकारी निकाय के द्वारा प्रभावित परिवारों को आवंटित की गई भूमि अथवा घर के पंजीकरण के लिए अदा की जानेवाली स्टांप ड्यूटी और अन्य शुल्कों का वहन अर्जनकारी निकाय द्वारा किया जाएगा। इन परिवारों को आवंटित की गई भूमि या घर सभी ऋणों से मुक्त होगा तथा पति और पत्नी के संयुक्त नाम से होगा, साथ ही जो मौद्रिक राशि का भुगतान किया जाएगा पति और पत्नी के संयुक्त खाते के माध्यम से किया जाएगा। परियोजना से प्रभावित परिवारों को पशु के लिए तथा पशुशाला के निर्माण के लिए 35000/- रु. की राशि दी जाएगी। साथ ही इन परिवारों को भवन-निर्माण की सामग्री एवं सामान तथा पशुओं के स्थानांतरण के लिए 15,000/- रु. की वित्तीय सहायता एवं ऐसे दुकानदार, जिनकी विस्थापन के कारण उनकी दुकान अथवा गुमटी प्रभावित हुई है, उसे 50,000/- रु. की वित्तीय सहायता दी जाएगी।

पुनर्स्थापन क्षेत्रों में उपलब्ध कराई जानेवाली उन्मुक्तियाँ तथा अवसंरचनात्मक सुविधाएँ–

किसी भी क्षेत्र में 100 परिवारों या इससे अधिक परिवारों के अनैच्छिक विस्थापन के मामलों में पुनर्स्थापन क्षेत्रों में राज्य सरकार द्वारा अधिसूचित विस्तृत आधारित अवसंरचनात्मक सुविधाएँ तथा उन्मुक्तियाँ उपलब्ध कराई जाएगी। सड़कें, सार्वजनिक विकास, जल निकास, सफाई, शुद्ध पेयजल स्रोत, पशुओं के लिए पेयजल स्रोत, सामुदायिक तालाब, चारागाह, बिजली, स्वास्थ्य केंद्र, बच्चों के लिए खेल मैदान, शिक्षण संस्थान, पूजा स्थल, परंपरागत जनजातीय संस्थाओं के लिए भूमि, कब्रगाह/श्मशान भूमि तथा

सुरक्षा व्यवस्था शामिल होगी। राज्य सरकार यह सुनिश्चित करेगी की पुनर्स्थापन क्षेत्र किसी ग्राम पंचायत अथवा किसी नगरपालिका का एक भाग बने। जिला प्रशासन द्वारा नए पुनर्वास स्थल को राजस्व ग्राम के रूप में घोषित करने हेतु अविलंब कदम उठाए जाएँगे। यदि वह पूर्व में अवस्थित राजस्व ग्राम का हिस्सा न हो। भविष्य में आवासीय प्रमाण-पत्र निर्गत करने के मामलों में प्रभावित परिवार तथा प्रभावित क्षेत्र में बिताई गई अवधि/राजस्व खतियान में अंकित नाम का यथोचित् उपयोग किया जाएगा। परियोजना के आसपास के क्षेत्रों का विकास किया जाएगा। इस प्रयोजन के लिए अर्जनकारी निकाय परियोजना से शुद्ध लाभ में एक प्रतिशत निर्धारित करेगा। यदि किसी वर्ष अर्जनकारी निकाय द्वारा लाभ घोषित नहीं किया गया हो तो राज्य सरकार न्यूनतम वैकल्पिक राशि निर्धारित करेगी। राज्य सरकार इस प्रयोजन के लिए नियम और मार्गदर्शी सिद्धांत तैयार करने के लिए स्वतंत्र होगी।

शिकायत निवारण तंत्र

परियोजना स्तर पर पुनर्स्थापन और पुनर्वास समिति

प्रत्येक परियोजना, जिसमें किसी क्षेत्र में सामूहिक रूप से 100 या इससे अधिक परिवारों का अनैच्छिक विस्थापन होता है। राज्य सरकार प्रभावित परिवारों के पुनर्स्थापन और पुनर्वास योजना कार्यान्वयन के लिए सरकारी अधिकारी की अध्यक्षता में एक समिति गठित करेगी, जो अनुमंडल पदाधिकारी से अन्यून न हो। इस समिति को 'पुनर्स्थापन और पुनर्वास समिति' कहा जाएगा। इसमे निम्नलिखित सदस्य होंगे—

- प्रभावित क्षेत्र में रहनेवाली महिलाओं की प्रतिनिधि।
- प्रभावित क्षेत्र में रहनेवाली अनुसूचित जातियों, अनुसूचित जनजातियों और अन्य पिछड़ी जातियों का एक-एक प्रतिनिधि।
- प्रमुख बैंक का एक प्रतिनिधि।
- प्रभावित क्षेत्र में अवस्थित पंचायतों और नगरपालिकाओं के अध्यक्ष या उनके द्वारा नामित व्यक्ति।
- प्रभावित क्षेत्र में शामिल क्षेत्र के संसद् सदस्य और विधानसभा के सदस्य।
- परियोजना का भूमि अर्जन अधिकारी।
- अर्जनकारी निकाय का एक प्रतिनिधि।

जिला स्तर पर पुनर्स्थापन और पुनर्वास समिति

परियोजना स्तर पर पुनर्स्थापन और पुनर्वास समिति के अंतर्गत आनेवाले मामलों को छोड़कर जिले में प्रभावित परिवारों के पुनर्स्थापन तथा पुनर्वास के कार्य की प्रगति

की निगरानी और समीक्षा करने के लिए उपायुक्त की अध्यक्षता में एक स्थायी पुनर्स्थापन और पुनर्वास समिति गठन की जाएगी। इस समिति के गठन, शक्तियाँ, कार्य आदि राज्य सरकार द्वारा निर्धारित किए जाएँगे।

न्यायाधिकरण

इस नीति के अंतर्गत शामिल मामलों से पैदा शिकायतों का समयबद्ध रूप से निपटारा हेतु राज्य सरकार द्वारा त्रिसदस्यीय न्यायाधिकरण का गठन किया जाएगा। यदि किसी प्रभावित व्यक्ति को इस नीति के अंतर्गत उपलब्ध पुनर्स्थापन और पुनर्वास लाभों को मुहैया न कराने के प्रति कोई शिकायत हो तो वह अपनी शिकायत के समाधान के लिए उपर्युक्त याचिका संबंधित न्यायाधिकरण के समक्ष प्रस्तुत कर सकता है। शिकायतों का निपटारा संबंधी अवधि का निर्धारण राज्य सरकार द्वारा किया जाएगा।

न्यायाधिकरण को पुनर्स्थापन तथा पुनर्वास प्रशासक अथवा पुनर्स्थापन तथा पुनर्वास समिति के निर्णय के विरुद्ध सभी शिकायतों पर विचार करने और उसका निपटारा करने और अर्जनकारी निकाय पुनर्स्थापन तथा पुनर्वास प्रशासक जहाँ पर नियुक्त हो और जहाँ पुनर्स्थापन तथा पुनर्वास प्रशासक नियुक्त हो, अन्य वरिष्ठ सरकारी अधिकारी अथवा यथास्थिति उपायुक्त हो, ऐसे निर्देश जारी करने की शक्ति होगी, जिन्हें वह इस नीति के कार्यान्वयन से संबंधित ऐसी शिकायतों के निवारण के लिए उचित समझें। ऐसी परियोजना के मामले, जिसमें अर्जनकारी निकाय की ओर से भूमि अर्जन शामिल है, उसे भूमि अर्जन अधिनियम, 1894 या उस समय प्रवृत्त संघ या राज्य सरकार के अधिनियम, जिसके अंतर्गत भूमि का अर्जन किया गया है, के उपबंधों के अंतर्गत हल किया जाएगा और यह न्यायाधिकरण के अधिकार क्षेत्र से बाहर होगा।

निगरानी तंत्र

राज्य स्तरीय पुनर्स्थापन तथा पुनर्वास परिषद्

राज्य स्तर पर मुख्यमंत्री की अध्यक्षता में एक परिषद् होगा, जो पुनर्स्थापन और पुनर्वास समिति के क्रियान्वयन के संबंध में परामर्श, समीक्षा एवं अनुश्रवण का कार्य करेगा। परिषद् में संबंधित विभाग के मंत्री, राज्य के मुख्य सचिव तथा संबंधित विभाग के सचिव होंगे। इस परिषद् में राष्ट्रीय स्तर के ख्यातिप्राप्त विशेषज्ञ को सदस्य के रूप में रखा जा सकता है।

राज्यस्तरीय पुनर्स्थापन तथा पुनर्वास परिषद् की वर्ष में कम-से-कम दो बैंठकें आयोजित की जाएँगी।

अनुश्रवण समिति

उन सभी मामलों, जिनके लिए यह नीति लागू होती है, से संबंधित पुनर्स्थापन और पुनर्वास स्कीमों या योजनाओं के कार्यान्वयन की प्रगति की समीक्षा तथा निगरानी करने के लिए विकास आयुक्त की अध्यक्षता में 'राज्यस्तरीय अनुश्रवण समिति' गठित की जाएगी।

इस समिति के सदस्य निम्नलिखित होंगे—

विकास आयुक्त	—	अध्यक्ष
सचिव, राजस्व एवं भूमि सुधार विभाग	—	सचिव
सचिव, पथ निर्माण विभाग	—	सदस्य
सचिव, जल संसाधन विभाग	—	सदस्य
सचिव, उद्योग विभाग	—	सदस्य
सचिव, कल्याण विभाग	—	सदस्य
सचिव, स्वास्थ्य विभाग	—	सदस्य
सचिव, मानव संसाधन विभाग	—	सदस्य
सचिव, खान एवं भूतत्त्व विभाग	—	सदस्य
सचिव, ऊर्जा विभाग	—	सदस्य
सचिव, वन एवं पर्यावरण विभाग	—	सदस्य
सचिव, श्रम एवं नियोजन विभाग	—	सदस्य
सचिव, कृषि विभाग	—	सदस्य
सचिव, विधि (न्याय विभाग)	—	सदस्य
सचिव, नगर विकास विभाग	—	सदस्य
आयुक्त, पुनर्स्थापन एवं पुनर्वास	—	संयोजक

इसके अलावा सचिव, प्रशासी मंत्रालय/विभाग, जिसकी परियोजना के लिए भूमि अर्जन किया जाना है, को एक सदस्य के रूप में आमंत्रित किया जाएगा।

उत्पन्न होनेवाले किसी भी मामले के त्वरित निष्पादन हेतु परियोजना से संबंधित पुनर्स्थापन और पुनर्वास प्रशासक तथा अधियाची निकाय के प्रतिनिधि को राज्य स्तरीय अनुश्रवण समिति में स्थायी रूप से आमंत्रित किया जाएगा।

सूचना का आदान-प्रदान

विस्थापन, पुनर्स्थापन और पुनर्वास के संबंध में में सभी सूचना, प्रभावित व्यक्तियों के नाम और पुनर्स्थापन और पुनर्वास पैकेज के ब्योरों को इंटरनेट पर सार्वजनिक रूप से उपलब्ध कराया जाएगा तथा परियोजना प्राधिकारियों द्वाराा इस सूचना से संबंधित

ग्रामसभाओं, पंचायतों आदि को अवगत कराया जाएगा। इस नीति के अंतर्गत शामिल प्रत्येक मुख्य परियोजना के पुनर्स्थापन और पुनर्वास के लिए राज्य सरकार के संबंधित विभाग में एक 'पर्यावलोकन समिति' गठित होगी। राजस्व एवं भूमि सुधार विभाग, झारखंड सरकार इस नीति को प्रभावकारी बनाने एवं क्रियान्वयन करने हेतु नोडल विभाग होगा। राज्य सरकार आवश्यकतानुसार इस नीति के प्रावधानों को समय-समय पर संशोधित करे सकेगी।

जल संसाधन विभाग की नई पुनर्वास नीति

विभाग ने भूमि अधिग्रहण की सुगमता के लिए पुनर्वास नीति घोषित की है। जिसकी मुख्य विशेषताएँ निम्न है—

(i) गृह निर्माण अनुदान—रु. 50,000/-

(ii) परिवहन अनुदान— रु. 2000/-

(iii) (क) भूमि के बदले भूमि का आवंटन (1 हेक्टेयर या अधिक भूमि अर्जित होने पर) अथवा

(ख) स्वरोजगार अनुदान के रूप में रु. 75000/- एवं प्रशिक्षण अनुदान रु. 15000/-, अथवा

(ग) परियोजना की ओर से दुकान निर्माण कर उसका आवंटन, अथवा

(घ) राज्य के अंतर्गत सभी विभागों के वर्ग-3 एवं 4 की सरकारी नौकरियों की आयु सीमा में 3 वर्ष की छूट एवं नियुक्ति में प्राथमिकता।

(iv) जीवन निर्वाह अनुदान—रु. 1000/- प्रतिमाह वास्तविक विस्थापन से एक वर्ष तक।

(v) पुनर्वास स्थल पर बुनियादी सुविधा—प्राथमिकता विद्यालय, स्वास्थ्य केंद्र, पेयजल सुविधा, सड़क, बिजली, सुलभ शौचालय, श्मशान घाट, सामुदायिक भवन।

(vi) पुनर्वास स्थल पर रु. 10,00,000/- तक की बुनियदी सुविधाओं का निर्माण विस्थापितों की लाभुक समिति से कराने का निर्णय लिया गया।

'पंचखेरो जलाशय योजना' से कुल विस्थापित हो रहे 105 परिवारों में से सभी विस्थापितों को भूमि पर्चा, विकास पुस्तिका एवं 50,000/- रु. गृह-निर्माण अनुदान वर्ष 2009-10 में उपलब्ध करा दिया गया है। इसी प्रकार कंसजोर, शुरू, सोनुवा, पुनासी, अजय एवं परियोजनाओं से हो रहे विस्थापितों को नई पुनर्वास नीति के तहत सुविधा देने की कारवाई की गई है।

झारखंड भूमि अर्जन, पुनर्वासन और पुनर्व्यवस्थापन उचित प्रतिकर और पारदर्शिता का अधिकार नियमावली, 2015

नियमावली की मुख्य बातें—

1. अधिनियम की धारा-4 के अंतर्गत सामाजिक प्रभाव आकलन कराया जाएगा। सामाजिक प्रभाव आकलन प्रतिवेदन हिंदी भाषा में तैयार किया जाएगा।
2. सामाजिक प्रभाव आकलन, जन सुनवाई एवं पुनर्वासन और पुनर्व्यवस्थापन जन सुनवाई भू-अर्जन क्षेत्र के सभी ग्रामसभा एवं वार्ड सभा में हिंदी भाषा के माध्यम से कराई जाएगी। आदिवासी बहुल वार्ड सभा/ग्रामसभा में अनुवादक के माध्यम से स्थानीय भाषा में समझाया जाएगा।
3. भू-अर्जन अधिनियम के अंतर्गत जमीन मालिकों से भू-अर्जन हेतु सहमति ली जाएगी। अनुसूचित क्षेत्रों में भू-स्वामी के साथ-साथ ग्रामसभा की सहमति भी ली जाएगी। अनुसूचित क्षेत्र में ग्रामसभा पेसा अधिनियम के तहत कराया जाएगा।
4. भू-अर्जन हेतु संबंधित अधियाची निकाय से जमीन का मुआवजा एवं पुनर्वासन और पुनर्व्यवस्थापन की सभी राशि संबंधित उपायुक्त कार्यालय में जमा की जाएगी, ताकि भू-स्वामी को राशि ससमय मिल सके।
5. वन अधिकार अधिनियम अंतर्गत जिन लोगों को पट्टा दिया जा रहा है, उन परिवारों को भी जमीन का मुआवजा पुनर्वासन और पुनर्व्यवस्थापन दिया जाएगा।
6. भू-अर्जन किए जानेवाले गाँवों के व्यक्तियों को उपलब्ध प्रावधान के तहत पुनर्वासन और पुनर्व्यवस्थापन सुविधा दी जाएगी।
7. कृषि मजदूर, लघु व्यापारी अन्य कारीगर को पुनर्वासन और पुनर्व्यवस्थापन हेतु 200 दिनों का वर्तमान दर मजदूरी का भुगतान किया जाएगा।
8. भुगुत बंधक को 25000/- रु. प्रति एकड़ उस भूमि के लिए, जिस पर वे फसल पैदा करते हैं, एकमुश्त भुगतान किया जाएगा।
9. संबंधित जिला के अपरसमार्हता को पुनर्वासन और पुनर्व्यवस्थापन प्रशासक अधिसूचित किया गया है।
10. प्रमंडलीय आयुक्त को पुनर्वासन और पुनर्व्यवस्थापन आयुक्त के रूप में अधिसूचित किया गया है।
11. सभी जिला के उपायुक्तों की अध्यक्षता में परियोजना स्तर पर पुनर्वासन और पुनर्व्यवस्थापन समिति गठित किया गया है। इस समिति में जनप्रतिनिधि एवं प्रभावित परिवारों के प्रतिनिधि भी सदस्य होंगे, ताकि उनकी समस्या का

समाधन जिला स्तर पर ही किया जा सके।

12. राज्य सरकार स्तर पर पुनर्वासन और पुनर्व्यवस्थापन योजना की समीक्षा एवं अनुश्रवण करने हेतु विकास आयुक्त/सदस्य/राजस्व/पार्षद की अध्यक्षता में समिति का गठन किया गया है।
13. सभी प्रमंडलीय स्तर पर पुनर्वासन और पुनर्व्यवस्थापन प्राधिकार बनाया जाएगा ताकि उनका निष्पादन प्रमंडल स्तर पर हो सके। तत्काल व्यवस्था के तहत माननीय उच्च न्यायालय की सहमति/परामर्श से काररवाई की जाएगी।
14. राज्य सरकार भूमि बैंक बनाने हेतु तत्पर है, ताकि भविष्य में भू-अर्जन की आवश्यकता कम-से-कम हो सके।
15. किसी भी जिले में बहुफसलीय सिंचित क्षेत्र का दो प्रतिशत से ज्यादा जमीन अर्जित नहीं की जाएगी।
16. किसी भी जिले में कुल शुद्ध बोए गए क्षेत्र का एक-चौथाई क्षेत्र से ज्यादा जमीन अर्जित नहीं की जाएगी।
17. ग्रामीण क्षेत्रों में भू-अर्जन करने पर भूस्वामियों को भूमि के बाजार मूल्य का चार गुणा एवं शहरी क्षेत्रों में बाजार मूल्य का दो गुना मुआवजे का भुगतान किया जाएगा।
18. विस्थापित परिवारों को लोक और सामुदायिक संपत्तियों, आस्तियों अथवा अवसंरचणा विशिष्ट रूप से सड़क, लोक परिवहन, जल निकास, स्वच्छता, पेयजल की स्रोत, सामुदायिक जलाशय, चारागाह जैसी सुविधाएँ भू-अर्जन प्रक्रिया के माध्यम से उपलब्ध कराई जाएँगी।

प्रत्यार्पण एवं पुनर्वास नीति, 2009 (सरेंडर पॉलिसी)

झारखंड सरकार द्वारा वामपंथी उग्रवादियों के प्रत्यार्पण एवं पुनर्वास हेतु वर्ष 2009 में नई नीति की घोषणा की गई। उग्रवाद की समस्या, विधि व्यवस्था के क्षेत्र में इस राज्य की सबसे बड़ी चुनौती बन चुकी है। झारखंड राज्य के राँची, गुमला, खूँटी, सिमडेगा, लोहरदगा, पलामू, लातेहार, गढ़वा, चतरा, हजारीबाग, गिरिडीह, कोडरमा, बोकारो, धनबाद, रामगढ़, पू. सिंहभूम, प. सिंहभूम, सरायकेला-खरसावाँ आदि जिले इस समस्या से गंभीर रूप से आक्रांत हैं। शेष जिलों में भी वामपंथी उग्रवाद अपनी जड़ जमा रहा है तथा वहाँ भी उग्रवादी घटनाएँ, यदा-कदा होती रहती है। झारखंड राज्य के गठन के पश्चात् इस समस्या को चुनौती के रूप में लिया गया, जिसमें विशेष सफलताएँ मिलीं। जिससे उग्रवादियों का मनोबल गिरा है। विभिन्न माध्यमों से प्राप्त सूचनाओं के

आधार पर कहा जा सकता है कि बहुत से लोग बहकावे में आकर अथवा गलत धारणाओं के अंतर्गत वामपंथी उग्रवादियों के साथ मिल गए हैं, जिन्हें अब अपनी गलती का अहसास हो रहा है। वे समाज की मुख्य धारा में लौटने को आतुर हैं। ऐसे तत्त्वों को एवं उनके परिवार को मुख्य धारा में वापस लाने के उद्देश्य से एक प्रत्यापण नीति का निर्धारण सन् 2001 में किया गया था, परंतु उक्त प्रत्यार्पण नीति का प्रतिफल उत्साहवर्द्धक नहीं पाया गया। इस पृष्ठभूमि में इस योजना को उत्साहवर्द्धक एवं आकर्षक बनाए जाने के लिए सम्यक् विचारोपरांत राज्य सरकार पूर्व की नीति के स्थान पर नई प्रत्यार्पण एवं पुनर्वास नीति का निरूपण निम्नवत् करती है—

1. **उद्देश्य**—वामपंथी उग्रवादियों के प्रत्यार्पण एवं पुनर्वास की योजना का उद्देश्य है कि—

   (क) वामपंथी उग्रवादियों के प्रत्यार्पण को प्रोत्साहित किया जाय।

   (ख) प्रत्यार्पण कर चुके उग्रवादियों को समाज की मुख्य धारा से जोड़ते हुए उनके लिए वैकल्पिक रोजगार की व्यवस्था एवं आर्थिक सहायता उपलब्ध कराई जाय।

2. **परिभाषा**—वामपंथी उग्रवाद का अर्थ—ऐसे संगठनों के सदस्य, जिन्हें राज्य सरकार द्वारा भारतीय अपराध (संशोधन) अधिनियम, 1908 की धारा 16 के अंतर्गत अवैधानिक घोषित किया गया है।

3. **योग्यता**—3.1 यह योजना केवल उन्हीं उग्रवादियों पर लागू होगी, जिन्हें उग्रवादी संगठन के दस्ते के सदस्य या उसके ऊपर के पदधारक के रूप में विशेष शाखा द्वारा पहचान की गई हो।

   3.2. प्रत्यार्पण करनेवाले उग्रवादियों द्वारा संगठन के संबंध में सभी ज़ानकारियों का खुलासा करने/संबंधित आपराधिक मामलों के संबंध में सभी तथ्य उपलब्ध कराने की स्थिति में ही उन्हें विशेष प्रोत्साहन दिया जाएगा। प्रोत्साहन की राशि सरकार द्वारा अनुमोदित पैकेज के अधीन होगी।

   3.3 प्रत्यार्पण पूर्ण रूपेण स्वैच्छिक तथा बिना किसी दवाब/उग्रवादी संगठन की प्रेरणा से होना आवश्यक है।

   3.4. साधारणतः विशेष शाखा का प्रत्यार्पण संबंधित सभी पहलुओं का सत्यापन ही एकमात्र मानक होगा, किंतु विशेष परिस्थितियों में किसी भी प्रस्ताव के तथ्यों का सत्यापन सरकार अन्य स्रोतों से भी करा सकती है।

4. उग्रवादियों द्वारा प्रत्यार्पण मंत्री/सांसद/विधायक/प्रमंडलीय आयुक्त/प्रक्षेत्रीय पुलिस महानिरीक्षक/पुलिस उप-महानिरीक्षक/जिला दंडाधिकारी/पुलिस

अधीक्षक अथवा राज्य सरकार द्वारा मनोनीत पदाधिकारियो के समक्ष किया जा सकता है। ये पदाधिकारी समर्पणकर्ता उग्रवादियों को आवश्यक कानूनी काररवाई निकटवर्ती पुलिस स्टेशन या पुनर्वास कैंप/केंद्र को सुपुर्द करेंगे, जहाँ उनके पुनर्वास योजना का सूत्रण/कार्यान्वयन किया जाएगा।

5. स्क्रीनिंग समिति—प्रत्येक उग्रवादी के प्रत्यार्पण को स्वीकार करने के संबंध में निर्णय एक स्क्रीनिंग समिति द्वारा लिया जाएगा। इस समिति के अध्यक्ष जिला पुलिस अधीक्षक होंगे एवं अन्य सदस्य के रूप में जिला दंडाधिकारी तथा अपर पुलिस महानिदेशक, विशेष शाखा द्वारा एक-एक पदाधिकारी मनोनीत किए जाएँगे।

6. पुनर्वास समिति—6.1 प्रत्येक जिला में प्रत्यार्पण करनेवाले उग्रवादियों के लिए जिला दंडाधिकारी की अध्यक्षता में जिला पुनर्वास समिति गठित होगी, जिसके सदस्य सचिव, जिला पुलिस अधीक्षक होंगे तथा उप-विकास आयुक्त, महाप्रबंधक, जिला उद्योग केंद्र, जिला के अग्रणी बैंक पदाधिकारी एवं समादेष्टा, गृह रक्षावाहिनी के सदस्य होंगे। जिला पुनर्वास समिति द्वारा प्रत्येक प्रत्यार्पण कर चुके उग्रवादी के संबंध में निम्नांकित तथ्यों को ध्यान में रखकर पुनर्वास पैकेज तैयार किया जाएगा—

(क) उग्रवादी की सामाजिक-आर्थिक पृष्ठभूमि।

(ख) उम्र।

(ग) उनके सामान्य शैक्षणिक एवं तकनीकी योग्यता।

(घ) पुनर्वासन हेतु उपलब्ध विकल्पों के संबंध में उसकी प्राथमिकता।

(ङ) प्रस्तावित पुनर्वास पैकेज की संभाव्यता।

6.2 पुनर्वास पैकेज के सूत्रण के संबंध में पुनर्वास समिति द्वारा पेशेवर सहायता एन.जी.ओ./परामर्शी से प्राप्त की जा सकती है।

6.3 जिला पुनर्वास समिति द्वारा सूत्रण किए गए प्रत्यार्पित उग्रवादी निर्दिष्ट, पुनर्वास पैकेज को पुलिस महानिदेशक के माध्यम से राज्य सरकार के पास अनुशंसा के साथ भेजा जाएगा।

7. पुनर्वास पैकेज—पुनर्वास पैकेज के अवयव के रूप में नीचे अंकित सुविधाओं को अंकित किया जाएगा—

7.1 पुनर्वास अनुदान रु. 2,50,000/- (दो लाख पचास हजार) होगा, जिसमें से रु. 50,000/- (पचास हजार) का भुगतान तत्काल प्रत्यार्पण के उपरांत किया जाएगा तथा शेष रु. 2,00,000/- (दो लाख) का भुगतान दो बराबर किस्तों में होगा, जिसकी पहली किस्त एक वर्ष

बाद तथा दूसरी किस्त दो वर्ष के बाद प्रत्यार्पित उग्रवादी की गतिविधियों की छानबीन विशेष शाखा द्वारा किए जाने के पश्चात् देय होगी।

7.2 कार्यशील एवं नियमित आग्नेयास्त्र (Regular) गोला-बारूद के समर्पण के बदले अतिरिक्त भुगतान निम्नरूपेण तालिका के अनुसार किया जाएगा—

क्र.सं.	आग्नेयास्त्र/विस्फोटकों के प्रकार	पुरस्कार से संबंधित राशि
1.	रॉकेट लॉन्चर/एल.एम.जी.	रु. 1,00,000
2.	ए.के. 47/56/74 राइफल/स्नाइपर रायफल	रु. 75,000
3.	303 राइफल/पिस्टल/रिवाल्वर	रु. 15,000
4.	रिमोट कंट्रोल डिवाईसेस	रु. 6,000
5.	ग्रेनेड/हैंड ग्रेनेड	रु. 2,000
6.	वायरलेस सेट	रु. 2,000 से रु. 10,000 (रेंज के आधार पर)
7.	आई.ई.डी.	रु. 6,000
8.	विस्फोटक सामग्री (प्रति कि.ग्रा.)	रु. 2,000

7.3 पुनर्वास समिति द्वारा रु. 3,000/- प्रतिमाह की वृत्ति पर एक वर्ष तक के व्यावसायिक प्रशिक्षण की व्यवस्था की जाएगी। विशेष परिस्थिति में व्यावसायिक प्रशिक्षण की अवधि एक अतिरिक्त वर्ष तक के लिए विस्तारित की जा सकेगी।

7.4 अधिकतम 4 डिसमील जमीन गृह निर्माण हेतु आवंटित की जाएगी।

7.5 प्रत्यार्पण करनेवाले उग्रवादी को एक आवास निर्माण हेतु अधिकतम रु. 50,000/- (पचास हजार) की राशि दी जाएगी।

7.6 राज्यांतर्गत सरकारी चिकित्सा संस्थानों में उग्रवादी एवं उसके परिवार को नि:शुल्क चिकित्सा की व्यवस्था की जाएगी।

7.7 सरकारी विद्यालयों में उग्रवादी स्वयं एवं उसके पुत्र तथा पुत्रियों को मैट्रिक तक नि:शुल्क शिक्षा की व्यवस्था की जाएगी।

7.8 मुख्यमंत्री कन्यादान योजनांतर्गत महिला उग्रवादी एवं उग्रवादियों की पुत्रियों के वैवाहिक कार्यक्रम हेतु अनुदान राशि दी जाएगी।

7.9 यदि प्रत्यार्पण करनेवाले उग्रवादी के सिर पर उसके मारे जाने या गिरफ्तार होने पर कोई सरकारी इनाम घोषित हो, तो समर्पण के उपरांत घोषित इनाम की राशि उन्हें ही प्रदान कर दी जाएगी। संगठन के

विभिन्न पदाधिकारियों के समर्पण करने पर घोषित इनाम की राशि परिशिष्ट–1 के अनुरूप भुगतान की जाएगी।

7.10 समर्पण के उपरांत यदि समर्पणकर्ता को उग्रवादियों द्वारा मारा जाता है, तो उसके परिवार को सरकारी संकल्प सं.–423 दिनांक 16.02.06 तथा 369 दिनांक 24.01.2008 के आलोक में लाभों का भुगतान किया जाएगा, यथा– रु. 1,00,000/– (एक लाख) का अनुदान एवं उसके एक सुयोग्य आश्रित को सरकारी नौकरी दी जाएगी, भले ही मृतक का प्रत्यार्पण के पूर्व आपराधिक इतिहास रहा हो।

7.11 राष्ट्रीय/सहाकरी बैंक से स्वनियोजन हेतु रु. 2,00,000/– (दो लाख) तक के लिए ऋण प्राप्ति में सहायता देगी। ऋण से प्राप्त राशि पर देय ब्याज के विरुद्ध सरकार 50 प्रतिशत की सीमा तक अधिकतम रु. 50,000 (पचास हजार) की राशि प्रतिपूर्ति करेगी।

अथवा

शारीरिक मापदंडों को पूरा करनेवाले प्रत्यार्पित उग्रवादियों को पुलिस/गृह रक्षक/विशेष पुलिस अधिकारी के रूप में नियुक्ति पर विचार किया जा सकता है। महानिदेशक एवं पुलिस महानिरीक्षक को विशेष परिस्थितियों में निर्धारित शारीरिक मापदंड को शिथिल करने की शक्ति होगी।

7.12 राज्य सरकार द्वारा प्रत्यार्पित उग्रवादी को रु. 5,00,000/– (पाँच लाख) की जीवन बीमा कराई जाएगी एवं इसके लिए आवश्यक प्रीमियम का भुगतान किया जाएगा।

7.13 प्रत्यार्पित उग्रवादी के आश्रितों के लिए भी (परिवारों के अधिकतर सदस्यों के लिए) रु. 1,00,000/– (एक लाख) का समूह जीवन बीमा भी कराया जाएगा।

7.14 प्रत्यार्पित उग्रवादी की संपति को उग्रवादियों द्वारा क्षतिग्रस्त किए जाने की स्थिति में क्षति का आकलन पुनर्वास समिति द्वारा कर क्षतिपूर्ति की जाएगी।

8. पुनर्वास पैकेज को अंतिम रूप से गृह विभाग, झारखंड द्वारा अनुमोदित किया जाएगा।

9. यदि प्रत्यार्पणकर्ता कालांतर में पुनः उग्रवादी गतिविधि में संलिप्त हो जाता है तो पुनर्वास पैकेज के अंतर्गत भुगतेय सभी लाभ राज्य सरकार या बैंक (यदि ऋण का भुगतान नहीं किया गया हो) द्वारा स्वतः जब्त कर लिया जाएगा।

परोक्ष रूप से प्रत्यार्पणकर्ता के उग्रवादी गतिविधि में संलिप्त होने या नहीं होने के बिंदु पर अंतिम निर्णय राज्य सरकार के स्तर से होगा।

10. न्यायालय संबंधी मामले—

10.1 प्रत्यार्पित उग्रवादी के विरुद्ध लंबित जघन्य आपराधिक मामलों को विधि के अनुसार निष्पादित किया जाएगा। अन्य अपराधों के लिए समर्पणकर्ता को प्ली बारगेनिंग (Plea Bargaining) का विकल्प रहेगा।

10.2 प्रत्यार्पित उग्रवादी को अपना मुकदमा लड़ने के लिए सरकार की ओर से निःशुल्क वकील की व्यवस्था की जाएगी।

10.3 न्यायिक प्रावधान के तहत आवश्यकता शर्त पूरा करने की स्थिति में सरकार द्वारा राजसाक्षी (Approver) बनाने/महिला एवं नाबालिग होने की स्थिति में प्रचलित विधि सम्मत काररवाई की जा सकती है।

10.4 प्रत्यार्पित उग्रवादी के विरुद्ध लंबित मुकदमे के शीघ्रताशीघ्र निष्पादन हेतु विशेष न्यायालय (फास्ट ट्रैक कोर्ट) गठित कराया जाएगा।

10.5 प्रत्यार्पित उग्रवादी द्वारा उग्रवादी गतिविधि में सम्मिलित होने के पीछे लंबित भू-विवाद का कारण होने की स्थिति में संबंधित भूमि विवाद मामलों का निपटारा प्राथमिकता के आधार पर उपलब्ध न्यायालयों से कराया जाएगा।

11. उपरोक्त कंडिका 7.2 के अनुसार, समर्पण किए गए सक्रिय हथियारों, गोला-बारूद, विस्फोटक सामग्री आदि एवं कंडिका 7.9 के अनुसार संबंधित उग्रवादी के सिर पर घोषित सरकारी इनामों को छोड़कर समर्पणकर्ता यदि पति एवं पत्नी दोनों हों, तो पुनर्वास पैकेज के अंतर्गत उन्हें एक यूनिट ही माना जाएगा।

12. राज्य सरकार प्रत्येक वर्ष इस योजना के कार्यान्वयन की समीक्षा करेगी तथा आवश्यकतानुसार संशोधन करेगी।

13. राज्य सरकार में आवश्यकता अनुरूप विशेष परिस्थितियों में उपर्युक्त प्रावधानों में संशोधन करने की शक्ति निहित रहेगी।

परिशिष्ट-1
(कंडिका 7.9)

क्रमांक	श्रेणी	संगठन में स्थान	पुरस्कार
1.	ए.	पोलित ब्यूरो सदस्य/केंद्रीय कमेटी सदस्य/ केंद्रीय सैन्य आयोग सदस्य	रु. 12,00,000/-

2.	बी.	ऑल्टरनेट केंद्रीय कमेटी	रु. 10,00,000/–
3.	सी.	रिजनल ब्यूरो सदस्य/स्पेशल एरिया कमेटी सदस्य/राज्य कमेटी सदस्य	रु. 10,00,000/–
4.	डी.	ऑल्टरनेट स्पेशल एरिया कमेटी सदस्य/राज्य कमेटी सदस्य	रु. 8,00,000/–
5.	ई.	रिजनल कमेटी सदस्य	रु. 7,00,000/–
6.	एफ.	जोनल कमेटी सदस्य	रु. 5,00,000/–
7.	जी.	सब जोनल कमेटी सदस्य	रु. 3,00,000/–
8.	एच.	एरिया कमांडर/एल.ओ.सी. सदस्य	रु. 2,00,000/–
9.	आई.	एल.जी.एस. दस्ता कमांडर	रु. 1,00,000/–
10.	जे.	एल.जी.एस. दस्ता सदस्य	रु. 30,000/–

➢ उग्रवादियों/नक्सलवादियों के प्रत्यर्पण को प्रोत्साहित करने हेतु आत्मसमर्पित उग्रवादियों के पुनर्वास हेतु अधिकतम 4 डिसमील जमीन गृह निर्माण हेतु आवंटित करने तथा आवास निर्माण हेतु 50,000/– रु. राशि दिया जाना प्रावधानित है। आत्मसर्पित उग्रवादियों के पुनर्वास हेतु सुरक्षित स्थान पर अभी तक भूमि चिह्नित एवं अधिग्रहित नहीं हो सका है, जिसके कारण उग्रवादी/नक्सली परिवार सुरक्षित स्थान पर किराए के मकान पर निवास कर सकें। इसके लिए उग्रवादी/नक्सली या उनके परिवार को 1500/– रु. प्रतिमाह भुगतान किया जाएगा। यह लाभ गृह निर्माण हेतु सरकार द्वारा भूमि उपलब्ध कराए जाने या निःशुल्क आवास उपलब्ध नहीं कराए जाने या अधिकतम दस वर्ष तक इनमें जो भी पहले हो, तब तक देय होगा। यह प्रावधान दिसंबर, 2012 में लागू की गई।

➢ आत्मसमर्पित नक्सली/उग्रवादियों के सरकारी विद्यालयों में स्वयं एवं उनके पुत्र तथा पुत्रियों को मैट्रिक तक निःशुल्क शिक्षा की व्यवस्था प्रावधानित है। परंतु सुरक्षा तथा अन्य कारणों से कई प्रत्यर्पित नक्सली/उग्रवादी अपने पुत्र तथा पुत्रियों को निजी शिक्षण संस्थानों में शिक्षण ग्रहण करा रहे हैं। जिसके कारण इन परिवारों को आर्थिक परेशानियों का सामना करना पड़ रहा है। दिनांक 27 जुलाई, 2012 के संकल्प के माध्यम से इन वामपंथी उग्रवादियों के प्रत्यार्पण एवं पुनर्वास नीति के तहत इन आत्मसमर्पित उग्रवादियों को स्वयं अथवा उनके पुत्र एवं पुत्री को सरकारी एवं निजी शिक्षण संस्थाओं में स्नातक तक निम्न शर्तों के साथ निःशुल्क शिक्षा प्रदान करने की व्यवस्था की जाएगी—

1. कैपिटेशन शुल्क/डोनेशन नहीं दी जाएगी।
2. महिला संतान की स्थिति में उनकी शादी या 24 वर्ष की आयु या स्नातक होने तक इसमें से जो भी पहले होगी, निःशुल्क शिक्षा अनुमान्य होगी।
3. पुरुष संतान की स्थिति में उसके स्नातक होने या 24 वर्ष की आयु पूरी करने, इसमें जो भी पहले हो, निःशुल्क शिक्षा अनुमान्य होगी।
4. निजी शिक्षण संस्थान के शिक्षण शुल्क की प्रतिपूर्ति अनुमान्य होगी, जिसकी अधिकतम सीमा 1000 रु. प्रतिमाह होगी।

वामपंथी उग्रवादियों के सरेंडर एवं पुनर्वास हेतु नई नीति 2015

वामपंथी उग्रवादियों के प्रत्यार्पण एवं पुनर्वास नीति उत्साहवर्द्धक एवं आकर्षक बनाए जाने हेतु राज्य सरकार द्वारा समय-समीक्षा के उपरांत 2009 की नीति में संकल्प के माध्यम से निम्नलिखित संशोधन किए गए हैं, जो निम्न हैं—

1. नक्सलियों का श्रेणी-'ए' एवं श्रेणी-'बी' में श्रेणीकरण—'ए' श्रेणी में जोनल कमांडर एवं उसके ऊपर के स्तर के नक्सलियों को रखते हुए पुनर्वास अनुदान 5,00,000/- रु. (पाँच लाख) होगा, जिसमें से रु. 1,00,000/- का भुगतान तत्काल प्रत्यर्पण के उपरांत किया जाएगा तथा शेष 4,00,000/- का भुगतान दो बराबर किस्तों में होगा, जिसकी पहली किस्त एक वर्ष बाद तथा दूसरी किस्त दो वर्ष के बाद प्रत्यार्पित उग्रवादी की गतिविधियों की छानबीन विशेष शाखा द्वारा किए जाने के बाद देय होगा। श्रेणी-'बी' श्रेणी 'बी' में जोनल कमांडर के नीचे स्तर के नक्सलियों को रखते हुए 2,50,000/- (दो लाख पचास हजार) रु. रखा गया है। जिसमें 50,000/- रु. का भुगतान तत्काल प्रत्यर्पण के उपरांत किया जाएगा तथा शेष राशि 2,00,000/- का भुगतान दो बराबर किस्तों में होगा, जिसकी पहली किस्त एक वर्ष बाद तथा दूसरी किस्त दो वर्ष के बाद प्रत्यार्पित उग्रवादी की गतिविधियों की छानबीन विशेष शाखा द्वारा किए जाने के बाद देय होगी।
2. पुनर्वास समिति द्वारा अधिकतम 5,000/- प्रतिमाह की वृत्ति पर एक वर्ष तक के व्यावसायिक प्रशिक्षण की व्यवस्था की जाएगी। विशेष परिस्थिति में व्यावसायिक प्रशिक्षण की अवधि एक अतिरिक्त वर्ष के लिए विस्तारित की जा सकती है।
3. आत्मसमर्पित नक्सलियों/उनके बच्चों के स्नातक स्तर तक की शिक्षा में शिक्षण शुल्क के रूप में अधिकतम 25,000/- रु. वार्षिक का भुगतान किया जाएगा। यह भुगतान प्रत्येक तिमाही में संबंधित शिक्षण संस्थाओं को अग्रिम रूप में किया जाएगा।

4. आत्मसमर्पित नक्सलियों के अच्छे आचरण के आधार पर उनके ऊपर चल रहे मुकदमे की पैरवी हेतु वकीलों पर उनके द्वारा किए जानेवाले व्यय की प्रतिपूर्ति/व्यय हेतु राशि के भुगतान हेतु पुलिस मुख्यालय, राँची द्वारा प्रस्ताव राज्य सरकार गृह विभाग को उपलब्ध कराया जाएगा।

उग्रवादी हिंसा में मृत सामान्य नागरिकों के आश्रितों को अनुग्रह राशि प्राप्ति के संबंधित संकल्प

झारखंड राज्य में आतंकवादी/उग्रवादी हिंसा में मृत सामान्य नागरिकों के आश्रितों को अनुग्रह राशि प्रदान की जाती है, जिससे आर्थिक सुरक्षा प्रदान हो सके। इस संबंध में वर्ष, 2006 में निम्नांकित निर्णय लिये गए—

1. आतंकवादी/उग्रवादी हिंसा में मृत सामान्य नागरिक के आश्रितों को 1,00,000/– रु. की अनुग्रह अनुदान।
2. स्थायी रूप से अपंग हुए प्रत्येक व्यक्ति को रु. 50,000/– मात्र का अनुग्रह अनुदान।
3. गंभीर रूप से घायल व्यक्ति को अनुदान तथा सरकारी एवं सरकार द्वारा अनुसूचित अस्पतालों में मुफ्त चिकित्सा की व्यवस्था।

उपर्युक्त वर्णित अनुग्रह अनुदान का लाभ किसी ऐसे व्यक्ति या उसके आश्रित को नहीं मिलेगा, जो उग्रवादी/आतंकवादी हो अथवा सूचीबद्ध अपराधी हो या किसी पुलिस मुठभेड़ या पुलिस फायरिंग में मारा गया हो अथवा अपंग हुआ हो या घायल हुआ हो।

आतंकवादी/सांप्रदायिक/उग्रवादी हिंसा में मृत/विकलांग सामान्य नागरिकों के आश्रित को केंद्रीय योजना के तहत सहायता प्रदान की जाती है। इसके अंतर्गत प्रभावित परिवार को 3,00,000/– रुं. उनके बैंक खाते में जमा कर दिया जाएगा, जो न्यूनतम तीन वर्षों तक लॉक-अप रहेगा। मृतक/अपंग व्यक्ति के परिवार को जिला हेल्थ सोसाइटी द्वारा राष्ट्रीय ग्रामीण स्वास्थ्य मिशन के तहत हेल्थ कार्ड दिया जाएगा, जिसके आधार पर हिंसा में घायल एवं अन्य गंभीर बीमारी से पीड़ित होने पर वह निःशुल्क चिकित्सा का हकदार होगा।

कर्तव्य निवार्हन के दौरान उग्रवादी/नक्सली हिंसक गतिविधियों में मारे गए केंद्रीय सुरक्षा बल के सदस्यो के अनुग्रह अनुदान

कर्तव्य के दौरान उग्रवादी/नक्सली घटनाओं में मारे गए राज्य पुलिसकर्मियों तथा सरकारी सेवकों को अनुग्रह अनुदान एवं अन्य सुविधाएँ प्रदान की जाती है। इस प्रावधान के तहत 10,00,000/– रु. की राशि अनुग्रह अनुदान मृतक के आश्रितों को भुगतान किया जाता है। उग्रवादी/नक्सली गतिविधियों के विरुद्ध अभियान में केंद्रीय अर्द्धसैनिक

बलों की प्रतिनियुक्ति की जाती है। यदा-कदा उग्रवाद विरोधी अभियानों में राज्य पुलिसकर्मियों के साथ केंद्रीय अर्द्धसैनिक बलों के कर्मी भी मारे जाते हैं। केंद्रीय बलों के सदस्यों को केंद्रीय सरकार द्वारा 7,50,000/- रु. का भुगतान किया जाता है। राज्य में प्रतिनियुक्ति के दौरान उग्रवादी हिंसा में मारे गए केंद्रीय बल के आश्रितों को राज्य कर्मियों की भाँति अनुग्रह अनुदान का भुगतान कराए जाने हेतु अंतर की राशि 2,50,000/- रु. का भुगतान झारखंड सरकार करती है, ताकि राज्य कर्मियों एवं राज्य में प्रतिनियुक्त केंद्रीय सुरक्षा बलों के उग्रवादी हिंसा का शिकार होने में एकसमान अनुग्रह अनुदान का भुगतान हो सके।

मिलिट्री ऑपरेशन के दौरान कर्तव्य निवर्हनरत वीरगति प्राप्त करनेवाले राज्य निवासी सैनिक की पत्नी/आश्रित को विशेष अनुग्रह अनुदान एवं अनुकंपा

मातृभूमि की रक्षा हेतु सर्वश अर्पण तथा प्राण न्योछावर करनेवाले झारखंड के निवासी शहीद सैनिकों के सम्मान प्रदान करने उनके वीरगति तथा शौर्यगाथा को जनमानस के पटल पर अंकित करने और उन वीरगति प्राप्त सैनिकों के पत्नियों/आश्रितों के पुनर्वास हेतु विशेष सुविधा/राहत प्रदान करने की भारत-पाक सीमा पर वीरगति प्राप्त करनेवाले सैनिकों के आश्रितों के पुनर्वास से संबंधित विषय पर दिनांक 09.01.2002 को नई दिल्ली में आर्मी हेडक्वार्टर ने सभी राज्यों के स्थानिक आयुक्तों का सम्मेलन आयोजित किया गया था। इसमें यह निर्णय लिया गया है कि राज्य सरकार मिलिट्री ऑपरेशन के दौरान सीमा पर वीरगति प्राप्त करनेवाले अपने-अपने राज्य के सैनिकों की पत्नियों/आश्रितों को पुनर्वास पैकेज प्रदान करने से संबधित नीति पर दृढ़तापूर्वक अमल करेगा। उक्त सम्मेलन में नव सृजित राज्यों यथा उत्तरांचल, छत्तीसगढ़ और झारखंड से यह अनुरोध किया गया कि उपर्युक्त पुनर्वास पैकेज से संबंधित नीति का निर्धारण यथाशीघ्र कर लिया जाय।

उक्त निर्देश के आलोक में राज्य सरकार ने निर्णय लिया है कि मिलिट्री ऑपरेशन के दौरान सीमा पर कर्तव्य निर्वहनरत वीरगति प्राप्त करनेवाले राज्य निवासी सैनिकों के पुनर्वास पैकेज के रूप में निम्नलिखित सुविधा/राहत प्रदान की जाएँगी—

1. वीरगति प्राप्त सैनिकों के पत्नी/आश्रितों के प्रति सम्मान एवं आभार का प्रदर्शन का आयोजन प्रत्येक वर्ष गणतंत्र दिवस समारोह के दरम्यान किया जाएगा।
2. वीरगति प्राप्त सैनिकों की पत्नी अथवा किसी एक आश्रित को अनुग्रह अनुदान के रूप में 2,00,000/- रु. का पुरस्कार दिया जाएगा।
3. वीरगति प्राप्त सैनिकों की पत्नी/एक आश्रित को अनुकम्पा के आधार पर सरकारी नौकरी दी जाएगी, किंतु सरकारी नौकरी प्रदान करने के समय आश्वस्त

हो लिया जाएगा कि मृत सैनिक की पत्नी/आश्रित को तत्संबंध में केंद्र सरकार द्वारा नौकरी नहीं दी गई हो।

झारखंड राज्य के शौर्य पुरस्कारों से अलंकृत सैनिकों को शौर्य पुरस्कार के बदले एकमुश्त नकद राशि भुगतान के संबंध में एक संकल्प

झारखंड राज्य में शौर्य पुरस्कारों से अलंकृत सैनिकों को नगद पुरस्कार, जमीन के बदले नकद राशि एवं वार्षिक एन्यूटि के बदले एकमुश्त राशि का भुगतान किया जाता है। जो निम्न है—

क्र.सं.	शौर्य पुरस्कार	स्वीकृत राशि (रु.)
1.	परमवीर चक्र	30,00,000/–
2.	अशोक चक्र	20,00,000/–
3.	सर्वोत्तम युद्ध सेवा मेडल	12,00,000/–
4.	परम विशिष्ट सेवा मेडल	8,00,000/–
5.	महावीर चक्र	20,00,000/–
6.	कीर्ति चक्र	10,00,000/–
7.	उत्तम युद्ध सेवा मेडल	7,00,000/–
8.	अति विशिष्ट सेवा मेडल	4,00,000/–
9.	वीर चक्र	10,00,000/–
10.	शौर्य चक्र	7,50,000/–
11.	युद्ध सेवा मेडल	5,00,000/–
12.	सेना/नौ सेना/वायु सेना मेडल	3,00,000/–
13.	विशिष्ट सेवा मेडल	2,00,000/–
14.	मेन्सन–इन–डिस्पैच	1,50,000/–

झारखंड में स्थानीयता नीति

झारखंड में स्थानीयता पर राजनीति करने का मुद्दा 15 सालों तक बना रहा। इस राज्य में अब तक 10 मुख्यमंत्री बने, परंतु समस्या का हल नहीं हो पाया। सभी ने स्थानीयता को राजनीति करने का माध्यम समझा, क्योंकि स्थानीय नीति लागू करना 'बर्रे के छत्ते में हाथ डालने' के बराबर था। इसी कारण 15 वर्षों तक समस्या जस की तस बनी रही। 2002 में स्थानीयता के नाम पर सड़कों पर दंगे भड़के, जिसमें 6 निर्दोष लोगों की जान चली गई, परंतु समस्या का हल नहीं हो सका। वर्तमान सरकार ने इस समस्या

का हल निकालने में दिलचस्पी दिखाई; क्योंकि छत्तीसगढ़ और उत्तराखंड ये दोनों राज्य झारखंड के समक्ष ही जन्म लिए थे, इन्होंने स्थानीय नीति घोषित कर दी, पर झारखंड को स्थानीय नीति घोषित करने में देर हो रही थी, जो एक शर्म की बात थी। झारखंड सरकार ने वर्ष 2016 में स्थानीयता नीति की घोषणा की। इस नीति को बनाने में विभिन्न राजनीतिक दलों, बुद्धिजीवियों, सामाजिक संगठनों से गहन विचार-विमर्श के पश्चात् सम्यक् विचारोपरांत यह निर्णय लिया गया है कि झारखंड का स्थानीय निवासी वैसे भारतीय नागरिक को माना जाएगा, जो निम्नलिखित में से किसी एक उल्लेखित शर्त को पूरा करता हो—

1. झारखंड राज्य की भौगोलिक सीमा में निवास करता हो एवं स्वयं अथवा पूर्वज के नाम गत सर्वे खतियान में दर्ज हो। भूमिहीन के मामले में उसकी पहचान संबंधित ग्रामसभा द्वारा की जाएगी, जो झारखंड में प्रचलित भाषा, संस्कृति एवं परंपरा पर आधारित होगी।
2. किसी व्यापार, नियोजन एवं अन्य कारणों से झारखंड राज्य की भौगोलिक सीमा में विगत 30 वर्ष या अधिक अवधि से निवास करता हो एवं अचल संपत्ति अर्जित की हो या ऐसे व्यक्ति की पत्नी/पति/संतान हो एवं झारखंड में निवास करने की प्रतिबद्धता रखने का प्रतिज्ञान करता हो।
3. झारखंड राज्य सरकार/राज्य सरकार द्वारा संचालित/मान्यता प्राप्त संस्थानों, निगम आदि में नियुक्त एवं कार्यरत पदाधिकारी/कर्मचारी या उनकी पत्नी/संतान हो एवं झारखंड राज्य में निवास करने की प्रतिबद्धता रखने का प्रतिज्ञान करता हो।
4. भारत सरकार का पदाधिकारी/कर्मचारी जो झारखंड राज्य में कार्यरत हो या उनकी पत्नी/पति/संतान हो एवं झारखंड राज्य में निवास करने की प्रतिबद्धता रखने का प्रतिज्ञान करता हो।
5. झारखंड राज्य में किसी संवैधानिक या विधिक (Statutory) पदों पर नियुक्त व्यक्ति या उनकी पत्नी/पति/संतान हो एवं झारखंड राज्य में निवास करने की प्रतिबद्धता रखने का प्रतिज्ञान करता हो।
6. ऐसा व्यक्ति, जिसका जन्म झारखंड राज्य में हुआ हो तथा जिसने अपनी मैट्रिकुलेशन अथवा समकक्ष स्तर तक की पूरी शिक्षा झारखंड स्थित मान्यता प्राप्त संस्थानों से प्राप्त की हो एवं झारखंड राज्य में निवास करने की प्रतिबद्धता रखने का प्रतिज्ञान करता हो।

झारखंड में खाद्य सुरक्षा अधिनियम

झारखंड में राष्ट्रीय खाद्य सुरक्षा अधिनियम लागू हो चुका है। राज्य में लगभग 51 लाख से ज्यादा परिवारों अर्थात् लगभग ढाई करोड़ व्यक्तियों को इस अधिनियम से लाभ प्राप्त होगा। यह गाँव के गरीब लोगों के आँसू पोछने हेतु एक महत्त्वकांक्षी योजना है। माननीय मुख्यमंत्री ने 25 सितंबर, 2014 को 'श्रीकृष्ण लोक प्रशासन संस्थान' में इसकी घोषणा की। राज्य के ग्रामीण आबादी के 86.48 प्रतिशत लोगों को खाद्य सुरक्षा प्रदान करना लक्ष्य है। किसी भी राज्य के लिए इतनी बड़ी आबादी को खाद्य सुरक्षा प्रदान करना काफी बड़ा दायित्व है। यही कारण है कि यह कानून लागू होने के दो वर्षों के बाद भी देश के मात्र 11 राज्यों में इसका क्रियान्वयन संभव हो पाया है। इस तरह झारखंड में लागू किया जाना एक बड़ी उपलब्धि है।

इस कानून को लागू करने में सबसे बड़ी चुनौती लाभुकों को पहचान करना होता है। अब तक जन वितरण प्रणाली के अंतर्गत 5 अलग-अलग किस्म की श्रेणियों में लाभुकों को लाभ दिया जाता था। इसके अंतर्गत ए.पी.एल., बी.पी.एल. और अंत्योदय जैसी श्रेणियों का विभाजन था। लेकिन खाद्य सुरक्षा अधिनियम लागू हो जाने के बाद इन श्रेणियों को हटाकर सिर्फ दो श्रेणियाँ निश्चित की गई हैं। पूर्व की अंत्योदय श्रेणी को बरकरार रखा गया है, जिसमें प्रतिमाह प्रति परिवार 35 किलो अनाज दिया जाना है। शेष जरूरतमंद लोगों को प्राथमिकता समूह के अंतर्गत रखा गया है। इन्हें प्रति व्यक्ति 5 किलो अनाज प्रतिमाह देने की घोषणा की गई है। इस अधिनियम के अंतर्गत झारखंड की 86.48 प्रतिशत ग्रामीण जनसंख्या तथा 60.20 प्रतिशत शहरी जनसंख्या को आच्छादित किया जाएगा। वर्ष 2011 की जनसंख्या के आधार पर उक्त अनुपात को सम्मिलित करने पर राज्य की 80.16 प्रतिशत जनसंख्या को इसका लाभ मिलेगा। इस कानून के अंतर्गत लाभुकों के चयन हेतु समावेशन एवं अपवर्जन मानक निर्धारित किए गए हैं। लाभुकों की पहचान सामाजिक, आर्थिक एवं जातीय जनगणना 2011 के आधार पर की गई है। इस जनगणना के आँकड़ों को राज्य भर के सभी मतदान केंद्रों के आधार पर अलग करके इनका सत्यापन कराया गया है। साथ ही जिन लोगों के नाम इन जनगणना सूची में नहीं थे, उनसे एक फॉर्म भराकर जानकारी ली गई है, ताकि कोई भी लाभुक पात्र छूट न जाए। इस योजना के संबंध में प्रचार भी किया गया। इसके अलावा आदिम जनजातियों के लोगों पर विशेष ध्यान देते हुए यथासंभव उन्हें अंत्योदय श्रेणी में रखने का प्रयास किया गया। साथ ही लाभुकों की सूची को ग्रामसभा में भी अनुमोदित कराने का प्रयास किया गया। इन सबका मकसद यही है कि कोई भी लाभुक इस योजना से बाहर न हो पाए।

खाद्य सुरक्षा अधिनियम के अंतर्गत भारत सरकार द्वारा राज्यों को खाद्यान के रूप में सहायता देने का प्रावधान है। चावल प्रति किलो 3 रुपए, गेहूँ प्रति किलो 2 रुपए तथा मोटा अनाज प्रति किलो 1 रुपए की दर से आवंटित करने का प्रावधान है। हालाँकि झारखंड में पहले से ही जन वितरण प्रणाली के अंतर्गत अंत्योदय बी.पी.एल. एवं अतिरिक्त बी.पी.एल. को 1 रुपए प्रति किलो की दर से चावल उपलब्ध कराया जाता रहा है। ऐसे में राष्ट्रीय खाद्य सुरक्षा अधिनियम के अंतर्गत 3 रुपए की दर से चावल उपलब्ध कराने पर लाभुकों को नुकसान होता है। इन बातों को ध्यान में रखकर राज्य सरकार ने चावल एवं गेहूँ की दर 1 रुपए किलो ही रखने का निर्णय लिया है। इसके लिए अतिरिक्त राशि का वहन राज्य सरकार अनुदान के रूप में करेगी।

खाद्य आपूर्ति सार्वजनिक वितरण एवं उपभोक्ता मामले विभाग से प्राप्त जानकारी के अनुसार झारखंड में इस अधिनियम के अंतर्गत 917751 अंत्योदय परिवारों के 3737609 सदस्यों को चिह्नित किया गया। साथ ही 4252408 पूर्व में प्राप्त गृहस्थों के 19603223 सदस्यों को चिह्नित किया गया है। इन्हें 1 रुपए प्रति किलोग्राम की रियायती दर से खाद्यान्न उपलब्ध कराया जा रहा है।

विगत लंबे अरसे से झारखंड में जन वितरण प्रणाली के अंतर्गत गेहूँ का वितरण नहीं किया जा रहा था। लेकिन अब राष्ट्रीय खाद्य सुरक्षा अधिनियम के अंतर्गत कुछ जिलों में आंशिक तौर पर गेहूँ के वितरण की भी योजना प्रारंभ की जा रही है। इनमें राँची, जमशेदपुर, धनबाद तथा बोकारो जिलों को प्रारंभिक तौर पर शामिल किया गया है।

राष्ट्रीय खाद्य सुरक्षा अधिनियम के क्रियान्वयन में सबसे बड़ी चुनौती बिचौलिया हैं, जो उपभोक्ता तथा सरकार के बीच बिचौलिया के रूप में कार्य करते हैं, जिसे राज्य सरकार ने एक चुनौती के रूप में लिया है। बिचौलियों से मुक्ति दिलाकर वास्तविक लाभुकों तक इसका लाभ किस प्रकार पहुँचाया जाए, इसके लिए झारखंड में अनुश्रवण एवं जनसहभागिता पर आधारित निगरानी को बढ़ावा दिया जा रहा है। साथ ही इसके लिए अत्याधुनिक तकनीक का उपयोग हो रहा है। जल्द ही ऐसी प्रणाली प्रारंभ कर दी जाएगी, जिसके अंतर्गत राशन के ट्रक पहुँचने के दौरान क्षेत्र के सभी पंचायत प्रतिनिधियों को एस.एम.एस. से सूचना चली जाएगी। राशन दुकान तक अनाज पहुँचने के बाद लाभुकों को एस.एम.एस. से सूचना मिल जाएगी। पंचायती राज प्रतिनिधियों को भी इस मामले में विशेष अधिकार दिए गए हैं। साथ ही राज्य, जिला एवं प्रखंड स्तर पर सतर्कता समितियों का भी गठन किया जा रहा है। सभी प्रखंड के आपूर्ति पदाधिकारियों को नोडल अफसर बनाया गया है। राज्य में खाद्य आयोग का गठन किया गया है। अपर समाहर्ता को जिला शिकायत निवारण पदाधिकारी के रूप में नामित किया गया है। शिकायतों एवं सुझावों के लिए टोल-फ्री नंबर भी स्थापित किया गया है, जो

18003456598 है। राज्य की तीन-चौथाई से भी ज्यादा आबादी को इस कानून के अंतर्गत लाभ देना इसकी एक बड़ी चुनौती है। इसके लिए भारतीय खाद्य निगम, झारखंड राज्य खाद्य एवं असैनिक आपूर्ति निगम लिमिटेड तथा सभी जिलों को ससमय खाद्यान्न की उपलब्धता, उठाव एवं वितरण सुनिश्चित करने हेतु समुचित दिशा-निर्देश उपलब्ध कराए गए हैं। साथ ही खाद्यान्न की भंडारण क्षमता बढ़ाने के लिए नए गोदामों का निर्माण किया जा रहा है। इस कानून का अनुपालन निश्चिय ही राज्य को गरीबी से मुक्त तथा नई दिशा देने में महत्त्वपूर्ण कार्य करेगी।

खाद्य सुरक्षा भत्ता

खाद्य सुरक्षा अधिनियम में यह प्रावधान है कि खाद्यान्न की आपूर्ति नहीं होने की स्थिति में प्रत्येक लाभुक को केंद्र सरकार द्वारा निर्धारित राशि का भुगतान संबंधित राज्य सरकार द्वारा 'खाद्य सुरक्षा भत्ता' के द्वारा किया जाएगा।

शिशु पोषण एवं मातृत्व लाभ

अनुदानित दर पर खाद्यान्न के अलावा गर्भवती एवं स्तनपान करानेवाली महिलाओं (बच्चे के जन्म से छह माह तक) को आँगनबाड़ी केंद्रों के माध्यम से मुफ्त भोजन तथा मातृत्व लाभ के रूप में न्यूनतम 6000 रुपए का भुगतान किया जाएगा। इसके अलावा छह माह से छह वर्ष तक के बच्चों को स्थानीय आँगनबाड़ी केंद्रों के माध्यम से निःशुल्क भोजन तथा छह वर्ष से चौदह वर्ष तक के बच्चों अथवा आठवीं कक्षा तक के बच्चों को 'मिड डे' मिल के रूप में मुफ्त भोजन दिया जाएगा।

महिला होगी परिवार की मुखिया

खाद्य सुरक्षा अधिनियम के अंतर्गत लाभुक परिवारों को राशन कार्ड दिए जाएँगे। महिला सशक्तीकरण के उद्देश्य से अधिनियम में यह प्रावधान किया गया है कि 18 वर्ष या इससे अधिक उम्र की महिला को परिवार के मुखिया के रूप में चिह्नित करते हुए उसके नाम से राशन कार्ड जारी किया जाएगा। किसी परिवार में महिला सदस्य अथवा 18 वर्ष से अधिक आयु की महिला न होने की स्थिति में महिला सदस्य के 18 वर्ष आयु पूरी होने तक पुरुष सदस्य के नाम से कार्ड जारी किए जा सके।

झारखंड में खाद्य सुरक्षा कानून एक नजर में

- पहले चरण में चतरा, देवघर, लोहरदगा, लातेहार, रामगढ़, दुमका, जामताड़ा और खूँटी में लागू।
- झारखंड में 2.65 करोड़ लोग होंगे खाद्य सुरक्षा कानून से लाभान्वित।
- कुल आबादी के 80.16 प्रतिशत लोगों को खाद्य सुरक्षा से जोड़ा जाएगा।

- 86.48 फीसदी ग्रामीण और 60.20 प्रतिशत शहरी आबादी होगी लाभान्वित।
- पात्र व्यक्तियों को प्रति माह पाँच किलो खाद्यान्न रियायती दर पर मिलेगा।
- अंत्योदय अन्न योजना के तहत प्रति परिवार 35 किलो रियायती अनाज की आपूर्ति जारी रहेगी।
- राज्य को प्रतिमाह लगभग एक लाख 40 हजार टन खाद्यान्न की जरूरत होगी।
- लाभुकों को आधार नंबर और मोबाइल नंबर के साथ लिंक किया जाएगा।
- लाभुकों का आधार नंबर और मोबाइल नंबर मुख्य डाटाबेस से लिंक्ड होगा।
- मुख्य डाटाबेस में हर कार्ड होल्डर का बायोमीट्रिक्स डाटा होगा।
- सही वजन सुनिश्चित करने को हर पी.डी.एस. दुकान में इलेक्ट्रॉनिक वेइंग मशीन लगेगी।
- डोर-स्टेप डिलिवरी करनेवाले वाहनों की ट्रैकिंग के लिए वाहनों में जी.पी.एस. सिस्टम लगेगा।

सेवा का अधिकार कानून (राइट टू सर्विस ऐक्ट)

झारखंड में समयबद्ध सेवा का अधिकार कानून लागू है। संक्षेप में इसे राइट टू सर्विस कहा जाता है। अब तक इसके अंतर्गत लगभग 175 किस्म की ऐसी सेवाएँ आ चुकी हैं, जो राज्य सरकार के विभागों से संबंधित है। इस कानून से नागरिकों को काफी राहत मिल सकती है, लेकिन अब तक कानून के संबंध में नागरिकों को पर्याप्त जानकारी नहीं होने के कारण इसका समुचित लाभ नहीं मिल पा रहा है।

हर नागरिकों को सरकारी विभागों से कई तरह के काम पड़ते हैं। ऐसे काम समयबद्ध तरीके से और बिना किसी परेशानी के होने चाहिए। अगर नागरिक ने नियमानुसार काम के लिए आवेदन किया है तो उसे कोई रोक नहीं सकता। सिर्फ तभी उसे इनकार किया जा सकता है, जब वह किसी नियम से विपरीत काम कराना चाहे या किसी वजह से उसकी पात्रता नहीं हो, लेकिन कई बार सरकारी कार्यालयों में नागरिकों के मामूली और जरूरी काम अटके रहते हैं। सामान्य तौर पर अधिकारियों या कर्मचारियों की कोई जवाबदेही तय नहीं होने के कारण ऐसे कामों को अनावश्यक रूप से लटका देना आसान होता था। किसी काम को नियमों के इतने दायरों में उलझा दिया जाता था कि नागरिकों को रिश्वत देकर या बिचौलियों का सहारा लेकर काम कराने के लिए मजबूर होना पड़ता था।

लेकिन इस नए कानून की अवधारणा यह है कि अगर प्रशासन के हरेक ऐसे काम

के लिए प्रक्रिया और समय अवधि निर्धारित हो तथा उसे करनेवाले अधिकारी व कर्मचारी की जवाबदेही सुनिश्चित हो, तो किसी भी नागरिक के लिए अपना जायज काम बिना रिश्वत दिए करा लेना आसान हो जाएगा। 'राइट टू सर्विस' या 'सेवा पाने की गारंटी' संबंधी कानून की यही अवधारणा है। झारखंड विधानसभा ने 30 अगस्त, 2011 को नागरिक अधिकारों को विस्तार देनेवाला यह विधेयक पारित किया था। इसका नाम है—झारखंड राज्य सेवा देने की गारंटी विधेयक। यह कानून लागू होने के बाद अब नागरिकों को सरकारी विभागों में चक्कर काटने की जरूरत नहीं रही। इससे शासन और प्रशासन को जवाबदेह बनाने की दिशा में नागरिकों के पास ज्यादा ताकत हो गई है।

नागरिकों को समयबद्ध सेवा देने की शुरुआत 1991 में इंग्लैंड में 'सिटिजन चार्टर' के रूप में हुई थी। इसके बाद नई दिल्ली में 1997 में सभी राज्यों के मुख्यमंत्रियों के साथ प्रधानमंत्री की बैठक में सभी राज्यों एवं केंद्रीय स्तर पर 'सिटिजन चार्टर' बनाने का निर्णय हुआ। अभी http://goicharters.nic.in वेबसाइट पर केंद्र एवं 24 राज्यों के 860 विभागों के सिटिजन चार्टर मौजूद हैं।

सिटिजन चार्टर के बाद 'राइट टू सर्विस' की परिकल्पना आई। सबसे पहले मध्य प्रदेश ने यह कानून बनाया। पंजाब, गोवा और बिहार में भी यह कानून बन चुका है। राजस्थान विधानसभा ने भी ऐसा विधेयक पारित किया है। दिल्ली सरकार ने भी सिटिजन चार्टर के रूप में यह पहल की। अब केरल और झारखंड में भी यह कानून बन रहा है। सिटिजन चार्टर की अपेक्षा यह कानून ज्यादा महत्त्वपूर्ण है। सिटिजन चार्टर सिर्फ विभाग का स्वयं निर्धारित अनुशासन है। इसे लागू कराने के लिए नागरिक के पास कोई स्पष्ट कानूनी अधिकार नहीं होता, लेकिन 'राइट टू सर्विस' में इसे नागरिक के अधिकार का दरजा मिल जाता है।

झारखंड में इस कानून को लागू करने से पहले राज्य सरकार ने प्रस्तावित विधेयक को नागरिकों के सुझाव आमंत्रित करते हुए वेबसाइट पर जारी किया था। उसमें 18 सेक्टर की लगभग 50 सेवाएँ नियत समय पर देने का प्रस्ताव रखा गया था। उस प्रस्ताव में सामाजिक सुरक्षा पेंशन, छात्रवृत्ति, बिजली का घरेलू कनेक्शन, पोस्टमार्टम रिपोर्ट, जाति प्रमाणपत्र, आवासीय प्रमाण-पत्र, आय प्रमाण-पत्र, परिवहन विभाग संबंधी काम, जनवितरण लाइसेंस, नया राशन कार्ड, दुकान का लाइसेंस देना, श्रम नियोजन एवं प्रशिक्षण विभाग के प्रमाण-पत्र, पुलिस सत्यापन प्रतिवेदन, शहरी क्षेत्र में होल्डिंग नंबर के लिए आवेदन इत्यादि काम शामिल थे।

झारखंड सरकार द्वारा प्रस्तावित राइट टू सर्विस विधेयक को पूर्व में वेबसाइट पर जारी करके नागरिकों से सुझाव माँगे जाने के क्रम में झारखंड की प्रतिष्ठित स्वयंसेवी संस्था 'विकास भारती' के मोरहाबादी परिसर में 19 जुलाई, 2011 की शाम एक चर्चा

हुई थी। इसमें गण्यमान्य नागरिकों ने विधेयक को झारखंड के अनुरूप बेहतर बनाने की दिशा में महत्त्वपूर्ण सुझाव दिए थे। इन सुझावों को झारखंड सरकार के पास विचारार्थ भेजा गया था। इस चर्चा की अध्यक्षता करते हुए 'विकास भारती' के सचिव अशोक भगत ने कहा था कि दुनिया भर में जनसामान्य को सरकारी सेवाएँ समयबद्ध तरीके से देने के लिए 'सिटिजन चार्टर' एवं 'राइट टू सर्विस' कानून यानी सेवा पाने का अधिकार कानून बनाए जा रहे हैं। झारखंड सरकार की इस दिशा में सकारात्मक पहल है, जिसे सफल बनाने के लिए नागरिकों को ठोस सुझावों के साथ आगे आना चाहिए। चर्चा के दौरान गण्यमान्य नागरिकों ने अन्य लगभग 50 तरह की सरकारी सेवाओं अथवा कार्यों को इस कानून के दायरे में लाने का सुझाव दिया था। नागरिकों के अनुसार, किसी भी कानून के निर्माण प्रारंभिक दौर में ही अगर सिविल सोसाइटी की भागदारी सुनिश्चित का ली जाए तो जनहित और देशहित या राज्यहित में बेहतर कानूनों का निर्माण संभव है। किसी भी विधेयक का प्रारूप सामान्यत: नौकरशाहों द्वारा तैयार किया जाता है। विधानसभा में प्राय: ऐसे विधेयकों पर चर्चा का कोई माहौल नहीं रहता। यह बात इस विधेयक के मामले में भी सामने आई। झारखंड में इस कानून को लागू करने के लिए एक नियमावली बनाई गई है। इसमें उन कामों की सूची दी गई है, जिन्हें नियत समय में कराने का अधिकार नागरिकों मिला है। ऐसी सेवाओं के लिए समय अवधि तथा उसके लिए समय सीमा तय करके उसे अधिसूचित करने का काम भी पूरा हो चुका है। इसमें यह स्पष्ट कर दिया गया है कि ऐसे प्रत्येक काम के लिए कौन जिम्मेदार अधिकारी होगा, जिसे 'नामनिर्दिष्ट पदाधिकारी' कहा जाएगा। इसे लोकप्रिय भाषा में सेवा अधिकारी कहा जा सकता है। इसमें हरेक काम के लिए प्रथम अपील और द्वितीय अपील प्राधिकार का भी निर्धारण कर दिया गया है। इस कानून के अनुसार हर काम के लिए एक पदाधिकारी को सेवा अधिकारी के तौर पर जिम्मेदार बनाया गया है। उसे निश्चित समय में काम करना होगा या फिर अस्वीकृत करने का कारण बताना होगा। अगर काम नहीं हुआ तो इसके खिलाफ वरीय पदाधिकारी के पास प्रथम एवं फिर द्वितीय अपील की जाएगी। लापरवाह अधिकरियों पर पाँच सौ से पाँच हजार रुपए तक का जुर्माना लग सकता है। इस कानून की विशेषता इस प्रकार है—

1. इस कानून में जिन सेवाओं को शामिल किया गया है, उनमें से हरेक सेवा को एक निश्चित समय-सीमा के अंदर पूरा करना आवश्यक है। इसका दायित्व संबंधित सेवा अधिकारी का होगा।
2. किसी भी सेवा के लिए आवेदन जमा करने पर इसकी पावती रसीद मिलेगी। यह पावती रसीद एक निर्धारित प्रारूप में दी जाएगी।
3. अगर आवेदन जमा करने के दौरान कोई आवश्यक दस्तावेज संलग्न नहीं

किया गया हो तो उसकी जानकारी संबंधित सेवा अधिकारी द्वारा नागरिक को दी जाएगी।

4. अगर निश्चित समय के अंदर वह काम पूरा नहीं किया जा सकता, तो उस आवेदन को अस्वीकृत करके लिखित तौर पर उसका कारण बताना होगा।
5. अगर आपका आवेदन अस्वीकृत कर दिया गया हो या आपका काम नहीं किया गया हो तो प्रथम अपीलीय पदाधिकारी के पास प्रथम अपील करनी होगी।
6. सेवा प्रदान करने के लिए जितना भी समय निर्धारित किया गया है, उस समय-सीमा के बाद तथा अगले एक माह के भीतर अपील करनी होगी।
7. प्रथम अपीलीय पदाधिकारी को भी इस पर विचार करने के लिए समय-सीमा निर्धारित है। उस समय सीमा के अंदर प्रथम अपीलीय अधिकारी द्वारा समुचित निर्णय नहीं लिये जाने या उससे संतुष्ट नहीं होने पर अगले साठ दिनों के भीतर द्वितीय अपीलीय अधिकारी के पास द्वितीय अपील की जा सकती है।
8. द्वितीय अपीलीय अधिकारी इस मामले की जाँच करके सेवा अधिकारी अथवा प्रथम अपीलीय अधिकारी अथवा दोनों पर पाँच सौ रुपए से लेकर पाँच हजार रुपये तक जुर्माना लगा सकता है।
9. जुर्माने की यह राशि संबंधित पदाधिकारी के वेतन से काट ली जाएगी।
10. जुर्माने की इस राशि से आवेदक को क्षतिपूर्ति भी दी जा सकती है।
11. इस कानून के अंतर्गत आनेवाले सभी सरकारी कार्यालयों में एक नोटिस बोर्ड लगाकर सेवाओं तथा संबंधित अधिकारियों की जानकारी का सार्वजनिक प्रदर्शन किया जाएगा।
12. प्रथम तथा द्वितीय अपील करने के लिए अपने आवेदन तथा संबंधित दस्तावेजों की प्रति लगानी होगी।
13. प्रथम अथवा द्वितीय अपील की तिथि के संबंध में सात दिन पहले सूचना मिलेगी।
14. अपील पर सुनवाई के दौरान आवेदक स्वयं उपस्थित हो सकता है। अगर अपील के दौरान आवेदक उपस्थित न होना चाहे तो यह विकल्प भी चुन सकता है।
15. प्रत्येक जिले में एक उपसमाहर्ता को इस कानून के कार्यान्वयन एवं अनुश्रवण हेतु दायित्व दिया जाएगा।
16. इस कानून के समुचित अनुपालन हेतु एक राज्यस्तरीय आयोग का गठन किया जाएगा।

□

11. झारखंड का औद्योगिक विकास

- झारखंड के प्रमुख उद्योग धंधे
- वृहद् उद्योग
- झारखंड में औद्योगिक विकास

झारखंड के प्रमुख उद्योग-धंधे

प्राकृतिक संसाधनों के परिप्रेक्ष्य में झारखंड राज्य के आर्थिक विकास की प्रबल संभावनाएँ हैं। राज्य की अर्थव्यवस्था में जितने उद्योग हैं, वे सभी इन संसाधनों पर निर्भर करते हैं। राज्य में औद्योगिक विकास की गति अच्छी है और यह इस राज्य के लिए अच्छे संकेत हैं। प्रकृति ने इस राज्य को उद्योगों के लिए पर्याप्त संसाधन दिए हैं। उद्योगों से रोजगार के अवसर और आर्थिक सुदृढ़ता दोनों में वृद्धि होती है। निर्यात वृद्धि होने से बिक्री और उत्पादन द्वारा राजस्व वृद्धि होती है, जो अन्य नागरिक सुविधाओं को बहाल रखती है। राज्य के उद्योग-धंधों को दो भागों—लघु उद्योग और वृहद् उद्योग में बाँटा जा सकता है।

लघु उद्योगों में ग्रामीण उद्योगों सहित वे सभी उद्योग आते हैं, जिनमें कम पूँजी और कम उत्पादन होता है। कई बार लघु उद्योग कम पूँजी से ज्यादा उत्पादन भी करते देखे जाते हैं। इन उद्योगों में खादी, हैंडलूम, रस्सी, पावरलूम जैसे सभी लघु उद्योग, अति लघु उद्योग और कुटीर उद्योग आते हैं। पूँजी के आधार पर 60 लाख रुपए तक निवेश से शुरू उद्योग लघु उद्योग और 5 लाख रुपए तक के निवेश से शुरू उद्योग अति लघु उद्योग की श्रेणी में आते हैं। कुटीर उद्योगों में बहुत कम पूँजी की आवश्यकता होती है और अधिकांशत: इनमें व्यक्ति का पुश्तैनी कार्य ही होता है। राष्ट्रीय योजना आयोग ने कुटीर उद्योगों को निम्न श्रेणियों में वर्गीकृत किया है—

1. कृषि सहायक उद्योग

यह कृषि उत्पादन से अन्य उत्पाद बनानेवाले उद्योग हैं। इनमें अनाज पीसना, तेल-पिराई, गुड़ बनाना, फलों से मुरब्बे, अचार, चटनी और सिरका बनाना, तंबाकू बनाना, बीड़ी बनाना, पशुपालन करना, दूध के क्रय-विक्रय का कार्य करना, फलों एवं अनाजों का क्रय-विक्रय करना आदि आते हैं।

2. वस्त्र उद्योग

इसमें रुई साफ करना, धागा कातना, कपड़ा बुनना एवं रँगना, कपड़ों पर कढ़ाई करना, कपड़े सिलने और क्रय-विक्रय का कार्य करना आदि कार्य आते हैं।

3. लकड़ी उद्योग

यह कुछ लोगों का पुश्तैनी कार्य होता है और कुछ लोग इसमें लाभ की आशा से जुड़ते भी हैं। इसमें लकड़ी चीरना, फर्नीचर बनाना, इमारती सामग्री बनाना, खिलौने बनाना, लकड़ी का क्रय-विक्रय करना आदि काष्ठ संबंधी कार्य आते हैं।

4. चर्म उद्योग

चमड़ा शुद्ध करना, चमड़ा रँगना, चमड़े से जूते एवं पर्स आदि अनेक उत्पाद बनाना, हड्डियों से खाद व बटन बनाना आदि कई कार्य चर्म उद्योग में किए जाते हैं।

5. धातु उद्योग

इसमें कच्ची धातु को शुद्ध करना, पुरानी धातुओं का क्रय-विक्रय, लौह धातु से औजार बनाना, गहने आदि बनाना, घरेलू कार्यों में प्रयोग होनेवाली धात्वीय वस्तुओं का निर्माण करना आदि कार्य आते हैं।

6. मिट्टी उद्योग

यह भी पुश्तैनी कार्य होता है और इसे कुम्हार जाति के लोग करते हैं। बरतन बनाने का यह कार्य सदियों से चला आ रहा है। मिट्टी उद्योग का बड़ा कार्य ईंट उद्योग है।

7. सूती वस्त्र उद्योग

राज्य में ये उद्योग कम ही हैं। हथकरघा पर कपड़े बुनने का कार्य यहाँ बहुत समय से जाति विशेष द्वारा होता रहा है। को-ऑपरेटिव सोसाइटी ने इस कार्य की संभावनाओं को देखते हुए इसका विकास किया और लगभग 20,000 हथकरघों से प्रतिवर्ष 26,000 गज कपड़े का उत्पादन किया। राँची में और माँझी गाँव में सूत का एक कारखाना है। इरवा में 'छोटानागपुर रीजनल हैंडलूम वीवर्स सोसाइटी' इस उद्योग में बड़ा नाम है।

8. रेशमी वस्त्र उद्योग

झारखंड में 'तसर' रेशम देश भर में सबसे अधिक होती है। इसका उत्पादन राज्य में राँची, पलामू, हजारीबाग सहित कई जिलों में होता है। तसर रेशम की गुणवत्ता को अंतरराष्ट्रीय स्तर पर मान्य किया गया है। अंतरराष्ट्रीय स्तर पर झारखंड के तसर रेशम को 'ऑर्गेनिक सर्टिफिकेशन' मिला है। राज्य के गोड्डा जिला के भगैया में 'तसर को-ऑपरेटिव सोसाइटी' कार्यरत है। जबकि नगड़ी, राँची में 'तसर अनुसंधान केंद्र' इस रेशम उद्योग को एक व्यापक व्यापार बनाने में कार्यरत हैं।

9. अन्य उद्योग

इन उद्योगों में मछली का तेल निकालना, लाख बनाना, प्लास्टिक के खिलौने, चूड़ियाँ, रंग, साबुन, अगरबत्ती, मोमबत्ती, वार्निश, शहद इकट्ठा करना जैसे सैकड़ों कार्य आते हैं।

इन ग्रामीण लघु उद्योगों से बेरोजगारी से काफी हद तक मुक्ति मिलती है, संसाधनों के उपयोग में वृद्धि होती है और हस्तकला को बढ़ावा मिलता है। साथ ही यह ग्रामीण व्यवस्था के अनुकूल होते हैं, क्योंकि इनमें ज्ञान की कम ही आवश्यकता रहती है। इससे परिवार की अतिरिक्त आय भी होती है और कृषि पर जनसंख्या का बोझ कम होता है। इन ग्रामीण उद्योगों से उत्पादन शीघ्र होता है और कच्चे माल की उपलब्धता भी बढ़ती है।

इनके अतिरिक्त राज्य में कृषि आधारित व्यावसायिक लघु उद्योग भी विकसित हुए हैं, जिनमें पूँजी कम, उत्पादन अधिक और रोजगार की दर भी अधिक होती है।

वृहद् उद्योग

झारखंड में सभी बड़े उद्योग खनिज उत्पादनों पर आधारित हैं। राज्य में खनिज आधारित लगभग 309 बड़े और मध्यम श्रेणी के उद्योग हैं। लौह इस्पात के निर्माण में आवश्यक कच्चे माल की आपूर्ति में अनेक मध्यम उद्योग सक्रिय हैं, जो टाटा लौह इस्पात कंपनी और बोकारो इस्पात कंपनी को अपने उत्पादन देते हैं। इन वृहद् उद्योगों के कारण राज्य की आर्थिक स्थिति अच्छी कही जा सकती है।

1. टाटा लौह इस्पात कंपनी

इस कंपनी को झारखंड के पूर्वी सिंहभूम जिल के साकची नामक स्थान पर स्थापित करने का श्रेय भारत के सुप्रसिद्ध समूह 'टाटा समूह' को जाता है। सन् 1907 में इस समूह के चेयरमैन जमशेदजी टाटा ने झारखंड में 'टिस्को' कंपनी की स्थापना की।

साकची को जमशेदपुर का नाम कंपनी के संस्थापक जमशेदजी के नाम पर मिला। 'टाटानगर' के नाम से भी पहचाना जानेवाला यह औद्योगिक नगर रेलवे वैगन, बॉयलर, ट्रक और अन्य गाड़ियों के चेसिस बनाने के लिए विश्व भर में प्रसिद्ध है।

चार वर्ष में संयत्र की स्थापना के बाद सन् 1911 में इसमें उत्पादन शुरू हुआ। भौगोलिक परिस्थिति और आवश्यक सुविधाओं को देखते हुए इसकी स्थापना स्वर्णरेखा और खरकई नदी के संगम पर की गई। कारखाने को कच्चा लोहा सरलता से सौ कि.मी. के क्षेत्र में नोआमुडी, गुआ, होक्लातबुरू स्थानों से प्राप्त हो जाता है तो आवश्यक कोयले की पूर्ति झरिया व रानीगंज से हो जाती है। अधिकांश कच्चा माल सिंहभूम के क्षेत्र में ही मिलता है, इसलिए कंपनी का स्थापना-स्थल उचित स्थान पर है।

स्वच्छ जल और बालू दोनों की आपूर्ति नदियों से हो जाती है। माल की ढुलाई के लिए रेलमार्ग की सुविधा निकट बंदरगाह कोलकाता तक है। सन् 1948 में यहाँ टाटा समूह ने कार्य-विस्तार के अंतर्गत 'टाटा इंजीनियरिंग ऐंड लोकोमोटिव' की स्थापना की। साकची को जमशेदपुर का नाम कंपनी के संस्थापक जमशेदजी के नाम पर मिला। 'टाटानगर' के नाम से भी पहचाना जानेवाला यह औद्योगिक नगर रेलवे वैगन, बॉयलर, ट्रक और अन्य गाड़ियों के चेसिस बनाने के लिए विश्व भर में प्रसिद्ध है।

2. बोकारो लौह इस्पात कंपनी

भारत सरकार ने भारतीय इस्पात प्राधिकरण के माध्यम से और सोवियत संघ के सहयोग से सन् 1964 में इस कंपनी की स्थापना की, जिसका उत्पादन सन् 1972 में शुरू हुआ। यहाँ की उत्पादन क्षमता 32 लाख टन और भंडारण क्षमता 40 लाख टन है। विश्व के गिने-चुने परिष्कृत कारखानों में से एक यह कारखाना दामोदर घाटी के तेनुघाट और गरगा डैम के समीप है। इस कारखाने को दामोदर बिजली परियोजना से सस्ती बिजली उपलब्ध है। सभी कच्चे मालों की आपूर्ति सरलता से हो जाती है। ढुलाई के लिए कोलकाता-दिल्ली मार्ग सुगम साधन है, जहाँ से आगे बंदरगाह तक भी पहुँचना सरल हो जाता है।

3. एच.ई.सी. (हैवी इंजीनियरिंग कॉरपोरेशन)

भारत सरकार ने रूस और चेकोस्लोवाकिया के सहयोग से झारखंड में एच.ई.सी. की स्थापना सन् 1958 में कर भारतीय उद्योग जगत् को उच्चता के शिखर पर ला खड़ा किया। राँची के समीप हटिया नामक स्थान के पास इस वृहद् औद्योगिक इकाई की तीन शाखाएँ कार्यरत हैं, जिनमें लोहे को गलाकर उससे सैकड़ों उत्पाद, सीमेंट, खाद्य तेल,

उद्योग और मशीनी इस्पाती उपकरण बनाए जाते हैं।

पहली शाखा एफ.एफ.पी. (फाउंड्री फोर्ज प्लांट) है, जिसमें भारी मशीनों के निर्माण और उसके उपकरणों को बनाने के लिए लोहे को उच्च तापीय बॉयलरों में गलाकर आवश्यक आकृतियों में ढाला जाता है। इस शाखा की स्थापना में चेकोस्लोवाकिया का सहयोग रहा है। इस कारखाने की क्षमता 140 हजार मीट्रिक टन है।

दूसरी शाखा एच.एम.बी.पी. (हैवी मशीन बिल्डिंग प्लांट) है, जो रूस के सहयोग से स्थापित हुई है। इसकी उत्पादन क्षमता प्रतिवर्ष 30 हजार टन मशीनरी उत्पादन की है। इसमें भारी मशीनरी इस्पात के अलावा सीमेंट, खनन, खाद्य तेल उद्योग और ड्रिलिंग मशीनरी का कार्य होता है।

तीसरी शाखा एच.एम.टी.पी. (हैवी मशीन टूल्स प्लांट) है, जिसके निर्माण में रूस का सहयोग रहा है। यह प्लांट भारी मशीन एवं उपकरण बनाता है। इसमें 274 प्रकार के मशीनी पुरजे बनाए जाते हैं। बोकारो इस्पात को यहीं से आवश्यक मशीन और उपकरण उपलब्ध होते हैं।

एच.ई.सी. के परिसर में ही 'गार्डन रीच शिपबिल्डर्स ऐंड इंजीनियर्स लि.' भी है, जो भारत सरकार के ही अधीन है। इस कारखाने में ज़हाज के इंजनों और डीजल इंजन का निर्माण किया जाता है।

4. रासायनिक उद्योग

भारत सरकार ने भारत उर्वरक उद्योग निगम के अंतर्गत सन् 1951 में धनबाद जिले के सिंदरी में एक विशाल उर्वरक कारखाने की स्थापना की। विश्व की आधुनिक तकनीक से युक्त यह कारखाना अमोनियम सल्फेट, नाइट्रेट और यूरिया का बड़े पैमाने पर उत्पादन करता है। दामोदर घाटी परियोजना से बिजली की आपूर्ति और जल की प्राप्ति होती है। प्रतिवर्ष 20 हजार टन यूरिया, 3 लाख टन अमोनियम सल्फेट और 2 लाख टन नाइट्रेट का उत्पादन करनेवाला यह कारखाना इस समय कई समस्याओं से जूझ रहा है और इस प्लांट में इस्पात उद्योग लगाने पर विचार चल रहा है। झारखंड में भौगोलिक विषमताओं से कच्चे माल की आपूर्ति में समस्या आ जाना बड़ी बात नहीं है। यह कारखाना भी ऐसी ही समस्याओं से जूझ रहा है।

5. एल्युमीनियम उद्योग

बॉक्साइट से प्राप्त होनेवाला एल्युर्मानियम राज्य में बॉक्साइट की प्रचुर उपलब्धता से आदर्श स्थिति में है। राज्य में बॉक्साइट का भंडार 100 लाख टन है, जो लोहरदगा में सर्वाधिक उपलब्ध है। एल्युमीनियम उत्पादन के लिए कंपनी की स्थापना 'इंडियन एल्युमीनियम कंपनी' ने सन् 1938 में राँची के निकट मुरी में की, जो लोहरदगा-राँची

रेलमार्ग से जुड़ा है। परिवहन की इस सुगम व्यवस्था से कारखाने को बॉक्साइट की पर्याप्त उपलब्धता है, जिससे यहाँ एल्युमीनियम का उत्पादन होता है। इस कारखाने की उत्पादन क्षमता 1.60 लाख टन है। यह कंपनी बिरला समूह ने खरीद ली थी। इसका वर्तमान नाम 'हिंडाल्को' है।

6. ताँबा उद्योग

राज्य के घाटशिला में भारत सरकार ने देश का पहला ताँबा उत्पादक कारखाना सन् 1924 में 'इंडियन कॉपर कॉरपोरेशन' के माध्यम से स्थापित किया, जिसमें 1930 में ताँबे का शुद्धीकरण होना आरंभ हो गया था। ताँबा शोधन की प्रक्रिया बड़ी जटिल है। मुसावनी और बेदिया की खानों से कच्चा अयस्क निकालकर उसका चूर्ण बनाया जाता है, जिसे रोपवे के द्वारा कारखाने तक लाया जाता है। छह मील रोपवे पर ढोने के बाद उसे विद्युत्-भट्ठी में डाला जाता है और ताँबे से गंधक को पृथक् कर दिया जाता है। इस क्रिया के माध्यम से लगभग 10 प्रतिशत तक शुद्ध ताँबा प्राप्त किया जाता है।

प्रमुख बड़े उद्योग

	कंपनी	उद्योग	स्थान
1.	बोकारो इस्पात लिमिटेड	स्टील	बोकारो
2.	टिस्को	स्टील	जमशेदपुर
3.	टिनप्लेट	टिन की चादर	जमशेदपुर
4.	एग्रिको	कृषि उपकरण	जमशेदपुर
5.	टी.आर.एफ.	औद्योगिक मशीन	जमशेदपुर
6.	टेल्को	वाहन	जमशेदपुर
7.	टाटा टिमकेन	रॉलर बियरिंग	जमशेदपुर
8.	टाटा याडोगोवा	स्टील	जमशेदपुर
9.	ई.सी.एल.	कोयला	संथाल परगना
10.	सी.सी.एल.	कोयला	राँची
11.	बी.सी.सी.एल.	कोयला	धनबाद
12.	उषा मार्टिन	स्टील	राँची, पू. सिंहभूम
13.	एच.ई.सी	भारी मशीन	राँची
14.	हिंदुस्तान कॉपर	ताँबा	पू. सिंहभूम
15.	उषा बेल्ट्रान	केबुल	राँची
16.	ए.सी.सी.	सिमेंट	धनबाद, पू. सिंहभूम

17.	एक्सप्लोसिव फैक्टरी	विस्फोटक	गोमिया
18.	बिहार स्पंज आयरन	स्पंज लोहा	पू. सिंहभूम
19.	हिंडालको	अल्मुनियम	मुरी, राँची
20.	बिहार कास्टिक सोडा ऐंड केमिकल्स	कासिटिक सोडा	पलामू
21.	हैदराबाद इंडसट्रिज	एस्बेस्टस	देवघर
22.	जिंदल स्टील ऐंड पावर	स्टील	रामगढ़
23.	इलेक्ट्रॉ स्टील	स्टील	बोकारो
24.	इंडियन स्टील ऐंड वायर	स्टील का छड़	पू. सिंहभूम
25.	हिंदुस्तान जिंक लिमिटेड	जिंक	धनबाद
26.	पाइराइट्स फॉस्फेट ऐंड केमिकल	फॉस्फेट	सिंदरी

7. काँच उद्योग

भारत में काँच उद्योग सदैव से फला-फूला है। काँच का प्रयोग मानव जीवन में खूब होता है। झारखंड में काँच का कारखाना रामगढ़ जिले में भुरकुंडा नामक स्थान पर 'इंडो असाई ग्लास' नाम से स्थापित है। यह उद्योग बहुत सारे खनिजों को कच्चे माल के रूप में प्रयोग करता है। इनमें सिलिका, चूना-पत्थर, सीसा, सुरमा, सुहागा, शीरा, पोटेशियम कार्बोनेट, सोडियम, सल्फेट आदि पदार्थ हैं। ये सभी पदार्थ कारखाने को राजमहल की पहाड़ी में मंगल घाट और पत्थर घाट क्षेत्र से उपलब्ध हो जाते हैं।

8. सीमेंट उद्योग

सीमेंट की आवश्यकता के बारे में तो सभी जानते हैं। यह भवन-निर्माण की अनिवार्यता है। झारखंड में इसके कारखाने कुमारडुब्बी, सिंदरी, जपला, चाईबासा, बोकारो, खेलारी जैसे स्थानों पर स्थित हैं। एक टन सीमेंट के उत्पादन में लगभग 2 टन कच्ची सामग्री की आवश्यकता होती है, जो राज्य में पर्याप्त मात्रा में उपलब्ध है।

इसके अतिरिक्त राज्य में 'इंडियन एक्सप्लोसिव लिमिटेड' के नाम से बोकारो में विस्फोटक-उत्पादन का कारखाना है। रिफैक्टरी उद्योग में धनबाद, झरिया, रामगढ़ और चिरकुंडा जैसे स्थानों पर कारखाने स्थापित हैं, जिनमें आग्नेय मिट्टी से उच्च ताप सहनेवाली ईंटों का निर्माण किया जाता है और इन ईंटों से लौह इस्पात कारखानों में लोहा गलाने की भट्ठियाँ बनाई जाती हैं।

राज्य में टाटा समूह के सात बड़े कारखाने हैं, जो लौह इस्पात से भारी मशीनें, वाहन, रेल उपकरण और कल-पुरजे आदि बनाते हैं। टाटा समूह के ये सभी कारखाने जमशेदपुर में हैं। टिस्को, टिन प्लेट, एग्रिको, टी.आर.एफ. टेल्को, टाटा टिमकेन नाम के ये कारखाने झारखंड राज्य की आर्थिक अर्थव्यवस्था में अभूतपूर्व योगदान करते हैं।

भारत सरकार ने भी यहाँ केंद्रीय प्रबंधन के अंतर्गत सात बड़े कारखाने खोले हैं। बोकारो इस्पात लि. (बोकारो), ई.सी.एल. (संथाल परगना), सी.सी.एल. (राँची), बी.सी.सी.एल. (धनबाद), एच.ई.सी. (राँची), हिंदुस्तान कॉपर लि. (पूर्वी सिंहभूम) इस राज्य में भारतीय उद्योग की रीढ़ हैं।

इसके अलावा बिरला समूह के दो कारखाने हैं। मुरी में स्थित 'हिंडाल्को एल्युमीनियम' उद्योग से जुड़ा है, तो पलामू में स्थित कारखाना 'बिहार कास्टिक सोडा ऐंड केमिकल्स' रासायनिक उत्पादन करता है। इसके साथ ही उषा मार्टिन समूह के 'उषा मार्टिन स्टील' राँची और सिंहभूम में तथा 'उषा बेल्ट्रान' राँची में केबल उत्पादन करती है। देश भर में प्रसिद्ध ए.सी.सी. ग्रुप का सीमेंट कारखाना धनबाद व सिंहभूम में स्थित है।

विदेशी कंपनी आई.सी.आई. का कारखाना गोमिया (बोकारो) में है, तो इंडो-असाई ग्लास रामगढ़ में स्थित है। निजी क्षेत्रीय कंपनी 'हैदराबाद इंडस्ट्रीज' (देवघर) ऐस्बेस्टस का उत्पादन करती है, तो 'इंडियन स्टील ऐंड वायर' (पूर्वी सिंहभूम) स्टील की छड़ों का निर्माण करती है।

झारखंड राज्य में औद्योगिक विकास की अपार संभावनाओं को देखते हुए राज्य सरकार ने त्रिस्तरीय योजना बनाई है, जिसमें मेगा, मिनी और माइक्रो उद्योगों के तहत राज्य भर में उद्योग संजाल को लाभ दिया जाएगा। राज्य के बारह जिलों में जिला उद्योग केंद्र कार्यरत हैं, जिन्हें और भी अधिकार देकर सुदृढ़ किया जा रहा है। बड़े व मध्यम उद्योगों के सामने आ रही समस्याओं के समाधान में राज्य सरकार ने महत्त्वपूर्ण कदम उठाए हैं। इनमें घाटे में चल रही इकाइयों को प्रोत्साहन देने की योजना है, तो नए उद्योगों के स्वागत में प्रोत्साहन अनुदान की भी योजना है।

राज्य में औद्योगिक दृष्टि से पिछड़ रहे जिलों के विकास के लिए एक 'ग्रोथ केंद्र' की स्थापना की गई है, जो एक सराहनीय कदम है। राज्य सरकार ने आयात-निर्यात के लिए विशेष प्रयासों के तहत जमशेदपुर में इनलैंड कंटेनर डिपो की स्थापना की है, जहाँ से प्रतिमाह 250 कंटेनर बाहर भेजे जा रहे हैं। विशेष आर्थिक क्षेत्र के अंतर्गत राज्य सरकार ने 'सिंगल विंडो' योजना की दिशा में कदम बढ़ाए हैं, जहाँ उद्योग से जुड़े सभी विभागों को एक ही छत के नीचे अवस्थित कर दिया जाएगा।

झारखंड में औद्योगिक विकास

झारखंड संसाधन के मामले में परिपूर्ण होते हुए भी औद्योगिक विकास की दृष्टि से बीमार और पिछड़ा हुआ है। लेकिन सरकार की कई दूरगामी नीतियों के कारण

झारखंड के दिन बहुरने लगे हैं। इसका जीता जागता उदाहरण यह है कि कारोबार के दृष्टि से सुगम राज्यों की सूची में जहाँ पहले 29 वें स्थान पर विराजमान था, वहाँ से लंबी छलाँग लगाते हुए तीसरे नंबर पर पहुँच चुका है। बहुतों के लिए यह विश्वास करनेवाली बात नहीं है, लेकिन विश्व बैंक के व्यापार सुगमता सूचकांक में इस सत्य को उजागर कर झारखंड के लिए नई और बेशकीमती ऊर्जा का संचार कर दिया है।

विश्व बैंक ने 14 सितंबर, 2016 को 'इज ऑफ डूइंग बिजनेस' या व्यापार सुगमता सूचकांक पर रिपोर्ट जारी की। जिसमें गुजरात शीर्ष पर है वहीं आंध्र प्रदेश दूसरे पायदान पर है। तीसरे नंबर पर झारखंड पहुँच चुका है। इसका अर्थ है कि देश के सभी राज्यों में शीर्ष तीन प्रदेश जहाँ व्यापार चलाना और लगाना सबसे आसान है। उनमें से एक झारखंड भी है। इस रिपोर्ट से निश्चित रूप से निवेशकों में झारखंड के प्रति विश्वास पैदा होगा और आनेवाले दिनों में राज्य में उद्योगों का संजाल नजर आ सकता है। विश्व बैंक के रिपोर्ट के अनुसार उभरते सात राज्यों में झारखंड शुमार है। झारखंड के अलावा गुजरात, आंध्र प्रदेश, मध्य प्रदेश, चंडीगढ़, उड़ीसा और राजस्थान भी तेजी से उभरते राज्यों में शामिल है। औद्योगिक विकास में झारखंड को मिली अभूतपूर्व सफलता के पीछे टीमवर्क से 'मेक-इन-झारखंड' के लिए अल्प समय में किए गए समेकित प्रयासों का नतीजा है। 'मेक-इन-इंडिया' के लिए 'इज ऑफ डूइंग बिजनेस' के क्षेत्र में झारखंड देश का तीसरा राज्य बन गया है। इससे देश के एसपाइरिंग लीडर्स की श्रेणी में आनेवाले राज्यों में शामिल हो गया। हमें बदलते हुए झारखंड में विकासोन्मुख कार्यों को और गति देनी है, ताकि निश्चित तौर पर झारखंड देश के समृद्ध राज्यों की श्रेणी में खड़ा हो। इस कार्य को करने के लिए राज्यों के मुख्य सचिवों की बैठक 29 दिसंबर, 2014 को आयोजित की गई थी। इसके अंतर्गत 98 बिंदुओं का 'एक्शन प्लान' तैयार किया गया था। व्यापार सुधार के इन 98 बिंदुओं के 'एक्शन प्लान' के अंतर्गत विभिन्न राज्यों द्वारा मार्च 2015 से किए गए प्रयासों के संबंध में विश्व बैंक के द्वारा समीक्षोपरांत डी.आई.पी.पी. के लिए एक रिपोर्ट जारी की गई। इसी रिपोर्ट में झारखंड को यह सम्मान प्राप्त हुआ। इसी वर्ष 25 जून को देश के प्रतिष्ठित व्यावसायिक और औद्योगिक समूह अदानी ने राज्य में निवेश के लिए सहमति-पत्र पर हस्ताक्षर किए हैं।

झारखंड के विकास के लिए राज्य सरकार समग्र एवं त्वरित औद्योगिक विकास के लिए निरंतर प्रयत्नशील है। इस उद्देश्य को प्राप्त करने के लिए निमित विगत एक वर्षों में सरकार द्वारा अनेक कदम उठाए गए हैं। यह प्रयास किया गया है कि राज्य में एक अनुकुल, औद्योगिक वातावरण का निर्माण हो। जिससे कि न सिर्फ राज्य में पूँजीनिवेश का निरंतर प्रवाह बने बल्कि रोजगार के अवसर उत्पन्न हो सकें। 12वीं पंचवर्षीय योजना वित्तीय वर्ष 2012-13 से प्रारंभ है। वर्तमान वर्ष 2016-17 12वीं पंचवर्षीय

योजना का अंतिम वर्ष है। राज्य सरकार का यह प्रयास है कि आगामी वर्षों में राज्य में बड़े पैमाने पर विनिर्माण औद्योगिक इकाइयों की स्थापना हो, ताकि 'मेक-इन-इंडिया' कार्यक्रम के अंतर्गत झारखंड औद्योगिक रूप से एक सशक्त राज्य के रूप में अपनी पहचान बना सके।

झारखंड राज्य खनिज संपदा से परिपूर्ण है। देश की लगभग 40 प्रतिशत खनिज संपदा इस राज्य में उपलब्ध है। खनिज संपदा से परिपूर्ण होने के बावजूद झारखंड राज्य में बड़े पैमाने पर मूल्यवर्धित उत्पाद करनेवाले औद्योगिक इकाइयों की कमी है। राज्य सरकार का यह प्रयास है कि खनिज के मूल्यवर्धन करनेवाले उद्योगों को प्रोत्साहित किया जाय, जो अधिक-से-अधिक मूल्यवर्धित सामग्री का उत्पादन करें।

झारखंड राज्य की स्थापना के बाद राज्य का औद्योगिक विकास निश्चित रूप से हुआ है, इसके बावजूद राज्य के कई क्षेत्र औद्योगिक विकास से आज भी वंचित है। विभाग का यह प्रयास है कि औद्योगिक विकस से वंचित रहे क्षेत्र में औद्योगिक आधारभूत संरचना का निर्माण किया जाय, ताकि इस क्षेत्र की औद्योगिक प्रगति हो सके। इसको ध्यान में रखते हुए औद्योगिक रूप से पिछड़े हुए क्षेत्र खासकर संथाल परगना के औद्योगिक विकास हेतु विशेष प्रयास किए जा रहे हैं। गोड्डा में भारत सरकार के सहयोग से मेगा हैड्लूम कलस्टर का कार्य प्रारंभ है, जिससे संथाल परगना के सभी छह जिलों के बुनकरों को लाभ होगा। राज्य सरकार 'मेक-इन-इंडिया' के लक्ष्य को ध्यान में रखते हुए व्यवसाय प्रारंभ करने के लिए प्राप्त किए जानेवाले प्रमाण-पत्रों/निबंधनों के आवेदनों सरलीकरण कर ऑनलाइन आवेदन प्राप्त करने तथा निर्धारित समयावधि ऑन लाइन निर्गत किए जाने की व्यवस्था की गई है। निवेशकों के लिए संबंधित विभागों से त्वरित अनापति प्रमाण-पत्र एवं स्वीकृति के लिए उद्योग विभाग द्वारा सिंगल विंडो पोर्टल (www.advantage.jharkhand.gov.in) विकसित किया गया है। इस व्यवस्था के तहत निवेशकों को सभी प्रकार की आवश्यक सूचनाएँ उपलब्ध कराई जाएगी एवं ऑनलाइन आवेदन की सुविधा उपलब्ध है। **एकल हस्ताक्षर तकनीक लागू करनेवाला झारखंड भारत का प्रथम राज्य है।** वर्तमान में यह सुविधा उद्योग विभाग, वाणिज्यकर विभाग, श्रम विभाग, औद्योगिक क्षेत्र विकास प्राधिकार, झारखंड राज्य प्रदूषण नियंत्रण बोर्ड में लागू है।

झारखंड में औद्योगिक विकास को गतिशील बनाने हेतु चार विशिष्ट नीति बनाई गई है—

1. झारखंड खाद्य प्रसंस्करण उद्योग नीति, 2015
2. झारखंड फीड प्रसंस्करण उद्योग नीति, 2015
3. झारखंड औद्योगिक पार्क नीति, 2015

4. झारखंड निर्यात नीति, 2015।

राज्य के सभी औद्योगिक क्षेत्र विकास प्राधिकारों में निवेश हेतु भू आवंटन प्रस्तावों के ऑनलाइन माध्यम से समयबद्ध एवं पारदर्शी, निष्पादन हेतु राज्य सरकार द्वारा चार विनियमन पारित किए गए हैं—

1. आदित्यपुर औद्योगिक क्षेत्र विकास प्राधिकरण विनियमन, 2015
2. बोकारो औद्योगिक क्षेत्र विकास प्राधिकरण विनियमन, 2015
3. राँची औद्योगिक क्षेत्र विकास प्राधिकरण विनियमन, 2015
4. संथाल परगना औद्योगिक क्षेत्र विकास प्राधिकरण विनियमन, 2015

झारखंड ने राष्ट्रपिता महात्मा गांधी के इन विचारों को, ''यदि आर्थिक गुलामी से मुक्ति पाना है तो प्रत्येक हाथ को काम करना होगा,'' आत्मसात् किया है। राज्य सरकार राज्य के बुनकरों को परंपरागत शिल्पियों एवं रेशम उत्पादन से जुड़े हुए राज्य के गरीब नागरिकों को स्वरोजगार के प्रति दृढ़ संकल्पित है। इस उद्देश्य की पूर्ति के लिए बनुकरों एवं शिल्पियों को उन्नत प्रशिक्षण दिया जा रहा है। राँची में NID अहमदाबाद के सहयोग से CRAFT AND DESIGN संस्थान की स्थापना की जा रही है। C-DAC के माध्यम से पाँच स्थानों पर कंप्यूटर आधारित डिजाइन में प्रशिक्षण की व्यवस्था की गई है। इसके अतिरिक्त आधुनिक रेशम परिधानों का उत्पादन राज्य में ही हो तथा उत्पादों की गुणवत्ता में सुधार के साथ ही रोजगार सृजन एवं रेशम उत्पादन से जुड़े लोगों की आय में भी वृद्धि हो सके, इसके लिए सिल्क पार्क की स्थापना की जा रही है, ताकि मूल्यवर्धन को बढ़ाया जा सके एवं उच्च गुणवता वाले रेशम उत्पादों के उत्पादन राज्य में हो सके। झारक्राफ्ट के माध्यम से हस्तशिल्प तथा हस्तकरघा के उत्पादों को विपणन का मंच प्रस्तुत किया गया है। स्व रोजगार हेतु राज्य में कौशल विकास के माध्यम से प्रशिक्षण दिया जा रहा है। एम.एस.एम.ई. टूल रूम, राँची एवं गवर्नमेंट टूल रूम, दुमका के द्वारा कौशल विकास से जुड़े विभिन्न औद्योगिक ट्रेडो में प्रशिक्षण दिया जा रहा है, जिससे कि राज्य में कुशल औद्योगिक, कामगार, उपलब्ध हो सके। साथ ही दोनों टूल रूमों द्वारा चार वर्षीय डिप्लोमा कोर्स के प्रशिक्षणार्थियों को शत-प्रतिशत रोजगार प्राप्त हो रहा है।

12वीं पंचवर्षीय योजना में उद्योग विभाग द्वारा राज्य के औद्योगिक विकास हेतु सतत प्रयास किया जा रहा है। जिसके फलस्वरूप कई क्षेत्रों में आशातीत सफलता प्राप्त हुई है।

तसर रेशम के उत्पादन में झारखंड राज्य का देश में प्रथम स्थान है। वर्तमान में रेशम कृषक, प्रति फसल लगभग, 40-50 हजार तक की आय अर्जित कर रहे हैं। Integrated Silk Prodiction Chain स्थापित होने से राज्य में नाभिकीय बीज,

बुनियादी बीज एवं वाणिज्यिक बीजों के लिए अन्य संस्थानों पर निर्भरता समाप्त हुई तथा अन्य राज्यों को भी वाणिज्यिक बीजों की आपूर्ति की गई।

झारखंड राज्य खादी ग्रामोद्योग बोर्ड न सिर्फ सफलतापूर्वक राज्य में खादी के विकास एवं प्रसार में उत्कृष्ट भूमिका निभा रहा है बल्कि ग्रामीण स्तर पर स्वरोजगार भी उपलब्ध करा रहा है। 4 अक्तूबर, 2015 को झुमरीतिलैया, कोडरमा में आधुनिक रेडीमेड, गारमेंट इकाई का शुभारंभ किया गया एवं 5 दिसंबर, 2015 को मेदिनीनगर (पलामू) में खादी भवन एवं प्रशिक्षण-सह-उत्पादन केंद्र का शुभारंभ किया गया। राज्य खादी बोर्ड एवं खादी आयोग तथा ग्रामीण विकास विभाग के संयुक्त तत्त्वावधान में फरवरी 2016 में राष्ट्रीय खादी एवं सरस महोत्सव का आयोजन राँची में किया गया।

राज्य में हथकरघा के विकास हेतु हथकरघा को तकनीकी एवं वित्तीय सहायता मिली, जिसके फ़लस्वरूप इनकी आर्थिक स्थिति में काफी सुधार हुआ है। C-DAC के माध्यम से राज्य के पाँच स्थानों राँची, हजारीबाग, लातेहार, देवघर एवं सरायकेला-खरसावाँ में कंप्यूटर एडेड डिजाइन में प्रशिक्षण हेतु योजना की स्वीकृति एवं राशि आवंटित की गई।

झारखंड हस्तशिल्प कला से परिपूर्ण राज्य है। काथा, एपलिक, ढोकरा, टेराकोटा इत्यादि पारंपरिक हस्तशिल्प सामग्रियों को विकसित करने हेतु पूरे राज्य में कार्यरत विभागीय हस्तशिल्प केंद्रों एवं झारक्राफ्ट के सहयोग से उन्नत प्रशिक्षण दिया जा रहा है। NID अहमदाबाद के सहयोग से राँची में 'झारखंड इंस्टीट्यूट ऑफ क्राफ्ट ऐंड डिजाइन' की स्थापना की स्वीकृति प्रदान की गई है। आदित्यपुर में Electronic Manufacturing Cluster की स्थापना तथा बरही में ग्रोथ सेंटर के रूप में Integrated Manufacturing Cluster की स्थापना। राँची-पतरातू-रामगढ़ इंडस्ट्रीयल कोरिडोर का निर्माण, जो न सिर्फ औद्योगिक गतिविधियों को बढ़ाने में सहायक होंगे, बल्कि पूँजी निवेश के नए अवसर के सृजन में भी सहायक होंगे। 'औद्योगिक गलियारे' की स्थापना हेतु परियोजना प्रतिवेदन 'जिन्फ्रा' द्वारा तैयार किया गया है। भारत सरकार के द्वारा Eastern Dedicated Freight Corridor के साथ-साथ 'अमृतसर-दिल्ली-कोलकाता Industrial Corridor' विकसित करने की महात्वकांक्षी योजना है। इस योजना का 196 किलोमीटर झारखंड राज्य से गुजरता है। इसी के पास Integrated Manufacturing cluster की बरही में ग्रोथ सेंटर को चिह्नित किया गया।

आज के वैश्विकरण युग में उद्योगों द्वारा उत्पादित सामग्रियों के विपणन में काफी प्रतिस्पर्धा है। राज्य की औद्योगिक इकाइयों को विश्वस्तर की प्रतिस्पर्धा में बने रहने के उद्देश्य से Modified Industrial Infra Structure upgradation Scheme (MIIUS) की योजना कार्यान्वित की जा रही है। इसके अंतर्गत औद्योगिक इकाइयों को

Common Facilities तथा Zero Liquid Discharge effluent Treatment Plant स्थापना एवं बनुयादी सुविधाएँ उपलब्ध कराई जाएगी।

विशिष्ट आर्थिक क्षेत्र

निर्यातोन्मुखी उद्योगों को बढ़ावा देने के उद्देश्य से 'विशिष्ट आर्थिक क्षेत्र' स्थापित करने की योजना है। इसके अंतर्गत, ऑटोमोबाइल एवं ऑटो कम्पोनेंट 'विशिष्ट आर्थिक क्षेत्र' की योजना है।

औद्योगिक पार्क की स्थापना

झारखंड औद्योगिक पार्क नीति 2015 के अंतर्गत औद्योगिकीकरण में निजी भागिदारी को प्रोत्साहित करने हेतु 'निजी औद्योगिक पार्क' एवं PPP Mode पर 'औद्योगिक पार्क' की स्थापना का प्रस्ताव है। इसके अंतर्गत वस्त्र/परिधान पार्क, आई.टी.ई.एस. पार्क, जैव प्रौद्योगिकी पार्क, रत्न एवं आभूषण पार्क, जड़ी-बूटी पार्क, रासायनिक एवं औषधीय पार्क की स्थापना की जानी है।

झारखंड औद्योगिक आधारभूत संरचना विकास निगम (जिडको)

'जिडको' की स्थापना राज्य में औद्योगिक आधारभूत संरचना के निर्माण के उद्देश्य से किया गया है। 'जिडको' की कुल शेयर पूँजी 50 करोड़ है। राज्य के औद्योगिक विकास में 'जिडको' की महत्त्वपूर्ण भूमिका होनेवाली है। जगदीशपुर हल्दिया गैस पाइप लाइन की योजना 'जिडको' एवं गेल के संयुक्त तत्त्वावधान में की जाएगी। जिला उद्योग केंद्र में कार्मिकों की कमी को 'जिडको' हॉस कीपिंग सपोर्ट प्रदान करेगा। 'जिडको' एक लाभ अर्जित करनेवाला लोक उपक्रम है।

निर्यात प्रोत्साहन

झारखंड एक Land Locked राज्य है। जिसके कारण यहाँ के उद्यमियों एवं व्यापारियों को अपने उत्पादों को निर्यात करने में न सिर्फ कठिनाई होती है बल्कि उन्हें अत्यधिक लागत का भी वहन करना पड़ता है। उद्योग विभाग द्वारा राँची में एयर कार्गो, कॉम्पलेक्स की स्थापना की जा रही है। इसके लिए भारतीय विमान पतन प्राधिकरण के साथ समझौता किया है एवं निर्यात को प्रोत्साहित करने हेतु झारखंड निर्यात नीति, 2015 अधिसूचित किया गया है।

इन प्रयासों से झारखंड में औद्योगिक विकास का माहौल बना है, जिससे भविष्य में राज्य औद्योगिक दृष्टि से संपन्न होगा और भारत में विकसित राज्यों की श्रेणी में सम्मिलित हो जाएगा।

□

12. योजनाएँ

झारखंड राज्य का गठन 15 नवंबर, 2000 ई. को हुआ। निर्माण के समय से ही झारखंड भारत के तीव्र गति से विकास कर रहे राज्यों में शामिल है। झारखंड प्राकृतिक संसाधनों जैसे—खनिज, वन, जल तथा मानव संसाधन से संपन्न है, लेकिन संसाधनों के समुचित उपयोग एवं प्रबंधन के अभाव के कारण राज्य के विकास की गति धीमी रही है। अत: राज्य के समावेशी विकास हेतु विभिन्न प्रकार की योजनाएँ केंद्र एवं राज्य के सहयोग से संचालित की जा रही हैं।

तेजस्विनी योजना

परित्यक्ता महिला एवं बंधुआ मजदूरी से मुक्त महिला को आर्थिक रूप से आत्मनिर्भर बनाने के लिए इस योजना की शुरुआत की गई। इसमें महिलाओं को रोजगार उपलब्ध कराने एवं प्रशिक्षण की व्यवस्था की गई है।

सिलाई मशीन सहायता योजना

इस योजना के तहत 35 से 60 वर्ष के श्रमिक वर्ग की महिला लाभुकों को प्रशिक्षण के बाद सिलाई मशीन खरीदने के लिए सरकारी सहायता दी जाती है।

अंबेडकर तकनीकी छात्रवृत्ति योजना

अनुसूचित जाति के छात्र-छात्राओं जो राज्य के बाहर के संस्थानों में मेडिकल अथवा इंजीनियरिंग की पढ़ाई कर रहे हों, को छात्रवृत्ति दी जाती है। यह योजना 1 अप्रैल, 2003 से लागू की गई है।

संजीवनी योजना

इस योजना के अंतर्गत महिला सशक्तीकरण हेतु उनके 'स्वयं सहायता समूह' को सुदृढ़ करना आजीविका के साधन एवं अन्य सामाजिक सुरक्षा योजनाओं का लाभ उपलब्ध कराया जाता है।

अनुसूचित जाति उन्नत ग्राम योजना

इस योजन के अंतर्गत प्रथम चरण में राज्य के 90 प्रतिशत से 100 प्रतिशत अनुसूचित जाति बाहुल्य गाँव को 'अनुसूचित जाति उन्नत ग्राम' के रूप में विकसित किया जाना है। इस योजना के अंतर्गत आनेवाले गाँवों में सड़क, स्कूल भवन, सामुदायिक भवन, बिजली, प्राथमिक स्वास्थ्य केंद्र, पंचायत भवन आदि चीजों का निर्माण किया जाना है।

लाह एवं लघु वनोपज आहरण एवं विपणन योजना

जनजातीय कार्य मंत्रालय भारत सरकार के द्वारा यह योजना 5वीं अनुसूची के अंतर्गत चिह्नित जिलों में वर्ष 2013-14 में प्रारंभ की गई है। यह एक महत्त्वकांक्षी योजना है तथा लाह उत्पादन एवं लघु वनोपज संग्रह करनेवाले जनजातीय समुदाय के सदस्यों के हितों का संरक्षण करनेवाली योजना है। इस योजना के अंतर्गत राज्य सरकार की एजेंसी 'झास्कोलैंपस' एवं 'झामकोफेड' के द्वारा 13 लघु वनों उपजों का न्यूनतम समर्थन मूल्य पर लाह एवं लघु वनोपजों का आहरण एवं विपणन किया जाना है। इस योजना के अंतर्गत भारत सरकार के द्वारा 75 प्रतिशत राशि तथा राज्य सरकार के द्वारा 25 प्रतिशत की राशि का प्रावधान किया गया है।

राष्ट्रीय खाद्य सुरक्षा अधिनियम से आच्छादित एवं बी.पी.एल. परिवारों को मुफ्त एल.पी.जी. वितरण योजना

इस योजना की शुरुआत दिनांक 02 अक्तूबर, 2015 को माननीय प्रधानमंत्री द्वारा दुमका में किया गया। इसके अंतर्गत वित्तीय वर्ष 2015-16 में 1 लाख निर्धनतम बी.पी.एल. परिवारों को घरेलू गैस (एल.पी.जी.) संयोग मुफ्त में वितरण का कार्य प्रारंभ किया गया है।

भूमि बैंक

सरकारी प्रयोजन/उद्योगों/निवेशकों को आकर्षित करने के लिए भूमि बैंक तैयार किया गया है। इसके अंतर्गत गैर-मजरूआ खास-851947.708 एकड़, गैर-मजरूआ आम-229345.43 एकड़, गैर-मजरूआ जंगल-झाड़ी-1006072.83 एकड़ एवं सरकारी भूमि का अनुपयोजित भूमि-7173.23 एकड़ अर्थात् कुल-2101471.99 एकड़ भूमि उपलब्ध है, जिससे संबंधित आँकड़े संबंधित जिले के वेबसाइट तथा राज्य सरकार की वेबसाइट पर प्रकाशित कर दिए गए हैं।

कृषि क्लिनिक योजना

वित्तीय वर्ष 2015-16 में कृषि उत्पादकों एवं किसानों की आय में वृद्धि हेतु कृषि क्लिनिक के रूप में एक नई योजना प्रारंभ किया गया है, जिसके अंतर्गत मृदा स्वास्थ्य, पौधा-संरक्षण, फसल-बीमा, पशु चारा एवं चारा प्रबंधक आदि पर मान्यता प्राप्त

विश्वविद्यालय के कृषि स्नातकों द्वारा किसानों को परामर्श उपलब्ध कराया जा रहा है।

जल निधि योजना

झारखंड राज्य अंतर्गत मानसून पर किसानों की निर्भरता के आलोक में 'जल निधि' नामक एक नई योजना का प्रारंभ वित्तीय वर्ष 2015-15 में किया गया है। इसके अंतर्गत विभिन्न स्रोतों से सिंचाई की व्यवस्था हेतु डीप बोरिंग, परकोलेशन टैंक एवं माइक्रोलिफ्ट एरिगेशन निर्माण का कार्य कराया जाता है।

राष्ट्रीय बागवानी मिशन

इस केंद्र प्रायोजित योजना में केंद्र एवं राज्य सरकार द्वारा 60:40 के अनुपात में व्यय का वहन किया जाता है। राज्य में बागवानी फसलों के समेकित विकास का कार्यान्वयन इस योजना के अंतर्गत किया जा रहा है। इसके फलस्वरूप फलबाग/काजू/ पपीता इत्यादि क्षेत्रों में काफी विस्तार हुआ है।

नेशनल मिशन फॉर सस्टेनेबल एग्रीकल्चर

केंद्र सरकार द्वारा नेशनल मिशन फॉर सस्टेनेबल एग्रीकल्चर के कार्यान्वयन हेतु 60 प्रतिशत केंद्र सरकार द्वारा एवं शेष 40 प्रतिशप राज्य सरकार के द्वारा वहन किया जाएगा। इस योजना के तहत वर्षाश्रित क्षेत्र में कृषि उत्पादकता बढ़ाने, कृषि कार्य में जल प्रबंधन एवं ड्रिप/स्प्रींकलर सिंचाई तथा मृदा स्वास्थ्य प्रबंधन को सुदृढ़ करने के हेतु एक नई योजना प्रारंभ की गई है।

वेद व्यास आवास योजना

इस योजना के तहत स्वच्छ एवं स्वस्थ्य वातावरण में रहने के लिए कच्चे मकान में रहनेवाले मछुआरों को पक्का आवास उपलब्ध कराने का प्रावधान है।

वेजफेड

इसका गठन 1987 ई. में किया गया था। इसका मुख्य उद्‌देश्य फल-सब्जी उत्पादकों एवं उपभोक्ता के बीच बिचौलियामुक्त शृंखला का निर्माण करना तथा उत्पादकों को तकनीकी, वित्तीय एवं विपणन सहायता उपलब्ध कराना है।

झास्कोलैंफ

इसका गठन 1963 ई. में किया गया है। जनजातीय क्षेत्रों में लाह कृषि को प्रोत्साहन एवं सहकारिता द्वारा लाह उत्पादकों के जीवन स्तर को उन्नत करना इस योजना का मुख्य उद्‌देश्य है।

झाम्फकोफेड

झाम्फकोफेड का गठन 2007 ई. में किया गया था। इसका मुख्य उद्देश्य संबद्ध समितियों के माध्यम से लघुवनोपज उत्पादकों एवं संग्राहकों को आहरण, संवर्धन, भंडारण, विपणन आदि सुविधाएँ प्रदान कर उनके सामाजिक-आर्थिक हितों का संरक्षण करना है।

जल क्रांति अभियान

केंद्र सरकार की नीतियों के आधार पर राज्य में जल-क्रांति अभियान का प्रारंभ वर्ष 2015-16 में किया गया है। इसके तहत राज्य के 24 जिलों के 48 ग्राम (प्रत्येक जिले में से 2) 'जल ग्राम' के रूप में चयनित हुए हैं। इन ग्रामों को जल के सभी आयामों में स्वावलंबी होने हेतु Comprehensive Integrated Water Security Plan (CIWSP) तैयार करवाया जा रहा है। वर्ष 2016-17 में इस (CIWSP) योजना को लागू किया गया है। राज्य के सभी 48 जल ग्राम केंद्रीय सहायता हेतु केंद्र की सूची में शामिल हो गए हैं।

ग्रामीण जलापूर्ति योजना

माननीय विधायक एवं सांसद की अनुशंसा पर अधिकतम एस.सी./एस.टी. वाले पंचायतों से कम-से-कम एक ग्रामीण जलापूर्ति योजना दी जाएगी। साथ ही आदिम जनजाति टोलों में सौर ऊर्जा/बिजली चालित पाइप जलापूर्ति योजना दी जाएगी।

मुख्यमंत्री अनुसूचित जनजाति ग्राम विकास योजना

इस योजना के तहत 5 साल में 5000 गाँवों का समग्र विकास किया जाएगा। इसमें वैसे गाँवों को शामिल किया गया है, जहाँ 80 प्रतिशत से अधिक आबादी जनजातियों की होगी। इस योजना में ग्राम प्रधान के नेतृत्व में विकास की योजनाएँ बनाई जाएँगी। कल्याण विभाग द्वारा चयनित 'महिला स्वयं सहायता समूह' को प्रशिक्षण दिया जाएगा। हर चयनित गाँव में ग्रामसभा द्वारा पाँच शिक्षित बेरोजगार युवक-युवतियों को स्वरोजगार के लिए 2 लाख रुपए या इतनी राशि का उपक्रम मुहैया कराया जाएगा। योजनाओं के क्रियान्वयन की समीक्षा के लिए मुख्यमंत्री की अध्यक्षता में एक शिखर समिति बनेगी। योजना क्रियान्वयन के लिए विकास आयुक्त की अध्यक्षता में कार्यकारी समिति का गठन किया जाएगा और जिला स्तर पर उपायुक्त की अध्यक्षता में कमेटी गठित होगी। इन गाँवों में स्वास्थ्य, शिक्षा, परिवार कल्याण आदि से संबंधित कार्य किए जाएँगे और लोगों का जीवन स्तर सुधारा जाएगा।

स्मार्ट सिटी योजना

भारत सरकार द्वारा इस उद्देश्य से प्रारंभ की जा रही है कि मध्य वर्ग सहित सामान्य जनता को विकास का लाभ मिल सके। स्मार्ट सिटी परिकल्पना में शहरों में आधारभूत सामाजिक एवं भौतिक संरचना तैयार करना, स्वच्छ प्रशासन एवं विकासोन्मुख अर्थव्यवस्था के माध्यम से रोजगार के अवसर पैदा करना, जिससे राज्य में वृहद् मात्रा में पूँजी निवेश होगा। झारखंड सरकार ने 6 शहरों यथा—राँची, जमशेदपुर, धनबाद, बोकारो, देवघर एवं दुमका को स्मार्ट सिटी के रूप में विकसित करने का प्रस्ताव भारत सरकार को उपलब्ध कराया है। इस योजना में केंद्र और राज्य के व्यय का अनुपात 75:25 किया गया है। केंद्र सरकार ने राँची को स्मार्ट सिटी योजना के अंतर्गत शामिल कर लिया है।

अमृत योजना

'अटल नवीनीकरण और शहरी परिवर्तन मिशन' (अमृत) भारत सरकार की महत्त्वाकांक्षी योजना है, इसके तहत शहरों में बुनियादी सेवाएँ—जलापूर्ति, सिवरेज, शहरी परिवहन मुहैया कराने और नागरिक सुविधाएँ मुहैया कराने के उद्देश्य से 07 शहरों, यथा—राँची, चास, धनबाद, गिरिडीह, हजारीबाग, देवघर एवं आदित्यपुर का चयन किया गया है। सभी चयनित शहरों से प्राप्त Service Level Improvement Plan (SLIP) के आधार पर State Annual Action Plan (SAAP) तैयार कर भारत सरकार को भेजा गया था, जिस पर शहरी विकास मंत्रालय के शीर्ष समिति द्वारा अनुमोदन प्रदान किया गया है। इस योजना के तहत केंद्र एवं राज्य सरकार के व्यय का अनुपात 60:40 है।

बंधुआ मजदूरों का पुनर्वास योजना

इस योजना के अंतर्गत प्रत्येक मुक्त कराए गए बंधुआ मजदूरों को रुपए 20,000/– की दर से राशि विमुक्त कर उनके पुनर्वास की काररवाई की जाती है। व्यय का भार 50:50 के अनुपात में केंद्र तथा राज्य सरकार के द्वारा वहन किया जाता है।

कौशल विकास मिशन

औसतन 200 प्रति प्रखंड के आधार पर लगभग 50,000 युवाओं को जिला स्तरीय कौशल विकास कार्यान्वयन समिति एवं अन्य दूसरे भागीदार अभिकरणों के माध्यम से कौशल बढ़ाने की दिशा में 'झारखंड कौशल विकास विकास मिशन सोसाइटी' (JSDMS) कार्य कर रही है। वर्तमान में लगभग 3900 युवाओं को इससे आच्छादित करने हेतु एक पायलट प्रोजेक्ट का क्रियान्वयन किया जा रहा है।

जे.पी. आंदोलनकारियों को सम्मान पेंशन देगी सरकार

जे.पी. आंदोलनकारियों को झारखंड सरकार 'सम्मान पेंशन' और प्रशस्ति-पत्र

देगी। 1974 से 1977 तक चले इस आंदोलन के दौरान, जो लोग पुलिस फायरिंग में मारे गए अथवा जेल में बंद रहने के दौरान जिनकी मृत्यु हुई, वैसे आंदोलनकारियों के पति या पत्नी को 5000 रुपए प्रतिमाह 'सम्मान पेंशन' दी जाएगी।

मुख्यमंत्री गंभीर बीमारी उपचार योजना

विभिन्न रोगों की चिकित्सा के लिए सहायता राशि दर संबंधित अस्पताल के शहर के लिए सी.जी.एच.एस. द्वारा निर्धारित दर के अनुरूप करने का निर्णय कैबिनेट द्वारा लिया गया। इस योजना में अधिकतम 72 हजार रुपए सलाना आय वाले बी.पी.एल. को लाभ मिलेगा। चिकित्सा सहायता राशि ढाई लाख रुपए होगी। जिन बीमारियों के इलाज पर ढाई लाख से अधिक खर्च होगा, उसकी स्वीकृति स्वास्थ्य सेवाओं के निदेशक प्रमुख की अध्यक्षता में गठित समिति की अनुशंसा पर स्वास्थ्य विभाग द्वारा प्रदान की जाएगी। गुर्दा प्रत्यारोपण के लिए पाँच लाख और कैंसर के लिए अधिकतम चार लाख रुपए की सहायता राशि दी जाएगी।

राष्ट्रीय नदी संरक्षण कार्यक्रम

जल संसाधन नदी विकास एवं गंगा नदी सरंक्षण मंत्रालय, भारत सरकार के अधीन संचालित योजना है। साहेबगंज एवं राजमहल नगर निकाय इस परियोजना के अधीन आते हैं। इस योजना के अंतर्गत कुल छह योजनाएँ स्वीकृत हैं, जिनमें मुख्य रूप से सिवरेज एवं ड्रेनेज परियोजना, रिवरफ्रंट डेवलपमेंट परियोजना एवं ठोस अपशिष्ट प्रबंधन परियोजना कार्यान्वित की जा रही हैं। इस योजनान्तर्गत झारखंड को एक मॉडल राज्य बनाना है।

उक्त योजनाओं का वित्त पोषण केंद्र एवं राज्य के बीच 70:30 के अनुपात में है। वित्तीय वर्ष 2015-16 में इस योजना अंतर्गत केंद्रांश के रूप में 94.40 करोड़ एवं राज्यांश के रूप में 42.60 करोड़ रुपए का प्रावधान किया गया है।

जननी सुरक्षा योजना

यह झारखंड सरकार की एक महत्त्वपूर्ण योजना है। इसके तहत ग्रामीण क्षेत्र की गर्भवती महिला को स्वास्थ्य केंद्र में संस्थागत प्रसव हेतु 1400 रुपए तथा शहरी क्षेत्र में 1000 रुपए प्रदान किए जाते हैं।

स्वामी विवेकानंद निःशक्त स्वावलंबन प्रोत्साहन योजना

निःशक्त व्यक्तियों को आर्थिक सहायता पहुँचाने हेतु इस योजना को प्रारंभ किया गया है। इस योजना के लाभुकों को दी जानेवाली सहायता राशि को 4000 रुपए प्रतिमाह से बढ़ाकर 6000 रुपए कर दिया गया है।

मुख्यमंत्री कन्यादान योजना

राज्य सरकार की यह योजना गरीब परिवारों की कन्याओं के विवाह के लिए आर्थिक सहायता प्रदान करती है। इनमें कन्या को 15,000 रुपए दान दिए जाने का प्रावधान है।

मध्याह्न भोजन योजना

यह केंद्र सरकार की योजना है। इसमें कक्षा 1 से कक्षा 8 तक के बच्चों को दोपहर का भोजन दिया जाता है। राज्य में लगभग 40 लाख बच्चे इस योजना के लाभार्थी हैं।

साक्षर भारत योजना

यह योजना केंद्र व राज्य सरकार के 75:25 के अनुपात से उन जिलों में लागू की गई हैं, जहाँ स्त्री साक्षरता दर 50 प्रतिशत से कम है। इसके लिए आयु 15 वर्ष या उससे अधिक निर्धारित की गई है।

कुष्ठ नियंत्रण कार्यक्रम

राज्य में कुष्ठ की समस्या बहुत विकराल है। देश भर में झारखंड ही ऐसा राज्य है, जहाँ प्रति सौ पर एक व्यक्ति इस भयानक बीमारी का शिकार है। राज्य का जामताड़ा जिला सबसे अधिक कुष्ठ रोगियों वाला जिला है। दुमका, राँची, बोकारो, देवघर, गोड्डा और जमशेदपुर जिले हैं, जहाँ यह बीमारी भयानक रूप से फैली हुई है। राज्य सरकार ने इस स्थिति से निपटने के लिए सभी सरकारी अस्पतालों व स्वास्थ्य उपकेंद्रों पर इस रोग की उचित और मुफ्त चिकित्सा सुविधा उपलब्ध कराई है।

कालाजार कार्यक्रम

यह बीमारी राज्य के साहेबगंज, गोड्डा और पाकुड़ जिले में सर्वाधिक है। राज्य सरकार ने रोगियों की पहचान कराकर उन्हें सोडियम स्टीवोग्लूकोनेट उपलब्ध कराने की सुविधा दी है।

राष्ट्रीय नेत्रहीनता निवारण कार्यक्रम

यह केंद्र सरकार की योजना है, जिसमें आँखों की विशेष सुरक्षा के लिए अभियान चलाया जाता है। नेत्रों की जाँच, मोतियाबिंद का ऑपरेशन, लेंस प्रत्यारोपण और मानक क्षेत्र में नेत्र अधिकोष की स्थापना का कार्य इस कार्यक्रम के अंतर्गत होता है। राज्य में नेत्रहीनता की दर राष्ट्रीय दर से अधिक है। राज्य के बड़े अस्पताल 'रिम्स' और एम.जी.एम. में नेत्र वार्ड का सुदृढ़ीकरण किया गया है। राज्य के अन्य जिलों में 10 शैया के नेत्र वार्ड की स्थापना सभी अस्पतालों में की गई है।

राष्ट्रीय घेघा नियंत्रण कार्यक्रम

यह बीमारी राज्य के कई जिलों दुमका, गोड्डा, साहेबगंज, राँची, पलामू, गुमला और लोहरदगा आदि में मुख्य रूप से पाई जाती है। आयोडीन की कमी से होनेवाला घेघा रोग कुछ अन्य जिलों में भी फैल रहा है। इस संबंध में सरकार जागरूकता अभियान भी चला रही है।

स्वच्छ भारत कोष

सरकार ने 25 नवंबर, 2014 को स्वच्छ भारत कोष शुरू किया। इसके धन का उपयोग विद्यालयों में शौचालय निर्माण के लिए किया जाएगा। इससे देश भर में स्वच्छता स्तर सुधारने के लक्ष्य को प्राप्त किया जा सकेगा।

यह कोष परोपकारी योगदान और कॉरपोरेट सामाजिक निर्माण के लिए किया जाएगा। इससे देश भर में स्वच्छता स्तर सुधारने के लक्ष्य को प्राप्त किया जा सकेगा।

बाल स्वच्छता दिवस

14-19 नवंबर के बीच हर दिन स्वच्छता को लेकर राज्य, जिला एवं ब्लॉक स्तर पर अलग-अलग अभियान चलाए जाएँगे। इन 6 दिनों को 'बाल स्वच्छता दिवस' के तौर पर मनाया जाएगा। 14 नवंबर को 'बाल स्वच्छता मिशन' की शुरुआत आँगनबाड़ी केंद्रों की साफ-सफाई से होगी। इस अभियान में विशेषकर 6 बिंदुओं को शामिल किया गया है। इनमें आँगनबाड़ी सफाई, खेल के मैदान और उसके आस-पास की सफाई, बच्चों की साफ-स्वच्छता, खाद्य पदार्थ, पेयजल और शौचालय की सफाई को शामिल किया गया है।

सांसद आदर्श ग्राम योजना

11 अक्तूबर, 2014 को लोकनायक जयप्रकाश नारायण के जन्मदिन के अवसर पर शुरू किया गया। इसका संचालन ग्रामीण विकास मंत्रालय के द्वारा किया जाएगा। इस योजना के अंतर्गत सांसद एक आदर्श गाँव विकसित करने के लिए गाँवों को गोद लेंगे। ग्राम पंचायत विकास के लिए मूलभूत इकाई होगी। इसकी जनसंख्या मैदान क्षेत्रों में 3000-3500 और पहाड़ी, आदिवासी और कठिन क्षेत्रों में 1000-3000 होगी।

जिन जिलों में इस इकाई का आकार उपलब्ध नहीं होगा, वांछनीय जनसंख्या के आकार का लगभग सभी अनुमान लगाकर ग्राम पंचायतों को चुना जा सकता है।

सांसद तत्काल, एक और कुछ समय बाद के लिए 2 ग्राम पंचायतों की पहचान करेंगे। लोकसभा सांसद को अपने निर्वाचन क्षेत्र से एक ग्राम पंचायत को चुनना होगा, जबकि राज्यसभा सांसद अपने निर्वाचन राज्य में से अपनी पंसद की कोई भी एक ग्राम पंचायत चुन सकते हैं।

मनोनीत सांसद देश के किसी भी जिले के ग्रामीण क्षेत्रों में ग्राम पंचायत चुन सकते हैं। शहरी निर्वाचन क्षेत्रों के मामले में (जहाँ कोई ग्राम पंचायत नहीं है) सांसद एक नजदीकी ग्रामीण क्षेत्र से एक ग्राम पंचायत की पहचान करेंगे।

प्रारंभिक तौर पर, इसका उद्देश्य मार्च 2019 तक प्रत्येक सांसद द्वारा 3 आदर्श ग्राम बनाना है, जिसमें से एक वर्ष 2016 तक बना लिया जाएगा।

इसके बाद 5 ऐसे ही आदर्श गाँवों (प्रतिवर्ष एक) का चयन किया जाएगा और उन्हें 2024 तक विकसित किया जाएगा।

स्वच्छ भारत अभियान

2 अक्तूबर, 2014 को महात्मा गांधी के जन्मदिन पर स्वच्छ भारत अभियान की संकल्पना प्रत्येक व्यक्ति तक शौचालयों, ठोस और तरल कचरा निपटान प्रणालियों सहित स्वच्छता सुविधाओं की पहुँच का मार्ग प्रशस्त करने, ग्राम-स्वच्छता और सुरक्षित तथा पर्याप्त पेयजल आपूर्ति करने के लिए की गई। पेयजल और स्वच्छता मंत्रालय द्वारा इस कार्यक्रम को लागू किया गया।

स्वच्छ भारत अभियान को महात्मा गांधी के 150वें जन्मदिन 2019 तक वास्तविकता में बदलने के लिए कार्ययोजना तैयार की गई है।

प्रधानमंत्री जन-धन योजना

28 अगस्त, 2014 को योजना को वित्तीय समावेशन के लिए एक राष्ट्रीय मिशन के रूप में शुरू किया गया। इसका संचालन वित्त मंत्रालय द्वारा किया जाता है।

इस योजना का उद्देश्य प्रत्येक परिवार के लिए कम-से-कम एक बैंक खाता सुनिश्चित करना है। गरीबों और गाँवों के लोगों को गरिमा और वित्तीय आजादी प्रदान करते हुए उन्हें वित्तीय दृष्टि से शामिल करने के लिए इस योजना की संकल्पना की गई।

इसके तहत देश के सभी परिवारों को बैंकिग सुविधा देना और प्रत्येक परिवार के लिए एक बैंक खाते की व्यवस्था करना है। प्रधानमंत्री जन-धन योजना के अंतर्गत वित्तीय साक्षरता को प्राथमिकता दी गई है। इस योजना के बारे में जागरूकता पैदा करने के लिए प्रादेशिक भाषा में एक मानकीकृत वित्तीय साक्षरता सामग्री तैयार की गई है।

एक बैंक खाते के साथ, प्रत्येक परिवार की बैंकिंग और ऋण सुविधाओं तक पहुँच होगी। इससे वह साहूकारों के चंगुल से निकल सकेंगे। आपात जरूरतों के कारण उत्पन्न वित्तीय संकट से दूर रह सकेंगे और सबसे महत्त्वपूर्ण, अनेक साख वित्तीय उत्पादों से लाभान्वित हो सकेंगे।

पहले कदम के रूप में प्रत्येक खाताधारक को 1 लाख रुपए के दुर्घटना बीमा के साथ ही डेबिट कार्ड मिलेगा। 26 जनवरी, 2015 तक प्रधानमंत्री जन-धन योजना के

अंतर्गत खाता खोलनेवाले को 30,000 रुपए का जीवन बीमा भी मिलेगा। उपयुक्त समय पर उन्हें अन्य और पेंशन लाभ भी प्रदान किए जाएँगे।

बेटी बचाओ, बेटी पढ़ाओ योजना

यह योजना 26 अगस्त, 2014 को प्रारंभ की गई। इसका उद्देश्य लिंगानुपात में सुधार लाना एवं लड़कियों की शिक्षा में सुधार करना है। यह महिला एवं बाल विकास मंत्रालय द्वारा संचालित किया जाएगा। लिंग संबंधी विषय को मुख्यधारा में लाने के लिए सरकार की विशेष कोशिश के साथ स्कूली पाठ्यक्रम में इसे एक अलग अध्याय के रूप में जोड़ा जाएगा। इसमें लड़कियों का दाखिला बढ़ाना, स्कूलों में बालिका मंच, बालिका शौचालय का निर्माण, उच्चतर माध्यमिक एवं माध्यमिक स्तर पर लड़कियों के लिए छात्रावास का निर्माण, कस्तूरबा गांधी बाल विद्यालयों को पूर्ण करना आदि मुख्य कार्य है।

सुकन्या समृद्धि योजना

छोटी बचतों को प्रोत्साहन देने एवं बालिकाओं के लिए विशेष जमा योजना के रूप में 22 जनवरी, 2015 को इस योजना के तहत 10 वर्ष की उम्र तक की लड़कियों के नाम पर खाता खोला जा सकता है। इसमें 14 वर्ष तक राशि जमा करनी होगी। यह 21 वर्ष में परिपक्व होगी। 18 वर्ष की उम्र होने पर 50 प्रतिशत जमा राशि बच्ची की उच्च शिक्षा या विवाह के लिए निकाली जा सकती है। यह योजना 'बेटी बचाओ, बेटी पढ़ाओ' का एक भाग है।

सक्षम योजना

तकनीकी शिक्षा में विकलांग छात्रों को आगे बढ़ाने के लिए 1000 रुपए छात्र/छात्राओं को छात्रवृत्ति प्रदान की जाएगी। इसके अंतर्गत प्रत्येक छात्र को प्रत्येक वर्ष 30,000 रुपए की राशि और 10 महीने तक 2-2 हजार रुपए प्रतिमाह प्रदान किए जाएँगे। लेकिन परिवार की अधिकतम वार्षिक आय 6 लाख रुपए होगी, उसी परिवार के विकलांग छात्र को छात्रवृत्ति दी जाएगी।

प्रधानमंत्री मुद्रा योजना

भारत सरकार के द्वारा 2 अक्तूबर, 2015 को यह योजना दुमका जिला में प्रधानमंत्री श्री नरेंद्र मोदी के द्वारा शुरुआत की गई। इस योजना में लघु उद्यमियों को अपने रोजगार हेतु ऋण देने का प्रावधान है, जो 3 प्रकार के हैं—शिशु—50 हजार रुपए तक के लिए, किशोर—50 हजार से 5 लाख तक के लिए, तरुण—5 लाख से 10 लाख रुपए तक के लिए।

मुख्यमंत्री दाल भात योजना

बी.पी.एल. लोगों को 5 रुपए में भरपेट भोजन उपलब्ध कराने के लिए प्रत्येक शहर में मुख्यमंत्री दाल भात केंद्र संचालित किए जा रहे हैं। अन्य राज्यों में इस तरह की योजनाएँ संचालित हैं, जैसे—तमिलनाडु में 'अम्मा की रसोई'।

एल.ई.डी. बल्ब वितरण योजना

केंद्र सरकार द्वारा वित्तीय वर्ष 2015-16 में 2 करोड़ एल.ई.डी. बल्ब वितरण करने की योजना है। इसी तर्ज पर झारखंड में भी 30 नवंबर, 2015 से इस योजना की शुरुआत की गई है। बिजली वितरण निगम के कार्यालय से प्रति उपभोक्ता 10 एल.ई.डी. बल्ब 100 रुपए प्रति बल्ब की दर से वितरण किए जाएँगे। इससे ऊर्जा की बचत होगी तथा पर्यावरण का भी संरक्षण होगा।

अटल ग्राम ज्योति योजना

राजीव गांधी ग्रामीण विद्युतीकरण मिशन के तहत मात्र बी.पी.एल. लोगों को ही मुफ्त में विद्युत् कनेक्शन दिया जाता था। फलस्वरूप झारखंड सरकार ने ए.पी.एल. लोगों को मुफ्त विद्युत् कनेक्शन देने के लिए 'अटल ग्राम ज्योति योजना' की शुरुआत की। इसके तहत सभी 81 विधानसभा क्षेत्र में विधानसभावार 30 गाँव का चयन किया जाएगा और प्रत्येक गाँव के 50 ए.पी.एल. परिवारों को मुफ्त विद्युत् कनेक्शन दिया जाएगा।

दीनदयाल उपाध्याय ग्राम ज्योति योजना

भारत सरकार द्वारा ग्रामीण क्षेत्रों में 24×7 विद्युत् आपूर्ति करने, पारगमन क्षति (ए.टी. ऐंड सी.) वर्ष 2021-22 तक घटाकर 16 प्रतिशत करने, गैर-कृषि कार्य में लगे उपभोक्ताओं को विद्युत् कनेक्शन देने और वैसे उपभोक्ताओं को विद्युत् कनेक्शन देने, जो किसी योजना के तहत शामिल नहीं हों, के लिए 'दीनदयाल उपाध्याय ग्राम ज्योति योजना' की शुरुआत की गई। इसमें 60 प्रतिशत भारत सरकार के द्वारा, 10 प्रतिशत राज्य सरकार के द्वारा एवं 30 प्रतिशत बैंक लोन के माध्यम से राशि उपलब्ध कराई जाएगी।

समेकित शक्ति विकास योजना

5000 तक की जनसंख्यावाले शहरों में विद्युत् आपूर्ति क्षमता बढ़ाने के लिए भारत सरकार द्वारा यह योजना चलाई गई हैं, इसमें सरकारी भवनों में सोलर पैनल लगाने की भी योजना है।

मुख्यमंत्री विद्या लक्ष्मी योजना

उच्च प्राथमिक स्तर (कक्षा 6 से 8) पर बालिकाओं के छीजन को रोकने हेतु 'मुख्यमंत्री विद्या लक्ष्मी योजना' प्रारंभ की गई है। सरकारी विद्यालयों के कक्षा 6 में नामांकित अनुसूचित जाति एवं जनजाति की बालिकाओं के नाम से बैंक में एक सावधि जमा खाता खोला गया है, जिसमें 2000 रुपए सरकार द्वारा जमा किए गए हैं। 9वीं कक्षा में नामांकन के उपरांत बालिकाएँ जमा राशि (सूद सहित) की निकासी कर सकेंगी। इस योजना से राज्य के सभी जिल आच्छादित हैं। योजना की लागत 24.00 करोड़ है और लाभान्वित बालिकाओं की संख्या 1,20,000 है।

मेक इन इंडिया

25 सितंबर, 2015 को भारत को एक निवेश स्थल के रूप में विकसित करने के लिए वाणिज्य एवं उद्योग मंत्रालय केंद्र सरकार के द्वारा इस योजना की शुरुआत की गई है। इसमें राज्य सरकार, भारतीय उद्योग और वाणिज्य मंडल संघ के सहयोग से एक संगठन, 'निवेश भारत' (इनवेस्ट इंडिया) का गठन किया गया है, जो विदेशी निवेशकों को नियामक और नीति संबंधी मुद्दों के सभी पहलुओं के बारे में जानकारी देगा और नियामक संबंधी मंजूरी प्राप्त करने में उनकी सहायता करेगा।

प्रत्यक्ष विदेशी निवेश को बढ़ाने के लिए सरकार द्वारा प्रत्यक्ष विदेशी निवेश नीति को उदार बनाया गया है। रक्षा क्षेत्र की सीमा 26 प्रतिशत से बढ़ाकर 49 प्रतिशत एवं रेल संबंधी बुनियादी ढाँचा परियोजनाओं के लिए 100 प्रतिशत एफ.डी.आई. की अनुमति दे दी गई है।

पंडित दीनदयाल उपाध्याय श्रमेव जयते कार्यक्रम

श्रम मंत्रालय द्वारा 16 अक्तूबर, 2014 को एक साथ 5 योजनाओं की शुरुआत इस कार्यक्रम के तहत की गई। इसमें—श्रम सुविधा पोर्टल—इसके अंतर्गत सरकार 6 लाख फर्मों को लेबर आईडेंटिफिकेशन नंबर देगी और उन्हें 44 श्रम कानूनों में से 16 के पालन के बारे में ऑनलाइन-पत्र भरने की अनुमति देगी। इस प्रक्रिया को सरल बनाकर एक अकेले ऑनलाइन फार्म की व्यवस्था की गई है। वेब पोर्टल—यह प्रत्येक न्योक्ता के लिए एक विशिष्ट कोड के द्वारा काम करेगा एवं न्योक्ताओं को वार्षिक रिटर्न की इ-फाइलिंग की सुविधा देगा। यूनिवर्सल एकाउंट नंबर स्कीम—भविष्य निधि में योगदान देनेवाले सभी लोग अपने निधि लाभों के बारे में ऑनलाइन जानकारी प्राप्त कर सकते हैं। आकस्मिक निरीक्षण योजना—इसके तहत निरीक्षणों की एक कंप्यूटरीकृत सूची आकस्मिक तरीके से तैयार की जाएगी।

डिजीटल भारत

20 अगस्त, 2014 को देश को डिजीटली संपन्न बनाने हेतु भारत सरकार के द्वारा इस योजना की शुरुआत की गई। इस योजना के कार्यक्रम को 2014 से 2018 तक विभिन्न चरणों में लागू किया जाएगा। इसके अंतर्गत सरकार की सभी सेवाएँ, कार्यक्रम की सूचना, सरकारी आवेदनों एवं उसका निष्पादन कंप्यूटरीकृत तरीके से किया जाएगा। इसमें ब्रॉडबेंड हाईवेज, मोबाइल कनेक्टिविटी, पब्लिक इंटरनेट, इ-शासन आदि में ध्यान दिया जाएगा।

दीनदयाल उपाध्याय अंत्योदय योजना

केंद्र सरकार के द्वारा 25 सितंबर, 2014 को शहरी एवं ग्रामीण गरीबों के लिए इस योजना की शुरुआत की गई। इस योजना का उद्देश्य कौशल विकास और अन्य उपायों से आजीविका के अवसरों में वृद्धि कर गरीबी को कम करना है। 3 वर्षों के अंदर 10 लाख ग्रामीण युवाओं का प्रशिक्षण का लक्ष्य रखा गया है। 25 सितंबर को हर वर्ष केंद्र सरकार ने 'अंत्योदय दिवस' के रूप में मनाने का निर्णय लिया है।

प्रधानमंत्री रोजगार सृजन कार्यक्रम

वर्ष 2008 से चालू इस योजना में शिक्षित बेरोजगारों को स्वरोजगार के माध्यम से आत्मनिर्भर बनाया जाता है। इसमें 18 से 45 वर्ष के सभी वर्ग के बेरोजगार युवक युवतियों को बैंकों द्वारा स्वरोजगार हेतु ऋण देने का प्रावधान है।

समेकित हस्तकरघा विकास योजना

बुनकर परिवारों के लिए स्वयं सहायता समूहों के माध्यम से उत्पादन, विपणन, डिजाइन-विकास हेतु अनुदानित दर पर बैंकों द्वारा ऋण उपलब्ध कराने के लिए इस योजना का शुभारंभ किया गया है।

फ्रोजेन सीमेन बैंक

कृत्रिम गर्भाधान से नस्ल सुधार हेतु झारखंड राज्य में 405 कृत्रिम गर्भाधारण केंद्र संचालित हैं। यहाँ स्थानीय नस्ल के पशुधन में उत्पादकता वृद्धि हेतु नस्ल सुधार के लिए लिक्विड नाइट्रोजन एवं फ्रोजेन सीमेन स्ट्रॉ की आपूर्ति की जाती है।

गोकुल ग्राम विकास योजना

वर्ष 1989 से केंद्र सरकार के द्वारा गाँवों का संकुल बनाकर दुध उत्पादन एवं बिक्री व्यवस्था को मजबूत करने के लिए 'गोकुल ग्राम विकास योजना' चलाई जा रही है। इस योजना में आधारभूत संरचना का निर्माण, चारागाह का विकास, जैविक खाद्य का उत्पादन आदि प्रमुख कार्य किए जाते हैं।

अन्नपूर्णा योजना

इस योजना में 65 वर्ष से अधिक उम्र के बी.पी.एल. परिवार के वृद्ध, जिन्हें वृद्धा पेंशन का लाभ नहीं मिल रहा हो, को प्रत्येक माह 10 किलोग्राम नि:शुल्क चावल उपलब्ध कराकर खाद्य सुरक्षा प्रदान की जाती है।

राष्ट्रीय ग्रामीण स्वास्थ्य मिशन

वर्ष 2005 से प्रारंभ 80:20 (केंद्रांश : राज्यांश) के अनुपात में प्राथमिक स्वास्थ्य केंद्रों, उप-स्वास्थय केंद्रों एवं सामुदायिक स्वास्थ्य केंद्रों का प्रबंधन अच्छे तरीके से किया जाता है। इस कार्यक्रम में लोगों को समेकित स्वास्थ्य सेवाएँ उपलब्ध कराना एवं संक्रामक तथा असंक्रामक रोगों की रोकथाम सुनिश्चित कराना है।

मातृत्व शिशु स्वास्थ्य योजना आर.सी.एच. कार्यक्रम

5 वर्ष से कम उम्र के बच्चों की मृत्युदर तथा मातृत्व मृत्यु दर कम करने के लिए इस योजना की शुरुआत की गई है। इसमें प्रसव पूर्व एवं प्रसव पश्चात् जच्चा-बच्चा के समुचित टीकाकरण की व्यवस्था की गई है।

इंदिरा गांधी राष्ट्रीय वृद्धावस्था पेंशन योजना

बी.पी.एल. सूची से 60 वर्ष या उससे अधिक उम्र के लोगों को सामाजिक सुरक्षा प्रदान करने हेतु प्रत्येक महिला, पुरुष को 600 रुपए (200 रुपए केंद्रांश तथा 400 रुपए राज्यांश) पेंशन के रूप में प्रदान करने के लिए यह योजना प्रारंभ की गई है। 80 वर्ष से ज्यादा उम्र होने पर 700 रुपए प्रतिमाह देय होगा।

इंदिरा गांधी राष्ट्रीय विधवा पेंशन योजना

2009-10 से लागू इस योजना में बी.पी.एल. परिवार के 40 से 59 वर्ष की सभी विधवाओं को 600 रुपए प्रतिमाह (300 रुपए केंद्रांश तथा 300 रुपए राज्यांश) दी जाती है। 60 वें वर्ष में वृद्धा पेंशन का लाभ दिया जाता है।

इंदिरा गांधी राष्ट्रीय विकलांग पेंशन योजना

2009-10 से लागू इस योजना में बी.पी.एल. सूची में 18-59 वर्ष के उम्र के लोगों में 80 प्रतिशत से अधिक विकलांगतावालों को सामाजिक सुरक्षा के तहत 600 रुपए प्रतिमाह पेंशन (300 रुपए केंद्रांश तथा 300 रुपए राज्यांश) दी जाती है।

राज्य वृद्धावस्था पेंशन योजना

60 वर्ष से अधिक उम्र के वृद्धों, 18 से 40 वर्ष की विधवाओं, विकलांग, बंधुआ मजदूरी से मुक्त व्यक्ति को राज्य सरकार के द्वारा 600 रुपए प्रतिमाह पेंशन दी जाती है।

इस योजना में ग्रामीण क्षेत्र के लिए 10,500/- रुपए एवं शहरी क्षेत्र के लिए 12,500/- रुपए तक आमदनीवालों को ही इस योजना का लाभ दिया जाता है।

अटल पेंशन योजना

18 से 40 वर्ष के व्यक्ति 42 रुपए प्रतिमाह से लेकर 210 रुपए प्रतिमाह प्रीमियम भुगतान कर 60 वर्ष होने के पश्चात् 1000 रुपए प्रतिमाह से लेकर 5000 रुपए प्रतिमाह तक पेंशन प्राप्त कर सकते हैं। यह योजना 1 जून, 2015 से प्रारंभ की गई है।

प्रधानमंत्री जीवन ज्योति बीमा योजना

2015-16 में घोषित इस योजना में 18 से 50 वर्ष तक के उम्र का कोई व्यक्ति, जिनका बैंक में खाता हो, 330 रुपए प्रतिवर्ष प्रीमियम का भुगतान कर लाभ ले सकता है। बीमित व्यक्ति के मृत्यु की दशा में एकमुश्त 2,00,000 रुपए दिए जाते हैं।

प्रधानमंत्री सुरक्षा बीमा योजना

इस योजना की घोषणा 2015-16 के बजट में की गई है। 18 वर्ष से अधिक उम्र का कोई व्यक्ति, जिसका बैंक में खाता हो, 12 रुपए प्रतिवर्ष प्रीमियम का भुगतान कर इस योजना का लाभ ले सकता है। दुर्घटना से बीमित व्यक्ति की मृत्यु होने पर उसके परिवार को 2,00,000 रुपए दिए जाते हैं।

राष्ट्रीय स्वास्थ्य बीमा योजना

वर्ष 2008-09 से लागू इस केंद्र प्रायोजित योजना में बी.पी.एल. सूची के मजदूरों की स्वास्थ्य सुरक्षा का प्रावधान है। इसके तहत बीमारी की दशा में चयनित अस्पतालों में भरती बीमाकृत परिवार को 30,000/- रुपए तक की चिकित्सा सुविधा उपलब्ध कराई जाती है।

पहाड़िया स्वास्थ्य योजना

पहाड़िया जनजाति में बढ़ती मृत्यु दर को देखते हुए कल्याण विभाग द्वारा इस योजना की शुरुआत की गई।

आम आदमी बीमा योजना

भूमिहीन परिवार के किसी व्यक्ति की दुर्घटना में मृत्यु हो जाने पर 75,000 रुपए एवं आंशिक क्षति की दशा में 37,500 रुपए का भुगतान इस योजना में किया जाता है। इसके साथ उनके दो बच्चों को कक्षा-8 से 12 तक पढ़ाई के लिए छात्रवृत्ति भी दी जाती है।

प्रधानमंत्री आवास योजना

सभी गरीब एवं निम्न आयवाले व्यक्ति को 2022 तक आवास उपलब्ध कराने की योजना है।

तिलका माँझी ग्रामीण पंप योजना

राज्य के हर विधानसभा क्षेत्र के 50 गाँवों व प्रत्येक गाँव के 25 कृषि पंप धारकों का चयन किया जाएगा। इनमें 40 प्रतिशत अनुसूचित जाति एवं अनुसूचित जनजाति के होंगे। अन्य लाभधारकों में गरीबी के अनुसार चयन में प्राथमिकता दी जाएगी।

सर्वशिक्षा अभियान

सर्वशिक्षा अभियान भारत का एक प्रमुख कार्यक्रम है। इस योजना के तहत 6 से 14 वर्ष (कक्षा-1 से 8) के सभी बच्चों के लिए नि:शुल्क शिक्षा, नामांकन में वृद्धि करना, शिक्षा की गुणवता में सुधार, शिक्षकों का प्रशिक्षण, शिक्षक छात्र अनुपात 30:01 करना है। इसके अंतर्गत समेकित बाल विकास कार्यक्रम, आँगनबाड़ी, कस्तूरबा गांधी बालिका विद्यालय भी शामिल है। 2006-07 में लागू राज्य के 203 शैक्षणिक रूप से पिछड़े प्रखंडों में 'कस्तूरबा गांधी आवासीय विद्यालय' की स्थापना की गई है। इसमें कक्षा-6 से 12 कक्षा तक बी.पी.एल. परिवारों की छात्राओं को नि:शुल्क शिक्षा प्रदान की जाती है। इसमें सभी छात्राओं को टैब उपलब्ध कराना, विद्यालय में जिम की व्यवस्था करना तथा +2 में विज्ञान एवं वाणिज्य की पढ़ाई शुरू करना सरकार का मुख्य उद्देश्य है।

आवासीय विद्यालय

इस योजना का मुख्य उद्देश्य अनुसूचित जाति, जनजाति और पिछड़ी जातियों के छात्र-छात्राओं को नि:शुल्क शिक्षा उपलब्ध कराने के लिए आवासीय विद्यालय की स्थापना करना है। राज्य में ऐसे 116 विद्यालय संचालित हैं।

पहाड़िया दिवाकालीन विद्यालय

संथाल परगना प्रमंडल के दुमका, साहेबगंज और पाकुड़ जिला में पहाड़िया जाति के बच्चों के लिए मुफ्त शिक्षा और मध्यान भोजन उपलब्ध कराने के लिए, पहाड़िया दिवाकालीन विद्यालय की स्थापना की गई है। राज्य में ऐसे 32 विद्यालय संचालित हैं।

नि:शुल्क पाठ्य पुस्तक

इस योजना में राज्य के सभी सरकारी विद्यालयों में कक्षा-1 से 8 तक सभी बच्चों को तथा कक्षा-9 से 12 तक के सभी छात्राओं को सर्वशिक्षा अभियान के तहत नि:शुल्क पाठ्य पुस्तक वितरण का प्रावधान है।

मेधा छात्रवृत्ति योजना

वर्ष 2003–04 से लागू इस योजना में कुशाग्र छात्र–छात्राओं के मनोबल को ऊँचा करने हेतु कक्षा–6 से 8 तक के छात्र–छात्राओं को राज्यस्तरीय परीक्षा सम्मिलित होना होता है। इस आधार पर प्रत्येक प्रखंड से दस मेधावी बच्चों का चयन किया जाता है। चयनित बच्चों को प्रतिमाह 200 रुपए एक वर्ष में अधिकतम 10 माह तक छात्रवृत्ति प्रदान की जाती है।

राष्ट्रीय माध्यमिक शिक्षा अभियान

2009 में माध्यमिक विद्यालयों में बच्चों का अधिकाधिक नामांकन, शिक्षा की गुणवता में सुधार, माध्यमिक शिक्षकों का प्रशिक्षण, माध्यमिक विद्यालयों को आधारभूत संरचनाओं से सुसज्जित करने के लिए इस योजना को प्रारंभ किया गया है।

व्यावसायिक शिक्षा

रोजगारपरक शिक्षा को बढ़ावा देने के लिए राज्य के 53 माध्यमिक विद्यालयों में कक्षा–9 से व्यावसायिक शिक्षा शुरुआत करने की योजना है। इसमें IT, Healthcare, Travel & Tourism आदि ट्रेडों को शामिल किया गया है।

बच्चों को विद्यालय किट

कक्षा–1 से 8 तक पढ़ने वाले सभी सरकारी एवं सरकारी सहायता प्राप्त विद्यालयों में आवश्यक शिक्षण सामग्री, नोटबुक, पेन, पेंसिल, ज्यामिति बॉक्स, जूते एवं स्कूल बैग, विद्यालय किट के रूप में प्रदान करने की सरकार की योजना है।

तरुण शिक्षा कार्यक्रम

बालिकाओं के जीवन कौशल विकास के लिए गैर–सरकारी संगठन Centre for Catalyzing Change के सहयोग से 'तरुण शिक्षा कार्यक्रम' का संचालन किया जा रहा है। इसके अंतर्गत बालिकाओं को जीवन कौशल की शिक्षा दी जा रही है।

कॅरियर परामर्श

स्कूली शिक्षा एवं साक्षरता विभाग द्वारा 12वीं की पढ़ाई के बाद भविष्य के अवसर एवं जागरूकता बनाए रखने के उद्देश्य से Going to School एवं NIBM के सहयोग से छात्रों को रोजगार के विभिन्न क्षेत्रों से संबंधित परामर्श सत्र का आयोजन किया जा रहा है।

इ-शिक्षा कार्यक्रम का शुभारंभ

राज्य के प्रखंड संसाधन केंद्र, उच्च विद्यालय आदि में 29 केंद्र स्थापित कर इस

कार्यक्रम का शुभारंभ किया गया। इसके माध्यम से राज्य स्तर के स्टूडियो से संबंधित केंद्र से संपर्क स्थापित कर शिक्षक प्रशिक्षण, सूचनाओं का आदान-प्रदान, प्रबंध समिति के सदस्यों से सीधी वार्त्ता, शिक्षक संवाद एवं शिक्षा के क्षेत्र में चलाई जा रही विभिन्न योजनाओं की जानकारी दी जा रही है। इस कार्यक्रम के सहयोग से बालिकाओं का नामांकन, ठहराव एवं गुणवत्तापूर्ण शिक्षा सुनिश्चित की जा रही है।

बाल समागम

विद्यालय में बच्चों का ठहराव सुनिश्चित करने हेतु शिक्षण के साथ-साथ अन्य गतिविधियों जैसे खेल-कूद, पेंटिंग, सांस्कृतिक कार्यक्रम आदि का आयोजन माता-पिता एवं अभिभावक को जागरूक करने हेतु 6-14 आयुवर्ग के बच्चों का 'बाल समागम' कार्यक्रम शुरू किया गया है। यह कार्यक्रम विद्यालय, प्रखंड, जिला स्तर एवं राज्य स्तर तक आयोजित किया गया, जिसमें समुदाय एवं छात्राओं द्वारा बढ़-चढ़कर भाग लिया गया।

मुख्यमंत्री लक्ष्मी लाडली योजना

72,000 हजार रुपए वार्षिक से कम आय वाले परिवारों में संस्थागत प्रसव को बढ़ावा देने, शिशु मृत्यु दर कम करने एवं लैंगिक असमानता दूर करने के उद्देश्य से 15 नवंबर, 2015 को 'मुख्यमंत्री लक्ष्मी लाडली योजना' प्रारंभ की गई। इसके तहत प्रथम दो प्रसव तक बच्ची के नाम से डाकघर में खाता खोलकर 6000 रुपए प्रतिवर्ष की दर से 5 वर्ष तक सरकार जमा करती है एवं कक्षा-6 में 2000 रुपए, कक्षा-9 में 4000 रुपए, कक्षा-9 में 7500 रुपए तथा पूरे इंटर तक 2000 रुपए प्रतिमास छात्रवृत्ति के रूप में उपलब्ध कराए जाते हैं। 21 वर्ष पूरा हो जाने पर एकमुश्त 1,16,971 रुपए लाभार्थी को उपलब्ध कराए जाएँगे।

झारखंड रिक्शा चालक गरिमा योजना

राज्य सरकार ने रिक्शा चालकों के जीवन स्तर को सुधारने के लिए इस योजना का शुभारंभ किया है। इसके तहत वैसे रिक्शा चालक, जिनके पास अपना रिक्शा नहीं है, को इ-रिक्शा दिया जाएगा। इसके अंतर्गत 6.60 करोड़ रुपए स्वीकृत किए गए हैं।

विधायक योजना

राज्य सरकार के सभी विधायकों को अपने-अपने क्षेत्र में प्राथमिकता के आधार पर कार्यों को संपन्न किए जाने के उद्देश्य से राज्य सरकार द्वारा प्रतिवर्ष 4 करोड़ रुपए विधायक निधि में प्रत्येक विधायक को आवंटित किए जाते हैं। जिला ग्रामीण विकास

अभिकरण के द्वारा ये कार्य संपन्न होते हैं। इन कार्यों में सिंचाई, सड़क, पानी, बिजली व अन्य जनसुविधाओं के कार्य किए जाते हैं।

मुख्यमंत्री विकास योजना

स्थानीय विकास के अंतर्गत क्षेत्र के विकास के लिए यह योजना शुरू की गई है, जिसके लिए प्रतिवर्ष प्रति विधायक एक करोड़ रुपए की राशि आवंटित की जाती है।

जोहार योजना

2011-12 में 5 वर्षों के लिए यह योजना प्रभाव में लाई गई है। इसके अंतर्गत राज्य के गरीबी रेखा के नीचे जीवन-यापन करनेवाले लोगों को कृषि आधारित व्यवसाय उपलब्ध कराने की दिशा में कदम उठाए जाते हैं। इसके अंतर्गत राँची, रामगढ़, कोडरमा, पूर्वी सिंहभूम, बोकारो, देवघर, जामताड़ा जैसे जिलों का चयन किया गया है।

स्वर्ण जयंती ग्राम स्वरोजगार योजना

इस केंद्रीय योजना में राज्य के ग्रामीण क्षेत्रों में लघु उद्योगों को विकसित करना एवं निर्धन ग्रामीणों को रोजगार उपलब्ध कराकर आर्थिक रूप से सक्षम बनाने के तकनीक और ऋण उपलब्ध कराया जाता है। इस योजना की शुरुआत 1 अप्रैल, 1999 में की गई थी।

राष्ट्रीय ग्रामीण रोजगार गारंटी अधिनियम, 2005

पहले नरेगा और अब मनरेगा के नाम से जाने जानेवाली इस योजना की शुरुआत केंद्र सरकार के द्वारा 6 फरवरी, 2006 में की गई। इसके अंतर्गत ग्रामीण क्षेत्र के बेरोजगारों को 'जॉब कार्ड' के माध्यम से रोजगार उपलब्ध कराया जाता है। इसमें कम-से-कम हरेक कार्डधारक को कार्य माँगने के 15 दिन के अंदर ग्राम पंचायत को कार्य देना है। काम नहीं मिलने की दशा में कार्डधारक को बेरोजगारी भत्ता दिए जाने का प्रावधान है।

इंदिरा आवास योजना

यह योजना 1985 में अमल में आया। अनुसूचित जाति, जनजाति, पिछड़े वर्ग तथा गरीबी रेखा से नीचे रहनेवाले लोगों को आवास उपलब्ध कराने, कच्चे मकानों को पक्का करने के लिए अनुदान दिया जाता है। मैदानी क्षेत्र के पात्र लाभार्थियों को 70 हजार रुपए और पर्वतीय क्षेत्र के पात्र लाभार्थियों को 75,000 रुपए दिए जाने का प्रस्ताव है।

इसके अलावा राज्य सरकार द्वारा कृषि क्षेत्र में मक्का विकास, जलछाजन तथा समेकित फसल विकास, बीजों के उत्पादन में स्वायत्तता तथा भंडारण, अनुमानित दर

पर बीजों की उपलब्धता, भूमि अनुसंधान संबंधी कार्य, बंजर जमीन एवं धान की खेती के बाद परती भूमि के विकास का कार्यक्रम, टांड एवं बंजर क्षेत्रों में तिलहन फसलों के उत्पादन, किसान क्रेडिट कार्ड (1998–99 में शुरू) आदि योजनाओं का सफलतापूर्वक संचालन किया जा रहा है।

□

13. वन और वन्य जंतु

- वन एवं वनों के प्रकार
- वन संपदा
- वन प्रबंधन
- वन्य जीव-जंतु एवं संरक्षण

वन एवं वनों के प्रकार

वन्य संपदा एवं वन्य जीव-जंतु प्रकृति के द्वारा झारखंड को दिया हुआ एक अमूल्य उपहार है। झारखंड में प्राकृतिक रूप से वन क्षेत्र बहुत विस्तृत है। राज्य के कुल क्षेत्रफल 79,714 वर्ग किलोमीटर के 23,605 वर्ग किलोमीटर क्षेत्र में जंगल अवस्थित है, जो झारखंड के कुल क्षेत्रफल का 29.61 प्रतिशत भाग है। भारत के कुल वन क्षेत्र का 3.4 प्रतिशत भाग झारखंड का वन क्षेत्र है। जबकि पूरे भारत के कुल क्षेत्रफल का 2.42 प्रतिशत झारखंड का क्षेत्रफल है। झारखंड राज्य में वनों पर कई प्रकार के जैविक दबाव, विशेषकर अनियंत्रित चराई, जलावन, लघु वन पदार्थों का संग्रहण एवं खनन इत्यादि के प्रतिकूल प्रभाव के बावजूद भी झारखंड राज्य के वनों की स्थिति अन्य राज्यों की अपेक्षाकृत बेहतर है। राज्य का वनावरण वर्ष 2001-2015 तक की अवधि में 22,531 वर्गकिलोमीटर से बढ़कर 23605 वर्ग किलोमीटर हो गया है। राज्य में अधिसूचित वन भूमि तथा सरकारी गैर-मजरूआ भूमि पर बड़े पैमाने पर किए गए वृक्षारोपण और वनों की सुरक्षा के लिए उठाए गए कदम ही वनावरण में वृद्धि के मुख्य कारण हैं।

राज्य में वनावरण की स्थिति

भारत सरकार, पर्यावरण, वन एवं जलवायु परिवर्तन मंत्रालय, भारतीय वन सर्वेक्षण, देहरादून की इंडिया स्टेट ऑफ फॉरेस्ट रिपोर्ट, 2015 के अनुसार राज्य में वनावरण की स्थिति निम्नवत् है—

क्र.सं.	वनावरण	क्षेत्रफल (वर्गकिलोमीटर)
1.	अत्यंत सघन वन (वनावरण घनत्व 70 प्रतिशत से अधिक)	2588.00 (3.25%)
2.	सामान्य सघन वन (वनावरण घनत्व 40 से 70 प्रतिशत)	9663.00 (12.12%)
3.	खुले वन (वनावरण घनत्व 10 से 40 प्रतिशत)	11227.00 (14.08%)

स्रोत : वन, पर्यावरण एवं जलवायु परिवर्तन विभाग, झारखंड, वार्षिक प्रतिवेदन 2015-16।

झारखंड में वन क्षेत्र का जिलावार विवरण (2015)

क्र.सं.	जिला का नाम	जिला का कुल भौगोलिक क्षेत्रफल (वर्ग किलोमीटर)	कुल वन क्षेत्र (वर्ग किलोमीटर)	वन क्षेत्र का प्रतिशत
1.	चतरा	3732	1781	47.42
2.	कोडरमा	1435	598	41.67
3.	पलामू	8657	3594	41.52
4.	पश्चिमी सिंहभूम	9907	3912	39.49
5.	हजारीबाग	5998	2093	34.89
6.	गढ़वा	4092	1392	34.02
7.	लोहरदगा	1491	499	33.47
8.	साहेबगंज	1834	594	32.39
9.	पूर्वी सिंहभूम	3533	1070	30.29
10.	बोकारो	1929	565	29.29
11.	गुमला	9077	2661	29.32
12.	राँची	7698	2076	26.96
13.	गोड्डा	2110	412	19.53
14.	गिरिडीह	4963	878	17.69
15.	पाकुड़	1571	287	18.27
16.	दुमका	6212	660	10.62
17.	देवघर	2479	204	8.23
18.	धनबाद	2996	202	6.74

स्रोत : वन, पर्यावरण एवं जलवायु परिवर्तन विभाग, झारखंड, वार्षिक प्रतिवेदन 2015-16।

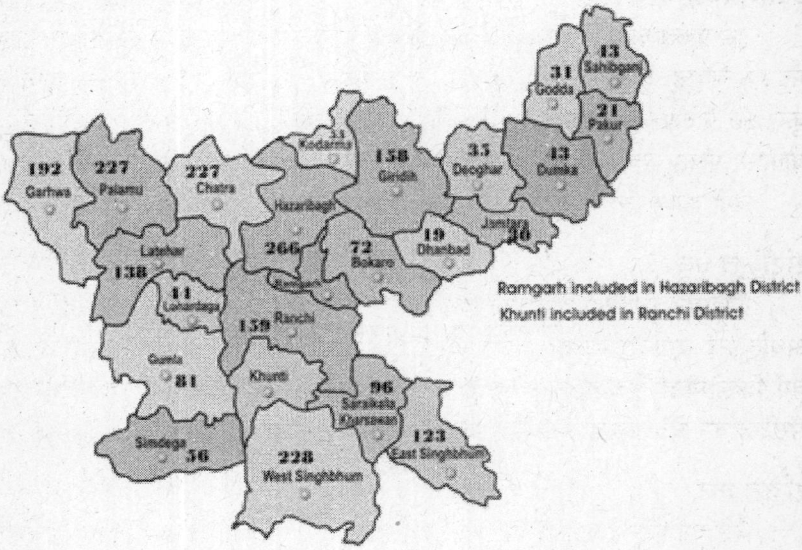

राज्य में वनों के प्रकार

झारखंड में जलवायु और वृक्षों के प्रकार के आधार पर तीन प्रकार के वन मिलते हैं, जो निम्नवत् हैं—

शुष्क पतझड़ वन

राज्य के जिन क्षेत्रों में 1200 मिलीमीटर से कम वार्षिक वर्षा होती है, वहाँ पर ये वन पाए जाते हैं। साल इस वन का प्रमुख वृक्ष है। इस तरह के वन में साल, महुआ, सेमर, शीशम, खैर, पलास, आसन, बाँस, अमलतास आदि वृक्ष पाए जाते हैं। इन वन क्षेत्रों का प्रसार प्रदेश के तीन क्षेत्रों में मिलता है—(क) उत्तरी गढ़वा, पलामू और चतरा जिला के क्षेत्रों में; (ख) उतरी हजारीबाग, कोडरमा, गिरिडीह और देवघर जिला क्षेत्रों में; (ग) राजमहल पहाड़ी की पश्चिमी ढ़ाल क्षेत्रों में।

शुष्क प्रायद्वीपीय वन

झारखंड के जिन क्षेत्रों में वर्षा मध्यम कोटि की होती है, वहाँ पर इस प्रकार के वन पाए जाते हैं। शुष्क का मतलब अल्पवृष्टि से, प्रायद्वीपीय का मतलब आर्द्र क्षेत्र से है। इन वनों का विस्तार हजारीबाग पठार के निचले क्षेत्र, राँची, सिंहभूम तथा पाट क्षेत्र में पाए जाते हैं। इसमें साल, आम, कटहल, बाँस आदि के वृक्ष प्रमुख रूप से मिलते हैं।

आर्द्र प्रायद्वीपीय वन

इस प्रकार के वन ज्यादा वर्षा वाले क्षेत्र में पाए जाते हैं। इस तरह के वनों में साल, महुआ, जामुन, कुसुम, पियार, गम्हार, करंज सेमल आदि वृक्ष पाए जाते हैं। राज्य के कुल 50 प्रतिशत से अधिक वन क्षेत्र में ये वन मिलते हैं। चतरा, कोडरमा, गिरिडीह, बोकारो, पलामू एवं गढ़वा जिले में इस तरह के वनों का विस्तार है।

वनों की सुरक्षा के आधार पर राज्य में वनों की तीन श्रेणियाँ हैं—

संरक्षित वन

वैसे वन जिनमें पशुओं को चराने तथा लकड़ी काटने की अनुमति नहीं होती, अर्थात् इन्हें सरकारी संरक्षण में रखा जाता है। राज्य में संरक्षित वनों का क्षेत्रफल 4,387 वर्ग किलोमीटर है, जो कुल वन क्षेत्र का 18.58 प्रतिशत है। राज्य का सबसे बड़ा संरक्षित वन क्षेत्र कोल्हान एवं पोरहाट वन क्षेत्र है।

रक्षित वन

वैसे वन जिनमें पशुओं को चराने एवं एक सीमा तक लकड़ी काटने की अनुमति सरकार के द्वारा प्रदान की जाती है, 'रक्षित वन' कहलाता है। इन वनों का कुल क्षेत्रफल 19,185 वर्ग कि.मी. है, जो कुल वन क्षेत्र का 81.28 प्रतिशत है। इनका सर्वाधिक विस्तार हजारीबाग में है। इसके बाद गढ़वा, पलामू, राँची, लातेहार का स्थान है।

अवर्गीकृत वन

वैसे वन जिनमें पशुओं को चराने तथा लकड़ी काटने के लिए सरकार का कोई प्रतिबंध नहीं होता, लेकिन सरकार इसके लिए शुल्क लेती है, 'अवर्गीकृत वन' की श्रेणी में आते हैं। इनका कुल क्षेत्रफल 33 वर्गकिलोमीटर है, जो कुल वन क्षेत्र का 0.14 प्रतिशत है। राज्य में इस तरह के वन साहेबगंज, पश्चिम सिंहभूम, दुमका, हजारीबाग, पलामू एवं गुमला में पाए जाते हैं।

वन संपदा

वनों से प्राप्त होनेवाली उपजों को वन संपदा के अंतर्गत शामिल किया जाता है। इनको दो वर्गों में रखा जाता है—

मुख्य उपज

मुख्य उपज में केवल लकड़ियों के उत्पादन को गिना जाता है। झारखंड में जिन वृक्षों की लकड़ियों को वृहद् उपयोग में लाया जाता है, उनका संक्षिप्त विवरण इस प्रकार है—

साल—ये वृक्ष लगभग संपूर्ण झारखंड क्षेत्र में मिलते हैं। साल को झारखंड का राजकीय वृक्ष का दरजा प्राप्त है। यह वृक्ष यहाँ की जनजातीय समाज में बड़ी धार्मिक महत्त्व की है। इसका उपयोग मकान, फर्श, फर्नीचर, रेल के डिब्बे एवं पटरियों को रखने के लिए स्लैब आदि बनाने में होता है। इसके बीज का उपयोग तेल निकालने के काम में भी आता है।

महुआ—झारखंड में महुआ लगभग सभी जगहों पर पाया जाता हैं। इसके फूल, फल एवं लकड़ी सभी उपयोगी होते हैं। फूल से शराब, पके फलों के बीज से तेल निकाला जाता है। कच्चे फलों को सब्जी के रूप में उपयोग किया जाता है। इसकी लकड़ियाँ काफी मजबूत होती हैं, जो पानी में भी जल्दी नहीं सड़ती।

शीशम—राज्य में उत्तरी एवं मध्यवर्ती क्षेत्रों में शीशम का वृक्ष अधिकांशतः मिलते हैं। इसकी लकड़ियाँ चिकनी और धारदार होती हैं। फर्नीचर बनाने में ये सर्वाधिक उपयोगी माने जाते हैं।

सागौन—सारंडा, पोरहाट और कोल्हान क्षेत्र में अपेक्षाकृत आर्द्र जलवायु होने के कारण इन वृक्षों का रोपण किया जाता है। इसकी लकड़ी बहुत ही मजबूत एवं सुंदर होती है। इनका उपयोग रेल के डिब्बे, हवाई जहाज आदि बनाने में होता है।

हरड़ बहेड़ा—हर्रे का उपयोग दवाई के लिए, जबकि बहेड़ा का उपयोग दवाई एवं लकड़ी के लिए किया जाता है। रंगाई की सामग्री बनाने में भी इनका उपयोग होता है।

सेमल—सेमल की लकड़िया हल्की, मुलायम और सफेद होती है। इनका सर्वाधिक उपयोग पैकिंग के लिए पेटियाँ बनाने में, खिलौने बनाने में होता है। इसकी रूई काफी उपयोगी होती है।

इसके अलावा गम्हार, आम, जामुन, कुसुम, करंज, पैसार, कटहल आदि वृक्ष भी बहुत उपयोगी वृक्ष में आते हैं।

गौण उपज

लाह—भारत में लाह के कुल उत्पादन का 50 प्रतिशत झारखंड में उत्पादन होता है। लेसिफर लक्का या लाह का कीड़ा से इसका उत्पादन होता है। इन कीड़ों की वृद्धि कुसुम, बरगद, सरेस, खैर, अरहर, रीठा, पीपल, बबूल आदि वृक्षों पर होती है। राज्य में इनके कीड़ों को लगाने का कार्य बेर, पलास और कुसुम के वृक्षों पर होता है। लाह के उत्पादन के लिए पश्चिमी राँची जिला, गढ़वा-पलामू-लातेहार क्षेत्र, सिंहभूम क्षेत्र, संथाल परगना क्षेत्र और हजारीबाग क्षेत्र प्रमुख हैं। लाह का उत्पादन चार मौसमों में होता है, जिसके आधार पर वैशाखी, जैठवी, कतकी, अगहनी तरह के लाह होते हैं। ग्रामीणों को लाह की खेती से स्वरोजगार एवं अतिरिक्त आय उपलब्ध कराने के उद्देश्य

से परंपरागत लाह उत्पादन क्षेत्रों के चिह्नित जिलों राँची, खूँटी, पश्चिमी सिंहभूम, लातेहार, सिमडेगा, गुमला, पलामू, सरायकेला, गढ़वा, गिरिडीह, दुमका, देवघर में 1750 संयुक्त वन प्रबंधन समिति एवं स्वयं सहायता समूह के माध्यम से 175000 लाह पोषक वृक्षों पर लाह की खेती वर्ष 2014-15 में की गई है, जिसमें 17500 परिवारों को लाह की खेती से जोड़ा गया है। लाह से संबंधित शोध कार्य के लिए भारतीय कृषि अनुसंधान परिषद् के अंतर्गत झारखंड के नामकोम (राँची) में 1924 ई. में भारतीय लाह शोध अनुसंधान केंद्र (द इंडियन इंस्टीट्यूट ऑफ नेचुरल रेजीन ऐंड गम्स—आई.आई.एन.आर.जी.) की स्थापना की गई है।

केंदू पत्ता—केंदू पत्ता झारखंड के वनोत्पाद में बहुत ही प्रमुख वस्तु एवं अत्यधिक राजस्व का साधन माना जाता है। पलामू, गढ़वा, सिंहभूम, गिरिडीह एवं हजारीबाग जिलों में इसका उत्पादन होता है। केंदू पत्ता का व्यापार अन्य सभी लघु वन उपज संग्रहक की तरह बिक्री हेतु स्वतंत्र नहीं है। इसके लिए सरकार द्वारा बेचने की अनुमति प्रदान किया जाता है। केंदू पत्ता व्यापार में ठेकेदारों की भूमिका नगण्य करने, प्राथमिक संग्रहकों को केंदू पत्ता संग्रहण के बदले उचित मजदूरी का भुगतान करने के उद्देश्य से झारखंड राज्य केंदू पत्ता नीति, 2015 को दिनांक 27.01.2016 से अधिसूचित की गई है।

तसर/मलवरी/रेशम—भारत के कुल तसर उत्पादन का 60 प्रतिशत झारखंड में उत्पादन होता है। झारखंड में लगभग 1.3 लाख जनसंख्या इसमें संलग्न है। रेशम के उत्पादन में साल, अर्जुन, आसन एवं शहतूत वृक्षों की आवश्यकता होती है। राँची के नगड़ी में भारत सरकार ने 'तसर अनुसंधान केंद्र' स्थापित किया है। रेशम आधारित उत्पादों के विकास के लिए झारखंड सरकार ने 2006 ई. में 'झारखंड सिल्क, टेक्सटाइल एवं हैंडीक्राफ्ट डेवलपमेंट कॉरपोरेशन' (झारक्राफ्ट) की स्थापना की है।

इनके अलावा साल बीज, महुआ बीज, महुआ पत्ता, बाँस, चिरौंजी, ईमली, आँवला, कत्था आदि महत्त्वपूर्ण वन उत्पाद है। ग्रामीणों की आय में वृद्धि हेतु लाह के अतिरिक्त पत्तल निर्माण, सेवई घास से रस्सी निर्माण, मधुमक्खी पालन, काजू-प्रसंस्करण एवं बाँस से बम्बू क्राफ्ट इत्यादि के निर्माण हेतु मशीन एवं विपणन के लिए राशि उपलब्ध कराई गई है।

वन नीति—स्वतंत्र भारत की प्रथम वन नीति 1952 में बनी थी। 1952 से 1988 के बीच वनों का इतना विनाश हुआ कि वनों और उनके उपयोग पर एक नई नीति बनाना आवश्यक हो गया। पहले की वन नीतियों का केंद्र केवल राजस्व का सृजन था। 1980 के दशक में स्पष्ट हो गया कि वनों का संरक्षण उनके अन्य कार्यों के लिए भी आवश्यक है, जैसे मृदा और जल व्यवस्थाओं के संरक्षण के लिए, जो परितंत्र को सुरक्षित रखने में सहायक होते हैं। इनमें स्थानीय निवासियों के लिए वनों से प्राप्त

वस्तुओं और सेवाओं के उपयोग की व्यवस्था भी होनी चाहिए। इन्हीं बातों को ध्यान में रखते हुए 1988 ई. में राष्ट्रीय वन नीति की घोषणा की गई।

भारत की राष्ट्रीय वन नीति, 1988 के अनुसार किसी प्रदेश के कुल क्षेत्रफल के 33.33 प्रतिशत भाग पर वन का विस्तार होना चाहिए। झारखंड के कुल क्षेत्रफल का 29.61 प्रतिशत भाग पर वन हैं। राज्य में वन क्षेत्र को 33 प्रतिशत से अधिक करने के लिए झारखंड सरकार ने वन नीति बनाई है, जिसमें निम्न बातों का उल्लेख है—

1. प्रत्येक गाँव में एक वन समिति होगी, जिसमें गाँव के प्रत्येक परिवार का एक सदस्य होगा। राज्य में 200 वन समितियों का गठन किया गया है।
2. ग्रामीणों की आवश्यकतानुसार वृक्षारोपण किया जाएगा।
3. वन उत्पादों को सरकारी एजेंसियों के माध्यम से खरीद की जाएगी।
4. वनों की सुरक्षा का भार ग्रामीण और वन विभाग दोनों के ऊपर होगा।

वन प्रबंधन

झारखंड में वन प्रबंधन का सर्वप्रथम प्रयास 1882/85 में जे.एफ. हेबिट द्वारा किया गया था। इसी आलोक में तत्कालीन बंगाल सरकार ने 1909 में वनों की सुरक्षा के लिए एक समिति गठित की थी। आजादी के पूर्व यहाँ पर 95 प्रतिशत वन निजी थे, जिनका सरकारीकरण हुआ। राज्य में 33 प्रतिशत या उससे ज्यादा वन क्षेत्र बनाने के लिए वन प्रबंधन की आवश्यकता है।

राज्य में वनों के बेहतर प्रबंधन के उद्देश्य से 31 प्रादेशिक प्रमंडलों, 10 सामाजिक वानिकी प्रमंडलों एवं 04 विश्व खाद्य कार्यक्रम प्रमंडलों का सृजन किया गया है, जिनके माध्यम से वनों एवं वन्य प्राणियों के प्रबंधन, संवर्धन एवं विकास का कार्य किया जाता है। झारखंड राज्य में वनों के प्रबंधन का दायित्व प्रधान सचिव/सचिव, वन, पर्यावरण एवं जलवायु परिवर्तन विभाग के अतिरिक्त भारतीय वन सेवा सवंर्ग के पदाधिकारियों, राज्य वन सेवा संवर्ग के पदाधिकारियों, वनों के क्षेत्र पदाधिकारियों, वन परिसर पदाधिकारियों एवं वन उप परिसर पदाधिकारियों का है। विभाग में वनों के प्रबंधन, संवर्धन, संरक्षण एवं सुरक्षा तथा विकास योजनाओं के कार्यान्वयन हेतु प्रधान मुख्य वन संरक्षक का पद स्वीकृत है।

- वनों के प्रबंधन एवं संरक्षण में व्यापक जन सहभागिता सुनिश्चित करने के उद्देश्य से राज्य सरकार द्वारा संयुक्त वन प्रबंधन संकल्प 2001 में यथा संशोधित प्रतिपादित किया गया है, जिसके आलोक में 10903 संयुक्त वन प्रबंधन समितियाँ गठित की गई हैं एवं वनों के विकास एवं संरक्षण हेतु

योजनओं के क्रियान्वयन के लिए राज्य के सभी प्रादेशिक वन प्रमंडलों में 35 वन विकास अभिकरण का गठन एवं निबंधन कार्य पूर्ण किया गया है।

- राज्य में 9 लाख हेक्टेयर से ज्यादा बंजर भूमि है। इस भूमि पर वन रोपण का कार्य किए जा रहे हैं।
- वन प्रबंधन प्रशिक्षण के लिए राँची में बिरसा कृषि विश्वविद्यालय से संबद्ध वानिकी कॉलेज में एक वानिकी संकाय स्थापित की गई है।
- दसवीं पंचवर्षीय योजना के अंतर्गत झारखंड के 3424 वर्ग कि.मी. क्षेत्र में वन लगाने का लक्ष्य रखा गया है।
- राज्य में कई स्थायी पौधशालाओं की स्थापना की गई है।
- शहरी वानिकी के माध्यम से राज्य के नगरों में वृक्षारोपण किया जा रहा है।
- सामाजिक वानिकी से ग्रामीण जनसंख्या की वनों पर निर्भरता कम कर उनकी आवश्यकताओं की पूर्ति कराने का काम भी किया जा रहा है।
- वन समितियाँ गठित कर वन क्षेत्रों के प्रबंधन एवं संरक्षण कार्य किए जा रहे हैं।
- निजी वन भूमि पर वृक्षारोपण के लिए मुख्यमंत्री जनवन योजना की शुरुआत की गई है।
- बाँस वृक्ष के रोपण पर विशेष बल दिया जा रहा है।
- राज्य में 116 स्थायी नर्सरी को और अधिक उन्नत बनाया जा रहा है।
- जंगली जानवरों के आक्रमण से किसी व्यक्ति की मृत्यु होने पर 2.5 लाख रुपए दिया जाएगा।
- ग्रामीणों के आय के संसाधन बढ़ाने हेतु Self Help Group एवं ग्राम वन प्रबंधन समितियों के माध्यम से पलास एवं कुसुम के पौधों पर लाह उत्पादन हेतु निःशुल्क प्रशिक्षण, प्रयुक्त होनेवाले मशीन एवं टूल्स तथा बीहन लाह उपलब्ध कराया जा रहा है।
- इ-गवर्नेंस के तहत विभागीय बेवसाइट तैयार की गई है, ताकि सूचनाएँ तुरंत उपलब्ध हो सके—forest dept.official website forest.jharkhand.gov.in
- जनसाधारण में प्रकृति के प्रति लगाव उत्पन्न करने, विशेषकर उन्हें वन्य प्राणियों एवं संरक्षित क्षेत्रों के संरक्षण के प्रति जागरूक करने के लिए संरक्षित क्षेत्रों तथा इनके बाहर उपयुक्त वन क्षेत्रों में Environmental Friendly, sustainable तरीके से ईको-टूरिज्म को प्रोत्साहित करने के लिए ईको-टूरिज्म नीति, 2015, अक्तूबर, 2015 में अधिसूचित की गई है।
- अधिसूचित वन भूमि, गैर-वन भूमि पर मुख्य रूप से स्थल विशिष्ट वनरोपण

योजनाएँ, भूसंरक्षण योजना, शीघ्र बढ़नेवाले पौधे की योजना, तसर वनरोपण, शीशम वनरोपण के लिए वित्तीय वर्ष 2015-16 में 6900 लाख का बजट उपबंध स्वीकृत है।

- पथ-तट रोपण सह शहरी वानिकी योजना के अंतर्गत आम नागरिकों को स्वच्छ, स्वास्थ्य कारक एवं आरामदेह वातावरण उपलब्ध कराने के उद्देश्य से सड़कों के किनारे, सरकारी परिसरों तथा स्कूलों, कॉलेजों, सरकारी कार्यालयों, पहाड़ियों इत्यादि पर उपयुक्त छायादार/फलदार एवं फूलदार/इमारती काष्ट/अन्य सौंदर्यकारक प्रजातियों का वृक्षारोपण किया जा रहा है।
- स्थायी पौधशाला एवं सीड ऑर्चर्ड्स योजनांतर्गत मुख्य रूप से बॉस गैबियन वृक्षारोपण हेतु औसतन 5 से 8 फीट लंबे पौधे तैयार किए जा रहे हैं।

वन प्रबंधन में संयुक्त वन प्रबंधन की नीति एक सफल और उपयोगी नीति है, जो वनों के प्रति आम नागरिकों में उनके कर्तव्यों के प्रति जागरूकता उत्पन्न करती हैं। झारखंड में वन संवर्धन और प्रबंधन की विधिवत् शिक्षा के लिए राँची में बिरसा कृषि विश्वविद्यालय से संबद्ध वानिकी कॉलेज में वानिकी संकाय स्थापित है। केंद्र संपोषित राष्ट्रीय वानिकीकरण योजना से राज्य में 18 प्रादेशिक एवं वन्य प्राणी प्रमंडलों में वन विकास अधिकरण का गठन हुआ है, जिनकी योजनाओं के कार्यान्वयन के लिए केंद्र सरकार से राशि उपलब्ध कराई जाती है।

झारखंड में प्राकृतिक संसाधनों के बेहतर प्रबंधन के लिए वन अभिलेखों एवं वन सीमाओं का डिजिटेलाइजेशन एवं जियोरेफरेंसिंग करने की योजना है। राज्य में वन भूमि को चिह्नित करने के लिए कुल 10,66,039 सीमा स्तंभ का निर्माण कराया जाना है। वित्तीय वर्ष 2015-16 में 80,088 सीमा स्तंभों का निर्माण कराया जाएगा। शेष सीमा स्तंभ अगले 10 वर्षों में पूरा करने की योजना है। वन अभिलेखों का डिजिटेलाइजेशन तथा जियोरेफरेंसिंग वन भूमि से संबंधित कार्यों के क्रम में कुल-15,000 केड्रस्टल मानचित्रों में से 13,900 मानचित्रों का कार्य पूर्ण किया गया है। शहरी क्षेत्रों में अवस्थित पार्कों के प्रबंधन एवं विकास हेतु झार-पार्क्स का गठन कर उसका निबंधन किया गया है।

वन्य जीव-जंतु एवं संरक्षण

भारत में वन्य जीवन संरक्षण की योजनाओं के क्रियान्वयन एवं निर्देशन करनेवाला शीर्ष संस्थान भारतीय वन्य जीवन बोर्ड है। इसके अध्यक्ष प्रधानमंत्री होते हैं। वन्य जीवन (सुरक्षा) अधिनियम, 1972 जम्मू और कश्मीर को छोड़कर शेष अन्य राज्यों पर लागू किया जा चुका है। इस अधिनियम में वन्य जीवन के संरक्षण एवं विलुप्त होती जा

रही प्रजातियों के संरक्षण के लिए दिशा-निर्देश दिया गया है। इसके द्वारा दुर्लभ और खत्म होती जा रही प्रजातियों के व्यापार पर रोक लगा दी गई है। झारखंड में बेतला नेशनल पार्क, जिसकी स्थापना 1986 ई. में की गई थी। एक मात्र राष्ट्रीय दरजा प्राप्त उद्यान है। इसके अलावा ग्यारह वन्य जीवन अभ्यारण्य आश्रयणी-शरणस्थली एवं कई जैविक उद्यान हैं। हाथी परियोजना की शुरुआत दलमा वन्य जीव अभ्यारण्य से हुई। भारत सरकार द्वारा देश का प्रथम गज संरक्षण केंद्र पूर्वी सिंहभूम में स्थापित है। साहेबगंज क्षेत्र पर राजमहल की पहाड़ियों पर 'नेचर क्लब' द्वारा राजमहल 'जीवाश्म उद्यान' विकसित किया गया है। 'टाटा स्टील जंतु उद्यान' जमशेदपुर में स्थित है। 2002 झारखंड वन्य प्राणी गणना के अनुसार राज्य में कुल बाघ-34, तेंदुआ-164, हाथी-758, लंगूर-44920, बंदर-64685, बनैया सूअर-18550, नीलगाय-1262, सांभर-3052, स्लोथ भालू-1808 संख्या पाई गई है। 'वन्य प्राणी पर्यावास का समेकित विकास (केंद्र प्रायोजित, 50:50)' योजना से राज्य के एक राष्ट्रीय उद्यान एवं 11 वन्य प्राणी आश्रयणियों में विकास एवं रख-रखाव के कार्य किए जा रहे हैं।

झारखंड का वन्य प्राणी संरक्षित क्षेत्र

क्र.सं.	सुरक्षित क्षेत्र का नाम	जिला का नाम	वन्य प्राणी	कुल क्षेत्र (वर्ग कि.मी.)
1.	बेतला राष्ट्रीय उद्यान	लातेहार	बाघ, हाथी, सांभर	261.67
2.	हजारीबाग वन्य प्राणी आश्रयणी	हजारीबाग	तेंदुआ, हिरण, सांभर आदि	186.25
3.	दलमा वन्य प्राणी आश्रयणी	पूर्वी सिंहभूम	हाथी, तेंदुआ, हिरण	193.22
4.	लावा-लौंग वन्य प्राणी आश्रयणी	चतरा	बाघ, तेंदुआ, सांभर, नीलगाय, हिरण	207.00
5.	पारसनाथ वन्य प्राणी आश्रयणी	गिरिडीह	तेंदुआ, सांभर, हिरण, नीलगाय	43.33
6.	राजमहल पक्षी आश्रयणी	साहेबगंज	कबूतर, चुंडूल, खंजन, मधुमक्खी, बुलबुल	6.65
7.	उधवा जल पक्षी आश्रयणी	साहेबगंज	बनकर, जलकौआ, बटाम खंजन, किंगफिशर	5.65
8.	पालकोट वन्य प्राणी आश्रयणी	गुमला	तेंदुआ, वाइल्ड बोअर्स वाले हिरण	183.18
9.	कोडरमा वन्य प्राणी आश्रयणी	हजारीबाग	तेंदुआ, सांभर, हिरण	177.35
10.	तोपचाँची वन्य प्राणी आश्रयणी	धनबाद	तेंदुआ, वाइल्ड बोअर्स	8.75

			वाले हिरण	
11.	महुआ डांड भेड़िया वन्य प्राणी आश्रयणी	पलामू	भेड़िया, हिरण	63.25
12.	पलामू वन्य प्राणी आश्रयणी	लातेहार	हाथी, सांभर	794.33
13.	गौतमबुद्ध अभ्यारण्य	कोडरमा	चीता, बाघ	177.35

इसके अलावा राज्य में निम्न जैविक उद्यान अवस्थित हैं, जो निम्नवत् हैं—

1. बिरसा भगवान् जैविक उद्यान, ओरमाँझी, राँची में अवस्थित है। यह राष्ट्रीय राजमार्ग 33 पर स्थित है।
2. मगरमच्छ प्रजनन केंद्र, राँची स्थित रूक्का में अवस्थित है।
3. बिरसा मृग बिहार, कालामाटी जंगल, खूँटी में अवस्थित है।
4. जवाहरलाल नेहरू जैविक उद्यान, सिटी पार्क, बोकारो में अवस्थित है।

जंगली जानवरों द्वारा हुई क्षति का मुआवजा

क्षति का प्रकार	मुआवजा राशि की दर
मनुष्य की मृत्यु होने पर	
(क) 18 वर्ष या उससे अधिक आयु के व्यक्ति	2,50,000.00 (दो लाख पचास हजार रुपए)
(ख) 18 वर्ष से कम आयु के व्यक्ति	1,50,000.00 (एक लाख पचास हजार रुपए)

मनुष्य के घायल होने पर

(क) गंभीर रूप से घायल होने पर	
1. 18 वर्ष या उससे अधिक आयु के व्यक्ति	50,000.00 (पचास हजार रुपए)
2. 18 वर्ष से कम आयु के व्यक्ति	50,000.00 (पचास हजार रुपए)

(ख) साधारण/हल्के रूप से घायल होने पर	10,000.00 (दस हजार रुपए)

मनुष्य के स्थायी रूप से अपंग होने पर

(क) 18 वर्ष या उससे अधिक आयु के व्यक्ति	1,50,000.00 (एक लाख पचास हजार रुपए)
(ख) 18 वर्ष से कम आयु के व्यक्ति	1,50,000.00 (एक लाख पचास हजार रुपए)

पूर्ण रूप से क्षतिग्रस्त मकान

(क) पक्का मकान (ढलाईवाला छत)	75,000.00 (पचहत्तर हजार रुपए)
(ख) पक्का मकान (बिना ढलाई वाला छत)	10,000.00 (दस हजार रुपए)
(ग) कच्चा मकान	7,500.00 (सात हजार पाँच सौ रुपए)

गंभीर रूप से क्षतिग्रस्त मकान

(क) पक्का मकान (ढलाईवाला छत)	15,000.00 (पंद्रह हजार रुपए)
(ख) पक्का मकान (बिना ढलाईवाला छत)	10,000.00 (दस हजार रुपए)
(ग) कच्चा मकान	7,500.00 (सात हजार पाँच सौ रुपए)
साधारण रूप से क्षतिग्रस्त मकान	5,000.00 (पाँच हजार रुपए)
भंडारित अनाज	1,000.00 प्रति क्विंटल (एक हजार प्रति क्विंटल) अधिकतम 5,000.00 (पाँच हजार रुपए)
भैंस/गाय/बैल की मृत्यु	10,000.00 (दस हजार रुपए)
बछड़े/बाछी की मृत्यु	3,000.00 (तीन हजार रुपए)
भेड़/बकरा/बकरी की मृत्यु	2,000.00 (तीन हजार रुपए)
फसल की क्षति	10,000.00—प्रति हेक्टेयर अधिकतम 25,000.00 (पच्चीस हजार रुपए)

स्रोत : वन, पर्यावरण एवं जलवायु परिवर्तन विभाग, झारखंड सरकार

□

14. पर्यावरण

- प्रदूषण
- जलवायु परिवर्तन
- पर्यावरण संरक्षण

हमारे जीवन को प्रभावित करनेवाले सभी जैविक और अजैविक तत्त्वों, तथ्यों, प्रक्रियाओं, और घटनाओं के समुच्य से निर्मित इकाई पर्यावरण है। पर्यावरण के जैविक संघटकों में सूक्ष्म जीवाणु से लेकर कीड़े-मकोड़े, सभी जीव-जंतु और पेड़-पौधे सम्मिलित होते हैं। अजैविक संघटकों में जीवनरहित तत्त्व और उनसे जुड़ी प्रक्रियाएँ आती है। जैसे चट्टानें, पर्वत, जल, हवा, ताप आदि।

पर्यावरण को दो मुख्य वर्ग में बाँटते हैं—प्राकृतिक और अप्राकृतिक या मानवकृत। वायु, मिट्टी, जल, पेड़-पौधे एवं जीव-जंतु आदि प्राकृतिक पर्यावरण का अंग है। इनमें वायु, मिट्टी और जल अजैव तथा पेड़-पौधे और जीव-जंतु जैव हैं। ये सभी अंग एक-दूसरे को प्रभावित करते हैं। मानव द्वारा किए गए कार्यों से जब प्राकृतिक वातावरण में बदलाव आ जाता है, तब उसे 'अप्राकृतिक या मानवकृत पर्यावरण' कहते हैं। उद्योगों का विकास, परिवहन मार्गों का विकास, नगरीकरण आदि मानवकृत पर्यावरण के अंग हैं।

जैसे-जैसे मानव ने अपनी आवश्यकताओं की पूर्ति हेतु प्रकृति का दोहन प्रारंभ किया प्राकृतिक पर्यावरण में परिवर्तन होने लगा। धीरे-धीरे परिवर्तन इतना अधिक होने लगा कि पर्यावरणीय असंतुलन की समस्या उत्पन्न हो गया है। प्रकृति के साथ मानव की अंतर्क्रिया इतनी व्यापक हो चुकी है कि उससे सभी जीव-जंतु प्रभाावित हो रहे हैं, जिन्हें 'पर्यावरणीय समस्या' कहते हैं। पर्यावरणीय समस्याओं में प्रदूषण एवं जलवायु परिवर्तन सबसे प्रमुख समस्या है।

मानव की बढ़ती जनसंख्या की आवश्यकताओं को पूरा करने एवं आर्थिक विकास

की गति तीव्र होने से मानव ने प्रकृति के साथ व्यापक छेड़छाड़ किया है, जिससे प्राकृतिक पर्यावरण का संतुलन नष्ट हुआ है। जिससे प्राकृतिक व्यवस्था के अस्तित्व पर ही संकट उत्पन्न हो गया है। अधिकांश पर्यावरणीय समस्याएँ पर्यावरणीय पतन और मानव जनसंख्या और मानव द्वारा संसाधनों के उपभोग में वृद्धि से जुड़ी है। पर्यावरणीय पतन का तात्पर्य पर्यावरण में होनेवाले वैसे परिवर्तन से है, जो अवांछनीय तत्त्वों के प्रवेश से होता है और जिसके कारण किसी क्षेत्र विशेष में या पूरी पृथ्वी पर जीवन को खतरा उत्पन्न करते हैं। अतः इसके अंतर्गत प्रदूषण, जलवायु परिवर्तन, जैव विविधता का क्षरण और अन्य प्राकृतिक आपदाएँ शामिल हैं।

प्रदूषण

प्रदूषण अथवा पर्यावरणीय प्रदूषण पर्यावरण में किसी अवांछनीय पदार्थ (ठोस, द्रव, या गैस) अथवा ऊर्जा (उष्मा, ध्वनि, रेडियोधर्मिता) के प्रवेश को कहते हैं। इस प्रकार के अवांछित तत्त्व को 'प्रदूषक' कहा जाता है। प्रकृति के स्वच्छ जल को हम बड़ी मात्रा में बरबाद या प्रदूषित करते हैं। हम प्लास्टिक जैसी वस्तुएँ अधिकाधिक बना रहे हैं, जिनको एक बार उपयोग करके फेंक दिया जाता है। हम विशाल मात्रा में खाना बरबाद करते हैं, जिसे कचरे के ढेर पर फेंक देते हैं। विनिर्माण की प्रक्रिया में ठोस अपशिष्ट पदार्थ पैदा होते हैं। ऐसे रसायन जो द्रव अपशिष्ट के रूप में बहकर जल को प्रदूषित करते हैं और हवा को प्रदूषित करनेवाली गैसों को भी बढ़ाते हैं। अपशिष्ट की इस बढ़ती मात्रा का प्रबंधन प्रकृति द्वारा नहीं किया जा सकता है। इस प्रकार अपशिष्ट पर्यावरण में जमा होने लगते हैं। इससे अनेक प्रकार के रोग उत्पन्न होते हैं और पर्यावरण पर दूसरे प्रतिकूल प्रभाव पड़ते हैं। वायु प्रदूषण से स्वशन और जल प्रदूषण से पेट संबंधी रोग उत्पन्न होते हैं। अनेक प्रदूषण कैंसर जैसे खतरनाक रोग भी उत्पन्न करते हैं।

प्रदूषण कई प्रकार के होते हैं, जिसका वर्गीकरण प्रदूषक के प्रकार, स्रोत अथवा परितंत्र के जिस हिस्से में उसका प्रवेश होता है, के आधार पर किया जाता है। उपर्युक्त आधार पर प्रदूषण निम्न प्रकार के होते हैं—

- वायु प्रदूषण
- जल प्रदूषण
- ध्वनि प्रदूषण
- मृदा प्रदूषण
- ताप प्रदूषण

वायु प्रदूषण—वायु भिन्न-भिन्न गैसों का मिश्रण है। वायुमंडल में गैसों का

मिश्रण निश्चित अनुपात में है। वायुमंडलीय गैसों की मात्रा में असंतुलन तथा वातावरण में भौतिक, रासायनिक व जैविक तत्त्वों के मिश्रण को 'वायु प्रदूषण' कहते हैं। वर्तमान में मानवीय विकासात्मक क्रियाएँ वायु प्रदूषण का मुख्य कारण हैं, जैसे—

(i) वाहन से निकलने वाले धुएँ, जिसमें सीसा, कार्बन मोनोऑक्साइड, कार्बन डाईऑक्साइड, सल्फर, नाइट्रोऑक्साइड जैसी विषैली गैसें पाई जाती हैं।

(ii) अत्यधिक वन कटाई, जिससे वायुमंडल में नमी की मात्रा कम हुई है, कार्बन डाईऑक्साइड की मात्रा में वृद्धि तथा ऑक्सीजन की मात्रा में कमी आई है।

(iii) खनन कार्य में विस्फोटक के रूप में रासायनिक पदार्थों का उपयोग किया जाता है, जिससे वायुमंडल में धुआँ और धूल की मात्रा में वृद्धि हुई है।

(iv) कृषि कार्य में कीटनाशक का प्रयोग होने से रासायनिक पदार्थ एवं कीटनाशक अनाज के साथ मिलकर शरीर में प्रवेश करता है तथा वायु में मिश्रित होकर वायु को भी प्रदूषित करता है।

जल प्रदूषण—जल में ऐसे घुलनशील अथवा अघुलनशील पदार्थ, जो जल के प्राकृतिक गुणों रंग, गंध, स्वाद आदि में परिवर्तन ला देता है तथा जीवों के स्वास्थ्य पर विपरीत प्रभाव डालता है, 'जल प्रदूषण' कहलाता है। जल प्रदूषण के मुख्य कारण निम्नलिखित हैं—

(i) दैनिक जीवन में उपयोग के बाद पानी प्रदूषित हो जाता है। यह प्रदूषित जल, मल-मूत्र का त्याग, गंदी नालियों का पानी नदी, तलाब तथा शुद्ध जल में मिलता है, जिससे यह जल प्रदूषित हो जाता है।

(ii) औद्योगिक इकाइयों से निकलने वाले पानी और कचरे में अनेक प्रकार के रसायन, अम्ल तथा क्षार मिले होते हैं। यह जल के विभिन्न स्रोतों में मिलकर जल को प्रदूषित करते हैं।

(iii) डिटरजेंट का प्रयोग दिनोदिन बढ़ता जा रहा है। डिटरजेंट के उपयोग के बाद निकला हुआ जल नदी जलाशय आदि में पहुँचकर जल को प्रदूषित कर देता है।

(iv) कीटनाशक तथा कृषि रसायनों का खेती में प्रयोग होने के बाद विषैले रसायन एवं कीटनाशक वर्षा जल में घुलकर नदियों तलाबों आदि में पहुँच जाता है तथा जल को प्रदूषित कर देता है।

ध्वनि प्रदूषण—ध्वनि प्रदूषण का तात्पर्य ऐसी अवांछनीय ध्वनि से है, जो जीवों के शारीरिक, मानसिक स्वास्थ्य और कार्य क्षमता को प्रभावित करती है। मनुष्य 20 से 20,000 हर्टज तक अथवा इतने कंपन्न प्रति सेकंड तक की ध्वनि सुन सकता है। विश्व स्वास्थ्य ने दिन में 45 डेसीबल तथा रात में 35 डेसीबल तक की ध्वनि मानवीय स्वास्थ्य के लिए उपयुक्त बताया है।

ध्वनि प्रदूषण के प्रमुख कारण निम्नलिखित हैं–

(i) प्राकृतिक शोर जो प्राकृतिक प्रकोप जैसे आँधी, तेज वर्षा, तूफान, बिजली की कड़कड़ाहट, भूकंप आदि से उत्पन्न होता है।

(ii) मानव निर्मित शोर प्रदूषण जो कारखाने, मनोरंजन के साधन, परिवहन के साधन आदि से उत्पन्न होता है।

मृदा प्रदूषण—जब भूमि के भौतिक, रासायनिक एवं जैविक गुणों में अवांछनीय परिवर्तन हो जाता है, जिससे भूमि की प्राकृतिक गुणवत्ता तथा उपयोगिता नष्ट हो जाती है तथा जिसका विपरीत प्रभाव मनुष्य तथा अन्य जीवों पर पड़ने लगता है, 'भूमि प्रदूषण' कहलाता है। मानव की बढ़ती आबादी जंगलों की कटाई, तीव्र औद्योगिकरण तथा नगरीकरण के कारण भूमि प्रदूषित हुई है।

भूमि प्रदूषण के निम्नलिखित प्रमुख कारण हैं–

(i) रसायन एवं कीटनाशक का प्रयोग

(ii) प्लास्टिक बैग का प्रयोग

(iii) वनों की कटाई

(iv) जल प्रदूषण

(v) विस्फोटकों का प्रयोग।

ताप प्रदूषण—रासायनिक उद्योग एवं अन्य उद्योग जिसमें जिवाश्म ईंधन व नाभकीय ऊर्जा का प्रयोग किया जाता है तथा उत्पादन इकाइयों में संयंत्रों को ठंडा करने हेतु बहुत अधिक जल का उपयोग होता है। उपयोग के बाद छोड़े गए जल का तापक्रम बहुत अधिक होता है। गरम पानी के इस प्रकार विसर्जन से जलीय पेड़-पौधों और जलीय जंतुओं पर खराब असर पड़ता है।

पर्यावरणीय प्रदूषण का व्यापक प्रभाव जैव विविधता पर पड़ा है। जैव विविधता का अभिप्राय किसी स्थान-विशेष में रहनेवाली विभिन्न प्रजातियों की कुल संख्या और प्रत्येक प्रजाति में पाई जानेवाली आनुवांशिक भिन्नता से है। पृथ्वी पर विभिन्न प्रजातियों के असंख्य जीव निवास करते हैं। ये भिन्न प्रकार के जीव एक-दूसरे से अनेक रूपों में भिन्न होते हुए एक-दूसरे पर निर्भर हैं। एक-दूसरे पर भोजन के लिए निर्भरता का जैव विविधता का कारण पर्यावरण में संतुलन स्थापित होता है। जितनी अधिक जैव विविधता होगी, उतना ही पर्यावरण में अधिक संतुलन होगा। 'जैव विविधता' शब्द का प्रयोग सर्वप्रथम यूजीन लवजॉय ने 1980 में तथा बाद में ड्ब्ल्यू.जी. रोसेन ने 1985 ई. में किया था। प्रतिवर्ष 22 मई को 'अंतरराष्ट्रीय जैव विविधता दिवस' मनाया जाता है। इसे विश्व जैव विविधता संरक्षण दिवस भी कहते हैं। जैव विविधता से भोजन, कपड़ा, लकड़ी, ईंधन तथा चारा जैसी आवश्यकताओं की पूर्ति होती है तथा खाद्यान्न उत्पादन बढ़ाने में

सहायता मिलती है। जैव विविधता से संपन्न वन कार्बन डाईऑक्साइड के प्रमुख अवशोषक होते हैं। जैव विविधता मृदा निर्माण के साथ-साथ उसके संरक्षण में भी सहायक है। जैव विविधता मृदा संरचना को सुधारती है, जल धारण क्षमता एवं पोषक तत्त्वों की मात्रा को बढ़ाती है। यह जल संरक्षण में भी सहायक होती है, क्योंकि यह जलीय चक्र को गतिमान रखती है। वानस्पतिक जैव विविधता भूमि में जल रिसाव को बढ़ावा देती है, जिससे भूमिगत जलस्तर बना रहता है। जैव विविधता पारिस्थितिक तंत्र को स्थिरता प्रदान कर पारिस्थितिक संतुलन को बरकरार रखती है। पौधे तथा जंतु एक-दूसरे से खाद्य शृंखला तथा खाद्य जाल द्वारा जुड़े होते हैं। एक प्रजाति की विलुप्ति दूसरे के जीवन को प्रभावित करती है। इस प्रकार पारिस्थितिकी तंत्र कमजोर हो जाता है। पौधे शाकभक्षी जानवरों के भोजन के स्रोत होते हैं, जबकि जानवरों का मांस मनुष्य के लिए प्रोटीन का महत्त्वपूर्ण स्रोत होता है। जैव विविधता पर्यावरण प्रदूषण के निस्तारण में सहायक होती है। प्रदूषकों का विघटन तथा उनका अवशोषण कुछ पौधों की विशेषता होती है। सदाबहार (कैथरेंथस रोसियस) नामक पौधों में ट्राई-नाईट्रो टॉल्यून जैसे घातक विस्फोटक को विघटित करने की क्षमता होती है। सूक्ष्म जीवों की विभिन्न प्रजातियाँ जहरीले बेकार पदार्थों की साफ-सफाई में सहायक होती हैं। सूक्ष्म जीवों की स्यूडोमोनास प्यूटिडा तथा आर्थोबैक्टर बिस्कोसा में औद्योगिक अपशिष्ट से विभिन्न प्रकार के भारी धातुओं को हटाने की क्षमता होती है। 'राइजोपस एराइजस' नामक कवक में यूरेनियम तथा थोरियम जैसे घातक तत्त्व को हटाने की क्षमता होती है।

झारखंड की जलवायु तथा उसकी भौगोलिक स्थिति झारखंड को जैव विविधता में काफी धनी राज्य बनाता है। झारखंड के जंगलों में कई तरह के पेड़, औषधीय पौधे, घास, फूल इत्यादि मौजूद है। यहाँ पर पिठोरिया घाटी, नेतरहाट की पहाड़ी, सारंडा का जंगल, पारसनाथ की पहाड़ी, दलमा की पहाड़ी इत्यादि जैव विविधिता से पूर्ण हैं। झारखंड से होकर बहनेवाली नदियाँ जैसे कोयल, दामोदर और स्वणरिखा के क्षेत्र के जंगल जैव विविधता में धनी है, लेकिन बढ़ता पर्यावरण प्रदूषण जैव विविधता क्षरण का प्रमुख कारण है। पर्यावरण प्रदूषण के लिए जीव नाशक, औद्योगिक रसायन तथा अपशिष्ट आदि मुख्यरूप से उत्तरदायी हैं। विदेशी मूल के पौधों के उगने से देशी प्रजातियाँ विस्थापित एवं विलुप्तप्राय हो रही है। अंधाधुंध शिकार के कारण भी जानवरों की बहुत सारी प्रजातियाँ विलुप्ति के कगार पर पहुँच गई है। विकास कार्यों तथा कृषि के विस्तार के कारण जंगलों को बड़े पैमाने पर नष्ट किया गया है, जिसके कारण वनों में जैव विविधता का क्षरण हुआ है। जैव विविधता के संरक्षण का आशय जैविक संसाधनों के प्रबंधन से है, जिससे उनके विस्तृत इस्तेमाल के साथ-साथ गुणवत्ता भी बनी रहे।

पर्यावरण संबंधी नीतियों और कार्यक्रमों का कार्यान्वयन का अधिकार वन, पर्यावरण

एवं जलवायु परिवर्तन विभाग, झारखंड सरकार को है। इस विभाग का मुख्य कार्य क्षेत्र राज्य के प्राकृतिक संसाधनों जिसमें वन और वन्य जीव, जैव विविधता इत्यादि का संरक्षण करना तथा वन्य प्राणियों के संवर्धन के साथ-साथ प्रदूषण रोकना है। वन पर्यावरण का सबसे अभिन्न हिस्सा है। झारखंड में वनों की अधिकता है। वन, पर्यावरण एवं जलवायु परिवर्तन विभाग, झारखंड सरकार के अनुसार 2015 ई. में 23605 वर्ग कि.मी. क्षेत्रफल पर वनावरण है। जो झारखंड के कुल क्षेत्रफल का 29.61 प्रतिशत है। राज्य के पर्यावरण को स्वच्छ बनाने हेतु व्यापक पैमाने पर वन रोपण अभियान चलाया जा रहा है। 2014-15 में 5,45,000 वृक्ष लगाए गए हैं। झारखंड जैसे राज्य में पर्यावरण को सर्वाधिक हानि वनों की कटाई से हुई है। वनों की कटाई के क्रम में अनेक दुर्लभ प्रजाति के वृक्ष लुप्त होने लगे हैं, जिसे बचाने के लिए सरकार द्वारा अनेक कदम उठाए गए हैं। जैसे अफ्रीकी मूल का कल्पतरू वृक्ष, जो चिकित्सीय महत्त्व का वृक्ष है, भारत में इसकी संख्या मात्र 9 है, जिसमें 4 राँची में है। अति शुष्क वातावरण के इस वृक्ष में जल भंडारण की अत्यधिक क्षमता होती है तथा इसमें कार्बोहाईड्रेट, फाइबर, प्रोटीन और कैल्सियम पर्याप्त मात्रा में पाया जाता है। इसी प्रकार के विलुप्तप्राय प्रजाति के पौधों में से एक माखन कटोरी और शिवलिंगम फूल की प्रजाति है, जिसे संरक्षित करने का कार्य किया जा रहा है।

शिवलिंगम फूल काफी आकर्षक होता है। लाल और सफेद रंग के ये फूल मनमोहक खुशबू बिखेरते हैं। यह हिमाचल प्रदेश की तराई क्षेत्र में पाया जाता है। इसके फूल से आसपास काफी दूर तक का क्षेत्र सुगंधित हो जाता है। देवघर में रूट काँवरिया पथ में इसे लगाया जा रहा है। इसके अलावा प्रदेश में रूद्राक्ष, हाथी कुंभी, सोला छाल और मेध के पेड़ों पर रिसर्च किया जा रहा है। मेध का पेड़ काफी संख्या में पाया जाता था, लेकिन इसकी संख्या घटती जा रही है। इसके छाल का उपयोग अगरबत्ती बनाने में किया जाता है। रूद्राक्ष, जो मूल रूप से हिमालय की तराई में पाया जाता है, इस पर भी रिसर्च कर बीज तैयार किया जा रहा है। सखुआ का पेड़, जो झारखंड का प्रमुख वृक्ष है। इससे पेड़ के आसपास पौधों को प्राकृतिक रूप से जैव विविधता में सहयोग मिलता है। पर्यावरण के दृष्टिकोण से काफी बेहतर है। एशिया के सबसे घने जंगल सारंडा में काफी संख्या में पाया जाता है, लेकिन तस्करी के कारण इसकी संख्या में कमी आई है। पहले जंगलों में बीज गिरने से या पेड़ की शाखा से ही यह तैयार हो जाता था, लेकिन पर्यावरणीय प्रदूषण एवं जलवायु परिवर्तन के कारण ऐसा नहीं हो पा रहा है। अत: अब वनरोपण द्वारा इसे लगाया जा रहा है। देवघर और राँची में प्रयोगात्मक रूप से 10 हेक्टेयर में इसे लगाया गया है।

पर्यावरण संरक्षण को बढ़ावा देने के लिए बंजर भूमि पर वृक्षारोपण पर बल दिया

जा रहा है। इसके लिए व्यावसायिक इस्तेमाल के पौधे लगाए जा रहे हैं। शीतल का उत्पादन इसी योजना के तहत किया जा रहा है। शीतल का उपयोग रस्सी बनाने में होता है, जो काफी मजबूत होती है। इसके लिए वन विकास निगम द्वारा प्रस्ताव तैयार किया जा रहा है, जिसमें बंजर भूमि पर शीतल की खेती की जाएगी, जिसका लाभ भूमि मालिक को दिया जाएगा। लातेहार में वन विभाग का अनुसंधान केंद्र इस पर शोध कार्य कर रहा है। राज्य में कई ऐसे क्षेत्र हैं, जहाँ खेती नहीं होती है, भूमि बंजर है, वर्षा की मात्रा कम है, वैसे क्षेत्रों में इसकी खेती हो सकती है; क्योंकि कम बारिश इसके लिए उपयुक्त है।

विलुप्तप्राय होनेवाले जीव-जंतु एवं पक्षियों की अनेक प्रजातियाँ पर्यावरण असंतुलन का कारण बन रही है। इन पक्षियों में गिद्ध प्रमुख है। गिद्ध प्राकृतिक रूप से मृत पशुओं को खाकर पर्यावरण को शुद्ध रखते हैं। इसलिए इन्हें प्राकृतिक सफाईकर्मी के रूप में जाना जाता है। गिद्ध की 9 प्रजातियाँ पाई जाती है, जिसमें से IUCN की सूची के अनुसार 3 प्रजातियाँ विलुप्ति के कगार पर हैं। झारखंड में गिद्धों की 3 प्रजातियाँ जिप्स बेंगलेंसिस, जिप्स इंडिकस एवं अजिप्शियन गिद्ध पाई जाती है। इनमें से दो प्रजातियाँ जिप्स बेंगलेंसिस तथा जिप्स इंडिकस सिर्फ हजारीबाग में बचे हैं और दोनों ही विलुप्ति के कगार पर हैं। इन गिद्धों के अधिकतर घोसलें युकेलिप्टस, शीशम, सेमल, ईमली और पीपल के पेड़ों पर पाए जाते हैं। 2013 में इनकी संख्या 250-300 के बीच होने का अनुमान है तथा 17 बच्चे देखे गए हैं। 1980 के दशक में इनकी संख्या हजारों में थी। पिछले 28 सालों में इनकी संख्या में 97 प्रतिशत की कमी आई है। इनके विलुप्ति का मुख्य कारण 'डाईक्लोफेनेक' दर्द निवारक दवा है। इसका प्रयोग पशु इलाज में बड़े पैमाने पर होता है। इलाज के बाद डाईक्लोफेनेक जानवर के शरीर में बचा रह जाता है। इन्हीं डाईक्लोफेनेक युक्त मृत पशुओं के भक्षण से गिद्धों के गुरदे एवं यकृत खराब हो जाते हैं, जिससे इनकी मृत्यु हो जाती है। नियो ह्यूमन फॉउंडेशन, हजारीबाग के द्वारा गिद्ध संरक्षण एवं प्रजनन केंद्र पिंजोर के सहयोग से 2008 एवं 2012 में डाईक्लोफेनेक सर्वे कराया गया। इस सर्वे के आधार पर स्पष्ट हुआ है कि झारखंड में अभी भी डाईक्लोफेनेक दवा का उपयोग हो रहा है। इसके विलुप्ति का एक और कारण अंधाधुंध पेड़ों की कटाई है, जिससे इनका प्राकृतिक आवास ऊँचे-ऊँचे पेड़ नष्ट हो रहे हैं।

वन्य जीव संरक्षण अधिनियम, 1972 के अनुसूची-1 में गिद्ध को संरक्षण प्राप्त है। इस ऐक्ट के अनुसार, किसी भी तरह से नुकसान पहुँचाना कानूनन जुर्म है। ऐसा करने पर कम-से-कम 3 से 7 साल की सजा या 25 हजार रुपए जुर्माना या दोनों हो सकता है। पशुओं में डाईक्लोफेनेक दवा का इस्तेमाल भारत सरकार द्वारा प्रतिबंधित कर दिया गया है। गिद्ध पर्यावरण संरक्षण में महत्त्वपूर्ण भूमिका निभाते हैं। ये पर्यावरण

संतुलन के लिए अत्यंत महत्त्वपूर्ण हैं।

वन एवं इसके आसपास रहनेवाले लोगों को वृक्षारोपण से जोड़ने के लिए वन पट्टा का नियम सरल बनाया जा रहा है। वन विभाग में वन पट्टा प्राप्त करनेवालों का नाम रजिस्टर-दो में दर्ज करने का आदेश दिया है। इसमें पट्टा पानेवाले की पूरी विवरणी दर्ज रहेगा। ऐसे भूमि का दाखिल खारिज नहीं होगा, क्योंकि वनभूमि का लगान तय करने का अधिकार सरकार के पास है। जंगलों के विस्तार एवं वृक्षारोपण को अधिक पारदर्शी बनाने के लिए वन विभाग के अधिकारियों को इलाके में भ्रमण कर रिपोर्ट देने के लिए तकनीकी का प्रयोग किया जा रहा है। इस काम के लिए अधिकारियों को विभाग की ओर से मोबाइल पर 'प्लांटेशन मैनेजमेंट इंफोर्मेशन सिस्टम' (PMIS) और 'नर्सरी मैनेजमेंट इन्फोरमेशन सिस्टम' (NMIS) एप्लीकेशन उपलब्ध कराए गए हैं। इसके जरिए अधिकारियों एवं कर्मचारियों को नर्सरी में उगाए जानेवाले पौधों और प्रतिदिन निकाले जानेवाले पौधों का फोटो भेजना होगा। वन विभाग के अधिकारी चेक डैम निर्माण, तालाब, जंगल, पानी और पथ मरम्मत की अद्यतन जानकारी के लिए मोबाइल एप्लीकेशन तैयार कर रहा है। इस तकनीक के जरिए काम में पारदर्शिता आएगी।

राज्य में वन आच्छादित क्षेत्रों को बढ़ाने के लिए पूरे राज्य में 2015 ई. में 'मुख्यमंत्री जन वन योजना' की शुरुआत की गई है। यह निजी भूमि पर वृक्षारोपण प्रोत्साहन एक महत्त्वकांक्षी योजना है। इस योजना के अंतर्गत प्रति एकड़ काष्ठ प्रजाति के 445 पौधे तथा फलदार प्रजाति के 160 पौधों का रोपण किया जा सकेगा। मेड़ पर काष्ठ प्रजाति के 445 पौधे लगाने पर इसे एक एकड़ के समतुल्य माना जाएगा। इस योजना के तहत एक लाभुक के लिए वृक्षारोपण की न्यूनतम सीमा एक एकड़ एवं अधिकतम सीमा 50 एकड़ होगी। प्रोत्साहन स्वरूप वृक्षारोपण एवं उसके रख-रखाव पर हुए व्यय के 50 प्रतिशत अंश की प्रतिपूर्ति विभाग द्वारा की जाएगी।

झारखंड राज्य में सिंचाई परियोजनाओं के पर्यावरणीय पहलू पर भी सरकार द्वारा विशेष बल दिया जा रहा है। इस पृष्ठभूमि में राज्य की वृहद् सिंचाई परियोजना स्वर्णरेखा बहुदेशीय परियोजना में स्वर्णरेखा नदी से सिंचाई संवर्धन पर बल दिया गया है। इसी उद्देश्य से स्वर्ण रेखा नदी को संरक्षित करने के लिए उसे प्राकृतिक सौंदर्य में प्रवाहमान होने के लिए कार्ययोजना बनाई जा रही है।

पर्यटन के दौरान मानवीय क्रिया कलापों के कारण पर्यावरणीय पतन की समस्या उत्पन्न हो रही है। इसके समाधान के लिए जन साधारण में प्रकृति के प्रति लगाव उत्पन्न करने, विशेषकर उन्हें वन्य प्राणियों एवं संरक्षित क्षेत्रों के संरक्षण के प्रति जागरूक करने के लिए संरक्षित क्षेत्रों तथा इनके बाहर उपर्युक्त वन क्षेत्र में पर्यावरणीय फ्रेंडली

एवं टिकाऊ (सतत) तरीके से ईको-टुरिज्म को प्रोत्साहित किया जा रहा है। इसके लिए सरकार द्वारा 'झारखंड ईको-टूरिज्म नीति' अधिसूचित की गई है। इस योजना के तहत प्रथम चरण में राज्य के निम्नलिखित क्षेत्रों को विकसित करने का कार्य प्रारंभ किया गया है—

- फॉसिल पार्क, साहेबगंज
- पारसनाथ, गिरिडीह,
- कैनहरी हिल, हजारीबाग
- त्रिकुट पर्वत, देवघर
- तिलैया डैम, कोडरमा
- पलामू व्याघ्र परियोजना, पलामू
- नेतरहाट, लातेहार
- दलमा गज अभ्यारण्य, जमशेदुपर।

'ईको टूरिज्म' के अंतर्गत मूलभूत संरचनाएँ जैसे—सड़क, बिजली, पानी की व्यवस्था, पर्यटकों के ठहरने हेतु आवासीय सुविधाएँ एवं मनोरंजन हेतु साधन उपलब्ध कराए जाएँगे। साथ ही 'ईको टूरिज्म' को बढ़ावा देने हेतु वन पदाधिकारियों, कर्मचारियों एवं स्थानीय लोगों को प्रशिक्षित किया जाएगा। क्षमता वर्धन के लिए स्थानीय गावों में ईको टूरिज्म विषय पर प्रशिक्षण देकर 'नेचर गाइड' के रूप में प्रशिक्षित किया जाएगा।

पर्यावरण को सुरक्षित बनाए रखने के लिए जल स्रोतों को प्राकृतिक स्वरूप में बनाए रखने की आवश्यकता है। इसके लिए राज्य सरकार ने 2016 ई. में मनरेगा योजना के तहत डोभा निर्माण का कार्य प्रारंभ किया है। पूरे राज्य में 6 लाख डोभा का निर्माण करना है, जिसमें से 30 प्रतिशत डोभा निर्माण का कार्य जून 2016 तक किया जा चुका

है। डोभा निर्माण का मुख्य उद्देश्य है—सूखे की समस्या से निपटना। डोभा (वर्षा जल संचयन इकाई) का आकार कृषक भूमि के क्षेत्रफल के अनुसार होगा। किसान के खेत की आवश्यकतानुसार यह आकार 20×20×10 तथा 30×30×10 हो सकता है। 2016-2017 के बजट में डोभा निर्माण के लिए 200 करोड़ रुपए प्रस्तावित है।

झारखंड में वन सेवा सुदृढीकरण के लिए 33 करोड़ रुपए स्वीकृत किए गए हैं। वन विकास परियोजनाओं के कार्यान्वयन के लिए नाबार्ड से 17.87 करोड़ ऋण लेने की स्वीकृति प्रदान की गई है। झारखंड राज्य के शहरी क्षेत्र में पर्यावरण के संरक्षण तथा पर्यावरण प्रदूषण, जलवायु परिवर्तन के प्रति नागरिकों में जागरूकता पैदा करने के उद्देश्य से छोटे मनोरंजन उद्यान आदि का निर्माण वन विभाग द्वारा किया जा रहा है। ग्रामीणों को लाह की खेती से स्वरोजगार एवं अतिरिक्त आय उपलब्ध कराने के उद्देश्य से परंपरागत लाह उत्पादन क्षेत्रों के चिह्नित जिलों राँची, खूँटी, प. सिंहभूम, लातेहार, सिमडेगा, गुमला, पलामू, सरायकेला, गढ़वा, गिरिडीह, दुमका देवघर आदि में 1750 संयुक्त वन प्रबंधन समिति, स्वयं सहायता समूह के माध्यम से 1,75,000 लाह पोषक वृक्षों पर लाह की खेती वर्ष 2014-15 में की गई है, जिसमें 17,500 परिवारों को लाह की खेती से जोड़ा गया है। कैंपा के अंतर्गत भारत सरकार से प्राप्त राशि से वित्तीय वर्ष 2014-15 में वन भूमि में 8867.38 हेक्टेयर में कुल 1,44,03,508 पौधे रोपित किए गए तथा 36000 गैबियन में वृक्षरोपण किया गया।

वनबंधु योजना के तहत जनजातीय कार्य मंत्रालय भारत सरकार से वर्ष 2015-16 में 2 करोड़ की राशि की स्वीकृति प्रदान की गई है। पाकुड़ जिले के लिट्टीपाड़ा प्रखंड को पायलट प्रखंड के रूप में चयन किया गया है। जिसमें आवश्यक मानव संपदा एवं कार्यालय संरचना, जल संचयन संरचना के अंतर्गत नया तालाब एवं चेक डैम तथा स्वास्थ्य क्षेत्र में आजीविका संवर्धन स्वास्थ्य केंद्र एवं एंबुलेंस क्रय की योजनाएँ ली गई हैं, जिसे अगले छह माह में पूर्ण कराने का लक्ष्य है। वन अधिकार अधिनियम के अंतर्गत वनों में रहनेवाले अनुसूचित जनजाति एवं अन्य परंपरागत वन्य निवासी, जो वर्ष 2006 से पूर्व से वनों में निवास कर रहे हैं एवं जीवनयापन हेतु वनोत्पाद पर निर्भर हैं, को वन भूमि का पट्टा वितरण किया जाता है।

पर्यावरण को हानि पहुँचाने वाले कारणों में एक प्रमुख कारण महानगरों एवं नगरों में निकलने वाला कचड़ा (सॉलिड वेस्ट) है। अत: कचड़ा प्रबंधन पर्यावरण संतुलन के लिए आवश्यक हो गया है। झारखंड में राँची, धनबाद, चाकुलिया और पाकुड़ में पीपीपी मोड़ पर सॉलिड वेस्ट मैनेजमेंट योजना की मंजूरी सरकार द्वारा दी गई है। राँची नगर निगम क्षेत्र में सॉलिड वेस्ट मैनेजमेंट पर 2016-17 में 269.67 करोड़ रुपए खर्च करने का प्रावधान किया गया है। केंद्र सरकार में भी स्वच्छ भारत मिशन के तहत

सॉलिड वेस्ट मैनेजमेंट को प्रमुख घटक माना गया है। स्वच्छ भारत मिशन जो 2015 में केंद्र सरकार द्वारा प्रारंभ किया गया है। उसके तहत शहरी क्षेत्रों में कचड़े का आधुनिक एवं वैज्ञानिक तरीके से व्यवस्थापन करते हुए 2 अक्तूबर, 2019 तक पूर्ण स्वच्छता का लक्ष्य हासिल करना है। इसी उद्‌देश्य से राँची नगर निगम की सफाई व्यवस्था का काम अगले 25 साल तक के लिए निजी कंपनी 'एस्सेल इंफ्रा' सौंपा गया है। राँची शहर में एक दिन में औसत 500 मीट्रिक टन कचड़ा उत्पन्न होता है, जिससे 11 मेगावाट बिजली उत्पन्न की जा सकती है। 'एस्सेल इंफ्रा' की ज्वॉइंट वेंचर जापानी कंपनी 'हिताची' राँची से निकलने वाले कचड़े पर आधारित बिजली उत्पादन प्लांट लगाएगी।

जलवायु परिवर्तन

पर्यावरणीय समस्याओं में प्रदूषण के साथ-साथ जलवायु परिवर्तन भी एक गंभीर समस्या है। जलवायु परिवर्तन एक सतत प्रक्रिया है। पृथ्वी के प्रादुर्भाव से लेकर अब तक अनेक बार जलवायु परिवर्तन हो चुका है। आधुनिक समय में जलवायु परिवर्तन के लक्षण 1980ई. के बाद से स्पष्ट रूप से दिखाई देने लगे। जलवायु परिवर्तन के अनेक कारण हैं—

खगोलीय कारण

(i) सौर कलंको की संख्या घटती-बढ़ती रहती है। जब उसकी संख्या बढ़ने लगती है, तब पृथ्वी पर मौसम ठंडा होने लगता है, साथ ही आर्द्रता बढ़ने लगती है, जिससे वर्षा, तूफान की मात्रा बढ़ती है। लेकिन जब सूर्य कलंको की संख्या घटने लगती है तब पृथ्वी पर तापमान बढ़ने लगता है और शुष्कता में वृद्धि होती है।

(ii) मिलैंकोविच दोलन सिद्धांत के अनुसार, पृथ्वी के अक्षीय झुकाव में परिवर्तन आने से जलवायु में परिवर्तन आता है।

पार्थिव कारण

(i) ज्वालामुखी विस्फोट होने से बड़ी मात्रा में ऐरोसॉल वायुमंडल में छा जाता है और पृथ्वी पर पहुँचने वाले सौर विकिरण को रोक देता है, जिससे पृथ्वी के तापमान में गिरावट आती है।

(ii) वर्तमान में कार्बन डाईऑक्साइड और अन्य ग्रीन हाउस गैसें, जिसकी मात्रा वायुमंडल में निरंतर बढ़ रही है, जलवायु परिवर्तन का सबसे प्रमुख कारक है।

वैसी गैसें जो तापमान को अवशोषित कर वायुमंडलीय तापन को बढ़ाती है ग्रीन

हाउस गैस कहलाती है। जैसे—कार्बन डाईऑक्साइड, क्लोरोफ्लोरो कार्बन, मिथेन, नाइट्रसऑक्साइड, कार्बन मोनोऑक्साइड आदि। इनकी मात्रा में वृद्धि होने से ग्लोबल वार्मिंग (वैश्विक तापमान में वृद्धि) की समस्या उत्पन्न हो रही है। पिछले 300 सालों में वैश्विक तापमान में 0.6 डिग्री सेल्सियस की वृद्धि हुई है। औद्योगिक क्रांति के बाद से वायुमंडल में कार्बन डाईऑक्साइड की मात्रा में वृद्धि हुई है, जिससे अनेक प्रकार की समस्याएँ उत्पन्न हुई है। प्रमुख समस्याएँ निम्नलिखित हैं—

- वैश्विक तापमान में वृद्धि (ग्लोबल वार्मिंग)
- ग्रीन हाउस प्रभाव
- ओजोन परत का क्षय
- समुद्र के सतह में वृद्धि
- बाढ़ और सूखे की समस्या
- वर्षा की मात्रा और बारंबारता में परिवर्तन।

जलवायु परिवर्तन पूरे विश्व के लिए गंभीर समस्या है, अतः इसके समाधान हेतु वैश्विक स्तर पर अनेक प्रयास किए गए हैं—

- 1992 में पृथ्वी सम्मेलन ब्राजील के रियो डी जेनेरियो में आयोजित किया गया, जिसमें 'यू.एन. फ्रेमवर्क कन्वेंशन ऑन क्लाइमेट चेंज' का गठन किया गया।
- 1997 में क्योटो प्रोटोकाल में धनी देशों के लिए 1990 के स्तर से कार्बन उत्सर्जन कटौती का निर्धारण किया गया।
- 2010 में कानकून में जलवायु परिवर्तन संबंधी समझौता किया गया।

वैश्विक जलवायु परिवर्तन का प्रभाव झारखंड के वन एवं पर्यावरण, जैव विविधता, कृषि उत्पादन एवं उसके प्रतिरूप, औद्योगिक उत्पादन, वन्य जीव तथा मानव स्वास्थ्य पर पड़ रहा है। वर्षा की मात्रा में अंतर, भूमिगत जल स्तर में लगातार गिरावट जलवायु परिवर्तन का ही परिणाम है।

पर्यावरण संरक्षण

झारखंड राज्य जलवायु परिवर्तन कार्यान्वयन इकाई

झारखंड के साथ-साथ संपूर्ण विश्व के लिए जलवायु परिवर्तन मानव जाति के लिए सबसे बड़ी समस्या है। भारत सरकार द्वारा गठित 'नेशनल एक्शन प्लान ऑन क्लाईमेट चेंज' (NAPCC) ने जलवायु परिवर्तन के प्रभावों के नियंत्रण हेतु आठ मिशनों की घोषणा की है। विभिन्न विभागों में समन्वय स्थापित करने के लिए 'झारखंड

स्टेट क्लाइमेट चेंज एक्शन यूनिट' की स्थापना की जाएगी। वित्तीय वर्ष 2016-17 में इस योजना के लिए 300 लाख रुपए का बजट प्रावधान प्रस्तावित है।

पर्यावरण एवं मानव को जलवायु परिवर्तन से संबंधित प्रभावों से बचाने के लिए राज्य में जलवायु परिवर्तन पंचवर्षीय कार्य योजना तैयार किया गया। इसमें कृषि, वानिकी, स्वास्थ्य, जल, ऊर्जा, खनन, उद्योग, शहरी विकास एवं पर्यावरण को सम्मिलित किया गया है। इस बहु विभागीय योजना के समन्वित कार्यान्वयन हेतु नोडल विभाग वन, पर्यावरण एवं जलवायु परिवर्तन कार्य इकाई का गठन किया गया है। यह विभिन्न विभागों द्वारा संबंधित सेक्टरों में राज्य जलवायु परिवर्तन कार्ययोजना के कार्यान्वयन में समन्वयन स्थापित करने के साथ-साथ राज्य में जलवायु परिवर्तन के मुद्दों पर काररवाई करेगी। 'झारखंड जलवायु परिवर्तन एक्शन प्लान' के दृष्टिपत्र में इस बात पर बल दिया गया है कि पर्यावरणीय संतुलन (पर्यावरणीय धारणीयता) को बनाए रखते हुए आर्थिक विकास करना, गरीबी दूर करना तथा जीविका के साधनों को उपलब्ध कराना है।

वर्ल्ड क्लाईमेट डाटा के अनुसार झारखंड में 2020 से 2050 ई. के बीच गरमी के तापमान में अधिकतम 2 से 30 सेल्सियल तथा जाड़े के दिनों में 4.780 से 5.20 सेल्सियल तापमान में वृद्धि हो सकती है। 2008 से 2012 के बीच झारखंड में जलवायु संबंधी कुछ प्रमुख घटनाएँ नीचे के तालिका में दिया गया है।

आपदा संबंधी राज्य की प्रमुख घटना

घटना	घटनाओं की संख्या
लू (Heat Wave)	2010 ई. में 100 घटनाएँ
उच्चतम तापमान	2010 ई. में 46.5^0C (जून)
न्यूनतम तापमान	2008 ई. में 3.2^0C (जनवरी)
अधिकतम वर्षा	2008 ई. में 338.1 मिमी.

Source: Jharkhad Action Plan on Climate Change, Government oh Jharkhand, Ranchi, Jharkhand 2014

झारखंड में वर्षा एवं तापमान में परिवर्तनशीलता का प्रभाव आर्थिक विकास एवं कृषि पर पड़ रहा है। अगर तापमान 1^0 से 4^0 सेल्सियस तक बढ़ेगा, तब चावल के उत्पादन में शून्य से लेकर 40 प्रतिशत तक तथा टमाटर के उत्पादन में 40 प्रतिशत की गिरावट आएगी।

जलवायु परिवर्तन पर झारखंड राज्य एक्शन प्लान (SAPCC) द्वारा निर्धारित उद्देश्य निम्नलिखित है—

➢ जलवायु परिवर्तन से सर्वाधिक प्रभावित होनेवाले क्षेत्रों की पहचान करना।

➢ जलवायु परिवर्तन से प्रभावित अति संवेदनशील क्षेत्रों की राज्य स्तरीय मानचित्र तैयार करना।
➢ ऐसे क्षेत्रों की पहचान करना, जो जलवायु परिवर्तन से प्रभावित हैं, उन्हें नीतियों एवं योजनाओं में शामिल करना।
➢ कोयला एवं खनन आधारित उद्योग, जो राज्य के औद्योगिक विकास का आधार हैं, उनके द्वारा उत्पन्न प्रदूषण की मात्रा को नियंत्रित करने के उपाय पर बल देना।

जलवायु परिवर्तन का सीधा प्रभाव झारखंड के आर्थिक एवं सामाजिक व्यवस्था पर पड़ रहा है। इस समस्या का सीधा संबंध जनसंख्या वृद्धि, तीव्र औद्योगिकरण और निम्न आधारभूत संरचना से है।

झारखंड में कुल कृषि क्षेत्र 22 लाख हेक्टेयर है, जो तीन कृषि जलवायु क्षेत्र में पड़ता है। भारत को 15 कृषि जलवायु क्षेत्र में विभाजित किया गया है, जिसमें तीन कृषि जलवायु प्रदेश झारखंड में स्थित हैं। झारखंड में स्थित कृषि जलवायु प्रदेश हैं—

➢ मध्य एवं उत्तरी-पूर्वी पठारी उप-कृषि जलवायु प्रदेश
➢ पश्चिमी पठारी उप-कृषि जलवायु प्रदेश
➢ दक्षिणी-पूर्वी पठारी उप-कृषि जलवायु प्रदेश।

झारखंड के सकल घरेलू उत्पाद में कृषि क्षेत्र का कुल योगदान 20 प्रतिशत तथा 70 प्रतिशत जनसंख्या की आजिवीका कृषि पर निर्भर है। झारखंड की कृषि मूलरूप से मौनसून पर आधारित है। झारखंड का मुख्य फसल खरीफ (धान) है। 40 प्रतिशत क्षेत्र पर एक फसली कृषि की जाती है, जो कृषि पिछड़ेपन का द्योतक है। जलवायु परिवर्तन का कृषि दक्षता एवं कृषि प्रतिरूप पर प्रभाव पड़ रहा है। जलवायु परिवर्तन का प्रभाव कृषि उत्पादकता पर पड़ा है। भोजन में पोषणीय तत्त्व की कमी तथा अनाज की उपलब्धता में कमी से लोगों के स्वास्थ्य में गिरावट आ रही है।

प्राकृतिक, तकनिकी एवं अन्य मानवीय प्रक्रियाओं से अत्यधिक उत्सर्जित कार्बनडाई ऑक्साइड, मिथेन, क्लोरोफ्लोरोकार्बन आदि गैसों के कारण पृथ्वी की जलवायु में दीर्घकालिक परिवर्तन हुए हैं, जो ऋतु पविर्तन, वैश्विक तापमान में वृद्धि, समुद्री जलस्तर में बढ़ोतरी, फसल चक्र में बदलाव आदि के लिए उत्तरदायी हैं। इससे बाढ़, सूखा, अकाल, महामारी, पलायन आदि समस्याएँ हो रही हैं।

झारखंड राज्य प्रदूषण नियंत्रण बोर्ड

राज्य में प्रदूषण नियंत्रण हेतु 2001 ई. में झारखंड राज्य प्रदूषण नियंत्रण बोर्ड की स्थापना की गई है। संसाधनों के सतत् (टिकाऊ) उपयोग के लिए झारखंड राज्य प्रदूषण बोर्ड (JSPCB) द्वारा 2012-17 के लिए दृष्टि पत्र प्रस्तुत किया गया है। JSPCB एक

नियामक इकाई है, जो उद्योगों को पर्यावरण मित्र बनाने के लिए नए एवं उच्च तकनीक के लिए प्ररित करता है। यह बोर्ड संसाधनों के सतत् उपयोग पर बल देता है। साथ ही जल के उपयोग को कम करने, वर्षा, जल, कृषि, लकड़ी एवं कोयला का औद्योगिक क्षेत्र में कम उपयोग करने एवं स्वच्छ ऊर्जा उपयोग पर अधिक बल देता है।

ग्रीन हाउस गैस के उत्सर्जन को कम करने के लिए झारखंड ऊर्जा नीति, 2012 किया गया है। इसमें गैर परंपरागत ऊर्जा स्रोत के विकास पर विशेष बल दिया गया है। इस नीति में दस वर्षों में कुल ऊर्जा उत्पादन का 50 प्रतिशत गैर परंपरागत स्रोत से उत्पादन करना है। स्वच्छ ऊर्जा (नवीकरणीय ऊर्जा) के विकास के लिए 2001 ई. में 'झारखंड नवीकरणीय ऊर्जा विभाग एजेंसी' (JREDA) का गठन किया गया है।

जल संसाधन के उचित प्रबंधन के लिए झारखंड राज्य जल नीति, 2011 को लागू किया गया है।

पिछले कुछ दशकों में झारखंड में वर्षा की मात्रा एवं प्रतिरूप में परिवर्तन हुआ है, जो जलवायु परिवर्तन का परिणाम है। झारखंड में औसत वार्षिक वर्षा 1149.3 मिमी. है, जिसका 82.20 प्रतिशत वर्षा दक्षिण पश्चिम मानसून से जून से सितंबर के बीच में होती है। केवल 6.5 प्रतिशत वर्षा (92.3 मिमी.) उत्तर पूर्व मानसून से होती है। 3.7 प्रतिशत वर्षा जाड़े के दिनों में जनवरी एवं फरवरी के बीच होती है, जबकि शेष वर्षा की मात्रा 7.5 प्रतिशत मार्च से मई के बीच होती है।

पिछले पाँच दशक में राँची क्षेत्र में वर्षा की मात्रा में वृद्धि हुई है तथा 1960 के दशक में लगभग 30 प्रतिशत वर्षा की मात्रा में वृद्धि हुई है, जबकि राज्य के अन्य हिस्सों में वर्षा की इस प्रवृत्ति में परिवर्तन पाया जाता है। पिछले 100 वर्षों में राज्य के वर्षा की मात्रा में औसत रूप से 150 मिमी. की कमी आई है।

नीचे के तालिका में पिछले 100 वर्षों में वर्षा की प्रवृत्ति में परिवर्तन को दरशाया गया है—

ऋतु	कमी/वृद्धि	मिमी. में
मानसून	कमी	−95.7
जाड़ा	वृद्धि	+4.1
पूर्व मानसून	कमी	−17.1
मानसून बाद	कमी	−6.6
वर्षिक	कमी	−150.6

Source: Jharkhad Action Plan on Climate Change, Government oh Jharkhand, Ranchi, Jharkhand 2014

जलवायु परिवर्तन का वन, उनके वितरण एवं वनीय जीव पर व्यापक प्रभाव पड़ा

है। झारखंड के सकल घरेलू उत्पाद में वन क्षेत्र का हिस्सा 1.5 प्रतिशत (2009) है, जबकि 2001-02 में यह हिस्सा 2 प्रतिशत था। जलवायु परिवर्तन होने से ताप में वृद्धि हुई है, जिसके कारण वायुमंडलीय आर्द्रता में कमी आने से गरमी के दिनों में जंगलों में आग लगने की घटनाएँ बढ़ी है। वन कार्बन डाईऑक्साइड और ग्रीन हाउस गैस को अवशोषित करने के प्रमुख स्रोत हैं, लेकिन वनों के विस्तार में कमी होने के करने का Co_2 और GHS की मात्रा में वृद्धि हो रही है, जिससे जलवायु में परिवर्तन आ रहा है तथा जलवायु परिवर्तन का विपरीत प्रभाव वन एवं धरातलीय वनस्पति पर पड़ रहा है। वनों पर सर्वाधिक प्रभाव झारखंड के उत्तरी पश्चिमी भाग में पड़ा है। ये सभी क्षेत्र अतिसंवेदनशील स्थिति में है। जलवायु के गरम होने से ग्रीष्म ऋतु शुष्क होने, वाष्पीकरण अधिक होने, वातावरण में नमी की मात्रा कम होने से आग लगने की घटनाएँ बढ़ी हैं। जलवायु परिवर्तन के कारण जैव विविधता में गिरावट आई है।

जलवायु परिवर्तन का स्वास्थ्य क्षेत्र पर भी व्यापक असर पड़ा है। स्वच्छ वायु, शुद्ध पेय जल, पोषक तत्त्व की भोजन में उपलब्धता स्वास्थ्य के लिए अनिवार्य है। लेकिन स्वास्थ्य के उपर्युक्त मानकों में गिरावट तथा खराब स्वास्थ्य सुविधा संबंधी अवसंरचना के कारण झारखंड में अनेक प्रकार की स्वास्थ्य संबंधी समस्याएँ उत्पन्न हुई हैं। मलेरिया एवं डेंगू का प्रकोप बढ़ा है। इसका मुख्य कारण भारी वर्षा है, जिससे ये बीमारियाँ संचारित होती हैं। 2009 ई. तक राज्य में एक भी डेंगू के मरीज नहीं थे, जबकि 2010 में 27 और 2011 में 32 की संख्या में पाया गया है। चिकुनगुनिया नामक बीमारी, जो 2011 में पुनः सामने आई, दिसंबर 2011 तक इसकी संख्या 816 पाई गई, यह पूरी तरह मौसम से संबंधित विषाणु जनित बीमारी है, जो अधिक ताप बढ़ने से होता है।

जलवायु परिवर्तन का सीधा प्रभाव स्वच्छ पेयजल, तापमान में वृद्धि, मौसमी परिवर्तन पर पड़ा है। वर्षा के प्रतिरूप में परिवर्तन हुआ है। इन कारणों से ही जल में उत्पन्न होनेवाले जीवाणु एवं विषाणु युक्त बीमारियों, जैसे—मलेरिया, डेंगू आदि का प्रकोप बढ़ा है।

कृषि में रसायनों जैसे रासायनिक उर्वरक, कीटनाशक आदि के प्रयोग से उत्पादकता में तो वृद्धि हो रही है, लेकिन इनके प्रयोग से स्वास्थ्य में गिरावट आ रही है।

झारखंड की अर्थव्यवस्था का आधार बड़े उद्योग एवं खनन क्षेत्र है दोनों क्षेत्र ग्रीन हाउस गैस का प्रमुख उत्सर्जक क्षेत्र है। गर्ग एवं शुक्ला (2002) के अनुसार झारखंड में 1990 ई. में 51.8 Mt Co_2 eq का उत्सर्जन हुआ था, जो अगले पाँच वर्ष में बढ़कर 56.11 Mt Co_2 eq के स्तर तक पहुँच गया। झारखंड में सर्वाधिक ग्रीन हाउस का उत्सर्जन करनेवाला जिला गिरिडीह है। झारखंड की अर्थव्यवस्था मूलतः उद्योग एवं खनन पर आधारित अर्थव्यवस्था है। राज्य में देश का एक-तिहाई खनिज भंडार है।

औद्योगिक विकास के लिए राज्य में तीन औद्योगिक विकास ऑथोरिटी कार्यरत हैं—

(i) आदित्यपुर औद्योगिक क्षेत्र विकास ऑथोरिटी (AIADA)।

(ii) बोकारो औद्योगिक क्षेत्र विकास ऑथोरिटी (BIADA)।

(iii) राँची औद्योगिक क्षेत्र विकास ऑथोरिटी (RIADA)।

औद्योगिक विकास का जलवायु परिवर्तन से सीधा संबंध है। तापमान में वृद्धि होने से ताप ऊर्जा उत्पादन की क्षमता में कमी आती है तथा शुष्क मौसम में भी ऊर्जा उत्पादन में गिरावट आती है। इसलिए सरकार ने न्यूनतम जल उपयोग करनेवाली तकनीक के विकास पर बल दे रही है। झारखंड खनिज संसाधन में संपन्न राज्य है। खनन कार्य के कारण प्रदूषण की मात्रा में वृद्धि हो रही है। खनन कार्य से मिट्टी और जल दोनों प्रदूषित हो रहा है।

झारखंड में भू-गर्भ जल का भंडार 500 मिलीयन क्यूविक मीटर है। औसतन हर साल राज्य में वर्षा की कुल मात्रा को 80 प्रतिशत सतही जल और 74 प्रतिशत भूमिगत जल के रूप में प्रवाहित हो जाता है। झारखंड में पीने एवं अन्य घरेलू कार्य एवं सिंचाई हेतु व्यापक स्तर पर भूमिगत जल का उपयोग सिंचाई कार्यों के लिए किया जाता है। लगभग 20 प्रतिशत भूमिगत जल का उपयोग सिंचाई कार्यों के लिए किया जाता है। जलवायु परिवर्तन के कारण वर्षा की मात्रा एवं प्रतिरूप में परिवर्तन से भूमिगत जल स्तर में लगातार गिरावट आ रही है। ताप में वृद्धि के कारण कृषि क्षेत्र में भूमिगत जल का दोहन बढ़ता जा रहा है। जलवायु पविर्तन से थर्मल पावर स्टेशन में भी भूमिगत जल की खपत बढ़ रही है।

□

15. आपदा प्रबंधन

- झारखंड में विभिन्न आपदाएँ
- झारखंड में आपदा प्रबंधन

ऐसी दुर्घटनाएँ, जो अचानक घटित हों और जिनसे जान-माल की व्यापक हानि हो उसे आपदा कहते हैं। आपदा का तात्पर्य प्राकृतिक अथवा मानवजन्य कारणों से आनेवाली किसी ऐसी विपत्ति, दुर्घटना, अनिष्ट और गंभीर घटना से है, जो प्रभावित समुदाय को व्यापक हानि पहुँचाती है।

प्राकृतिक आपदाओं में भूकंप, सुनामी, ज्वालामुखी विस्फोट, चक्रवात, आँधी तूफान आदि प्रमुख हैं। जबकि मानवजनित आपदाओं में युद्ध, वनों की कटाई, पारिस्थितिकी असंतुलन, प्रदूषण आदि प्रमुख हैं। प्राकृतिक आपदा एक स्वाभाविक परिणाम है, जो मनुष्य को प्रभावित करते हैं, जैसे ज्वालामुखी विस्फोट, भूकंप आदि। मानवीय कारणों से निमित्त आपदा लापरवाही, भूल या व्यवस्था की असफलता से उत्पन्न होती हैं। मानव निर्मित आपदा को तकनीकी या सामाजिक आपदा भी कहते हैं।

आपदाएँ प्रगति में बाधा डालती हैं एवं विकास संबंधी कार्यों को नष्ट करती हैं। इसलिए आपदाओं के घटित होने पर ही काररवाई करने के बजाय उनके कुशल प्रबंधन की ओर अधिक बल दिया जा रहा है। भारत एवं झारखंड राज्य में अलग-अलग तीव्रता वाली अनेक प्राकृतिक और मानवजन्य आपदाएँ आती रहती हैं। भारत में लगभग 58.6 प्रतिशत भू-भाग सामान्य से लेकर अधिक तीव्रता वाला भूकंप संभावित क्षेत्र है, 12 प्रतिशत भू-भाग (40 मिलियन हेक्टेयर) बाढ़ प्रभावित तथा 7,516 किलोमीटर तटीय क्षेत्र में से लगभग 5,700 किलोमीटर क्षेत्र चक्रवात एवं सुनामी संभावित क्षेत्र है। 68 प्रतिशत कृषि योग्य क्षेत्र सूखा संभावित क्षेत्र है। मानवजनित आपदाओं में रासायनिक, जैविक विकिरण और नाभिकीय आपदाओं की संभावना बनी रहती है। वर्तमान में आपदा जोखिम की तीव्रता का संबंध जनसंख्या वृद्धि, शहरीकरण और औद्योगिकीकरण, उच्च जोखिम क्षेत्रों में विकास, पर्यावरण असंतुलन और जलवायु परिवर्तन से भी है।

झारखंड में विभिन्न आपदाएँ

झारखंड के सभी 24 जिले किसी-न-किसी प्रकार की आपदा से ग्रसित हैं। झारखंड में प्राकृतिक एवं मानवीय दोनों प्रकार की आपदाएँ आती हैं। प्रमुख आपदाएँ निम्नलिखित हैं—

- सूखा/बाढ़
- लाइटनिंग (तड़ित)
- खनन दुर्घटना
- रासायनिक दुर्घटना
- औद्योगिक दुर्घटना
- जंगलों में आग लगना
- हाथियों का आक्रमण
- भूकंप
- जलवायु परिवर्तन एवं जैव विविधता का ह्रास
- बर्ड फ्लू।

सूखा

सूखे की समस्या झारखंड की एक गंभीर समस्या है। भारतीय मौसम विज्ञान विभाग, नई दिल्ली के अनुसार, यदि किसी क्षेत्र में सामान्य से 25 प्रतिशत कम वर्षा होती है तो सामान्य सूखा, 25-50 प्रतिशत तक कम वर्षा होने पर मध्यम सूखा और 50 प्रतिशत से कम वर्षा होने पर गंभीर सूखा कहा जाता है। जबकि योजना आयोग के अनुसार, भारत में जब जून से मध्य सितंबर के बीच जब लगातार चार सप्ताह तक 50 सेमी. से कम वर्षा होती है तो उसे सूखा कहते हैं। 75 सेमी. से कम वर्षावाले क्षेत्रों को सूखाग्रसित क्षेत्र कहते हैं, जो गंभीर आपदा का रूप ग्रहण कर लेता है। यह झारखंड के उत्तरी पश्चिमी भाग की मुख्य समस्या है। सूखे से सर्वाधिक प्रभावित जिले पलामू, गढ़वा, चतरा, लातेहार तथा लोहरदगा का पश्चिमी भाग हैं। 2010ई. में राज्य के सभी 24 जिले सूखा प्रभावित थे तथा राज्य का कुल खाद्यान का उत्पादन घटकर आधा रह गया था। वर्ष 2010 में राज्य में 47 प्रतिशत वर्षा कम हुई थी, जिसके कारण 10 लाख हेक्टेयर भूमि पर धान की खेती नहीं हुई थी। सर्वाधिक सूखा से प्रभावित पलामू जिला है, जहाँ पिछले 22 वर्षों से वर्षा की मात्रा में गिरावट की प्रवृत्ति देखी गई है, जिसके कारण सूखा ने आपदा का रूप ग्रहण कर लिया है।

सूखा प्रबंधन हेतु संरक्षणात्मक और त्वरित दोनों उपाय जरूरी हैं। संरक्षणात्मक उपाय में बाँध, तालाब में जल ग्रहण, वाटर शेड प्रबंधन, मवेशियों का प्रबंधन, उचित फसलों का चयन, मृदा संरक्षण तकनीक अपनाना, वृक्षों की कटाई को कम करना, आपातस्थिति से निपटने के लिए लोगों को शिक्षा एवं प्रशिक्षण आदि आते हैं। त्वरित उपाय में फसल पद्धति में बदलाव लाकर कृषि में सुधार लाना एवं सूखाग्रस्त क्षेत्रों के अनुरूप फसलों का चयन करना, सिंचाई तकनीक को उन्नत बनाना, जल ग्रहण प्रणाली को बेहतर बनाना, वर्षा जल का संग्रहण करना आदि आते हैं।

बाढ़

बाढ़ भी एक प्रमुख प्राकृतिक आपदा है। राज्य के 11 जिले बाढ़ से प्रभावित होते हैं जिसमें गोड्डा, साहेबगंज, दुमका और पाकुड़ सर्वाधिक प्रभावित जिले है। अन्य जिलों में देवघर, धनबाद, पूर्वी सिंहभूम, प. सिंहभूम, सरायकेला-खरसावाँ, गुमला और हजारीबाग हैं। ये सभी जिले 2000 से 2004 ई. के बीच कई बार बाढ़ से प्रभावित हुए हैं। 2016 ई. में गोड्डा, साहेबगंज, पाकुड़ के अतिरिक्त भारी मानसूनी वर्षा के कारण सोन और उत्तरी कोयल नदी घाटी क्षेत्र में गढ़वा, पलामू और लातेहार जिले बाढ़ से प्रभावित हुए हैं। पलामू एवं गढ़वा जिला में बाढ़ का सर्वाधिक प्रभाव धान की फसल पर पड़ता है। कुछ जिलों में आकस्मिक बाढ़ आपदा का रूप ग्रहण कर लेती है, जिससे व्यापक स्तर पर मकान, सड़क, पुल, पुलिया आदि क्षतिग्रस्त होते हैं। 2008 ई. में साहेबगंज आकस्मिक बाढ़ से सर्वाधिक प्रभावित जिला था। सर्वाधिक प्रभावित जिले राज्य के उतरी-पूर्वी हिस्से में स्थित हैं, जो गंगा अपवाह प्रणाली से जुड़े हैं। गंगा नदी द्वारा इस क्षेत्र में तटीय अपरदन के कारण राष्ट्रीय राजमार्ग संख्या-80 पर भी खतरा बना रहता है। राँची और जमशेदपुर जैसे नगरीय क्षेत्रों में नाले के बंद होने एवं अनियोजित नगरीकरण के कारण भी आकस्मिक बाढ़ की समस्या उत्पन्न होती है।

जंगलों में आग

झारखंड में शुष्क पतझड़ वन की अधिकता पाई जाती है, जिसके कारण गरमी के दिनों में आग लगने की समस्या आपदा का रूप ग्रहण कर लेती है। जंगलों में आग लगने की समस्या का एक प्रमुख कारण महुआ तथा साल के बीज संग्रहण है, जिससे मुख्य रूप से मार्च और अप्रैल के महीने में यह घटना घटती है। पर्यटन के कारण भी आग लगने की समस्या उत्पन्न होती है। यह मुख्यत: उतरी-पश्चिमी तथा दक्षिणी भाग की समस्या है, जिससे 9 जिले प्रभावित हैं। इन जिलों में गढ़वा, पलामू, चतरा, लातेहार, हजारीबाग, पूर्वी एवं पश्चिमी सिंहभूम, सिमडेगा और गुमला हैं।

जंगलों में आग प्रबंधन के लिए पर्यटन संबंधी कानून में सख्ती, गैर-कानूनी गतिविधियों पर रोक लगाने की जरूरत है। अधिक आयु एवं परिपक्व वृक्ष की पहचान कर उसे काटकर नया वृक्ष लगाना चाहिए, क्योंकि परिपक्व वृक्ष की ज्वलनशीलता अधिक होती है। जंगलों के अंदर सड़क मार्ग के द्वारा वन को विभाजित करने से एक ओर की आग दूसरी ओर नहीं पहुँचती है। जंगलों के अंदर फायर टावर बाँध स्टेशन स्थापित करने की भी जरूरत है।

Source: NIDM, National Disater Risk Reduction Portal, Jharkhand

लाइटनिंग

लाइटनिंग (तड़ित) झारखंड की एक प्रमुख आपदा है, जिससे प्रतिवर्ष अनेक व्यक्तियों की मौत होती है। राज्य के 9 जिले इस आपदा से ज्यादा ग्रसित हैं, जिसमें पलामू, चतरा, लातेहार, कोडरमा, राँची, गिरिडीह मुख्य हैं। 2015 में लाइटनिंग (तड़ित) से 54 व्यक्तियों की मौत हुई एवं 76 व्यक्ति घायल हुए। साथ ही 32 पशुओं की भी मौत हुई थी। श्री कृष्ण लोक प्रशासन संस्थान (स्काईपा) द्वारा लाइटनिंग से संबंधित आपदा से निपटने के लिए विशिष्ट ट्रेंनिंग मॉड्यूल तैयार किया गया है। लाइटनिंग से बचने के लिए मौसम खराब होने एवं भारी वर्षा के समय पेड़ के नीचे तथा बिजली के तार एवं खंभे से दूर हट जाना चाहिए।

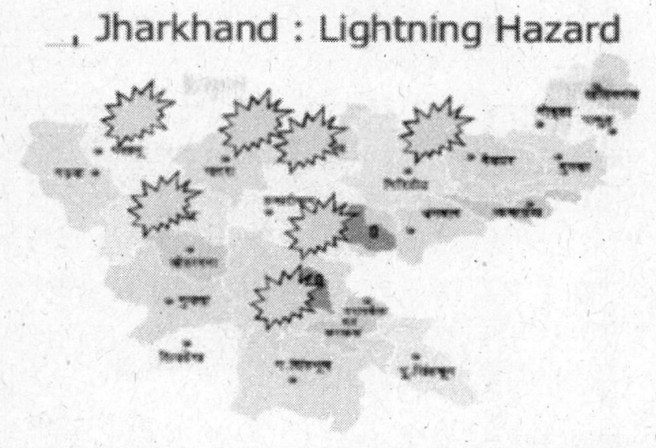

Source: NIDM, National Disater Risk Reduction Portal, Jharkhand

खनन दुर्घटना

झारखंड में भारत का लगभग 38 प्रतिशत खनिज संचित है। खनिजों के खनन के समय में मानवकृत एवं प्राकृतिक दोनों प्रकार की आपदाएँ उत्पन्न होती हैं। 1983 ई. में हुरीलाडीह में 19 व्यक्ति, 1995 में गजालीटाड़ में 64 व्यक्ति, 2001 में बागडिगी में 29 व्यक्ति तथा 2006 में भाटडीह में 50 व्यक्ति की मृत्यु खनन दुर्घटना के कारण हुई है। भारत के सबसे प्रसिद्ध कोयला खान झरिया कोलफिल्ड में 1880 के दशक से आग लगी हुई है, जिससे आसपास का पर्यावरण प्रदूषित हो रहा है।

हाथियों का आक्रमण

झारखंड में हाथी दुमका, दलमा, सारंडा, पलामू आदि के जंगलों में पाए जाते हैं। हाथियों का आक्रमण दिनोदिन बढ़ता जा रहा है, जो एक गंभीर आपदा का रूप ग्रहण कर लिया है। हाथियों के आक्रमण का प्रमुख कारण ग्रामीणों द्वारा सुगंधित महुआ फूल के संग्रहण से आकर्षित होकर हाथी आवासीय क्षेत्र की ओर चले आते हैं। साथ ही जनसंख्या वृद्धि, मानवीय गतिविधियों के कारण वनों के अत्यधिक कटाई होने से उनका प्राकृतिक आवास सिकुड़ता जा रहा है। नए घर, गाँव एवं शहरों का फैलाव हुआ है। रेलवे लाइन, बिजली लाइन, सड़क, माइंस बनने के कारण इनके पर्यावास खंडित हुआ है, जिसके कारण जल, भोजन एवं सुरक्षित आवास की कमी होने से भोजन की खोज में हाथी समूहों में जंगल से बाहर निकलते हैं और मानव बस्तियों पर आक्रमण करते हैं। झारखंड में हाथियों की कुल संख्या 688 है। 2005–06 से 2012–13 के बीच हाथियों के आक्रमण से कुल 867 व्यक्तियों की मृत्यु हुई है। झारखंड में प्रतिवर्ष हाथियों के आक्रमण से मरनेवालों की औसत संख्या 108 है, जबकि भारत का औसत 300 व्यक्ति

प्रतिवर्ष है। यह समस्या मुख्य रूप से राँची, लातेहार, खूँटी, सिंहभूम आदि जिलों की है।

हाथियों के आक्रमण से बचाव के लिए जनजागरूकता आवश्यक है। हाथी आने की सूचना तत्काल निकटवर्ती वन विभाग कर्मचारियों को देनी चाहिए। हाथी से अगर सामना हो जाए तो तुरंत उसके लिए रास्ता छोड़ देना चाहिए तथा पहाड़ी स्थानों में सामना होने पर ढलान की ओर भागना चाहिए। लाल मिर्च के पाउडर को जले हुए मोबिल अथवा ग्रीस में अच्छी तरह मिलाकर उसे मोटी रस्सी में लपेट देना चाहिए। रस्सी को अनाजवाले घर में एवं उस गाँव में हाथी के प्रवेश दिशा की ओर बाँधकर रखना चाहिए। गोबर में भी मिर्च पाउडर डालकर उसे अच्छी तरह मिलाकर सूखाकर रखना चाहिए। मिर्च की गंध सूँघकर हाथी निकट नहीं आता है।

भूकंप एवं चक्रवात

भूकंप और चक्रवात जैसे प्राकृतिक आपदा के दृष्टिकोण से झारखंड कम जोखिम वाला क्षेत्र में है। झारखंड भूकंप के संवेदनाशीलता की दृष्टि से जोन II, III और IV में आता है। दो जिले गोड्डा और साहेबगंज का उत्तरी भाग जोन II में स्थित हैं, जो झारखंड का सर्वाधिक भूकंप प्रभावित क्षेत्र है। जोन III के अंतर्गत 15 जिला तथा जोन IV के अंतर्गत 7 जिला स्थित है। जोन IV सबसे कम भूकम्प प्रभावित क्षेत्र है।

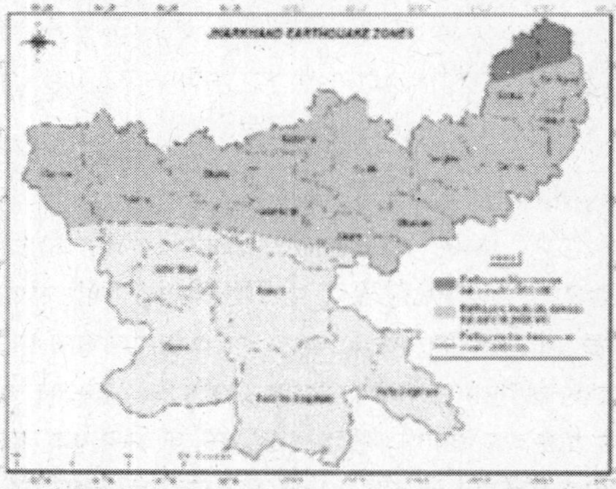

Source: NIDM, National Disater Risk Reduction Portal, Jharkhand

आपदा एवं उससे प्रभावित जिले

क्र.सं.	आपदा का नाम	प्रभावित जिलों की संख्या	जिलों का नाम
1	सूखा	सभी 24 जिले (2010)	सभी जिले प्रभावित
2	बाढ़	01	साहेबगंज

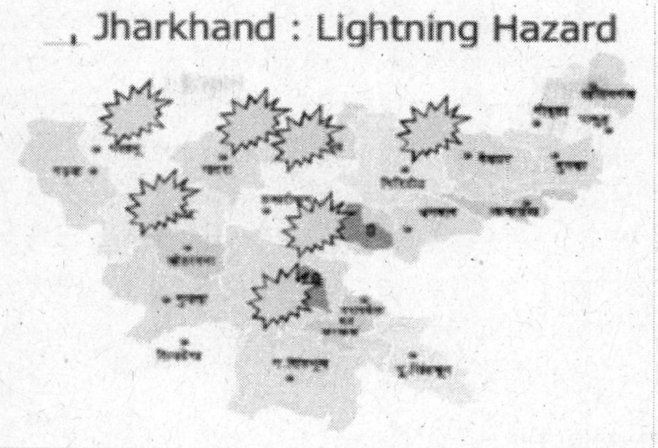

Source: NIDM, National Disater Risk Reduction Portal, Jharkhand

खनन दुर्घटना

झारखंड में भारत का लगभग 38 प्रतिशत खनिज संचित है। खनिजों के खनन के समय में मानवकृत एवं प्राकृतिक दोनों प्रकार की आपदाएँ उत्पन्न होती हैं। 1983 ई. में हुरीलाडीह में 19 व्यक्ति, 1995 में गजालीटाड़ में 64 व्यक्ति, 2001 में बागडिगी में 29 व्यक्ति तथा 2006 में भाटडीह में 50 व्यक्ति की मृत्यु खनन दुर्घटना के कारण हुई है। भारत के सबसे प्रसिद्ध कोयला खान झरिया कोलफिल्ड में 1880 के दशक से आग लगी हुई है, जिससे आसपास का पर्यावरण प्रदूषित हो रहा है।

हाथियों का आक्रमण

झारखंड में हाथी दुमका, दलमा, सारंडा, पलामू आदि के जंगलों में पाए जाते हैं। हाथियों का आक्रमण दिनोदिन बढ़ता जा रहा है, जो एक गंभीर आपदा का रूप ग्रहण कर लिया है। हाथियों के आक्रमण का प्रमुख कारण ग्रामीणों द्वारा सुगंधित महुआ फूल के संग्रहण से आकर्षित होकर हाथी आवासीय क्षेत्र की ओर चले आते हैं। साथ ही जनसंख्या वृद्धि, मानवीय गतिविधियों के कारण वनों के अत्यधिक कटाई होने से उनका प्राकृतिक आवास सिकुड़ता जा रहा है। नए घर, गाँव एवं शहरों का फैलाव हुआ है। रेलवे लाइन, बिजली लाइन, सड़क, माइंस बनने के कारण इनके पर्यावास खंडित हुआ है, जिसके कारण जल, भोजन एवं सुरक्षित आवास की कमी होने से भोजन की खोज में हाथी समूहों में जंगल से बाहर निकलते हैं और मानव बस्तियों पर आक्रमण करते हैं। झारखंड में हाथियों की कुल संख्या 688 है। 2005-06 से 2012-13 के बीच हाथियों के आक्रमण से कुल 867 व्यक्तियों की मृत्यु हुई है। झारखंड में प्रतिवर्ष हाथियों के आक्रमण से मरनेवालों की औसत संख्या 108 है, जबकि भारत का औसत 300 व्यक्ति

प्रतिवर्ष है। यह समस्या मुख्य रूप से राँची, लातेहार, खूँटी, सिंहभूम आदि जिलों की है।

हाथियों के आक्रमण से बचाव के लिए जनजागरूकता आवश्यक है। हाथी आने की सूचना तत्काल निकटवर्ती वन विभाग कर्मचारियों को देनी चाहिए। हाथी से अगर सामना हो जाए तो तुरंत उसके लिए रास्ता छोड़ देना चाहिए तथा पहाड़ी स्थानों में सामना होने पर ढलान की ओर भागना चाहिए। लाल मिर्च के पाउडर को जले हुए मोबिल अथवा ग्रीस में अच्छी तरह मिलाकर उसे मोटी रस्सी में लपेट देना चाहिए। रस्सी को अनाजवाले घर में एवं उस गाँव में हाथी के प्रवेश दिशा की ओर बाँधकर रखना चाहिए। गोबर में भी मिर्च पाउडर डालकर उसे अच्छी तरह मिलाकर सूखाकर रखना चाहिए। मिर्च की गंध सूँघकर हाथी निकट नहीं आता है।

भूकंप एवं चक्रवात

भूकंप और चक्रवात जैसे प्राकृतिक आपदा के दृष्टिकोण से झारखंड कम जोखिम वाला क्षेत्र में है। झारखंड भूकंप के संवेदनाशीलता की दृष्टि से जोन II, III और IV में आता है। दो जिले गोड्डा और साहेबगंज का उत्तरी भाग जोन II में स्थित हैं, जो झारखंड का सर्वाधिक भूकंप प्रभावित क्षेत्र है। जोन III के अंतर्गत 15 जिला तथा जोन IV के अंतर्गत 7 जिला स्थित है। जोन IV सबसे कम भूकम्प प्रभावित क्षेत्र है।

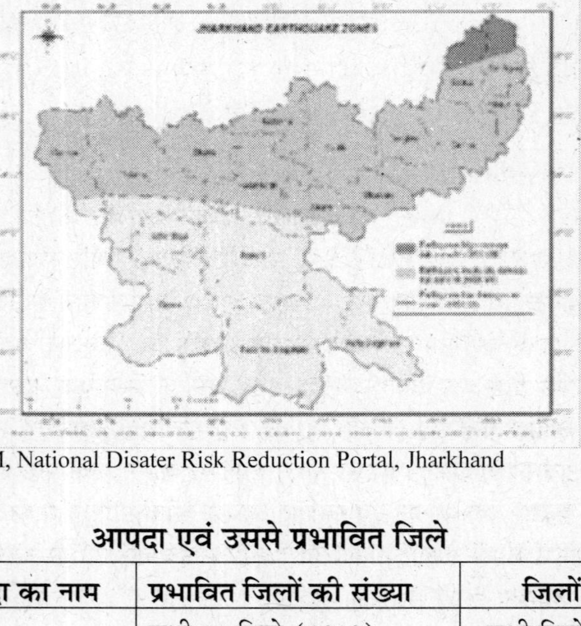

Source: NIDM, National Disater Risk Reduction Portal, Jharkhand

आपदा एवं उससे प्रभावित जिले

क्र.सं.	आपदा का नाम	प्रभावित जिलों की संख्या	जिलों का नाम
1	सूखा	सभी 24 जिले (2010)	सभी जिले प्रभावित
2	बाढ़	01	साहेबगंज

3	आकस्मिक बाढ़	03	जमशेदपुर, सरायकेला, राँची
4	जंगल में आग की घटनाएँ	09	गढ़वा, पलामू, लातेहार, चतरा, हजारीबाग, पूर्वी एवं प. सिंहभूम, सिमडेगा, गुमला
5	लाईटनिंग	09	पलामू, चतरा, लातेहार, कोडरमा, राँची, गिरिडीह, हजारीबाग, लोहरदगा, दुमका
6	खनन	09	लातेहार, रामगढ़, धनबाद, लोहरदगा, गिरिडीह, पू. एवं प. सिंहभूम, कोडरमा
7	भूकंप		
	जोन-II	02	गोड्डा, साहेबगंज (उत्तरी भाग)
	जोन-III	15	गोड्डा, साहेबगंज, गढ़वा, पलामू, चतरा, हजारीबाग, कोडरमा, गिरिडीह, बोकारो, धनबाद, देवघर, दुमका, पाकुड़ जामताड़ा
	जोन-IV	07	लोहरदगा, राँची, रामगढ़, खूँटी, गुमला, पूर्वी एवं प. सिंहभूम

Source: NIDM, National Disater Risk Reduction Portal, Jharkhand

झारखंड में आपदा प्रबंधन

आपदा प्रबंधन के लिए भारत सरकार ने आपदा प्रबंधन अधिनियम, 2005 को 25 दिसंबर, 2005 को लागू किया है। इस अधिनियम में आपदा प्रबंधन का नेतृत्व करने और उसके प्रति एक समग्र दृष्टिकोण अपनाने के लिए प्रधानमंत्री की अध्यक्षता में राष्ट्रीय आपदा प्रबंधन प्राधिकरण (N.D.M.A.) मुख्यमंत्रियों की अध्यक्षता में राज्य आपदा प्रबंधन प्राधिकरणों (S.D.M.A.) और जिला मजिस्ट्रेट की अध्यक्षता में जिला आपदा प्रबंधन प्राधिकरणों (D.D.M.A.) का गठन किया गया है। आपदा प्रबंधन में योजना निर्माण, संचालन, समन्वय और कार्यान्वयन संबंधी उपायों की सतत् और एकीकृत प्रक्रिया शामिल है, जो इस प्रकार है—

(i) किसी आपदा के खतरे अथवा संभावना की रोकथाम करना।

(ii) किसी आपदा की जोखिम अथवा इसकी तीव्रता अथवा परिणामों का न्यूनीकरण

करना।

(ii) अनुसंधान और ज्ञान प्रबंधन सहित क्षमता निर्माण करना।

(iv) किसी आपदा से निपटने की तैयारी करना।

(v) किसी खतरनाक आपदा की स्थिति अथवा आपदा आने पर त्वरित काररवाई करना।

(vi) किसी आपदा की तीव्रता अथवा इसके प्रभावों का आकलन करना।

(vii) फँसे हुए लोगों को निकालना, बचाव और राहत प्रदान करना।

(viii) पुनर्वास और पुनर्निमर्णि कार्य करना

आपदा प्रबंधन की सतत प्रक्रिया में छह तत्त्व शामिल किया गया है। इसके अंतर्गत आपदा पूर्व चरण में रोक-थाम की तैयारी करना तथा आपदा के बाद के चरण में काररवाई, पुनर्वास, पुनर्निमाण और सामान्य स्थिति को बहाल करना है।

आपदा प्रबंधन की तीन प्रमुख अवस्थाएँ हैं–

- आपदा पूर्व अवस्था।
- आपदा के समय की अवस्था।
- आपदा उपरांत अवस्था।

आपदा पूर्व अवस्था में आपदा की तैयारी, आपदा निवारण, आपदा निरोध को शामिल करते हैं। आपदा की तैयारी में निम्न बातों को शामिल किया जाता है—

- आपदा तैयारी का स्तर एवं प्रकृति।
- आपदा शोध।
- आपदा पुर्वानुमान।
- आपदा चेतावनी तंत्र।
- आपदा शिक्षा।

आपदा के समय युद्ध स्तर पर बचाव कार्य करना, आपदा ग्रस्त क्षेत्र से लोगों को सुरक्षित स्थानों एवं राहत कैंपों में पहुँचाना एवं भोजन, जल, दवाई की समुचित आपूर्ति करना आदि शामिल हैं।

आपदा उपरांत अवस्था में राहत कार्य, पुनर्वास, आपदा पुनर्निर्माण एवं सामान्य जीवन बहाली को शामिल करते हैं। राहत कार्य में निम्न बातों को शामिल किया जाता है—

- सामाजिक प्रतिक्रिया।
- राहत कार्य में सहभागिता।
- राहत साम्रगी।
- राहत कार्य का क्रियान्वयन।

राष्ट्रीय आपदा प्रबंधन अधिनियम, 2005 के अंतर्गत संस्थागत ढाँचा के विकास

पर बल दिया गया है। राष्ट्रीय आपदा प्रबंधन प्राधिकरण, जो कि आपदा प्रबंधन का एक शीर्ष निकाय है, के अध्यक्ष प्रधानमंत्री हैं तथा यह आपदा प्रबंधन के लिए नीतियाँ, योजनाएँ और दिशा-निर्देश देने, आपदा आने के समय प्रभावी काररवाई सुनिश्चित करने के लिए उत्तरदायी हैं। राष्ट्रीय आपदा प्रबंधन प्राधिकरण सभी प्रकार की प्राकृतिक अथवा मानवजन्य आपदाओं से निपटने के लिए विशेषकर रासायनिक, जैविक, विकिरण और नाभिकीय आपात स्थितियों के संबंध में दिशा-निर्देश तैयार करने, प्रशिक्षण और तैयारी गतिविधियों को सुगम बनाने के लिए भी उत्तरदायी हैं।

संस्थागत ढाँचा के अंतर्गत ही राष्ट्रीय कार्यकारी समिति का गठन किया गया है। राष्ट्रीय कार्यकारी समिति के अध्यक्ष केंद्रीय गृह सचिव होते हैं।

अन्य राज्यों की तरह झारखंड में 'राज्य आपदा प्रबंधन प्राधिकरण' (S.D.M.A.) का गठन किया गया है। राज्य स्तर पर इसकी अध्यक्षता मुख्यमंत्री द्वारा की जाती है। इसका कार्य राष्ट्रीय आपदा प्रबंधन प्राधिकरण द्वारा दिए गए निर्देशों के अनुसार राज्य योजनाओं को संचालित करना है तथा राज्य योजनाओं के कार्यान्वयन, उनका समन्वय तथा तैयारी के उपायों का प्रावधान निर्धारित करना है। झारखंड राज्य में राज्य आपदा प्रबंधन प्राधिकरण को सहायता करने के लिए एक राज्य कार्यकारी समिति है। राज्य कार्यकारी समिति के अध्यक्ष राज्य सरकार के मुख्य सचिव होते हैं। यह समिति राष्ट्रीय नीति, राष्ट्रीय योजना और राज्य योजना के कार्यान्वयन एवं उनके बीच समन्वय का कार्य करती है। यह समिति आपदा से संबंधित विभिन्न समस्याओं एवं पक्षों के बारे में 'राष्ट्रीय आपदा प्रबंधन प्राधिकरण' को सूचना भी उपलब्ध कराती है। अन्य राज्यों की तरह झारखंड राज्य में जिला स्तर पर 'जिला आपदा प्रबंधन प्राधिकरण' (D.D.M.A.) का गठन किया गया है, जिसके अध्यक्ष जिला मजिस्ट्रेट या उपायुक्त होते हैं। साथ ही स्थानीय प्राधिकरण का निर्वाचित प्रतिनिधि इसका सह अध्यक्ष होता है। 'जिला आपदा प्रबंधन प्राधिकरण' जिला स्तर पर आपदा प्रबंधन के लिए योजना, समन्वय एवं कार्यान्वयन इकाई के रूप में कार्य करता है तथा राष्ट्रीय एवं राज्य आपदा प्रबंधन प्राधिकरण के दिशा-निर्देशों के अनुरूप कार्य करता है।

राष्ट्रीय आपदा प्रबंधन नीति, 2005 के आलोक में प्रशिक्षण कार्य हेतु 'राष्ट्रीय आपदा प्रबंधन संस्थान' (N.I.D.A.) की स्थापना की गई है। यह संस्थान अन्य अनुसंधान संस्थाओं के साथ मिलकर प्रशिक्षण, अनुसंधान एवं क्षमता विकास का कार्य करता है। 'राष्ट्रीय आपदा प्रबंधन नीति' के निर्देशानुसार राहत एवं बचाव कार्य के लिए 'राष्ट्रीय आपदा काररवाई बल' (N.D.R.F.) का गठन, 2006 ई. में किया गया। 2006 में 8 बटालियन का गठन BSF, CRPF, ITBP की दो-दो बटालियन को मिलाकर किया गया है। प्रत्येक बटालियन में 1149 जवान कार्यरत हैं। इसका गठन किसी खतरनाक

आपदा की स्थिति अथवा रासायनिक, जैविक, विकिरण संबंधी मानव निर्मित एवं प्राकृतिक दोनों प्रकार की आपदाओं में विशिष्ट काररवाई करने के उद्देश्य से किया गया है। इस बल का कमांड तथा पर्यवेक्षण केंद्र सरकार द्वारा महानिदेशक, सिविल डिफेंस तथा 'राष्ट्रीय आपदा काररवाई बल' के रूप में नियुक्त किए जानेवाले एक अधिकारी के अधीन रहता है।

आपदा प्रबंधन की प्राथमिक जिम्मेदारी राज्यों की होती है। केंद्र, राज्य तथा जिला स्तरों पर कार्यरत सभी संस्थागत तंत्र प्रभावी तरीके से आपदाओं के प्रबंधन में सहायता करती हैं। आपदा प्रबंधन अधिनियम, 2005 में राज्य सरकारों को अन्य बातों के साथ-साथ आपदा प्रबंधन योजनाओं को तैयार करने के उपाय करने, विकास योजनाओं में आपदाओं के निवारण अथवा रोकने के उपायों पर विचार करने, निधियों का आवंटन, शीघ्र चेतावनी प्रणालियों (E.W.S.) को स्थापित करने आपदा प्रबंधन के विभिन्न पहलुओं में केंद्र सरकार तथा अन्य एजेंसियों की सहायता करने का निर्देश देता है।

N.D.R.F. की तरह ही राज्यों को अपने उपलब्ध संसाधनों से काररवाई क्षमताओं का सृजन करने के लिए प्रोत्साहित करने का प्रावधान आपदा प्रबंधन अधिनियम में किया गया है। प्रारंभ में प्रत्येक राज्य को राज्य आपदा काररवाई बल (S.D.R.F.) की एक बटालीयन तैयार करना है।

N.D.R.F. के तर्ज पर ही झारखंड राज्य आपदा मोचन बल का गठन किया जाएगा। अगस्त, 2016 में इसके एक बटालीयन के गठन की मंजूरी राज्य कैबिनेट द्वारा दी गई है। एक यूनिट में 125 सदस्य होंगे, जिसमें 25 प्रकार के पद होंगे।

प्राकृतिक आपदाओं के प्रबंधन से संबंधित सभी पहलुओं का निरीक्षण करने, जिसमें स्थिति का आकलन करना तथा इसके प्रभाव को कम करने के लिए आवश्यक समझें गए उपायों एवं कार्यक्रमों की पहचान करना है। इस प्रकार की आपदाओं के निवारण हेतु दीर्घकालिक उपाय सुझाने के लिए प्राकृतिक आपदाओं के प्रबंधन संबंधी मंत्रिमंडल समिति (C.C.M.N.C.) का गठन किया गया है। हाल के वर्षों में शहरी क्षेत्रों में अनेक प्रकार की आपदाओं में तीव्र वृद्धि हुई है। शहरी क्षेत्रों में नुकसान की मात्रा भी अधिक होती है। इसके लिए अनियोजित शहरीकरण को रोकने के लिए तथा सभी प्रकार की आपदाओं के प्रति सुरक्षित मानव आवास सुनिश्चित करनेवाली योजनाओं को प्राथमिकता दी जा रही है।

पर्यावरणीय सतत विकास तथा जलवायु परिवर्तन से उत्पन्न समस्याओं को दृष्टि में रखते हुए आपदा प्रबंधन योजना की आवश्कता है। जलवायु परिवर्तन का प्रभाव हिमनद, भूजल स्तर, कृषि, वानिकी, तटीय पारिस्थितिकी, जैव विविधता तथा स्वास्थ्य पर पड़ रहा है। जलवायु परिवर्तन के कारण चक्रवात, बाढ़, सूखे जैसी प्राकृतिक आपदाओं की बारंबारता और प्रबलता में वृद्धि हो रही है।

झारखंड आपदा प्रबंधन योजना

झारखंड राज्य में आपदा विभाग का गठन अक्तूबर 2004 ई. में किया गया था। इस विभाग का प्राथमिक कार्य आपदा ग्रसित व्यक्तियों को तुरंत राहत प्रदान करना है। राहत कार्य के लिए धन की व्यवस्था 'राज्य आपदा रिस्पांस कोष' से की जाती है। 'राज्य आपदा रिस्पांस कोष' में धन संग्रह में 75 प्रतिशत हिस्सेदारी केंद्र सरकार की और 25 प्रतिशत हिस्सेदारी राज्य सरकार की होती है। झारखंड में राज्य स्तर पर राज्य आपदा प्रबंधन प्राधिकरण गठित किया गया है। आपदा प्रबंधन विभाग द्वारा 2009 ई. में राज्य आपदा प्रबंधन योजना तैयार की गई है।

झारखंड राज्य आपदा प्रबंधन प्राधिकरण के द्वारा राष्ट्रीय आपदा प्रबंधन प्राधिकरण के सहयोग से राज्य एवं जिला स्तरीय इमरजेंसी सेंटर की स्थापना करेगी तथा उसे वी-सेट उपग्रह से जोड़ा जाएगा। 'इमरजेंसी ऑपरेशन सेंटर' (E.O.C.) का गठन N.D.M.A. अधिनियम, 2005 के तहत राज्य के सभी 24 जिलों में किया जाना है। राज्यस्तरीय सेंटर का निर्माण राँची में तथा जिला स्तरीय सेंटर की स्थापना सर्वप्रथम धनबाद, देवघर और जमशेदपुर में की जाएगी।

राष्ट्रीय आपदा प्रबंधन अधिनियम 2005 की धारा-53 के आधार पर 28 मई 2010 ई. को झारखंड राज्य आपदा प्रबंधन प्राधिकरण (J.S.D.M.A.) का गठन किया गया है। J.S.D.M.A. के गठन का दो मुख्य उद्देश्य है—

- भिन्न-भिन्न स्तर पर आपदा नियंत्रण के लिए योजना एवं रणनीति का निर्माण करना।
- आपदा के बाद पुनर्निर्माण कार्य एवं सामान्य जीवन बहाली हेतु प्रोजेक्ट तैयार करना।

J.S.D.M.A. राज्य में आनेवाली सभी प्रकार की आपदाएँ, जैसे—सूखा, बाढ़, चक्रवात, रासायनिक दुर्घटना, खनन दुर्घटना आदि से निपटने के लिए तैयारी की योजनाओं का निर्माण करता है। J.S.D.M.A. को निम्न कार्यक्रमों का उत्तरदायित्व सौंपा गया है—

- बहु आपदा रिस्पांस योजना विकसित करना।
- आपदा की स्थिति में भी कार्य करनेवाला सूचना संपर्क नेटवर्क का विकास करना, जो राज्य, जिला, प्रखंड एवं पंचायत स्तर पर सूचनाओं को एकत्रित कर सके।
- ढाँचागत क्षमता का विकास करना।
- समुदाय एवं समुदाय आधारित संगठन का निर्माण करना जो आपात स्थिति में सहयोग करेगा।
- आपदा न्यूनीकरण तथा विकास योजनाओं के लिए भौगोलिक सूचना प्रणाली

का निर्माण करना।

- प्रशिक्षण कार्यक्रम तैयार करना।
- विभिन्न स्वंयसेवी संगठनों के बीच समन्वय स्थापित करना।

J.S.D.M.A. की एक प्रमुख भूमिका विभिन्न विभागों तथा धन जुटाने वाली विभिन्न संस्थाओं, जैसे-भारत सरकार, विश्व बैंक, D.F.I.D. आदि के बीच समन्वय स्थापित करना है। झारखंड राज्य में 2007 ई. से आपदा प्रबंधन केंद्र का परिचालन श्रीकृष्ण लोक प्रशासन संस्थान (SKIPA) राँची से किया जा रहा है। इस केंद्र द्वारा आपदा से संबंधित विभिन्न पहलूओं पर प्रशिक्षण कार्यक्रम चलाया जाता है। प्रशिक्षण संबंधी कार्यों के लिए आपदा प्रबंधन केंद्र, राँची को 2007-2012 ई. तक वित्तीय सहायता N.I.D.M. द्वारा दिया जाता था। लेकिन तेरहवें वित्त आयोग के सिफारिश के बाद 2012 ई. के बाद से वित्तीय सहायता आपदा प्रबंधन विभाग, झारखंड सरकार द्वारा उपलब्ध कराई जा रही है। आपदा प्रबंधन के लिए ट्रेनिंग निड एनालिसीस (T.N.A.) कार्यक्रम पॉयलट कार्यक्रम के तहत राँची और धनबाद जिला में चलाया गया है। 2015 ई. में राष्ट्रीय आपदा प्रबंधन संस्थान के सहयोग से 'विद्यालय सुरक्षा कार्यक्रम' चलाया गया था। राज्य ग्रामीण विकास संस्था (S.I.R.D.) जो राँची में स्थित है, पंचायती राज विभाग का शीर्ष प्रशिक्षण संस्थान है, में सरकारी पदाधिकारियों, चुने हुए पंचायत प्रतिनिधियों और स्वयंसेवी संगठन के कार्यकर्ताओं को सामुदायिक नेतृत्व का प्रशिक्षण दिया जाता है। 'झारखंड स्पेस एप्लीकेशन सेंटर' (JSAC) झारखंड सरकार की विशेषीकृत एजेंसी है, जो झारखंड राज्य आपदा प्रबंधन प्राधिकरण को दूर संवेदन, कार्टोग्राफी, अंतरिक्ष से संबंधित महत्त्वपूर्ण सूचनाएँ उपलब्ध कराती है।

राज्य में आपदाओं को जानकारी और उनसे उत्पन्न होनेवाली समस्याओं तथा उनके प्रभाव को कम करने के लिए 'डिजास्टर मैनेजमेंट नॉलेज सह डेमोनेस्ट्रेशन सेंटर' विभाग विकसित किया जा रहा है। इसके लिए राज्य के प्रमुख शैक्षिक एवं तकनीकी संस्थान कार्य कर रहे हैं, जो निम्नलिखित हैं—

- बिरसा कृषि विश्वविद्यालय, राँची — सूखा के लिए।
- आई.एस.एम. धनबाद — खनन आपदा के लिए।
- बी.आई.टी. मेसरा, राँची — भूकंप सुरक्षा के लिए।
- जे.सैक, राँची — बाढ़, जंगलों में आग तथा सूखा के लिए।

उपर्युक्त संस्थानों का आपदाओं के न्यूनीकरण, उच्च जोखिमवाले क्षेत्रों की पहचान, राज्य एवं जिला प्रबंधन योजना का विकास एवं कुशल प्रशिक्षक तैयार करना प्रमुख कार्य है। मेकॉन, राँची औद्योगिक आपदा जोखिम प्रबंधन से संबंधित गतिविधियों को संचालित करती है। आकस्मिक रिस्पांस प्रणाली (I.R.S.) बिना किसी रुकावट के

सुविधा, उपकरण, मानव शक्ति, संचार व्यवस्था के बीच समन्वय स्थापित करता है।

आपदा प्रबंधन का एक महत्त्वपूर्ण अंग राहत एवं पुनर्वास है। आपदाग्रस्त लोगों के पुनर्वास तथा प्रभावित लोगों की सामाजिक सुरक्षा तथा रक्षा हेतु सहायता प्रदान करना राहत कहलाता है। राहत शीघ्र पर्याप्त तथा N.D.M.A. द्वारा तैयार मानकों के अनुरूप होना चाहिए।

राहत एवं पुनर्वास के लिए अस्थायी शिविरों की स्थापना हेतु D.D.M.A. स्थलों की पहचान करता है। आपदा पूर्व दौर में आवश्यक सामग्री आपूर्ति करनेवाली एजेंसियों की पहले पहचान की जाती है। राहत शिविरों की स्थापना हेतु इस बात का ध्यान रखा जाता है कि शैक्षिक संस्थानों का प्रयोग न किया जाए। अस्थायी शिविरों में पीने और नहाने के पानी, स्वच्छता तथा आवश्यक स्वास्थ्य सुविधा का प्रावधान किया गया है। राहत एवं आपूर्ति के द्रुतगामी प्रबंधन के न्यूनतम मानक सुनिश्चित करना राहत कार्यों की एक प्रमुख विशेषता है। राष्ट्रीय आपदा प्रबंधन नीति में इस बात पर बल दिया गया है कि व्यापक प्रभाव डालने वाले आपदाओं के क्षेत्र में मध्यम आश्रयगृहों की स्थापना की जाएगी, जिससे कि प्रभावित लोगों के लिए संतुलित गुणवत्ता की जिंदगी सुनिश्चित की जा सके। इसमें पुनर्निर्माण और सामान्य स्थिति की बहाली पर बल दिया गया है।

आपदा प्रबंधन के लिए एक महत्त्वपूर्ण कदम स्कूलों में आपदा प्रबंधन संबंधी शिक्षा को पाठ्यक्रम में अपनाया गया है। शिक्षण सामग्री में कौशल आधारित प्रशिक्षण, मनोवैज्ञानिक तथा नेतृत्व गुणों को सम्मिलित किया गया है। आपदा से संबंधित शिक्षा का उद्देश्य स्कूल की आपदा प्रबंधन योजनाओं के कार्यान्वयन के साथ-साथ तैयारी तथा सुरक्षा का वातावरण विकसित करना है।

आपदा प्रबंधन की समस्याएँ–

झारखंड में आपदा प्रबंधन में अनेक समस्याएँ हैं—

i. उच्च जोखिमवाले क्षेत्रों में जनसंख्या दबाव एवं मानवीय गतिविधियों में वृद्धि।
ii. आपदा प्रबंधन से संबंधित कानूनों का ठीक से लागू न होना।
iii. विकास योजनाओं में आपदा प्रबंधन को समुचित महत्त्व न देना।
iv. आपदा प्रबंधन संबंधित प्रशिक्षण का अभाव।
v. आपदा प्रबंधन के प्रति आम लोगों में जागरूकता की कमी।
vi. आपदा प्रबंधन से संबंधित आवश्यक उपकरण एवं संसाधनों का अभाव।
vii. राहत कार्यों में विभिन्न संस्थाओं एवं एजेंसियों के बीच सामंजस्य का अभाव।
viii. आपदा से संबंधित अनुसंधान एवं विकास कार्यों में कमी।
ix. आपदा से संबंधित चेतावनी तंत्र का कमजोर होना।

□

Organisational Set-up of the ESF at District Level

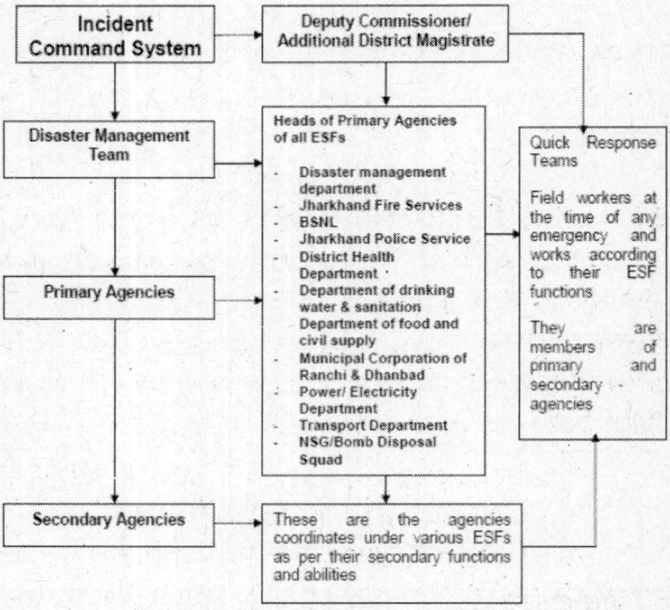

Organisational Set-up of the ESF at State Level

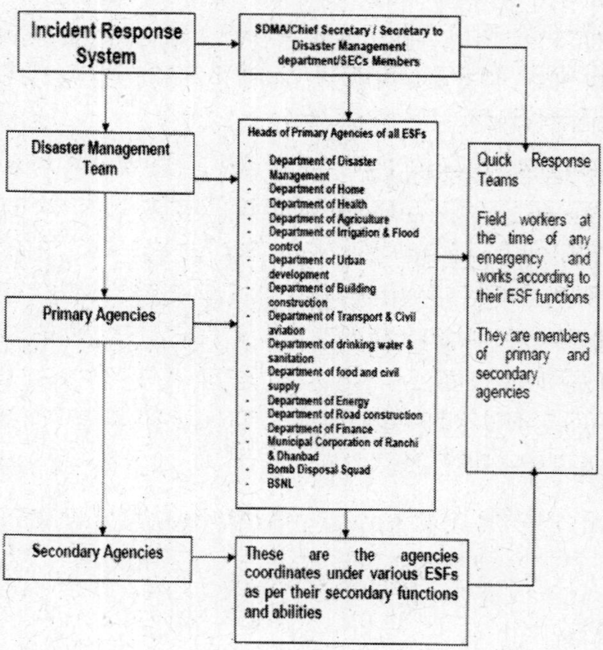

16. समसामयिकी

- समसामयिक घटनाएँ
- पुरस्कार एवं सम्मान
- झारखंड बजट 2016-17
- विविध तथ्य

समसामयिक घटनाएँ

झारखंड में पाँच क्षेत्रीय विकास प्राधिकार

झारखंड में तेजी से हो रहे शहरीकरण को केंद्र में रखकर छोटे एवं मंझोलों शहरों के समेकित विकास के लिए पाँच क्षेत्रीय विकास प्राधिकार होंगे। राँची में पूर्व में सक्रिय राष्ट्रीय क्षेत्रीय विकास प्राधिकार के अलावा कोल्हान, पलामू, संथाल परगना और उत्तरी छोटानागपुर प्रमंडल में भी प्राधिकार क्रियाशील होगा। राज्य के 188 (2011 की सेंसस टाउन) शहरों को मिलाकर एक प्राधिकार बनाए गए हैं। कोल्हान क्षेत्रीय विकास प्राधिकार का मुख्यालय जमशेदपुर, पलामू क्षेत्रीय विकास प्राधिकार का मुख्यालय मेदिनीनगर, संथाल परगना क्षेत्रीय विकास प्राधिकार का मुख्यालय दुमका और उत्तरी छोटानागपुर प्रमंडल क्षेत्रीय विकास प्राधिकार का मुख्यालय हजारीबाग होगा। किसी अन्य अधिसूचित प्राधिकार को छोड़कर पूर्व से अधिसूचित शहरी निकाय क्षेत्रों की सीमा से 10 किलोमीटर तक का परिधि क्षेत्र इन प्राधिकारों का हिस्सा होगा। सभी प्राधिकारों के लिए अलग-अलग 40-40 पद सृजित किए गए हैं। इन पदों के सृजन से 9.42 करोड़ रुपए का वित्तीय बोझ पड़ेगा।

दक्षिणी छोटानागपुर विकास प्राधिकार, राँची

राँची	विश्रामपुर, चूरी, राय, खलारी, काँके, अरसंडे, इरबा, मुरी, टाटी, बड़गड़वा, रातू, टुंडिल।

खूँटी	तोरपा।
गुमला	घाघरा एवं टोटो।

कोल्हान क्षेत्रीय विकास प्राधिकार, जमशेदपुर

पश्चिम सिंहभूम	मनोहरपुर, गुवा, बड़ाजामदा, नोआमुंडी, मेघाहातुबरू फॉरेस्ट विलेज, किरीबुरू, झींकपानी, जगन्नाथपुर एवं डांगवापुसी।
पूर्वी सिंहभूम	बाँगबेड़ा, हालुदबनी, सरजामदा, गदरा, छोटा गोविंदपुर, घोड़ाबाँध, पुरीहासा, घाटशिला, हल्दीपोखर, जादूगोड़ा एवं मुसाबनी।
सरायकेला-खरसावाँ	चांडिल, कपाली, कांड्रा, छोटा गम्हरिया एवं सिनी।

पलामू क्षेत्रीय विकास प्राधिकार, मेदिनीनगर

गढ़वा	सिंदुरिया।
पलामू	सतगाँवा हरिहरगंज, सुंदना, बाराटोला, रेड़मा, चैनपुर एवं शाहपुर।
लातेहार	बरवाडीह, अलौदिया एवं चंदवा।

संथाल परगना क्षेत्रीय विकास प्राधिकार, दुमका

दुमका	रसिकपुर, दुधानी एवं पुराना दुमका।
गोड्डा	महागामा एवं सरौनी।
पाकुड़	कुमरपुर एवं सगरमपुर।
साहेबगंज	बोरियो, बरहेट संताली, बरहेट बाजार, तीन पहाड़, पतरा एवं बड़हरवा।
जामताड़ा	करमाटांड़।

उत्तरी छोटानागपुर विकास प्राधिकार, हजारीबाग

धनबाद	हरिहरपुर, तोपचांची, गोमो, गुंगहासा, माटिगड़ा, भीमकनारी, नंदखड़की, मधुबन, बड़ोड़ा, डुमरा, हरिना, मीरा, मुराइडीह, राजभिठा उर्फ राजगंज, महलीडीह, खरकरी, सहनीडीह, मलकेरा, नगरी कलान, बाउकलान, फुलवर्तनार, झिंगहीपहाड़ी, महुदा, गोविंदपुर, करमाटांड, जनगलपुर, पोंडरकनाली, सिलगुदड़ी, अरलगुड़िया, संसिखरा, बड़डुभी, बलगड़िहा, सुरंगा, बलियापुर, भामल,

	पनरा, निरसा, मरमा, एगरकुनर, सियुलिबन, मैथन, पंचमहली, दुमरकुंडा एवं पंचेत।

विदेशी निवेश में चीन व भारत के राज्यों में झारखंड 10वें स्थान पर

विदेशी प्रत्यक्ष निवेश (एफ.डी.आई.) को अब झारखंड भी आकर्षित कर रहा है। ताजा आँकड़ों के अनुसार, वर्ष 2015 में झारखंड में 3.20 बिलियन यूएस डॉलर के निवेश का प्रस्ताव मिला है। इससे पूर्व झारखंड में काफी कम मात्रा में निवेश हुए थे। अब तक का यह सबसे बड़ा निवेश प्रस्ताव मिला है। झारखंड चीन और भारत के राज्यों में 10वें स्थान पर है।

कसमार झारखंड का पहला वाई-फाई ग्राम बना

झारखंड के बोकारो जिले के कसमार को राज्य का 'पहला वाई-फाई ग्राम' बनने का गौरव प्राप्त हुआ है। संपूर्ण कसमार प्रखंड को वाई-फाई बनाने की राज्य सरकार की योजना है, जिसके तहत प्रखंड के सभी 10 पंचायतों में जीपीएस लगाए जाएँगे।

नमामि गंगे परियोजना में झारखंड राज्य भी शामिल

'नमामि गंगे परियोजना' में गंगा नदी को स्वच्छ करने के लिए सीवेज ट्रीटमेंट प्लांट लगाना और गंगा के बहाव को अवरोध मुक्त करना शामिल है। इन परियोजनाओं को गंगा बेसिनवाले पाँच राज्यों उत्तराखंड, उत्तर प्रदेश, बिहार, झारखंड और पश्चिम बंगाल के साथ ही दिल्ली और हरियाणा में भी यमुना और गंगा की सहायक नदियों में लॉञ्च किया जाएगा।

इ-ट्रॉयल प्रारंभ करनेवाला झारखंड पहला राज्य

झारखंड देश का पहला ऐसा राज्य होगा, जहाँ की अदालतों में इ-ट्रॉयल की सुविधा रहेगी। इसके तहत राज्य से सभी जेलों में वीडियो कॉन्फ्रेंसिंग की सुविधा उपलब्ध कराई जाएगी तथा जेल से ही बंदियों की पेशी होगी। उक्त बातें चीफ जस्टिस वीरेंदर सिंह ने एक जनहित याचिका की सुनवाई के दौरान 14 अप्रैल, 2016 को कहीं।

झारखंड में राँची रेलवे स्टेशन वाई-फाई सेवा शुरू होनेवाला पहला स्टेशन

भारतीय रेल की टेलीकॉम इकाई 'रेलटेल' के साथ मिलकर गुगल ने मुफ्त वाई-फाई की सेवा शुरू की है।

23वीं सीनियर नेशनल आर्चरी चैंपियनशिप में झारखंड बना ओवरऑल चैंपियन

10 अप्रैल, 2016 को झारखंड के खरसावाँ जिला के अर्जुन स्टेडियम में संपन्न

झारखंड तीरंदाजी संघ द्वारा आयोजित 23वें सीनियर नेशनल आर्चेरी चैंपियनशिप (इंडियन रॉउंड) में झारखंड की टीम ओवरऑल चैंपियन बनी, जबकि मणिपुर की टीम उपविजेता रही। प्रतियोगिता में महिला वर्ग में झारखंड की अनीता कुमारी और पुरुष वर्ग में सेना के एम. राजीव ने ओलंपिक रॉउंड का स्वर्ण पदक जीत राष्ट्रीय चैंपियन बनने का गौरव हासिल किया।

चौथा हॉकी इंडिया लीग-2016 का फाइनल राँची में संपन्न

जेपी पंजाब वॉरियर्स ने 21 फरवरी, 2016 को राँची स्थित बिरसा मुंडा स्टेडियम में खेले गए अंतिम मुकाबले में कलिंगा लान्सर्स को पराजित कर 'हॉकी इंडिया लीग' के चौथे संस्करण का खिताब जीत लिया। पंजाब का इस लीग में यह लगातार तीसरा फाइनल मैच था।

मेगा फूड पार्क का राँची में उद्घाटन

राजधानी के गेतलसूद में निर्मित प्रदेश के पहले मेगा फूड पार्क का उद्घाटन 15 फरवरी, 2016 को मुख्यमंत्री रघुवर दास ने किया। मुख्यमंत्री ने कहा कि मेगा फूड पार्कों से किसानों को उनकी उपज का बेहतर दाम दिलाकर उनके जीवन स्तर को बेहतर बनाना मुख्य उद्देश्य है। उद्घाटन समारोह को केंद्रीय खाद्य प्रसंस्करण मंत्री हरसिमरन कौर बादल, केंद्रीय खाद्य प्रसंस्करण राज्य मंत्री साध्वी निरंजन ज्योति और पतंजली योगपीठ के महासचिव आचार्य बालकृष्ण ने भी संबोधित किया।

सबसे ऊँचा तिरंगा लहराया राँची में

राँची स्थित प्रसिद्ध पहाड़ी मंदिर पर 23 जनवरी, 2016 को विश्व के सबसे ऊँचे तिरंगे के फहराए जाते ही दुनिया के मानचित्र पर राँची ने अपनी अलग पहचान बना ली। नेताजी सुभाषचंद्र बोस की जयंती पर भारत के रक्षा मंत्री मनोहर पार्रिकर ने पहाड़ी मंदिर के नीचे से बटन दबाकर झंडोतोलन किया। इस मौके पर राज्यपाल द्रोपदी मुर्मू एवं मुख्यमंत्री रघुवर दास सहित कई सांसद व विधायक मौजूद थे। रक्षा मंत्री के बटन दबाने के 52 सेकंड के बाद तिरंगा आसमान में लहराने लगा। राँची में फहरने वाले तिरंगे की लंबाई 99 फीट और चौड़ाई 66 फीट है। पोल की ऊँचाई 272 फीट है। यह 293 फीट (लगभग 181 मीटर) का है। यह देश का सबसे ऊँचा तिरंगा है।

झारखंड रक्षा शक्ति विश्वविद्यालय खूँटी में खुलेगा

झारखंड में डिफेंस यूनिवर्सिटी खूँटी जिला में खोल जाएगी। डिफेंस यूनिवर्सिटी को झारखंड रक्षा शक्ति विश्वविद्यालय का नाम दिया गया है। यह गुजरात और राजस्थान के बाद देश की तीसरी डिफेंस यूनिवर्सिटी होगी। राज्य सरकार ने डिफेंस विश्वविद्यालय

के लिए खूँटी के जरदाग में जमीन चिह्नित की है। खूँटी के जरदाग में 25 एकड़ जमीन पर झारखंड रक्षा शक्ति विश्वविद्यालय परिसर का निर्माण किया जाएगा। विश्वविद्यालय में हर वर्ष 300 से 500 छात्रों का नामांकन हो सकेगा। विश्वविद्यालय की स्थापना का उद्देश्य सुरक्षा विज्ञान एवं प्रबंधन के क्षेत्र में बेहतर मानव संसाधन उपलब्ध कराना है।

गिरिडीह के उपायुक्त को राष्ट्रीय पुरस्कार

महाराष्ट्र के नागपुर में 22 जनवरी, 2016 को 19 वीं राष्ट्रीय इ–गवर्नेंस कॉन्फ्रेंस में गिरिडीह के उपायुक्त उमाशंकर सिंह को राष्ट्रीय पुरस्कार से सम्मानित किया गया। महाराष्ट्र के मुख्यमंत्री देवेंद्र फडनविस ने उन्हें यह पुरस्कार सौंपा। उपायुक्त श्री सिंह को यह पुरस्कार 'मेडिकल रिसोर्स प्लानिंग प्रोजेक्ट' के सफल संचालन पर मिला है। सदर अस्पताल में मेडिकल रिर्सोस प्लानिंग पर बेहतर काम के लिए गिरिडीह जिले का चयन किया गया था।

जिला न्यायालय खूँटी पूर्णतः सौर ऊर्जा संचालित देश का पहला जिला न्यायालय

खूँटी जिला न्यायालय में ऊर्जा की समस्त आपूर्ति सौर ऊर्जा के जरिए की जा रही है। इसके लिए 180 किलोवाट का रूफ टॉप सोलर प्लांट स्थापित किया गया है, जिसका उद्घाटन प्रधानमंत्री नरेंद्र मोदी ने किया। उत्पादित विद्युत् का प्रयोग न्यायालय द्वारा किया जा रहा है, जबकि शेष विद्युत् की आपूर्ति निकटवर्ती सरकारी कार्यालयों को की जा रही है। पूर्णत: सौर ऊर्जा पर निर्भर यह देश का पहला जिला न्यायालय है।

झारखंड टेक्निकल यूनिवर्सिटी राँची में

झारखंड टेक्निकल यूनिवर्सिटी निर्माण का शिलान्यास राँची के नामकुम प्रखंड में 9 जनवरी, 2016 को राष्ट्रपति द्वारा किया गया। इसके लिए नामकुम के सिरखाटोली स्थित सांइस परिसर में भूमि चिह्नित की गई है। विश्वविद्यालय भवन के निर्माण पर कुल 80.98 करोड़ रु. खर्च होंगे। विदित हो कि गत 23 सितंबर को राज्य में प्रौद्योगिकी विधि के निर्माण की स्वीकृति राष्ट्रपति द्वारा प्रदान की गई थी।

निखिल भारत बंग साहित्य सम्मेलन

राष्ट्रपति ने होटवार स्थित खेल गाँव में 'निखिल भारत बंग साहित्य सम्मेलन' के 88वें वार्षिक सम्मेलन का उद्घाटन 10 जनवरी, 2016 को किया। डॉ. मुखर्जी ने इस अवसर पर बताया कि सम्मेलन का शुरुआती नाम 'प्रवासी बंग साहित्य सम्मेलन' था और इसका गठन 1922 में किया गया था। रवींद्रनाथ टैगोर ने 1923 में वाराणसी में

इसके पहले वार्षिक सम्मेलन की अध्यक्षता की थी। इस अवसर पर मुख्यमंत्री रघुवर दास ने 8 करोड़ की लागत से राँची में 'रवींद्र भवन' बनाने की घोषणा की है।

नीर निर्मल परियोजना में झारखंड सबसे बेहतर

विश्व बैंक ने नीर निर्मल परियोजना के क्रियान्वयन में झारखंड को सबसे अधिक अंक दिए हैं। परियोजना के कार्यों का मूल्यांकन करने के बाद विश्व बैंक ने झारखंड को 82.59, असम को 80.50, उत्तर प्रदेश को 77.30 और बिहार को 60.35 अंक दिए हैं। इस परियोजना के तहत ग्रामीण क्षेत्रों में पाइपलाइन के सहारे पेयजल उपलब्ध कराया जाता है।

राज्य विकास परिषद् के गठन को मंजूरी

मुख्यमंत्री रघुवर दास की अध्यक्षता में 28 जुलाई, 2015 को हुई। कैबिनेट बैठक में 'राज्य विकास परिषद' के गठन संबंधी प्रस्ताव को मंजूरी प्रदान की गई। इस परिषद् के अध्यक्ष मुख्यमंत्री होंगे, जबकि योजना एवं वित्त विभाग के सचिव परिषद् के सदस्य सचिव होंगे। मुख्यमंत्री की ओर से पूर्णकालिक सदस्य के तौर पर उद्योग, प्रबंधन, प्रशासनिक आर्थिक क्षेत्र के प्रतिष्ठित अनुभवी हस्तियाँ और सांसद परिषद् के उपाध्यक्ष होंगे, जिन्हें बारी-बारी से जगह दी जाएगी। राज्य विकास परिषद् का कार्य पंचवर्षीय एवं वार्षिक कार्य योजना हेतु सलाह देना, दीर्घकालिक विकास के लिए योजनाएँ तैयार करना, मौजूदा संसाधनों की स्थिति का आकलन करना आदि होगा।

मुख्यमंत्री ने की सिंगल विंडो सिस्टम की लॉन्चिंग

राज्य के औद्योगिक गतिविधियों को बढ़ावा देने तथा अधिक-से-अधिक निवेशकों को आकर्षित करने के उद्देश्य से राज्य में 'सिंगल विंडो सिस्टम' (सिंगल साइन ऑन इज ऑफ डूइंग बिजनेस) की लॉन्चिग मुख्यमंत्री रघुवर दास ने 8 सितंबर, 2015 को की। उन्होंने उद्योग-धंधों को बढ़ावा देने के लिए इस अवसर पर चार महत्त्वपूर्ण नीतियों का भी लोकार्पण किया।

देश का पहला खेल विश्वविद्यालय झारखंड में

देश का पहला खेल विश्वविद्यालय की स्थापना के लिए झारखंड सरकार और सीसीएल के बीच 30 साल के लिए एम.ओ.यू. संपन्न हुआ। इस एमओयू के तहत 15 खेल विधाओं की खेल अकादमी की स्थापना करने का निर्णय लिया गया। इसमें 1400 विद्यार्थियों का नामांकन होगा तथा इसका खर्च राज्य सरकार व सीसीएल उठाएगी। संस्थान में नामांकित छात्रों को +2 तक की शिक्षा की भी व्यवस्था करने का प्रावधान किया गया है।

ऊर्जा नीति-2015

इसके तहत राज्य में सोलर पावर प्लांट स्थापित करने के लिए निवेशकों को प्रोत्साहित किया जाएगा। 2020 तक सौर ऊर्जा से 2650 मेगावाट बिजली उत्पादन का लक्ष्य रखा गया है। 500 मेगावाट क्षमता तक उत्पादन के लिए राज्य के विभिन्न क्षेत्रों में भूमि चिह्नित की जाएगी। वहाँ मूलभूत सुविधाएँ विकसित कर राज्य सरकार इसका आवंटन करेगी। इसके अलावा भवनों की छत पर ग्रिड कनेक्टेड सोलर प्लांट लगाए जाएँगे। वैसे उपभोक्ता जो अपने घरों की छत पर पावर प्लांट लगाएँगे, उन्हें भवन कर ही देना होगा, वाणिज्यिक कर चार्ज नहीं लिया जाएगा।

पुरस्कार व सम्मान

युवा साहित्य अकादमी पुरस्कार, 2016

दुमका जिले के जरमुंडी प्रखंड के निवासी नीलोत्पल मृणाल ने हिंदी साहित्य जगत् के राष्ट्रीय युवा साहित्य अकादमी पुरस्कार, 2016 प्राप्त किया। यह पुरस्कार उनकी प्रथम हिंदी उपन्यास 'डार्क हॉर्स' की रचना पर दिया गया है। सम्मान के तौर पर उन्हें 50 हजार रुपए और ताम्रपत्र दिया गया है।

लाल बहादुर शास्त्री सम्मान, 2016

जमशेदपुर के वयोवृद्ध कथाकार डॉ. सुरेंद्र प्रसाद को दिल्ली की साहित्यिक संस्थान मंजिल ग्रुप साहित्यिक मंच ने 'लाल बहादुर शास्त्री सम्मान' से सम्मानित करने का निर्णय लिया है। इस कार्यक्रम में उनके उपन्यास 'पुनर्मिलन' का लोकार्पण भी किया गया।

लाइफ टाइम अचीवमेंट पुरस्कार, 2016

जमशेदुपर झारखंड के निवासी रंगकर्मी शिवलाल सागर को नाट्य कला के क्षेत्र में विगत 36 वर्षों के योगदान देने के लिए लाइफ टाइम अचीवमेंट पुरस्कार प्रदान किया गया।

झारखंड के दीपिका एवं सिमोन को 2016 का पद्मश्री पुरस्कार

झारखंड की पूर्व वर्ल्ड नंबर वन स्टार तीरंदाज दीपिका कुमारी एवं पर्यावरणविद् सिमोन उराँव को वर्ष, 2016 का पद्मश्री अवार्ड से सम्मानित करने की घोषणा गणतंत्र दिवस की पूर्व संध्या पर किया गया। रातु, राँची की निवासी, 21 वर्षीय दीपिका ने तीरंदाजी विश्वकप फाइनल में रजत पदक और विश्वकप के दूसरे चरण और एशियाई टीम चैंपियनशिप में कांस्य पदक जीती हैं। इससे पहले 2012 में दीपिका अर्जुन पुरस्कार हासिल कर चुकी है।

आदर्श युवा विधायक पुरस्कार

पुणे में आयोजित भारतीय छात्र संसद् के छठे प्रकाशन के भव्य समारोह में बहरागोड़ा के झामुमो विधायक कुणाल षाडंगी को 'युवा आर्दश विधायक पुरस्कार 2016 से सम्मानित किया गया। संसदीय कार्य मंत्री वैंकेया नायडू और विश्व-प्रसिद्ध तबला वादक जाकीर हुसैन ने उन्हें शॉल ओढ़ाकर और मोमेंटो देकर सम्मानित किया कुणाल षाडंगी इस पुरस्कार को पानेवाले पहले झारखंडी विधायक हैं।

राष्ट्रपति पुरस्कार

झरिया की रोशनी मुखर्जी को राष्ट्रपति प्रणब मुखर्जी ने 22 जनवरी, 2016 को सेरीमोनियल हॉल राष्ट्रपति भवन कल्चरल सेंटर नई दिल्ली में सम्मानित किया। ऑन लाइन शिक्षा के क्षेत्र में बेहतर कार्य के लिए '100 वूमेन एचीवर ऑफ इंडिया' की सूची में रोशनी का नाम है। रोशनी दिल्ली में सॉफ्टवेयर इंजीनियर हैं। वह कक्षा नौंवी से 12वीं तक विद्यार्थियों को ऑन लाइन पढ़ाती हैं। पूरे विश्व में उनके साथ ऑन लाइन 68 हजार स्टूडेंट हैं।

ऑफिसियर डी ला लीजन पुरस्कार 2015

झारखंड राज्य के हजारीबाग के पूर्व सांसद व भारत के पूर्व वित्त मंत्री, भारतीय जनता पार्टी के वरिष्ठ नेता श्री यशवंत सिन्हा को फ्रांस सरकार की प्रतिष्ठित ऑफिसियर डी ला लीजन पुरस्कार से सम्मानित किया गया। उन्हें यह पुरस्कार अंतराष्ट्रीय मामलों में किए गए योगदान के लिए प्रदान किया गया है।

साहित्य अकादमी (बाल साहित्य) पुरस्कार-2015

साहित्य अकादमी ने वर्ष 2015 के लिए बाल साहित्यकार श्रीकांत सोरेन को उनकी कविता-संग्रह (हरयार मयम) के लिए संथाली भाषा का बाल साहित्य पुरस्कार प्रदान किया गया है।

पद्मश्री पुरस्कार-2015

गुमला जिले के विशनुपुर प्रखंड में कार्यरत गैर-सरकारी संस्था 'विकास भारती' के सचिव अशोक भगत को समाज सेवा एवं जनसरोकार हेतु 66वें गणतंत्र दिवस के अवसर पर पद्मश्री पुरस्कार से सम्मानित किया गया है।

साहित्य अकादेमी पुरस्कार-2014

झारखंड के जमादार किस्कू को वर्ष 2014 का संथाली भाषा का साहित्य अकादेमी पुरस्कार प्रदान किया गया है। जमादार किस्कू संथाली भाषा के जाने-माने नाटककार हैं।

बिरसा मुंडा सम्मान

झारखंड के आदिवासी साहित्यकार महादेव टोप्पो को उनकी कविताओं, कहानियों, लेखों में आदिवासी संस्कृति व राजनीतिक स्थिति के सशक्त विश्लेषण के लिए रमणिका फाउंडेसन द्वारा 'बिरसा मुंडा सम्मान' से सम्मानित किया गया है।

शौर्य चक्र-2015

जम्मू कश्मीर के उरी सेक्टर में 5 दिसंबर, 2014 को मुठभेड़ में छह पाक आतंकियों को ढेरकर शहीद हुए राँची के जाबांज लेफ्टिनेंट कर्नल संकल्प शुक्ला को मरणोपरांत शौर्य चक्र से सम्मानित किया गया।

वीरता पुरस्कार-2015

अपनी बहादुरी से लोगों की जिंदगी बचानेवाले जामताड़ा के राजदीप दास को 'वीरता पुरस्कार' से सम्मानित किया गया।

पुलिस पदक सम्मान-2015

झारखंड कैडर के आई.पी.एस. अधिकारी ए.डी.जी.पी. सह गृह विभाग के विशेष सचिव वैंकटेश हरमंटरी देशमुख को विशिष्ठ सेवा के लिए गणतंत्र दिवस के मौके पर 'राष्ट्रपति पुलिस पदक' से सम्मानित किया गया।

झारखंड बजट 2016-17

- वित्तीय वर्ष 2015-16 का बजट पेश करते समय सरकार ने पहली बार कृत काररवाई प्रतिवेदन (ATR) प्रस्तुत की।
- कुल बजट में योजना 57.91 प्रतिशत तथा गैर-योजना 42.09 प्रतिशत है।
- कृषि एवं संबद्ध प्रक्षेत्रों के लिए कृषि बजट प्रस्तुत किया गया, जो कुल वार्षिक योजना का 13.07 प्रतिशत है।
- महिलाओं के विकास हेतु कुल 11 विभागों के वित्तीय वर्ष में योजना व्यय के अधीन वैसे कार्यक्रम जिनमें जेंडर बजट का प्रावधान है, जो सकल व्यय 13,515.73 करोड़ रुपया है, जिसमें से 43.72 प्रतिशत राशि महिला के विकास हेतु व्यय किया जाएगा।
- योजना व्यय में 15.34 तथा गैर-योजना में 13.19 प्रतिशत की वृद्धि की गई है।

➢ कुल बजट — 63,502.69 करोड़
➢ योजना मद — 37,065.35 करोड़

- गैर-योजना मद — 26,437.34 करोड़
- पिछले बजट से ग्रोथ — 14.43%
- योजना मद — 58.37%
- गैर-योजना मद — 41.63%
- सामान्य प्रक्षेत्र का बजट — 17,142.66 करोड़
- सामाजिक प्रक्षेत्र — 23,016.59 करोड़
- आर्थिक प्रक्षेत्र — 23,343.44 करोड़
- कर राजस्व से प्राप्तियाँ — 17,050 करोड़
- गैर कर राजस्व से प्राप्तियाँ — 8,425.76 करोड़
- केंद्रीय सहायता — 11,802 करोड़
- टैक्स डिवोल्यूशन — 18,478.66 करोड़
- लोक ऋण — 7,700 करोड़
- उधार एवं अग्रिम से वसूली — 46.27 करोड़
- प्राथमिक घाटे का अनुमान — 1,452,41 करोड़

विभागवार आवंटन 2016-17

- कृषि 2426.40 करोड़
- भवन-निर्माण 460.00 करोड़
- परिवहन व नागर विमानन 250.00 करोड़
- ऊर्जा 2249.17 करोड़
- वाणिज्य कर 05.00 करोड़
- खाद्य आपूर्ति 135.00 करोड़
- स्वास्थ्य एवं परिवार कल्याण 2129.18 करोड़
- उच्च शिक्षा एवं तकनीकी विभाग 475.00 करोड़
- गृह, कारा व आपदा 186.10 करोड़
- उत्पाद एवं मद्यनिषेध 15.00 करोड़
- उद्योग विभाग 396.45 करोड़
- सूचना एवं जनसंपर्क विभाग 60.00 करोड़
- श्रम नियोजन एवं कौशल विकास 211.80 करोड़
- खान एवं भूतत्व 396.45 करोड़
- कल्याण विभाग 1751.15 करोड़
- नगर विकास 2000.00 करोड़

• कार्मिक विकास	10 करोड़
• योजना सह वित्त विभाग	337.95 करोड़
• पेयजल	1250.00 करोड़
• जल संसाधन विभाग	1847.00 करोड़
• सूचना प्रौद्योगिकी	180.00 करोड़
• भू-राजस्व निबंधन	134.62 करोड़
• पथ-निर्माण विभाग	4000.00 करोड़
• पर्यटन, खेल-कूद व युवा कार्य	222.55 करोड़
• ग्रामीण विकास	7201.90 करोड़
• स्कूली शिक्षा एवं साक्षरता	4250.00 करोड़
• महिला एवं बाल विकास	3276.70 करोड़
• वन एवं पर्यावरण विभाग	389.38 करोड़

स्कूली शिक्षा एवं साक्षरता विभाग

- अनुसूचित जाति एवं जनजातियों की बालिकाओं हेतु मुख्यमंत्री विद्या लक्ष्मी योजना।
- 57 प्रखंडों में कस्तूरबा गांधी बालिका विद्यालय की तर्ज पर झारखंड बालिका आवासीय विद्यालय की स्थापना।
- आगामी छह माह में माध्यमिक स्कूलों में 18 हजार शिक्षकों की नियुक्ति।

उच्च शिक्षा विभाग

- राज्य के 10 जिलों में एक-एक बहुउद्देशीय परीक्षा भवन बनाए जाने का प्रस्ताव।
- प्रथम महिला अभियंत्रण महाविद्यालय की स्थापना रामगढ़ जिले में किए जाने का प्रस्ताव है।
- राज्य सरकार द्वारा नवनिर्मित पोलटेकनिक संस्थानों गोला, पाकुड़, चांण्डिल, में 300-300 सीट पर नामांकन प्रारंभ।
- 2016-17 के लिए रु. 280 करोड़ का प्रावधान।
- 2022 तक विधानसभावार कॉलेज खोले जाएँगे।
- रक्षा शक्ति विश्वविद्यालय की स्थापना का निर्णय।
- पलामू, राँची और कोडरमा में इंजीनियरिंग कॉलेज की स्थापना।
- बी.आई.टी. सिंदरी विकसित करने हेतु रु. 156.12 करोड़ के डी.पी.आर. को तकनीकी मंजूरी।

- सभी जिलों में पोलेटेकनिक कॉलेजों की स्थापना।

समाज कल्याण विभाग

- आदिम जनजाति विकास प्राधिकार बनेगा, जिसमें 'बिरसा आवास योजना' का भी प्रावधान।
- मुख्यमंत्री खाद्य सुरक्षा योजना के तहत आदिम जनजाति के सभी परिवारों को प्रतिमाह 35 किलोग्राम खाद्यान नि:शुल्क देने का प्रावधान।
- साहेबगंज एवं जामताड़ा में वृद्धाश्रम का निर्माण।
- एड्स पीड़ितों को आर्थिक सहायता के लिए प्रति माह 600 रुपए पेंशन राज्य पेंशन योजना से प्रदान करने की स्वीकृति।
- मूकबधिर और नेत्रहीन विद्यालयों को उत्क्रमित कर +2 तक करने की योजना।
- राँची जिला में एक दिव्यांग केंद्र खोलने की योजना।

स्वास्थ्य विभाग

- कंप्रहेंसिव हेल्थ इंश्योरेंश कवरेज योजना शुरू करने का प्रस्ताव इस योजना के तहत चिह्नित लोगों को 02 लाख रुपए तक के सेकेंड्री और टर्शियरी केयर की सुविधा उपलब्ध कराई जाएगी।
- किडनी रोग के जाँच के लिए ब्राम्बे में सुपर स्पेशियलिटी न्यूरोलॉजी एवं नेफरोलॉजी केंद्र की स्थापना का प्रस्ताव।
- ब्राम्बे में राष्ट्रीय स्तर के डायबिटीज केयर सेंटर की स्थापना का प्रस्ताव।
- एम.जी.एम. मेडिकल कॉलेज, जमशेदपुर में 500 बेड वाले हॉस्पिटल निर्माण का प्रस्ताव।
- आई.पी.एच. भवन नामकुम में सामुदायिक स्वास्थ्य विषय पर तीन साल के स्नातक पाठ्यक्रम शुरू करने का प्रस्ताव।
- राँची में सेंट्रल बायोमेडिकल वेस्ट डिस्पोजल यूनिट की स्थापना करने का प्रस्ताव है।

वन विभाग

- मुख्यमंत्री जनवन योजना की शुरुआत।
- जलवायु परिवर्तत के लिए बहु-विभागीय योजना के समन्वित कार्यान्वयन हेतु जलवायु परिवर्तन कार्य इकाई का गठन।

पथ निर्माण विभाग

- पथ निर्माण के लिए चालू वित्तीय वर्ष के उपबंध रु. 3200 करोड़ को बढ़ाकर

वित्तीय वर्ष 2016-17 के लिए रु. 4000 करोड़ किए जाने का प्रस्ताव।

- 1000 किलोमीटर पथों एवं 25 वृहद् पुल योजनाओं का क्रियान्वयन किए जाने का प्रस्ताव।
- साहेबगंज गंगा नदी पर पुल निर्माण की स्वीकृति।
- उग्रवाद प्रभावित क्षेत्रों में 200 किलोमीटर सड़क निर्माण का प्रस्ताव।
- मुख्यमंत्री ग्राम सेतु योजना के तहत आगामी वर्ष में कुल 81 पुलों के निर्माण का प्रस्ताव।

भवन निर्माण विभाग

- सभी सरकारी भवनों में वाटर हार्वेस्टिंग का प्रस्ताव।
- सरकारी भवनों में सोलर रूफ टॉप पैनल लगाने का प्रस्ताव।
- धनबाद, गिरिडीह सरायकेला, पलामू, साहेबगंज एवं बोकारो में न्यायसदन निर्माण कार्य का प्रस्ताव।
- राँची में रवींद्र भवन का निर्माण कार्य की स्वीकृति।
- राँची में अत्याधुनिक कन्वेंशन सेंटर का निर्माण कार्य का प्रस्ताव।
- एच.ई.सी. क्षेत्र के 341 एकड़ जमीन पर राँची स्मार्ट सिटी अधिष्ठापित करने की राज्य सरकार की योजना।
- झारखंड शहरी विकास निधि नामक एक कोष का गठन किया जाएगा, जो नगर निकायों में वृहद् तथा जनोपयोगी योजना एवं आधारभूत संरचना के क्रियान्वयन के लिए तत्काल राशि उपलब्ध कराएगा।

ऊर्जा विभाग

- NTPC तथा राज्य सरकार की नई संयुक्त उपक्रम 'पतरातु विद्युत् उत्पादन निगम लिमिटेड' को कार्यान्वित करने का प्रस्ताव।
- तेनुघाट विद्युत् निगम लिमिटेड में 2×660 मेगावाट के अतिरिक्त पावर प्लांट स्थापित किए जाने का प्रस्ताव।
- 'दीनदयाल उपाध्याय ग्राम ज्योति योजना' के तहत ग्रामीण तथा शहरी फिडरों को अलग किया जाना तथा बचे हुए सभी अविद्युतीकृत गाँवों एवं टोलों में विद्युत् उपलब्ध कराने का प्रस्ताव।
- बचे हुए 2525 अविद्युतीकृत गाँवों को दिसंबर 2016 तक पूरा करने का प्रस्ताव।
- पावर प्लांट के लिए 'पतरातु विद्युत् उत्पादन निगम लिमिटेड' को कार्यान्वित करने का प्रस्ताव।

- 1 अप्रैल से 16 लाख 50 हजार ग्रामीण उपभोक्ताओं के बीच एल.ई.डी. बल्ब वितरण का प्रस्ताव।

सूचना प्रौद्योगिकी विभाग

- प्रत्येक प्रखंड को राज्य मुख्यालय से जोड़ने के लिए वीडियो कॉन्फ्रेंसिंग की सुविधा का प्रस्ताव।
- राज्य के विभिन्न इंजीनियरिंग और प्रबंधन कॉलेजों में 5 'इन्क्यूवेसन सेंटर' की स्थापना का प्रस्ताव।

पेयजल एवं स्वच्छता विभाग

- 19 प्रखंड मुख्यालयों में पाइप जलापूर्ति योजना का निर्माण किए जाने का प्रस्ताव।
- सभी विधानसभा और संसदीय क्षेत्रों में एक पाइप जलापूर्ति योजना इस वित्तीय वर्ष में पूरा करने का प्रस्ताव।
- आदिम जनजाति टोलो में सौर ऊर्जा एवं बिजलीचलित पाइप जलापूर्ति योजना निर्माण का प्रस्ताव।
- 75 प्रखंडों में 700 पंचायतों को खुले में शौच से मुक्त किए जाने का प्रस्ताव।

पर्यटन विभाग

- मलूटी मंदिर समूहों का जीर्णोधार कार्य प्रारंभ का प्रस्ताव।
- होटल प्रबंधन संस्थान, फूड क्राफ्ट संस्थान, झारखंड साहसिक पर्यटन संस्थान, बाबा बैद्यनाथ धाम एवं बासुकी नाथ तीर्थ क्षेत्र विकास प्राधिकार के लिए सहायक अनुदान का प्रस्ताव।
- जे.टी.डी.सी. द्वारा पर्यटक बस सुविधा शुरू करने का प्रस्ताव।
- राज्य के गरीब परिवारों को देश के पर्यटन व धार्मिक स्थानों के भ्रमण कराने के लिए झारखंड पर्यटन विकास निगम को वित्तीय सुविधा का प्रस्ताव।

खाद्य सुरक्षा विभाग

- वित्तीय वर्ष 2016-17 में मुख्यमंत्री दाल भात योजना के तहत मोबाइल किचन संचालन का प्रस्ताव।
- सभी पी.डी.एस. दुकानों में डिजिटल वेइंग मशीन उपलब्ध कराए जाने का प्रस्ताव।
- मुख्यमंत्री खाद्य सुरक्षा योजना के तहत आदिम जनजाति के सभी परिवारों को प्रतिमाह 35 किलो खाद्यान निःशुल्क देने का प्रावधान।

जेंडर बजट (महिलाओं के लिए)

- दुमका, बोकारो, हजारीबाग, देवघर, सरायकेला एवं पलामू में कामकाजी महिलाओं के लिए हॉस्टल निर्माण का प्रस्ताव।
- देवघर में नारी निकेतन एवं मानव ट्रैफिकिंग से मुक्त कराए गए बच्चों के लिए 'ओपन शेल्टर' निर्माण का प्रस्ताव।
- एसटी, एससी और पिछड़े वर्ग की 2000 महिलाओं को तीन और चार पहिया वाहन का प्रशिक्षण एवं वाहन के लिए बैंक से कर्ज की उपलब्धता का प्रस्ताव।
- पुलिस नियुक्ति में महिलाओं के लिए 33 प्रतिशत आरक्षण का पालन करने का प्रस्ताव।

विधि व्यवस्था

- राज्य के अति उग्रवाद प्रभावित 16 जिलों में 71 नए स्मार्ट थानों के निर्माण का प्रस्ताव।
- 313 पी.सी.आर. एवं हाईवे पेट्रोल वाहन शुरू करने का प्रस्ताव।
- सेफ सिटी परियोजना के तहत राँची में सी.सी.टी.वी. सर्विलांस प्रणाली लागू करने का प्रस्ताव।
- पुलिसकर्मियों की नियुक्ति में महिलाओं को 33 प्रतिशत आरक्षण की व्यवस्था।

उद्योग विभाग

- राज्य के महत्त्वपूर्ण तकनीकी संस्थानों में इनक्यूवेशन सेंटर की स्थापना का प्रस्ताव।
- 'नई औद्योगिक पूँजी निवेश प्रोत्साहन नीति' 1 अप्रैल, 2016 से लागू करने का प्रस्ताव।

संसाधनों में अभिवृद्धि

- कर अपवंचना रोककर राज्य के आंतरिक राजस्व में वृद्धि का प्रस्ताव।
- कर समाधान योजना 2015 को वित्तीय वर्ष 2016-17 के लिए विस्तारित करने का प्रस्ताव।
- विभागों की संख्या 41 से घटाकर 31 करने का प्रस्ताव।
- नई कोषागार संहिता (ट्रेजरी कोड) अप्रैल 2016 से लागू करने का प्रस्ताव है।
- मुख्यमंत्री-बोर्ड के तहत सभी विभागों/सभी जिलों प्रखंडों की परियोजनाओं की प्रगति का अनुश्रवण कर सकेंगे।

राजस्व, निबंधन एवं भूमि सुधार

- सभी अंचलों में ऑनलाइन म्यूटेशन की व्यवस्था करना।
- भू अभिलेखों एवं भू नक्शों का डिजिटाईजेशन।
- राँची में Map Printing Press की स्थापना।

पर्यटन विकास

- मालुटी दुमका में पहली बार 'भादो महोत्सव' का आयोजन किया गया है तथा मालुटी के मंदिर समूहों का जीर्णोधार का कार्य शुरू किया गया है।
- सरायकेला में 'छऊ महोत्सव' का का आयोजन किया गया है।
- JTDC द्वारा पर्यटक स्थलों के लिए पर्यटक बस आदि परिवहन सुविधा प्रारंभ।

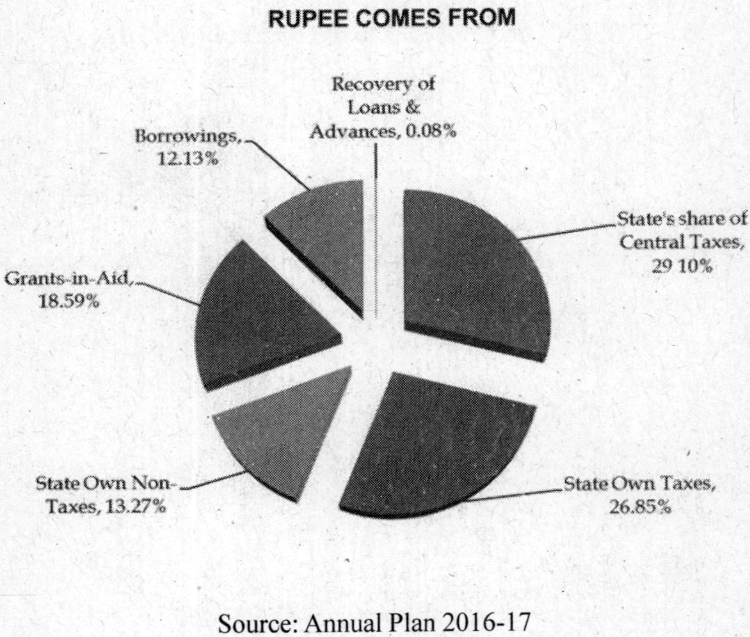

Source: Annual Plan 2016-17

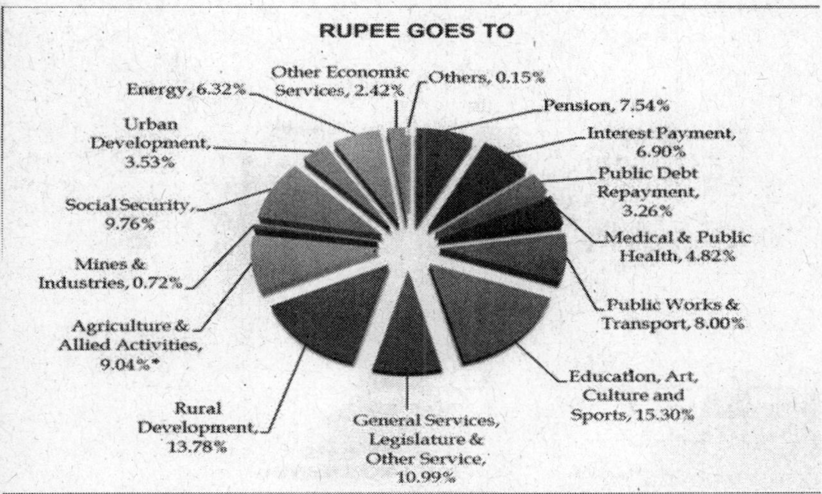

Source: Annual Plan 2016-17

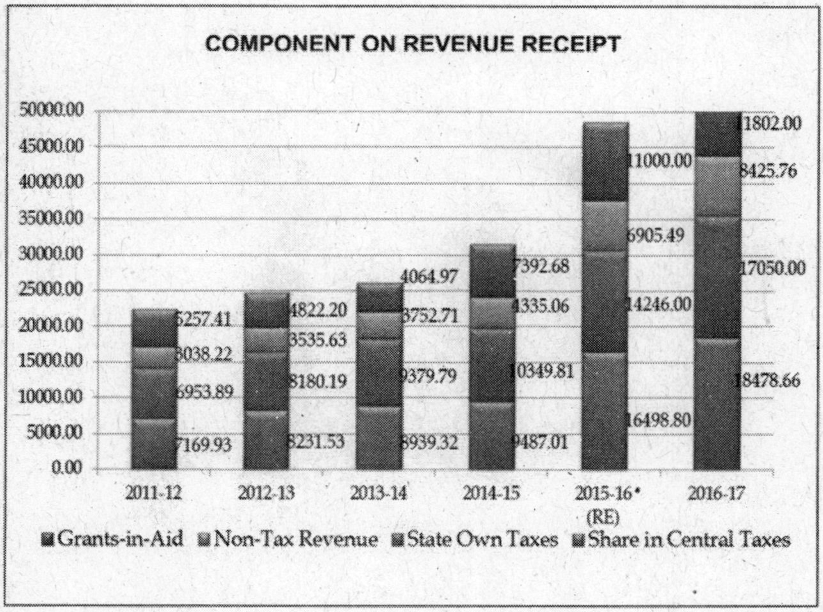

Source: Annual Plan 2016-17

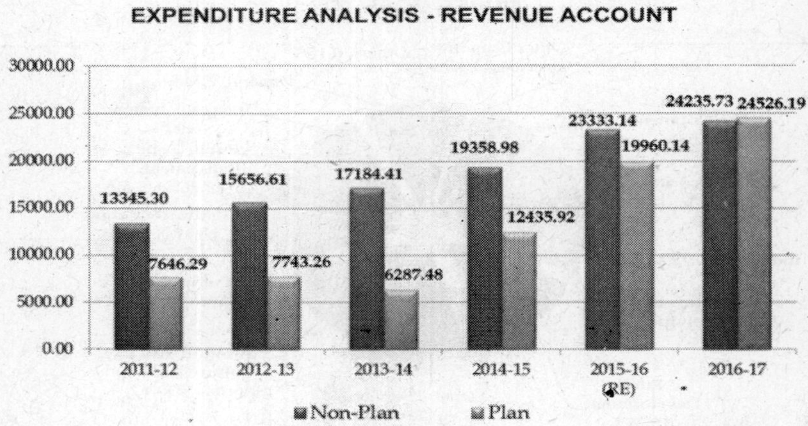

Source: Annual Plan 2016-17

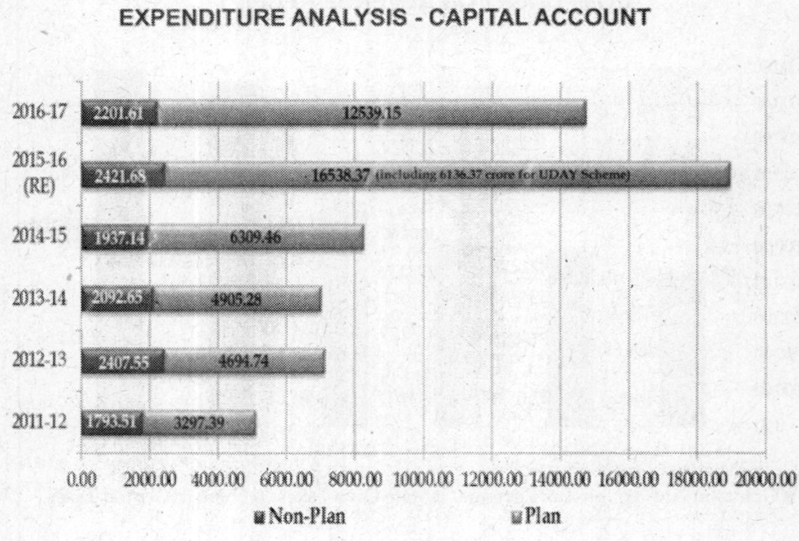

Source: Annual Plan 2016-17

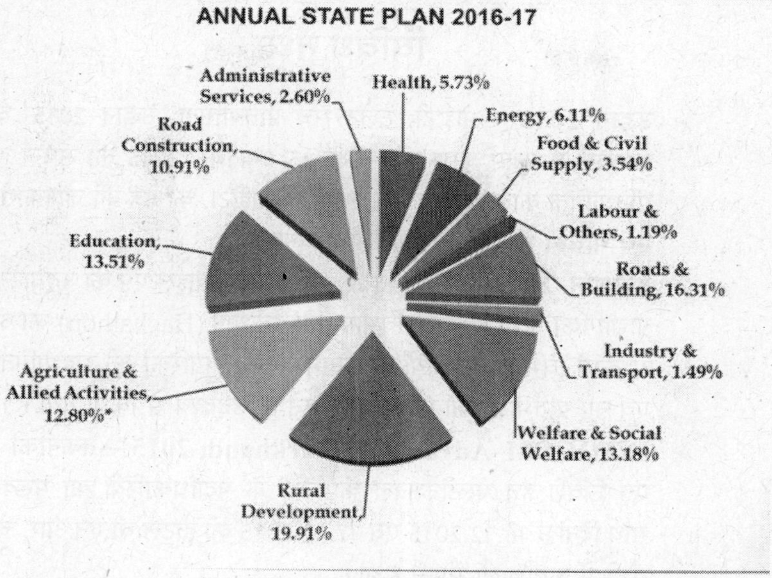

Source: Annual Plan 2016-17

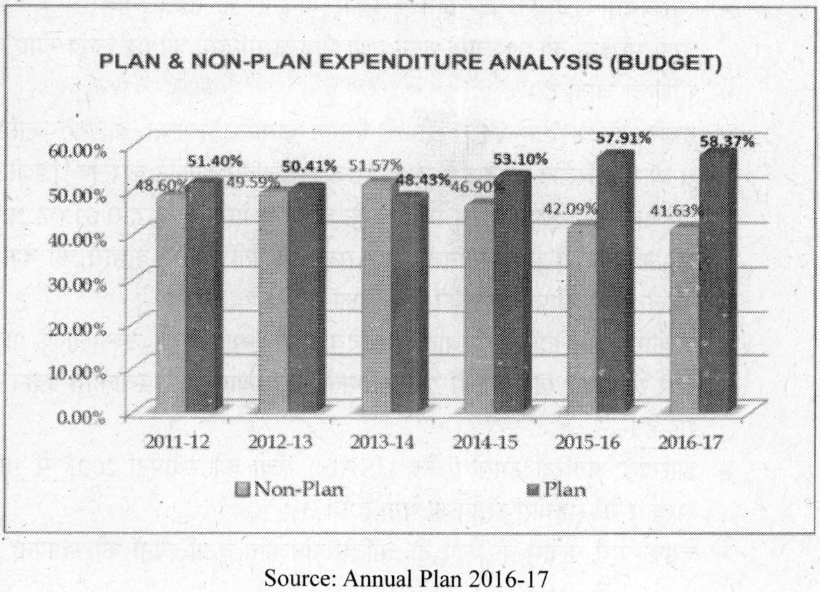

Source: Annual Plan 2016-17

विविध तथ्य

- **उड़ान-2015**—आई.टी. टैलेंट सर्च प्रतियोगिता 'उड़ान-2015' के तहत झारखंड में प्रथम चरण की परीक्षा 15 अक्तूबर, 2015 को संपन्न हुई। इस प्रतियोगिता का मुख्य उद्देश्य बच्चों में आई.टी. के क्षेत्र की जानकारी बढ़ाना एवं भविष्य में उन्हें और प्रतिस्पर्धी बनाना है।
- **हैकथॉन-2015**—31 अक्तूबर, 2015 को मोबाइल एप का उद्घाटन सूचना प्रौद्योगिकी एवं इ-गवर्नेंस विभाग द्वारा हैकथॉन (Hackathon) का आयोजन सरकारी विभागों के कार्यों को सुगम बनाने, नागरिकों की सहभागिता बढ़ाने एवं नए प्रतिभाओं को प्रोत्साहित करने के उद्देश्य से किया गया है।
- **INFOCOM-Advantage Jharkhand, 2015**—तकनीकी विकास एवं निवेश हेतु मल्टीनेशनल कंपनियों के पदाधिकारियों का मुख्यमंत्री के साथ दिनांक 16.12.2015 एवं 17.12.2015 को होटल बी.एन.आर. चाणक्या, राँची में कार्यशाला संपन्न हुआ।
- **भारत नेट**—भारत नेट परियोजना भारत सरकार द्वारा स्वीकृत परियोजना है। इस परियोजना का उद्देश्य ग्राम पंचायत स्तर पर High Speed Internet Conectivity प्रदान करना है।
- 'मुख्यमंत्री पंचायत प्रोत्साहन पुरस्कार योजना' के तहत निर्विरोध चुने गए पुरुष मुखिया को 01 लाख रुपए तथा महिला मुखिया को 02 लाख रुपए की राशि दी जाती है।
- हमारे देश के एक VLE श्रीमती किरण कुमारी, पंचायत-बोड़गो, ब्लॉक-धनवार, गिरिडीह को सबसे ज्यादा डिजीटल लॉकर खोलने के लिए 'डिजीटल इंडिया वीक' के उद्घाटन समारोह के दौरान प्रधानमंत्री के द्वारा 01.07.2015 को नई दिल्ली में सम्मानित किया गया। श्रीमती किरण कुमारी को देश में पहला स्थान प्राप्त करने का श्रेय मिला है।
- बोकारो, जमशेदपुर, धनबाद तथा देवघर में 'सॉफ्टवेयर टेक्नोलोजी पार्क' और राँची एवं खरसावाँ में 'सिल्क पार्क' की स्थापना की स्वीकृति प्रदान की गई है।
- झारखंड अंतरिक्ष उपयोग केंद्र (JSAC) राँची की स्थापना 2003 में भारत सरकार के सहयोग से किया गया है।
- दुमका एवं पलामू के लिए दो आदिम जनजाति बटालियनों की स्थापना की

स्वीकृति राज्य सरकार द्वारा दी गई है।

- राज्य के 07 जिलों यथा-साहेबगंज, गढ़वा, गोड्डा, बोकारो, धनबाद, गिरिडीह एवं कोडरमा में 'राष्ट्रीय बागवानी मिशन कार्यक्रम' संचालित है।
- भारतीय कृषि अनुसंधान परिषद्, नई दिल्ली के तत्त्वावधान में हजारीबाग जिले में 'कृषि अनुसंधान संस्थान' की स्थापना का प्रावधान किया गया है।
- शहरी क्षेत्रों में अवस्थित पार्कों के प्रबंधन एवं विकास हेतु राज्यस्तरीय समिति 'Jharparks' का गठन किए जाने का प्रस्ताव है।
- हजारीबाग, पलामू एवं दुमका जिलों में तीन नए मेडिकल कॉलेज की स्थापना की स्वीकृति प्रदान की गई है।
- राज्य विधि विज्ञान प्रयोगशाला के होटवार, राँची स्थित परिसर में 'Investigation Training School' एवं चाकुलिया, मुसाबनी में Constable Training School की स्थापना की जा रही है।
- बरही, हजारीबाग में 'ग्रोथ कलस्टर,' गोड्डा में 'हस्तकरघा कलस्टर' एवं आदित्यपुर में 'इलेक्ट्रॉनिक कलस्टर' की स्थापना की जा रही है।
- राँची के इटकी में 'मेडिको सिटी' तथा ब्राम्बे में 'कैंसर अस्पताल एवं रिसर्च सेंटर' की स्थापना का प्रावधान है।
- रामगढ़ में प्रथम महिला प्रथम महिला इंजीनियरिंग कॉलेज की स्थापना की जा रही है।
- National Institute of Design अहमदाबाद के सहयोग से Design Institute Ranchi की स्थापना की स्वीकृति प्रदान की गई है।
- संथाल परगना के विकास निमित एसपियाडा (SPIYADA) का गठन किया गया है। इसका मुख्यालय देवघर के देवीपुर में प्रस्तावित है। यहाँ एक भाग में 'प्लास्टिक पार्क' भी बनाया जाएगा।
- दामोदर नदी सफाई के लिए भारत सरकार द्वारा 03 शहरों-फुसरो, धनबाद एवं रामगढ़ के लिए Municipal Waste Water Project की स्वीकृति प्रदान की गई है।
- भारत सरकार एवं विश्व बैंक के सर्वेक्षण में 'Ease of doing business' में झारखंड राज्य को श्रम से संबंधित प्रावधानों के लिए संपूर्ण देश में प्रथम स्थान प्राप्त हुआ है।
- विश्व बैंक ने स्वीकार किया है कि भारत में 'व्यापार सुगमता सूचकांक' में गुजरात (प्रथम) एवं महाराष्ट्र (द्वितीय) के बाद झारखंड तीसरे स्थान पर है।
- दुमका में नए तारामंडल तथा देवघर में 'मिनी तारामंडल' की स्थापना की

स्वीकृति प्रदान की गई है।

- गैर-सहायता प्राप्त निजी विद्यालयों में नामांकित प्रति बी.पी.एल. बच्चों का सरकारी फीस 425 रुपए निर्धारित की गई है।
- झारखंड की कला संस्कृति, उद्योग एवं खनन पर आधारित प्रदर्शनी का आयोजन भारतीय अंतरराष्ट्रीय व्यापार मेला, नई दिल्ली में आयोजित किया गया।
- एन.टी.पी.सी. एवं 'झारखंड बिजली वितरण निगम लिमिटेड' (JBVNL) मिलकर एक संयुक्त उपक्रम की स्थापना पर सहमत हुए हैं। इस संयुक्त उपक्रम की उत्पादन क्षमता 4000 मेगावाट होगी। इस संयुक्त उपक्रम में राज्य की हिस्सेदारी 26 प्रतिशत तथा एनटीपीसी की हिस्सेदारी 74 प्रतिशत है।
- '108' Emergency Medical Ambulance Service योजना राज्य में 2016 से प्रारंभ हुई है।

□

17. संप्रति झारखंड

विकास

• झारखंड एक नए आयाम की ओर बढ़ रहा है। नीति आयोग द्वारा जारी हालिया रिपोर्ट के अनुसार विकास की गति में झारखंड देश में सातवें पायदान पर पहुँच गया है। उल्लेखनीय है कि झारखंड के साथ बने दो राज्य उत्तराखंड एवं छत्तीसगढ़ झारखंड से पीछे हैं। प्रथम दस राज्य एवं उनकी विकास दर निम्न प्रकार है :

क्रमांक	राज्य का नाम	विकास दर प्रतिशत में
1.	बिहार	17.06%
2.	मध्य प्रदेश	16.86%
3.	मेघालय	15.56%
4.	असम	15.26%
5.	अरुणाचल प्रदेश	15.08%
6.	तमिलनाडु	14.34%
7.	झारखंड	14.32%
8.	कर्नाटक	14.28%
9.	ओडिशा	13.86%
10.	छत्तीसगढ़	13.20%

• झारखंड की 54 प्रतिशत जनसंख्या गरीबी रेखा के नीचे निवास करती है। अगर ग्रामीण समाज का अध्ययन किया जाए तो झारखंड की निम्न विशेषताएँ सामने आती हैं—

➢ उच्च गरीबी

➢ बेरोजगारी की उच्च दर

- ➢ मात्र 8 प्रतिशत भूमि का सिंचित होना
- ➢ निम्न कृषि उत्पादकता
- ➢ निम्न स्तरीय ग्रामीण आधारभूत संरचना एवं यातायात व्यवस्था
- ➢ गृहविहीनता
- ➢ कौशल का अभाव एवं विपणन व्यवस्था की कमी
- ➢ मानव विकास सूचकांक में झारखंड का 15वाँ स्थान
- ➢ 34.1 लाख बी.पी.एल. परिवार
- ➢ राष्ट्रीय औसत 8.2 प्रतिशत की तुलना में झारखंड में 26.3 प्रतिशत जनजातीय आबादी है।
- ➢ 250.55 लाख ग्रामीण जनसंख्या
- ➢ 48.87 लाख कार्यशील लोग
- ➢ 46.30 लाख सीमांतकर्मी
- ➢ ग्रामीण कार्य सहभागिता दर 47 होना
- ➢ ग्रामीण साक्षरता 61.11 प्रतिशत (पुरुष 72.86 प्रतिशत एवं महिला 46.62 प्रतिशत)

• ग्रामीण विकास के लिए सरकार की नीति है कि श्रम घनत्व बढ़ाया जाए, लघु उद्योगों का विकास किया जाए, युवाओं एवं महिलाओं को रोजगार दिया जाए, उनका कौशल विकास किया जाए, महिला स्वयं सहायता समूह को सशक्त किया जाए एवं कृषि तथा वानिकी के क्षेत्र में कार्य किए जाएँ।

इसके लिए राष्ट्रीय ग्रामीण आजीविका मिशन, आदर्श ग्राम योजना, मनरेगा, इंदिरा आवास योजना, मुख्यमंत्री विकास योजना, लोक जल समृद्धि योजना, मुख्यमंत्री स्मार्ट ग्राम योजना, महिला किसान सशक्तीकरण परियोजना, समेकित जल छाजन योजना आदि के माध्यम से कार्य किए जा रहे हैं।

क्रम	**योजना**	**2015-16 का लक्ष्य**
1.	राष्ट्रीय ग्रामीण आजीविका कार्यक्रम (विश्व बैंक संपोषित)	18 जिलों के 64 प्रखंडों में संचालित
2.	राष्ट्रीय आजीविका मिशन	24 जिलों के 191 प्रखंडों में
3.	महिला किसान सशक्तीकरण परियोजना	10 सघन प्रखंडों में
4.	आजीविका कौशल (दीनदयाल	सभी 24 जिलों में

	उपाध्याय कौशल्या योजना और ए.एस.डी.पी.. तथा रोशनी परियोजना सहित)	

- दुमका में 2 अक्तूबर, 2015 को प्रधानमंत्री नरेंद्र मोदी ने मुद्रा योजना का नए मानकों के साथ शुभारंभ किया। उसी दिन खूँटी का जिला न्यायालय सौर ऊर्जा से संचालित होनेवाला देश का पहला सरकारी कॉम्पलेक्स बना है।
- वर्ल्ड बैंक ने व्यापार सुगमता सूचकांक में संपूर्ण भारत में झारखंड को तीसरा स्थान दिया है। दुमका में 2 अक्तूबर, 2015 को प्रधानमंत्री नरेंद्र मोदी का आगमन हुआ, तब प्रधानमंत्री ने मुद्रा योजना के नए मानकों के साथ विशेष ऋण शिविरों के शुभारंभ के वक्त झारखंड की इस उपलब्धि के लिए मुक्त कंठ से प्रशंसा की थी, उसी दिन खूँटी का जिला न्यायालय सौर ऊर्जा से संचालित होनेवाला देश का पहला सरकारी कॉम्पलेक्स बना है।
- वर्ल्ड बैंक ने व्यापार सुगमता सूचकांक में झारखंड को तीसरे पायदान पर रखा है। गुजरात, आंध्र प्रदेश के बाद झारखंड भारत का तीसरा प्रांत बन गया, जहाँ व्यापार और कारोबार करना ज्यादा आसान है। भारत के तेजी से उभरते राज्यों में भी झारखंड ने अपना विशिष्ट स्थान बना लिया है। तेजी से बढ़ते राज्यों में गुजरात, आंध्र प्रदेश, छत्तीसगढ़ के बाद झारखंड का नाम है।
- 12 साल बाद सिंगल विंडो सिस्टम लागू हो जाने से Advantage.jharkhand.gov.in देश का पहला सिंगल विंडो पोर्टल बन गया है। सिंगल विंडो सिस्टम को कई वैधानिक अधिकार भी दिए गए हैं, साथ ही सिंगल साइन ऑन फॉर–इज ऑफ डूइंग बिजनेस आरंभ करनेवाला झारखंड देश का पहला राज्य बन गया।
- बीपीएल परिवारों के सम्मान के साथ सरकार प्रधानमंत्री सुरक्षा बीमा योजना के तहत बीपीएल परिवारों के पहले वर्ष की किस्त राज्य सरकार देगी।
- मोबाइल गवर्नेंस के तहत राज्य सरकार ने आइटी के माध्यम से सभी तरह की सरकारी सुविधाओं को प्रदान करना शुरू कर दिया। जून में राइट टू सर्विस डिलीवरी एक्ट के तहत 48 सेवाओं को ऑनलाइन करने की घोषणा की गई थी। इसका काम अब पूरा हो गया है। मुख्यमंत्री ने मोबाइल गवर्नेंस लोगो, मोबाइल एप, मोबाइल गवर्नेंस पोर्टल, आधार कार्ड पर आधारित मध्याह्न भोजन की निगरानी व्यवस्था, मुख्यमंत्री सचिवालय डीओ लेटर मॉनिटरिंग सिस्टम, सीएम एनाउंसमेंट मॉनिटरिंग सिस्टम, झार सेवा और राइट टू गारंटी ऑफ

सर्विसेज मॉनिटरिंग सिस्टम का शुभारंभ कर दिया।

- शहीदों को सम्मान—गुमला जिलांतर्गत अल्बर्ट एक्का जारी प्रखंड का नाम परिवर्तित कर परमवीर अल्बर्ट एक्का जारी किया गया।
- राँची के पहाड़ी मंदिर में देश का सबसे ऊँचा राष्ट्रीय ध्वज (181 मीटर) का निर्माण राज्य सरकार द्वारा कराया गया है, जिसका उद्घाटन प्रधानमंत्री श्री नरेंद्र मोदी द्वारा किया जाएगा।
- देश में पहली बार सीएसआर के तहत खेल विश्वविद्यालय की स्थापना, राँची में होगी। सीसीएल के साथ मिलकर, सरकार इस योजना को प्रारंभ कर रही है।
- राज्य में आदिवासी बाहुल्य जिलों में आदिवासी विकास परिषद् का गठन किया गया है, जिसके माध्यम से आदिवासियों के विकास के लिए विशेष योजनाएँ बनाई जा रही हैं।
- एक नई योजना मुख्यमंत्री अनुसूचित जनजाति ग्राम विकास योजना की शुरुआत कर दी गई है। इस योजना के तहत राज्य में 80 प्रतिशत से अधिक जनजाति बाहुल्य ग्रामों में से करीब 1000 गाँवों का विकास समेकित योजनाओं के तहत कराया जा रहा है। ये सारे कार्य पारंपरिक ग्राम प्रधान के नेतृत्व में हो रहे हैं।
- आदिम जनजाति समूह को मुख्यधारा में लाने के लिए आदिम जनजाति परिवारों की एक विवाहित महिला सदस्य अथवा परिवार के एक सदस्य को 600 रुपए प्रतिमाह पेंशन देने की नई योजना आदिम जनजाति वृद्धावस्था पेंशन योजना का शुभारंभ वित्तीय वर्ष 2015-16 से किया गया।
- जनजातीय बटालियन का गठन—राज्य में दो विशिष्ट इंडिया रिजर्व आदिम जनजाति बटालियन (SIRB) के गठन को स्वीकृति दी गई, जिसमें कुल 2214 पदों का सृजन किया गया।
- जेपी आंदोलनकारियों को सम्मान व पेंशन—राज्य सरकार आपातकाल के दौरान जेपी आंदोलन में 6 माह से अधिक जेल काटे आंदोलनकारियों को पाँच हजार, एक से छह माह तक जेल काटे आंदोलनकारियों को 2500 रुपए प्रतिमाह पेंशन, साथ ही प्रशस्ति पत्र एवं प्रतीक चिह्न देगी।
- झारखंड गठन के बाद पलामू में सोन नदी पर राज्य के सबसे बड़े पुल दीनदयाल उपाध्याय सेतु निर्माण का शिलान्यास किया गया।
- प्रधानमंत्री नरेंद्र मोदी के नेतृत्व में हजारीबाग के बरही में भारतीय कृषि अनुसंधान संस्थान की नींव रखी गई है। इससे बिहार, पश्चिम बंगाल, छत्तीसगढ़ व असम समेत नॉर्थ-ईस्ट इलाके में कृषि विकास को नया आयाम मिलेगा।
- साहेबगंज स्थित गंगा नदी पर ब्रिज एवं बंदरगाह बनाने का निर्णय लिया गया है।

- जनसंवाद योजना के तहत टॉल फ्री नंबर 181 के माध्यम से आम जनता सीधे मुख्यमंत्री से अपनी शिकायत दर्ज करा सकती है। माह के अंतिम मंगलवार को मुख्यमंत्री खुद प्रशासनिक अधिकारियों के साथ बैठककर समस्याओं का निष्पादन करते हैं।
- सिविल कोर्ट राँची, जमशेदपुर, पाकुड़, बोकारो एवं धनबाद में वीडियो कॉन्फ्रेंसिंग की सुविधा उपलब्ध कराई गई है, ताकि सीधे जेल में विचाराधीन बंदी कैदी की बिना उनको कोर्ट में पेश किए सुनवाई की जा सके।
- झारखंड राज्य सौर ऊर्जा नीति 2015 के द्वारा राज्य सरकार द्वारा संपोषित अटल ग्राम ज्योति योजना पर युद्धस्तर पर कार्य प्रारंभ किया जा रहा है। सोलर पावर प्लांट/सोलर पार्क को बढ़ावा देने के लिए झारखंड राज्य का पहला सोलर पावर प्लांट खूँटी सिविल कोर्ट में बना है। यहाँ 180 किलोवाट के रूफ टॉप सोलर पावर प्लांट लगाए गए हैं, जिनकी लागत 2.21 करोड़ रुपए है।
- तीन नए चिकित्सा महाविद्यालयों पलामू, हजारीबाग एवं दुमका की स्वीकृति। '104' हेल्थ इंफॉर्मेशन हेल्पलाइन टॉल फ्री। राष्ट्रीय शहरी स्वास्थ्य मिशन कार्यक्रम के अंतर्गत 30 शहरी प्राथमिक स्वास्थ्य केंद्र एवं 03 शहरी सामुदायिक स्वास्थ्य केंद्र संचालित। जमशेदपुर सदर अस्पताल में दवा प्रतिरोधी यक्ष्मा केंद्र की स्थापना। रिम्स, राँची एवं एमजीएमसीएच जमशेदपुर में स्टेट रेफरल लैब को क्रियाशील किया गया।
- कालाजार रोगियों के इलाज के लिए एकल खुराकवाली नई दवा एंबीजोम सुई से कालाजार के चारों जिलों के सदर अस्पतालों में इलाज प्रारंभ।
- स्वास्थ्य सेवा नियमावली में भी संशोधन। चिकित्सकों को अब चार स्तर पर प्रोन्नति।
- स्कूली छात्र–छात्राओं को एलइडी, सोलर स्टडी लैंप उपलब्ध कराने के लिए 32 करोड़ रुपए का अनुदान, 10वीं कक्षा, कस्तूरबा बालिका विद्यालय, एसटी, एससी, ओबीसी आवासीय विद्यालयों में पढ़नेवाले 3.20 लाख छात्रों को योजना का लाभ मिलेगा।
- सरकार ने कस्तूरबा गांधी आवासोय विद्यालय की छात्राओं को टेबलेट देने और विद्यालय को सुदृढ़ करने के लिए 58.33 करोड़ रुपए की अनुदान शिक्षा परियोजना को देने का फैसला किया। प्रधानमंत्री सुरक्षा बीमा योजना के तहत बीपीएल परिवारों के पहले वर्ष की किस्त राज्य सरकार जमा करा रही है।
- अनुसूचित जाति एवं अनुसूचित जनजाति, पिछड़ी जाति एवं अल्पसंख्यक समुदाय के युवाओं के व्यावसायिक प्रशिक्षण एवं विकास के लिए विशेष

प्रयोजन वाहन की स्वीकृति।

- मुख्यमंत्री अनुसूचित जनजाति ग्राम विकास योजना को मिली मंजूरी, जिलास्तरीय अनुसूचित जनजाति विकास परिषद् के गठन को भी स्वीकृति मिली।
- ट्राइबल रिसर्च इंस्टीट्यूट अब डॉ. राम दयाल मुंडा जनजातीय शोध संस्थान के नाम से जाना जाएगा।
- राज्य सरकार ने एक लाख बीपीएल परिवारों को मुफ्त गैस कनेक्शन देने की योजना बनाई। एक कनेक्शन पर 2518.50 रुपए खर्च आएगा। सिर्फ चूल्हे का मूल्य लाभार्थी को चुकाना होगा।
- मनरेगा के अंतर्गत 'झारखंड राज्य बेरोजगारी भत्ता नियमावली 2015' निरूपित करने संबंधी स्वीकृति प्रदान की गई। मुख्यमंत्री विकास योजनांतर्गत शौचालय निर्माण की मार्गदर्शिका की स्वीकृति।
- राज्य में कार्यरत आँगनवाड़ी सेविकाओं/सहायिकाओं के लिए माह में दो दिन विशेष अवकाश को मिली मंजूरी।
- स्वामी विवेकानंद नि:शक्त स्वावलंबन प्रोत्साहन योजना के अंतर्गत लाभार्थीयों को दी जा रही प्रतिमाह 400 रुपए मात्र सम्मान राशि को बढ़ाकर 600 रुपए प्रतिमाह किया गया।
- केंद्रीय योजना इंदिरा गांधी मातृत्व सहयोग योजना के अंतर्गत मातृत्व लाभ हेतु माताओं को तीन किस्तों में दी जानेवाली कुल 4000 रुपए की राशि को बढ़ाकर 6000 रुपए किया गया, अब यह राशि दो किस्तों में दी जाएगी।
- राज्य विकलांगता नीति लागू।
- राज्य की मेधावी किशोरियों/महिलाओं को प्रतियोगिता परीक्षा की तैयारी के लिए आर्थिक सहयोग प्रदान करने के लिए नारी उत्थान कोष के गठन का कार्य प्रारंभ।
- संकटग्रस्त महिलाओं के लिए राँची तथा नई दिल्ली में शॉर्ट स्टे होम्स की स्थापना। परिवहन विभाग—किसी भी राज्य के लिए विकास की मुख्यधारा परिवहन पर ही टिकी होती है। परिवहन व्यवस्था चरमराई, यानी विकास पटरी से उतरा। विकास की अविरल धारा परिवहन से ही होकर निकलती है, इसलिए इस विभाग को नजरअंदाज करना किसी भी प्रकार से ठीक नहीं। यही कारण है कि परिवहन व्यवस्था को सुचारु रूप से चलाने के लिए राज्य केंद्र के साथ मिलकर राज्य में चल रही विभिन्न परियोजनाओं को धरातल पर उतारने के लिए लगा है और इसमें राज्य सरकार को सफलता भी मिल रही है।
- जन वितरण प्रणाली में पारदर्शिता के लिए राज्य से पंचायत स्तर पर निगरानी

समिति के गठन का फैसला किया गया।

- राज्य खाद्य संरक्षण सेवा नियमावली के गठन की स्वीकृति।
- राष्ट्रीय खाद्य सुरक्षा अधिनियम-2013 के अंतर्गत समावेशन मानकों में संशोधन।
- जनवितरण प्रणाली की दुकानों में बायोमीट्रिक सिस्टम लगाने और कंप्यूटराइजेशन।
- राज्य में खाद्य सुरक्षा अधिनियम लागू।
- स्वच्छता कार्यक्रम—राज्य की प्रथम पंचायत गम्हरिया (प.सिंहभूम)-पेयजलापूर्ति से पूर्ण आच्छादन एवं खुले शौच से मुक्त घोषित। स्वच्छ भारत मिशन के (ग्रामीण) के अंतर्गत 33 अदद पंचायतों को खुले शौच से मुक्त किया गया। स्वच्छ भारत मिशन (ग्रामीण) के अंतर्गत 1,952 अदद सरकारी प्राथमिक/मध्य विद्यालयों में शौचालय का निर्माण। स्वच्छ भारत मिशन (ग्रामीण) के अंतर्गत 82,648 व्यक्तिगत शौचालयों का निर्माण कराया गया। स्वच्छता मिशन के तहत सरकारी भूमि पर कब्जाकर बनी कॉलोनियों व स्लमों को शौचालय निर्माण का लाभ सरकार ने दिया।
- इ-डिस्ट्रिक्ट तथा जिलास्तरीय जनसुविधा केंद्रों का पूरे राज्य में वेबकास्ट के माध्यम से लोकार्पण। इस परियोजना के अंतर्गत जन्म प्रमाण-पत्र, मृत्यु प्रमाण-पत्र, आवासीय प्रमाण-पत्र, आय प्रमाण-पत्र तथा जाति प्रमाण-पत्र निर्गत करने की ऑनलाइन व्यवस्था की गई है। परियोजना हेतु राँची को पायलट जिला चुना गया है।
- आतंकवाद निरोधी दस्ता (एटीएस) के गठन के लिए 283 पदों की स्वीकृति। नवसृजित विशिष्ट इंडिया रिजर्व (आदिम जनजाति) बटालियन में पुलिस के पदों पर नियुक्ति प्रक्रिया एवं नीति निर्धारण को मंजूरी। अपराध अनुसंधान विभाग, झारखंड, राँची में अनुसंधान प्रशिक्षण विद्यालय का होगा निर्माण।
- झारखंड राज्य में अधिसूचित वनों का क्षेत्रफल 23.605 वर्ग किलोमीटर है। इस प्रकार राज्य के कुल भौगोलिक क्षेत्रफल के 29.61 प्रतिशत भू-भाग पर वनों का विस्तार है।
- झारखंड राज्य में निजी भूमि पर वृक्षारोपण को बढ़ावा देकर किसानों की आय के साधन बढ़ाने तथा राज्य के अधिसूचित वनों पर दबाव कम करने एवं राष्ट्रीय वन नीति के आलोक में एक-तिहाई भू-भाग पर वनाच्छादन के लक्ष्य की प्राप्ति हेतु किसानों की निजी भूमि पर वृक्षारोपण को प्रोत्साहित करने के उद्देश्य से मुख्यमंत्री जन वन विकास योजना लागू।
- 50 करोड़ रुपए की लागत से **तिलका माँझी ग्रामीण पंप योजना** की स्वीकृति। इसके तहत हर विधानसभा क्षेत्र के 50 गाँवों व प्रत्येक गाँव के 25 कृषि पंप

धारकों का चयन किया जाएगा। इसमें 40 प्रतिशत लाभार्थी अनुसूचित जाति-अनुसूचित जन जाति के होंगे। जो व्यक्ति जितना गरीब होगा, योजना के चयन में उसे उतनी अधिक प्राथमिकता दी जाएगी।

- राज्य सरकार ने **झारखंड रिक्शा चालक गरिमा योजना** को स्वीकृति दी है। योजना का उद्देश्य रिक्शा चालकों के जीवन स्तर को सुधारना, उनकी आर्थिक स्थिति को सुदृढ करना है। योजना के तहत वैसे रिक्शा चालकों को इ-रिक्शा दिया जाएगा, जिनके पास अपना रिक्शा नहीं है। इस योजना के लिए 6.60 करोड़ स्वीकृत किए गए हैं। लाभार्थियों का चयन नगर आयुक्त की अध्यक्षता में गठित कमेटी द्वारा किया जाएगा। जिला परिवहन पदाधिकारी या मोटरयान निरीक्षक चयन समिति के सदस्य होंगे।
- गंगा नदी को स्वच्छ करने के लिए नमामि गंगे परियोजना पर साहेबगंज और राजमहल में कार्य प्रारंभ।
- राष्ट्रीय सामाजिक सहायता कार्यक्रम के अंतर्गत राज्य में रह रहे आदिम जनजाति परिवारों को पेंशन योजना के तहत 600 रुपए प्रतिमाह का पेंशन भुगतान करने की योजना स्वीकृत।
- श्रमिकों के हित में झारखंड दुकान एवं प्रतिष्ठान नियमावली 1955, बिहार ठेका मजदूर (विनियमन एवं उन्मूलन) नियमावली 1972, मातृत्व प्रसुविधा नियमावली 1964, न्यूनतम मजदूरी नियमावली 1951, झारखंड वेतन भुगतान नियमावली 1937, अंतर्राज्यीय प्रवासी कर्मकार (नियोजन, विनियमन एवं सेवा शर्त) नियमावली 1980, बीड़ी एवं सिगार कर्मकार (सेवा की शर्ते) नियमावली 1968, ठेका मजदूर (विनियमन एवं उन्मूलन) अधिनियम, 1970 की धारा -1 की उपधारा-4 में संशोधन किए गए।
- ओएनजीसी एवं कोल इंडिया लिमिटेड को झरिया सीबीएम ब्लॉक के कुल 67 वर्ग किलोमीटर क्षेत्र पर पेट्रोलियम माइनिंग लीज की स्वीकृति दी गई। ओएनजीसी एवं आईओसीएल को हजारीबाग एवं चतरा जिलांतर्गत नॉर्थ कर्णपुरा कोल बेड मिथेन सीबीएम ब्लॉक के कुल 271 वर्ग किलोमीटर क्षेत्र पर सीबीएम नेचुरल गैस खनिज के पेट्रोलियम माइनिंग लीज की स्वीकृति दी गई।
- चिटफंड कंपनियों पर काबू पाने और राज्य के लोगों को राहत देने के लिए (झारखंड राज्य के जमाकर्ता के हितों की संरक्षण नियमावली 2015) बनाए गए नियम को मिली स्वीकृति। इसमें चिटफंड या नन बैंकिंग कंपनियों द्वारा जालसाजी कर जमा राशि लेने की स्थिति में 10 वर्ष की सजा का प्रावधान है, किसी जमाकर्ता के साथ धोखाधड़ी करने पर जमा की गई राशि के दो गुणी

राशि वसूलने का प्रावधान किया गया है।

- राज्य के सर्वांगीण विकास के लिए राज्य विकास परिषद्, झारखंड गठित।
- राज्य की आकस्मिकता निधि के कार्यों को, अप्रत्याशित आकस्मिक आवश्यकताओं को पूरा करने के लिए राशि 150 करोड़ रुपए से बढ़ाकर 500 करोड़ रुपए की गई।
- राज्य सरकार के कार्यकलापों में समन्वय एवं सामंजस्य स्थापित करने के उद्देश्य से विभागों के सम्यक संचालन के लिए वर्तमान में विभागों की संख्या घटाकर 31 की गई।
- हुनर नाम से स्किल मैनेजमेंट सिस्टम विकसित।
- ज्यूडीशियल एकेडमी का शुभारंभ राँची में 10 अक्तूबर से।
- निःशुल्क एवं अनिवार्य बाल शिक्षा अधिकार अधिनियम 2009 के प्रावधानों के आलोक में गैर सहायता प्राप्त निजी विद्यालयों में प्रवेश कक्षा की 25 प्रतिशत सीट के विरुद्ध नामांकित एवं अध्ययनरत छात्रों के शिक्षण पर होनेवाले व्यय की प्रतिपूर्ति की दर 425 रुपए प्रति बच्चा निर्धारित।
- राज्य के सभी विश्वविद्यालयों और कॉलेजों में अब दो पालियों में पढ़ाई होगी। दोनों पालियों में पढ़ाई होने से वैसे स्टूडेंट्स को भी यूनिवर्सिटी में दाखिला मिल सकेगा, जिन्हें अपेक्षाकृत कम मार्क्स मिले हैं। सीटें फुल हो जाने से कई छात्र, जो कॉलेजों में दाखिला लेने से वंचित हो जाते थे, अब उन्हें भी अवसर प्राप्त होगा।

कृषि, पशुपालन, मत्स्य, गव्य विकास

वर्तमान में झारखंड की 75.96 प्रतिशत जनसंख्या गाँव में निवास करती है और झारखंड की कुल श्रम क्षमता का 66.85 प्रतिशत कृषि पर निर्भर है, परंतु हमारी कृषि निम्न उत्पादकता और निम्न परिसंपत्ति निर्माण की समस्या से ग्रस्त है।

कृषि के हिसाब से झारखंड सातवें पर्यावरण प्रक्षेत्र में आता है, जिसे पूर्वी पठार और पहाड़ी प्रक्षेत्र कहते हैं। इसके 3 उप पर्यावरण प्रक्षेत्र हैं—उत्तर और मध्य पूर्वी पठार, पश्चिमी पठार, उत्तर और दक्षिण पूर्वी पठार।

यहाँ लगभग 83 प्रतिशत से अधिक खेतों का जोत 2 हेक्टेयर से कम है और यह कुल भूमि का 37 प्रतिशत है, जबकि 0.69 प्रतिशत खेतों का जोत 10 हेक्टेयर से अधिक है और ये 9 प्रतिशत क्षेत्र धारित करते हैं।

झारखंड में अधिकतर खाद्य फसलों की खेती होती है। 90 प्रतिशत से अधिक भूमि पर खाद्य फसलें और 4 से 6 प्रतिशत अखाद्य या नगदी फसलों की खेती होती है।

क्र.सं.	फसल	आच्छादित क्षेत्र (000 हेक्टेयर)	उत्पादन (000 टन)
1.	धान	1502.177	4324.456
2.	गेहूँ	171.125	330.376
3.	मक्का	269.806	475.662
4.	दलहन	594.661	597.068
5.	तिलहन	267.560	180.458

स्रोत : कृषि, पशुपालन एवं सहकारिता विभाग, वार्षिक कार्य योजना 2016-17 झारखंड सरकार

झारखंड एवं राष्ट्रीय औसत का तुलनात्मक अध्ययन

क्र.सं.	विषय	झारखंड उत्पादकता (kg/ha) (2013-14)	राष्ट्रीय
1.	धान	2896	2462
2.	गेहूँ	2123	3117
3.	मक्का	2092	2500
4.	दलहन	1020	689
5.	तिलहन	663	1168
6.	आम	1014	1113
7.	सब्जी	1494	1738

स्रोत : कृषि, पशुपालन एवं सहकारिता विभाग, वार्षिक कार्य योजना 2016-17 झारखंड सरकार

झारखंड एवं राष्ट्रीय औसत का तुलनात्मक अध्ययन

क्र.सं.	विषय	झारखंड	राष्ट्रीय
1.	सिंचित भूमि (प्रतिशत)	13	35.4
2.	क्रॉपींग इन्टेनसिटि (प्रतिशत)	126	140
3.	उर्वरक का उपयोग (kg/hg)	92	140
4.	सीड रिप्लेसमेंट (SRR) (%)	15	33

स्रोत : कृषि, पशुपालन एवं सहकारिता विभाग, वार्षिक कार्य योजना 2016-17 झारखंड सरकार

Target Indicators and Goals during 12th Plan

S. No.	Indicators		India 2008-09	Jharkhand 2008-09	Jharkhand 2017-18
1.	Per capita availability of food grains (gms)		583.0	250.0	500.0
2.	Cropping Intensity (%)		140.0	116.0	150.0
3.	Area Irrigated (%)		35.4	13.0	25.0
4.	Fertilizer Consumption (kg/ha)		140.0	65.0	80.0
5.	**Productivity of Agril. Crops (t/ha)**				
		Rice	2.2	2.0	2.5
		Wheat	2.9	1.5	2.0
		Maize	2.5	1.4	2.0
		Fruits	15.0	12.3	14.0
		Vegetable	17.0	15.0	16.0
6.	**Soil Fertility Status**				
		% Deficiency of N	63.0	80.0	50.0
		P	42.0	80.0	50.0
		K	13.0	50.0	30.0
7.	**Agricultural Workers**				
		Cultivators (%)	31.7	3805	35.0
		Male (%)	31.1	36.1	33.0
		Female (%)	32.9	43.0	40.0
8.	Average size of operational holding (% household having less than 2 Ha)		78.3	72.9	72.0
9.	Per cent population below poverty line		26.1	46.0	35.0
10.	Per cent population with food security		97.7	87.5	92.5
11.	Capacity utilization (%) of soil testing Labs		87.3	21.5	50.5
12.	Seed Replacement Ratio (SRR)		33.0	5.0	33.0

• पशुपालन कृषि अर्थव्यवस्था का संलग्न, परंतु विशेषीकृत भाग है। ग्रामीण अर्थव्यवस्था के सामाजिक-आर्थिक पुनर्निर्माण में पशुपालन की महती भूमिका है।

ग्रामीण क्षेत्रों में छोटे एवं सीमांत कृषक कृषि मजदूर, भूमिहीन श्रमिक आदि के लिए आजीविका निर्माण में पशुपालन की आवश्यकता और अधिक बढ़ जाती है। झारखंड में पशुधन निम्न प्रकार है :—

विवरण	Census 2007	Census 2012
गाय	87.81	87.30
भैंस	15.05	11.86
भेड़	4.83	5.83
बकरी	65.91	65.81
सूअर	7.32	9.62
मुरगी	94.46	103.62
बतख	6.12	5.11
पक्षी	101.92	135.60

• दुग्ध उत्पादन को सामाजिक एवं आर्थिक विकास का एक उपकरण माना गया है तथा झारखंड में इसकी पर्याप्त संभावनाएँ हैं। दुग्ध उत्पादन के विकास के लिए AMUL की तर्ज पर झारखंड में झारखंड राज्य सहकारी दुग्ध उत्पादक संघ (MILKFED) का गठन झारखंड स्टेट कॉपरेटिव सोसाइटी ऐक्ट-1935 के तहत गठित किया गया है। झारखंड में मदर डेयरी (मेधा) के ब्राण्ड नाम से दूध एवं दुग्ध उत्पादों का विपणन किया जाता है। 50 हजार लीटर प्रतिदिन की क्षमतावाला मिनरल मिक्सचर डेयरी प्लांट राँची में MILKFED द्वारा लगाया गया है। दुग्ध उत्पादन सहायता केंद्र के नाम से दुग्ध उत्पादकों के लिए एक सहायता केंद्र भी चालू किया गया है।

राष्ट्र की तुलना में झारखंड राज्य की वर्तमान स्थिति

S.No.	Particulars	National Average	State Average
1.	Annual Milk Production (Lakh MT)	1279.00	16.43
2.	Per Capita availability of milk	291gm	171gm
3.	Density of milk production	83kg/sq.km	49kg/sq.km
4.	Per Cattle milk productivity	3.0kg/per day	1.59g/per day

• राज्य में कृत्रिम गर्भाधान केंद्रों की संख्या-433

• राज्य में गव्य पशु प्रजनन प्रक्षेत्र निम्न है—

- राजकीय पशु प्रक्षेत्र, गौरियाकरमा, हजारीबाग—रेड सिंधी
- साँड़ पोषण प्रक्षेत्र गौरियाकरमा, हजारीबाग—रेड सिंधी

- राजकीय पशु प्रक्षेत्र, सरायकेला—हरियाणा
- दुग्ध आपूर्ति सह प्रक्षेत्र, होटवार—मुर्रा

• बकरा प्रजनन प्रक्षेत्र
  - वृहद् भेंड़ प्रजनन प्रक्षेत्र, चतरा
  - बीटल बकरा प्रजनन प्रक्षेत्र, चतरा

• सूकर प्रजनन प्रक्षेत्र
  - सूकर प्रजनन प्रक्षेत्र, कांके
  - सूकर प्रजनन प्रक्षेत्र, गौरियाकरमा, हजारीबाग

आधारभूत संरचना—

1.	Gokul Gram Vikas Kendra (32 under construction during current year)	182
2.	Dugdh Utpadak Sahayata Kendra	01
3.	Dairy Cattle Development Centre (managed by BAIF) (150 under establishment)	860
4.	Training & Extension Institute (One Centre under Construction at Khunti)	02
5.	Data Processor Milk Collection Unit (DPMCU)	51
6.	Bulk Milk Cooler (BMC) at Village Level	03
7.	Mini & Medium Milk Processing Plant	08
8.	Milk Processing Plant of 50 TLPD expandable to 1.00 LLPD (Under process of establishment)	01
9.	Milk Parlour (36 under establishment)	122
10.	Mineral Mixture Plant (Under process of establishment)	01
11.	Primary milk co-operative societies	1601
12.	Members of milk co-operative societies	48745
13.	District Milk Union	12
14.	Jharkhand State Co-operative Milk Producer's Federation Ltd. (MILKFED)	1
15.	Private Commercial Dairy Cattle Farm	86
16.	Private Commercial Fodder Farm	10

• झारखंड में लगभग 60 से 65 प्रतिशत लोग मछली आदि का उपभोग करते हैं। इसके लिए सलाना 1.4 लाख टन मछली की आवश्यकता होती है, परंतु झारखंड राज्य में मछली का उत्पादन 1.04 लाख टन ही है। शेष आंध्र प्रदेश एवं पश्चिम बंगाल से मँगाए जाते हैं। गत 10 वर्षों में मत्स्य उत्पादन में वार्षिक वृद्धि दर 28 प्रतिशत से अधिक रही है। 2001-02 में, जहाँ 14000 टन मछली उत्पादित की गई थी, वहीं 2014-15 में दिसंबर, 2014 तक 87,358 टन मछली उत्पादित की जा चुकी थी एवं वित्तीय वर्ष के अंत तक 1,15,000 टन उत्पादन का लक्ष्य था।

Aquaculture Resources —

1.	Govt. Tanks	15496 Nos. (14973 ha)
2.	Private Tanks	85849 Nos. (40561 ha)
3.	Large & Medium Reservoirs	104 Nos. (94000 ha)
4.	Small Reservoirs	154 Nos. (21000 ha)
5.	Check dams & Aahars	1184 Nos. (4570 ha)
6.	Coal Pits and Mines	741 Nos. (2090 ha)
7.	Rivers	1800 Kms
8.	Govt. Fish Farms	80
9.	Govt. Hatcheries	14
10.	Private Hatcheries	104
11.	Cage Culture in Reservoirs (3 tons/cage)	1484 (no.)
12.	State Level Training Centres	2
13.	Aqua Park	1
14.	State Level Research Centre	1
15.	Fisherman Cooperative Societies	392
16.	State Level Federation	1
17.	Wholesale Hygienic Fish Market	1

- झारखंड के बरही, हजारीबाग में 1000 एकड़ भूमि में भारतीय कृषि अनुसंधान संस्थान (IARI) का शिलान्यास प्रधानमंत्री श्री नरेंद्र मोदी द्वारा 28 जून, 2015 को किया गया।
- कृषि प्रक्षेत्र में सिचाई सुविधा के विस्तारीकरण के लिए **जलनिधि नामक नई योजना** का शुभारंभ।
- कृषि प्रक्षेत्र में यांत्रिकीकरण को प्रोत्साहित करने के लिए प्रखंड मुख्यालयों

एवं पंचायत मुख्यालयों में **कृषि उपकरण बैंक की स्थापना।**

- राज्य में तिलहन फसलों में वृद्धि के लिए **समेकित तिलहन विकास योजना का शुभारंभ।**
- कृषि उत्पादकता एवं कृषकों की आय में वृद्धि के लिए **कृषि क्लिनिक योजना** का शुभारंभ।
- कृषकों को उत्कृष्ट श्रेणी के सब्जी, फूल, फल के पौधों की उपलब्धता के लिए **पौध उत्पादन योजना** की शुरुआत। फूलों की खेती और केला की खेती के लिए 400 लाख की लागत से विशेष योजना की शुरुआत।

पंचायती राज एवं राजनीतिक स्थिति

झारखंड में पंचायतों का त्रिस्तरीय पंचायती राज व्यवस्था के सफलतापूर्वक संचालन के लिए 2015 में दूसरी बार पंचायत चुनाव हो चुका है। ये चुनाव 22 नवंबर, 2015 से 12 दिसंबर, 2015 के बीच चार चरणों में संपन्न हुआ।

क्र.सं.	पंचायत राज्य संस्था के स्तर	संख्या
1	जिला परिषद्	24
2	पेसा जिला	16
3	पंचायत समिति	259
4	पेसा प्रखंड	135
5	ग्राम पंचायत	4423
6	पेसा ग्राम पंचायत	2071
7	नगर निगम	06
8	नगर परिषद्	18
9	नगर पंचायत	15

• 12वीं पंचवर्षीय योजना के क्रम में पंचायतों के समग्र विकास के लिए राजीव गांधी पंचायत सशक्तीकरण अभियान केंद्र सरकार द्वारा चलाया जा रहा है। इस एक छतरी के नीचे आर.जी.एस.वाई., इ-पंचायत, इ.ए.आई.ए.एस., पी.एम. ई.वाई.एस.ए. और बी.आर.जी.एफ. के तहत क्षमता संवर्धन कार्य की योजना शामिल है।

सिंचाई एवं नहरें

झारखंड की भौगोलिक भूमि 79.72 लाख हेक्टेयर है, जिसमें से लगभग 29.74 लाख हेक्टेयर भूमि में कृषि होती है। इसमें से 24.25 लाख हेक्टेयर भूमि पर सिंचाई की क्षमता है। दूसरे बिहार सिंचाई कमीशन के आकलन के अनुसार 12.76 लाख हेक्टेयर

भूमि बड़ी एवं मँझली सिंचाई परियोजनाओं के कारण सिंचाई की क्षमता रखती है। शेष छोटी परियोजनाओं के कारण हैं।

Where do we stand at the end of 11th Five Year Plan

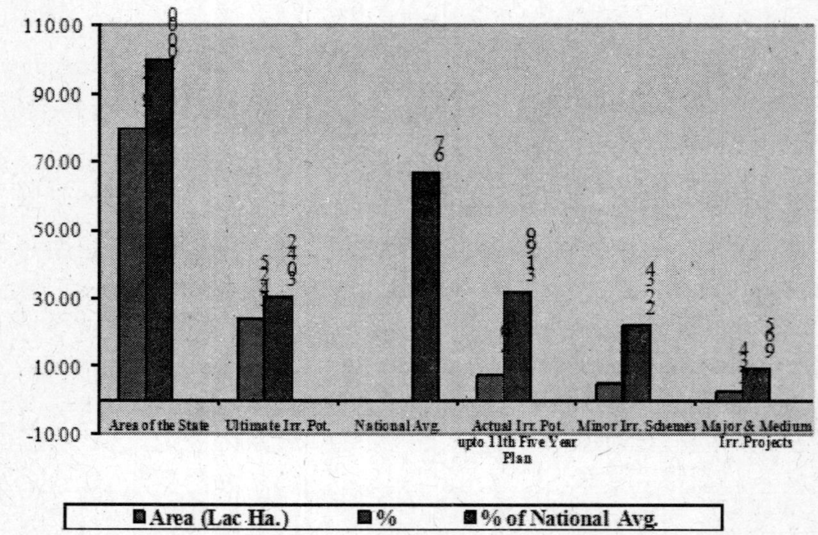

वित्तीय वर्ष 2015-16 में 107.9 हजार हेक्टेयर भूमि पर सिंचाई क्षमता संवर्धन का लक्ष्य है, जिसकी विवरणी निम्न प्रकार है :—

क्र. सं.	योजना का नाम	2015-16 का लक्ष्य
1.	स्वणरिखा परियोजना	63.098
2.	अजय बराज परियोजना	18.51
3.	उपरी शंख जलाशय परियोजना	6.670
4.	सुरंगी जलाशय परियोजना	1.000
5.	सोनुआ जलाशय परियोजना	8.008
6.	पंचखेरो जलाशय परियोजना	3.080
7.	रामरेखा जलाशय परियोजना	3.390
8.	नकटी जलाशय परियोजना	0.650
9.	शुकरी जलाशय परियोजना	0.470
	कुल	**104.876**

- कमांड एरिया डेवलपमेंट ऐंड वाटर मैनेजमेंट प्रोग्राम के तहत काँची वायर, मयूराक्षी, अनेराज परियोजना को केंद्र सरकार के द्वारा 50 प्रतिशत अनुदान दिया गया है।
- अक्तूबर 2004 से आपदा प्रबंधन विभाग के अस्तित्व में आने के बाद झारखंड में आपदा प्रबंधन क्षेत्र में काफी कार्य किए गए हैं। प्रत्येक जिले में आपदा प्रबंधन समिति बनाई गई है। 'स्टेट डिजास्टर रिस्पोंड फंड' बनाए गए हैं, जिसमें 25 प्रतिशत राज्य एवं 75 प्रतिशत केंद्र के द्वारा अनुदान प्राप्त होता है।

उद्योग

झारखंड औद्योगिक पॉलिसी 2015 के द्वारा झारखंड में औद्योगिकीकरण को बढ़ावा देने, रोजगार का सृजन करने एवं समग्र रूप से झारखंड का विकास करने का प्रावधान है। तसर सिल्क उत्पादन के क्षेत्र में झारखंड देश में प्रथम स्थान पर है। इसी प्रकार खादी और ग्रामीण उद्योग को बढ़ावा देने के लिए खादी ग्रामोद्योग की स्थापना की गई है, साथ ही प्रधानमंत्री रोजगार सृजन कार्यक्रम के तहत लोगों को लोन उपलब्ध कराए गए हैं।

12वीं पंचवर्षीय योजना के तहत उपलब्धि:-

Type of Scheme	No. of Beneficiaries	Disbursed Subsidy (Rs. in lakh)
PMEGP	6405	11125.56
Toal	6405	11125.56

लीड बैंक

झारखंड में लीड बैंक दायित्व का जिलेवार आवंटन

क्र.सं.	लीड बैंक का नाम	जिलों के नाम लीड जिम्मेदारी के तहत आवंटित
1.	इलाहाबाद बैंक (2)	दुमका, गोड्डा
2.	बैंक ऑफ इंडिया (15)	बोकारो, गिरिडीह, चतरा, धनबाद, पूर्वी सिंहभूम, गुमला, हजारीबाग, कोडरमा, लोहरदगा, राँची, पश्चिमी सिंहभूम, सरायकेला-खरसाँवा, सिमडेगा, रामगढ़ एवं खूँटी
3.	स्टेट बैंक ऑफ इंडिया (7)	देवघर, गढ़वा, पाकुड़, पलामू, साहेबगंज, लातेहार एवं जामताड़ा

(स्रोत: एस.एल.बी.सी., झारखंड)

आर्थिक क्रियाएँ

	Jharkhand		India
	(in lakhs)	%age	%age
श्रमिकों की संख्या	130.98	39.73	39.79
पुरुष	84.24	64.31	68.88
महिला	46.73	35.68	31.11
मुख्य श्रमिक	68.19	52.1	75.2
सीमांत श्रमिक	62.80	47.9	24.8
किसान	38.15	29.1	24.6
कृषि श्रमिक	44.36	33.9	30
घरेलू उद्योगों में श्रमिक	4.55	3.5	3.8
अन्य श्रमिक	43.92	33.5	41.6

स्रोत : जनगणना– 2011

वित्तीय संस्थान

बैंक	शाखाओं की संख्या			
	ग्रामीण	**अर्ध शहरी**	**शहरी**	**कुल**
वाणिज्यिक बैंक (सार्वजनिक क्षेत्र)	920	543	510	1973
निजी बैंक (निजी क्षेत्र)	11	61	90	162
क्षेत्रीय ग्रामीण बैंक	390	41	11	442
जिला सहकारी बैंक	52	46	22	120
कुल	**1373**	**691**	**633**	**2697**

(स्रोत : संस्थागत वित्त)

भूतल परिवहन

राज्य में तीन प्रकार की सड़कें हैं। नेशनल हाईवे, जो भारत सरकार के नियंत्रणाधीन है। राज्य उच्च पथ, जिला स्तरीय पथ, जिसे पी.डब्ल्यू.डी. के नाम से जाना जाता है। सड़कों का निर्माण कार्य नेशनल हाईवे डेवलपमेंट प्रोग्राम (एन.एस.डी.पी.), प्रधानमंत्री ग्राम सड़क योजना (पी.एम.जी.एस.वाई.) तथा राज्य संपोषित योजनाओं से किया जाता है। 25 अक्तूबर, 2014 को झारखंड में सड़कों की स्थिति निम्न प्रकार है :—

Category of roads	Approx. length (kms)
National Highways	2649
State Highways (SH), Major District Roads (MDR) & other PWD Roads	8385

Category of Roads	Approx. length (kms)
State Highways	1231.90
Major District Roads	4893.40
Other RCD Roads	2259.40

सड़क सघनता

विवरण	भारत	झारखंड
Total Length of Roads (km)	599662	8385 (Approx.)
Road Density in terms of		
Area (Road Km/1000sq. Km)	182.40	105.19

झारखंड की नई रेलवे परियोजना

छह नई रेलवे परियोजना की अनुमानित लागत

क्र. सं.	परियोजना का नाम	लंबाई कि.मी. में	अनुमानित लागत करोड़ रुपए में
1	राँची-बड़काकाना-हजारीबाग-कोडरमा	203 कि.मी.	3211.00
2	राँची-लोहरदगा (टोरी तक विस्तार)	113 कि.मी.	596.00
3	कोडरमा-तिलैया	14 कि.मी.	150.00
4	कोडराम-गिरिडीह	111 कि.मी.	927.00
5	देवघर-दुमका	60 कि.मी.	400.00
6	दुमका-रामपुरहाट	64 कि.मी.	491.00
	कुल	**565** कि.मी.	**5775.00**

विज्ञान एवं तकनीकी

राज्य में वर्तमान में 10 सरकारी पॉलिटेक्निक, 3 महिला पॉलिटेक्निक, 1 इंजीनियरिंग कॉलेज, बी.आई.टी. सिंदरी और 5 महिला औद्योगिक महाविद्यालय

संचालित हैं। भारत सरकार ने हाल में ही 17 नए पॉलिटेक्निक की स्वीकृति दी है, जिसमें से गढ़वा, पाकुड़, गुमला, जग्नाथपुर, (पश्चिमी सिंहभूम) और गोला (रामगढ़) में पॉलिटेक्निक का निर्माण हो चुका है। शेष 12 में एम.ओ.यू. किया जा रहा है। रामगढ़, चाईबासा और दुमका में इंजीनियरिंग कॉलेज का प्रथम चरण का निर्माण कार्य पूरा हो चुका है और पहले महिला इंजीनियरिंग महाविद्यालय को रामगढ़ में खोलने की प्रक्रिया पूरी हो चुकी है।

झारखंड कॉसिल ऑन साइंस एवं टेक्नोलॉजी, झारखंड में विभिन्न वैज्ञानिक क्रियाकलापों के द्वारा विज्ञान को बढ़ावा देने के लिए प्रयासरत है।

सूचना प्रौद्योगिकी विभाग द्वारा झारनेट (झारखंड नेटवर्क), प्रज्ञा केंद्र (कॉमन सर्विस सेंटर), जेल और न्यायालयों में वीडियो कॉन्फ्रेंसिंग की सुविधा के साथ भू-अभिलेखों का कंप्यूटरीकरण आदि का कार्य होता है।

झारखंड स्पेस एप्लीकेशन सेंटर झारखंड के भूस्थैतिक आँकड़ों और प्रत्येक गाँव का प्रोफाइल निर्मित करने का कार्य करता है, साथ ही यह भूमिगत जल की उपलब्धता, भू-अभिलेख को ऑनलाइन करना, उपग्रह के माध्यम से फसल के आँकड़े एकत्रित करना एवं उसे ऑनलाइन करना तथा इ-पंचायत आदि कार्य भी करता है।

इ-ऑफिस, सरकारी कार्यालयों की उत्पादकता, गुणवत्ता, संसाधन प्रबंधन और पारदर्शिता लाने के लिए एक उपकरण है, जो कागजी काररवाई की जगह इलेक्ट्रोनिक फाइलों आदि को बढ़ावा देता है।

ह्यूमन रिसोर्स मैनेजमेंट सिस्टम (HRMS), एक ग्रीन गवर्नमेंट उपकरण है, जो हिमाचल प्रदेश सरकार के द्वारा झारखंड में संचालित है। इसका उद्‌देश्य वेतन और क्षतिपूर्ति प्रबंधन को सुदृढ करना कर्मचारियों का डाटाबेस तैयार करना, सरकार को मानव संसाधन के आँकड़े उपलब्ध कराना, विभागों में पारदर्शिता लाना और पेपरलेस वर्क को बढ़ावा देना।

आधार आधारित हाजरी प्रणाली, (AEBAS) जिसे बायोमेट्रीक उपस्थिति प्रणाली भी कहते हैं, 1 जनवरी, 2014 से झारखंड में लागू है। यह प्रणाली उस व्यक्ति के आधार नंबर और Unique Identity Authority of India (UIDAI) में दर्ज सूचनाओं के आधार पर व्यक्ति की उपस्थिति को समपुष्ट करती है।

- 15 नवंबर, 2015 को झारखंड सरकार ने 15 नए Apps लॉन्च किए हैं।

1. M-Samvad,
2. Garbage Management Information System (GMIS)
3. Crime Information System (CIS)
4. Jharkhand Blood Donor Information System (JBID)
5. Plantation Management Information System (PMIS)

6. Nursery Management Information System (NMIS)
7. Jharkhand Crop Information System (JCIS)
8. Inspection Report Information System (IRIS)
9. Jharseva (e-district)
10. Karamchari Sewa Plus
11. Vidhi Portal
12. Mobile Based Public Grievance Redressal System for RMC and
13. Online Map sanctioning Application for RMC
14. Mai Bhi Police

इसके अलावा फाइल ट्रैकर सिस्टम, इ प्रोक्युरमेंट सिस्टम, इ-मुलाकात, आदि सेवाओं के माध्यम से झारखंड ने सूचना प्रौद्योगिकी के क्षेत्र में काफी प्रगति की है।

- इ-राहत—पूरे झारखंड में कॉल सेंटर, जिसका टेलीफोन नंबर 1967 है, 24×7 कार्य करता है। आपात स्थिति यथा चिकित्सा, हवाई हमला, दुर्घटना, जलवायु परिवर्तन, आगजनी, सुखाड़, बाढ़, नक्सल घटना आदि में कोई भी नागरिक इस नंबर पर फोन कर सरकार से सुविधा प्राप्त कर सकता है।
- झारखंड संवाद एवं समाधान (CPGRAM)—यह एक जनशिकायत पोर्टल है, जिस पर लोग अपनी शिकायतें ऑनलाइन दर्ज करा सकते हैं।
- झारखंड सरकार ने काँके, राँची में IIIT (Indian Institute of Information Technology) खोलने का निर्णय लिया है।

वन

झारखंड में 23,605 वर्ग किमी. (29.61 प्रतिशत) वन भूमि है, जो भारत की कुल वन भूमि का 3.06 प्रतिशत है। इसमें से रिजर्व वन 4387 वर्ग किमी., संरक्षित वन भूमि 19185 वर्ग किमी. और अवर्गीकृत वन 33 वर्ग किमी. है।

झारखंड में एक नेशनल पार्क और 11 अभयारण्य हैं, जिनका कुल क्षेत्रफल 2182.15 वर्ग किमी. है।

Land Use	Area in '000 ha	Percentage
Total Geographical area	7972	
Forests	2239	28.09
Not available for cultivation	1332	16.71
Permanent pastures and other grazing lands	110	1.38
Land under misc. tree crops & groves	93	1.17

Culturable wasteland	336	4.22
Fallow Lands other than current fallows	962	12.07
Current fallows	1394	17.49
Net area shown	15.4	18.87

(Source : Land use statistics, Ministry of Agriculture, GoI. 2008-09)

शिक्षा

शिक्षा के छह मुख्य स्तर हैं—प्राथमिक (वर्ग 1 से 5), उच्चतर प्राथमिक (वर्ग 6 से 8), माध्यमिक (वर्ग 9 से 10), उच्चतर माध्यमिक (वर्ग 11 से 12), स्नातक एवं स्नातकोत्तर। सर्व शिक्षा अभियान के द्वारा प्राथमिक एवं उच्च प्राथमिक विद्यालयों में छात्रों को नामांकित कराया जा चुका है। परिणामस्वरूप राष्ट्रीय माध्यमिक शिक्षा अभियान (RMSA), केंद्र सरकार की ऐसी फ्लैगशिप योजना के रूप में उभरा है, जिसका लक्ष्य वर्ग 8 उत्तीर्ण कर चुके 100 प्रतिशत छात्र/छात्राओं की माध्यमिक शिक्षा सुनिश्चित करना है। इसका उद्देश्य स्नातक पूर्व तक शिक्षा की गुणवत्ता प्रदान करना, पी.पी.पी. मोड में निजी निवेश को बढ़ावा देना, सरकारी माध्यमिक विद्यालयों एवं प्रशासन में संस्थागत सुधार करना, शिक्षकों की बहाली के लिए स्वतंत्र संस्था तैयार करना और अंग्रेजी तथा विज्ञान विषय को लोकप्रिय बनाना है।

- लगभग 41000 विद्यालयों में 35,00,000 बच्चों को मध्याह्न भोजन की सुविधा दी जाती है।
- मध्याह्न भोजन योजना के तहत वर्तमान में प्रति छात्र निम्न प्रकार देय है।

प्राथमिक कक्षा (प्रति छात्र)	**उच्चतर प्राथमिक कक्षा (प्रति छात्र)**
चावल 100 ग्राम प्रतिदिन	चावल 150 ग्राम प्रतिदिन
सप्ताह में 3 दिन 1-1 अंडा	सप्ताह में 3 दिन 1-1 अंडा
3.69 रुपए प्रतिदिन	5.54 रुपए प्रतिदिन

- झारखंड में 17 जिला शिक्षा एवं प्रशिक्षण संस्थान (DIET) और प्राथमिक शिक्षण महाविद्यालय (PTTC) हैं।
- 14 वर्ष तक की SC/ST बालिकाओं को शिक्षा हेतु प्रोत्साहित करने के लिए **मुख्यमंत्री विद्या लक्ष्मी योजना** की शुरुआत 15 नवंबर, 2015 से की गई है। शादीशुदा और निजी विद्यालयों में पढ़ रही लड़कियाँ इस योजना की पात्र नहीं होंगी। इसके तहत उस लड़की के नाम पर बैंक या डाकघर में 2000 रुपए जमा किए जाएँगे।

- झारखंड के 260 प्रखंडों में से 203 में कस्तूरबा गांधी बालिका विद्यालय संचालित हैं।
- झारखंड सरकार द्वारा 57 झारखंड बालिका आवासीय विद्यालय खोलने की योजना है। इसके तहत प्रति विद्यालय 350 बालिका नामांकित होगी, जिसके तहत 75 प्रतिशत बालिकाएँ लक्षित वर्ग की होंगी।
- महिला समानता शिक्षा के लिए भारत सरकार द्वारा महिला सामख्या 1989 से संचालित है।
- उच्चत्तर शिक्षा तक लोगों की पहुँच बनाने और गुणवत्तापूर्ण शिक्षा उपलब्ध कराने के लिए भारत सरकार के द्वारा राष्ट्रीय उच्चत्तर शिक्षा अभियान की शुरुआत की गई है। वर्तमान में इसमें राज्य सरकार की भागीदारी 35 प्रतिशत है।
- राज्य के सभी विश्वविद्यालयों और कॉलेजों में दो पालियों में पढ़ाई करने का सरकार ने फैसला लिया है। इससे राज्य में अपेक्षाकृत कम मार्क्स पानेवाले 4 लाख से अधिक छात्र लाभान्वित होंगे और राज्य में उच्च शिक्षा को एक नया आयाम मिलेगा, साथ ही स्कूली छात्र-छात्राओं को एलइडी, सोलर स्टडी लैंप उपलब्ध कराने और कस्तूरबा गांधी आवासीय विद्यालय की छात्राओं को टेबलेट देने और विद्यालय को सुदृढ करने का फैसला किया।
- झारखंड में 34 आवासीय और 123 दिवा खेल प्रशिक्षण केंद्र संचालित हैं।
- 1970 में स्थापित भारतीय नृत्य कला मंदिर को झारखंड कला मंदिर के नाम से जाना जाता है।
- राजकीय मानभूम छउ नृत्य कला केंद्र सिल्ली स्टेडियम, सिल्ली, राँची में 1960 में स्थापित किया गया था।
- राजकीय संग्रहालय होटवार और दुमका में बनाया गया है।

स्वास्थ्य

स्वास्थ्य विभाग द्वारा निम्न लक्ष्य निर्धारित किए गए हैं—

- ➢ एम.एम.आर. (मातृ मृत्यु दर) 2017 तक 100 प्रति लाख तक करना है। 2011 में यह 219 था।
- ➢ आई.एम.आर. (शिशु मृत्यु दर) को 2017 तक घटाकर 25 प्रति 1000 करना है। 2012 में यह 36 था।
- ➢ प्रजनन दर 2.7 से घटाकर 2.1 करना।
- ➢ 15 से 49 वर्ष की महिलाओं में 2017 तक एनीमिया रोग को 70.4 प्रतिशत से घटाकर 28 प्रतिशत तक करना।

➢ टी.बी. से होनेवाली मृत्यु को 1990 की तुलना में आधा करना।
➢ कुष्ठ रोग 1 प्रति हजार से कम करना।
➢ मलेरिया जैसे रोग से होनेवाली मृत्यु 2.93 से घटाकर 1 से कम करना।
➢ 2017 तक कालाजार समाप्त कर देना।
➢ 0 से 6 आयु वर्ग में लिंगानुपात 943 से बढ़ाकर 950 करना।

- इस लक्ष्य की प्राप्ति के लिए 256 हेल्थ सब-सेंटर (HSC), 38 प्राइमरी हेल्थ सेंटर (PHC), 31 कम्युनिटी हेल्थ सेंटर (CHC) और 9 मातृ शिशु स्वास्थ्य केंद्र कार्यरत हैं। इसके अलावा 2015-16 में 150 एच.एस.सी., 30 पी.एच.सी., 13 सी.एच.सी. बनाए जाने हैं।
- राजेंद्र आयुर्विज्ञान संस्थान (RIMS), पाटलिपुत्र मेडिकल कॉलेज एवं हॉस्पिटल (PMCH), धनबाद, महात्मा गांधी मेमोरियल कॉलेज एवं हॉस्पिटल (MGMCH) जमशेदपुर, राँची इंस्टीट्यूट ऑफ न्यूरो साइक्यट्री ऐंड एलाइड साइंसेज (RINPAS), काँके और पाँच ए.एन.एम. स्कूल भी संचालित हैं।

Health Infrastructure

Sub Centre	3958
PHC	330
CHC	188
Referral Hospitals	32
Sub-Divisional Hospitals	10
District Hospitals	24

(Sources NRHM)

शहरीकरण

भारत के 32.2 प्रतिशत की तुलना में झारखंड में मात्र 24 प्रतिशत निवासी शहरों में निवास करते हैं। उम्मीद की जाती है कि 2030 तक 32 प्रतिशत झारखंड की आबादी शहरों में निवास करेगी। 2012 में अनुमानित था कि 6.3 लाख परिवारों के पास आवास नहीं था। प्रधानमंत्री आवास योजना के तहत 2022 तक सभी को आवास उपलब्ध करा देने की योजना है।

	Rural	**Urban**
Total Population (Census 2011)	75.95%	24.05%
Population Growth	19.50%	32.29%
Sex Ratio	960	908
Child Sex Ratio (0-6 yrs.)	952	904
Child % (0-6 yrs.)	16.96	12.49
Average Literacy	62.40%	83.30%
Male Literacy	74.57%	89.78%
Female Literacy	49.75%	76.17%

□

18. झारखंड का सांख्यिकीय उपस्थापन

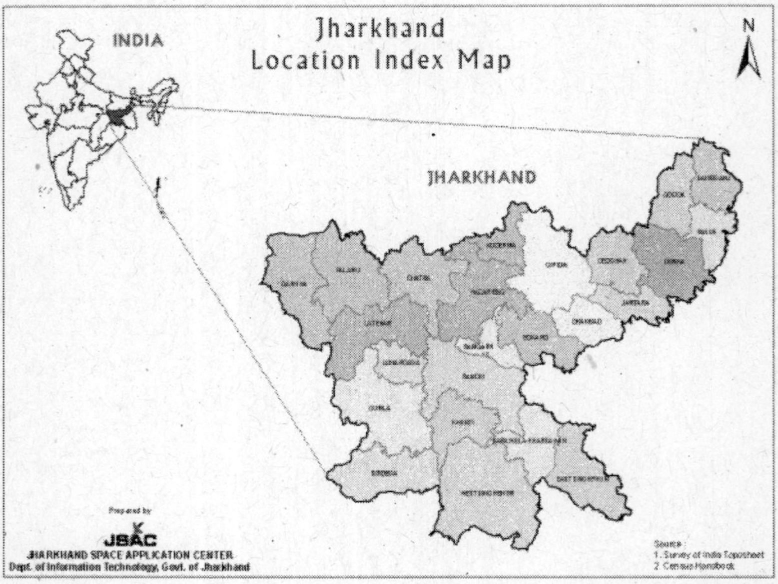

प्रशासनिक व्यवस्था

जिला	:	24
अनुमंडल	:	43
विकास प्रखंड	:	260
पंचायत	:	4,423
कलस्टर	:	2076

गाँव/वार्ड	:	32620/1400
छोटा एवं मध्यम शहर	:	228
शहरी स्थानीय निकाय	:	**42**
(क) नगर निगम	:	6
(ख) नगर पार्षद	:	18
(ग) नगर पंचायत	:	15
(घ) अधिसूचित क्षेत्र	:	2
(घ) छावनी बोर्ड	:	1

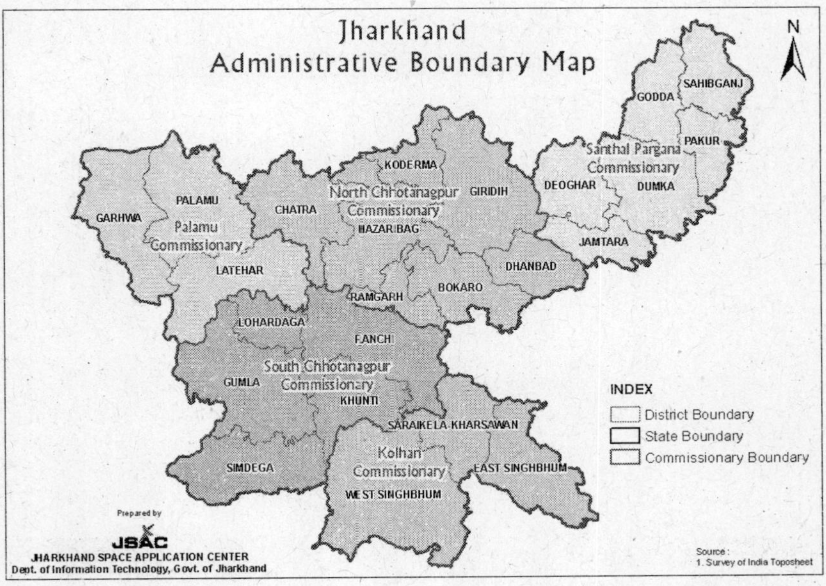

राज्य अंतर्गत 5 प्रशासनिक प्रमंडल निम्न अनुसार है—

I. **दक्षिणी छोटानागपुर प्रमंडल** के अंतर्गत 5 जिले इस प्रकार हैं—राँची, खूँटी, सिमडेगा, गुमला एवं लोहरदगा।

II. **उत्तरी छोटानागपुर प्रमंडल** के अंतर्गत 7 जिले इस प्रकार हैं—हजारीबाग, रामगढ़, चतरा, कोडरमा, गिरिडीह, बोकारो एवं धनबाद।

III. **कोलहान प्रमंडल** के अंतर्गत 3 जिले इस प्रकार हैं—पूर्वी सिंहभूम, पश्चिमि

सिंहभम एवं सरायकेला–खरसावाँ।

IV. **पलामू प्रमंडल** के अंतर्गत 3 जिले इस प्रकार हैं—पलामू, गढ़वा एवं लातेहार।

V. **संथाल परगना प्रमंडल** के अंतर्गत 6 जिले इस प्रकार हैं—साहेबगंज, पाकुड़, जामताड़ा, देवघर, दुमका एवं गोड्डा।

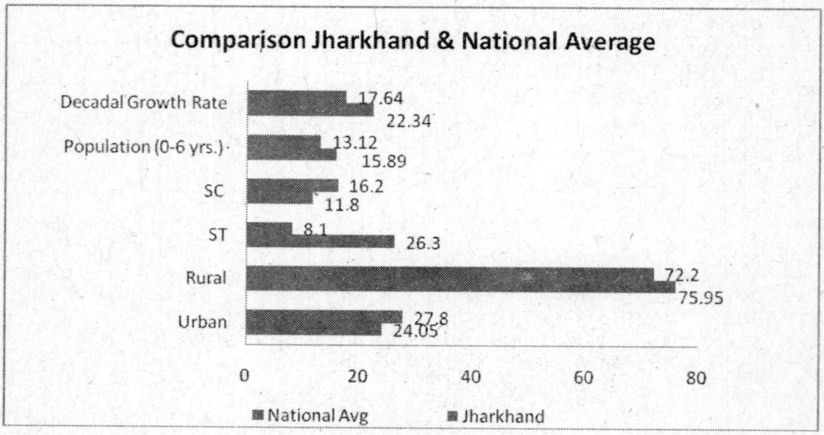

स्रोत : जनगणना–2011

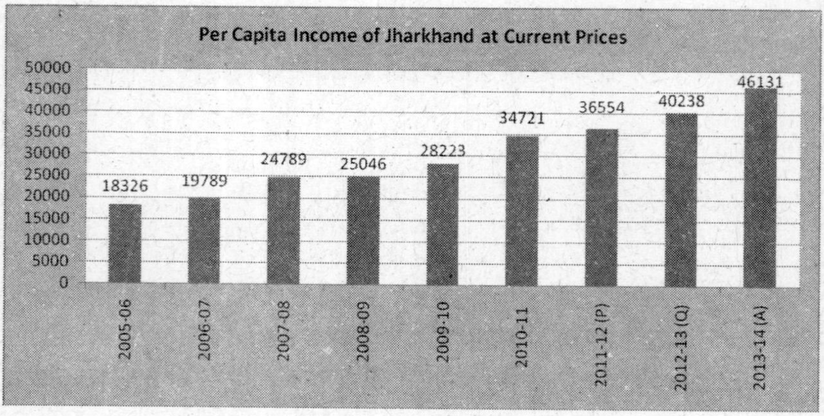

[स्रोत : आर्थिक एवं सांख्यिक निदेशालय, झारखंड]

भूमि उपयोग पैटर्न

सेक्टर का नाम	क्षेत्र का %
कुल बुवाई क्षेत्र	19%
वर्तमान में परती क्षेत्र	18%
वन क्षेत्र	29.61%
परती क्षेत्र के अलावे	12%
स्थायी चारागाह एवं अन्य घास भूमि	1%
बंजर भूमि	4%
खेती के लिए उपलब्ध नहीं	17%

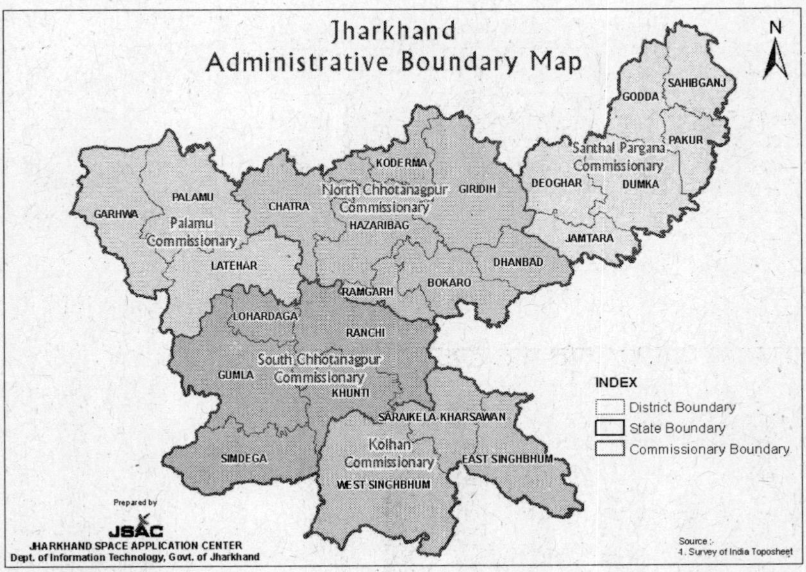

LAND USE IN JHARKHAND

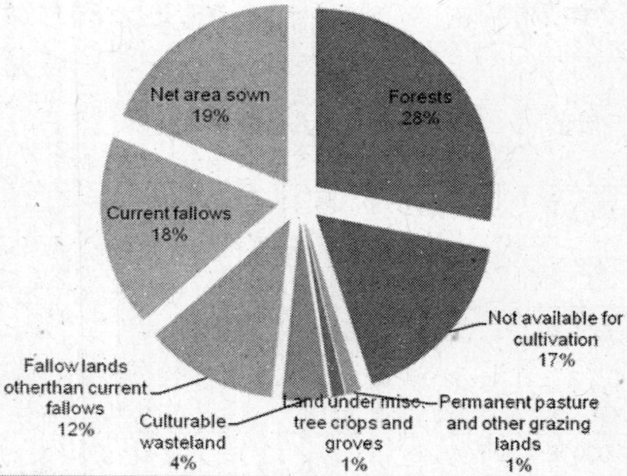

प्रमुख फसलों की उत्पादकता से संबंधित आलेख

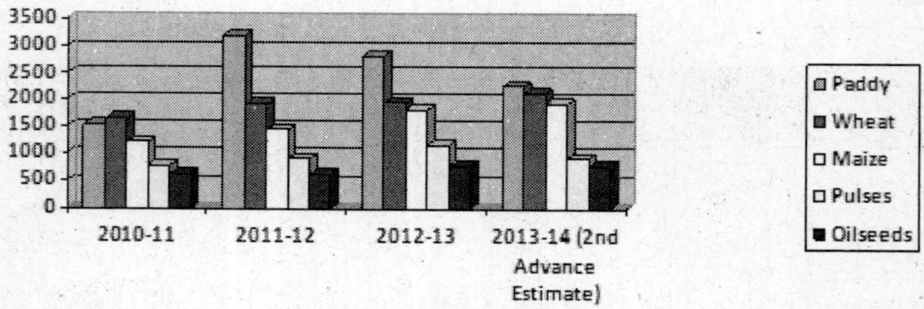

[स्रोत: कृषि विभाग]

झारखंड में उर्वरक खपत प्रति हेक्टेयर भारत की तुलना में

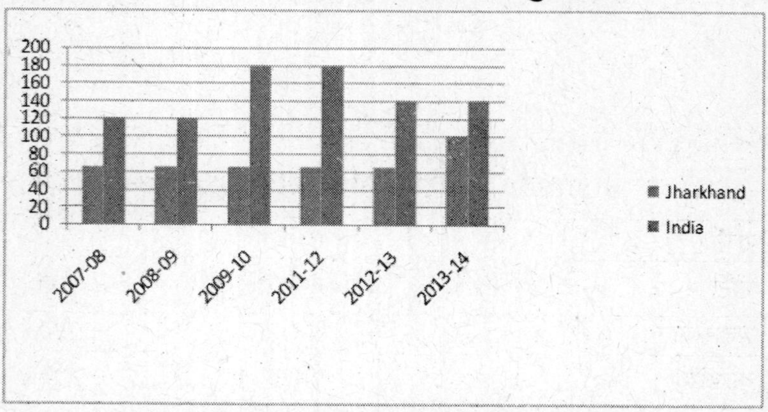

स्रोत : कृषि एवं गन्ना विकास विभाग, झारखंड सरकार

राष्ट्रीय औसत के साथ तुलना : उत्पादन (2014-15)

		उत्पादन			उपलब्धता	
सामग्री	मात्रा	राष्ट्रीय	झारखंड	उत्कृष्ट उत्पादक राज्य	राष्ट्रीय	झारखंड
अंडा	लाख में	734378.95	4444.99	227874.96 (आंध्र प्रदेश) •	53 Egg/capita/an.	13 Egg/capita/an.
मीट	'000 टन	6235.48	45.45	1221.25 (उत्तर प्रदेश)	21.90 kg per capita	5.48 kg/capita/an.
दुध	'000 टन	137685.88	1699.83	24193.90 (उत्तर प्रदेश)	290 gm./day	171 gm./day
ऊन	'000 किलो	47908.88	156.13	15026.77 (राजस्थान)		

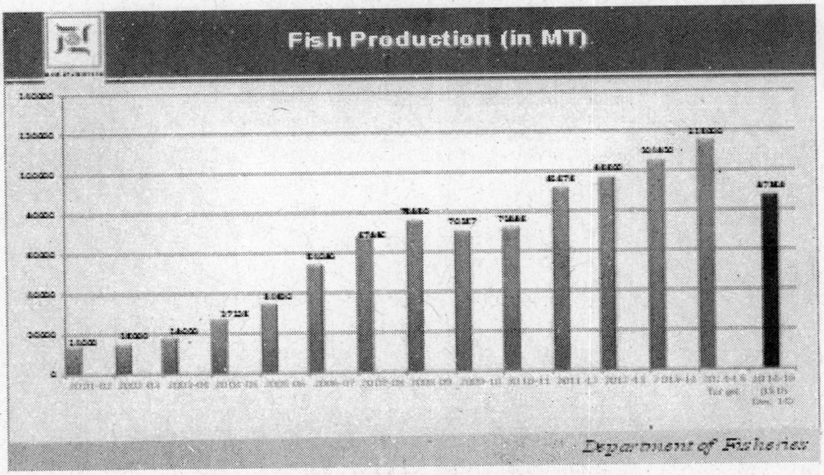

झारखंड में वर्षा की स्थिति—वर्ष 2014

राँची	831.4	गिरिडीह	822.4
खूँटी	957.6	बोकारो	903.9
हजारीबाग	916.8	धनबाद	730.9
कोडरमा	1046.4	गुमला	844.8
रामगढ़	537.8	सिमडेगा	1141.5

चतरा	695.5	लोहरदगा	717.5
दुमका	601.4	पूर्वी सिंहभूम	897.9
जामताड़ा	897.9	पश्चिमि सिंहभूम	995.0
देवघर	1003.0	सरायकेला-खरसावाँ	942.6
गोड्डा	754.3	पलामू	474.09
साहेबगंज	752.5	गढ़वा	476.3
पाकुड़	992.9	लातेहार	806.5

(स्रोत : कृषि विभाग : 2014)

झारखंड में विभिन्न नदी बेसिनें

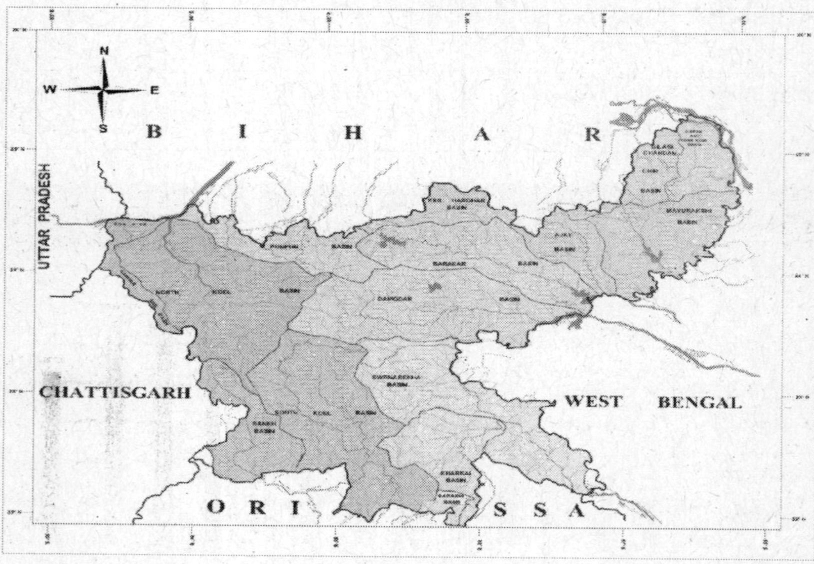

झारखंड के खनिज भंडार

क्र.	खनिज	राष्ट्रीय रिजर्व/ संसाधन	झारखंड के संसाधन भारतीय (% में)	झारखंड के शेयर W.R.T.	भारत में झारखंड के रैंक
1	कोयला	293497.15	80356.20	27.37%	पहला
2	लौह अयस्क (हेमेटाइट)	17882.10	4596.621	25.70%	दूसरा

3	एपेटाइट रॉक फास्फेट	24.22	7.270	27.07%	दूसरा
4	कोबाल्ट	44.91	9.000	20.04%	दूसरा
5	रजत अयस्क	466.98	23.840	5.10%	दूसरा
6	ताँबा अयस्क	1558.45	288.120	18.48:%	तीसरा
7	Kyanite	103.24	6.030	5.84%	तीसरा
8	सीसा	174.84	12.910	7.38%	तीसरा
9	अदह	22.16	0.154	0.69%	तीसरा
10	Fireclay	713.51	66.619	9.33%	चौथा
11	क्वार्टज् और सिलिका	3499.03	156.521	4.47%	छठा
12	बेंटोनाइट	568.36	0.980	0.17%	चौथा
13	बॉक्साइट	3479.62	146.323	4.20%	सातवाँ
14	Chinaclay/ Kaolin	2705.20	198.690	7.33%	छठा
15	स्फतीय	132.34	1.634	1.23%	छठा
16	गहरा लाला रंग	56.96	0.110	0.19%	छठा
17	मैग्नेटाइट	10644.06	10.542	0.10%	आठवाँ
18	बैराइट्स	72.73	0.035	0.04%	आठवाँ
19	तालक/सेलखड़ी	269.02	0.338	1.25%	दसवाँ
20	डोलेमाइट	7730.55	41.430	0.53%	तेरहवाँ
21	चूना पत्थर	184935.11	634.410	0.34:%	सतरहवाँ
22	क्रोमाइट	203.30	0.730	0.35%	पाँचवाँ
23	मैंगनीज अयस्क	429.90	13.700	3.18%	छठा
24	निकल	189.00	9.000	4.76%	दूसरा
25	सोने के अयस्क	493.69	8.150	0.09%	नौवाँ
26	गेरू	144.26	0.215	0.14%	सातवाँ
27	Vermiculite	2.50	0.030	1.23%	पाँचवाँ
28	अभ्रक	0.55	0.002	0.30%	छठा
29	काले ग्रेनाइट	3175688.00	8875340.000	19.36%	तीसरा

राज्य में जिलावार खनिज जमा की स्थिति

क्र.सं.	खनिज	जिला
1	कोयला	धनबाद, बोकारो, लातेहार, गिरिडीह, रामगढ़, चतरा, हजारीबाग, पाकुड़, दुमका
2	लौह-अयस्क (हेमाटाइट)	पश्चिमी सिंहभूम
3	एपेटाइट रॉक फास्फेट	पश्चिमी सिंहभूम
4	कोबाल्ट	पूर्वी सिंहभूम
5	रजत अयस्क	राँची, पूर्वी सिंहभूम
6	ताँबा अयस्क	पूर्वी सिंहभूम
7	Kyanite	पश्चिमि सिंहभूम, सरायकेला-खरसावाँ, पूर्वी सिंहभूम
8	सीसा	पलामू
9	अदह	पश्चिमि सिंहभूम, सरायकेला खरसावाँ
10	Fireclay	धनबाद, बोकारो, हजारीबाग, पलामू, गिरिडीह, रामगढ़
11	क्वार्ट्ज और सिलिका	पूर्वी सिंहभूम, पश्चिमि सिंहभूम, सरायकेला-खरसावाँ, दुमका, हजारीबाग, देवघर, पलामू, साहेबगंज
12	बेंटोनाइट	साहेबगंज
13	बॉक्साइट	लोहरदगा, लातेहार, गुमला, गोड्डा, साहेबगंज
14	चीनी मिट्टी/Kaolin	लोहरदगा, राँची, दुमका, साहेबगंज, पूर्वी सिंहभूम, पश्चिमि सिंहभूम
15	स्फतीय	दुमका, हजारीबाग, देवधर
16	गहरा लाल रंग	कोडरमा, चतरा
17	मैग्नेटाइट	पलामू, पूर्वी सिंहभूम
18	बैराइट्स	राँची, पलामू, पूर्वी सिंहभूम
19	तालक/सेलखड़ी	पश्चिमि सिंहभूम, पूर्वी सिंहभूम, सरायकेला-खरसावाँ, पलामू
20	डोलोमाइट	पलामू, गढ़वा
21	चूना पत्थर	गढ़वा, पलामू, राँची, हजारीबाग, बोकारो, पूर्वी सिंहभूम

22	क्रोमाइट	पश्चिमि सिंहभूम
23	मैंगनीज अयस्क	पश्चिमि सिंहभम
24	निकल	पूर्वी सिंहभूम
25	स्वर्ण अयस्क	राँची, पूर्त्री सिंहभूम, पश्चिमि सिंहभूम, सिमडेगा, पलामू
26	गेरू	पश्चिमि सिंहभूम
27	Vermiculite	कोडरमा
28	अभ्रक	कोडरम, गिरिडीह, हजारीबाग
29	काले ग्रेनाइट	दुमका, जामताड़ा, कोडरमा, राँची, खूँटी, सिमडेगा, पलामू, लातेहार, गढ़वा
30	रंगीन ग्रेनाइट	

(स्रोत : खनिज एवं भू विज्ञान)

झारखंड में ऊर्जा क्षेत्र

- झारखंड ऊर्जा विकास निगम लिमिटेड (JUVNL)
- झारखंड ऊर्जा उत्पादन निगम लिमिटेड (JUUNL)
- झारखंड बिजली वितरण निगम लिमिटेड (JVVNL)
- झारखंड ऊर्जा संचरन निगम लिमिटेड (JUSNL)

ग्रामीण विद्युतीकरण और बी.पी.एल. परिवारों का आँकड़ा (जनवरी 2015)

	ग्रामीण विद्युतीकरण	बी.पी.एल. परिवार
सर्वेक्षण के अनुसार कुल लक्ष्य	18877	1582946
उपलब्धि	17732	1316177
पुरा करने के लिए शेष राशि	1145	266769
सक्रिय (Energized)	16903	1150645
शेष राशि Energisation को छोड़कर	829	165532

(स्रोत : ऊर्जा विभाग)

बच्चों की आबादी

आयु वर्ग (वर्ष में)	जनसंख्या
06.11	42,51,282
11.14	23,51,824

06.14	66,03,106
14.16	14,34,308

शिशु मृत्यु दर, जन्म दर, मृत्यु दर

वर्ष	जन्म दर (प्रति 1000)	मृत्यु दर (प्रति 1000)	शिशु मृत्यु दर (प्रति 1000)
2001	26.3	8.8	62
2002	26.5	9	51
2003	26.3	8	51
2004	26.2	8	49
2005	26.8	7.9	50
2006	26.2	7.5	49
2007	26.1	7.3	48
2008	25.8	7.1	46
2009	25.6	7	44
2010	25.3	7	42
2011	25	6.9	39
2012	24.7	6.8	38
2013	24.6	6.8	37
2014 (MDG लक्ष्य)	24.4	6.7	36

मातृ मृत्यु दर (MMR)

वर्ष	मातृ मृत्यु दर (प्रति लाख)	परिवर्तन/वर्ष
1999-2001	400	—
2001-2003	371	5.8
2004-2006	312	19.66
2007-2009	261	17
2010-2012	219	14
2015 (MDG लक्ष्य)	109	

ग्रामीण सांख्यिकी

- कुल ग्रामीण जनसंख्या 209.52 लाख
- कुल अनुसूचित जाति की जनसंख्या 25.88 लाख (12.35%
- कुल अनुसूचित जन जाति जनसंख्या (ग्रामीण) 65.00 लाख (31.02%)
- सिमांत कार्यकत्ता का प्रतिशत (ग्रामीण) 16.23%
- किसान की संख्या (ग्रामीण) 43.54%
- कृषि श्रम का प्रतिशत (ग्रामीण) 32.79%
- परिवार की संख्या (ग्रामीण) 37.37 लाख
- काम भागीदारी दर 40.85

(स्रोत : ग्रामीण विकास विभाग)

शहरी सांख्यिकी

- शहरी जनसंख्या — 79.29 लाख (24.05%)[जनसंख्या 2011]
- छोटा एवं मध्यम शहर — 228 ;जनसंख्या 2011द्ध
- शहरी जनसंख्या वृद्धि दर — 2৳3: प्रति वर्ष
- स्थानीय निकाय — 42
- नगर निगम — 6
- नगर परिषद् — 18
- नगर पंचायत — 15
- अधिसूचित क्षेत्र — 2
- छावनी — 1
- विकास प्राधिकरण — 2 (आर.आर.डी.ए. एवं माडा)

जनजातीय सांख्यिकी

अनुसूचित जनजाति का प्रतिशत	86.45 लाख (कुल जनसंख्या का 26.2%)
अनुसूचित जिलें	15
अधिसूचित जनजाति	32
अधिसूचित आदिम जनजाति	9
जनजातीय उप योजना में अनुसूचित जनजाति का प्रतिशत (134)	71.81 लाख (जनजातीय उप-योजना की जनसंख्या का 40.1 प्रतिशत)
अन्य उप योजना में अनुसूचित जनजाति का प्रतिशत (126)	14.64 लाख (जनजातीय उप-योजना की जनसंख्या का 10.24 प्रतिशत)

अनुसूचित ज़ाति का प्रतिशत	39.85 लाख
राज्य की कुल जनसंख्या में अनुसूचित जाति का प्रतिशत	12.08 प्रतिशत
जनजातीय प्रखंडों की संख्या	112
जनजातीय जिलों की संख्या	15

(जनसंख्या : 2011)

TSP Districts and Blocks

क्र.सं.	जिला	प्रखंड
1	राँची	बुढ़मू, मांडर, चान्हो, बेड़ो, लापुंग, रातू, नामकुम, काँके, ओरमाँझी, अनगड़ा, सिल्ली, सोनाहातु, तमाड़ एवं बुंडू
2	खूँटी	अड़की, खूँटी, मुरहू, कर्रा, तोरपा एवं रनिया
3	लोहरदगा	किस्को, कुडू, लोहरदगा, भांद्रा एवं सेन्हा
4	गुमला	विषुणपुर, गढ़वा, चैनपुर, डुमरी, रायडीह, गुमला, सिसई, भरनो, कामडरा, बसिया एवं पालकोट
5	सिमडेगा	सिमडेगा, कोलेबिरा, बानो, जलडेगा, ठेठईटांगर, कुरदेग एवं बोलबा
6	गढ़वा	भंडरिया
7	पश्चिमि सिंहभूम	बंदगाँव, चक्रधरपुर, सोनुआ, गोईलकेरा, मनोहरपुर, नोआमुंडी, जगन्नाथपुर, मंझगाँव, तांतनगर, झिंकपानी, तोन्तो, खूँटपानी एवं चाईबासा
8	सरायकेला खरसावाँ	गोबिंदपुर (राजनगर), आदित्यपुर (गम्हरिया), सरायकेला, खरसाँवा, कुचई, चांडील, इचागढ़ एवं नीमडिह
9	पूर्वी सिंहभूम	गोलमुरी–जुगसलाई, पटमदा, पोटका, डुमरिया, मुसाबनी, घाटशिला, धालभुमगढ़, चाकुलिया एवं बरहागोड़ा
10	दुमका	सरैयाहाट, जरमुंडी, जामा, रामगढ़, गोपीकांदर, काठीकुंद, दुमका, शिकारीपाड़ा, रानेश्वर एवं मासलिया
11	जामताड़ा	कुंडहित, नाला, जामताड़ा एवं नारायणपुर
12	साहेबगंज	साहेबगंज, बोरियो, तालझारी, राजमहल, बरहरवा, पठना एवं बरहेट

13	पाकुड़	लिट्टीपाड़ा, अमरापाड़ा, हिरणपुर, पाकुड़, महेशपुर एवं पकुड़िया
14	गोड्डा	बोआरीजोर, सुंदरपहाड़ी
15	लातेहार	बरवाडीह, मनिका, बालुमाथ, चंदवा, लातेहार, गारू एवं महुआडांड़

तुलनात्मक विकास के परिदृश्य

Indicators

क्र.सं.	विवरण	झारखंड	राष्ट्रीय
1.	**कुल जनसंख्या**	32.98M	1210.56M
1.1	ग्रामीण	75.95%	68.8%
1.2	शहरी	24.05%	31.2%
1.3	अनुसूचित जनजाति (2011)	26.21%	8.6%
1.4	अनुसूचित जाति (2011)	12.08%	16.6%
1.5	जनसंख्या (0-6 वर्ष)	16.34%	13.6%
1.6	दशकीय वृद्धि दर	22.34	17.7
1.7	लिंगानुपात	947	949
1.8	0-6 वर्ष	943	923
1.9	बी.पी.एल. (%)	54	28.3
2.	**कृषि स्थिति (2012)**		
2.1	खाद्यान की प्रति व्यक्ति उपलब्धता (ग्राम)	250	583
2.2	तीव्रता फसल (%)	126	140
2.3	क्षेत्र सिंचित (%)	12	35.4
2.4	कृषि श्रमिकों	67	79
2.5	किसान (%)	31.71	38.5
2.6	उर्वरक खपत (किलो/हेक्टेयर)	92	140
2.7	बीज प्रतिस्थापन अनुपात (SRR) (%)	10	33
2.5	**कृषि उत्पादकता (किलोग्राम/हेक्टेयर) (2013-14)**		
2.5.1	धान	2896	2462
2.5.2	गेहूँ	2123	3117
2.5.3	मक्का	2092	2500

2.5.4	दलहन	1020	689
2.5.5	तिलहन	663	1168
2.5.6	फल	1014	1113
2.5.7	सब्जियों	1494	1738
2.6	दूध (मवेशी/प्रति दिन)	1.59kg	3.00 kg
2.7	दूध (प्रति व्यक्ति उपलब्धता/दिन)	171gms	291gms
2.8	मछली (किलोग्राम/हेक्टेयर/वर्ष)	1700	2150
3.	**सिंचाई**		
3.1	आवृत्त क्षेत्र (%)	29.47	70
3.2	कुल बुवाई क्षेत्र	32%	46%
4.	**वन आवरण**	29.61%	23.48%
5.	**स्वास्थ्य एवं स्वच्छता**		
5.1	अशोधित जन्म दर (प्रति 1000)	24.6	21.4
5.2	अशोधित मृत्यू दर (प्रति 1000)	6.8	7.0
5.3	शिशु मृत्यू दर (प्रति 1000)	36	40
5.4	मातृत्व मृत्यू दर (प्रति 1 लाख)	219	178
5.5	टी.एफ.आर.	2.7	2.4
5.6	पूर्व टिकाकरण	69.9%	61%
6.	**साक्षरता**		
6.1	कुल साक्षरता	66.41	74.04%
6.2	पुरुष	76.84%	82.14%
6.3	महिला	56.21%	65.46%
6.4	अनुसूचित जाति (6 वर्ष से ऊपर)	66.07%	56.5%
6.5	अनुसूचित जनजाति (6 वर्ष से ऊपर)	58.9%	49.5%
7.	**सड़क**		
7.1	सड़क की कुल लंबाई (कि.मी.) राज्य राजमार्ग एम.डी.आर.	8385	599662
7.2	सड़क घनत्व क्षेत के अनुसार रोड कि.मी. (1000 वर्ग कि.मी.)	105.19	182.40
7.3	गाँवों में बारहमासी सड़कों की पहुँच	51%	57%
7.4	गाँवों में पक्की सड़कों की पहुँच	50%	45%
7.5	Area Road Km/1000 sq. km क्षेत्र		

	सड़क कि.मी./ 1000 वर्ग कि.मी.	105.19km	182.40km
8.	**ऊर्जा (2012-13)**		
8.1	सभी घरों तक बिजली की सुबिधा	45.8%	66.3%
8.2	ग्रामीण परिवारों	32.3%	43%
8.3	प्रति व्यक्ति बिजली की खपत (यूनिट)	515	818

□

19. झारखंड प्रश्नावली

1. पाल शासकों के समय बौद्ध धर्म का कौन सा संप्रदाय झारखंड में फल–फूल रहा था?

उत्तर– व्रजयान

2. कंपनी सरकार के विरुद्ध 1818 में किस जनजाति समाज ने विद्रोह किया था?

उत्तर– हो

3. झारखंड में पहली जनगणना किस वर्ष हुई थी?

उत्तर– 1872

4. स्वतंत्रता आंदोलन के दौरान किस जनजातीय नेता ने 1929 में किसान सभा का गठन किया था?

उत्तर– ठेबले उराँव

5. झारखंड में किस क्रम की चट्टानों का अभाव है?

उत्तर– कडप्पा क्रम

6. उत्तरी प्रमंडल का मुख्यालय कहाँ है?

उत्तर– हजारीबाग

7. किस जिले में सर्वाधिक अनुसूचित जाति निवास करती है?

उत्तर– पलामू

8. मंझाइन लोकगीत किस अवसर पर महिलाएँ गाती हैं?

उत्तर– जन्म

9. साहित्य अकादमी से पुरस्कृत पुस्तक 'मुंडारी टुड कोठारी' के लेखक कौन हैं?

उत्तर– मनमसीह मुंडू

10. कौन सी मिट्टी कृषि के दृष्टिकोण से अच्छी नहीं होती?

उत्तर– लैटेराइट मिट्टी

11. मसाले की खेती किस जिले में सर्वाधिक की जाती है?

उत्तर- पलामू

12. गौतम बुद्ध अभयारण्य किस जिले में है?

उत्तर- कोडरमा

13. बिरसा भगवान् जैविक उद्यान कहाँ है?

उत्तर- राँची

14. झारखंड में कितने प्रतिशत खनिज भंडार संचित हैं?

उत्तर- 73

15. झारखंड में लौह इस्पात उद्योग कहाँ स्थापित है?

उत्तर- जमशेदपुर-बोकारो

16. 1592 ई. में राजा मानसिंह ने राजमहल (साहेबगंज जिला, संथाल परगना) को बंगाल की राजधानी बनाया। राजा मान सिंह ने परकोटा और महल वाले नगर का क्या नाम रखा?

उत्तर- अकबर नगर

17. मुंडा उलगुलान (मुंडा महाविद्रोह) का दमन किसने किया?

उत्तर- कमिश्नर फारबेस/डिप्टी कमिश्नर स्ट्रीटफील्ड

18. जयपाल सिंह का मूल नाम क्या था?

उत्तर- वेनंद पाहन

19. राजीव गांधी विद्युतीकरण योजना में केंद्र और राज्य के द्वारा उपलब्ध कराई जानेवाली सहायता राशि का अनुपात क्या है?

उत्तर- 90:10

20. झारखंड राज्य की 14 लोकसभा सीटों में कितनी अनुसूचित जनजाति हेतु आरक्षित हैं?

उत्तर- 5

21. जनगणना 2011 के अनुसार झारखंड की जनसंख्या भारत की कुल जनसंख्या का कितना प्रतिशत है?

उत्तर- 2.72 प्रतिशत

22. दिसंबर 2004 से जुलाई 2009 तक झारखंड में सबसे लंबे समय तक पद पर बने रहनेवाले राज्यपाल कौन थे?

उत्तर- सैयद सिब्ते रजी

23. माइका खान कहाँ पाई जाती है?

उत्तर- कोडरमा में

24. चेरो विद्रोह कब हुआ था?

उत्तर– 1800–1819

25. झारखंड के सबसे बड़े इस्पात संयंत्रों के घर से देश में इस्पात उत्पादन का कितना प्रतिशत आता है?

उत्तर– 17.60 प्रतिशत

26. झारखंड टूरिस्ट होम स्टे स्कीम की शुरुआत कब हुई थी?

उत्तर– 2009

27. राजमहल ट्रेप किन चट्टान से निर्मित है?

उत्तर– बेसाल्ट

28. किस वर्ष बिहार प्रांत को बंगाल से अलग किया गया था?

उत्तर– 1912

29. 1916 के समय छोटानागपुर में कितने इंकबर्ड स्टेट थे?

उत्तर– 35

30. संथाल हुल (विद्रोह) के नेता कौन थे?

उत्तर– सिद्धू–कान्हू–चाँद–भैरव

31. नतुउ नृत्य किस प्रकार का नृत्य है?

उत्तर– पुरुष नृत्य

32. छोटानागपुर संथाल परगना आदिवासी सभा (1938 ई.) के संस्थापक कौन थे?

उत्तर– थियोडोर सुरीन

33. सरदारी आंदोलन के दौरान 1881 ई. में किस ईसाई नेता ने छोटानागपुर को मुंडाओं का देश घोषित करते हुए नागवंशियों की पुरानी राजधानी ढोईसागढ़ में झंडा फहराया था?

उत्तर– जॉन वेपहिस्ट

34. झारखंड का पहला मुख्यमंत्री कौन था?

उत्तर– बाबूलाल मरांडी

35. संथाली, मुंडारी, हो तथा खड़िया मुंडा भाषा परिवार की हैं। उराँव (कुडुख), कोरमा तथा पहाड़िया (माल्टो) किस भाषा परिवार की हैं?

उत्तर– द्रविड़ भाषा परिवार की

36. एक नन–रेगुलेशन प्रांत के रूप में दक्षिणी पश्चिमी सीमांत एजेंसी (South-Western Frontier Agency-SWFA) का गठन कब किया गया?

उत्तर– 1834 ई. में

37. किस वैष्णव संत ने 16वीं सदी के आरंभ में पंच परगना क्षेत्र में कुछ दिनों तक रुककर जनजातियों के बीच अपने मत का प्रचार किया?

उत्तर- चैतन्य महाप्रभु

38. तोपचांची अभयारण्य कहाँ स्थित है?

उत्तर- धनबाद जिला में

39. छोटानागपुर किराएदारी अधिनियम कब पारित किया गया था?

उत्तर- 1908 ई. में

40. दीवानी कानून संहिता किस वर्ष लागू किया गया?

उत्तर- 1859 ई. में

41. युल रूल, 1856 झारखंड के निम्नलिखित में से किस क्षेत्र के लिए लागू किया गया था?

उत्तर- संथाल परगना

42. झारखंड पार्टी (1950) के संस्थापक कौन थे?

उत्तर- जयपाल सिंह

43. बारह हजारी और तेरह हजारी किस जनजाति का अंतर्विवाही समूह है?

उत्तर- चेरो

44. दक्षिणी-पश्चिमी सीमांत एजेंसी (South Western Frontier Agency SWFA) के प्रथम ए.जी.जी.(Agent to Governor General) के रूप में किसे नियुक्त किया गया?

उत्तर- विल्किंसन

45. संथाली लिपि 'ओलचिकी' के आविष्कारक कौन हैं?

उत्तर- रघुनाथ मुर्मू

46. किस स्थल पर प्रागैतिहासिक काल के दुर्लभ चित्र एवं प्राकृतिक गुफाएँ प्राप्त हुई हैं?

उत्तर- भवनाथपुर

47. जैन धर्म के किस शास्त्र को वेद में सम्मिलित किया गया है?

उत्तर- आगमशास्त्र

48. झारखंड का बाएँ हाथ का प्रमुख बल्लेबाज कौन था, जिसने मलेशिया में अंडर 19 क्रिकेट वर्ल्ड कप 2008 जीता, साथ ही वह रॉयल चैलेंजर बैंगलोर के लिए खेल रहा है?

उत्तर- सौरभ तिवारी

49. राज्य में जिला सड़कों की लंबाई कितना किलोमीटर है?

उत्तर– 5880.89

50. अनुसूचित जाति जनसंख्या की दृष्टि से झारखंड का स्थान क्या है?

उत्तर– 14वाँ

51. स्वतंत्रता सेनानी रामनारायण सिंह ने 1955 में पहली बार झारखंड राज्य के लिए किसके पास ज्ञापन सौंपा था?

उत्तर– राष्ट्रपति

52. किसके समय में इचाक रामगढ़ राज्य की राजधानी बना?

उत्तर– तेज सिंह

53. कंपनी सरकार के विरुद्ध सर्वप्रथम किस वर्ष भूमिज विद्रोह हुआ था?

उत्तर– 1769 ई. में

54. बंगाल निष्कासन के बाद मौलाना आजाद 1916 से 1920 तक कहाँ रहे थे?

उत्तर– राँची

55. अखिल भारतीय आदिवासी विकास परिषद् (1968 ई.) की स्थापना किसने की?

उत्तर– कार्तिक उराँव

56. लिल्लोरी स्थान मंदिर किस देवी या देवता को समर्पित है?

उत्तर– काली

57. ब्रिटिश द्वारा तिलका माँझी को किस सन् में फाँसी दी गई थी?

उत्तर– 1785 ई. में

58. गोल्डन लीग नामक संस्था, जो विदेशी वस्तुओं के बहिष्कार एवं स्वदेशी आंदोलन के लिए काम करती थी, की स्थापना कहाँ की गई?

उत्तर– देवघर

59. झारखंड में 2011 में आयोजित 34वें राष्ट्रीय खेल के दौरान किसने खेल मशाल जलाई?

उत्तर– दीपिका कुमारी

60. किस त्योहार में 9 दिन उपवास के बाद 10वें दिन उपासक जलते कोयले पर नंगे पाँव चलते हैं?

उत्तर– मंडा

61. सविनय अवज्ञा आंदोलन के दौरान गिरफ्तार स्वतंत्रता सेनानी मोपना माँझी और केतन महतो की मौत कहाँ हुई थी?

उत्तर– पटना कैंप जेल में

62. जनसंख्या की दृष्टि से कौन सी जनजाति सर्वाधिक है?

उत्तर- संथाल

63. भारतीय संविधान के किस अनुच्छेद के तहत लोकसभा में अनुसूचित जाति एवं अनुसूचित जनजातियों के लिए स्थानों का आरक्षण किया गया है?

उत्तर- 330

64. इनमें से कौन सी झारखंड की चित्रकला शैली है?

उत्तर- जादू पतिया

65. गुमला और लोहरदगा की खदानों में से कौन सा खनिज हिंडाल्को इंडस्ट्रीज लिमिटेड की विभिन्न इकाइयों को भेजा जाता है, जिसे मई 2012 में माओवादियों के उपद्रव के कारण बंद करना पड़ा था?

उत्तर- बॉक्साइट

66. मुख्यमंत्री दाल-भात योजना के तहत प्रति प्लेट कितने रुपए की दर पर भोजन मुहैया कराया जाता है।

उत्तर- 5

67. 'डस्ट स्टॉर्म ऐंड हैंगिंग मिस्ट : ए स्टडी ऑफ बिरसा मुंडा ऐंड हिज मूवमेंट इन छोटानागपुर' के रचनाकार कौन हैं?

उत्तर- कुमार सुरेश सिंह

68. बौद्धकालीन भद्रकाली मंदिर कहाँ है?

उत्तर- चतरा

69. मध्य प्लीस्टोसीन काल को मानवों का उद्‌भव काल माना जाता है। यह कितने लाख वर्ष पूर्व हुआ था?

उत्तर- 10

70. मुगल सूबेदार मानसिंह ने किस क्षेत्र में अपनी राजधानी बनाई थी?

उत्तर- राजमहल

71. सन् 1857 का विद्रोह सर्वप्रथम किस जिले से शुरू हुआ था?

उत्तर- मेरठ

72. स्वणरिखा नदी परियोजना की शुरुआत कब हुई?

उत्तर- 1982-83 में

73. पालकोट आश्रयणी किस जिले में स्थित है?

उत्तर- गुमला

74. 1771 में संथाल जनजातीय क्षेत्र में किसने जमींदारों और ब्रिटिश सरकार के विरुद्ध प्रथम विद्रोह का नेतृत्व किया था?

उत्तर– तिलका माँझी

75. कैथोलिक ईसाई आदिवासियों ने किस संस्था की स्थापना 1934 में की थी?

उत्तर– छोटानागपुर कैथोलिक सभा

76. मुगल बादशाह औरंगजेब किस राज को अपने साम्राज्य में सम्मिलित नहीं कर सका था?

उत्तर– सिंह राज

77. किस अनुसूचित जाति में साक्षरता दर सबसे अधिक है?

उत्तर– धोबी

78. राज्य की सबसे प्रदूषित नदी कौन सी है?

उत्तर– दामोदर

79. मलिक मोहम्मद जायसी के किस ग्रंथ में झारखंड शब्द का उल्लेख मिलता है ?

उत्तर– पद्मावत

80. कौन सा जिला अधिकांशत: वन क्षेत्र से आवृत्त है?

उत्तर– चतरा

81. झारखंड में राष्ट्रीय राजमार्गों की कुल लंबाई कितनी है?

उत्तर– 1,859.16 कि.मी.

82. झारखंड में पंचायतों की संख्या कितनी है?

उत्तर– 4423

83. बरात जाने के बाद महिलाएँ लोक नाट्य का खेल खेलती हैं। उस लोक नाट्य का नाम क्या है?

उत्तर– डमकच

84. पशुओं के सम्मान में मनाया जानेवाला त्योहार कौन सा है?

उत्तर– सोहराय

85. देश के कुल संचित भंडार में झारखंड में कोयला के भंडार का प्रतिशत क्या है ?

उत्तर– 36

86. टाना भगत किस वर्ष अपनी माँग गांधीजी के नेतृत्व में कांग्रेस के मंच से उठाने के लिए राजी हुए थे?

उत्तर– 1920 में

87. मुगल सम्राट् अकबर ने मानसिंह को सूबेदार बनाकर किस वर्ष झारखंड भेजा था?

उत्तर- 1589

88. राजा जयसिंह, जिन्होंने खुद को 13वीं सदी में झारखंड का शासक घोषित कर दिया था, वे किस राज्य के थे?

उत्तर- उड़ीसा

89. दामोदर नदी का उद्गम कहाँ है?

उत्तर- छोटानागपुर का पठार

90. हर्षवर्द्धन (606-47 ई.) के विस्तृत साम्राज्य में कौन सा छोटा राज्य शामिल था?

उत्तर- काजाँगल

91. भारतीय कप्तान महेंद्र सिंह धोनी का जन्म राँची में हुआ। उन्हें किस उपाधि से विभूषित किया गया?

उत्तर- मानद ले. कर्नल की उपाधि

92. पद्मश्री सम्मान से सम्मानित झारखंड के प्रथम आदिवासी का क्या नाम है?

उत्तर- जुएल लकड़ा

93. तसर उत्पादन में झारखंड का कौन सा स्थान है?

उत्तर- पहला

94. थोरियम किस वर्ग का खनिज है?

उत्तर- अणु शक्ति

95. किस अनुसूचित जाति में साक्षरता दर सबसे कम है?

उत्तर- भुइयाँ

96. किस मगध सम्राट् ने इटखोरी में बौद्ध स्थलों का निर्माण करवाया था?

उत्तर- महेंद्रपाल

97. 12 अक्तूबर, 2000 को केंद्रीय सरकार ने किस तिथि से झारखंड राज्य के लिए अधिसूचना जारी की थी?

उत्तर- 15 नवंबर, 2000 से

98. शिशु मृत्यु दर का प्रतिशत क्या है?

उत्तर- 92

99. उड़ीसा के किस शासक ने झारखंड के कुछ भाग पर कब्जा कर कुछ वर्षों के लिए अपना शासन स्थापित किया?

उत्तर- कपिलेंद्र गजपति

100. टाना भगत आंदोलन की शुरुआत किसने की?

उत्तर– जतरा उराँव

101. झारखंड राज्य की कुल जनसंख्या 32,988,134–2011 वर्ग कि.मी. है, जो भारत की कुल जनसंख्या का कितना प्रतिशत होगा?

उत्तर– 2.62 प्रतिशत/2.72 प्रतिशत

102. झूमर, पाइका, नटुआ तथा अग्नि सभी किसके प्रकार हैं?

उत्तर– नृत्यों के

103. झारखंड में भारतीय हॉकी टीम से संबंधित निम्नलिखित में से किस खिलाड़ी ने राष्ट्रमंडल खेल 2010 में जीत हासिल की थी?

उत्तर– अशुंता लकड़ा

104. झारखंड में सबसे ऊँचा जलप्रपात क्या है?

उत्तर– लोध जलप्रपात

105. किस स्वतंत्रता सेनानी को अंग्रेजों ने 3 मार्च, 1900 को चक्रधरपुर के जमकोपाई जंगल में सोते हुए गिरफ्तार किया था?

उत्तर– बिरसा मुंडा

106. केंद्रीय खनन एवं ईंधन अनुसंधान के संस्थान झारखंड में कहाँ स्थित हैं?

उत्तर– धनबाद

107. कौन से त्योहार को झारखंड में बीज बोने के त्योहार के रूप में जाना जाता है?

उत्तर– श्रोहिन

108. गोड्डा, देवघर, दुमका जिले झारखंड के कौन से डिवीजन के भाग हैं?

उत्तर– संथाल परगना

109. झारखंड में कितने जिले हैं?

उत्तर– 24

110. 'तिलैया डैम' किस नदी पर स्थित है?

उत्तर– बराकर

111. किरिंग बापला किस आदिवासी से संबंधित है?

उत्तर– संथाल

112. विश्व विजेता बननेवाले झारखंड के प्रथम शतरंज खिलाड़ी का क्या नाम है?

उत्तर– दीप सेन गुप्ता

113. लांस नायक अल्बर्ट एक्का को किस वर्ष के भारत-पाक युद्ध में वीरगति मिली?

उत्तर- 1971

114. 'ओ अजन्मा सुनो' (काव्य) के रचनाकार कौन हैं?

उत्तर- वचनदेव कुमार

115. जी. ई.एल.चर्च/क्राइस्ट चर्च (1855 ई. में स्थापित) कहाँ है?

उत्तर- राँची में

116. झारखंड का न्यूनतम नगरीय जनसंख्या वाला जिला कौन सा है?

उत्तर- गोड्डा

117. कोनार ज़ल विद्युत् केंद्र किस जिले में स्थित है?

उत्तर- हजारीबाग

118. हुंडरू जलप्रपात किस नदी पर स्थित है?

उत्तर- स्वर्ण रेखा

119. किसने 1917 में राँची में अंजुमन इसलामिया एवं मदरसा इसलामिया की नींव रखी?

उत्तर- अबुल कलाम आजाद

120. खड़गडीहा राज्य (15 वीं सदी ई. में स्थापित) के संस्थापक का क्या नाम था?

उत्तर- हंसराज देव

121. टंग्स्टन किस वर्ग का खनिज है?

उत्तर- धात्विक

122. सबसे कम जनसंख्या वाला जिला कौन है?

उत्तर- देवघर-दिवांग-अरुणाचल प्रदेश

123. झारखंड में कितने सदन हैं?

उत्तर- 1

124. राठौर राजपूतों ने सिंहभूम में राजवंश की स्थापना कब की थी?

उत्तर- 693 ई.

125. हिंदू कैलेंडर के अनुसार सरहुल कब मनाया जाता है?

उत्तर- चैत

126. संथाली, मुंडारी, हो और खड़िया मुंडा भाषा परिवार से हैं। उराँव (कुडुख) कोरमा और पहाड़िया (माल्टो) का संबंध किससे है?

उत्तर- द्रविड़ भाषा परिवार से

127. किस स्थान पर अंग्रेजों ने जालियाँवाला बाग की तर्ज पर गोलियाँ बरसाई थीं?

उत्तर- डोंबरी पहाड़

128. झारखंड राज्य के लोगो (LOGO) में कितने 'श्र' का प्रयोग किया गया है?

उत्तर- 4

129. मलेर किससे संबंधित है?

उत्तर- सौरिया पहाड़िया

130. खानदेश के किस शासक को इतिहासकारों ने 'झारखंडी सुल्तान' की उपाधि दी है?

उत्तर- आदिलशाह द्वितीय

131. देश का सबसे बड़ा अर्थेन डैम कौन सा है?

उत्तर- तेनुघाट (बोकारो)

132. बारह वर्ष में एक बार मनाया जानेवाला त्योहार कौन सा है?

उत्तर- जनी शिकार एवं देशाउली

133. लोकसभा में झारखंड की अनुसूचित जनजाति के लिए आरक्षित सीटों की संख्या कितनी है?

उत्तर- 5

134. जनसंख्या की दृष्टि से झारखंड का सर्वाधिक बड़ा जिला कौन सा है?

उत्तर- राँची

135. बोकारो स्टील प्लांट की स्थापना किस देश के सहयोग से की गई?

उत्तर- सोवियत रूस

136. झारखंड राज्य का आकार किसके समान है?

उत्तर- चतुर्भुज

137. सिमको हत्याकांड (सिमको में आयोजित जनसभा पर पुलिस द्वारा गोली चलाए जाने से 65 आदिवासियों की मौत) कब हुआ?

उत्तर- 1939 ई. में

138. मुंडा उलगुलान का तात्कालिक कारण क्या था?

उत्तर- 1894 का वन सुरक्षा कानून

139. राज्य में रेलमार्ग की लंबाई कितनी है?

उत्तर- 1943 कि.मी.

140. टैगोर हिल किस प्रसिद्ध व्यक्ति के नाम पर है?

उत्तर- ज्योतिंद्रनाथ टैगोर

141. झारखंड में किसने मुगल प्रभाव का खात्मा किया था?

उत्तर– मराठा

142. झारखंड में लिंगानुपात कितना है?

उत्तर– 947

143. कोरा जनजाति किस जनजाति की उपशाखा है?

उत्तर– मुंडा

144. झारखंड के पहले कॉलेज का नाम क्या है?

उत्तर– संत कोलंबा कॉलेज

145. पतरातू थर्मल विद्युत् शक्ति गृह किस देश की तकनीकी सहायता से बनी है?

उत्तर– रूस

146. शेरशाह का एक सेनापति, जिसने 1538 ई. में पलामू के चेरो शासक महारथ चेरो पर आक्रमण कर उसे लूटा था?

उत्तर– खवास खाँ

147. किसने घोषणा की, "अबुआ राज एटेजाना, महारानी राज टुड्डू (अर्थात् अब मुंडा राज शुरू हो गया है और महारानी विक्टोरिया का राज समाप्त हो गया है)"?

उत्तर– बिरसा मुंडा

148. झारखंड में विधानमंडल का निर्माण किसके माध्यम से होता है?

उत्तर– विधानसभा

149. झारखंड का राजकीय पशु कौन सा है?

उत्तर– हाथी

150. झारखंड राज्य का गठन कब हुआ?

उत्तर– 15 नवंबर, 2000

151. गिरिडीह जिले के किस स्थान पर श्वेतांबरी जैनियों का तीर्थस्थल है?

उत्तर– मधुवन

152. अटल बिहारी वाजपेयी सरकार में वन एवं पर्यावरण राज्य मंत्री कौन थे?

उत्तर– बाबूलाल मरांडी

153. राँची के निकट अवस्थित हुंडरू जलप्रपात की ऊँचाई लगभग कितने मीटर है?

उत्तर– 75 मीटर

154. बेतला राष्ट्रीय उद्यान मुख्यतः कहाँ स्थित है?

उत्तर– लातेहार जिला में

155. डोमकच क्या है ?

उत्तर– एक तरह का लोकनृत्य

156. सिद्धू कान्हू किस विद्रोह से संबद्ध थे ?

उत्तर– संथाल विद्रोह

157. 'मारंग गोडा नीलकंठ हुआ' के लेखक कौन है ?

उत्तर– डॉ. महुआ माझी

158. झारखंड के किस भाग में ऑटो आनुषंगिक उद्योगों का संकेंद्रण है ?

उत्तर– पश्चिमी सिंहभूम

159. झारखंड के प्रत्येक गाँव में वहाँ का एक नेता और संचालक होता है; उसे क्या कहते है ?

उत्तर– करटाहा

160. चुआर विद्रोह (1769–1805) में किस जनजाति की सर्वप्रमुख भूमिका थी ?

उत्तर– भूमिज

161. राज्य में सड़क संपर्कवाले गाँवों की संख्या कितनी है ?

उत्तर– 11666

162. न्यूनतम जनसंख्यावाला जिला कौन है ?

उत्तर– लोहरदगा

163. अंतिम नागवंशी राजा कौन था ?

उत्तर– चिंतामणि नाथ शाहदेव

164. बिरसा मुंडा के बचपन का नाम क्या है ?

उत्तर– दाउद मुंडा

165. ऊँची भूमि को क्या कहा जाता है ?

उत्तर– टाँड़

166. एशिया की सबसे बड़ी कोल वाशरी (Coal Washri) कहाँ है ?

उत्तर– करगाली

167. कोयला भंडार में झारखंड का कौन सा स्थान है ?

उत्तर– पहला

168. म्युनिसिपल कॉरपोरेशन का औपचारिक प्रधान होता है ?

उत्तर– मेयर

169. देश में पायराइट उत्पादन में झारखंड का कौन सा स्थान है?

उत्तर- प्रथम

170. चतरा जिले के इटखोरी प्रखंड में स्थित माँ भद्रकाली मंदिर को जैन धर्मावलंबी किस नाम से संबोधित करते हैं?

उत्तर- भदुलीमाता

171. पारसनाथ पहाड़ की ऊँचाई कितने मीटर है?

उत्तर- 1365

172. काली मिट्टी सर्वाधिक कहाँ पाई जाती है?

उत्तर- राजमहल

173. हुंडरू जलप्रपात किस पठार पर स्थित है?

उत्तर- राँची पठार पर।

174. झारखंड में सर्वाधिक दशकीय वृद्धि दरवाला जिला कोडरमा है, इस जिले की दशकीय जनसंख्या वृद्धि दर क्या थी?

उत्तर- 43.42

175. बिरसा मुंडा केंद्रीय कारा कहाँ अवस्थित है?

उत्तर- राँची

176. ताँबा के उत्पादन तथा भंडारण के दृष्टिकोण से भारत का अग्रणी राज्य कौन है ?

उत्तर- झारखंड

177. झारखंड में मानव निवास का इतिहास ई.पू. कितने लाख वर्ष तक प्राचीन है?

उत्तर- 1

178. शंख नदी का उद्गम कहाँ है?

उत्तर- गुमला

179. जनगणना 2011 के अनुसार कौन सा जिला झारखंड में सबसे अधिक आबादीवाला है?

उत्तर- राँची

180. रामगढ़ राज्य की प्रथम राजधानी कहाँ थी?

उत्तर- सिसिया

181. पशुओं में नस्ल सुधारने व दुग्ध उत्पादन में वृद्धि के लिए किस वर्ष से गोकुल ग्राम योजना चलाई जा रही है?

उत्तर- 2004

182. सबसे कम जनसंख्या घनत्ववाला जिला कौन है?

उत्तर– सिमडेगा

183. मुहम्मद–बिन–तुगलक के सेनापति मलिक बया (संथाली स्रोत के अनुसार इब्राहिम अली) ने हजारीबाग क्षेत्र पर आक्रमण कब किया था?

उत्तर– 1340 ई. में

184. विधानसभाध्यक्ष अपना इस्तीफा किसे सौंपता है?

उत्तर– विधानसभा उपाध्यक्ष को

185. जगन्नाथ मंदिर, जिसमें जगन्नाथ, सुभद्रा, बलराम की मूर्तियाँ हैं, कहाँ स्थापित है ?

उत्तर– राँची में

186. इंडियन लाख रिसर्च इंस्टीट्यूट कहाँ स्थित है?

उत्तर– नामकुम में

187. 'राजमहल ट्रैप' झारखंड के किस भाग में स्थित है?

उत्तर– उत्तर–पूर्वी भाग में

188. 2011 की जनगणना के अनुसार झारखंड की पुरुष साक्षरता दर क्या है?

उत्तर– 76.84 प्रतिशत

189. रौलेट ऐक्ट विरोधी सत्याग्रह (1919 ई.) का राँची में किसने नेतृत्व किया?

उत्तर– बारेश्वर सहाय/गुलाब तिवारी

190. झारखंड में किस रेलवे का प्रबंध तंत्र है?

उत्तर– पूर्वी रेलवे

191. ठाकुर विश्वनाथ सिंह को कब फाँसी पर चढ़ाया गया था?

उत्तर– 16 अप्रैल, 1858

192. एशिया की सबसे बड़ी लोहे की खानें झारखंड में कहाँ स्थित हैं?

उत्तर– नोवामुंडी

193. तिलका माँझी को कहाँ फाँसी दी गई?

उत्तर– भागलपुर में

194. कन्या भ्रूण हत्या को रोकने के लिए झारखंड सरकार ने वर्ष 2012 को कौन सा वर्ष मनाने की घोषणा की?

उत्तर– बिटिया वर्ष

195. झारखंड का क्षेत्रफल भारत के क्षेत्रफल का कितना है?

उत्तर– 2.42 प्रतिशत

196. देश के कुल कोयला उत्पादन में झारखंड की भागीदारी कितनी है?

उत्तर– 40 प्रतिशत

197. झारखंड के किस स्थान पर मल्लूती मंदिर स्थित है?

उत्तर– दुमका

198. झारखंड की जनजातियों के सामाजिक-आर्थिक विकास के लिए किस वर्ष छोटानागपुर उन्नति समाज का आरंभ हुआ?

उत्तर– 1915

199. खरवार आंदोलन कब हुआ?

उत्तर– 1874

200. 'एन्साइक्लोपीडिया मुंडारिका' के लेखक कौन हैं?

उत्तर– जे. हॉफमैन

201. झारखंड की कुल जनसंख्या में पुरुष जनसंख्या का प्रतिशत क्या है?

उत्तर– 51.32

202. विष्णु एवं भागवत पुराण में किस तीर्थंकर को नारायण अवतार के रूप में चिह्नित किया गया है?

उत्तर– ऋषभदेव

203. 'घोटुल' क्या है?

उत्तर– संथाल जनजाति का युवागृह

204. झारखंड की किस नृत्य-शैली को राष्ट्रीय एवं अंतरराष्ट्रीय प्रसिद्धि मिली है ?

उत्तर– छऊ

205. मुख्यमंत्री ग्राम सेतु योजना किस वर्ष शुरू की गई?

उत्तर– 2001

206. राष्ट्रीय जी.डी.पी. (2007) में झारखंड का योगदान कितना है?

उत्तर– 2.6 प्रतिशत

207. मुख्यमंत्री विकास योजना किससे संबंधित है?

उत्तर– राज्य के सर्वांगीण विकास

208. झारखंड का सबसे ऊँचा भू-भाग कौन सा है?

उत्तर– पाट क्षेत्र

209. अनुसूचित जाति का न्यूनतम प्रतिशतवाला जिला कौन है?

उत्तर– पाकुड़

210. झारखंड की कौन सी जनजाति लौहकर्मी है?

उत्तर- टसुर

211. किसके समय में 1670 ई. में रामगढ़ राज्य राजधानी बादाम से रामगढ़ स्थानांतरित की गई?

उत्तर- दलेल सिंह

212. मैथन डैम कब एवं किस नदी पर बना?

उत्तर- बराकर-1958

213. निम्नलिखित में से किसे एशिया का सबसे बड़ा स्टील संयंत्र माना जाता है?

उत्तर- बोकारो स्टील प्लांट

214. अलग राज्य आंदोलन को वैचारिक आधार प्रदान करने के लिए 6-7 मई, 1978 को राँची में झारखंड क्षेत्रीय बुद्धिजीवी सम्मेलन का आयोजन किया गया था। इसकी अध्यक्षता किसने की थी?

उत्तर- राधाकृष्ण

215. अनुसूचित जातियों के लिए लोकसभा में कितनी सीटें आरक्षित हैं?

उत्तर- 1

216. कौन सी सभा पंचायत से संबंधित है?

उत्तर- ग्राम सभा

217. जपला किस उद्योग का एक प्रमुख केंद्र है?

उत्तर- सीमेंट

218. केंदरी, टुईला, बनम, भूआंग, ईशराज, तीनतारा, आदि वाद्य-यंत्र किस वाद्य यंत्र के अंतर्गत आते हैं?

उत्तर- तंतु वाद्य

219. राँची स्थित जैन मंदिर में 1918 में भगवान् महावीर की प्रतिमा स्थापित की गई थी। वह झारखंड की किस जनजाति से प्राप्त की गई थी?

उत्तर- सराक

220. भारतीय संविधान के किस अनुच्छेद के तहत राज्य की विधानसभा में अनुसूचित जातियों एवं अनुसूचित जनजातियों के लिए कितने स्थानों का आरक्षण किया गया है?

उत्तर- 332

221. छऊ नृत्य का जन्म कहाँ हुआ?

उत्तर- सरायकेला

222. झारखंड की उत्तर से दक्षिण तक लंबाई कितनी है?

उत्तर- 380 कि.मी.

223. झारखंड में 'ठेकुआ' किस रूप में जाना जाता है?

उत्तर- मिठाई

224. किस त्योहार में अविवाहित युवतियाँ एक लकड़ी/बाँस के सुसज्जित चौखटे को रंगीन कागज से सजाकर पास की नदी को समर्पित कर आती हैं?

उत्तर- टुसू परब

225. करमा पर्व किस दिन मनाया जाता है?

उत्तर- भादो महीने के शुक्ल पक्ष की एकादशी को

226. हॉकी अकादमी कहाँ स्थापित है?

उत्तर- राँची

227. महेशपुर की किस रानी ने पहाड़िया लोगों को अंग्रेजों का विरोध करने के लिए कहा था?

उत्तर- सर्वेश्वरी ने

228. भारत छोड़ो आंदोलन (1942) के दौरान हजारीबाग की सरस्वती देवी को गिरफ्तार कर किस जेल में नजरबंद किया गया?

उत्तर- भागलपुर जेल

229. 'सोनोत (शुद्ध) संथाल समाज' (1971 ई.) की स्थापना किसने की?

उत्तर- शिबू सोरेन

230. कौन से जिले से कर्क रेखा गुजरती है?

उत्तर- राँची

231. झारखंड क्षेत्र स्वायत्त परिषद् का गठन कब हुआ था?

उत्तर- 1995 में

232. झारखंड का प्रथम बिजलीघर कहाँ स्थापित किया गया?

उत्तर- तिलैया में

233. छिन्नमस्तिका मंदिर (रजरप्पा, रामगढ़ जिला) में किस देवी की मूर्ति प्रतिष्ठापित है?

उत्तर- काली

234. पलामू क्षेत्र में किसके नेतृत्व में 1857 की लड़ाई लड़ी गई थी?

उत्तर- निलांबर-पितांबर

235. 'उलगुलान' (महाविद्रोह) किससे जुड़ा था?

उत्तर- बिरसा मुंडा

236. झारखंड राज्य की कुल 86.45 लाख की अनुसूचित जनजातीय आबादी में आदिम जनजातियों की कुल संख्या कितनी है?

उत्तर– 1.92 लाख

237. झारखंड सरकार की घोषणा के तहत, स्वतंत्रता सेनानियों की पेंशन राशि 3,000 रुपए से बढ़ाकर कितनी कर दी गई?

उत्तर– 5,000 रुपए

238. भारत में सबसे अधिक कुष्ठ रोगी किस राज्य में पाए जाते हैं?

उत्तर– झारखंड

239. झारखंड से राज्यसभा के लिए चुने जानेवाले सदस्यों की कुल संख्या कितनी है ?

उत्तर– 6

240. झारखंड में कितने जनजातीय समूह हैं?

उत्तर– 32

241. 'रामलीला' (कहानी–संग्रह) के लेखक कौन हैं?

उत्तर– राधाकृष्ण

242. अभ्रक किस वर्ग का खनिज है?

उत्तर– अधात्विक

243. मुगल बादशाह शाह आलम ने कब ईस्ट इंडिया कंपनी सरकार को बिहार–बंगाल–उड़ीसा की दीवानी (राजस्व प्रशासन) प्रदान की थी?

उत्तर– 12 अगस्त, 1765

244. उत्तरी कोयल नदी का उद्‌गम स्थल कहाँ है?

उत्तर– राँची पठार का मध्य भाग

245. झारखंड में कितने (डीम्ड विश्वविद्यालय छोड़कर) विश्वविद्यालय हैं?

उत्तर– 6

246. 2011 जनगणना के अनुसार झारखंड में साक्षरता दर कितनी है?

उत्तर– 66.40

247. किस संथाली नाटककार को उनके उपन्यास 'राही रावण काना' के लिए साहित्य अकादमी पुरस्कार से नवाजा गया?

उत्तर– भोगला सोरेन

248. रामगढ़ कांग्रेस अधिवेशन कब आयोजित किया गया था?

उत्तर– 1940 में

249. चने की खेती किस जिले में सर्वाधिक होती है?

उत्तर– पलामू

250. जैनियों की प्राचीन सप्त ऋषि गुफा चतरा के किस प्रखंड में है?

उत्तर– हंटरगंज

251. कुल जनसंख्या में ग्रामीण जनसंख्या का प्रतिशत क्या है?

उत्तर– 75.05

252. जुबली पार्क कहाँ है?

उत्तर– जमशेदपुर

253. राज्य विद्युत् नियामक आयोग का गठन कब किया गया था?

उत्तर– अगस्त 2002 में

254. किसके शासन काल में सिंह राज्य की कुल देवी के रूप में पौरी देवी की प्राणप्रतिष्ठा की गई?

उत्तर– अच्युत सिंह

255. घाघ केंद्रीय कारा कहाँ अवस्थित है?

उत्तर– पूर्वी सिंहभूम

256. पालना डैम झारखंड की किस नदी पर निर्मित है?

उत्तर– स्वणरिखा

257. 1979 में महाश्वेता देवी द्वारा रचित साहित्य अकादमी पुरस्कार से पुरस्कृत ऐतिहासिक उपन्यास 'आरण्येर अधिकार' (जंगल का अधिकार 1977) किसके जीवन पर आधारित है?

उत्तर– बिरसा मुंडा

258. झारखंड के पहले राज्यपाल कौन थे?

उत्तर– प्रभात कुमार

259. गज आरक्ष्य केंद्र कहाँ है?

उत्तर– सिंहभूम

260. ऋग्वेद की ऋचाओं में किन दो जैन तीर्थकरों का उल्लेख है?

उत्तर– ऋषभदेव–अरिष्टनेमि

261. पहला नागवंशी राजा कौन था?

उत्तर– फणिमुकुट राय

262. झारखंड की भौगोलिक स्थिति क्या है?

उत्तर– 21058'10'' से 25019'15'' उत्तरी अक्षांश तथा 83019'50'' से 87057'

पूर्वी देशांतर के मध्य

263. पंचायत समिति का सर्वप्रमुख अधिकारी कौन होता है?

उत्तर– प्रमुख

264. झारखंड किस राज्य से कटकर बना है?

उत्तर– बिहार से

265. सन् 1914 में कौन सा आंदोलन हुआ?

उत्तर– टाना भगत प्रतिरोध

266. झारखंड में मिट्‌टी के कितने प्रकार हैं?

उत्तर– 6

267. राज्य की कुल जनसंख्या का कितना प्रतिशत ग्रामीण क्षेत्रों में निवास करती है ?

उत्तर– 76

268. सविनय अवज्ञा आंदोलन के दौरान विदेशी वस्तुओं की दुकानों के सामने पिकेटिंग करते समय किस स्वतंत्रता सेनानी की हत्या राँची में कर दी गई थी?

उत्तर– रामवृक्ष ब्रह्मणचारी

269. झारखंड की एकमात्र कौन सी जनजाति, जो पहाड़ों एवं जंगलों में रहना पसंद नहीं करती है और साथ ही मजदूरी करना अपनी प्रतिष्ठा के खिलाफ समझती है?

उत्तर– चेरो

270. 2007 में जेल ले जाए जाने के दौरान शिबू सोरेन के काफिले पर किस स्थान पर हमला हुआ था?

उत्तर– डुमरिया (देवघर)

271. झारखंड अपनी पंचवर्षीय योजना में ग्रामीण आबादी के लिए प्रभावी स्वास्थ्य सेवा प्रदान करने के लिए 2005 के बाद से कौन सी योजना कार्यान्वित कर रहा है?

उत्तर– राष्ट्रीय ग्रामीण स्वास्थ्य मिशन

272. इनमें से कौन सा विश्वविद्यालय एक डीम्ड विश्वविद्यालय है?

उत्तर– बी.आई.टी. मेसरा

273. केंद्रीय ईंधन अनुसंधान संस्थान कहाँ स्थित है?

उत्तर– जलगोड़ा में

274. 'घेरे के बाहर' (उपन्यास) के रचनाकार कौन हैं?

उत्तर- द्वारिका प्रसाद

275. झारखंड में उर्वरक (Fertilizer) का प्रथम कारखाना कहाँ स्थापित किया गया है?

उत्तर- सिंदरी

276. खरवार आंदोलन का नेतृत्व किसने किया?

उत्तर- भगीरथ माँझी

277. झारखंड की साक्षरता दर का प्रतिशत क्या है?

उत्तर- 67.63

278. किस काल में लावा निस्सरण से राजमहल पहाड़ी का निर्माण हुआ है?

उत्तर- जुरैसिक काल

279. हैवी इंजीनियरिंग कॉरपोरेशन (एच. ई.सी.) उद्योग किस देश के सहयोग से स्थापित हुआ था?

उत्तर- सोवियत रूस

280. झारखंड की ताँबा उत्पादन खान कहाँ स्थापित की गई है?

उत्तर- घाट शिला

281. कीनन स्टेडियम कहाँ स्थित है?

उत्तर- जमशेदपुर में

282. पलामू क्षेत्र के किस चेरो राजा को 1528 ई. में चंदेरी के युद्ध में हार का सामना करना पड़ा था?

उत्तर- मेदिनी राय

283. बिरसा मुंडा कौन थे?

उत्तर- आदिवासी नेता

284. झारखंड के उस प्रसिद्ध व्यक्तित्व का नाम बताएँ, जो सीमांत संस्कृतियों के एक इतिहासकार हैं। उन्होंने जनजातीय साहित्य की अद्‌भुत विविधता के उस प्रलेख के लिए देश का भ्रमण किया, जो 3,000 वर्ष पीछे जाता है, भारत की 90 ज्ञात जनजातीय भाषाओं में कहा गया।

उत्तर- रमणिका गुप्ता

285. झारखंड में आयोजित 34वें राष्ट्रीय खेल का शुभंकर क्या था?

उत्तर- छौआ

286. भूमिज विद्रोह के नेता कौन थे?

उत्तर- गंगा नारायण सिंह

287. कौन से त्योहारों के दौरान, जनजाति महिलाएँ पूरे दिन पुरुष के कपड़े पहनकर पशुओं का शिकार करती हैं?

उत्तर- मुक्का सेंद्रा

288. चंद्रपुरा ताप विद्युत् गृह किस जिले में स्थित है?

उत्तर- बोकारो

289. जैन धर्म के पहले तीर्थंकर कौन थे?

उत्तर- ऋषभ देव

290. जाजोपटिया चित्रकारी किस जनजाति में प्रचलित है?

उत्तर- संथाल

291. झारखंड के किस जिले में अनुसूचित जनजाति की सर्वाधिक जनसंख्या पाई जाती है?

उत्तर- खूँटी

292. भारतीय संविधान में अभी तक झारखंड की कितनी जनजातियों को अनुसूचित जनजाति घोषित किया गया है?

उत्तर- 32

293. ग्रामसभा की कार्यकारिणी समिति किसे कहा जाता है?

उत्तर- ग्राम पंचायत को

294. छऊ नृत्य को किस रियासत के शासकों ने संरक्षण दिया?

उत्तर- सरायकेला

295. झारखंड में राजकीय राजमार्गों की कुल लंबाई कितनी है?

उत्तर- 1,886.40 कि.मी.

296. रूबी श्रेणी के अबरख का उत्पादन झारखंड के किन जिलों में होता है?

उत्तर- गिरिडीह-कोडरमा

297. झारखंड के लातेहार जिले में कौन सा पर्यटन स्थल स्थित है?

उत्तर- नेतरहाट

298. कौन सा मंदिर भूमि और धरती के जनजातीय देवता को समर्पित है?

उत्तर- भूफोर मंदिर

299. तोपचांची वन्य जीव अभयारण्य कहाँ अवस्थित है?

उत्तर- धनबाद

300. रामगढ़ राज्य (1368 ई. में स्थापित) के संस्थापक कौन थे?

उत्तर- बाघदेव सिंह

301. राज्य का सर्वाधिक वनाच्छादित जिला कौन है?

उत्तर– चतरा

302. झारखंड सरकार ने किस नाम के साथ वर्ष 2012 पूरा किया और इसके प्रति समर्पित रखा?

उत्तर– बिटिया वर्ष

303. सिंहभूम में ब्रिटिश ईस्ट इंडिया कंपनी का प्रवेश किस वर्ष आरंभ हुआ?

उत्तर– 1767 ई.

304. इंडियन स्कूल ऑफ माइंस कहाँ अवस्थित है?

उत्तर– धनबाद

305. पृथक् झारखंड राज्य 15 नवंबर, 2000 ई. को अस्तित्व में आया, 15 नवंबर किसका जन्मदिन है?

उत्तर– बिरसा मुंडा

306. झारखंड में अनुसूचित जनजातियों का प्रतिशत कितना है?

उत्तर– 26.33 प्रतिशत

307. झारखंड विधानसभा के लिए कितने सदस्यों को मनोनीत किया जाता है?

उत्तर– 1

308. किसने 1935 ई. में विधवाओं एवं निराश्रित महिलाओं के लिए 'अबला आश्रम' की स्थापना की?

उत्तर– नागरमल मोदी

309. बुनकरों को क्रेडिट कार्ड प्रदान करनेवाला झारखंड देश का कौन सा राज्य है ?

उत्तर– प्रथम

310. झारखंड में वर्षा आश्रित चावल अनुसंधान केंद्र कहाँ अवस्थित है?

उत्तर– हजारीबाग

311. अनुसूचित जातियों के लिए विधानसभा की कितनी सीटें आरक्षित हैं?

उत्तर– 9

312. राज्य का सबसे छोटे लोकसभा निर्वाचन क्षेत्रवाला जिला कौन है?

उत्तर– चतरा

313. 1857 के विद्रोह के दौरान पंचेत के राजा नीलमणि सिंह को गिरफ्तार कर कहाँ भेज दिया गया?

उत्तर– अलीपुर जेल (कलकत्ता)

314. पारसनाथ अभयारण्य कहाँ स्थित है?

उत्तर– गिरिडीह

315. झारखंड विधानसभा में निर्वाचित सदस्यों की संख्या कितनी है?

उत्तर– 81

316. 2011 की जनगणना की अंतिम रिपोर्ट 7 जनवरी, 2014 को प्रकाशित हुई। इन नवीनतम आँकड़ों के आधार पर झारखंड की कुल जनसंख्या कितनी है?

उत्तर– 3,29,88,134

317. ब्रिटिश के विरुद्ध उराँव विद्रोह का नेतृत्व किसने किया?

उत्तर– बुद्धो भगत

318. जमशेदपुर किस नदी के किनारे अवस्थित है?

उत्तर– स्वर्णरेखा

319. प्यारा केरकेट्टा किस जनजातीय भाषा के रचनाकार थे?

उत्तर– खड़िया

320. निम्न में से कौन सी स्वर्णरेखा नदी की मूल जगह है?

उत्तर– छोटानागपुर पठार

321. झारखंड में जनजातीय जमाव (संकेंद्रण) का मुख्य क्षेत्र कहाँ है?

उत्तर– छत्तीसगढ़ एवं पश्चिमी बंगाल के सीमावर्ती इलाके

322. झारखंड में विद्युत् ऊर्जा का मुख्य स्रोत क्या है?

उत्तर– तापीय विद्युत्

323. लोकसभा में अलग झारखंड राज्य से संबंधित बिहार राज्य पुनर्गठन विधेयक कब पारित हुआ?

उत्तर– 2 अगस्त, 2000

324. ओलंपिक स्वर्ण पदक विजेता वे नेता कौन थे, जिन्होंने झारखंड में एक राजनैतिक दल की स्थापना भी की थी?

उत्तर– जयपाल सिंह मुंडा

325. चारा उत्पादन संयंत्र किस जिले में स्थापित है?

उत्तर– राँची

326. झारखंड की औसत वार्षिक वर्षा कितने सेंटीमीटर है?

उत्तर– 140 सेमी.

327. घुमकुड़िया निम्नलिखित में से किससे संबंधित है?

उत्तर– उराँव

328. महामाया मंदिर (हापामुनि गाँव, घाघरा थाना, गुमला जिला) का निर्माण किसने करवाया?

उत्तर– गजघंट राय

329. आदिवासी सभा का पहला अध्यक्ष कौन निर्वाचित हुआ था?

उत्तर- जयपाल सिंह

330. सर्व शिक्षा अभियान के दसवीं पंचवर्षीय योजना में केंद्र सरकार तथा राज्य सरकार की कितनी हिस्सेदारी थी?

उत्तर- 75:25

331. कांग्रेस के किस सांसद ने अपनी ही पार्टी के राज्यसभा सदस्य धीरज साहू पर उसके पक्ष में मतदान करने के लिए 25 लाख रुपए देने का प्रस्ताव रखने का आरोप लगाया?

उत्तर- चंद्रशेखर दुबे

332. भारत में लाह के उत्पादन में झारखंड का स्थान कौन सा है?

उत्तर- पहला

333. झारखंड का सर्वाधिक गरम कुंड, जिसे सूर्यकुंड कहा जाता है, कहाँ स्थित है ?

उत्तर- हजारीबाग

334. बिरसा मुंडा आवास योजना किस वर्ग के लिए है?

उत्तर- आदिम जनजाति

335. राज्य में वर्तमान मत्स्य उत्पादन कितने किलोग्राम प्रति हेक्टेयर प्रतिवर्ष है?

उत्तर- 1650

336. राज्य की 81 विधानसभा सीटों में से कितनी जनजाति के लिए आरक्षित हैं?

उत्तर- 28

337. झारखंड में 1857 के विद्रोह का सेनापति कौन था?

उत्तर- पांडेय गणपत राय

338. लोकसभा में झारखंड की अनुसूचित जाति के लिए आरक्षित सीटों की संख्या कितनी है?

उत्तर- 1

339. झारखंड के इतिहास में किस अभियान या आंदोलन में जर्मन बाबा के गीत गाकर उनके समर्थक उनका आह्वान करते थे?

उत्तर- ताना आंदोलन

340. झारखंड राज्य का देश में रसोई कोयला रिजर्व का प्रतिशत क्या है?

उत्तर- 90

341. झारखंड राज्य प्रदूषण नियंत्रण बोर्ड की स्थापना कब हुई थी?

उत्तर- 9 अप्रैल, 2001

342. रामगढ़ राज की स्थापना किस राजा ने की थी?

उत्तर– बाघदेव सिंह

343. किस जनजाति का अस्तित्व केवल झारखंड में है?

उत्तर– मुंडा

344. कुंदा मेला कहाँ आयोजित किया जाता है?

उत्तर– प्रतापपुर

345. उच्च न्यायालय के न्यायाधीश की सेवानिवृत्ति की उम्र सीमा कितने वर्ष है?

उत्तर– 62

346. भारत छोड़ो आंदोलन (1942) के दौरान आंदोलनकारियों ने झारखंड के किस स्थान पर समानांतर सरकार की स्थापना की?

उत्तर– सरवण

347. 2001–2011 दशक में जनसंख्या वृद्धि का प्रतिशत क्या है?

उत्तर– 22.4

348. किस तिथि से झारखंड में 1857 का विद्रोह शुरू हुआ था?

उत्तर– 30 जुलाई, 1857

349. झारखंड से लोकसभा के लिए चुने जानेवाले सदस्यों की कुल संख्या कितनी है ?

उत्तर– 14

350. झारखंड का सर्वाधिक अनुसूचित जाति प्रतिशत वाला जिला कौन सा है?

उत्तर– चतरा

351. किस जिले के क्षेत्रफल में वन क्षेत्र का प्रतिशत झारखंड में सर्वाधिक है?

उत्तर– चतरा

352. झारखंड का ऊँचा जलप्रपात कौन सा है?

उत्तर– बूढ़ाघाघ

353. झारखंड का जनसंख्या घनत्व प्रति वर्ग किमी. कितना है?

उत्तर– 414 प्रति वर्ग किमी.

354. झारखंड का सर्वाधिक अनुसूचित जनजाति प्रतिशतवाला जिला कौन सा है?

उत्तर– राँची

355. 91वें संविधान संशोधन अधिनियम, 2003 के अनुसार झारखंड में मुख्यमंत्री सहित मंत्रिपरिषद् की कुल सदस्य संख्या कितनी से अधिक नहीं होनी चाहिए?

उत्तर– 12

356. जट-जटिन लोक नाट्य द्वारा किसके वैवाहिक जीवन को दरशाया जाता है?

उत्तर- जट-जटिन

357. भारतीय संविधान की आठवीं अनुसूची में स्थान पानेवाली झारखंड की एकमात्र क्षेत्रीय भाषा कौन सी है?

उत्तर- संथाली

358. किस नागवंशी राजा ने स्वर्णरेखा नदी के समीप सतरंजी में अपनी राजधानी स्थापित की थी?

उत्तर- ऐनी शाह

359. झारखंड राज्य में निम्नलिखित में से कौन से दो जिले पूर्णत: अनुसूचित जनजाति के लिए आरक्षित हैं?

उत्तर- गुमला और लोहरदगा

360. झारखंड का कौन सा जिला राज्य के लौह अयस्क उत्पादन के लगभग 100 प्रतिशत के साथ राज्य का सबसे बड़ा लौह अयस्क उत्पादक है?

उत्तर- पश्चिम सिंहभूम

361. मुंडा जनजाति समाज में युवा गृह का क्या नाम है?

उत्तर- गिति:ओड़ा

362. अलग राज्य बनने के बाद झारखंड में जनगणना कब हुई?

उत्तर- 2001

363. कौन सी जनजाति उड़ीसा से आकर झारखंड में बसी हैं?

उत्तर- खोंड

364. साम्राज्यवादी नीतियों के विरुद्ध झारखंड में क्रांतिकारी पत्रकारिता की शुरुआत करनेवाला कौन पत्रकार था?

उत्तर- सखाराम गणेश देउस्कर

365. बॉक्साइट उत्पादन की दृष्टि से झारखंड का भारत में कौन सा स्थान है?

उत्तर- तृतीय

366. झारखंड से गुजरनेवाले राष्ट्रीय मार्ग ग्रांड ट्रंक रोड को किस नाम से पुकारते हैं?

उत्तर- राष्ट्रीय राजमार्ग-2

367. चेरो विद्रोह (1770-71) का नेतृत्व किसने किया?

उत्तर- चित्रजीत राय

368. झारखंड में अनुसूचित जनजाति कितने प्रतिशत है?

उत्तर- 26.2 प्रतिशत

369. झारखंड राज्य में 2000 में कितने जिलों का गठन किया गया और वर्तमान में कुल कितने जिले हैं?

उत्तर– (1) 18 (2) 24

370. बिहार राज्य पुनर्गठन विधेयक, 2000 पर राष्ट्रपति के.आर. नारायणन ने कब हस्ताक्षर किए?

उत्तर– 25 अगस्त, 2000

371. झारखंड का सबसे गरम स्थल कौन सा है?

उत्तर– जमशेदपुर

372. झारखंड की 50 हजार महिलाओं को स्वावलंबी बनाने के लिए रोजगार के अवसर पैदा करने हेतु सहकारिता विभाग द्वारा कौन सी योजना चलाई जा रही है?

उत्तर– दीदी समृद्धि योजना

373. झारखंड राज्य में बी.पी.एल. परिवारों को पाँच रुपए में भर पेट भोजन उपलब्ध कराने हेतु मुख्यमंत्री दाल–भात योजना की शुरुआत की गई है। यह योजना किस तिथि को प्रारंभ की गई?

उत्तर– 15 अगस्त, 2011

374. अशोक ने शिलालेख-13 में झारखंड क्षेत्र की चर्चा किस नाम से की है?

उत्तर– अटावी

375. झारखंड की किस महिला खिलाड़ी ने गुवाहाटी में आयोजित वर्ष 2007 के राष्ट्रीय खेल में अपने ही राज्य की खिलाड़ी को हराकर स्वर्ण पदक प्राप्त किया?

उत्तर– मंजुधा सोय

376. कौन सा उद्यान झारखंड में है?

उत्तर– बेतला राष्ट्रीय उद्यान

377. सूअर विकास केंद्र किस जिले में स्थापित है?

उत्तर– खूँटी

378. अंग्रेजों का प्रवेश सर्वप्रथम किस क्षेत्र में हुआ था?

उत्तर– सिंहभूम

379. 24 जैन तीर्थंकरों में से कितने तीर्थकरों ने झारखंड में निर्वाण प्राप्त किया था?

उत्तर– 21

380. काजाँगल (राजमहल) में हर्षवर्द्धन एक चीनी यात्री से मिला और बहुत प्रभावित हुआ। बाद में उन दोनों का बरसों साथ रहा। उस चीनी यात्री का क्या नाम था?

उत्तर- ह्वेनसांग

381. कुतुबुद्दीन ऐबक का कौन सेनापति, बिहार अभियान के बाद बंगाल अभियान पर जाने के क्रम में झारखंड से होकर गुजरा था?

उत्तर- बख्तियार खिलजी

382. घटवाल विद्रोह (1772-73) का नेतृत्व विभिन्न घटवाल सरदारों ने किया। ये घटवाल सरदार किसके वफादार रैयत थे?

उत्तर- मुकुंद सिंह

384. कौलेश्वरी मंदिर कहाँ स्थित है?

उत्तर- चतरा में

385. झारखंड स्थित किस मंदिर में हिमाचल के ज्वालाजी मंदिर से लाकर अखंड ज्योति स्थापित करने की मान्यता है?

उत्तर- शक्ति मंदिर

386. अभ्रक की खानें कहाँ पाई जाती हैं?

उत्तर- बोकारो में

387. किस वर्ष, एक अलग झारखंड राज्य की माँग के लिए एक ज्ञापन साइमन कमीशन को प्रस्तुत किया गया था?

उत्तर- 1928

388. सरकार प्रत्येक वर्ष प्रत्येक विधायक को विधायक स्कीम के तहत कितने करोड़ रुपए देती है?

उत्तर- 2

389. झारखंड का पहला विधि महाविद्यालय कौन है?

उत्तर- छोटानागपुर लॉ कॉलेज

390. पलामू के किस चेरोवंशी शासक के शासन काल को 'चेरो शासन के स्वर्ण युग' के रूप में जाना जाता है?

उत्तर- मेदिनी राय

391. किसने अपने सैन्य दल को झारखंड तक भेजा और 'झारखंडी सुल्तान' (अर्थात् जंगल का राजा) की पदवी धारण की?

उत्तर- आदिल खान

392. किसने खुखरा के स्थान पर दोइसा (डोइसा) को छोटानागपुर खास के नागवंशी राज्य की राजधानी बनाया?

उत्तर– दुर्जन शाह

393. किस वर्ष भारत की शासन व्यवस्था ईस्ट इंडिया कंपनी सरकार से इंग्लैंड की महारानी विक्टोरिया के पास आई थी?

उत्तर– 1858

394. पारसनाथ पहाड़ (श्री सम्मेद शिखर) किस जिले में अवस्थित है?

उत्तर– गिरिडीह

395. झारखंड क्षेत्र में सर्वप्रथम किस पठान शासक का प्रवेश हुआ था?

उत्तर– शेर ऐ खाँ

396. टाना भगत लैंड रेस्टोरेशन ऐक्ट किस वर्ष बनाया गया था?

उत्तर– 1947

397. झारखंड की पहली पत्रिका का नाम क्या है?

उत्तर– घर बंधु

398. राज्य में कितने लाख क्यूबिक मीटर जल के रूप में है?

उत्तर– 260162

399. सूरजकुंड किस जिले में है?

उत्तर– हजारीबाग

400. भारत का 90 प्रतिशत अबरक झारखंड में पाया जाता है। इस अबरक को क्या कहा जाता है?

उत्तर– रूबी

401. क्रिश्चियन स्टूडेंट्स ऑर्गेनाइजेशन; (1912 ई.) की स्थापना किसने की?

उत्तर– जे. बारथोलोमेन

402. झारखंड का सर्वाधिक जनसंख्या घनत्ववाला जिला कौन सा है?

उत्तर– धनबाद

403. झारखंड का राजकीय पक्षी कौन सा है?

उत्तर– कोयल

404. सैनिक वेश धारणकर किया जानेवाला झारखंड का लोक नृत्य क्या है?

उत्तर– पइका नृत्य

405. कोल विद्रोह के नेता बुद्धु भगत अपने भाई, बेटे, भतीजे एवं 150 अनुयायियों सहित अंग्रेजी सेना के बंदूकधारियों के हाथों मारे गए। इस सेना के नेतृत्वकर्ता कौन थे?

उत्तर– कैप्टेन इंपे

406. झारखंड का हाइडल पावर प्रोजेक्ट किस स्थान पर है?

उत्तर- तिलैया

407. रामगढ़ के राजा की मूल राजधानी कहाँ थी?

उत्तर- रामगढ़ में

408. झूम किससे संबंधित है?

उत्तर- पहाड़िया

409. 'ओहिरा' गीत के साथ किस त्योहार क संबंध है?

उत्तर- बंदना

410. दीपिका कुमारी ने 2010 के राष्ट्रमंडल खेल में स्वर्ण पदक जीता। उन्हें कहाँ प्रशिक्षण दिया गया?

उत्तर- टाटा धनुर्विद्या अकादमी

411. हजारीबाग के किस स्थल से आदि मानव द्वारा निर्मित चित्र मिले हैं?

उत्तर- इस्को

412. किस प्रतापी चेरो राजा के नाम पर डाल्टेनगंज का नामकरण मेदनीपुर किया गया?

उत्तर- मेदनी राय

413. भारत छोड़ो आंदोलन में सबसे अधिक 13310 व्यक्ति एक जिले से गिरफ्तार हुए थे। वह कौन जिला था?

उत्तर- हजारीबाग

414. कुल क्षेत्रफल का कितना प्रतिशत भाग वन है?

उत्तर- 29.45

415. साक्षरता की दृष्टि से झारखंड का स्थान किस नंबर पर है?

उत्तर- 32

416. कोहबर चित्रकारी में 'कोहबर' का क्या अर्थ होता है?

उत्तर- गुफा में विवाहित जोड़ा

417. साहित्यिक पत्रिका 'बिजली' के संपादक कौन थे?

उत्तर- प्रफुल्लचंद ओझा मुक्त

418. झारखंड में लाल मिट्टी का प्रतिशत क्या है?

उत्तर- 90 प्रतिशत

419. पालकोट राजमहल किस नागवंशी राजा के कार्यकाल में बनवाया गया?

उत्तर- रघुनाथ शाह

420. राज्य में मृत्यु दर का प्रतिशत क्या है?

उत्तर- 13.12

421. मूल्य की दृष्टि से भारत के कुल खनिज उत्पादन का कितना प्रतिशत झारखंड द्वारा उत्पादित होता है?

उत्तर- 26

422. किस मुगल बादशाह के समय में 1585 ई. में मुगल साम्राज्य एवं झारखंड के बीच वास्तविक संपर्क स्थापित हुआ?

उत्तर- अकबर

423. किस आंदोलन के दौरान यह गीत लोकप्रिय हुआ था 'कटोंग बाबा कटोंग/साहेब कटोंग, रारी कटोंग कटोंग'''(काटो बाबा काटो! यूरोपियों को काटो! दूसरी जातियों को काटो)?

उत्तर- बिरसा मुंडा के आंदोलन के दौरान

424. मानभूम झंडा सत्याग्रह किस वर्ष हुआ?

उत्तर- 1945 ई.

425. झारखंड का न्यूनतम जनसंख्या घनत्ववाला जिला कौन सा है?

उत्तर- गुमला, सिमडेगा

426. 2011 की जनगणना के अनुसार झारखंड की कुल आबादी में अनुसूचित जनजातीय आबादी का प्रतिशत कितना है?

उत्तर- 26.20 प्रतिशत

427. जनगणना 2011 के अनुसार झारखंड में साक्षरता दर क्या है?

उत्तर- 66.40 प्रतिशत

428. कौन सा विद्रोह सिधो तथा कान्हो से संबंधित है?

उत्तर- संथाल क्रांति, 1855

429. किस वर्ष में संथाल परगना के 18 जिलों और छोटानागपुर को मिलाकर झारखंड क्षेत्र स्वायत्त परिषद् का गठन किया गया था?

उत्तर- 1995

430. जयंत तालुकदार किस खेल से संबंधित है?

उत्तर- तीरंदाजी

431. झारखंड सरकार के इनमें से किस कार्यक्रम के तहत विद्यार्थियों में साइकिल वितरित की जाती है?

उत्तर- शिक्षा उन्नति कार्यक्रम

432. 'पाँच दिनी हड़ताल' (बंदी कार्यक्रम) से झारखंड में असहयोग आंदोलन की शुरुआत हुई थी। पाँच दिनी हड़ताल का आह्वान किस स्वतंत्रता सेनानी ने किया था?

उत्तर- नागरमल मोदी

433. मुगलकाल में छोटानागपुर का नाम क्या था?

उत्तर- कोकरह

434. चतरा और साहेबगंज जिले किस राज्य की सीमा को स्पर्श करते हैं?

उत्तर- बिहार

435. लैटेराइट मिट्टी का रंग कैसा होता है?

उत्तर- गहरा लाल

436. किसने अपने बारे में प्रचारित किया कि ईश्वर ने उन्हें किसी को निरोग करने की चमत्कारिक शक्ति प्रदान की है, जिससे वे अनुयायियों को अभेद्य बना देंगे और शत्रु की बंदूकों और गोलियों को पानी बना देंगे?

उत्तर- बिरसा मुंडा

437. असहयोग आंदोलन (1920-22) के दौरान किसे 'पलामू का राजा' घोषित किया गया?

उत्तर- घनी सिंह खरवार

438. हजारीबाग का सूरजकुंड झारखंड का सबसे ज्यादा गरम पानी का सोता है। इसका तापमान क्या है?

उत्तर- 88 डिग्री सेल्सियस (190 डिग्री फारेन्हाइट)

439. झारखंड का राजकीय पुष्प कौन सा है?

उत्तर- पलाश

440. भाई-बहन के पवित्र प्रेम से संबंधित लोक नाट्य क्या है?

उत्तर- सामा-चकेवा

441. झारखंड में प्रखंडों की कुल संख्या कितनी है?

उत्तर- 260

442. झारखंड किस गोलार्द्ध में स्थित है?

उत्तर- उत्तर

443. झारखंड में प्रखंडों की कुल संख्या कितनी है?

उत्तर- 260

444. बिरसा मुंडा के गुरु का नाम क्या है?

उत्तर- आनंद पंडा/पांडेय

445. झारखंड में किस क्रम की चट्टानों का अभाव है?

उत्तर- कडप्पा क्रम

446. प्रथम वायसराय लॉर्ड कैनिंग ने कब इलाहाबाद में दरबार लगाकर महारानी विक्टोरिया का घोषणा-पत्र पढ़ा था?

उत्तर- 1 नवंबर, 1858

447. अबुआ राज (अपना राज) की उद्घोषणा किस मुंडा सरदार ने की थी?

उत्तर– बिरसा मुंडा

448. किस जनजातीय भाषा को भारत सरकार ने आठवीं अनुसूची के अंतर्गत रखा है ?

उत्तर– संथाली

449. सतही जल की उपलब्धता 256570 लाख क्यूबिक मीटर है। इसमें कितने प्रतिशत का उपयोग हो पाता है?

उत्तर– 23.4

450. उत्पादन की दृष्टि से झारखंड में सबसे बड़ी कोयला की खान कौन है?

उत्तर– कर्णपुरा

451. 'महाभारत' में झारखंड क्षेत्र का उल्लेख किस नाम से मिलता है?

उत्तर– पुंडरिक देश

452. पूर्व मध्य काल में निर्मित टाँगीनाथ मंदिर (शिव मंदिर) झारखंड के किस जिले में स्थित है?

उत्तर– गुमला में

453. किस मुगलकालीन आत्मकथा में स्थानीय लोगों द्वारा शंख नदी से हीरे प्राप्त करने के तरीके का विस्तृत वर्णन मिलता है?

उत्तर– तुजुक-ए-जहाँगीरी

454. चेरो आंदोलन (1800–02) के नेता कौन थे?

उत्तर– भूषण सिंह

455. किस जेल में बिरसा मुंडा की मृत्यु हैजे से हुई?

उत्तर– राँची जेल

456. किस देशभक्त ने 'देशेर कथा' की रचना की?

उत्तर– सखाराम गणेश देउस्कर

457. रजरप्पा जलप्रपात कहाँ स्थित है?

उत्तर– दामोदर एवं भेड़ा (भौरवी) नदी के संगम पर

458. 'मुंडा राजा' की संज्ञा किसे दी गई?

उत्तर– जयपाल सिंह

459. मुख्यमंत्री दाल-भात योजना के तहत प्रति प्लेट कितने रुपए की दर पर भोजन मुहैया कराया जाता है?

उत्तर– 5 रुपए

460. दामिने-इ-कोह की घोषणा कब हुई?

उत्तर- 1824

461. झारखंड में काँके से होकर कौन सी रेखा गुजरती है?

उत्तर- कर्क रेखा

462. मई 2012 में झारखंड में से दो सीटों के लिए कराए गए राज्यसभा चुनाव में कौन-कौन प्रत्याशी विजयी हुए?

उत्तर- प्रदीप कुमार बालमुचू और संजीव कुमार

463. सिंहभूम के पास जादुगोड़ा किसके लिए प्रसिद्ध है?

उत्तर- यूरेनियम की खानें

464. कौन सा भाषाओं का समूह द्रविड़ परिवार से संबंधित है?

उत्तर- उराँव और पहाड़िया

465. इनमें से कौन 1857 विद्रोह के साथ जुड़ा हुआ है?

उत्तर- शेख भिखारी

466. झारखंड का पहला कृषि विश्वविद्यालय कौन सा है?

उत्तर- बिरसा कृषि विश्वविद्यालय

467. झारखंड का वह क्षेत्र, जो कोल विद्रोह (1831-32) से प्रभावित रहा?

उत्तर- हजारीबाग

468. सहस्त्र बुद्ध (काँटेश्वरनाथ) कहाँ है?

उत्तर- चतरा में

469. सर्वाधिक जनजाति प्रतिशतता वाला जिला कौन है?

उत्तर- खूँटी

470. 1781-82 ई. में संथाल परगना जिले के सुल्तानाबाद (महेशपुर राज) की रानी ने पहाड़िया सरदारों के सहयोग से कंपनी शासन के विरुद्ध विद्रोह किया। रानी का क्या नाम था?

उत्तर- रानी सर्वेश्वरी

471. झारखंड में 1857 के विद्रोह का नेतृत्वकर्ता कौन था?

उत्तर- ठाकुर विश्वनाथ शाहदेव

472. भारत के कुल खनिज उत्पादन का लगभग कितना प्रतिशत झारखंड में उत्पादित होता है?

उत्तर- 40 प्रतिशत

473. मुख्यमंत्री विकास योजना किससे संबंधित है?

उत्तर- राज्य के सर्वांगीण विकास से

474. जुलाई 2012 तिथि से शुरू हुए झारखंड अंतरिक्ष अनुप्रयोग केंद्र (JSAC) के अध्यक्ष कौन हैं?

उत्तर– ए.टी. जेयासीलन

475. मुख्यमंत्री ग्राम सेतु योजना किस वर्ष शुरू की गई?

उत्तर– 2001

476. अंग्रेजी संसद् में किस वर्ष भारत सरकार अधिनियम पारित हुआ था?

उत्तर– 1858

477. नागवंशी राजाओं का शासन ई.पू. कब से आरंभ हुआ था?

उत्तर– 64

478. झारखंड की कुल जनसंख्या में महिलाओं की जनसंख्या का प्रतिशत क्या है?

उत्तर– 48.67

479. भू-विज्ञान संग्रहालय कहाँ है?

उत्तर– राँची

480. झारखंड की कौन सी खान एशिया की सबसे बड़ी लोहे की खान है?

उत्तर– नोवामुंडी

481. राज्य में सर्वप्रथम किस रेल मार्ग का निर्माण हुआ?

उत्तर– राजमहल से कोलकाता

482. अलाउद्दीन खिलजी का एक सेनापति, जिसने छोटानागपुर खास के नागवंशी शासक को देने के लिए विवश किया था।

उत्तर– छज्जू मल्लिक

483. किसने कहा, "संथाल विद्रोह भारत की प्रथम जनक्रांति थी, जो अंग्रेजी हुकूमत को तो नहीं उखाड़ सकी, पर सफाहोड़ आंदोलन को जन्म देने का कारण जरूर बन गई?"

उत्तर– कार्ल मार्क्स

484. झारखंड का सबसे छोटा संसदीय क्षेत्र कौन सा है?

उत्तर– चतरा

485. वर्तमान में झारखंड उच्च न्यायालय में न्यायाधीशों की कुल संख्या कितनी है?

उत्तर– 12

486. विश्व में बाघ की पहली गणना कहाँ हुई?

उत्तर– बेतला नेशनल पार्क में

487. कौन सी रेखा झारखंड से होकर गुजरती है?

उत्तर– कर्क रेखा

488. झारखंड में राष्ट्रीय राजमार्ग की कुल लंबाई कितनी है?

उत्तर– 1859.16 कि.मी.

489. मुगल बादशाह जहाँगीर ने छोटानागपुर खास के नागवंशी शासक दुर्जनशाल को कैदी बनाकर किस किले में रखा, जहाँ वह 12 वर्षों तक कैद रहा?

उत्तर– ग्वालियर किला

490. झारखंड के किस स्थल से बुद्ध की भूमि स्पर्श मुद्रा में एक मूर्ति मिली?

उत्तर– पलामू-किला (पलामू)

491. किस तीर्थंकर को झारखंड निवासी होने की मान्यता है?

उत्तर– शीतलनाथ

492. आदिवासी सभा का नामकरण कब आदिवासी महासभा किया गया?

उत्तर– 20-21 जनवरी, 1939

493. झारखंड के पहले साप्ताहिक पत्र 'आर्यावर्त्त' के संपादक कौन थे?

उत्तर– बालकृष्ण सहाय

494. झारखंड के किस जिले में सर्वाधिक साक्षर (76.1 प्रतिशत) जनसंख्या है?

उत्तर– राँची

495. लाख का देश के किस प्रदेश में सर्वाधिक उत्पादन होता है?

उत्तर– झारखंड

496. गुप्त शासक चंद्रगुप्त विक्रमादित्य के राज्यकाल में भारत आए चीनी यात्री फाहियान ने झारखंड क्षेत्र को क्या कहा है?

उत्तर– कुक्कुट लाड

497. विशुद्ध गांधीवादी तरीके से लड़ा गया पहला आदिवासी अहिंसक आंदोलन कौन सा था?

उत्तर– टाना भगत आंदोलन

498. हुल झारखंड पार्टी/क्रांतिकारी झारखंड पार्टी (1969) के संस्थापक कौन थे?

उत्तर– जस्टिन रिचर्ड

499. झारखंड आनेवाले प्रथम चार ईसाई मिशनरी (धर्म प्रचारक) एमिलो स्कॉच, अगस्ट ब्रांट, फ्रेडरिक वाच एवं थियोडोर जैक किस देश के वासी थे?

उत्तर– जर्मनी

500. भारत को ओलंपिक हॉकी में पहला स्वर्ण पदक 1928 ई. में एम्सटर्डम में हुए ओलंपिक खेल में मिला था। उस समय भारतीय हॉकी टीम के कप्तान कौन थे?

उत्तर- जयपाल सिंह

501. महात्मा गांधी राष्ट्रीय ग्रामीण रोजगार गारंटी योजना के अंतर्गत कितने दिनों का रोजगार सुनिश्चित किया गया है?

उत्तर- 100 दिन

502. झारखंड भारत का कौन सा राज्य है?

उत्तर- 28वाँ

503. राँची विश्वविद्यालय की स्थापना किस वर्ष हुई थी?

उत्तर- वर्ष 1960 में

504. खानदेश के किस शासक को इतिहासकारों ने 'झारखंडी सुलतान' की उपाधि दी है?

उत्तर- आदिल शाह द्वितीय

505. अंदी और ओपरतिपी नाम से प्रचलित विवाह किससे संबंधित है?

उत्तर- हो

506. विद्यालय में बच्चों को लाने के लिए झारखंड में कौन सी योजना चलाई गई थी?

उत्तर- मिड-डे-मील

507. धनबाद जिले का कौन सा औद्योगिक शहर एक सघन औद्योगिक संकुल है, जहाँ 25 किमी. के दायरे में 250 उद्योग स्थापित हैं?

उत्तर- चिरकुंडा

508. एक नक्सली वारदात में किस स्थान पर बाबूलाल मरांडी के पुत्र अनूप मरांडी मारे गए थे?

उत्तर- चिरखारी

509. झारखंड में गाँवों की कुल संख्या कितनी है?

उत्तर- 32,615

510. 2012-13 में किस क्षेत्र ने वर्तमान मूल्यों पर झारखंड के सकल राज्य घरेलू उत्पाद में 43.7 प्रतिशत का योगदान दिया?

उत्तर- तृतीयक क्षेत्र

511. बांसुर नरसिंघ भेइर, सानाई, मदनभेरी, तिरियो आदि वाद्य यंत्र किस वाद्य यंत्र के अंतर्गत आते हैं?

उत्तर- सुबिर वाद्ययंत्र

512. न्यूनतम अनुसूचित जनजाति प्रतिशतवाला जिला कौन सा है?

उत्तर– कोडरमा

513. झारखंड पार्टी का गठन जयपाल सिंह ने किस वर्ष किया था?

उत्तर– 1950 में

514. राज्य में दुधारू पशुओं की संख्या कितने लाख है?

उत्तर– 73.40

515. चांडिल डैम किस नदी पर स्थित है?

उत्तर– स्वर्णरेखा

516. 1899–1900 की मुंडा क्रांति का नेता कौन था?

उत्तर– बिरसा मुंडा

517. ऑल इंडिया झारखंड पार्टी (1967) के संस्थापक कौन थे?

उत्तर– बागुन सुंब्रई

518. झारखंड का सर्वाधिक ठंडा स्थान कौन सा है?

उत्तर– नेतरहाट

519. 'बिरहोर' का शाब्दिक अर्थ क्या है?

उत्तर– जंगल का आदमी

520. झारखंड का सर्वाधिक नगरीय जनसंख्यावाला जिला कौन सा है?

उत्तर– धनबाद

521. गंगा नदी झारखंड के किस जिले में बहती है?

उत्तर– साहेबगंज

522. टाना भगत ने किस वर्ष से अपनी माँग कांग्रेस के मंच से उठाना शुरू किया था?

उत्तर– 1920

523. झारखंड के प्रथम विधानसभा अध्यक्ष का क्या नाम है?

उत्तर– इंदर सिंह नामधारी

524. देश के प्रथम उद्योगपति का नाम बताएँ, जिसे 'भारत रत्न' प्राप्त हुआ है।

उत्तर– जे.आर.डी. टाटा

525. किसानों को उचित दर पर ऋण की व्यवस्था करने हेतु कौन सी योजना प्रारंभ की गई है?

उत्तर– किसान क्रेडिट कार्ड योजना

526. 2001 की जनगणना के अनुसार झारखंड में दस लाख से अधिक जनसंख्यावाले नगर कौन से हैं?

उत्तर– जमशेदपुर तथा धनबाद

527. नागवंशी परिवार का मुख्यालय दोयसा स्थानांतरित क्यों हुआ?

उत्तर– दोयसा में युद्ध में पराजित हुए

528. किस स्थान के पास मंगोलिया प्वाइंट स्थित है?

उत्तर– नेतरहाट

529. झारखंड में किस वर्ष प्रथम औद्योगिक नीति को कारगर किया गया?

उत्तर– 2001

530. इनमें से कौन सा स्थान झारखंड में ताँबे की खानों के लिए प्रसिद्ध है?

उत्तर– घाटशिला

531. झारखंड में वर्षा किस मानसून से होती है?

उत्तर– दक्षिण–पश्चिमी मानसून

532. झारखंड क्षेत्र में बौद्ध धर्म के प्रचार–प्रसार हेतु अशोक ने एक धर्म अधिकारी भेजा था, उसका नाम क्या है?

उत्तर– रक्षित

533. सावित्री पुत्ति का संबंध किससे है?

उत्तर– हॉकी से

534. किसने घोषणा की कि 'दिकुओं से अब हमारी लड़ाई होगी और उनके खून से जमीन इस तरह लाल होगी, जैसे लाल झंडा?

उत्तर– बिरसा मुंडा

535. झारखंड में एक मात्र कृषि विश्वविद्यालय बिरसा कृषि विश्वविद्यालय की स्थापना कब हुई थी?

उत्तर– 1980

536. झारखंड का कौन सा घाटी क्षेत्र औद्योगिक प्रदेश के रूप में जाना जाता है?

उत्तर– दामोदर घाटी

537. होड़ संवाद किस जनजातीय भाषा की पत्रिका है?

उत्तर– संथाली

538. जनजातियों के प्रधान ईश्वर का क्या नाम है?

उत्तर– सिंगबोंगा

539. छोटानागपुर कैथोलिक सभा की मुख्य माँग क्या थी?

उत्तर– छोटानागपुर अलग प्रांत

540. झारखंड में पुलिस मैनुअल किस वर्ष लागू हुआ था?

उत्तर– 1861

541. कंपनी सरकार ने 1834 में अपना मुख्यालय कहाँ स्थापित किया था?

उत्तर– राँची

542. किस जिले में जनजातियों की जनसंख्या सबसे कम है?

उत्तर– कोडरमा

543. झारखंड लोक सेवा आयोग का गठन संविधान के किस अनुच्छेद के अंतर्गत किया गया था?

उत्तर– 315

544. राँची विश्वविद्यालय की स्थापना किस वर्ष हुई थी?

उत्तर– 1960

545. मुगल बादशाह अकबर के किस सेनापति के नेतृत्व में मुगल सेना ने 1589 ई. में पलामू के चेरोवंशी शासक भागपत राय (रणपत चोरूह) के विरुद्ध अभियान किया?

उत्तर– राजा मानसिंह के

546. बिरसा मुंडा का जन्म स्थान कहाँ है?

उत्तर– डलिहातू

547. 1857 के विद्रोह के दौरान पलामू में किसने विद्रोहियों का नेतृत्व किया?

उत्तर– नीलांबर शाही/पीतांबर शाही

548. झारखंड की जनजातियों में किस प्रजातीय समूह की अधिकता है?

उत्तर– प्रोटो-ऑस्ट्रेलायड

549. किस मिशन ने 1899 ई. में हजारीबाग में संत कोलंबा कॉलेज खोला, जो अविभाजित बिहार का सबसे पुराना कॉलेज है?

उत्तर– डब्लिन यूनिवर्सिटी मिशन

550. विश्व का सबसे बड़ा लाख निर्यातक केंद्र कहाँ है?

उत्तर– टोरी

551. जयप्रकाश नारायण केंद्रीय कारा कहाँ अवस्थित है?

उत्तर– हजारीबाग

552. जूट की भाँति झारखंड राज्य में उत्पादित रेशों को क्या कहा जाता है?

उत्तर– मेस्ता

553. झारखंड के गठन के बाद कितने नए जिलों का गठन किया गया?

उत्तर– छह

554. किस वर्ष में भारतीय संसद् ने झारखंड को अलग राज्य के रूप में बिहार पुनर्गठन का विधेयक पारित किया था?

उत्तर– 2000

555. झारखंड विकास मोरचा (प्रजातांत्रिक) के संस्थापक और राष्ट्रीय अध्यक्ष कौन हैं?

उत्तर- बाबूलाल मरांडी

556. राष्ट्रीय आंदोलन के दौर में कहाँ से तलाशी के दौरान अंग्रेजों को हथियार एवं गोला-बारूद मिले?

उत्तर- रोहिणी ग्राम

557. किसे 'धरती आबा' (धरती के पिता) कहा जाता है?

उत्तर- बिरसा मुंडा

558. 'वंश प्रभा लेखन' ग्रंथ से किस वंश के पारिवारिक इतिहास पर प्रकाश पड़ता है ?

उत्तर- सिंहभूम के सिंह वंश का

559. राज्य में सर्वप्रथम किस जिले में हवाई अड्डे का निर्माण हुआ था?

उत्तर- राँची

560. सबसे अधिक अनुसूचित जनजाति जनसंख्यावाला जिला कौन है?

उत्तर- राँची

561. अलग झारखंड राज्य निर्माण संबंधी प्रस्ताव बिहार विधानसभा में किस वर्ष पारित हुआ था?

उत्तर- 1997

562. झारखंड के पहले सुसंगठित एवं व्यापक जनजातीय विद्रोह का क्या नाम था?

उत्तर- कोल विद्रोह

563. अंग्रेजों ने 'दामिन-ए-एरा' और 'दामिन-ए-कोह' कानून किस जिले में लागू किया था?

उत्तर- संथाल परगना

564. छिन्नमस्तिका मंदिर किस नदी के किनारे स्थित है?

उत्तर- दामोदर-भैरवी (भेड़ा)

565. केंद्रीय ईंधन शोध संस्थान, जो प्रमुख शोध संस्थानों में से एक है, की स्थापना वर्ष 1945 में किस स्थान पर हुई थी?

उत्तर- धनबाद

566. झारखंड का एकमात्र राष्ट्रीय उद्यान-बेतला राष्ट्रीय उद्यान किस जिले में स्थित है?

उत्तर- लातेहार

567. सर्वाधिक अनुसूचित जाति प्रतिशतवाला जिला कौन है?

उत्तर– चतरा

568. किस वर्ष राँची में म्यूनिस्पैलिटी स्थापित हुई थी?

उत्तर– 1869

569. आदिवासी सभा का गठन कब हुआ था?

उत्तर– दिसंबर 1938

570. किस वन्य प्राणी आश्रायणी की घोषणा झारखंड में 1955 में की गई थी?

उत्तर– हजारीबाग

571. कितने राज्य झारखंड की सीमा में हैं?

उत्तर– 5

572. झारखंड की जनजातीय आबादी का लिंगानुपात क्या है?

उत्तर– 987

573. झारखंड में प्रति व्यक्ति दूध की उपलब्धता कितने ग्राम है?

उत्तर– 140 ग्राम

574. बोकारो जिले के किस स्थान से जैन तीर्थंकरों का एक समूह प्राप्त हुआ है?

उत्तर– टलुवारा

575. 'भारत का रूर प्रदेश' किसे कहा जाता है?

उत्तर– झारखंड

576. राष्ट्रीय स्वास्थ्य बीमा योजना के तहत लाभार्थी व्यक्ति को सहायता के रूप में कितनी बीमित राशि प्रदान की जाती है?

उत्तर– 30,000

577. झारखंड में राज्य निर्माण की प्रक्रिया सर्वप्रथम किस जनजाति के लोगों ने शुरू की थी?

उत्तर– मुंडा

578. झारखंड की नई औद्योगिक नीति कब अधिसूचित की गई?

उत्तर– 1 मार्च, 2001

579. 'सिकनी कोयला परियोजना' झारखंड के किस जगह में स्थित है?

उत्तर– लातेहार

580. कौन सा कॉलेज जमशेदपुर में स्थित है?

उत्तर– एम.जी.एम. मेडिकल कॉलेज

581. प्रसिद्ध टैगोर हिल कौन से शहर की सरहद पर स्थित है?

उत्तर– राँची

582. दामोदर घाटी में मुख्य रूप से किस प्रकार की मिट्टी पाई जाती है?

उत्तर– लाल मिट्टी

583. झारखंड से बहनेवाली दामोदर नदी को क्या कहा जाता था?

उत्तर– बंगाल का शोक

584. क्षेत्रफल की दृष्टि से झारखंड का देश में कौन सा स्थान है?

उत्तर– 15वाँ

585. आदिवासी पत्रिका के माध्यम से किसने जनजातीय रचनाकारों की कई पीढ़ी तैयार की थी?

उत्तर– राधाकृष्ण

586. आदिवासी महासभा के समानांतर सरना आदिवासियों ने किस संस्था की स्थापना की थी?

उत्तर– सनातन आदिवासी सभा

587. सरायकेला राज का सर्वप्रथम संपर्क अंग्रेजों के साथ किस वर्ष हुआ था?

उत्तर– 1770

588. अंग्रेजों के विरुद्ध झारखंड के प्रथम जनजातीय विद्रोह–ढाल विद्रोह (1767–77 ई.) का नेतृत्व किसने किया?

उत्तर– जगन्नाथ ढाल

589. टाना भगत आंदोलन की शुरुआत कब हुई?

उत्तर– अप्रैल 1914

590. भारत छोड़ो आंदोलन (1942) के दौरान जय प्रकाश नारायण अपने पाँच साथियों के साथ किस जेल से पलायन करने में सफल रहे?

उत्तर– हजारीबाग जेल

591. झारखंड एरिया ऑटोनॉमस काउंसिल (जैक) का गठन कब किया गया था?

उत्तर– 9 अगस्त, 1995

592. झारखंड की द्वितीय राजभाषा क्या है?

उत्तर– संथाली एवं बांग्ला

593. झारखंड उच्च न्यायालय का देश में कौन सा स्थान है?

उत्तर– 21वाँ

594. जादोपटिया चित्रकारी किस जनजाति में विशेष लोकप्रिय है?

उत्तर– संथाल

595. 'झारखंड का अमृतपुत्र : मरङ गोमके जयपाल सिंह' (नाटक) के नाटककार का क्या नाम है?

उत्तर- गिरिधारी राम गौंझू 'गिरिराज'

596. बेनीसागर के शिव मंदिर का निर्माण किसने कराया था?

उत्तर- शशांक

597. संथाल विद्रोह कब हुआ था?

उत्तर- 1855

598. झारखंड में कितने राज्य विधानसभा निर्वाचन क्षेत्र हैं?

उत्तर- 81

599. किस त्योहार के दौरान गाँव का पुजारी गाँव के हर घर की छत/छप्पर पर साल के फूल रखता है?

उत्तर- सरहुल

600. किस किले का निर्माण पूर्व-मुगल शासक राजा मेदनी राय द्वारा कराया गया था?

उत्तर- पलामू किला

601. राँची में आयोजित 12 फरवरी, 2011 से लेकर 26 फरवरी, 2011 तक चले 34वें भारतीय राष्ट्रीय खेल में झारखंड को कौन सा स्थान प्राप्त हुआ था?

उत्तर- 5वाँ

602. किस क्षेत्र में अभ्रक (माइका) की सबसे बड़ी खान स्थित है?

उत्तर- कोडरमा

603. बिरसा मुंडा की जन्म जयंती कौन सी है?

उत्तर- 15 नवंबर

604. झारखंड राज्य में कितने संसद् के सदस्य हैं?

उत्तर- 20

605. झारखंड के किस जिले को 'भारत की अभ्रक राजधानी' के नाम से जाना जाता है?

उत्तर- कोडरमा

606. जनजातीय परामर्शी परिषद् के अध्यक्ष कौन होते हैं?

उत्तर- मुख्यमंत्री

607. झारखंड सरकार की 'कन्यादान योजना' के तहत कितनी राशि दी जाती है?

उत्तर- 15,000

608. 1989 में अंग्रेजों के खिलाफ हथियार उठानेवाला पहला संथाल नेता कौन था?

उत्तर– बाबा तिलका माँझी

609. झारखंड की उप राजधानी कहाँ है?

उत्तर– दुमका

610. झारखंड में आयोजित 34वें राष्ट्रीय खेलों का उद्घाटन समारोह कहाँ आयोजित किया गया?

उत्तर– राँची

611. 'झारखंड का शिमला' किसे कहा जाता है?

उत्तर– राँची

612. सोहराई पर्व के नौ दिनों के बाद होनेवाले किस पर्व में धार्मिक प्रतीकात्मक चित्र बनाए जाते हैं?

उत्तर– देव उठान

613. जयपाल सिंह ने झारखंड पार्टी का विलय कांग्रेस पार्टी में कब किया था?

उत्तर– 20 जून, 1963

614. अंग्रेजों के झारखंड प्रवेश के समय कौन नागवंशी राजा था?

उत्तर– दृपनाथ शाही

615. गया की निरंजना नदी के किनारे बोध प्राप्ति के बाद गौतम बुद्ध ने झारखंड के किस क्षेत्र में कठिन तपस्या की थी?

उत्तर– इटखोरी

616. झारखंड की कुल जनसंख्या की कितने प्रतिशत जनसंख्या जैन धर्मावलंबियों की है?

उत्तर– 0.1

617. राज्य सरकार के प्रधान एवं डी.सी. को संप्रषण द्वारा जोड़नेवाली कड़ी कौन है?

उत्तर– डिवीजन कमिश्नर

618. छोटानागपुर उन्नति समाज (1915 ई.) के संस्थापक कौन थे?

उत्तर– जूएल लकड़ा

619. डोलोमाइट का सबसे अधिक उत्पादन करनेवाला जिला कौन है?

उत्तर– पलामू

620. झारखंड में यूरेनियम का भंडार कितने लाख टन है?

उत्तर– 40

621. झारखंड में अधिक खनिज पदार्थ किस प्रकार के शैल में मिलते हैं?

उत्तर- आर्कियन

622. सनातन आदिवासी सभा का नेता कौन था?

उत्तर- ठेबले उराँव

623. लाफार्ज सीमेंट फैक्टरी कहाँ है?

उत्तर- जमशेदपुर

624. राज्य में राजकीय उच्च मार्ग कितने किलोमीटर है?

उत्तर- 1886.40

625. गुप्तोत्तर काल में झारखंड क्षेत्र गौड़ के किस शासक के विस्तृत साम्राज्य का एक भाग था?

उत्तर- शशांक

626. संथाल विद्रोह (1855-56) का दमन किसने किया?

उत्तर- कैप्टेन अलेक्जेंडर

627. 1857 के विद्रोह के क्रम में झारखंड में सर्वप्रथम कहाँ के सैनिकों ने 12 जून, 1857 को विद्रोह किया?

उत्तर- रोहिणी

628. 1857 की क्रांति में संपूर्ण सिंहभूम क्षेत्र में क्रांतिकारियों के प्रमुख नेता कौन थे?

उत्तर- राजा अर्जुन सिंह

629. कांग्रेस के रामगढ़ अधिवेशन (1940) की अध्यक्षता किसने की?

उत्तर- अबुल कलाम आजाद

630. झारखंड की एकमात्र नदी, जो बरसाती नदी नहीं है, कौन सी है?

उत्तर- सोन नदी

631. झारखंड का सबसे लंबा राष्ट्रीय राजमार्ग कौन सा है?

उत्तर- एन.एच.-33

632. झारखंड विधानसभा में कुल सदस्यों की संख्या कितनी है?

उत्तर- 82

633. जी. ई.एल. मिशन का कब झारखंड में आगमन हुआ?

उत्तर- 1845 ई. में

634. झारखंड आंदोलन को आदिवासियों के आंदोलन से झारखंडियों के आंदोलन में बदलने का श्रेय किसे प्राप्त है?

उत्तर- विनोद बिहारी महतो

635. किसने 13 जनवरी, 1784 ई. को अंग्रेज पुलिस अधिकारी ऑगस्टल क्लिवलैंड को तीर से मार गिराया?

उत्तर– तिलका माँझी

636. झारखंड में रेल परिवहन का शुभारंभ कब से माना जाता है?

उत्तर– 1860–62

637. तिलैया डैम किस नदी पर स्थित है?

उत्तर– बराकर

638. राजकीय वृक्ष का दरजा किस वृक्ष को प्राप्त है?

उत्तर– साल

639. झारखंड में कितने अनुमंडल हैं?

उत्तर– 37

640. किस संपादक की हत्या यूरेनियम तस्करों ने कर दी थी?

उत्तर– शंकर लाल खीरवाल

641. झारखंड का भू–भाग प्राचीनतम गोंगवाना एवं प्रायद्वीपीय पठार के किस छोर पर स्थित है?

उत्तर– उत्तरी–पूर्वी

642. चतरा में कितना प्रतिशत अनुसूचित जाति निवास करती है?

उत्तर– 32.7

643. संथाली जीवन पर आधारित पहला उपन्यास कौन है?

उत्तर– हाड़ाम वाक् वातो

644. काली मिट्टी किस तरह के शैलों से बनती है?

उत्तर– बैसाल्ट

645. नवरतनगढ़ किस नागवंशी राजा ने बनवाया था?

उत्तर– देवशाह

646. सबसे कम साक्षरता दर किस जिले में है?

उत्तर– पाकुड़

647. किसने उरदा के स्थान पर बादाम को रामगढ़ राज्य की राजधानी बनाया?

उत्तर– हेमंत सिंह

648. दिल्ली का वह सुल्तान कौन था, जिसने हजारीबाग में एक बड़े इलाके को जीतकर सतगाँवा को इस विजित क्षेत्र की राज़धानी बनाया था?

उत्तर– फिरोज तुगलक

649. कोल विद्रोह (1831-32) का दमन किसने किया?

उत्तर- विलकिंसन

650. रामगढ़ अधिवेशन (19-20 मार्च, 1940) कांग्रेस का कौन सा वार्षिक अधिवेशन था?

उत्तर- 53वाँ

651. दालमा अभयारण्य कहाँ स्थित है?

उत्तर- पूर्वी सिंहभूम

652. जादूगोड़ा (जादोगोड़ा) की यूरेनियम खदान झारखंड के किस जिले में स्थित है ?

उत्तर- पूर्वी सिंहभूम

653. झारखंड का न्यूनतम अनुसूचित जाति प्रतिशतवाला जिला कौन सा है?

उत्तर- पाकुड़

654. झारखंड पंचायती राज अधिनियम कब पारित हुआ?

उत्तर- 2001 ई. में

655. किसने 1907 ई. में साकची में टिस्को की स्थापना कर भारतीय उद्योग को एक नई दिशा दी?

उत्तर- जमशेदजी टाटा

656. आदिम जनजातियों को शत-प्रतिशत आवास उपलब्ध कराने के उद्देश्य से कौन सी योजना प्रारंभ की गई है?

उत्तर- बिरसा मुंडा आवास योजना

657. झारखंड राज्य के गठन के बाद कौन से चार नए जिले बनाए गए?

उत्तर- लातेहार, सिमडेगा, जामताड़ा, सरायकेला-खरसाँवा

658. बिरसा मुंडा का जन्म कब हुआ था।

उत्तर- 15 नवंबर, 1875

659. झारखंड की साक्षरता दर क्या है?

उत्तर- 66.4 प्रतिशत

660. कोयलकारो जल विद्युत् परियोजना किस राज्य में है?

उत्तर- झारखंड

661. निम्नलिखित में से कौन से शहर को TSICO और TELCO शहर के रूप में जाना जाता है?

उत्तर- जमशेदपुर

662. झारखंड के जनगणना महानिदेशक कौन हैं, जिनके नेतृत्व में जनगणना 2011 की रिपोर्ट जारी की गई?

उत्तर- सुनील कुमार वर्णवाल

663. विद्यायक टेकलाल महतो ने, जिनकी मृत्यु सितंबर 2012 में हुई, एक अलग राज्य के रूप में झारखंड की स्थापना में एक महत्त्वपूर्ण भूमिका निभाई थी। वे किस विधानसभा क्षेत्र से जन प्रतिनिधि थे?

उत्तर- मांडु (रामगढ़)

664. किस नदी घाटी पर मैथन और पंचेत हाइड्रल पावर स्टेशन स्थित है?

उत्तर- बराकर

665. कोनार कुंड प्रोजेक्ट किस जिले में स्थित है?

उत्तर- गिरिडीह

666. किस राष्ट्रीय नेता को होमरूल आंदोलन के सिलसिले में राँची में 31 मार्च, 1916 से लेकर 31 दिसंबर, 1919 तक नजरबंद किया गया था?

उत्तर- अबुल कलाम आजाद

667. बेतला राष्ट्रीय उद्यान मुख्यत: किस जिले में अवस्थित है?

उत्तर- लातेहार

668. झारखंड का कौन सा हिस्सा प्रखंड में सम्मिलित नहीं है?

उत्तर- लेस्लीगंज

669. झारखंड में कौन सा अरण्य प्रभाग का वृहत्तम संरक्षित अरण्य क्षेत्र है?

उत्तर- सारंडा

670. झारखंड विधानसभा में सदस्यों की कुल संख्या कितनी है?

उत्तर- 82

671. कौन सा राज्य झारखंड का पड़ोसी नहीं है?

उत्तर- मध्य प्रदेश

672. अन्नपूर्णा योजना के अंतर्गत केंद्रीय सहायता कितनी उम्र तक प्रदान की जाती है।

उत्तर- 65 वर्ष

673. दाऊद खाँ की मसजिद किस जिले में स्थित है?

उत्तर- लातेहार

674. झारखंड राज्य के प्रथम मुख्यमंत्री का नाम क्या है?

उत्तर- बाबू लाल मरांडी

675. एच. ई.सी. (हैवी इंजीनियरिंग कॉरपोरेशन) कहाँ स्थित है?

उत्तर- हटिया

676. किसके नेतृत्व में टाना भगत असहयोग आंदोलन में भाग लेकर पहली बार स्वतंत्रता आंदोलन में शामिल हुए?

उत्तर- सिद्धू भगत

677. बिरसा मुंडा ने किस वर्ष अपने को सिंगबोंगा का दूत (पैगंबर के समतुल्य) घोषित किया?

उत्तर- 1895

678. सरायकेला रियासत के संस्थापक का क्या नाम था?

उत्तर- विक्रम सिंह

679. राज्य सरकार के सूचना केंद्र का नाम क्या है?

उत्तर- झारनेट

680. झारखंड में एक मात्र गैस टरबाइन पर आधारित विद्युत् उत्पादन केंद्र है?

उत्तर- मैथन जल विद्युत् केंद्र

681. झारखंड के खनिजों से होनेवाली कुल आय का कितना प्रतिशत कोयला से प्राप्त होता है?

उत्तर- 75

682. हुंडरू जलप्रपात किस जिले में है?

उत्तर- राँची

683. झारखंड में सर्वाधिक मात्रा में कौन सी मिट्टी पाई जाती है?

उत्तर- लाल मिट्टी

684. जतरा टाना भगत ने किस वर्ष शुद्धि आंदोलन की शुरुआत की थी?

उत्तर- 1914

685. छोटानागपुर के पूर्व कमिश्नर कर्नल डॉल्टन ने 1850 से पहले पलामू के किस स्थान से प्राचीन जैन मंदिर का अवशेष देखा था?

उत्तर- पकवीरा

686. बौद्धकालीन 'झारखंड धाम' किस जिले में अवस्थित है?

उत्तर- गिरिडीह

687. ओरमाँझी के जमींदार उमराव सिंह एवं उनके दीवान शेख भिखारी को 8 जनवरी, 1858 ई. को कहाँ फाँसी दी गई?

उत्तर- राँची

688. झारखंड राज्य का कुल क्षेत्रफल 79,714 वर्ग किमी. है, जो भारत के कुल क्षेत्रफल का कितना प्रतिशत होगा?

उत्तर- 2.34 प्रतिशत

689. मैथन जिल विद्युत् केंद्र किस जिले में स्थित है?

उत्तर- धनबाद

690. झारखंड में अनुसूचित जातियों का प्रतिशत कितना है?

उत्तर- 12.1 प्रतिशत

691. संथाल परगना में लगनेवाला दुमका का हिजला मेला किस नदी के तट पर आयोजित किया जाता है?

उत्तर- मयूराक्षी

692. जनसंख्या की दृष्टि से झारखंड का कौन सा प्रमंडल सबसे छोटा है?

उत्तर- पलामू

693. झारखंड की पूर्व से पश्चिम तक चौड़ाई कितनी है?

उत्तर- 463 किमी.

694. नीची भूमि को क्या कहा जाता है?

उत्तर- छोन

695. भारत में उपलब्ध खनिजों के संचित भंडार का लगभग कितना प्रतिशत झारखंड में केंद्रित है?

उत्तर- 30-35 प्रतिशत

696. पोरहाट के किस राजा ने 1857 के सिपाही विद्रोह में विद्रोहियों को साथ दिया था?

उत्तर- अर्जुन सिंह

697. पांडे गणपत राय को कब फाँसी पर चढ़ाया गया था?

उत्तर- 21 अप्रैल, 1858

698. झारखंड का कुल क्षेत्रफल कितने वर्ग किलोमीटर है?

उत्तर- 79714

699. किस जनजाति समाज में महिलाएँ शव का अंतिम संस्कार करने के लिए पुरुषों के साथ जाती हैं?

उत्तर- करमाली

700. झारखंड में कितने प्रमंडल हैं?

उत्तर- 5

701. राज्य की सबसे बड़ी नदी कौन है?

उत्तर- दामोदर

702. मक्का की फसल किस जिले में सर्वाधिक होती है?

उत्तर- पलामू

703. डुंबारी (शैल रकब) पहाड़ी किस मुंडा सरदार से संबंधित है?

उत्तर- बिरसा मुंडा

704. कोयला भंडार में झारखंड का कौन सा स्थान है?

उत्तर- पहला

705. विस्फोटक कारखाना कहाँ है?

उत्तर- गोमिया

706. रामपुर (वर्तमान रामगढ़) की लड़ाई (1575 ई.) में किसने किसको पराजित किया?

उत्तर- बादशाह अकबर की सेना ने मुगल विरोधी अफगान जुनैद कार्रानी को

707. झारखंड में साक्षरता की दर, जो 2001 में 54.13 प्रतिशत थी, वह 2011 में बढ़कर कितने प्रतिशत हो गई?

उत्तर- 66.4

708. वर्तमान में झारखंड में कृषि श्रमिकों का प्रतिशत कितना है?

उत्तर- 45 प्रतिशत

709. झारखंड राज्य अपनी दक्षिणी सीमा किस राज्य के साथ बाँटता है?

उत्तर- उड़ीसा

710. सन् 1855 में किन दो भाइयों के नेतृत्व में संथाल विद्रोह फूट पड़ा था?

उत्तर- सिद्धो मुर्मू और कान्हू मुर्मू

711. झारखंड की किस शख्सियत को वर्ष 2010 में कला के क्षेत्र में उनके योगदान के लिए पद्मश्री पुरस्कार से सम्मानित किया गया?

उत्तर- राम दयाल मुंडा

712. कौन सी योजना झारखंड सरकार से संबंधित है?

उत्तर- लक्ष्मी लाडली योजना

713. किस राज्य का संस्थापक 'गोमुखी राजा' के नाम से जाना जाता था?

उत्तर- पंचेत राज्य

714. अंग्रेजी नीति के कारण किस वर्ष से जागीरदारों और रैयतों के बीच जमीन को लेकर विवाद शुरू हुआ?

उत्तर- 1858

715. कांग्रेस का 53वाँ अधिवेशन झारखंड के किस जिले में हुआ था?

उत्तर- रामगढ़

716. किस जनजाति में सर्वाधिक साक्षरता है?

उत्तर- उराँव

717. 'लील खोर खे खेल' पुस्तक में उराँव जनजाति के कितने लोकगीत संग्रहीत हैं?

उत्तर– 26 सौ

718. सर्वप्रथम कितने जिले में और कब से राष्ट्रीय रोजगार कार्यक्रम लागू हुए?

उत्तर– 20 जिले, 2 फरवरी, 2006

719. भारत में सबसे पहले लोहा और इस्पात कारखाना कहाँ खुला था?

उत्तर– जमशेदपुर

720. जनगणना 2011 के अंतिम आँकड़ों के अनुसार झारखंड के किस जिले का लिंगानुपात सबसे कम है?

उत्तर– धनबाद

721. किस खनिज का एकमात्र उत्पादक झारखंड राज्य है?

उत्तर– यूरेनियम और पाइराइट

722. टाटा आयरन् ऐंड स्टील कंपनी का गठन कब किया गया था?

उत्तर– 1907 में

723. चित्रकला की कला 'जादो पटिया' किसकी विशेषता है?

उत्तर– संथाल

724. झारखंड में सबसे लंबा राष्ट्रीय राजमार्ग कौन है?

उत्तर– एन.एच. 33

725. कोल्हान राज में विल्किसन रूल कब से लागू हुआ?

उत्तर– 1836

726. उन्नति समाज की स्थापना किस वर्ष हुई थी?

उत्तर– 1915

727. कुल जनसंख्या का कितना प्रतिशत अनुसूचित जनजाति है?

उत्तर– 26.2

728. 'बाँसुरी बज रही' के लेखक कौन हैं?

उत्तर– जगदीश त्रिगुणायत

729. राज्य में उपलब्ध सतही जल के कितने प्रतिशत का उपयोग होता है?

उत्तर– 23.4

730. झारखंड के किस जिले में सबसे बड़ा खुला वन है?

उत्तर– गुमला

731. पारसनाथ पहाड़ (श्रीसम्मेद जी) पर कितने जैन तीर्थंकरों ने निर्वाण प्राप्त किया था?

उत्तर– 21

732. राँची स्थित तंत्रिका मनोचिकित्सा एवं संबद्ध विज्ञान संस्थान की स्थापना कब हुई थी?

उत्तर– 1925 में

733. स्वर्णरेखा परियोजना कितने राज्यों की परियोजना है?

उत्तर– 3

734. संथाली भाषा संविधान की 8वीं अनुसूची में किस वर्ष में आई?

उत्तर– 2003

735. झारखंड के किस जिले में गौतम बुद्ध वन्य जीवन अभयारण्य स्थित है?

उत्तर– कोडरमा

736. झारखंड में किस स्थान पर उच्च न्यायालय स्थित है?

उत्तर– राँची

737. झारखंड में कृषि कार्य में कितने प्रतिशत भूमि का उपयोग होता है?

उत्तर– 23 प्रतिशत

738. नागवंशी राजा ने सर्वप्रथम नवरत्न नामक पंचमंजिला भवन का निर्माण कहाँ करवाया था?

उत्तर– दोयसा

739. देवघर स्थित प्रसिद्ध शिव मंदिर का निर्माण किस शासक ने कराया?

उत्तर– पूरनमल

740. 'धुमकुरिया' किस जनजाति की सामाजिक संस्था है?

उत्तर– उराँव

741. जनसंख्या की दृष्टि से झारखंड का सर्वाधिक छोटा जिला कौन सा है?

उत्तर– लोहरदगा

742. झारखंड की एकमात्र नदी कौन सी है, जो स्वतंत्र रूप से बंगाल की खाड़ी में गिरती है?

उत्तर– स्वर्ण रेखा नदी

743. छोटानागपुर संयुक्त संघ (1954 ई.) की स्थापना किसने की?

उत्तर– सुखदेव महतो

744. संथाल विद्रोह कब हुआ था?

उत्तर– 1855

745. भोगता विद्रोह (1771) का नेतृत्व किसने किया?

उत्तर– जयनाथ सिंह

746. रामगढ़ राज्य के किस शासक ने पदमा को अपनी राजधानी बनाया?

उत्तर– ब्रह्मदेव नारायण सिंह

747. झारखंड की पहली औद्योगिकी नीति किस वर्ष अधिसूचित हुई थी?

उत्तर– 2001

748. किस रामगढ़ राजा ने अंग्रेजों का कड़ा विरोध किया था?

उत्तर– मुकुंद सिंह

749. भूमिज नेता गंगा नारायण सिंह का विद्रोह कब शुरू हुआ था?

उत्तर– 26 अप्रैल, 1832

750. क्रांतिकारी संगठन युगांतर समिति के प्रमुख यदुगोपाल मुखर्जी को किस वर्ष बंगाल से निष्कासित कर राँची भेज दिया गया था?

उत्तर– 1928

751. अनुसूचित जनजाति की दृष्टि से झारखंड का स्थान क्या है?

उत्तर– 6वाँ

752. 'मुंडाज ऐंड देयर कंट्री' नामक पुस्तक के लेखक कौन हैं?

उत्तर– शरदचंद्र राय

753. नागवंशी राजाओं की राजधानी सुतियांबे कहाँ है?

उत्तर– राँची

754. दामोदर घाटी निगम की स्थापना किस वर्ष हुई थी?

उत्तर– 1948

755. 'झारखंड' शब्द का प्रथम पुरातात्त्विक उल्लेख किसमें मिलता है?

उत्तर– 13वीं सदी ई. के एक तामपत्र में।

756. सरदारी लड़ाई का विलय अंततः किसमें हो गया?

उत्तर– मुंडा उलगुलान

757. जनसंख्या की दृष्टि से झारखंड का देश में कौन सा स्थान है?

उत्तर– 13वाँ

758. झारखंड में बिरसा मुंडा हवाई अड्डा कहाँ स्थित है?

उत्तर– राँची

759. झारखंड की प्रथम राजभाषा क्या है?

उत्तर– हिंदी

760. झारखंड में आनेवाला प्रथम ईसाई मिशन कौन है?

उत्तर– गोस्सनर इवेंजेलिकल लुथरन (जी. ई.एल.) मिशन

761. झारखंड में कुल मान्य अनुसूचित जनजातियाँ कितनी हैं?

उत्तर- 32

762. झारखंड बनते समय राज्य में कितने जिले थे?

उत्तर- 18

763. जनवरी 2010 से, सितंबर 2011 तक झारखंड राज्य में एम.ओ.हसन फारुक मेरिकर ने कौन सा पद धारण किया था?

उत्तर- राज्यपाल

764. 2012 के राज्यसभा चुनाव के दौरान झारखंड में विपक्षी दल के नेता कौन थे?

उत्तर- राजेंद्र प्रसाद सिंह

765. जमशेदपुर की स्थापना किसने की?

उत्तर- जमशेदजी नशरवानजी टाटा

766. झारखंड का सबसे पश्चिमी जिला कौन है?

उत्तर- गढ़वा

767. झारखंड के किस जिले में बाघों के लिए संरक्षित वन स्थित है?

उत्तर- पलामू

768. झारखंड के स्वतंत्रता सेनानी बिरसा मुंडा का जन्म किस वर्ष में हुआ था?

उत्तर- 1875

769. सर्वाधिक महिला साक्षरता वाला जिला कौन है?

उत्तर- राँची

770. अलग-अलग जनजातियों के बीच की संपर्क भाषा क्या है?

उत्तर- कुरमाली

771. झारखंड मुक्ति मोरचा का गठन किस वर्ष हुआ था?

उत्तर- 1973

772. व्यक्तिगत सत्याग्रह कार्यक्रम किस वर्ष से शुरू हुआ था?

उत्तर- 1940

773. झारखंड निवासी ललित मोहन राय का नाम किस क्षेत्र से जुड़ा हुआ है?

उत्तर- चित्रकारी

774. झारखंड क्षेत्र का सर्वप्रथम उल्लेख मिलता है?

उत्तर- ऐतरेय ब्राह्मण में

775. झारखंड में सरहुल किस रूप में मनाया जाता है?

उत्तर- एक उत्सव

776. किस स्थापत्य का निर्माण 1815 ई. में एडवर्ड टप्प की स्मृति में कराया गया?

उत्तर– भगवा कुआँ

777. झारखंड के किस जनजातीय समूह द्वारा लिखने के लिए 'ओल चिकी' लिपि का प्रयोग किया जाता है?

उत्तर– संथाल

778. किसके समय में छोटानागपुर खास के नागवंशी राज्य की राजधानी दोइसा (डोइसा) से पालकोट स्थानांतरित की गई?

उत्तर– यदुनाथ शाह

779. लाको बोदरा किस जनजातीय भाषा के रचनाकार थे?

उत्तर– हो

780. राष्ट्रपति से कब झारखंड राज्य विधेयक को मंजूरी मिली?

उत्तर– 25 अगस्त, 2000

781. झारखंड की मुख्य फसल क्या है?

उत्तर– धान

782. 1908 के छोटानागपुर काश्त अधिनियम ने किस पर रोक लगाई?

उत्तर– बेठ बेगारी पर

783. झारखंड का सर्वाधिक लिंगानुपातवाला जिला कौन सा है?

उत्तर– पश्चिमी सिंहभूम

784. झारखंड का प्रथम अंग्रेजी दैनिक पत्र कौन सा है?

उत्तर– डेली प्रेस

785. झारखंड क्षेत्रीय स्वायत्त परिषद् का गठन कब हुआ था?

उत्तर– 9 अगस्त, 1995

786. कोल्हुआ झील कहाँ है?

उत्तर– चतरा

787. संथाली भाषा पर लिखी गई प्रथम पुस्तक 'एन इंट्रोक्शन टू दि संताल लैंग्वेज' किस वर्ष लिखी गई थी?

उत्तर– 1852

788. कौन सी जनजाति छत्तीसगढ़ से आकर झारखंड में बसी है?

उत्तर– क्वर

789. सबसे अधिक जनसंख्या वाला जिला कौन है?

उत्तर– राँची

790. छोटानागपुर टेनेंसी कानून किस वर्ष बनाया गया?

उत्तर– 1908

791. राज्य में राष्ट्रीय राजमार्ग की लंबाई कितने किलोमीटर है?

उत्तर– 2146.47

792. मेदिनीनगर केंद्रीय कारा कहाँ अवस्थित है?

उत्तर– पलामू

793. झारखंड में वनक्षेत्र का प्रतिशत इसके कुल क्षेत्र का कितना है?

उत्तर– 29.95 प्रतिशत

794. किस स्थान पर स्वर्णरेखा नदी 320 फीट की ऊँचाई से गिरती है?

उत्तर– हुंडरू जलप्रपात

795. छोटानागपुर का पठार एक महाद्वीपी पठार है। दामोदर द्रोण निम्नलिखित में से किसके बीच द्रोण बनाता है?

उत्तर– राँची और हजारीबाग का पठार

796. झारखंड में मनाया जानेवाला एक लोकप्रिय जनजातीय त्योहार कौन सा है?

उत्तर– सरहुल

797. बिहार के कितने प्रतिशत भू–भाग को काटकर झारखंड राज्य का निर्माण किया गया?

उत्तर– 45.80

798. पशु पर्व से संबंध रखनेवाली चित्रकारी कौन सी है?

उत्तर– सोहराय

799. विधानसभा के दो सत्रों के बीच कितने महीने से अधिक का अंतराल नहीं होना चाहिए?

उत्तर– 6

800. झारखंड के किस जिले में अनुसूचित जनजाति की सबसे कम जनसंख्या पाई जाती है?

उत्तर– कोडरमा

801. किसकी मध्यस्थता से 1928 ई. में टाटा मजदूरों की करीब साढ़े तीन महीने लंबी हड़ताल समाप्त हो सकी?

उत्तर– सुभाषचंद्र बोस

802. जाबरा पहाड़िया किसका उर्फ नाम था?

उत्तर– तिलका माँझी

803. कनाडा डैम का निर्माण किस देश की सहायता से किया गया है?

उत्तर– कनाडा

804. अरहर की खेती किस जिले में सर्वाधिक की जाती है?

उत्तर- पलामू

805. झारखंड का कुल जन संसाधन कितने घनमीटर अनुमानित है?

उत्तर- 28,781

806. झारखंड में असहयोग आंदोलन की शुरुआत किस तरह हुई थी?

उत्तर- राँची हड़ताल से

807. कुल कृषि भूमि के सिंचित क्षेत्र का प्रतिशत कितना है?

उत्तर- 8

808. राज्य में कितने प्रतिशत संरक्षित वन हैं?

उत्तर- 18.58

809. झारखंड का सबसे ऊँचा पर्वत कौन सा है?

उत्तर- पारसनाथ

810. दलमा पहाड़ी कहाँ है?

उत्तर- जमशेदपुर

811. खनिज उत्पादन की दृष्टि से झारखंड का भारत में कौन सा स्थान है?

उत्तर- प्रथम

812. झारखंड में कोयला निकालनेवाली पहली कंपनी कौन सी थी?

उत्तर- बंगाल कोल कंपनी

813. महामाया मंदिर (908 ई.) के प्रथम पुरोहित हरिनाथ थे, वे कैसे ब्राह्मण थे?

उत्तर- मराठा ब्राह्मण

814. पलामू के चेरो वंश की स्थापना कब हुई?

उत्तर- 16वीं सदी ई. में

815. किसने मुगल-अफगान संघर्ष (1530-40) के दौरान झारखंड क्षेत्र का कई बार उपयोग किया?

उत्तर- शेरशाह

816. किस विद्रोह को अंग्रेजों ने 'गंगा नारायण का हंगामा' की संज्ञा दी?

उत्तर- भूमिज विद्रोह

817. किसे 'हजारीबाग का जतिन बाघा' कहा जाता है?

उत्तर- राम विनोद सिंह

818. संविधान सभा में छोटानागपुर के कौन से आदिवासी नेता सदस्य थे?

उत्तर- जयपाल सिंह

819. झारखंड का सर्वाधिक वन भूमिवाला जिला कौन सा है?

उत्तर– पश्चिमी सिंहभूम

820. टेल्को (टाटा इंजीनियरिंग ऐंड लोकोमोटिव कंपनी) कहाँ स्थित है?

उत्तर– जमशेदपुर

821. झारखंड में किस धर्म को माननेवालों की संख्या सर्वाधिक है?

उत्तर– हिंदू

822. झारखंड का सबसे बड़ा संसदीय क्षेत्र कौन सा है?

उत्तर– पश्चिमी सिंहभूम

823. पाँच परगना क्षेत्र में प्रचलित भाषा का क्या नाम है?

उत्तर– पंचपरगनिया

824. झारखंड सरकार की घोषणा के तहत स्वतंत्रता सेनानियों की पेंशन राशि 3,000 रुपए से बढ़ाकर कितनी कर दी गई है?

उत्तर– 5,000 रुपए

825. 2011 की जनगणना के अनुसार झारखंड की आबादी कितनी है?

उत्तर– 3 करोड़ 29 लाख

826. झारखंड क्षेत्र स्वायत्त परिषद् का गठन कब हुआ?

उत्तर– 9 अगस्त, 1994

827. भाद्र महीने के शुक्ल पक्ष के 11वें दिन कौन सा त्योहार मनाते हैं?

उत्तर– करम

828. जनसंख्या की दृष्टि से झारखंड का कौन सा प्रमंडल सबसे बड़ा है?

उत्तर– उत्तरी छोटानागपुर

829. झारखंड का सबसे प्रसिद्ध लोक नृत्य क्या है?

उत्तर– छऊ नृत्य

830. झारखंड का सर्वाधिक वर्षा का क्षेत्र कौन सा है?

उत्तर– नेतरहाट का पठार

831. कंपनी काल में झारखंड की कौन सी जनजाति 'लड़ाका कोल' के नाम से प्रसिद्ध थी?

उत्तर– हो

832. रजरप्पा स्थित छिन्नमस्तिका मंदिर क्या है?

उत्तर– तांत्रिक पीठ

833. सफाहोड़ आंदोलन का नेतृत्व किसने किया?

उत्तर– लाल हेंब्रम (लाल बाबा)

834. बिरसा आंदोलन का मुख्य केंद्र कहाँ था?

उत्तर– खूँटी

835. झारखंड भारत के किस भाग में स्थित है?

उत्तर– उत्तर-पूर्वी

836. पतरातु ताप विद्युत् गृह किस जिले में स्थित है?

उत्तर– रामगढ़

837. मुरी किस उद्योग का एक प्रमुख केंद्र है?

उत्तर– एल्युमीनियम

838. झारखंड का न्यूनतम अनुसूचित जनजाति प्रतिशतवाला जिला कौन सा है?

उत्तर– कोडरमा

839. झारखंड विधानसभा में अनुसूचित जनजातियों के लिए कितनी सीटें आरक्षित हैं?

उत्तर– 28

840. राज्य का उच्चतम विधि अधिकारी कौन होता है?

उत्तर– महाधिवक्ता

841. सरहुल पर्व किस दिन मनाया जाता है?

उत्तर– चैत महीने के शुक्ल पक्ष की तृतीया को

842. किस भाषा के लिए ओलचिकी लिपि आविष्कृत की गई है?

उत्तर– संथाली

843. झारखंड का प्रथम अशोक चक्र प्राप्तकर्ता कौन थे?

उत्तर– रणधीर वर्मा

844. झारखंड राज्य में कहाँ साइंस सिटी की स्थापना की गई है?

उत्तर– राँची

845. झारखंड के किस स्थान पर 500 फीट ऊँचा भुवनेश्वरी मंदिर स्थित है?

उत्तर– जमशेदपुर

846. झारखंड का कुल कितने प्रतिशत क्षेत्र वन क्षेत्र के अधीन आता है?

उत्तर– 29.95 प्रतिशत

847. झारखंड की प्रथम कैबिनेट महिला मंत्री कौन थी?

उत्तर– जोबा माँझी

848. किसने 1778 ई. में झारखंड क्षेत्र के प्रशासन हेतु एक वृहद् योजना प्रस्तुत की?

उत्तर– रॉबट ब्राॅउन

849. सन् 1779 ई. में झारखंड में पहली बटालियन कहाँ स्थापित की गई थी?

उत्तर- रामगढ़

850. झारखंड में स्थापित पहली बटालियन का प्रशासक किसे नियुक्त किया गया था?

उत्तर- चैपमेन

851. घासी सिंह किस पीर का नेता था?

उत्तर- गुमला पीर

852. कोल विद्रोह के समय कर्रा स्टेट के मैनेजर कौन थे?

उत्तर- जग्गू दीवान

853. खरसावाँ के ठाकुर ने गंगा नारायण के सिर को काटकर किस अंग्रेज अधिकारी के पास भेजा था?

उत्तर- कैप्टन विलकिंसन

854. झारखंड क्षेत्र का पहला नागरिक प्रशासक कौन था?

उत्तर- कैप्टन विलकिंसन

855. संथाल विद्रोह का दमन किसने किया था?

उत्तर- जनरल लाईड

856. कार्ल मार्क्स ने किस विद्रोह को 'भारत की प्रथम जनक्रांति' कहा था?

उत्तर- संथाल विद्रोह

857. संथाल परगना के प्रथम उपायुक्त कौन थे?

उत्तर- सर ऐशली एडेन

858. संथाल परगना में किस वर्ष पुलिस रूल (युल रूल) की व्यवस्था की गई?

उत्तर- 1856 ई.

859. सफाहोड़ आंदोलन कब प्रारंभ हुआ?

उत्तर- 1870 ई.

860. बिरसा मुंडा ने धर्मांतरण कब कराया था?

उत्तर- 7 मई, 1886

861. 1857 ई. के क्रांति के समय छोटानागपुर का कमिश्नर कौन था?

उत्तर- डाल्टन

862. 1857 ई. के विद्रोह के समय धनबाद का उपायुक्त कौन थे?

उत्तर- कैप्टन ओकस

863. सफाहोड़ आंदोलन के जन्मदाता कौन थे?

उत्तर- लाल हेम्ब्रम उर्फ लाल बाबा

864. बिरसा की सेनापति कौन थे?

उत्तर- गया मुंडा

865. मुक्ति वाहिनी सेना का सेनापति किसे नियुक्त किया गया?

उत्तर- पांडे गणपत राय

866. झारखंड आंदोलन का जन्मदाता किसे माना जाता है?

उत्तर- जे. बार्थोलमन

867. विनोद बिहारी महतो ने किस समाज की स्थापना की थी?

उत्तर- शिवाजी समाज

868. शिबू सोरेन ने किस समाज की स्थापना की थी?

उत्तर- सोनोत संथाल समाज

869. बाईबल का संथाली में अनुवाद किसने किया?

उत्तर- रेव रेंड कैनोन कोल

870. बिरसा मुंडा ने धर्मांतरण कहाँ कराया था?

उत्तर- चाईबासा के लुथरन मिशन में

871. ईसाई धर्म में दीक्षित होने के बाद बिरसा मुंडा का नाम क्या रखा गया?

उत्तर- दाऊद

872. मुक्ति वाहिनी सेना के संस्थापक कौन थे?

उत्तर- ठाकुर विश्वनाथ सहदेव

873. डॉ. कैंपवेल को कौन सी उपाधि से विभूषित किया गया?

उत्तर- कैसर-ए-हिंद एवं संथालों का देवदूत

874. बाईबल का हिंदी में अनुवाद किसने किया?

उत्तर- फादर कामिल बुल्के

875. बाईबल का नागपुरी में अनुवाद किसने किया?

उत्तर- पी. इड्रनेस

876. लालबाबू के नाम से कौन जाने जाते हैं?

उत्तर- राधाकृष्ण

877. बड़ी दादी के नाम से कौन जानी जाती है?

उत्तर- सरोजा अय्यर

878. सिस्टर निर्मला के नाम से कौन जानी जाती हैं?

उत्तर- कुसुम जोशी

879. झारखंड का एक मात्र योद्धा कौन है, जिन्हें मरणोपरांत सर्वोच्च सम्मान परमवीरचक्र से सम्मानित किया गया है?

उत्तर- अल्बर्ट एक्का

880. पद्मश्री से सम्मानित केदार नाथ साहू का संबंध किस नृत्य से है?

उत्तर- छऊ नृत्य

881. विश्व युवा शतरंज प्रतियोगिता जीतने वाला झारखंड का पहला खिलाड़ी कौन है?

उत्तर- दीप सेनगुप्ता

882. बरसो पानी गुफा कहाँ स्थित है?

उत्तर- बड़कागाँव (हजारीबाग)

883. हिजला मेला किस नदी के तट पर लगता है?

उत्तर- मयूराक्षी नदी के

884. हिजला मेला प्रारंभ कराने का श्रेय किसे है?

उत्तर- कास्टैयर्स को (1890)

885. रोहिलो का किला कहाँ स्थित है?

उत्तर- जपला, पलामू

886. बादम किला कहाँ स्थित है?

उत्तर- हजारीबाग

887. पालकोट राजमहल कहाँ स्थित है?

उत्तर- गुमला

888. झारखंड विजन, 2010 में कितने सूत्र हैं?

उत्तर- 27

889. झारखंड राज्य में कहाँ साइंस सिटी की स्थापना की जा रही है?

उत्तर- राँची

890. सैनिक स्कूल तिलैया की स्थापना कब एवं किसने की थी?

उत्तर- 16 सितंबर, 1963, ले. कर्नल एल.ई.जी. स्मिथ ने

891. झारखंड में सेंट्रल जेल की संख्या कितनी है?

उत्तर- 5

8992. राँची संग्रहालय की स्थापना कब हुई?

उत्तर- 1972 ई.

893. झारखंड के किस जिले को राष्ट्रीय साक्षरता मिशन पुरस्कार दिया गया?

उत्तर- पाकुड़

894. टाना भगत लैंड रेस्टोरेशन ऐक्ट किस वर्ष बनाई गई थी?

उत्तर- 1947 ई.

895. सविनय अवज्ञा आंदोलन के दौरान गिरफ्तार स्वतंत्रता सेनानी मोपना माँझी और केतन महतो की मौत कहाँ हुई थी?

उत्तर- पटना कैंप जेल

896. स्वतंत्रता आंदोलन के दौरान किस जनजातीय नेता ने 1929 ई. में किसान सभा का गठन किया था?

उत्तर- ठेबले उराँव

897. संथाली लिपि ओलचिकी के आविष्कारक कौन हैं?

उत्तर- रघुनाथ मुर्मू

898. झंझाइन लोकगीत महिलाएँ किस अवसर पर गाती हैं?

उत्तर- जन्म के समय

899. कोहबर चित्रकारी में कोहबर का क्या अर्थ होता है?

उत्तर- गुफा में विवाहित जोड़ा

900. दक्षिणी छोटानागपुर प्रमंडल में कितने जिले सम्मिलित हैं?

उत्तर- 5

Set-1

1. झारखंड में चुआड़ विद्रोह कहाँ हुआ?

उत्तर- वीरभूम

2. किस वृक्ष को 'पर्णपाती (पतझड़) वनों का राजा' कहा जाता है?

उत्तर- साल

3. झारखंड का प्रथम जनजातीय विद्रोह कौन सा था?

उत्तर- रमना आहड़ी

4. विद्यायक टेकलाल महतो ने, जिनकी मृत्यु सितंबर 2012 में हुई, एक अलग राज्य के रूप में झारखंड की स्थापना में एक महत्त्वपूर्ण भूमिका निभाई थी। वे किस विधानसभा क्षेत्र से जन प्रतिनिधि थे?

उत्तर- मांडु (रामगढ़)

5. पहाड़िया विद्रोह में कहाँ की रानी ने सहयोग दिया?

उत्तर- महेशपुर की रानी

6. कौन सा फल 'अमृत फल' कहलाता है?

उत्तर- आम

7. चेरो व्रिदोह के नेतृत्वकर्ता भेखन सिंह को किस वर्ष फाँसी दी गई?

उत्तर- 1802

8. मुहम्मद-बिन-तुगलक के सेनापति मलिक बया (संथाली स्रोत के अनुसार इब्राहिम अली) ने हजारीबाग क्षेत्र पर आक्रमण कब किया था?

उत्तर- 1340 ई. में

9. पलामू परगना को नीलाम करने के पश्चात् अंगेजों ने इसके शासन की जिम्मेवारी भारदेव के किस राजा को दी थी?

उत्तर- घनश्याम सिंह

10. दिल्ली का वह सुल्तान कौन था, जिसने हजारीबाग में एक बड़े इलाके को जीतकर सतगाँवा को इस विजित क्षेत्र की राजधानी बनाया था?

उत्तर- फिरोज तुगलक

11. भारदेव के राजा घनश्याम सिंह एवं ब्रिटिश कंपनी के विरुद्ध 1817 ई. में किस जनजाति ने विद्रोह किया?

उत्तर- चेरो

12. छोटानागपुर के हो लोगों ने किस वर्ष जबरदस्त विद्रोह किया?

उत्तर- 1820-21 ई.

13. किसने अपने सैन्य दल को झारखंड तक भेजा और 'झारखंडी सुल्तान' (अर्थात् जंगल का राजा) की पदवी धारण की?

उत्तर- आदिल खान II

14. हो विद्रोह किस क्षेत्र में हुआ?

उत्तर- सिंहभूम

15. भारत छोड़ो आंदोलन (1942) के दौरान जयप्रकाश नारायण अपने पाँच साथियों के साथ किस जेल से पलायन करने में सफल रहे?

उत्तर- हजारीबाग जेल

16. भारत छोड़ो आंदोलन (1942) के दौरान हजारीबाग की सरस्वती देवी को गिरफ्तार कर किस जेल में नजरबंद किया गया?

उत्तर- भागलपुर जेल

17. मानभूम झंडा सत्याग्रह किस वर्ष हुआ?

उत्तर- 1945 ई.

18. क्रिश्चियन स्टूडेंट्स ऑर्गेनाइजेशन (1912 ई.) की स्थापना किसने की?

उत्तर- जे. बारथोलोमेन

19. छोटानागपुर उन्नति समाज (1915 ई.) के संस्थापक कौन थे?

उत्तर- जूएल लकड़ा

20. कँवर जनजाति में वधू-मूल्य को क्या कहा जाता है?

उत्तर- सुकदाम

Set-2

1. छोटानागपुर संथाल परगना आदिवासी सभा (1938 ई.) के संस्थापक कौन थे?

उत्तर- थियोडोर सुरीन

2. संविधान सभा में छोटानागपुर के कौन से आदिवासी नेता सदस्य थे?

उत्तर- जयपाल सिंह

3. छोटानागपुर संयुक्त संघ (1954 ई.) की स्थापना किसने की?

उत्तर- सुखदेव महतो

4. टाना भगत आंदोलन की शुरुआत कब हुई?

उत्तर- अप्रैल 1914

5. विशुद्ध गांधीवादी तरीके से लड़ा गया पहला आदिवासी अहिंसक आंदोलन कौन सा था?

उत्तर- टाना भगत आंदोलन

6. हरिबाबा आंदोलन (1931 ई.) के प्रणेता का मूल नाम क्या था?

उत्तर- दुका हो

7. 1857 के विद्रोह के क्रम में झारखंड में सर्वप्रथम कहाँ के सैनिकों ने 12 जून, 1857 को विद्रोह किया?

उत्तर- रोहिणी

8. ओरमाँझी के जमींदार उमराव सिंह एवं उनके दीवान शेख भिखारी को 8 जनवरी, 1858 ई. को कहाँ फाँसी दी गई?

उत्तर- राँची

9. 1857 के विद्रोह के दौरान पंचेत के राजा नीलमणि सिंह को गिरफ्तार कर कहाँ भेज दिया गया?

उत्तर- अलीपुर जेल (कोलकाता)

10. 1857 की क्रांति में संपूर्ण सिंहभूम क्षेत्र में क्रांतिकारियों के प्रमुख नेता कौन थे?

उत्तर- राजा अर्जुन सिंह

11. किसे 'हजारीबाग का जतिन बाघा' कहा जाता है?

उत्तर- राम विनोद सिंह

12. बिहार के मुगल सूबेदार इतिकाद खाँ ने पलामू के चेरोवंशी शासक प्रताप राय के विरुद्ध आक्रमण और संधि कब की?

उत्तर- 1643-44 ई. में

13. दक्षिण-पश्चिम सीमांत एजेंसी के प्रथम एजेंट कौन थे?

उत्तर- कैप्टन विलकिंसन

14. झारखंड क्षेत्र का पहला नागरिक प्रशासक कौन था?

उत्तर- कैप्टन विलकिंसन

15. भूमिज विद्रोह का नेतृत्व किसने किया?

उत्तर- गंगा नारायण सिंह

16. 1660 ई. में बिहार के किस मुगल सूबेदार ने पलामू किले पर आक्रमण कर उसे जीता?

उत्तर- दाउद खाँ

17. भूमिज विद्रोह कहाँ हुआ?

उत्तर- सिंहभूम मानभूम

18. भूमिज विद्रोह का नायक गंगा नारायण सिंह किसका पुत्र था?

उत्तर- लक्ष्मण सिंह

19. गोंड जनजाति द्वारा की जाने वाली स्थानांतरित कृषि को क्या कहा जाता है?

उत्तर- दीपा या बेवार

20. करमाली जनजाति किस नदी को पवित्र नहीं मानते हैं?

उत्तर- दामोदर नदी

Set-3

1. 1697 ई. में किस मुगल सूबेदार ने राजमहल में लूट-पाट करनेवाले एवं नगर पर कब्जा करनेवाले विद्रोहियों शोभा सिंह (बंगाल) एवं रहीम खाँ (उड़ीसा) का दमन किया?

उत्तर- जबरदस्त खाँ

2. भूमिज विद्रोह का मुख्य कारण क्या था?

उत्तर- कंपनी द्वारा जमींदारों पर अत्यधिक राजस्व थोपना

3. राजमहल फॉसिल अभयारण्य कहाँ है?

उत्तर- साहेबगंज

4. बेतला नेशनल पार्क किसलिए प्रसिद्ध है?

उत्तर- शेर संरक्षण के लिए

5. स्वर्णरेखा नदी घाटी परियोजना की शुरुआत किस पंचवर्षीय योजना के दौरान हुई?

उत्तर– पाँचवीं

6. दक्षिणी छोटानागपुर का मुख्यालय कहाँ है?

उत्तर– राँची

7. बड़े उद्योग के अंतर्गत इनमें से कौन है?

उत्तर– लौह इस्पात उद्योग

8. झारखंड की उप राजधानी कहाँ स्थित है?

उत्तर– दुमका

9. जुबली पार्क कहाँ है?

उत्तर– जमशेदपुर

10. तोपचाँची झील कहाँ स्थित है?

उत्तर– धनबाद

11. झारखंड के प्रथम राज्यपाल कौन हैं?

उत्तर– प्रभात कुमार

12. झारखंड में सर्वाधिक वनाच्छादित जिला कौन सा है?

उत्तर– चतरा

13. झारखंड में लगभग कितनी जनजातियाँ निवास करती हैं?

उत्तर– 32

14. किस जिले में सर्वाधिक अबरक पाई जाती है?

उत्तर– कोडरमा

15. पतरातू परियोजना किस नदी पर आधारित है?

उत्तर– नलकारी

16. जनजातीय देवता 'औतगा' का संबंध किससे है?

उत्तर– शिकार

17. झारखंड के प्रथम लोकायुक्त कौन थे?

उत्तर– लक्ष्मण उराँव

18. सौरिया तथा माल पहाड़िया जनजातियों के बीच स्त्री धन या दहेज के रूप में ली जानेवाली रकम क्या कहलाती है?

उत्तर– बंदी

19. 'मृदा शोध एवं अनुसंधान संस्थान' कहाँ स्थित है?

उत्तर– हजारीबाग

20. 1805 में 23 परगनों एवं महालों को मिलाकर झारखंड क्षेत्र में एक जंगल महाल का निर्माण किया गया, उसका मुख्यालय कहाँ था?

उत्तर- बाँकुड़ा

Set-4

1. राँची स्थित जगन्नाथपुर मंदिर की स्थापना कब हुई थी?

उत्तर- 1891

2. बोकारो स्टील संयंत्र से उत्पादन किस वर्ष से प्रारंभ हुआ था?

उत्तर- 1971

3. टाना भगत आंदोलन के जनक कौन थे?

उत्तर- जतरा भगत

4. रामगढ़ राज्य की स्थापना 1368 ई. में किसने की थी?

उत्तर- बाघदेव सिंह

5. पालकोट अभयारण्य कहाँ स्थित है?

उत्तर- गुमला

6. डोलोमाइट का सबसे अधिक उत्पादन करनेवाला जिला कौन है?

उत्तर- पलामू

7. दशम जलप्रपात किस जिले में है?

उत्तर- राँची

8. बोकारो स्टील प्लांट किस पंचवर्षीय योजना के अंतर्गत स्थापित हुआ?

उत्तर- तृतीय

9. कोयला उत्पादन में झारखंड का भारत में कौन सा स्थान है?

उत्तर- प्रथम

10. झारखंड की दूसरी सबसे बड़ी जनजाति कौन सी है?

उत्तर- उराँव

11. 'सिंगबोंगा' किस जनजाति के प्रमुख देवता हैं?

उत्तर- असुर

12. झारखंड का सबसे बड़ा राष्ट्रीय राजमार्ग कौन सा है?

उत्तर- एन.एच.- 33

13. रत्नगर्भा किसे कहते हैं?

उत्तर- झारखंड

14. क्षेत्रफल की दृष्टि से झारखंड का भारत में कौन-सा स्थान है?

उत्तर- 15वाँ

15. झारखंड का सर्वाधिक साक्षरता वाला जिला कौन सा है?

उत्तर- जमशेदपुर

16. मुगलकाल में झारखंड को क्या कहा जाता था?

उत्तर- खुखरा प्रदेश

17. मूल्य की दृष्टि से भारत के कुल खनिज उत्पादन का कितना प्रतिशत झारखंड द्वारा उत्पादित होता है?

उत्तर- 26

18. चेर राजाओं की राजधानी कहाँ थी?

उत्तर- पलामू

19. कोयला भंडार में झारखंड का कौन सा स्थान है?

उत्तर- पहला

20. घघरी जलप्रपात कहाँ है?

उत्तर- नेतरहाट

Set-5

1. उत्पादन की दृष्टि से झारखंड में सबसे बड़ी कोयला की खान कौन है?

उत्तर- कर्णपूरा

2. संथाली किस भाषा-परिवार की भाषा है?

उत्तर- मुंडा/आस्ट्रिक

3. 1855 में संथालों ने किस अंग्रेज कमांडर को हराया?

उत्तर- मेजर बरो

4. बिरसा मुंडा ने किसे अपने आंदोलन की राजनीतिक शाखा का प्रमुख बनाया?

उत्तर- दानका मुंडा

5. बिरसा मुंडा की सेना के सेनापति कौन थे?

उत्तर- गया मुंडा

6. मुंडा विद्रोह में महत्त्वपूर्ण भूमिका निभानेवाली माकी किसकी पत्नी थी?

उत्तर- गया मुंडा की

7. किस स्थान पर अंग्रेजों ने जालियाँवाला बाग की तर्ज पर गोलियाँ बरसाई थीं?

उत्तर- डोंबारी पहाड़

8. किसने कहा, "संथाल विद्रोह भारत की प्रथम जनक्रांति थी, जो अंग्रेजी हुकूमत को तो नहीं उखाड़ सकी, पर सफाहोड़ आंदोलन को जन्म देने का कारण जरूर बन गई?"

उत्तर- कार्ल मार्क्स

9. बिरसा मुंडा का निधन किस तिथि को हुआ?

उत्तर- 9 जून, 1900

10. देवमनिया नामक महिला किस आंदोलन से जुड़ी थी?

उत्तर- टाना भगत

11. बिरसा मुंडा का जन्म कहाँ हुआ था?

उत्तर- उलिहातू

12. टाना भगत सर्वप्रथम राष्ट्रीय आंदोलन से कब जुड़े?

उत्तर- असहयोग आंदोलन

13. बिरसा मुंडा के बचपन का नाम क्या था?

उत्तर- दाउद मुंडा

14. किसने टाना भगतों को प्रिय अनुयायी के नाम से संबोधित किया?

उत्तर- महात्मा गांधी ने

15. राज्य की कार्यपालिका का प्रधान कौन होता है?

उत्तर- राज्यपाल

16. किस आदिवासी आंदोलन में परंपरागत अर्थात् झूम खेती की तरफ लौटने का आह्वान किया गया?

उत्तर- टाना भगत आंदोलन

17. राज्य की वास्तविक कार्यपालिका का प्रधान कौन होता है?

उत्तर- मुख्यमंत्री

18. बिरसा मुंडा ने किस वर्ष अपने को सिंगबोंगा का दूत (पैगंबर के समतुल्य) घोषित किया?

उत्तर- 1895

19. 'हाथों से बने कपड़ों का जनक' किस जनजाति को कहा जाता है?

उत्तर- चीक बड़ाईक

20. किस जनजाति में नर बलि की प्रथा पाई जाती थी?

उत्तर- चीक बड़ाईक

Set-6

1. सोन नदी झारखंड में कहाँ प्रवेश करती है?

उत्तर- गढ़वा के पास

2. झारखंड में पाए जानेवाले अभ्रक को क्या कहा जाता है?

उत्तर- रूबी वेरापटी

3. कौन-सी जनजाति केवल झारखंड में है?

उत्तर- मुंडा

4. राज्य में राष्ट्रीय राजमार्ग की लंबाई कितने किलोमीटर है?

उत्तर- 2146.47

5. जनसंख्या की दृष्टि से झारखंड की सबसे बड़ी जनजाति कौन है?

उत्तर- संथाल

6. राज्य में राजकीय उच्च मार्ग कितने किलोमीटर है?

उत्तर- 1886.40

7. झारखंड निवासी ललित मोहन राय का नाम किस क्षेत्र से जुड़ा है?

उत्तर- संगीत

8. राज्य में जिला सड़कों की लंबाई कितने किलोमीटर है?

उत्तर- 5880.89

9. संथाली, मुंडारी, हो तथा खड़िया मुंडा भाषा परिवार के हैं। उराँव (कुडुख), कोरमा तथा पहाड़िया (माल्टो) किस परिवार के हैं?

उत्तर- द्रविड़ भाषा परिवार के

10. दीपिका कुमारी ने 2010 के राष्ट्रमंडल खेल में स्वर्ण पदक जीता। उन्हें कहाँ प्रशिक्षण दिया गया?

उत्तर- टाटा धनुर्विद्या अकादमी

11. 'तिलैया डैम' किस नदी पर स्थित है?

उत्तर- बराकर

12. 1820 में मेजर रफसेज के कोल्हान क्षेत्र में प्रवेश के पश्चात् किस नदी के तट पर हो जनजाति एवं अंग्रेजी सेना में लड़ाई हुई, जिसमें अंग्रेज विजयी हुए?

उत्तर- दोरो नदी

13. झारखंड में प्रखंडों की कुल संख्या कितनी है?

उत्तर- 260

14. संथालों में गाँव के प्रधान को क्या कहा जाता है?

उत्तर- माँझी

15. हूल दिवस किस तिथि को मनाया जाता है?

उत्तर- 30 जून

16. सफाहोड़ आंदोलन का प्रारंभ कब हुआ था?

उत्तर- 1870 ई.

17. संथालों में वर पक्ष की ओर से वधू पक्ष को दिया जानेवाला वधू मूल्य कहलाता है?

उत्तर- पोन

१८. चेरो जनजाति में विवाह के दो प्रमुख तरीके कौन-कौन से हैं?

उत्तर- ढोला विवाह एवं चढ़ा विवाह

19. किस जनजाति को बनुकर जनजाति माना जाता है?

उत्तर- चकी बड़ाईक

20. बैगा जनजाति में ग्राम संगठन के मुखिया को क्या कहा जाता है?

उत्तर- मूकद्दम

Set-7

1. किसने 13 जनवरी, 1784 ई. को अंग्रेज पुलिस अधिकारी ऑगस्टल क्लिवलैंड को तीर से मार गिराया?

उत्तर- तिलका माँझी

2. ऑल इंडिया झारखंड पार्टी (1967) के संस्थापक कौन थे?

उत्तर- बागुन सुंब्रई

3. अखिल भारतीय आदिवासी विकास परिषद् (1968 ई.) की स्थापना किसने की?

उत्तर- कार्तिक उराँव

4. हुल झारखंड पार्टी/क्रांतिकारी झारखंड पार्टी (1969) के संस्थापक कौन थे?

उत्तर- जस्टिन रिचर्ड

5. झारखंड एरिया ऑटोनॉमस काउंसिल (जैक) का गठन कब किया गया था?

उत्तर- 9 अगस्त, 1995

6. बिहार राज्य पुनर्गठन विधेयक 2000 ई. पर राष्ट्रपति के.आर. नारायणन ने कब हस्ताक्षर किए?

उत्तर- 25 अगस्त, 2000

7. इस्को गुफा कहाँ है?

उत्तर– हजारीबाग

8. फर्गुसन को सिंहभूम पर आक्रमण करने का काम किस वर्ष सौंपा गया था?

उत्तर– 1767 ई.

9. भारत में लाह के उत्पादन में झारखंड का स्थान कौन सा है?

उत्तर– पहला

10. राष्ट्रीय जी.डी.पी. (2007) में झारखंड का योगदान कितना है?

उत्तर– 2.6 प्रतिशत

11. राँची के निकट अवस्थित हुंडरू जलप्रपात की ऊँचाई कितनी है?

उत्तर– 75 मीटर

12. निम्न में से कौन सी स्वणरिखा नदी की मूल जगह है?

उत्तर– छोटानागपुर पठार

13. भूमिज विद्रोह के नेता कौन थे?

उत्तर– गंगा नारायण सिंह

14. बिंझिया जनजाति में वधू-मूल्य को क्या कहा जाता है?

उत्तर– डाली कटारी

15. कौन सी ऐसी जनजाति है, जो हड़िया नहीं पीते हैं?

उत्तर– बिंझिया

16. बिरजिया के दो उप भाग कौन-कौन से हैं?

उत्तर– दूध बिरजिया और रस बिरजिया

17. बिरहोर की बस्ती को क्या कहा जाता है?

उत्तर– टंडा

18. बिरहोर जनजाति के दो उपवर्ग कौन-कौन से हैं?

उत्तर– उथलू या भूलिया (घुमक्कड़) और जांघी या थानिया (अधिवासी कृषक)

19. बिरहोर जनजाति के प्रमुख नृत्य कौन-कौन से हैं?

उत्तर– डोंग, लागरी एवं मुतकर नृत्य

20. बैगा जनजाति किस पशु को पवित्र मानते हैं?

उत्तर– बाघ

Set-8

1. गोल्डेन लीग नामक संस्था, जो विदेशी वस्तुओं के बहिष्कार एवं स्वदेशी आंदोलन के लिए काम करती थी, की स्थापना कहाँ की गई?

उत्तर– देवघर

2. राष्ट्रीय आंदोलन के दौर में कहाँ से तलाशी के दौरान अंग्रेजों को हथियार एवं गोला–बारूद मिले?

उत्तर– रोहिणी ग्राम

3. किसने 1917 में राँची में अंजुमन इसलामिया एवं मदरसा इसलामिया की नींव रखी?

उत्तर– अबुल कलाम आजाद

4. बिरसा मुंडा आवास योजना किस वर्ग के लिए है?

उत्तर– आदिम जनजाति

5. पाइका क्या है?

उत्तर– नृत्य

6. हॉकी अकादमी कहाँ स्थापित है?

उत्तर– राँची

7. अभ्रक उत्पादन में झारखंड का देश भर में कौन सा स्थान है?

उत्तर– प्रथम

8. मुक्तिवाहिनी सेना के संस्थापक कौन थे?

उत्तर– ठाकुर विश्वनाथ शाहदेव

9. मुक्तिवाहिनी सेना का सेनापति किसे नियुक्त किया गया था?

उत्तर– पांडेय गणपत राय

10. मुक्तिवाहिनी सेना किसके संपर्क में थी?

उत्तर– बाबू कुँवर सिंह के

11. राज्य लोक सेवा आयोग के अध्यक्ष की नियुक्ति किसके द्वारा की जाती है?

उत्तर– राज्यपाल

12. चतरा युद्ध (2 अक्तूबर, 1857) के वे दो भागे हुए विद्रोही नेता कौन थे, जिन्होंने लोहरदगा के जंगलों में छिपकर अंग्रेजों के खिलाफ छापामार युद्ध किया तथा पलामू विद्रोहियों को प्रोत्साहित किया?

उत्तर– ठाकुर विश्वनाथ शाहदेव और पांडेय गणपत राय

13. स्वर्णरेखा नदी कहाँ से निकलती है?

उत्तर– नगड़ी राँची

14. असुर जनजाति का सर्वश्रेष्ठ देवता कौन है?

उत्तर– सिंगबोंगा

15. बनजारा जनजाति को किस वर्ष अनुसूचित जनजाति की श्रेणी में सम्मिलित किया गया?

उत्तर– 1956 ई.

16. बनजारा अपनी भाषा को क्या कहते हैं?

उत्तर– लंबाड़ी

17. आल्हा–उदल को वीर पुरुष के रूप में कौन सी जनजाति मानती है?

उत्तर– बनजारा

18. बथुड़ी जनजाति अपने को किस अन्य नाम से संबोधित करते हैं?

उत्तर– भूमिज

19. बथुड़ी जनजाति के जातीय पंचायत के मुखिया को क्या कहा जाता है?

उत्तर– देहरी

20. बेदिया जनजाति में विजातीय विवाह को क्या कहा जाता है?

उत्तर– ठुकुर ठेनी

Set-9

1. झारखंड की कौन सी नदी दक्षिण पूर्व की ओर प्रवाहित होती है?

उत्तर– स्वर्णरेखा

2. झारखंड की किस नदी के रेत में सोना पाया जाता है?

उत्तर– स्वर्णरेखा

3. मसाले की खेती किस जिले में सर्वाधिक की जाती है?

उत्तर– पलामू

4. जुमार, रारू, काँची, खरकाई एवं संजय किसकी सहायक नदी है?

उत्तर– स्वर्णरेखा

5. धनबाद एवं गिरिडीह किस नदी के तट पर बसे हुए हैं?

उत्तर– दामोदर नदी

6. सोन नदी कहाँ से निकलती है?

उत्तर– अमरकंटक की पहाड़ी

7. जिस परियोजना के तहत दो हजार हेक्टेयर से लेकर दस हजार हेक्टेयर से कम क्षेत्र में सिंचाई की व्यवस्था की जाती है, वह परियोजना क्या कहलाती है?

उत्तर– मध्यम

8. राँची पठार की औसत ऊँचाई कितनी है?

उत्तर- 600 मीटर

9. राँची पठार का निर्माण किससे हुआ है?

उत्तर- ग्रेनाइट एवं नीस

10. राँची एवं हजारीबाग के पठार को एक-दूसरे से कौन अलग करती है?

उत्तर- दामोदर नदी

11. राँची एवं हजारीबाग के पठार किनारे अवस्थित बाह्य पठार/निम्न पठार की औसत ऊँचाई कितनी है?

उत्तर- 300-450 मीटर

12. देवघर स्थित किस मकान का उपयोग क्रांतिकारी बम बनाने तथा अपने सहयोगियों को इस दिशा में प्रशिक्षित करने में किया करते थे?

उत्तर-शीलर बाड़ी

13. पंचायत समिति की स्थापना किस स्तर पर होती है?

उत्तर- प्रखंड स्तर पर

14. मानभूम झंडा सत्याग्रह किस वर्ष हुआ?

उत्तर- 1945 ई.

15. शीलरबाड़ी नामक मकान से किस वर्ष बम बनाने की सामग्रियाँ बरामद हुईं?

उत्तर- 1915 ई. में

16. महेशपुर राजा की रानी सर्वेश्वरी के नेतृत्व में अंग्रेजी कंपनी के शासन के विरुद्ध विद्रोह की शुरुआत किस वर्ष हुई?

उत्तर- 1781-82

17. किसने सुतियांबे के स्थान पर चुटिया को छोटानागपुर खास के नागवंशी राज्य की राजधानी बनाया?

उत्तर- प्रताप राय

18. राँची में आयोजित 12 फरवरी, 2011 से लेकर 26 फरवरी, 2011 तक चले 34वें भारतीय राष्ट्रीय खेल में झारखंड को कौन सा स्थान प्राप्त हुआ था?

उत्तर- 5वाँ

19. 'ईदी-मी' (ईदी-ताई-मा) विवाह किस जनजाति की अनोखी विवाह है?

उत्तर- असुर

20. असुर जनजाति में हड़िया को किस नाम से जाना जाता है?

उत्तर- बोथा या झरमुई

Set-10

1. अंग्रेजों ने किस विद्रोह को कुचलने हेतु उनकी भूमि को सन् 1824 ई. में दामिन-ए-कोह में परिवर्तित कर दिया?

उत्तर- पहाड़िया विद्रोह

2. झारखंड की किस नदी को देव नदी के नाम से भी जाना जाता है?

उत्तर- दामोदर नदी

3. कुल क्षेत्रफल के कितने प्रतिशत क्षेत्र में खेती होती है?

उत्तर- 22.68

4. झारखंड की एकमात्र कौन सी नदी स्वतंत्र रूप से बंगाल की खाड़ी में गिरती है ?

उत्तर- स्वर्णरेखा

5. स्वर्ण रेखा नदी की मूल जगह कहाँ है?

उत्तर- छोटानागपुर पठार

6. जमशेदपुर किस नदी के किनारे अवस्थित है?

उत्तर- स्वर्णरेखा-खरकाई

7. किस जेल में बिरसा मुंडा की मृत्यु हैजे से हुई?

उत्तर- राँची जेल

8. 1908 के छोटानागपुर काश्त अधिनियम ने किस पर रोक लगाई?

उत्तर- बेठ बेगारी पर

9. किसे 'धरती आबा' (धरती के पिता) कहा जाता है?

उत्तर- बिरसा मुंडा

10. टाना भगत आंदोलन की शुरुआत किसने की?

उत्तर- जतरा उराँव

11. चिर्रा, लावा, केदार तथा कोक किसकी सहायक नदियाँ हैं?

उत्तर- शंख

12. राज्य में वर्तमान मत्स्य उत्पादन कितने किलोग्राम प्रति हेक्टेयर प्रतिवर्ष है?

उत्तर- 1650

13. मोर/मयूराक्षी नदी का उद्गम स्थल कहाँ है?

उत्तर- तिउड़ पहाड़ी, देवघर

14. राज्य में सरकारी तालाबों की संख्या कितनी है?

उत्तर- 15496

15. मयूराक्षी नदी अपनी आरंभिक अवस्था में किस नाम से जानी जाती है?

उत्तर- मोतीहारी

16. कोल विद्रोह (1831-32) का तात्कालिक क्या कारण था?

उत्तर- गैर आदिवासियों द्वारा आदिवासी महिलाओं के साथ की गई बदसलूकी

17. खरवार आंदोलन का नेतृत्व किसने किया?

उत्तर- भागीरथ माँझी

18. 'धनबाद के सरदार' के नाम से कौन सी जनजाति जानी जाती है?

उत्तर- भूमिज

19. सबसे प्राचीन जनजाति कौन सी है, जो लौहकर्मी थे?

उत्तर- असुर

20. चामबंदी संस्कार किस जनजाति में पाई जाती है?

उत्तर- असुर

Set-11

1. भागीरथ माँझी ने अंगेजी शासन के प्रति कौन सी नीति अपनाई थी?

उत्तर- असहयोगात्मक

2. कोल विद्रोह (1831-32) का दमन किसने किया?

उत्तर- विलकिंसन

3. भागीरथ माँझी आदिवासियों में किस नाम से जाने जाते थे?

उत्तर- बाबा

4. वर्ष 1899-1900 की मुंडा क्रांति का नेता कौन था?

उत्तर- बिरसा मुंडा

5. बिरसा मुंडा को प्रथम बार कब गिरफ्तार किया गया?

उत्तर- 24 अगस्त, 1895 ई.

6. शेखर बोस किस खेल से संबंधित हैं?

उत्तर- बॉलीबॉल

8. झारखंड के किस जिले में जनसंख्या सर्वाधिक है?

उत्तर- राँची

9. जुबली पार्क कहाँ स्थित है?

उत्तर- जमशेदपुर

10. 'छोटानागपुर की रानी' किसे कहा जाता है?

उत्तर- नेतरहाट

11. राँची स्थित तंत्रिका मनोचिकित्सा एवं संबद्ध विज्ञान संस्थान की स्थापना कब हुई थी?

उत्तर- 1925

12. टाना भगत आंदोलन किस जनजाति से संबंधित था?

उत्तर- उराँव

13. किसने चुटिया के स्थान पर खुखरा को छोटानागपुर खासकर नागवंशी राज्य की राजधानी बनाया?

उत्तर- भीम कर्ण

14. दामिन-ए-कोह क्या है?

उत्तर- संथाल परगना के पूरे क्षेत्र की सरकारी संपत्ति के रूप में घोषणा।

15. किसने 1401 ई. घाघरा (गुमला जिला) में हापामुनि मंदिर (विष्णु मंदिर) का निर्माण करवाया?

उत्तर- शिवदास कर्ण

16. तमाड़ विद्रोह कब हुआ?

उत्तर- 1782 ई.

17. पारसनाथ अभयारण्य कहाँ स्थित है?

उत्तर- गिरिडीह

18. किसके समय वासुदेव (विष्णु) की मूर्ति कोरांबे में प्रतिष्ठापित की गई?

उत्तर- छत्र कर्ण

19. 1782 ई. में हुए तमाड़ विद्रोह का नेतृत्व किसने किया?

उत्तर- ठाकुर भोलानाथ सिह

20. पालकोट अभयारण्य कहाँ स्थित है?

उत्तर- गुमला

Set-12

1. किस वैष्णव संत ने 16वीं सदी के आरंभ में पंच परगना क्षेत्र में कुछ दिनों तक रुककर जनजातियों के बीच अपने मत का प्रचार किया?

उत्तर- चैतन्य महाप्रभु

2. 1782 ई. में हुए तमाड़ विद्रोह के समय नागवंशी राजा कौन था?

उत्तर- दर्पनाथ शाह

3. किसे 'गाँव में बसा शहर' कहा जाता है?

उत्तर- मैक्लुसकीगंज

4. 1952 ई. के बिहार विधानसभा चुनाव में किस पार्टी ने मुख्य विपक्षी दल का रुतबा प्राप्त किया था?

उत्तर– झारखंड पार्टी

5. झारखंड पार्टी का चुनाव चिह्न क्या था?

उत्तर– मुर्गा

6. किसे 'इस्पात नगरी' कहा जाता है?

उत्तर– जमशेदपुर को

7. राज्य पुनर्गठन आयोग की टीम राँची कब पहुँची थी?

उत्तर– 5 फरवरी, 1955 को

8. किसे 'कोयला नगरी' कहा जाता है?

उत्तर– धनबाद को

9. राज्य पुनर्गठन आयोग की टीम को झारखंड पार्टी ने अलग राज्य का प्रारूप पेश किया था, उस प्रस्ताव में क्या माँग थी?

उत्तर– बिहार के 7 जिले, उड़ीसा के 4 जिले एवं मध्य प्रदेश के 2 जिले शामिल हों।

10. भारत छोड़ो आंदोलन में 11 अगस्त, 1942 का हजारीबाग का जुलूस किसके नेतृत्व में निकला था?

उत्तर– सरस्वती देवी

11. भारत छोड़ो आंदोलन में किस तिथि को टाना भगतों के एक दल ने विशुनपुर का थाना जला दिया?

उत्तर– 18 अगस्त, 1942

12. भारत छोड़ो आंदोलन के दौरान रामानंद तिवारी के नेतृत्व में कहाँ के पुलिस दल ने विद्रोह किया था?

उत्तर– जमशेदपुर

13. रामानंद तिवारी ने मार्च 1942 में कहाँ पर इनकलाबी सिपाही दल बनाया, जिसमें 60 सदस्य थे?

उत्तर– जमशेदपुर

14. भिखना पहाड़ी के विनोदानंद झा को 11 अगस्त, 1942 को गिरफ्तार कर कहाँ भेजा गया था?

उत्तर– भागलपुर सेंट्रल जेल

15. झारखंड में लूथेरन चर्च का शिलान्यास कब हुआ था?

उत्तर– 18 नवंबर, 1855

16. 1908 के छोटानागपुर काश्त अधिनियम ने किस पर रोक लगाई?

उत्तर– बेठ बेगारी पर

17. झारखंड में रोमन कैथोलिक मिशन की शुरुआत कब हुई?

उत्तर– 1869 ई.

18. खड़िया जनजाति में सर्वाधिक लोकप्रिय विवाह कौन सा है?

उत्तर– ओलोलदाय या असल विवाह

19. खड़िया गाँव का नेता और संचालक को क्या कहा जाता है?

उत्तर– करटाहा

20. मुंडा-उराँव के पड़हा पंचायत की तरह खड़िया जनजाति में कार्य करनेवाली महासभा को क्या कहा जाता है?

उत्तर– डोकलो सोहर

Set-13

1. किसे 'धरती आबा' (धरती के पिता) कहा जाता है?

उत्तर– बिरसा मुंडा

2. 'इनसाइक्लोपीडिया मुंडारिका' के लेखक फादर हॉफमेन का संबंध किस मिशन से रहा है?

उत्तर– रोमन कैथोलिक मिशन

3. रोहिणी गाँव किस नदी के तट पर बसा हुआ है?

उत्तर– अजय

4. किसके नेतृत्व में टाना भगत असहयोग आंदोलन में भाग लेकर पहली बार स्वतंत्रता आंदोलन में शामिल हुए?

उत्तर– सिद्धू भगत

5. 'उलगुलान' (महाविद्रोह) किससे जुड़ा था?

उत्तर– बिरसा मुंडा

6. 1899-1900 के मुंडा क्रांति का नेता कौन था?

उत्तर– बिरसा मुंडा

7. मुंडा उलगुलान का तात्कालिक कारण क्या था?

उत्तर– 1894 का वन सुरक्षा कानून

8. साक्षरता दर के अनुसार झारखंड राज्य देश में किस स्थान पर है?

उत्तर– 32

9. 'जनजातीय शोध संस्थान' कहाँ स्थित है?

उत्तर– राँची

10. झारखंड में पूर्वी रेलवे का डिवीजन कार्यालय कहाँ है?

उत्तर– धनबाद

11. सबसे कम साक्षरता दर किस जिले में है?

उत्तर- पाकुड़

12. झारखंड में सर्वाधिक लिंगानुपात किस जिले का है?

उत्तर- कोडरमा

13. राँची विश्वविद्यालय की स्थापना किस वर्ष हुई थी?

उत्तर- 1960

14. झारखंड के किस एकमात्र जिला की सीमा उत्तर प्रदेश को छूती है?

उत्तर- गढ़वा

15. छत्तीसगढ़ से झारखंड के कितने जिले की सीमा छूती है?

उत्तर- 4 (गढ़वा, लातेहार, गुमला, सिमडेगा)

16. बिहार को झारखंड के कितने जिलों की सीमा छूती है?

उत्तर- 10

17. पश्चिम बंगाल को झारखंड के कितने जिलों की सीमा छूती है?

उत्तर- 10

18. कितने जिले की सीमा किसी राज्य को नहीं छूती है?

उत्तर- 2 (खूँटी, लोहरदगा)

19. खड़िया जनजाति के तीन अन्य प्रमुख वर्ग कौन-कौन से हैं?

उत्तर- पहाड़ी खड़िया, ढेलकी खड़िया और दूध खड़िया

20. 'लूट लाओ और कूट खाओ' की जिंदगी कौन जनजाति व्यतीत करती है?

उत्तर- खड़िया एवं बिरहोर जनजाति

Set-14

1. गोमिया विस्फोटक कारखाना झारखंड के किस जिले में स्थित है?

उत्तर- बोकारो

2. झारखंड में किस प्रकार के वन पाए जाते हैं?

उत्तर- अर्द्धपर्णपाती

3. राज्य में सड़क संपर्कवाले गाँवों की संख्या कितनी है?

उत्तर- 11666

4. सबसे कम वन किस जिले में हैं?

उत्तर- साहेबगंज

5. राज्य में सर्वप्रथम किस रेल मार्ग का निर्माण हुआ?

उत्तर- राजमहल से कोलकाता

6. देवड़ी मंदिर कहाँ है?

उत्तर- तमाड़

7. राज्य में रेलमार्ग की लंबाई कितनी है?

उत्तर- 1943 किमी.

8. राज्य में सर्वप्रथम किस जिले में हवाई अड्डे का निर्माण हुआ था?

उत्तर- राँची

9. हिंज रेखा कहाँ से गुजरती है?

उत्तर- राजमहल

10. झारखंड में ईसाइयों का प्रवेश कब हुआ?

उत्तर- 1845 ई.

11. राज्यपाल की नियुक्ति किसकी सलाह पर की जाती है?

उत्तर- प्रधानमंत्री

12. झारखंड में कौन पहला ईसाई मिशनरी आया?

उत्तर- गोस्सनर मिशन

13. राज्य में संवैधानिक संकट उत्पन्न होने की दशा में राज्यपाल भारतीय संविधान के किस अनुच्छेद के तहत राष्ट्रपति से उस राज्य में राष्ट्रपति शासन लागू करने की सिफारिश करता है?

उत्तर- अनुच्छेद-356

14. पालना डैम किस नदी पर है?

उत्तर- स्वर्णरेखा

15. मलूटी किस जिले में है?

उत्तर- दुमका

16. पूरब से पश्चिम झारखंड राज्य की लंबाई कितनी है?

उत्तर- 463 कि.मी.

17. झारखंड का सर्वाधिक सिंचित जिला कौन है?

उत्तर- देवघर

18. झारखंड में सिंचाई का प्रमुख स्रोत कौन सा है?

उत्तर- नहर

19. झारखंड में कितने अनुसूचित जिले हैं?

उत्तर- 15

20. झारखंड के कितने जिलों की सीमा ओड़िसा से लगती है?

उत्तर- 4 (सिमडेगा, पश्चिमी सिंहभूम, सरायकेला-खरसावाँ, पूर्वी सिंहभूम)

Set-15

1. झारखंड का सर्वाधिक साक्षर जिला कौन है?

उत्तर- पूर्वी सिंहभूम

2. किस विद्रोह को अंग्रेजों ने 'गंगा नारायण का हंगामा' की संज्ञा दी?

उत्तर- भूमिज विद्रोह

3. भूमिज विद्रोह (1833-34) का दमन किसने किया?

उत्तर- डेंट

4. संथाल विद्रोह का नेतृत्व किसने किया था?

उत्तर- सिद्धो एवं कान्हू

5. संथाल विद्रोह (1831-32) का तात्कालिक क्या कारण था?

उत्तर- भागलपुर-वर्दमान रेल परियोजना के तहत रेल बिछाने के काम में संथालों से बेगारी करवाना।

6. किस विद्रोह के नेताओं ने भविष्यवाणी की कि अब विदेशी शासन का अंत निकट है तथा ब्रिटिश व उसके समर्थक गंगा के पार लौट जाएँगे और आपस में लड़ मरेंगे।

उत्तर- संथाल विद्रोह

7. 1855 में संथालों ने किस अंग्रेज कमांडर को हराया?

उत्तर- मेजर बरो

8. वह क्षेत्र, जहाँ संथालों ने 1855-56 ई. में अपनी सरकार (आबुआ राज) की घोषणा की?

उत्तर- भागलपुर-वर्धमान

9. संथाल विद्रोह (1855-56) का दमन किसने किया?

उत्तर- कैप्टेन अलेक्जेंडर

10. संथाल विद्रोह कब हुआ था?

उत्तर- 1855

11. भाई-बहन के पवित्र प्रेम से संबंधित लोक नाट्य क्या है?

उत्तर- सामा-चकेवा

12. 6 अप्रैल, 1930 ई. को महात्मा गांधी ने जब नमक आंदोलन का श्रीगणेश किया तो इस आंदालेन का झारखंड के लोगों पर भी गहरा प्रभाव पड़ा। झारखंड में नमक सत्याग्रह का श्रीगणेश कब हुआ?

उत्तर- 13 अप्रैल, 1930

13. जमशेदपुर में नमक सत्याग्रह का नेतृत्व किसने किया?

उत्तर- ननी गोपाल मुखर्जी

14. मंडा पर्व का संबंध किस देवता से है?

उत्तर- महादेव (शिव)

15. संथाल परगना में किसके नृतत्व में वहाँ की महिलाओं ने नमक कानून को चुनौती दी?

उत्तर- शैलबाला राय

16. करमा पर्व किस दिन मनाया जाता है?

उत्तर- भादो महीने के शुक्ल पक्ष की एकादशी को

17. किसने घोषणा की, ''अबुआ राज एटेजाना, महारानी राज टुडू (अर्थात् अब मुंडा राज शुरू हो गया है और महारानी विक्टोरिया का राज' समाप्त हो गया है)?''

उत्तर- बिरसा मुंडा

18. राज्य में पहला वृत्तचित्र किस वर्ष बनाया गया था?

उत्तर- 1954

19. 'करमा' लोकनृत्य का संबंध किस राज्य से है?

उत्तर- झारखंड

20. उत्तर से दक्षिण झारखंड राज्य की लंबाई कितनी है?

उत्तर- 380 कि.मी.

Set-16

1. राज्य का पहला वृत्त चित्र किसके निर्देशन में बनाया गया था?

उत्तर- राधाकृष्ण

2. गौतमधारा जलप्रपात किस नदी पर है?

उत्तर- राढु नदी

3. झारखंड में बहनेवाली किस नदी को 'बंगाल का शोक' कहा जाता है?

उत्तर- दामोदर

4. राज्य में प्रति एक लाख की आबादी पर इंटरनेट कनेक्शनों की संख्या कितनी है?

उत्तर- 51

5. झारखंड में स्थापित पतरातु ताप विद्युत् संयंत्र किस देश के सहयोग से बना है?

उत्तर– सोवियत रूस

6. हजारीबाग में अंग्रेजों का प्रवेश किसके नेतृत्व में हुआ?

उत्तर– कैमक

7. भारत में सबसे पहले लोहा और इस्पात कारखाना कहाँ खुला था?

उत्तर– जमशेदपुर

8. रामगढ़ का कौन सा राजा शुरू से अंत तक अंग्रेजों का विरोध करता रहा?

उत्तर– मुकुंद सिंह

9. झारखंड में सबसे ऊँचा जलप्रपात कौन सा है?

उत्तर– लोध जलप्रपात

10. राज्य में कुल क्षेत्रफल में वन का प्रतिशत कितना है?

उत्तर– 29.61

11. गुमरो एवं ऐरो किसकी सहायक नदियाँ हैं?

उत्तर– ब्राहाणी

12. सर्वाधिक वनीय क्षेत्रवाला जिला कौन है?

उत्तर– चतरा

13. फलगु नदी का उद्‌गम स्थल कहाँ है?

उत्तर– छोटानागपुर पठार

14. किस नदी की मुख्य धारा का नाम निरंजन या लिलाजन है?

उत्तर– फलगु

15. सकरी नदी कहाँ से निकलती है?

उत्तर– छोटानागपुर पठार

16. राज्य में कितने प्रतिशत संरक्षित वन हैं?

उत्तर– 18.58

17. किस नदी को रामायण में सुमागधी कहा गया है?

उत्तर– सकरी

18. क्षेत्रफल की दृष्टि से सबसे छोटा प्रमंडल कौन है?

उत्तर– पलामू

19. क्षेत्रफल की दृष्टि से सबसे छोटा जिला कौन है?

उत्तर– लोहरदगा

20. झारखंड राज्य का आकार कैसा है?

उत्तर– चतुर्भुजाकार

Set-17

1. किसके अनुयायियों को टाना भगत कहा जाता है?

उत्तर- जतरा उराँव

2. बुधु भगत का संबंध किससे है?

उत्तर- कोल विद्रोह

3. पाइराइट्स फास्फेट ऐंड केमिकल कारखाना कहाँ है?

उत्तर- सिंदरी

4. टाना भगत आंदोलन का काल क्या था?

उत्तर- 1913-14

5. झारखंड का क्षेत्रफल अविभाजित बिहार का कितना प्रतिशत है?

उत्तर- 45 प्रतिशत

6. झारखंड में कौन सा जिला उड़ीसा को स्पर्श करता है?

उत्तर- लोहरदगा

7. किसने मुगल-अफगान संघर्ष (1530-40) के दौरान झारखंड क्षेत्र का कई बार उपयोग किया?

उत्तर- शेरशाह

8. किस विद्रोह का मुख्य कारण राजा जगन्नाथ सिंह द्वारा शोषण तथा उसका अंग्रेजों का पिछलग्गू होना था?

उत्तर- हो विद्रोह

9. 1820-21 ई. में मेजर रफसेज तथा 1837 ई. में कैप्टन विलकिंसन के नेतृत्व में किस विद्रोह को दबा दिया गया?

उत्तर- हो विद्रोह

10. 1820-21 ई. में मेजर रफसेज पर हो जनजाति के लोगों ने किस नदी के किनारे आक्रमण किया था?

उत्तर- रोरो

11. किस मुगल बादशाह के समय में 1585 ई. में मुगल साम्राज्य एवं झारखंड के बीच वास्तविक संपर्क स्थापित हुआ?

उत्तर- अकबर

12. मेजर रफसेज ने किस वर्ष हो दियुम चिह्नित क्षेत्र में प्रवेश किया था?

उत्तर- 1820 ई.

13. मुगल बादशाह अकबर के किस सेनापति के नेतृत्व में मुगल सेना ने 1585 ई. में छोटानागपुर खास के नागवंशी शासक मधुकरण शाह (मधु सिंह) पर

आक्रमण किया, उसे हराया तथा उसे मुगलों का अधीनस्थ बनाया?

उत्तर– शाहबाज खाँ कंबू

14. नागवंशियों के प्रथम राजा का नाम क्या है?

उत्तर– फणिमुकुट राय

15. 1616 ई. में कर नहीं देने के कारण किस महाराजा को जहांगीर ने ग्वालियर के किले में कैद किया?

उत्तर– महाराजा दुर्जन साल

16. छोटनागपुर खास के लिए 1773 ई. में सर्वप्रथम किसे सिविल कलक्टर नियुक्त किया गया?

उत्तर– एस.जी. हिव्टली

17. क्षेत्रफल की दृष्टि से सबसे बड़ा जिला कौन है?

उत्तर– पश्चिमी सिंहभूम

18. राज्य स्थापना दिवस कब मनाया जाता है?

उत्तर– 15 नवंबर

19. झारखंड की द्वितीय राजकीय भाषा क्या है?

उत्तर– उर्दू

20. क्षेत्रफल की दृष्टि से सबसे बड़ा प्रमंडल कौन है?

उत्तर– उतरी छोटानागपुर

Set-18

1. बिरसा आंदोलन का मुख्य केंद्र कहाँ था?

उत्तर– खूँटी

2. झारखंड के गठन के बाद निर्मित प्रथम जिला कौन था?

उत्तर– लातेहार

3. शिशु मृत्यु दर का प्रतिशत क्या है?

उत्तर– 92

4. छोटानागपुर काश्तकारी अधिनियम कब पारित हुआ?

उत्तर– 1908 में

5. झारखंड राज्य के गठन के समय इसमें कितने जिले थे?

उत्तर– 18

6. राज्य में अनुसूचित जनजाति के लिए कितने आवासीय विद्यालय संचालित हैं?

उत्तर– 89

7. झारखंड का राजकीय पुष्प क्या है?

उत्तर– पलाश

8. पहाड़िया दीवाकालीन विद्यालयों की संख्या कितनी है?

उत्तर– 32

9. बिरसा मुंडा जैविक उद्यान कहाँ है?

उत्तर– ओरमाँझी

10. बिरसा मुंडा किसके पक्ष में थे?

उत्तर– मुंडाराज

11. जनजातीय आंदोलन का मुख्य कारण क्या था?

उत्तर– दिकुओं का शोषण

12. 1913 में गिरिडीह में खंभे पर 'आवर स्वाधीन भारत' शीर्षक के पर्चे किसने चिपकाए थे?

उत्तर– निर्मल चंद्र बनर्जी

13. गिरिडीह का कौन सा व्यक्ति क्रांतिकारियों को धन मुहैया कराता था?

उत्तर– मनोरंजन गुहा

14. ढाका, मेमन सिंह तथा कोलकाता के क्रांतिकारी किस स्थान पर छुपकर गुप्त प्रचार करते थे?

उत्तर– जमशेदपुर

15. वीरेंद्र नाथ भट्टाचार्य के मकान पर अक्तूबर 1927 में छापा मारा गया, जहाँ से पिस्टल एवं कारतूस के साथ-साथ क्रांतिकारी साहित्य बरामद किया गया। इस केस को क्या नाम दिया गया?

उत्तर– देवघर षड्यंत्र केस

16. बा परब एवं फूलों का परब जनजातियों के किस पर्व का अन्य नाम है?

उत्तर– सरहुल

17. मुंडा जनजातियों में पाहन को दी जानेवाली लगानमुक्त भूमि को क्या कहा जाता है?

उत्तर– डाली कटारी भूमि

18. मुंडा जनजाति में गाँव के मुखिया को क्या कहा जाता है?

उत्तर– मुंडा या हातूमुंडा

19. भारत की प्रथम गणतांत्रिक व्यवस्था का उदाहरण कौन सी प्रशासनिक व्यवस्था प्रस्तुत करती है?

उत्तर– मुंडा मानकी शासन व्यवस्था

20. मुंडा जनजाति में सर्वोच्च न्यायपालिका, कार्यपालिका और विधायिका के रूप में किसे जाना जाता है?

उत्तर– पड़हा पंचायत

Set-19

1. पलामू किला झारखंड के किस जिले में स्थित है?

उत्तर– लातेहार

2. देवघर षड्यंत्र केस में कुल कितने व्यक्तियों को गिरफ्तार किया गया?

उत्तर– 20

3. भारत छोड़ो आंदोलन के दौरान 26 अगस्त, 1942 को देवघर में चली गोली से शहीद होनेवाले व्यक्ति कौन थे?

उत्तर– अशर्फी लाल

4. भारतीय संविधान की आठवीं अनुसूची में स्थान पानेवाली झारखंड की एकमात्र क्षेत्रीय भाषा कौन सी है?

उत्तर– संथाली

5. 28 अगस्त, 1942 को ब्रिटिश पुलिस द्वारा गोली से उड़ा दी गई बिरजी संथाल परगना के किस नेता की पत्नी थी?

उत्तर– हरिहर मिर्धा

6. पाँच परगना क्षेत्र में प्रचलित भाषा का क्या नाम है?

उत्तर– पंचपरगनिया

7. जामताड़ा जिले में किसके नेतृत्व में व्यापक आंदोलन चलाया गया था?

उत्तर– सत्यकाली बाबू

8. जामताड़ा के किस नेता ने खून तथा आँसू एवं अन्य इश्तिहारों के माध्यम से आंदोलन को जगाए रखा था?

उत्तर– नरसिंह राय

9. महाकवि घासीराम किस भाषा के प्रसिद्ध रचनाकार हैं?

उत्तर– नागपुरी

10. गंगा नारायन के नेतृत्व में भूमिज विद्रोह किस स्थान पर हुआ था?

उत्तर– वीरभूम

11. छोटानागपुर क्षेत्र के प्रथम क्रांतिकारी कौन थे, जो अंग्रेजों से संघर्ष में वीरगति को प्राप्त हुए थे?

उत्तर– कुद्ध भगत

12. चाणक्य ने अपनी प्रसिद्ध रचना 'अर्थशास्त्र' में झारखंड को किस नाम से संबोधित किया है?

उत्तर– कुकुट देश

13. ब्राहाणी नदी कहाँ से निकलती है?

उत्तर– दुधवा पहाड़ी दुमका

14. झारखंड में वर्षा किस मानसून से होती है?

उत्तर– दक्षिण–पश्चिम मानसून से

15. राज्य के क्षेत्रफल का कितना प्रतिशत मृदाक्षरण से प्रभावित है?

उत्तर– 22.4 प्रतिशत

16. झारखंड में औसत वार्षिक वर्षा कितनी होती है?

उत्तर– 140 सेमी.

17. सर्वाधिक अपरदन किस क्षेत्र में होता है?

उत्तर– संथाल परगना

18. झारखंड में सर्वाधिक गरमी कहाँ पड़ती है?

उत्तर– जमशेदपुर

19. झारखंड में किस स्थान पर उच्च न्यायालय स्थित है?

उत्तर– राँची

20. मुंडा जनजाति के प्रमुख देवता कौन हैं?

उत्तर– सिंगबोंगा

Set-20

1. बिहार–झारखंड क्षेत्र कुशाण सम्राट् कनिष्क के किस क्षत्रप के नियंत्रणाधीन था?

उत्तर– वंशफर

2. वर्तमान में झारखंड में कृषि श्रमिकों का प्रतिशत कितना है?

उत्तर– 45 प्रतिशत

3. ईस्ट इंडिया कंपनी को झारखंड में प्रवेश करने में प्राय: कितने दशकों का समय लगा?

उत्तर– सात

4. कुषाण सम्राट् कनिश्क के सिक्के झारखंड के किस जिले से प्राप्त हुए हैं?

उत्तर– राँची

5. विक्रम सिंह के द्वितीय पुत्र द्वारा स्थापित खरसाँवा का अंग्रेजों के साथ विधिवत संबंध किस वर्ष स्थापित हुआ?

उत्तर– 1793 ई.

6. छोटानागपुर किरायेदारी अधिनियम कब पारित किया गया था?

उत्तर– 1908

7. 1778 ई. में झारखंड में प्रशासन हेतु बृहत् योजना किसने प्रदान की?

उत्तर– रॉबर्ट ब्राउन

8. तिलका माँझी को अंगेजों द्वारा किस वर्ष धोखे से पकड़ा गया था?

उत्तर– 1785 ई.

9. किसके शासन काल में सिंह राज्य की कुल देवी के रूप में पौरी देवी की प्राण प्रतिष्ठा की गई?

उत्तर– अच्युत सिंह

10. तिलका माँझी को किस वर्ष फाँसी दी गई?

उत्तर– 1785 ई.

11. पतरातु ताप विद्युत्गृह किस जिले में स्थित है?

उत्तर– रामगढ़

12. तिलका माँझी को किस वृक्ष पर लटकाकर फाँसी दी गई थी?

उत्तर– बरगद

13. भारतीय स्वाधीनता संग्राम के पहले विद्रोही शहीद कौन थे?

उत्तर– तिलका माँझी

14. काली मिट्टी किस तरह की शैलों से बनती है?

उत्तर– बैसाल्ट

15. पारसनाथ की पहाड़ी किस पठार का हिस्सा है?

उत्तर– गिरिडीह का पठार

16. झारखंड का द्वितीय सर्वोच्च्च शिखर कौन है?

उत्तर– सरूअत पहाड़ी

17. उराँव जनजाति के पूर्वजों की आत्मा कहाँ निवास करती है?

उत्तर– सासन

18. उराँव जनजाति में धार्मिक कार्यों को कौन संपन्न कराता है?

उत्तर– पाहन

19. 'पाहन गाँव बनाता है एवं महतो गाँव चलाता है' यह परंपरा किस जनजाति में देखी जाती है?

उत्तर– उराँव

20. मुंडा जनजाति अपनी भाषा को क्या कहते हैं?

उत्तर– होड़ो जगर

Set-21

1. 1857 के विद्रोह में अपना सर्वस्व न्योछावर कर देनेवाले टिकैत उमराँव सिंह एवं शेख भिखारी को कब गिरफ्तार किया गया?

उत्तर– 6 ज़नवरी, 1858

2. 1857 के विद्रोह के समय छोटानागपुर का कमिश्नर कौन था?

उत्तर– डाल्टन

3. वहाबी आंदोलन के झारखंड इलाके में प्रसार का दायित्व किसे सौंपा गया था?

उत्तर– शाह मोहम्मद हुसैन

4. झारखंड में वहाबी आंदोलन की शाखाएँ कहाँ खोली गई थीं?

उत्तर– राजमहल

5. राज्य का सर्वोच्च पुलिस अधिकारी कौन होता है?

उत्तर– डी.जी.पी.

6. हजारीबाग का कौन सा व्यक्ति अहमदशाह बरेलीजी से मिलने बरेली गया था?

उत्तर– मीर उस्मान

7. राँची नगर निगम की स्थापना कब हुई है?

उत्तर– 1979 ई. में

8. सिमको हत्याकांड (सिमको में आयोजित जनसभा पर पुलिस द्वारा गोली चलाए जाने से 65 आदिवासियों की मौत) कब हुआ?

उत्तर– 1939 ई. में

9. वहाबी आंदोलन के दौरान पाकुड़ के किस व्यक्ति को आजीवन कारावास की सजा मिली थी?

उत्तर– इब्राहिम मंडल

10. कहाँ के क्रांतिकारी आंदोलन का गहरा प्रभाव झारखंड पर पड़ा?

उत्तर– बंगाल

11. कांग्रेस के रामगढ़ अधिवेशन (1940) की अध्यक्षता किसने की?

उत्तर– अबुल कलाम आजाद

12. झारखंड में क्रांतिकारी गतिविधियों का प्रमुख केंद्र कौन सा था?

उत्तर– देवघर

13. झारखंड के किस शहर में स्वर्ण संघ (गोल्डेन लीग) नामक एक संस्था कायम की गई थी, जिसका उद्देश्य क्रांतिकारी क्रियाकलापों का प्रसार करना था?

उत्तर- देवघर

14. किस वर्ष छोटानागपुर खास के नागवंशी शासक दुर्जनशाल को बंदी जीवन से मुक्ति मिली?

उत्तर- 1627 ई. में

15. संथालों में दी जानेवाली वधू-मूल्य को क्या कहा जाता है?

उत्तर- पोन टका

16. संथालों में सामाजिक बहिष्कार को क्या कहा जाता है?

उत्तर- बिटलाहा

17. उराँव जनजाति में पाए जानेवाले टोटेमिक गोत्र को क्या कहा जाता है?

उत्तर- किली

18. पसरी प्रथा एवं पाचा पद्धति का प्रचलन किस जनजाति में देखा जाता है?

उत्तर- उराँव

19. उराँव जनजाति की युवागृह को क्या कहा जाता है?

उत्तर- धुमकुड़िया

20. उराँव जनजाति के प्रमुख देवता का नाम क्या है?

उत्तर- धर्मेश

Set-22

1. कोल विद्रोह के प्रमुख नेता बुधू भगत कहाँ के रहनेवाले थे?

उत्तर- सिल्ली

2. मुगल बादशाह जहाँगीर ने कोकरह अभियान (छोटानागपुर खास के नागवंशी राज्य के विरुद्ध) के नेता इब्राहिम खाँ को कौन सी उपाधि दी?

उत्तर- फाथ जंग

3. ब्रिटिश के विरुद्ध उराँव विद्रोह का नेतृत्व किसने किया?

उत्तर- बुधू भगत

4. कोल विद्रोह का दमन किस अंग्रेज सेनानायक ने किया?

उत्तर- विलकिंसन

5. बिहार के मुगल सूबेदार शाइस्ता खाँ ने पलामू के चेरोवंशी शासक प्रताप राय के विरुद्ध पलामू किला पर आक्रमण और संधि कब की?

उत्तर- 1641-42 ई. में

6. किस विद्रोह के परिणामस्वरूप 1833 ई. में एक नए प्रांत दक्षिण–पश्चिम सीमांत एजेंसी का गठन हआ?

उत्तर– कोल विद्रोह

7. जयपाल सिंह आदिवासी महासभा के अध्यक्ष कब बने थे?

उत्तर– 1939 ई.

8. बृहतर झारखंड की माँग सर्वप्रथम किसने की थी?

उत्तर– जयपाल सिंह

9. बृहतर झारखंड की माँग सर्वप्रथम कब हुई?

उत्तर– 1939 ई.

10. किस संगठन का नाम संशोधित कर आदिवासी महासभा कर दिया गया था?

उत्तर– छोटानागपुर उन्नति समाज

11. झारखंड आंदोलन में गैर आदिवासियों को शामिल करने हेतु 1948 ई. में जस्टिन रिचर्ड ने किस पार्टी का गठन किया था?

उत्तर– यूनाइटेड झारखंड ब्लॉक

12. बिरसा मुंडा तकनीकी छात्रवृत्ति जनजातीय विद्यार्थियों को किसलिए प्रदान किया जाता है?

उत्तर– मेडिकल एवं इंजीनियरिंग पढ़ाई के लिए

13. झारखंड में सबसे अधिक कौन मिट्टी पाई जाती है?

उत्तर– लाल मिट्टी

14. साइकिल वितरण योजना किस सत्र से शुरू हुई थी?

उत्तर– 2002–03

15. 'कीनन स्टेडियम' कहाँ है?

उत्तर– जमशेदपुर

16. बर्मा एवं अय्यर बाँध किस नदी पर है?

उत्तर– दामोदर

17. दामोदर घाटी परियोजना कैसी है?

उत्तर– बहूउद्देशीय

18. मुगलकाल में बंगाल की राजधानी झारखंड के किस क्षेत्र में हुआ करती थी?

उत्तर– राजमहल

19. झारखंड में किस शहर में दामोदर घाटी निगम का भूमि संरक्षण डिवीजन है?

उत्तर– हजारीबाग

20. हुंडरू जलप्रपात किस जिले में है?

उत्तर– राँची

Set-23

1. स्वर्णरेखा परियोजना कैसी परियोजना है?

उत्तर- बहूउद्देशीय

2. सूरजकुंड किस जिले में है?

उत्तर- हजारीबाग

3. स्वर्णरेखा परियोजना कितने राज्यों की परियोजना है?

उत्तर- 3

4. पंचायत समिति का सर्वप्रमुख अधिकारी कौन होता है?

उत्तर- प्रमुख

5. महान् क्रांतिकारी अरविंद घोष एवं वारींद्र घोष के नाना राज नारायण बसु कहाँ के रहनेवाले थे?

उत्तर- देवघर

6. भारतीय संविधान के किस अनुच्छेद के तहत लोकसभा में अनुसूचित जाति एवं अनुसूचित जनजातियों के लिए स्थानों का आरक्षण किया गया है?

उत्तर- 330

7. स्वर्णरेखा परियोजना का विस्तार किन-किन राज्यों में है?

उत्तर- झारखंड, पश्चिम बंगाल व उड़ीसा

8. स्वर्णरेखा परियोजना किस नदी पर स्थित है?

उत्तर- स्वर्णरेखा व सहायक नदियाँ

9. भू-विज्ञान संग्रहालय कहाँ है?

उत्तर- राँची

10. हुंडरू जल विद्युतगृह किस योजना के अंतर्गत आता है?

उत्तर- स्वर्णरेखा

11. क्रांतिकारी वारींद्र घोष की शिक्षा-दीक्षा की शुरुआत झारखंड के किस शहर में हुई थी?

उत्तर- देवघर

12. भारतीय संविधान के किस अनुच्छेद के तहत राज्य की विधानसभा में अनुसूचित जातियों एवं अनुसूचित जनजातियों के लिए स्थानों का आरक्षण किया गया है ?

उत्तर- 332

13. वारींद्र कुमार घोष समेत कई तरुण क्रांतिकारियों ने देवघर में किस संस्था की स्थापना की थी?

उत्तर– गोल्डेन लीग

14. पंचायती राज व्यवस्था की केंद्रीय धुरी कौन है?

उत्तर– पंचायत समिति

15. झारखंड के मोहन महतो, सहदेव महतो, गणेश महतो एवं गोकुल महतो ने किस सत्याग्रह में सक्रिय सहयोग दिया था?

उत्तर– नमक सत्याग्रह

16. सविनय अवज्ञा आंदोलन में हजारीबाग के संथालों का बड़ा योगदान रहा, संथालों का नेतृत्व गोमिया थाना बोरोगेरा ग्राम के किस व्यक्ति द्वारा किया गया?

उत्तर– बंगम माणे

17. 1872 ई. की पहली जनगणना में कितने जनजातियों को सूचीबद्ध किया गया?

उत्तर– 18

18. संथालों के गाँव के बीच स्थित पूजा स्थल को क्या कहा जाता है?

उत्तर– माँझीथान

19. किस जनजाति में पुरुषों के हाथ में सिक्के का निशान पाया जाता है?

उत्तर– संथाल जनजाति

20. संथाल जनजाति में विवाह को क्या कहा जाता है?

उत्तर– बापला

Set-24

1. सविनय अवज्ञा आंदोलन के दौरान राँची में 'स्वदेशी सप्ताह' कब मनाया गया?

उत्तर– सितंबर 1930

2. सविनय अवज्ञा आंदोलन के दौरान डाल्टेनगंज में कांग्रेस का दफ्तर बंद करवाने तथा मुठिया के रूप में एकत्रित अनाज को जब्त करने में ठाकुर भोलानाथ ने सरकार का साथ दिया। इस सेवा के बदले सरकार से उन्हें कौन सी पदवी मिली?

उत्तर– राय बहादुर

3. आदिवासी महासभा का गठन कब हुआ?

उत्तर– 1938 ई.

4. आदिवासी महासभा के संस्थापक अध्यक्ष कौन थे?

उत्तर– थियोडोर सुरीन

5. भारत को ओलंपिक हॉकी में पहला स्वर्ण पदक 1928 ई. में एम्सटर्डम में हुए ओलंपिक खेल में मिला था। उस समय भारतीय हॉकी टीम के कप्तान कौन थे?

उत्तर– जयपाल सिंह

6. आदिवासी महासभा के 1939 ई. में संपन्न द्वितीय अधिवेशन की अध्यक्षता किसने की थी?

उत्तर– जयपाल सिंह

7. झारखंड आंदोलन का जन्मदाता किसे माना जाता है?

उत्तर– जे. बारथोलमन

8. तिलका माँझी को कहाँ फाँसी दी गई?

उत्तर– भागलपुर में

9. जे. बारथोलमन किस कॉलेज का छात्र था?

उत्तर– संत कोलंबा कॉलेज

10. झारखंड में वर्षा का मुख्य स्रोत क्या है?

उत्तर– बंगाल की खाड़ी की शाखा

11. झारखंड के किस क्षेत्र में सर्वाधिक वर्षा होती है?

उत्तर– नेतरहाट पठार

12. झारखंड की सबसे बड़ी व लंबी नदी कौन सी है?

उत्तर– दामोदर नदी

13. दामोदर नदी की लंबाई झारखंड में कितनी है?

उत्तर– 290 किमी.

14. दामोदर नदी कहाँ से निकलती है?

उत्तर– चुलहा पानी, टोरी लातेहार

15. झारखंड में कितना कृषि जलवायु प्रदेश है?

उत्तर– 3

16. झारखंड का कुल कृषि क्षेत्रफल के कितने प्रतिशत पर एक फसली कृषि की जाती है?

उत्तर– 40 प्रतिशत

17. झारखंड ऊर्जा नीति कब लागू की गई?

उत्तर– 2012 ई.

18. झारखंड राज्य जल नीति कब लागू की गई?

उत्तर– 2011 ई.

19. झारखंड के सकल घरेलू उत्पाद में वन क्षेत्र का हिस्सा कितना है?

उत्तर– 1.5 प्रतिशत

20. झारखंड में स्वच्छ ऊर्जा के विकास के लिए झारखंड नवीकरणीय ऊर्जा विभाग का गठन किस वर्ष किया गया?

उत्तर– 2001 ई.

Set-25

1. कोल्हुआ झील कहाँ है?

उत्तर– चतरा

2. चांडिल डैम किस नदी पर है?

उत्तर– स्वर्णरिखा

3. डिमना डैम किस नदी पर है?

उत्तर– स्वर्णरिखा

4. बौद्धकालीन भ्रदकाली मंदिर कहाँ है?

उत्तर– चतरा

5. कोयलकारी परियोजना किस नदी पर स्थित है?

उत्तर– दक्षिण कोयल कारो

6. सहस्र बुद्ध (कटेश्वरनाथ) कहाँ है?

उत्तर– चतरा

7. झारखंड का हाइडल पावर प्रोजेक्ट किस स्थान पर है?

उत्तर– तिलैया

8. विनोदानंद की सरकार में जयपाल सिंह को किस विभाग का मंत्री बनाया गया था?

उत्तर– सामुदायिक विकास एवं पंचायती राज

9. अखिल भारतीय झारखंड पार्टी का गठन कब हुआ था?

उत्तर– 1967 ई.

10. 1969 ई. में अखिल भारतीय झारखंड पार्टी से पृथक् होकर बनी झारखंड पार्टी का नेतृत्व किसने किया?

उत्तर– एन.ई.होरो

11. किस मिशन ने 1898 ई. में अंधों के लिए सेंट माइकल स्कूल खोला?

उत्तर- एस.पी.जी. मिशन ने

12. हुल झारखंड पार्टी का गठन कब हुआ था?

उत्तर- 1968 ई.

13. किस मेले का एक विशिष्ट कार्यक्रम आग पर नंगे पाँव चलना है?

उत्तर- मंडा मेला

14. किस वर्ष प्रोफेसर अब्दुल बारी सिद्धीकी ने अपना अलग श्रम संघ स्थापित किया, जिसका नाम टाटा वर्कर्स यूनियन रखा गया?

उत्तर- 1938 ई.

15. रथयात्रा मेला से संबंधित मंदिर कौन सा है?

उत्तर- जगन्नाथ मंदिर

16. कांग्रेस का 53वाँ वार्षिक अधिवेशन कहाँ हुआ था?

उत्तर- झारखंड

17. रथयात्रा मेले का आयोजन किस महीने में होता है?

उत्तर- आषाढ़

18. झारखंड समन्वय समिति के संयोजक कौन थे?

उत्तर- विश्वेश्वर प्रसाद केशरी

19. राँची नगर निगम क्षेत्र में सॉलिड वेस्ट मैनेजमेंट का कार्य किस निजी कंपनी को दिया गया है?

उत्तर- एस्सेल इंफ्रा

20. भारत को कितने कृषि जलवायु क्षेत्र में विभाजित किया गया है?

उत्तर- 15

Set-26

1. विश्व का सबसे बड़ा लाह (लाख) निर्यातक केंद्र कहाँ है?

उत्तर- टोरी

2. भारतीय जनता पार्टी द्वारा वनांचल राज्य की माँग किस वर्ष की गई थी?

उत्तर- 1988 ई.

3. 18 जिलों के वनांचल की माँग किस पार्टी द्वारा की गई थी?

उत्तर- भाजपा

4. 11 सितंबर, 1992 को किस नेता ने दिल्ली में कहा कि झारखंड निर्माण मेरी लाश पर होगा?

उत्तर- लालू प्रसाद यादव

5. झारखंड क्षेत्र स्वशासी परिषद् (जैक) का गठन कब हुआ था?

उत्तर– 9 अगस्त, 1995

6. झारखंड की धरती पर कांग्रेस का 53वाँ वार्षिक अधिवेशन कहाँ हुआ था?

उत्तर– रामगढ़

7. रामगढ़ कांग्रेस के मुख्य द्वार का नामकरण किसके नाम पर किया गया था?

उत्तर– बिरसा मुंडा

8. संथाल परगना में लगनेवाला दुमका का हिजला मेला किस नदी के तट पर आयोजित किया जाता है?

उत्तर– मयूराक्षी

9. कांग्रेस के रामगढ़ अधिवेशन के दौरान, किसकी अध्यक्षता में अखिल भारतीय समझौता विरोधी सम्मेलन आयोजित किया गया?

उत्तर– सुभाषचंद्र बोस

10. फारवर्ड ब्लॉक का जन्म कहाँ हुआ था?

उत्तर– रामगढ़

11. वामपंथी विचारधारा के एम.एन.राय ने 1940 में रेडिकल डेमोक्रेटिक पार्टी की स्थापना कहाँ की थी?

उत्तर– रामगढ़

12. झारखंड क्षेत्र स्वशासी परिषद् (जैक) के उपाध्यक्ष कौन मनोनीत किए गए थे?

उत्तर– सूरज मंडल

13. बिहार विधानसभा द्वारा पृथक् झारखंड प्रस्ताव कब पारित हुआ था?

उत्तर– 22 जुलाई, 1997

14. बिहार विधानसभा द्वारा पृथक् झारखंड विषयक प्रस्ताव कब वापस लिया गया था?

उत्तर– 21 सितंबर, 1998

15. राज्य की सबसे प्रदूषित नदी कौन नहीं है?

उत्तर– दामोदर

16. होली किस दिन मनाई जाती है?

उत्तर– फाल्गुन महीने की पूर्णिमा को

17. 'संपूर्ण किसान आंदोलन' किसके नेतृत्व में चल रहा था?

उत्तर– यदुवंश सहाय

18. जमशेदपुर स्थित टाटा स्टील कंपनी के मजदूरों ने एस.एन. हलदर एवं व्योमकेश चक्रवर्ती के नेतृत्व में जमशेदपुर वर्कर्स एसोसिएशन की स्थापना कब की?

उत्तर– 1920 ई.

19. अखिल भारतीय ट्रेड यूनियन कांग्रेस का अधिवेशन झरिया में किस वर्ष हुआ?

उत्तर– 1929 ई.

20. पूरे राज्य में कितने जल संचयन ईकाई (डोभा) का निर्माण करने का लक्ष्य है?

उत्तर– 6 लाख

Set-27

1. 1929 ई. में झरिया में हुए अखिल भारतीय ट्रेड यूनियन कांग्रेस के अधिवेशन में कौन अध्यक्ष चुने गए?

उत्तर– जवाहर लाल नेहरू

2. किस विद्रोह को अंग्रेजों ने 'गंगा नारायण का हंगामा' की संज्ञा दी?

उत्तर– भूमिज विद्रोह

3. बिरसा मुंडा को पहली बार जेल से कब मुक्त किया गया था?

उत्तर– 30 नवंबर, 1897 ई.

4. मुंडा विद्रोह के किस नेता को 30 नवंबर, 1897 को ब्रिटेन की महारानी विक्टोरिया की हीरक जयंती मनाने के अवसर पर मुक्त किया गया था?

उत्तर– बिरसा मुंडा

5. बिरसा मुंडा द्वारा 25 दिसंबर, 1899 को अंग्रेजों के विरुद्ध विद्रोह करने का निर्णय कहाँ लिया गया था?

उत्तर– डुंबारू बुरू में

6. कुडुख (उराँव) किस भाषा–परिवार की भाषा है?

उत्तर– द्रविड़

7. बिरसा मुंडा ने किसे अपने आंदोलन की धार्मिक सामाजिक शाखा का प्रमुख बनाया?

उत्तर– सोमा मुंडा

8. शंख नदी का उद्गम कहाँ है?

उत्तर– गुमला

9. घाटशिला के महल पर अंग्रेजों का कब्जा कब हुआ?

उत्तर- 22 मार्च, 1767

10. झारखंड में साक्षरता की दर, जो 2001 में 54.13 प्रतिशत थी, वह 2011 में बढ़कर कितने प्रतिशत हो गई?

उत्तर- 66.4

11. कार्तिक उराँव के नेतृत्व में अखिल भारतीय आदिवासी विकास परिषद् की स्थापना कब हुई थी?

उत्तर- 1968 ई.

12. शिवाजी समाज की स्थापना किसने की थी?

उत्तर- बिनोद बिहारी महतो

13. केंद्रीय ईंधन अनुसंधान संस्थान कहाँ स्थित है?

उत्तर- जलगोड़ा में

14. शिबू सोरेन द्वारा सोनोत संथाल समाज की स्थापना कब की गई थी?

उत्तर- 1970 ई. में

15. झारखंड समस्याओं के निराकरण हेतु गठित संस्था का नाम क्या था?

उत्तर- आदिवासी महासभा

16. मुख्यमंत्री जन वन योजना के तहत वृक्षारोपण की न्यूनतम एवं अधिकतम सीमा कितनी है?

उत्तर- 1 एकड़ एवं 50 एकड़

17. फॉसिल पार्क राज्य के किस जिला में स्थित है?

उत्तर- साहेबगंज

18. दलमा गज अभयारण्य कहाँ स्थित है?

उत्तर- जमशेदपुर (पूर्वी सिंहभूम)

19. पारसनाथ पहाड़ी कहाँ स्थित है?

उत्तर- गिरिडीह

20. राज्य में जल संरक्षण के लिए डोभा निर्माण किस शुरू किया गया?

उत्तर- 2016

Set-28

1. प्रथम ईसाई मिशन राँची कब पहुँचा?

उत्तर- 02 नवंबर, 1845

2. बिरसा आंदोलन का मुख्य केंद्र कहाँ था?

उत्तर- खूँटी

3. 1845 ई. में राँची के कमिश्नर कौन थे?

उत्तर- कर्नल आउस्ले

4. मुख्यमंत्री की नियुक्ति किसके द्वारा की जाती है?

उत्तर- राज्यपाल द्वारा

5. झारखंड में गोस्सनर मिशन के वास्तविक संस्थापक कौन थे?

उत्तर- डॉ. हेकरलिन

6. राज्य विधानसभा का सदस्य न होनेवाला व्यक्ति भी मुख्यमंत्री के पद पर नियुक्त किया जा सकता है, लेकिन इसके लिए आवश्यक है वह निर्धारित अवधि के भीतर राज्य विधानसभा का सदस्य निर्वाचित हो जाए। यह निर्धारित अवधि क्या है?

उत्तर- 6 महीना

7. लावालौंग अभयारण्य किस जिले में स्थित है?

उत्तर- चतरा

8. झारखंड की गंगा नदी कहाँ से गुजरती है?

उत्तर- साहेबगंज

9. मयूराक्षी नदी पर कौन बाँध स्थित है?

उत्तर- कनाडा बाँध

10. बेतला राष्ट्रीय उद्यान किसके लिए प्रसिद्ध है?

उत्तर- शेर

11. कैसिराइट खनिज से क्या प्राप्त किया जाता है?

उत्तर- टीन

12. निकल उत्पादन में झारखंड का योगदान कितने प्रतिशत का है?

उत्तर- 6

13. झारखंड में प्रोजेक्ट टाइगर की शुरुआत कब की गई थी?

उत्तर- 1972

14. जेवियर लेबर रिसर्च इंस्टीट्यूट कहाँ स्थित है?

उत्तर- जमशेदपुर

15. मेकन स्टेडियम कहाँ है?

उत्तर- राँची

16. बॉक्साइट उत्पादन की दृष्टि से झारखंड का भारत में कौन सा स्थान है?

उत्तर- तृतीय

17. झारखंड में गिद्धों की कितनी प्रजातियाँ पाई जाती है?

उत्तर– 3

18. झारखंड में पाई जानेवाली गिद्ध की प्रजातियाँ कौन-कौन हैं?

उत्तर– जिप्स बेंगलेंसिस, जिप्स इंडिकस एवं अजिप्शियन

19. गिद्धों के विलुप्त होने का मुख्य कारण किस दर्द निवारक दवा को माना जा रहा है?

उत्तर– डाईक्लोफेनेक

20. मुख्यमंत्री जन वन योजना की शुरुआत किस वर्ष हुई?

उत्तर– 2015 ई.

Set-29

1. भारत का 90 प्रतिशत अभ्रक झारखंड में पाया जाता है। इस अभ्रक को क्या कहा जाता है?

उत्तर– रूबी

2. काँची बृहत सिंचाई परियोजना किस जिले में स्थित है?

उत्तर– दुमका

3. रूबी श्रेणी के अभ्रक का उत्पादन झारखंड के किन जिलों में होता है?

उत्तर– गिरिडीह-कोडरमा

4. युल रूल, 1856 झारखंड के निम्नलिखित में से किस क्षेत्र के लिए लागू किया गया था?

उत्तर– संथाल परगना

5. 'ओहिरा' गीत के साथ किस त्योहार का संबंध है?

उत्तर– बंदना

6. सरायकेला का अंग्रेजों के साथ संपर्क किस वर्ष हुआ है?

उत्तर– 1770 ई. में

7. झारखंड में मानसून का प्रवेश प्रायः कब होता है?

उत्तर– 10 जून

8. झारखंड में 2011 में आयोजित 34वें राष्ट्रीय खेल के दौरान किसने खेल मशाल जलाई?

उत्तर– दीपिका कुमारी

9. झारखंड क्षेत्र में पहाड़ी एसेंबली की स्थापना किसने की?

उत्तर– क्लीवलैंड

10. झारखंड क्षेत्र में पहला नागरिक प्रशासक कौन था?

उत्तर- चैपमैन/हिवटले

11. किसे एशिया का सबसे बड़ा स्टील संयंत्र माना जाता है?

उत्तर- बोकारो स्टील प्लांट

12. 'मारंग गोडा नीलकंठ हुआ' के लेखक कौन हैं?

उत्तर- डॉ. महुआ माझी

13. धाल विद्रोह का प्रारंभ कब हुआ?

उत्तर- 1767 ई.

14. हर्षवर्द्धन (606-47 ई.) के विस्तृत साम्राज्य में कौन सा छोटा राज्य शामिल था?

उत्तर- काजाँगल

15. जयंत तालुकदार किस खेल से संबंधित है?

उत्तर- तीरंदाजी

16. धाल विद्रोह किसके नेतृत्व में हुआ था?

उत्तर- जगन्नाथ धाल

17. औद्योगिक अपशिष्ट से भारी धातुओं को हटाने की क्षमता किस सूक्ष्मजीव में होता है?

उत्तर- स्यूडोमोनास प्यूटिडा तथा आर्थोबैक्टर बिस्कोसा

18. यूरेनियम तथा थोरियम जैसे घातक तत्त्व को हटाने की क्षमता किस कवक में होती है?

उत्तर- राइजोपस एराइजस

19. चिकित्सीय महत्त्व का अफ्रीकी मूल का वृक्ष कल्पतरू की संख्या झारखंड में कितनी है?

उत्तर- 4

20. गिद्ध की कितनी प्रजातियाँ पाई जाती हैं?

उत्तर- 9

Set-30

1. राज्य में तालाब क्षेत्र कितने हेक्टेयर में हैं?

उत्तर- 30093.99

2. लोकसभा द्वारा बिहार राज्य पुनर्गठन विधेयक 2000 को कब पारित किया गया?

उत्तर- 2 अगस्त, 2000

3. कुल कृषि भूमि का सिंचित क्षेत्र का प्रतिशत कितना है?

उत्तर– 8

4. राज्यसभा द्वारा बिहार राज्य पुनर्गठन विधेयक 2000 को कब पारित किया गया?

उत्तर– 11 अगस्त, 2000

5. राष्ट्रपति द्वारा बिहार राज्य पुनर्गठन विधेयक 2000 को कब स्वीकृति प्रदान की गई?

उत्तर– 25 अगस्त, 2000

6. झारखंड के पहले अंतरजातीय आदिवासी संगठन 'छोटानागपुर उन्नति समाज' की स्थापना कब हुई?

उत्तर– 1915 ई. में

7. भूमिज विद्रोह के नेता गंगा नारायण सिंह खरसवाँ के शासक के सैनिकों के हाथों मारे गए। इस शासक का क्या नाम था?

उत्तर– चेतन सिंह

8. छोटानागपुर में पृथक् राज्य की सर्वप्रथम शुरुआत किसने की?

उत्तर– छोटानागपुर उन्नति समाज

9. साइमन कमीशन के समक्ष पृथक् प्रशासी इकाई का प्रस्ताव किसने रखा?

उत्तर– बिशप वॉन हयूक एवं जूएल लकड़ा

10. किसने स्वयं को राजा घोषित किया और ब्रिटिश सरकार, जमींदार को कर नहीं देने का आह्वान किया, लोगों पर लगान तय किए, उन्हें रसीद दी तथा लगान की वसूली करना शुरू कर दिया?

उत्तर– भगीरथ माँझी

11. मुंडा जनजाति के लोग अपने आपको क्या कहते हैं?

उत्तर– होरको

12. खरवार आंदोलन झारखंड में किस वर्ष हुआ?

उत्तर– 1872 ई.

13. मुंडा जनजातीय विवाह का वाचक क्या है?

उत्तर– अरंडी

14. खरवार आंदोलन कहाँ हुआ?

उत्तर– संथाल परगना

15. हजारीबाग में भारत छोड़ो आंदोलन का श्रीगणेश कब हुआ था?

उत्तर– 11 अगस्त, 1942

16. धाल विद्रोह कितने वर्षों तक चला था?

उत्तर– दस

17. महामाया मंदिर (हापामुनि गाँव, घाघरा थाना, गुमला जिला) का निर्माण किसने करवाया?

उत्तर– गजघंट राय

18. मनुष्य की सुनने की अधिकतम क्षमता कितनी होती है?

उत्तर– 20000 हर्ट्ज

19. अंतरराष्ट्रीय जैव विविधता दिवस कब मनाया जाता है?

उत्तर– 22 मई

20. ट्राई–नाईट्रो टॉल्यून नामक विस्फोटक को विघटित करने की क्षमता किस पौधे में होती है?

उत्तर– कैथरेंथस रोसियस (सदाबहार)

Set-31

1. किस विद्रोह के दमन हेतु लेफ्टिनेंट रुक एवं चार्ल्स मैगन को भेजा गया था?

उत्तर– धाल विद्रोह

2. जगन्नाथ धाल को अपदस्थकर अंग्रेजों ने किसे धालभूम का राजा बनाया था?

उत्तर– नीमू धाल

3. जगन्नाथ धाल को अंग्रेजों द्वारा पुनः धालभूम का राजा कब बनाया था?

उत्तर– 1777 ई. में

4. अंग्रेजों के विरुद्ध प्रथम विद्रोह किस क्षेत्र में हुए थे?

उत्तर– सिंहभूम

5. दामोदर नदी का उद्‌गम कहाँ है?

उत्तर– छोटानागपुर का पठार

6. कहाँ के भूमिजों को चुआड़/चुआर कहा जाता था?

उत्तर– जंगल महाल

7. श्री सत्यानंद झा 'बाटुल' जिन पर अपनी पहली पत्नी की मृत्यु के बाद एक स्कूल शिक्षिका से शादी रचाने का आरोप लगा है, किस विधानसभा क्षेत्र का प्रतिनिधित्व करते हैं?

उत्तर– नाला

8. रामगढ़ कांग्रेस अधिवेशन कब आयोजित किया गया था?

उत्तर- 1940

9. औरंगा एवं अमानत किसकी सहायक नदी है?

उत्तर- उतरी कोयल

10. राज्य में दुधारू पशुओं की संख्या कितने लाख है?

उत्तर- 73.40

11. आरंगा नदी कहाँ से निकलती है?

उत्तर- राँची

12. अमानत नदी कहाँ से निकलती है?

उत्तर- हजारीबाग

13. राज्य में दुग्ध उत्पादन सहयोग समितियों की संख्या कितनी है?

उत्तर- 1601

14. कोल विद्रोह में मुख्यत: कौन सी जनजाति थी?

उत्तर- हो

15. किस मुगलकालीन आत्मकथा में स्थानीय लोगों द्वारा शंख नदी से हीरे प्राप्त करने के तरीके का विस्तृत वर्णन मिलता है?

उत्तर- तुजुक-ए-जहाँगीरी

16. सिंद राय, विंद राय तथा सुरगा का संबंध किस विद्रोह से है?

उत्तर- कोल विद्रोह

17. किस मुगल सूबेदार के हाथों 1615 ई. में छोटानागपुर खास का नागवंशी शासक दुर्जनशाल गिरफ्तार हुआ और राजधानी दिल्ली भेजा गया?

उत्तर- इब्राहिम खाँ

18. आदिम जाति सेवामंडल की स्थापना कब हुई थी?

उत्तर- 1945 ई.

19. 'ठक्कर बापा योजना' किससे संबंधित है?

उत्तर- जनजातियों के पुनरुत्थान से

20. नेतरहाट विद्यालय, नेतहार किस जिला में स्थित है?

उत्तर- लातेहार

Set-32

1. बुद्धू भगत के नेतृत्व में कोल विद्रोह किस वर्ष हुआ था?

उत्तर- 1832 ई.

2. मुगल बादशाह जहाँगीर ने छोटानागपुर खास के नागवंशी शासक दुर्जनशाल को कैदी बनाकर किस किले में रखा, जहाँ वह 12 वर्षों तक कैद रहा?

उत्तर- ग्वालियर किला

3. कोल विद्रोह का नेतृत्वकर्ता सुरगा मंडा कहाँ का रहनेवाला था?

उत्तर- बंदगाँव

4. हूल झारखंड पार्टी का कार्य क्षेत्र झारखंड का कौन सा क्षेत्र था?

उत्तर- संथाल परगना

5. किस मिशनरी को संथालों के बीच उत्कृष्ट कार्य करने के लिए आदरपूर्वक 'एपोस्टल ऑफ संथाल्स' कहा जाता है?

उत्तर- डॉ. एंडू कैंपबेल

6. हूल झारखंड पार्टी का विभाजन कब हुआ था?

उत्तर- 1970 ई. में

7. पृथक् राज्य झारखंड हेतु सुनियोजित संघर्ष कब प्रारंभ हुआ?

उत्तर- 1928 ई.

8. सरकारी स्तर पर पृथक् झारखंड हेतु सर्वप्रथम काररवाई कब की गई?

उत्तर- 1928 ई.

9. पृथक् झारखंड हेतु सरकारी काररवाई का रूप क्या था?

उत्तर- ज्ञापन

10. किस संगठन के द्वारा आदिवासी नामक पत्रिका का प्रकाशन हिंदी, अंग्रेजी, मुडारी एवं कुडुख में किया गया?

उत्तर- छोटानागपुर उन्नति समाज

11. किसान सभा का गठन कब हुआ?

उत्तर- 1931 ई.

12. छोटानागपुर कैथोलिक सभा के प्रथम अध्यक्ष कौन थे?

उत्तर- बोनिफस लकड़ा

13. किसने 1935 ई. में विधवाओं एवं निराश्रित महिलाओं के लिए 'अबला आश्रम' की स्थापना की?

उत्तर- नागरमल मोदी

14. छोटानागपुर कैथोलिक सभा के प्रथम महासचिव कौन थे?

उत्तर- इग्नेश बेक

15. राज्य सरकार ने कितने लाख तालाब बनाने की घोषणा की है?

उत्तर- 1

16. झारखंड में सबसे निम्न साक्षरता वाला जिला कौन है?

उत्तर- पाकुड़, 48.82 प्रतिशत

17. झारखंड में सबसे अधिक साक्षरता वाला जिला कौन है?

उत्तर- राँची, 76.10 प्रतिशत

18. ट्राईबल रिसर्च इंस्टीट्यूट, झारखंड कहाँ स्थित है?

उत्तर- राँची

19. झारखंड पुलिस प्रशिक्षण केंद्र कहाँ स्थित है?

उत्तर- पदमा, हजारीबाग

20. केंद्रीय ईंधन अनुसंधान संस्थान, झारखंड में कहाँ स्थित है?

उत्तर- जालगोड़ा, पश्चिम सिंहभूम

Set-33

1. किस वर्ष में भारतीय संसद् में झारखंड को अलग राज्य के रूप में बिहार पुनर्गठन का विधेयक पारित किया गया था?

उत्तर- 2000

2. झारखंड क्षेत्र स्वशासी परिषद् (जैक) के अध्यक्ष कौन मनोनीत किए गए थे?

उत्तर- शिबू सोरेन

3. मेजर रफसेज किसकी सहायता से सिंहभूम से निकल भागने में सफल हुआ था?

उत्तर- बाबू अजंबर सिंह

4. मुगल बादशाह अकबर के किस सेनापति के नेतृत्व में मुगल सेना ने 1589 ई. में पलामू के चेरोवंशी शासक भागपत राय (रणपत चोरूह) के विरुद्ध अभियान किया?

उत्तर- राजा मानसिंह

5. कोल विद्रोह का प्रारंभ कब हुआ था?

उत्तर- 1831

6. किसको 'मुल्की (मातृभूमि की) लड़ाई' या मिल्की (जमीन की) लड़ाई' भी कहा जाता है?

उत्तर- सरदारी लड़ाई

7. सरदारी लड़ाई का विलय अंततः किसमें हो गया?

उत्तर- मुंडा उलगुलान

8. सफाहोड़ आंदोलन का नेतृत्व किसने किया?

उत्तर- लाल हेंब्रम (लाल बाबा)

9. तिलका माँझी के नाम पर किस महाविद्यालय का नाम रखा गया?

उत्तर- भागलपुर विश्वविद्यालय

10. चेरो विद्रोह कब हुआ था?

उत्तर- 1800-1802

11. किस राज्य का संस्थापक 'गोमुखी राजा' के नाम से जाना जाता था?

उत्तर- पंचेत राज्य

12. चेरो विद्रोह का नेतृत्व किसने किया था?

उत्तर- भूखन सिंह

13. चेरो विद्रोह किस क्षेत्र में हुआ?

उत्तर- पलामू के जंगल में

14. भारत के कुल कोयला उत्पादन का कितना भाग झारखंड में होता है?

उत्तर- एक-तिहाई

15. कुतबुद्दीन ऐबक का कौन सेनापति, बिहार अभियान के बाद बंगाल अभियान पर जाने के क्रम में झारखंड से होकर गुजरा था?

उत्तर- बख्तियार खिलजी

16. चेरो विद्रोह का दमन किसने किया?

उत्तर- कर्नल जोंस

17. भंडार एवं उत्पादन की दृष्टि से झारखंड का सर्वप्रथम कोयला केंद्र कहाँ है?

उत्तर- झरिया

18. कैलापाल का जागीरदार सुबल सिंह, दामपाड़ा सरदार जगन्नाथ पातर और धदका सरदार श्याम गंजम किस विद्रोह के मुख्य नेता थे?

उत्तर- चुआड़ विद्रोह

19. नेतरहाट विद्यालय, नेतरहाट, लातेहार की स्थापना कब हुई थी?

उत्तर- 15 नवंबर, 1954

20. नेतरहाट विद्यालय, नेतरहाट की स्थापना किसने की थी?

उत्तर- चार्ल्स नेपियर

Set-34

1. 1798 ई. में मानभूम, बड़ाभूम एवं पंचेत राज्य में हुए चुआड़ विद्रोह का नेतृत्वकर्ता कौन था?

उत्तर- दुर्जन सिंह

2. किस जिले के कुल क्षेत्रफल में वन क्षेत्र का प्रतिशत झारखंड में सर्वाधिक है?

उत्तर– चतरा

3. किसने उरदा के स्थान पर बादाम को रामगढ़ राज्य की राजधानी बनाया?

उत्तर– हेमंत सिंह

4. तिलका आंदोलन की अवधि क्या थी?

उत्तर– 1783–85 ई.

5. कोनार जल विद्युत् केंद्र किस जिले में स्थित है?

उत्तर– हजारीबाग

6. किसके समय में 1670 ई.में रामगढ़ राज्य की राजधानी बादाम से रामगढ़ स्थानांतरित की गई?

उत्तर– दलेल सिंह

7. तिलका माँझी को पकड़वाने में किस पहाड़िया सरदार ने महत्त्वपूर्ण भूमिका निभाई थी?

उत्तर– जाड़राह

8. भारत में उपलब्ध खनिजों के संचित भंडार का लगभग कितना प्रतिशत झारखंड में केंद्रित है?

उत्तर– 30–35 प्रतिशत

9. किसके समय में इचाक रामगढ़ राज्य की राजधानी बनी?

उत्तर– तेज सिंह

10. भागलपुर के जिस स्थल पर तिलका माँझी को फाँसी दी गई थी, वह स्थल आज किस नाम से जाना जाता है?

उत्तर– बाबा तिलका माँझी चौक

11. अंग्रेजी राज से मुक्ति कामना में कौन सा विद्रोह 11 सितंबर, 1831 ई. में सोनपुर परगना के कोचाई गाँव तथा तमाड़ के कुमांग गाँव में भड़का था?

उत्तर– कोल विद्रोह

12. सफाहोड़ आंदोलन के जन्मदाता कौन थे?

उत्तर– लाल हेंब्रम उर्फ लाल बाबा

13. सफाहोड़ आंदोलन के जनक लाल बाबा ने आजाद हिंद फौज के तर्ज पर संथाल परगना में किस दल का गठन किया?

उत्तर– देशोद्धारक दल

14. लाल बाबा ने सफाहोड़ी आंदोलनकारियों को कौन सा मंत्र दिया?

उत्तर– राम नाम का

15. छोटानागपुर संथाल परगना स्वशासी विकास प्राधिकार का गठन कब किया गया था?

उत्तर– 1971 ई.

16. झारखंड मुक्ति मोरचा का गठन कब हुआ था?

उत्तर– 4 फरवरी, 1973

17. झारखंड मुक्ति मोरचा की स्थापना किस शहर में हुई थी?

उत्तर– धनबाद

18. नेशनल इंस्टीट्यूट ऑफ फाउंड्री ऐंड फोर्ज टेक्नॉलोजी कहाँ स्थित है?

उत्तर– राँची

19. नेशनल इंस्टीट्यूट ऑफ फाउंड्री ऐंड फोर्ज टेक्नॉलोजी की स्थापना कब हुई थी?

उत्तर– 1966 ई.

20. झारखंड में भारतीय कृषि अनुसंधान संस्थान की स्थापना के लिए आधारशिला कहाँ रखी गई?

उत्तर– बरही, हजारीबाग

Set-35

1. झारखंड मुक्ति मोरचा के संस्थापक महासचिव कौन थे?

उत्तर– शिबू सोरेन

2. मुख्यमंत्री ग्राम सेतु योजना क्या है?

उत्तर– राज्य योजना कार्यक्रम

3. झारखंड मुक्ति मोरचा ने जंगल काटो अभियान किस वर्ष प्रारंभ किया था?

उत्तर– 1978 ई.

4. राष्ट्रीय सामाजिक सहायता कार्यक्रम में कौन सी योजना को शामिल नहीं किया गया है?

उत्तर– इंदिरा आवास योजना

5. ऑल झारखंड स्टूडेंट्स यूनियन (आजसू) का गठन कब हुआ था?

उत्तर– 22 जून, 1986

6. ऑल झारखंड स्टूडेंट्स यूनियन (आजसू) का गठन किस स्थान पर हुआ था?

उत्तर– जमशेदपुर

7. आजसू का गठन किसके नेतृत्व में हुआ?

उत्तर– सूर्य सिंह बेसरा

8. निम्नलिखित में से कौन सा स्थल जैनियों का झारखंड राज्य में स्थित एक प्रमुख तीर्थस्थल है?

उत्तर– पारसनाथ पहाड़

9. लिल्लोरी स्थान मंदिर किस देवी या देवता को समर्पित है?

उत्तर– काली

10. किस वर्ष रामगढ़, पलामू और छोटानागपुर खास को मिलाकर रामगढ़ जिले का गठन किया गया?

उत्तर– 1773 ई.पू.

11. हुंडरू जलप्रपात किस पठार में स्थित है?

उत्तर– राँची पठार में।

12. झारखंड में किस वर्ष प्रथम औद्योगिक नीति को कारगर किया गया?

उत्तर– 2001

13. झारखंड में कृषि कार्य में कितने प्रतिशत भूमि का उपयोग होता है?

उत्तर– 23 प्रतिशत

14. दक्षिणी कोयल नदी कहाँ से निकलती है?

उत्तर– नगड़ी राँची

15. राज्य में राजकीय पशु चिकित्सालयों की संख्या कितनी है?

उत्तर– 424

16. दक्षिणी कोयल किसकी सहायक नदी है?

उत्तर– कारो

17. शंख नदी का उद्गम स्थल कहाँ है?

उत्तर– गुमला

18. सूअर विकास केंद्र किस जिले में स्थापित है?

उत्तर– खूँटी

19. झारखंड में भारतीय प्रबंधन संस्थान कहाँ स्थित है?

उत्तर– राँची

20. भारतीय प्रबंधन संस्थान, राँची की स्थापना कब हुई थी?

उत्तर– 6 जुलाई, 2010

Set-36

1. संथाल परगना में अंग्रेजों का आगमन निम्न में से किस युद्ध के पूर्व हुआ था?

उत्तर– बक्सर का युद्ध

2. पारसनाथ की पहाड़ी कहाँ पर स्थित है?

उत्तर– निचला हजारीबाग पठार में

3. चित्रकला की कला 'जादो पटिया' किसकी विशेषता है?

उत्तर– संथाल

4. भाद्र महीने के शुक्ल पक्ष के 11वें दिन कौन सा त्योहार मनाया जाता है?

उत्तर– करम

5. घुमकुड़िया निम्नलिखित में से किससे संबंधित है?

उत्तर– उराँव

6. सरायकेला राज्य की स्थापना किसने की थी?

उत्तर– विक्रम सिंह

7. सरायकेला राज्य का मुख्यालय कहाँ था?

उत्तर– सरायकेला

8. किसने कहा कि 'इंद्रवानक की नदियों (ईब एवं शंख नदियों का क्षेत्र) से हीरे प्राप्त किए जाते हैं?

उत्तर– कौटिल्य

9. दामिने-इ-कोह की घोषणा कब हुई?

उत्तर– 1824

10. चेरो विद्रोह कब हुआ था?

उत्तर– 1800-19

11. जुलाई 2012 तिथि पर झारखंड अंतरिक्ष अनुप्रयोग केंद्र (JSAC) के अध्यक्ष कौन हैं?

उत्तर– A.T. जेयासीलन

12. कौन सी मिट्टी कृषि के दृष्टिकोण से अच्छी नहीं होती?

उत्तर– लैटेराइट मिट्टी

13. झारखंड में सर्वाधिक किस प्रकार का शैल समुद्र पाया जाता है?

उत्तर– आर्कियन शैल समूह

14. कौन सी मिट्टी सर्वाधिक उपजाऊ होती है?

उत्तर– जलोढ़ मिट्टी

15. झारखंड की जलवायु कैसी है?

उत्तर– उष्णकटिबंधीय मानसूनी

16. झारखंड की जलवायु में कितने मौसम प्रचलित हैं?

उत्तर– शीत, ग्रीष्म व वर्षा

17. झारखंड में पंचायत प्रशिक्षण संस्थान कहाँ है?

उत्तर– देवघर

18. झारखंड में ग्राम पंचायतों की संख्या कितनी है?

उत्तर– 4423 पंचायत

19. भूईहरी जमीन का रजिस्टर तैयार करने का जिम्मा 15 अप्रैल, 1858 को किसे सौंपा गया था?

उत्तर– लोकनाथ शाही

20. केंद्रीय विश्वविद्यालय, झारखंड कहाँ स्थित है?

उत्तर– ब्राम्बे, राँची

Set-37

1. किसको 'मुल्की (मातृभूमि की) लड़ाई' या मिल्की (जमीन की) लड़ाई' भी कहा जाता है?

उत्तर– सरदारी लड़ाई

2. बिरसा विद्रोह के समय राँची के उपायुक्त कौन थे?

उत्तर– रफसेज

3. छोटानागपुर काश्तकारी अधिनियम कब लागू किया गया?

उत्तर– 11 नवंबर, 1908 ई.

4. किस आंदोलन की शुरुआत चिंगरी नावाटोली (गुमला) से हुई थी?

उत्तर– टाना भगत

5. किस आंदोलन में अहिंसा को संघर्ष के अमोघ अस्त्र के रूप में स्वीकार किया गया?

उत्तर– टाना भगत आंदोलन

6. मांडर क्षेत्र में टाना भगत आंदोलन का नेतृत्व किसने किया?

उत्तर– शिबू भगत

7. घाघरा क्षेत्र में टाना भगत आंदोलन का नेतृत्व किसने किया?

उत्तर– बलराम भगत

8. 1899–1900 की मुंडा क्रांति का नेता कौन था?

उत्तर– बिरसा मुंडा

9. विशुनपुर क्षेत्र में टाना भगत आंदोलन का नेतृत्व किसने किया?

उत्तर– भिखू भगत

10. मुंडा उलगुलान का तात्कालिक कारण क्या था?

उत्तर– 1894 का वन सुरक्षा कानून

11. सबसे पहले बड़ाभूम एवं घाटशिला के चुआड़ों ने किस वर्ष विद्रोह किया?

उत्तर– 1769 ई. में

12. कौन प्रथम व्यक्ति थे, जिन्होंने झारखंड में राज्य निर्माण की प्रक्रिया शुरू की?

उत्तर– रिसा मुंडा

13. किस विद्रोह के दमन हेतु लेफ्टिनेंट फोरबिस एवं ले. गुडयार को भेजा गया था?

उत्तर– चुआड़ विद्रोह

14. रिसा मुंडा ने किसे मुंडाओं का शासक चुना?

उत्तर– सुतिया पाहन

15. एक नक्सली वारदात में किस स्थान पर बाबूलाल मरांडी के पुत्र अनूप मरांडी मारे गए थे?

उत्तर– चिरखारी

16. राज्य में कितने लाख क्यूबिक मीटर जल के रूप में है?

उत्तर– 260162

17. झारखंड क्षेत्र स्वाशासी परिषद् (जैक) का गठन किस प्रधानमंत्री के कार्यकाल में किया गया था?

उत्तर– पी.वी. नरसिम्हा राव

18. राज्य में कितने लाख क्यूबिक मीटर जल भूमिगत जल के रूप में है?

उत्तर– 49924

19. झारखंड क्षेत्र स्वशासी परिषद् (जैक) एवं उसकी अंतरिम कार्यकारी परिषद् कब अस्तित्व में आई थी?

उत्तर– 9 अगस्त, 1995

20. राज्य में कितने नदी थाल (बेसिन) हैं?

उत्तर– 11

Set-38

1. ताँबा के उत्पादन में झारखंड का देश में क्या स्थान है?

उत्तर– प्रथम

2. हिरनी जलप्रपात कहाँ स्थित है?

उत्तर– पश्चिमी सिंहभूम

3. झारखंड का सबसे बड़ा चिड़ियाघर कहाँ स्थित है?

उत्तर– बोकारो

4. ऑल झारखंड स्टूडेंट्स यूनियन (आजसू) के प्रथम अध्यक्ष कौन थे?

उत्तर– प्रभाकर तिरकी

5. विश्व विजेता बननेवाले झारखंड के प्रथम शतरंज खिलाड़ी का क्या नाम है?

उत्तर– दीप सेन गुप्ता

6. शीतकालीन में पूर्वी भाग का तापमान कितना सेल्सियस रहता है?

उत्तर– 17–19 डिग्री सेल्सियस

7. ऑल झारखंड स्टूडेंट्स यूनियन (आजसू) गठन किस संगठन की तर्ज पर हुआ था?

उत्तर– असम छात्र संगठन(आसू)

8. आजसू के किस नेता ने आंदोलन के कार्यक्रम की घोषणा में खून के बदले खून की रणनीति का प्रतिपादन किया था?

उत्तर– सूर्य सिंह बेसरा

9. आजसू का गठन किस पार्टी के छात्र संगठन के रूप में हुआ था?

उत्तर– झारखंड मुक्ति मोरचा

10. आजसू किस वर्ष झामुमो से अलग हुआ?

उत्तर– 1987 ई.

11. झारखंड समन्वय समिति का गठन कब हुआ था?

उत्तर– 1987 ई.

12. झारखंड समन्वय समिति का गठन कहाँ हुआ था?

उत्तर– रामगढ़

13. विश्व में बाघ की पहली गणना कहाँ हुई?

उत्तर– बेतला नेशनल पार्क में

14. गुमानी नदी कहाँ से निकलती है?

उत्तर– राजमहल की पहाड़ी

15. गुमानी की सहायक नदी कौन है?

उत्तर– मेरेल

16. राज्य में वन भूमि कितने वर्ग किलोमीटर में है?

उत्तर– 23473

17. दामोदर घाटी परियोजना की रूप-रेखा अमेरिका की किस योजना के आधार पर तैयार की गई है?

उत्तर– टेनेसी घाटी योजना

18. 'मंदिरों का गाँव' किस स्थान को कहा जाता है?

उत्तर– मलूटी, दुमका

19. 'हनुमानजी' का जन्म स्थान कहाँ है?

उत्तर– अंजनधाम, गुमला

20. पंचायती राज संस्था के लोगों को प्रशिक्षण देने के लिए 'केंद्रीय प्रशिक्षण संस्थान' कहाँ है?

उत्तर– राँची

Set-39

1. दामोदर घाटी परियोजना की स्थापना कब की गई थी?

उत्तर– 1948 ई.

2. दामोदर घाटी परियोजना में कुल कितने बाँध हैं?

उत्तर– 8

3. किस नदी पर स्वतंत्र भारत की प्रथम जल विद्युत् योजना बनाई गई?

उत्तर– दामोदर

4. दामोदर घाटी परियोजना किन राज्य की संयुक्त परियोजना है?

उत्तर– झारखंड-पश्चिम बंगाल

5. तिलैया बाँध कब एवं किस नदी पर बना?

उत्तर– बराकर-1953

6. कोनार बाँध कब एवं किस नदी पर बना?

उत्तर– कोनार-1954

7. मैथन बाँध कब एवं किस नदी पर बना?

उत्तर– बराकर, 1958 में

8. डुँबारी (शैल रकब) पहाड़ी किस मुंडा सरदार से संबंधित है?

उत्तर– बिरसा मुंडा

9. बोकारो बाँध किस नदी पर है?

उत्तर– बोकारो

10. पालकोट राजमहल किस नागवंशी राजा के कार्यकाल में बनवाया गया था?

उत्तर– रघुनाथ शाह

11. मुख्य उत्पाद के अंतर्गत कौन सा वन उत्पाद आता है?

उत्तर– लकड़ी

12. झारखंड के कौन से विधायक ने 18 फरवरी, 1924 को बिहार विधान परिषद् में खादी से संबंधित एक प्रस्ताव रखा था?

उत्तर– नीलकांत चटर्जी

13. सिंहभूम में आदिवासियों ने विष्णु माहुरी के नेतृत्व में हाट कर न देने का आंदोलन कब चलाया?

उत्तर– 1924 ई.

14. महात्मा गांधी राष्ट्रीय आंदोलन के क्रम में प्रथम बार हजारीबाग कब आए?

उत्तर– 1925 ई.

15. 1925 ई. में हजारीबाग में महात्मा गांधी ने किस कॉलेज के छात्रों को संबोधित किया?

उत्तर– संत कोलंबा कॉलेज

16. हजारीबाग में महात्मा गांधी को कितने रुपए की थैली भेंट की गई?

उत्तर– 1300 रुपए

17. अगस्त, 1925 ई. में किसके आग्रह पर गांधीजी जमशेदपुर पहुँचे?

उत्तर– सी.एफ. एंड्रूज

18. अखिल भारतीय खादी बोर्ड के अध्यक्ष जमनालाल बजाज द्वारा कहाँ के खादी मेला का शुभारंभ किया गया?

उत्तर– देवघर

19. झारखंड में नॉलेज सिटी की

उत्तर– खूँटी

20. मुख्यमंत्री लक्ष्मी लाडली योजना की शुरुआत कब हुई है?

उत्तर– 15 नवंबर, 2011

Set-40

1. राँची में किसके नेतृत्व में एक विशाल सभा का आयोजन किया गया और 'साइमन कमीशन वापस जाओ' नारे के साथ बहिष्कार करने का प्रस्ताव पास किया गया?

उत्तर– एस.के. सहाय

2. दिसंबर 1929 ई. में डॉ. पी.सी. मित्र तथा देवी नंदन लाल के नेतृत्व में

हजारों झारखंडवासियों ने किसका काले झंडों से स्वागत किया?

उत्तर– साइमन

3. किस संगठन द्वारा पृथक् छोटानागपुर राज्य के निर्माण हेतु 1929 ई. में साइमन कमीशन को साभार पत्र दिया गया?

उत्तर– छोटानागपुर उन्नति समाज

4. बड़ाभूम के बड़ा बाजार को गंगा नारायण ने किस तिथि को लूटा था?

उत्तर– 1 मई, 1832 ई.

5. किसके खिलाफ गंगा नारायण ने भूमिजों को एक अभूतपूर्व नेतृत्व प्रदान किया?

उत्तर– माधव सिंह

6. 7 फरवरी, 1833 ई. को खरसाँवा के किस ठाकुर के खिलाफ लड़ते हुए गंगा नारायण सिंह मारा गया?

उत्तर– चेतन सिंह

7. खरसाँवा के ठाकुर ने गंगा नारायण सिंह का सिर काटकर किस अंग्रेज अधिकारी के पास भेजा था?

उत्तर– कैप्टन विलकिंसन

8. संथाल विद्रोह का प्रारंभ कब हुआ था?

उत्तर– 1855 ई.

9. संथाल विद्रोह को अन्य किस नाम से जाना जाता है?

उत्तर– हूल

10. सिंहभूम में ब्रिटिश ईस्ट इंडिया कंपनी का प्रवेश किस वर्ष आरंभ हुआ?

उत्तर– 1767 ई.

11. संथाल विद्रोह का प्रारंभ किस स्थान से हुआ?

उत्तर– भगनाडीह

12. पोरहाट नरेश घनश्याम सिंह ने लार्ड हेस्टिंग्स की अधीनस्थ संधि पर किस वर्ष हस्ताक्षर किया और कंपनी की अधीनता स्वीकार कर ली?

उत्तर– 1820 ई.

13. 'अपना देश और अपना राज' का नारा किस विद्रोह के दौरान दिया गया?

उत्तर– संथाल विद्रोह

14. कंपनी काल में झारखंड की कौन सी जनजाति 'लड़ाका कोल' के नाम से प्रसिद्ध थी?

उत्तर– हो

15. 'जमींदार, महाजन, पुलिस और सरकारी कर्मचारियों का नाश' किस विद्रोह का प्रमुख नारा बना?

उत्तर– संथाल विद्रोह

16. संथाल विद्रोह से प्रभावित क्षेत्र कौन सा था?

उत्तर– संथाल परगना

17. भारत छोड़ो आंदोलन की सबसे अंतिम घटना झारखंड में कौन सी थी?

उत्तर– 22 अगस्त 1943 को वाचस्पति त्रिपाठी की गिरफ्तारी

18. स्वतंत्रता आंदोलन के दौरान महात्मा गांधी झारखंड क्षेत्र में कितनी बार आए थे?

उत्तर– चार बार

19. झारखंड आंदोलन का मुख्य कारण क्या था?

उत्तर– आदिवासियों की जमीन एवं एक पहचान

20. झारखंड आंदोलन का बीजारोपण कहाँ किया गया था?

उत्तर– ढाका

Set-41

1. मौलाना अबुल कलाम आजाद को नजरबंदी से कब मुक्त किया गया था?

उत्तर– 27 दिसंबर, 1919 ई. में

2. 1917 ई. में महात्मा गांधी मोतिहारी से चलकर राँची किससे मिलने आए थे?

उत्तर– ले. गवर्नर एडवर्ट गेट

3. राँची में रौलट ऐक्ट और जालियाँवाला बाग हत्याकांड के आंदोलन का नेतृत्व किसने किया?

उत्तर– गुलाब तिवारी

4. झारखंड के कृष्ण वल्लभ सहाय को बिहार प्रांतीय स्वराज पार्टी में कौन सा पद प्रदान किया गया?

उत्तर– सचिव

5. झारखंड में कितने राष्ट्रीय उद्यम है?

उत्तर– दो (2)

6. 1923 ई. के चुनाव में दक्षिण संथाल परगना निर्वाचन क्षेत्र से स्वराज पार्टी के प्रतिनिधि के रूप में कौन चुने गए?

उत्तर– रामेश्वर लाल

7. झारखंड में असहयोग आंदोलन के समय से ही चरखा आंदोलन चलाया जा रहा था। चाईबासा, जमेशदपुर, दुमका, जामताड़ा, देवघर, पाकुड़ आदि शहरों में खादी डिपो खोला गया था। इस काम में सर्वाधिक महत्त्वपूर्ण भूमिका किसकी रही?

उत्तर– सरला देवी

8. जवाहरलाल जैविक उद्यान कहाँ है?

उत्तर– बोकारो

9. क्षेत्रफल की दृष्टि से झारखंड का भारत में कौन सा स्थान है?

उत्तर– 15वाँ

10. स्वर्णरेखा घाटी परियोजना किस पंचवर्षीय योजना में शुरू की गई थी?

उत्तर– पाँचवीं

11. राज्य में आयुर्वेदिक अस्पतालों की संख्या कितनी है?

उत्तर– 110

12. सर्वाधिक जलप्रपात किस जिले में है?

उत्तर– राँची में

13. झारखंड का क्षेत्रफल कितना है?

उत्तर– 79,714 वर्ग कि.मी.

14. भारत में सबसे अधिक कुष्ठ रोगी किस राज्य में पाए जाते हैं?

उत्तर– झारखंड

15. 'राजमहल ट्रैप' झारखंड के किस भाग में स्थित है?

उत्तर– उत्तर–पूर्वी भाग में

16. किसी भूमि के उपयोग में उसकी प्रकृति बदलने पर रैयत का उस भूमि पर अधिकार खत्म हो जाने का प्रावधान सी.एन.टी. ऐक्ट के किस धारा में है?

उत्तर– धारा–21

17. मुंडारी खूँटक कट्टी भूमि के संबंध में भूवापसी का प्रावधान सी.एन.टी. ऐक्ट के किस धारा में है?

उत्तर– धारा–242

18. भूईहरी भूमि राज्य में विशेषकर किस जनजाति समुदाय के पास ज्यादा है?

उत्तर– उराँव

19. बिहार शिड्यूल एरिया रेगुलेशन ऐक्ट किस वर्ष लागू हुआ था?

उत्तर– 1969 ई.

20. सी.एन.टी. ऐक्ट, 1908 का ब्लू प्रिंट किसने तैयार की थी?

उत्तर– जॉन एच. हॉफमैन

Set-42

1. 1770 ई. में सतबरवा के निकट चेतमा की लड़ाई में किस चेरो राजा को पराजित कर उसके विरोधियों ने उसकी हत्या कर दी?

उत्तर– जयकृष्ण राय

2. झारखंड में कितने जनजातीय समूह हैं?

उत्तर– 32

3. झारखंड में कुल मान्य अनुसूचित जनजातियाँ कितनी हैं?

उत्तर– 32

4. सन् 1914 में कौन सा आंदोलन हुआ?

उत्तर– टाना भगत प्रतिरोध

5. अंग्रेजों के छोटानागपुर प्रवेश के समय यहाँ का राजा कौन था?

उत्तर– दर्पनाथ शाह

6. प्रसिद्ध टैगोर हिल कौन से शहर की सरहद पर स्थित है?

उत्तर– राँची

7. तोपचाँची वन्य जीव अभयारण्य कहाँ अवस्थित है?

उत्तर– धनबाद

8. 1771 ई. में दर्पनाथ शाह ने अंग्रेजों के साथ मित्रता कर ली। वह पटना कौंसिल को कितने रुपए सालाना 'कर' देने को तैयार था?

उत्तर– 12,000 रुपए

9. झारखंड में प्रखंडों की कुल संख्या कितनी है?

उत्तर– 260

10. सन् 1855 में किन दो भाइयों के नेतृत्व में संथाल विद्रोह फूट पड़ा था?

उत्तर– सिद्धो मुर्मू और कान्हू मुर्मू

11. हजारीबाग क्षेत्र में अंग्रेजी कंपनी को सर्वाधिक विरोध का सामना किस राज्य से करना पड़ा था?

उत्तर– रामगढ़

12. छोटानागपुर का पठार एक महाद्वीपी पठार है। दामोदर द्रोण निम्नलिखित में से किसके बीच द्रोण बनाता है?

उत्तर– राँची और हजारीबाग का पठार

13. झारखंड की प्रथम संथाली फिल्म कौन सी है?

उत्तर– मुख्य बाहा

14. झारखंड में अधिकांश लौह अयस्क किस प्रकार की चट्टानों में पाया जाता है?

उत्तर– धारवाड़

15. अजय नदी निम्नलिखित में से किस जगह निकलती है?

उत्तर– राजमहल की पहाड़ियाँ

16. झारखंड क्षेत्रीय स्वायत्त परिषद् का गठन कब हुआ था?

उत्तर– 9 जून, 1995

17. स्वास्थ्य सेवाओं के संचालन के लिए स्वास्थ्य विभागों को कितने अंगों में बाँटा गया है?

उत्तर– 7

18. सी.एन.टी. ऐक्ट में कुल कितनी धाराएँ हैं?

उत्तर– 271

19. सी.एन.टी. ऐक्ट में कुल कितने अध्याय हैं?

उत्तर– 19

20. सी.एन.टी. ऐक्ट की धारा–71 में अनुसूचित जनजाति के भूमि के किस चीज का प्रावधान है?

उत्तर– भूवापसी का प्रावधान

Set-43

1. झारखंड में कितने प्रतिशत वन हैं?

उत्तर– 29.3 प्रतिशत

2. राज्य में कितने मेडिकल कॉलेज हैं?

उत्तर– 3

3. संथाल विद्रोह कब हुआ था?

उत्तर– 1855–56

4. जिला अस्पतालों की संख्या कितनी है?

उत्तर– 21

5. गांधीजी ने चंपारण में कब सत्याग्रह किया?

उत्तर– 1917

6. सुपर स्पेशियलिटी हॉस्पिटल कहाँ है?

उत्तर– राँची

7. हृदय रोग एवं शल्य क्रिया की व्यवस्था किस अस्पताल में उपलब्ध है?

उत्तर– अपोलो हॉस्पिटल

8. बोकारो इस्पात संयंत्र किसकी मदद से तैयार किया गया है?

उत्तर– रूस

9. किनके लिए 'जात्रा' सबसे बड़ा त्योहार है?

उत्तर– उराँव

10. राष्ट्रीय धातु विज्ञान प्रयोगशाला कहाँ स्थित है?

उत्तर– जमशेदपुर

11. छोटानागपुर काश्तकारी कानून कब पारित हुआ?

उत्तर– 1900

12. टुसूपर्व का संबंध किस देवता से है?

उत्तर- सूर्य

13. धालभूम के राजा को फर्गुसन की सेना द्वारा पराजित करने के बाद किसे धालभूम का राजा बनाया गया?

उत्तर- जगन्नाथ धाल

14. भूस्वामी द्वारा कोई रैयत को उसकी जोत से बिना उपायुक्त के आदेश के बेदखल नहीं किया जा सकेगा का प्रावधान एस.पी.टी. ऐक्ट के किस धारा में वर्णित है?

उत्तर- धारा-14

15. किसी रैयत के किसी जोत पर अधिकार का हस्तांतरण, खेवट खतियान में हस्तांतरण के उल्लेख रहने पर मान्य होगा, एस.पी.टी. ऐक्ट के किस धारा में वर्णित है?

उत्तर- धारा-20

16. एस.पी.टी. ऐक्ट की धारा-23 किस चीज की व्याख्या करता है?

उत्तर- रैयती भूमि का बदलैन

17. एस.पी.टी. ऐक्ट की धारा-24 से किसी रैयती जोत का बिक्री, दान, वसीयत या बदलैन हेतु किया जानेवाला निबंधन किसके पास किया जाएगा?

उत्तर- भूस्वामी

18. कोई मूल रैयत या ग्राम प्रधान बिना उपायुक्त की अनुमति से अपने साथ या किसी मूल रैयत के साथ कोई बंजर भूमि या खाली जोत बंदोबस्त नहीं करेगा, का प्रावधान एस.पी.टी. ऐक्ट के किस धारा में वर्णित है?

उत्तर- धारा-29

19. किसी पहाड़िया गाँव में किसी बंजर भूमि या रिक्त जोत किसी गैर-पहाड़िया के साथ बंदोबस्त नहीं किया जाएगा, एस.पी.टी. ऐक्ट की कौन सी धारा में वर्णित है?

उत्तर- धारा-41

20. एस.पी.टी. अधिनियम की धारा-53 में किस चीज का वर्णन है?

उत्तर- नियमबद्ध परियोजनों के लिए भूस्वामी द्वारा भूमि का अर्जन

Set-44

1. झारखंड में राष्ट्रीय राजमार्ग की कुल लंबाई कितनी है?

उत्तर- 1859.16 कि.मी.

2. रामगढ़ के राजा की मूल राजधानी क्या थी?

उत्तर– रामगढ़

3. 1855 ई. में संथालों ने किस अंग्रेज कमांडर को हराया?

उत्तर– मेजर बारो

4. कोल्हान गवर्नमेंट इस्टेट का गठन कब किया गया?

उत्तर– 1837 ई.

5. अंग्रेजों ने संथाल विद्रोहियों से बचने के लिए पाकुड़ में किस टावर का निर्माण कराया था?

उत्तर– मार्टिलो टावर

6. संथाल विद्रोह के दौरान विद्रोहियों ने पाकुड़ की किस रानी से सहायता माँगी थी?

उत्तर– क्षेमा सुंदरी

7. भारतीय संविधान में अभी तक झारखंड की कितनी जनजातियों को अनुसूचित जनजाति घोषित किया गया है?

उत्तर– 32

8. वीरभूम में संथाल विद्रोह का नेतृत्व किसने किया?

उत्तर– गोरा माँझी

9. संथाल विद्रोह का दमन किसने किया?

उत्तर– जनरल लॉयड

10. संख्या की दृष्टि से झारखंड की सबसे बड़ी जनजाति कौन है?

उत्तर– संथाल

11. भोगता विद्रोह (1771) का नेतृत्व किसने किया?

उत्तर– जयनाथ सिंह

12. संथाल परगना के प्रथम उपायुक्त कौन थे?

उत्तर– सर ऐशली इडेन

13. राज्य विद्युत् नियामक आयोग का गठन कब किया गया था?

उत्तर– अगस्त 2002

14. न्यूनतम जनजातीय आबादी वाला जिला कौन सा है?

उत्तर– धनबाद

15. पतरातू थर्मल विद्युत् शक्तिगृह किस देश की तकनीकी सहायता से बनी है?

उत्तर– रूस

16. झारखंड का राजकीय दिवस कौन सा है?

उत्तर– 15 नवंबर

17. स्वर्णरेखा परियोजना कितने राज्यों की परियोजना है?

उत्तर– 3

18. एस.पी.टी. ऐक्ट में किसी खास ग्राम के प्रधान की नियुक्ति करने का अधिकार किसे है?

उत्तर– उपायुक्त (धारा–5)

19. ग्राम प्रधान को पदांतरण का किसी प्रकार का अधिकार नहीं होगा, यह प्रावधान एस.पी.टी. ऐक्ट का कौन सी धारा में है?

उत्तर– धारा–9

20. कोई जमीन जो खेवट खतियान (अधिकार अभिलेख) में दर्ज न हो, मूल रैयत की निजी जोत या सरकारी जोत के रूप में मानी नहीं जाएगी, उसका वर्णन एस.पी.टी. ऐक्ट के किस धारा में किया गया है?

उत्तर– धारा–10

Set-45

1. झारखंड में राज्यसभा हेतु सदस्य संख्या कितनी है?

उत्तर– 6

2. 'शहीदों का नगर' किसे कहा जाता है?

उत्तर– राँची

3. झारखंड का क्षेत्रफल भारत के कुल क्षेत्रफल का कितना प्रतिशत है?

उत्तर– 2.42 प्रतिशत

4. झारखंड की द्वितीय राजभाषा क्या है?

उत्तर– उर्दू

5. शाहाबाद के किस क्रांतिकारी का पदार्पण खरौंधी (पलामू) में हुआ था?

उत्तर– बाबू अमर सिंह

6. राज्य सरकार का जन संपर्क अधिकारी (Public Relation Officer-Pro) कौन होता है?

उत्तर– मुख्य सचिव

7. 1857 के विद्रोह के समय किस नायक पर इनाम था?

उत्तर– पारोहाट के राजा अर्जुन सिंह

8. 1857 के विद्रोह के समय अंग्रेजी फौज को रोकने के लिए कहाँ का मार्ग शेख भिखारी ने अवरुद्ध किया था?

उत्तर– चुटूपालू घाटी

9. संथाल परगना प्रमंडल का मुख्यालय कहाँ स्थित है?

उत्तर- दुमका

10. सिद्धू-कान्हू विश्वविद्यालय कहाँ स्थित है?

उत्तर- दुमका

11. पाकुड़ जिला क्यों प्रसिद्ध है?

उत्तर- बीड़ी निर्माण

12. झारखंड कमिश्नरी कब बनाई गई?

उत्तर- 1854

13. मक्का की फसल किस जिले में सर्वाधिक होती है?

उत्तर- पलामू

14. सोन नदी झारखंड के किस जिले में सर्वप्रथम प्रवेश करती है?

उत्तर- गढवा

15. उतरी कोयल किसकी सहायक नदी है?

उत्तर- सोन

16. उत्तरी कोयल नदी कहाँ से निकलती है?

उत्तर- पिस्का राँची

17. उपायुक्त के कुछ आदेशों के विरुद्ध आयुक्त कोर्ट में अपील करने का प्रावधान सी.एन.टी. ऐक्ट के किस धारा में है?

उत्तर- धारा-215

18. मुंडारी खूँट कट्टीदारी काश्तकारियों के अंतरन पर प्रतिबंध का वर्णन सी.एन.टी. ऐक्ट के किस धारा में है?

उत्तर- धारा-240

19. राज्य सरकार अधिसूचना द्वारा संथाल परगना प्रमंडल के किसी भी भाग से एस.पी.टी. ऐक्ट या इसके किसी भाग को वापस ले सकती है या उस क्षेत्र में लागू कर सकती है, एस.पी.टी. ऐक्ट की कौन सी धारा प्राधिकृत करती है?

उत्तर- धारा-2

20. एस.पी.टी. ऐक्ट में कोई गाँव जहाँ न तो मूल रैयत हो, न उस समय के लिए कोई ग्राम प्रधान हो, किस नाम से जाना जाता है?

उत्तर- खास ग्राम

Set-46

1. पशुओं में नस्ल सुधारने व दुग्ध उत्पादन में वृद्धि के लिए किस वर्ष से गोकुल ग्राम योजना चलाई जा रही है?

उत्तर- 2004

2. सर्वाधिक महिला साक्षरतावाला जिला कौन है?

उत्तर– राँची

3. किस वर्ष हो लोगों ने आत्मसमर्पण किया और सीधा कंपनी को कर देने के लिए तैयार हुए?

उत्तर– 1837 ई.

4. झारखंड में कितने राज्य विधानसभा निर्वाचन क्षेत्र हैं?

उत्तर– 81

5. दामोदर घाटी में मुख्य रूप से किस प्रकार की मिट्टी पाई जाती है?

उत्तर– लाल मिट्टी

6. जमशेदपुर किस नदी के किनारे अवस्थित है?

उत्तर– स्वर्णरेखा

7. 'सिकनी कोयला परियोजना' झारखंड की किस जगह में स्थित है?

उत्तर– लातेहार

8. ईस्ट इंडिया कंपनी को दीवानी प्राप्त होने के कितने वर्षों के पश्चात् कोल्हान क्षेत्र पर अंग्रेजों का आधिपत्य स्थापित हो सका?

उत्तर– 72 वर्ष

9. झारखंड में कौन सा अरण्य प्रभाग का बृहत्तम संरक्षित अरण्य क्षेत्र है?

उत्तर– सारंडा

10. पालकोट आश्रयणी किस जिले में स्थित है?

उत्तर– गुमला

11. जमशेदपुर की स्थापना किसने की?

उत्तर– जमशेदजी नशरवानजी टाटा

12. पलामू पर अंग्रेजी आधिपत्य कब स्थापित हुआ?

उत्तर– 1771-72 ई.

13. राजा जयसिंह, जिन्होंने खुद को 13वीं सदी में झारखंड का शासक घोषित कर दिया था, वे किस राज्य के थे?

उत्तर– उड़ीसा

14. धनबाद जिले का कौन सा औद्योगिक शहर एक सघन औद्योगिक संकुल है, जहाँ 25 किमी के दायरे में 250 उद्योग स्थापित हैं?

उत्तर– चिरकुंडा

15. आकाशवाणी राँची की स्थापना कब हुई थी?

उत्तर– जुलाई 1957

16. राज्य सरकार किसी राजस्व अधिकारी द्वारा सर्वेक्षण करने को आदेश दे सकेगी, सी.एन.टी. ऐक्ट की किस धारा में वर्णित है?

उत्तर- धारा-80

17. सी.एन.टी. ऐक्ट की धारा-113 से वस्तुरूपी लगान भूमि संबंधी शर्त है या लगान का वस्तु रूप है? इसका निर्णय कौन करेगा?

उत्तर- राजस्व अधिकारी

18. राजस्व अधिकारी के द्वारा भूस्वामी की विशेषाधिकारयुक्त भूमि होने या न होने का निर्णय सी.एन.टी. ऐक्ट की किस धारा में वर्णित है?

उत्तर- धारा-121

19. उपायुक्त द्वारा संज्ञेय विषयों की न्यायिक प्रक्रिया का वर्णन सी.एन.टी. ऐक्ट के किस अध्याय में है?

उत्तर- अध्याय-16

20. कोई भूमि अगर एक से अधिक जिले या अनुमंडल में स्थित हो तो उसके बाद की सुनवाई उस भूमि के ज्यादा हिस्से वाले जिले या अनुमंडल के अंदर किया जाएगा, इसका प्रावधान सी.एन.टी. ऐक्ट के किस धारा में है?

उत्तर- धारा-138

Set-47

1. किस विद्रोह का केंद्र बिंदु वनचरीजोर (भागलपुर) था?

उत्तर- तिलका विद्रोह

2. भारत की पहली बहूद्देशीय नदी घाटी परियोजना कौन सी है?

उत्तर- दामोदर घाटी परियोजना

3. सिंहभूम के सिंह वंश की पहली शाखा (8वीं सदी ई. के आरंभ में स्थापित) के संस्थापक का क्या नाम था?

उत्तर- काशीनाथ सिंह

4. तिलका माँझी ने कहाँ की पहाड़ियों से छापामार युद्ध का नेतृत्व किया?

उत्तर- सुल्तानगंज

5. सिंहभूम के सिंह वंश की दूसरी शाखा (1205 ई. में स्थापित) के संस्थापक का क्या नाम था?

उत्तर- दर्प नारायण सिंह

6. किस विद्रोह का स्वरूप गुरिल्ला युद्ध था?

उत्तर- तिलका विद्रोह

7. सिंहभूम के किस सिंहवंशी शासक ने पोरहाट के नाम से नई राजधानी की स्थापना की?

उत्तर- काशी राम सिंह

8. असहयोग आंदोलन (1920-22) के दौरान किसे 'पलामू का राजा' घोषित किया गया?

उत्तर- घनी सिंह खरवार

9. झारखंड में कुल कितने नदी बेसिन हैं?

उत्तर- 7

10. झारखंड के अधिकांश खनिज पदार्थ किस प्रकार के शैल में मिलते हैं?

उत्तर- आर्कियन

11. बरमजदा समूह क्या है?

उत्तर- लौह अयस्क क्षेत्र

12. सदनी घाघ जलप्रपात किस नदी पर है?

उत्तर- शंख

13. संथालों के धर्म का आधार क्या है?

उत्तर- आत्मवाद

14. झारखंड में नीलांबर पीतांबर विश्वविद्यालय कहाँ खोला गया है?

उत्तर- पलामू

15. सी.एन.टी. ऐक्ट में धारा-58 में किसी रैयत के किसी वर्ष में लगान का भुगतान नहीं होने पर अधिक-से-अधिक कितने प्रतिशत साधारण ब्याज का प्रावधान है?

उत्तर- 6.25 प्रतिशत वार्षिक

16. देय लगान का वस्तु रूप से मुद्रा रूप में रूपांतरण सी.एन.टी. ऐक्ट की कौन सी धारा में वर्णित है?

उत्तर- धारा-61

17. राज्य सरकार द्वारा बंजर भूमि का बंदोबस्त विहित रूप में पट्टे द्वारा किया जाएगा सी.एन.टी. ऐक्ट की किस धारा में इसका प्रावधान है?

उत्तर- धारा-61(क)

18. सी.एन.टी. ऐक्ट के धारा-64 से किसी गाँव के कृषक या भूमिहीन श्रमिक को किसकी आज्ञा से भूमि को कोरकर में बदलने का अधिकार है?

उत्तर- उपायुक्त

19. किसी भी काश्तकार को किसी आदेश या उपायुक्त के आदेश के सिवा उसकी काश्तकारी से बेदखल नहीं किया जाएगा, सी.एन.टी. ऐक्ट की

किस धारा में वर्णित है?

उत्तर- धारा-68

20. कोई काश्तकार बेदखल होने की स्थिति में बेदखली की तारीख से कितने समय आगे तक उपायुक्त के सम्मुख आवेदन दे सकता है?

उत्तर- एक वर्ष (धारा-71)

Set-48

1. बासुकीनाथ किस जिले में स्थित है?

उत्तर- दुमका

2. छिन्नमस्तिका मंदिर कहाँ स्थित है?

उत्तर- रजरप्पा में

3. हेमेंद्र नाथ घोष, जो क्रांतिकारियों को धन मुहैया कराते थे, कहाँ के रहनेवाले थे?

उत्तर- दुमका

4. हुल झारखंड पार्टी/क्रांतिकारी झारखंड पार्टी (1969) के संस्थापक कौन थे?

उत्तर- जस्टिन रिचर्ड

5. चाईबासा से प्रकाशित क्रांतिकारी पत्रिका 'तरुण शक्ति' का संपादक कौन था?

उत्तर- आनंद कमल चक्रवर्ती

6. कौलेश्वरी मंदिर कहाँ स्थित है?

उत्तर- चतरा में

7. मौलाना अबुल कलाम आजाद को राँची में कहाँ रखा गया था?

उत्तर- मोरहाबादी में

8. किसने खुखरा के स्थान पर दोइसा (डोइसा) को छोटानागपुर खास के नागवंशी राज्य की राजधानी बनाया?

उत्तर- दुर्जन शाह

9. 1782 ई. में हुए तमाड़ विद्रोह को दबाने में किस अंग्रेज अधिकारी ने मुख्य भूमिका निभाई?

उत्तर- जेम्स क्रॉफर्ड

10. किसके समय में छोटानागपुर खास के नागवंशी राज्य की राजधानी दोइसा (डोइसा) से पालकोट स्थानांतरित की गई?

उत्तर- यदुनाथ शाह

11. 1797 ई. में हुए तमाड़ विद्रोह का नेतृत्व किसने किया?

उत्तर– विष्णु मानकी

12. रबी फसल में किसका सर्वप्रमुख स्थान है?

उत्तर– गेहूँ

13. तिलका माँझी ने कब आंदोलन शुरू किया था?

उत्तर– 1783 ई.

14. तिलका आंदोलन में स्वायत्तता क्षेत्र कौन सा था?

उत्तर– संथाल परगना

15. तिलका माँझी द्वारा गाँव में विद्रोह का संदेश किस माध्यम से भेजा जाता था?

उत्तर– सखुआ (साल) के पत्तों से

16. टाना भगत असहयोग आंदोलन में भाग लेकर कौन पहली बार स्वतंत्रता आंदोलन में शामिल हुए?

उत्तर– सिद्धू भगत

17. राज्य लोक सेवा आयोग के अध्यक्ष को निलंबित करने का अधिकार किसे है?

उत्तर– राज्यपाल

18. अंग्रेज मेजर नेशन लोहरदगा के ककरंग घाट जंगल में ठाकुर विश्वनाथ शाहदेव और पांडेय गणपत राय को गिरफ्तार करने में कब सफल हुआ?

उत्तर– 30 मार्च, 1858 ई.

19. भूईहरी भूधृति के अंतरन पर प्रतिबंध सी.एन.टी. ऐक्ट की किस धारा में वर्णित है?

उत्तर– धारा–48

20. उद्योग एवं खनिज हेतु जोतों का अंतरन का प्रावधान सी.एन.टी. ऐक्ट की कौन सी धारा में वर्णित है?

उत्तर– धारा–49

Set-49

1. राज्य लोक सेवा आयोग के अध्यक्ष को उसके पद से हटाने का अधिकार किसे है?

उत्तर– राष्ट्रपति

2. ठाकुर विश्वनाथ शाहदेव और पांडेय गणपत राय को अप्रैल 1858 ई. में कहाँ फाँसी दी गई?

उत्तर– राँची जिला स्कूल के द्वार पर

3. रोहिणी किस रेजीमेंट का मुख्यालय था?

उत्तर– 32वीं इनफैंट्री रेजीमेंट

4. रोहिणी ग्राम स्थित देशी स्थल सेना की 32वीं इनफैंट्री रेजीमेंट किसके कमान में थी?

उत्तर– मैकडोनाल्ड

5. हजारीबाग में विद्रोहियों का नेता कौन था?

उत्तर– सुरेंद्र शाही

6. 1857 के विद्रोह के दौरान मेजर इंगलिश तथा जयमंगल पांडेय एवं नादिर अली खाँ के बीच चतरा में ऐतिहासिक युद्ध कब हुआ था?

उत्तर– 2 अक्तूबर, 1857

7. 1857 के विद्रोह के क्रम में झारखंड में सर्वप्रथम कहाँ के सैनिकों ने 12 जून, 1857 को विद्रोह किया?

उत्तर– रोहिणी

8. किसे 'प्रिंस ऑफ छोटानागपुर स्टेज' कहा जाता है?

उत्तर– मुकुंद नायक

9. झारखंड पार्टी ने प्रथम बार चुनाव में भाग कब लिया था?

उत्तर– 1952 ई.

10. किसे 'सूर्योदय एवं सूर्यास्त का सौंदर्य स्थल' कहा जाता है?

उत्तर– नेतरहाट

11. वर्ष 1952 में अखंड बिहार के प्रथम विधानसभा चुनाव में झारखंड पार्टी को कितनी सीटें प्राप्त हुईं?

उत्तर– 33

12. किस आंदोलन में जर्मन बाबा के गीत गाकर उनके समर्थक उन्हें आह्वान करते थे?

उत्तर– टाना भगत आंदोलन

13. सी.एन.टी. ऐक्ट में काश्तकारों के वर्ग के बारे में किस अध्याय में बताया गया है?

उत्तर– अध्याय-2

14. सी.एन.टी. ऐक्ट से वह रैयत जिसे उस भूमि पर जो उसके पूर्वज के द्वारा या ग्राम के मूल प्रवर्तक के द्वारा जंगल से कृषि योग्य बनाई गई है, पर अधिकार हो, क्या कहलाता है?

उत्तर– खूँट कट्टी अधिकारयुक्त रैयत

15. सी.एन.टी. ऐक्ट में वह मुंडारी जिसने स्वयं या अपने पूर्वज द्वारा जंगल भूमि के भागों को जोत में लाने के लिए अधिकार अर्जित किया है, क्या कहलाता है?

उत्तर– मुंडारी खूँट कट्टीदार

16. किसी भूधारक को उसकी भूधृति पर खनिजों की स्थिति होने पर पुनः ग्रहण पाने का कोई अधिकार नहीं हो, सी.एन.टी. ऐक्ट की किस धारा में वर्णित है?

उत्तर- धारा-14 (ख)

17. सी.एन.टी. ऐक्ट में भूईहरों तथा मुंडारी खूँट कट्टीदारों बंदोबस्त रैयत होने का प्रावधान किस धारा में है?

उत्तर- धारा-18

18. अधिभोगी रैयत का दिए गए प्रावधानों के अलावा बेदखली से संरक्षण का प्रावधान सी.एन.टी. ऐक्ट में किस धारा में है?

उत्तर- धारा-22

19. प्रत्येक रैयत को अपने भूस्वामी से एक पट्टा प्राप्त करने का अधिकार होगा, सी.एन.टी. ऐक्ट की कौन सी धारा रैयत को यह अधिकार देती है?

उत्तर- धारा-44

20. सी.एन.टी. ऐक्ट की धारा-46 किसी अनुसूचित जनजाति के रैयत की जमीन उसी थाना क्षेत्र में रहनेवाले किसी दूसरे अनुसूचित जनजाति के व्यक्ति को किसके पूर्वानुमति से अंतरित किया जा सकता है?

उत्तर- उपायुक्त

Set-50

1. मुख्यमंत्री व्यक्तिगत रूप से किसके प्रति उत्तरदायी होता है?

उत्तर- राज्यपाल के

2. राँची जिला में टाना भगत पुनर्वास अधिनियम कब पारित हुआ?

उत्तर- 1948 ई.

3. मुख्यमंत्री सामूहिक रूप से किसके प्रति उत्तरदायी होता है?

उत्तर- विधानसभा के

4. झारखंड पार्टी द्वारा राज्य पुनर्गठन आयोग से कितने जिलों के झारखंड की माँग की गई थी?

उत्तर- 16

5. किसका पुराना नाम पलाउन है?

उत्तर- पलामू

6. जयपाल सिंह के नेतृत्ववाली झारखंड पार्टी का किस पार्टी में विलय हुआ था?

उत्तर- कांग्रेस में

7. किसका पुराना नाम बैजनाथ मठ है?

उत्तर- वैद्यनाथ धाम

8. जयपाल सिंह के नेतृत्ववाली झारखंड पार्टी का कांग्रेस में किस वर्ष विलय हुआ था?

उत्तर– 1963 ई.

9. झारखंड पार्टी का कांग्रेस में विलय बिहार के किस तत्कालीन मुख्यमंत्री की पहल पर हुआ था?

उत्तर– विनोदानंद झा

10. राज्य में कितने लाख हेक्टेयर भूमि में नकदी फसलें उगाई जाती हैं?

उत्तर– 2 लाख

11. कितने प्रतिशत जनसंख्या कृषि पर निर्भर है?

उत्तर– 76

12. छोटानागपुर का पठार किसका भाग है?

उत्तर– प्रायद्वीपीय पठार

13. राज्य में कुल जल संसाधन कितने मिलियन घन मीटर अनुमानित है?

उत्तर– 28.781

14. छोटानागपुर का पठार प्रायद्वीपीय पठार के किस भाग में स्थित है?

उत्तर– उत्तर-पूर्वी

15. किस नदी बेसिन का जल सर्वाधिक प्रदूषित है?

उत्तर– दामोदर

16. छोटानागपुर के पठार की चट्टानें कैसी हैं?

उत्तर– क्रिस्टलीय एवं कायांतरित

17. छोटानागपुर के पठार की रचना किस चट्टान से हुई है?

उत्तर– लावा चट्टान

18. वैसी कौन सी भूमि है, जो सी.एन.टी. ऐक्ट में परिवार के नर वारिस न होने पर रैयत के मरने के बाद भूस्वामी को वापस मिल जाती है?

उत्तर– पुनःग्राह्य भूधृति

19. सी.एन.टी. ऐक्ट में वह भूमि जो स्थानीय रूप से बहवाला, खंडवत थी, जिसे धान की खेती के लिए चौरस किया गया हो क्या कहलाती है?

उत्तर– कोरकर

20. 1798 ई. में बंगाल, बिहार और उड़ीसा में किया गया बंदोबस्त क्या कहलाता है?

उत्तर– स्थायी बंदोबस्त।

□

परिशिष्ट-1

भौगोलिक

क्षेत्रफल	–	79,714 वर्ग कि.मी.
औसत वर्षापात	–	1100–1400 मि.मी.
उच्चतम–न्यूनतम तापमान	–	44^0–10^0
सतहीय जल स्रोत	–	23,789 मिलियन क्यूबिक मीटर
भूगर्भीय जल भंडार	–	4,292 मिलियन क्यूबिक मीटर

प्रशासनिक

प्रमंडल	–	5
जिला	–	24
अनुमंडल	–	37
प्रखंड	–	260
पंचायत	–	32615
ग्राम	–	32616
शहर	–	95
नगर निगम	–	3
अन्य स्थानीय निकाय	–	32
थाना	–	427
शहरी जनसंख्या	–	79,33,061
अनुसूचित जनजाति	–	86,45,042
अनुसूचित जाति	–	39,85,644

जनसंख्या घनत्व	–	414 व्यक्ति प्रति वर्ग कि.मी.
लिंग अनुपात	–	947
शिक्षा		
साक्षरता दर	–	67.63
प्राथमिक विद्यालय	–	30,041
मध्य विद्यालय	–	10,259
उच्च विद्यालय	–	1,936
विश्वविद्यालय	–	5
चिकित्सा महाविद्यालय	–	3
अभियंत्रण महाविद्यालय	–	3

स्वास्थ्य

जिला अस्पताल	–	21
अनुमंडल अस्पताल	–	15
रेफरल अस्पताल	–	32
प्राथमिक स्वास्थ्य केंद्र	–	330
सामुदायिक स्वास्थ्य केंद्र	–	188
स्वास्थ्य उप केंद्र	–	3958

कृषि

कृषि योग्य भूमि	–	38%
वन भूमि	–	29.61%
सिंचित	–	13%
कुल बुआई क्षेत्र	–	23%

उद्योग

मेगा उद्योग	–	32
बृहत् और मध्यम श्रेणी उद्योग	–	399
सृजित रोजगार	–	77,295
लघु उद्योग के रोजगार	–	1,40,323

1.2 झारखंड के राज्यपाल

श्री प्रभात कुमार	–	15.11.2000 से 03.02.2002 तक
श्री ब्री.सी. पांडे	–	04.02.2002 से 14.07.2002 तक
श्री एम.रामा जॉइस	–	15.07.2002 से 11.06.2003 तक
श्री वेद मारवाह	–	12.06.2003 से 09.12.2004 तक
श्री सैयद सिब्ते रजी	–	10.12.2004 से 25.07.2009 तक
श्री के. शंकर नारायणन	–	26.07.2009 से 21.01.2010 तक
श्री एम.अे.एच. फारूख	–	21.01.2010 से 04.09.2011 तक
डॉ. सैयद अहमद	–	04.09.2011 से 17.05.2015 तक
द्रोपदी मुर्मू	–	18.05.2015 से अभी तक

1.3 झारखंड के मुख्य न्यायाधीश पार्थ खना (कार्यकारी)

श्री विनोद कुमार गुप्ता	–	15.11.2000 से 07.03.2003 तक
श्री पी.के. बाला सुब्रमण्यम	–	10.03.2003 से 26.08.2004 तक
श्री एस.जे. मुखोपाध्याय (कार्यकारी)	–	26.08.2004 से 2005 तक
श्री अल्तमश कबीर	–	01.03.2005 से 08.09.2005 तक
श्री एन. धिनाकर	–	04.12.2005 से 10.06.2006 तक
श्री एस.जे. मुखोपाध्याय (कार्यकारी)	–	10.06.2006 से 2006 तक
श्री एम.वाई. इकबाल (कार्यकारी)	–	2006 से 17.09.2006 तक
श्री एम. कप्रग विनायगम	–	17.09.2006 से 2008 तक
श्रीमती ज्ञान सुधा मिश्रा	–	13.07.2008 से 29.04.2010 तक
श्री सुशील हरकॉली (कार्यकारी)	–	30.04.2010 से 21.08.2010 तक
श्री भगवती प्रसाद	–	22.08.2010 से 12.05.2011 तक
श्री प्रकाशचंद तातिया (कार्यकारी)	–	13.05.2011 से 04.08.2013 तक
श्री डी.एन. पटेल (कार्यकारी)	–	09.08.2013 से 15.11.2013 तक
श्रीमती आर. बानुमथि	–	16.11.2013 से 31.10.2014 तक
श्री वीरेंद्र सिंह	–	01.11.2014 से अब तक

1.4 झारखंड के मुख्यमंत्री

श्री बाबूलाल मरांडी	–	15.11.2000 से 17.03.2003 तक
श्री अर्जुन मुंडा	–	18.03.2003 से 02.03.2005 तक
श्री शिबू सोरेन	–	02.03.2005 से 12.03.2005 तक
श्री अर्जुन मुंडा	–	12.03.2005 से 14.09.2006 तक
श्री मधु कोड़ा	–	14.09.2006 से 27.08.2008 तक
श्री शिबू सोरेन	–	27.08.2008 से 18.01.2009 तक
राष्ट्रपति शासन	–	19.01.2009 से 29.12.2009 तक
श्री शिबू सोरेन	–	30.12.2009 से 31.05.2010 तक
राष्ट्रपति शासन	–	01.06.2010 से 11.09.2010 तक
श्री अर्जुन मुंडा	–	11.09.2010 से 17.01.2013 तक
राष्ट्रपति शासन	–	18.01.2013 से 12.07.2013 तक
श्री हेमंत सोरेन	–	13.07.2013 से 28.12.2014 तक
श्री रघुवर दास	–	28.12.2014 से अब तक

1.5 झारखंड के मुख्य सचिव

पहले मुख्य सचिव	–	श्री वी.एस. दूबे
दूसरे मुख्य सचिव	–	श्री. जी. कृष्णन
तीसरे मुख्य सचिव	–	श्री ए.के. मिश्र
चौथे मुख्य सचिव	–	श्रीमती लक्ष्मी सिंह
पाँचवें मुख्य सचिव	–	श्री पी.पी. शर्मा
छठे मुख्य सचिव	–	श्री एम.के. मंडल
सातवें मुख्य सचिव	–	श्री पी.पी. शर्मा
आठवें मुख्य सचिव	–	श्री ए.के. बसु
नौवें मुख्य सचिव	–	श्री शिव वसंत
दसवें मुख्य सचिव	–	डॉ. अशोक कुमार सिंह
ग्यारहवें मुख्य सचिव	–	श्री एस.के. चौधरी
बारहवें मुख्य सचिव	–	श्री आर.एस. शर्मा
तेरहवें मुख्य सचिव	–	श्री सजल चक्रवर्ती

चौदहवें मुख्य सचिव	–	श्री सुधीर प्रसाद
पंद्रहवें मुख्य सचिव	–	श्री सजल चक्रवर्ती
सोलहवें मुख्य सचिव	–	श्री राजीव गौबा

1.6 झारखंड के पुलिस महानिदेशक

पहले महानिदेशक	–	श्री टी.पी. सिन्हा
दूसरे महानिदेशक	–	श्री आर.आर. प्रसाद
तीसरे महानिदेशक	–	श्री बी.डी. राम
चौथे महानिदेशक	–	श्री जे.बी. महापात्रा
पाँचवें महानिदेशक	–	श्री बी.डी. राम
छठे महानिदेशक	–	श्री नेयाज अहमद
सातवें महानिदेशक	–	श्री जी.एस. रथ
आठवें महानिदेशक	–	श्री राजीव कुमार

1.7 झारखंड के उच्च न्यायालय के न्यायाधीश

1.	श्रीमती आर. बानुमथि	–	मुख्य न्यायाधीश
2.	श्री डी.एन. पटेल	–	माननीय न्यायाधीश
3.	श्री एन.एन. तिवारी	–	माननीय न्यायाधीश
4.	श्री आर.आर. प्रसाद	–	माननीय न्यायाधीश
5.	श्री प्रशांत कुमार	–	माननीय न्यायाधीश
6.	श्री पी.पी. भट्ट	–	माननीय न्यायाधीश
7.	श्री एच.सी. मिश्रा	–	माननीय न्यायाधीश
8.	श्री डी.एन. उपाध्याय	–	माननीय न्यायाधीश
9.	श्री अमरेश सिंह	–	माननीय न्यायाधीश
10.	श्री एस. चंद्रशेखर	–	माननीय न्यायाधीश
11.	श्री अमिताभ गुप्ता	–	माननीय न्यायाधीश

8. झारखंड का मंत्रिमंडल (2013)

1.	श्री हेमंत सोरेन, मुख्यमंत्री	1	मंत्रिमंडल सचिवालय एवं समन्वय विभाग
		2	कार्मिक, प्रशासनिक सुधार तथा राजभाषा विभाग।
		3	गृह (कारा सहित) विभाग।
		4	मंत्रिमंडल (निगरानी) विभाग।
		5	मंत्रिमंडल (निर्वाचन) विभाग।
		6	विधि (न्याय) विभाग।
		7	सूचना एवं जनसंपर्क विभाग।
		8	योजना एवं विकास विभाग।
		9	पथ निर्माण विभाग तथा ऐसे सभी विभाग,
			जो किसी अन्य को आवंटित नहीं है।
2.	श्री राजेंद्र प्रसाद सिंह, मंत्री	1	वित्त विभाग (सांस्थिक वित्त एवं राष्ट्रीय
			बचत सहित)
		2	वाणिज्य-कर विभाग।
		3	ऊर्जा विभाग
		4	स्वास्थ्य, चिकित्सा शिक्षा एवं परिवार
			कल्याण विभाग।
		5	संसदीय कार्य विभाग।
3.	श्रीमती अन्नपूर्णा देवी, मंत्री	1	जल संसाधन विभाग।
		2	समाज कल्याण, महिला एवं बाल विकास
			विभाग।
		3	निबंधन विभाग।
4.	श्री चंपई सोरेन, मंत्री	1	कल्याण (अल्पसंख्यक कल्याण सहित)।
		2	परिवहन विभाग।
		3	उद्योग विभाग।
5.	श्री साइमन मरांडी	1	खाद्य, सार्वजनिक वितरण एवं उपभोक्ता
			मामले विभाग।
		2	ग्रामीण कार्य विभाग।
6.	श्री हाजी हुसैन अंसारी, मंत्री	1	भवन निर्माण विभाग।

		2	अल्पसंख्यक कल्याण विभाग।
		3	सहकारिता विभाग।
7.	श्री सुरेश पासवान, मंत्री	1	पर्यटन विभाग।
		2	नगर विकास विभाग।
8.	श्रीमती गीताश्री उराँव, मंत्री	1	मानव संसाधन विकास विभाग
		2	कला, संस्कृति, खेलकूद एवं युवा कार्य
			विभाग।
9.	श्री जयप्रकाश भाई पटेल, मंत्री	1	पेयजल एवं स्वच्छता विभाग।
		2	उत्पाद एवं मद्य निषेध विभाग।
10.	श्री चंद्रशेखर दूबे, मंत्री	1	ग्रामीण विकास विभाग।
		2	पंचायती राज विभाग।
		3	श्रम नियोजन एवं प्रशिक्षण विभाग।
11.	श्री मन्नान मल्लिक, मंत्री	1	पशुपालन एवं मत्स्य विभाग।
		2	आपदा प्रबंधन विभाग।
12.	श्री योगेंद्र साव, मंत्री	1	कृषि एवं गन्ना विकास विभाग।
		2	आवास विभाग।

8. झारखंड का मंत्रिमंडल (2015)

1	श्री रघुवर दास, मुख्यमंत्री	1	मंत्रिमंडल सचिवालय एवं समन्वय विभाग।
		2	कार्मिक, प्रशासनिक सुधार तथा राजभाषा विभाग।
		3	गृह (कारा सहित) विभाग।
		4	मंत्रिमंडल (निगरानी) विभाग।
		5	मंत्रिमंडल (निर्वाचन) विभाग।
		6	विधि (न्याय) विभाग।
		7	सूचना एवं जनसंपर्क विभाग।
		8	योजना एवं विकास विभाग।
		9	पथ निर्माण विभाग तथा ऐसे सभी विभाग जो किसी अन्य को आवंटित नहीं हैं।

2	श्री नीलकंठ सिंह मुंडा,	1	ग्रामीण विकास विभाग
3	श्री चंद्रेश्वर प्रसाद सिंह	1	शहरी विकास आवास और परिवहन।
4	श्री चंद्रप्रकाश चौधरी	1	जल संसाधन पेयजल एवं स्वच्छता विभाग।
6	लोइस मरांडी	1	कल्याण, समाज कल्याण, महिला एवं बाल विकास।
7	श्री सरयु राय	1	संसदीय मामले, खाद्य, जनवितरण एवं उपभोक्ता मामले।
8	श्री रामचंद्र चंद्रवंशी	1	स्वास्थ्य, चिकित्सा, शिक्षा एवं परिवार कल्याण।
9	श्री राज पलिवार	1	श्रम, रोजगार, प्रशिक्षण और कौशल विकास।
10	श्रीमती नीरा यादव	1	स्कूल शिक्षा एवं साक्षरता, उच्च एवं तकनीकी शिक्षा।
11	श्री अमर कुमार वाउरी	1	राजस्व, निबंधन, और भूमि सुधार।
		2	पर्यटन।
		3	कला, संस्कृति खेलकूद और युवा मामले।
12	श्री रणधीर कुमार सिंह	1	कृषि, पशुपालन, मत्स्य और सहकारिता।

संसदीय निर्वाचन क्षेत्र

कुल लोकसभा क्षेत्र	–	14
अनुसूचित जनजाति के लिए	–	05
अनुसूचित जाति के लिए	–	01
सामान्य जाति	–	08

विधानसभा निर्वाचन क्षेत्र

कुल विधानसभा क्षेत्र	—	82
अनुसूचित जनजाति के लिए	—	28
अनुसूचित जाति के लिए	—	09
मनोनीत सदस्य (एंग्लो. इंडियन)	—	01

संसदीय एवं विधानसभा क्षेत्रों का नाम

क्र.सं.	संसदीय क्षेत्र	विधान सभा क्षेत्र
1.	राजमहल (अ.ज.जा)	राजमहल, बोरिया बरहैठ, लिट्टीपाड़ा, पाकुड़, महेशपुर
2.	दुमका (अ.ज.जा)	शिकारीपाड़ा, नाला, जामताड़ा, सारठ, दुमका, जमा
3.	गोड्डा	मधुपुर, देवघर, जरमुंडी, पौंड़ैयाहाट, गोड्डा, म्हगामा
4.	चतरा	सिमरिया, लातेहा, पांकी, मनिका
5.	कोडरमा	कोडरमा, बरकट्टा, धनवार, बगोदर, जमुआ, गांडे
6.	गिरिडीह	गिरिडीह, डुमरी, गोमिया, बेरमो, टुंडी, बाघमारा
7.	धनबाद	बोकारो, सिंदरी, थनरसा, धनबाद, झरिया, चंदनकियारी
8.	राँची	ईचागढ़, सिल्ली, खिजरी, राँची, हटिया, काँके
9.	जमशेदपुर	बहरागोड़ा, घाटशिला, पोटका, जुगसलाई, जमशेदपुर पूर्वी, जमशेदपूर पश्चिम
10.	सिंहभूम (अ.ज.जा)	सिंहभूम (अ.ज.जा) सरायकेला, चाईबासा, मझगाँव, जगन्नाथपुर, मनोहरपुर, चक्रधरपुर
11.	खूँटी (अ.ज.जा)	खरसावाँ, तमाड़, तेरपा, खूँटी, कोलेबिरा, सिमडेगा
12.	लोहरदगा (अ.ज.जा)	मांडर, सिसई, गुमला, विशुनपुर, लोहरदगा
13.	पलामू (अ.ज.जा.)	डाल्टनगंज, गढ़वा, भवनाथपुर, विश्रामपुर, छतरपुर, हुसैनाबाद
14.	हजारीबाग	बरही, बड़कागाँव, रामगढ़, माँडू, हजारीबाग।

सारणी–(i) राष्ट्रीय राज मार्ग

रा.मा.सं.	मार्ग	लंबाई (कि.मी.)
2	चिरकुंडा (बंगाल) से चंपारण (बिहार)	191.60
6	(संबलपुर)-बहरागोड़ा-कोलकाता	22.40
23	चास-रामगढ़-राँची-गुमला-बिरमित्रापुर	293.96
31	बहरी-कोडरमा-(बख्तियारपुर)	47.70
32	गोविंदपुर-पश्चिम बंगाल-चांडिल-मानगो-पारडीह	93.50
33	बरही -राँची-बहरागोड़ा	333.50
75	(रीवा-रेनुकूट)-डाल्टनगंज-राँची-चाईबासा-जैतगढ़	463.90
78	जशपुर-गुमला	23.21
80	राजमहल-फरक्का	96.90
98	(औरंगाबाद-अंबा)-छतरपुर	55.40
99	(डोभी)-चतरा-बालूमाथ-चंदवा	106.00
100	चतरा-सिमरिया-हजारीबाग-बगोदर	120.00
114 I	डुमरी-गिरिडीह-देवघर-दुमका-बंगाल सीमा	54.00
133	चोपामोड़-हसडीहा-गोड्डा-पीरपैती	123.00
220	चाईबासा-गोविंदपुर-हरिया-तिरिंग	54.00
333	बिहार सीमा-देवगढ़	20.00
343	छत्तीसगढ़ सीमा-रंका कला-गढ़वा (एन.एच.75)	47.00
133 A	लिट्टीपाड़ा सुंदरपहाड़ी	33.00
	कुल लंबाई	2,179.47

सारणी– (ii) झारखंड में राजकीय उच्च पथ

रा.मा.सं.	मार्ग	लंबाई (कि.मी.)
1	राँची-अनगड़ा-गौतमधारा-सिल्ली-मुरी	61.4
2	राँची-काँके-पतरातु-भुरकुंडा-रामगढ़	57
3	तमाड़-अरकी-खूँटी-बसिया-कोलेबिरा	125
4	कोलेबिरा-बानो-गुआ-जामादा-नोवामुंडी-गम्हरिया	83

5	आदित्यपुर-कमडझरा-सराईकला-चाईबासा	67
6	जमशेदपुर-हाता-राजनगर-चाईबासा	62.20
7	हजारीबाग-बड़कागाँव-टंडवा-टॉगर मोर	75
8	कुडू-लोहरदगा-गुमला	71.00
9	भुसार-महुआडाँढ़-नेतरहाट-बिशनपुर-घाघरा	182
10	डाल्टनगंज-लेसलीगंज-पलामू-हरिहरगंज-बालूमाथ	93
11	गढ़वा-रंका-रामानुजगंज	61.60
12	धनबाद-पाथरडीह-चंदनक्यारी-चास	60
13	कोडरमा-जमुआ-टुंडी-गोविंदपुर	156
14	डुमरी-गिरिडीह-बंगाबाद-मधुपुर	153
15	देवघर-जामताड़ा-रूपनारायणपुर	156
16	देवघर-सरैयाहाट-गोड्डा-पथगाँवा-महागामा-पीरपैंती	139
17	हंसडीहा-लाकड़ा-पहाड़ी-दुमका रोड-रामपुरहाट	102.20
18	दुमका-काठीकुंड-गोपीकांदर-अमड़ापाड़ा-बरहेट -साहेबगंज	183
	कुल योग	**1,886.40**

उपर्युक्त योजनाओं से स्पष्ट है कि केंद्र व राज्य सरकारें ग्रामीण क्षेत्र के चहुँमुखी विकास के लिए भरपूर प्रयास करती हैं, लेकिन विडंबना यह है कि ये प्रयास स्पष्ट परिणाम नहीं देते। सरकारों द्वारा उपलब्ध कराई गई धनराशि अपने मूल उद्देश्य तक पहुँचते-पहुँचते इतने टुकड़ों में बँट जाती है कि शेष में केवल उस उद्देश्य के प्रस्ताव-पत्र की देखरेख ही संभव है।

झारखंड राज्य प्राकृतिक रूप में निर्धन नहीं है, बल्कि अन्य कई राज्यों की तुलना में अत्यंत समृद्ध है, फिर भी इस राज्य के नीति-नियंताओं में संकल्प शक्ति का अभाव सा दिखाई देता है। विकास के अवसर होते हुए भी राज्य की जनता के सामने समस्याओं का अंबार खड़ा है। राज्य के समग्र विकास की शत-प्रतिशत संभावनाएँ हैं और औद्योगिक क्षेत्र में राज्य ने यह कर भी दिखाया है, लेकिन जो राज्य की ग्रामीण निर्धन जनसंख्या है, उसे औद्योगिक विकास से कोई लाभ मिलता नहीं दिखता। एक पारदर्शी सुविधा वितरण तंत्र के बिना समग्र विकास का स्वप्न साकार नहीं हो सकता और यह तंत्र कठिन शासकीय संकल्प से ही मिल सकता है।

□

परिशिष्ट-2

सारणी-I

राज्य का गठन	—	15 नवंबर, 2000
स्थापना दिवस	—	15 नवंबर
राजधानी	—	राँची
उप-राजधानी	—	दुमका
उच्च न्यायालय	—	राँची
न्यायाधीशों की संख्या	—	20
प्रतीक चिह्न	—	अशोक चक्र जो चार 'J' अक्षरों से घिरा है।
राजकीय पशु	—	हाथी
राजकीय पक्षी	—	कोयल
राजकीय वृक्ष	—	साल
राजकीय पुष्प	—	पलास
राजकीय भाषा	—	हिंदी
द्वितीय राजकीय भाषा	—	उर्दू
झारखंड का भौगोलिक क्षेत्रफल	—	79,714 वर्ग किलोमीटर
क्षेत्रफल की दृष्टि से देश में स्थान	—	16वाँ
सबसे बड़ा प्रमंडल (क्षेत्रफल)	—	उत्तरी छोटानागपुर
सबसे छोटा प्रमंडल (क्षेत्रफल)	—	पलामू
सबसे बड़ा जिला (क्षेत्रफल)	—	राँची
सबसे छोटा जिला (क्षेत्रफल)	—	रामगढ़
आक्षांशीय विस्तार	—	21^0 59' से 25^0 18' उत्तरी आक्षांश
देशांतरीय विस्तार	—	83^0 20' से 85^0 57' पूर्वी देशांतर

पूर्व से पश्चिम चौड़ाई	—	463 किलोमीटर
उत्तर से दक्षिण लंबाई	—	380 किलोमीटर
राज्य का आकार	—	चतुर्भुजाकार
जनसंख्या घनत्व	—	414
लिंगानुपात	—	947
साक्षरता दर	—	66.4
सबसे बड़ा जिला (जनसंख्या)	—	राँची
सबसे छोटा जिला (जनसंख्या)	—	लोहरदगा

सारणी-III

झारखंड के जिलों में सिंचाई का प्रतिशत

क्रमांक	जिला	प्रतिशत
1.	गोड्डा	14.21%
2.	दुमका, जामताड़ा	9.47%
3.	सहेबगंज (पाकुड़)	3.86%
4.	देवघर	14.22%
5.	धनबाद (बोकारो)	2.08%
6.	हजारीबाग (चतरा)	10.51%
7.	गिरिडीह	6.99%
8.	पलामू, गढ़वा, लातेहार	24.25%
9.	राँची	6.12%
10.	लेहरदगा	8.87%
11.	गुमला, सिमडेगा	2.45%
12.	पूर्वी सिंहभूम	5.00%
13.	पश्चिम सिंहभूम, सरायकेला	4.00%

(स्रोत : झारखंड.नीक.इन)

सारणी-III

झारखंड के जिलों में सिंचाई का प्रतिशत

क्रमांक	सिंचाई स्रोत	सिंचित क्षेत्र	सकल क्षेत्र
1.	नहर	75,754	1,07,378
2.	तालाब	31,000	36,000

3.	नलकूप	13,000	17,000
4.	कुआँ	47,000	58,000
5.	अन्य श्रोत	43,000	50,000
	कुल	2,09,745	2,68,378

(स्रोत : झारखंड.नीक.इन)

□

परिशिष्ट-3

सारणी-I

जनजातीय आबादी

क्र.सं.	आदिवासी	जनजाति 2001			साक्षरता		
		पुरुष	महिला	योग	पुरुष	महिला	योग
1.	असुर	5342	5005	10347	1787	576	2363
2.	बैंगा	1296	1212	2508	246	95	341
3.	बंजारा	203	171	374	54	19	73
4.	बथुड़ी	564	550	1114	222	90	312
5.	बेदिया	42532	41239	83771	18459	7334	25793
6.	भूमिज	91436	89893	181329	44206	17760	61966
7.	बिंझिया	6200	6228	12428	2846	1162	4008
8.	बिरहोर	3835	3679	7514	727	328	1055
9.	बिरजिया	2711	2654	5365	915	387	1302
10.	चेरो	38668	36872	75540	17698	5768	23466
11.	चीक बड़ाईक	22230	22197	44427	11497	6374	17871
12.	गोंड	26454	26160	52614	12691	6282	18973
13.	गोराइत	1986	1971	3957	1003	460	1463
14.	हो	370653	374197	744850	160614	71414	232028
15.	करमाली	29481	27384	56865	14478	5919	20397
16.	खड़िया	80972	83050	164022	40051	29152	69203
17.	खरवार	98762	93262	192024	33855	9937	43792
18.	खौंड	109	87	196	66	30	96
19.	किसान	16080	15488	31568	5191	2046	7237
20.	कोरा	11832	11360	23192	4841	1801	6642

21.	कोरवा	13935	13242	27177	2325	649	2974
22.	लोहरा	93917	91087	185004	39470	18205	57675
23.	महली	61277	59897	121174	25400	10493	35893
24.	माल पहाड़िया	58067	57026	115093	13430	5385	18815
25.	मुंडा	526528	523239	1049767	262222	149518	411740
26.	उराँव	698059	692400	1390459	363570	230780	594350
27.	परहिया	10783	10003	20786	1621	426	2047
28.	संथाल	1214485	1196024	2410509	467969	190292	658261
29.	सैरिया पहाड़िया	16078	14972	31050	3873	1285	5158
30.	संवर	3023	2981	6004	627	263	890

(स्रोत : जनगणना, 2001)

सारणी–II

झारखंड में अनुसूचित जाति/जनजाति आबादी

क्र. सं.	जिला	कुल जनसंख्या	अनुसूचित जाति आबादी	अनुसूचित जन-जाति आबादी
1.	गोड्डा	1313551	115567	279208
2.	साहेबगंज	1150567	72341	308343
3.	दुमका	1321442	79614	571077
4.	जामताड़ा	791042	72885	240489
5.	देवघर	1492073	190036	180962
6.	धनबाद	2684487	437309	233119
7.	गिरिडीह	2445474	325493	238188
8.	हजारीबाग	1734495	303515	121768
9.	रामगढ़	949443	106356	201166
10.	पलामू	1939869	536382	181208
11.	लातेहार	726978	154910	331096
12.	लोहरदगा	461790	15330	262734
13.	गुमला	1025213	32459	706754
14.	सिमडेगा	599578	44674	424407
15.	राँची	2914253	152943	1042016
16.	खूँटी	531885	24037	389626
17.	पूर्वी सिंहभूम	2293919	111414	653923

18.	पश्चिमी सिंहभूम	1502338	56986	1011296
19.	सरायकेला खरसावाँ	1065056	56195	374642
20.	गढ़वा	1322784	319946	205874
21.	चतरा	1042886	340553	45563
22.	कोडरमा	716259	109003	6903
23.	पाकुड़	900422	28469	379054
24.	बोकारो	2062330	299227	255626

(स्रोत : जनगणना, 2001)

सारणी-III

आदिम जनजाति की जनसंख्या

क्रमांक	जिला	प्रतिशत
1.	बिरहोर	7514
2.	परहिया	20786
3.	माल पहाड़िया	115093
4.	संवर	6004
5.	सौरिया पहाड़िया	31050
6.	हिल खड़िया	7625
7.	कोरबा	27177
8.	असुर	10347
9.	बिरजिया	5365

(स्रोत : जनगणना 2001)

सारणी-IV

आदिवासी भाषा, त्योहार, नृत्य, लोकतंत्र और त्योहार

भाषा	—	संथाली, मुंडारी, कुडुख, खोरठा, नागपुरिया, सादरी, खड़िया, पंचपरगनिया, हो, मालतो, करमाली, हिंदी, उर्दू, बंगला, आदि।
त्योहार	—	सरहुल, कर्मा, सोहराई, बदना, दसु, ईद, क्रिसमस, होली, दशहरा।
लोक संगीत	—	एकहरिया, डोमकच, दोहरी डोमकच, जनानी झुमर, मरदाना, झुमर, फगुआ, उदासी, पावस, पहिलसंझा, उधरतिया,

		भिनसरिया, प्रतकाली, झुमटा आदि।
लोक नृत्य	—	पाईका, छऊ, जदुर, करमा, नचनी, नटुआ, अग्नि, संथाल, जमदा, घटवारी, माथा, सोहराई आदि।
वाद्ययंत्र	—	ततवाद्य:, केंदरी, गुपिजंत्र, सारंगी, टुईला, भूआंग आदि।
सुषिरवाद्य	—	बाँसुरी, आड़बांसी, शहनाई, मदनभेरी, सिंगा, शंख आदि।
अनबद्ध वाद्य	—	माँदर, ढोल, ढाक, धमसा, नगाड़ा, दमामा, कारहा, तासा, जड़ीनागरा, ढंका, ठपचांगू।
धन वाद्य	—	करताल, झांझ, थाला, मंजीरा, घंटा आदि।
चित्रकला	—	संथाली, भितिचित्र, उराँव भितिचित्र।

सारणी-V

अनुसूचित जनजाति

क्रमांक	आदिवासी	जिला/प्रमंडल	जनसंख्या	प्रतिशत	भाषा
1.	असुर	गुमला	10347	0.1467	असूरी
2.	बैंगा	पलामू	2508	0.0356	सदानी
3.	बंजारा	संथाल परगना	374	0.0053	सदानी
4.	बथुडी	सिंहभूम	1114	0.0158	मुंडारी
5.	बेदिया	सिंहभूम	83771	1.1881	सादरी
6.	भूमिज	राँची	181329	2.5717	मुंडारी
7.	बिंझिया	संथाल परगना	12428	0.1763	सदानी
8.	बिरहोर	हजारीबाग	7514	0.1066	बिरहोरी
9.	बिरजिया	गुमला	5365	0.0761	बिरजिया
10.	चेरो	पलामू	75540	1.0713	सादरी
11.	चीक बड़ाईक	राँची	44427	0.6301	सदानी
12.	गोंड	सिंहभूम	52614	0.7462	गोंडी
13.	गोराइत	राँची	3957	0.0561	सदानी
14.	हो	सिंहभूम	744850	10.5637	मुंडारी
15.	करमाली	हजारीबाग	56865	0.8065	कुरमाली
16.	खड़िया	गुमला	164022	2.3262	खड़िया
17.	खरवार	पलामू	192024	2.7233	खरवारी
18.	खौंड	हजारीबाग	196	0.0028	सदानी
19.	किसान	पलामू	31568	0.4477	सदानी

20.	कोरा	संथाल परगना	23192	0.3289	मुंडारी
21.	कोरवा	पलामू	27177	0.3854	मुंडारी
22.	लोहरा	छोटानागपुर	185004	2.6238	सदानी
23.	महली	राँची	121174	1.7185	महली
24.	माल पहाड़िया	संथाल परगना	115093	1.6323	मालतो
25.	मुंडा	राँची	1049767	14.8881	मुंडारी
26.	उराँव	राँची	1390459	19.7199	कुड़ुख
27.	परहिया	पलामू	20786	0.2948	परहिया
28.	संथाल	संथाल परगना	2410509	34.1866	संथाली
29.	सैरिया पहाड़िया	संथाल परगना	31050	0.4404	मालतो
30.	संवर	सिंहभूम	6004	0.0852	अपभ्रंश

भारत के संविधान की अनुसूची-5 में वर्णित झारखंड के अनुसूचित क्षेत्र—

क्रमांक	जिला/प्रखंड का नाम
1.	राँची
2.	लोहरदगा
3.	गुमला
4.	सिमडेगा
5.	लातेहार
6.	पू. सिंहभूम
7.	प. सिंहभूम
8.	सरायकेला-खरसावाँ
9.	साहेबगंज
10.	दुमका
11.	पाकुड़
12.	जामताड़ा
13.	रबदा एवं बकोरिया पंचायत (सतबरवा, पलामू)
14.	भंडरिया प्रखंड (गढ़वा)
15.	सुंदर पहाड़ी और बारीजोर प्रखंड (गोड्डा)।

□

परिशिष्ट-4

झारखंड राज्य से राज्यसभा के सदस्य

1. संजीव कुमार (जे.एम.एम.) — 2012-2018 तक
2. प्रदीप कुमार बालमुचू (कांग्रेस) — 2012-2018 तक
3. प्रेमचंद गुप्ता (राजद) — 2014-2020 तक
4. परिमल नाथवानी (निर्दलीय) — 2014-2020 तक
5. महेश पोद्दार (भाजपा) — 2016-2022 तक
6. मुख्तार अब्बास नकवी (भाजपा) — 2016-2022 तक

झारखंड राज्य से 16वीं लोकसभा के सदस्य

क्रमांक	नाम	निर्वाचन क्षेत्र
1.	बी.डी. राम (भाजपा)	पलामू
2.	सुदर्शन भगत (भाजपा)	लोहरदगा
3.	जयंत सिन्हा (भाजपा)	हजारीबाग
4.	कड़िया मुंडा (भाजपा)	खूँटी
5.	लक्ष्मण गिलुवा (भाजपा)	सिंहभूम
6.	विद्युत् वरण महतो (भाजपा)	जमशेदपुर
7.	रामटहल चौधरी (भाजपा)	राँची
8.	पी.एन. सिंह (भाजपा)	धनबाद
9.	रवींद्र पांडेय (भाजपा)	गिरिडीह
10.	रवींद्र राय (भाजपा)	कोडरमा
11.	सुनील सिंह (भाजपा)	चतरा

12.	निशिकांत दूबे (भाजपा)	गोड्डा
13.	शिबू सोरेन (जे.एम.एम.)	दुमका
14.	विजय हांसदा (जे.एम.एम.)	राजमहल

झारखंड विधानसभा के निर्वाचित विधायक
विधान सभा 2014

क्रमांक	विधानसभा क्षेत्र	विधायक/दल
1.	राजमहल	अनंत ओझा (भाजपा)
2.	बोरियो (एसटी)	ताला मरांडी (भाजपा)
3.	बरहेट (एसटी)	हेमंत सोरेन (जे.एम.एम.)
4.	लिट्टीपाड़ा (एसटी)	डॉ. अनिल मुर्मू (जे.एम.एम.)
5.	पाकुड़	आलमगीर आलम (कांग्रेस)
6.	महेशपुर (एसटी)	स्टीफन मरांडी (जे.एम.एम.)
7.	शिकारीपाड़ा (एसटी)	नलिन सोरेन (जे.एम.एम.)
8.	नाला	रवींद्रनाथ महतो (जे.एम.एम.)
9.	जामताड़ा	इरफान अंसारी (कांग्रेस)
10.	दुमका (एसटी)	लुईस मरांडी (भाजपा)
11.	जामा (एसटी)	सीता सोरेन (जे.एम.एम.)
12.	जरमुंडी	बादल पत्रलेख (कांग्रेस)
13.	मधुपुर	राज पालिवार (भाजपा)
14.	सारठ	रणधीर कुमार सिंह (भाजपा)
15.	गोड्डा	अमित कुमार मंडल (भाजपा)
16.	महागामा	अशोक कुमार भगत (भाजपा)
17.	कोडरमा	डॉ नीरा यादव (भाजपा)
18.	बरकठ्ठा	जानकी प्रसाद यादव (झाविमो)
19.	बरही	मनोज यादव (कांग्रेस)
20.	बड़कागाँव	निर्मला देवी (कांग्रेस)
21.	रामगढ़	चंद्र प्रकाश चौधरी (आजसू)
22.	मांडू	जयप्रकाश भाई पटेल (जे.एम.एम.)
23.	हजारीबाग	मनीष जायसवाल (भाजपा)
24.	सिमरिया (एससी)	गणेश गंझू (भाजपा)

25.	चतरा (एससी)	जयप्रकाश सिंह भोक्ता (भाजपा)
26.	धनवार	राज कुमार यादव (माले)
27.	बगोदर	नागेंद्र महतो (भाजपा)
28.	जमुआ (एससी)	केदार हजरा (भाजपा)
29.	गांडेय	जय प्रकाश वर्मा (भाजपा)
30.	गिरिडीह	निर्भयशाह वादी (भाजपा)
31.	डुमरी	जगरनाथ महतो (जे.एम.एम.)
32.	गोमिया	योगेन्द्र प्रसाद (जे.एम.एम.)
33.	बेरमो	योगेश्वर महतो (भाजपा)
34.	चंदनकियारी (एससी)	अमर बाउरी (भाजपा)
35.	सिंदरी	फूलचंद मंडल (भाजपा)
36.	निरसा	अरूप चटर्जी (मासस)
37.	धनबाद	राज सिन्हा (भाजपा)
38.	झरिया	संजीव सिंह (भाजपा)
39.	टुंडी	राजकिशोर महतो (आजसू)
40.	बाघमारा	ढूलू महतो (भाजपा)
41.	बहरागोड़ा	कुणाल षाडंगी (जे.एम.एम.)
42.	घाटशिला (एसटी)	लक्ष्मण टुडु (भाजपा)
43.	पोटका (एसटी)	मेनका सरदार (भाजपा)
44.	युगलसराय (एससी)	रामचंद्र सहिस (आजसू)
45.	जमशेदपुर पूर्वी	रघुवर दास (भाजपा)
46.	जमशेदपुर पश्चिमी	सरयू राय (भाजपा)
47.	ईचागढ़	साधूचरण महतो (भाजपा)
48.	सरायकेला (एसटी)	चम्पई सोरेन (जे.एम.एम.)
49.	चाईबासा (एसटी)	दीपक बिरूआ (जे.एम.एम.)
50.	मंझगाँव (एसटी)	निर्मल पूर्ति (जे.एम.एम.)
51.	जगरन्नाथपुर (एसटी)	गीता कोड़ा (जभासपा)
52.	मनोहरपुर (एसटी)	जोबा माँझी (जे.एम.एम.)
53.	चक्रधरपुर (एसटी)	शशिभूषण समद (जे.एम.एम.)
54.	खरसावाँ (एसटी)	दशरथ गागराई (जे.एम.एम.)
55.	तमाड़ (एसटी)	विकास मुंडा (आजसू)
56.	तोरपा (एसटी)	पौलुस सुरीन (जे.एम.एम.)

57.	खूँटी (एसटी)	नीलकंठ मुंडा (भाजपा)
58.	सिल्ली	अमित कुमार (जे.एम.एम.)
59.	खिजरी (एसटी)	राम कुमार पाहन (भाजपा)
60.	राँची	सी पी सिंह (भाजपा)
61.	हटिया	नवीन जायसवाल (भाजपा)
62.	काँके (एससी)	डॉ. जीतूचरण राम (भाजपा)
63.	मांडर (एसटी)	गंगोत्री कुजूर (भाजपा)
64.	सिसई (एसटी)	दिनेश उराँव (भाजपा)
65.	गुमला	शिवशंकर उराँव (भाजपा)
66.	विशनुपुर (एसटी)	चमरा लिंडा (जे.एम.एम.)
67.	सिमडेगा (एसटी)	विमला प्रधान (भाजपा)
68.	कोलेबिरा (एसटी)	एनोस एक्का (झापा)
69.	मनिका (एसटी)	हरेकृष्ण सिंह (भाजपा)
70.	लातेहार (एससी)	प्रकाश राम (भाजपा)
71.	पाँकी	देवेंद्र कुमार सिंह (कांग्रेस)
72.	डालटेनगंज	आलोक चौरसिया (भाजपा)
73.	विश्रामपुर	रामचंद्र चंद्रवंशी (भाजपा)
74.	छतरपुर (एससी)	राधाकृष्ण किशोर (भाजपा)
75.	हुसैनाबाद	कुशवाहा एस.पी. मेहता (बसपा)
76.	गढ़वा	सत्येंद्र नाथ तिवारी (भाजपा)
77.	भवनाथपुर	भानु प्रताप शाही (निर्दलीय)
78.	देवघर (एससी)	नारायण दास (भाजपा)
79.	पोड़ैयाहाट	प्रदीप यादव (झाविमो)
80.	बोकारो	बिरंची नारायण (भाजपा)
81.	लोहरदगा	सुखदेव भगत (कांग्रेस)
82.	मनोनीत	ग्लैन जोसेफ गोलस्टोन

□

परिशिष्ट-5

सातवाँ आइसफा सिने अवार्ड-2016

'आइसफा' द्वारा आयोजित संथाली एवं क्षेत्रीय फिल्म अवार्ड समारोह का आयोजन 9 अप्रैल, 2016 को जमशेदपुर के गोपाल मैदान में संपन्न हुआ।

सर्वश्रेष्ठ फिल्म	आचार धुड़ी
सर्वश्रेष्ठ डायरेक्टर	विनोद मरांडी (आचार धुड़ी)
सर्वश्रेष्ठ अभिनेता	वीरभीम मरांडी (भूतन)
सर्वश्रेष्ठ अभिनेत्री	रूपा हांसदा (आचार धुड़ी)
सर्वश्रेष्ठ चाइल्ड आर्टिस्ट	विश्वजीत (जानाम आडांग)
बेस्ट म्यूजिक	सन्नी-धीरी दिल दुलड़िया
बेस्ट विलेन	बापी (आचार धुड़ी)
बेस्ट कोरियोग्राफर	आचार धुड़ी
बेस्ट गायक	इ सुमती (धीरी दिल दुलड़िया)
बेस्ट गायिका	उर्मिला हांसदा

उत्कृष्ठ विधायक पुरस्कार

विधायक का नाम/दल का नाम	**वर्ष**
प्रदीप यादव (झाविमो)	2015
लोबिन हेम्ब्रम (झाविमो)	2013
रघुवर दास (भाजपा)	2013
माधव लाल सिंह (कांग्रेस)	2011